國家古籍整理出版專項經費資助項目

明季遼事文集叢刊

孫承宗集

下

李紅權　輯録　點校

學苑出版社

孫承宗集卷三十二

前督師奏疏第九

海外捷音疏

少傅兼太子太師、兵部尚書兼文淵閣大學士、督理軍務臣孫承宗謹奏，爲海外之捷音可喜，師中之實計當詳，懇乞聖明酌發，以重邊防事。

該臣于正月初十日，接得援遼總兵官毛文龍具詳呈解屢獲首虜，隨行關外道監軍副使袁崇煥逐一查驗，三次首級三百七十一顆，俱係真正壯夷，當陣生擒賊虜四名，除二名已死不解外，見解二名俱係真正東虜。臣隨賞其報功員役陳汝明等綢布銀兩有差，令中軍官集各將士于衙門外，三炮三爵，用彩亭送各員役于寓所。臣時在寧遠，適春賞夷人虎酋等部俱到，特令各官解其首虜，經各賞夷部落，乃抵寧遠，不獨風厲邊人，抑亦見天下有殺賊之人，賊自有可滅之日，一時人心殊覺感動。因念文龍以孤劍臨豺狼之穴，飄泊于風濤波浪之中，力能結屬國，總雜人，且屯且兵，以屢挫梟鯨。且其志必欲從臣之請，牽其尾，擣其巢，舉世人選慄觀望、惴惴于自守不能者，獨以爲可擒也。真足以激發天下英雄之義膽，頓令縮項斂足者，愧死無地。臣讀其疏，輒爲東嚮再酹，隨寄金杯二、大紵二，以見臣慰勞之意。且臣近有諜于東賊，具述文龍有諜于賊，爲賊所發，而廣寧人鐵信，其諜主也，近亦逃來，述其事，則文龍之膽智無日不在賊巢。然外搔之而不能深，則彼之堅自若；數肄之而不能入，則我之計且窮。是唯天兵相機四入，立可殄殲，而文龍所請餉需，尚未一有。夫邊人之相蒙也，上以實求之，下嘗以虚應之，况予之以虚著，責之以實效，力不能以虚爲實，而又何能以實應虚。即如文龍，報功則疑其不實而亦喜，乞餉則信其非虚而亦難。此等舉動，皆足以解天下之體，而無以鼓動英雄任事之心。蓋鶻突做事，亦有了期，而天下事終有不可言者。臣謂登萊防南岸，不防北岸，東江作虚應，不作實應，似密而疏，似省而費，如膝理有邪，按之不入，終不關痛癢，究竟疏且爲漏，費且不貲。伏乞皇上敕該部查照有功員役，照例升賞，其所請糧餉，酌爲給發，責令登萊撫臣綜核其事，無曰「功不必核其虚，餉不必問其實」，令孤懸异域之臣，捐身爲國，而大聲疾呼不爲應。臣可任激切待命之至。

天啓四年二元初一日，寧遠上。

初五日，奉聖旨：「覽卿奏海外解功奬賞慰勞等事，具見風勵將士、聯絡兵機深意。總兵官已賜敕褒賚，有功員役，照例升賞，所請兵餉，作速給發。仍着登萊巡撫官協助，綜稽聲援，相及功成，一體優叙。該部知道。」

乞賜罷免疏

少傅兼太子太師、兵部尚書兼文淵閣大學士、督理軍務臣孫承宗謹奏，爲愚臣過任，乞賜罷免，以省紛嚚事。

臣本腐儒，誤承重任，惟各衙門應期給發錢糧，其于一應事體，自當奬率文武，相機圖成，至于一切同异之見，未關利害者，不敢一一較量，過爲饒舌。蓋疆事繁重，未遑他及，而臣以大臣自當容納衆言，即諸臣時有异同，未必盡出私意。苟無害于封疆，敢不佩爲韋弦。乃若近議三鎮三道，其兵馬錢糧固昭然耳目，似不得概爲指摘。如謂三總兵官各領一萬二千金建帥府，則馬世龍原未創建，曰：「賊平何用屋，賊不平何用屋。」一左右兩部各分信地于山南海北，寧得無居。然尤世禄費止二千九百，尚有木植，王世欽多用五百餘金，建過將房旗鼓等衙門，未敢概加于世禄之外。至以兵移木移石，臣俱從病中嚴禁。黄明臣爲經略王在晋特題買馬，其解到馬匹，俱經關内道删駁，每百匹不過一千三百有奇，大約每馬在十三兩以上，而運解税銀各項之費在内。舊户部以鹽引抵關門草價，至以二萬八千金之米豆，抵草價八萬金。如漫從户部之議，則此外五萬二千之草價，誰爲賠償。此即餉司不敢擔承，而居間牟大利者，必欲其説之行，豈邊人苛求于商人。

臣初抵關，即汰去標下材官三十餘人，後又陸續汰去十餘人。及楊楫招到兵丁六百，除四百餘人照例充兵，其將材百餘人，稍簡其壯勇者三十人，予月餉三兩，隨總兵標下操習兵事，餘减其餉，略加于兵，以備一割之用。至于一鎮之兵則三千，一營一參將、一中軍、三千總、六把總，其本營原有之官，簡其可以備用者，量留承乏。其撫道標丁，合一營，以一將練之。本官用則應，不用則歸營，使本官無鳥鼠之疑，而各衙門無標兵之害。即兵統于總兵，而總兵不用其兵，三總兵分管各部，而中部實統五部。其用將則撫鎮道，公議而撫爲主，其用中千把百，則協具其人于鎮，鎮轉道，而後及于臣及撫臣。此俱各鎮皆然，而非關城之總兵爲專。乃若寧遠邊城必不可不修，屯田必不可不舉，此非願弃遼東者可臆談也。獨班兵尚急關城，未敢頓請。凡此數事，盡臣所批行，不但無專于撫臣，更無專于鎮道，中實未敢爲錯，即其錯也，尚不當問及鎮道，而况問及撫臣。

自念臣苦矣。臣後先所與共事，豈不顧同心戮力、共圖籌策，而無奈時地相違，材俱各异；或有如貧家子弟，欲釀家人之産，以圖生息，而不顧嗷嗷者饑欲死；或有如會稽之室，不安其家，他適既決，舉目不遜，即百計挽留之不可。然而邊臣亦苦矣。鎮不當一裨，道不當一倅，居同拮据，出同馳鶩，臣與同之，臣與知之。諸臣聞長衣大袖之雍容，未見裋褐短後之結體也；聞大酒肥肉之飲啖，未見野宿風餐之約腹也。倘謂富擬王侯，貪如狼鼠，則臣之抵關二年矣，紫塞之風霜，當加于丹庭之日月，金戈之倉攘，尤愈于車騎之容都。今天下推何以不來，來何以乞去，豈人盡娖娖廉謹，避王侯之富，羞狼鼠之貪，而不屑耶？推而不來，是謂避徵；來而乞去，是謂脱伍；推而無可推，來而無可來，是謂無兵。然則爵禄之賢豪，與呼庚之甲士，名法之簪紳，與弄戟之悍卒，正未可易口而論也。目今撫臣以憂當去矣，廣寧道以劾當去矣。若臣之愚，無論關門不可守，當罷，邊城不可修，當罷，兵馬錢糧無一不叢脞，當罷，即以撫鎮道無一人可稱邊材，而當于用，則臣之罪更深。

伏乞皇上毅然乾斷，立罷庸愚之臣，以息不便其留，不欲其去之紛囂。仍敕兵部，凡事在關門者，以薊撫同言官查核，事在宣鎮者，以宣撫同言官查核。至鹽引一事，敕户部明白具奏，早爲歸結。乃若寧遠邊城，奉有明旨，特以班兵方急，未敢遽請。或另擇雄才大略之鎮道，次第爲指。至于三鎮三道之賢而可用，不肖而可黜可問，姑未敢言也。臣可任激切待命之至。

天啓四年二月十三日，寧遠上。

十八日，奉聖旨：「朕以東事付卿主持，中外條議异同，卿每自行參酌，不與剖析，深得大體。覽奏，事情甚明，朕已悉知，不必介意。鎮道各官卿，還奬率展布，勿令疑阻委任，更置一以聽卿酌量。在内各官，聞見不真，不得揣度指陳，致多疑議。該部知道。」

任事之臣當念疏

少傅兼太子太師、兵部尚書兼文淵閣大學士、督理軍務臣孫承宗謹奏，爲任事之臣當念，風聞之議堪虞，懇乞聖明罷免庸臣，以安人心事。

該臣以天啓二年抵關門，滿城奔潰之衆，無可爲語，獨一趙率教率二十餘人拮据前屯，内則孫諫尚能行臣之意，及馬世龍來，分立五部三十營，雅有條次。是歲，臣伏病，而邊事不壞，則世龍與袁崇煥夾持，舊撫爲之力。次年，劉詔來，與崇煥交相呼應，而世龍實爲之頡頏。即兩道臣昂藏不下，而每服世龍可爲大臣。其後尤世禄、王世欽相繼來，而徽調兵馬亦以抵關，一時邊人頓有生色，蓋備嘗舊日之頑鈍而快新旌也。世龍仰承皇上予以劍章，故兩部受其節制，至金穀刑名、軍需器仗，各有司存，而總兵不得問。然一時謂臣重世龍，故竿牘不得通于臣，而以通世龍。若謂世龍力能得之，臣不知一事□□□……而張鳳翼在其提索，借孫諫、李秉誠爲羽翼，而又以錦衣萬邦孚在中，時爲含沙，時爲拭穢，而御史爲之入手。故兩鎮之人心，强項者受禍，低眉者得名。督臣象乾之博大，侍郎李瑾之謹飭，原不爲群小所借，而群小借之。近者督臣聞憂，侍郎去，兼萬有孚參，而群小之勢頓減。是以撫臣四顧徬皇，不覺無所依，而借御史以求自裁。臣嘗概論諸臣如王在晋、閻鳴泰，志尚欲有爲，而時或未及展，且推而即來，來而未嘗求脱。此皆君子之徒。即熊廷弼蹻蹻有略，王化貞懃懃在衷，倘馭得其道，皆可有爲。蓋覂駕之馬在御，跅弛之才必操，乃若材鄙而怯，識暗而狡，工于投時，巧于避患，曾不知天下有忠誼之肝腸。當其欲投善地，誤入危疆，歷任既久，不展一籌，而徒借手以攬天下之是非。此廷弼輩所唾，而在晋等所羞，然而幸且去矣。本官既得避其怯，而不任之苦，而國家亦得去一選懦觀望之臣。至于群小中，奸貪盜逋，姑不深言，令其解組，以全大臣之體。蓋抱忠義之心者，明知天下有巧宦，不忍言，而工于避難者，反謂天下不復有忠義之人，而可語言簸弄，以行其不便于留、不欲其去之計。

伏乞皇上俯聽臣言，立爲分剖，無以臣庸遺累諸任事之臣，亟爲罷免，更敕鎮道一心齊力，共圖戰守，于諸臣之言，有當者，用以爲法，其未盡當者，勿令互相驚猜，而不盡其力。蓋智巧以虛彈脱身，庸懦以避事爲福。方今一聞言，而闔鎮閉門，臣滋懼矣。臣可任激切待命之至。

天啓四年二月十八日，寧遠上。

二十三日，奉聖旨：「關門鎮道各官，知卿自有甄別，覽奏甚明。朕知道了。邊情正急，在事各官，都着安心盡力，不得因言推諉。卿忠誠擔荷，朕所鑒知。浮言不必介意，本内主盟簸弄含沙及受其短長提索各官，俱有指名，當有實迹可據，着該部院從公參看了來説。」

乞發帑金疏

少傅兼太子太師、兵部尚書兼文淵閣大學士、督理軍務臣孫承宗謹奏，爲經費既乏，軍需至急，懇乞聖明立發帑金，以濟急需事。

該臣計戰守之法，唯是水陸兼防，舟車并用；而當陣破胡馬之衝突，唯是銃炮輪番、馬步更迭。自非舟車各備，無以成奇正之分合；自非精練車營、繕完器具，無以憑藉銃炮，而妙分合奇正之用。臣原題召募沙唬二百船，以議論未一，衹得暫行停止。今查游御史唬船及新造遼船，稍給偵探之用，再查海口、覺華各沙船，損壞不堪，勢不得不急行召募。已于本月十三日，從寧遠遣贊畫茅元儀同都司趙光遠前往南直召募，不繇驛遞，不動地方錢糧，止據情願，應募民船，照例催募。其耆民船工等，每船可十餘人，止屬本船長年三老隨便置。此中所少器具，并不召募兵丁。臣仍行撫按量爲防護，不致紛紜。誠恐一時互相驚猜，又以爲調船調兵，議論横生，使任事者縮足廢事。臣年前合馬步官兵立十車營，鎮臣馬世龍先就見在車輛及器甲銃炮，及時訓練，確有可用。其未備車馬器具，應須及時製辦者，謹合文武大吏計算，可費二十餘萬金。見今關庫如洗，給發無措，近東那西湊，止得四萬餘金，以急募沙船，此外遂無可給發者。臣念關東兵民可十六萬，勢不能驅逐關西，而遼兵不足，則西兵不罷，車器不完，則兵勢不張。蓋器具備，而時未起，決不敢輕于圖成；倘時可乘，而器具不備，祗坐嘆于失措。伏乞皇上念邊機至重，軍需至急，立發帑金三十萬，以湊成十大車營，則一鎮之兵威立振，三軍之神氣自張，庶戰守有裨，恢復永賴矣。臣可任激切待命之至。

天啓四年二月十八日，寧遠上。

二十三日，奉聖旨：「舟車戰守，必資置辦，宜預。覽卿奏，知兵船已行召募，車營器具急需銀兩。内帑鄉來匱乏，念卿所請，多方括湊，發銀十萬餘，着户工二部設法措處，作速解用。」

慎推督撫疏

少傅兼太子太師、兵部尚書兼文淵閣大學士、督理軍務臣孫承宗謹奏，爲慎推督撫，以合事任，以重責成事。

該臣奏薊遼總督及薊遼兩撫疏意，原自分明，惟要薊撫有才有權，盡心做薊鎮事，遼撫有才有權，盡心做遼東事，再得登撫有才有權，盡心做金、復、海、蓋事。如此，則三撫臣自可勾當三鎮大事。其中祇用一人聯合三鎮，以主斷受成，不過徵發行文書，三鎮有關係，如議守、議款、議恢復，須此人主張。至于修築兵屯等，不必下行有司之事，以侵撫院之權。如撫鎮所行未當，便可參奏，祇可以一人作主張，便覺體統嚴明，責任專一。祖宗立法，原是如此，令諸臣祇説地方重大，不可無總督，不説地方做事全在撫臣，得三個好撫臣，加之以權，竭力率鎮道，以防，以款，以恢復，總督不過坐鎮于中耳，不拘何人，祇稍有膽識可爲也。惟祇用一人，故督師可去。緣皇上不欲去臣，故臣以爲暫停總督。臣，閣臣也，此一事做得完，當去，做不完，當去，豈有裁總督之理。且首輔、次輔俱移臣書，言諸臣仍要推總督。臣以一人之見，抗天下之議，何當天下之眈眈。惟願皇上慎推一總督，兼總薊遼款防，推三鎮巡撫，盡力三鎮。臣得巡行各鎮，以佐末議，入覲天顔，以達廟謨，無使臣以閣臣下行有司之事，而安坐無爲者，笑其末工，仍自名爲贅。不然，維縶愚臣于此，而一柄三操，三柄一操，以拗手之人，驅使十五六萬兵民于關内，而縮項埤堄，此必不可從之議。而其人却爲時局共推，不論邊事，祇論人情，力能攪亂是非。即廟堂之上，久而明知其人無爲，却自相遮護，聽邊事之自壞。臣不敢爲身計也。願□□□……

申飭邊防疏

少傅兼太子太師、兵部尚書兼文淵閣大學士、督理軍務臣孫承宗謹奏，爲欽承聖諭，申飭邊防，以仰慰聖懷事。

該臣準兵部咨，于天啓四年二月二十四日，該司禮監太監王體乾，于會極門傳出聖諭：「朕見連日以來，風霾屢作，日光晝晦，塵沙蔽天，雨澤未降，深用兢惕。因思東事未平，春防正急，天象示儆，邊情可虞。兵部便馬上差人，傳與督師輔臣、鎮、巡等官，督率沿邊道將，都要十分警備，整練兵馬，一應防禦事宜，倍加毖慎，文武將吏，戮力同心，固圉恢疆，務期奏績。朕居深宮，朝夕修省。內外大小臣工，各宜仰體朕心，務純忠爲國，不得挾私廢公，恪修職業，共圖消弭，挽回天意，舒朕鬱懷。各衙門一體遵行。特諭。欽此。」

臣謹痛自飭厲，督率道將，整練兵馬，務期固圉恢疆，以求仰舒聖懷。隨于三月初二日，從寧遠抵關，歷問邊城事體，俱言二月間連朝春雪，未有風霾，而守土之吏各報，三十日巳時申時地震，與京師相同。伏念臣迂拙散材，庸愚末品，忝列孤卿，既不能以燮調，善承天意，謬當邊徼，又不能以撻伐，仰副聖心。竊念皇上鬱懷，唯是固圉恢疆之績未奏，而所爲共圖底績，唯文武將吏是憑。乃其害在挾私廢公，其要在同心戮力，其任大責重，微臣之一身，臣竊自省矣。內則五部三十營之將卒，曰練而虞其未精；外則五城十六萬之兵民，曰輯而虞其未叙；西則八部三十六家之旃毳，曰拊款而不能遽調；東則兩河二十五衛之封疆，曰規恢而不能遽問；百計同仇，番成自用，一籌未展，已見輕敵。蓋痴膽可齊生死，而庸愚未諳韜鈐，苦心可質神明，而迂癖未孚明類。公私敢不深辨，而識地嘗疏，未能究竟生平之職業；心力敢不殫竭，而精誠不貫，未能驅策天下之賢豪，以致天意未回，聖懷日鬱。臣恭奉天綸，腐心自咎，未嘗不低徊欲死也。因念邊防雖重，得人尚可有爲；材力既綿，蚤退自當無患。蓋臣之雅負肝腸，不獨臣信之，天下間或信之，而實無益于疆埸；臣之質受庸愚，不獨天下信之，臣更自信之，而或未盡徹于天聽。故上天垂象，大地震搖，明以見皇上誤信微臣，如日光普照萬方，而塵沙偶蔽之也。但念臣付托未效，既不能仰釋東顧之憂，乃聖念方殷，又何敢頓起西歸之念。謹當獎率三軍，共圖警備，姑不敢力求罷斥。

伏望皇上寬釋聖懷，以仰承天心仁愛，凡百邊方大計，容臣次第殫圖，其于內練精卒，外戢流冗，東修戰守，西計款防，要以佩諸臣之嘉謨，殫微臣之力量，以合文武豪杰之籌策。機未起，决不敢輕發；機既成，决不敢失措。蓋我之兵心似振，日鼓之而無令或竭；賊之殘暴已深，屢探之而日悉其稔。臥薪嘗膽，敢忘三敗之羞；雪耻除凶，誓復兩河之舊。此臣之心也，諸道將之心也。若夫風霾息而普天同照，塵沙靖而大地咸寧，其無以臣之肝膽，誤任臣之庸愚也。終願皇上爲社稷計矣。臣可任惶悚屏營之至。

天啓四年三月初七日，山海關上。

十一日，奉聖旨：「卿身任安攘，心懷忠愛。軍國大計，賴以主持。覽奏，獎率將吏，共飭邊防，具見體朕警戒，用慰東顧之憂。朕知道了。卿行邊關外，拮据倍勞，還望珍重起居，付朕倚眷。該部知道。」

乞察民心疏

少傅兼太子太師、兵部尚書兼文淵閣大學士、督理軍務臣孫承宗謹奏，爲奸細之搜防當密，流傭之惶惑堪憐，懇乞聖明詳察民心，以弭邊釁事。

該臣于視部時，曾見捕獲奸細，紛然見告，而左祖經略者，捕皆巡撫之人，左祖巡撫者，捕皆經略之人。此豈奸細分曹而應，抑豈游徼擇人而捕，罔不招辭獄，要口口爲真，甚至暗啞之孤兒，立殺受賞，賣刀之殘卒，以紿相獲。即如近日刑部咨稱，臣傳趙將要殺王喇嘛，奸細董成俊從邏城密透，王喇嘛逃走。見今王喇嘛日在關城，原爲尚書張經世從宣鎮招來，而督臣用之款讋。每見臣時有賞慰，何曾要殺，何曾在逃。大約反側之窺伺，豈盡無因，而番快之捶楚，何求不得。臣微聞東省有陷虜者之親戚，極欲招爲繫屬，可借爲間，更可因間用間。誠知賊中陷溺者，窘辱已極；又見跳身歸來者，流離更甚；至其携有家口，栖頓歲時，方且中懷猶豫，乃更迫以慘殺死，豈擇音鋌或走險。誠念陷身于外者，未必盡是甘心，而脱身于中者，豈其願爲惡黨，無奈衣冠大列，尚以苟全，豈鼪鼯庸流，盡責忼慨。况東省之瘡痍未定，或借生心；遼西之棲泊甫安，時未驚骨。而大姓豪族，流落中原，日繞三匝之樹，人摇未復之魂，垂橐而往，靡室靡家，既苦奇窮；携貲而居，相親相傍，動遭奇禍。寧惟中土狡豪居奇踪迹，抑且同來流冗相告要挾。蓋作客他鄉，舉目有山河之异；遄歸西劫，投足皆豺虎之叢。臣抵關，即嚴海禁，于津、登嚴越冒，于山海病行，瀕海郡邑不許私賣硝黄下海。嚮來自備資本，借官批上納者，概行嚴禁。以故陳天叙不得行于天津，何學立不得竟其奸計，祖邦勝立梟斬于冒渡。蓋法嚴于防，而未敢概苛于搜索。且自楊朝文通蓋州，而陷溺之民心日動；自劉興祚通歸牘，而殘暴之賊殺日繁。我方開一面之網，借賊之殺機，以散其不附之心，豈更密羅織之條，失我之寬政，以斷歸來之路。誠恐逃難中原者，尚以爲叛卒之瓜葛，而誅將陷身异域者，無復念漢官之威儀而動。人知張元昊之入賊可防也，不知野利天都之遭殺亦有機也。臣敢謂已誅者爲枉，而謂法當慎其將來；臣敢謂立防者可疏，而謂刑無濫于無辜。目今關外十六萬兵民，一聞訛言，驚奔不定。臣與諸臣仰宣德威，日在約束，日在拊摩，遂且怡然以輯。

伏乞皇上酌察人心，敕所司調劑寬嚴，無以遼民之在苦而疏于防，無以遼民之可疑而苛于誅。庶邊臣仰借天恩之浩蕩，以安集仳離；俯乘困迫之仇讎，以殄殲醜虜。臣可任激切待命之至。

天啓四年二月二十一日，寧遠上。

二十六日，奉聖旨：「覽卿奏，撫輯遼民，譏防奸細，自是弭釁安邊至計。便着通行，申飭地方各官，務先鎮定人心，毋得疏防苛索、生事邀功。該部知道。」

恭問聖體萬安疏

少傅兼太子太師、兵部尚書兼文淵閣大學士、督理軍務臣孫承宗謹奏，爲恭問聖體萬安事。該臣接邸報，見文書房傳出：「聖體偶爾違和，宜加調攝，其經筵、日講、御門，俱應暫免，于三月十五日後舉行。欽此。」又見同官葉向高等恭問萬安，蒙聖旨：「覽卿等奏，寬慰朕懷，具見竭誠忠愛。朕知道了。該部知道。欽此。」

臣竊念我皇上聖齡鼎茂，聖體冲和，年來勤政講學，寒暑無間。蓋恢宏遠略，加以嚴翼小心，偶感風寒，旋適平泰。但臣遠役邊城，無能仰依日月之末光以快睹。伏念我皇上身任祖宗大業，道承堯舜真傳，政已勤，愈益加勤，學已講，愈益出講，便覺福德綿延，精神完固。臣觀自古聖明保身保民，惟是出入起居必欽，前後左右必謹。臣在講筵，曾反復開陳「欽明」之義。伏惟皇上身體力行，自是調攝大道。臣可任瞻仰依戀之至。

天啓四年三月初四日，山海關上。

初九日，奉聖旨：「覽卿奏，問安具見忠愛。朕知道了。」

懇乞罷免疏

少傅兼太子太師、兵部尚書兼文淵閣大學士、督理軍務臣孫承宗謹奏，爲衰病已深，技能已盡，懇乞天恩罷免，以重邊防事。

該臣以天啓二年六月閱關，以八月請督師，自擬以終歲即還，及歲終蒙旨，候春防，又蒙旨，以邊事稍有次第，容臣即還。今爲天啓四年，臣于役關城已二年餘矣。臣初抵關，自分無復生理，不圖仰倚天威，狂狡狙伏未起，臣得借文武諸臣之力，枯守危邊，徼焉無大差錯者二年。自念支離之骨，齒與勞積。自抵關以來，無歲不病，無月不病。去年之秋，今年之春，聲息緊急，人情洶洶，祇得扶病詣寧遠，以定中外人心。今年正月，邊地春寒，寢食未妥，既苦馳驅，兼愁糧料，如孤孽煢人，漂泊荒遠，而同室交讁。緣是心神俱疲，皮骨盡銷，背僂而衣爲長，貌瘦而冠爲闊。比到關門，而東虜之驚傳未定，西虜之要挾日新，一時督撫未到，鎮道杜門，臣既不敢言病，而以章句之材，學軍旅之事，技窮而事更難，力枯而備未具，日竭其思以提掇將吏，又日以將吏之事提掇其心。緣是脾氣盡銷，飲食不化，每一暈輒不省人事者移時，而左股搘拄，不便屈伸。念邊事則不敢惜身，而念身之有妨邊事，則又曷敢誤邊事于病。目今氣息既微，日伏床蓐，并日而食一盂，噫冷吞酸，尚復移日。年來臣所求于將吏者，簡練校閱，將吏一一應臣；而將吏所求于臣者，錢糧工料，臣曾不能一一應將吏。仰求之皇上，既苦内帑之未饒；旁求之所司，又苦閭閻之若掃。留心邊事者，憐以爲窮，揶揄迂腐者，指以爲費；即素諳韜鈐，而强有力者，亦將瘁敝爲患。而况簿書未諳，齒力既衰，氣意徒揚，精神已憊，事至頓忘其端，語出不憶其故，即雅抱死敵之志，而不能不驚骨自憐也。

伏乞皇上憐臣奔走已逾二年，歷防已過四序，課職便可褫奪，憐病或容放歸。當二月間，風霾地震，春防正急，臣未敢以衰病仰瀆天聽。目今夏月已深，東西稍靖，一時督撫俱新，而臣之病更沈重不可起。惟望聖明爲邊方大計，以放病臣而已。臣可任懇切待命之至。

天啓四年四月二十二日，山海關上。

二十六日，奉聖旨：「卿以輔臣行邊，閱歷二年，勞苦萬倍，朕所日夜深念。封疆大計，倚賴方殷，還望暫留，以俟召用。錢糧工料，着作速給發，毋誤急需。該部知道。」

再懇放免疏

少傅兼太子太師、兵部尚書兼文淵閣學士、督理軍務臣孫承宗謹奏，爲臣病已極，再懇天恩立賜放免事。

該臣以衰病乞骸，荷蒙聖旨：「卿以輔臣行邊，閱歷二年，勞苦萬倍，朕所日夜深念。封疆大計，倚賴方殷，還望暫留，以俟召用。錢糧工料，着作速給發，毋誤急需。該部知道。欽此。」臣謹扶掖望闕叩頭，仰感聖心憂勞大計，倘得錢糧工料作速給發，是封疆之福也。目今一時督撫公忠直諒，洞悉邊情，一抵關而文武欣欣相告，若恨相見之晚。當此時，臣即康疆無恙，自可抽身。況臣負質原自凋殘，負材原自翦薄，自臣入政府、視樞政而病，自臣抵關以來，而病日益深。蓋時艱事重，足以病人，意遠材疏，足以自病。年來馳騁此地者，即强健精鋭，無一不病。然以其强健精鋭，即病易痊，獨臣以章句之學，當衰殘之年，抗顏戎馬，故病不離身，痊可無日。當臣拜疏，先一日方考察標下材官，雖力覺頓，尚勉赴廳事，而昏暈如木偶者移時，人吏惶駭，扶掖而入。數日來，右手不上，兩脛欲大于股，而喉舌瘇痛，不能飲食，胸鬲填塞，不思飲食。經歷程崙每勸臣省心氣，省奔馳，輒至泣下，而臣不能用。蓋驚于意所願到，則眼爲枯，靨于力所不及，則腸爲冷，思多脾傷，食少氣竭。當此時，自念胸中有一毫學問，體中有一毫力量，决不敢重自愛惜，不爲皇上馳騁于封疆，而妄需召用。臣之材盡矣，力竭矣，真病真苦。伏望皇上爲社稷遠計，放歸田里，即孤臣之溘死流亡，不足憐惜，而今天下英猷壯略，濟濟盈盈，何至以病腐塞責，且沾壁枯蝸，無益疆場，即臣同官，必不□□□……

舉賢自代疏

少傅兼太子太師、兵部尚書兼文淵閣大學士、督理軍務臣孫承宗謹奏，爲病苦已極，舉賢自代，懇乞聖明憐察，以重邊防事。

臣念人臣任事，視其力量何如：力有可爲，而避寒怕熱，固屬奸巧；力不可爲，而貪位戀名，亦屬庸愚。嚮來臣當緊急之時，自請自任，不假催迫。即近春秋出防寧遠，外之同事留臣于出，内之當事呼臣以入，亦知臣非有趨避利害之心。獨以病勢沈重，心神瘁竭，每一計議，輒昏暈如死。此豈可喪心蒙面，略不知檢，以久冒重任。國家制馭臣民，唯情與法，假如不病稱病，當做不做，法當拿問，立置誅讁，以爲推諉之誡。又如真病真衰，不獨爲社稷大計，自不當以病廢之人濫冒邊疆，即出入勞役，亦當恤其狗馬之私，無令其溘死流亡于道路。臣此時病苦已極，皇上忍不憐念，必以爲督師當用，代臣無其人。既以未學軍旅，致有沈痾，又何敢冒舉軍旅未熟者，徒以脱臣。比見兵部尚書趙彦，剿殺有東省之功，撫款有西邊之效，且屯田有已試之方，而力能省兵省餉。至其深識遠見，既可以成功入主幄籌，便可以幄籌出奏成功。況關城係天下安危，殊可概中樞之事，而百聞不如一見。以彦之練達，躬親閱歷，則可可否否，臣所爲歷年不敢自信者。得彦以裁决，即彦亦借此行，以益練其識，而不至同衆人爲喻度。且身與此地同安危者，必不忍以天下之安危，徇衆人之耳目，又何忍視邊事爲邊人之事，而遠其人，遂遠其事。況王象乾、張鶴鳴俱以尚書行邊，即臣亦以攝兵部出請督師。如謂樞部不可無人，則于閣臣量遣一人，兼攝其事。如以臣署部之故事，放臣稍得回籍調理，倘半年之内尚未遽填溝壑，則臣仍當再效馳驅以代彦。

臣觀宋討元昊，亦有韓琦、范仲淹、龐籍諸名臣更迭互用，自相薦舉。以今事體，即臣不病，亦當揀擇重臣，互爲出入，以練習衝急之邊政。臣自來不敢扯人同患，直以病勢已極，邊事爲急，祇得哀鳴于皇上之前，以求無誤大計。伏望皇上念關城此時督撫得人，不必更用督師，憐臣衰病已極，便當罷免。如督師仍須用人，便可敕尚書趙彦暫輟部務，代臣數月。更念閣務煩重，首輔、次輔看詳爲急。其下諸臣，便可遣一人暫管樞政。臣更望當事諸臣，爲國家力圖大計，如謂關門一無足恃，便宜亟請皇上嚴譴愚臣，另選名賢，豈宜明知邊事之壞，而徒徇皇上之誤任，以誤天下。如謂年來稍有修備，頗可支撑，亦當念臣真病真苦，少加憐惜，不宜謂臣原屬自請，忍令溘死道路。夫臣亦何足惜，而天下當何如。且各爲大臣，俱有天下之責，豈宜待其壞而後治。臣非萬分病苦之極，力不能做一步，决不敢爲此言。總惟望皇上憐念而已。臣可任懇乞待命之至。

天啓四年五月初十日，自山海關上。

十五日，奉聖旨：「朕念卿久勞，甚欲召入。但以封疆倚重，卿威望播聞，布置規圖，灼有功緒。近因登萊傳報，方諭飭防。卿宜免留，慰朕東顧。徐俟召命，慎勿再陳。該部知道。」

論東夷假道西虜疏

□□□……火炮弓刀，粗有練習，而隨地鹽屯，粗有次第，至山坳海口，詰防倍嚴，款夷各歸信地，闌入必殺，狡奴尚在徂伏，而八部三十六營之撫款，幸已粗完，中外兵民粗覺安靖。據一時道將氣意，似静可以守，進可以戰。薊門一帶，該督撫條次戰守，便覺旌旗變色。頃聞登鎮總兵楊肇基率兵分防廣、長諸島，而平遼總兵毛文龍屢有斬獲，具言乘時征勦，視關門爲動定。臣頃亦遣將東哨，察兩鎮之情形，勘四州之地勢，酌屬國之順心，慰遼民之傒志，屢據偵諜回鄉探報，奴酋築舊遼陽，以防我北，中設降虜于蓋州，以防我南，屢以人多糧少，肆行殺戮，三月間，方得斗米一兩，而腹賊郎通事夜爲人斷其首。其猜狠日甚，獨佟養性信任頗專，外有李都司肆行殺慘，亦言做有西帽，而附奴之虜，如火兒趁，嘗與西虜仇殺。又據天啓二年正月原差出哨粆、宰二部通事唐應龍于本年五月初八日進關，具言虎酋之部長腦毛大聯絡粆、宰交好于虎酋，而舊督臣所用西僧久在黄把都營，今亦來言。先是，腦毛大領春賞，部夷亦曾具禀，言虎、粆交歡，意要討復舊賞。

夫虜如禽畜，順逆何嘗。嚮何以遠遁，今何以叩關，欲我收爲利，又虞奴借爲奸。然而東西情形，略可鈎致，至于奴酋假道西虜入潘家口。臣以爲，警備當嚴，業已再四申儆。臣所以驅撫塲于邊堡，不令一人闌入，正虞其爲假。然竊計西虜性貪力弱，未嘗不較利害于寡多，弱故畏奴狠而遠之，貪故戀漢物而近之。豈不知款之利長而賄短，款之數多而賄少，款之人衆而賄寡。又豈不知嚮來南北粆、宰之殘毒，必不可嚮邇。至諸大部，體大而與奴敵者，必不相下；其小弱而寡者，若易結。然部多而難合，奴之力必不能盡。其人恩之，又必不能盡其人，不順者威之。今虎酋于我受款甚恭，即兔酋時爲我哨，凡我所結以爲我親順者，奴必不能盡結；而奴之所欲結而不得者，我盡得收以爲聲。臣嘗謂西虜力不能爲我用，而必不肯爲奴用，非爲我也，自爲也；西虜雖不爲奴用，而我亦猝未得其用，非爲奴也，自爲也。如謂奴酋借道于西，則歷歹青、拱兔諸部，而察罕八大部當其後，哈喇慎三十六家當其前，兼以粆、宰伺其旁，而哈部數衆勢分，偏結之不能，而合敵之，猝未易逾。且假衣假道，必不能傾巢而來。一過大凌河，而我之哨探先明。目今遠哨日在廣寧，而近者大凌河之截殺正以安于子章之哨。令眼目分明，即寧遠哨營已安連山，而大凌河以西，日有聲信，倘賊一入紅螺，則我之大兵當綴其後。夫賊所以入潘口，誠如聖諭，志不在小，此豈二三千人可行。如其傾巢以來，又豈肯假衣冒，越山險，入不測之部落，而令大部仇部在其後，以交受我之掎角。竊計奴酋狡而計穩，其志不小，則其來必不敢冒險而犯大忌。該臣念皇上方據邊報，飭厲邊臣，臣敢預計其來不來，以玩軍心。正謂虜蹊潘口，必令摧折，且春間有喜峰口之傳，中外忙亂，而語急亦急，語緩亦緩。又恐關城謂虜蹊他道，便可緩防，以中聲東擊西之計。蓋西虜之跳梁，自當設防，薊門之警備，自當嚴切，不必待東奴假道，而急之則忙促莫計，緩之則玩愒如嘗。

伏讀聖諭，嘉毛文龍之功，實挫賊鋒，其復遼之基，端在斯乎？夫舉世不言復遼，獨我皇上自爲社稷遠計，不忍高皇帝百戰土宇，頓壞于逆賊；而舉世要省兵省餉，我皇上特敕各該衙門接濟文龍。臣以爲此恢復之大機也。

臣念逆賊天怒人怨，自當殄滅，而有錢糧工料，則有兵馬，有兵馬，則功立奏，然皇上東顧憂勞，惟虞奴酋之來。臣以爲，從古夷狄之患，未有合天下惴惴日虞其來，而祇退祇守，可以長久無患。蓋戰守唯此兵馬，我不可往，如何能禦其來，我不能禦其來，如何令賊念我之怕其來，遂憐而不來。凡事有機，時有會，事與時會，便自可圖。夫文龍既可以挫賊鋒，是賊之鋒固可挫也。天下更無挫賊之人乎？古稱無恃其不來，當有以待其來。臣以爲，無怕其來，乃可以待其來，而欲無怕其來，當無怕其往。方令楊肇基以大將統兵幾何，而毛文龍糧餉不繼，薊門之修守了無工料，即撫賞之錢糧未發，關城舟車未全，馬匹器械尚少，而錢糧□□□屢奉明旨，該衙門未見措辦分毫。然而一時人心既奮，兵氣既揚，倘悠悠泛泛，回響之口急則急，同鄉之口緩則緩，其有濟乎？

伏乞皇上酌發帑金，以濟然眉，仍敕各衙門同心體國，該部速定大計，各就其所不足，而一一給發，令文龍可以牽其後，肇基可以擊其肋，馬世龍等可以分路擊其前。以皇上聖神文武，自爲憂勤，而又得合群心，以共嚮危邊。賊將惴惴于我之往，而我何爲惴惴慮其來。不然，事久變生，師老財匱，即賊終世不來，而天下亦敝。況賊之道不必假，而來不急西乎。是惟望皇上定之以斷而已。臣伏病，從鎮道集議口授，更人語無倫次，臣可任激切待命之至。

天啓四年五月十二日，山海關上。十六日。

懇恩放免疏

少傅兼太子太師、兵部尚書兼文淵閣大學士、督理軍務臣孫承宗謹奏，爲病苦阽危，勢急情切，懇恩放免，以重邊防事。

該臣以病苦乞骸，舉兵部尚書趙彦代臣，荷蒙聖旨：「朕念卿久勞，甚欲召入。但以封疆倚重，卿威望播聞，布置規圖，灼有功緒。近因登萊傳報，方諭飭防。卿宜勉留，慰朕東顧，徐俟召命。慎勿再陳。該部知道。欽此。」臣可任感激，可任惶悚。獨是臣所以舉尚書自代，實關天下安危大計。即微臣言，尚書亦且請行，皇上敕尚書暫輟部務，一閱危關，必有嘉猷，以裨實政。仰誦天綸諄切，概未及于所舉，或以臣病中恍惚之言，不足憑信。然此實臣居平意見，以爲可任大事，病極而發，非病中之言也。諸臣不念臣病，必念天下，當自爲皇上明言，臣姑不敢再申當代之意。

竊念臣一介草茅，仰依日月。皇上倜焉東顧，以督師付臣，臣即捐糜（靡）此身，何足仰報。假令心思力量尚可馳騁，却敢計勞逸，計久近，計中外，不病呻吟，妄自推諉，即皇上不重加譴誅，將九廟神靈必立予隕滅。臣今病苦極矣。臣于抵關之冬，一病幾殆，其後無月不病。近從寧遠回，遂成廢病，偶一清醒，便思料理公事；纔一動念，却又心意煩亂，昏暈顛倒，家人扶掖涕泣，日食粥一盂半盂而不化，且手足俱廢，展轉需人。祗今四月，軍餉尚有未給，而錢糧工料，動需千萬，非豪手，不能充見在之需，非大力，不能減見在之額。臣欲内同朝議，而真見其不可頓減；欲外奉邊人，而真見其無能頓充。當是時，四顧躊躕，即不病，亦死。所謂少不如人，而况既老且病。夫原野之謀，低回床下，英雄之智，區畫病中，無論廢時失事爲邊方患害，即久衰沉病，伏枕杜門，何以彈壓將吏、威懾夷狄。前遣諜入賊地，頗聞賊一一索此中動定，以臣病苦若此，必且遺笑夷狄，謂中國無人。臣嚮侍講筵，日在臨照，不獨臣之迂拙立見，至其鬢髮凋殘、形容枯槁，當雍容旂厦之時，已見衰遲。况年來所居何地，所值何時，所當何事，而抗顏冒任，已逾二年。目今才略日減，衰病日增，臣即不惜以蝸枯爲天下笑，而本欲酬恩，番成誤國，即臣何以自解。近東夷尚在狙伏，而八部三十六家撫款且竣，一時鎮道殫竭心力，訓練精嚴，獨軍需未充，倘得給發數十萬□□□……

奉聖旨：「朕昨據邊報，申儆飭防，知卿嚮來自有籌略。覽奏夷虜情形、防禦戰守等事，卿謀周萬全，朕何難裁斷。內外各衙門當協心奮力，共圖大計，蚤奏成功。其前後所請錢糧、工料、器械等項，一面作速措給，仍將解發完欠數目開奏。日來卿屢陳懇，朕已慰留，尚望勉抒壯猷，用付倚任。該部知道。」

與各衙門協力奮力疏

少傅兼太子太師、兵部尚書兼文淵閣大學士、督理軍務臣孫承宗謹奏，爲仰承聖斷，亟與內外各衙門協力奮力，以共圖大計事。

該臣念奴酋之亂七年矣，天下無一人不欲雪耻除凶，報萬姓之仇，復兩河之舊，然而老成持重，英鋭低徊，即臣躊躇于此三年矣，豈盡忘仇忍耻、苟且便安。誠念心不一，難與共計；氣不振，難與圖功；具不備，難與定謀；機不起，難與乘便。天下固日虞邊臣輕擲漫嘗，而邊臣亦何敢當數衄之餘，持破斧缺斨，以嘗狡寇。年來奉諸臣之教，凡所爲指摘臣者，臣得執以指摘道將。諸道將以必爲之心，奮有爲之氣，訓練綜核，迄無遺力。頃仰承聖斷，敕天下協力奮力，共圖大計，蚤奏成功。夫共則其力合，蚤則其期近，然必曰謀周萬全，是豈一材一藝之長、一手一足之力，故在内外各衙門協力奮力。此我皇上聖神文武，仰符我祖宗開天闢地之鴻謨，所爲振起頽靡，以靖亂寧人大略也。

諸文武將吏奉聖諭，隨詣臣邸，出所計畫十二車營，據所已練，繪圖貼説，其另具一册，則車營所需軍實，除分布關城内外信地、兵馬不可移借者，不敢擬爲車營之用。止據見在車營應用者，算爲實數。總計馬步二十四營，合爲車營十二，外有前鋒、後勁馬步七營，合用馬步兵丁九萬二千八百五十六名，内步兵四萬一千八百五十六名，通融俱足。其騎兵五萬一千名，除見有三萬五千二百一十一名，尚少兵一萬五千七百八十九名，内除密雲、通鎮及東協願整馬兵聽用，共可得五千餘名，而尚少兵萬餘人。議以見今催取七鎮更番之兵一萬二千，而内有遠不及事者不算，外約可得萬人，以借爲聲援。

臣猶記初抵關門，衆議調西兵八萬，總兵馬世龍定擬三萬，以預今日之需。當是時，人情洶洶，即立調十餘萬，無可阻攔，而計費計時，止調今數。蓋以今日之苦于多費，則臣之議長；而以今日之苦于少兵，則鎮臣之算遠。然九邊一體，豈敢盡空精鋭，以事一隅。而又念一隅，勢不可緩，不得已，姑括關内外應用之兵，以成大勢。仍議以臣所調一萬二千，原議定年半或二年更番，以恤久戍。計今期已及瓜，例該更番，特差官具安家銀兩，行各該督撫衙門，照原定各標下漢夷家丁，速簡精鋭，各具器甲，定以各鎮總兵下中軍坐營，同所指名調用，各官繇邊路統領前來，定限八月十五日以前抵關交驗，不許議留，以啓規避。蓋中軍坐營，力能鈐束其人，而自爲統領，必不敢以頂替塞責。其有濫充違限，及道途生事私逃者，罪坐統領官，定行梟首以徇。仍行該督撫衙門查各故誤兵官，坐以軍法。此中原調兵丁，即在九月可回。臣念諸臣誼在急公，而又屬應代之兵，自宜量爲速發。其騎兵十九營，合用馬六萬三千六百一十三匹，内正馬五萬一千匹、馱馬一萬二千六百一十三匹，除信地部營不可移借者，見在馬二萬六百二十四匹，尚少馬四萬二千九百八十九匹。内除密雲標丁有二千四百，而三協可調三千，通州已調一千，及見行催取七鎮更番之兵，可一萬二千有奇，合之得一萬八千四百，而前所乞帑銀及户部補還等銀共三十萬，可買馬一萬八千，已分派各營分投置買。合之共得馬三萬六千四百，尚少馬六千五百八十九匹，擬于京營量選三千五百，太僕寺量兑三千一百，則馬可充用。再合各營所需細大之數，約可七十餘萬件，而見有見造，及力可置辦者，俱兩道分任，總兵官逐營填實外，其置辦凌雜，約用銀六萬有奇。而騎營騾車二百四十輛、車騾及馱炮騾四千八百頭，馱大炮駱駝七百七十隻，約用銀十萬兩有奇，而行駐諸費不與焉。他如少鐵盔二萬一千九百九十六頂、鐵甲二萬一千三百五十副、臂手一千副、腰刀三萬把、大稍弓一萬四千張、大箭二十萬枝、三眼槍一萬零二百五十六杆、鳥槍二千四百七十二門，并藥袋弩三千張、弩箭十萬枝、鉛子三十萬斤、西鐵二十萬斤。此須該部亟爲擇精好堪用者，照數給發。該經管員役，無得以朽鈍充數。其各鎮統領更番兵丁官，在宣鎮則龍門參將馬士林、洗馬林守備孔登科；在大同鎮則陽和撫夷游擊樊應龍、鎮川守備甯寵；在山西鎮則馬站游擊王秉忠、標兵守備袁澄、草垛山守備楊文謨；在榆林則清平參將趙大允，警邊守備左光先、柳樹澗守備李元彰、鎮靖中軍何逵、内丁千總楊名、正兵千總李廷宰、延安千總孫宏業，而原任寧塞參將艾穆、原任榆林坐營陳維翰，俱堪調用；其在寧夏鎮，則廣武游擊拜世龍、加銜都司周思堯、平羌堡操守趙有穆、正兵把總陳學紹、奇兵千總王良翰、千户王廉、百户戴三才；其在固原鎮，則左營游擊周一新、坐營陳九禮、管局指揮楊俊英；其在臨鞏鎮，則舊洮州守備蘇固；其在甘肅，則鎮番參將官惟賢、大靖參將張爾奇、甘州備禦李承勛、紅崖子守備王之屏、土門守備金友義，而原任下馬參將張鳴鶚，俱各量帶家丁，星夜統領更番兵丁前來，以聽部署。臣所指調，俱夙號精健有膽略者，而多在千夫百夫之列。念各該撫鎮恨不得同來戮力，自不慳于發此數人也。至于薊門諸健將，容臣隨時調取。

伏乞皇上自爲社稷大計，無徒拘臣以名，而不予臣以實，立發帑金二十四萬，以應必不可已之急需。其行營之費，容臣另計。仍乞敕該部及内外各衙門，念君父之憂勞，痛生民之困苦，七年逋寇，何以殄殲，千里封疆，何以恢復，必且以憤殺奴酋之心，急于應臣，措辦即爲措辦，給發即爲給發。且車營十二，兵不滿十萬，非敢多索不可繼之數，示天下以難供。而逆奴當天亡之會，人心有共奮之機，即毛文龍亦言乘時爲計。蓋鎮道嚮臣曰：「日可延挨，機難我待。」臣即衰病已極，未嘗不悚然驚骨也。前以茅元儀募船南直，似幾就緒。適值地方紛亂，臣閲邸報，殊切驚心。及在内各該衙門，屢奉措辦明旨，未見分毫，而至以臣算作見有之數者，姑爲語應。豈其忍不念關門非一家之事乎？臣原擬計算明白，恭詣御前，仰懇天恩，救此危疆。衰臣衰病，不能動移，獨有伏枕涕洟。據鎮道所計，懇同官以請。蓋車營完成，便可進圖大計。臣即衰病罷免，無人不可有爲，如百一不備，即有名賢勝臣十倍者，進不能戰，退何以守。況以臣之衰病，即永錮千百，寧益秋毫。方今忠直盈庭，名賢在列，必且仰體聖懷，協力奮力，以共圖大計，期于蚤奏成功也。臣可任激切待命之至。

天啓四年五月二十五日，山海關上。

二十九日，奉聖旨：「覽卿奏并車營圖册，具見壯猷成畫。内外各衙門，當念封疆，共圖濟事。這原議各鎮更番兵丁、坐名統領各將，及兑用馬匹盔甲器械，俱依限照數，作速督催給發。帑金匱乏，念卿所請，關係緊要，搜括别項銀兩，凑發十萬兩，餘着户兵二部同區處，一并解給。該部知道。」

孫承宗集卷三十三

前督師奏疏第十

乞回籍調理疏

□□□……君父，試計臣三歲四防，所與共鞭弭于行間，則經督去者二，巡撫去者七，各道兵備去者十有二，而廳官五六輩已數易其人。然皆材局明茂，支體健强，又皆地方應久任之官，而相繼以事去，或病且死，獨臣以迂拙衰朽，忍死馳驅，實不圖延挨至今。假令腹仍有韜鈐，身仍有力量，百凡凑手，何敢不集天下群策群力，爲朝廷竟此一事。日今衰病相尋，識力盡窘，臣之身既苦此病，臣之病更苦此身，欲爲而不能，則病足以掣臣之肘，當爲而不得即爲，則病臣又足以掣邊人之肘。臣既念賦材譾薄，即身無分毫病痛，原不宜强乘；更念身負沉疴，即地方無可托之人，亦不能强支。遒今既衰既病，地方既已得人，當此時，留臣一日，不獨苦臣，實苦地方；放臣蚤去一日，不獨臣脱地方之苦，地方亦脱臣之苦。臣之苦，何足言，而地方之苦爲大。

伏乞皇上爲封疆大計，憐臣真病真苦，必不能擔任封疆。且新撫臣十八日到任矣。壯猷大略，駕輕就熟，自無庸病臣也。准臣回籍調理，庶不至掣肘邊臣，以誤大計。竊意狗馬力微，既注存于豢養，豈蓋帷恩厚，獨概靳于首丘。伏枕流涕，惟有懇同官念封疆大計，爲臣明此病苦而已。臣可任懇切待命之至。

天啓四年六月十五日，山海關上。

二十一日，奉聖旨：「卿莅關累歲，閲歷四防，勞苦功高，時切朕念。但封疆重寄，調度方略，賴卿壯猷。新巡撫官受事，正宜商確籌畫，豈可引疾求去。秋防况復届期，還着鴻臚堂上官一員前去宣諭朕意。卿宜勉留，副朕倚重，慎勿再陳。該部知道。」

恭慰聖懷疏

少傅兼太子太師、兵部尚書兼文淵閣大學士、督理軍務臣孫承宗謹奏，爲恭慰聖懷事。該臣于本月十七日閲邸報，有文書房傳出聖旨：「皇子于天啓四年六月十四日未時薨逝，合行事宜，着懷冲太子例行，禮部知道。欽此。」臣恭讀，不勝驚惶，不勝痛悼。伏念臣遠在邊關，不知中朝事體。前讀天綸，知皇子服藥，中心懸懸，方遣官探聽，隨見邸報，不知皇子何疾，遽爾薨逝。凡在臣民，無不悲痛，不知聖心何如慟切，聖懷何如憂鬱。但念聖齡方茂□□□……

乞防大臣倚附中官疏

少傅兼太子太師、兵部尚書兼文淵閣大學士、督理軍務臣孫承宗謹奏，爲忠言當聽，亂政當裁，更乞嚴倚附之防，以杜亂源事。

該臣于六月朔日，從病中閲邸報，見憲臣楊漣劾司禮監魏忠賢二十四款，又見大小九卿科道等衙門都有參疏。我皇上雖概賜優容，而群情日紛。臣既到邊方，便不知中朝事體，至宮中邃密，更無繇聞。近據諸臣條奏，臣不知果否真確。但楊漣繫以小臣，承先皇帝特召，與聞大命，其心自是公忠，其言自是當聽。且大小衙門人人有説忠賢，必不得抗此公議，仰怙天慈，自容左右，以自深其禍。即我皇上神明聖斷，爲宗社生靈之主，必不可爲忠賢一人，以失百官萬民之心。臣仰讀天綸，念及孤立，極知忠賢保護聖躬于龍潛之日，我皇上不忍遽爲割斷。但我祖宗法度嚴明，即我皇上尊爲天子，亦在祖宗法度之中，有功不得私抑，有過不得私護。目今條奏重大，法度難容，且東廠係多事衙門，易生事端，合無姑令忠賢解去廠務，退處私居。仍令客氏屏居于外，其保全自大，更覺禁秘清嚴，宮府和洽。我皇上精明剛斷之體，真可對天地，對祖宗，以下對百官萬民，何至委屈調停，既屈于公議，却護于私情，以萬乘之尊，不身爲法度，而望臣下曲法，以體不得已之心。臣嚮在講筵，見忠賢心地亦似明白，豈其不自省念，甘冒法名，爲自己一人，致皇上盡斥滿朝大臣，尚可以存一身者。即諸臣爲忠賢深念，亦不可不爲忠賢別白。至于内操一事，忠賢極惹患害。臣不知皇城有兵何用：如欲防内患，則内兵便可爲患；如欲防外患，則内何必有兵？蓋外有兵戈，此兵未足相當，如此兵有變，肘腋之間，更有何人爲防。往時曹吉祥引兵攻長安門，今日豈可令門内有兵。即如去歲劉朝典兵發去南京矣，何不就從兵營發去，却先遣朝赴闕，解其兵柄？此便是怕其統兵，未敢輕動。臣念此處朝之法，即怕有懷朝之意。我皇上神明天縱，豈可因循不斷，以蕴釀孽芽。昔我太祖高皇帝、成祖文皇帝，南征北討，平定四方，其兵馬衹在邊方，衹在營侍衛，諸兵之外，更不置内兵一人。獨武宗毅皇帝好游好兵，以内操引外肆家，幾亂天下，未幾，聞言而罷。我神祖皇帝初年亦曾一行，旋以群言報罷。如果内兵當設，我祖宗百戰而有天下，肯不預先立法。即在廷諸臣，誰不願計安宗社、保護聖躬，却自人人不願有内操。臣爲皇上治兵于邊方，欲將廣兵多，以靖天下，豈敢先求減去内兵。臣願皇上姑輕處其人，早爲退罷内操，以全其潛邸之勞，不願重怒其罪，却優游不决，以重其避禍之心。臣又念滿朝紛紜，其所可憂，似不獨在諸臣所盡言，而尤在諸言所未盡。其盡言者，如忠賢不退，衹足以膏皇上斧鉞，而傅繼教輩，尚不足辱諸臣抨彈。其未盡言者，如所謂内授而外發之，外呼而内應之；又如謂人不得用，事不得行，衹説内邊不肯。

臣遠在邊方，未悉就中機局，如少知一二，便當爲皇上明白具奏。臣聞忠賢不識文字，正恐有用忠賢者，如御史所云，借以濟其所欲爲。而諸臣未盡之意，似有大臣言。臣合爲中官用，而實合以用中官者。蓋天下大患，莫大于大臣附中官，以行其私，其身遂爲中官用，而不能持；又莫大于言官結中官，以成其黨，而其氣遂以中官張，而不能下；更莫大于大臣内結中官，以窺伺上意，外結言官，以挾制衆心，而大臣之勢重，言官之黨合，其盤據之根深，其摧折之力大；又莫大于言官内援中官爲竈媚，外奉大臣爲神師，肆行搏擊，謬相引援，以黨同伐异，令中官之愚者，誤認其言以爲公，而實以成其私，即中官之巧者，特從其請以爲人，而實以自爲其身。蓋天子之勢尊，而中官日在左右，凡結中官者，衹欲憑藉天子之威靈，以行其私。故其奉中官甚力，而上得天子之寵眷，下得百官之逢迎，故中官日恣，而曾不知天下有可畏之名法。此豈獨中官之罪。更大臣嚮在内閣，曾請嚴宫禁，請停口傳，概未仰蒙採納。時有顧思忠疏，請招兵三萬，口傳催票，下部速行；有陳居恭疏，請臣出總督，另以一人掌部，口傳内閣主持。近在邊，有傳總兵官一人當换，而同官聞于臣，然臣止據事理裁應，絶不照管，亦不猜疑。或以爲此俱大臣借中官挾臣也，臣俱未敢應之，而迄今尚未見有别患。語云：「無以外議内，無以疏議親。」臣今勢疏處外，何敢言内言親。然中外不應，未可成功。臣頃謂邊人曰：「願中朝以殺奴酋之心，急以應臣；勿以殺臣之心，緩以釋奴酋。」臣之心亦足悲也。臣于傅櫆，不識其人，乃其要明白交結内侍之人，似亦當然。櫆之意欲自明，而臣欲明天下。臣又詳言者未盡之意，似謂云其所藉則藉之，黨自解。臣猶恐藉之，黨未明，而先爲所藉者合局，使焦芳之透瑾，戴縉之稱直，交相爲難，而天下之大患以成。

伏乞皇上以精明立剖，無以濡忍傷斷，即進言諸臣，便可明白具陳，勿令門生宰輔之議，混淆名賢，而盤據根株之禍，蔓延海寓。臣可任激切待命之至。爲此具本，專差指揮楊松正賫捧，謹奏聞。

天啓四年六月十六日。

恭謝天恩疏

少傅兼太子太師、兵部尚書兼文淵閣大學士、督理軍務臣孫承宗謹奏，爲恭謝天恩事。

臣以病極，乞恩允放，荷蒙聖旨：「卿莅關累歲，閱歷四防，勞苦功高，時切朕念。但封疆重寄，調度方略，賴卿壯猷。新巡撫官受事，正宜商榷籌畫，豈可引疾求去。秋防况復届期，還着鴻臚堂上官一員，前去宣諭朕意。卿宜勉留，副朕倚重，慎勿再陳。該部知道。欽此。」

七月初三日，有鴻臚少卿王守謙奉命抵關，臣謹預設龍亭于廳事，隨扶掖俯伏，恭聽宣讀。臣感極涕零，不覺昏暈移時。一時文武百吏無不感皇上深恩，憐微臣病苦，謂皇上特重邊防，恩禮深重。臣醒來，自揣恩愈重則身愈輕，病愈深則才愈短，不知此生何以仰報天恩于萬一。伏念臣本以書生，待罪翰林，原不知邊方大計，兼以年齒衰殘，出當紛擾，病是真病，苦爲極苦，過蒙皇上高厚，敢有一字推托，以甘殛遣。總之，此中事體，粗有規模，一得錢糧凑手，不必待臣可爲。如軍需缺乏，道將束手，即臣之不病，亦無能爲，而况于久病。目今新撫臣有膽有識，可親可敬，其見地真實，不隨不激，真自勝臣百倍，一時鎮道歡然相得，以爲封疆之慶。蓋七年薊門，加以數年静觀，而天性忠純，幹局敏茂，故言言中窾，殆真可以了此者，臣已盡付全鎮事務，而稍持諸鎮之大凡，待其踏勘明白，更加商榷。惟望皇上憐念危邊，予以錢糧，便可放免病臣，以正首邱。臣謹俯伏叩頭外，仍具本稱謝以聞。

天啓四年七月初四日，山海關上。

初十日，奉聖旨：「覽卿奏謝，知道了。兵餉急需，已有屢旨，着作速給發，不得耽延。該部知道。」

兑寺馬疏

少傅兼太子太師、兵部尚書兼文淵閣大學士、督理軍務臣孫承宗謹奏，爲仍兑冏馬，兼借營金，再乞器甲，以濟急需事。

該臣以車營馬匹取給太僕寺三千一百匹，仰荷明旨，隨得太僕寺卿王之寀誼切急公，蚤爲給發，寺丞李瓚星速解運，交兑分明。其借兑京營馬匹原爲一時急需，可據見在爲用。今協臣肯以馬價應需，自是委曲，急公大誼，不效一等，以硬不相顧爲風棱者，邊人得此，儘可易買。但臣分派買馬人地，不獨本鎮將吏腹裏地方，即宣、大兩鎮各將吏，盡委曲托令市口易買。此五萬二千金，遂無可易買之地。而臣所計本鎮應買馬數，原待户部補還餉借之數。今户部未即補還，而事在急需，遂將京營馬價借爲本鎮應買之馬價，目今户部固未有補還者，即有補還，便亦無從易買。臣查太僕寺馬數尚多，且年分有久者，新馬至無可分寄，合無仍令該衙門解兑四千匹，不獨邊城得應急需，而寄養之馬不至久積，寄養之户更得寬然。其京營五萬二千金，已借爲關門應急之用，待關門有别項錢糧可抵者，仍還京營。臣意諸臣念邊事緊急，以仰副皇上共圖大計明旨，必不忍堅不應臣也。又據都督黄明臣領銀十萬兩，買過馬四千九百六十六匹，據各該鎮道估驗删駁，計等定價可七萬九千四百二十五兩一錢二分，其存貯銀當有二萬五百七十四兩八錢八分。即該督極口稱苦，宣鎮撫臣亦咨稱其勤苦，委無虛冒。然何得止剩銀八千四百五十九兩四錢，而并不照臣删駁之數自爲開銷也。臣已咨兵部酌量銷算，其餘銀仍可爲關門之用。至于工部器甲等件，原再四斟酌，件件必需之數，今該部未量緩急，概給一半。夫使一半果足，則臣所開其原數將爲罔乎？該部雖許待皇上視學後給發，自非再徼明旨，臣何敢復瀆，以取厭薄。

伏乞皇上俯念邊需至急，憐病臣迫切情急，敕太僕寺仍解俵馬四千匹赴關應用。其京營馬價，准臣暫借濟急，待别項措辦銀兩抵還。而黄明臣之馬價，該部急爲酌量算明，仍爲關門之用。工部器甲，仍准如數給發。臣可任激切待命之至。

天啓四年七月二十九日，山海關上。

八月初四日，奉聖旨：「覽卿奏，兑馬匹，仍着太僕寺照數兑解。京營發去馬價銀，准借用黄明臣買馬。剩銀何得不照删駁自行銷算，着查明解關。器甲等件，着照開來原數給發，毋誤急需。該部知道。」

懇恩罷免疏

少傅兼太子太師、兵部尚書兼文淵閣大學士、督理軍務臣孫承宗謹奏，爲衰病已深，懇恩罷免事。

臣病不登廳事者已六閱月，而年來乞骸者十餘上矣。仰荷天恩，遣官宣諭，飭以秋防在即，撫臣新任，于時聖衷未懌，臣忍死未敢煩瀆。歷三月以來，撫臣遍閱三百里情形，頓悉戰守大略，至一言定粆花之賞，裁革二十三萬，而無敢挾逆奴，以逆我中行，則撫臣之狀猷大略，百倍于臣，而虚明易直，時顧臣于邸。臣于七月終旬，稍覺强食，遂于八月朔日出詣撫臣，面確車營水陸將領，隨遣一牌以遍歷喜、潘、石、古諸關隘，以仰承嚮來聖諭戒嚴。至以次日出關晤撫臣，及鎮道于一片石道中，因相與念師行糧從，餉既不足，而器械不能得之于中，兵馬不能得之于外，如逆旅畸人，計無復之，遂踆巡而别。晚抵一片石，復與鎮道諸臣同餐罷去，而臣遂死于床者竟夜。若自見其軀之僵卧，而燈火熒熒也，殈血淋漓，手足仍廢。蓋臣于關門爲家督，時爲析薪，時爲數米，既以呼天，既以乞鄰，乃若天不能私庇于福，力所不勝，而鄰人且訝爲無厭，則臣之仰負天恩，命實爲之。目今秋防料可無事，撫臣綽有擔當，諸部鎮道臣相與同心戮力。臣之去，固甘心，死亦可瞑。

伏望皇上俯念狗馬病臣驅馳已歷三年，略加矜惻，放臣歸里，以正首邱。臣可任懇切待命之至。

天啓四年八月初三日，一片石上。

初七日，奉聖旨：「昨宣諭官還，知卿起居平善，朕心甚慰，何又有此請？撫臣猷略足任，正賴卿訏謨决策。覽奏，知商榷營務，遍閱關隘，未免過勞。還望卿倍自珍重，保衛精神，主持大計，用副中外倚望之重。該部知道。」

更省失期軍需疏

少傅兼太子太師、兵部尚書兼文淵閣大學士、督理軍務臣孫承宗謹奏，爲更省失期，軍需宜蚤，懇乞責成該部，以重兵政事。

臣忝冒政地，奉命督師，寧惟有司細瑣，不得下親，即六卿督撫之事，亦不得旁及。其于兵馬錢糧器械，自宜各有司存。今且沿門持鉢，時遭呵恚，索之廠庫，則工部日重根本，索之他鎮，則兵部日各重其根本。明旨責以措辦，既不能得，而帑金之發，隨手以應餉借，甚至更番萬餘人，以少應急需，而無一應。初一榆林也，既而遍西鎮矣，既而宣、大亦稱急矣。兵將已齊，而一聞當事之意指，遂相視而不前。即他有未調者，輒預屬邊人曰：「勿借我兵，勿借我器械。」又聞京師當事之言曰：「兵馬糧餉既足，渠便胡做，不如許而勿即與，直以文移往復命之。緩不及事，便可軟困之。」臣以爲，此忍人也，世寧有此，而繇今一二事觀之，殆亦近是乎？危疆勁敵，即諸將吏官此者，歷三年而始定。其安居他鎮者，何苦以身試艱難之會，正恐皇上明旨不能得于天下，而天下不能無事，將後日無復可遵之明旨，亦足勤當事之憂也。或借此以擠腐儒于險，而他在宇下者，自爲供應，則天下或可爲，而此時此地，亦何得不念臣病極矣。即此七鎮之兵應，而不即應，一文移往復，而事機頓失。計病臣支離之骨不窮于公法，必窮于私劍，唯願皇上矜惻而已。至于奉旨准給器甲，則兵工兩部當專委司官，務擇堪用者蚤發，勿致天語森嚴，而各役泄泄，緩急不適于用。頃臣遣兩主事催取，前奉旨軍需，其囧馬營金蚤至，而器甲尚自杳然，兩主事已抵關矣。再奉明旨，應給器甲之數，當令職方司方孔炤、孫元化、虞衡司、徐在，中門洞開，急爲關門一督催發運，而太僕寺之馬、黃明臣之馬價，統在識方督促，令寺丞李瓚或他官如瓚者，作速解運，勿以遠年老弱塞數。仍望該部念關門係朝廷公事，不係邊人私需，勿仍令如各鎮以往返文移做成耽延套格，即批駁一荒徼之閣臣，何足見風棱，而耽誤及衝邊之軍務，寧不傷天理，願急爲之，無令南指空嚙，而無衣徒賦也。臣即填溝壑，諸臣尚得借手。臣可任激切待命之至。

天啓四年八月初十日，一片石上。

十四日，奉聖旨：「覽卿奏，關門兵餉器甲，俱係急需，何得延□□□……」

概叙非宜疏

少傅兼太子太師、兵部尚書兼文淵閣大學士、督理軍務臣孫承宗謹奏，爲督師未效，概叙非宜，懇乞鑒愚衷，以憐衰病，以明政體事。

該臣以章句腐儒，謬承簡任，仰荷皇上高天厚地明恩，于凡慶典大頒、歲時大賜，盡比同官，概從顯被。自念臣參與大政者五月，而實録、玉牒曾亦與聞。仰念皇上不欲置臣邊徼，故靦然冒受隆恩。近見同官魏廣微憐臣病苦，有疏或亦明臣原無覬覦邊功之心，而世人不諒，將疑廣微爲臣干澤，豈惟不悉微臣痴愚肝膽，將同官之意亦晦。近登撫慰兩總兵叙捷，而冠臣于首，蓋循叙捷常格，既未量兩總兵之捷，不宜及臣，而又未量臣之待罪政地，不宜入叙。果如此例，則是皇上猶不欲弃臣于邊徼，而諸臣已視臣爲外吏。臣即菲劣乎，尚猶稱帷幄之臣也。顧盼博矍鑠之名，將下同于新息；中書蒙兜鍪之誚，更見鄙于前臣。然則同官之疏真爲臣干澤，而臣之一身，既以出外之臣，冒内恩，又以在内之臣，干外捷，臣亦有心，顧何以自忖自對。且臣初入政府，輒有重武之權輕文之罪一疏，假令罪叙從輕，功叙從厚，則與人同功，不與人同罪，而以無罪之著，起徼功之念，必將枯萬骨以博爵名，而不顧事機，不念家國，鄙夫之意願難盈，封疆之大患立至。是臣之言，不獨爲脱罪之階，而抑且爲冒功之地矣。臣病苦已極，見今月餘來，偃卧一片石關，自覺無一事。蓋訓練在鎮協，造辦在道府，而督撫提綱領于上，臣始得就閣臣督師之體。蓋不獨衰病當去，而事體既明，秋防又竣。臣頃謂鎮道諸臣曰：「早知徼天之幸，歷此五防，必不肯以腐迂願效驅馳，斯已可以明臣抵關之意矣。」

伏乞皇上憐念微臣原屬親近，嚮可以事方亟而來，今可以事有叙而去，予臣骸骨，以正首邱。臣可任流涕待命之至。

天啓四年九月初六日，一片石上。十一日，奉聖旨：「卿以輔臣督師，功捷自當首叙，且邊臣歸功閣部，從來已然。卿同官目擊忠勞，慷慨陳奏，深合朕心。覽卿奏，具見謙讓至意，朕知道了。卿莅關已歷五防，正切朕念。策勛有日，佇俟召還。該部知道。」

條叙各鎮文武大吏疏

少傅兼太子太師、兵部尚書兼文淵閣大學士、督理軍務臣孫承宗謹奏，爲條叙各鎮文武大吏，以飭邊政事。

該臣念今天下急在雪耻除凶，以圖恢復大略。而今且踆踆爲守，即守也，要謂賊來，而我能大創之，振積衰之氣，酬久憤之心，豈其狡虜狙伏，猛發有待，我即厲兵秣馬，未一試也。方虜皇上督責所不及，而敢踆踆侈談曰五防矣。然而地當凋㓕，經理爲難，凡百軍興，無非各鎮文武所瘁心爲應。且他鎮有春秋兩防，此無日不防；他鎮有東西分防，此無虜不防；他鎮有山海各防，此無地不防。夫體疲斯伸，氣乏斯呿，有恤勞也；沐斯彈冠，浴斯振衣，以圖新也。念舊勞以作新氣，自非拔其逸絶，以風群吏，而誰爲淬厲者。謹按年來徵兵調馬，借力九邊，其督撫鎮道，衆抱同仇之誼，人抒共濟之猷。獨以尋常防叙，未迄成功，不敢及也。又如臣節制所及，在五防之中，兵事相關，如順天巡撫升兵部侍郎李瑾，氣静謀深，闔闢隨乎變化；保定巡撫升兵部侍郎張鳳翔，壯猷迅略，中外藉以綏寧；天津巡撫升兵部侍郎李邦華，亮節雄材，文武惟其所用，凡皆内護外聯，隱然爲關城聲應，業承特簡，晋秩中樞，而李瑾當及時起用。又如新任巡撫保定右僉都御史程正己，以清通簡要，用其廉公，而静以馭囂，暇以治劇，不獨龍山馬水，呼吸渝關而安堂奥，以建威銷萌，自是神皋重藉。又如原任總督、兵部尚書令丁憂王象乾，東事方殘，兼程赴召，力辭内秩，獨解外勢，遂能聯諸部以就約束，而遠心大略，瀕行尤不忘粆、宰之未聯也，自是一時重品，而往來千里，閲歷四防，其功爲大。此當于服除，乃歸内曹，以圖九邊方略。又如原任經略、兵部尚書今在籍王在晋，心量確切，綜畫精密，當舉世縮足，而抵關于奔潰之餘，材甫欲行，時未及展，乃其確然必不可拔之氣，自是名卿，似當及時起用。原任遼撫、今回籍閻鳴泰，初以衆避難而推，後以難稍緩而去，歷兩防于艱難之會，力能料叢脞，清兵馬，壯年而鬚髮爲凋，其恢復自是狀猷，此當仍用爲邊撫。原任遼撫、今丁憂張鳳翼，受事八閲月，歷兩防，當警報訛傳，中外驚惶，而再清兵馬，懲前撫之去，以虚恢而言守，自是穩著，此當于服闋起用。原任薊撫、今回籍岳和聲，有志介，有膽識，孜孜肯爲，而雅欲鼓天下豪杰之氣，其根踪妖犯，自是有功，且閲歷四防，剿撫備苦，一時俱有升遷，而獨以言去，似當量加部銜，以酬其勞，仍當及時起用。原任登撫、今回籍袁可立，真誠有識，而汰浮節冗，條次海上之需，種種有度，其馭兩帥，備極苦心，已歷四防，以東功加侍郎，仍當及時起用。其見今莅任有如都察院右都御史兼户部右侍郎畢自嚴，懇摯真忠，沈雄大略，迹其操嚴夏日，籌析秋毫，殆置身利害之中，提意尋常之外，故豪爽抒其樸誠，而無念不精，有畫盡善，寧獨補内部匱闕，抑以壯邊城氣色，既勞且久，自合内召。又如總督薊遼、兵部右侍郎兼都察院右僉都御史吴用先，盡去機鋒，獨存實地，而兼才御衆，大力决機，黄髮識籌邊遠志，丹心披定世明猷，蓋肯與人同憂，而任安危于天下，寧隨世爲快，而置利害于胸中。巡撫順天都察院右僉都御史鄧渼，迅爽豪才，精明遠略，故當機能斷，遇物爲懷，最惡天下委靡脱卸之徒，而敏手快腸，挾以沈毅，獨能如高天大澤，超超于世情顧盼之外。又如巡撫遼東、山海都察院右副都御史喻安性，以迅敏用其老確，以精誠發其直捷，蓋七載邊籌，數年静略，直以吐納萬流，囊括群策，故甫建牙而兩河大略，遂悉于三百里情形，坐令三年不貢之驕虜入緣縱也。此三臣，任事方新，旌旗甫變，倘得議論不淆，錢糧稍湊，兩撫臣既分任薊遼之重，而督臣又能見剿撫以持衡，似當各爲加爵，以重兵柄，而去督師之冗，邊疆自是可定。又如山海鎮總兵官馬世龍，識力定當大敵，材猷允屬名卿，提十數萬人，條次五部三十營，事爲經畫，人爲振刷，水陸舟車，確有獨解，而十二車營遂佐古名將所不備，至其廉公有威，羞作婞阿，又近來武弁所未有者，宜量爲加級，以厲忠勤。山海右部總兵官王世欽，茂齒雄材，識能晰幾，而不佻不躁，以世將門風，而遇事詳整，氣義奮揚，合當紀録奬賞。山海左部總兵官尤世禄，樸率直腸，剛方正氣，大凌河之戰，力能奮臂當敵，以洗父兄之恨，已加實授。石匣總兵官孫祖壽，壯心勁氣，力當賊衝，能以八十騎入鎮，爲偏裨先登，蓋單刀直入，一介必嚴，已加實授。此二臣俱當紀録奬賞。三屯營總兵官王威，機以練久而圓，略以新發而快，其議論各有本領，而雅稱宿將。通州鎮總兵官張士顯，嚴整明肅，不畏强禦，而氣志沈切，今已議裁，似當用之邊鎮，以竟其材。昌平鎮總兵官白慎修，詳明樸謹，曾與之論兵事，質實老確，不爲支辭。以上三臣，俱當奬賞紀録。山海練火器總兵官李秉誠，提全鎮火攻之任，而詳慎精明，遂演成二萬餘人，隨城酌用，多寡器具，俱有成規，且高出瀋陽之功，以秉誠爲之，似可任用，以蓋前愆。保定舊總兵官劉國光，已經論劾，新總兵官蕭如薰，老成歷練，方在新任，年來徵調給發，俱應紀録。登萊總兵官沈有容，高明曠朗雅識，聯絡海上之機宜，其酌奇正于東西，調近遠于風汛，不復率略圖功，殆大將有局度者，以言及之而去，似宜起用之。閩、浙、登萊見任總兵官楊肇基，雄爽有大略，方以東功，視兵海上，而分兵深入兆島，近能會哨于覺華，便覺氣色飛揚，有聯鑣直入之深心，宜紀録以覲其成。東鎮總兵官毛文龍，以赤膽空拳，突立海濱，而力能聯屬國、集遺孑，以頻窺豺虎之群，儼然成重鎮于東江，自是奇男子，宜按其功捷，紀録優叙。以上諸臣，有嚮用方殷，無俟從旁之贊，或抨彈猶在，敢爲同异之辭。然而撫今念往，當風鶴方驚，寧復歲時之望，抑金戈日啓，無忘朝夕之憂，而兩歲苟安五防，且既無臬督撫之運勝籌，而諸元戎之驅群力也。伏乞皇上敕該部，隨地隨人，細爲酌量，應加升者加升，應奬賞者奬賞，應起用者起用，無以一事而廢長材，無以一言而遺大用，則豪杰無不盡之長，而邊鎮仰磨厲之大權矣。臣可任激切待命之至。

天啓四年九月初九日，一片石上。十六日，奉聖旨：「東防以來，先後文武諸臣，協力宣勞，忠勤茂著。起用、加秩、奬賚等事，着該部分別題覆。」

叙録部幕諸臣疏

少傅兼太子太師、兵部尚書兼文淵閣大學士、督理軍務臣孫承宗謹奏，爲叙録部幕諸臣，以飭邊政事。

該臣以天啓二年抵關，今兩年餘矣。行時荷蒙皇上敕臣以漢臣亮、唐臣度。臣惟亮以嚴致治，度以斷成功，然嚴豈專操，斷豈獨任，故兩師方出，法董咸翕，一心特奏，僉耆并效。即臣材謝古人，嚴不及亮，斷不及度，而借前箸于同襟，紓半籌于共募，固不敢偏聽爲棼，亦不敢信心爲愎。要以集思廣益，亮以爲嚴，并力齊心，度以成斷。祇今治未遽致，功未遽成，而外資僚屬，内資參佐，僇力間關，風霜爲瘁，要未可以臣之未效而概置也。

該臣從天啓二年六月閲關時，則有管山海關兵部職方司主事林翔鳳，而往來携行則有兵部職方司主事鹿善繼、中書宋獻。其以八月來督師，則善繼與偕。仍有原任職方司主事王則古、武庫司主事杜應芳、羽林衛經歷程崙，而宋獻以十一月至，監生茅元儀以次年八月奉旨至。其以二年四月從經略王在晉至者，則有職方司主事沈棨、舉人今以司務升職方司主事孫元化。其後則古本年以考察去，獻與元化本年以差去，棨以滿去，獻以去年十一月復來，以今年五月丁憂去。而臣所爲三年來朝夕與俱者，則鹿善繼、杜應芳、程崙，而守關則林翔鳳。

竊見主事鹿善繼，深識定力，曾不俯印世人，而裁謀料事，獨有遠心。蓋鳳翔鵬運，萬里寥廓，而腹背皆文，其隨營綜練、匹馬馳騁者三年矣，未艾而鬢髮皤然，殆知有朝廷，不知有身家者。主事林翔鳳率真任事，悉力籌邊，不獨關務井井有條，而鼓鑄之精、詰奸之密，力能隨軍實所需，而儲以佐用，自是實用之遠局。原任主事、今降經歷王則古，兩令臣鄉，戇直有惠，與其兄保定守，雅稱廉幹，能與鹿善繼擇馬世龍與儔伍。蓋當戎嚴之會，真心爲封疆大計者，似當還其官，以風曲學阿世之夫。武庫主事杜應芳，偉貌真心，長材大力，其查核備極曉晰，不欹不縱，而能開陳原委，即瘁病，不以苦辭，是當爲邊用者。中書宋獻，氣識超邁，而衷無他腸，與之爲籌略，能識其大，短衣單騎與二三幕吏備極艱辛，業躋清秩，而其志尚遠，其材足副之。經歷程崙，負材膽，抱韜鈐，能單騎，首探豺虎之叢，而亟稱趙率教、左輔爲可任，力能起臣于危邊。臣亟欲借爲倅，而本俸已深，其同儕之俸淺者，已有超遷，似當優异升擢，以償其材。監生茅元儀，臣少悉其祖父有文武略，及見儀所著書，更以衆薦异之。適議徵船浙、直，而諸臣薦儀，及馳騁戎馬，乃盡去游閒之氣，而募船置器，節縮可數千金。蓋心地通明，而約略其盛氣者，似當授清秩，以備帷中之用。主事沈棨，當戎嚴而從經臣，其于軍械，悉其委折，敝裘垢面，率僮僕爲鍜，至捐資建局百餘間，其深心不獨佐帷畫也。原任司務、今升職方主事孫元化，材可博一第，而以遠志從戎，跋涉海山，悉其機宜，其建臺北山，遂可防外嶺之内瞰。

以上諸臣，即材不盡同，而雅抱慷慨氣意，俱殫竭心力，以共圖大計，非戔戔畫諾筆舌間爲豪者。伏乞皇上敕下該部，分別材品，酌量優叙。内宋獻、林翔鳳、杜應芳、孫元化，俱以從戎超授，仍當紀録獎賞；王則古，當量復原職；程崙，當據其勞勩，酌其俸資，量加優异；茅元儀，當從修史部志，授翰林院待詔，例予以清職；沈棨，該省有清要之擬，而以言去，是當酌用，以盡其才；鹿善繼，當司户部，能力持金花，佐遼餉，而納履去官，其亭亭大節，不與俗同，既入職，方與二三同志盡洗中樞之陋，而口占手疏，以應邊急，及冢卿以北直銓部推，而善繼願辭以從臣于關，即三年來紆謀效策，雅不欲以抵關爲功名，臣亦不敢以勞謝。是在該部當有以待之，以風廉直勁正而抱遠猷者。臣可任激切待命之至。

天啓四年九月初九日，一片石上。

十六日，奉聖旨：「這部幕各官，才品勤勞，後先各着該部分别題叙。」

叙録餉司部臣疏

少傅兼太子太師、兵部尚書兼文淵閣大學士、督理軍務臣孫承宗謹奏，爲叙録餉司部臣，以飭邊政事。

臣聞荷劍之夫在沈博而精，持籌之吏在清嚴而恕，以精用沈博，故綜百萬如一人，而無敢爲嘩，以恕用清嚴，故推一人于百萬，而無敢爲冒，要以兵額定則餉清，餉額足則兵饒。然有兵調而餉匱，亦有餉裕而兵嚻，惟是兩清斯輯，一棼斯亂，乃若時當旁午，勢逼呼庚，而中澀不發，外借不償，垂橐相視，交謫方殷，枵腹環呼，大聲更緩，内責之清兵，而非其任，外責之乞餉，而不得專，故嚮之司邊籌者，難清而或傷飽，今之司邊籌者，難涴而苦調饑，蓋計析于秋毫，而衷歎于數米。

臣同諸餉司共苦仰屋者屢矣，僅就所見聞，爲皇上陳之。如山海關餉司、户部郎中、今升彰德府知府白貽清，創爲經理，精允詳確，而藹然春温，又懔然不得輕重。主事郭竹徵適當匱乏，百計分甘，而孤介有大節，重來解運，而人争欲留爲邊道。今任員外郎唐登俊，承兩賢之後，益自舒發，而舉念盡真，一錙必核。又如永平餉司、先任户部郎中、今升四川兵備曾紹芳，當紛紜之日，材周四應，曾歷秋防。今任户部郎中周之夫，孤介廉公，而落落穆穆，不可喜憎。又如密雲餉司、原任户部郎中、今升山東副使王繼美，執志嚴决，意不欲費一錢，故力能不爲主兵者所喜，其所上不宜名爲節省，而或不得加以剋削。又如密雲餉司主事胡一龍，清慎有爲，而以恕用嚴，三軍有挾纊之思。又如薊州餉司主事霍允猷，精詳簡定，不爲矯刻，而風棱自峻。又如昌平餉司郎中蕭思似，精謹而心計獨析，惟執平以應，故嚚悍嘗平。又如天津餉司，舊則于緯之詳慎，今則何意之精切，俱當大賢任事。時兵有制而不嘩不逋，亦足以覘該司之心籌矣。通州餉司，前則區龍楨，謹細深切，即當庾廩爲匱缺，而用必其妥；今則李長春、沈毅淵，博不以持籌爲末略，而事求其確。易州餉司隋不矜，力毫而心細，故事不率略，而能彈壓爲清，臣以羈馬門關，未得巡歷各鎮。以上諸臣，獨關門之行事爲悉，而永平如在同城，餘則多未識其人。獨其行事頗有習聞。總念五防以來，兵無定額，倏汰倏增，而方虞空匱，更苦紛囂。諸臣當倉襄之會，調襟肘之難，既不隨弁流爲冒，更能使士卒懷仁，一斟一酌，具有深心，時盈時縮，每勤遠算。夫當衆人裹足，亦以爲難；迨歷時稍久，遂玩爲易。故當以今日之邊儲與他差較，以危地之邊儲與平地之邊儲較，難易既分，材局自見。蓋司金穀于戎馬之場難，而調多寡于危急之會更難也。

伏乞皇上敕下該部，酌五防之中，時分緩急，地分安危。如白貽清、郭竹徵，邊人無不願借爲用，似當酌其資俸，擢爲要地司道，以稱其才。周之夫、蕭思似，清真不倚，歷事既久，而霍允猷、胡一龍、李長春，俱抱長材，俱當繁劇，或酌俸以升，或隨功爲酬。其新任者，量加獎賞，庶勞臣可勸，而餉政克修。臣可任激切待命之至。

天啓四年九月初九日，一片石上。十四日，奉聖旨：「邊鎮多事，餉司倍爲難煩。這勤勞各官，依議分别叙酬。該部知道。」

叙録各鎮兵備官員疏

少傅兼太子太師、兵部尚書兼文淵閣大學士、督理軍務臣孫承宗謹奏，爲叙録各鎮兵備官員，以飭邊政事。

臣惟邊務至重，詳要有倫，故主籌之臣，權不一則擾，分箸之臣，職不備則柅。况金穀之出入，器仗甲馬之調發，戰守剿撫之區畫，主謀主斷，非低徊可稽，急呼急應，非唯諾可緩。蓋道臣當文武上下間，若喉之有員官，然上不得爲藉，則法以意撓，下不得爲達，則事以形格，故有競勝獨持，謀斷不貫，分曹角立，呼應失調。兼以簿書治戎馬之場，帷幄參風塵之會，勢或禁于中濤，道偏隔于下阻。乃若殫力疆場，矢心天地，手口不停，拮据爲苦，諸道臣亦足録也。其在關門，則山石道兵備副使袁崇焕，深心遠略，氣意發揚，故知無不爲，爲無不透，至其論事不顧同儕，任事不顧上官，其仡仡乎欲殺賊也，不顧身，而識地明茂，見馬世龍，輒傾心嚮之，以相倚辦，而五防久歷，勞苦爲多，似當加級，以需節鉞之用。關内道兵備僉事劉詔，少年精渾，騎射翩翩，于時三道俱可任將，而不避勞怨，不避忌諱，力能綏舊政之紛錯，而汰冗節浮，與袁崇焕相爲呼應，百務俱有條次，已歷五防，身無暇晷，真是建牙高品，當量加銜，以酬其苦。原任廣寧道兵備僉事、今降三級萬有孚，精采焕發，而遇事曉晰，其撫讋群夷，最有心力，歷四防，馳驅爲苦，當量復其級。其在薊鎮、原任遵化道、今升太僕寺卿張樸，詳練舒揚，不隨不激，與之論事，若列眉，而沈雅精瑩，不覺其神之已入。蓋十年薊門，百事精詳透練，自當以邊撫盡其才。薊州道兵備新任王繼謨，滿腔經濟，方在發抒，臣視部，最識其沈雄大略，而一清薊案，百務犁然，自是岩關重器。其原任薊州道兵備、今升通政司劉復初，神閒氣定，識遠材雄，其防禦重地，周密精詳，懇乎若身家，力能使逋卒環牌泣悟，遇餉錢不敢問，其威信有幹略，類若此，自是名卿。又有歷薊州、霸州兵備道邵可立，事多循古法，而以深心行之，民欲其輯，當災更惻，兵欲其振，遇夜猶操，似當起用，以竟其才。又有歷昌平、薊州兵備道、今升四川布政閔宗德，都雅閒静，初披之輒適，而議論翔發，展錯精敏，其攜持大任，又昂聳自如，殆檢束至行，而該練世務者，允屬衝撫雄才。永平道兵備僉事張春，疏枝闊目，不屑屑局步，而肝膽直欲爲疆埸大計，其見事亮切有實地。昌平道兵備副使藥濟衆，接之若樸直率略，而馭事周詳，能以精心用世法，種種有局度，東輔北鑰，兩重地，兩爲地重。以上二臣，俱當量爲加級，以需遠藉。密雲道兵備副使葉震生，局博大而意入，氣翔發而神切，與之計兵事，胸中殊自有解，而了不徇人，當是沈雄之品，似當復其級，仍用爲邊道。通州兵備道魏雲中、鄧渼，大略雄才，已升巡撫。原任通州道、今調宣府按察使盧維屏，精謹詳明，是沈毅之局，而顯出之，不作細嚮，不作佻吟，其于兵事，節制嚴明，最爲神臯重鎮，是建牙高品。新任王元雅，倚天長劍，方發新硎，臣久佩其沈衷遠識，力能戡亂寧人，而甫一清兵束伍，已足建威銷萌。霸州道兵備王維章，久歷邊籌，新持重地，不獨綏輯紛嚚，而儼然三輔雄鎮。其原任兵備道、今調遵化張光縉，透徹邊猷，而精瑩縝密，事有特操，其一種樸直懇到之衷，直欲一時爲千百年經久之謀，蓋以開爽爲沈雄，自是撫軍大略。天津餉道參政錢士晋，總理周密，有沈心，有遠局，有透識，讀其札檄，每念其忠懇有則，其越衆議，接濟毛帥，直欲勤三韓之衆，業已加升，當奬賞以需節鉞。天津道兵備王宏祖之博太高明，未久即調，徐如翰之沈毅有大節，任事方新。如原任天津兵備道、今升貴州來斯行，不言而見迅敏之色，其沈雄深練，更于緩頰，若露其惓惓，議兵有遠局，殆不旁括書爲略者，當紀録，以待平西南夷大用。

登萊道監軍副使田一井，氣奪萬人，操嚴一介，其往來海上，直與波臣海若爭雄，而式怒思猛，輒見雄風。且監軍值毛帥有斬獲之功，沈帥有擾賊之功，近以別事鐫級，似當復其級，以償其勞。登州道海防兵備副使譚昌言，沈静不佻，而一片綏靖世氛之心，絶不隨世局，簡兵蒐乘，綽有精心，與田一井俱歷四防，當酌量大用。易州道兵備參政韓萬象，氣意方新，謨猷時遠。其原任易州道、今升榆林參政徐騰芳，遠局清操，深謀亮節，日取軍實而申儆之，如臨大敵，二十區輯于綏靖，而隱然爲三輔雄藩，即逐逐乎不欲將壇爲棘門也，意宏遠矣，當以邊撫用。井陘道兵備副使王庭梅，清勁嚴明，識高氣邁，其飭兵馭嚚，確有節制，而重地殫人，力能拊其劇，而綏輯有法，蔚爲高牙之重。兩道臣密邇邊關，徵調應發爲繁，俱當爲紀録。

再照以上諸臣中有蒙訾議者，然或以他地他事，臣祗據其曾與五防，概爲録叙。如萬有孚爲科臣論劾，臣亦曾言及之，而葉震生新爲撫臣論劾。兩臣皆舊督臣所創用，雅抱材局，臣嘗服舊督之知人善任使，而以有孚幹略，且久于腥羶之場，實爲艱苦，故不敢問其新舊之事，而當量復其級。葉震生當風塵坌起之時，勞苦倍嘗，而總督所爲之得力處，盡震生贊之。其護劣弁一事，委屬不妥，然不害爲邊材。田一井易監一事，自是任心爲過，而材操兼遠于海上，殊抱酬世深心，故臣不避諸議，亦不敢執臣所曾議，而妄據五防爲叙。

伏乞皇上敕下該部查酌督撫題叙，參以臣所聞陳，量爲分別酌用，庶純全者，益奮于成功，評駁者，得收于奮勖。其于邊政裨益良深也。臣可任激切待命之至。

天啓四年九月初九日，一片石上。

十四日，奉聖旨：「這各鎮兵備官袁崇焕等，勞能各著，有裨邊防，俱照卿擬優叙。萬有孚、葉震生、田一井，准復原級叙用。該部知道。」

叙録有司官員疏

少傅兼太子太師、兵部尚書兼文淵閣大學士、督理軍務臣孫承宗謹奏，爲叙録有司官員，以飭邊政事。

臣惟兵興以來，所在患苦，而邊方爲甚。邊方之吏，非通材不理，非豪膽不勝，即特掄鄉貢之人英，妙簡州邑之能吏，然山啓比于緊望，而選人戒爲畏途。臣抵關以來，日見軍需之調發，公使之輪蹄，措辦之供應，上持額而難寬，下當局而莫避，兼以事關家國安危，勢屬生民理亂，羽檄方馳，誰堪撫字，揭竿欲騁，敢謂急公。至于山海衛，地無長吏，官無屬城，費無額設，人無專轄，抗敝巧法，半依大吏旌牙，作奸犯科，盡是他方游手，且寄銜永郡，謁牒諸司，代供白簡抨彈，日着青袍趨走。蓋年來升擢無幾，而物故者一人，劾者四人，病者一人，丁艱者一人，即矯矯有聲，而耽耽未已，故但稱關塞中庸，已當中原上駟，而况雅負材操者，敢不爲皇上陳之。

其在關則有陸運同知毛宗萇、沈靖有，深心故事，至能决而曾不翹翹自詡。海運同知王應豫，質實有幹局，故當繁能任，而未肯踆踆爲辭。山海理刑推官陳祖苞，以匡襄大器，久鍊風塵，而識沈力迅。撫夷通判周履時，以款撫專長，時兼關務，而志苦神閒。内周履時已歷五防，方以被劾留用，而三臣俱新任一防，俱當奬賞。而陳祖苞磨厲既久，當有超擢。又有原任海運通判吴士科，當東潰，曾接渡遼民，而往來覺島，以收遺糧，察遲回之將士，近撫臣責以督捕，以觀其用。

其在關外，有革任通判柯仲烱，委以總理前屯鹽屯諸務。蓋議發于仲烱，而頗有成效，其辭俸拮据于荒野，非復士人所堪，似當量復其職。又有經歷管通判事金啓倧，委以寧遠屯鹽諸務，勞歷五防，而署寧遠，亦且三防，似當量升寧遠通判，以便料理。又有前屯衛學署教授事、原任教諭吴京，儀度整嚴，雅堪表士，似當予以教授職銜，以便約束諸生。

臣念關外兩衛三所二十餘堡，兵民不下十餘萬有奇，而尚未敢請置官屬，僅以數人久在其地者署管。蓋端緒叢脞，大衆紛囂，頓繩之以法則駭，即予之以官更苦。且武官有事，地方最苦從旁之掣肘。至于山海關通判、今丁憂宋廷謁，馴謹有志介，絶無世宦套格，獨銜役假道票，支馬價，雖獲其人未結，何可爲衝邊之用也。待其起復降調，以全器使。又有原任陸運通判孫日嚴，力瘁衝邊，身捐宦邸，而藐煢煢，貧不能殮，似當破格優恤，以風避難畏死之徒。

其在永平，則有原任知府藥濟衆、今升昌平道副使，原任推官李喬崙、今擢四川道御史，原任盧龍縣知縣劉詔、今升關内道僉事，歷練艱難，業經超擢。其見任則有原任海運同知、今升永平府知府徐廷松，詳慎有執，而調畫周摯，故寧拂上官，而不敢得罪于百姓。永平府管糧同知郭宗憲，謹飭有幹，而綜理詳明，故甘承勞怨，而不敢少軼于孤懷。永平府推官王策，沈切有骨，而署篆開明，故操矢冰玉，而時清閭左之雜徭。盧龍縣知縣孫止孝，精詳迅敏，而抒以沈信，故綏輯兵民，而力當關門之後勁。撫寧縣原任知縣黄中色，時當紛擾，綽有餘能。見任知縣薛寅賓，心殫積疲，不減舊令。遷安縣知縣王四維，精詳爽手，養馬悉司牧之深心。昌黎縣知縣陳兼善，剸劇新丰，疲黎有清嚴之遠頌。以上俱當紀録，而徐廷松以郡丞轉郡守，俱在五防，可遷邊道；孫止孝之特品真材，當從優异。

其在遵化，則有薊鎮管相永平府推官楊廷俊，丹筆于前籌，而體懷將吏，盡戴福星。遵化縣原任知縣、今丁憂顧天寵，嚴潔守于長材，而懷畏吏民，如在衽席。見任知縣陳民情，運敏心于慧識，而透念凋疲，不翅飢渴。内陳民情新任，顧天寵已及行取，楊廷俊已歷五防，當爲酌量升擢。

其在薊州，則有薊州知州劉繩祖，朗識清操，愚于周應。豐潤縣知縣黄良允，純襟快識，綽有擔承。

其在密雲，則有薊遼總督餉務永平府同知范文源，襟度坦冲，特成清辦之名。密雲管餉河間府通判王業純，才識洞朗，雅負精嚴之概。密雲縣知縣王應泰，衷情粹潔，方發剸斷之硎。其舊任知縣、今升同知王家楹，志意樸誠，力定紛囂之會。寶坻縣原任知縣、今調簡周詩雅，信手釐剔，時稱霹靂之材。內王應泰新任，而范文源是舊督臣所擬大用者，王家楹獨任獨來，即不必盡爲主兵喜，而力能不以倉襄妨拊字。周詩雅妖教二案，乘其未芽而殲之，曲徙之功，百于焦爛，尤有未食之報焉，俱當仍從優叙。

其在昌平，則昌鎮見任管餉、保定府通判趙廣允，精恪之品，甫爲剔蠹，遂切修防。昌平州升任管州事真定府同知華衮，醇毅之操，力靖兵嘩，載蘇人瘼。昌平州見任知州徐士後，爽敏之識既核，供億更飭軍實。懷柔縣升任知縣荆可楨，樸茂之質，一意拊循，而衆絶私予。順義縣知縣陳安民，縝密之才，區畫精妥，而念不私營。內趙廣允、徐士俊、陳安民，俱新任，華衮、荆可楨俱已內擢，各當紀録，以竟其材。

其在通州，則管餉同知、升工部員外郎蘇萬杰，敏迅明瑩，當人情惶駭，而心膽都靈。兼理餉務、通州知州劉三顧，清澈有斷，值飢卒屢嘩，而士民安堵。內蘇萬杰已內擢，而劉三顧當需次擢用。

其在天津，則有天津清軍同知盧觀象，以敏迅當冲，而神閒氣定。天津管糧同知張懋德，以詳明祛蠹，而守定材饒。二臣俱抱遠識，而見地曉了，與范文源輩，當予以破格之叙。

其在登萊，則有登州府知府、今升副使魯廷彥，以清操爲透識，而酌緩急于持籌。青州府知府韓肫仁，以博大用精明，而時寬嚴于戢衆。登州府同知翟楝，司餉有清聲，力能任怨。青州府同知錢邦偉，當官有志介，勞著海防。原任登州府推官孫昌齡、原任萊州府推官薛國觀、原任濰縣知縣張繼孟，各抱特操，俱經行取新任。萊州府推官郭養性、新任登州府推官王名晋，雅稱遠器，方在經綸。其見任青州府推官門克新，瀝衷如白日青天，而猷兼文武。寧海州升任知州趙廷忠，當事如雲移月駛，而道裕匡襄。蓬萊縣知縣汪裕，卓識潔操，軍民有神君慈父之戴。壽光縣知縣王抒，定力澄心，危疆有祥麟威鳳之謡。益都縣知縣王夢尹，棱棱峻節，直蟠數萬甲兵于胸中。樂安縣知縣胡克開，矯矯長材，合稱一路福星于城社。福山縣知縣袁希顔，恢恢遠略，力核六案于清霜。内據撫臣所評隲，有功能，有特异，除升任諸臣外，均當一體優叙。至如腹近州邑，買牛解馬，運草糴糧，徵工調匠，諸道途供億之繁，如涿州、霸州、固安、文安、玉田、東安、滦縣，罔不殫心拊恤，悉力調停，事竣而民不稱勞，費省而官不爲萬，忠懇特成，大義精詳，聊見一斑，似不可無語爲酬，以風天下急公之臣。無得人私其地，地私其人，而以抗公事爲風棱也。

伏乞皇上敕下該部，酌量資俸，兼爲叙勞，應升擢者升擢，應紀録者紀録，應獎賞者獎賞，庶官方載叙，而邊政維明。臣可任激切待命之至。

天啓四年九月初九日，一片石上。

十四日，奉聖旨：「這邊方有司各官，賢勞急公的，比内地當加優异，着該部酌量題叙。」

孫承宗集卷三十四

前督師奏疏第十一

優叙關外勞臣疏

少傅兼太子太師、兵部尚書兼文淵閣大學士、督理軍務臣孫承宗謹奏，爲優叙關外勞臣，以倡勇敢事。

該臣以天啓二年六月閱關，以七月復命，以八月抵關督師。正兩河奔潰之後，人吏縮足關門，西虜環八里鋪殺人，東虜方在大凌河西，哨騎遂及寧前。于時視中前即爲异域，而前屯、寧遠不翅虎穴。臣以九月遣經歷程崙同左輔探三百里外，議接十三山難民，而業以旬日陷矣。于時崙等幾啖虎口，而收東來之民百餘人以歸。

于時副總兵趙率教以三十餘丁駐前屯，翦荆棘，驅豺狼，收不可知之人，投不可知之地，而徒手爲防，枵腹爲役。今所部官兵六千餘員名，皆其所簡拔遺孑，曾不費安家招調，而後先安插遼人五萬有奇。時予之衣食，遂率以爲築、爲屯、爲剿、爲撫，不費公家一錢，而時出其餘，以接濟他城。乃賊入更有斬獲，盡奪其馬騾器甲，開公私田數千頃，即兩年公屯可值十餘萬。其修城，有巧思，有堅工，遂可爲百世金湯。其兵馬錢糧，銷算分明，不獨手不涴一錙，亦不令部下涴一錙，而煢煢遺孑，復見漢官威儀。此一臣者，鐫舊耻，圖新功，懷家仇，抒國難，父死未葬，子更從臣，其遭虎口而幾死者屢矣，最久最勞，獨先獨苦，其所爲，盡可爲諸成法，乃其意氣發揚，不獨許臣以守也，當加總兵官，以風先勞之臣。

其在寧遠，則有副總兵滿桂，初以剿撫兼長，用爲中軍，從衆薦，借之寧遠，遂能遠哨探，理墩堡，一意拊循煢民，而約束兵丁，無敢相囂雜。憤西虜殺我將，邀截我西來難民，于是有大凌河之役，與尤世禄斬獲四十三級，奪達馬六十餘匹，而拱兔受款，兩哨互异。桂操縱之，盡屬緐縱。及粆、宰挾款，而桂以片言立定省可二十餘萬，諸酋膜拜感畏。偶有夜竊者，遂殺一捕一，先遣詰責，而虜諱言去。當是時，環野盡椎結之穹廬，環城盡短髮之遺孑，而衆方豕鷩，兵盡烏合，桂能事爲料理，人爲安插，合兵民五萬餘，屯種至五十里外，而開煤燒鹽，事事有法。其體貼人情，能使倔强口舌，慴膽傾心，而驅使丁壯，能得其死力。至假胡服，以夜射狡虜，用間諜，以往來賊巢，皆出入意表，而每欲獨出一路以當賊。且以猛鷙之材，而誼能服善，每事輒與趙率教相榷，乃至禮有所不安，則寧去官而不肯下，故關外兵民戴爲神慈，而大凌河之役，挑頭敵五百，而合營盡争爲頭敵。此一臣者，大勇沈潛，真忠懇到，從來中榷之任，體貌崇隆，一脱參幕，立爲登壇，而桂能去最安閒之地，就最險遠之區，才既饒爲，性復坦蕩。蓋天授真樸，人當大用，合與趙率教同授總兵官，仍管寧前衛事務。

其他先後出關，防守諸城，如魯之甲當授副總兵，馬爌當復其游擊，王應舉、陳兆蘭、竇承功、金國奇、鄭一麟、李應魁、方登元、吴守禮、趙光遠，當實授都司，靳國臣、曹誠恭，當實授守備。如左輔之勞，不減駐防，而原以游擊授參將。高見原任參將，今加以管副總兵事。賀謙以參將被劾復職。楊應乾原任參將，而守中前，不肯離。祖大壽，勞迹最多，歷時最苦，而屢被參劾。金冠，飄泊歷年，而近以錢糧銷算未明。徐璉原以加銜都司授游擊。劉定邦原任游擊，抵興水兩防。孫懷忠，調兵有過。陳應元，初加都司，與張存仁、張宏謨、高如嵩等俱當于冬春間再次叙升。

其在關内，則孫諫之材名不減滿桂、趙率教，而方震、李卑、張應昌、蕭升、李承先、徐應垣、尹應聘、劉永昌等，不減魯之甲。且其佐防佐勦，練炮練車，不減關外。然臣之意在試之險遠，以徵其膽；課之屯練，以徵其材；察之剿撫，以徵其忠誠、識略之大，特借顯有可據者，以鼓舞衆心，使踆踆蹜足之徒，慚赧不敢爲聲，而桓桓糾糾之健臂，當先爲應也。乃若酌資論俸，就所長而量爲加升，則該部之事不妨與關外左輔、高見、張宏業等相次以授。

伏乞皇上俯察臣言，敕該部即爲升叙，使當事者，益勵其忠勤，圖功者，交趨于勇奮，其于同心戮力之日更切也。臣可任激切待命之至。

天啓四年九月初十日，一片石上。

十四日，奉聖旨：「這關外勤勞各將官；趙率教、滿桂，准加總兵官，仍管寧前衛事；魯之甲，副總兵；其餘復職實授。候叙各官，照卿擬。孫諫等，酌量資俸升叙。該部即與覆行。」

叙列將官疏

少傅兼太子太師、兵部尚書兼文淵閣大學士、督理軍務臣孫承宗謹奏，爲叙列將官，以飭邊政事。

臣念年來翹關跳蕩之材，日集于東，而任以久瘁，不任以罷廢。今天下東之役，不獨耗賦，抑以耗人。臣于役兩年餘矣。大帥而下，偏將裨將，與夫戊己甲乙，即猱升狙伺，未經殲殄，而綜練戎行、拮据屯塞，罔不總抒貞樸、遞爲幹理。有臣未來而先任，彙拔叢脞之場，有臣既任而後來，頓厠倉襄之會。至于間有破格，而歲苦積薪，時來多口，而遽難洗垢。故新勞可録，未鐫舊潰之名；調任方新，尚負前銜之報。總之，衆舉不綱之網，萬目同操，群拿不繫之舟，百揖兼理，要不可謂器不盤、錯不利、馬不馳、策不良也。謹據撫鎮司道所開各官，爲皇上臚列之。

山海鎮，初分三部，當三城，下以結營，上以守信。其關以内，中部則有副總兵楊嘉謨，幹略沈切，綜條謹密。其下則有守備管參將事盧文善、中軍馮光耀，而中部總兵標下則有游擊管參將事中軍方裕崙、游擊張奇化、加銜守備王之臣、都司李一夔、守備盧元鼎、曹世安、石柱國、神武中左營參將方震，其下則守備曹世寧、中軍王得彪、加銜守備馬興、張繼魁、神武中右營參將李卑，其下則中軍李春華、千總張拱印、盛英、威武營參將徐應垣、中軍鄒宗武、戡武營都司楊如松、游擊董世賢、河南營游擊雍大綬、緯武營都司劉永壽、緯武營參將劉永昌、中軍鄭廷選。内徐應垣痴膽樸忠，劉永昌特操勁氣，與楊如松、劉永壽、董世賢，自是步將之良，而方震、李卑、方裕崙，又騎將驍捷之品。

其左部則有總兵下中軍參將劉恩、中軍麻鴻允、守備彭守印、郜臣、喬養賢、李平東、神武左中營參將蕭升、千總馬呈圖、振武營都司管參將事尤岱、中軍趙民望、雄武營參將朱文用、中軍郭惟暹、翼武營副總兵陳九德，孤忠自許，當險獨先。中軍方登元、守備鮑起鱗、昭武營都司管游擊事路元寧、中軍郭英，内蕭升款𠛬雄材，而尤岱之忠勇，路元寧之英鷙，俱稱戰將。

其在右部總兵下，則有守備譚正言、千總王世選、馮守恩、神武右營參將張應昌、中軍李遇春、寧武營都司蔡如薰、襄武營參將郜勛、中軍王澤、入衛游擊張自强、耀武營都司周鎮、定武營都司盛忠、設防南海口今駐寧遠參將賀謙、入衛游擊柳國鎮、龍武營都司覃維階、中軍守備李忠、守備張貴、龍武左營都司俞泰亮、游擊董大勝、龍武營原任參將管副總兵事今提問查國寧。内張應昌神情豪騁，次則周鎮英年撫衆，盛忠之樸，姑留爲守；俞泰亮之悍，尚用之以進。

至若設後部五營，以爲三部後勁，進則可爲前鋒，居則可防退縮，有衝武營副總兵都督僉事孫諫，機宜洞悉，綜練詳密。其下則有中軍高勛、守備蔣一陽、驃武營參將李承先、中軍錢應科、都司吕應蛟、李永培、守備李孟陽、驍武營都司管參將事李秉春、中軍解成、捍武營參將尹應聘、中軍汪韜。内步將則尹應聘猛迅而直，騎將則李承先之敏捷，李秉春之沈奮，俱當大用。而吕應蛟、李永培，俱矯健雄奇。至若合各衙門官兵爲奇零營，用則分，不用則合，聽一將以爲操練，而各衙門仍有合用將吏。

臣標下旗鼓參將王家棟、都司王尚賢、練兵都司張桂、劉元藎、牛允中、加銜都司韓文斗、邢威、賞功守備毛國華、管領内丁守備王綱燦、聽用守備王光爵、張宏弼、水文科、曹維肖、張瀛。内王家棟之精鋭，真可任將，而王光爵之秀拔，亦足以任事。外有議審副總兵王世忠，用夏變夷，以忠爲孝。其下有千總王虎、杭艾、撫院標下中軍參將翟從義，沈切有識，而衛之屏之勁正，俱當遠器。兵部分司中軍金日冠、新餉司户部中軍張文元、寧前道中軍戴天寵、守備石岐、關内道中軍守備卜文璜、千總韓國友、山石道中軍高攀桂。其外則有神武前營都司楊啓元、守備彭簪古、巡捕衛城内外參將周文炳、巡捕西關一帶地方劉昌允、開平局游擊夏應禹、火藥守備樓思綱。内周文炳虎燕雄威，而卜文璜之忠練，雅堪辦事。又有就本地造辦器械錦衣衛指揮張道浚，以雪耻除凶之氣爲堅甲利兵，而人爲精核，事爲節縮，其應手急需，無不種種有條，當從本衙門紀録升遷。其下則有張龍與原任火器守備宋純臣可授都司，而外有加銜游擊趙佑，造船備極勞苦，近與孟淑孔航海于兩鎮之間，以探三州之情形，而孟淑孔隨機應變，潛透陷蕃之衆，而河東之日夜望天兵者如雷動，俱當實授游擊。而募船南直則有加銜都司趙光遠、加銜守備喬桓，俱當實授。又有錦衣衛指揮項俊卿，原以用王世忠題用，今世忠似有著落，而虎酋之恭順亦得借世忠爲聊屬，則俊卿之區畫爲勞也。其往來大凌河，備爲艱苦，第酋部未來，則本官無一事，雅不願以有用之材爲贅，似當還本衙門，以勞叙其資俸，爲升遷。蓋遼左當山海之間，渝關爲東來一要，無論長鯨縱壑、短狐號澤，而一垣利害，天下安危，以上諸臣，亦罔不凋戟髯于問陣，怒壯髮于乘城。訓馬隆之偏厢，雷炮更爲無盡；有吴璘之叠陣，强弓特見一斑。蓋磨厲以須鳴轂，驚心于入越；嚴兵而待卧薪，拭恨于平吴。以故守則防嚴肉薄，海山供其用奇；進則羽秉先登，水陸堪爲制勝。

其在關以外，前部則有前屯衛副總兵都督僉事趙率教，兵屯戰守，獨擅兼長。其標下則中軍金國奇、加銜都司王應舉、内丁守備閻雄、右翼營守備鄭一麟。外則中後所參將魯之甲。其下則有中軍王成、中前所參將楊應乾。其下則有中軍鄭之允，其附衛所而駐防邊堡，則有鐵場堡都司竇承功、三山堡守備陳兆蘭、瑞昌堡守備陳應元、高臺堡都司孫懷忠、永安堡守備張宏謨。其駐防腹堡則有八里堡守備岳汝穆、高嶺堡備禦孫繼武。内魯之甲精悍有遠謀，而竇承功之沈毅，王應舉、金國奇、鄭一麟之敢勇，俱足以豪。

其在前部之前，則有臣標下中軍官副總兵都督僉事駐防寧遠衛滿桂，性秉忠貞，材兼剿撫。其下則有中軍孫紹祖，其貼防則有衝武營游擊張宏業、捷武營參將徐璉。其下有中軍何太善、守備李應魁、王勝、中右所都司管參將事馬爌、造營都司汪翥。其附衛所駐防邊堡，則有黑莊窠副總兵朱梅、仙靈寺備禦孫定遼、小團山都司張存仁、興水堡參將劉定邦、白塔峪守備吴襄、寨子山參將祖大壽、灰山堡守備吴守禮。其駐防腹堡，則有東關站備禦高如嵩。其撫夷則以高臺堡都司孫懷忠撫哈喇慎，而魯之甲爲提調。又東則黑莊窠以朱梅撫歹青，而中軍爲張鑒。又東則興水堡副總兵王牧民撫虎憝兔，近兵粆花，而中軍爲張仲信。又東則寨子山以祖大壽撫拱兔，而中軍祖大樂、守備孟繼孔。蓋分派五路八大部三十六家于前屯東北迤邐而東之邊堡，而一騎闌入必殺。其水營，則有駐防覺華島游擊金冠、中軍王錫鉉、防都司姚與賢、季士登、守備王鰲。其遠哨則壯武營參將左輔、中軍毛鳳翊、千總韓大勛、靳國臣、孟道、千總曹恭誠。内左輔孤憤真忠，而徐璉之豪毅，高見之透切，李應魁之健爽，更爲可任。以上諸臣，在前屯則出秉先聱，在寧遠則居逼賊穴，亦罔不以創以守，且戰且防，酌款剿之機宜，修兵屯之大政，勢險節短，橫戈探豺虎之場，戮力同心，厲氣盡舟車之用。即仙靈寺之役偶然，乃大凌河之捷已振。蓋後先安插兵民十五萬，無敢妄殺一人，以爲而五城二十七堡貼然不有居者，誰與爲守，不有出者，誰爲捍禦。故内則楊嘉謨、孫諫、陳九德率參游以爲内防，而楊嘉謨更苦；外則趙率教、滿桂參游爲外防，而趙率教爲先。其楊嘉謨、陳九德合加府銜，趙率教、滿桂、孫諫合有優録，以推大將。其參游，俱照遼撫題叙，以爲勸懲。而查國寧能不避嫌怨，捕祖邦勝之冒禁私渡二百餘人于關外，臣得執而正法。比武弁之所不能，而所開贓私，有臣所甚悉而必不可枉者。然其才未宜衝邊，似當免究別用者也。又有著績死事之臣，如中右所參將王楹、廣武營都司陳諫、左部都司尤智，俱懷死綏之忠，各勵吞胡之氣，一則恢復中右，而衆寡不敵，雖死猶生；一則當先出關，而霜露蒙犯，抱病以捐；一則久歷戎行，而剋敵殲夷，歲月之衰遲不待，俱爲王事，同在師中。内王楹之死于敵爲最烈，而陳諫之死于勞可嘉，業已奉有明綸議恤，與尤智之死事，俱應恤録，以慰忠魂者也。

其在薊門東協，則有原任副總兵今革任杜應魁、吴子勉、見任副總兵都督僉事倪寵其、山海路參將高國楨、羅城守備今升都司管游擊事李通、南海口守備白耀武、駐防黄土嶺游擊張萬祥、石門路則有原任游擊今升居庸參將梁柱朝、新游擊管參將事以冷口守備升任楊文魁、義院口守備王應寀。河路則有原任都司管參將事今升馬站游擊王秉忠、界嶺口都司管守備事曹應登。建昌路則有游擊管參將事尤世威、桃林口守備畢尚信、南兵營王應文、建昌車營都司原任高師孟、見任馬明英、永平忠武營游擊焦慶延、山海道中軍楊春、永平道中軍守備劉承愛、山海衛掌印指揮今升大梁兵巡道中軍守備吕鳴咸、巡捕指揮林應坤。内尤世威，膽智沈雄，真稱世忠之舊業，而杜應魁弓挽十六石，刀提六十斤，才不足用人，而力堪爲人用。吴自勉之兵，其劣足爲盜，而其强者足以殺賊，二臣特留爲別用。以上數臣，當關城鳩聚大兵，即北山南海百倍綢繆，然地分四百里之衝，而義口、桃林既防西瑕，青山黄土更備東堅，亦罔不蒐乘簡車，結膽佐渝關之左翼，刊山堙谷，奮拳當龍水之長城，要不得謂如雲如雨，亦聚群英而不念當關于左肱也。

其在中協，守中路副總兵王繼、遵化標下中軍參將朱來、遵化右營都司周洪印、左營都司張國卿、宣武營都司龔彰、威虜營游擊李世爵、灤陽營游擊馬化龍、南兵營游擊張學、遵化輜重營都司孟喬芳、三屯守備朱釧、松棚路參將巢丕昌、羅文峪守備陳學忠、遵化守備潘立勛。內朱來雄姿妙技，可當大敵，而王繼久莅衝邊，亟宜大將。以上數臣，當三衛之貢衝，適東夷之警借，裁冗節浮，略憑膽智，防奸剔蠹，動奏風棱。蓋三借中丞之條畫，載經提督之號呼，甫創兵營，繼嚴陣練，更緣文武之新猷，頓變旌旗之舊色，故其人有足紀者，即西虜自當戒嚴，要不可謂東訛而頓狎虎臣也。

其在西協，則有副總兵楊元吉、原任薊西五車營副總兵萬化孚、左掖營都司升游擊柴時秀、右掖營都司升游擊麻登雲、古北路游擊談堯德、墻子路游擊黃龍、石塘路游擊張定、旗鼓守備加都司高應岳、石匣營都司劉芳美、司馬臺提調楊聲遠、餉司中軍張麟趾、曹家路吉家莊升任提調孫桂、古北路潮河川升任提調張成德、漢夷家丁加銜守備張允緒、振武營升任都司王應登、大同應游擊邢萬民、延綏營游擊高承勛、大同營都司白松、延綏營游擊張聯璧、曹家路中軍鍾鳴高、千總張邦奇、左營千總王應科、祝國泰、左掖營中軍用懋建、古北路中軍蘇奇功、車前營中軍駱尚賢、千總王思擢。內麻登雲、柴時秀俱有膽力，而萬化孚訓練多方，四防既歷，即有他疵，當不妨登壇之用。以上諸臣當潮河、古北之雄要，而宛旦未貼，臨以行樞，統以鎮帥，故龍首謀成，制府深心，籌百萬于帷中；虎牙威挺，元戎健臂，效風雲于啓下而款從，古戰守以力堅。即白馬之役，仍有首功。蓋談往事于白河，而以西引北，亦足虞也。寧待假土蠻之胡服，而後重此矯矯扼衝者。

其在昌鎮，則有黃花路管參將事副總兵徐鎮都、左騎營升任游擊殷體信、見任游擊王嘉春、鎮邊路參將王維城、居庸路升任參將李嘉訓、左車營都司趙廷璧、黄花路刁任參將段應龍、守備趙文魁、横嶺城守備王修仁、白羊城守備賈士奇、八達嶺守備謝君恩、中營坐營中軍趙之蘭、昌平道中軍守備王光前。以上數臣，地切元城，人當天險，白羊黄鹿之間，怵然嚮時之鼠迹焉，亦罔不綢桑土于中堅，雙楗下北門之鎖鑰，墐藩垣于外禦，一凡扼上谷之咽喉，要不可持勝國之遺踪，爲廟謨而頓忽先朝之舊患，則數臣于要地亦足豪也。

其在通鎮，則有通州營參將盧抱忠、通津營游擊汪登瑞、總兵標下中軍管奇兵營事王承允、標中營都司崔凝秀、標左營都司劉晃、標右營都司婁可敬、標中營中軍丁文燁、左哨千總馮三元。内盧抱忠、王承胤，人稱爲健拔，而王承胤已調關門，當授都司。以上數臣，馭烏合鳥散之衆，當龍蟠虎踞之衝，而群棼旁午，衆口呼庚，亦罔不地嚴肘腋，人置腹心，護舳艫于萬里，燕檣風净，樓船聯雄要于百城雉堞霜清刁斗。蓋人嚻地重，勢劇時危，緩之則一旅委多，急之則九軍亦寡，要未可以雙鳧乘雁、輕數鞅軩也。

其在天津，則總兵張繼先、已裁副總兵毛有倫，材具可用，已革令赴關。其將領則有正兵營游擊周義、督運加銜參將黄允恩、鎮海營都司孫應奎、海防營都司周維新、督練火器加銜都司吴應龍、選鋒步營加銜都司盧學信、標兵營兼標下中軍守備程九萬、標下正旗鼓守備楊大慶、選鋒營守備駱舉、督餉部院標下旗鼓守備只啓元、副總兵中軍守備吴仲義。其他如加銜守備、千總等，則有王士元、李景、黄夢龍、謝有功、趙世耕、俞冲霄、蕭耀、黑九鷄、孫譽、齊蘇成，皆可遞遷爲領兵之用，俱宜照該鎮題叙爲升賞。内有參將劉永昌、都司董世賢，俱有勇氣。是督臣所簡者，臣已調用。以上數臣，近控渝關之命脉，遠扼遼澤之員官，内護神皋，外聯方夏，亦罔不師成地水，揚舲風，飽千帆，誓定天山，挾矢雲開萬弩。蓋地合華夷，兵分水陸，專御之而紀綱既正，兼調之而節制惟明，即分一旅當關，亦合千人自廢。此當與潞水相爲車輔，要不得忽白衣千櫓，而謂車騎不借舟楫，令有制之兵，瓜分于衆也。

其在登萊鎮，則原任巡撫標下中軍游擊許定國、萊州營參將事游擊賀虎臣、文登營實授都司管守備事周鴻謨、海防標兵左翼營原任游擊孫承祖、海防左營原任都司嚴正中、巡撫標下參謀加銜都司馬聰、沈壽嶠、劉澤澧、標下都司梁汝霖、選鋒左營守備施元震、巡撫標下旗鼓守備方狀猷、聽用加銜都司李來廣、海防左營皇城島守備袁進、聽用加銜守備楊御蕃、坐營守備羅寰英、登州衛指揮僉事張宏驃、總兵旗鼓守備許振威、各道中軍守備黄建都、李光燦、李宗儀、費克謙、傅元功，各有勞迹，聽該鎮撫臣所叙爲升遷。内夙聞袁進之雄快，而該衙門稱劉澤澧之忠謀，梁汝霖、張宏驃各投條議，頗合機宜。以上數臣，據水濱，以内護二東，分島嶼，而直窺三衛，亦罔不陣迎魚海之雲，楫擊中流之月，一帆破浪，收遺孑于聞鷄，三肆燒屯，掣長鯨于脱兔。蓋東繇冰峪爲前茅，西覷蓋、牟爲後勁，迹葉、馬之雄風，念金、復之大略，則昔之平納哈，即今之制健奴也。整萬卒以率諸糾糾者，要不得開二千里之瑕，而借口東西，以高牙作郵報矣。船馬人龍，殆未易才也。

其在東鎮，則有皮島坐營參將陳繼盛、内丁游擊毛承禄、旗鼓都司王士善、毛應時、參謀都司張大成、轅門都司李鑛、標左營游擊王承鸞、標右營都司曹紹中、左營都司武遵學、屯田都司王景富、管船都司李景先，與鎮臣居中調度，有事則調發應援，無事則四六屯操。以上諸將，中權勁力，謀成則决勝一籌；八面風棱，機發則折衝千里。又若西路則有游擊張盤分守金州，而守備張應祥屯種于長生，都司鄭懷魁接渡于旅順。乃若三山島守備曾友功，南接登萊，北連諸島，以西聯旅順之兵。又若長山島守備程鴻鵬與參將張繼善，屯種操練，接濟順民。則此五臣爲西路之冠。又若石城島參將劉可紳，分屯接渡，直窺海、蓋于三百里外。又若鹿島游擊林茂春、朱尚元，協守去老岸四十里，時擾擊其燒鹽之地，而屯種岫崖，其薪桂粒玉，最爲艱苦。又若獐子島守備麥廷先，屯守于鴨緑首衝，東連彌串，西撫鳳城，爲進兵囤積之基。又若鎮江游擊王輔、靉陽游擊時可達，兩駐沿江，以上接寛、靉，下應諸島，退以千家莊、虎兒山爲分屯之地，而直窺遼陽，更無別徑。又若雲頭里、鶯兒溝、寬奠參將易承惠分屯三岔，與屯種守備許佐堯相爲依倚，而退有麗將昌城之助，進則小佃子、牛毛嶺，單馬獨行，可搗老寨，而去遼陽可四百里。又若清河營游擊曲承恩、後營都司杜貴，或可從靉陽北出，以抄老寨，或可從連山西嚮，以逼遼陽，而見屯于寬奠、險山，以互爲出没。又若滿浦、橫江前營游擊馬應奎分屯其地，當麗、建交通馬市之衝，爲接渡順民之路。以上諸將，地切湟中之守，在在可乘，人同渭上之耕，時時欲入。又若隨征江淮陸營參將許日省、汪崇孝、游擊張國棟、朱家龍、丁至德、楊謨、都司項選，又若征東旅順水營都司陳韶、王大鎮、浙直水營都司陳希順、南北游擊都司李惟棟、周銓、水標營都司徐大復，共統八千之衆，西從旅順，東抵鴨江，千餘里之間，互爲應援。以上諸將，尉同戊己，日乘萬里之長風；將有樓船，地托三韓之雄汛。至于相機而動，乘勢以攻，即未能遽侵其巢穴，每可以驚擾其奔潰。諸弁之所具報于捷文者，更當酌其功次爲升賞。蓋登、東兩鎮各統兵將領，多係加銜，即鎮臣沈有容嘗以爲言，似當酌其勞迹，或量爲給部札，以待其後，或即題授實職，以償其前，而淮兵八千，當有信地，金、復二衛，當有專責。要之，兩鎮之議，當以兵垣近議爲妥也。

再照臣羈馬關門，于各鎮將領未盡識其面貌，祇據所聞，及該鎮道所具，而山海鎮則與督撫臣同裁，其應升應賞，并宜從督撫所陳。其有臣真知，其抱有異材，稍加贊揚，或真知其尚有可用，而遂欲洗刷其過，總以天下之材，特出則衆快，而弃瑕取長，未必無一割之用。

伏乞皇上敕該部分別异等者，立爲推用。其應升應賞，俱照督撫題叙。而中千以下，臣多不能細陳。其應劾者，非有大關係，亦不敢概及。惟功未敢言，而勞不可没，斟酌黜陟，固勸懲之大機也。臣可任激切待命之至。

天啓四年九月初九日，一片石上。

十六日，奉聖旨：「這叙列關門内外及各鎮大小將領，卿一一品核，用示激勸。着分別擢用升賞，該部即與題叙。」

明叙防之愚衷疏

少傅兼太子太師、兵部尚書兼文淵閣大學士、督理軍務臣孫承宗謹奏，爲明叙防之愚衷，表接濟之大誼，以共圖邊計事。

該臣叙防疏中，有經劾而留者，有蒙議而薦者，有當問而釋者，有臣先議之而今原之者，正恐一時諸臣未量臣心，或以臣爲執拗，不欲人議己所用之人。又或以臣爲謬戾，偏欲用人所不快之人。又或以臣執着不定，倏臧倏否，借此以援天下，猜忖横生，遂令邊人不便。念臣所任何事，所當何地，即集思廣益，尚恐天下弃臣，而敢爲拗爲戾，以自絶于天下，乃亦何敢自失其執持。蓋疏中諸臣，皆臣三年來所久相周旋，而一時人材止合如此，尺短寸長，各有所適，補劓息黥，盡可爲用。或氣有可揚，或力有可任，或明知其罪，而曾借其用，或聞取其長，而遂弃其短。或材名蔚起而少遜，勞臣遂姑緩其升擢，或瑣冗極微，而□□□……

叙録關外死事之臣疏

少傅兼太子太師、兵部尚書兼文淵閣大學士、督理軍務臣孫承宗謹奏，爲叙録關外死事之臣，以倡勇敢事。

竊念遼患未平，遼事孔亟，陰陽之患，金戈之苦，并爲邊人利害。乃若以死勤事，如通判孫日嚴業爲題叙，俟該部量爲優恤。蓋他地死官邸，自屬尋常，惟舉世裹足之日，而慷慨赴關，勞瘁以死，且廉幹有爲之材，至橐無一金爲殮，凡在同仇，寧無心惻。乃又若中右所駐防參將王楹，樸實簡略，以武科從戎，每條議邊事，極爲曉晰。初議中右遠在百五十里，以楹出防，地頗磽确，偏狹不如中後，而所領兵多遼人之散弱。其中千半皆市猾，所給軍中之費，視中後僅五之一。其頽檐敗壁，甚于他城，而獨當虜衝。比其出，令鎮道餞之，飲以杯，遂予之，勉以忠誼。楹去，遂誡其子勿來，曰：「必以死報。」明思既至，則繕城郭，修器具，安插歸正殘人萬有奇，偶率兵丁出覓諸用物于邊堡外，賊伏起，輒迎戰而死。臣至其地，察其所據墩塹，良亦戰地。獨衆寡不敵，其下勸西奔，而楹大呼曰：「何以見閣部。」臣巡行其地，爲文哭之，令鎮臣殺其先逃中千十餘人。當是時，人謂「楹可以不死，即不死而奔，亦未即有指及者」，楹卒死。楹亦東潰之亡命也，今何烈烈而死。撫夷家以爲害于撫，而謂出邊盜虜薪也，亦不仁之甚矣。古人解官以予生，臣願解官以贈死。蓋臣于楹，實心嗛焉。予之兵力未厚，責之忠誼甚切，而楹不得不死矣。臣實死楹，而不爲厚恤其死，無論將吏傷心，而臣他日何以見楹于地下。臣願解臣一官，以推厚所恤，而予以官，予以蔭，以無負此良友于冥，兼以罰臣之不良于備，而輕捐良將也。至于都司陳諫率廣兵從萬里來，輒能慷慨出關，感道臣袁崇煥之知遇，與趙率教同城而居，其奮猛之氣，每欲殺賊爲快，而力瘁于簡蒐，心瘁于籌策，至病而且死，猶不忘殺賊也。臣望其柩，泣下不能視，萬里間關，他鄉閨夢，僅付廣柳于散卒。乃其沈雄鷙猛之氣，猶若可挹也，似當贈一官，以慰忠魂。又若左部都司尤智，以夷種兼長撫勦，偶從左部鎮出防中右，力疾調兵馬，野宿風飡，踉蹌不可起，似當從臣，予其以流官，效用軍前，以償其勞。臣按此三臣者，祇念封疆，不惜性命，而王楹更爲義烈，邊人談之，無不泣下者。

伏乞皇上俯察臣言，敕該部亟行優恤王楹以下諸死事之臣，以風厲邊人，而倡勇敢。當事總以寧前之地，在此時則畝栖野被，在嚮日則結膽驚心，而大計方籌，衆心欲奮，使生者蒙顯爵，死者有餘榮，固鼓舞邊人之大機也。臣可任激切待命之至。

天啓四年九月初十日，一片石上。

十六日，奉聖旨：「這關外勤勞死事各官，着從優恤，以示風勵。該部知道。」

乞遠纍臣疏

少傅兼太子太師、兵部尚書兼文淵閣大學士、督理軍務臣孫承宗謹奏，爲遠纍臣以息紛囂，寬蒙議以倡勇敢，懇乞聖明立爲處分，以重邊政事。

臣惟馭邊臣之法，文與武異。凡武臣欲其進無畏于前，退有畏于後，故有死之心，無生之氣，合以制勝于天下。乃若執糾武之法，以繩文臣，則既鑒覆車于已往，更懷後患于將來，高品固薄功名，中材饒惜性命，于是有裹足不來，于是有納履長往，或猶豫于當機，亦狐疑于錯應。引繩披墨，曾未發毛錐，有死之心；晛草占風，蚤已牽韎韐，無生之氣。今天下蒸蒸濟濟，豈不多人，而一遴邊任，則當往者，願釋所有以求脱，而既到者，或借不合而先走。故時方急而以邊爲苦，或不難于用細人，及時稍平而以邊爲幸，遂且至于摘君子。兼以廟堂不建成畫，而邊方隨其各計，故衆議之偶乖，輒設腹以相伺。而法不立防于初，衆好洗索于後，才之當者，既以假豪杰，誤真略而處之，或過者又没其慷慨急公之心，而數其疵，遂使武官尚有立功之路，而文官頓遭必死之法。故邊吏不獨畏外而先畏內，不獨畏公法而先畏私口。

蓋臣于先後以遼事得罪諸臣，殊有嗛于心，而不敢不言者。昔宋韓琦好水川之役，以任福違其節制而貶官。以爲杜松、劉綎自是猛將，而實違經略之節制，則楊鎬當從末減。至于熊廷弼、王化貞，以兼設害事，而臣于二年來，履其地，用其人，每悉其心力俱極艱苦，夫亦欲爲國家圖大功，而意見不同，佐鬥者更力，遂至決裂不可爲。然其今軍中無一不服廷弼之敢決有氣力，而感化貞之能拊恤。乃若西虜八部三十六家之部夷，每繞臣馬頭，爲化貞請命，無不激切泣下。而一語廷弼，又無不嚙指膜叩，亟稱其威信不可犯。臣嚮在講筵，曾言感者當留之，以係其心；憎者勿去之，以快其志。年來數纍纍者，過蒙寬政，未即行法。臣以爲，諸臣當概發遠戍，無令久繫長安，以恣口舌。蓋諸臣在長安衆，多欲貸其死，而未敢言，故凡邊政之不便于諸臣者，便生議論，一旦執而殺之或過，且令夷狄生心。而惟遠去長安，則可以靖長安之議論，即可以靖邊方之議論。且以沛皇上如天之仁，而朝廷之法自在。蓋周殺樊何爲決，而唐殺封長清亦未爲得。臣再四躊躇，非敢于今日脱罪。臣以市恩，違天下懲僨事之忠言也。臣入政府，輒有疏重武之權輕文之罪，且歷邊既久，深知邊臣事迹，更念邊臣之牽衆口，而不得自行其志。即如臣忝冒帷幄，荷蒙皇上注念，邊防似可展布，而年來疾呼不應，有所條奏，頓似不格格之，乃真見經撫不可兼設，而廷弼、化貞正兼設之爲害，以至兩相牽而不得盡。嚮使付一人，以責其成，而事不中制，人不多言，彼一人，其何説之辭。蓋邊臣苦心，未必盡諒于人，而臣始悟。嚮來閱關未盡，後經臣底裏而遽責其成，正以爲時無幾，而先後次第尚未盡。及總以邊方之事，日爲之，日有不足，日成之，亦日有變。以局外之人，不問其前日之不足，而徒見今時之未盡善，則雖立變旌旗之色，亦局中之人知之，而外人不知也。

至于道臣失事，律有應得之條，前似未可從主將之死律，而年來爲遼事出力者，似當從臣前疏，概從末減，以留鼓舞豪杰之路。至于佟卜年，姑付臣爲招降之用。如其事有可議，臣從軍中法，易易耳。此更係軍機，未可盡語。凡臣所言，苟無益于邊方，決不敢爲煦煦之談于軍興之日。伏望皇上憐念邊臣之苦心，俯從臣言，將楊鎬、熊廷弼、王化貞等概從末減，以清長安議論。而先後有事于遼之諸臣，迹事既辨，錢糧既明，仍當及時任用，勿過抑以隳天下任事之心。今天下見大敵而怯，既以驚心；鑒前轍而戒，更爲斂手。皇上試觀一平善之缺出，則人人高品，而一推遼、黔，便費推敲。凡以好爵之念，不勝其畏死之心，今天下旮旮多事矣。當事者未可執必死之法，以懲前也。臣體念真切，乃敢不避嫌忌。臣可任激切待命之至。

天啓四年九月初十日，一片石上。

十六日，奉聖旨：「覽卿奏，纍繫各官，體念真切，不避嫌忌。卿推誠秉公，朕自鑒信，有何市恩。但今南北用兵，軍紀宜肅，不得不爲封疆深念。楊鎬、熊廷弼、王化貞等，情罪各殊，卿奏懇惻，朕姑待以不死，俟東事稍平另議。佟卜年事，果係軍機，卿再密奏定奪。該部知道。」

懇恩放免疏

少傅兼太子太師、兵部尚書兼文淵閣大學士、督理軍務臣孫承宗謹奏，爲病臣困苦已極，懇恩放免事。

該臣以八月初二日抵一片石，鼻口出血，手足半廢，日食一盂，食又作吐。去年臣病已危，永平道張春授臣以咽氣之法，頗覺有效。近復勸臣仍行前法，而嘔吐上逆，法亦難行。見今狼狽，無復人形，展轉不能自主，諸將吏時來環臣而泣，撫臣驚來，顧臣于三十里外，意極憐念，黯慘而別臣。今骨肉亦銷，涕泪都盡，實以自到關門，日衰日病。方今機會可乘，百難凑機，而衰殘之極，不耐焦煩，舊患新疾，更與衰凑。伏望皇上俯念病臣，生平不敢推托，且督撫既已得人，東西自可無事，但凑錢糧，不須病臣。准臣歸里，以正邱首。臣即溘死道路，亦知念天恩允放也。臣昏暈不復舉筆，惟有號呼天地父母而已。臣可任懇切待命之至。

天啓四年九月十一日一片石上。

十六日，奉聖旨：「卿督師歷五防，内外安寧，忠勤茂著，已有旨慰勞。昨覽卿叙防諸疏，固以甄别將材，尤見調度方略。還望安心展布，蚤奏膚功，副朕倚重至意。該部知道。」

請使出關疏

大學士臣孫承宗謹題，該臣于本月十三日，從邸報恭讀聖諭，仰見皇上注念危邊，鋭精恢復，至簡發内庭器甲、内帑金幣，特遣近臣遠及關塞。至于注念愚臣，真同天地生成，寧惟父母勞愛。臣伏病衝隘，不覺氣色爲充。蓋此時前有七月未餉之兵，後有三萬待飼之馬，内部既空，外部未備。臣日夜憂危，莫知所措。忽荷天恩，便可接濟，臣所爲當病而喜也。臣因念此時十萬官兵，出防關外三百里間，而關門不過居民行賈。臣願天威遠播于華夷，聖德宣揚于中外，謹于十五日從一片石扶病出關，先候命于寧前。伏望皇上特命使□出抵寧前，俾兩河赤子，咸知覆載深仁，百萬官兵，共仰聖神大略。且令文武諸臣所爲一堡一城，以防以守，盡得使臣一一經見，使諸臣三載拮据，盡達天聽，一腔忠誼，仰徹宸衷。此聖朝鼓舞人心之大機，抑明時光揚神武之偉略也。緣舊歲諸使臣仰遵皇上嚴命，未敢騷擾地方，所過俱稱省便，臣故敢請令出關，或在前屯，或在寧遠，使殫殘煢孑，仰見漢官威儀，感皇上不忘此曹也。爲此謹具題知。

天啓四年九月十三日，一片石上。

十八日，奉聖旨：「覽卿奏，命使出關，宣揚威德，正合朕意。知道了。卿以出關候命，便着差去官賫捧諭札賜賚等物，到卿駐札地方宣讀。其前屯、寧遠隨便并軍器等項，留發關鎮，各城俱聽卿酌行。該部知道。」

恭謝天恩疏

少傅兼太子太師、兵部尚書兼文淵閣大學士、督理軍務臣孫承宗謹奏，爲恭謝天恩事。該臣于本月十三日，恭閲邸報，仰讀聖諭，以十五日扶病候命寧遠，于二十四日該總副提督内忠勇營御馬監掌印太監劉應坤等奉命抵寧遠，臣謹扶掖，率文武將吏跪聽開讀聖諭：「朕以東事依重于卿，日聞猷略布宣，兵威震叠，固圉恢疆，俱有次第。其軍需器甲等項，申命所司，以時解發。兹檢内廷庫貯，并新造神器軍器，精堅堪用的，給發軍前應用。計發安邊神炮、虎蹲神炮各一百四十位、佛朗機二十副，内提炮八十個、三眼鐵銃五百杆，各隨用袋篋藥匙、鉛鐵石子等，全明鐵盔一千頂、明鐵甲一千副、大小弓一萬張、大箭三十萬枝、各樣腰刀一萬把、各樣長槍三十杆，特差總副提督内忠勇營御馬監掌印太監劉應坤與同忠勇營副提督御馬監太監胡良輔、紀用、陶文督率中軍官張守誠等，并把牌、硬弓、金捷等七十七員，賚有該監局庫查發器仗數目印信揭帖二本，一并捷赴關門，照數驗收，用助軍威，以備征剿滅虜之用。卿督師行邊，閲歷二載，拮据籌畫，心注身營，較之安坐廟堂，倍萬勞苦。朕日夕在念，特賜大紅坐蟒膝襴、蟒衣段羅各一襲、彩段四表裏、銀二百兩，以示眷酬。其文武將吏，協力宣勞，戰守官軍，行間奮力，部解功賞銀兩，用備賞犒鼓勵。兹特發御前銀十萬兩、各樣蟒衣膝襴段紵一百五十匹，聽卿不時賞功諸需。卿以心膂親臣，肩封疆重任，諸凡軍國大計，除章奏批發外，一切情形機宜，不時入告。仍照閣中奏揭，封固徑達朕前，庶借邊籌，用資廟略，膚功蚤奏，歆至還朝，朕時佇望焉。特諭。欽此。」

臣不勝感激，不勝惶悚，仰見我皇上聖神文武，注意邊疆，念祖宗土宇必不可久殘，百萬黎必不可久困，而不揚我武，無以撻伐，不振人心，無以感奮。利兵堅甲，既嚴進戰之需；

虬錦褒蹄，更預犒功之費。蓋舉天下嚅不敢語、跧不敢行者，一奉天綸，而征伐大義，㫋然于天下。開讀之日，閫鎮文武，無不仰皇上鋭意恢復。至預給犒功銀幣，蓋前茲十萬，猶曰恤苦，今茲十萬，專以待功。不戮力同心，滅此朝食，何以復大命也。衰殘亦覺飛揚，武健寧無迅厲，謹奉幣于篚，奉金于府，以待有功。至于臣仰藉皇上如天德福，儌幸苟安，而群策群力，總倚文武諸臣，乃皇上未即加譴訶，而番辱恩華，獨先群吏，恩賜輝煌，自屬古今曠典。天綸之慰藉，寧惟父子家人，臣即捐糜此身，何以仰報。獨是臣以一介書生，冒承大任，力居人後，賞居人先，臣實靦于拜命，而謬襲投醪，又恐無以尊大賜。臣頃扶病詣寧遠，城工苦竣，而中衢有閣，以毁重修，于以攬河岳之靈英，聳華夷之瞻仰，而工料未贍，臣除尊藏坐蟒文綺，亦待有功，方敢衹服外，謹奉賜金二百兩，充修閣之需，恭勒聖諭于貞珉，謹題曰「恩寧閣」。緣臣拜恩于寧，以識天恩，予東人以寧也。蓋從來臣下仰承欽賜，多建造樓亭，以貽後人。臣以爲傳之家，不過視予孫賢不肖爲去留，傳之疆土，將天恩與日月爲昭，而臣下亦得附名于有永。且因地以修，非敢爲創，藉天以助，非敢爲私。既以明臣不安于獨承，兼以濟邊人不給于勞費，又非敢虚皇上之賜爲名。臣所奉聖諭，謹尊藏爲鎮家之寶，除望闕叩頭外，謹具本，專差官賫捧，稱謝以聞。

天啓四年九月二十四日，寧遠上。

三十日，奉聖旨：「覽卿奏謝，并開讀等事，卿安攘著積，勞苦功高，恩賚未足言酬。卿又用佐修閣工費，且勒諭題額，德意勛名，并垂永久，朕心加悦。知道了。該部知道。」

軍務條次停妥而後敢行疏

大學士臣孫承宗謹題，該臣所見行軍務，無不先令鎮道諸臣與撫臣條次停妥，而後敢行。即如議進取，當在今歲九月。撫臣與鎮道會臣于中右所，以撫議定，而既抵關城，又議者三。蓋臣意原在，而撫臣不可，則臣不敢定。其安插錦、右，則撫臣答以手本，亟稱其善。至正月十八日，觀兵關外，猶稱之不置。而世龍原欲借屯防，以規進取，而不欲令敵覺，臣特從其議。及二月，兵抵右屯，而撫臣與鎮臣抵廣寧，同宿醫巫閭山下，食櫻桃，擬移鎮城于山前，而慨焉有城郭人民之嘆。及臣汰兵寧遠，則撫臣從廣寧回，具言遼人安插得所，而并將相安其前鋒，三將更佳。至如屯田，自錦、右以及寧遠，或民或兵，一一料理。至其念大凌之衝，議令挑壕，據車爲守，仍遺書于臣，令促督蚤備，且言錦州當分兵西堡。是撫臣詳重周慎，具有遠謀，未嘗輕進，未嘗不進，未嘗不守，未嘗專守。臣自撫臣抵任以來，强半病居，檄鎮道以月報，所行事體，不必一一待令于臣。今念諸臣之言，若謂臣果于自用而掣撫臣之肘者，此或撫臣虛懷冲度，不肯居勞，一一讓能于臣，諸臣遂信其不得爲，而謂臣爲掣肘。又或諸鎮道身處危地，照顧人言，于公爲之事，不合朝議者曰：「非我爲之，而督師爲之也。」然臣實主兵政，即諸臣有誤，盡屬臣誤，其何敢辭。獨是身既不肖，不能爲皇上伸撻伐之威，而掣肘高賢，則其罪滋重。臣從來謂督師與撫臣不必并設。總之，中樞得人，得以調度九邊，而督撫得人，可以安輯一鎮，執簡馭煩，自是國家大政。臣旦暮溝壑，何必嘵嘵，正恐臣即溘先朝露，而主籌兩設，終致債事，臣所爲惓惓也。

兵當早計疏

少傅兼太子太師、兵部尚書兼文淵閣大學士、督理軍務臣孫承宗謹奏，爲謀貴萬全，兵當早計，懇乞聖明酌察，以重封疆事。

該臣仰承明命，力圖恢復，且幸奉聖旨，不從中制，則就中審酌時勢，詳察彼己，統括久近，一聽邊臣計算。近得輔臣一疏，謂「知奴所以乘我，便知我所以備奴」，此邊臣三年來所用爲周旋者，亦謂兵戒輕發，機當持重，正所以仰佐皇上恢復大計，不令動有疏虞。臣因與撫臣計議，今天下阜安宇内，要在急去加派。而不省兵，必不能省餉；不省餉，必不能省加派；不恢復，必不能省兵。蓋進取，固以兵以餉。即守河西，明知賊不即來，而亦難減兵，自難減餉。餉不可省，則財必匱，以匱財養久頓之兵，則師老而天下更自難支。臣竊意皇上命臣恢復，必無責臣以不度時勢，而以不備之軍，實圖徼幸。諸臣言守，必不能責邊臣盡撤兵餉，即有可乘之事機，臣爲苟安。總之，守與進，均不可去兵去食，則今不必先論守論進，而當論備。臣之爲守，三年矣。請仍以守之時爲進之計，則兵馬當齊，糧餉當繼。見今更番兵馬，既不得暫借爲用，則車營所少者一萬二千，而既難有兵，又難增餉。

今議調通州兵三千、馬五百，天津兵六千、馬五百，其船隻酌量給發，合永平及蘆峰兵三千、馬五百，三項兵馬量擇丁壯充車營之用，餘俱防守關門。其薊門三協，除總督標下兩掖營漢夷馬兵合二千五百，爲督臣原議調防關門，及東協近議湊馬兵三千，俱已算入車營外，合再于中協借馬兵二千，各于明年正月赴營操練。而防守關門者，待大兵東進之日，以兩協總兵官一員，酌發三協兵，合前通、津、永平等兵可萬人，駐札山海。蓋他地取兵，便當增餉，此等兵馬俱用遼餉，正當暫借爲遼用，待東事稍平，仍還舊地，此所望兵部爲邊臣早計者。至大兵一動，糧料爲急，而次年之運，當于本年召買。其買價運價，是内部在目前所當急發。至先後帑金爲内外户部所借一十七萬，亦在目前急爲抵還。目今缺草缺料，即糧亦缺兩月之需，而草乾未給，是皆内外户部所當爲邊臣早計。蓋固圉恢疆，俱此儲需，而一出塞，則糧料盡仰公家，更爲緊要。凡各衙門原分措辦，俱望早爲給發。

至于登萊設撫鎮，而鎮臣以三千五百兵爲島防，則進不足戰，退不足守，似當以撫臣之意，簡遼人，合張盤之三千，與見在之五千，得萬二千人，備其船隻器械，分金、復爲信地，從岫岩一路入。是高皇帝所爲取納哈也。如惜費不備，則見在之兵乃更爲費。

至于東江一鎮，有兵而無器械，無船隻，無糧餉，似當爲備二萬人之具，從昌城、滿浦一路。如惜費不備，則負此膽識之將，竟阻于空拳。

又至于朝鮮，情勢如西夷，然未必爲我用，却不可令爲我害。即昨一欲遏羅，而平島自覺爲憂。假令不得于我，而明與賊合，其憂更大，似當因其妃之請，而予之以聯結，爲毛鎮之援，勿令毛鎮出而朝鮮議其後。

此三處，能入則可爲，實不能入，亦可爲聲。蓋臣于六月遣官詣兩鎮，遍察其情形。兩鎮臣之言，即臣所言。此又兵部當急爲兩鎮計船器糧餉，更爲分明所守之地，責令以戰以守，而朝鮮之封又在廟堂，當早爲計。伏見皇上恢復一念，天地爲昭，計當事諸臣，無不爲封疆遠計以應臣。臣既不得詣闕下，與諸臣細計，以明懇懇之私。所望酌量臣言，急爲料理，勿薄臣而遂弃其言，致誤封疆之計。此皆臣與文武諸臣，酌量遠近，裒益多寡，殊未敢輕嘗執拗。伏惟皇上念社稷安危大計，敕廷臣集議，立定可否，既承聖斷，更借廟謨，議論歸一，便可從事。假如急予以恢復之名，緩予以恢復之實，事機可乘，若斬之，事機既過，或督之，將邊臣不死于亂，必死于法。臣之一身何足惜，其如社稷何。臣伏病口占，言言肝膈，事急情迫，不知所云。臣可任激切待命之至。

天啓四年十二月。

孫承宗集卷三十五

前督師奏疏第十二

邊事與舊臣相妨疏

大學士臣孫承宗謹題，該臣年來邊方之事，實與舊臣相妨，故口語頻興，頓令邊人解體，一番未息，一番復興，事外以爲尋常，事中實爲緊要，冒昧陳言。

夫豈不知天下之大法必不可屈，然必死之法不即行，而乞生之意轉爲切。根有所生，枝葉爲蔓，嚮來死而欲生、仆而欲起者，日有所藉以爲紛。而既虞外敵，更虞西顧，雖欲矯情鎮定，而不可得。遂妄意以爲，天下之孽根，力不能速去之、盡除之，則姑遠之，使法所不能即加之時，力所不能盡去之日，無所恣其紛，而法仍在。不圖仰徼天綸，姑待以不死，且待東事平另議。以必當行而未即行之明法，徼無可待而姑有待之明旨。臣未敢以不死爲諸臣幸，而深以東事平另議爲邊人幸。蓋諸臣冀幸于東平，則必無猜于東事，而東事一日未平，則諸臣之不死而可死者一日不定。蓋邊方無一人不手額曰：「真可爲邊人息紛囂之大法矣。」夫東未平之先，苟可以息紛囂，而令邊人得展布四體，則臣復何虞于諸臣。即東平之後，而仍有別議，正臣所謂朝廷之法自在，臣亦何敢爲德于諸臣。臣亦竊計之矣。東之役，果以師武臣之力，藉皇上德威而平，竊意皇上如天之仁，未必不曲貸諸臣，如調度無方，師武臣不力，而事仍紛錯，將後此者，不免于駢首就法，而諸臣即遠遣，何能幸免。臣不能勸皇上以法，故不得已而請遠，曰：「朝廷之法自在。」且邊事變在斯須，而臣以窮年之力，不能爲呼應，則先臣之苦者，臣備嘗之；與臣同苦者，臣備悉之。誠有激乎其言之也。獨是天下之大法，臣方與天下共持之，一旦達天下公心，爲邊方曲計，而論叙諸臣，又徒念艱難共事之苦，殊無論劾方新之忌。是好人之所惡，已犯拂性之灾，况至于以己所嘗欲殺、所嘗爲論者，冒然更爲别議。此其顛倒錯亂，非衰殘病廢之極，寧至于此。臣日來佩諸臣之論，竊自循省，豈其心有檗而不能言，口有核而不能吐，而迷惑謬妄，至于不自顧其初心，斯何可一日立朝，而况危邊重地，一日無法，則不行。伏乞皇上赫然爲天下明法，先治臣謬妄之罪，或憐念病苦愚衷，處危險之地，抱真切之私，借臺臣有激之説，原微臣失言之咎，得以病罷免，當不至以息紛囂之私衷，番致滋議論也。臣新承恩賜，何敢爲辭，然既冒明法，何敢自護。臣不勝惶恐慚恧，謹具題以聞。

天啓四年十月初十日，中右所上。

二十二日，奉聖旨：「卿前奏貸叙薦諸疏，原以鎮定紛囂、鼓勵將士，苦心深念，朕所鑒知，正不必以疑議介懷。近兵部司官追案逃將中，多見任邊鎮，姑置不問。卿不時試諭，着各策勵圖功，不得推諉誤事。該部知道。」

衆口紛囂有害邊事疏

大學士臣孫承宗謹題，當天啓二年，賊初鷙發，天下難于當其來，臣實不揣，擬來整頓，是爲臣自任。今天啓四年，賊已狙伏三年，而天下又難于議其往。獨我皇上鋭意恢復，預頒犒賞，親覽弓刀。即臣衰病已極，疏十餘上，而猶若以爲可終其事。是爲皇上任臣。竊念臣所任，在當其始事甚險，而所承小；皇上任臣，在要其終事近平，而所承大。當其始者，賊來則徒以忠義爲激發，將持破斧缺戕，以應敵；賊不來則延挨歲月，而迄于今。且臣之意，不過整頓士馬，以歲終言歸，原非敢承撻伐之任，故其事險而小。要其終者不往，則姑從衆人之議爲苟安，而往則合社稷安危爲一舉。皇上固欲滅此朝食，臣亦曰滅賊則朝天有日。是爲必成之斷，故其事近平而大。然當其初有一人肯先臣爲任，皇上决不忍以天下之大，任病臣，不疑臣。謂臣之自任，是臣不得已也；皇上之任臣，是皇上之不得已也。即在朝諸臣，明知臣爲冒任，又明知皇上爲誤任，臣獨有旁虞之，懇教之，而不宜爲皇上明言其不可。蓋可者無一人肯來，故姑以不可者塞責，是亦天下人之不得已也。夫至于合天下人不得已以任臣，臣何敢不任。臣任矣，臣材謝皋夔，皇上任臣，實遠符堯舜記曰「上答之，不敢以疑」，臣復何疑。臣所願中朝當事諸臣無疑臣仍窺中書之堂，藉皇上任臣，特困臣于邊，而或不顧其事，臣更願邊方當事諸臣，仰念皇上斷在恢復，與臣共任，無相應以文，而不既其實。

臣非敢臆説也。昨撫臣過京師，京中諸臣謂起撫臣于五千里外，以其老成持重，待撫臣抵任，便當别議。蓋衆恐進兵，而雅意減兵省餉，所謂兵餉若足，臣便妄做也。所幸撫臣抵任，不復照顧人言，惟有斟酌邊事，近且遠抵右屯，日催軍務，謂時不可失，真是老成持重。其于遼土、遼人、遼事，無一不任諸身，而督臣又復開誠爲任，臣始得安督師之體，而獎率將吏，不親細瑣。假令中朝終持其説，則皇上任臣，責以恢復，而中朝諸臣又不明言其不可，獨從旁嚇同事以必不可，而不問機事兵力之何如。當此時，悍然不顧，則天下已設蝮相待，如機局既成，衆議爲顧，又何以仰副皇上付托。夫天人彼己，敢不斟酌，成敗利鈍，何能逆睹。以臣衰病，已不足有爲，而又以人言摇同心戮力之人，臣寧有死所乎？伏惟皇上矜憐愚臣樸誠，必不敢率意輕舉，以天下安危，恣一時臆見，凡百軍需，立爲給發，亦望中外諸臣，開心見誠，遵奉明旨，相與共圖大計。如真見事之不可，又明知臣之必不可，便明言罷臣，無誤天下。如止爲慎重，不欲輕嘗，則臣已慎重矣。幸無駭同事諸臣以胸臆，而使鎮道諸臣左顧右盼，雖令臣，無可與共計。頃主事劉永基抵關，勸臣以「易之豫，順以動」，欲爲臣調和衆心衆口。臣謹謝不敏，而心之憂危，敢不深念。適論叙諸臣，至于死者欲其生，仆者欲其起，臣心苦矣。總如臣嚮日所言，死而欲生，仆而欲起者，見邊事有妨，而頓生議論，盡以爲臣有害人之心，年來最苦此等有害于事。至于一身之恩怨生死，未嘗計也。臣心最苦，臣念最真，臣今仍歷薊門邊隘，與督撫商榷兵事，謹瀝血誠入告，臣可任激切待命之至。

天啓四年十一月初一日，山海關上。

初六日，奉聖旨：「卿肩兹大任，持重周詳，朕所素鑒。既同事得人，宜一力擔承，共圖恢復，付朕倚任至意。該部知道。」

慶賀疏 冬至

少傅兼太子太師、兵部尚書兼文淵閣大學士、督理軍務臣孫承宗謹奏，爲慶賀事。

天啓四年十一月十二日，恭遇冬至令節，臣不勝懽欣，不勝踴躍。伏念我皇上以聖神大略，懋參兩洪猷，帝德維新，天禧滋至。調微陽于泰始，氣鬯三靈；普大化于乾元，道函萬彙。寶歷既周，花甲緹占，載啓元符。子以開天，茂迓重熙于多祉；丑當闢地，敬圖一復于三陽。仰窺天地之心，叶謀安静；力決元黄之戰，丕振神威。風雲回萬國之春，玉帛奏九重之慶。臣于役邊城，未遑庭賀，除望闕叩頭外，謹差官具本，稱賀以聞。

天啓四年十一月初一日，山海關上。

初七日，奉聖旨：「覽卿奏賀，朕知道了。禮部知道。」

慶賀萬壽節疏

少傅兼太子太師、兵部尚書兼文淵閣大學士、督理軍務臣孫承宗謹奏，爲慶賀事。

天啓四年十一月十四日，恭遇萬壽聖節，臣不勝歡欣，不勝踴躍。恭惟我皇上德秉元符，道函上略，接纘大承庥之景運，具包天括地之洪規，帝祉維新，聖齡益茂。乃若同流天地，下應河清；侔德虞、周，上符鳳瑞。合兩儀大嬴之策，祝既壽于華封；奏三代有道之長，歌永昌于奕世。惟受命于天者厚，乃彰德于地者隆。臣于役邊城，未遑展覲，行百里者九，敢不圖成于熙洽之朝；呼萬歲者三，言懋德于豐亨之會。謹差官具本，稱賀以聞。

天啓四年十一月初二日，山海關上。

初七日，奉聖旨：「覽卿奏賀，朕知道了。禮部知道。」

乞回朝恭賀萬壽疏

大學士臣孫承宗謹題，該臣于九月初八日，遣鎮臣馬世龍、王世欣、道臣袁崇煥率水陸馬步兵丁萬二千人東巡至廣寧，抵北鎮祠下，還歷十三山，抵右屯，以陸營屯城東二十里，遂入舟師，歷三岔泊、二家溝，以都司楊朝文探蓋州，其鎮道泊高坎，登桅遠望，約有賊騎三千據廟山，疑舟欲前而去。是役也，練我膽志，通我間諜，凡三州情形、兩河地勢、水陸機宜、兵馬氣意，頗得其大。時臣在寧遠，而撫臣喻安性同鎮臣尤世禄復歷錦州，抵右屯，遂與諸臣安哨兵于錦州、松山，以堵西虜，接歸正之民。更以兩前鋒輪駐中右所，而兩營之兵更番分哨于松、錦之間。蓋去寧遠幾二百里，而哨探既遠，耳目既明。諸臣以十月十三日旋寧遠，晤臣于中右所，相與計恢復大略，無一人一語，不期同心戮力，滅此朝食，盡以爲時機决不可錯過，而撫臣更急于爲備。蓋從來議論合一、氣志奮揚，未有若此者。臣念今天下惟此一事爲最重最大，當邊人心意未一，何敢語及天下。即今邊人心意既一，而中朝議論，或有未定，又何敢拗執于邊人。臣行令鎮道嚴防精練，各辦所司，且得撫臣提掇督促。適督餉都御史畢自嚴來關門，遂與商議俱合，但苦糧料無資，臣乃繇石門閲歷薊邊，完臣八月欲行未行之意願。蓋喜、潘、石、古東警，爲臣不敢不兢兢，而關門之議雖同，薊門之意未見，且邊議薊門有當加之餉，衆議薊門有可減之兵，事體重大，未敢臆裁，遂以先後會督臣吴用先、撫臣鄧渼詳計可否。其不可宣之筆札者，略可商榷，而且以約略兵馬可駐可移，如持鉢貧兒，遂得緣門募化。事畢當繇通州、永平，仍詳計沿路可汰可借之兵，以回山海。因念臣奉違天顔三年矣，今去京僅數十里，而時當普天嵩呼之日，臣以帷幄近臣，不勝瞻戀依依，遂擬以十二日入都門，以十三日早朝，以十四日隨同官恭賀萬壽，仍乞于另日准臣回奏機宜，出與文武衙門商榷可否，以面聽諸臣教言，遂可以稍解群疑。即以事畢之日，繇關門旋寧遠，以督諸臣爲大計。而備所未備，其糧餉最爲緊要，容臣面奏措辦。臣極知此時事體紛紜，不宜冒入，但邊備尚有未齊，機事勢難更緩，要于速出都門，以免猜疑。伏乞皇上念臣真切誠懇，准臣暫入班行，謹差官具題以聞。

天啓四年十一月初八日，石門驛上。

十一日，奉聖旨：「邊關重地，豈可擅離。卿慶賀不必入朝，着急還山海，嚴加防禦，以慰朕懷。該部知道。」

乞賜罷免疏

少傅兼太子太師、兵部尚書兼文淵閣大學士、督理軍務臣孫承宗謹奏，爲遵奉聖諭，懇乞亟賜罷免事。

該臣以閱邊薊、密，行抵通州，于本月十二日接兵部咨，欽奉聖諭云云。欽此。臣不勝惶懼，不勝感激，即刻望闕叩頭，策馬東行矣。自念臣以庸愚，致干嚴切，乃仰荷天恩，未即誅譴，臣愧感何極。獨是以外吏冒請入賀，委屬無知。及若無旨，擅離信地，則人臣大罪，真祖宗法度所不容，而臣實不敢也。臣奉敕抵關，凡敕者所載，無不一一遵守惟謹。

一款、前屯、中前所等處尚可城守，亟宜經理。臣已經理城守矣。

一款、其寧遠、廣寧暨河東舊土漸圖恢復。臣已修築寧遠，屯聚遼人，漸及松、錦，近方議恢復河東矣。

一款，薊門、昌平沿邊一帶，虜騎可入處，即與督臣計議，修築城堡，添設兵將。是皇上授臣以信地，原合薊遼爲一，而喜峰、潘口之報，正所謂當與督臣計議修防。是以今年春，皇上一聞東賊假道喜峰，即敕臣倍爲防守。臣如塊處關門，曾不一歷其地，何敢以臆裁。且來年關門之兵出關，則關内之兵當分抵爲守。念陵京之重，不減關門，既不敢空薊兵爲守，又不能外薊兵爲守，斟酌衰益，又何敢以臆裁。

臣于八月西閱，以衰病阻行，荷蒙天恩，曾念臣行邊勞苦，今于十一月力疾，以完前件。蓋邊方險要，一見爲真，當關門紛擾，臣何敢輕離。及今關門稍輯，臣不妨閱歷。其外之經理寧前，固以守關門，而内之經理薊門，亦以守關門。假令果如嚮者訛言，而臣可不一爲計乎？是臣原遵敕旨，而非無旨擅離也。首輔曾與去輔撰擬而頓忘之乎？臣繇邊路巉岩磴道，霜雪載途，車馬爲艱，卒從既憊。臣日行傍險，而步者十餘里，其轉轡而東，當繇腹路，而通、永之兵尚有可借。臣是以抵通，而去天咫尺，適當聖節，即皇上不須微臣入賀，而臣實忝冒帷幄，敢恝然而過，不一請乎？況臣之西也，關門之萬苦千辛，撫鎮而下，實屬去臣一披肝膽于天庭，不意愚昧衰殘，未知大計，致干聖旨嚴切。伏惟皇上憐念邊方迫切之情，原遵敕旨，原行信地，俯加裁察。至于愚昧冒請，暫入班行，則衰殘昏晦之極，又何以飭法督將吏乎，席藁待罪，伏乞亟斥，以明大法。臣可任惶懼待命之至。

天啓四年十一月十六日，豐潤縣上。

日，奉聖旨：「卿已抵關，朕知道了。着遵前諭，力圖恢復，不必引咎。該部知道。」

關内外情形疏

大學士臣孫承宗謹題，該臣以十一月初二日西閱薊邊，以初十日抵平谷，以十一日抵通州，次日平明遵奉聖諭，即刻東行，以十九日晚抵關門。其西去繇邊路，兵丁多告缺糧餉；東來繇腹路，百姓多告苦轉輸。關門一時缺餉缺草，諸將多環臣而泣，鎮臣日爲訓練，道臣日爲措辦，撫臣以二八日親下教場，點查催督，日爲提掇鼓舞。其東哨參將左輔、李承先探至三岔河西三十里，斬獲西虜之截我遼人者二十八級。報稱河冰已凍，雪深七寸，亦有賊騎百餘來探河冰。有報奴酋率賊鷂推車出北門打圍。撫夷副總兵報稱，西虜虎憝兔領賞將完，此時關内外頗稱寧静，但糧料缺乏，日防東賊，不敢稍疏玩。臣以冒昧，致干嚴切，至仰廑聖念，慮有别虞，謹以月來關内外情形，逐一奏聞，以寬聖懷。其一切軍需，容臣病稍愈，一一具奏。臣可任惶懼感激之至。

天啓四年十一月二十四日，山海關上。十二月初一日，奉聖旨：「卿已抵關，哨探斬獲，内外寧静，深慰朕心。糧餉缺乏，着作速接濟。該部知道。」

慶賀元旦令節疏

少傅兼太子太師、兵部尚書兼文淵閣大學士、督理軍務臣孫承宗謹奏，爲慶賀事。天啓五年正月初一日，恭遇元旦令節。當萬方輯瑞之期，正五位受符之會，貞元交泰，中外騰歡。恭惟我皇上道建中和，業成參兩。舊邦新命，顯謨遠邁于周文；大略雄材，神武近超乎漢帝。叙九疇而斂五福，齊七政以厘百工。聖德日增，衍四海無疆之慶；聖齡日茂，啓萬年有道之長。臣以遠役邊徼，未得入綴班行，謹從紫塞風烟，遥望彤廷雲日。臣下情可任瞻仰欣躍之至。

天啓四年十二月十五日，山海關上。日，奉聖旨：「覽卿奏賀，朕知道了。禮部知道。」

速補目前缺乏疏

少傅兼太子太師、兵部尚書兼文淵閣大學士、督理軍務臣孫承宗謹奏，爲速補目前之缺乏，早酌進剿之急需，以圖恢復大略事。

該臣有懷欲吐，致干嚴切。念臣之區區，祇以三朝仇耻不可不復，所幸皇上鋭意恢復，不從中制，而撫鎮以下文武諸臣，無一人不仰承德意、共圖大功。乃若恢復急需，唯在兵餉，而前有期日既逾，後有期日又迫，臣下無以塞群心，乃進求以徼天恩。即急未得入叩天閽，而心所欲言，敢不爲皇上陳之。

合關城十二車營馬步官兵，可需九萬七千，而關内外屯防尚需二萬三千。目今見在之兵十萬七千，其馬騾牛駝可需六萬八千，而見在者五萬六千。姑言目前之急，必不可一時緩者，則十萬七千兵之折色餉，十月、十一月未完，而十二月又過矣。此急需三十餘萬，而草乾未給，又借過帑金十七萬，是所求之内部，而必不可緩者。

試言本色之數，則十一月報米有三十萬零八千五百五十石八斗，通計見在之兵十萬七千，每兵月支五斗，祇可支五個月，而九月支未完，十月未支，尚缺米一月半。頃議以折代，而又虞兵家之忌，上苦遠輸，下苦貴糴，合十萬人一時食本土本色，則米價騰貴，而兵民交困，遂無以安插復業之流傭。以料計，則有豆蔔十四萬四千二百三十九石六斗，計見在馬騾五萬六千匹頭，每月支料六萬七千二百，祇兩月零而盡，況十月猶未支，直至三月末，海運方通，尚缺料豆二十五萬二千石，而後日續來之馬騾未算。以草計，自十一月至三月，每日支草一束，時價該銀五分，每馬一百五十束，五萬六千匹頭，該草八百三十萬。見今派之永、順，而未盡給其價。頃餉道之言曰：「言截漕則争京糧之急，言召買則云餉庫之虚，不截不買，明年米豆，此時尚無一粒半。」一文議者如此，任者何處下手。是所求之外部，而必不可緩者，獨器械完可九分，而防守之兵尚需一萬，更番之兵馬不得借用，則兵與馬少萬二千，而帑金借作餉金，則馬騾之未買者四千有奇。惟還所借銀，則四千可買，而尚少更番之萬二千。

以上俱見在目前之需，必不可缺者，而仰荷皇上恢復明命，計勢揆時，酌邊上所必需，與海内所能辦，兵則十二萬，内戰兵十萬，騎步相半，此外屯守、駕運、匠役、奇零營雜流兵共二萬，正馬伍萬，馱馬及駝騾牛驢一萬八千。此爲進剿之定局，待事平而徐爲删定。以餉言之：騎兵月支銀一兩六錢，五萬兵每年該銀九十六萬；步兵每月支銀一兩四錢，五萬兵每年該銀八十四萬；屯守各兵二萬，每月人支銀一兩四錢，二萬人每年該銀三十三萬六千兩；每兵不分馬步，月支米五斗，十二萬每年該米七十二萬石，每石八千，共該銀五十七萬六千兩。馬騾自十一月至三月，每日支草一束，時價該銀五分，每馬一百五十束，共草一千零二十萬束，該銀五十一萬兩。四五六七八，五個月放青，每馬日支乾銀四分，五個月該銀六兩，六萬八千馬，該銀四十萬八千兩。至九月十月，每兵採青草一束，犒銀一分，每馬六錢，六萬八千馬，該銀四萬八百兩，每馬攢槽半年，每月支料一石二斗，放青每月支料玖斗，每年支料一十二石六斗，六萬八千馬，每年該料八十五萬六千八百石，每石五錢，共該銀四十二萬八千四百兩。船三百隻，每隻月租銀十兩，每年計銀三萬六千兩。通計每年銀四百一十二萬五千二百兩。其必需之數如此，其班兵、衙役廪餼工食之費，尚十餘萬，而新餉之在關門者已有四百一十四萬。其薊、密、通、津、振武之兵，實用遼餉一百四十九萬有奇。見今關門需兵無可別調，合以六頃之兵，得二萬守關門，即以二萬兵之餉，隨兵帶事寧之日，仍歸本地，則兵馬本折可省四十餘萬。謹約略目前所急，則户部當亟發按月餉銀，亟還所借帑銀，工部當亟買三個月半之料豆，當亟補一個月半之米，當亟買五個月之草，而明年糧料更當急備。既少更番，一萬二千之馬，仍望兵部酌量于薊、津等處，如臣之議，量爲調發。至于一年往剿之需，除用各兵餉外，尚有所需，惟專望皇上飭所司，酌計量爲發帑，以濟所不及。仍敕各該衙門實心實意，以叩副皇上共圖大計，早奏成功之明旨。臣衰病已極，加道途之苦，重以慚懼，據事直書，無伏次叙。伏惟皇上毅然乾斷，事在必行。臣可任激切待命之至。爲此具本奏聞，伏候敕旨。

天啓四年十二月。

人臣任官自程材力疏

大學士臣孫承宗謹題，該臣聞人臣任官，自程材力。如材力有餘，即當危急難做，必不可辭；如材力既衰，即當平常無事，必不可冒。臣嚮在講筵，鬢髮已自凋殘，然氣血猶壯，是以冒任危疆，近以三年奔走，神骨都銷。頃以抱病山行，慚阻惶懼，手足半爲支拄，上下俱爲出血，每一昏暈，半日不醒。嘗伏枕對諸臣議事，輒至聲音不續，頓不知所議何事，瞪目相看，徒有涕泪。臣自酌材力已不能了此一腔肝膽，恐今生今世終是仰負天恩。目今大政維新，正在罷無能之官，捐不急之費，臣以病苦曠職，官屬廪餼，便爲虚費。至于臣之病苦，又不論此官可有可無，而必不可耽延虚冒。臣又計三年以來同事諸臣，經督去者二人，巡撫去者七人，閣臣去者四人，故者二人。以臣衰殘，已可繼二臣而死，即以臣材力，亦當繼諸臣而去。一課功能，定當褫斥，或念臣愚昧，肝腸立朝，不過四月，抱關已及三年。雖無撻伐奇功，亦無紛囂別警。予臣骸骨，得正邱首。臣再四低徊，未敢遽瀆天聽。蓋恐諸臣惟臣求入不得，却怏怏求去。然臣昨所求入，固是陳説邊政，亦欲見臣衰殘。即今病苦已極，正呼天呼父母之時，憂在疆場，敢辭嫌忌。惟望皇上爲臣天地父母，一憐念而已。爲此謹差官具題以聞。

天啓四年十二月二十日，山海關上。

二十四日，奉聖旨：「卿拮据邊疆，恢復大計，已有次第。朕倚眷方切，何得引疾求去、輕擲前功。還望畢力運籌，滅奴雪耻，成卿慷慨請纓初志。仍宜善加調攝，候旨召還。該部知道。」

斥逐諸臣失平疏

大學士臣孫承宗謹題，臣惟臣下去留，當自程其材力，朝廷用捨，當公定其品局。臣以迂愚，謬當危塞，自知材力不勝任使，分當引退，以付賢能，而萬語千言，未蒙允放。臣所忍死不敢去，而誓竭股肱之力者，獨以皇上任賢圖治，邪正分明。臣一念樸忠，天下或可洞見。臣即瘁心竭力，繼之以死，亦所甘心。數月以來，仰見皇上願治盛心，不啻飢渴，而獨于斥逐諸臣，間有失平。臣以爲，天下治亂、生民休戚、邊疆安危、社稷存亡，實繫于此。竊念此等舉動，如出于皇上獨斷，而諸臣不爲一言，是諸臣以天下之大，徇皇上喜怒，固自甘爲具臣，以仰負皇上；如諸臣或借公行私，而皇上曾不爲覺察，臺省曾不敢盡言，是必内有所藉，外有所援，一時不肖之徒阻于私不勝公，又復内藉外援，潛效鷙擊之力，衆紛愈急，自遮愈密，所謂苟患失之，無所不至。此其禍甚于遼、黔，患急于兵戈。臣待罪危邊，寧有死所乎？去輔葉向高，在神祖朝八年，佐理曲極小心。先皇帝坐逝天庥，向高不爲無力。此豈非一時社稷重臣。頃者，允放之日，天恩有加，而陵嚚挫辱，豈三朝元老所堪。今尚書趙南星、都御史高攀龍懲貪斥競，力絶饋遺。兩臣用而天下欣欣望治，一時起廢之中，千百紛紜，獨此差爲生色，而一旦去之若芥。夫懲貪者去，則貪者來；斥競者去，則競者來。兩臣不自爲身家，而力爲皇上清吏治。臣知皇上必不忍奬貪競、退廉静，而忍于去兩臣。是兩臣徒驅天下貪競之徒，鶩于不可知之地，以脱罪戾，而又驅天下之中材，甘爲不可知，而合其交。蓋朝廷曾不竟兩臣之用，而兩臣之力，祇以合事急者之交，而快貪競之私憤。臣于世，曾不立門户，于諸臣，曾不識面，獨于南星之入銓也，以其有良心一疏，語以廓然大公，莫知其鄉爲心體具言，以善惡爲同异，不當以全力擯一隅。今兩臣去矣，皇上必不以臣言留兩臣，即兩臣必不以臣言之留而留。然不爲兩臣也，爲天下治亂頓判于此，又非謂兩臣留，頓能治天下，兩臣去，頓能亂天下。謂去兩臣而出于皇上之意，則皇上之獨攬爲公，然猶虞獨攬不協于天下之公。假令去兩臣而出于惡兩臣者，將内托外援，而天下盡入其牢籠，人吏盡出其搏弄。儌幸之徒多，苟且之政行，而天下之大患立至。一二錚錚稱賢者，見大力之有所乘，必貶道或可自全。然貶何以自容于天下。倘薑桂之性難移，槐柳之齊正茂，乃天下亦何以見容。賣官鬻爵，衆指不摇，抚弊巧法，彈冠相慶，黄臺之瓜屢摘，元都之桃千樹。臣雖以皇上之威靈，立縛奴酋于闕下，天下之患未已也。且古帝王導天下使言，而今且重處其激，寬處其平，明驅天下以歸阿諛之一途，得無暗于大體者，以此爲好事，工于借人者，以此爲先著，而皇上重爲合天下之私，交天下之患，可勝言乎？漢臣當出師而念闕庭，猶曰：「親賢人，遠小人，先漢所以興隆也。」臣三復此言，肝腸欲痒。

臣聞之記曰：「殺其身，有益于君，周公優爲之，而況迂其身，以益于君。」夫殺其身，迂其身，謂有益于君也。果其益于朝廷，何敢顧惜此身。臣今者衰殘已極，智略已盡，自知終無益于朝廷，而既虞外哄，兼虞内紛，憂心如焚，莫知所措。使諸臣之皦皦者去，而臣獨得久留，必其有遺行，而愧于兩臣。使兩臣去，而臣不蚤自裁決，臣所居何地，所任何事，一蹉跌而去兩臣者殺。臣求如兩臣之去，而不可得矣。

伏乞皇上念天下安危在用捨，勿以一念輕萬幾，勿以一人携萬人。老成之人不易培，清貞之品不世出。聞一語，必察其幾；處一事，必詢其故。至于臣之迂愚，不知大計，立當罷斥。願乞與兩臣同行，以無礙世途。更乞皇上憐臣原屬近臣，非敢侵攸、禕之任，而以遠言近，臣可任激切懇望。爲此具題以聞。

天啓四年十二月。

請放歸疏

大學士臣孫承宗謹題，該臣于天啓四年十二月十九日，以久病乞骸，隨于二十四日，奉聖旨：「卿拮据邊疆，恢復大計已有次第，朕倚眷方切，何得引疾求去、輕擲前功，還望畢力運籌，滅奴雪耻，成卿慷慨請纓初志。仍宜善加調攝，候旨召還。該部知道。欽此。」臣捧讀，不勝感激，不勝惶悚。臣以天啓二年二月入閣辦事，以六月閲關，今爲天啓五年，臣行年六十有三矣。夫久戍堪老，而况年齒原老；人老即病，而况氣血原病。見今形如槁木，心如死灰，初猶見鎮道于屋，今且日休床榻，口所言，不復記憶，人所問，不知應答。其前所略言病狀，俱成錮疾，日昏暈如在夢寐。臣初志邊疆，原以氣體尚充，不嫌冒昧。今形神俱銷，視息如寄。每當昏暈醒時，未嘗不念材力既竭，遂至仰負天恩。又恐溘死道路，令聖朝有耽戀爵禄、不知進退之大臣，而久病在邊，令夷狄有中國乏人之誚，則死臣何足惜，而其妨邊事爲大。臣語急情迫，惟望皇上憐臣樸誠，放歸田里，得正邱首。即溝壑餘骨，尚知銜結异世也。臣可任懇切待命之至。

天啓五年正月十六日，山海關上。

二十一日，奉聖旨：「卿身肩重任，三載勤勞。朕時切憫念，昨已諄諄慰留，如何又有此奏。還望安心攝調，矢圖恢復，副朕始終倚重至意，不必再陳。該部知道。」

請放歸疏

大學士臣孫承宗謹題，該臣于正月十六日，以久病乞骸，再瀆天聽。隨于本月二十三日，奉聖旨：「卿身肩重任，三載勤勞，朕時切憫念，昨已諄諄慰留，如何又有此奏。還望安心攝調，矢圖恢復，副朕始終倚重至意，不必再陳。該部知道。欽此。」臣扶病捧讀，不覺泫然流涕，即左右無不失聲。伏念臣至愚極陋，仰荷皇上天高地厚隆恩，敢不倍爲攝調，以仰副皇上諄諄慰諭。但臣衰殘既極，無復生理。如朽荄腐草，當春不榮。更念方今三陽啓泰，百政維新，臣既乏材力，仰贊中興，又何敢日述一身苦痛，仰瀆天聽。但念皇上爲臣天地父母，臣衰殘日甚，耽誤日多。今即日行文書，不能料理，正當呼天地父母之時，譬如牛馬，然其齒老力衰，鞭策十分難前矣。即尋常牛馬，不須過憐，而耽誤服乘，忍不爲計。臣語短情極，一字一血，懇惟皇上憫念放歸。臣不敢更述所苦，惟呼天地呼父母而已。臣可任懇切待命之至。

天啓五年正月二十七日，山海關上。

二月初四日，奉聖旨：「卿邊關坐鎮，安攘繫瞻。朕倚藉方殷，何得連章請告。還望振起精神，矢成初志，掃清奴穴，奏凱歸朝，以慰朕懷。該部知道。」

辭陵工恩叙疏

少傅兼太子太師、兵部尚書兼文淵閣大學士、督理軍務臣孫承宗謹奏，爲誤承恩叙，懇准辭免事。

該臣伏病數月，屢疏乞休，忽于二月初一日閲邸報，恭遇皇上祇叙先皇帝陵工大典，加臣少傅兼太子太師、兵部尚書，進建極殿大學士，蔭一子，與做中書舍人，賞銀五十兩、彩段四表裏，内大紅蟒衣一襲，照新銜給與應得誥命。欽此。臣不勝感激，不勝慚懼。伏念臣以庸愚，誤任邊疆，以衰朽耽延兵政。即皇上念臣樸誠，未加譴責，而以臣自課，則材力日減，衰病日增，恩渥愈重，報稱愈難。頃者累疏乞歸，豈其惜頂踵以求全，正懼耽衰殘而誤國也。即今陵工大典，在諸臣日侍帷幄，或當以勞勩祇承。乃若臣待罪邊方，未獲寸效，概蒙式叙，殊切悚惶。且見在恩華，方乞罷免，乃方來多福，敢復靦承。

伏乞皇上念臣真切，收回成命，庶隆恩不濫于雜施，溢福少嚴于末品，更乞天慈憐臣病苦，予臣骸骨。臣可任懇切待命之至。

天啓五年二月初四日，山海關上。

初八日，奉聖旨：「卿輔弼元臣，師中著績，陵工告成加恩，原係彝典，宜即祇承，所辭不允。吏部知道。」

再辭陵工恩叙疏

少傅兼太子太師、兵部尚書兼文淵閣大學士、督理軍務臣孫承宗謹奏，爲隆恩不敢概承，衰病久當罷免，懇乞天慈准允事。

該臣荷蒙恩叙，具疏辭免，隨于本月初八日，奉聖旨：「卿輔弼元臣，師中著績，陵工告成加恩，原係彝典，宜即祇承，所辭不允。吏部知道。欽此。」臣捧讀，可勝感激，可勝悚惶。臣惟我皇上念先皇帝山陵之役，大典告成，大恩普賴。其在諸臣，原以内贊帷幄，外效馳驅，獨臣繫名內閣，于役邊方，未嘗諷議，何有馳驅，概荷天恩，殊爲忝冒。且天啓元年隨諸臣相度，曾已冒承三品服俸，兼以樗櫟散材，久已玷粲棁之用，衰殘朽質，敢再承雨露之施。伏乞皇上憐臣真切，准臣辭免，憐臣病苦，予臣骸骨。念過去之恩華，盡屬虛負，即再生之銜結，總難報酬。辭短情極，不知所云，惟望皇上憐念矜察而已。臣可任懇切待命之至。

天啓五年二月十二日，山海關上。

十八日，奉聖旨：「卿亮節壯猷，岩關倚重。況山陵相度，著勞受恩，豈爲忝冒。宜遵成命，慎勿再陳。吏部知道。」

病極乞骸疏

大學士臣孫承宗謹題，該臣以衰病已極，三疏乞骸，隨于二月初四日奉聖旨：「卿邊關坐鎮，安攘繫瞻。朕倚藉方殷，何得連章請告。還望振起精神，矢成初志，掃清奴穴，奏凱歸朝，以慰朕懷。該部知道。欽此。」臣不勝感激，不勝惶悚。臣伏讀天綸，若以爲臣尚有精神可自振起者。臣本庸愚，未諳世務，抵關以來，每不惜衰殘，以提掇闔鎮精神，有終日不食，有終夜不寢，及山行水宿，露居塞外，于時氣力尚可支撑，猶得强振精神，不辭鞠瘁。今者年歲日多，氣力日少，每荷皇上温綸，倍加調攝，仍欲强振精神。昨正月一入車營，委頓而歸，幾死于輿。蓋精神原有，而後可振。臣今氣力已衰，精神已盡，左體半屬枯乾，卧難展轉，行必蹣跚。每一念仰負天恩，便自昏暈不醒，而上下出血不止。豈有此等形狀，尚可坐鎮邊關，繫戢安攘。總之，精神可振，臣所以自請督師；精神既無可振，臣所以亟請允放。倘有一毫尚可支撑，而不自振起，即欲少追明法，而明神必且殛譴。臣病久矣，卧床蓐中見將吏，又已三月矣。近復氣息奄奄，一事不能料理。臣一語一泪，一字一血，俯枕哀鳴，呼天地，呼父母，惟望皇上矜憐允放。臣可任懇切待命之至。

天啓五年二月二十二日，山海上。

二十□日，奉聖旨：「卿拮据有年，精神過用，朕豈不鑒憐。但身繫安危，何得輕言弛擔。還望慎加調攝，矢心肩任，務奏成功，以副朕懷。該部知道。」

皇上躬臨太學疏

大學士臣孫承宗謹題，該天啓五年三月初六日，恭遇皇上躬臨太學，釋奠元師。是日天氣清寧，風雲宣𨗥，翠華至止，百度肅雍。欽惟我皇上體涵天地，中和道會，帝王精藴，肇舉古今之秩典，聿聞中外之人心，式臨卿士雍容，載見宫墻美富。蓋清朝盛事，上聖鴻猷，寧惟萬國衣冠，環相觀聽，抑將兆民耳目，從此維新。臣于役邊城，遥瞻雲日未綴，法車扈從，快逢大禮修明，不勝欣躍，不勝歡忭。爲此具本，專差官賫捧，具題以聞。

天啓五年二月初七日，山海關上。

□日，奉聖旨：「覽卿奏賀，朕知道了。禮部知道。」

病苦已極疏

大學士臣孫承宗謹題，該臣病苦已極，屢疏乞骸。

頃緣靜聽會議，未敢煩聒。隨于本月初六日閲邸報，奉聖旨：「樞輔慷慨，督師志切呑胡。今尚未有底績，何可驟言召還。關門重寄，簡將、汰兵、清餉、相機進止，皆樞輔之責。便着速出任事，整理軍務，恢復防禦，不得他諉。欽此。」臣不勝感激，不勝惶悚。伏念臣三載馳驅，兢兢防禦，曾不能仰副皇上漸圖恢復之命，乃至民苦轉輸，兵苦飢餓，即臣亦自苦衰殘。年來乞罷乞休，原以邊關事重，非衰病可耽。一時諸臣有憐臣衰老者，爲臣乞歸。蓋耳目真切，深爲國謀，仰荷天綸，下集群議，業已矜憐。愚臣衰病，而諸臣徒以大臣體面，曾不明言，以决臣之去。仰徼嚴綸，責臣視事。古人輿疾討賊，敢不勉圖。獨是臣材既駑淺，年更衰遲，兼以地方艱難，與臣同來者，少壯亦病。每念臣初入閣，有七人，而去者、故者六人矣。其在地方，則三總督、十巡撫、二十餘道臣，相繼以去矣。臣即未死未去，而百病攢身。然臣非敢計此身也。重地安危，動關天下，諸臣既忍以病臣塞責，而臣又冒以病身爲天下塞責。即异時死法死敵，等于死病，而天下安危，豈病臣一死足塞。且病臣之去留，何繫安危。惟以會議之身，可去復留，其所係安危甚大。然而仰奉嚴綸，敢不力疾任事。第病中籌畫，自是不周。病後奔勞，行復加病，低徊病榻，殊切憂虞。終望皇上敕當事大臣，早爲安危大計，無姑以病臣塞責。更望諸臣憐臣病苦，既以病臣塞責，便當爲天下大計，助臣共恢復防禦，臣得奉廟謨以行。臣可任悚息懇仰之至。

天啓五年四月初九日，山海關上。

□□日，奉聖旨。

簡鎮協疏

少傅兼太子太師、兵部尚書兼文淵閣大學士、督理軍務臣孫承宗謹奏，爲仰承明旨，簡鎮協，以一兵政事。

該臣念關門諸將，當東氛方惡，特借英鋭，以洗奔潰之塵，而分布不得不廣，取數不得不多。目今規制稍定，事權當一，各該總兵官除馬世龍受皇上溢格隆恩，自當身任遼事，趙率教、滿桂以料理寧前，新蒙恩數。且該地方當以輕熟料理，似應照舊駐防。其左部鎮總兵官尤世祿，家世死忠，力能陷陣，大凌河之戰，免胄先登，而一病纏綿，殆于不起。右部鎮總兵官王世欽，英年世將，沈着真誠，雅負直前之氣，而抱有痰疾，遇急輒發。在尤世祿，拔自偏裨，遂稱大帥。王世欽以原官調用，俱與臣同馳于野燐枯骨之中者三年，至其振發積弱，分護屯防，則二臣亦有微勞，相應准其回衛，待病痊之日，仍爲衝邊之用。火器鎮總兵官李秉誠，原係立功關門，近以西功復職，三年來，教習火炮，實始于秉誠。但以大將領二千人，而地且多帥，似當准其回部，候推他邊之用。後部副總兵官孫諫，副協七年矣，亦係立功極苦極久，此時便當予總兵名銜，而關門勢難多帥，似當同准回部，及時推用。其他各衙門參劾，及臣所裁革，如高見、周文炳、高國楨等，俱已革任，仍有押兵調取各官，事竣當回，及部咨聽用各官并各弁、先後招募材官，容臣簡汰，咨部别用。其他一切兵丁，皆臣與諸臣，嚮從棼亂中，力爲整頓。今從整頓，自易爲綜核，然屢據哨探回鄉之報，具言賊襲旅順之後，即徙家老寨，移住瀋陽，仍塞新巢六門，止存南北之二。又言張盤未殺，督令修船。當此時，即不敢驟減多兵，以生戎心，而殘弱敗群，何堪糜餉，臣不敢不力疾督諸臣嚴爲之也。

伏乞皇上敕該部將總兵官尤世祿、王世欽，准其回衛，待病痊推用。總兵官李秉誠、副總兵官孫諫，准其回部推用。其餘冗瑣，容臣咨部，以省多餉。庶兵政可一，衆心可振。臣可任激切待命之至。

天啓五年四月十一日，山海關上。

十八日，奉聖旨：「尤世禄、王世欽，已有旨了。李秉誠、孫諫，着回部候用。餘聽卿調行裁酌，以飭兵政。該部知道。」

議守遼東疏

大學士臣孫承宗謹題，該臣看得關門當此時爲守，似可以守，而減兵省餉，議守爲難。蓋奴不敢謂其不來，而西虜嘗虞爲梗，則守何容易。臣謂方今守之議有三：如必欲恢復，而止借守以相機，則錦、右當守，而蓋州當取以守，正撫臣所謂錦、右勢險節短，得相扼爲急計，而我之力得合；如計止在守，而恢復爲緒計，則錦、右爲緩，可以守，亦可以無守；如且延目前之安，而姑不問經久，則當罷錦、右之兵，退錦、右之民，固守寧遠，以扼覺華，與關門爲外護，便可減兵省餉，啖西捱東，而東或猛發，西且窺意，天下事將中變，而我竟不支。

臣嚮守關門，即計守前屯，蓋以萬人守埤堄，而以前屯一鎮兩車營，合邊腹十二城堡，守于十七里。既守前屯，即守寧遠，亦合一鎮三車營。及邊腹城堡與覺華相犄角，而扼水陸之要。蓋兩大城相望于百三十里間，關門始有重關之險。既守寧遠，即從衆議，復守錦、右，以錦、右扼東北之要，而兩有可扼可窺之途。蓋此時廣寧即在可復，而臣以爲，姑勿計復，當計復河東之四衛，先得蓋州而守之，與右屯爲犄角，于南北以聯絡東江、南、登，以待時機，而圖其隙。其餘東北諸城，亦復如廣寧。蓋嚮以關門爲守，則不但恢復無期，而關門外盡爲胡馬，天下遂不可言。今以遼東爲守，則守一步即爲一步之恢復而外，恢復無以爲守。故臣謂有弃遼東之守，而終不能守；有漫圖遼東之守，必不能進，而終歸于弃；有進圖遼東之守，却不必盡地爲守，而乃能守。總之，廣寧勢可即復，而不守，即復遼、瀋、開、鐵，勢未能即復，即復之，亦不必即守。要以鶩地廣則兵力分，而敵衆我寡；去海遠則轉輸難，而敵飽我飢；入境深則兵勢孤，而敵逸我勞；失計于狡酋，而退處堂奥，則其養患深；無心于大計，而進逼賊穴，則其擔憂大。今天下大計，衹在足食。其兵將于炮矢弓刀、進止分合，業有次第。今乃進據兩河之要而守，使其心以警而日堅，膽以習而日壯。要知賊來不在遠近，衹在搗虚，故旅順在七百里外，而食盡馬斃，以争一勝。不見宋割地使乎，退而又退，至于無可退。如以遠于賊爲守，則機終不可知，而守日弛，防日廢，無論恢復之必不能，而將以兵減消氣，虜以力單生心。即西已發難，而東且合謀。蓋臣三年體察事勢，惟在西北守錦、右，東南守蓋州，以生聚訓練于寧前、金、復之間，而來則拒之，去則不追。其機活而守堅，一兩年必有別著。其要惟在足餉，而一年後，屯種可漸以資食。或謂守逼賊穴爲難，不如守在關門爲易。臣亦能爲此議，以捱目前。但以遼東爲守，國家尚有藩籬；以關門爲守，國家遂憂堂奥。當祖宗朝所以弃大寧而必守遼東，正以關門一垣，海口千里，智力難施，而禦賊于藩籬之外，與禦賊于堂奥之中，其難易在邊臣，而利害在國家。臣旦暮溘死之人，固不敢以難遺人，而何敢以憂遺社稷。

天啓五年。

恢復大略疏

大學士臣孫承宗謹題，該臣日與將吏力圖恢復，請再言恢復大略。

臣初受皇上敕命，以寧遠、廣寧暨河東土宇漸圖恢復。臣以三年之力，填實數城，殊覺艱難，實仰奉明綸漸圖之意。蓋三年來，日防其來，日辦所去，量兵力可分布，以當所敵，乃敢前進一步。如今既至右屯，便可直復廣寧，而兵力未充，轉輸爲苦，非恢復之難也。凡恢復者，其城郭人民如故，特力驅其賊而撫其衆，其難在交鋒。而今且繕城治舍、安堡修墩，陷蕃之衆，不收則合賊，不防則叵測，而議屯議修、議練議防，將之力或竭，兵之心或變。乃其難更在一步一金，而物力之難充。

臣以爲，當此時而急，足其餉則可進，而一過此，則四集之兵必不能長養。無論天下不能養兵，即兵亦不爲天下養。況一意爲屯修，則旁騖不振，而遼人日逸日銷，三年來所集之兵馬、所練之舟車、所置之器械，日有壞敝而不習。天下雖有十倍于臣之材，亦不能再爲計。臣議以三年所辦，習乘其猜殺狐疑之際，量力而行，據右屯，厄西河之要，取蓋州，全南衛之衝。迨一復海州，則中原之大勢以全，兩河之樞紐已得，而遼人止可填實于西南，遼兵止可防禦乎東北。即北地終歸版圖，而無人可填，無兵可守，姑以待生聚之既充，而先且爲哨守之地。故臣謂，今天下大勢必復四衛，必復河西，必决一戰。以今之力，乘賊之猜殺奔散，尚可得爲，而但一大創，賊必有心。當是時，賊如不起，則我自爲守；賊如來争，則我堅壁以應，而伺其靡擊之。蓋臣日群兵將于槍壘，習耳目，習進止，習心力，而要在練將于邊險，練士于邊敵，故未試于東，先試于西，未試于大，先試于小，而西虜千百之衆，每以千百兵數應之，而數有斬獲。且每令覘兵偵勢于河海之上，直與賊相見聞，而遍嘗其險要扼塞。夫人怯鬼魅，以鬼魅不嘗見聞，故人相猜怪。如使日習于耳目，則其伎倆易窮，人之猜怪不生，而所以制之之術愈精。故臣爲逼據其地，以外練耳目，内練心膽，要使官兵原有可恃之具，而彼自有不肯輕退之心。我驅車而得應守之地，即堅守勿前，賊如嘗守不出，則我亦是嘗守，而屯牧生聚益深。賊如争而數來，則數勞必疲，而我以堅壁應之，賊終無所得，而我之奇伏奇應，必且得志。蓋未得其機，則終以是應；一得其機，則漸次而進。得一城守之，觀其變，不驟進深入，以中其謀。而時機既得，便可禽彌而草剃之。即我自守，而賊當久而益疲，必自有變。而或且摇尾有心，迨復我土宇，歸我人民，而後别議。唯望皇上仍嚴無中制之旨，而命臣以必行，急敕諸臣及時予以應得之餉。臣如不即填溝壑，敢爲皇上任之。

天啓五年。

馭夷之法疏（一）

大學士臣孫承宗謹題，該臣看得馭夷之法，唯是剿撫兩端，而初當剿以行撫，後當撫以兼剿。如西虜兩年以來，頗稱寧息，總緣皇上威德，予以款撫，讋以兵力，故暫爾寧帖，如兵力一減，虜自生心，而東且合謀。蓋二年前西虜日肆殺掠，而東賊日結西虜，此邊臣所體驗。三年合是如此，近因炒、宰伍部相次受款，而舊總督所用番僧稍稍有款撫之議。近見東鎮亦已有報。此一時臆説，自不可信，而事理决不可即爲。臣又恐天下謂兵興以來未有終計，一旦開款之謀，上既厭兵，下難求遂，謂奴貨不得售于邊人，方求貰其辜而仍款，可以蘇民减費，安舉世驚慌之變。此或老成長計，非終不可行，而行之有時。蓋未服而搆之款，其心必驕有挾。而要其得，其願必奢，幸全而竣其局，其費必大。即既款而我必不敢廢防，亦款亦防，費更不支。然既有款，則人心玩，而于防必弛。且虜以款起于我而索之重，重索之而屢應，必不能足，屢索之而一不應，必有變動。以費于款之財用，兼廢于款之兵馬，應敵更不支，而天下事尚何可言。故臣以爲，未服而搆之款，不如姑勿款而聽其跳梁。蓋跳梁之日，我嘗有戒心，便日爲預備，且省款之費，修防之備，當自可支。而一款則天下恃款以弛防，不觀今日以賊三年不來而遂議减兵乎？無論以猛發乘我之弛，而當我漫無以爲據，即歸我以地，而我兵亦不敢輕與爲守。臣嘗爲退守關門，守款八里，則疆日蹙，而震鄰之懼，日在堂奧。即西夷易爲患苦，而天下不可爲。臣所不敢未有深謀，而鶩兵深入，人民無可填實，兵馬無可防禦。顧前則根輕，分多則力寡。以既疲之兵力遠守，難當狙伺之狡賊；竭轉輸之力以供所不能，能守則臣所不爲。昔我成祖皇帝神武御寓，其殺胡至南看北斗，而不能絶其種類。今欲盡殲其凶而絶之，臣所不能。竊意復當復錦、右、金、蓋，守當守錦、右、金、蓋，以生聚訓練于兩河之間，沿海爲家，而坐待其變，來則禦之，去則勿追，待我生聚既繁，物力既厚，有敝可乘，而當有大計。如其城地既復，人民既還，一創之後，摇尾有心。然後酌中原之物力，蘇困于暫紓；詳外徼之情形，定謀于全勝。如見賊之伏，而决其不來，遂欲减兵省餉。此衆人殺邊吏而忘天下者耳。如未一創而妄意其款，此苟且蹈宋人之愚，而容頭過膝，不顧天下者耳。臣議以取蓋州，與屯爲守，而後爲别議，則我有必不肯輕罷之勢，而賊自爲讐。此時别有成謀，乃可爲天下久遠之計，而十數年可以不變。

天啓五年。

【校記】〔一〕此篇北大明刻本錯簡，今按時序移至于此。

仰于嚴切疏〔一〕

大學士臣孫承宗謹題，該臣以冒昧，仰于嚴切，抵關以來，不勝慚懼。閲邸報，見御史責臣以正，量臣以心，至因臣引裴度之語，遂以裴度望臣，曰：「度什九在外。」臣行能何敢望度。

然臣非不安于外，而度未嘗不請入內，總以邊事當言，俱非捨外而求居內也。唐穆宗初，度視師鎮州，請乘傳詣闕，面陳軍事，不得即入。度因上疏有言。及寶曆二年，視師山南，又請入朝言事，不得入。至曰：「裴度名應圖讖，第居崗原，不召自來，其意可見。」以此見度誠什九在外，然未嘗不求入內言事，而穆宗未嘗不容其既入而出。蓋自古輔弼近臣出行邊塞，與原任督撫之官不同。唐自裴度及宋韓琦、范仲淹及李綱諸人，無不詣闕言事。即我朝工書周忱開府江南，亦乘傳詣闕陳事。更拙臣材品不及諸人，而遭遇聖明，遠過唐宋，是以陛辭之日，即與同官言曰：「一出都門，便同外吏。願爲封疆大計，時相照顧。如有難處之事，便請入而商確。」後又自請于皇上曰：「終年不令臣一覲天顏，則臣不能任。」蓋臣以腐儒，謬典軍旅，不過以忝冒帷幄，內能得之九重，外可布之萬姓。如皇上以外吏擯臣，終年不令一見，則邊方豈少如臣之材品，而倚臣爲重。昔李綱巡邊，奏曰：「臣之行，無有復還之理。但臣既行之後，無阻難，無錢無糧不足之患，則進而死敵，臣之願也。萬一朝議不堅，臣自度不能有所爲，即須入告，求代罷去，亦乞察臣孤忠，以全君臣之義。」臣今愚昧，意亦如此。諸臣安居京華，豈念邊塞勞人有難調之口，有難充之需，有難處之事，有最苦而難專之議論，有謂臣「近便欲請，遠將如何」。不知惟其不遠，而所關重大，所以請入一議，即裴度遠在數千里，未嘗不請也。如謂臣有招來，則天啓二年誰麾臣而去？諸臣試想，二年光景，有不人人自危者乎，有能必奴酋不來者乎？臣于時隨行，逐綴于陸臣之後，儘可伴食，而痛念國家養士三百年，豈可無一任難之臣。且待罪講筵，每見皇上憂勞，以不避危難，便欲持破斧缺斨，以應狡賊。而臣亦有言，一接手而天下事不可知。即臣同年讀其語，無不爲臣酸鼻。夫當極危難之時，原無所麾而願出，及稍輯寧之日，謂有所招而强入，亦爲不量臣矣。且招臣而入，何爲乎？聖明在上，師濟在下，臣抗顏班行，敢自銘曰「臣不願在闕門，願入中書」乎？假如皇上容臣入都，臣無説而處此，或説竟而低徊不出，明法可追乎？臣亦有心顔，何地自容。臣之行，原欲一陳邊事，然原行信地，原遵敕旨，其請入原候明旨，得則入，不得旨則旋，一腔肝膽，徒以品望不及古人，遂至無能自達。而三年來，所爲仰承渥恩，以抗顔于將吏之上者，今且慚阻，而不敢自爲語。臣固自悔其謬妄無知，亦望諸臣念五月披裘，必不拾遺金也。臣以危險孤踪，祇求諸臣爲宗社大計，以濟邊事。臣雖死無憾，非願與諸臣較是非。臣原抱病而西，近復增劇，上下出血，神骨都銷，然未敢以病請，恐諸臣又謂臣求不得，遂怏怏求去。但臣猶是皇上之近臣也。一請入，而諸臣疑臣欲居中書。夫捨所任，而求居中書，此亦天下之最不肖者矣，尚可爲皇上任恢復之大計乎？願諸臣念之，勿以封疆爲困臣之具也。伏乞皇上合臣三年以來之行事，俯體愚忠，無令諸臣以忠義之肝膽，視爲趨利乘便之徒。臣伏枕哽咽，爲此謹具題以聞。

天啓四年十二月初二日。

【校記】〔一〕此篇北大明刻本錯簡，今按時序移至于此。

乞罷斥疏

少傅兼太子太師、兵部尚書兼文淵閣大學士、督理軍務臣孫承宗謹奏，爲既引重任于身，義難姑容于世，懇乞聖明立賜罷斥，以明進退之防，以重安危之寄事。

該臣仰承嚴諭，謂臣一身所繫宗社安危。臣捧讀天綸，既知此身之任爲重，更知此身必不可輕。抵關以後，愧感交集，進既無以瞻天顔，退又無以慰衆望。即文武將吏兢兢奉法唯謹，而臣以衰病慚阻，便若諸臣以冒□輕臣者。蓋安危大任，必非可軒可輊之□冒爲輕嘗，而忝冒大列，又不可苟幸指摘未及，遂且自爲聾啞，以姑容于天下。伏念臣以一介草茅，遭逢盛世，質本錐魯，而冒入翰林，材本樸樕，而冒參政府，業本文墨，而冒任邊防。此皆臣内所不能自容，而外爲天下所姑容者。然天下或量臣肝腸，不盡責以鈐略，臣是以苟安于不潰之臃者參年矣。近復酌時審勢，自省于叁拾年來進退去留之際，有必不可姑容于天下者，敢爲皇上言之。

臣以選貢起家，其監師則去輔葉向高，其鄉座師則回籍給事中陳治則，其會座師則原任禮部尚書回籍孫慎行、今加禮部尚書致仕趙秉忠；其待罪翰林，當調外而留也，則掌院爲去輔劉一燝；及皇上龍飛，拔置講筵，則去輔方從哲。其推臣爲兵部侍郎尚書，以至天啓貳年推臣入參大政，則各衙門有人，而臣不能一一盡識。乃其中有去任憲臣高攀龍、左光斗，其同在内閣，則葉向高、韓爌、沈漼、何宗彦、朱國祚、史繼偕與臣而柒，今諸臣去者肆人，故者壹人，去而故者壹人。以臣衰病，已可繼兩臣而死，即以臣庸愚，便當繼四臣而去。且貳拾年來所進用臣之人，皆不合于世，爲皇上所斥逐之人。近兩憲臣又復名挂凶人之列，而臣實爲所許，與夫不知其人，視其友，臣何敢謂獨吉。内省臣心，已自不安；外揆天下，寧無見疑。即昨一請詣闕，以陳邊事，而議論紛紜，謂有招臣而入者。招者何人，招之何意，總起于見在者不無既去之交游，而臣曾爲既去者所嘗推引。夫臣既不忍謂獨清獨醒，亦何得不同逐同斥。假令日爲延挨，不自明白，皇上將指爲冥頑無耻，臣復何辭。臣嘗謂，大臣當以心容天下，不當以天下所姑容，其無耻更大。且臣所當何地，所任何事，以天下姑容臣，則于臣所任，必不肯切爲照顧；臣以身姑容于天下，則抗顔吏民之上，號令必有不行。近見一二小臣爲銓臣所引用者，尚相繼而去。况臣爲宗社安危之身，豈可姑容于天下。臣奉命督師，不過以皇上之威靈，稱天子之近臣，謂其進可以得之九重，退可以布之百姓，故三年來，東西暫定，兵民暫輯。今朝設疑城，邊開玩寶，進退維谷，欲展布四體，而外所不安，無以取當于朝，兵事必不可爲。即皇上與諸臣一時姑容，不過以臣遠在邊徼，不妨暫塞泥丸，而未念宗社安危，必不可以冥頑無耻之身，且與□人爲類者，徼幸苟安，以壞邊方之大幾，以傷國家之大體。

伏乞皇上念安危大計，亟賜褫斥，以振肅紀綱。如念臣立朝不過四月，抱關已及三年，雖無撻伐奇功，亦無分釁別警。□□□……

孫承宗集卷三十六

前督師奏疏第十三

恭謝天恩疏

少師兼太子太師、兵部尚書兼建極殿大學士、督理軍務臣孫承宗謹奏，爲恭謝天恩事。該臣以陵工恩叙，仰荷隆渥，再疏懇辭，未蒙俞允。于二月二十日，按部咨，奉聖旨：「卿量節壯猷，岩關倚重，况山陵相度，著勞受恩，豈爲忝冒，宜遵成命，慎勿再陳。吏部知道。欽此。」臣不勝感激，不勝慚懼。于時臣病苦方亟，正在乞骸，既未敢再辭，又未祗謝，低徊數月，殊切悚惶。伏念臣章句書生，誤參大政，佐幄中之末議，原自無功；問塞下之先籌，行當課罪。然而乞退乃還，得進無功。又更加恩仰承，自覺身輕内省，寧無顔厚，衰殘病骨，竭力無多，腐朽餘生，何時是報。除恭設香案、西望天庭、叩頭祗謝外，謹具本，專差官賫捧，稱謝以聞。

天啓五年四月二十日，山海關上。

二十五日，奉聖旨：「覽卿奏謝，朕知道了。該部知道。」

慶賀夏令節疏

大學士臣孫承宗謹題，爲慶賀事。

天啓五年五月十八日，恭遇夏至令節。我皇上躬詣北郊，祗修祭地大禮。臣從千里外，望日瞻雲，不勝歡忻，不勝忭躍。恭惟我皇上懋建中和，彌綸天地，德合聖神，廣運化與上下同流，是以年來迭奏嘉徵，屢聞庥應。我皇上仰承帝眷，俯答群心，肇修百世黎章，明備萬年禮樂。體天行健，既大報于乾元；法地永貞，更祗酬于坤厚。大禮光華舜旦，鴻恩鼓鬯虞風，遥知法從往旋，百靈呵護，曠儀載舉，萬姓騰歡。爲此專差賫題稱賀。

天啓五年五月十八日，寧遠衛上。

二十七日，奉聖旨：「覽卿奏賀，朕知道了。該部知道。」

三殿大工伊始疏

大學士臣孫承宗謹題，該臣仰見三殿大工伊始，凡内外諸臣，俱有捐助，獨臣于役關門，當十萬嗷嗷之會，乃更日爲乞索于給發。即臣一身費用，盡係公儲，又無可爲那湊。所有臣嚮來内俸，湊成二百兩，謹隨諸臣後，少伸涓滴之私，用展奉公之誼。伏乞皇上勅該部查收，即秋毫未補于大工，而愚悃殊切于趨事。爲此謹差官賫捧，具題以聞。

天啓五年六月初五日，寧遠衛上。

奉聖旨。

五月無餉堪憂疏

少師兼太子太師、兵部尚書兼建極殿大學士、督理軍務臣孫承宗謹奏，爲五月無餉堪憂，舉世不念更堪憂，懇乞聖明立救饑兵，以重封疆事。

該臣念關門兵餉歲苦不足，前兩歲每以帑金借補，及借而不還者，内外合三十餘萬，遂無可借。見今舊餉司唐登俊差滿三月矣，除帑金未還，尚有五萬未給之數。新餉司楊呈秀到任三月矣，該六十餘萬而止放十餘萬。總之，今年有五個月未餉之兵，獨月有米一斛，不當市斗之三日，僅有米一升而不足，且無菜無薪、無衣無褐者五月矣。以米易薪菜，則日遂無米；以衣換食用，則月遂無衣。且大兵分地，採野爲難，而屯穫未成，望梅爲苦。

臣數月以來，日在行門較閲，見各營馬以青草膘壯，爲三年來所最勝，而分合攻打，器火頗精，獨各兵衣帽繿縷，面目悴瘁，每營病不下百數十人。當臣欲出關，令馬世龍爲城操，兩營炮火如雷行天，而裸體枵腹，即臣不能施眉目于兵，亟令道臣借支，而無可借，亟催餉司來，而來亦無補。及至右屯，而病者百人，一時死于較閲之時者十數人。臣以衰病相對，兵不能自語其苦，臣亦不能爲辭，獨有相對泣下。見今清汰將遍，然計能減兵就餉，必不能減賊就兵。即今目前之患，臣不敢以兵饑易嘩、兵饑難戰，仰瀆宸聽，祇以兵苦難捱，五個月之苦更難捱，而轉盼七月矣。當事臣工念此重地，何忍不念此饑人。臣謂五月無糧，即兵當爲虞，不必論賊也。此邊人之患，即社稷之大患，乃至舉天下，無一人肯念此危急，寧獨邊人之患乎。臣言及此，臣泪爲枯，當事臣工忍不爲社稷遠計，少一動念也。臣此衰病，强行沙漠，兵不食，臣與將吏亦不忍食。蓋至右屯，而昏暈不省者數日，伏榻占言，心神已瘁。伏望皇上爲社稷蚤敕給發，以重封疆。至于臣與將吏，可誅誅之，可罷罷之，必不可以邊吏之不肖，而邊兵遂成社稷大患。臣語短情極，不知所云。臣可任懇切待命之至。

天啓五年七月初三日，右屯衛上。

十一日，奉聖旨：「缺餉五月，饑兵立斃，非但戰守無策，抑亦禍亂可虞。便着星夜給發，以濟燃眉。户部知道。」

乞發邊餉疏

少師兼太子太師、兵部尚書兼建極殿大學士、督理軍務臣孫承宗謹奏，爲饑兵所在分囂，月餉不宜更緩，懇乞聖明爲封疆大計，以救燃眉事。

該臣以四月閲歷各營，見各兵窮窘，每諭各將以從來。此時外解爲難，目前内部當有解發，可撫慰士卒，安心等候。即各營諸兵，盡謂臣既親見兵苦，定有那借，以救苦饑，待至逾月，曾無一錢，所在洶洶。臣以六月抵右屯，見魯之甲方以馬兵挑壕。臣隨戒以勿亟，仍出私錢犒之。即撫臣在寧遠，臣以促督各衝挑浚爲備，臣答以枵腹猝難督責，撫臣亦以爲然。復臣以已得八千班兵，可以濟事。誠念各兵真苦真饑，即病中食不下咽，然仁言不能療饑，口惠難于取信。且川、湖兵極難約束，三年來頗就什伍，未有聚至十人而語者。無何四月中有前屯戢武營之紛囂，臣以處分。而七月以來，寧遠游擊徐璉報稱，所統川、廣兵繞寧前道呼號矣；松山參將管副總兵事樊應龍報稱，所統寧武營南兵閉城門繞副將呼號矣。臣馳牌，諭以朝廷念饑兵，不念亂兵，隨時解散歸伍。又報喬桓所統龍武中營係去年奉旨招募，今年三月抵關，迄今未領一錢，而餉司稱該部不准支給，衆心徬徨，仍作偶語。夫嬰兒不食，必繞膝而哭，況武夫悍卒數月忍苦荷戈乎。臣欲責將之刻，而爲兵請命者，舌敝唇乾；臣欲責兵之悍，而挽車入操者，鵠形鬼面。右屯一日死者五人，總緣臣衰殘病廢，不能固結人心，使其忍死自持，而至愚極陋，又不能大聲疾呼，以應十萬之急。此時即法不及臣，而臣已淹淹待斃矣。但望皇上憐念危邊饑卒，其關係天下安危甚大，立賜給發，庶人心可定、邊政可爲，臣一身死生，不敢念也。臣卧病右屯，令幕臣清算兵馬錢糧原數汰數、見在實數，方在拮据，力疾占言，可任懇切待命之至。

天啓五年七月二十五日，右屯衛上。

八月初一，奉聖旨：「關門兵士暴露日久，朕甚憐憫。念這應發餉銀，如何久稽。着該部作速措處，以濟燃眉。馬乾銀兩，係清餉以前，仍照常給與。更着該部挨查，每月解官緣何耽誤，是何衙門交收，何不彼此相聞，致疏題參差。以後發解解收日期，着該管官俱行申報，仍一一報部，以便稽查。」

乞速支餉罷病兵疏

少師兼太子太師、兵部尚書兼建極殿大學士、督理軍務臣孫承宗謹奏，爲酌部議，以速支放，罷病兵，以定人心事。

該臣見關外兵丁紛然囂亂，俱苦餉遲，而該部實已發多數。蓋部發以差官，即爲邊人之餉，而各兵以入手，方爲使用之資。臣在右屯，去關門數百里，固遠隔，未聞部發，而各營既支，臣亦豈不與聞。蓋舊餉司唐登俊差雖滿，而所未放五萬一千六百七十八兩，則二三月餉也。新餉司楊呈秀接放，四月不問三月矣。繇四月至七月，又四月矣。無論各營未放，即已放者，止得四月一兩一錢，五月止得十日，而馬乾未給。曰户部不准草乾，且議追支過之銀。蓋今之汰兵，原以清餉，而衆兵疑爲銷兵減餉。適司餉者至七月未補三月之餉，而隔放四月五月，又擬爲照餉均扣之法。且草乾不准，正與減餉之説合。然使時尚可待，苦尚可捱，即官亦可以慰諭，而月復一月，無可置辭。頃在右屯，于七月二十五日始接餉司楊呈秀呈，稱接放四月，分兵馬糧餉，照依撫道號册内開數，官兵應支銀二十一萬五千餘兩、馬騾應支草折銀七萬三千餘兩。查得京運月止發銀二十四萬，除放糧銀外，馬乾未及一半，不足之數，已經造册具呈部堂補發。今本部因錢糧匱竭，設處爲難，不但二十四萬之外，四萬八千不能補發，即在二十四萬之内者，以汰數止發京運銀二十二萬八千餘兩，則四月實少銀六萬兩有零。今欲照部札給散，惟有各營均扣。因餉匀散之法，又非職敢專擅，欲照號册原數找足，將來誰爲賠補，又欲儘完軍餉之二十一萬五千餘兩，則馬乾止剩一萬三千左右，狼狽勢處兩難。今京運六次，已到銀四十七萬。是日方知有四十七萬，而各營爲之也。據此，則四五月之餉，至七月二十五日，尚未盡給者，又找算合唐餉司五萬之逋，臣故曰「有五月未餉之兵」也。且謂照號册找足，慮將來賠補之難，則各營均扣不明，明減餉不補乎。司臣意分晰明白，自當盡補，而朝暮四三饑兵，何肯信也。關門以户部爲内部，以津督爲外部，凡折色在内，本色在外。前年郭主事餉缺，内部議支本色，兩月不過，文移往復，捱外解之來，而終未行。即去年外部糧缺，議支兩月折色時，即兵亦欣然。臣頗執以爲不可，無何行之，半月而米價過倍，兵民俱苦。蓋凡米糧，兵糴之則貴，兵糴之則賤，以十萬人一時俱加本色，則糴無所糴，以十萬人一時俱食本地本色，則糴無可糴。况窮人日夜望月餉到手，計數以償所負，欠置所缺需，故寧忍死而待旦夕之有餉。且當三月間，衆謂舊餉司必補所欠而去，新餉司必携所餉而來。官以慰兵，兵以自慰，其望餉也，如童子逐雀然，愈引愈遠，至邈不可追，而後觖然失望。適鎮臣滿桂又報稱，廣武營川、湖兵復于二十四日放炮，圍繞袁參政門，索討四個月餉銀，結隊出城。該鎮斬其倡亂者二人而定，而各營之紛紛未已也。蓋人情，未有而創予之則喜，既有而驟奪之則駭，况衆方疑舊餉司去，而新餉司止放四月以後之餉，則前之欠終于不補，而該部以後月之汰，截前月之餉，所發與號册不合。

該司低回難定，遂有照餉均扣之法。又聞部有減馬乾之議，于是各營紛然，而川、湖兵從來易嘩，更爲先倡。臣謂該部解發，當計所汰月分，該司支放，當依撫院號册。即如臣今所簡汰，當在七八月以後，而該司所應補在六七月以前。即就所簡汰，有在撫臣所查定之内者，方屬實減；有在撫臣所查定之外者，僅爲不增；有一汰而必不復設者，方得實省；有暫汰而後當終補者，僅屬截月。即人應汰，事應輟，而役過之餉，終當補給。至于馬草原支本色，日每束七分，以放青日予草乾四分，不曰三分已省，而曰四分爲費。蓋馬兵非日專牧放，日有調撥、防守、操練、馳騁，日仍用買草。祗今收放則二分亦寬，及其有事，則四分亦苦，而一窘于人，更難于馬。計臣精熟邊事，自應酌裁，非臣所敢執也。適餉司爲匀扣，而塞訴者之口曰：「此督師法也。」川、湖兵聞，而遂欲結隊東來，嚮臣赴訴。蓋主兵者，力能爲兵請命，則兵且歡然樂從，即法亦易行。如其人所用非材，所行非計，既不能爲兵請其所應得，又不能爲兵留其所不當去，則兵亦何賴于是人，而法亦何能自行。臣病矣，哀矣，材力既竭，心計已盡，而抑且久矣。凡兵之情，初相畏則振，久相玩則馳。其主兵者之機智材略，所爲操從一鎮者固日窮，而一鎮之人心又盡窺其底裏，而意自玩。故善謀國者，必起而更張之，精簡天下之豪杰，以起其敝。臣今之操縱將吏者已窮，而將吏所以窺臣者已玩。罷臣而予邊人以豪杰，此其時矣。惟望皇上爲封疆大計，亟簡名賢，肩茲重任，予臣病骨，得正首邱。目前仍望户部酌計兵馬，分數發運錢糧，但無積累數月，以致衆口嗷嗷。天下有材智之臣自可爲也。臣可任懇切待命之至。

天啓五年八月初一日，右屯衛上。

十三日，奉聖旨：「户部解必及額，餉司發必及時，已有旨嚴諭了。卿宜振起精神，細加綜核，務使士馬飽勝，戰守有備，以慰朕心，不得輕言弛擔。該部知道。」

急汰多費庸臣疏

少師兼太子太師、兵部尚書兼建極殿大學士、督理軍務臣孫承宗謹奏，爲急汰多費庸臣，以重邊政事。

該臣念關門邊政，其承委于下當備，其總理于上當專，目今三道臣似不可少，而廳官亦已部署。再得依臣之議，如舊制，取臣督師，衹以一總督節制薊遼兩巡撫，而天下事可定。蓋額外多設臣，一衙門便有官屬衙役，即裁之又裁，終爲多費。且臣一日不去，則幕臣尚未可一日頓裁，種種添設，皆因臣費。然國家用人，當先論事。當此時，如邊事尚需臣料理，或臣衰病未極，尚可料理邊事，即稍有所費，未可便裁。而臣衰病已極，材力已盡，初猶欲爲督撫中益友，今且爲督撫外贅員。夫當匱竭之日，其多費，所關已自不小，而以危急之秋，其馳曠所係，更自爲大。伏乞皇上憐念狗馬病臣馳驅荒塞已滿三年，論考功之法，黜幽當讁，計費當裁，老病當罷。夫以臣仰受皇上何等隆恩，而尺寸未效，遑自恤身，直以封疆事重，蚤裁之，尚可改圖，久耽之，必成大誤。且此時之費已煩，從來之費更當無算，此誠一日不可姑容者也。臣伏枕涕泣，不知所云。臣可任懇切待命之至。

天啓五年八月初三日，右屯衛上。

十五日，奉聖旨：「卿馳驅邊塞，已及三年，朕時切憫念。目今秋防正急，專賴督率，諸臣極力提防，以副眷懷。豈得以身圖自便。該部知道。」

簡汰官兵以清糧餉疏（一）

少師兼太子太師、兵部尚書兼建極殿大學士、督理軍務臣孫承宗謹奏，爲簡汰官兵，以清糧餉事。

臣奉旨簡汰各營官兵，以四月二十六日出關，以六月二十四日抵右屯，歷三月餘，盤旋四百里間，悉臣心力，率幕臣、道臣及各鎮臣，逐應嚴加簡汰，又令幕臣逐營嚴加磨算，以七月三十日攢造總撒清册，具有原數、汰數、見在實數，送户兵各衙門。今以總數仰塵乙覽。謹按關門全鎮兵馬，有原爲兵設而非兵，如文臣鎮臣之公費，如文臣之衙役，如軍器火藥登局之局匠，如各營各站之運車；又有名爲兵而不以兵用，如屯兵以屯，如工兵以築浚，此二項非正兵也。又有諸堡之屯防、兩鎮之入衛、各衙門之標丁、各官隨帶零奇之親丁，俱係防守正兵。其分列十二車營、前鋒後勁、龍武五營之水兵、神武前營之火兵、各鎮之内丁，俱係戰剿正兵。今總計原額官兵一十三萬四千四百三十三員名，馬騾驢駝牛五萬九千五百一匹頭隻，内戰守正兵一十一萬一百二十九原名，器馬騾牛尾五萬二是七百五十一匹頭隻，内帳則官兵九萬三十九百六十四，馬騾駝牛四萬四千八百九十一，守兵則官兵一萬六千一百六十五，馬騾駝牛七千八百六十。其官役屯工局雜兵二萬四千三百四員名，器馬騾驢駝牛爲六千七百五十匹頭隻。今逐營簡汰，如公費則初回部回衛三鎮臣外，其見在者，文官自臣與撫臣而下，爲五司、三道、五府廳、三經歷，而武官則三鎮，除臣衙門歲額費四千，今所用約一千五百，而未可據爲定額，不如經制外，其餘諸臣有自行裁減者。各衙門衙役則原一千一百三十二名，今汰過三百六名，局匠則原四千一百五十九員，今先後汰過三千一百八員名。運車則原大小共二千七百三輛，今汰過一千八百六十一輛；官役五千七百而員名，今汰過四千五員名；馬騾驢駝牛六千三百二匹頭隻，今汰過三千七百三十七頭隻。前項俱爲兵設，而非兵也，如屯兵則原官兵一千九百三十員名人，汰過三百二十九員名，馬五匹，今無汰工兵三項，于班軍則原官軍八千五百三十六員名，馬騾九十匹頭。去來有時，今無汰修。防營則原官兵匠役二千四百一十七員名，今汰過一千九百一十三員名，馬騾七十七匹頭，今無汰沙兵二營，則原二十八員，今汰過二百二十六員名。前項俱名爲兵，而非兵也。合此二項，皆非正兵。原歲需餉銀四十八萬二千二百九兩二錢五厘四毫八忽，草乾銀九千五百九十四兩，共銀四十九萬一千八百三兩二錢五厘四毫八忽，米五萬一百七十八石豆一萬九千四百二十五斗，草三十六萬五千八百束，今汰過歲省餉銀二十九萬一千一百二十六兩，草乾銀一百六十二兩，共銀二十九萬一千二百八十八兩，米二萬七千九百七十二石，豆二百九十一石六斗，草五千六百七十束。今實在每歲應需餉銀一十九萬一千八十三兩二錢五厘四毫八忽，草乾銀九千四百三十二兩，共銀二十萬五百一十五兩二錢五厘四毫八忽，米二萬二千二百六石，豆一萬九千一百三十四石，草三十六萬一百三十束。

其衛所屯防，則原官兵二千一百六十二員，今汰過五百一十二員名；馬騾三百五十匹頭，今無汰；邊堡屯防，則原官兵六千七百二十員名，今汰過四百六十員名；馬騾牛三千一百七十匹頭隻，今汰過匹匹腹堡屯防，則原官兵一千三百九十六員頭，今無汰，汰兩鎮入衛，則原官兵二千九百一十員名，今汰過五十四匹頭。各標下官丁，則原二千二百八十一員名，今汰過七百五十九員名；馬騾駝一千四百九十五匹頭隻，今汰過二百七十八匹。奇零親丁則原官兵六百九十六員，今汰過四百三十四員名，馬騾駝四百七十二匹頭隻，今汰過二百六十六匹。前項俱係防守正兵，其十二車營，則原官兵五萬五千九十五員名，今汰過三千八員名；馬騾駝二萬一千六十九匹頭隻，今汰過五百四十四匹頭。前鋒後勁，則原官兵一萬七千八百一十九員名，今汰過二百五十二員名；馬騾駝一萬六千二百七十一匹頭隻，今汰過四百九十一匹頭隻。龍武水營，則原官兵船大小二百二十四隻、民船一百五十四隻，今汰過官船七隻，民船四十三隻。又量定民船梁頭，以裁船租，官兵七千一百八十四員名，今汰過七百二十二員名。又增設官船大小一百二十七隻，民船一百八隻，官兵三千三百一十六員名。神武火營，則原官兵二千九百七十五員名，今汰過一百三十四員名；馬騾駝牛一千九十五匹頭隻，今汰過七匹頭。各鎮守内丁，則原官兵七千五百七十五員名，今汰過八百二十四員名；馬騾駝六千四百五十六匹頭隻，今汰過二百六十五匹頭。

前項俱係戰剿正兵，合此二項正兵，原歲需餉銀二百一十九萬六千七十五兩九錢二分四厘，草乾銀三十二萬二千九百七十兩九錢一分，共銀二百五十一萬九千四十六兩二錢三分四厘，米六十三萬五百三十四石，豆六十四萬六千五十九石三斗，草一千六十五萬七千一百九十五束，今汰過歲省餉銀一十七萬八千五百九兩二錢四厘，草乾銀一千六百三十四兩共銀一十九萬一百四十三兩二錢四厘，米三萬八千六百五十八石，豆二萬三千九百九十四石，草三十九萬一百八十束，歲應需餉銀二百一萬一千三百三十六兩三錢一分，共銀二百三十二萬八千九百三兩三分，米五十九萬一千八百七十六石，豆六十二萬二千六十五石三斗，草一千二十二萬七千，以實物束。

以上正雜二項，共原額官兵一十三萬四千四百三十三員名，馬騾驢駝牛五萬九千五百一匹頭隻，歲需餉二百六十七萬八千二百八十五兩二分九厘四毫八忽，草乾銀三十三萬二千五百六名，馬騾駝牛一千九十五匹頭隻，今汰過七匹頭，十四兩三錢一分，共銀三百一萬八百四十九兩四錢三分九厘四毫八忽，米六十八萬七百一十二石，豆六十六萬五千四百八十四石九斗，草一千一百二萬二千九百九十五束，共汰過該部一萬七千三百四十七員名，馬騾驢駝牛五千六百四十九匹頭隻，歲省餉銀四十六萬九千六百二十五兩二錢四厘，草乾銀一萬一千七百九十六兩，共銀四十八萬一千四百三十一兩二錢四厘，米六萬六千六百三十石，豆二萬四千二百八十五石六斗，草三十九萬五千八百五十束，共見在該部一十一萬七千八十六員名，馬騾驢駝牛五萬三千八百五十二匹頭隻，歲應需餉銀二百二十萬八千六百四十九兩九錢二分五厘四毫忽，草乾銀三十二萬七百六十八兩三錢一分，共銀二百五十二萬七百六十八兩三錢一分，共銀二百五十二萬九千四百一十八兩二錢三分五厘四毫八忽，米六十一萬四千八十二石，豆六十四萬一千一百九十九石三斗，草一千六十二萬七千一百四十五束。據此，則所省歲可四十八萬餘，而米豆草所值一十三萬，合之共六十萬餘，但布花、艙船、採青、犒賞，及填實錦、川諸堡，須量加遼兵，共約歲費一十一萬，合之尚共歲需銀二百六十四萬，草乾雜夏秋之間，爲每年外解稽遲，又適在此時，今當均解于各月，便以二十萬爲定額，則較撫臣所定二十六萬三千九百有奇爲額者，可月減三萬三千九百有奇。即較該部所執以偶發之二十四萬爲額者，亦減二萬。即較該部所稱照已報之汰，户科之量裁，以二十二萬八千爲額者，亦省八千有餘。其丁前所逃故馬騾，前所倒失，先後已入汰數之中者，可以不補，而此後有逃故，當隨時招土著以補，馬騾有倒失，當隨時以朋銀買補，間有增損，可不出此數。其諸臣先所汰過，臣已酌量應否，開具各册，即如部臣議留輛車千輛，臣今所留止六百餘，不當復謂諸臣已汰若干，今臣又汰若干，概減度支也。

臣忝冒大列，敢不念四方艱難，且衰殘旦暮之人，何難徇衆議，以苟目前，然一息未死，尚任安危。頃議裁舟師，而屢報逆奴以三百六十牛鹿各造一船，即東江再報矣。議罷調更，而東雨猛發，西虜環伺，其風狂雨驟之馳突，非專步兵可防。至于兵多徵調，不度七鎮萬人，然既乏土著，頓罷客兵。樞臣生長燕薊，不憶嘉靖間之撤客兵乎？至于歲會計，亦當豫定。今自八月初一日以後，自當照今所定以二十二萬爲額，其七月三十日，以前役過日月雖汰，自當補給，前餉司以三月滿，而前此所欠五萬餘，斷不能不補，亦斷不宜以無益之往返文移，而使兵執謂欠其三月之糧，最足以失人心而駭聽聞。其新餉司以四月受事，據此月挂號者，將二十八萬七千，除草乾以及還官實二十一萬，俟四五六七計四個月，正餉約八十四萬，草乾四個月，約可二十九萬，共需一百一十三萬。臣自五月以來，有先汰先除者，約可減五萬，共須一百八萬。今見邸報已發過五十八萬，應速發五十萬，以足一百八萬之數，并前餉司之五萬餘，八月分之二十二萬，俱于八月二十日前後當盡數抵關，以使得循月不過五之例。其既經減定，凡後月應發，亦照此。及照此及時而來，無以日挨日，遲致大衆盡潰，雖食邊臣計臣之肉，而不足贖封疆之大。其今年八月以後，五個月應發二十二萬，計臣又必均攤，一年之草乾既以盡輸，于前此之數目，似當少減，不知五個正餉及八月草乾原需九十九萬，而布花、修艙船、填補等費一萬，轉盼秋冬海州之事。故草價雖減，而它費正叢，合之原爲一百一十萬，即分作五月均解，尚虞掣衿露肘，而官船一年不艙，置數十萬金之值于泥沙，而明春正虞東警，遲則失時誤事，爲禍甚大。布花一項，約廢六萬餘，往常取之官項，今借者不還，帑藏久罄，更無可給，而往年此項原無定資，每稽延至隆冬始發，諸兵嘵嘵之口，方執以爲詞。今邊寒在即，更不得復爲推調，致延日月。即如艙船之事，應屬工部，而新餉既盡歸于户，更無可推就。是兩月支青草，可省草價二十餘萬，而採青犒賞，約不過三萬，且諸費止共算一十一萬，而又均派于每月二十二萬之中，正取盈于減，而復減之數内，非横有增加。其屯田糧草，見今規則未定，當于秋收後，總查實數，以除外部應運之數。至于簡閲諸營中有一二參差者，臣已行監軍道審究，其截支日月，一一酌定，不致别有破冒。

伏望皇上敕兵部查明，咨部各官材資堪用者，量爲推補别用。其見在各官，一體照它鎮論資論薦，不時叙升。其各兵仍屬冗多，不防酌量增損，如右部總兵去而復設，自屬遠計。仍敕户部將應補之數，按月先期，仍令餉司止照銀兩總數隨時乘除，各營多寡，亦時有更定，决不可擬定，以爲不移，致有零星給發及酌量分數截扣之法，以皇惑軍心，貽禍宗社。其報部月册，當分析項矣。于每月正放、某營補放、某營未放、某營及各營新收，開除具册明開，而季終仍當以補發。總歸本月正放之數，明開次月實數，以較量前後兩月之間，則查兵查餉，展册分明，不致旁觀者大費磨勘，而又與情實不符。其本色需米將六十二萬石，較撫臣前定之八十四萬，雖減二十二萬，仍當量寬數萬，以備不虞。豆六十四萬石有餘，照外部原擬七十萬，雖減六萬，而亦當量寬數萬，以備不虞。草一千六十二萬餘束，除應支秋青三百三萬六千餘外，其應辦草七百六十萬束，急當發價外部，早爲之計，無至如近年每以乏豆草而倒馬騾，其損失更大。秋邊警不嘗，則採青尚有未定。總唯在當事諸臣通融意見，念天下便念天下安危而急，其是社稷之福也。至于臣之衰病，當先諸弁而汰，另有專疏。臣可任惶懼待命之至。

天啓五年八月初三日，右屯衛上。十五日，奉聖旨：「覽卿所奏，官兵已汰，糧餉自清。知道了。該部知道。」

【校記】〔一〕本篇爲茅元儀代作，見石民四十集卷四。

再汰官兵疏〔一〕

少師兼太子太師、兵部尚書兼建極殿大學士、督理軍務臣孫承宗謹奏，爲再汰官兵事。該臣遵奉明旨，汰過官兵一萬七千三百四十七員名，開除變價馬騾驢駝牛五千六百四十九匹頭隻，歲省餉銀四十六萬九千六百三十五兩二錢四厘，草乾銀一萬一千七百九十六兩，共銀四十八萬一千四百三十一兩二錢四厘，米六萬六千六百三十石，豆二萬四千二百八十五石六斗，草三十九萬五千八百五十束，已經奏報訖。臣又細加斟酌，于邊腹之緩急、兵匠之兼用，于萬難裁減之中，再爲裁減。即如隊長，以一人長二十五人，古今通行之法，必不可減。今除車營步騎各有配車分責，難以復裁外，其餘兵丁盡減，從五十人一長之例，但凡稱頭目，俱係精鋭，止可減食兵糧，未可反汰其人，以銷士氣。即如把總以上，嚮以官名，所有裁汰已去其人，但選于衆而得之，豈遂不及于衆。有願食兵糧者，尚當留補兵缺。共又汰官四十員，兵匠四十三名，及裁減公費廩糧，共歲省餉銀一萬一千三百八十六兩二錢三分五厘二毫，米二百八十二石。又該關門馬料，冬春草枯，每月額支豆一石二斗，夏秋草茂，每月額支豆九斗。今又細加酌量，十月係支秋青之時，姑亦支九斗。內除運騾等，勢不能減，入衛馬，原通歲止支六斗者，七個月更無可減者，共計二萬四千九十石六斗外，餘六十一萬七千一百八石七斗，內又省一萬四千六百九十三石一斗。又該班軍一項，嚮以錦、右、松、淩等處工程嚴迫，雖不能照每年三萬之說，亦欲現在八千餘人，量加一半。故通算一年之費，便可供加倍之用。今秋班已至，止照春班合，且裁算以待春班撥足之日，另疏請增。計通除一般合省鹽菜銀二萬二千八百九十三兩九錢八分，草乾銀四百五兩，共銀二萬二千八百九十三兩九錢八分，合此三項，通共又汰官兵八十三員名，歲省銀三萬四千六百八十五兩二錢一分五厘二毫，米二百八十二石，一萬四千六百九十三石一斗。實見在官兵一十一萬七千三員名，歲需餉銀二百一十七萬四千二百六十九兩七錢一分三毫八忽，草錢銀三十二萬三百六十三兩三錢一分，通共銀二百四十九萬四千七百三十三兩二分二毫八忽，米六十一萬三千八百石，豆六十二萬六千五百六石二斗。

再照臣原疏，每年約需銀二百五十三萬，再加布花、艙船、秋青、犒勞、填實錦州邊堡、量增遼兵等需十一萬，共二百六十四萬，作十二個月分解，每月該銀二十二萬。今既復省三萬四千六百有零，又查小盡日除以月計者外，餘可量除三萬七千四百兩，共約省七萬二千兩，每月約可減銀六千兩，每月應止解二十一萬四千兩。其班軍有增另議，遇閏照月增解，米豆照今數豫辦，草照前數速備，減一分，寬一分之力，無得再致延挨。又以時尚稍待，著欲爲延緩之圖。一旦外之增發，集于內之匱乏之時，又如今兵變于內，敵窺于外，豈疆場之幸也。懇乞皇上敕下户部，查照施行，仍望天語叮嚀，裁爲定制，無以道旁之説，誤宗社之大。其今年四月至七月，共應解一百八萬，速發足以輯兵心。如有餘剩，自當扣作下月之用，無得又加往返，徒誤軍國。八月以後，即照前定二十一萬四千之數，俱于本月解至，無逾月不過五之例。臣一日身任安危，一日不容已之懷也。臣無任激切待命之至。

天啓五年八月十五日，右屯衛上。

二十七日，奉聖旨：「覽奏，知汰兵減餉實數，俱見卿綜核苦心。以後着按月速解速發，毋致逾期。該部知道。」

【校記】〔一〕本篇爲茅元儀代作，見石民四十集卷五。

備陳衰病疏

大學士臣孫承宗謹題，該臣備陳衰病，首當汰裁，非敢借汰裁爲脱卸，仰負天恩，實以臣衰殘之狀，前侍帷幄，聖鑒自真。

今違闕庭又四年矣，年歲日增，材力日減。今年正月，一病僅存視息。適奉嚴旨簡汰官兵，遂以四月扶病冒暑出關，飲食行往，而應芳尚在床蓐。臣以久病久衰，同馳荒塞。六月以來，病痢病瀉，病瘧病血，手足半已木彊，心胸每以腐爛，出語不續，數語輒忘。蓋日食一盂，其不食者嘗累日。目今神智既絶，形骸盡銷，古人死而後已，臣亦能之。但臣一日未死，尚有一日益于天下。今臣未死之身已同既死，則臣一日未死，其一日誤封疆爲大。况臣仰荷皇上特恩，已逾一考。其在邊者，督兵督餉，薊撫、遼撫、登撫各數易其人，獨臣以至愚極陋，久住危邊，無論衰殘形狀無可抗顔將吏，而天下無一人不以臣爲可去，誠知衰病之真也。且夷狄觀望重輕，豈可以不死不活之病臣，擔極危極重之大任。伏乞皇上爲封疆遠計，立爲决斷，憐念狗馬馳驅，予臣骸骨，其便于臣私者小，其利于國事者大。臣即旦夕溝壑，可無封疆之慮也。情極勢窮，一字一血，臣可任涕泣懇望之至。

天啓五年八月二十二日，右屯衛上。

二十九日，奉聖旨：「卿閲歷七防，已逾一考。前功懋著，後效當收。還望振起精神，督率將吏，矢圖恢復，以慰朕懷。不得輕言弛擔。該部知道。」

乞嚴失事之罪疏

少師兼太子太師、兵部尚書兼建極殿大學士、督理軍務臣孫承宗謹奏，爲哨將巡河陷没，大將調度失宜，懇乞聖明嚴失事之罪，以重封疆事。

當臣嚮在右屯，有前鋒營副總兵官魯之甲、左輔、參將李永先謁臣于榻曰：「前鋒各將當循例，東哨便可接渡遼人。且賊有張義站西來之信，當從柳河口牽制之。」臣病中但以舊約戒之，勿信間諜，勿圖首功，勿惹事端。既總兵官馬世龍來，亦言東哨，臣仍如前戒，世龍言，此萬無一失之事。蓋隔河而行，相機可否。且此事從來不報功，不上首虜，何得有失。臣以八月二十五日西旋至錦州，以病暫住，忽于二十九日有前鋒都司吕應蛟口報，魯之甲、李承先以二十五日抵柳河，發人過河探信，于二十六日、二十七日，以漁船七隻，發遼人數百，要會耀州、鹽場歸正之人。是日，馬世龍抵河原，約游擊金冠、都司姚與賢兵船隻，以二十五日抵河，而二日不至。之甲不候兵船，祇以漁船七隻往來渡人。至二十八日早，約渡兩營。炮手結營東岸，以防追逐之賊。是日，喧競于河者，四晝夜矣，止渡之甲炮手四百餘人，忽有賊數百射承先在船之兵。時魯、李兩將移炮未就，賊忽掩攻。之甲登筏，仰天自恨，投水而死。承先未知下落，其炮手歸來者，有二三百人，其力戰而死者，未有的數。此據應蛟口報，未審的實。其左輔分信于新開河，接難民數百而歸。

夫之甲、承先，臣所任前鋒將也。承先原不欲行，而之甲强之，既殺其身，兼殺同列，又殺多兵，已死何責。獨念世龍，先後所任大將也，三年儌得無事，而一旦陷兵没將，蓋神氣俱銷，調度失措，遂致號令不行。前鋒之將可以先期而進，水營之船可以後期不來，且斷不能破拗説，詳不能察事機，豈有掩人之地于數十里，而渡兵四日，欲其不覺，亦豈有不安船隻，而從井救人。邊事不可爲，皆此一役爲之，其罪又何止失官也。然使精明强健如初年，必能力止其行，即行之，必能使各將一一如臣之令，無奈既愚且暗，既病且衰，旦夕溝壑之人，已不能周詳大事，而令有所不行，遂至此耳。

伏乞皇上敕下該部，行撫臣逐一查明，亟正世龍失事之罪，以飭危邊。仍亟正臣任用非人之罪，速賜罷斥。再乞罷此督師一官，專任督撫，庶邊事可爲，而邊患有已時也。臣可任惶懼待命之至。

天啓五年九月初二日，錦州上。

初七日，奉聖旨：「馬世龍調度失宜，輕進取敗，兵法具在，姑令戴罪立功。樞輔身膺重任，還着一力擔當，督率撫道諸將，嚴加備禦，務保萬全，不得屢疏稱病。該部知道。」

天下兵政定于中樞疏

大學士臣孫承宗謹題，該臣看得天下之兵政定于中樞，故邊臣必藉中樞之同心僇力，乃能有成。無論剛愎自用，與死爲徒者，自异于中樞，無以免誤天下之禍。即中外原相貫通，心意原相忠愛，而内持一意，外持一意，兩意俱從公家起念，如韓、范之各主，而勢必至于兩不相照，而其誤天下更深。臣愚昧無術，原以内閣視中樞之政，欲抵關以破所未通，故得携兩司官從臣，以資謀斷，而分綜理，猶若以樞臣爲政于邊也。今居邊久，而體盡失，諸臣既視爲督撫外之贅員，而時久變生，瑕類日見，臣何敢不仰命于中樞。今天下人人談邊，臣一一體而行之，即有未妥，臣亦會其意而行之，不爲言。蓋臣忝冒大列，合受盡言，然諸臣雖專言守，而多爲兩顧之辭，以抑揚立論，令臣會其意，而不必復遼。他日皇上責臣以恢復，仍可歸罪于臣，而此時減兵省餉，賊來莫當，亦以殺邊人，而議者不與其咎。獨樞臣老成忠厚，明爲國家大計，直言出關之兵當撤回守關，曰根本爲重，藩籬爲緩，似可借重避難，而仰荷明綸，每云矢圖恢復。臣用是再請樞臣俯爲邊臣計議，如樞臣緩急輕重之論爲確，更乞爲臣請命，盡兵守關，姑務稍緩恢復。如共遵皇上恢復明綸，更乞爲臣請命，著實助臣爲計，必無明與臣共恢復，而實欲臣行中樞之意，一不如意，曰是剛愎自用，如獄中死人，遡中樞而不遵者也。蓋恢復之與撤兵守關門，必不可并行。諸臣原不習邊事，偶生一意，即發微論。當用其意，若中樞關九邊命脉，此等不定，何以令邊人；此等定而不明，令邊人何以持國事。臣非敢借端推卸，亦非好爲饒舌。且樞臣同鄉，雖未識其面，而書信往來十餘年，近移臣手書，極欲肝膽相照。夫以此忠厚正直之豪杰，而臣甘與之相背馳，此身寧有彘餘。但邊人自异于同鄉，已不能爲，而况自异于中樞，何以有爲。臣如含糊不言，但取姑容其身，借天下之緩，以求脱禍，而實以誤天下，死何能塞。而忠厚正直如樞臣，坐令庸臣誤天下，其負皇上，寧減臣也。臣今于樞臣，非有奢願也。臣有罪則請罷之，謂臣可教，則請助之而已。皇上試念，舉天下唯遼事爲急，而舉天下無一虚冒，獨遼虚冒，舉天下無一不肖之道將，獨遼之道將爲不肖。凡以臣之不肖爲邊累，又爲邊人累，諸臣不欲明言逐臣，而以臣所爲所用明以告皇上也。臣今不死于罪殛，必且死于不能殺賊，或死于賊，然誤天下大矣。皇上蚤爲天下計，立罷臣，天下幸甚。

天啓五年。

議守蓋州疏

大學士臣孫承宗謹題，該臣具陳守、款、恢復三議，再以三議中切要總在先復蓋州而守之。臣按兩河之中堅，西在寧遠，而扼要在右屯，東在金州，而扼要在蓋州。人知守寧遠以護關門，守金州以護登萊，而不知關門更借金州之議。蓋南衛爲遼腹心，據兩河之樞紐，故全遼以四衛爲存亡，而金州又爲四衛腴壤。臣初規遼事，奴正以四衛爲守。臣招携乘隙，議首據此地，以剚賊腹心，故屢用間諜，而又屢疏開正局于登萊。今科臣議取金州，實見其大，但間諜行而猜殺慘，赭地堙城，遂無可據之險。即欲塹南關以自固，而十里工程，非旦旦夕可竟，且一航一冰，又隨處見瑕。故今日之事，守寧遠矣，兼守右屯，護寧遠矣，必仍責登萊據旅順以南，通其脉絡，其必仍責寧遠據蓋州，以北接其咽喉。目今蓋州雖尚有賊，而西南近海，則我易登，東北逼山，則賊難。又且城郭依然，而海州爲咽，可扼以守，金、復爲腹，可據以田。得蓋州，則南衛在堂奥，而西與右屯相犄角，將奴無濱海之地，而用海之術窮，我所爲防遂減。昔高皇上取遼于納哈也，以馮勝大兵自遼渡三岔，而馬雲、葉旺實先自登州以取金、蓋。緣河東沿海之地，始于蓋、耀，迄于旅順，而金，而復，而蓋，若鱗相比。其自遼陽而萊，必繇海而耀而蓋。雖間有岫岩小道，而巉巇不能行軍，故葉旺守金州，營田築隍爲根本之計；馬雲守蓋州，以遏絶虜馬，納哈遂不能度，反自鎮江，繇廣鹿、長生島駕海艦，自東而西，爲馬雲所誘，北折至蓋，盡殲無遺。今若據旅順，據蓋州以守金，則仰遵高皇帝之遺策，兼有毛文龍在皮島以聯廣鹿、長生，則納哈之謀絕。而蓋州與右屯夾水扼其衝，故曰「用海之術窮」。況自天津而深河口，而關門，而寧遠、右屯，俱爲海之右，而右屯其極也。自旅順，而金，而復，而蓋，俱爲海之左，而蓋州其極也。今臣已出據河西，爰自松、杏，東至右屯，廣寧已在包絡之內。然終不敢遽復廣寧，而以虛名徼疲困之實禍。正以去海遠，而陸運難也。頃有議復廣寧，而明旨以必須兵力，令臣相機。赫赫聖鑒，已晰其微。臣三年以來，目營若畫，著必求穩，以爲今日之所守，當沿海以爲家，而使轉輸不疲。且近海之地，頗有肥饒，兵既力防于外，民乃恣屯于中，而遼人漸可復業。今年以撫鎮之義糧運至右屯，河西似可爲守。且得廟堂定謨，决守旅順。臣當督率舟師，扼蓋州之口，與相首尾，使四衛之肥饒漸實遼民，而南通登萊，西通關門，俱片帆可渡，而兵無絶餉之虞，异日即遼陽、蓋、復奴穴盡洗，而民已半殘，城郭埋毁，亦姑且生聚于此，而後徐圖。其内自登州至旅順，風便僅二日程，而皇城等島皆有程限可泊，故旅順必當責之登。自覺華至蓋州，風便僅一日程，而又有右屯以爲止，則其地愈近，而二家溝一帶亦可依泊，故蓋州必責之寧遠，以覺華之去寧遠止二十里，而去登萊尚三千里也。夫守旅順而不守金州，與守金州而不守蓋州，則金、旅之守誠難。然而進守蓋州，地薄虜而當衝，抑更難矣。臣何敢好難而護易于登也。蓋總論兩河之全局，守關門而不守覺華，則賊不必盡渡海，船不必盡載兵，以其車騎稍兼舟楫，我之陸山水海，必不能爲關守覺華。而不西據右屯，東據蓋州，則二溝、蓋套之要不扼，其防海不密，即覺華與望海爲門，而東南千里，關門之守尚虞其疏。故臣謂，守河西，必守至右屯，則東窺耀岸，扼二溝、高坎之水衝，西合錦、松，據三岔、廣寧之陸要，其臨河而渡，止在相時。

臣又謂，守河東而必守至蓋州，則海、耀前覷，寢西來入犯之謀，金、旅後遮，塞南下窺金之路。其游騎所至，直可乘虛，蓋以右屯之守，合蓋州之守，盈盈一水，犄角特嚴，虜欲南窺蓋州，必虞我右屯之師渡河以擊其後；虜欲西窺右屯，必虞我蓋州之師深入以擣其穴。當此時，我乃得收全海以爲用，而賊不得傍海之涯，是謂合東江、登萊之戍以守關門，而關門之守乃密。然而守蓋州難矣。無毛帥以守廣、長，無登萊以守旅順，則回頭策應無人，而蓋州尚虞納哈之謀，無寧遠以聯覺華，無右屯以聯松、錦，在金、旅固虞張盤之變，在蓋州終虞金、旅之危，而臣非敢以臆創也。右屯之守，因乎寧遠，無寧遠，臣何敢守右屯；蓋州之守，因乎金、旅，無金、旅之議，臣何敢守蓋州。參相得以合勢，交相助以成局，要在我據守以爲用，而賊不得用海。然意不在如女直渡海寇宋，明犯千里之怒濤，而別有詭虛。如前之議可使，我百萬之兵蹻立關門，而無所用其尺寸，我得海以爲用，則糧可運，田可屯，食可足，兵可壯，即毛文龍遠在皮島可通。近日頗有東兵自四衛陸行抵關，而我據四衛，則旦夕可以期應，遂且合三鎮之聲援，壯中原之大勢。即使奴鴟張而凌三岔，則右屯犄之，蓋州犄之，賊且兩虞其應，而不敢動。在東江，乃得借緊促，以成牽制之實，即使奴戀棧而甘蟄伏，則地逼謀張，情窮勢見，遼民日歸，奴計日蹙，一兩年間，必有可乘之機，而合三面以爲攻，奴已在四圍之内。是以守以戰，及戰守外之計，俱無逾此。然而守亦有分矣。如今天下必欲恢復，而仍即欲恢復也，則守右屯，無异于守寧遠，守蓋州，無异于守右屯。如且修恢復之業而姑爲守，則不獨蓋州爲緩，而右屯亦非所急。再如苟延目前之安，而竟不問恢復，則右屯亦不必守。而况蓋州總以分兵鶩廣地者，敵專而我分，合兵壓敵境者，我專而敵分。今人復右屯猶欣然，而復蓋州或惴惴，然三岔一冰，右屯更迫于虜，則其復蓋州無异于復右屯。或又以逼處，致寇屯聚資盜，兩地所同，而不知遼陽之去關門，猶旅順也。蓋同七百里，而張盤之襲，誰爲資糧，行無人之地，食盡馬斃而不惜，而旅順實無一有。固知奴之來不來，不在地之遠近，亦不在内之有無，使兵勢既壯，則右屯、蓋州正足以扼其吭，兵勢苟弱，則雖弃旅順，而置金州，撤關門之守，赭關内之地，而虜馬無不可至。

不觀古事乎：與而又與，至于無可與；退而又退，至于無可退。夷狄豺狼，寧以我修退讓而不肆乎？今奴且議造船，議雜西虜，豯寧前窺關門，而移家舊穴，徙居瀋陽，我何不可爲蚤計。唯望我皇上勒臣以必爲，則臣得以有諸將，給臣以按月之餉，則臣得以有諸兵，而過海十萬米豆，可度來春。此天下大計也

天啓五年。

乞骸疏

大學士臣孫承宗謹題，該臣陸懇乞骸，後見科臣郭興治早定畫一之疏，感極而悲，痛哭流泣者移時。蓋臣之真病真苦，中外盡知之。其私相擬議，無不曰老病當去，乃至臣千言萬語乞哀，而絕無一人肯爲公言。蓋科臣所云退託者，借爲彈文媒蘖者，指爲掣肘，真切中之言。而臣所苦天下無一人肯言者，累正坐此。臣待罪三年，未甚失疏，一旦放臣而去，恐邊事不可知，而或歸咎于當去之言，又或疑臣原不能爲，原自退托放去，適以便其私而既去，反爲之借口。又或一時有借臣之去以媒蘖，謂臣當去之人，而曰不容臣而遂之去。是以臣年來病苦之極，哀懇之切，終不得一言爲明白其意者。然而實有不然。臣老而且病，病而且久，當未病則不嫌自任而乞來，及既病則不嫌自諉而乞去。臣一念愚忠，總皆以安危爲慮。假令臣不病而乞去，或病而不肯乞去，或乞去而不懇且久，則助臣爲去，便借臣以彈文之説，而臣已病且久矣。其乞骸年餘矣，復何嫌何忌，而况軍國重托、安危大計，豈可以嫌忌而姑置之，令其自壞。臣視息尚存，可曰無人爲代。臣一旦溘先朝露，天下終無人乎？工部柳尚書以病乞去，而溘然死矣。臣今未即死也，而百事已不能理。蓋半年不出關，不閱營一步，不離床蓐者四閱月矣。此何地何事，而堪此乎？科臣所謂心計定不周到，正臣所日夜以憂也。科臣又謂得請而不親事，脱有

疏虞，誰共任之。夫以臣之病即不得請，而事能親乎？即親事，而心計能周到乎？即周到，而衰容病語，扶掖臨人，能抗顔將吏之上，使法必行，令必從乎？脱有疏虞，臣即以任死法死敵，而國家安危大計，即臣之言最爲切中，最關天下安危大機。其事理明白，其語義直捷。准臣歸里，不獨使中朝無溘死道路之大臣，而精明果斷之氣，頓可以肅戰壘而振天聲，固輿一快事也。臣可任懇切待命之至。爲此謹差題以聞。

天啓五年三月。

衰病乞骸疏

大學士臣孫承宗謹題，該臣以衰病乞骸，先後五懇，情辭已窮。頃又閲邸報，奉聖旨：「卿拮据有年，精神過用，朕豈不鑒憐。但身繫安危，何得輕言弛擔，還望慎加調攝，矢心肩任，務奏成功，以副朕懷。該部知到。欽此。」臣俯伏流涕，不勝惶悚，不勝哽咽。臣以愚昧，誤任安危，仰承皇上天高地厚隆恩，豈敢輕言弛擔，而所繫安危更切。蓋擔承大事，惟在强壯之身，衹有身强壯而乏擔承者，决無衰殘病廢，不能料理四支，而尚堪身繫安危。臣真病真苦，真不能有爲，撫臣親見之，同官明知，而不肯爲臣一言。頃于同官，望其當以天下安危，明言臣苦，而忍不一應。夫以衰病，不堪重寄，即臣戀不肯去，亦當明言可罷，以重邊防。况□□之呼籲天地，情辭已竭。臣今不敢望憐。臣病苦，不當仍以天下事苦臣，亟望其深念天下安危，不當仍以病臣苦天下。竊計此時方裁不急之官，省不經之費，最莫切于裁此官，以省此費，而此地裁此官，更爲直捷，不獨省多費，兼可以省多門。即其仍設此官，决不可以生全，無期之腐儒，呻吟床蓐，妄自擔承。臣一語一泪，一字一血，懇望皇上鑒憐，早爲天下安危大計，放臣歸里，以正首邱。即臣同官爲皇上計天下安危，必且明言臣之衰病當罷也。臣可任流涕哀懇之至。

天啓五年三月。

形神俱銷疏

大學士臣孫承宗謹題，該臣數月以來形神俱銷，病苦已極，不得不呼天地呼父母，近或日食一盂，而手足半廢，上下出血未已也。因念三載馳驅，曾不能爲皇上伸撻伐之威，而民苦轉輸，兵苦飢餓，忝冒大臣，莫知變至，仰干宸嚴，致煩會議。夫臣一去一留，何係安危。惟以會議之身可取復留，所爲係安危耳。仰承君父嚴綸，載受友朋規誡，古所稱「盡瘁出師，輿疾討賊」，敢不勉圖之。第中籌畫，自是不周，病後奔勞，行當復病，雖擬議遵旨，開門視事，而低回再四，殊切憂虞。終望皇上勒當事大臣，早爲安危大計，無姑以病臣塞責。其種種軍務，便當次第整理，不敢他委。目今二三月餉料缺乏，兵心紛擾，是該部所立當發解者。臣可任悚息懇仰之至。爲此具奏。

天啓五年□月。

孫承宗集卷三十七

前督師奏疏第十四

復命疏

少師兼太子太師兵部尚書兼建極殿大學士、督理軍務臣孫承宗謹奏，爲復命事。

臣以天啓二年二月入閣辦事，以六月閱關，以八月奉命督師。時以奴酋刻日寇關，中外驚皇，徙家移口，訛言百出。臣以愚拙，視兵部事，妄謂：「與以天下之大，付不可知之人，孰若以天下之大，付不可知之我，猶可以自盡其心力。」蓋臣原不敢謂臣具有韜鈐，可以計日平賊，徒以舉朝苦于擇人，又仰見皇上憂勞，遂不自程量，冒爲擔承，意謂以忠誼肝腸，鼓殘缺什伍，待兵馬粗有可觀，仍還復命。不意仰徼天威，聊延時日。皇上又以臣爲可任，遂且三年。當東西警報，百務絲棼，臣既目不習簿書，而亦無簿書可稽。三年來，時行丞倅，時行卒乘，雖冒虬玉，而短衣營壘，亦具車徒。而單馬烽烟，所賴皇上時以恢復飭臣。臣乃得仰申明命，以淬厲諸臣，而兵馬器具，粗有次第。獨是撻伐未彰，鯨狐尚在，而以衰病相仍，仰負天恩。今且遥辭天闕，聚骨家山，徒拾文武諸臣所力爲者，具報皇上，聊見三年來文武諸臣之拮据，非敢借此仰塞明恩也。原奉督理軍務，今將各項軍務，分款開具，以奉乙覽。其各款細數細册，具有司存。爲此具本，專差官賫奏以聞。

計開：

一、將務

調用、留用、升用過鎮協等官，壹佰柒拾柒員，今見任玖拾玖員。

各衙門汰刻過鎮協等官，肆百伍拾員。

奉旨簡汰副參等官，陸拾壹員，中千等官，陸百陸員。

一、兵務

立伍部：

中部神武中營領神武、威武、戡武、戢武、緯武伍營。

左部神武左營領振武、奮武、英武、雄武、翼武伍營。

右部神武右營領寧武、定武、耀武、英武、龍武伍營。

前部彰武營領彰武、肅武、宣武、廣武、壯武伍營。

後部衝武營領衝武、驃武、驍武、捍武、捷武伍營。

立車營：

左部鎮領中協振武、奮武，左協英武、雄武，右協忠武、翼武。

右部鎮領中協經武、衝武，左協耀武、定武，右協寧武、襄武。

前部鎮領中協昭武、建武，左協廣武、修武，右協捍武、捷武。

後部鎮領中協崇武、宣武，左協龍武、戢武，右協勦武、彰武。

立鋒勁：

前鋒協領緯武、驃武、驍武叁營。

後勁協領肅武、靖武、威武、壯武、揚武伍營。
附督練火器營
立水營俱兼車營：
龍武中營。
龍武前營。
龍武後營。
龍武左營。
龍武右營。
調募：
調過各鎮協兵，肆萬叁千柒百壹拾柒員名。
伍部等衙門募官丁，貳千肆百伍拾叁員名。
募船丁貳千伍百肆員名。
募遼兵貳萬伍千伍百玖員名。
簡汰：
巡撫衙門汰過壹萬肆百壹拾陸名，又汰過伍千伍百肆拾捌名。
巡關御史汰過壹萬柒百叁拾陸名。
山海鎮汰真、保肆營，玖千陸百柒拾捌員名，又叁千捌百貳員名。
關内道汰過局役壹千玖拾壹名。
官兵壹百伍拾肆員名。
奉旨汰過官兵，壹萬柒千肆百叁拾員名。

現在兵數：

戰兵

車營官兵，伍萬貳千叁拾柒員名。

鋒勁官兵，壹萬柒千伍百陸拾柒員名。

水營官兵，玖千柒百柒拾捌員名。

火營官兵，貳千捌百肆拾壹員名。

鎮守内丁，陸千柒百肆拾玖員名。

守兵

衛所屯防官兵，壹萬陸百叁拾捌員名。

邊堡屯防官兵，陸千貳百伍拾玖員名。

腹堡屯防官兵，壹千貳百壹拾伍員名。

入衛官兵，貳千柒百貳拾柒員名。

各標下官丁，壹千伍百貳拾貳員名。

奇零親丁，共貳百陸拾貳員名。

雜兵

文官衙役，共捌百壹拾伍員名。

屯兵，共壹千陸百壹員名。

工兵匠役，共玖千貳百肆拾貳員名。

局匠夫匠，共壹千伍拾員名。

運車官役，共壹千陸百玖拾柒員名。

一、關務

創建叁等石邊城壹千壹百貳拾丈捌尺壹寸，接高墁頂壹千叁百捌丈肆尺。

包修住城壹百壹拾玖丈，補修坍塌陸拾捌丈柒尺。

券冰洞壹座，券墻肆拾貳丈。

改造敵臺捌座。

建靖遠庫兵藥房肆拾捌間。

修過教場、觀兵臺及堂廳名房壹所。

建過邊城上下各營房，共壹萬柒千玖百壹拾肆間。

修過文廟殿廡堂齋及各門坊，改修過山海鎮關内道衙門貳座。

新建左右貳部及山石道衙門共叁座。

革過直日供給官吏拾人，月省叁百人，歲省叁千陸百人，并一切水陸之費，各衙門并革。

革過直日小馬捌匹，月省貳百肆拾匹，歲省貳千捌百捌拾匹，各衙門并革。

一、遼務

修城舍：

前屯鎮城及屬城拾陸處。

修造城工肆千叁百玖拾陸丈玖尺。

修官房、教場并吏舍房，叁百貳拾壹間又拾陸處所。

造軍民營房、馬棚，壹萬柒千肆百貳拾肆間。

造角樓城門玖座，城門捌房。

修路腹邊臺伍拾貳座，包築貳百丈又叁拾個，挑壕柒百叁拾丈又壹道。

造閂墻肆道，立通賊橫柞陸千叁百柒拾壹丈又叁處。
寧遠鎮城及屬城貳拾處。
修過城工肆千肆百伍拾壹張陸尺。
修過公館衙宇等房壹百玖拾貳間。
修過倉房壹百伍拾捌間。
造過營房捌千柒百零貳間。
造過邊路門臺貳拾貳座。
挑過壕塹、砌過短墻，貳千肆百拾壹丈玖尺又叁道。
造過撫夷圈柵壹百玖拾伍丈。
造過民房貳千貳百陸拾叁間。
造恩寧閣鼓樓壹座。
復世職：
前屯鎮屬各城安插世職指揮使等官捌拾捌員。
寧遠鎮屬各城安插世職指揮使等官捌拾捌員。
未襲世職官生肆拾貳名。
復業遼人：
天啓貳年拾月起，至伍年捌月止，管關主事報過關男婦，伍萬伍千捌百柒名口。
回鄉遼人：
天啓叁年陸月起，至伍年柒月止，接過難民壹萬貳千陸百伍拾柒名口，陸續歸來未記。

一、戰務

斬西虜首級壹百陸拾貳顆，獲馬騾貳拾肆匹頭，夷器盔甲什物捌百件。

擒西探東夷壹名，又罕喇并號旗肆杆、夷字牌壹面，又生擒壹名。

擒奸細肆起，東夷肆名，詹和尚壹名，劉天伏等肆名，繆仲舉壹名，梟于境。

一、守務

添實過關外諸衛所大城捌處，安插哨守城伍處。

填實關外内堡壹拾壹處。

填實關外邊堡貳拾貳處。

一、款務

市場：

天啓二年，各部落俱在八里鋪受賞，今移虎墩兔在興水縣，小歹青在黑莊窠，拱兔在寨兒山，哈喇慎在高臺堡，新添粆花、巴令在興水縣，宰賽、暖兔、卜兒亥在白塔峪，俱住邊外，不得闌入内地。

錢糧：

天啓貳年秋季分

正額銀玖萬伍千柒百捌拾玖兩壹錢玖分肆厘伍毫。

賫裹銀壹萬柒百貳拾叁兩伍分陸厘伍毫。

供坐門夷人及喇嘛柒千肆百捌拾兩伍錢。

天啓叁年春季分

正額銀拾萬壹千壹百陸拾柒兩玖錢叁分捌厘貳毫。

賫裏銀壹萬陸百玖拾捌兩陸錢壹分。

坐門及喇嘛玖千捌百伍拾玖兩叁分貳厘。

天啓叁年秋季分

正額銀捌萬陸百伍拾柒兩捌錢陸分叁厘伍毫玖忽。

賫裏銀肆千捌百拾捌兩伍錢貳毫捌絲伍忽。

坐門及喇嘛壹萬肆千貳百玖拾柒兩貳錢貳分壹厘柒毫。

天啓肆年春季分

正額銀玖萬壹千玖拾玖兩柒錢叁厘壹忽。

賫裏銀壹萬陸千叁百伍兩貳錢肆分伍厘。

坐門及喇嘛捌千捌百拾叁兩柒錢陸分。

天啓肆年秋季分

正額銀捌萬壹千壹百貳拾兩貳錢貳分壹厘陸毫壹忽。

坐門及喇嘛陸千捌百肆兩陸錢玖分。

天啓肆年秋季分，

新復舊賞粆、宰、暖、卜伍營夷酋，

正額銀肆萬玖千柒百伍拾伍兩玖錢玖分伍厘肆毫陸絲，

賫裏銀叁千肆百兩貳錢肆分，

坐門及喇嘛陸千壹拾貳兩壹錢壹分。

一、操務

練伍部：

伍部教練火器手，共壹萬玖千叁百陸拾伍名。

練車營：

車營、鋒勁營，教練過火器手，共伍萬貳千玖百貳拾名。

皇賞：

天啓叁年叁年月初玖日，領皇賞正銀壹拾萬兩，兑出附餘銀壹千貳百壹拾貳兩伍錢貳分貳厘，賞過文武等官共壹千叁百捌拾伍員，兵丁匠役共壹拾貳萬貳百肆拾捌名，續到關班軍官兵共貳萬玖百捌拾肆員，動支帑金羨餘銀貳千捌拾叁兩，補賞蟒段壹百伍拾匹，賞過肆拾玖匹，現貯各色段壹百壹匹，其盔甲等項分發叁部。

天啓肆年玖月貳拾叁日，海運廳收貯解到皇賞銀壹拾萬，并蟒段壹百伍拾匹。候賞有功員役内，天啓伍年叁月初叁初玖貳日，賞出關官丁共動銀貳千肆百捌拾兩捌分。

天津借買草銀貳萬兩。

實在庫貯蟒段壹百伍拾匹。

皇賞銀柒萬柒千伍百壹拾叁兩玖錢貳分，其盔甲、刀槍、弓箭等分發各部各營。

操賞：

山海關管關通判宋廷謁册報，天啓叁年春季，操箭貳賞散過各官丁匠役人等花紅銀，通共壹萬捌千玖百柒拾壹兩伍錢陸分，又箭賞散過銀捌百陸拾壹兩柒錢玖分伍厘。

山海關通判宋廷謁册報，天啓叁年秋季，操箭貳賞散過各官丁匠役人等花紅銀，通共貳萬肆千壹百肆拾肆兩陸錢捌分伍厘。

小賞獎勵賞經歷金啓倧等册報，自天啓貳年玖月初叁日，至伍年玖月貳拾壹日止。

賞數：

賞箭炮，共用銀柒百玖拾玖兩陸錢玖分貳厘。

賞斬獲，共用銀壹千貳百壹拾柒兩叁錢肆分。

優恤，共用銀貳百叁拾柒兩叁錢。

賞登達緊急軍情員役，共用銀柒百肆拾捌兩伍錢捌分肆厘。

賞遼東難民，共用銀伍百捌拾兩玖錢陸分。

賞操演車營，共用銀貳千伍百壹拾肆兩壹錢叁分玖厘。

賞登萊、東江探報，共用銀壹百叁拾玖兩肆錢叁分伍厘。

賞哨探擒獲，共用銀壹百捌拾陸兩肆錢玖分。

賞修築建造，共用銀壹千伍百伍拾壹兩叁錢肆分。

賞往回賫解，共用銀捌百捌拾陸兩肆錢肆分。

給題奏人員，共用銀叁拾柒兩伍錢。

賞各部鎮及道府州縣招調差遣，共用銀壹百玖拾玖兩叁錢捌分。

賞勤勞員役，共用銀壹千捌百陸拾陸兩捌錢柒分捌厘。

賞各衙門公事差遣，共用銀壹百叁兩貳錢捌分。

一、馬務

正雜二項錢糧買過馬騾駝貳萬伍千柒百貳拾貳匹頭隻，車柒拾貳輛。

經略題過買馬捌千貳百捌拾捌匹。

京營馬價買馬叁千肆百伍拾肆匹。

草錢銀買馬柒百捌拾陸匹。

朋椿銀買馬叁千叁百伍拾捌匹。
太僕寺解馬陸千玖百伍拾捌匹。
叁年倒斃馬，共壹萬陸千肆百捌拾陸匹。

一、餉務

鎮守官例。
題授領兵官例。
題授不領兵聽用與領兵官各下壹級支俸。
加銜備管中千把總事，俱照新頒中千把總廩糧例造支，不准加銜俸。
加銜各官，非奉部札，俱不准算加銜。即札亦究其應加之故，或積資，或録功，必世職，而管事日久之中千，方准加守備。必實授之守備，部方准加都司。其不由職級而稱加銜者，曰散官，量材而委。又以所委之官爲實，不算本身所冒之空銜。
入衛領兵將，俱照聽用題授各參游都守例造支。
副總兵下各官支廩例。
營將下各官支廩糧例。
有部分，有信地，及游兵馬駐守副總兵下各官例。
有部分，有兵馬，無信地，授練副總兵下各官例。
譯審并撫夷副總兵下各官例。
有信地，有兵馬，城守、營將下各官例。
有兵馬，無信地，援練營將下各官例。
管撫夷營將下各官例。

有信地，有兵馬，城守、守備下各官例。
百隊總及權勇馬步兵干月支廪糧例。
兵船例。
民船例。
兵民船百耆捕舵繚手及船兵月支廪糧例。
各營馬匹歲支草料例。
關支，月大照例支，月小截日扣除。
海運廳置辦車輛、口袋、碾磨并招募夫役。
陸運廳置車輛、皮張、繩索、口袋、牛騾駝兵并招募夫役。

一、草務

天啓叁年玖拾貳月，馬騾共貳萬陸千叁百肆拾捌匹頭，每匹日支青草壹束，省銀肆分，共該草壹百伍拾捌萬捌百陸拾捌束，共省部餉銀陸萬叁千叁百叁拾肆兩柒錢貳分。又修工客兵折青草價銀肆百貳拾玖兩肆錢肆分。貳項共省餉銀陸萬叁千柒百陸拾肆兩壹錢陸分。

天啓肆年玖拾兩月，馬騾駝共肆萬捌千柒百肆拾陸匹頭隻，每匹日支青草壹束，省銀肆分，共該草貳百玖拾貳萬肆千柒百陸拾束，共省部銀拾壹萬陸千玖百玖拾貳兩肆錢。

一、屯務

天啓肆年買牛肆千肆百玖拾柒隻，發前屯牛壹千叁百捌拾柒隻，發寧遠牛貳千玖百貳拾肆隻，餘發陸運及隨營。

天啓叁年分：

彰武營下共種過田肆百壹拾頃玖拾畝。

領過籽種等銀肆千壹百兩。

收過雜糧并附餘糧壹萬柒千玖拾石。每石計價壹兩貳錢，共值銀貳萬伍百壹拾捌兩捌錢。

收過柴草貳拾伍萬陸千捌百陸拾陸束，各變價不等，共銀柒千伍百柒拾肆兩伍錢陸分。其收放抵還存案可查民種私田肆百壹頃肆拾畝，厚薄不等，各有成收。

天啓肆年分：

合鎮屬共種過官壹千叁百頃叁拾柒畝。

彰武營下：

領過解官牛壹百隻，又自領銀買牛玖百隻，准價銀伍千壹百捌拾伍兩捌錢肆分。其籽種俱係上年屯收支用。收過雜糧壹千捌百叁拾肆斗叁升，每石計價壹兩貳錢，值銀叁萬捌千壹百陸拾肆兩壹錢壹分陸厘。

本鎮下又另種屯田收過雜糧叁百陸拾叁石伍斗，每石計價壹兩貳錢，值銀肆百叁拾陸兩貳錢。

共收過柴草叁拾陸萬捌千柒拾束，内除放過拾叁萬貳千柒百肆拾捌束外，實在柴草計價值銀肆千捌百玖拾兩叁錢叁分。其領過屯本銀俱柴草變價抵還。

民種私田玖百肆拾頃陸拾捌畝，厚薄不等，各有成收。

鎮屬各營堡：

肅武營、宣武營、高臺營、高嶺營、石河鋪、芝麻灣、沙河驛、八里鋪、平川、三山營、鐵場堡，共領過買解官牛壹千貳百捌拾柒隻，又自領銀買牛肆百陸拾貳隻，准價貳千肆百肆拾兩肆錢貳分。又領農具銀伍百叁拾陸兩貳錢伍分，籽種銀貳千柒百捌拾伍兩貳錢陸分。領過鏵鉺等器壹千伍百柒拾肆件。

共收過雜糧叁萬貳千捌百叁拾伍石肆斗壹升，每石計價壹兩貳錢，值銀三萬玖千肆百貳兩肆錢玖分貳厘。

共收過柴草肆拾萬捌千捌百捌拾束，内除放過貳萬肆千壹百束外，其實在柴草俱行變價抵還領過屯本銀兩。

寧遠鎮：

天啓肆年分，合鎮屬共種過官田玖百零捌頃叁拾捌畝。

本鎮下：

領過牛價籽種等銀壹千貳拾玖兩貳錢柒分捌厘。

又領鏵鉺等器捌百柒拾貳件。

收過雜糧叁千石零貳斗，内除犒賞屯兵壹百伍石外，實在貳千捌百玖拾伍石貳斗，每石計價壹兩貳錢，值銀叁千肆百柒拾肆兩貳錢肆分。

收過柴草貳萬柒千伍百陸束，各價不等，值銀陸百玖拾貳錢柒分捌厘外，餘存屯利銀叁千壹百肆拾壹兩叁錢貳分貳厘。

庫貯未發農具貳千捌百柒拾叁件。

民種私田陸百壹頃伍拾肆畝，厚薄不等，各有成收。

鎮屬各營堡：

廣武營、修武營、戢武營、捷武營、龍武右營、龍武前營、前鋒營、中右營、興水縣堡、東關站、曲尺河堡、雙樹鋪、黑莊窠、督王營，共領過買解官牛貳千玖百貳拾肆隻，又自領銀買牛柒百陸拾伍隻，准價肆千陸百陸拾玖兩柒分伍厘，領籽種銀伍千玖百捌拾柒兩捌錢肆分叁厘陸毫，領農具貳千柒百伍拾伍件。又領農具銀肆百肆拾兩陸錢捌分。

以上共領屯本銀壹萬壹千玖拾捌兩玖分捌厘陸毫。

共收過雜糧叁萬玖千捌百玖拾伍石貳斗陸升，内除犒賞屯兵叁百陸拾捌石外，實在三萬玖千伍百貳拾柒石貳斗陸升，每石計價壹兩貳錢，值銀肆萬柒千肆百叁拾貳兩柒錢壹分貳厘。

共收過柴草叁拾玖萬捌千柒百伍拾玖束，各價不等，值銀壹萬肆百壹拾柒錢。以上貳項銀，不除先還過屯本壹萬壹百捌拾陸兩伍錢伍分玖厘玖毫外，實在貯屯利銀肆萬柒千陸百拾貳兩捌錢伍分貳厘壹毫。

一、局務

局造：

造過大小炮壹萬陸千伍百伍拾貳位，子母炮壹萬陸千肆百壹拾肆門，隨炮鐵至子搠杖壹千捌百玖拾條件，炮架凳柒百柒拾陸條。

造過刀槍等器玖萬玖千玖拾叁件。

造過鐵盔伍千壹百玖拾壹頂，腦包捌千陸百拾貳件，鐵甲貳萬伍千叁百拾捌副，甲衣、甲梁等陸百柒拾玖件，臂手叁千捌百伍拾玖副，摭擋壹千陸百伍拾塊。

造過弓叁千陸百捌拾陸張，箭貳拾萬捌千捌百玖枝，弦貳千肆百柒條，箭頭陸萬壹千捌百伍拾個。

造過鍁钁鏵鉺等器柒萬玖千玖百叁拾壹件。

造過火藥壹百貳拾捌萬伍百柒拾陸斤又貳拾串，火綫柒拾壹萬陸千壹百叁拾條又拾斤，火箭拾玖萬伍百貳拾肆枝，火磚、火球等肆千叁百捌拾叁個。

造過鉛子貳拾萬柒千捌百陸拾玖個，火匣等捌千肆百叁拾肆件，火箭筒捌百肆拾個。

造過戰車、運車、炮車叁千叁百陸拾伍輛。

外造：

置過金鼓旗幟拾全副，又響器壹副。

造過偏廂、攢槍、迎鋒及太平運車等車，共壹千陸百肆拾捌輛，并隨車器具。

造過綿盔甲肆千頂副，鐵盔叁千伍拾頂，鐵甲叁千玖百玖拾捌副。

造過大小炮并馬馱炮貳百拾貳位，炮鞍器具俱全，火磚、火球叁千壹百捌拾柒個，鉛子陸萬叁千柒百貳拾壹斤。

造過農器伍千叁百貳拾玖張副，布袋叁千柒百肆條，駝鞍貳拾伍副。

造過三眼槍伍千壹百捌拾杆，腰刀肆千玖百玖拾柒把，長槍伍千玖百玖拾捌杆，大追鋒槍壹百柒拾叁杆。

造過邊城飛石炮架陸拾貳座。

佛朗機柒架，衝鋒、雷公、伏地等牌伍百伍拾貳副。

貯存硝磺壹百貳拾柒萬叁百零玖斤，鉛伍萬捌百柒玖斤捌兩，鐵壹百捌拾伍萬玖千貳百陸拾斤，弓面、箭杆、筋膠、鰾翎等料，計用過銀共肆千柒百柒拾玖兩有奇，綿布柒千叁百肆拾壹匹，綿花伍萬柒千叁拾肆斤。

江南分造：

造過鳥沙、倭飛等船貳拾伍隻，募過沙船壹百叁拾隻。

造過正偏廂車、定遠車，共壹千伍拾貳輛，車帷鐵鍊俱全。

造過神飛等炮共子母壹萬陸百肆拾捌位，竹將軍壹萬位，竹鳥銃壹萬門，竹眼槍壹萬杆。

造過戰牌壹萬面，神臂弓弩貳千張，箭陸萬枝，隨弓弩弦機俱全，火箭筒壹千個，火箭叁萬枝。

造過大將金鼓旗幟壹副，營將金鼓旗幟伍副，共計旗幟柒百柒拾貳件，響器壹百陸拾貳件。

買大小弓角面壹萬副，魚鰾壹千伍百斤，弓胎壹萬張，桐油叁萬斤，鋼叁萬斤，鉛捌萬貳千陸百斤，上鐵貳萬金，次鐵貳拾萬叁千伍百斤。

山西分造：

造過大追鋒炮叁百叁拾捌門，小追鋒炮拾陸門，大佛朗機壹千陸百玖拾伍門，大百子炮壹百捌拾貳位，大滅虜炮貳位，叁眼槍壹萬貳百壹拾肆杆，腰刀柒千伍百壹拾壹口，鐵子壹萬柒千斤。

買鉛壹萬柒千斤，熟鐵陸千壹百伍拾斤，團鐵壹拾萬壹千玖百捌拾斤。

外解：

兵部職方司主事沈棨收：

收過大將軍等炮貳拾貳位，西洋炮拾位，滅虜等炮伍千貳百柒拾柒位，銃槍壹千壹百叁拾貳門，木發杠貳百伍拾個，鉛子叁萬捌千叁百柒拾捌斤，鐵子貳萬柒千壹百斤，大箭壹拾柒萬玖千壹百伍拾枝。

收過鐵盔伍千伍百叁拾肆頂，藤盔肆百頂，鐵甲捌千肆百副。

收過夾靶等槍伍拾杆，鈎鐮伍拾杆，腰刀、苗倭等刀壹萬壹千捌百柒拾壹把，搪牌伍千伍百柒拾肆面，鐵蒺藜壹百斤，紅木槍杆肆百肆拾陸根，鹿皮玖萬玖千肆拾壹張，羊皮拾萬張。

關內道副使劉詔收：

收過部解鉛鐵子共貳拾萬柒千陸百肆拾柒斤，槍共柒千玖百杆，銃炮壹萬叁百叁拾伍位，斬馬各樣等刀貳萬壹千捌百伍拾玖把，藤鐵盔共玖千肆百陸拾陸頂，甲共壹萬壹千伍百壹拾捌副，弓弩玖千伍百張，箭弩箭拾伍萬枝。

收過管關職方司主事林翔鳳解長鈎槍肆百杆，鍁钁鋤鐮柒千陸拾貳把。

收過浙江巡鹽御史解到百子銃、鳥槍叁百門，三眼槍叁百杆，鐵叉壹千把，長短刀壹千把，藤牌伍百面，稠木槍伍拾杆，火箭肆匣。

收過玉田縣解到鐮刀叁百把，運車拾陸輛。

車輛：

舊存旋刀鐵戰等車，共柒拾柒輛。

收京運及永鎮解到武罡、偏廂、迎鋒等車，共壹千肆百貳拾柒輛。

局造過迎鋒、攢槍等車壹千玖百叁拾捌輛，改破車叁拾捌輛。

各鎮改造偏廂等車壹千伍百叁輛，隨車器俱全。

江南分造偏廂等車壹千伍拾貳輛，隨車器俱全。

委官龔復新等募過錙車，共貳千伍百叁拾輛，簡汰壹千玖百貳拾伍輛，見在陸百伍輛。

參將賀謙買農車玖輛。

船隻：

沙、鳥、唬、遼等船共伍百捌拾叁隻，其隨船叁板船，各附大船不開。兵船定爲叁等，每等又各分叁等。艌修，初年小修，次年中修，叁年大修，俱有成造，印烙民船量梁頭丈尺，以定租税。

營務：

伍部各營金鼓旗幟等項共貳拾，全副隊標等旗共計壹千柒百肆拾伍杆。

油幕共陸千肆拾捌頂。

銅鐵鍋共叁千伍百壹拾捌口，粿炒共捌拾陸萬叁千玖百柒拾伍斤。

一、附務

永平府設兩廠賑過貧民貳拾壹萬伍千捌百玖拾名，又給過官生米伍百柒拾貳石伍斗。

獎賞山海衛城年高有德肆名，賑濟孤窮無依貳拾肆名，給散于子章難民楊文貴等伍百叁拾陸名口，米鍋席片給賞錦州生員傅延祚等陸拾貳名考費。

給賑寧遠指揮劉登嵩等貳拾肆員，共銀貳拾肆兩肆錢。

天津買米豆玖千陸百伍拾石，發關外賑濟遼民。

賑遼生王調元等伍名，用銀壹兩玖錢，賑遼鄭明經等用銀玖拾陸兩。

天啓叁年，前屯鎮民種私田肆百壹頃肆拾畝，肆年種玖百肆拾頃陸拾捌畝。

天啓肆年，寧遠鎮民種私田陸百壹頃伍拾肆畝。

前屯鎮并屬民蓋過房叁千叁百貳拾肆間。

寧遠鎮并屬民蓋過房貳千貳百陸拾叁間。

醫官朱鼎臣、史素等醫療過官生軍民人等貳萬肆千陸百柒拾陸員名。

一、學務

考過前屯等學生員葉萬萃等共貳百貳拾名，分等賞有差，給過義州等學科舉生員胡勇寧等捌拾肆名。

給遼東學科生員盤費伍拾壹兩。

給過順天鄉試中式舉人塗芳、錢一龍各銀貳兩。

賞過新進生員貳拾名，童生壹百肆拾名。

賞過武舉生拾伍名，武生貳拾叁名，武童貳拾伍名，各有差。

賞考過材官壹員，又武童生叁拾壹名。

賞新中武舉葛希綸等叁拾名，將材中式吳士林等貳拾名有差。

給過歲貢生員曹養直等柒名，路費各壹兩。

一、儲務

錢利：

管關廳自天啓貳年捌月貳拾肆日起，至伍年叁月止，收過錢利銀貳萬叁千陸百柒拾玖兩貳錢捌分伍厘肆毫。

鹽策：

通判柯仲炯鹽利銀伍千柒百拾肆兩肆錢。

通判金啓保鹽利銀伍千伍百伍拾柒兩貳錢貳分捌厘，又羨餘銀壹百叁拾伍兩，各有收支。

關税：

天啓肆年柒月初捌日，至捌月貳拾玖日，停税收過銀壹千叁百陸拾捌兩捌錢玖厘。

一、用務

舊例應支：

本衙門内用，自天啓貳年玖月初叁日起，至伍年捌月終止，共用銀叁千貳百叁拾玖兩肆錢柒分伍厘。

書吏門役及經歷廳、官丁、總旗、材官、占候，自天啓貳年玖月初叁日起，至伍年捌月終止，共用銀壹千柒百陸拾壹兩肆錢壹分柒厘捌毫。

心紅紙札、案衣、坐褥、圍屏、桌椅器用等項，自天啓貳年玖月初叁日起，至伍年捌月終止，共用銀壹千零叁兩捌分捌厘。

新定則例，門皂茶、火夫、燈籠、執事等役，自天啓肆年叁月起，至伍年捌月止，共給工事動過關廳公費銀壹千伍百柒兩叁錢，柴炭自天啓叁年叁月起，至伍年捌月止，共給過柴炭價銀貳百貳拾肆兩。

給發醫官朱鼎臣買藥材醫療病兵，共用銀叁百玖拾肆兩壹錢貳分肆厘。
給賞芝麻灣通判柯仲炯下兵丁并蓋營房，共用銀叁百。
憂恤故官陳志恭，共用銀伍拾叁兩。
天啓伍年十月二十五日，山海關上。
十一月初□日，奉聖旨。

孫承宗集卷三十八

前督師奏疏第十五

總括軍需收支大數疏

少師兼太子太師、兵部尚書兼中極殿大學士、督理軍務臣孫承宗謹奏，爲總括軍需收支大數，仰塵睿覽事。

該臣以天啓二年六月閲關，七月復命，供事講筵，略陳關外情形，仰承我皇上從帷幄立許發金，以應急需。臣三年來所爲偕文武將吏，收皇上人民，安皇上土宇，治民繕具，計戰修防，則壹民尺土，盡是皇上金錢。迨今南北騎步、水陸舟車、戰守器具、勸懲機宜，種種諸費，動以千萬。正惟是我皇上鋭意邊謨，决計恢復，乃肯不吝金錢，令邊臣展布四體，申儆軍實。即撻伐未彰，而仰微天威，東西少戢。蓋出納有司籌之吏，而酌入酌出，則繇撫道而及于臣，乃臣又復以一身，合兩督三撫，後先共事，以析力三年，種種需費，俱有規則。其一切收支見在之數，具有細數，已付册。撫道諸臣謹總括正項雜項，附以種種經費，仰塵睿覽，以昭我皇上不吝封樁至意。爲此具本，謹差官賫捧，具奏以聞。

計開：

正雜二項收管總數：

天啓貳年玖月初叁日起，至伍年捌月貳拾日止，共收到新舊正雜貳項銀，壹佰柒拾壹萬叁千貳百壹拾柒兩貳錢伍分壹厘叁忽。

正項銀，壹百陸拾萬伍千柒百貳拾貳兩柒錢陸分捌毫，內新頒銀捌拾叁萬玖千陸百柒拾貳兩。

舊貯銀，肆拾肆萬玖千伍拾兩柒錢陸分捌毫。

部解銀，叁拾壹萬柒千兩。

雜項銀，壹拾萬柒千肆百玖拾肆兩肆錢玖分貳毫叁忽，內刷舊銀伍萬壹千柒百兩陸錢貳分貳厘捌毫叁忽，生新銀伍萬伍千柒百玖拾叁兩捌錢陸分柒厘肆毫。

一、正項共銀壹百陸拾萬伍千柒百貳拾貳兩柒錢陸分捌毫。

新頒銀，捌拾叁萬玖千陸百柒拾貳兩。

天啓貳年捌月，寄貯兵部帑金原數伍拾萬兩。除本年拾月調副總兵杜應魁官丁，該部借給安家銀貳萬叁千貳百陸拾貳兩。又本年拾貳月調柒鎮官丁壹萬貳千玖拾叁員名。咨會該部差官解發柒鎮馬匹甲仗安家銀，共貳拾伍萬兩。前項銀兩原俱經該部給發，未經解交關門，不復開收支數外，其後天啓叁年柒月拾伍日員外郎張杰、李備、應朝玉、主事張瑋，共解到帑金正銀貳拾貳萬陸千柒百叁拾捌兩，兑出附餘銀貳千玖百陸拾捌兩玖錢，貳項共銀貳拾貳萬玖千柒百陸兩玖錢。

天啓叁年叁月拾伍日，收永平府寄貯天啓貳年拾壹月評事黄承昊、主事王繼謨、李繼貞解到帑金正銀，共貳拾玖萬玖千玖百伍拾兩，兑出附餘銀伍千貳百叁拾叁兩柒錢，貳項共銀叁拾萬伍千壹百捌拾叁兩柒錢。

天啓叁年玖月貳拾叁日，中書舍人朱慎鍌、都事張鬵，解到帑金正銀共壹拾萬兩，兑出附餘銀捌拾貳兩陸錢，貳項共銀壹拾萬零捌拾貳兩陸錢。

天啓肆年叁月貳拾陸日，鴻臚寺少卿趙以旗解到帑金正銀壹拾萬兩，兑出附餘銀貳百叁拾壹兩捌錢，貳項共銀壹拾萬貳百叁拾壹兩捌錢。

天啓肆年柒月初柒日，主事鄒忠胤解到帑金正銀壹拾萬兩，兑出附餘銀叁百肆拾陸兩伍錢，貳項共銀壹拾萬叁百肆拾陸兩伍錢。

天啓叁年拾壹月初叁日，收原任甘肅總兵薛永壽下千總王一虎繳還原係調邊丁安家帑銀叁百零捌兩。

天啓伍年貳月貳拾玖日，收委官繆還賚回甘肅李巡撫發回更調邊丁安家銀，原係扣除舊調邊丁先給安家帑銀叁千捌百壹拾貳兩伍錢。

舊貯銀，肆拾肆萬玖千伍拾兩柒錢陸分捌毫。

天啓貳年玖月初叁日止，關庫貯存前經略支剩帑金，壹拾玖萬玖千玖百叁拾柒兩捌分捌厘捌毫。

天啓貳年玖月初叁日止，關庫貯存前視師尚書支剩帑金，叁萬肆千伍百伍拾叁兩捌錢柒分貳厘。又天啓叁年陸月拾叁日，收永平府解到視尚書寄貯該府庫支剩帑金，壹拾伍萬叁千捌百零壹兩捌錢。貳項共計銀，壹拾捌萬捌千叁百伍拾伍兩陸錢柒分貳厘。

天啓貳年玖月初叁日止，關庫貯存欽賞標兵銀，玖千捌百貳拾壹兩。

天啓叁年正月初柒日中書舍人余繩訓解到賑濟帑金，肆萬玖千玖百叁拾柒兩。

天啓叁年閏拾月初肆日，光禄寺監事劉初烷解到工部先發造車餘剩帑金壹千兩。

部解銀，叁拾壹萬柒千兩。

户部協辦：

天啓肆年柒月貳拾日，主事郭竹徵解到協辦銀柒萬兩。

天啓肆年玖月拾壹日，主事陳大對解到協辦銀伍萬兩。

天啓肆年玖月貳拾柒日，中書舍人牛綉解到協辦銀伍萬兩。

天啓肆年拾壹月初壹日，中書舍人穆如贊解到協辦銀肆萬兩。

兵部協辦：

天啓肆年玖月拾貳拾捌日，中書舍人茅元禎解到協辦銀叁萬伍千兩。

天啓肆年拾月貳拾壹日，光禄寺署丞張崇慶解到協辦銀叁萬伍千兩。

工部協辦：

天啓叁年伍月初捌日，工部委官陳信策解到軍器銀柒千兩。

天啓肆年拾月貳拾壹日，錦衣衛指揮徐本高解到協辦銀貳萬兩。

天啓伍年正月初陸日，光禄寺署丞張鎧解到協辦銀壹萬兩。

一、雜項銀，壹拾萬柒千肆百玖拾肆兩肆錢玖分貳毫叁忽。

刷舊銀，伍萬壹千柒百兩陸錢貳分貳厘捌毫叁忽。

工部城工：

天啓貳年捌月貳拾肆日止，關庫貯存銀肆千貳百貳拾肆兩伍分捌毫伍絲。

城工：

天啓貳年捌月貳拾肆日止，關庫貯存銀肆百玖拾柒兩貳錢捌分。

部賞：

天啓貳年捌月貳拾肆日止，關庫貯存銀壹萬陸千壹百柒拾叁兩肆錢壹分陸厘玖毫伍絲叁忽。

閲科馬價：

天啓貳年捌月貳拾肆日止，關庫貯存銀壹千玖百捌拾壹兩壹錢伍厘。

太僕寺馬價：

天啓貳年捌月貳拾肆日止，關庫貯存銀玖千壹百肆拾肆兩柒錢柒分。

助邊：

天啓貳年捌月貳拾肆日止，關庫貯存銀壹萬玖千陸百捌拾兩。

生新銀，伍萬伍千柒百玖拾叁兩捌錢陸分柒厘肆毫。

屯田：

天啓叁年并肆年兩年分，除有還過屯本及本色充餉不開外，其變過價銀計柒千貳百玖拾捌兩捌錢陸分。

鹽利：

天啓肆年叁月起，除未經變價徵收值鹽課銀，柒千壹百玖拾叁兩壹錢叁分壹厘不開外，實收銀肆千貳百壹拾叁兩肆錢玖分柒厘。

錢利：

天啓貳年捌月貳拾肆日起，至天啓伍年捌月貳拾玖日止，除還過鼓鑄本銀不開外，實收銀貳萬叁千陸百柒拾玖兩貳錢捌分伍厘肆毫。

關税：

天啓肆年柒月起，至本年拾貳月停税日止，收銀壹千叁百陸拾捌兩捌錢玖厘。

秋青：

天啓貳年拾貳月初壹日，收銀伍百伍拾玖兩壹錢捌分，又天啓叁年閏拾月初玖日，收銀壹百伍拾伍兩伍錢貳分，共計銀柒百壹拾肆兩柒錢。

節草：

天啓叁年肆月拾叁日，收節省衙役銀兩抵買草束銀伍百肆拾兩柒錢貳分。

寄庫：

天啓貳年捌月貳拾肆日起，至天啓伍年捌月貳拾玖日止，舊貯新收共計銀壹萬肆千伍百壹拾陸兩捌分陸厘。

羨餘：

天啓貳年玖月初叁日起，至天啓伍年捌月貳拾玖日止，共收銀叁千肆百陸拾壹兩玖錢壹分。

正雜貳項支除總數：

天啓貳年玖月初叁日起，至伍年捌月貳拾玖日止，共支過新舊正雜貳項銀，壹百叁拾伍萬捌千伍百柒兩伍錢陸分捌厘貳毫叁絲叁忽。內支正項銀，壹百貳拾玖萬壹千貳百肆拾兩肆錢叁分伍厘伍毫捌絲，雜項銀陸萬柒千貳百陸拾柒兩壹錢叁分貳厘陸毫伍絲叁忽。

一、布花共支過正雜貳項銀，壹拾壹萬叁千叁百肆拾兩。

內正項銀，壹拾壹萬叁千壹百叁拾兩伍錢，

雜項銀，貳百壹拾玖兩伍錢。

正項：

天啓貳年玖月，閻巡撫委李同知收買布花，給散軍士，用銀貳千兩。

天啓貳年拾壹月，王總督給散兵丁布花每名陸錢，共銀肆萬伍千玖百壹拾玖兩貳錢。

天啓叁年拾壹月，給散兵丁布花每名陸錢，共用銀陸萬肆千肆百捌拾壹兩叁錢。

天啓肆年玖月，置買帽鞋皮襖褲，給發旅順張盤用銀柒百叁拾兩。

雜項：
給賞員役布襖銀，壹百壹拾伍兩伍錢。
給賞覺華島兵丁布銀壹百肆兩。

一、犒賞共支過正雜二項銀，捌萬柒千陸百陸拾肆兩柒錢柒分肆毫。
内正項銀，柒萬貳千柒百陸拾兩伍分，
雜項銀，壹萬肆千玖百肆兩柒錢貳分肆毫。
正項：
前任王經略升任給賞各兵丁銀，共壹千陸百肆拾貳兩貳錢。
天啓叁年春季操賞銀，共壹萬玖千捌百叁拾叁兩叁錢伍分伍厘。
天啓叁年秋季操賞銀，共貳萬肆千壹百肆拾肆兩陸錢捌分伍厘。
給賞東江毛副總兵置買皮襖綢段銀，共捌百陸拾伍兩捌錢。
給發賞功官陸續賞有功員役并操演車營官丁銀，共陸千兩。
給賞斬夷級各員役銀，叁年共捌千陸百肆拾捌兩肆錢陸分。
陸續給賞官兵銀，共壹千玖百壹拾柒兩伍錢。
陸續給伍部各營官兵小操賞銀，共肆千伍百捌兩伍分。
解發寧前道陸續給賞修築防守兵丁銀，共伍千兩。
關内道發貯寧遠庫銀，貳百兩。
雜項：
宴賞大將及各官兵銀，共壹千叁百捌拾肆兩叁錢捌分伍厘。
給賞東江報捷驗功銀，共玖拾捌兩伍錢貳分肆厘。

補給各班軍欽賞銀，貳千伍拾肆兩肆錢玖分玖厘叁毫。
給發賞功官陸續賞有功員役銀叁年，共肆千陸百兩。
賞給斬夷級獲夷馬員役銀，共壹百柒拾叁兩伍錢壹分貳厘。
陸續給賞官兵銀，壹千兩零叁錢陸分壹毫。
陸續給發五部各營官兵小操賞銀，共伍千伍百玖拾叁兩肆錢肆分。

一、賑濟共支過正雜貳項銀，貳萬壹千壹百叁拾兩壹陸分叁厘。
內正項銀，貳萬陸百捌拾兩貳錢柒分玖厘，
雜項銀，肆百肆拾玖兩捌錢捌分肆厘。
正項：
天津買米并運發爛米給濟遼民銀，共壹萬玖百叁拾玖兩。
買布給散遼民用銀，壹千陸百貳捌兩陸錢陸分玖厘。
買鹽運發中後、覺華等處用銀，共伍拾捌兩。
給發官生銀，共陸拾柒兩捌錢伍分伍厘。
給發遼民銀，共柒千柒百肆拾兩。
給施藥材銀，共貳百肆拾貳兩貳錢伍分伍厘。
給恤故官銀，肆兩伍錢。
雜項：
買柴煮粥并給繕資，共銀叁百貳拾叁兩捌錢肆分捌厘。
給鹽銀，陸兩叁分陸厘。
給施藥材銀，伍拾兩。

給恤故將銀，柒拾兩。

一、衛官俸共支過正項銀，壹千壹百壹拾玖兩肆錢伍分叁厘。

正項：

給前屯衛指揮楊紹茗等天啓貳叁年冬春兩季俸銀，共肆百伍拾玖兩玖錢零伍厘。

給寧遠衛指揮劉登嵩等天啓貳叁年冬春兩季俸銀，共陸百伍拾玖兩伍錢肆分捌厘。

一、雜用共支過正雜貳項銀，陸千肆百貳拾捌兩陸錢捌分壹厘捌毫叁忽。

内正項銀，貳百捌拾叁兩貳錢伍厘，

雜項銀，陸千壹百肆拾伍兩肆錢柒分陸厘捌毫叁忽。

正項：

刊刻刷印碑文、裝釘軍馬餉册、硃墨紙張等項用銀，共貳百捌拾叁兩貳錢伍厘。

雜項：

寧、前兩衛學祭丁用銀，共貳拾柒兩柒錢伍分叁厘。

每年祭海及各應祭神祇用銀，共叁百柒拾肆兩陸錢捌分。

考察閲操備飯并出關米麵菜銀，共玖拾肆兩玖錢壹分肆厘。

閣撫及道備傘扇、執事案衣坐褥、修飭轅門衙宇、紙張等項用銀，共貳千壹百陸拾伍兩肆分玖厘叁毫叁忽。

文武生童考試，及貢生舉人花幣、旗匾、盤費等項用銀，共壹千叁百叁拾柒兩陸錢陸厘柒毫。

置備綾軸、奠儀、路費、禮儀并表邊圖工食紙張等項用銀，共壹百柒拾捌兩捌錢玖分。

共應關院案衣坐褥紙張等項用銀，共肆百貳拾伍兩捌錢捌分壹厘捌毫。

刊刻兵餉單造册紙張工食等項用銀，共陸拾貳兩伍錢玖分伍厘。
給提塘官工食及内丁弓箭并撫院給書吏衣鞋等項用銀，共壹百肆拾貳兩陸錢陸分伍厘。
給造碑亭銀，貳百貳拾貳兩陸錢肆分貳厘。
給教官場官等公費用銀，共叁拾捌兩伍錢。
買蘆席繩袋草束銀，共柒百貳拾叁兩叁錢肆分伍厘。
總督衙門給供應宋道人用銀，共叁百伍拾兩玖錢伍分伍厘。

一、城工共支過正雜二項銀，壹萬貳千捌百拾兩玖錢肆分伍厘肆毫伍絲。
内正項銀，玖千捌百肆拾捌兩柒錢伍厘，
雜項銀，叁千叁拾貳兩貳錢肆分肆毫伍絲。
正項：
買灰銀，壹千捌拾伍兩。
募夫修工銀，捌千叁百肆拾柒兩柒錢陸分。
鹽菜銀，叁百玖拾叁兩捌錢肆分伍厘。
犒賞銀，貳拾貳兩壹錢。
雜項：
買灰銀，伍百兩。
募夫修工銀，壹千肆百玖拾叁兩叁錢伍毫。
犒恤銀，壹千叁拾捌兩玖錢叁分玖厘玖毫伍絲。

一、築臺共支過正雜二項銀，壹萬壹千柒百壹拾伍兩貳錢柒分捌毫。

內正項銀，玖千玖百捌拾伍兩玖錢捌分捌毫，
雜項銀，壹千柒百貳拾玖兩貳錢玖分。
正項：
教場觀軍臺牌坊用銀，共肆千柒百陸兩捌錢陸分陸厘。
敵臺用銀，共伍千貳百柒拾玖兩壹錢壹分肆厘捌毫
雜項：
敵臺用銀，共壹千柒百貳拾玖兩貳錢玖分。

一、營房共支過正雜二項銀，陸萬貳千玖百貳拾兩玖錢陸分陸厘。
內正項銀，陸萬貳千捌百捌拾捌兩玖錢陸分陸厘，
雜項銀，叁拾貳兩。
正項：
中、左、右、後四部各營領過銀，陸萬貳千捌百捌拾捌兩玖錢陸分陸厘。
雜項：
左部奮武營領葦席坐價叁拾貳兩。

一、衙宇共支過正雜二項銀，壹萬壹千貳百玖拾捌兩叁錢玖分陸厘陸毫捌絲。
內正項銀，壹萬壹千貳百貳拾捌兩伍錢伍分叁厘陸毫捌絲，
雜項銀，陸拾玖兩捌錢肆分叁厘。
正項：
山海鎮修理衙門用銀，玖百伍拾貳兩捌錢伍分。

右部鎮建造衙門用銀，叁千伍百貳拾兩玖錢伍分柒厘陸毫捌絲。
左部鎮建造衙門用銀，貳千捌百玖拾捌兩貳錢叁分壹厘。
山右道修造衙門用銀，貳千壹百壹拾陸兩貳錢陸分伍厘。
關内道修造衙門用銀，壹千貳百壹拾玖兩伍錢貳分。
兩道建造衙門用價買地基銀，共壹百肆拾捌兩。
指揮吕鳴咸領兩道造衙宇買灰銀，捌拾伍兩。
寧遠糧廳修理衙宇用銀，陸拾柒兩柒錢叁分。
東關站修理公署用銀，壹拾捌兩。
雜項：
前屯糧廳修理公署用銀，陸拾壹兩陸錢肆分叁厘。
寧遠修理演武廳用銀，捌兩貳錢。

一、進守關外共支過正雜貳項銀，肆萬陸千捌百肆拾陸兩伍錢壹分柒厘伍毫。
内正項銀，貳萬玖千叁百伍拾肆兩肆錢柒厘伍毫，
雜項銀，壹萬柒千肆百玖拾貳兩壹錢壹分。
正項：
修城用銀，共玖千柒百叁拾柒兩肆錢柒分。
公署營房用銀，共壹萬捌千柒百玖拾肆兩玖錢肆分伍厘伍毫。
木植煤席價銀，共捌百貳拾壹兩玖錢玖分貳厘。
雜項：
雇募修城并鹽菜用銀，共壹萬壹千玖百玖拾陸兩叁錢玖分。

公署營房用銀，共叁千叁百玖拾貳兩。
席鍋煤草、木植麻繩、木鍁鐵箍等項用銀，貳千壹百叁兩柒錢貳分。
一、調募共支過正雜二項銀，肆萬柒錢肆百伍拾兩。
內正項銀，肆萬貳百伍拾捌兩，
雜項銀，柒千壹百玖拾貳兩。
正項：
山海鎮招家丁用銀，壹千貳百壹拾兩。
右部鎮招家丁用銀，伍千伍百零壹兩。
左部鎮招家丁用銀，柒千玖拾柒兩。
後部協招家丁用銀，肆千玖百伍拾捌兩。
江淮營游擊翁應元用調用兵銀，貳千兩。
贊畫茅元儀招船兵用銀，壹萬玖千肆百玖拾貳兩。
雜項：
參將劉永昌下用安家銀，伍千壹百玖拾貳兩。
贊畫茅元儀招船兵用銀貳千兩。
一、屯田共支過正雜二項銀，伍萬玖千捌百肆拾柒兩捌錢壹分玖厘。
內正項銀，伍萬柒千捌百貳兩肆錢壹分玖厘。
雜項銀，貳千肆拾伍兩肆錢。
正項：

順、永等府及各部鎮協買牛，共銀肆萬陸千壹百陸拾陸兩柒錢玖分柒厘。
籽種共銀，玖千壹百捌兩伍錢。
農具共銀，貳千伍百貳拾柒兩壹錢貳分貳厘。
雜項：
灤州等六縣買牛銀，壹千玖百柒拾壹兩玖錢。
前屯鎮籽種用屯利銀，柒拾叁兩五錢。

一、器械共支過正雜二項銀，陸萬伍千玖百兩肆錢玖分捌毫伍絲。
内正項銀，陸萬叁千叁百叁拾叁兩玖錢伍分捌毫伍絲，
雜項銀，貳千伍百陸拾陸兩伍錢肆分。
正項：
山石道給過局造，共銀肆千叁百陸拾兩玖錢貳分柒厘。
關内道給過局，共銀壹萬貳千壹百肆拾兩柒錢肆分肆厘壹毫伍絲。
山石道給過外造油幕鑼鍋，共銀壹萬伍千柒百伍拾壹兩肆錢柒分。
寧前道給過外造置辦軍器，共銀伍拾兩。
關内道給過外造鞍屜撒袋、皮茄袋、苫單等項銀，壹萬伍千壹百叁拾肆兩捌錢壹分捌厘伍毫。
江南造領過銀，叁千叁百兩。
山西造領過銀，壹萬貳千伍百玖拾伍兩玖錢玖分壹厘貳毫。
雜項：
分理司給過局造，共銀貳千叁百捌拾伍兩玖錢壹分。

寧前道給過外造，共銀壹百肆拾柒兩捌錢捌分。
關內道給過外造，共銀叁拾貳兩柒錢伍分。
一、盔甲共支過正雜二項銀，肆萬肆千壹百肆拾柒兩貳分伍厘伍毫。
內正項銀，肆萬肆千肆拾叁兩叁錢壹分伍毫。
雜項銀，壹百叁兩柒錢壹分伍厘。
正項：
山石道給過局造，共銀貳千貳百貳拾肆兩壹分伍厘。
關內道給過局造，共銀玖千玖百貳拾兩玖錢陸分。
山石道給過外造，共銀肆千陸百肆兩陸錢柒分壹厘。
關內道給過外造，共銀貳萬柒千貳百玖拾叁兩陸錢陸分肆厘伍毫。
雜項：
分理司給過局造，共銀壹百叁兩柒錢壹分伍厘。
一、弓箭共支過正雜二項銀，壹萬壹千肆百柒拾叁兩叁錢壹分貳厘伍毫。
內正項，銀壹萬壹千柒拾柒兩壹錢貳厘，
雜項銀，叁百玖拾陸兩貳錢壹分伍毫。
正項：
山石道給過局造，共銀肆拾玖兩壹錢陸分玖厘。
寧前道給過局造，共銀貳百貳拾柒兩貳錢。
關內道給過局造，共銀捌千柒百叁拾貳兩捌錢貳分叁厘。

關内道給過外造，共銀壹百叁拾貳兩捌錢陸分。
江南造領過銀，壹千兩。
山西造領過銀，肆百柒拾伍兩伍分。
雜項：
分理司給過局造，共銀叁百玖拾陸兩貳錢壹分伍毫。

一、旗幟共支過正雜貳項銀，玖千伍百玖拾貳兩壹錢叁分玖厘。
内正項銀捌千玖百玖拾陸兩伍錢肆分壹厘伍毫，
雜項銀伍百玖拾伍兩伍錢玖分柒厘伍毫。
正項：
山石道給過外造，共銀陸千壹百捌拾貳兩叁分玖厘伍毫。
關内道給過外造，共銀貳千貳百玖拾肆兩伍錢貳厘。
江南造領過銀，伍百貳拾兩。
雜項：
關内道給過外造，共銀伍百玖拾伍兩伍錢玖分柒厘伍毫。

一、火器共支過正雜二項銀，壹萬陸千陸百兩貳分壹厘肆毫。
内正項銀，壹萬伍千捌百伍拾兩玖錢壹分陸厘肆毫，
雜項銀，柒百伍拾壹錢伍厘。
正項：
山石道給過局造，共銀捌百叁兩肆分。

關内道給過造，共銀捌百叁拾壹兩肆分。
關内道給過局，共銀陸千捌拾玖兩伍錢壹分壹厘玖毫。
山石道給過外造，共銀叁百陸拾兩陸錢陸分貳厘。
關内道給過外造，共銀壹千貳百肆拾捌兩壹錢伍分貳厘伍毫。
江南造領過銀，陸千玖百肆拾捌兩。
山西造領過銀，叁百柒拾捌兩伍錢伍分。
雜項：
分理司沈棨、贊畫孫元化共給過局造銀，柒百伍拾兩壹錢伍厘。

一、火藥共支過正雜二項銀，玖萬陸千陸百叁拾肆兩肆錢壹分陸厘玖毫伍絲。
内正項銀，玖萬伍千陸百叁拾肆兩肆錢壹分陸厘玖毫伍絲，
雜項銀，壹千兩。
正項：
分理司給過局造，共銀壹萬叁千伍百貳拾壹兩貳錢壹分貳厘伍毫。
關内道給過局造，共銀捌萬柒百壹拾陸兩壹錢貳厘。
山石道給過外造，共銀壹百貳兩。
關内道給過外造，共銀壹千貳百肆拾伍兩壹錢貳厘肆毫伍絲。
雜項：
山石道、關内道共給過外造銀壹千兩。

一、鉛鐵共支過止項銀，陸萬陸千壹百玖拾兩貳分柒厘。

正項：
關内道給過局造，共銀叁萬貳千肆百肆拾壹兩陸錢貳分伍厘。
關内道給過外造，共銀伍千肆百壹拾柒兩貳錢捌分伍厘。
山石道給過外造，共銀壹拾貳兩。
寧前道給過外造，共銀陸百陸拾貳兩貳錢。
江南造領過銀，壹萬壹千玖百叁拾陸兩。
山西造領過銀，壹百捌兩。

一、戰車共支過正雜二項銀，叁萬貳千伍百伍拾兩玖錢捌分捌厘陸毫。
内正項銀，叁萬壹千陸百陸拾壹兩捌錢捌厘陸毫，
雜項銀，捌百玖拾肆兩壹錢捌分。
正項：
山石道給局造，共銀陸千柒百捌拾柒兩貳錢壹分貳厘。
關内道給過局造，共銀壹千伍百柒拾去兩柒錢陸分叁厘。
山石道給過外造，共銀貳千肆百叁拾兩伍錢肆分陸厘。
關内道給過外造，共銀捌千叁百肆拾肆兩玖錢貳分柒厘陸毫。
江南造領過銀，壹萬貳千伍百貳拾壹兩叁錢陸分。
雜項：
分理司給過局造共銀肆百兩。
關内道給過外造，共銀肆百玖拾肆兩壹錢捌分。

一、船隻共支過正雜二項銀，陸萬柒百陸拾壹兩玖錢肆分壹厘捌毫。
內正項銀，陸萬伍百叁拾玖兩玖錢肆分壹厘捌毫，
雜項銀，貳百貳拾貳兩。
正項：
關內道給過銀，陸千壹百壹拾玖兩捌錢壹分貳厘。
山石道給過銀，肆萬陸千陸百玖拾兩壹錢貳分玖厘捌毫。
江南造領過銀，柒千柒百叁拾兩。
山石道給過銀，柒拾壹兩。
寧前道給過銀，壹百伍拾壹兩。

一、馬騾共支過正雜二項銀，肆拾叁萬陸千貳拾捌兩肆分柒厘。
內正項銀，肆拾貳萬玖千肆百陸拾捌兩伍錢肆分柒厘。
雜項銀，陸千伍百伍拾玖兩伍錢。
正項：
撫院標下委官買過馬騾壹百叁拾肆匹頭，共用銀貳千叁百陸拾叁兩肆錢。
山海鎮屬各營買過馬騾肆千叁百玖拾匹頭，共用銀柒萬肆千陸百柒拾捌兩貳錢。
左部鎮屬各營買過馬騾貳千肆百叁匹頭，共用銀叁萬玖千壹百捌拾捌兩肆錢。
右部鎮屬各營買過馬騾貳千陸百貳拾肆匹頭，共用銀肆萬肆千貳百玖拾捌兩玖錢。
前屯鎮屬各營買過馬騾駝叁千柒百玖拾匹頭隻，共用銀陸萬叁千陸百叁拾捌兩壹錢伍分。
寧遠鎮屬各營買過馬騾叁千貳百貳拾叁匹頭，共用銀伍萬柒千伍百貳拾陸兩壹錢壹分。
寧前道下委官買過馬柒拾匹，共用銀壹千貳百陸拾兩。

關内道下委官買過馬騾肆千肆百肆拾貳匹頭隻，車柒拾貳輛，共用銀柒萬肆千叁百叁拾伍兩貳錢捌分陸厘。

廣寧道下委官買過馬叁拾柒匹，共用銀陸百貳拾柒兩。

後部協屬各營買過馬騾貳千柒百伍拾貳匹頭，共用銀肆萬伍千玖百貳拾伍兩捌錢柒分捌厘。

督造軍器錦衣衛指揮張道浚下委官買過馱騾貳百柒拾貳頭，共用銀肆千伍百柒拾伍兩肆錢叁厘。

宣府西路都司王邦翰買過馬肆百陸拾玖匹，共用銀柒千玖百肆拾叁兩柒錢肆分。

委商韓承周等買過馬騾陸百壹拾玖匹頭，共銀壹萬零柒百伍拾柒兩陸錢。

昌鎮總兵官白慎修下隨標丁調赴關門馬捌拾匹，給價銀壹千壹百捌拾貳兩。

宣、大兩鎮收解發京營馬價，除原發銀買馬外，找給價值并犒賞，共用銀壹千壹百陸拾捌兩肆錢捌分。

雜項：

山石道下委官買過馬駝壹百貳拾叁匹隻，共用銀壹千捌百叁拾肆兩柒錢陸厘。

關内道下委官買過馬貳百玖拾肆匹，共用銀肆千柒百貳拾肆兩柒錢玖分肆厘。

以上買馬俱係正雜二項錢糧外，有關門買馬錢糧不係正雜貳項數内者，另并附開于後。

經略買馬：

差官都督同知黄明臣領太僕寺馬價銀壹拾萬兩，買過馬伍千貳百肆拾陸匹。咨會兵部酌議，量准倒死柒拾貳匹，共准過價銀捌萬捌千玖拾柒兩壹錢捌分，尚存銀壹萬壹千玖百貳兩捌錢貳分見在買馬。

委官參將王楹，領馬價銀壹萬貳千伍百兩，買過馬柒百捌拾捌匹。准價銀壹萬貳千肆百玖拾伍兩陸錢肆分，繳還餘剩銀肆兩叁錢陸分。

委官參將尚志宏等領馬價銀叁萬柒千伍百兩，買過馬貳千貳百伍拾肆匹，准價銀叁萬柒千肆百捌拾柒兩捌錢肆分，繳還餘剩銀壹拾貳兩壹錢陸分。

大同鎮總兵官姚世卿，收解發京營馬價銀壹萬伍千兩，買過馬壹千匹，除已收原價外，又找給關庫正項銀壹百壹拾玖兩壹錢。

宣鎮總兵官楊應瑞，收解發京營馬價銀壹萬伍千兩，買過馬玖百伍拾匹，除已收原價外，又找給關庫正項銀壹百柒拾叁兩伍錢捌分。

大同副總兵官楊國棟，收解發京營馬價銀柒千伍百兩，買過馬伍百匹，除已收原價外，又找給關庫正項銀伍百肆拾柒兩捌錢外，另給賞該協銀貳拾兩，賞解馬委官銀貳兩。

大同東路副總兵渠家禎，收解發京營馬價銀柒千伍百兩，買過馬伍百匹，除已收原價外，又找給關庫正項銀貳百玖拾兩。

宣府上北路參將黑雲龍，收解發京營馬價銀肆千伍百兩，買過馬叁百匹，用價銀肆千肆百壹兩貳錢，解還餘剩銀玖拾捌兩捌錢。即將原銀動支壹拾兩給賞，該將又壹兩陸錢給賞解馬委官餘銀貯關庫訖。

張家口守備李紹芳，收解發京營馬價叁千兩，照原價買過馬貳百匹，仍動支關庫正項銀壹拾陸兩給賞解馬各役訖。

草乾銀兩買馬：

委官都司陳一元，領銀捌千壹百伍拾伍兩，買過馬肆百壹拾伍匹，准價柒千貳百貳拾柒兩柒錢，存剩銀玖百貳拾柒兩叁錢，交貯關庫訖。

委官都司蔡如勛，領銀壹百貳拾兩，買完馬捌匹。

遷安縣領銀，叁千玖百肆拾陸兩肆錢肆分陸厘捌毫肆絲，買過馬叁百陸拾叁匹，准價叁千柒百玖拾肆兩，存剩銀壹百伍拾貳兩肆錢肆分陸厘捌毫肆絲，收貯該縣庫訖。

朋椿銀兩買馬：

伍部各營共扣貯朋銀，捌萬柒千捌百叁拾陸兩玖錢捌分玖厘貳毫貳絲，買過馬叁千叁百伍拾玖匹，准價銀肆萬伍千肆百叁拾兩貳分，存庫銀肆萬貳千肆百陸兩玖錢陸分玖厘貳毫貳絲。

一、廠場共支過正雜二項銀，壹萬貳千陸百柒拾貳兩貳錢貳分肆厘。

内正項銀，壹萬貳千壹拾玖兩貳錢捌分肆厘，

雜項銀，陸百伍拾貳兩玖錢肆分。

正項：

建造局庫房，用銀共陸百壹拾兩叁錢伍分。

建築倉厫房，共用銀玖千柒百柒拾壹兩陸分。

建造車房，共用銀壹百肆拾肆兩。

置造碾磨，共用銀貳百壹拾兩陸分。

買木植麻鐵，共用銀玖百貳拾肆兩貳錢肆分肆厘。

雜項：

建造倉房用銀捌拾兩。

建造鹽場、敵臺、監房用銀共壹百柒拾陸兩肆錢陸分。

置造碾磨用銀壹百貳拾陸兩捌錢。

買蘆席用銀，貳百陸拾玖兩陸錢捌分。

一、陸運共支過正雜二項銀，壹萬壹千貳百玖拾貳兩玖錢伍分。

內正項銀，壹萬壹千柒拾玖兩柒分，
雜項銀，貳百壹拾叁兩捌錢捌分。
正項：
買造運車布口袋及騾牛，共用銀捌千柒百柒拾玖兩柒分。
買蘆席用銀叁百兩。
贊畫茅元儀往江淮行糧搭廠起爐用銀共貳千兩。
雜項：
買車麻用銀，貳百壹拾叁兩捌錢捌分。

一、炒麵共支過正項銀，壹萬貳千兩。
置買烘炒捌拾陸萬叁千玖百柒拾伍斤，并置布口袋捌千肆百伍拾條，用銀壹萬貳千兩。
正雜貳項實在總數：
天啓伍年捌月貳拾玖日止，在庫及借支見領俱作實在，共銀叁拾伍萬肆千柒百玖兩陸錢捌分貳厘柒毫柒絲。
內正項銀，實在叁拾壹萬肆千肆百捌拾貳兩叁錢貳分伍厘貳毫貳絲。
雜項銀，實在肆萬貳百貳拾柒兩叁錢伍分柒厘伍毫伍絲。
正項：
一、在庫銀，伍萬叁千叁百貳拾肆兩玖錢捌分壹厘叁毫伍絲伍忽陸微。
一、督餉衙門借支銀，共壹萬陸千壹百伍拾兩壹錢捌分肆厘肆絲陸忽貳微。
一、餉司借支銀，共壹拾玖萬兩。
一、各營借支應餉司扣還銀，共貳萬伍千壹百叁拾貳兩叁錢陸分肆厘捌毫。

一、各道借發應責追還銀，共貳萬捌千伍百貳兩玖錢叁分壹厘壹絲捌忽貳微。

一、現領銀，共壹千叁百柒拾壹兩捌錢陸分肆厘。

雜項：

一、在庫銀，貳萬伍千陸百肆拾玖兩柒錢捌分貳厘伍毫伍絲。

一、各營借支應餉司扣還銀，共壹萬玖百伍拾壹兩叁錢肆分伍厘。

一、各道借發應責追還銀，共陸百貳拾陸兩貳錢叁分。

一、現領係通判宋廷諹給發冒領現在追銀叁千兩，又外收貯買馬餘剩草乾銀實在玖百貳拾柒兩叁錢，不係正雜貳項錢糧數内。

天啓五年十月二十五日，山海上。

奉聖旨。

孫承宗集卷三十九

前督師奏疏第十六

乞賜裁決疏

少師兼太子太師、兵部尚書兼建極殿大學士、督理軍務臣孫承宗謹奏，爲病臣久耽邊政，懇乞聖明早賜裁決事。

該臣于八月二十一日，以衰病乞骸，隨蒙聖旨：「卿閲歷七防，已逾一考，前功懋著，後效當收。還望振起精神，督率將吏，矢圖恢復，以慰朕懷，不得輕言弛擔。該部知道。欽此。」臣伏讀，不勝感激，不勝惶懼。伏念皇上望臣振起精神，明知臣精神不振矣。然臣如有一毫精神，乃敢私便身圖，輕言弛擔，即明法不及，明神其殛之。臣今病苦極矣。即昨一簡汰細事，歷四月而後完，乃百病交集，殆不可起。大凡督率將吏，須得精明强健之人，且又材略出衆，然後入在廳堂，出在營陣，一號一令，人人信服。臣今衰殘病廢，語言結澀，行步艱難。即壯人無材，尚難措事，而况奄奄待斃之人。調兵機于床蓐，見將吏于房帷，其誰遵之信之。又况病人心思有何籌略，即昨柳河口之役，可行可止，臣不能决，可遲可速，臣不能令。回關之日，以半月行三百餘里，而艱苦倍嘗。無論在車在床，待人輾轉，如無人提扶，則痴坐竟日。臣仰受天恩，既不能紆籌策，仰報萬一，又何敢日以衰殘煩瀆天聽。但真苦真病，真耽邊事，祇得呼天地呼父母。伏望皇上爲邊疆大計，立罷病臣，庶事有專責，人無推諉。方今百政精明，何獨于天下第一大事遲疑不决，日以病廢愚臣成誤。臣半身已廢，心力俱殘，出語無倫，惟望皇上憐念，早賜裁决。臣即旦夕溝壑，可瞑也。臣可勝流涕懇望之至。

天啓五年九月初十日，山海關上。十五日，奉聖旨：「輕進失事，責在鎮臣。再整軍容，嚴加備禦，還仗卿督率彈壓，以安人心。封疆重任，何人堪代，豈得遂欲求歸。該部知道。」

乞辭免罷斥疏

少傅兼太子太師、兵部尚書兼建極殿大學士、督理軍務臣孫承宗謹奏，爲待罪方深，無功可賞，懇乞聖慈准臣辭免，仍賜罷斥事。

天啓五年九月初八日，恭遇皇上以門工告成，加恩供事諸臣。念臣列名内閣，加臣「左柱國少師兼太子太師、兵部尚書，進中極殿大學士，兼支尚書俸，蔭一子，與做尚寶司司丞，賞銀伍十兩、彩段四表裏，照新銜給與應得誥命。欽此。」臣不勝感戴，不勝惶恐。伏念臣材能謭薄，冒任邊方，適以督理未嚴，致中外爲儆。方待嚴譴，敢荷隆恩。兹蓋我皇上聖德維新，宸居克壯，一時聖心忻悒，不靳博施。然無功冒賞，何以待功，有罪承恩，祇爲增罪。臣所爲聞命跼蹐，萬不敢與在閣諸臣同也。伏乞皇上收回成命，准臣回籍。念原被之恩華，已冒承于往日，佩無窮之高厚，願矢報于來生。臣可任感慚待命之至。

天啓五年九月十九日，山海關上。二十四日，奉聖旨：「卿輔弼重臣，封疆著績。門工加恩，出自彝典，宜即祇受，不允所辭。

該部知道。」

乞賜裁决疏

少師兼太子太師、兵部尚書兼建極殿大學士、督理軍務臣孫承宗謹奏，爲半身病廢，必不可以臨戎，懇乞聖明早賜裁决，以重邊政事。

該臣再疏乞骸，荷蒙聖旨：「輕進失事，責在鎮臣。再整軍容，嚴加備禦，還仗卿督率彈壓，以安人心。封疆重任，何人堪代，豈得遂欲求歸。該部知道。欽此。」臣不勝感泣，不勝悚惶。伏念臣材力已竭，即無病，亦不能爲，病苦已極，即有材，亦不能支。適兩撫臣及按臣相次詣臣病榻，俱憐臣病苦，駭臣面貌。關撫又遺臣欒餌，囑臣静住，且自任料理諸務。臣嚮來抱病原深，每苦病，諸臣不爲皇上明言，今幸朝端悉臣庸病苟延，不可旦夕，業已仰達天聽。適以擬議堪代之人，未即罷臣。若謂臣在此一日，尚屬有人也，不知臣半身已廢，一步亦難，斷不可以見將吏而羞軍容。且有臣爲害，不若無臣爲便。蓋有臣則百事已不可爲，而百事尚繁，屬于臣，既妨賢者之展布，却開推諉之端。無臣則當事自是一力擔承，無所避嫌，無所推諉，將文武畢心緝力，合并一路，而精彩焕發，神氣奮揚，邊事自可大定。臣今身已病廢，心胸一時尚明，深念邊事必不可以病臣久耽，伏乞皇上察臣狗馬愚忠，憐臣將死懇切之言，早爲封疆大計，放臣歸里，臣即溘死道路，亦可瞑也。臣可任流涕懇禱之至。

天啓五年九月二十一日，山海關上。

二十六日，奉聖旨：「卿身肩重任，未可輕辭。已有屢旨慰留，何得違章請告。還着嚴加督率，慎修戰守，以鞏固封疆。該部知道。」

慶賀皇子誕生疏

少師兼太子太師、兵部尚書兼建極殿大學士、督理軍務臣孫承宗謹奏，爲慶賀事。伏惟我皇上聖齡日茂，聖德聿新。天啓五年十月初一日，恭遇皇子誕生，臣不勝歡忻，不勝踴躍。伏惟我皇上聖齡日茂，聖德聿新。允執厥中，道已躋于堯舜；精研大政，法必準于祖宗。是以德格重元，躬膺駢祉，三多載始，萬祚彌昌。大歷方頒，卜百世無疆之算；元貞初起，占萬年有道之長。從千里岩關，遥仰五雲天闕；清寧交泰，盡歌虞旦重華；閶闔新開，共快天顔有喜。爲此具本，差官賫捧，稱賀以聞。

天啓五年十月初六日，山海關上。

十一日，奉聖旨：「覽卿奏賀，朕知道了。禮部知道。」

懇恩允放疏

少師兼太子太師、兵部尚書兼建極殿大學士、督理軍務臣孫承宗謹奏，爲懇恩允放事。該臣屢以下私，仰瀆天聽，緣聖心軫念邊疆，慎簡大僚，未即允放。頃閲邸報，仰蒙皇上簡用重臣，品望既隆，事權更一，固圉恢疆，從此可定。臣伏在岩關，不勝額手。爲此再具下情，懇恩允放。適天喜充庭，未敢備陳，一切情詞，惟念多祉方新，普天同慶，明恩旁鬯，萬數昭蘇。所有狗馬微私，伏望聖心欣悦，時俯爲俞允。臣可任懇切待命之至。

天啓五年十月初十日，山海關上。

十五日，奉聖旨：「卿輔弼重臣，久勞關塞。屢疏請告，情詞迫切，難以强留。俟經略到任，暫准調理。着加特進光禄大夫，蔭一子，與做中書舍人。仍遣行人護送，馳驛回籍，加賜銀一百兩、彩段四表裏、大紅紵絲坐蟒一襲，以示優眷。卿還善自調攝，以需召用。該部知道。」

懇辭殊常恩命疏

少師兼太子太師、兵部尚書兼建極殿大學士、督理軍務臣孫承宗謹奏，爲再瀝愚衷，懇辭殊常恩命事。

該臣以門工加恩，具疏辭免，荷蒙聖旨：「卿輔弼重臣，封疆著績。門工加恩，出自彝典，宜即祗受，不允所辭。該部知道。欽此。」臣不勝感激，不勝悚惶。恭念閶闔宏開，衣冠胥慶，以臣愚昧，咸荷恩華。臣方感戴天慈，敢復辭瀆。第念行役于邊，而概同内閣，將放于野，而冒賞中朝，臣所爲跼蹐靡寧也。伏乞皇上憐臣真懇，准臣辭免，庶恩叙有章，即微臣不至以退得進，仰玷天恩。臣可任懇切待命之至。

天啓五年十月初十日，山海關上。

十五日，奉聖旨：「卿輔政資深，防邊績懋，加恩示酬，出自彝典，宜即祗受，不必固辭。該部知道。」

乞代題以全餘生疏

少師兼太子太師、兵部尚書兼建極殿大學士、督理軍務臣孫承宗謹奏，爲積病沈綿，懇乞代題，以全餘生事。

該臣幕中贊畫兵部職方清吏司員外郎鹿善繼、武庫清吏司主事杜應芳，同呈前事。據稱，職等俱于天啓二年八月二十一日，奉旨從閣部抵（邸）關麾鑣，行間已逾三載，未效寸籌。而病苦纏綿，重以行役，繼病痰火，芳病泄痢，每歲輒發，每發輒劇。蓋至寧遠，而繼幾死，至右屯，而芳幾死。迄今皮骨盡銷，形神委頓，念鯨狐尚在，忍乞休閒，傷螻蟻餘生，不堪奔走。蓋橐當夷氛甚惡之日，食焉不敢避難，遑自揣其無才；今值兵政簡汰之時，引分當自議裁。况復重以有病，無事而食之名，任留遠塞，一息尚存之骨，乞聚舊山。懇乞憫念病苦，早爲代題，使生入里門，得就醫藥等因。

又據督師贊畫茅元儀同呈前事稱，元儀本係書生，不諳世務，時值旁求，遂來交薦，科抄部覆，俱力辭未赴。繼覆奉旨擬銜，用于天啓三年六月，蒙閣部題，以原經部擬副總兵前來，赴關試效實授。覆奉欽依，郡邑督促就道，過闕具疏力辭，奉聖旨：「茅元儀既著有兵書，又屢經疏薦，着遵前旨，赴山海關，聽督師輔臣酌用。該部知道。欽此。」于本年七月二十一日抵關，復力辭再四。蒙閣部再題：「贊畫于役三年，實無寸補。于今年八月，從閣部在右屯地方，積勞感疾，經今五旬，日甚一日，性命呼吸。」此閣部所目睹而矜憐者。儀之當去，不必其病。况儀既病，又殆于危。乞爲代題，矜放還山。雖小臣進退，不敢瀆瀆天聽，但既奉旨而來，自當奉旨而去等因。

據此，該臣看得兵部職方清吏司員外郎鹿善繼，沈謀遠略，潔守真心；武庫清吏司主事杜應芳，偉貌樸衷，雄才介節；贊畫茅元儀，壯志兼材，綽當遠劇。三臣俱值倉襄之會，各懷慷慨之心，千里馳驅，神行勞瘁，四年風雨，手口拮据。惟是撻伐未彰，臣方待罪抒籌，雖苦，詎敢稱勞。然而積勞積苦，則三臣之病幾傷生，固臣所爲同病相憐。而時當裁汰，又三臣所願，以冗病乞去，相應准其回籍調理，待病痊之日，赴部酌量爲用。

伏乞皇上念危邊，以念勞臣，敕下該部查酌。職方司員外郎鹿善繼、武庫司主事杜應芳及贊畫茅元儀，委係真病，原無别項情弊，准其回籍調理，待病痊，赴部酌用，庶邊方去一官，省一官之費，而勞臣亦得息肩。爲此具奏。

天啓五年十月十二日，山海關上。

十七日，奉聖旨：「該部知道。」

恭報衛臣督造事竣疏

少師兼太子太師、兵部尚書兼建極殿大學士、督理軍務臣孫承宗謹奏，爲恭報衛臣督造事竣，懇乞查叙，以昭節省事。

該臣于天啓四年正月具題，以錦衣衛指揮同知張道浚領工料銀兩，于本籍地方，就鐵就煤，造辦軍器。業經領過户部餉銀一萬兩兩次，兑支山西布政司餉銀二萬兩，内一萬兩抵作關門新餉，補還借支帑金項下銷算。又陸續領過關庫銀六千九百一十三兩六錢五分，除買過馱騾二百七十二頭，用銀四千五百七十五兩四錢三厘，于關門買騾項下開銷外，實領過打造共三萬二千三百三十兩三錢九分七厘，共造過大佛朗機二千三十三位、追鋒一十六位、子炮一萬二百四十五位、百子炮一百八十二位、三眼槍一萬二百一十四杆、腰刀七千五百一十一口、滅虜炮二位，買過黑鉛一萬七千斤，鑄過鐵子二十一萬七千斤，并一切官役廪糧、爐房局仗、水旱脚價，通共用過銀二萬八千九百二十三兩九錢一分三厘七毫，剩餘熟鐵一十萬八千一百一十五斤，作銀二千一百九十四兩七錢三分四厘五毫，剩餘銀一千二百一十一兩七錢四分八厘八毫，二項共計作見在銀二千四百六兩四錢八分三厘三毫，俱經關内道兵備副使劉詔查核收貯關門局庫訖。

先是，車營缺少，軍器造辦惟艱。該衛臣力爲肩承，應手造辦，業已報竣。據道臣備核，其運交各器料充工，到種種精堅，且比部造關造之例，節省金錢，奚啻萬計，彰彰明效，屬人耳目。總緣該衛臣原係忠烈御史長男，其痛深家難，憤切國仇。以少年蒿目時艱，藉小物，勤心遠計，敦詩説禮，滿腔節義，文章學劍，論文三世，公忠猷略。蓋矢志尋常之外，褆身冰玉之中。故支數不滿三萬，而纍纍成器，輒省不貲。惟知留不盡之餘財，少救時事之匱詘也。

伏乞敕下該部，查錦衣衛指揮同知張道浚督造勤勞，節省明效，就其家世，程其品材，從本衛衙門破格優叙升擢，庶人心知勸，而急公更切矣。

天啓五年十月二十二日，山海關上。

二十九日，奉聖旨。

乞免隆恩疏

少師兼太子太師、兵部尚書兼建極殿大學士、督理軍務臣孫承宗謹奏，爲籌邊未效，優眷難承，懇乞聖慈准免隆恩事。

該臣以衰病懇恩允放，荷蒙聖旨：「卿輔弼重臣，久勞關塞，屢疏請告，情詞迫切，難以强留，俟經略到任，暫准調理。着加特進光禄大夫，蔭子，與做中書舍人，仍遣行人護送，馳驛回籍，加賜銀一百兩、彩段四表裏、大紅紵絲坐蟒一襲，以示優眷。卿還善自調攝，以需召用。該部知道。欽此。」臣不勝感激，不勝惶悚。臣當天啓二年，初荷隆恩，六辭未允。皇上以長少之誼喻臣，乃敢拜□□□……

慶賀皇子彌月令辰疏

少師兼太子太師、兵部尚書兼建極殿大學士、督理軍務臣孫承宗謹，奏爲慶賀事。

天啓五年十一月初一日，恭遇皇子彌月令長，臣不勝歡忻，不勝踴躍。恭維皇上天縱神明，日新盛德，懋膺帝祉，式迓元禧；多福如天，百辟奏堯封三祝；前星彌月，萬方歌舜旦重華。臣于役邊關，遥瞻雲日，歡同吏士，盈庭十萬，軍聲慶洽，華夷翹首，三千王會。爲此具本，專差官賫捧，稱賀以聞。

天啓五年十月二十五日，山海關上。

十一月初一日，奉聖旨：「覽卿奏賀，朕知道了。禮部知道。」

任用劉詔馬世龍疏

□□□……天啓五年十月二十九日，山海關上。

十一月初六日，奉聖旨：「劉詔夙負邊材，着照舊供識。馬世龍既無大過，着用心防禦，不得擅離地方。該部知道。」

速定鎮道之去疏（一）

少師兼太子太師、兵部尚書兼建極殿大學士、督理軍務臣孫承宗謹奏，爲速定鎮道之去，以重邊政事。

該臣念關門兵政事權既一，而文武諸臣有應留者，更宜亟定。如總兵官馬世龍、兵備副使劉詔，皆臣于東事紛紜之日，謬爲推用。緣臣材原自庸碌，故未能極天下豪杰之選，而頻年以來，弃短取長，未覺其失。近馬世龍屢被指摘，而詔亦有言。此皆臣任用失宜。故臣之罪，當亟爲斥逐。臣憶天啓二年，舉世驚慌，不獨文官縮足，即武官却步。王國梁受玉以出，而不肯任；江應詔負劍以來，而未相宜。人人視關門爲死地，視總兵爲死官，而得一衆皆曰可者爲難。且謂：「但得守關門半年，便成良將，便有不次之擢。」于時衆薦世龍可將，而臣未之信也。調至京師，遍見閣部省臺。衆皆曰可將，復令報名朝見。時傳天語曰可將，遂推爲三屯總兵官，而調之關門，東擋西擵，今且四年矣。至于劉詔之用也，臣初抵關門，道臣衹一袁崇焕略推其人，而近者怯而思去，遠者駭而不來，一推及之，而輒以爲怨。舊撫臣閻鳴泰久習遼事，以詔爲可。蓋詔之令盧龍三年，正兵馬倥偬之會，而徵調應發，極見其長。是以咨部爲用，而永平士紳謂臣曰：「以此粹品，胡不省臺而臬僉也。」蚤作夜思，今亦四年矣。世龍受皇上溢格隆恩，已自難酬，乃至謗書盈篋而不問，更何以仰答萬一。然臣謂柳河之役，尚可奮勉以圖功，而身爲大將，彈無完膚。即自爲抗顔，而人寧無反唇；即人爲强應，而己寧無體慚。觀柳河一事，諸將已不聽其約束，而此後何以勉自樹立。臣不憂世龍之罪日深，而憂邊事之耽延日大也。故世龍必不可一日在關門，劉詔合令與道七年邊塞，備極勤渠，不獨騎射兼長、品材堪遠，即闔鎮之兵馬器甲、舟車細器，無非其手口拮据，切日辦恢復，而絕口不哆言恢復。其沈切勞瘁，更自可念。頃自關外來，一病甚危，迄今尚在床蓐，而日令中軍官乞去。且以監軍道指摘既及，自難展布，似應准其回籍調理，待病痊另用。念臣方以病乞骸，且兩臣之應去應留，自有新經臣爲處分，臣何敢以垂死之吻代爲饒舌。但兩臣皆臣所推用，兩臣一不去，則一以罪誤，一以病誤，猶是臣之誤也。

伏乞皇上敕下該部，將劉詔准其回籍調理，待病痊酌用；其馬世龍，念其經理四年，原無大過，酌量處分，决不宜仍在關門，庶邊政可嚴，而兩臣不至誤事，即臣亦早免于以人誤事之罪也。臣可任激切待命之至。

天啓五年十月二十九日，山海關上。

十一月初六日，奉聖旨：「劉詔夙負邊材，着照舊供職；馬世龍既無大過，着用心防禦，不得擅離地方。該部知道。」

【校記】〔一〕此篇北大明刻本錯簡，國圖清抄本進行了調整，今據抄本移至于此。

論馬世龍功過疏

□□□……命，未能一舉平遼，何所辭罪。武夫不學，椎魯少文，臣用其長于危急之秋，世指其短于委蛇之日，又何所辭罪。然前事歷歷，似可較量。即衆所指摘大過，如所言皮襖一節，部中未設此項錢糧帑金，又未便代爲部處。故臣多方那凑，天啓二年每兵給銀六錢，三年仍給六錢，四年因帑金已竭，舊襖未壞，姑停一年，故至今年始派人正項取給該部，即今經臣所請者是也。去年本末經發，何由襲取，如所言採青一節，關門響無此例。臣督令創行，三年所省巨萬。其犒賞銀，各營造册，撫道挂號，餉司支散，世龍未曾經手，何由掩得。至如放青，嚮來每草一束，估價七分，今放青止給四分，每馬歲省銀四兩伍錢，現在馬近六萬，所省不貲。豈得因步兵五月絶餉，而譟而坐，以馬兵之争草乾。如所言買馬一節，價值出入于各廳，驗准操縱于各道鎮，□職分，特于驗烙之後，計兵分領，豈能操馬商之重輕。如所言屯田一節，在專任其事之人收多而報少，絶塞開荒，不能盡無，臣正亦有深意。然嚴核抵餉，已數十萬，何以無端得入世龍之囊。如所言任將一節，擬議出于撫道，臣不敢專，世龍何以得擅。至近所言邊丁一節，則原係立更番之法，以蘇邊人，去者發還該鎮，在者現駐防關内外，一應器甲，各營有交代册，撫道有循環簿，經臣來，一一可問。至臣創立營房，原以别營伍、安民心，年來似稍有驗效。其營造分之五部，一一盡在可查，俱未可强坐。

至于柳河一役，臣未嘗謂非其罪。然所損失何故，所損失實幾何人，想中朝近已明悉。夫世龍荷皇上溢格隆恩，已自難酬，乃至謗書盈篋，而皇上不問哨將遭陷，而皇上曰：「無以小挫自沮。」皇上御將得道，近古罕比。世龍報國酬恩，無可去之誼，即臣亦曰：「世龍去，此中更似無人。」然而世龍亦難矣。全鎮屯防，不與其功，一事損傷，獨當其罪。其所懸之肘，後者當急時，既視爲文綉之犧，及平而爲衆所持，又視爲在野之兔。且身爲大將，彈無完膚，人情求勝，爲釁必深，如近日贊畫徐日久又以得罪，雖皇上以其侵經略之權，故加重譴，而世龍之釁愈深。且經臣每言其不可，已有章奏，中外所知。

昨都司趙光遠往迎，而經臣謂之曰：「世龍宜調别鎮。」即經臣之贊畫疏，亦曰：「宜用楊麒。」則今日復留世龍，而强經臣用之，异日邊政耽延，比至兩有推誤，皇上方裁撫臣，欲一事權，以盡邊臣之用，而豈留其不欲用之鎮臣。况既任經臣，則無不終去其不欲用之人，而可以有爲之理，又未必不因欲去之之急，而因誤邊事。即閫鎮將吏無不知，而臣之枘鑿，世龍即自爲抗顔而入，寧無反唇。即人爲强應而已，寧無瞻顧，則是世龍一日不去，一日必誤封疆，而臣之罪爲愈大。臣嚮不敢言，不獨嫌于護世龍，而嫌于自護。臣且去而死矣，故敢以垂死之吻，强瀆聖斷。

伏乞皇上念經略高第方欲展布當先，勿强其心，而使得一意任所相信之人，以務成大業。念總兵官馬世龍本無大罪，酌量處分，不宜仍在關門，以致誤封疆。至于關内道兵備副使劉詔，合令與道七年邊塞，備極勤渠，無論騎射兼長、品材堪遠，即閫鎮之兵馬舟車、甲胄器械，無一非其手口拮据，且力辦恢復之具，而絶口不哆恢復。其沉切勤瘁，更屬可念。蓋屢以病辭，而以監軍道爲人指摘，自稱難于展布，而可去可留，是在經臣酌量。然皆臣所任之人也，臣忝冒大臣，不敢以既去垂死之身，不爲一語，而令其去留不定。臣可任激切待命之至。

天啓五年十一月初一日。

恭謝天恩疏

少師兼太子太師、兵部尚書兼建極殿大學士、督理軍務臣孫承宗謹奏，爲恭謝天恩事。

該臣以門工恩命，再疏懇辭，荷蒙聖旨：「卿輔政資深，防邊績懋，加恩示酬，出自彝典，宜即祗受，不必固辭。該部知道。欽此。」臣不勝感激，不勝悚惶。伏念臣忝冒帷幄，出行邊塞，仰蒙皇上高天厚地隆恩，凡歲時頒賚、吉慶錫予，無一不槪比同官，下及于臣。適兹門工大典，更荷優渥。蓋天地之大，微細不遺，雨露之滋，凋殘亦潤，獨是四年行役，未展一籌，且以既放之身，仍膺寵命。自憐身世，此生之報稱何時；仰佩高深，來世之銜結未盡。除扶病望闕叩頭外，謹具本，差官賫捧，稱謝以聞。

天啓五年十一月初一日，山海關上。

初六日，奉聖旨：「覽卿奏謝，朕知道了。該部知道。」

慶賀萬壽聖節疏

少師兼太子太師、兵部尚書兼中極殿大學士、督理軍務臣孫承宗謹奏，爲慶賀事。天啓五年十一月十四日，恭遇萬壽聖節，臣不勝歡忻，不勝踴躍。恭惟我皇上聖德日新，聖齡日茂；開九重閶闔，運際升恒；集萬國衣冠，世躋仁壽。時當建子，統叙開天，方忻彌月于元良，載頌如天于清穆。前星啓曜，當二十年重流華渚之虹；虞旦光華，合八千歲茂衍靈椿之籙。蓋一中繼治，四方奏堯舜勛華；萬祚彌昌，百世禀祖宗仁厚。是以乾坤成物，兼兩大以無疆；日月得天，同貞明于久照。臣漸遠闕門，丹燧咫尺長安，翹瞻帝宅；紅雲歡呼多壽。爲此具本，專差官賫奏，稱賀以聞。

天啓五年十一月初四日，山海關上。

初九日，奉聖旨：「覽卿奏賀。朕知道了。禮部知道。」

奏謝恩命疏

□□□……可質神明，而材資殊乏幹略。臣方待罪，恩益加隆，浹月以來，再承藩錫，既極身世之殊榮，兼荷天居之异寶，馳驅道路，已訝生還，炫耀里門，盡驚福過。臣扶病捧讀天綸，不覺涕覆面也。自循視息空，抱慚于餘生，言念明恩，惟銜私于來世。除望闕叩頭外，謹具本，專差官賫奏，稱謝以聞。
天啓五年十一月初四日，山海關上。
初九日，奉聖旨：「覽卿奏謝，朕知道了。該部知道。」

進繳疏

少師兼太子太師、兵部尚書兼中極殿大學士、督理軍務臣孫承宗謹奏，爲進繳事。
該臣以天啓二年八月奉命督師，所有祇領敕諭一道，督理遼東、薊鎮、天津、登萊等處内閣關防一顆，尚方劍一口，今奉命回籍，理合進繳。爲此具本，專差官賫奏以聞。
天啓五年十一月十五日，薊州上。
十二月初六日，奉聖旨。

恭謝天恩疏

原任少師兼太子太師、兵部尚書兼中極殿大學士、今回籍臣孫承宗謹奏，爲恭謝天恩事。
該臣荷蒙天恩，准臣回籍，以十一月初九日離關門，以十七日晤行人邢大忠于通州，隨于是月相次抵里門。臣去里門六年矣。立朝從，抱詞章，居塞空，馳戎馬，行神雖敝，尚以生還，罪戾雖深，尚蒙恩宥，一時父老子弟無不爲臣額手仰頌明恩。蓋大造不遺殘朽，慈親更念痴愚。臣可自忖旦暮餘生，無能仰報，惟有祝願我皇上任人圖治，以永奠中興大業，式迓無疆大福。臣任懇切瞻戀之至。除恭設香案、率子姓力疾望闕叩頭外，謹具本，遣男孫鑰賫奏，稱謝以聞。

務守遼東疏

□□□……辨，夫亦以兵不静則疲，兵不運則鈍，□□臣四年拮据，數百里安插，固可分藩籬，分耳目。當二年九月，東賊據廣寧，修内城，而游騎日在寧前，西虜駐八里，繞關門，而旦夕驚傳烽火。川、湖兵守羅城，已稱勁卒，楊友誠守八里，即爲良將。豈得聚十萬于一垣，而曾不引左足于遼土，日可以爲守哉。臣亦曰：「圖爲守也。」而臣之守關門，先計守關外。蓋關門以四部分布埤堄爲正，而高城垣，練火炮，修廬舍，部署其信地，仍以比之。山南之海爲奇，關門外却以前屯一鎮合邊腹十餘城堡，守于七十里，以寧遠一鎮合邊腹十餘城堡，與覺華相犄角，以扼水陸之要，而守于二百里。蓋二百里五城相望，關門始有重關之險。而進規松、錦，更以明寧前之耳目，而兩河有可扼可窺之途。乃其大意惟是據關爲要，則立本堅，沿海爲家，則布局遠。然枝葉凋而根傷，則據關以藩籬爲外護，脉絡通而結固，則沿海正堂奥之實著。故止以關門爲守，不獨恢復無期，而關門外盡爲胡馬，天下遂不可言。

唯以遼東爲守，則守一步即爲一步之恢復而外，恢復無以爲守。蓋以遼東爲守，國家乃有藩籬；以關門爲守，國家遂憂堂奥。當祖宗朝弃大寧，而必守遼東，以大寧負險于背，而北平與遼東共坦途，乃關門一垣，海口千里，智力難施，而禦賊于堂奥之中，與禦賊于藩籬之外，其難易在邊臣，而利害在國家。蓋進以引兵逼賊穴固險，退以引賊逼内地更危，如賊果以我修退讓而却步，則嚮之弃全遼而閉關者，真謀臣乎？臣嘗謂有弃遼東之守，而終不能守；有漫圖遼東之守，比不能進，而終歸于弃；有進圖遼東之守，却不必盡地爲守，而乃能守。總之，廣寧勢可即復，而不必即復，遼、瀋勢未能即復也，即復之，不必守。即守要以驚，地廣則兵力分，而敵衆我寡；去海遠則轉輸難，而敵飽我饑；入境深則兵勢孤，而敵逸我勞；失計于狡酋，而退處堂室，則其養患深；無心于大計，而進逼賊穴，則其擔憂大。要惟以寧前爲内藩，以松、錦爲駐牧，力防西虜之抄截，以通廣寧，密圖沿海之三衛，以合東鎮。然後休養生息于兩河瀕海之地，而來則拒之，去則勿追，其機活，而守堅，一兩年間，必有别著，乃得酌中原之物力，蘇困于暫紓，詳徼外之情形，定謀于全勝。故西款當以剿防，但勿啓釁于佻人；東剿當以款終，但勿生心于躁想。

然而今之患，不獨憂虜也，而兼憂兵。蓋聚衆久則變生，散驟則勢減。臣原以遼土養遼兵，兩年僅得屯利十四萬餘。近已令清屯額，定守兵，再得四五萬人，合見在之四萬，以土著食土之毛，無鄙臣所練車營，而申儆之，便可漸撤調更。若方今事權既一，心志可定，臣願戰守付之邊吏，功罪懸之朝廷，任者勿執一見，以傲百聞，議者勿狃百聞，以拗一見。但得中朝之議論不紛，則塞下之志趨自合，亦唯塞下之志趨先合，則中朝之議論不紛，古稱「詔群臣勿輕言邊事邊患」，其有瘳乎？臣手口半廢，謹拾未病時所揣摩，抒臣犬馬之私。此皆邊臣所饒爲，非敢持殘著、佐新硎也。臣可任感激懇禱之至。

天啓五年十一月。

孫承宗集卷四十

後督師奏疏

辭起用疏

□□□……之官，案牘無承行之吏；官屬衆盛，便乖節省之方；簿書躬親，寧有發指之略。嚮日武清添設屯田，撫臣徒令有司揶揄，即通州亦曾添設統兵撫臣，同總兵官共統萬兵于一城。一柄兩操，號令不行于地方之吏民，而秋毫無益于兵事。臣督師時，特具疏罷之，即今□警嚴急，而文武各官畢集于斗大一城，何得復踵前議，更設此官。伏望皇上詳察事體，念臣愚忠，慎擇大將，特罷此官，令臣仍回籍調理，庶兵政可嚴，而臣得以自安愚分。

辭起用疏

該臣于本月初十日接吏部咨，一面促裝就道，一面具疏控辭，隨于次日接兵部咨，差官賚有召敕。臣謹頓首俯伏，恭聽開讀。仰見我皇上顧憂東事，亟需奏績，獎臣成勞，勉臣後效。臣四載危邊，自甘外吏，乃今仰蒙特召，錫有專敕。至以時迫，不及遣使慰臣，蓋猶以閣臣之禮遇臣也。臣感荷隆恩，鏤刻心骨，收郭子儀部曲，其敢辭難；竭諸葛亮股肱，尚期盡瘁。但地重咽喉，人非鎖鑰，半生詞翰，豈諳兵馬錢糧；一味迂拙，曷辨東西夷口。且柄不可兩操，事不可衆制。臣參詳事體，再四圖維，惟當擇膽智大將，以兵備道左右提携。

辭起用疏

臣本疏庸，性多直戇，徒懷肝膽，未有韜鈐。嚮以天啓二年，東事紛紜，謬當重任，雖亦略圖固圉恢疆，而權奸肆虐，撻伐未張。臣之能事，已可概見。茲伏蒙皇上俯採群言，謬畀重任，臣以口警緊急，百姓惶駭，即于本日單車就道。至于衰齒病久，材少罪多，未敢爲辭。頃見皇上慎重用捨，時有汰裁，最得治平大略。何乃誤添贅員，下及殘廢，捨特設之兼材，録頽齡之朽質。臣以爲，此兵必不可久駐，此官必不須暫設，獨當擇一廉勇大將，畀以事權，既無掣肘之虞，兼省多官之費，遇警可資彈壓，當平可姑散遣。蓋文官既難親冒矢石，而遇急更須强兵自衛。即大將外虞敵，又内虞文官之守，至拘泥瑣屑，好攬兵權。其作好軍中，反令大將旁睨，一遇警急，則自擁强兵，予大將以所未諳。至有功則又高自標許，録及私人，遂令將吏隳心，英雄解體。

臣于天啓二年，曾歷歷指陳，而今可躬自蹈之。且官非額設，事便潦草。臣嚮以内閣東行，夫亦以親近大臣，内能得之朝廷，外可彈壓將吏，其兵馬錢糧，各有司存，臣特督理其大。如使身同傳舍，官等蘧廬，兵戎待命于司馬，錢糧問數于司農，地方無統轄，便可安此一面。如必以重臣彈壓重地，則又取諸樞部而足。伏望皇上念臣真戇，原非例辭，准臣辭免，仍回原籍調理。與其辭規避之名而冒進，無寧守止足之誼而乞辭。蓋退而不爲一己之身名小，進而無爲天下之安危大，此亦臣飭兵政之愚忠也。

巡閱都城守備疏

該臣（城）奉命調度京城守禦之計，臣面辭而出，倉猝登城。該臣閱得都城高堅廣厚，四面多敵臺，守爲甚便。且總協二臣，拮据已至，獨東北城外空無人居，守兵稀密不一，約略見在城者，每垛二人，而二臣以東北之衝，量加二三人不等，獨西北二角似覺寥落。且其人既持刀槍，兼放火炮，而火炮每垛一件，一放便無所繼，尚有未經擺設者。至放點之法，與炮上應用門鉗、藥銃等物，尚未盡具，中間能點放者亦少。問之將校（較），多支離不能答。□舊炮未經煨試，恐中多炸裂，臨時必至惶駭誤事。而號令未布，指揮必難應手，寢食無法囂雜，必先自亂。至城樓角樓，最爲守禦緊要，至今尚未啓鍵。此皆臣所驚心戰慮、不能自寧者。大要今日見在城垛之火炮雖不足，而廠局城樓所儲儘足應用。當急查佛郎機、萬捷神機等炮，凡係子母循環者多發，則一器足抵數器之用，而吃緊處，在用知火炮者，以倡率教演。臣暮夜倉卒未見，臣未得商確，謹具大略以聞。

調袁崇煥兵疏

目下調可戰之兵，以資通之守，止有袁崇煥之兵，急當移駐于通近郊。蓋薄都城止有二路，如臣別疏所陳，滿、侯、尤三帥以當其東北，崇煥之兵以當其東南，則戰于通之外，正所以遏逼京之路，而今駐于永定門外，蓋自是崇煥之來路，而非□之來路。且駐通則可顧京城，而駐永定則不可駐通，通危而京城亦危。伏乞皇上速如臣别疏所陳，急爲調遣，仍勿二三更張，使疲于道路，而毫無濟于緩急也。

通城事宜疏

臣抵通，而部臣南居益、撫臣解經傳、關臣方大任、漕臣龔一程等，皆謂□在近郊，遠不過十里，夜視火光，長可八里，而復有奸細持逆榜入通，已被擒獲。侯世禄兵回，已至通州，亦不知其所在。滿桂之兵，聞在順義，亦未的有消息。城中人民，已四日不敢出入。即臣聞命時，遣牌知會，以無關防，終不敢信。柴煤路絶，價已騰涌。糧可久支，而折色則無，軍苦于有米而不能炊。其城守之事，俟臣今日細閱，另疏上聞。而目下城中之兵，止供擺垛，尚乏巡游，更無一兵可以出戰。夫不戰則不可守，而通州之安危又即爲京城安危。皇上所慮守京之于外，則不特通爲孤注。使其以偏師綴通，而以全軍薄京城，通之守兵豈能致其死命。而説者又欲以臣率滿、侯當通州之敵。夫二帥不滿萬人，而調遣奔疲，即當數萬方張之□乎？又欲以滿、侯之兵列陣京城，又欲袁崇煥守京城。夫通，京城之左臂也。人失一手一指，猶不礙其生命，有弃左臂而得全者乎？臣以兵無所不分，則無所不寡。臣在關時，嘗聞□曰：「從他幾路來，我止一路去。」故今久聚而不散掠，懼其分也；深入而不返顧，我無以創之也。我分一兵以守通，又分一兵以守京城，則通既以寡當衆，京城又以寡當衆，是誠無所不寡。

臣以爲，□衆既薄通州，京城與通之兵衹責之内守，而不能責之外出戰，當責總督劉策守密雲，而令尤世威率五千兵，與滿桂、侯世禄聯絡于順義之南，而袁崇煥兵當列陣于通州左右，而不宜逼駐京城。四鎮聲勢相接，□分攻則分應，□合攻則合應，如□闖而西來，則堅城之炮矢齊發，而四鎮兵夾攻其腹，追躡其腦，或出奇夜斫其營，可使隻輪不返。□知通之糧可守，當不久攻，或欲因糧而有他志，則又必攻。攻則如前以應之，如捨通而南，而畿輔殘；捨通而北，則陵（凌）寢驚。四鎮兩隨所往，相機設伏爲游擊，或乘其亂，或擊其惰。有機便可一創，否則勿迫其戰。蓋天下之安危在四鎮，一浪戰而失，則全局驚潰，而天下危；四鎮不力爲一戰，則□終無已時。然臣聞兵科張鵬雲言：「袁崇煥不欲用滿、侯，而滿、侯亦不肯爲袁用。」昔唐以九節度兵而潰，是在皇上恩以慰勞之，威以張起之。諸臣明而熟于事，敢不同心戮力而遺君父憂乎。

請敕關防疏

臣忝冒重臣，遵奉明旨，調度軍事，原非坐鎮一州。但□騎充斥于通城下，援軍所在，消息不聞。臣募死士，四出偵探。至二十二日晚，親丁李景華始得間道自袁崇煥營携其書來。知已連日接戰，而滿桂、侯世禄等列營都門，乃與諸大吏九頓諸將，以勵其忠憤。令總兵楊國棟閱見在騎兵，可得三千，屬之久歷邊疆之游擊尤岱，令馳赴城下，合諸援兵之營，以張聲勢。以臣愚計，合諸路之兵，首尾夾擊，呼吸相應，可使驕□隻輪不返，而道路梗絶，調遣不達，又無關防之素檄，難以爲應，止得盡一軍之鋭，以自效其孤忠。

得旨：「卿拮据通務，念切都門，具見忠謀周至。關防已發遣，援兵聽便宜行。關、薊情形，卿還不時遣人偵探奏報。」

請調馬兵隨行疏

方今□擾于西，兵潰于東，主憂臣辱，臣何敢復有他□。謹即戒途東發，并仰遵聖論，即遣總兵馬世龍前往招撫潰兵，并催關、寧已調未到援兵，星速入衛都城。但臣前以單車出國門，幸四十里之得達。今往東尚六百餘里，□騎紛紛，未可復單車而出。此中城守之兵又不可撤，謹量調保定撫臣標下馬兵五百名，即統以原管千總張汝行隨臣前去，俟有兵馬之處，即行發回。

急擇大將疏〔一〕

臣惟今日情勢，在文帥則體重而法嚴，不如急擇大將，與遼人地相宜者，則可以散其黨，可以收其心，尚可以遵旨搗□，收一臂之用。至督發兵將入衛，尤切臣衷。臣已調原駐玉田都司蔡裕統兵一千六百名，限十四日抵都城。又調原駐建昌游擊劉鎮華統兵二千一百七十名。又自永平調回參將謝尚政東還兵一千三百三十名，俱爲借給月糧，限十六日抵都城，而尚政兵復量爲犒賚，以勵自拔者。此皆川、浙步兵，精熟火器，奮力齊心，可當一臂之用。

遼東兵潰約萬五千人，自通州南趨張灣。臣聞之，急以手札慰論祖大壽，并傳檄三軍，令游擊石柱國力諭諸將校，將校多垂泪曰：「主帥已戮，城上又以火炮殲我，故逃避至此。」臣思大壽危疑之甚，又以身貴，不能受制同列，故乘吏卒驚疑，全軍盡潰。陷人以自護，非諸將盡叛也。急宜敕關內、關外兩道慰諭將領，角□羊，散士卒，大開生路，以收人心。

【校記】〔一〕本篇輯自崇禎實録卷二崇禎二年春正月丁巳條。

請寬遼將疏

該臣看得遼兵脅將習爲固然。祖大壽當兵衆東奔，原欲東身待罪，而兵散無統，爲患滋大。及一出關城，兵既遂其保家口之心，各歸原伍，而大壽隨具稟挑兵赴戰，又出示，以明其委曲急公大誼。念大壽爲遼世將，其父子兄弟，俱在行間，共圖報效，偶緣兵迫而東，蓋寧冒罪偕行，仍東兵以防他患。馬世龍，一宣聖諭，仍爲開曉，大壽等俯伏痛哭。其忠懇誠切，見于一稟一示，誠讋天威，俯循世誼。我國家竭天下以養遼人，必不應遼人滅絶天理，敢逆顔行也。伏望皇上以天地之德運、日月之明，寬其既往，勵其方來，將雷霆總是天恩，而豪杰用命，逆□可殲矣。

定衆疑疏

該臣看得大壽稟帖并告示及馬世龍報帖，一時情事如此。但恐遼人多詐，未悉後來何如。然此時□聞我兵東去，或恐生心，而一時内地人心，亦覺紛紛浮動。且遼人家口在關内者，頗隨遼兵而東。臣謹因其帖示，揚言大衆，明其忠懇之心，以安反側（惻），以定衆疑。至于後日情形，仍當隨機應變。總緣廟謨宏遠，操縱得宜，臣等得奉以周旋，終不至他虞也。

抵關到任疏

該臣抵關到任，隨即延見吏民。蓋關門見東兵潰還，無不驚憂，各圖逃竄。聞皇上特遣重臣宣布聖諭，人心稍貼。臣隨仰體聖懷，慰諭將士，軍民無不歡呼踴躍，而人心遂已大定。其東將領，各具稟揭，通候于臣，無有嫌間，而寧前道臣孫元化稟稱，遼人先甚驚憂。今知皇上特遣臣至，俱各寧帖。而是日中前所參將黃惟正報，于高臺堡斬獲□□首級十四顆，關外頗爲寧謐。臣于十四日遣朱梅出關，諭祖大壽以皇上恩威，俱各一一仰遵聖意，挑選兵馬，另疏報外，其薊州以東，因西□自董家口闖入搶掠，村堡爲之一空。隨于沿途發步兵六千，令星馳進援，隨令沿途堵剿。又于關門令署鎮臣朱梅、道臣王楫，選發馬步兵七千二百餘員名，又寧前道臣孫元化發進馬兵一千名，及他不食糧官丁，願從征自效者，通前共足一萬五千之數，已令馬世龍督押，星馳西行矣。又據永道臣鄭國昌報稱，□逼灤河，備鈎杆雲梯，圍攻郡城。臣隨以入衛兵馬二千乘便剿殺，又調夷漢丁四百，及大壽發進前屯步兵一千八百名，亦即星發。除發一萬五千之外，又發馬兵二千餘名。又以偵探未明，時令山石兩路將各發兵二百人，以步撥代馬撥，以通京都消息。但今道路梗絶，未悉□報。臣不能仰分皇上憂勞于萬一，而西顧惓懷，同戀慈母。至東方之事，臣竭力圖維，不敢稱難稱苦，以益皇上之憂勞。臣終當矢心彌縫，以安一鎮。幸皇上少寬聖懷，以答天下臣民之仰望。

調發兵馬疏

臣以初四日陳兵演武場，率諸文武西嚮闕廷叩頭，以告皇上，隨告山川社稷、旗纛諸神，進諸將而告之竭力以安天下，因遍舉諸將之觴，復再拜而祖之，花幣禮銀，一一如格，兵丁各加犒賞，大壽等隨之，以竭力仰報皇上。自任將士，合詞班聲如雷，金戈甲馬，照耀飛揚。蓋天下之將，莫雄于此；天下之兵，莫鋭于此。而大壽前後調發，共馬步三萬三十六員名、夫役四百二十名、馬一萬四千九十五匹、車四百三十輛人、駝騾牛三百三十頭隻。蓋酌緩急爲抽調，分去住爲給發，合本折爲急需，計馬步爲分合，則寧遠道臣孫元化、關内道臣王楫、餉司刁化神、王四聰及通判沈承源，同心合力，那凑給發，忠勤爲多，而大壽等調劑兵心、商榷于部道諸臣者，倍極苦心。蓋惟恐兵一日不發，□一日不滅，而拊循既至，紀律更嚴，一時赳赳桓桓，大生旌旗之色，而殊安静無嘩，若不知有兵。臣隨檄所在餉司兵道，預備行糧草料，立爲給發。雖郡縣殘破已極，糧料極難，而君父憂勞于上，社稷安危甚大，亦不能復計。臣等已竭盡心力發此大兵。蓋合之前發馬世龍所統者，共四萬五千有奇。今大壽所率三萬有餘，馬步合營，炮火齊備。當將士感極奮迅之餘，勵忠憤直前之氣，必當剿此餘孽，仰酬皇上如天之德，更望敕諭廷臣，共寬既往，勿拘文法，使諸將得一意獎率三軍，立圖安攘。臣藉手，上紓聖明東顧之憂，下逭老臣于役之責。

酌量東西兵勢疏

臣自受命東行，即調關外之兵一萬七千，付之總兵馬世龍，以入衛都城。隨調關外總兵祖大壽之兵三萬，以圖遵化。及大壽甫入關西發，而□已入永平。故今大患，正在未復遵化，又陷永平。蓋□以遵牽我西兵，以永牽我東兵，而繇中出，重載于北，待重載出，而輕騎大合，東來則關、遼可虞，西來則京畿可虞。乃我之兵，東欲合力復遵，而隔于永，西欲合力復永，而隔于遵。永、遵不復，則滅□無期。然□之大衆在永，復永差難于遵，勢非合東西夾擊，未易言。而遵之復，以大合西兵，尚可爲。初東之發兵而西也，原議復遵，以永平陷，遂失駐足之地。不獨勢不能越永而西，而東面關天下之大勢，其重不減于西，似又不可越永而西。蓋關以内之精鋭已發西衛，而關以外之精鋭又入關門。當是時，關以内之守，盡攢零爲總，而又分布他援，即關以外更覺單薄。適東警，却撤關内之兵，以益前屯，而二十里之長城，今且失據，倘□一乘虛，則畿東半壁可爲寒心。然見今東兵在關門，去永平百七十里，已如西兵之前哨在豐潤，而其分布大略在永之東南，則撫寧、昌黎、樂亭，後先報首□二百有奇。昌黎去永平六十里，在永之東南，則石門、臺頭、燕河，後先報首□將七百。除失落者尚可二百有奇，而燕河去永平五十里。蓋合永平之東一面，與永平之南北各半面，盡在東兵籠罩之中。而前四營駐撫寧，去永平七十里，其交鋒在蘆峰、鞍山之間，去永平二三十里，則復永之舉，惟得西兵一東。乃西兵大衆之于永，尚在三百里外，欲以東兵獨復既難，而西有遵未復，勢又不能越遵而東也。猶東之不能越永而西，故西當急復遵。既復遵，而後大衆駐豐、灤之間，乃東兵可翹足而駐昌、撫之西，合兩大兵以爲計，而永可復。故西在急復遵，乃西之可虞，又不徒在遵之復不復也。在□之意，偏伺西南，而我之兵偏駐西北。當□由畿南而東也，越數城而抵永平，而數城不能問。今大兵分駐于數城，止爲守，而大衆又偏聚于西北，正恐□之乘瑕而來也。西又窺都城，南又闖畿輔，則東之兵既隔于永，而西之兵又遷于遵。即王、董二帥之兵，不知何如，而畿南似無一兵。此之可爲寒心也，又不啻永以東矣。

竊念今天下急計，在合力以圖京之東北，而更多方以備□之西南。又嘗竊計□之情形，既得永，而仍守遵，我又未得一大創，則□豈有遁歸之意，豈肯坐困兩城之中。且每偵□意，嘗欲東透關門于遼，又欲仍爲西犯。果如此，則東西俱有可虞。然永以東無大可欲，而今又有兵，則□之狡，非其別有奸謀，或不肯無所利，而試于兵。倘其西即不敢重犯都門，而河西務、天津一帶一幢，其藩誰爲兵守，則阻我解本色之運道。即大兵隨所在爲綴，何得頓扼其吭，而解折色之道，更有可虞。

臣今竊以爲，西來之兵，當據西與南之要害，東來之兵，當據東與南之要害，獨開此一路，以爲□遁之途，而東西近所遁之途，當有輕騎携火炮手、步兵，覘其兩旁，□不動則南之兩大枝靜以逼之，時相機爲奇，以擊其所分。北之兩小枝，或擊零，或擊尾，而奪其貨；□一動，則兩大枝躡其後，兼夾其兩旁以逐之，而輕騎火炮爲伏，以擊之亂，而兩大枝且乘之。故臣以□在永平有險可依，與遵不同。且撫西七十里，豐東百五十里，我兵嚮前，更無所依。較之遵化有豐、玉接濟，其難易不啻數倍。非合二大兵以夾擊，則必不能圖。而大兵苦于糧運不繼，必不當驟往。

臣欲移東師于昌黎，則去永止六十里，與撫寧雖相等，而昌黎之後爲海，稍遲旬日，冰泮可以通運，則便可爲家。移西師于豐、灤之間，則去永平不過百餘里，而去海口雖百里，較之自薊而陸運三百二十里，猶甚易聞。薊尚無糧可運，則較之自通，尚近四百六十里。必如此，而後兩師可合，然亦必遵屯無□西師，方可一意東發。今楊肇基雖已入三屯，而未知遵化曾否果復，如遵未復，則西師亦不可東，亦且不能東也。如遵已復，則西師于遵屯，薊、玉爲守，而于喜、太等口則盡發輕騎，以邀其西北，而大兵則駐豐、灤之間，以遏其南，而以輕騎防燕河，以邀其東北，則去永平俱在數十里之間，而獨留正北一面，以墮其必死之志。今東師兩次大捷，追逐已至永平城東二十里，而永之西南西北，俱以關門之炮火鋭卒以爲守。形局已定，惟得西師之至，便可夾擊。如口不北而闖關，則撫寧當前，而昌黎躡之，即過撫寧而關門當前，昌撫躡之，西北之輕騎覷之。其專意西闖，則薊、豐可爲守，而灤之旅在前，昌黎之旅在後，從隨所在而夾擊，而西北之小枝可防。蓋合東西之大兵，俱隨口所往爲戰，而要在都門之有備。臣已專選水將，調度舟師，轉運糧餉，更促天津之運，以供兩軍之食，而西兵未得至灤，則東兵必當駐關。

昔在天啓間，諸臣多欲畫關而守。臣抗天下之議，以復遼東四百里，使今日無遼以爲籓，則東西皆口，糧草盡絶，何以爲守，而永平更不可圖。故臣酌量以遼東四百里關係天下甚大，則關門愈重，今不得不以未遽西嚮之兵爲重，而仍以不防于復永之程。然兵多烏合，將亦支分，唐之九節度可虞，而淮、蔡可念。今之大將，西在馬世龍，東在祖大壽，須要東南戮力，彼我同心，知有朝廷，不知有私己，知有忠義，不知有爵名，遠思廉、藺捐忿之高風，近想關、寧共事之舊誼。在世龍，當思大任難勝，大敵難盡，勿以新膺皇上之寵眷，傲然以加衆將，而曰「我爲總理，我爲統領」，曾不盡去其驕恣之色。在大壽，當思本心可信，前效可圖，勿得既蒙皇上之鑒宥，猶然不自安于心，而曰「彼何以逸而安，我何以勞而危」，曾不盡去其危疑之念。蓋兩地相隔，兩兵相合，必手足相資，聲氣相求，方可同心戮力，以雪其耻，以成大功。倘一乖違，寧惟仰負朝廷，亦已負其性命，又不待臣執皇上之明法而問之矣。

臣緣世龍調發關門，兵馬倉皇，不理衆口，其宣慰稟帖，致東將嗛嗛，見其近承大命，氣亦稍揚。然世龍、大壽具有才識，臣特明告天庭，仰邀天語，必且融然俱化，共圖大功。伏望皇上俯察臣言，精度形勢，仍急集天下援兵，急促水陸本折，無論口退不退，而皆適于用。

奉旨：「覽卿奏，酌量東西兵勢、分布制□機宜，具見運籌握勝。馬世龍、祖大壽，關、薊扼要，亟宜同心協策，左右互援，以蹙驕□。卿居中提掇，一應進止，悉聽便宜。」

樞臣調度各鎮援兵疏

臣頃見皇上既命樞臣梁廷棟調度各鎮援兵，隨令回部管事，仍令勿推督兵大臣。此皇上神謨遠略高出千古，豈臣下所能仰窺萬一。蓋樞臣調度九邊，如户之有樞，樞闔與闔，正如中樞之于邊將，度其可戰可守之大凡，而指揮其人。蓋朝廷懸必賞必罰之令，而中樞執如何爲功、如何爲罪，監紀者指其功何如、罪何如之狀，以達中樞，中樞指其何如當賞、何如當罰，以聽朝廷之賞罰。至其臨敵制勝，則將所自出爲奇，故曰：「將在外，君命有所不受。」今議者謂，文武各有退縮之隱狀，故文臣指武臣爲觀望，武臣恐文臣爲掣肘，極爲中竅之言，而却又添一重掣肘，令觀望之中又增一觀望。况督將者多徼幸于成功，不願與武官同過，每先立意見，以爲卸過之端，故無好水之先著，而咎任福之違令。如令止以布置之大凡爲調度，則樞臣頃移臣書，言關、永之戰守，言糧餉之水運，言奇正之可否，已盡布置大略，而臣頃所條上，頗與相合。此臣所能，亦樞臣所能也。如此則中樞可自爲之，不必臣。如以調度在控縱疾徐、斟酌淺深，則中樞所不能、所不可，而亦臣所不能、所不可。何者？兵交原野，受計帷幄，變在須臾，定謀千里，勢有所不可，非獨才有所不能也。蓋凡兵之需，大臣在草創，其地爲之定，經制之大，而時以督兵，則以遠邊絕塞，代中樞所不及。即唐之裴度，以滿朝盡欲罷兵，獨度與憲宗同斷。今剿禦奴□，天下同心，而薊遼近在目前，又樞臣所爲輕熟之地，要惟擇將得人，嚴持皇上之明法，布置其大凡，令大將自酌戰守，以監紀諸臣爲之調戢贊助，爲之呼兵、呼餉、呼器具，則滅□有期。

如謂中樞在中，勢難□，必外有大臣，則遵、永相隔，亦得如中樞之不能懸爲調度，而徒增掣肘。且東之兵興十餘年矣，經督撫道不下十餘人，誰能得一當者。邊臣與中樞不和，經撫道鎮各不相和，徒以不和開觀望之端，而天下之大計，迄今未定。伏乞皇上酌察臣言，仍令仰遵宸略，止以中樞調度衆將，布置其大凡。至其可進可止，可守可戰，止令監紀諸臣隨所在而調戢之。蓋觀望生于借中掣肘，既無掣肘，安得觀望。

再照今天下苦援兵之久頓，而又苦滅□之無期，盡急于一戰。而督兵大臣與天下同此苦，而兵將實未可動，稍爲遲重，已與武臣同觀望。及急于合衆意，而願早釋其苦，又已爲武臣之掣肘。故與其多添文臣卸過之口，不如止責中樞調度，以賞罰課功罪，而可必其有功。

臣起家具奏，曾曰此官不可暫設，非獨臣不必用，即他人亦不必用。皇上試念臣不辭衰病之身，內外遠近，何地不與夷狄盜□對，而獨辭此任，誠以勢必不可爲，而官必不可設。如臣衰殘病廢，馳驅于戎馬風霜者，且將三月，皮骨僅存，曾無寸補，少俟事平，乞歸田里。

得旨：「卿碩輔壯猷，夙嫻軍旅。頃以封疆事劇，特命督師山海，正合中樞行邊之任。今□伏遵、永，阻我兵將，東西未便接聯。幸卿前旌相對，情形機勢，了在目中，旗鼓大帥又皆素孚恩威，自無觀望，何虞掣肘。天厭□氛，捷音洊至。佇惟迅掃腥羶，歸闕指日。」

議調東江兵馬疏

河東一鎮，原爲牽制之實，而據非其地，且□□入犯多在冬春，則兵不能出海，而山水遥隔，亦非旦夕所得聞。然年來用間，□□搆陷蕃，豪杰如劉興祚輩，今流落關、寧，尚亦有人。

且時爲雕剿，時爲接渡，遂至得遼人可十餘萬。今議此十餘萬人，如欲仍爲恢復之計，但稍移其人于西，令人可見可聞，而實餉實練，與之器甲，以恢復金、復、蓋三衛，而沿海爲家，則廣、長、覺華之間，得一有能之將，先圖蓋州，以守寧、錦之法守之，則□□必不敢越三岔河而西，如西則我真可爲搗□之舉。蓋此地去□□三百里，勢險節短，遂真爲牽制之實。且微獨牽制也，乃可訓養民兵于三衛之間，而漸圖大計。

然今天下方急堂奧，稍緩藩籬，故薊輔爲急，正恐恢復之業費繇，而不能頓辦，則撤河東之兵餉，亦足以補其缺。故二萬八千之衆當議調。然此兵之調，自可適用，而猝調之，未可以應急。臣頗聞此兵多屬精壯，即民，亦有精壯于兵，蓋其人能自拔險阻而托异域爲中原，而必其有一段精明强毅之氣。獨未有器甲，未經操練，一旦出風濤之中，調之衝邊，而遽責其用，即有能之將所未易能。且海上風汛，歲以六月息，而此六月中，風汛未必皆可，得船隻少，則往返爲煩，而水程不定，故猝得其用。蓋島民與島兵相依，無兵則餉不至，而商米不來，島中田少，勢必資餉資商，故調兵必調民，而兵民俱有家口。據東江汰定精壯兵丁二萬八千，半係單丁，半有家室，總合强弱老幼，不下二倍，實計八萬有餘。其間尚有從未入兵籍，爲商農，力能自贍，而僑居各島者，亦不下幾萬。兵既盡撤，此輩不得不聽其來歸；兵既遠調，家屬又不容不携之同渡。蓋合兵民，爲數實有十餘萬。今查龍武、登、津船隻不足二百，島中營制，官船一百五十二隻，盡括各島兵民私船約有百餘。

東江事宜疏

蓋東江原爲牽搗，而□入多以海凍，急不相聞。適□躪内地已久，正春水方生，且□貨歸，

□當大隻，計船隻不過四百有餘。內如大遼船可載百人，沙船可載七八十人，小者五六十人，唬船止載二三十人，多寡總計載不過萬餘人。及今速往長山迤西，猶可兩運，石城迤東，僅可一運。再以天津糧船回空載渡，轉盼驚秋，盡載不過三四萬而止，似必待一二年，方可完撤。臣見諸臣欲以此兵鎮松、錦，填關門，填天津，填薊。臣以爲，此數處皆可爲用，而不必盡用。且兵非一蹴可至，未可急爲一方用。

臣謹爲遼計。臣嚮議「以遼人守遼土」，然不欲全遼通用遼兵，而安可多用遼兵于薊。即遼兵無可疑，而事久變生，一倡百和，合兩邊二三千里間合爲一派，此豈可不力防于始，而漫爲之圖，以啓藩籬跋扈之漸。蓋兵貴土著，又忌全鎮土著，故營之兵不欲間雜，而兵之營當有間雜，有間雜則各爲命，而勢難同計狡；有一營之變，不至土崩，而不可制。遼大將李成梁上首□一萬五千，而遼將盡出其門。即功成而身爲天下疑，晚居京師，而人猶疑之。故今二萬八千之衆，不宜更填松、錦，更補關門，以益遼人之重，而成極重不旋之勢。

臣再爲薊計。臣不欲以見在三萬遼兵調之薊，非獨以兩鎮皆用遼人不可，而遼不可虛，又不可虛遼，終無以實薊，故遼急防遼，薊急防薊，終屬兩虛。目今關外之兵盡在關裏，而遼遂虛。且□狡于乘虛，當其窺遼之虛，遂爲大患。既已竭天下實遼，今遼患未息，而□又窺薊之虛，其患更大。而當竭天下實薊，而先議虛遼之兵以實薊。正恐以游移之兵不足實薊，而遼先虛，患又將在遼。臣以爲，薊虛衹當實薊，不宜虛遼，而終無以實薊。蓋一兵兩用，終以節省成大費，而不適于急。此當挑江、浙、秦、楚、齊、晉、燕、趙之兵，合以東江之精鋭，各得四五千，或量調見在遼兵七八千于薊，仍補以他兵，令全遼不盡爲遼兵，而又不至于以遼兵多移在薊，終爲薊疑，以成偏重之勢，而實非所以爲薊。

臣又爲河東之兵計。兵原不能一歲即可調來，其來當酌緩急爲分發，一地多不過三四千，即携其家口，而居久可爲土著。蓋三四千同居，便可無離索之苦，而止此三四千又不專在薊遼，亦可無尾大之虞。其應調之地，如涿，如通，如昌平，如天津，各三四千，隨其已到之數，量爲收練。蓋此四處，盡當添兵而稍緩。今涿、通亦方議練，故此地可容徐練爲用，而薊門非以有能之將，率節制之師，立變旌旗之色，不足應急。故即東兵之在薊，多不過四五千，而不宜以二萬八千盡用于薊。

臣又惟河東之民計。各島曾有島官，其島居而不願從者，聽其與兵相習，願隨兵赴調所者，聽其願從，而不願隨兵者，仍聽其在寧、前、松、錦之間。蓋遼人遼土，自是相宜。臣嚮安插遼人數十萬，秪初來稍給食用，後皆遼人自相周給。且此數萬人一脱腥膻，再入荒島，又歷風濤之險，發歸中原，而使瑣尾流離，無所栖泊，臣以爲，天慈不忍也。故河東之民，當與兵同接度而來，當歸之遼。

爲茅元儀贖杖疏

遼鎮鼓噪凡五次矣。大約多此兵所爲，而統此兵者，不乘亂爲其所傷，則因亂爲其所逐，不獨譁兵慣熟，動輒脅將，而軍中所忌者，或挑兵而譁，頓令統之者死生進退，其手誠有如古士卒凌偏裨、偏裨凌大帥之患出，而無敢有慷慨振刷之人矣。私兵而輕將，全遼之將懼矣。兵將懼，而臣寧有所死乎？

東西合力疏

臣遲暮頹齡，衰殘朽質，伎倆已窮，于操縱時地，更歷于艱虞。目今□久踞而不即除，兵久頓而不大動，天下無一人不以爲憂，而臣既憂敵，兼憂兵，更憂將，豈敢稍減滅此朝食之念。獨以兵各有機，將各有能，將有能而迫于機之不可已則勝，將不能而迫于機之不可動則敗。皇上誠念此兵勝敗，豈不係此關得失。皇上誠念此關得失，豈不係天下安危。假令再有一旅如此兵，臣得借彼以激此，亦得姑令此兵勉爲一擲，作鎮臣祖大壽索馬五千，以備一旅于後勁，使前有所恃以爲家，而前有得失，後尚可以爲用。如此以見兵爲孤注，成則大幸，敗則大危，臣實憐之。臣雖老憊殘軀，實任安危，何敢輕試其所不能。目今□之去者未回，留者未定。鎮臣日爲疑之，間之，牽之，誤之，無一日不爲兵計，而馬步俱前，漢夷兼進，攻城之具，盡已西移。鎮臣爲兵討正月之餉，而隨給及二月之半。適恭逢皇上予賞金及餉及囧馬，將吏奮揚，士氣百倍。鎮臣業已邀會東西，以圖灤、永。頃以步營移欒亭，略歇數日。又報臣近日灤、永皆可圖機括。先得灤，則絕其糧草；先得永，則斷其根本。臨期應變，未敢預擬。又鎮臣馬世龍在豐潤集兵萬人，亦來會大壽夾攻。臣料機既可乘，東西合力，計可滅此朝食無難也。至于臣，雖在軍間，實無兵備，其于將領，不過日以仰承皇上恩威，時爲提掇，時爲警省，而中惠不惠，中威不威，僅能不掣鎮臣之肘。故大壽提一旅，所嚮有捷，而曾無一失，即未有攻城略地之功，而攻城備地，必出于此。望皇上寬釋聖懷，勿過爲憂勞。臣不敢不仰體聖懷，乘機遘會，督諸將以圖功。

有旨：「驕□違時犯忌，我兵亟當力圖。覽奏，知卿與鎮臣審機量能，日辦攻取，朕心喜慰。一應進止機宜，東西策力，具賴卿提掇鼓奮，遘會圖功，以副傒佇。」

善後事宜疏

目今各該殘破諸口，業已次第分發步兵，更慮□、東合謀，移怒錦、松、杏、塔，隨發各城防兵探東□□乘時議剿。其繕治墻臺、補添兵馬，務當六七八九月中，是在樞臣、督臣自爲急行。而東兵思歸，嚮臣告苦。臣謂西兵直中西二協者，當酌量填實，而東兵當酌所駐防，可發内護外應，并宜安頓各鎮臣駐扎之地。頃鎮臣大壽嚮臣索馬甚急，以馬之倒斃于病于鎮者極多。是在中樞酌定急行，而各將謂，關、薊器械盔甲，當急令内外局廠及各營并工修造。其郡縣缺官當補，殘民當蠲當賑，死事之臣當恤，是在各該衙門及撫按急行。其薊遼兩鎮，似當遵舊制，以一總督、兩撫院，不必更用督經，以致紛嚚掣肘。如果遵舊制，則關、寧當急擇一精練詳敏、雖曉暢兵事而口不言兵者爲巡撫。

善後緊急事宜疏

該臣念永平城樓燒毀，灤城爲我兵炮擊火焚，已行永平道估計。其薊門沿邊臺墻，在督撫查明，酌量工費，或有昔急今緩，昔緩今急，總之，循舊基而圖新，仍當大集班兵，急于辦料，務在秋月可完。其軍夫錢糧，必待查明係何等工程，乃可定數。其沿邊屬夷到底當撫，而此時當剿，以我累朝豢養之犬羊，甘爲同惡之豺虎，不大創一番，其惡愈肆，其款愈驕。

臣昨在永平，即欲乘勝出剿，念此時□散居不定，方在紛紜，當以邊□守將，姑爲穩語，以老其駐牧。仍偵探明白，出塞搗剿，以正背叛之罪。待其搖尾乞憐，然後致款。適鎮臣以都令舊種又騷擾松、杏、錦、右之東，而高臺時有東□警急，特令原防各城之兵回信爲防。各將面臣病榻，臣誡以偵探作歹西夷，成大群者殺之，勿以零級露擣剿之意。至于三協鎮兵舊制不可廢，然清勾爲難，勿論勾之爲難，即見在者，惟疲弱不肯離家，乃肯應軍如軀幹磊落，便投大糧，乃苦之思去，肯勾之能來，如捨勾而招，則必以大糧。近樞臣有議，欲于近邊郡縣，按户抽丁，按甲養兵，就中通融，長久之計，勿拂人情，而善行之可也。或于舊軍，清查其貼助之田，尚有資助，或可仍以小糧，如貼助無資，便當折爲兩兵之餉，以餉一兵，必擇一丁壯應之，則有一兵得一兵之用，不至名兩兵而實無一兵。凡官此地者，務節省而避折餉之名，相沿至于無兵。及今不一爲計，似未妥也。蓋遼東舊兵亦如薊門，今已盡變爲大糧，而兼無一小糧之可因。蓋嚮以全遼陷没，故一概招調從大糧。今薊門有地有兵，故難于革故從新，而日挨一日，終非萬全。至于臺兵，當仍戚繼光之舊，但修臺墻，勿減兵丁，南兵自可填補充實，而去其老弱者，漸以附近居人填補。其哨丁明暗横直，各有路數，當一從戚繼光之舊，而通融其法。至于各兵，則關門外有信地者，已出關，仍防信地。其各將鄭一亨、汪子净、石柱國、劉鎮華等兵，已分發冷口等邊，而謝尚政、鄒宗武、吕鳴咸、高勛、俞冲霄，當以量發大安、董□。其發之不盡，及各鎮援兵，似當繇通、薊、三屯、遵、永、關門駐六鎮分派馬步各萬餘，合練車炮，仍各輪派馬兵丁破壞衝口，以護修防，及前發步兵有火炮者，隨馬兵爲護，于以折插□之萌，剿東之叛，而防□□之再逞。至于永平餉司及郡縣職官，急宜補除。更宜多造器械，多造火炮，多買馬匹，多備錢糧。此皆目前所要急也。

恢復四城疏

臣恭承皇上明命剿禦，仰藉皇上威靈，以文武諸臣之力，從綸扉籌策，前後殺□數幾二千五百，已曾剋復建昌等路。近復仰承皇上東西合擊明旨，于崇禎三年五月十三等日，大戰攻城，其灤、永、遵、遷相次俱復。據總兵官祖大壽等報，追殺轉戰三百餘里，合四城斬級三千一百五十有奇，獲已殺僞知府張養初首級一顆，生擒東夷獰獰木等二十一名，又生擒其僞都堂馬思恭、僞兵道賈維鑰、僞知州揚熠、僞都督李際春、僞守備吕及第、僞備禦張世禄、張克明、石國鼎、勾□叛首柴通受、僞官原爲内應朱運泰、卜文璜，獻俘闕下。臣誠歡誠忭，稽首頓首，謹奉露布上聞者。伏以天子萬年，丕振累朝之鴻烈；聖王一怒，廓清千里之妖氛；九野歡騰，三靈氣⿱罒巳。恭惟皇帝陛下聰明睿智，文武聖神，體天地之生成，神化同流覆載，奉祖宗之法度，治功邁迹唐虞；防已密于未萌，道更弘于無外。蠢兹□孽，逆我顔行，結豢養之犬羊，作突奔之豺虎，既闌内地，載躪東偏，憫予赤子之流離，惄爾蒼生之仰望，然窮凶極惡，大罪方盈，乃共憤同仇，天威遠播。于是兵部尚書梁廷棟斷以成謀，户部尚書畢自嚴精以析計，工部尚書南居益萃以鳩工，總督兵總尚書張鳳翼、督餉兵部左侍郎兼巡撫翟鳳翀駐涿州，巡撫兵部右侍郎解經傳駐通州，兵部左侍郎范景文駐昌平，兵部右侍郎侯恂、巡撫順天僉都御史許如蘭，提衡綱紀，操縱機權，兵部都給事中張鵬雲、户科給事中□默、工科給事中顧其仁，申儆軍實，磨厲將吏，監軍御史吴阿衡、巡按御史董羽宸、巡關御史張學周、督餉御史沈猶龍、巡漕御史龔一程，恩布軍中，法嚴關外。太僕寺少卿管兵部職方司主事余大成監紀，職方主事邱禾嘉諮贊。職方郎中周夢尹營關，職方郎中陳瑾賫帑，職方主事王凝祚閲兵。職方主事安國棟略預韜鈐，力嚴鎖鑰。户部山東司郎中薛邦瑞、關内餉司主事刁化神、關外餉司郎中王四聰、天津餉司主事樊維城、薊州餉司主事蔣範化、通州餉司郎中丁流芳、員外路來賀、傅國俊挖運。主事林宏衍、密雲餉司主事孫士髦、昌平餉司主事宋開春、易州餉司員外劉象瑶、河東餉司郎中宋獻，一勤鞭算，載籍著籌。永平道張春、關内道王楫、寧前道孫元化、薊州道賈克忠、密雲道孫止孝、四川監軍道劉可訓、昌平道盧維屏、遼餉道張志芳、天津道石聲諧、霸州道方一藻、易州道沈棨，兼資文武，合蓄兵民。經理鎮總兵官馬世龍、前鋒鎮總官祖大壽、三屯鎮楊肇基、平遼鎮宋偉、延綏鎮吴自勉、寧夏鎮尤世禄、固原鎮楊麒、臨鞏鎮王永恩、提督京城王威、昌平鎮尤世威、通州鎮楊國棟、署平遼鎮朱梅、立功總兵竇承武，倡予和汝，戮力同心。

臣承宗、臣總督尚書張鳳翼，同奉嚴綸，共承蕃錫，以和門劍客，合閭氏丁男，既牽制止于河東，遂合兵于關右。于是巡撫僉都御史許如蘭，發幄籌勝算，率總兵官宋偉觀兵薊野，更牽東顧之謀。于是總理鎮馬世龍，統精騎健兒，同總兵官楊肇基、尤世禄、楊麒、吴自勉、王承恩，環甲沙河，兼綴西援之路。于是監紀職方主事邱禾嘉提戈開衛，以共啓胠。于是臨軍永平兵備張春聯騎樂亭，以分犄角。于是餉司主事刁化神同臨軍關内道王楫握箸撫寧，以急供饋。于是征遼前鋒鎮總兵官祖大壽以壯勇忠肝，鼓仇讎義旅。乃以署鎮朱梅所檄協路副總兵王維城等盟忠建路，以覘遷安。乃以臣所令中軍副總兵何可綱拔旆盧峰，以牽永郡。乃以義兵營加銜游擊劉法、劉啓職等結綴龍山，以張其勢。乃以義兵營加銜都司邵思忠、宋三畏等隨征蓮泊，以大其聲。乃以祖可法、祖澤潤、孟道、蔡可賢爲左哨，以韓大勛、孫定遼、曹恭誠爲左協營，以佐之；乃以張存仁、黄惟正、鄭一麟、于永綬爲右哨，以羅景榮、孟繼孔、趙國志爲右協營以佐之。用以張弘謨、劉天禄、鍾宇、劉源清爲次左哨，而以黄龍左步營佐之。乃以劉應選、劉定邦、劉應國、李正蓁爲次右哨，而以汪子净右步營佐之。乃以祖大壽、祖澤洪、儲定邦、于應選、楊汝梅爲後勁，而以左夷營海參代、劉漢唐、右夷營桑昂、李正美、張雨翼佐之。于是祖大壽居後勁，中權以吴襄同竇承武統馬兵漢夷鎮兵義兵共十餘萬，而馬世龍同尤世禄、楊肇基、楊麒、吴自勉、王永恩適至，群雄并力，四面分攻，合營先挫其前驅，布陣隨摧其中壘。惟東將負直前之氣，肉薄先登，乃東兵决必死之途，魚貫而上。若夫雨洗兵而將奮，風反火而樓焚，六花雪掩，八公草變旌旗之色；七萃風行，三籟雷霆雜鼙鼓之聲。于是祖大壽設伏偏凉，休兵上壁，暗夾北奔之路，佯開解網之方；歸寇窮追，盡殄欃槍虎落；入城戢武，仰依天日鴻恩。于是靳國臣等以是日入遷安，九日環攻，早寒孱膽。于是何可綱等以次日入永平，凌晨西嚮，遂褫驚魂。于是張鳳翼、許如蘭、宋偉、副總兵謝尚政，亦以次日入遵化，援桴厲士，奮勇登陴；七月盤桓，三窟已窮于狡兔；十年仇耻，一朝少雪于前茅。蓋金泉再合平、灤，龍紀重開安喜；盧河、駝嶺，頓還孤竹清風；鹿角龜灣，復見窿山明月；夾碣石而標漢幟，挽天河以洗胡塵；萬馬驕嘶，一戰奏合圍之勢；六騾宵遁，三方成破竹之形；立綏士女于元黄，盡脱生靈于湯火。此皆我皇上以有征神略，運不殺仁恩，故内决勝于成謨，外握奇于獨運。河山大地，基隆百二金湯，日月中天，明備三千禮樂，萬姓仰光揚之武，千秋頌赫濯之聲。

得旨：「國家生靈德澤，赫濯旁皇，偶因邊吏疏虞，遂致狡氛肆擾，天心實悔，人怒彌盈。爰合中外文武之謀猷，誕奏伐逐攻圍之勝烈。復城掃□，擒叛檻俘，雖體繫頸除凶，稍需异日，而搴旗蕩穢，已快同仇，露布馳聞，雲霓愜望。宜紀師中之大略，用服海内之丕徯。便着兵部頒傳各省直撫按，遍告郡邑軍民。」

絶款疏

目今邊外無不可殺之□，邊裏無不當殺□之兵將。臣謂但遇□即殺，不當問其降不降，但殺□即是忠勇，不當問其殺降不殺降。張弘謨能激于撫臣而報大捷，無論其先偵後剿，密計猛發，最合兵機。即如果有投降，弘謨能不待請令、不待再計，立刻出剿，如迅霆疾雷，更見英雄膽智。且王燒餅原非款□，當款時，日肆殺掠，即昨勾□入犯，更無可赦之條。弘謨所殺，果體係此□，更屬快人。蓋□夷摇尾有時，即天恩浩蕩，容款有時，當此時決無投降之□，即有之，決無容降之理。既不容其降，決無容其通而養寇。試念果有□三百來降，忍不念中原孑遺而留之邊乎，腹乎？撫臣以訛言入聞，但恐殺降之議一成，不獨灰壯士之心，抑且借孱膽以□將所爲，奉揚天恩，以鼓勵將士之意，格而無力。伏乞皇上酌察情事，敕該部確持大義，無令訛言得計，則殺□之計決于廟堂，令各邊知此時決不准款，而殺□之心人人思奮。臣不敢私弘謨也。

有旨：「據奏，大盤嶺斬獲夷級，原非款□，且非勾□入犯，罪更不赦。即使投降，必有狡謀，豈容輕信。卿志切雪憤，欲鼓勵將士，絶款授□，具見忠猷遠略。」

恢復河東先後緩急疏

臣念今天下大計在大創□孽，以復全遼，然酌察物力，圖揆事情，勢不能無緩急，行不能無先後。目今□孽必一大創，然未必能盡殲醜類而頓安河東。即力可以有河東，又未必能頓實其城堡，頓種其土田。即力爲填實屯種，而□之方撲仍起，纔散仍合，又未必頓成減兵省餉，以蘇天下之民。且守河東，必不可撤河西之守，以天下物力養河西十萬已難，而更爲兵以守河東，恐天下之力不能。然河東非重兵，則城堡必不實，屯種必不便，而終難于守。故臣欲就易守者，以圖進取，即就易守者，以圖填實。

方今我兵日以遠□爲幸，而遥遥治兵于千里之外，決無恢復之期。若移兵近□，糧餉不繼，兵力難分，勢不能頓復，而又不能久駐，亦決無恢復之期。是惟沿海以爲家，據瀕海城堡，以辦進取之資。即兩河盡復，亦不能因糧速餉，仍姑沿海爲家，以辦填實之具。臣嚮在關門，已復右屯矣，仍議復蓋州，以相爲犄角，正以右屯西聯松、錦，北達廣寧，南去河四十里可餉，而蓋州左爲山，右爲海，獨北一路當虜，有要可據，而南爲復爲金，如貫珠然，有地可屯，去海十八里，有水可餉。彼時中議復廣寧，復金州，臣以廣寧易復也，去水遠，供餉爲難，故先復右屯，以備兵餉，而爲廣寧戰守之計。又以金州去海十里，易復易饋也，而去□遠，情形不悉。且復、蓋之田，望而不得耕，故先據蓋州，以北窺海、耀，南護復、金，而守可以牽，戰可以進。總惟計及于初，不能供遠，而難餉之兵，後不能實遠，而難供之地，故當先實可餉可兵、可屯可民之三衛。在今日守一城，即恢復一城，仍可爲進取之奇著。即在他日，恢復一城，實守一城，亦可爲恢復之實著。今蓋州城已墮矣，勢不得即復爲守，便當先圖金州，非爲金州也。金州遠□而可速築，據而守之，以漸圖復、蓋，可以爲戰。大凡我之所圖者，必□之所忌。臣四年欲爲右屯，爲蓋，爲復，爲金，及右屯復，而後人自撤之，□乃盡墮四城矣。夫即□之所忌者，便可以計我之所圖。今遼撫禾嘉議以島兵復廣寧、義州、右屯，以奄有河西之地，有重兵仍可進逼其□穴，堵截其西犯，但廣寧地曠城闊，重兵遽難屯聚，去河百八十，去海百六十，而無接應之地，陸運爲難。夫餉不繼則兵難久，念撫臣雖三城并言，必當先據右屯以爲家，聚餉治兵于右屯，以漸入廣寧，而爲進取堵截之計。登撫孫元化初以樞部之議，開府于登，移島兵復金州，爲擊脅之計。今見錢糧供應爲難，恐事難就緒，而議撤海于遼，以島兵復廣寧三衛，然亦在遼時與遼撫原議也。縮事之談，自是懇切。但劉興治初戢，而遽勤于遠，恐其懷毛帥之懼而生心，明旨已見其大。且三衛一着力雖難，而計實遠，不如仍從部議，量移興治于旅順，以絶皮島之患。先築金州，漸圖復、蓋，仍速備器甲馬匹，以爲擊脅大計。其島兵留精者，合黄龍之兵爲戰守，築鑿或可量分二三千于遼爲城守，換精兵而復右屯。

臣念兩撫臣之意，蓋欲就東江見在兵餉，以恢復河西，便可合力爲守，以堵截，合力爲戰，以進取。兵勢不分而力重，然我爲孤注，而□亦得以全力嚮我，而無旁顧。似不如以一旅進逼河東，勢險節短，日與□習，彼已可悉，神膽可壯。遼以廣寧覷東，登以金、蓋覷北，則□必兩顧而不得不分。且三衛復，而用海之勢全，横竪之局定，守固而可牽，勢迫而可戰，河東之樞紐可握，而東江之兵餉殊途，而同歸于河東。

昔我太祖高皇帝取遼東，以大兵從三岔直入，而先以葉旺、馬雲從登萊入蓋、復三衛，以訓練生養，興學屯種，爲横擊。近者，樞部之議，以關、寧爲頂頭局，以登萊擊其脅，正合嚮時大議。但有餉則可兵，有器甲馬匹則可戰，有錢糧則百廢可興，百務可舉，然力能以戰以守，即以復金之力先復蓋州，更爲直捷。乃張盤守金，而□必攻奪，則復金亦何容易。雖然金、旅未可釋也，即如兩撫撤海實廣之議，臣亦曾奏過調至關、寧，當可見可聞之地，待甲馬即備，訓練既習，可繇金而圖河東之四衛，亦可入遼，而圖河西之三城，總以撤之關、寧，歸之旅順，即聚之旅順，未嘗不可歸之關、寧，要以撤海未始不可圖金、旅也。獨是當今日則興治尚費調服，島兵遽難盡移，議撤未得即撤，議實未得即實，何如以勢難遽撤之島兵，先爲終當恢復之金、旅，令懷疑者不駭，待歸者易使，西與遼近，我有輔車之大勢，北與敵逼，□切肘腋之隱虞。此臣所爲據情事而酌先後緩急者。

劉興治事疏

劉興治之斬級，尚不足以贖罪，乃其决意立功，誓與奴仇，而力絶招邀也，稍見其大。周文鬱初當洶洶之勢，挑身獨往，以口舌爲甲兵，持臣諭帖，反覆開諭，日在其營，夜宿其帳。

至帳下露刃環立，文齾談笑語，解之立散。于時携其衆，堅其心，申明皇上威德，當叙録以爲忠勤之勸。至次年，張燾、沈世魁殺劉興治，遂殺興祚男大縉，而名爲叛，孫元化初以變告，後以爲間，遂欲以兵授燾、世魁。

乞休疏

臣于去年十一月，以戎馬在郊，仰承召命，五日趨朝，原該駐札通州，及入對平臺，仰蒙面命，即于是夜料理京城。越二日，仍奉命出駐通州料理。十八日，又奉命移駐山海。時關、寧既無督撫，而□□突犯永平，臣遂暫駐督師衙門，合文武大吏及援兵，爲剿禦大計。嚮使督撫有人，臣豈得據其衙門，是臣實未奉專敕爲山海督師也。五月事平，仍設巡撫，臣便可請明回籍，以時仍戒嚴，雖病極屢疏，未蒙允放。蓋新撫初任，或以識途老馬，聊爲伴食。今邊患稍寧，秋防冬防既過，撫臣邱禾嘉，精詳敏練，忠計深謀，屢奏捷功，將心鼓勵。其識略百倍于臣。即其自疏，亦願以東事付之，且曰獨立不懼。蓋實心任事之臣，真見事體，不須兩手，如兩手，必致顛蹶。又嘗促床對語，真見臣老病衰殘，故深心遠慮，不避嫌而自任，最見英雄直捷。有臣如此，臣即特設無病，亦可省設，而况臣以暫駐之官，老憊衰殘，又不論可設不可設，而亟當去。且臣前次督師，康强無恙，尚煩口語，幾致讒誅。今撫臣受命提督，合鎮盡其當爲，而臣以衰病暫設之官，攙手一人，可作之事，既無裨益，兼有紛錯。如拱手而不一問，則何以抗顔將吏之上，而稱塞此官。此事體如此，又不係臣病。臣以爲，尋常訓練，止責撫鎮，而以中樞調度，如遇關係重大，禀成綸樞，間或廷遣綸樞大臣，一出視師，往返不過浹月。既可以飭邊政，亦可以習見聞。至于平居，止照舊一撫兩道，合一鎮之精神于一身，而减費以辦軍需，省事以專責成。蓋此官之設，十二年來曾無一效，而重來者禍更慘。昨御史熊、王之誠，甚爲可畏。如皇上篤念綢繆，以臣言爲病囈，仍設老成以爲督師，便于廷臣中擇一精詳强健、性格和平，不至老病如臣者，與撫爲計。臣特荷聖恩，衹以衰年危地，重擔病身，憂相懼相煎，老與病相湊。五月以前，身雖老而無病，尚可支撑；五月以後，身既病而益老，何能料理。是以惟恐誤事，不避煩聒。

開門視事疏

臣爲大臣，不能奮起精神，力爲安攘，以仰釋聖懷，徒以衰年老病，如稚子呱呱，日有煩聒，至遠煩諭命，曲爲慰勉，一時文武將吏，咸頌皇上篤意邊防，不遺病廢。臣乃知天高地厚，不遽以不材而置生成也。伏念臣病骨支離，何以仰答明諭，然食少事煩，即不能久，而輿疾討□，當可爲法。自今以後，藉藥餌以延餘生，扶跨跬而急公事，心有可爲，敢不用于疆埸，力或可竭，敢自愛其股肱。謹于正月初一日，欽遵聖諭，開門視事矣。第病未脱身，老更相逼，推擇應代之人，似亦事理可行也。

條次東西邊政疏

臣以正月初八日，力疾出關，繇腹路東抵錦州，旋繇邊路往回八百餘里；以二十日抵關，血痢又發，二月十五日稍愈；以次日力疾出關，歷三道關，入一片石，由邊口歷三協，抵石塘嶺，病不能前，以三月初二日旋，繇腹路往回二千餘里；以初九日抵關門，又病。有途中見關于薊遼三千里間者，條次八款，而事多語繁，不能删削，又懼冗長，遂分酌爲八疏。

一曰「欲定封疆大計，當先定封疆大臣」，二曰「欲束大兵，當先分部大帥」，三曰「欲定戰守之兵，當先分戰守之備」，四曰「薊之備守」，五曰「遼之備戰」，六曰「合論薊遼戰守」，七曰「防插」，八曰「復城」。

蓋險要據山川之舊，隄防沿今昔之規，總之，綱紀得人，提衡有法，居中應手，當事同心，而封疆大吏，更臣所惓惓深念。至其事，有臣等可日行，將領可督率，而費待仰需，任須同事，故一一瑣陳，非敢越阻于西偏，而徒以筆札陳言也。

大臣在封疆，提綱挈領，振發一鎮之精神。目令邊方積弱積衰，急宜用精華果鋭、博大沈確之臣，以强起弱，以盛扶衰，力能使旌旗變色、河岳生神，然後可以内帖軍心，外懾□膽。若夫以姑息之心，行苟且之政，優柔容忍，以弱益强，以衰益衰，而積成不可救之大患，即如臣以七十歲殘軀，病七閱月，仰遵聖諭，力疾馳驅，今遂大病不瘳。又如督臣張鳳翼少臣十餘歲，病自易痊，而闔門亦已數月；薊撫劉可訓近亦以偶病未出；密雲道孫止孝扶病見臣于途，然少年壯質，病自易愈；永平府知府黄運昌病而既愈，自言病根未除。當此時，即臣等康强無恙，共竭股肱之力，日馳險隘之間，猶虞無以洗刷頽靡。如臣年來强半闔扉，從几榻間提衡將吏，欲其如綱于網，如領于裘，其可幾焉。臣竊謂精明喜起之朝，不宜有衰遲病憊之臣，以點大政；精明喜起之政，不宜有姑息苟且之計，以容病臣。臣謂今日封疆大吏康强無恙，勿唯諾于薄書，小疾易瘳，便攻同于車馬，力勉所未足，以仰副聖明鋭精圖治之盛心。至于稱老稱病，如臣等，立爲查核，立爲斷決，如病已愈，則立出任事，如欺則殛之，如真則放之，無論充庭之彦不乏真材，而健臂何如病骨，壯猷自勝衰庸，去一老，用一少壯，去一病，用一康强，三軍之氣自振。蓋臣所自試自酌，有決不可緩者。

臣頃閱各邊衝口之將，有副參游都，有東西南北，有一地而四五將，有一將而二三地，衆既難束，遠更難顧，因念薊帥當無事之日，駐三屯，以提綱挈領而足。方今步趨不到，便聞見不真，當其急，從帷幄中爲遥制，欲二千里外，事事如法、人人合度爲難。竊意各入援總兵官，既不得頓歸本鎮，豈可令遠處腹城，曾不一當緩急之需。臣謂宜各責以信地，并信地主客之副參并受約束，而與三屯鎮共爲調度。嘉靖間，移邊堡遠在十里者于近邊，誠以緩急立應也。而况官非特設，人不閒曠，如楊嘉謨駐石塘，便令率所部約束石、古，以督主客戰守，而仍西備黄花、渤海與昌鎮爲聲援，如楊麒駐石門，以舊覷遵化，故駐石門也，今宜移曹寨，率協路以督曹墻，戰而仍西應古北，如鄧玘當分所部雜西北兵移駐羅文，以督馬、松戰守，仍南顧遵陽之備；如張國振統總三協，仍同鄧玘專督喜、太爲防，而南與王威爲犄角，如許成名率所部駐建、冷，以督建、冷主客戰守；如祖大壽以吴襄分六千于燕、建、桃界，而騎兵在劉家營等處爲應援，仍南顧永平；如宋偉駐關門，亦當時駐石門，而北有急，更以石門爲便，以督片石、黄、義等口。蓋關門外爲遼東，而義、黄外即□。如王威除所部分防外，當統一枝于遵、薊間，練成車騎炮營，務可當敵，南以合通，西以合昌，東以合永，一有急則張國振同諸鎮爲追殺，威爲堵截，如深入，則通鎮爲堵截，而威與谷鎮爲追殺。蓋薊帥舊政，不妨薊帥自爲，至督促約束，又不防以客鎮相爲同心。是在樞部授之以札，仍飭各該主客官兵受其約束。至于簡束將領，齊一紀法，使各鎮有珠聯璧合之勢，則在封疆大吏。

臣聞將以兵爲膽，兵以武藝爲膽，無武藝，爲器甲，無鞍馬，便無膽。兵無膽，是謂無兵，而將膽落，故兵在合營知炮火，知弓刀，而守則予之臺墻，戰則予之車騎，身有甲胄，手有弓刀，有火炮，以車爲衛，以騎爲馳，兵士習知，騎不得驟及，而我之器甲既可遮體，兼可殺□，則膽壯而脚跟定。今主客官兵足其餉，自是可用。獨在訓練使人人知炮，然須責將領習，方可責中千，盡中千習，方可教士卒。西兵從來習矢炮，遼兵舊不習炮而習弓矢，川、湖等兵多長槍大弩，不習矢炮。嚮四年教炮，故今遼兵、南兵之在東者多習炮。近新授鄧玘、秦翼明兩鎮之兵，矯健可用，而長槍不當虜矢，步走不當騎馳，兩鎮當思用我之長，則當亟習，習乃可攻可守，如野戰則仍雜之車騎。臣繇關門而東，則關門之兵有生氣，而馬兵二千有矯健之氣。入片石而西，則吳襄之騎兵二千，甲光耀日爲雄，而步兵四千可用。中協灤陽有尤世禄所遺騎兵三百，最驍雄。其中千矯矯有氣，提督王威之騎可二千，馬不甚壯，而兵自雄健。西則楊麒之千二百，楊嘉謨之二千，馬既壯大，而兵不減灤陽之三百。其餘則各協路之内丁，多不過五百，最精爽奮揚。通三協主客馬兵不滿二萬，除偵探跟隨應戰者有幾新兵二萬，臣未盡見，據所見，盡精健樸茂。其兵官自雄偉，其炮槍似西備于中，中備于東，而甲馬曾不十之一。夫兵一人無器甲，則不得一人之用，一日無器甲，則不得一日之用，合數千人，而積時不得其用，則所糜便多。是何得專責之外造外辦，外有節省，有汰減，那得有贏餘以造辦。蓋衝邊必不可虛一兵，而額數必不得留一錢，舊設衙門或稍有處辦，而遼以事設，何從生發。臣又見諸守兵循故事而偵，久之遂爲故事而玩，故偵卒欲厚欲嚴，憑臺墻而守，宜步，然不習大炮，是謂無步。近邊臺而待應者需馬，無馬則步兵難以應敵，而□有長驅深入之患，駐腹城而無車騎，僅可爲守，而守者自守，入者自入，將及于無可守之地，而患乃大。臣以爲，一協可需萬馬，而中協倍之。蓋嘉靖庚戌，後時三協，馬不下五六萬，而每從邊吏之請，輒兑營兑囧至數千而出。夫兵用之偵哨支瞭、堵追射打，而截追應援，是當于邊口要路、兩應之地，駐馬三千爲一營，今集一協之額，馬不滿三千，而合三協以合援騎，當不滿二萬。臣謂欲壯東偏之大勢，當需馬三萬，而關、永、遵、薊、密各爲車騎，合營二以備截殺，即通，即涿，即津，除城守外，亦當練車騎二營，專以備護援。而昌平更宜倍爲綢繆，以固陵京之大勢。今集兵而無器甲，是謂無兵，有器甲而無車騎，僅可爲守。夫近日攻四城，守寧、錦則用步，而雙望、石槽、建昌、鐵廠、鴻橋之據盡用馬。臣謂車馬之需，必不可惜小費而爲大費。嚮者，傾天下物力以供遼，是謂大費，而竟成遼之勁兵，以成大省。先是，薊吏斤斤小省，而遂至徵調天下，其慘禍不堪言，乃成大費。今于大費中似緩備器甲車騎，若又爲小省，而以大餉合必不可用之兵，是謂大費。況兵以爲備也，□不來，何用備。如防□之來，而不予之車騎器甲，何以備。此當有大患，而寧獨大費耶？則器甲車騎當早爲計，不當專責之外吏也。

臣初議防□于墻外，前見諸將有先二日報二百里無□耗，後即報大衆離邊二十里者，蓋探至二百，一回一往，再一回，乃可得報也。合無分班爲撥哨，一撥二人，分十撥，以次抵要路，而旋有警，則十撥立傳，或以西瓜炮先聞，而循環遞進遞返，當無日無刻無哨，至左右兩鄰，仍于出口爲會哨，則各提各路，無不相通，而難于說謊。臣再計防□于薄墻，諸將言□抵墻多以騎，□大衆覷衝口，而以步，□從通步處竭我之炮力，而折墻入，則臺烽之兵多不過七八人，火藥不過四五百。是嚮所以備零竊者。賊以大衆來，一衝幾炮，十餘衝而藥且盡，臺兵心悸而走矣。合無計緩急臺烽之數爲游兵游炮，每路或十信，每信游兵或一百，或二百，或三百，或不滿百，炮或二十，三十，四十，多備鉛藥，分貯各臺，可以循環疊打，分信爲守，仍合信爲援，一信自援，各信互援，兵不必遍增，而賊可立應。

臣又計防□于近口，諸將言，□一闌入，或邊口不能守，而近邊要路無一備，則□且長驅而入。合令諸將于要路設游騎，如東協之駐操營、中協之遼陽營、馬蘭路，西協之石匣兒、石塘嶺，各以騎三千五千，可以隨急爲應，而石塘嶺又西備黃花、渤海之急。

臣又計防賊于深入，如永平、遵化、薊州各爲守兵外，仍練步兵爲車炮二營，各備騎兵爲堵截，爲追殺，蓋無車炮則步兵止可憑城而守，非騎則無以當賊騎。查督撫鎮標兵多以游擊名，蓋通達四應、防深入爲援兵也。獨初時主客馬多至五萬，而仍有車營，故可以待戰。今三協合援兵之馬不滿二萬，而有車營無車，有馬營無馬，何以應敵。至于昌平、通州，仍當爲車騎，以外禦內護，而涿州、天津亦當除守城外，爲車爲騎，以備拱護之需。蓋諸城大者不過三五千，步兵可守，其餘兵在本地，不足爲戰，合之拱護，可以爲援。然器甲馬匹，缺一則不得一人之用，而信守不明，則防堵不嚴，兵分無主，則約束不固，將多不下，則責成不專，而督撫鎮道之兵將，非協路所敢問，東西南北之兵將，非協路所能轄，申明舊政，以專責成，所不可緩。蓋以見在之兵馬，修前人之舊制，而總惟重其責成，有一兵，必歸于協路，有一將，必統于鎮臣，其哨備自可申飭，而車騎難于湊手，特在酌所以應之。

臣繇關門抵錦州，初歷腹路，旋邊路，遍觀城堡土田，略察人情物力，及詳閱營路中千等官，夜則倚榻呼副參等官，坐而商榷，夜分以觀其真心、真略、真氣、真膽，晝或登城，觀其設備，入營觀其器甲隊局，似種種精嚴，與之語，每奮發肯任。蓋仰感我皇上篤厚隆恩，而曾經爲政，爲守，爲戰。臣嚮在遼四年，而一時將吏心氣膽略，不似今之爲真。臣謂此時東兵東將可爲一用，臣因計狡孽狂恣，終當大創，獨恐兵將習玩習驕，氣朝而暮，力合而分，中與外相格，機與人不湊，物力愈難，技能爲窳，夷狄之患不息，中原之患不已，天下何時平乎？臣議之諸臣，皆以爲然，而間有不然者少。因計□孽部落約可二萬，而兼并諸部，約可三四萬，我須馬步六萬爲車營八、鋒勁兩翼營陸，每一車營合用馬步六千二百合，八營爲四萬八千，而前後左右四營可馬兵一萬二千。其營制及軍中雜需不具論，論其大而亟用者。如偏廂車每營一百二十八輛，八營合用一千二十四輛，整見車可二百，尚需八百輛，合用銀八千八百兩。如騎兵合用馬三萬，而步兵及馱馬尚用二千，今計見馬一萬五千，尚用馬一萬五千，合用銀三十七萬，及火炮馱騾五百頭，大炮駱駝一百六十輛，車牛驢尚可需二千，合用銀一萬兩。如盔甲則馬兵合用鐵盔甲三萬副，今可有其半，尚需一萬五千副，合用銀五萬七千五百兩，臂手可用六百副，合用銀三百兩，步兵綿甲可需三萬副，今且需一萬副，合用銀二萬。如大炮，如滅□炮，合用一千一十二位。此當先除城守，而八營尚需六百位，合用銀三千兩。如佛朗機，合用二千三十架，今仍需一千架，合用銀七千兩。三眼槍，合用一萬七千一百四十四杆，今尚需七千杆，合用銀三千五百兩。如弓箭、撒袋，合用一萬七千五百副，今尚需七千副，合用銀一萬四千兩。如長槍、長斧、長刀、板斧，合用一萬八百二十四件，合用銀一千八百八十二兩四錢。如火箭，合用三萬三千一百六十枝合用銀一千一百兩。如藤牌，合用二千四十面，合用銀六百二十二兩。如腰刀，合需六萬把，今尚需二萬，合用銀四千兩。如拒馬槍，合需二千四十架，合用銀九百二兩。如銅鐵鍋，需一萬三千，合用銀六百五十兩。如粸炒，合需七千二百石，合用銀二千一百六十兩。通約大數合用銀四十八萬八千兩，其他雜費尚可五萬，而犒賞當備五六萬，如馬可借兑，營馬冏馬便可省去三十餘萬。如弓刀有見解者，便可二十萬而足。祖大壽議用民車，合見車又可省八千。至見月銀米，宜及時，以鼓衆心。至于計兵數，當仍以吴襄合六千爲一車營，可添馬四百；關門兵一萬二千爲二車營，可添馬三千；寧前爲二車營，可添馬三千；松、錦爲三車營，可添馬千，而鋒勁、兩翼尚需馬八千。其兵則吴襄六千，關門一萬二千，關外三萬二千，川兵一萬。此約略大數，臨時或稍多稍减，不必盡拘，而其大段則不可少。大凡兵之用奇用寡，須多備而得機，以寡用正，出而因機，以奇用。臣特與諸文武將吏約量狡夷之勢，計我可以當之，而氣凌其上，則衆心無縮懦，而有飛揚騰躍之氣。且外酌各將材力，内酌一時物力，如材力可爲，而所需浩繁，將物力不給，如物力有餘，而所敵非對，將材力爲難。今所需，盡我所必不可缺，而所計費，盡勢所必不可减。惟望皇上早發一日，則早一日爲團練，而乘時相機，精神自倍。若以四方未靖，薊門未實，宣、雲叵測，秦、晋更急，則宜精備薊、宣之守，而仍以備薊者爲征遼之需，似可以少蘇天下之民，亦今天下大計。然而將心士氣，又不知過此何如也。

目今薊門備守，而甲馬未兑，訓練未齊。蓋各部之兵，人自爲政，而遵、密、薊、通雖有兵，而未審果可當敵，不獨防□仍再窺，而更防插或伺隙，此臣所惴惴于□，復惴惴于插。目今遼東備戰，蓋東將饒勇，人人有感激之心，據見在兵馬人人堪戰，而甲馬器械未足。臣所略計車騎之費，特約言以備。臣恐今天下物力不堪强索，即索之而備，而利鈍豈能逆睹，且前出遼，後虞薊，不獨□之窺薊虛，而插且議其後。蓋□以插爲陰應，伏附背之勢于宣、雲，虎以□爲拍肩之勁敵，而徂伺于薊，若兩不相交，而實兩相藉。倘我傾力而東，插即無機可乘，然或有時而乘虛。蓋河東一有可虞，插且乘而起，即大勝于東，而詎能盡殄其類，不殄其類，而東患未已，西患復生。加種種寇□爲祟，環神皋而處者，盡夷狄盜□也。臣以爲，欲剿□孽，遂當一意整頓，亟爲設備，乘東人之氣而用之。□方惴惴，插未生心，遲霆疾雷，一發而莫當，則臣議遼東戰備亟當湊發，如尚需時日，而未能頓給，便當姑如臣守薊備之議，明偵探，謹烽火，練兵馬，整器伏，實實修薊門之備，勿但説戚繼光邊墻，實實嚴虎口之防，勿但説王世忠款撫，而遼仍補缺填額。臣所議以爲防，姑與瘡痍之民相爲休息，登不妨圖三衛，遼不妨圖三城，待薊門既實，宣、雲可戰，有所以制插□者，再議□□，不然，秦、晋之流寇，閩、廣之海寇，蜀、黔之苗寇，所在紛紜，而河南北、山東西之大盜，與轂下之豨勇，相爲憑陵。竊恐當此時，中原之大奸不用夷狄，則夷狄之大奸或用中原之亂人，而乘其亂。蓋臣仰見皇上鋭意太平，勢在雪耻除凶，而將心士氣，時有可爲，故酌計軍需，仰候聖裁，如勢在必剿，則立爲湊給甲馬之需，勿漫士氣，勿生敵心。蓋機可驟乘在斷，謀當預計在深，總惟望中朝應手急速，勿以節省奉綜核之令，却以恢張課邊吏之實。此中戰守，關天下安危，終不敢率爾爲計。若姑持兩端爲游移，此身不能終畝，而以難遺同事，遺後人，皆所不敢也。

近議者以□犯宣、大，攻插又欲插擊□，此或不然。蓋□擊插，必虞插與我合，而大增一敵，插方欲借□□爲要挾，而肯相殺，以去其所借。蓋十餘年多欲借插仇□，而臣以爲必不然也。然插之犯似遲而大，其所據之地，其于□今浸浸爲要挾作歹，以我難給之款，乘我難給之備，兼或乘我難受之憤，一發而當不可支。竊恐窺宣、雲以附我背，而東于古北、潮河，西于紫荆、馬、永，以扼我吭。臣適見古北、潮河外，則遼、宣相通之大路，可横列幾萬，而内則七通八達。往庚戌繇潞河而西而北，殊爲寒心，而西繇蔚州及蔚之東西窺紫荆，南則中原，北則神京。蓋插故胡元之孽也。胡元起沙漠，遠交近攻，先盡并其鄰部，後乃兼遼兼金，以窺宋。而今插之爲計，頗似之。蓋既兼其衆部，而獨不問奴，且戀我金繒，而未大爲肆。今潮河、古北似有備而未足，特總兵官楊嘉謨纔二千，似當足五千數，以東防古北，仍西應黄花、渤海，與昌平相爲犄角，而昌平除守城守陵外，仍當爲車騎萬二千爲可戰，而衛陵京，以雄據重地爲天下重。臣又見紫荆今以爲緩，而兵當東援，其額兵爲餉，曾不一補，可謂遂無一備，似當分布各口之兵，而屯鐵騎五千于紫荆。再則南之保定有鎮臣而無兵，似當足其餉，宿車騎萬人如往日，急則駐紫荆、馬、永之間，而東則易、涿之地各爲戰守，仍各備車騎，以堵截，以追剿，以北護。方今□所不到之處，輒以爲緩，而起而爲之計，輒見以爲無故之費，將爲人所指姍。然賊且窺我意之所不備以爲急，迨其有急，寧有及乎？臣以爲，潮河之備，更甚于中協，紫荆之急，不減于遼、薊。夫遼虚而□乘之，薊虚而□又乘之，奈何不先實我虚。

初，遼撫丘禾嘉議復廣寧三城，登撫孫元化議撤海，部臣梁廷棟奉旨，密與臣確議，登當圖，金、遼當先復右屯，遂以總兵官祖大壽出關任其事，而又以總兵官秦翼明統漢土官兵一萬，以佐防禦。臣又以中軍副總兵何可綱同各協祖大樂等佐大壽爲事。目今班兵漸次出關，無可更議，而議所不同，初有議復廣寧，以馬步三萬據廣寧，聚三月糧，臨河而居，頓可控禦東西夷□，不令西入薊，南入關、寧。蓋門户謹嚴，則脚跟守固，即堂奥不妨稍疏，其間陽、十三站等，不妨稍并其城而省費，如此乃可招處劉興治，與登、旅相呼應，而□遠闖則我真搗。其□又當及早爲計，如遲，□或據之，或墮之，據則腹心之害，墮則須煩修築之勞。

臣集衆議曰：廣寧城曠而壞，去錦與海可二百里，外查關外兵馬，除東西調發外，僅五萬有奇，以分布九城。昨□窺松、錦而不能出戰也，如早計，則當在目前，然目前有石砫一萬，如出三萬據廣寧，則直以三萬有奇守九城，而三萬人三月之糧，且二十萬，未可不脛不翼而至。

如以今之兵馬不勾，待另爲兵馬，無論國家物力不給，而一有待，則非早計，將□又據之隳之。且據城既需三萬，而樹有幹，必有枝，則西寧、高平、閭陽、十三站及西北邊堡當一一填實，方有眼目，而萬人未可頓足。如恐其據之隳之，即目前爲計，則空九城以聚之一城，需烏合未練之衆，惴惴于守，而甲馬或未足戰。且□北嚮老河，南傍海右，以乘我虛，我必不能北截，而稍出廣寧之兵，以南追，則□且搗我廣寧之虛，而以西以南，盡廣寧所不及援截。且□即西出，我方隔河而居，未必即可搗□，而□且乘我南顧而搗我。且至關、寧，則與金、旅益遠，謂右屯不能接復、蓋，而以廣接之，更遠矣。如爲恢復之舉，以既足既練之兵，或可借廣寧爲停驛之地。如謂三萬可以搗□，便可以三萬直入瀋陽，然亦未有從一徑入而他無所寄徑者。如姑據廣寧，徐以觀變，則無所不守，無所不分，無所不寡，前出後空，一城之外，難爲屯耕，難爲供應。□居閭陽，而我之糧中斷，待我兵四集，而□復去，則我之奔疲無已時。事久變生，而我孤注難撐，且□出原踞廣寧，以城大，而湊石爲小城以守，待我進前屯，修寧遠，而渡河入遼陽，及我守寧遠，而□入新寨，又及我抵右屯，而□從瀋陽。瀋陽之東北，如開、鐵、懿、汎俱耕田，而西南多不田。蓋遠于我以赭地之意，令我無所因糧，而抵其□。是弃廣寧而不取，非愛廣寧而不踞也。然我人數統大兵抵廣寧，而□不忌，獨張盤入金州，□從七里外糗絶馬斃而襲盤，則□利我之入廣寧，而忌我之金州也。繇此言之，□必不據不隳，即據之，□分而我乘爲利，即隳之，我能殺□，何難一城，亦如右屯之再築之耳。況任其隳，而我決不可先騖遠曠不可守者乎。初議復義州，義州城亦大，尚未甚壞，去錦州九十里，中有戚家堡，而大凌河之水可抵城。初以二萬人入其中守之，以招集居人，居人集，可以萬人守之，而糧從河從錦，俱可入城。且地偏，而去□稍遠，去錦稍近，供應屯種，俱可爲計。且入城便可守，不煩多力爲築，便不煩多力爲防。其地更腴而可耕，其初不大費力以入，即其入不大費力以備，且騖之發也必伏，我以遠于□，示弱而修備，一旦起而東，多一二日路耳。此其説似便。

臣又集衆議曰：地忒偏西，去廣寧百六十，繞山而東，難以窺廣寧，而偏西則漏于東□之消息，難知我之心膽，日惴惴于遠□以爲幸。其于朝廷之物力，于將卒之才力俱省，而無以護海，無以用海，或無當于河東成敗之數。且以偏于西，則力資于西，而東之凌河、右屯便不爲計。如謂無妨于進取，則既爲進取，又不必先分兵力于此也。部議復右屯，右屯城既墮，必先築之而後守，其築之，賊必來擾，必先防之而後修。且繇紅草、柳河尚百八十，如繇船城來，則百二三十里，夏秋尚以水稻，春冬則直闖門庭。其初修築，既難爲力，即修而據之，逼城而處，必費力爲防，而屯堡不無煩擾。

臣又集衆議曰：右屯去永二十餘里，而復右屯，必復大小凌河，以接松、杏、錦州，俱統海而居。□之内窺糧運，勢難頓入，而屯之後即海，則糧可給，而兵可駐，將人民易集，而就此即東，不妨爲發軔之地，如稍遲未起，亦可姑駐而不費，而海河相會，易爲聲援。城小，易爲兵餉，去蓋州雖隔一河，而在二百里外，如凍則聲息可通，而夏秋可繇海之三家溝東西爲哨，力有餘，便可繇十三山直覷廣寧，繇錦州，繇義州，即河東大業自此而起，且地亦堪耕，而城小不費多，人直五千可守。獨初費力爲修，而易來擾。然可以致□而大創之，以堅吾兵之膽。蓋于此有三路可入，此非爲右屯計也。爲自右屯而東，以南邀登、旅，東窺海、瀋也。初若落落難合，久則自見耳。計右屯城七百丈，爲一千四百弓，計可四里。其墮之餘，尚可一大，而磚石尚有可用者。可需磚，可需柴，可需班兵，可需護兵火炮，可需戰兵。

至于東江，部議以金州付劉興治最爲得著。然勿以黄龍轄之參之，直以爲登撫居重之勢，而登撫當與興治共爲安危，而順激之，義動之，將成虧皆有益。且不必問興治之來不來，但給其餉，而激以成功，即遣一將可築，但要動之，以非興治不能。當□而防□，擾則興治必當力爲金，不踞旅而圖金虚也。不圖金而踞旅，即築南關嶺，亦如嚮之高拱登門、遠遁皮島耳。故當以金全付興治，其長生島有三十里通陸，夏秋尚有水，冬春則直與陸通，謂踞長生以窺復，然守復而後可踞長生也。如登撫止爲旅之二百里，豈忍費如許事，而僅僅爲此乎，無亦爲金，爲復、蓋也，非爲金、復、蓋也，爲海、瀋之發朝，而□所必忌，我姑爲守，□必不敢西窺，直爲戰，則□不得不分爲旁應。□如用老□之法，從我幾路入口，祇一路來，則我直闖其藩，而以車營直前。當此時，則右屯與河東乃覺爲益，然修備停當，便可殺□。即數城復，亦可，不復亦可，復金可，復蓋亦可，復右屯可，復廣、義亦可。如不能殺□，無論務遠爲荒，即右屯、金州亦嚮來縮頸遠□之唆唆耳。願急湊兵馬錢糧，趁兵心之鼓舞，一大創之。如部議所謂殺得□過，何用復城，將城自復，而力不分，天下太平矣。

臣目今令諸將先計算恢剿大計，需兵幾何，甲馬器仗幾何，作何營分，作何團練，以何將分統，先除守關及關以外九城需兵馬器甲幾何，其餘以供恢剿，見有幾何，尚少幾何，兵何出，馬何借，器何供，以何時可足，以何時可總練，則合城至復不復，盡在其中，而農有畔，乃可循，布有幅，乃可無黜嫚也。

薦傅宗龍疏

臣近見太僕寺少卿兼監察御史傅宗龍至自滇南，臣病中手額，以爲宗龍可以代臣。宗龍痴拙寡與，頗與臣同，而精詳敏練、博大沈雄，非臣所能及。至當機能斷、遇變不摇，直有古大臣之風。其按浙按黔，各著功能，而黔中四載，日在行間，定反側于掌股，聯衆心于臂指。即當兵興，招募紛錯，朝合暮散，獨宗龍度局暇整，將士英發，以書生走五千，衆畏而愛之，且知人善任。如今大將黃龍，其所草澤拔識，而鄧玘、向葵輩，亦所擢用。此其材真可代臣。蓋此中兵將未甚厭臣，而法漸已不張，急得强健有心計、可以彈壓者，乃能振朝氣于未暮，抑恣意于將生，而過勁易缺，大嚴不受。漢人蕩佚簡易之語，又非持偏鋒、騁獨立可爲。臣再四斟酌，惟宗龍爲可。蓋宗龍爲臣庚戌所取士，故臣知宗龍之深，非敢謂天下無人也。頃從西協寓書，乞宗龍爲代，而宗龍移書曰：「宗龍此來，總以君恩未報，亦欲一當□□。」此其氣何壯，心何忠。蓋膽識絶人，而力能副之，真足以仰副皇上雪耻除凶之意。且其官，臣雖不甚知其詳，而臺資冏資，既久兼功叙，應升如昌平、通州體例，似不爲越階，以與撫臣邱禾嘉同心戮力，共效馳驅，東事可爲也。臣即病，不能任封疆，而亦爲封疆得一人矣。

補立遼東前鋒疏

關外自前屯以抵錦州，各城俱以副總兵同爲城守，官尊而兵少，馬兵更少，而官尊則不相下，統轄爲難，兵少則難于應敵，且馬兵既少，衹可爲守，而合八城之馬兵，尚不足以當萬□。去年九月，□窺松、錦，欲圖一戰，而猝合各城之馬兵，加以關門千餘，未得凑合，依期而□衆倏忽往來，卒未大創。臣愚，以松、杏、寧、前不獨少大將統轄調度，更苦無兵，更苦無馬兵。今石硅〔一〕萬人盡步卒長槍，從來健鋭，但新兵未練，此曹善撫而義激之，可使用命，勞苦而法繩之，易以爲嘩。且用之以攻以守，俱爲長便，而用以野戰，非足其器甲，如以驍健馬兵及車營互相犄角，則以短兵接弓矢，以步卒當狂風驟雨之騎，□未爲得用。且部議恢復廣、義、右屯三城，議以此兵先取右屯，目今右屯已墮，止留丈餘，欲據此城，必先修築，須防□擾。石硅之兵可挑壕以護修工之兵，而火炮未練，非更得一大將統馬兵勁卒一大創擾築之□，無論修築爲難，而前次如入無人，今更爲自保不暇，其何以挫狂鋒而折狡謀。且目今甲馬未備，過河攻剿爲難，而法當致人。竊計築城，□必來擾，而金、旅有事，再以水營覷蓋、耀，爲欲取之狀，□必不得傾□而嚮右屯。倘以一枝嚮我，則饑飽勞逸之間，我稍便宜，而良將勁卒，必當一創。如□預知有備，必不敢輕犯我鋒，而計日修築，便可成城爲守。但前鋒兵將俱防永鎮，急不得出關，祖大壽不得出，則兵不得出，兵不得出，另立大將于松、錦間，不過約束數城官兵，爲守勢，不足與石硂爲犄角，何以用石硂，又何以大創□，而護防修築，以據右屯。臣前謂薊門當實，不當虛，虛遼以實薊，然事出倉卒，不得不借遼防薊，但遼原非戰守之外，另有一副應援別鎮之兵將，而薊門之防無已時。即遼東前鋒之當防，亦無已時。且欲計右屯，即防永之兵盡出，尚虞分外加防之爲難。今永勢難頓撤，而遼東豈可不爲蚤計。竊意□善乘虛，當遼虛而乘之，既以壞遼，及遼實而薊虛，又以乘薊。今我自撤遼以防薊，則遼又虛，而□豈不思乘遼。況去年九月，業已見端。臣以爲，薊計既整，主兵既增，客兵如甲馬既備，訓練既熟，不減遼兵遼將，便可令祖大壽仍出前鋒，兼備應援于內。然中外有心，而無敢定議，以薊門之警未測也。薊門重于遼、錦，祖大壽一兵，實爲天下雄鋭，其動定便關重輕，而永鎮必不可離，便當安定衆心，無令奔疲道路。其遼東前鋒，便當另立大將，如額增兵增馬，務令□來，可戰可守，方可則成。如兵馬增，即無大將，便難約束調度。如止立大將，而不增兵增馬，用大將何爲。蓋我以兵兩應，必有一虛，□乘我虛而窺之，我遂終無一實。目今遼東應添六千馬，以予遼之步兵，合見在各城之馬兵，可設一總兵統合各城步兵，以爲戰守，而略分石硂以代守，仍用其强健者，如火炮以合戰。

臣與撫臣禾嘉相議如此，隨檄鎮臣大壽面議于關門。大壽謂，目前爲錦、右大計，須大壽自到，可以中軍吴襄統見兵，分布東協邊，□不必坐守永平。大壽分馬步三四千出關，即關内有警，仍可急入應援，萬無一失。此議似亦可從。伏乞皇上酌察臣言，亟敕該部確議，如薊兵可用，擇一大將以守永鎮，便當責令祖大壽以兵歸前鋒，或即如大壽議，以遼將統見兵，合薊兵防之邊□，而以大壽提防永之三千，加以新馬歸遼，不獨守錦，仍兼防薊，便以圖恢剿。如大壽必不可出，便爲前鋒補設大將，亟予馬匹盔甲弓刀，仍陸續添完經制，令與石砫相爲犄角。蓋前鋒添馬兵有大將，則該部所稱石砫之犄角方成。如石砫兵到，而前鋒大將馬兵不給，即石砫亦爲虚糜，决不能以短兵孤注，立成大功。目今先補大將，以料理急著。其馬匹器甲，必不可時日少緩，即石砫兵來，其一切軍需錢糧，仍當先爲備辦。蓋無餉無兵，有兵而無器甲、無訓練，徒爲糜餉。

【校記】〔一〕「石砫」，本篇原本俱作「石柱」。

撫鎮相左疏

臣奉命督理軍務，其于各該撫鎮，例應節制。臣每飭鎮道取裁撫臣，亦勸撫臣以蕩佚簡易，即撫臣禾嘉及鎮臣大壽、偉亦似聽臣之言。近郵馬山之捷，聞禾嘉責詈大壽解官，又聞大壽帖謝，臣姑誼飭大壽以謙和。大壽具稟，略稱：「近以王□化統兵出塞，不報總兵，遂致功叙遺脱，職稍爲飭諭。劉毓英未得補中右撫院，以職抑之，遂爾聲色相加，即蹴踖暴白，意尚未釋。」又接撫臣禾嘉揭帖，略稱：「□已過河之信，祖大樂既報西行，該鎮曰未的，是以封疆爲戲也。本職憂焦不知所出，而將士稟成于鎮，法令不行，使本職扶同致誤，雖再誅撫以續經督，何濟乞飭。」該鎮位尊權重，不妨稍加敬慎，至撫臣會臣于關門，言要拿大壽之參謀邸磊、旗鼓李雲，又言大壽索功賞曰：「鹽利銀二萬，何不借發。」蓋大壽亦屢言撫臣之中軍旗鼓未妥，而乞鹽利爲賞，以遼有鹽利銀，舊以供遼之雜支，而大壽疑撫道未報也。種種釁端，總以舊制營將缺，則鎮道共擬應署之人，以取裁撫道，而呈于臣。其中千缺，則鎮道共擬其人，以道札彙報于臣。去歲以來，遂不用此制。有道報用，有撫咨用，多不商酌于鎮，故撫道所札委，而鎮以爲不堪。是以撫鎮交相怨尤，既以用者爲私，便以不得用爲未遂其私。且撫鎮兩臣俱以軍功爲樞臣梁廷棟優厚，兩人初甚相得，及各有推擇于樞臣，而有應有不應，遂兩相猜，兩相怨。初相得之深，而後相乖之甚。至于今，根本將撥，枝葉各散，種種釁端，臣止據臣所見聞。且去歲寧遠人情洶洶，目今文離日甚，臣鑒往察來，爲兩臣危，更爲自危。適平遼鎮臣宋偉又復閉門請告，蓋以舊巡關御史未薦，而近復聞有物色者；亦以撫臣去歲初至關門，有不用偉之意，今雖釋然，而偉乃有疑，然其人可用也。臣以老病，拍伏封疆大事，惟倚撫鎮，而撫鎮若此，臣力既不能彌縫，事不敢不以實奏。臣于三臣，非有輕重也。

有旨：「封疆事重，全在邊臣同心共濟。覽奏，撫鎮相左，事殊非朝廷倚任之意。卿提衡節制，忠誠素孚，當曉以體國急公，各釋小嫌，協圖大計。軍機利害相關，撫鎮功罪一體，如或不遵諭旨，愎拗偏執，致有疏誤，國法嚴明，決不輕貸。若將領各官，敢有窺揣行私、挑構生釁的，卿便拿問參奏，盡法處治。撫鎮中軍參謀等官，果非其人，卿便查明斥革。」

處置降夷疏

張弘謨受撫臣之令，致夷于五百里外，議撫而用之，以夷制夷，遂以夷攻夷。蓋欲稍得要領，以圖得□首，束、多等□，亦見古北、韓□之役，似屬可爲。但古北所用攻夷之夷，乃原係坐門未逆之夷，臣抵古北，曾爲賞犒，察其婦子嬉嘻，各稱忠順。蓋其心久係内邊，故密與商確，易爲鄉導。今當剿殺時，明邀曾逆之夷于五百夷之外，業已形見勢露。逆夷狡猾，豈不聞之，豈不防之，豈有在在剿逆，而一旦遠來五百里外，邀入近邊，□豈不知我之爲計乎？即邀來之夷愚而可紿，萬無他虞，而謀已蚤計。

我且一得此夷，即訪詢某頭目、某部落，更覺忙促，倘我迫據此夷爲計，豈不虞□反得借計爲計。目今既以邀來，但當安插邊外，而慎防之，即續有自來投降者，亦勿輕爲安插，必待詳審精確、偵探明白，衹擇其精健二三人，加意豢養，乃可得其死力。若適來適去，非撫慰十分得其心力，未可輕試，而又須加意隄防，勿效往日，察其陽順陰逆之詐。蓋束□等于韓□，而謀深防密，此當精心于無心，中行之未可先爲哆言也。大約□□無盡殲之勢，既已在在剿殺，在在遠遁，而煢迫者，時或叩關乞生，似當漸爲宥貸，容其邊外安插，或就中酌可爲計，但此時我方修備，豈可頓招降夷于邊。即有密計，豈不防窺我借夷之謀，而行其謀。若勾來爲撫，勾來爲計，即□愚而信我，而我難信夷，終屬未穩，正恐我爲□乘也。

撫臣豢龍養虎疏

撫臣邱禾嘉自言，豢龍養虎，欲行撫賞于駁喙之餘，以得其死力，然或豢養前日百餘人，就中爲計乎？今且千百，又不止千百，將盡數豢養乎？君子養謀小人，善意千百，□中豈無善意者。往以弔喪愚□，而爲□□愚，以買米愚束，而爲束愚。即今之愚□者，或勝于前，而□束之不爲我愚也，豈不如故。目今□攬松、錦，正恐致我兵于前而擊我脅于中，奈何？從五百里外，收千百未悔禍之虎狼于三百里間，前方拒虎，後已進狼，豈謂束之惡減于□耶？借降夷而附□夷，嚮日薊門深入，而撫軍者，猶以爲屬夷也，豈不念之。即如以夷攻夷，將以數夷行我計，入□營，而刺其渠乎，或縛之歸乎，或以衆夷攻夷，我收兩利之益乎，抑以夷爲導，引我大兵，直擣□□，而取其魁乎？竊意一二散夷必不能入□之幕，即得素親貴者，我信之，□必疑之，如引我兵而行五六百里外，聽新附之夷□而行密謀，即□信，而我又疑之切。此計當倉卒即行，則狡夷豈旦夕可結，豈語言可憑，如倉卒未可即行，何苦忘孑遺之仇，而輟養兵之費，以養千百，□仍惴惴爲防也。且數逾千百，便已過邊堡防守之兵，又況乎又有源源而歸者。既服而食之矣，如叛而誅之，不費一矢乎？今幸我兵東西出塞，屢有剿殺，西□遠遁數百里外，我得一意修守修備，即狡賊自來投降，尚未可遽納。凡以我備未精，疏虞可慮，狡□當防，順逆未保。且十數年邊吏，何人不圖以夷攻夷，而卒未有豢龍養虎如撫臣之手者。凡以狡□互相引重，不肯仇殺，更以遠交近攻愚我，而款夷之飢附飽颺，徒有任之耳。近日石門以新降夷出哨□□，及引兵出，而□□已空，豈非哨夷先透之乎？去歲□在永、灤，屢報□有内應，得報者以爲奇謀，曾不計□勢何如，又不計内應之人何如，徒得叛人陰陽一二之語。如已附□之趙萬春、俞鍈等，以問爲奇，致我兵三抵灤，而無一應，最後□設伏，而張存仁之兵殲二百有奇，而把總劉金龍死焉。我不能謀□而爲□謀，斯亦以夷攻夷之誤已。大約古人深謀秘計，原有精實，豈可徒剽其名，以哆遠略。臣以爲，□當此時，自是願降，而一收便自多事，不如姑□縻其頭目，令之仍住五六百里外，不得輒近邊，以取剿殺。蓋既招之來，便不可遽剿之，以失大義，待後日度我可受降時，安之邊外，如此時作歹，可便移兵剿之。此事關係甚重，誠如聖慮，不得易視輕信，致有疏虞。臣敢爲苦口如此。

遼東築城疏

遼東修築之役，原以丘禾嘉疏復三城。臣以九城兵馬計，或可且復一城，撫道議復廣寧，臣爲如必欲復城，但且右屯。撫道及鎮又議先復大凌，梁廷棟以爲可行。奉旨，以鎮臣祖大壽提馬步四千出關，又以石砫兵萬人爲用。石砫兵亦有精强，殊雜老稚，一抵關而輒思逃。臣念既有萬兵抵關，而一旦思歸，將所在紛囂，狡□窺伺生心。臣是以悉心鼓勵，遂各出關，已分發三城，而换遼兵應敵，仍以此兵伴遼兵爲城守，待秋防後，量爲放回。見援兵散遣在朝廷，如東江有可撤之兵，量爲填補。臣又念去歲八月間，狡□毁我右屯，燒我糧船，特以鎮臣大壽在關西，未得一創。今當修築，□自來擾。大壽奉旨出防，業已日夜爲計。頃奉嚴綸，便自力求底績。近報損資，買木爲栅，以防□擾。至其先事設備，臨機應敵，臣以再四行道臣陳新甲及大壽爲計，而新甲更悉力以計成功。其運糧費四五千金，運炮至三四百數，皆所設處修理。乃城工尚爾遲緩，則以原派兵夫一萬四千，而赴工之數，止一萬。且先來者，尚以三月後，乃四五月陸續赴工，俱以本地措餉爲辭。故各兵以壘築之日爲辦料之日，遂至遲遲。秋高易擾，自是必然。着力嚴防，惟有相機爲計，决無久待。滅□而後，復城亦决無必待□定不擾而後議築者。從來争城而築，自無省事之工。今惟有且防且築，密偵遠探，先爲備戰，□來决戰而已。蓋凌河一城，當我原有，四城之中一復，此土地可耕，人民可倚，再得右屯，可以護海，可以資海。即今日進取，此築不損前途。即他日進取此城，仍可爲計。即既已進取河東，其填實必先此地。蓋聖略所云「一步進一步固」，恢復之成畫也。

大凌當復疏

臣非謂一意進取、罷修築之役爲不可也，亦非執己見，抗群議，忽大敵也。復城原不自臣，而復凌河一城，實爲有益。若新樞臣進取之言，最爲直捷明切，則右屯自不妨姑置爲甌脱耳。大凡邊事議而不任，或略彼己而但計所當爲任，而爲議必計所當爲，而先酌彼己。如止計所當爲，則開、瀋豈可容□，如先酌彼己，則廣寧亦當量力。蓋兵力至于可復廣寧，便有雄視河東之大概，而滅此朝食，惟在直前，今似尚未遽辦也。

邊工屢旨酌議疏

臣謹遵明旨，即行撫鎮隨撤各兵回信防薊矣。臣仰荷隆恩，不能滅此朝食，以慰聖懷，而區區從中樞之議，修復一城，臣實未敢爲矯也。適巡關御史及樞臣有議，屢奉明旨，確畫酌議。竊念此役果當停止，則明旨不必，仍令酌議，如樞部的奉明旨，則當立行撤調，又何必需之邊人。蓋商議者皇上，若以地方之利害得失，邊臣之見或真，而傍聽或未確也。若夫工之不停，臣以曾奉修築明旨，即後屢旨商酌，而實未决停當。商酌之際，臣既不敢以班兵歸薊，而又曷敢明見其不可停，而遽停萬人之工，以待商酌之定，則且酌且修，臣之罪也。亦臣實見其當修，而仰體皇上慎重盛心，未有實見可修而不修者。且既奉旨當行而行之，未奉旨當停而即停之，以待議，樞臣設身處地，可有此乎？况大凌一城，如薊門之邊垣，然地非遠荒，勢踞要害，□所深忌，我所切防，既明出偵之耳目，兼固卧榻之藩籬，以于、馬爲犄角，以錦、松爲提携，城小易完，地近可守，使樞臣以規恢大略，攬結河山，必且灑新亭之泪，而咎陸沈，未有不三嘆當復者。即昨入其地，禾黍芃芃，誰非皇上之土田，士氓依依，誰非皇上之赤子，工料山積，車運水流，誰非皇上之物力。當此時而停，返之不可，守之不能，置之此地，仍以予敵。且憒□之毁而興，怕□之擾而罷，非所以示敵也。以先之可而修，隨以後之不可而止，非所以示邊也。鳩數百萬工料于地方，而廢于垂成，非所以爲實也。聚二三萬人于壓境，而撤于無名，非所以爲聲也。樞臣就事揆策，動計久長，必有低回方寸，而不忍以百聞傲一見者。獨是愚臣屢奉明旨，便當立爲酌議，然事關重大，不敢遽臆率覆，而往旋千里，動輒經旬，鎮道酌議再三，其議方來，而工不得即停。臣衰病耽延之罪爲大，矯以冒明法，臣不敢也。

嚴爲防守疏

此□去年入犯，亦以八月中旬擾我禾稼，蓋防我擣□，以自護其禾稼。今年我有凌河之役，預知必有一來，各該前鋒諸將屢奉明綸，横竪遠探明白。其海運糧料，搬運入城，自可無去歲船糧之虞。其野住生□家私，收保大城，亦可無去歲雙堡之虞。其大凌新城已完九分，據見在官兵火炮可守。其川兵盡已撤歸寧遠，陸續入關。其班兵適當□警，以其徒手，未敢遽發，尚在新城。鎮臣祖大壽統原奉旨出關副總兵張存仁、孫定遼等及中軍何可綱等，相機剿禦。其南來松、錦、杏、塔各城，俱各以原設官兵，嚴爲防守。鎮臣以杏山城衝，仍發趙國志統本管防杏。其松山前鋒兩營在大凌，而本城官兵火炮自爲守。其長寧、沙河等邊堡照舊收保，附近大城，止以官兵及丁壯爲守。其寧遠大城有撫臣丘禾嘉、道臣陳新甲及副總兵金國奇等，以原設兵丁加意防守，不致單虚。獨環寧四面土城，每慮爲瑕。適今築砌圮缺，仍相機收保大城，量以兵民丁壯火炮爲備。其西來中右、中後、前屯、中前，俱各依原設官兵爲防。其調去凌河之兵，俱各發回。其中右有餉臣雷一鳳同游擊俞繼訓等，可守中後，則黄惟正，臣所留住中後、前屯，則張弘謨俱各人自爲守，俱可無虞。而中前，朱國柱可守。其灰塞西來邊堡，及各城關厢，照舊相機收保，一如嚮法。鎮臣宋偉、道臣楊嗣昌，仍以副總兵靳國臣統本營馬兵出防前屯。蓋前屯衛所，俱屬關鎮，而此地人衆地腴，頗饒生畜，舊爲屬夷撫場，而高臺東西當北來大古、大盤之衝，即該撫遠探三百里外，未有踪迹，不可不嚴，而合中後、前屯之騎，酌可合擊。其關門谿北山抵南海，住城羅城，則鎮臣偉、道臣嗣昌各以道臣所新分信地官兵，仍借用將官二員，以分信爲防。鎮臣秣馬厲兵，待前屯哨探出關應援，而閤部臣陳瑾訶察非嘗，餉臣楊驊徵統本營馬兵扎于駐操營。當義院、大毛適中要地，以備兩提應援。緣此地土田寬肥，而林口收放糧料。其石門一路，石黄、大義，俱有新分信地及舊設防兵，嚴加飭備道，仍以游擊□外爲多奈滾吉舊□，防其導□爲患。兼以此地未經□患，倍當飭防。其薊、密、昌鎮，自聞警以來，臣已三次飛檄申飭。道臣方一藻、孫士髦、寇慎、鎮臣張國振、鄧玘、尤世威，務要遠偵嚴備，新督新撫，自可爲防，仍飭永平道臣王凝祚，同鎮臣許成名、協臣劉源清及吴襄，倍嚴冷口一帶。該臣按狡□聲東擊西，是其嘗計，而回鄉降夷兼有西犯之□，薊西自合嚴備。然内外諸城，合則可擊，分止爲守。臣已令祖大壽勿躁勿遲，乘隋乘分，迅發出奇，務得一創。然□衆我寡，非奇不可輕動。大壽疽發于背，忍痛調度，未敢許其暫攝。目今在在嚴防，處處警備，即未敢必諸將之盡如臣願，而兵力所及，無敢不周。

應援機宜疏

去歲賊困撫臣丘禾嘉于錦州，人心惶駭，亦如此日。臣于時以鎮臣宋偉統步兵前屯，以防大古、大盤入關之路，而遥爲聲于錦州，乃鳩合馬兵，以何可綱統赴松山，聽撫臣挫□。撫臣未敢輕戰，然各兵北去，□亦驚心。若入犯十餘日，以困邊城，而内無一兵應援，□已放膽爲寇，而我止一城之兵孤注出敵，自非乘夜、乘風雨爲奇計，豈得輕于一擲。祖大壽原備大戰，自當相機乘時，但□計更狡，而外無一應，是撫臣持重于去年，而望輕擲于今日也。適以撫臣原計，慮寧前單虛，故仰遵明旨，不敢輕出一兵。臣竊謂邊塞原要互相應援，如各城坐視危地，而不敢一援，即遥望登門虛聲，緩何及事。臣頃令周文鬱發舟師于淩河入海之地，爲若遠若近，以疑之，仍會撫臣擇寧遠精鋭幾百人，持炸炮刀斧，登岸夜斫其營。臣終念關、寧仍當如去歲鳩馬兵數千，前赴中左、杏、松爲聲，如大壽計，可合攻，則大淩之兵與發去松、杏之旅，自可酌合爲計。蓋此等馬兵，合之可爲戰爲聲，而各城止此馬兵，不足爲戰，故量調爲用，可合戰而無損于守之實。

當急援大淩疏

臣嚮謂□以一枝來，則大壽力可擊走，今合東西全力乘我新城，便當以東兵精鋭之全力爲戰，而兵食相當，即新城可守，却又以二萬人食萬人之食，人多食少，所以要急于應援，而外又苦兵少難入。總之，此時發關、寧之兵，則懼違旨，請防永之兵，則懼移重，利鈍難于逆睹，發謀無可更推。然關、寧之兵似必不可靳，而防永之兵是在廟堂急裁。

有旨：「大凌勢當急援，豈得再計。兵機呼吸懸殊，原不中制，丘禾嘉何得借修築前旨爲辭，顯屬諉卸，姑着戴罪，亟圖自贖。防永遼兵還確探□夷有無窺薊情形，相機調發。」

兵潰乞罷疏

臣奉命督率撫鎮，即撫鎮之罪，盡臣之罪。臣一味愚拙，兩年病苦，訓練未登于戎場，紀綱不飭于在握；羽檄日是下，而不能以調集滿撫鎮之需；心旌日摇，而不能以籌策佐撫鎮之算；撫臣疏復城，奉旨密商，而臣不能不主撫鎮之議，以修凌河；鎮臣既復城，有旨散兵，而臣不能令撫鎮同遵明旨，以致圍困；徒知履平前進，而不知在險運奇；徒知前進，乃可解圍，而不知背城可以退□；徒知師期屢定，而不知師期在在于城下之戰。臣亦知待凌河自守，而不能待于無衣無食五十日不解之守。

救凌方略疏

我師初意□退，而我可姑延，故屢爲奇，屢易師期，而竟以兩師參差于遲速致衄。然□之狡計至久困，故數遭剿殺不動。即長山之役，我兵失利，而□死亡無算，終不動，是不得以零剿爲驅逐。適舊撫丘禾嘉遣官李允功行牌于張春，借以探凌河，窺□勢，允功回，言□中無糧，而凌河城聲氣烟火如故，且各地野草禾草，遠近焚燒殆盡，而□糧似已無餘。我之凌城似尚可捱延，但□乏尚可遠求，而淩急何堪一盡。且一戰失利，豈可沓無一兵相加遺。是以急挑精鋭，仍可急合騎卒，急赴松、錦，正正欲□來即應，不獨令□不得即逞，而且令知我在在有兵防，仍可就此設計用奇。至于乘機爲計，在撫鎮臨機，臣屢爲商酌，敢不深念。淩河勢難久全，而權不能預，計不得急，所爲低回而心血俱盡也。臣日來設備集兵，爲各城安插，仍招募遼兵，即爲覔器械，有一兵，得一兵之用，而舊撫已僉降夷六百名，共期合遼兵得三四千，以待樞部。所請之器甲，及所調發成大聚之聲，然而登州之五千可用，猝未得來，秦翼明之三千可來，猝未可用。鄧玘、許成名，尚在酌裁，而許兵數止千餘。即合遼鋭夷丁，通可萬四千，集小群以爲勢，合衆勢以成形。然止可借張天聲，而未敢據爲應援。第此時并此兵未有也。

有旨：「長山進師以後，又經匝月，屢諭練集鼓勵，以圖剿援。若別有事機可乘，卿宜亟攄籌略却□解圍，仍敕部促登兵，并議其餘堪調。」

經備總督不宜并設疏

國家經制，薊遼兩撫以薊遼總督節制，極得提衡大略。祇緣遼患猛發，遂添經略于遼。及臣以内閣視事，遂易經略爲督師。其任與總督同，而不問八郡之官評，獨多登、東之節制，于是薊遼有兩人爲之督，而薊遼兩撫俱轄山海，其督師與兩撫同體，而督師苦于隔撫以督鎮道，撫苦于候督師以令鎮道。有以讓爲不較者，既諉而難爲己，有以任爲擔當者，又攬而難爲人。鎮協各官時挾所重以爲趨，時藐所輕以爲避。臣先後六年于此，爲苦不可言，而遼事十四年，其患爲大。臣以遼東仍專設巡撫，自中前以東屬之，不轄關門。其在關門，當去經督，設山海巡撫，以永平一府屬之，不轄遼東。其遵化巡撫，祇以順天一府屬之，不轄永平。仍以薊遼總督節制三巡撫，獨職其大。至互相應援，則總督爲之調度。蓋關門不可無節鉞彈壓，而易經督爲巡撫，則料理既親，彈壓亦重，官不增減，權不雜紛，且遼撫原不甚照顧關門，而經督力不能加于遼撫，即薊撫于關門亦難遠顧。且經督起于初之征進，今勢在招集訓練，□來剿禦，而非征進之期，則經督可省。若夫一柄三操，兩姑一婦，遂至兩能不下，兩拙不下，一拙一能，日有紛錯，則臣已屢言之。目今懲前毖後，須先定大綱，仍可專責成，以定大計。

有旨：「卿奏分設巡撫，專屬地方，于邊計大有關切。着吏兵兩部確酌速覆。」

遼事大略疏

臣仰蒙聖眷，付臣以軍旅之□，祇緣年既衰遲，病以勞湊，心雖勤而力不支，志欲爲而氣先竭，仰邀天慈，許放回籍，身當殘廢，終負天恩，一腔未死之心，未能輒罷，謹列遼事大略，并以臣奉命復城、進兵二事，諸臣所未悉者，具疏略爲明白。

右屯之議，臣酌撫臣三城之一小城，而臣非倡議復城也。即後諸臣（城）議復大凌，則臣所酌之，右屯亦未復，而臣非倡議復大凌也。獨是大凌當復，臣從衆議以復，然能料□之必來，而不能料□之傾□以圍大凌。蓋凌工六月可完，而兵散則□無可欲。嚮使凌河不辦（辨）右屯之料，則六月已完。又使九千之糧不運，則奉旨便可停工散兵，而兵工不致圍困。祇緣臣抱病關門，既不能顧東事，而東之撫鎮又或衆議爲紛，應少乃多，應速乃（速）緩，應散乃聚，致育疏失，則臣之罪也。今謂復城致□，遂將令後人以復城爲諱，則遼地何時復。而又言復城逼□，然□豈以我遠修退讓不來乎？玉帛子女，與而又與，至于無可與，城郭人民，退而又退，至于無可退，則往事可鑒也。要知關門必不可無，遼東不比薊之。夫大寧西之失河套，不失爲薊西，而不議復新，必不能守舊。使嚮四年臣不抗天下之議以復八九城，則關門外即□，而灤、永一陷，關門何以守，而遼東西三四千里皆□，其關天下不大乎？臣願治臣不能禦□之罪，不願謂臣倡議復城致□，而天下以復城爲諱也。

當八月初六日，狡□入，遂得因糧以困凌河。今因凌河困，而謂城不可復，凌河之圍未解而潰，遂謂兵不可進，進不可野戰，過矣。請言進兵始末。初奉旨散凌河兵歸本營，及□入而撫道不敢發兵。臣一面檄發，一面題聞，即日令關内道楊嗣昌以總兵宋偉發副將靳國臣領騎兵屯中後，聽撫臣調度。其後一報大獲全勝，一報松山奇捷者，國臣也。初九日，又發副將王秉忠、游擊李光孝統步兵三千，出屯前屯衛，又以宋偉率副將張繼紱、滿庫統馬步四千，合前兩次續發兵九千抵中右所。其後松、錦兩捷有功，而仍以戰死者，滿庫、繼紱、光孝也。臣時亦抵中後所，隨奉旨兼顧内外。樞部數言步兵不可前，宋偉不得徑進，而以吴襄充總兵出援。臣于是姑回關門，宋偉駐中右時，撫臣所發副將于永綬，松山用奇，致有疏失。撫臣以于永綬不受節制，而安邦以撫臣標將楊振不受永綬節制也。臣回關調防永、遼騎二千，又發防石門騎六百，又咨調薊兵先後五千出關。撫臣議以宋偉步兵七千屯杏山爲聲。宋偉既蒙觀望之議，于是進抵松山，時爲馬步分合，松、錦入路未定，撫臣以九月初六日誓師，又疏劾宋偉逗遛。偉于初七日抵錦州，而撫臣以候湯廷耀等兵未進。先是，八月二十六日，撫臣以張弘謨令靳國臣率佟守道、楊振，錦州城東迎戰，而振等兩脅不力，先報大獲全勝，後報殺傷相當。蓋一次背城，一次用奇，俱未得當，而吴襄與張弘謨俱言「凌河二萬不能殺出，錦州二萬何能殺入」，于是祖大壽妻具揭請兵，其子澤溥具疏，請以親貴之臣督兵。皇上篤念忠功，令臣奉尚方劍，同御史王道直出關，以監臣應王應朝賫銀幣布匹爲犒賞，又准臣請予囧馬二千。于是撫臣疏定師期于十月十三十四十五，臣與關臣暫止寧遠，及十四日，以副將靳國臣于松山有奇捷，撫臣議乘勝長驅，便抵凌河，而襄曰歇馬，偉曰馬步尚未聯絡，于是撫臣疏請從總兵之議，捨騎從步，而叫苦，謂候代之巡撫不能令鎮臣進兵，促臣督進。臣方發檄爲督，而十六日有錦城之戰，亦同一背城，而此爲得力，則降夷車步之兵也。連二日又不復進，而撫臣以爲言。臣以今五十日不解之圍，我已無衣無食，□方取衣取藥，兼以馬步二萬俱稱精練，而關門之炮卒可五千有奇，且兩戰有功，人心大定，過此不進，則師老□堅，無可乘之氣。當此時，撫鎮俱有不敢輕之心，而不敢有不進之語。臣與御史以二十日抵錦州，則宋偉已于十七日出城進兵。其紅夷三大炮及各器具，俱已發出，而吴襄以大壽有難，星當以二十四日出命宫也。臣以二十二日抵兩師營，則偉言候襄，及抵襄，襄頗難之。于是臣以二十三日誓師，嚴爲鼓勵，撫臣以爲過嚴，而臣仍悔未嚴也。及二十四日，仍回松山進兵，皆撫鎮定議。二十五日，兵抵雙堡，連二日射打，□死無算，而我兵無傷。撫臣與關臣相賀成功，謂刻期可抵大凌，而自信謀之既臧。二十六日午，□方退，撫臣促臣催移營。臣以往返已過午時，日將晡，下營爲難，衹諭道鎮來日明哨早營以前，逼□營。及二十七日，襄議近水，偉議遠草，叢議方定，而□哨（誚）已到。蓋偉有柵木拒馬，一駐即營，□到火炮即出，□不能攻，而襄所將兵，□見其未有營柵，遂一攻而入廣武。及車中營，襄以騎將南奔時，偉之營兵尚拾潰營之器甲火炮于營，及□以全力死攻，至晚而張繼紱之營以炮熱而潰。繼紱與滿庫、李光孝俱死，而宋偉亦南奔。蓋偉所將兵，皆其所自練火炮，而營柵未定，故□難入。襄所將，皆烏合，而營柵未定，故□易入。倘兩營皆定，則夾擊之勢成，不可謂兵難野戰，而衹要用奇，衹要背城也。夫兩用奇，兩背城，而亦有勝，有不勝，安在不用奇。背城□用車用炮用奇，而我仍止言騎。乃騎于錦未得力，而長山先奔，則車步炮尚泄泄不講，而曰野戰爲難。豈□之狡而專一堅壁背城可了乎？兵潰而臣回寧，蓋臣兼顧關、寧時，□耽耽嚮關，臣從中尚可調度。于是分部各城兵馬，以騎抵松、錦，以步衰益分各城，凡一切城守，時時爲備，人心乃定。仍爲招遼人犒降夷，奉旨設計用奇，以招陷入蕃之人，而以歸正之人夜劫其營。蓋兵以奇勝，而必先正兵，□非必不可勝，而我非必不能勝□也。即長山之戰，殺□無算，而先二日盡力殺□，乃得退遁。蓋我兵潰而□亦大衄，如以一敗，爲我兵必不能殺□，臣不敢信也。臣願治臣進兵敗衄之罪，不願謂□必不可野戰，必在用奇背城，而此時令狡猾借口，他日令懦將托野戰爲難，令天下無殺□之期也。

薊遼事宜十六款

一、西□爲我剿殺，驅而從□□，亦未能力爲豢養。我當因其摇尾，姑與講説，勿遽就撫。蓋此時西□已頗怨□，而事急相隨，尚未甚怨。如遽款，恐仍爲□用，但此時講動挑激，則□□必有相離之隙，因而撫之，以分□勢，勿令耕種薊門邊外，以防資□糧，就中擇其驍勁者，厚結以調發之費，可以殺□。

一、插酋當精置撫賞貨物，而慎擇撫官，勿令借詞，要得其自與□相搆，勿邀其爲我助兵卜□部落，亦當略爲物色，或令有耽耽報復之意，則插有兩怨相搆，而款乃堅。前四年，以王世忠通插，□之妻中根□極感激，爲恭順。

一、東江自毛文龍立海島，聚歸正人，文龍被害，而島衆失倚，殺戮相仍，且殺其人，因而授之官，久則視爲當然，而跋扈之勢成。然劉興治之撫，以□未遁，今島殺果真，似不宜再爲姑息，可徐爲料理。如近議稍留其兵，而漸撤其願回者，不拘兵民，歸之遼東，以填補各城。蓋島衆人多，不給以糧，則有飢變，給以糧，歲每以千萬填魚腹，而傷多人。且海禁不嚴，致禁物出，而朝鮮亦以予□，此大患也。

一、朝鮮知禮義，最忠順，是國家所亟蓋覆育者。然文弱而□不肯加兵，則以皮島之馬市及入貢回國之貨，日以資□，而□借爲用，此當嚴馬，勿令奸人圖利資□。而鮮人入貢，仍如先年禁其易買不應得之物，如硝磺例應得買，一概禁之，而江淮、山東之貨船必不可不嚴其禁。

一、□□既并魚皮、灰扒諸部，又收都令等及三十六家，而東結朝鮮，其勢頗張。獨插尚與爲難。然插□每退而不與争，而□亦未嘗不忌之。即我之東江，□亦借鮮人爲利。如我嚴禁東江一切布段硝磺爲□所利者，盡不得有，則□必窘，即自給不暇，何以給多。□當其窘我，乃搆款，西以分其勢，使朝鮮無所見德于□，而亦離其交。再得搆插與之爲難，則□必摇尾乞款。于此得一大手段者，姑與之講。因以挑激其群孽争立之隙，而招我陷□之人，因以精練我兵馬，以乘隙而圖之。蓋此□難以力除，當以計破，絶不與講，則我不得往來。即有計安施，故借講或可爲計。然須寬邊臣文法，假以久任，或時有小衄，皆勿問。但責其究竟必成，然此□狡而蓄謀，决不可款，以□即就款，决無減兵省餉之理，而我一弛備，患不可言。但借講爲計，乘時治兵，如不可，則一意爲戰守，不必言耳。

一、祖大壽詭詞脱圍，自是實心實力，仰報天恩。但武夫未純知道在與之同事者，有防微杜漸之謀，勿露其迹，而曲爲之護持者，使之一心爲大計，而又不至養成極重不返之勢。即條議邊政者，不妨有言，以繩束之。惟須天慈鑒宥，則武弁知畏知感，若一意寬假，而無一言，亦有未便。

一、遼東兵將，當去年在關西，人人奮勇，自爲功效；今歲便覺氣猾，仍有遼東十年前之氣。昨錦州城外獨車中營及降夷得力，四□臨敵馬兵官，獨祖大弼肯前，四□見而退避，稱其勇，得再有人嚮前，便可擒之。有數十□前來，而我騎有退者，□遂遁去。此歸正高應元説。今新補兵將，似可鼓勵，祖大壽要添騎兵餉，似難盡從。但鎮協將領必有親兵千百人，乃可入敵。然不得大餉，不得養親兵，親兵千人可當數千人。即昨□□合各□，不過伯言五六千皆與同卧起者。今我兵曾無敢有大糧之入，似爲未便。

一、遼將陷□者，未必肯爲□謀，即□亦未必信用。如馬光遠、王世選是投降，□便用以領兵，其餘俱不信用。今與祖大壽計，密令削剃二三人，東去作細，暗通陷□各將，并以王世選、鮑承先等家信通之，令各人俱知寬假招徠之信，令其漸次相機，或可從東江轉來。蓋東去出門即山，可爲趨避也。其陷□各家口在松山、錦州、前屯、永平，特令各城守官密爲防，而無令其凌辱之。如□或臨城，仍當密計嚴防，必無他虞。

一、遼東各城戰守兵將，當兼用西南兵將，使相彈壓，一營有變，別營可制，如滿鎮皆遼將遼兵，便結成族類，漸成極重之勢。

一、關門總兵當用西南人，其兵亦勿純用遼人，如遼東得力，便可護關門，如遼東有疏失，在關門自爲一家，便可外禦。但平時要中外相聯相貫，而有急仍可相制相攝。

一、防薊與防遼不同。遼無邊垣，□來便到城下，不練車營、步營、火營，必不能與□野戰，不能野戰，必不能禦□。薊門有邊垣可守，故以匹馬不入爲功。今□動以數萬，豈得以數人數炮打退，今臺烽官兵器炮是嚮來備款□者，或百或千，可以擊退。蓋拒□不入，更難于斬敵。必如前議，分一路爲十信，立游兵游炮，遇急則聚一急處，更番疊打，終日不窮，乃可備□。如止以臺烽人器，必不能禦，適亦亟與撫道極言。

一、祖大壽言□中有石三達子，曾挑激大壽説，劉三廠十三級是最精首級，却見報不以爲功。大壽問何以有報，石三達子説，曾見有報。大壽謂此或□中借詞，以自爲能得我消息，然細查無可通報之處，祇有燒炭人在口外，及各山僧托居人所不到之處。今已嚴禁，不許口外燒炭，仍驅逐各山僧歸各城堡，仍密防各色行止不定之人，以嚴奸細。

一、祖大壽説四□要闖關，不攻邊墻，祇從黄土嶺入，以攻關住城。蓋黄土嶺從遼東大盤山直捷大路，此是□真實狡謀，特與道鎮楊嗣昌、劉源清言，于所設防外，仍以精熟火器將官而精警者，得精熟火炮手百餘人，益之□。又説要入薊門，便從洪山口入，此□山外有山。但過去平川大路，適已與遵撫説十分嚴防，多設輪番火炮，遵撫仍要出關外，查可伏兵之處，擊

□于邊外，以用奇。

一、遼東既專設巡撫，當重其權，以節制總兵，仍當以九城分三協，以前屯轄中前、中後爲西協，以寧遠轄中右、中左爲中協，以錦州轄松山、杏山爲東協，各以一將練馬步一萬二千人爲兩車營，合之爲三萬六千，而馬步各半。前鋒三路及招練平夷五營，俱馬兵，可六千。爲戰兵，其九城守兵可得步三萬、馬五千，以爲大略。此時□用車用炮用步，不專用馬，我欲破□且禦□，豈可專恃馬而不用步，如用步而不炮不車，何以定脚跟。

一、關、永既去督師，專設巡撫，則于地方親切，彈壓嚴重，即文武將吏齊心一力，無所分應，永平少緩于山海，而燕、建大衝，山海城邊可守，而北山南海，難防四路，除見在守兵外，仍于永于關各立兩車營，各分馬步一萬二千人，而各路定須分信，立游兵游炮，仍以所練之兵各駐各路近地，如駐操等營以爲分應之兵，而遷、灤各州縣當如山西渾源、靈廣之地，各設守備兵馬，佐以鄉兵，庶可責其以守以戰，以爲應援。即不然，當預計何兵可調遣爲守，如止責鄉兵，亦當預計兵餉器具。蓋凡地方官，予以城守之備而不能守，乃可責其死。不然，平時原無一備，而一旦責其守，徒委之死耳。

一、薊邊中協、西協即分，督撫自爲料理，最爲親切，亦當各練四車營，一協二萬四千，馬步各半，仍如關、永分兵各近邊之地，以爲應援，以爲截殺，以爲追擊，而分信于路，爲游兵游炮，其豐潤、玉田各城，一一設守備兵馬，如關、永，而西協當專設一得力總兵，使之佐昌平，不當分昌平之總兵，以佐西協，但可酌西協緩急，使兩相助耳。

孫承宗集卷四十一

車營圖制

車營總説

偏箱車四輛，迎鋒攢槍車合二輛當一輛爲一乘，四乘十六輛爲一衡，二衡三十二輛爲一衡，四衡一百二十八輛爲一營。而騎、步在四輛之中者，俱以乘名；在四乘之中者，俱以衡名；在二衡之中者，俱以衡名。步兵以百爲乘，四百爲衡，八百爲衡。騎兵以五十爲乘，二百爲衡，四百爲衡，以當一面。每面用輜車六十四輛，供三十二戰車。而八牛十六夫爲一乘，三十二牛六十四夫爲一衡，六十四牛一百二十八夫爲一衡。每面設督衡一人，合一面之騎、步、戰輜，聽其聯絡給發，以聽命于主將，而分布之，而騎兵選勇八百，分奇正，居中權以應。四衡爲權勇，合一營則騎將領騎，步將領步，主將握奇。總騎步分前後，分左右，而一車乘、一衡、一衡亦分前後左右。其法則騎與騎，步與步，自相更迭，而騎之與步，步之與騎，互相更迭，以相邱陵阪險原隰，以時緩急、輕重、疾徐，而兼用之，而分投之，而互出之，中外相維，尊卑相制，地勢相傍，情意相親。此方營之制，可圓可曲，可直可鋭。

騎兵束伍授器

騎兵五人爲伍，内立一管伍；二伍爲什，外立一管什；二什爲隊，外立一管隊。隊有背招一人、傳督一人、大炮手二人、三眼槍手十人、弓箭手十三人，凡二十五人。

騎兵隊式

弓箭、弓箭、弓箭、弓箭、弓箭、弓箭

右什長：教師、弓箭、弓箭、弓箭、弓箭、弓箭

管隊一人執隊旗，背招主弓箭，傳督主三眼槍

左什長：火器、三眼、三眼、三眼、三眼、三眼

教師、三眼、三眼、三眼、三眼、三眼

步兵束伍授器

步兵五人爲伍，内立一伍長；二伍爲什，外立一什長；二什爲隊，外立一隊長。每隊領偏厢車一輛，以隊長爲車正，執隊旗，什長爲車副，執牌刀。隊有火兵一人、奇役一人、郎機手六人、鳥槍手二人、三眼槍手六人、火箭手二人、弓箭手二人、長槍手二人，凡二十五人，而炮弩手俱兼短兵。

步兵隊式

右軍副牌：鳥槍、三眼、三眼、三眼、火箭
郎機、運子、裝藥、大弩、長槍

車正隊旗　火兵奇役

左軍副牌：郎機、運子、裝藥、大弩、長槍
鳥槍、三眼、三眼、三眼、火箭

騎步合營

騎兵二隊爲一乘，步兵四隊爲一乘，騎步各四乘爲一衡，各二衡爲一衝，各四衝爲一營。營有主將、佐將，主即副將，佐即騎將步將。衡有衡總，即千總；衝有衝總，即把總；乘有乘總，即百總。乘、衡、衝、營，騎名以騎，步名以步，合一面之馬步，而領權勇以督之，曰督衝，即主將之千總，而體稍隆于衝總，以衝總主分，督衝主合也。而騎營選勇八百爲中權，名其兵曰權勇。分爲四奇四正，正曰正前權、正左權、正右權、正後權；奇曰奇前權、奇左權、奇右權、奇後權，合統于權總，即千總，而分統于權正、權奇，即把總。四奇、四正隨四督，以内衛主將，外應四衝，而四奇恒隨四督，監四衝爲却月，騎步退縮則殺之。四正居中衛主將，騎步有變則應之。而旗鼓餘奇隸于中軍，曰握奇外。計一營，合用騎步兵五千六百人，而輜夫五百一十二人不與焉。

輜重合營

輜車二百五十六輛，分爲四衝，每衝以督衝官一員主之，曰司給發，并引權奇，監督騎步之衝。每一車爲一輜，用夫二名、牛一隻，載糧八石四斗，八輜爲一乘，三十二輜爲一衡，六十四輜爲一衝，四衝爲一子營，居于車營之内。子營之内爲中權，中權之中爲握奇。

總計官兵車馬騾駝器械雜具

一、大小將官一百二十七員。
一、騎、步兵及餘奇，共五千九百八十八名。
一、輜夫五百一十二名。
一、偏廂車一百二十八輛，準迎鋒車二百五十六輛。
一、輜重車二百五十六輛。
一、官馬二百九十六匹。
一、兵馬三千零二十四匹。
一、火器馱駝三十隻。
一、火器馱騾一百二十頭。
一、駕輜牛二百五十六隻。
一、大炮一十六位。
一、滅虜炮八十位。
一、佛郎機二百五十六架。
一、鳥槍二百五十六門。

一、三眼槍一千七百二十八杆。
一、弓箭撒袋一千二百七十三副。
一、大弩二百五十六張。
一、長槍長刀長斧一千二百八十件。
一、火箭七千六百八十枝。
一、大棒二百五十六條。
一、籐牌二百五十六面迎鋒車用挨牌。
一、腰刀五千八百八十八口。
一、盔甲二千六百二十八副。騎營二千五百副車正一百二十八副。
一、管隊臂手九十七副。
一、車正臂手一百二十八副。
一、金鼓旗幟響器二副。
一、繩椿九十六根條。
一、拒馬槍二百五十六條。
一、火兵尖擔二百五十六架。
一、鑼鍋五百口。
一、鐵鍋二百五十六口。
一、水袋五百個。
一、水桶二百五十六口。
一、火鐮二百二十四把。
一、燈籠三百五十四個。

一、鐵鍬七百三十六張。
一、鐵钁四百九十六把。
一、鐮刀一千二百一十六把。
一、斧頭一百二十八把。
一、鑿子一百二十八把。
一、鍘刀二百四十口。
一、粿子二百九十九石四斗。
一、炒麵二百九十九石四斗。
以上器械雜具俱屬官，而兵不與焉。

分計官兵車馬騾駝器械雜具

一、計官：

主將一員，主全營軍務。
　中軍官一員，主全營號令。
旗鼓官一員，司全營旗鼓。
督衝四員，司一面戰、輜、馬、步，時其給發，而引權奇以外監、內護。
材官十二員，司全營傳宣，備四衝緩急。
騎將一員，主騎營軍務，以佐主將。
中軍官一員，司騎營旗鼓號令。
權總一員，總領中權奇正。

權正一員，總統四正應四衝之變。
權奇一員，總統四奇監四衝之兵。
權奇一員，總統四奇監四衝之兵。
衝總四員，分總騎衝。
衡總八員，分總騎衡。
乘總三十二員，分總騎乘。
材官六員，司全營傳宣、騎中緩急。

步將一員，主步營軍務，以佐主將。
中軍官一員，司步營旗鼓號令。
衝總四員，分總步衝。
衡總八員，分總步衡。
乘總三十二員，分總步乘。
捕伍總一員，管步將親丁捕伍。
材官六員，司步營傳宣，備車中緩急。

一、計兵：

騎營前衝戰兵四百人。
騎營左衝戰兵四百人。
騎營右衝戰兵四百人。
騎營後衝戰兵四百人。

騎營權勇奇兵四百人。
騎營權勇正兵四百人。
騎營餘奇一百人，隸中軍：
金手一人，鼓手四人。
鑼手二人，摔鈸手一人。
吹手八人，高招旗手三人。
五方旗手十人，八門旗手十六人。
清道旗手二人，號帶旗手一人。
賞罰旗手二人，金旗手五人。
號炮手三人，内巡五人。
巡察五人，巡視五人。
醫生一人，醫獸一人。
捕伍兵二十五人。
步營戰兵前衝八百人。
步營戰兵左衝八百人。
步營戰兵右衝八百人。
步營戰兵後衝八百人。
步營餘奇一百七十七人，隸中軍：
金手二人，鼓手二人。
鑼手五人，摔鈸手二人。
吹手八人，五方旗手十人。

八門旗手十六人，號帶旗手一人。
賞罰旗手二人，令旗手五人。
清道旗手二人，號炮手三人。
內巡五人，巡視五人。
醫生一人，醫獸一人。
步將捕伍親丁一百人。

步營餘奇一百一十人各官：

衡總每員字識一人，背標一人。
旗手一人，鼓手一人，傳事一人。
親丁二人，八衡共奇役五十六人。
衡總每員字識一人，背標一人。
旗手一人，傳事二人，親丁三人。
四衡共奇役三十二人。
中軍官字識二人，背標一人。
傳事四人，親丁四人。
共奇役十一人。

材官六員，各親丁二人，共奇役十二人。

一、計車：

定遠車一輛。

偏廂車一百二十八輛。
準迎鋒車二百五十六輛。
輜重車二百五十六輛。

一、計馬：

主將一員，戰駝馬十二匹。
中軍官一員，正駝馬六匹。
旗鼓官一員，正駝馬五匹。
督衝官四員，正駝馬四匹。
材官十二員，各正駝馬二匹。
騎將一員，戰馬八匹。
中軍官一員，正駝馬五匹。
權總一員，正駝馬四匹。
權正一員，正駝馬三匹。
衝總四員，各正駝馬四匹。
衡總八員，各正駝馬三匹。
乘總三十二，員各正駝馬二匹。
材官六員名，正駝馬二匹。
管隊九十六名，各正馬一匹，二名共駝馬一匹
戰兵權勇餘奇二千四百名，各正馬一匹，五名共駝馬一匹。

步將一員，正駝馬十匹。
中軍官一員，正駝馬四匹，標馬一匹，共五匹。
衝總四員，各駝標馬四匹。
衡總八員，各正駝標馬三匹。
乘總三十二員，各正馬一匹。
捕伍總一員，正馬一匹。
材官六員，各正馬一匹。

一、計騾駝：

騎兵滅虜炮八十位，每位駝騾一頭，每二位駝隨炮火藥、鉛子等項騾一頭。
騎營大炮十六位，并隨炮火藥、鉛子等項用馱駝三十隻。

一、計器械雜具：

騎營正權十六隊，每隊大炮一位，火藥、鉛子隨炮器具俱全。
騎營奇權十六隊，戰衝六十四隊，每隊滅虜炮一位，火藥、鉛子隨炮器具俱全。
騎營戰兵、權勇九十六隊，每隊弓箭手十三人，捕伍餘奇弓箭手二十五人，每人弓箭一副，每副弓一張、弦二條，箭三十枝、撒袋一套。
騎營戰兵、權勇九十六隊，每隊三眼槍手十人，人各三眼槍一杆，鉛子、火藥器具俱全。
騎營四衝、二權管隊九十六名，捕伍管隊一名，各盔甲、臂手一副。

騎營戰兵一千三百五十六名，權勇七百六十八名，中軍餘奇九十九名，各盔甲一副。

騎營中權高招燈籠二個。

騎兵九十六隊，每隊隊標一杆、燈籠一個、火鐮一把、繩椿一根條，鐵鍬五張，鐮刀十把，每二隊鐵钁五把，鍘刀五口。

騎兵二千四百人，每人腰刀一口，糗子五斤，炒麵五升，每五人鑼鍋一口，水袋一個。

步兵一百二十八隊，每隊領偏厢車一輛，迎鋒車二輛，車正、車副籐牌二面，迎鋒車用挨牌，隊兵郎機二架、子炮十八門，子藥、器具俱全，鳥槍二門，子藥器具俱全，三眼槍六杆，子藥、器具俱全，大棒二條，火箭六十枝，弩二張，弩箭六十枝，長槍二杆，每隊火兵尖擔二條，水桶二個，火鐮一把，每隊燈籠二個，木梆一個，鐵鍬二把，鐵钁二把，斧頭一把，鑿子一把，鐮刀二把，拒馬槍二架。

步兵四衝三千二百人，餘奇共三百八十八人，每人糗子五斤，炒麵五升。

騎兵配合車營制

四車爲一乘式

中　　　虛

奇握爲鼓旗伍捕

變應爲什正勇權

伍右勇權　　伍左勇權

輜輜輜輜　　輜輜輜輜

月却爲什奇勇權

伍右勇權　　伍左勇權

隊右騎　　隊左騎

什右什左　　什右什左

隊後步隊右步　　隊左步隊前步

車廂偏　車廂偏　　車廂偏　車廂偏

車營方陣圖

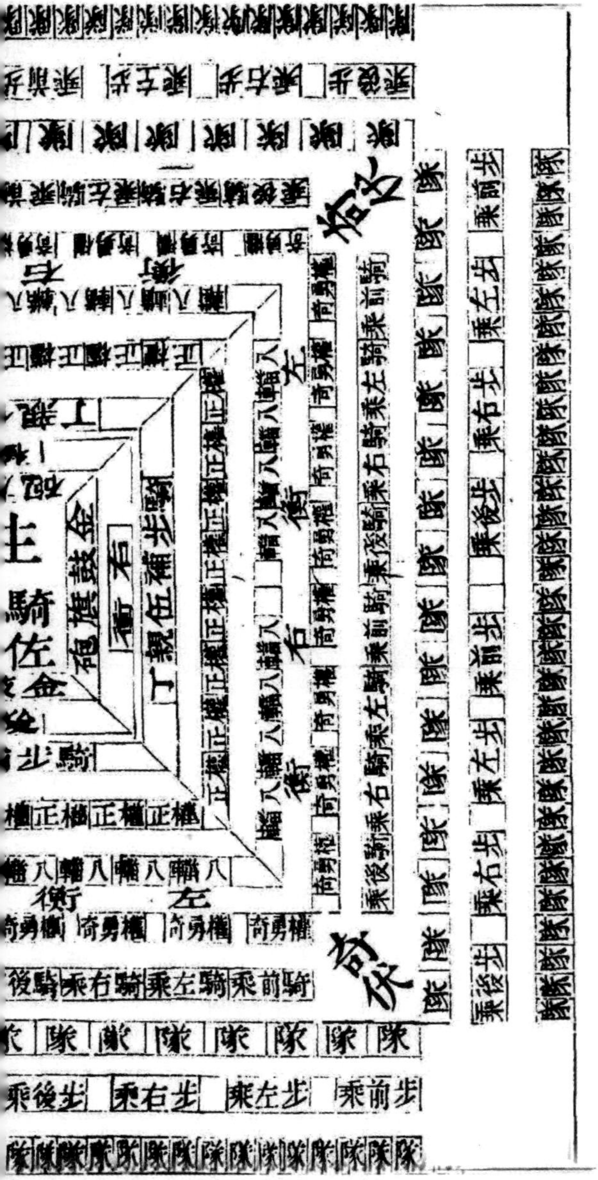

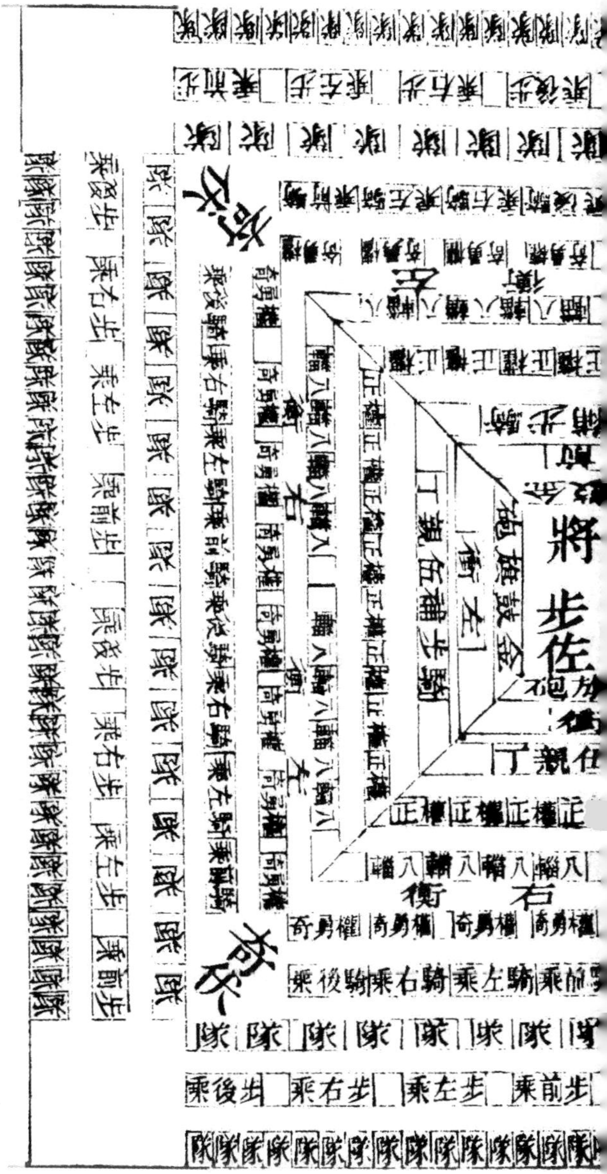
將
隊
乘前步
乘左步
乘右步
乘後步
奇勇櫓

後勁方陣圖

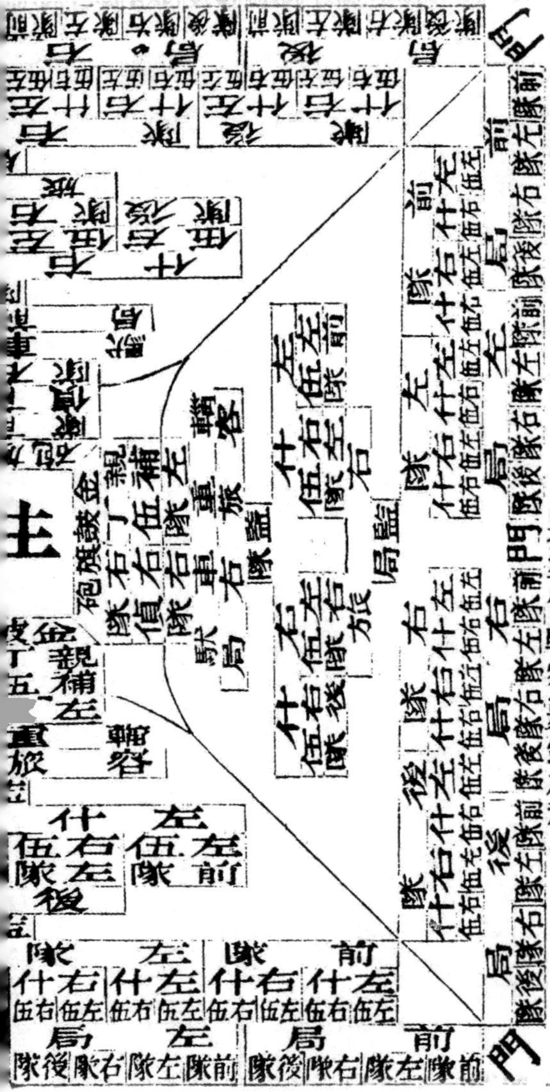

此方營之制因地而變右九字味經堂本所無據李竹軒家藏鈔本補

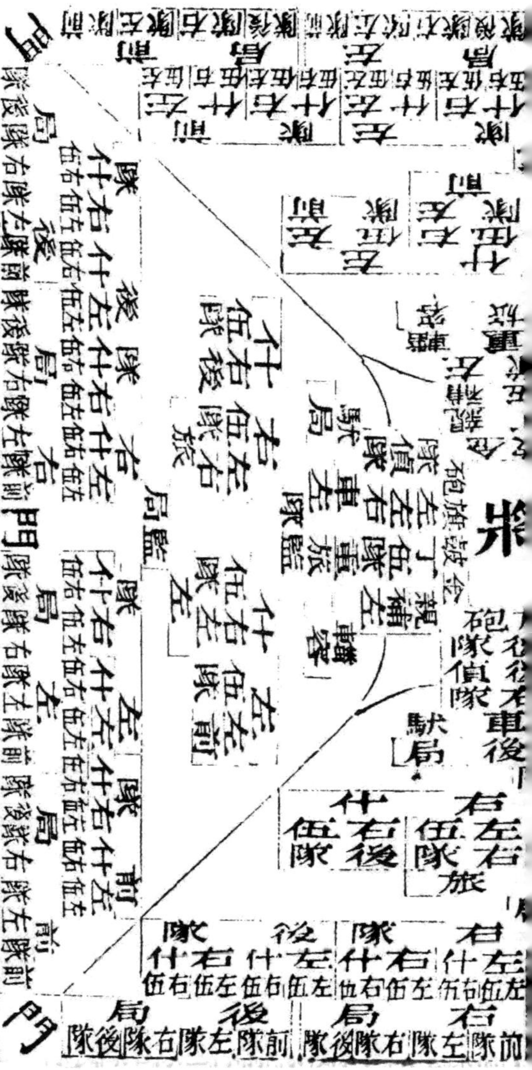

營陣精微惟在監容監容得人無敵矣右十五字味經堂本所無據李竹軒家藏鈔本補

合計車營占地丈尺分派騎步互相倚附

一、偏廂車一輛占地一丈七尺，每營用偏廂車一百二十八輛，計周圍占地二百一十七丈六尺，加四隅角門斜出五丈六尺，周圍共占地二百二十三丈二尺，則方營前、左、右、後四衝各占地五十五丈八尺，即車内横直營地數也。

一、輜車一輛占地五尺，每營輜車二百五十六輛爲子營，計周圍占地一百二十八丈，加四隅角門斜出三丈二尺，周圍共一百三十一丈二尺，則子營前、左、右、後四衝各占三十二丈八尺，是輜車之前，去偏廂之後，四面各距一十一丈五尺，爲四衝、四騎奇、步兵信地。

一、主將居中虚地，横直各五丈，虚中之外爲四正餘奇、馬步兵信地。

一、偏廂車内四衝領車、步兵各六層，每層占地五尺，共占地三丈。步兵後巡視道一丈五尺。巡視道之内，四衝騎兵各占地三丈六尺。騎兵後四奇、權勇占地九尺。權奇後巡察道一丈。

一、四衝輜車各占地九尺，輜夫及牛占地二丈，夫、牛後馬道一丈，馬道後四正、權勇占地二丈，權正後奇營應變旗鼓餘奇占地一丈，馱馬、騾、駝占地一丈五尺，子營外巡路一丈，捕伍親丁占地一丈五尺，主將、中軍、旗鼓并步營餘奇、金鼓、旗炮等役占地二丈，子營内巡路一丈，虚中横五丈，主將、騎佐、步佐居之。

一、車兵一乘四隊一百人，護騎兵一乘二隊五十人，護權奇一什十二人，共輜車一乘八輛十六夫，衛權正一什十二人，將官、餘奇約四人附焉。

合計輜糧日給人夫馬牛騾駝

一、輜車二百五十六輛，每輛載倉糧八石四斗，通計載倉糧二千一百五十石零四斗。

一、騎步官兵、輜夫，通計六千六百二十七人。

一、騎、步、牛、騾、駝、馬，通計三千七百三十二匹頭隻。

一、官兵每人日食米一升五合，計六千六百二十五人，每日共食米九十九石三斗七升五合。

一、馬、騾、駝每匹頭隻日食豆三升，計馬三千三百二十六匹，騾一百二十頭，駝三十隻，共三千四百七十六匹頭隻，每日共食豆一百零四石二斗八升。計：牛二百五十六隻，每牛日食豆二升，每日共食豆五石一斗二升，二項通計每日共食豆一百零九石四斗，較人日多食糧十石一斗二升五合。

一、每日人畜共食米豆二百零八石七斗七升五合。計輜所載連耗止可供人畜十日之給。

一、每人所帶粸炒可食十日，架輜之牛可充食十日，則輜所載米、豆以四分約之，每輜祇宜一分載米，該三分載豆，截長補短，庶可供人畜二十餘日之給。

督師部領車營制

束伍

五人爲伍，内立一伍長；二伍爲什，外立一什長；二什爲隊，外立一隊長。隊有背招一人、傳督一人，凡二十五人。

合營

四隊爲局，五局爲旅，六旅爲營。旅曰前旅、左旅、右旅、後旅、容旅、畸旅。局曰前局、左局、右局、後局、監局，隊曰前隊、左隊、右隊、後隊。營凡一百二十隊。

分哨

前左二旅爲左哨，右後二旅爲右哨，容畸二旅爲中哨，行則分三哨爲五股，合二隊爲一偵；止則分左右二哨爲外營，合中哨、容畸二旅爲内營。

列陣

二隊爲一偵，偵可以遠探，遇警則四什長率八伍環列成營，二隊長監四什，居中調度，應敵則列爲率然陣，四什居前，八伍居後，二隊督之，更番射打，應變無窮。

設官

每營主將一員、中軍官一員、哨總即千總三員、旅總即把總六員、局總即百總三十員、材官六員。

布置

每營以前、左、右、後四旅當四面，以容旅爲中堅，而以畸旅突其虛。每面以本旅之前、左、右、後四局環列，即以本旅之監局分隊以監之爲外營，以容旅環中央，以分應四面，而以本容之監局分隊以監之爲内營。其畸旅五局，一司旗鼓，一領大炮，一護輜重，一備補伍，每局四分居于虛中，應乎四外，聚散分合皆可成營，隨地相形，皆可布陣，斯一旅一局悉爲應猝之兵矣。

節制

每營四面，每面一旅，每旅五局，五局之中以監局爲游兵，其四局爲正兵。游兵監于正兵之後，謂之却月，正兵臨敵退縮，游兵得以徑殺之；四監有變，容旅五局分應之；四面有警，畸旅三局分附之，而旗鼓親丁恒衛主將，謂之握奇。

設各管官

每營主將一員，主全營軍務；中軍官一員，司旗鼓號令；哨總三員，分統三哨；旅總六員，分領六旅；局總三十員，分掌三十局；材官六員，掌全營之傳宣，備各哨之緩急。

授器

一外營四旅，每旅分前、左、右、後監五局，監局俱授以弓箭、腰刀，其四局每隊以管隊一名掌隊旗，背招一名授以弓箭，傳督一名授以三眼槍，以左什長教練火器，右什長教練弓箭，其左右四伍，授以小滅虜炮者二，授以三眼槍者十，授以弓箭者十三，恒合二隊爲一偵，以備出互用迭。

列隊式

右什長：弓箭、弓箭、弓箭、弓箭、弓箭
教師、弓箭、弓箭、弓箭、弓箭、弓箭
隊長、背招、弓箭、三眼槍、傳督
左什長：火器、三眼、三眼、三眼、三眼
教師、三眼、三眼、三眼、大炮正、大炮副

右什長：弓箭、弓箭、弓箭、弓箭、弓箭
教師、弓箭、弓箭、弓箭、弓箭、弓箭
隊長、背招、弓箭、三眼槍、傳督
左什長：火器、三眼、三眼、三眼、三眼
教師、三眼、三眼、三眼、大炮正、大炮副

此方營之制，因地而變。營陣精微，惟在監容；監容得人，無敵矣。

一、內營、容旅授器：每隊之什、伍長、背招、傳督，皆授弓箭；每伍第五兵授牌刀，第四兵授弓箭、鈎、槍，第三兵授弓箭、板斧，第二兵授弓箭、腰刀。

一、內營、畸旅授器：第一局授大滅虜炮三十二位，每隊八炮，分付四面；第二局授旗鼓、雜器，金手四人，鼓手八人，鑼手四人，摔鈸手四人，吹手十六人，門旗手十六人，四方旗手八人，大金手一人，大鼓手二人，大鑼手一人，大鈸手、中央旗手二人，高招旗手三人，清道旗手二人，號帶旗手一人，賞罰旗手四人，令旗手五人，號炮手三人，内巡五人，巡察五人，巡視五人，醫生一人，醫獸一人，以上隨主將。第三局護輜車，各授弓箭；第四局、五局，如四面授器，以備補伍。以上四分之，以便分旅、列陣。

計兵

隊長一百二十名。
四旅戰兵二千名。
容旅權勇五百名。
畸旅、奇零五百名。
通共三千名。

計馬

主將一員，戰馬八匹。
中軍一員，正馱馬五匹。
哨總三員，各正馱馬四匹。
旅總六員，各正馱馬三匹。
材官六員，各正馱馬二匹。
局總三十員，各正馱馬二匹。
隊長一百二十名，各正馱馬一匹，二名并馱馬一匹。
戰兵、權勇二千四百名，各正馱馬一匹，五名并馱馬一匹。

奇零四百八十名，各正馱馬一匹。

通計戰、正、馱馬三千七百七十五匹。

計騾

戰兵四十偵，每偵小滅虜炮二位，共八十位。每位馱騾一頭。每二位馱隨炮火藥、鉛鐵子騾一頭。共用騾一百二十頭。

計駝

畸旅一局，大滅虜炮三十二位，并火藥、鉛鐵子等項共用駝三十二隻。

總計器械雜具

大滅虜炮三十二位，隨炮子、藥器俱全。

小滅虜炮八十八位，隨炮子、藥器俱全。

三眼槍八百八十八杆，隨槍子、藥器俱全。

弓箭一千八百五十六副，每副弓一張、弦二條、箭三十枝、撒袋一套。

腰刀三千零三十把。

籐牌八十面。

板斧八十張。

鈎槍八十杆。

盔甲三千三十副。

局總、隊長臂手一百五十副。
又容旅、權勇臂手五百副，共六百五十副。
金鼓、旗幟、響器一全副。
高招、燈籠二個。
隊標一百二十杆。
燈籠百二十個。
每隊繩樁二根條，共二百四十根條。
每隊鐵鍬五張，共六百張。
每隊鐮刀二十五把，共三千把。
每偵鍘刀五口，共三百口。
每偵鐵钁五十張，共三百張。
每伍鑼鍋一口，共六百口。
每伍水袋一個。
每人粸子五升，共一百五十石。
每人炒麵五升，共一百五十石。

一、馱駝三十隻，每隻馱倉斗糧四石，合運倉斗糧一百二十石，合載倉斗糧七百四十八石。

二項共馱倉斗糧八百六十八石。

一、兵丁每人日食米一升五合，計局、隊兵丁三千三十人，每日共食米四十五石四斗五升；馬騾駝每匹頭日食豆三升，計馬三千六百五十五匹、騾四百六十頭、駝六十二隻，共四千一百七十七匹頭隻，每日共食豆一百二十五石三斗一升。每日人畜共食米豆一百七十石七斗六升，計駝馱車載之糧，連耗共可供人畜五日之用。

水師營制

營曰「龍武」，分中、前、後、左、右五營。每營以沙船百隻爲率，凡四船爲一舫，計目兵六十人，于四耆捕中選注一人爲舫長，即如隊長，仍管本船耆捕事務，俾得節制三船，而四船互相覺察，得責成于舫長。二舫爲一舶，設舶總一員，即如百總，管船八隻，目兵一百二十人。四舶爲一艟，設艟總一員，即如千總，管船三十二隻，目兵四百八十人。三艟爲一營，設營將一員，合一千四百四十人。如本營船少，止立二艟，船多則別立游艟，隸于中權。其各兵中仍選其鋭者，名爲選鋭，注記在册，仍另立一册，以聽臨時別命，鋭將領之，以備衝突之用。將領以下共奇役一百名，半爲親丁，精選以充之。有急則合游艟，以補左、右而衛中權。

官兵數目

將官一員、中軍官一員、材官二員、艟總三員、舶總十二員、舫長二十四員。在耆捕中，耆捕一百名、舵工一百名、繚手二百名。以上船多則增，船少則減，而以三艟爲綱。水兵一千五百名，餘奇一百名，唬船、快船名捕盜一名，舵工一名，水手八名，不設繚手。飛船各舵工一名，即管本船水手四名，不設捕盜。

車營水師營合制

船不水戰，故止用十五人爲撐駕，而兵皆健捷，登岸頓可爲陸兵。令每船領輕車一輛，其捕耆、舵繚留看本船。其水手十一人之中，立定車正一名、狼機手六名、鳥槍手二名、三眼手二名。本車狼機四架，子母炮二十位，鳥槍二杆，三眼槍二杆，子母炮每眼各備火藥、鉛子俱全。三十出目兵十五名，各給腰刀一口，車正兼大弩一張、箭三十枝，火兵兼火箭三十枝，狼機手兼大斧六把，鳥槍手兼高麗牌四扇。每車仍載大炮一位、虎尾炮二位，緩急別用。每船備虎尾炮二位、三眼槍四門。以上等器，隨船酌付其兵，在水爲船兵，在陸爲車兵；其官在船管水兵，在陸管車兵；其操演在海岸上下；其軍火器，舟車兼用。

孫承宗集卷四十二

車營百八叩

百八叩序

兵用水用陸，遂用舟用車。其舟車用步用騎，其騎步用衆用寡，用正用奇。凡兵皆守動則戰，凡戰皆衆而有寡，凡戰皆正而有奇。一兩之卒用伍爲寡，餘爲衆，用伍爲奇，餘爲正，或用餘爲奇，伍仍爲正。有我正而敵爲奇，有我奇而敵爲正。余欲用車爲正，用舟爲奇，而車自有奇，舟自有正，舟能出其所不趨，趨其所不入，行千里而不勞，故覺島、鹿島其地生活，而世曰死曰絶。車且戰且前，可自環爲營，可縱數千騎往當敵，故進不可禦，退不可追，車自可戰，而世曰拒敵，曰守。兵有欲戰，有必戰：敵欲戰而我不能必戰，敗；敵欲戰而我不能不戰，敗；敵欲戰，我欲戰，而我無所以戰，敗，故戰者，動如雷，不動若山，莫如用車。其用車在用火，其用火在用叠陣。當用火，合步騎、舟車、衆寡、奇正，無一非火；其用叠陣，合水陸、步騎、舟車、衆寡、奇正之用火，無一非叠陣。要在耦則互出，奇亦迭變，循環無端，其出無窮，故我欲静而敵不得動，我欲動而敵不得静。予既習五火之變，于甲士幾六萬，六之四步，六之二騎；又爲習火，于專騎可五萬，則五之二前，五之三後，火以車習，車以火用，騎步合爲車而用火，舟亦載車、載騎、載火，要在因地、因天、因人而因敵爲變。

遼，吾土也。其寒暖、燥濕、邱陵、阪險、原隰，吾得備悉。而敵聞我兵退廣寧、退遼陽、退新城，余姑懼其退入老巢則負固，法當坐而致其來，不來則乘其未入而數道擊之。日與諸文武大吏肆，撞晚鐘，而入幕獨坐則思，漏四五下，覺而又思，撞曉鐘而起，且與諸文武大吏肆，知則試之，不知則相與探討，發探子入其地，習其山川部落、所經由之水陸，乃規河之廣狹，量地道之夷險，酌日短長，占風旁正，圖其地之城池嚮背，合之得百有八，借爲問，以發諸文武大吏肆，且曰「大叩則大鳴，小叩則小鳴」，相與春容而盡也。諸文武大吏焉有以應我叩。

天啓四年，賜進士第、特進光禄大夫、左柱國少師兼太子太師、兵部尚書、中極殿大學士、兼支尚書俸知制誥起居經筵日講、總裁實録玉牒參詳奏章、兼掌樞曹、奉命督師、改兼吏部尚書孫承宗甫，題之殫忠樓左軒。

一問、周、秦時專用車乘，衛青始用武綱車，主自環爲營。夫自環爲營，此楊素所爲，不用兵車營，嫌于自守也。乃衛青所至有功，其中必有奇正。

二問、古制，七十五人先後于兵車，一爲前拒，一爲右角，一爲左角，戰則卒車相參，居則以車爲營。卒車相參，何以用？

三問、曹操始爲戰騎、陷騎、游騎，且云車徒常教以正，騎隊常教以奇，車徒亦有奇乎？騎隊亦有正乎？何以用？

四問、馬隆言地廣則以鹿角車營，地狹則爲木屋施于車，且戰且前。夫且戰且前，誠得車之用，然何以且戰且前？

五問、劉裕伐南燕，以車四千乘爲左右翼；朱超石戰河上，以車百乘抱河爲却月營。凡兵必有左右，爲夾擊，爲奇正，淮陰之兩翼在前以覆項，武侯之兩翼在後以走懿。左右三疊，今可行乎？

六問、曹操攻車七十五人，守車二十五人，百人而分攻守，何以用？今如何可效之？

七問、裴行儉詐爲糧車三百乘，伏壯士五輩，突厥果掠車，車中士突出，殺獲幾盡。夫古者以糧車伏兵，今人正恐兵不能護糧，此法可行乎？

八問、李靖討突厥，越險數千里，營制不改，有跳蕩騎兵，有戰鋒隊，步騎相半，有駐隊兼車乘而出。今之奇正盡之，然如何以用？

九問、馬燧爲戰車，行則以載，止則爲陣。其討田悦，燧乃推大車焚悦將楊朝光〔一〕柵破之。夫車能焚柵，何以用？

十問、魏勝列陣，有如意戰車在外，以旗蔽障，行爲載，止爲營。有弓車當陣門，有炮車在陣中。兩陣相近，則陣間發弩、箭、炮；近陣門，則刀斧槍手突出；交陣則出騎兵，兩嚮掩擊；得捕則拔陣追襲；少却則入陣間稍憩。士卒不疲，進退俱利，伺便出擊，慮有拒遏。預爲解脱計，夜習不使人見。夫戰車、炮車所在有之，而弓車當陣門，可行否？

十一問、車行當寬坦道路，數營齊發，作何調度？前後遇急，作何成營？

十二問、車行當逼仄道路，不得成列，作何擺設？遇警如何成營？

十三問、車正行，有敵迎頭衝來，其勢瀰漫甚重，或先驅老弱不相干之人，費我矢石，却以精鋭憑突，作何迎敵？作何却敵？令盡遭我矢石追逐。

十四問、車正行，我縱直有餘，而敵横擊之，張兩翼以抄我旁；我横擺有餘，而敵縱擊之，伏兩翼以要我脅，作何應防？

十五問、車正行，遇泥淖，而可陷人馬，正在躊躇，忽有敵兵，作何迎敵？

十六問、車正行，遇有汪洋大水，未有舟楫，方在整頓過渡，敵或從旁突截我于此岸，又或乘我半渡，突截我于彼岸，預先作何計算？臨時有何方法？

十七問、車正行，遇有叢林茂草，伏火驟發，我兵警亂，敵乃乘急來攻，作何預備？作何急應？

十八問、車正行，遇有溜沙可陷人馬，大風復作，人力俱困，忽有敵伏，作何應防？

十九問、車正行，遇有大木横攔隘口，或散置要路，令我挪移費力，敵却因而衝突，作何應防？

二十問、車薄敵巢，敵堅城守，我兵從車中出奇拔其外城，而内城更堅，欲悉衆力攻，而内無車營，外之車營又無人爲守，野戰恃車，巷戰恃何？此當作何計略？

二十一問、車臨敵，安營已定，敵却堅不來犯，遂至十數日，我兵勢不能久待，作何誘敵，令其不得不動？

二十二問、車未成陣，敵驟來衝，其一堵墻馬兵，作何萬全，令彼必退，我陣立成？

二十三問、車臨敵城，敵堅守不出，欲作長圍，作偏攻，我之矢石不能仰攻，敵之矢石反能下及，作何應防？

二十四問、車臨敵地，敵城守不動，却從旁從後有兵來犯，我方整兵應敵，城中忽大噪出攻，作何兩應？

二十五問、車臨敵巢，百計誘敵不出，我方動，敵却尾我後，我一回應，敵却佯敗，突有伏兵，作何堤防？其車營倉皇之際，欲行未行，亂而未整，作何方法？

二十六問、車正行，前方遇敵，後有數車，或陷或脱，不得即行，欲顧後，恐前力弱，不能當敵，欲盡力于前，恐此車遂爲敵害，作何兩應？

二十七問、車遇山險，不得安行，欲以馬兵先行，恐敵來，突衝難敵，欲車先行，又恐車不能，即有多凑可以成營者，且探有伏兵欲起，作何應守？

二十八問、車臨敵，彼不肯來，我不肯往，各爲固守，而我有糧食之患，敵以飽待饑，我欲襲敵，不敢先發，作何計算？

二十九問、車臨敵巢，敵去城四五里爲壘，以車騎居外，以勇鋭埋伏，使輕卒合戰而佯走，我兵薄城，敵乃發伏兵，或衝内，或擊外，或擊前，或擊後，而又或令遠處别兵疾擊其後，作何預防？

三十問、車營初定，兵丁或相喧囂，或有火炮震驚，滿營欲動，作何鎮定？

三十一問、戰車以衛護輜車，如地方險仄，衹可容戰車，却又恐輜車不能自守，又或突有敵邀輜重，作何防固？

三十二問、先處戰地而待敵者佚，後處戰地而趨敵者勞，車一渡而敵先伺，則彼以佚待勞，我先至則我以勞爲佚，而又慮敵之堅守以老我師，何以待而能佚，何以趨而不勞？

三十三問、車臨敵境，多下濕之地，偶當霖雨數至，何以防沉灌？荒澤之中，草穢當風，何以防延燒？

三十四問、車薄敵城，方左山右水，重壘强弓，退如山移，進如風雨，糧食又多，此斷不可長守，何以擊此强？

三十五問、車以六營爲一股，而一股之中作何分合，其行路作何照顧，其臨敵作何擺設，欲相爲應援，而相近則此車之炮易及于我人，相遠則此車之炮難及于彼地，而騎步出車，又防本營之搗虚，作何分發？

三十六問、車臨水，便可拆轅爲船爲橋，而人馬既渡，尚未合車，敵忽來犯，或從上流以船筏衝我，作何預防？

三十七問、車臨山阜，不問山之前後左右有敵在數里之外據之。我營人馬動静，無一不見，欲移則無可移，或可移而恐其乘我，作何預備？

三十八問、十二車營當分幾路，其各路之車何以齊渡彼岸，地遠則難合，勢分則難應，如欲分，亦可以獨應，合又不至于後時，此非素有酌量，未可齊一也。作何預計？

三十九問、金、蓋之間，國初葉、馬二將軍所由取遼東也。車一登岸，當先據各城以爲家，抑徐觀其變乎？或兵貴神速，即前進薄之，以擊其未備乎？作何遲速之備？

四十問、車營布蓋、海之地，而耀州當二州之中，或議于此設收録遼人之營，其强者可佐戰，何所恃以爲兵？其衆方枵腹，將何以爲食？且人衆雜，還慮有反側，作何預備鎮輯？

四十一問、車營薄境，如有陷番諸領兵者，跳身獨來，或相率以歸，或領衆投順，欲收之營中，恐有他虞，欲置之別所，又無以得其死力，而似有不定之思，作何分別禮待，以盡兵機？

四十二問、車營登岸，遼人來歸，其老弱家口安插何地？或議以船西渡，則兵方圖東，而又渡遼人于西乎？議安插四衛之間，尚須以兵爲防否，作何定議？

四十三問、車營自有奇正，而車路之外，更有騎路，第車遲而騎兵速，然騎之路却遠而未盡熟。先車以抵敵，恐勢而難敵，彼後車而不至，又無以爲車之利，使其返顧而失措也，作何約期，作何鄉導？

四十四問、車營抵海、蓋間，當借遼之食，食遼人之新附者，而敵之糧多在開、鐵，其海、蓋或少，作何因糧之計？

四十五問、車一股分六營，其分而相應，合而相絡，惟大將能令之，而勢相懸隔敵。在呼吸瞬息之間，立得應援，立得分合，作何預計？

四十六問、車營、馬步、戰輜相爲比合，但兩佐將分統步騎，何以比之，使相親，何以合之，使相應？況應步而步出，應騎而騎出，一呼立應，捷于呼吸，有營將所見所不見者，作何號令，使之不相推諉？

四十七問、車行東北，而錦、義有伏敵，或西虜邀我輜重，又車去覺島，方臨彼岸，而水有敵舟，如納哈之從長、廣反攻也，作何預計？

四十八問、車入敵境，敵忽傾巢，而奔回舊巢，我兵可入據其城乎？一入據而内無糧可因，敵乃從舊巢復出，以攻以圍，作何預計？

四十九問、車入敵境，徒得空城，而敵遁山險菁叢中，我車既難深入，我糧不可久待，我議還兵，而敵出乘之，我還而敵復據城，及我至，而敵仍遁，作何預計？

五十問、車既攻而殺敵，餘敵尚存，勢當摧敗，然大兵據城，去蓋既遠，糧作何運，兵作何食？

五十一問、車既臨敵，人可因兵，地可因糧，而奪遼人之糧，遼且爲兵，以抗王師，即未敢抗，而遼糧既盡，遼人何以爲生，作何預計？

五十二問、車營下定，中原有奸細，當兩相交兵之際，營中忽有變動，便可守兵忙亂，戰兵驚慌，是當預先戒令嚴防，作何方略？

五十三問、車營主靜，而動在奇兵，當定營之夜，議暗襲敵巢，而地有險易，道有近遠，兵有馬步，將有鈍敏，古人劫寨之馬，亦選迅快不鳴嘶者，作何預計？

五十四問、車營既定，敵于晝日寂然不動，却于黑夜偷營，或于別路擊後，而敵不數十人，使我全營忙亂，不得休息，欲静以待之，却又恐兵多猝至，作何應策？

五十五問、車分幾路，敵祇專攻一路，我各路未集，其一路立定脚手，便可鼓舞大衆，少有差錯，衆心駭懼，作何方略，即一路可以應敵？

五十六問、車既薄敵，尚未交鋒，忽報西北有西虜助敵，勢甚凶惡，何以兩設互敵，勿致脚忙手亂？

五十七問、車營下定，報有遼人之爲敵兵者來投，或西虜報來助順，我方翹望爲快，而原是敵兵，到即爲亂，預先作何防範，作何覺察？

五十八問、車營各路抵境，敵方隨路擺設于彼岸，欲渡則難登，相持則難待，此當有搗空之計于其巢，有攻虛之計于其營，作何奇策？

五十九問、車營一處交鋒，而敵效我别路之衣帽旗幟，迎敵者方爲所惑，而策應者，于倉忙之際，見兩軍對敵，而不知誰爲我兵，甚有我居主地，敵居客地，而誤認如宋之西兵者，作何預辨？

六十問、車一渡，必據海、蓋爲要，然敵弃金、復，而于海、蓋尚有兵也，倘一聞我兵之東，而加兵于海、蓋，而我以蓋套等地爲捷徑，而近在十餘里，遠才四五十里，兵一渡，則後背水，而前臨堅城勁敵，作何應法？作何出其後、出其旁者？

六十一問、車臨敵地，必資水草，敵或暗料經行之地，置有毒物，又或以投順之民簞食壺漿，及獻料草，我以爲順民受用，却有毒害之法，作何分别？

六十二問、車營大兵臨境，短髮遼人何以遽能辨别，不有殺戮乎，而無心之中，却失人心，或堅與我敵，何以設法分别順逆，收拾遼人，而使之相率投順，以爲我兵？

六十三問、車臨蓋州，則金、復在我之後，東江之于金州，登鎮之于復州，各能爲聲勢乎？平島之于鮮人，相率能爲欲入之狀乎？然地相去遠于敵，何以能牽？夫虚而爲實也，何以使二鎮爲實？

六十四問、車外之奇兵仍爲車也，又有奇外之奇兵，使其駭如從天而降。第西虜之幕易蓦越也，開、鐵之西北有通途乎？頗聞開、鐵之民尚在，何以得其相助，而無他虞？

六十五問、車薄城，逼而圍之，乃敵實鋭而饒糧，蓋欲乘我之惰，而一旦猛擊之也。我當開一角，以待其奔，而伏精兵于所奔之路乎？抑廣置游兵，四面環車，待其出，則矢石及之，勿令逸去乎？法曰：「奔則伏兵發，戰則衆心散。」圍寇之道，果不可以堅守爲事乎？作何變通？

六十六問、車方對敵，敵無故自開一角，疑欲出奔，我方并力合備于此，而敵却從我之疏處以爲密，或乘我之聚于此而奔于彼，作何先覺，而勿失其宜？

六十七問、車方深入敵境，寂然不動，而不見一人，此當秣馬勵士，坐待以觀其變，然敵忽出奇兵合攻一營，而一營或力歉，可以何兵助之？又或敵未見敗而忽退，此可乘退而逐之乎？其營亦可拔而前乎？作何方略？

六十八問、車行平坦，則分五方而近中軍矣。如遇山川險狹，何以分布？法曰：「斂左右二軍，而前後如故。」夫左右何以斂之，當隨地爲之乎，抑盡置之後乎？或右爲前之後，左爲後之前乎？作何布置，使臨時不令而行？

六十九問、車入敵境，凡地形順逆、叢林厚薄，我將士未必盡悉也。而車又衆多，所分行之地各有險易。法曰：「利則進，不利則止。」夫大兵行，而止與進亦可不齊乎？又曰：「貨則掠，人則殺，爲深入之道。」而遼人，吾人也；遼人之貨，吾之貨也，可掠而殺之乎？擇而爲之，何能分別？

七十問、車入境，而敵人之情更當及未合而審之矣。初以爲兵不多不精，而實多更精也；初以爲無備無糧，而實有備有糧。夫不能候敵之情而浪與戰者，舉衆與敵也；知敵之情，而避之不可，輕戰又不可，作何謹持而應之，以能爲勝？

七十一問、車所駐之地，環衛無虛地也，敵攻一面，則引中權之權勇赴之，他面不可減動。法曰：「慮敵人擊其一，而率精兵襲吾減損之地。」然敵愈益兵，而我兵不加，作何奇出，以破其衆？

七十二問、車臨敵，忽有敵中叛將密持約，要言在某處爲内應，或某日時來投，或言賊中消息，及應我之計，作何應答，以無中于間，無失于真？

七十三問、車臨敵，忽有自敵中跳身來歸者，備言敵中情形，如何備我，又言我當如何制。信之則恐爲間，不信又恐失機，作何計略，能得此人之心，即間反爲我用？

七十四問、車合馬步，爲馬步之衛，而馬步不無以車費，照顧如法。有縱所得牲口，以露所急攻，却陰以兵猝乘所緩守。又如廣爲舟船，以示所必濟，却令精兵銜枚于他處，舉筏而渡擊。又如大兵到，而敵斷絶其路，即倒回以詭敵，令其緩防，而陰令輕捷者間道急渡，出其不意，我即回大軍以應之，此皆騎步之專用，不必有車。今以車用，而此法固兵所必需，作何迅應，而俾無照顧之勞？

七十五問、車利居生地，惡死地，糧道、進退皆利曰生，糧道、水陸皆絶曰死。用生地亦要士馬精利，陣勢習熟，將沉毅，法令嚴，吏士服，從戰樂。然而士卒顧家，即生地不可用，而利害未審；矯衆强爲死地，更不可，然法禁猶豫也。今舉世怕進取，而我等不幾于矯衆乎？然所行皆生地也，作何決斷？

七十六問、車逼險地，而天地震晦，風雨交集，山川不辨，當此之際，定當堅静不動，敵來勿戰，俟天變少罷，觀强弱之勢，而後進退之。然倉猝之際，大將以何術，即能堅行陣，嚴號令，使師徒不驚亂，且烟霧迷塞，風雷震驚，旗不見，炮不聞，火不可舉，作何探報以爲備？

七十七問、營與敵遇，而所駐之地有回渠迂澗，有深峽隘口，有草木蒙密，有高下相乘。凡此皆兵之危地，而更有車行而不便。法曰：「此地之性。」作何用地？

七十八問、車營方定，敵來突攻，矢石叠擊，敵必敗亂，我兵追逐，當以騎乎，以步乎？平廣則以騎，山水則以步，矢石兩隨，可以猝而用乎？騎出追，而步割級，不慮營之虚乎？何以暇而能整，使應各有紀，而不多不少，不一生亂？

七十九問、車之列營結陣，觀旌旗之動，審金鼓之節，動有度，静有方，隨五行運轉，是惟古所稱天將者，以變用正，以神用奇，使敵人不知其所爲，蓋至粗而至精也。作何通透？

八十問、車之行在審遠近、險易、高下、淺深，前後無阻，左右無滯，騎步便其往來，戈戟叶其所用，人馬無逼塞之困，攻守有備蓄之利。此非詳審地理，于平時明見情形，于臨陣何以得此。然有時順地而逆用之，逆地而順用之，又能不擇險易，安而後動，即陷死地而能生，即致亡地而能存，作何變通？

八十一問、車之步置，似强者不得先，弱者不得後，然古有强將，無有天時，無有地利，任其人無有勇怯，聞敵即行，必無疑慮。又有猛將，軍無多少，敵無强弱，三軍順令，若臂使指，匹馬單劍，摧鋒先入，使敵人失措，懼而遠遁。似此兩者，拘于車之數，不幾于窘才乎？作何任用？

八十二問、車營外舊有挑壕蒺藜拒馬，唐李藥師言：「此以拒敵而已，兵貴致人，非欲拒之。」又言：「太公六韜，多言守禦之具非攻戰所施。」此誠膽智之言。然車要止可拒人，而不能致人，則胡不退守各城，而以車遠涉敵境，徒有拒敵之具乎？車中之步騎自奇正，敵來則拒之，而拒之中自有奇兵，或後擊，或夾擊，而引敵及車，矢石及之，拒亦致人也。作何拒而能致？

八十三問、車營派定，照管分數，似難摘離别用。即如突厥方强，李靖選善騎射者二千人，使之飲食舍止，一如突厥。或與突厥遇，則伺便擊之，前後屢捷。此法儘可效之，而車中之兵作何借移？

八十四問、車一營，其自相接應，具在營制，無敢相失也。然騎步不能盡相爲用也，而六營各分，能相用乎？昔拓拔英擊漢中尹紹祖，將兵據險，立五栅以拒之。英曰：「彼師莫相統一，我選精卒并攻一營，彼必不相救。若剋一營，則四營皆走矣。」乃急攻一營，拔之，四營果俱潰。然則多立營而不相聯，古有之矣。作何交制？

八十五問、車布狹隘之地，及過險出隘，難以今所定營行也。古有約隊之法，今何以用于車？雖臨時相地勢爲法，然地之形可預爲約略也。孔明以斜谷路狹，裁八陣爲六陣，其説似妄，而當斜谷，必約隊可知也。作何預計變通之法？

八十六問、車之初爲方營，而圓、曲、直、鋭在所變，故每一陣爲伍，變而二十五，或以爲此花步也，臨敵無所用。臨敵之時，相視地形，或邱陵、林壑、平陸、斥澤之不同，或高下、險易、廣狹、生死、支挂之不一，而因以制步騎。多寡、疏密、輕重、分合、奇正之所宜，非必真有五行之地、五行之陣也。然則花步何以教之乎？教花步，正所以爲實用。此中有機焉，作何解悟？

八十七問、車之制，要便利爽快；車營之制，要簡易直捷。古人中軍與上下兩軍鼎足而立，一鼓一麾而成列，再鼓再麾而出戰，呼吸變化如風雨，如臂指。今驅車策馬，又互相照顧，得毋煩亂乎？抑練熟而簡易直捷即在其中乎？作何發明？

八十八問、車營之練，嚮者據高而臨之，盡見營中之虛實，復閱射于其地，而登高頓可射及營中也。昔魏堅壁不戰，而袁紹爲高櫓，起土山射營。魏爲霹靂車，發石擊之，其樓櫓皆破。以此預計，則憑高可射及營也。我之車營矢石亦可仰攻乎？

八十九問、車近敵巢，其城三面各有重城，以居我叛將及遼人之爲生計者，而敵之親兵居在內城，其外西一面，臨代子河，不住人，以城中乏水，開小便門取水于河。我兵東嚮阻河，不得近城，過河又逼城下，而後背水敵立城之意，便欲堅守難攻也。當以何地爲先著，而仍防此面之有敵出劫也？作何預計？

九十一問、車兵之動，必須審得虛實，而趨乘其危。然防敵之乘我，當令我無可乘。如車抵敵境，或行列未定，或食未設備，或奔走動勞，或未得地利，或未合天時，或涉長道後行未息，或涉水半渡，或險道狹路，或旌旗亂動，或陣數動移，此皆乘之危也。至或將離士卒而有怖心，士輕其主將而有歸志，其危更大。作何預備，勿令敵乘？

九十二問、古之用車者，陰濕則停，陽燥則起，貴高賤下，進止必從其道。又曰：「敵人若起，必逐其迹。」一夫衆車深入，何以得地爲高，得時爲燥，而進止以道乎？見敵起而逐其迹，是謂且戰乎，抑以獨逐乎？天久連雨，馬陷車止，四面受敵，三軍驚駭，作何深計？

九十三問、車之行，無犯進止之節，無失飲食之適，無絕人馬之力，其進不可當，其退不可追，前後有節，左右應麾，雖絶成陣，雖散成行，而大要在其衆可合而不可離，可用而不可疲也。與之安危而已，作何比聯？

九十四問、車以密固，今之車陣亦既密矣，一二將領能練能用矣。古人不云乎：「凡戰非陣之難，使人人各能布陣爲難。」又云：「非知之難，行之難。」今之諸將尚有不知者，作何訓練，令其知而能行？

九十五問、車之馬騾牛駝號爲五萬，其秣飼之需，當因于地，而敵似習赭地之法，是元昊所以誘契丹。又觀王君㚟所以破吐番，以其既疲也，整兵以掩其後，先令人暗入敵境，于歸路燒草，吐番至，將息兵牧馬，而野草皆盡，馬死過半。君㚟襲其後，其輜重及疲兵尚在水，而吐番已渡水，遂大破之。觀所不備，可以爲備，作何防策？

九十六問、車之中權有權勇，儘可爲奇兵，凡設伏暗劫詐誘，皆此兵所爲，而將能智，士乃愚。今使士知其用，而將反不知爲用，何以乘機敵好，假西虜衣裝，而嚮時開原一路之兵實爲敵假我既潰之兵，而詐迎爲計也。將智而嚴，乃能用士，士愚而忠，乃能死戰，作何振作？

九十七問、車有火器，種種如捍武營所備，信可禦敵，亦可殺敵。然其用有無窮者，亦有易盡者，對大敵遲時日，寧得種種如法。夫古人火牛火鷄，要在駭亂其軍，我乃因其亂，隨而擊之，則乘亂之精卒，不可不預爲備也。作何選練？

九十八問、車薄敵巢，勢必渡其臨城之河，敵如以精鋭據河負城以拒我，又如令羸馬弱兵背城爲陣以誘之，我如渡水交兵，而敵却有精騎伏于城側，待我半渡邀擊，我議從南北可渡處間道以攻，而敵俱有防，作何破散其計？

九十九問、車營自有奇正，止供一營之用，即策應他營，亦一營之用也。如大兵自西來，而南與東却有奇兵，如所稱裹氈逾嶺，用寡用奇，此當不在車營之中，而東南兩鎮不足恃也。作何揀擇而得此奇男子？

一百問、車行必擇晴乾，而兵家之奇，必用風霧雨雪，如蘇定方兩破突厥，一乘霧而往，一凌雪深二尺而行，皆掩其不備，而破其牙帳。然楚之備吴也，雨十日夜，吴必至，不如備之。吴人果至，見有備而還，楚乃乘其還，破吴軍。曰：「吴人來三十里，還三十里，其將必休，其士必爲食。我行三十里，可掩其不備。」然則兵之用奇，不禁其風露雨雪。奇兵之在車者，亦可用乎？作何發縱？

百一問、車利守而欲攻，車利正而欲奇，然攻有三道，曰正，曰奇，曰伏，故曰攻正道而不知奇道、伏道者，其將木偶人也。昔蔡以精兵抗李光顔，而李愬自文城疾馳二百里，夜半到蔡，黎明擒元濟。此爲奇道。鄧艾自陰平攀木緣磴而降蜀，此爲伏道。夫奇、伏，固攻之道也，而車中何以行？

百二問、車之深入，若敵堅壁不戰，欲老我師也，法在攻其所不備。又曰：「攻其所必救。」故攻其主，搗其巢，截其歸路，斷其糧草，彼不得已而須戰，我以鋭卒擊之可敗。今敵祇一巢，其備甚具，無歸路之可截，無糧草之可斷，古法似不可行乎？然一城之守，亦有所不備，則亦有所必救，故險伏不得，則并力偏攻之。夫偏攻之道，作何計算？

百三問、車直抵敵境，便直薄其巢，而敵果築舊遼城，伏精鋭，以衝我左，而又出我不意，即廟山口于耀州，亦可虞也。作何哨探爲應？

百四問、車之用，專于敵爲攻戰，而一發軔則兔酋原自恭順，其衆亦有可用乎？虎酋近日爲恭，或無可虞，而部落衆矣。如抽、歹，固稱桀驁也。粆、宰與敵爲連，即近方摇尾而何可信，一有蠢動，盡足爲防，作何預調？

百五問、車行糧，從海、蓋之地俱可以舟運，而所携之糧無幾也。大兵一登岸，而舟便可爲運乎？或遼人之歸附，或西虜之隨從，其食俱在所携之外，而日後更須糧爲多。今之津運，固供十萬，而惴惴也，作何預計？

百六問、車營以爲守，而出營以爲戰。出營之法，居者、行者勞佚相均，以戰以守，并行不悖，故敵兵少，則一衝領一面之兵出戰，而一面之中，自爲兩翼，爲奇爲伏，而餘面不動。敵兵大，則四衝之兵俱出，各當其衝。步戰則馬爲奇，馬戰則步爲奇，而中權以督以策。蓋更出迭入，動静各半，不盡營以行；一戰一守，用休相更，不一方而戰。故一營之中，矢石馬步，無一人一器不有更番迭陣，乃能無窮。是當作何調度？

百七問、車之全，得力在後勁，而車一營之得力在中權。夫五行之用，水木金火土相生，故方、圖、曲、直、鋭以次爲變，而鋭仍變爲方；其相破視所剋，火金木土水以次相剋，而水仍克火，故五陣之變必始于方，捲而藏之，則爲方陣，爲圓陣。而握奇之數在中權，舒而張之，則爲曲，爲直，爲鋭，而握奇之數在陣後。此一營之後勁也，作何分別？

百八問、車營進而得勝，有小營，有大營，深入千里。戰非一合炮擊退敵，則或騎或步，出營追殺，而敵或佯敗，或既敗而糾衆來援，來之速，當何以應；來之緩，當何以應？夫兵欲暇欲整，有功欲戢，不欲玩，收斂之精，哨探之明，小歸一營，大歸各營，紛紛紜紜，而必不可亂。作何制勝之略？

【校記】〔一〕「光」，原本俱作「先」，今俱改作「光」。

孫承宗集卷四十三

車營百八答

車營百八答序

遼東嚮習弓矢，置火器于不講，至車營，則九邊英鋭罕有知之者，惟滄淵馬將軍解其意，因盡改諸式車爲偏廂，定爲車營十二。其用車在用火，其用火在叠陣，要在耦則互出，奇則迭變，循環往復，其用無窮。然遼，吾土也。其地寒暖、燥濕、原隰、邱陵，吾得悉備，而敵聞我兵，退入老寨，則夷險不可知，而我難猝入矣。因與諸文武大吏議，知則識之，不知則相與探討，發哨馬入其地，習其山川部落經由、水陸各要隘，規其廣狹，量地險夷，酌日短長，占風旁正，圖而識之，合百有八，借爲問，以發諸文武大吏思。而參僚如定興鹿伯順、歸安茅芷生、忻州杜應芳等，所對俱深明大略，規畫足以制敵。知其乘天時，用地利，盡人事，因敵制變，必有我欲進而敵不能使之退，我欲退而敵不能使之進者。嗚呼！進如風雨，動若雷霆，變幻萬端，呼吸立應，諸大吏雖胸中各有甲兵，又難以數珠盡其變也。予以腐儒位諸將之上，身任安危，共圖大計，撞晚鐘而入幕，以思諸大吏鞠躬盡瘁，與予共矢忠誠，以圖恢復，當别有會心，見諸實事，又不僅此答之塞我責也。漢有武侯，唐有裴度，當取其軼事，而三復以思。

凱陽孫稚繩拜手題序。

第一答、兵有奇有正，有以奇爲正，以正爲奇，更有以奇爲奇，相機而動，待時而行，循環無端，其妙難測。衛青用武綱車以立功，必用步爲正，用騎爲奇，而又不拘于步騎之奇正，更有出正于正，出奇于奇，因時以盡其妙，而變幻于車之内外者，夫豈徒以車自守乎？楊素所謂不用車營之意，嫌懦將徒知以守自計也。衛青大將，立功何疑。

第二答、七十五人先後于兵車，一爲前拒，一爲右角，一爲左角，戰則卒車相參，如常山蛇然，擊左則右應，擊右則左應，擊中則左右皆應，或進或退，卒不離車，其氣蒸蒸，無懈可擊，運用一及于神。

第三答、曹操始爲戰騎、陷騎、游騎，且云：「車徒常教以正，騎隊常教以奇。」是步爲正，而馬爲奇，乃騎隊出仗之時，而步隊或掩兩傍，或直當中道，至有騎隊反爲正兵，步隊反爲奇兵，是又奇正相生矣。曹瞞，一時之雄也，恐爲所誤。

第四答、馬隆言：「地狹即施木屋于車上，且戰且前。」蓋車不戰，必不能前；不前，必不成戰。我既施木屋于車，可以蔽敵矢炮，自然可前可戰，益戰益前。今如車一渡河，右携海澨，左據山陬，後軍屹立如山，使敵望而生畏，夫何憚而不戰，何憚而不前也。

第五答、兵必有左右，而立營亦然。或夾擊，或奇伏，古大將未有不以左右而勝者。遼東山海相望，險夷各易，俱有形勝可憑，誠能量敵而進，或如劉裕之左右翼，或如超石之却月營，或兩翼在前，以法淮陰，或兩翼在後，以法諸葛，隨地而施，因時而動，左右三叠，何不可行。

第六答、曹操以百人而分攻守，其法當以技藝精熟、身輕足捷者分攻車，其性情持重者分守車，古今勢异，先後理同，酌其法而用之，必無不得。

第七答、裴行儉以糧車三百乘伏壯士，誘突厥掠糧，壯士突出，殺獲敵人幾盡。此詐爲糧車以誘敵人也。今果用其法，不但可以殺獲敵人，即我糧車入敵，敵將望而却顧，是誠事半功倍之謀。如敵料我爲詐，而以兵雜糧中，使敵見糧而不見兵，其法更密。然後用則善。

第八答、李靖討突厥，越數千里，營制不改，有跳蕩騎兵，有戰鋒隊，步騎相半，有駐隊，兼車乘而出。今車營之奇正盡之，然必量敵兵之多寡、敵勢之强弱、敵情之離合、敵地之險夷，

第九答、馬燧爲戰車，行以爲載，止以爲陣。其討田悦，乃以火車焚悦將楊朝光柵破之。其用蓋以車載硝磺、麻油等火具，乘晦冥風沙之際，潛至其柵，以焚之。况我有火車素習五火之用，敵豈不可火攻。

第十答、魏勝以戰車列營外，炮車列營中，而列弓車于陣門，前突後衝，弓車似乎有礙，不知營中安炮車以爲骨，四隅、營中俱可以發，炮車豈獨有礙。弓車、戰車各有弓矢，隨在可用，戰車豈反有礙弓車。是用炮用弓之際，或分或合，各有號令，并行不悖。魏勝夜習，以軍機密事，不令人知也，何弓車不可當陣門。

第十一答、車行當寬坦道路，或先數十里，或後數十里，皆有往來彼此探報，遇急先發游騎，或出敵前，或繞敵後，或設伏，以掩擊敵之左右，或設疑陣，使其却而不前，登時可以成營，而免相失，以俟援軍。

第十二答、車行當仄狹道路，在水岸，必先據其渡口，以截上游；在山岩，必先搜其伏兵，以據要路。敵在我前，用前軍以拒之；敵在我後，用後軍以防之。又隨撥游兵，從間道繞出敵後，水則鳧渡而過，山則猿攀而下，敵人見即駭如天降，此時我軍從容過險，營陣立成。

第十三答、車正行，有敵迎頭衝來，其勢瀰漫，料其先驅老弱不相干者，以費我矢石，即分兩翼，左右埋伏，掩擊後路，而正營嚴軍固守，閉營不出，俟敵精鋭繼至，然後我軍奮力攻殺，騎步連環，進如風雨，左擊右掩，使其不知所從。倘敵之精鋭一敗，彼雖衆，如無人矣。否則，應更出奇謀。

第十四答、車正行，我縱直有餘，而敵横擊之，張兩翼以抄我旁；我横擺有餘，而敵直擊之，伏兩翼以要我脅。法當偵探確實，先據要害，阻敵不前，臨時直則用中軍，以援前後，横則用左右，以護中軍，首尾相應，彼此互援。更出奇兵，分兩股，一擣敵老巢，一要敵歸路，計當不外此。

第十五答、車正行，遇泥淖，可陷人馬，正在躊躇，忽有敵兵，當即整營，嚴軍固守，出奇分兩翼，或擊其左，或擊其右，或抄襲其後，敵必却顧，而我軍鼓噪而出，直撲敵營，俾敵四面受驚，狂奔敗走，而我軍整頓，過險泥淖，可保無虞，或先探敵來路，拒之不前，更妙。

第十六答、車正行，遇有大水，又無舟楫，方在整頓過渡，敵或從旁截我于此岸，又或乘我半渡，截我于彼岸。彼此兩岸，當先探實敵之來路，伏所遣精騎數千，遥設疑陣，以牽其勢。此岸之敵，我兵未渡，可留一軍以截之；彼岸之敵，我軍方渡，即整一軍以待之，而先遣精騎數千，遇敵于此岸，則沿岸直襲其後，遇敵于彼岸，即偷渡，以掩其旁。我車未渡，抱河爲營；我軍半渡，趕緊沿河列守，庶幾可以迎敵。

第十七答、車正行，遇有叢林茂草，伏火驟發，我兵驚亂，敵乃乘急來攻。此敵乘風燥物乾之際，用火攻計也。我當嚴守勿驚，敵來急攻，亦勿與戰，先相風南北所嚮，迎風以除草木，而斷其火，復順風以燃草木，而展其地，火斷則延燒不及，地展則人馬可移，此臨時遇急之謀。若預于伏火之處發游騎，暗中往來偵探，遇敵輒捕，見火即撲，更出奇以厄敵往來要口，更不至臨時大費躊躇，抑抄出敵後，亦以火攻，更爲奇中之奇。

第十八答、車正行，遇有流沙，可陷人馬，大風復作，人馬俱困，忽有伏敵，法當預先巡沙左右，探有伏敵，發兵急剿。即或臨時伏起，復遇風作，人馬眯目，號令不聞，即當極力整軍，連營固守，堅壁不出，敵至則伏弩，短兵相接，敵去則俟風稍歇，即撥輕車健馬，旁出掩擊，敵必大駭而遁，我軍如履坦途。

第十九答、車正行，遇有大木橫攔隘口，散置要路，令我挪移不動。敵來衝突，當先偵探確實，用「囊沙運石」之智，將木陷臨時一猝墊平，車無不過。倘敵恃險衝突，正得奮擊，以獲其利，敵必驚潰而逃。

第二十答、車薄敵巢，敵堅城固守，我從車中出奇，拔其外城，而內城更堅，欲悉衆力攻，而內無車營爲護，外之車營又無人爲守，勢當外營留兵爲守，多設旗幟，以壯軍威，而巷戰之兵，或金帛誘敵作細爲應，或招募壯士，致死攻城，或驅擄脅敵，以爲前軍，或燒經過敵房，以挫敵氣，急用高麗牌，夾以槍炮弓箭，登時逼進，雲梯直竪，立奪其旗，內城雖堅，必無不破。

第二十一答、車臨敵，安營已定，敵却堅不來犯，至數十日，我兵勢難久待，計必分兵攻其所必救，以要其出，乘機可以進攻；否則探其援兵多少，偵其糧草有無，察其勢之虛實，量其將之愚智，斷其糧道，誘其畔兵，燒其房閭，離其將佐，或返旆示以歸志，倡造我軍疲乏浮言，百計誘之，敵必猝出，我軍至是可以有爲。

第二十二答、車未成陣，敵驟來衝，我一堵墻馬兵勢難萬全，宜先分數隊游兵，掠敵前後，左牽右制，使敵難前，或探敵來路，設伏以要，我軍可以萬全，立成其陣。

第二十三答、車臨敵城，敵堅守不出，欲作長圍，作偏攻，敵之矢石反能下。及當先驅擄脅敵人，費其矢石，料矢石將盡，更用聲東擊西之法，乘虛而擊，不啻空城。

第二十四答、車臨敵地，敵城守不動，却從旁從後有兵來犯，我方整兵迎敵，城中忽大噪出攻，計當預搜其伏，或探明先厄其來犯之路，外敵必除，外敵除，內敵亦不敢出。如猶有敵來犯，及城內噪而出攻我，以前鋒應內敵，以後勁應外敵，以中軍守老營，策應前後，而又別選奇兵數百，繞襲敵營，乘虛以攻其城，城必易拔，否則，相機再出計略，以議攻取。

第二十五答、車臨敵巢，百計誘敵不出，我纔動，敵却尾我後，我一回，敵又佯敗，突有伏兵，此詭敵，難以計勝也。法云：「虚者實之。」此當築圍作守困之勢，無輕與戰，其計不磨自消，而察其所必救之處，選將潛師夜襲，敵必惶恐出兵援救，我以一師尾敵後，阻其回路，且以遥助夜襲之威。此則合軍，或偏攻，或合擊，大兵直抵城下。至是，看敵作何計略，相機而行。

第二十六答、車正行，前方遇敵，後有數車，或陷或脱，捨之不肯，顧之不暇，即令此脱陷數車騎隊回環踐踏，曳柴揚塵，令敵難見，迨車既整頓速進，以合前車，至是而營可以成。

第二十七答、車過山險，馬兵先行，恐敵衝突難當；車先行，又恐不能立時成營，且探有伏兵欲起。夫伏兵必在山險前後左右幽暗之處，如遇此險，當先訪問土民，堵截敵之來路，使伏不得驟發，車行仍照常式，魚貫而進，過一車，即成一車式，過一衝，即成一衝式，車盡過，即車營成矣。如料伏敵難制，當徐議進止，以出奇兵。

第二十八答、車臨敵，各爲固守，而我饑敵飽，計欲先發襲敵，勢又不能。法有五間之用，當設計行間，使敵不能不戰。敵出，我軍久欲邀戰，必如鷹之逐兔，獺之驅魚，奮勇直前，敵鋒必挫。况遼人之餉我者日至，京東屯積，俱可暫支，而我隨營輜重可供十日，粠炒可供十日，駝隻可供十日，種種計算，原可不窮。又况軍行在外，需餉孔殷，轉輸豈有不陸續而到者乎？以是而計，糧不必患。敵可設法而誘，以盡攻取之機。

第二十九答、敵去城數里爲壘，伏勇其中，使輕卒戰而佯敗，誘我薄城，發伏令我前後受敵，而又引别兵以疾擊我後，此我必敗之勢也。知者遇此，必先搜其伏，擊殺幾盡，探明别路有無敵人，分兵擊退，乘勝進薄其城。如我兵力已疲，少休，出奇再進，豈以輕卒佯敗而遽爲敵算乎？知者必不出此。

第三十答、車營初定，兵丁或相喧囂，且有火炮震驚，滿營欲動。此内奸也，當即傳令妄動失次者斬，罪以遞加，于喧囂震驚之處，密訪嚴查，見有疑惑之端，即時問明，軍前正法，以除内奸。内奸去，而全營肅靖，敵雖外作策應，自可出以從容。

第三十一答、戰車以衛輜車，地方險仄，止容戰車，又恐輜車難以自守，爲敵所邀，當出李靖擊突厥計，料敵邀我輜車之處，或前或後，伏壯士于輜車，以當其衝。敵至而壯士出，直前奮擊，敵必大創而潰，營陣何不可立，防固何不可嚴。

第三十二答、先趨戰地者逸，後趨戰地者勞。車一渡，敵先趨戰地，而敵逸，我先趨戰地，而我逸。乃我先趨戰地而逸，敵不出，以老我師，是我逸而又更甚于勞。此時當出奇謀，令敵不得不出以嘗我精鋭初至之師，庶幾我兵不勞，并可勞敵兵也。法在迫敵、誘敵兩術盡之。

第三十三答、車臨敵，地多下濕，霖雨數至，沉灌堪虞，草穢叢生，延燒爲慮。是當挑濠引水下注、除草防火延燒。兩計如果難行，斯爲地形不利，不可久師也。法云：「好高而惡下，貴陽而賤陰。」蓋先鑒于是焉。

第三十四答、車薄敵城，敵乃左山右水，重壘强弓，退如山移，進如風雨，此强敵也。擊强之法，當驕其將，玩其兵，使敵輕我，以泄其氣，然後出六營精鋭，連環而進，又于山水可通之處設疑布隊，以亂敵心，更設内奸，使敵自潰。倘虞我兵不剋大軍，暗地退兵休息，留輕卒分五隊往來挑戰，令其晝夜不安，俟敵人馬疲乏，我軍奮氣復作，再爲出奇制勝，以謀進攻。

第三十五答、車行以六營爲一股，而一股之中有分合，有照顧，臨機應援之際，槍炮遠近相及而不相妨，以及騎步出車，本營虛而仍實，擺設分發之法，要在號令嚴明，臨機制變，彼此可以應援，此非素練之師，驟難及此。鬥亂而法不亂，一何其神。

第三十六答、車臨水，便可拆轅爲橋爲船，而人馬既渡，尚未合車，敵忽來犯，或從上流以船筏截我。此當用鐵鎖伏于上流，效古横江之法，以截敵船。且軍既渡，隨渡隨可成車，豈既渡而車營尚未即成，如恐敵來犯，勢出倉猝，車難驟合，又當未渡之先，探有敵否，有則或出奇以阻其來犯，事更萬全，不至臨時忙亂。

第三十七答、車臨山阜，不問山之左右前後，我動静，敵俱得而見之，欲移而又恐其乘我。值此或堵截旁出之路，使敵難進，我兵直衝而下；或潛度旁出之路，使敵驚潰，我軍緩轡而行。否則插旗于山阜，燃火起烟，勢似却顧不前，先造飯，以餉軍士，使敵不知爲假，而我軍掩旗鼓，以暗過此山，車營亦可立成，敵覺亦咋舌而無如何也。

第三十八答、軍行以偵探爲要，十二車營分兩路渡河，道有遠近，地有險夷，必先探明酌量時日先後，定期一齊并渡，分必可以獨應，合亦不至後時，十二車營方可齊一。道途縱有遲誤，而偵探往復，登岸時日，豈或難齊。

第三十九答、金、蓋，國初葉、馬二將軍用以取遼東者也。車一渡，或據其城以爲家，或徐觀其變而後動，遲速之故，因敵而施，有隙可乘，兵貴神速，否則徐觀其變，亦老成持重之謀。

第四十答、車營海、蓋，而耀州當其中，于此設營，收遼人强者，可以佐我，借助軍威，何器不可以執弱者。使其沿關屯田，給籽種，各安其業，而强者之中，如有技藝超常、奮勇出衆者，拔尤分隸各營，使之效力安輯，自不待言。

第四十一答、車營薄敵陷番，諸領兵者，或跳身獨來，或相率以歸，或領衆投順，以敵攻敵，此機不可失也。當收之營中，或别置其衆于營外，于陷番諸領兵者，悉優禮以待，參之以謀而觀其智，期之以事而探其誠，醉之以酒而察其性，伺無他變，復固結之，感激之，然後用以觀其效。至其投順衆番，先使分隸各營，不至相聚爲患，勿久置别地，反不得其死力也。

第四十二答、車營登岸，老少遼人來歸，安插何地？如以船西渡，兵方圖東，其勢不順；如盡插四衛，須兵以防，其力難支。莫若按其原籍，使歸本地復業，或有爲敵所據，不能回籍者，安插沿河一帶，給籽種牛糧開屯，暫爲活計，以妥流民。

第四十三答、車營既渡，而車遲騎速，騎路道遠而不盡熟，當用土民嚮導，量途遠近訂期，俾車騎一時并到，即可合營，以得其利，不至有返顧相望之虞。

第四十四答、車營抵海、蓋，當借遼糧，食遼人新附者，而敵之糧多在開、鐵，如欲因糧，必用新附遼人黠慧有膽略者數十人，由開、鐵附近一帶，設法購運，立局收存；或有來歸短髮遼人，能通敵語、與敵有識者，轉相勾結，因出奇兵以劫之，更妙。是在相機而行。

第四十五答、車一股分六營，其分而相應，合而相聯，惟大將能主之，而勢相懸隔，敵在呼吸之間，立得應援，立得分合，每營各設迅健探報，臨時分合援應，片刻自可立達。

第四十六答、車營、馬步、戰輜相爲比合，但兩將分統步騎。而應步而步，應騎而騎，壹呼立應，其勢甚捷，有營將所見所不見者，臨時不相推諉，此必別有號令，使兩將俱得而識，其責專在十二材官。

第四十七答、車行東北，而錦、義有伏敵，或西虜邀我輜重，車臨覺島，方至彼岸，而水有敵舟，如納哈之從長、廣反攻者，當預留兩營，在後爲勁，以防敵伏，而西虜顧愕輜重，必不敢邀我。臨覺島至岸，而水有敵舟，又先發一軍潛伏彼岸，近舟掩擊，敵怯，可保無虞。

第四十八答、車入敵境，敵忽傾寨奔回舊巢，我兵入據其城，而內無糧草可因，敵乃復從舊巢而出，以攻以圍，此以空城困我也。斷不可冒入，當嚴軍以待，探明敵之去路，有險，先分軍以據之，使其不得回攻，然後進城以圖攻取，否則遲以觀其變，使敵計無從而施。

第四十九答、車入敵境，徒得空城，敵乃入山險叢箐中，我軍既難深入，糧又不可久待，稍議還兵，而敵又據城，我復至，而敵仍退。此詭敵，疲我師，以肆其志也。計當先籌糧餉，養軍秣馬，以張進攻之勢，乘敵未來，分兵進據山險，探有別道，繞出敵後，分兵掩擊，使敵前後失顧，相機一鼓就擒。如我糧難繼，更當另出奇謀。

第五十答、車既攻而殺敵，餘孽尚存，勢當殄滅。大兵據城，去蓋既遠，糧恐不繼。捷聞，糧當兼程前進，況敵既殺其大半，敵糧自有可因，而陷敵遼民復見天日，更有以壺漿簞食來迎者，是亦糧餉之一助焉。

第五十一答、車既臨敵，人可因兵，地可因糧，而奪遼人之糧，遼且爲亂，以抗王師，即未敢抗，而遼糧既盡，遼人亦無以爲食，勢所必至。然我兵爲遼千里除害，遼人必當多方採辦米石，以餉我師，又豈以久出而不爲催運者。且遼人老弱俱可屯田貿易，是富饒之象，不出半載，勢且物阜民豐。

第五十二答、車營下定時，中有奸細，當兩相交鋒之際，營中忽有變動，守兵忙亂，戰兵驚慌，此爲内變。當嚴飭該營將佐，約束隊伍，各自整頓，互相稽查。變動之處，查有奸細，即可拿問，懲以極法，以昭鎮定，而内外各巡風警察巡邏，時刻不懈，我兵自可盡力衝鋒。

第五十三答、車營既立，議暗襲敵巢，而地有險易，道有遠近，兵有馬步，將有鈍敏，且古人劫寨之馬，必選迅快不鳴嘶者，是必就其易，取其近，酌量兵之多少，選馬之迅快不鳴者，銜枚疾走，而以敏將領之，付以暗號，乘隙奮擊，相識無得相言。更有就險道以行劫者，是又出其不意，攻其不備，更奇。

第五十四答、車營既定，敵于晝日寂然不動，却于黑夜劫營，或從别路擊我後，而敵不數十人使我全營忙亂，不得休息，欲静以待之，又恐敵多猝至。此當于我營四面，無論險易遠近，有路可通敵營者，挑捷健兵勇，各派三五十名，帶繩樁于各路口暗伏，以蹶敵馬，或掘坑坎以陷之，即用短兵直前相擊，後敵必且驚愕不前。如敵兵多猝至，偵探急回告警，我好出兵相機而行。

第五十五答、車分幾路，敵衹專攻一路，我各路未集，其一路立定手脚，便可鼓舞大衆，少有差錯，衆心即以駭懼。此以一路壯各路之威，即以壯天下之威，關係誠非小也。爲大將者，必當振其威武，鼓舞衆心，用天時，盡地利，知己知彼，運用極乎無窮。如敵多，利在日暮相擊，預伏兩翼于左右，勝則收兩翼以裹敵，否則張兩翼以分敵，而正兵列三層以直衝敵中軍，又引精騎抄敵後，或趁晦冥，或乘烟霧，出奇以撓其中軍。中軍怯，而餘敵不足破矣。如敵寡，則非以輕兵挑我，即以驍騎擊我，我當小戰佯北，以撓其氣，繼覆以大軍，使敵駭遁，而其計不行。强或避其前鋒，嚴軍勿戰；弱或防其後勁，固守勿迎，而暗置毒物香料于水草之交，潛伏灰瓶梅井于要衝之路，撥一軍以誘之，誘至，乘其困憊，可相機而行。然猶恐其虛實未知也。察其實，我姑避之，深固其溝壘，據險要，出奇以制之；察其虛，我且擊之，環攻暗襲，出騎步，合力以剿之。如是以馭敵，敵之多寡强弱虛實，悉入吾算中，無在不可以制勝矣。法曰：「先聲奪人。」大將當念之。

第五十六答、車臨敵，尚未交鋒，忽報西北有西虜助敵，勢甚凶惡。乘未交鋒，分左右兩軍各半作前敵，分前後兩軍各半作後應，中軍出十分之二作督軍，以擋西虜。更于西北面，多設疑陣于要隘，使不敢前，而東南軍營仍如不動，以待敵衝。敵見我鎮定如常，亦必不敢來犯。

第五十七答、車營下定，忽遼人之爲敵兵者來投，或西虜報來助順，我方翹望爲快，而原是敵兵，到即爲亂。夫敵人來投，必拋兵解甲，以示其誠，不然則其詐立見。且彼既來投，必有不得于敵之故。先令其殺敵以立功，功立，然後議。至西虜報來助順，先留其來報之人，使使往西虜，陽似慰勞者，而暗用通虜語之人，假虜衣帽，探聽其消息，詭言以詰之。否則由別路用敵人之鎧仗，驅牛馬以犒其師，彼受犒，即可辨真僞矣。我于此即爲之防。

第五十八答、車營各路抵境，敵方隨路擺設于彼岸，欲渡則難登，相持則難待。此當有搗空攻虛之策，用木牌寫剋敵登岸之日，置上流沿岸而下，使敵見而驚懈。乘其未備之處，或因水狹浪高，乘船搶渡，摇旗鳴鼓，沿岸直撲敵營，敵必解散。否則，潛師以搗其巢，使敵不知，而仍與我隔河相拒，此更爲奇中之奇。

第五十九答、車營一處交鋒，而敵效我別路之衣帽，混我于倉猝，使我誤認如宋之西兵者，預飭各將于出軍之先，于旗幟衣帽各添暗記，有定形，無定日，如蟲魚鳥獸之物、方圓曲直之儀，周而復始，我知而敵不知，其誤自免。

第六十答、蓋套等地爲赴海、蓋捷徑，近祇十餘里，遠纔四五十里，倘敵加兵于海、蓋，兵一渡則後背水，而前臨堅城勁敵，當急撥輕車從别道，或出其旁，或抄其後，分兩軍以爲援應。正軍迎敵，前後列爲三營，又分兩營于左右，遥與輕車爲犄角之勢。近則夾擊掩襲，乘虚以搗其巢，復多設疑陣，使游騎紛紛擾擾，往來海、蓋，以亂敵人之心。勝則攻城，不勝即合軍背水爲營，俟便出奇攻取。

第六十一答、車臨敵地，敵或料我經行之地，置毒水草，又或投順之民，簞壺亦有毒物。先令犬豕試驗，或用以先餉投順之民，自不辨而知。

第六十二答、大兵深入敵境，短髮遼人必當辨别，使之投順，當以遼人之爲我兵者，亦短其髮，效敵衣帽，入敵，尋其故舊，俾曉以義理，動以利名，勸之投順，未有不從者。否則造言，使敵疑其歸我，令彼懷疑，不能自安。且使遼人數十人俱短髮，效敵衣帽，時擾敵營，彼必歸順無疑矣，我當優禮以固結其心。

第六十三答、車臨蓋州，金、復在我之後，東江之于金州，登鎮之于復州，必當遥爲聲勢，始助軍威。而金、復去東江、登鎮甚遠，此當用短髮遼人，選遼將素有威望者統帶，以實二鎮，而犒毛文龍于東江，以復四衛，檄萬有孚于登鎮，進據廣鹿島，聯絡其勢。平島素非侵畔，賚金帛，馳一介以通問，亦可遥爲聲勢，以借鎮二州。

第六十四答、寧遠以西五城七十二堡，悉爲哈喇慎諸部所據，聲言助邊，而其實未必如約，然開、鐵之民與西虜不睦，遣使陽與西虜尋盟，而陰結開、鐵之民，潛居其要害，我即出奇兵，與開、鐵之民爲應，西虜雖黠，欲驀其幕何難。

第六十五答、車薄城，逼而圍之，開一角以待其奔，而伏精兵以擊之，此法甚是。然敵大創則百年之利，敵小創則十年之利，我千里出師，勞費巨萬，豈可聽其逸去乎？是必待其奔，伏精兵而盡殲之。

第六十六答、敵無故自開一角，勢欲奔出，我方并力合備于此，而敵却奔出于彼，宜察敵情勢，彼于何方便其奔突，即在何方防備。且敵既設計開此一角，以冀他嚮而奔，其旌旗人馬必偏集于其處，有探頭縮尾、時出而瞭望者，我用樓車望而即知。

第六十七答、車方深入敵境，寂然不見一人，正在秣馬勵兵，敵乃出奇合攻一營，一營或力歉。此當用常山之勢，敵至則此營嚴軍固守，而左右兩營首尾相應；如未見敗而退，敵必有伏，姑俟以觀其變，不可即追。

第六十八答、車行平坦，則分五方而近中軍矣。如遇山川險阻，勢當分布。法曰：「斂左右二軍，而前後如故。」夫左右之斂，當隨地爲之，或盡置之後，或右爲前之後，左爲後之前，平時作何訓練，臨時自然不令而行。

第七十答、車入敵境，敵情當未合而必先審也。初以爲敵兵糧未必精多，而實不然。此不宜浪與之戰。然避之，又非出師之意，當設奇以破其兵，以耗其糧。

第七十一答、車所駐之也，環衛無虚地，敵攻一面，則引中權、權勇以赴之，他面不减。法曰：「慮人窺其虚，而率精兵襲其减損之地也。」乃敵愈益兵，而我兵不多，勢當張兩翼以抄其後，散游擊丁四面，揚塵熾火，使敵眩惑，而潛出精兵，以搗其巢。敵前後失顧，吾計可施。

第七十二答、車臨敵，忽有敵中叛將密持約，要言在某處爲内應，某日時來投，備言敵中消息及應我之計。無論真僞，此機不可失也。果真也，如其言以施之勝；果僞也，反其言以出之，亦勝。而辨其真僞之術，當察其言，觀其色，要其質，動其心，量彼離合之情，用我恩威之術，更有因間之計，使彼弄假成真，而反爲我用者，要在臨機制變，神乎其神。

第七十三答、車臨敵，忽有自敵跳身來歸者，備言敵已如何備我，我當如何備敵，信之，則恐爲間，不信，又恐失機。當先愓以威，後示以惠，復醉以酒，假敵之繼爲投我者，探以密，而揭其微，真則無論已，僞則拘其人，造浮言，使敵疑其順我，恨不得而食之。又言敵已殺其妻子，使其歸路遽絶，彼必爲我用，而盡吐其實。

第七十四答、出奇專在騎步，今以車用有似遲鈍，我如用諸奇，法當選精健之馬，用輕厢車載步兵，雜騎兵，遲速可以相并，不勞照顧，諸法可因地而施。

第七十五答、車利生地，惡死地，而士卒顧家，地即生，亦死。今舉世怕進取，而我矯衆以居死地，却所行皆生法，在結衆心，鼓衆氣，齊衆力，使之可静可動，可勞可佚，自無地不可以生。

第七十六答、車逼險地，天地震動，風雨交集，山川不辨，以至旗不見，炮不聞，火不可舉。當此倉猝，我當堅陣，使師徒不驚，别有探報，庶不致誤。此時當急據險地要隘，嚴飭諸將，用口號以資軍令，車騎步輜，各自爲守，互相爲應，有警則據險之兵飛騎以報中軍，仍爲固守勿動，或相機潛出，奇兵制勝，如班定遠因風雨以七十二人襲敵營者更奇。

第七十七答、車營與敵遇，而所駐之地回渠迂澗、深峽隘口、草木蒙密、高下相乘，車行不便。此正用奇因地性制勝之時。當選精騎健卒，或據隘以防敵，或伏險以邀敵，或旁出以襲敵，因地制宜，奇出不盡，運用存乎一心。

第七十八答、蜀丞相綸巾羽扇，羊叔子緩帶輕裘，好整以暇，誠古之善用兵者也。我誠能布置得宜，不多不少，應各有紀，或騎或步，猝用矢炮，騎出追，而步割級，亦安有不可者。戰守各半，酌取其中，自不慮營之虚也。

第七十九答、列營結陣，旌旗爲目，金鼓爲耳。動有變，静有方，隨五行爲運轉，是古所稱天將者。此兵法之常也。如以變用正，以神用奇，此又爲法之變者。變殆异于常，仍不出于常。

第八十答、用兵必因乎地之順逆矣。然有順地而逆用之，逆地而順用之，又能不擇險易，安而後動，即蹈死地而能生，即致亡地而能存。此必先料敵將之智愚，出其不意，以變通而用者，法不可拘以常也。

第八十一答、車之布置，似强者不得先，弱者不得後。然古有强將、猛將貳者，以如是之勇，若拘于車，將何以展其才也。任用二將，既素信其才慮智勇氣概，果可覆敵，即揀精兵，用輕車，俾領之，以便其用，而復以軍繼後，可建奇功。

第八十二答、車中之騎步自有奇正，敵來則拒，而拒之中，奇乃迭出，或後擊，或夾擊，而引敵及車，矢炮及之，拒亦能致也。或佯敗，以引敵來，或委物，以招敵至，抑激其怒，使之不得不來，且攝其吭，俾之不能不至。法曰：「兵貴致人。」車豈祇拒人而不致人。

第八十三答、李靖選善騎射者二千，飲食舍止如突厥，與之遇，伺便擊之，無不捷。誠效其法，而用之于派定車營，照管分數，内揀精騎二千，假敵之飲食舍止，乘隙而擊之，功不出李唐下也。而移借之法，于騎隊中抽其十之一，亦不至有虚之弊。

第八十四答、一營之中，騎步尚虞不相爲用，而六營各分，豈易比聯也。此必有牽制聯絡之法，使之相依若唇齒，唇亡則齒寒，利害相關，死生相倚。一營如此，六營亦然，不聯而自無不聯矣。尹紹祖未能比聯其四營，受拓拔英之擊也，固宜。

第八十五答、孔明以斜谷路狹，裁八陣爲六陣，未必然，其時必約隊也。今車行狹路，或左爲前之後，或右爲後之前，或左右悉置之後，臨時自可變通。

第八十六答、車之初爲方營，而圓、曲、直、鋭任所變，每陣五變而得二十五。平時常教之，或以爲花陣也。臨時相視地形，而花陣無所用，然當圓而圓，當曲而曲，當直鋭而直鋭，其機，正不出乎花陣之中也。法死而用活，得其實效者，在相機而行。

第八十七答、車營之制，要簡易直捷。今驅車策馬，又互相照顧，法似煩亂。然紀律既明，一呼立應，捷如風雨。

第八十八答、昔魏堅壁不戰，而袁紹爲高櫓，起土山，射營中。魏爲霹靂車，發石擊之，其樓櫓皆破。然則矢石可下及，亦可仰攻。我營四面各有炮車，或設機而俯仰，其炮用自如神。

第八十九答、車近敵城，其三面各有重城，以居我叛將。及遼人之爲生計者，而敵之親兵在城内，其西外一面臨代子河，不住一人。城中水乏，開小便門取水于河，我兵東嚮阻河，不得近城。過河則又逼城下，而後背水。計當沿河列兵，假設過河之勢，以防敵之劫，而陰遣精兵，相機以攻其三面，募死士，托爲叛將復歸者，持約要故，驚怖以委敵而遁，使敵與叛將疑惑不安，我因乘隙以攻之。否則用秦人置毒上流之法，使取水者各受其毒，不數日而敵自憊，然後用吾謀。

第九十答、吴漢剋廣都，遂抵成（城）都，與劉尚隔江南北二十里爲營，而幾爲敵乘。我軍抵海、蓋，便當乘勝薄敵，而各路未集。此當量敵之多少而趨，乘其危，不然，即以吴漢爲前車也可。

第九十一答、車行不無可乘之危，而將離士卒而怖心生，士輕主將而歸志切，此更爲危之大者。我當隨時設備，或守或戰，或遲或速，或正或奇，將卒相親，甘苦與共，如臂使指，雖歷諸危，敵不得而乘。

第九十二答、天久連雨，馬陷車止，時不燥而地若下，敵起而不得逐其迹矣。當連營固守，據要害，使敵不得來衝，而秣馬犒軍，俟雨歇即計進取，庶可以合天時，得地利，而協人和。

第九十三答、其衆可合而不可離，可用而不可疲，與之安，與之危，此非有聯比之法，不能如古大禹之賞戮，成湯之威愛，周武之勖戮，以及名將相，如諸葛之八陣，李靖之六花，精忠之五訣，得其一，俱可爲師。

第九十四答、凡戰，非陣之難，使人人各能布陣爲難。又云非知之難，行爲難。今之諸將，或有布而不知，知而不能行者，須以陣法，授以方略，使熟而習之，臨時運用，其妙無窮。

第九十五答、車之馬騾牛駝，號爲五萬，其秣飼之需，當因于地，而敵似習赭地之法，如元昊所以誘契丹，王君㚟所以破吐番者。當計我所載秣飼可敷幾日之用，又探四旁之燒有未及者，行採青法以濟之，用亦不至或竭。如預防其患，即先遣遼人熟視敵之來路，于其地之四面先行此法，使敵之秣飼無所需，而其計自可以阻也。如此，敵不能制我，我更可以制敵。

第九十六答、將智而嚴，乃能用士；士愚而忠，乃能死戰。凡設伏、暗劫、詐誘，皆用士；料敵、詐僞、情實，皆在將，此其中有術焉。必合衆人之智以爲智，作一己之忠以爲忠，夫而後，將可智而嚴，士可愚而忠。

第九十七答、車有火器種種，如捍武車營，儘可禦敵而殺敵。然古人火牛火鷄要在駭亂其軍，我乃隨其亂而擊之。夫乘亂之兵，當選强卒健馬，以猛將率之，進如風雨，擊若雷霆，乘其亂而擊之，敵必大敗，我軍可以有爲。

第九十八答、車薄敵巢，勢必渡其臨城之河，敵以精鋭據河負城以拒我，又或令羸兵弱馬背城爲陣以誘我。我如渡水交兵，而敵却有精騎伏于城側，待我半渡邀擊。我議從南北可渡處間道以攻，而敵俱有防。此當用破散之法，大集我兵于一處，勢欲出攻于此，而潛引精兵二千，出其不意，以攻其所不備，使其誘防之計俱不得而行。

第九十九答、車營自有奇正，然止供一營之用，即策應他營，亦當如是也。如大兵自西來，而南與東却有奇兵，所謂裹氈逾嶺，用寡用奇。此當不在車營之中，而東南兩鎮不足恃，應必于諸將中，選沉雄有智略者爲之。如李愬自文城馳二百里而擒蔡、鄧艾自陰平攀緣木磴以降蜀者，而後可。

第一百答、蘇定方兩破突厥，一乘霧，一凌雪，皆掩敵不備，而破其牙帳。楚之備吴也，雨十日夜，吴至，見楚有備而還，楚乃乘其還而破之。然則兵用奇，必因雨霧風雪也，而奇之出也，或用輕偏厢快馬以疾馳，或用精練騎步以潛入，相地而行，無有不勝。

第百一答、攻有三道，曰正，曰奇，曰伏。昔李愬雪夜入蔡州，此奇道也。鄧艾裹氈出陰平，此伏道也。車如用奇伏，不出輕車、迅馬、勁卒三者之外，而臨機制變，如擊搗以亂軍，吹簫以離士，假敵衣帽以詐禱神靈，種種出人意外者，非領以智勇之將不能。

第百二答、法曰：「攻其所不備。」又曰：「攻其所必救。」今敵止一巢，其備甚具，無歸路可截，無糧草可斷，古法似有不行。然一城之守，亦有所不備，亦有所必救，法又在聲東擊西，避實擊虛二者而盡。

第百三答、車抵敵境，直薄其城，而敵果築舊遼城，伏精鋭以衝我左，而又出我不意，即廟山口于耀州，亦可虞也。此必用短髮遼人，探其確實，盛兵以截于要路，吾然後盡力攻城，而無他顧。

第百四答、車之用，專爲攻戰，而一發軔，則兔酋原自恭順，其衆亦可用也。虎酋近日爲恭，亦無或虞。然其部落甚衆，如抽、歹固桀驁也，粆、宰與敵爲連，即近方摇尾，亦不可信。一有蠢動，盡足爲防。法曰：「以敵攻敵。」是當籠絡二酋，使其牽制抽、歹、粆、宰諸部，而不能發我。復結之以恩，要之以信，而又用遼之去敵投我者，假敵衣裝，暗擄其牲畜，而我明截以歸之。如此，則可以免其騷動，而我能有爲。

第百五答、車行糧從，海、蓋之背俱可以舟運，而所携之糧無幾，大兵一登岸，或遼人之歸附，或西虜之携從，其食俱在所携之外，而日後更需糧甚多，豈今之津運可供也。當以遼人之壯者充兵，其老弱安插關門屯田，各爲生計。至西虜則聽其貿易，撫虜請帑，分别以犒其軍，而鹽策之利日增，屯田所積日厚，是固有可以充接津運者，餉需豈有或乏之虞。

第百六答、車營之法，戰守各半。敵小則一衝領一面之兵出戰，而一面之中自爲兩翼，步戰則騎爲奇伏，騎戰則步爲奇伏。敵大則四衝領四面之兵出戰，步戰亦騎爲奇伏，騎戰亦步爲奇伏，而以中權督之。槍用連環，炮用叠陣，更出迭入，循環無端。故一營之馬步矢炮，無一不可爲用，而守戰俱得其宜。

第百七答、車之全得力在後勁，而車一營之得力在中權。如五陣之變，始于方而藏之，則爲方爲圓，握奇在中權；舒之則爲曲，爲直，爲鋭，握奇在陣後。此又一營之後勁也。蓋陣方陣圓，則藏中權于内而爲勁，陣曲則參伍錯綜，舒中權于後以爲勁；陣直陣鋭，或竪或前，小而後大，亦舒中權于後以爲勁，陣無定而勁則有定。此一營之後勁也。推而極之，或一衝以及一隊之細，凡後出而應敵者，皆謂之後勁，而後勁之分别益明。

第百八答、車營進而得勝，有小營，有大營，深入千里，戰非一合炮擊退敵，或騎或步，出營追殺，而敵或佯敗，或既敗而糾衆來援。其來之速，以追殺之兵應之，而以後軍相繼；其來之遲，以後軍應之，而以追殺之兵相繼。各營俱有哨探，小歸小營，大歸大營，紛紛紜紜，鬥亂而法不亂，制勝之略，端在好整以暇。

孫承宗集卷四十四

車營百八説

其一、周、秦專用車乘。衛青始用武剛車，主自環爲營。夫以營自環，似徒爲守計者，乃衛青所至有功，知戰守原爲一事，未有能守而不能戰者。楊素不用車營之意，恐將士知守而不知戰也。而出奇于正，用正爲奇，奇正自有變化，知此，始可以用車。

其二、古制，七十五人先後于兵車，一爲前拒，一爲左角，一爲右角，戰則卒車相參。夫車所以衛卒，卒所以用車，非車而卒無所依，非卒而車無所用。卒車相參，古人前拒、左右兩角盡之矣。今以車戰酌其法而用之，乃宜。

其三、曹操始爲戰騎、陷騎、游騎，且云：「車徒常教以正，騎隊常教以奇。」此平常花陣也。臨陣或用正爲奇，或用奇爲正，常法原不必拘，况騎隊常教以奇，而又爲戰騎、陷騎、游騎，是明以戰騎奇，而陷騎、游騎更奇中之奇已。孟德亦神于用兵者，抑所言有未盡與。

其四、馬隆言：「地廣則以鹿角車營，狹則以木屋施于車，且戰且前。」此得力于木屋也。法當裹以皮革，施以絮氈，爲木屋起兩層，近打遠攻，矢炮可以及敵，而敵不及我。且又有游兵夾車兩傍，以掩以擊，俾敵猝不及防，我于是可戰，而且可前。

其五、劉裕伐南燕，以車四千乘爲左右翼；朱超石戰河上，以車百乘抱河爲却月營；淮陰覆項，兩翼以在前；武侯走懿，兩翼以在後，爲夾擊，爲奇伏，左右三叠，古法盡之。今以車用，或張翼以分敵勢，或抱河以禦敵衝，或在前以擊其前驅，或在後以防其後襲，左擊右掩，中軍列三層，屹如山立。此大勝之勢也。諸大吏宜早有所思。

其六、操以七十五人分守車，以二十五人分攻車。蓋百人而分爲四，一分出攻，三分入守，更出迭入，此攻彼守，此守彼攻，勞佚均，而攻守各當。今以二十五人三偏箱亦分爲四，效其法而用之，當合。

其七、裴行儉詐爲糧車三百輛，伏壯士十五輩，誘突厥掠糧，壯士出，殺獲敵人幾盡。此法甚捷，今人皆膽怯而不敢行，不知敵性貪鄙，正可設計而誘之。此亦料敵之術也。爾將士抑何恐歟。

其八、李靖討突厥，越數千里，營制不改，有跳蕩奇兵，有戰鋒隊，步騎相半，有駐隊兼車乘而出，今之奇正盡之。然跳蕩爲奇兵，戰鋒爲戰兵，駐隊爲助兵，此奇正之常格也。而易常爲變，其用更神乎其神。

其九、馬燧爲戰車，行則以載，止則爲陣。其討田悦，乃推火車焚悦將楊朝光栅破之。今如以車焚栅，宜乘晦冥風砂之際，以輕車載火藥近栅，順風疾走而投之，火起，乘亂急攻，敵可因之而破。

其十、戰車列營外，以爲墻，炮車置營中，以爲骨，弓車當陣門，以爲屏。今我專用火炮、弓車，似乎稍遜，不知兵法短長相濟，炮爲長兵，刀矛爲短兵，而弓居長短之間，此正無窮相接之意也。以之當陣門，魏勝之列陣，蓋見于是云。

其十一、車行寬坦道路，數營齊發，聲勢貴乎相聯，或先或後，或左或右，猝然遇警，左右相顧，前後互援，數營如此，一營亦然。調度明，而營自無不立也。法曰：「散者使之聚。」是言，其味深長，最宜潛玩。

其十二、車行逼仄道路，不能成列，人自爲戰，不能互援，遇警猝難成營，此必敗之勢也。而轉敗爲勝，或從別路，揚塵熾火，以懾其膽，或于前路，左牽右制，以撤其軍，用率然陣，且戰且前，勝則過險，而行列可成，否則收兵，而退守自固。然軍法有進無退，當此警急，彼驕我奮，正出奇制勝之時，又何憚營陣之不可成。

其十三、車行有敵來衝，瀰漫甚衆，或先驅老弱不相干者，以費我矢石，却以精鋭憑突。宜用樓車發大炮，以轟其後隊，而前面堅守勿動，撥奇兵分兩翼，以抄其後，俾令盡數遭我矢石，以窮追逐勿遺。

其十四、車行，我縱直有餘，而敵横擊之，張兩翼以抄我旁；我横擺有餘，而敵直擊之，伏兩翼以要我脅。欲應而防之，當撥游兵，分數起，以擾其中軍。其横擊也，我以前後兩軍應之；其直擊也，我以左右兩軍應之，而中軍指揮發縱出奇，以防其變，庶可無差。

其十五、車行泥淖，可陷人馬，正在躊躇，忽有敵來。此敵乘我之危，以肆其志也。當亟整我軍，堅陣以待，俟敵氣竭，即乘其隙而擊之，敵必敗退。我于此，勵兵秣馬過險，得保無虞。如更設疑陣以惑之，愈妙。

其十六、車行遇有大水，又無舟楫，方在整頓過渡，敵或從旁突截我于此岸，又乘我半渡，敵或來前突，截我于彼岸。既渡則背水而陣，半渡則抱河爲營，臨時方法，不過如是。若預于兩岸探明確有要害可據，或設疑陣以惑之，或先伏兵以防之，虚虚實實，莫可測度，俾敵畏顧不前，方得制勝之訣。

其十七、車行遇有叢林茂草，伏火驟發，我兵驚亂，敵乃乘急來攻。當先搜其伏火之處，遇急則斬荆棘，除草萊，我即移營上風，以策以應，而俟敵衝。

其十八、車行遇有溜沙，可陷人馬，大風復作，人力正困，忽有伏敵。夫風沙之險，彼我所同，惟占風短長，量沙遠近，先時擬定，可以抵備無虞。臨時如有伏敵，我則順風以應之，厄要以擊，有何不可以防。

其十九、車行遇有大木横攔隘口，或散置要路，令我挪移不動，敵却突衝。此當于大木所置之處，晴則用火以燒之，雨則囊砂以墊之，約敵于何方衝突，先扼其要，而我軍如履坦途。

其二十、車薄敵巢，我從軍中出奇，拔其外城，而内城更堅，欲悉衆力攻，而内無車營爲護，外之車營又無人爲守。此當抽其四分之二，半以守營，半以巷戰。而敵之所恃者弓矢，我之所長者火炮，即推大炮于外城，憑高以轟其内城，乘亂用高麗牌夾以弓矢、槍炮，聲東擊西，連環而進，内城雖堅必破。計略不出乎此。

其二十一、車臨敵，安營已定，敵却堅不來犯，至十數日，我兵不能久持。法曰：「攻其所必救。」又曰：「攻其所不備。」敵自有所必救，有所不備，我設法以攻之，敵欲不動而不能。

其二十二、車未成陣，敵驟來衝我，一堵墻勢難萬全。當預于擺陣之先，探有要隘路口，各設伏以據之，則其陣立成，又何敵之待退與。

其二十三、車臨敵城，敵堅守不出，欲作長圍，作偏攻，我之矢炮不能仰攻，敵之矢炮反能下及。然敵長弓矢，我利火炮，用高麗牌爲陣，以屈彼之長，起土山，架樓車，駕滅虜、虎蹲等炮，以伸我之利，敵必望而生畏。夫豈止可以爲應、可以爲防。

其二十四、車臨敵地，敵城守不動，却從旁從後有兵來犯。我方整兵迎敵，城中忽大噪出攻，我當分四軍：一軍迎來犯之敵，小戰佯北，誘之遠追，以分其勢；一軍迎出攻之敵，鏖戰不却，挫其鋭氣，以張我威；兩軍守老營，以策以應，時出奇設伏以制之。此兩應之策也，宜相機而行。

其二十五、車臨敵巢，百計誘之不出，我纔動，敵却尾我後，我一回，敵佯敗，突有伏兵。法曰：「逗亂而法不亂。」雖值倉卒，紀律既明，不至亂而不整。况臨事而懼，察其情，揆其勢，敵非甘于下人者，吾能不早爲防備而受其詐哉。是當有老成持重之方制敵而不爲敵制。

其二十六、車正行，前方遇敵，忽後數車脱陷，不得即行，前後恐難兩應。是當分中軍，急援前軍，而挫敵鋭。又分游騎爲兩翼，以繞護後軍，揚塵熾火炫敵，使之不前，庶脱陷數車，不至遇害，前軍亦借其聲勢而可無虞。

其二十七、車遇山險，不得安行，騎先恐不當敵之衝，車先恐難爲我即凑，而伏敵乘機欲起，應守兩難。是當探有别道，出奇設伏，據險以要之，伏敵必不能起，而或騎或車，無論孰先，皆安行無事已。至别道之遠近險夷，宜探確而後行毋誤。

其二十八、車臨敵，各爲固守，而我有糧食之患，此當先發，因計就計，聲言食乏，設作回軍之勢，敵必來攻，而我車布置已定，分剿合擊，一鼓就擒，必然之勢也。况敵恃其飽，而欺我之饑，料彼必中吾之計，而糧食之多寡，更不待言。

其二十九、車臨敵巢，敵去城四五里爲壘，以車騎居外，以勇鋭伏内，使輕卒合戰佯走，迫我兵薄城，敵乃發伏，俾我内外前後受敵，而又令别兵疾擊我後。此當支一軍，以牽城内之敵，而合軍悉力，以破其壘，盡搜其勇鋭以殺之，而城内之敵必輸膽而不敢前矣。彼别兵尚在遠處也何爲？

其三十、車營初定，或兵丁喧嚣，或火炮震動，此内變也。當申明連坐之法，飭内巡風、外巡風各官嚴查察訪，又于變起之處，自哨官以至火役，察其性情，稽其功過，嚴飭而密防之，自無鎮定之不如常。

其三十一、戰車以衛輜車，地方險仄，止容戰車，又恐輜車不能自守，爲敵所邀。然古人伏壯士于糧車，敵掠糧，壯士出，而殺敵幾盡。我固久欲師其智，而未果于爲也。今地險，正得因時制宜，以效其法，又何患營不可立，而斤斤于防固爲哉。

其三十二、車先處戰地而待敵者逸，後處戰地而趨敵者勞，乃我先處戰地而逸，而又慮敵之堅守以老我師也，則迫敵、邀敵、誘敵、激敵，敵必出，我可以待而能佚，趨而不勞。

其三十三、車臨敵，地多下濕，霖雨數至，灌溉堪虞，草穢叢生，延燒爲慮，地形不利，不可久師也。如敵先得地利，我無別地可居，即當通溝渠，除荊棘，暫爲駐扎，伺便拔營前進，或移營暗襲，出敵不意更奇。

其三十四、車薄敵城，敵乃左山右水，重壘强弓，退如山移，進如風雨，而糧食又多。强敵在前，我能長守乎？法曰：「剛以柔克。」察其將帥之智愚、部落之離合，驕縱之，離間之，炫惑而疲玩之。敵雖强，未有不中我計者。至是而可以擊之。

其三十五、車以六營爲一股，而一股之中，有分合，有照顧，至臨陣擺設，彼此應援，相近則此營之炮易及于我，相遠則此車之炮難及于敵，而騎步出車，又慮本營之搗虚。其遠近虚實，必有布置得宜者，知此，方可却敵。

其三十六、車臨水，便可折轅爲橋爲船，而人馬既渡，尚未合軍，敵忽來犯，或從上流以船筏截我。夫軍未合而敵來犯，勝負誠未可知也。然敵從何來，又從何犯，先分軍以扼其要，此必無虞。若上流以船筏截我，或沉鐵鎖，或置鐵錐，奇出不盡，何難預爲之防。

其三十七、車臨山阜，不問山之前後左右，有敵在數里之外據之，我人馬動静，敵俱得而見，欲移則無可移，而又恐其乘我。此宜乘烟霧，或趁晦冥，捲旗息鼓，以過此山。如或恐敵猝乘，須留疑陣以禦之方可。

其三十八、十二車營分爲兩股，而一股又分幾路，地遠則難合，勢分則難應，如欲分，亦可以獨應，合亦不至後時。在預先探明道路之遠近，酌量人馬之遲速，計日而進，渡岸必無不齊矣。

其三十九、金、蓋之間，國初葉、馬二將軍所由取遼東也。車一登岸，或先據各城，以觀其變，或即薄敵，以乘其危。兵貴老成，亦貴神速，因敵制變，不可拘泥。

其四十、車營海、蓋，而耀州當中，或議于此收遼人强者，充兵佐，助軍威，于火器營領火器；弱者延河開屯，以充其餉，强弱皆得所養，安輯自不待言。

其四十一、車營薄境，有陷番諸領兵者，跳身獨來，或相率以歸，或領衆投順，置之，恐不得其力，收之，又難測其心。此當察其性，探其情，投其好，量才酌用，考其績，分別而奬勵之。以此禮待，庶其可盡兵機。若分隸諸將，反不得其力，而生其心矣。惟在我有術以籠絡駕馭之。

其四十二、車營登岸，遼人來歸，其老弱家口當安插四衛，以實其地，以遼土養遼人，即以遼兵守遼土，此大便利。況四衛膏腴之地，遼人之壯者，可以充兵，又何煩以船西渡乎？是在辨善後者之好其爲也。

其四十三、車營，車遲、騎速，車路又道遠而不盡熟，先車以抵敵，勢孤而難戰，後車而不至，又不能盡車之利。車與騎固當約期而至也。而遠不得遲，近不得速，必以遼人爲嚮導無差。

其四十四、車營抵海、蓋，當借遼人之食以食遼之新附者，而敵糧多在開、鐵，其海、蓋或少因糧之計，即以新附遼人舊與敵通貿易者，設法購運，俾敵得獲利，而遂其貪糧，自取之不盡，用之不竭。

其四十五、車一股分六營，其分而相應，合而相聯，惟大將能令之，而勢相懸隔，敵在呼吸之間，我用口號，一呼即至，如臂使指，又何難立得分合，立得應援。

其四十六、車營，馬、步、戰、輜相爲比合，而兩將分統步騎，其比而能親，合而能應，應步而步，應騎而騎，一呼立應，捷于影響，有營將所見、所不見者。蓋號令素明，而士卒知以性命相倚，故臨時不相推諉，以致死爲己責云。

其四十七、車行東北，而錦、義有伏敵，或西虜邀我輜重；車近覺島，而彼岸有敵舟，如納哈之從長、廣反攻者。我預于錦、義、覺島等處撥游兵扼要以據，而整軍前進，堂堂正正，萬無一虞。

其四十八、車入敵境，敵忽傾巢奔回舊寨，我兵入據，而内却無糧，敵乃復出，以攻以圍。然軍懸入敵弃城，而即據之。此非探知虚實、布置嚴密、使敵不得攻圍者，必不可以出此。

其四十九、車臨敵境，徒得空城，而敵遁山險叢箐中，我軍既難深入，我糧不能久支，稍議還兵，而敵復據城，我去而敵仍遁。此當于敵舊巢四面，陰使短髮遼人周歷山險，探有要害，或據險以擋其來，或潛師以搗其穴，更番迭戍，復屯田通商，作長久之計。城雖空而可實也，師有進而無退，豈可議還。

其五十、車既攻而殺敵，餘孽尚存，勢當殄滅，而大兵據城，去蓋既遠，糧恐難運，兵恐乏食，當趕緊排撥催運，或由津以舟運而至，或由關以駝運而前，而京東屯積、口外榷酤等項，俱可移撥充餉，而我軍安堵無虞。

其五十一、車既臨敵，人可因兵，地可因糧，而奪遼人之糧，遼且爲亂，以抗王師，即未敢抗，而遼糧既盡，遼亦無食，此必然之勢也。然我于延關開屯，歲徵數百萬，而鹽茶、牛馬、參茸、金錫、材木、皮革，皆遼東土産，種種計算，遼自可以爲生，特恐司會不早爲計也，何患焉。

其五十二、車營下定，中有奸細，當兩相交鋒之際，忽有變動，守兵忙亂，戰兵驚慌。即查變動之處，自某隊起，自某隊止，由下而上，由上而下，罪專在官，罪責在士。如獲奸細，即治以極法，以昭鎮定，戰守俱各如常。

其五十三、車臨敵，議暗襲敵營，而地有險易，道有遠近，兵有馬步，將有鈍敏，且古人劫寨之馬必選迅快不鳴嘶者。然或險易，或遠近，或馬步，或鈍敏，俱可因時制宜，量才而用。法曰：「知己知彼，百戰百勝。」馬可銜枚疾走而夜襲，以迅快不鳴者爲良。

其五十四、車營既定，敵于晝日不動，却于黑夜劫營，或由别路以擊我後，而敵不數十人，使我全營不得休息。靜待之，又恐敵多猝至。此責專在外巡，或先于我營四面有通敵道者，設伏弩、鈐狗、拒馬、梅井、火池等具，敵雖至，難施其術矣。我于此反可因其計而出奇兵。

其五十五、車分幾路，敵祇專攻一路，我各路未集，其一路立定手脚，便可鼓舞大衆。少有差錯，衆心即以駭懼。爲大將者，毋邀功，毋恃才，毋輪膽，毋長敵量，而後進，否則堅壁以俟援軍。

其五十六、車臨敵，尚未交鋒，忽報西北有西虜助敵，勢甚凶惡。此當以前軍應敵，以後軍應虜，以中軍策應前後，而又別出奇兵，或分兩翼以助軍威，或伏數埠以挫敵鋭，俾得兩設互敵，自然出以從容。

其五十七、車營下定，忽遼人之爲敵兵者來投，或西虜報來助順，我方翹望爲快，而原是敵兵，到即爲亂。夫西虜狡黠，未敢遽以爲助，智者知而防之矣。而遼人之爲敵兵者來投，其徒手以來乎，抑持兵以來乎？此易于覺察也，而防範自有其方。

其五十八、車營各路抵境，敵方隨路擺設于彼岸，欲渡則難登，相持則難待。當分游兵二千，從上流潛渡，以搗其老巢，或合數軍，以攻其一處，使其顧此失彼，不知所從，彼必不暇于擺設，而彼岸可登。搗虚攻虚，策當出此。

其五十九、車營一處交鋒，而敵效我別路之衣帽，以淆我于蒼茫之際，使我不分主客，甚有我居主地，敵居客地，而誤認如宋之西兵者。然我軍衣帽旗幟各有暗記，因時而變，隨地而遷，此又辨之易辨也，而策應何難。

其六十、車一渡，必據海、蓋爲要，然敵弃金、復，而于海、蓋尚有兵也，倘一聞我兵之東，而加兵于海、蓋，我以蓋套等地爲捷徑，而近纔十餘里，遠纔四五十里，一渡河則後背水而前臨堅城勁敵。夫金、復、海、蓋四衛，俱沿海北岸，犬牙相錯，形勢固一脉也。敵既弃金、復，而加兵于海、蓋，何爲乎？我復以津軍抄其旁而襲其後，令彼前後受敵，敵必惶怯，而我可以出奇。

其六十一、車臨敵地，必資水草，敵或暗料經行之地，置有毒物，又或以投順之民簞食壺漿，及獻糧草者，我以爲順民，而却有毒害之法。此固易辨也，執其人物而試之便知。

其六十二、大兵臨敵，其短髮遼人嚮我者，當辨別，不嗜殺戮，以收其心，背者當收拾，以使順從，而借其力。然果何以辨別乎？亦試其誠耳。又何以收拾乎？衹誘以利耳。我所以駕馭遼人者以此。

其六十四、車外之奇兵仍爲車也，又有奇外之奇，使其駭如天降，第西虜之幕不易驀越，開、鐵之西北未有通途，而欲得其民以相助，必設法結其豪俠，曉以忠義，動以利名，久之，其人必與西虜忤，而我則分軍，陽爲之彈壓，至即與豪俠約内外相攻，而責以背盟之義，申以和好之情，西虜必束手無策，斯可謂奇外之奇。

其六十五、法曰：「奔則伏兵發，戰則衆心散。」圍敵之道果不以堅守爲事乎？然敵性貪污，不大創之則不潰。倘使逸去，遼土何以久安乎？伏精兵以待其奔而擊之，不若置游兵，俟其奔而殲之之爲快也。然必視敵之大小爲之，總勿令其逸去。

其六十六、車方對敵，無故自開一角，疑欲奔出。我方并力合備于此，而敵却從我之疏處以奔，抑又何難先覺也。晴晝則視其塵起于何方，黑夜則聽其聲聚于何處，况敵有必奔之地，有不必奔之地，豈見其開一角，而他處遂可以疏而不防。

其六十七、車方深入敵境，寂然不見一人。此當秣馬勵兵，坐視以觀其變。敵忽出奇合攻一營，此必以相近之營助之。又或未敗而退，此輕兵來誘，斷不可逐，而况拔營而前乎。是當爲持重之謀，敵計不磨自銷。

其六十八、車行平坦，則分五方而迎中軍矣。如遇山川險狹，必當另有分布。法曰：「斂左右二軍，而前後如故。」夫左右之斂，隨地爲之，固甚便。倘盡置之後，恐不利于前，而左爲前之後，右爲後之前，定爲常法，臨時自不令而行。

其六十九、車入敵境，地形順逆，叢林厚薄，我人未必盡悉也。而衆車分行，又各有險易。法曰：「利則進，不利則止。」夫兵行進止，豈可不齊乎？遼人，吾人也；遼貨，吾貨也。法曰：「爲深入之道，人則殺，貨則掠。」此亦可殺而掠之乎？蓋所謂不利則止者，謂止于其道，而由別路以進也。所謂殺掠者，謂深入敵境，非我今之遼東也。然殺掠亦嚇敵之術，宜分別以爲。

其七十、敵情于未合，而當審之也。夫不能知敵之情，而浪與戰者敗，知而避之不可，戰又不可。必謹持而應之，方能爲勝。法曰：「知己知彼，百戰百勝。」是言當味之。

其七十一、車所駐之地，環衛無虛地也。敵攻一面，則引中權、權勇以赴之，他面不可減動。法曰：「慮敵擊其虛，而率精兵襲吾減損之地也。」乃敵愈益兵，而我不加兵，勢當分兩翼以出奇兵，或抄其旁，或襲其後，或搗其老巢，因敵制變，法不可拘。

其七十二、車臨敵，忽有敵中叛將密持約，要言在某處爲內應，或某日來投，或言敵中消息及應我之計。其真也，僞也，俱在所不論。當審某處之情形何如，敵中之布置何如，應我之計，其得失可否又何如。臨時整軍而出，先撥一軍以試之。孚其言，大軍即如約而赴，否則暫爲回兵，無中于其間乃奇。

其七十三、車臨敵，忽有自敵中跳身來歸者，備言敵情如何備我，又言我當如何制敵。信之則恐爲間，不信又恐失機。是當優禮以待之，而察其言，觀其色，伺其動靜，復期以事而探其心，醉以酒而察其隱，有過暫恕之，有功即賞之，更假爲敵之來投者，面訐爲奸，法當置以死，而我偏愛其才，亟請于朝而赦之。至是，無論其非間也，即間，亦爲我用。

其七十四、法死，而用法活，是所謂酌乎古而準乎今也。如法所用諸奇，專在騎步，今以車用，似乎有礙。不知我固有輕箱攢槍等車專爲出奇而設，如用諸奇，即選精騎以駕之，而參以馬步，則車又不可少也。彼此相借，又何照顧之有歟。

其七十五、兵之所居，利生地而惡死地，而士卒顧家即生地，亦死地也。今舉世怕進取，我矯衆置之死地而能生，非素練之師，不能有此决斷也。其要專在練心，而練耳目，練手足，練技藝，練陣勢，夫固爲行軍之餘。

其七十六、車逼險地，而天地震晦，風雨交集，山川不辨。當堅定，敵來勿戰，俟天稍霽，觀敵强弱而進退之。然倉猝之際，堅行陣，嚴號令，必先據隘口，或横大木荆棘以塞之，或設陷坑暗索以執之，敵必不來，來則多設探報，半里一堆，一里兩鋪，傳呼立至，雖震驚蓊塞，可備不虞。

其七十七、車與敵遇，而所駐之地，回渠迂澗，深峽隘口，草木蒙密，高下相乘，車雖不便，而因地制宜，在我之善于用也。或駕回渠以剿敵，或延迂澗以守營，或引敵深峽而痛剿，或伏兵隘口而據險，而高高下下，復于草木蒙密之中，多設旗幟，鳴金擂鼓，威震山川。此大盛之勢也，危而可以安。

其七十八、師行逐北，平廣則以騎，山水則以步，遠用炮，而近用矢，宜矣。至有騎出追而步割級，乃不慮營之虚乎？是當戰守各半，不多不少，出以從容。

其七十、車之列營結陣，觀旗幟之動，審金鼓之音，動有變，静有方，隨五行爲運轉，是古人所稱天將者。若以變用正，以神用奇，通而透之，則又不拘于常也。惟在因天，因地，因敵，而偶一用之，不可預計。

其八十、兵有時順地而逆用之，逆地而順用之，又能不擇險易，安而後動，即蹈死地而能生，即至亡地而能存。斯固無不可用之地，特賢智之將不得已而然也。法曰：「地形不利，不可久居。」究以是言爲正。

其八十一、車之布置，强者不得先，弱者不得後，所以均勞佚而齊衆力也。乃有强將，無天時，無地利，任其人，無有勇怯，聞敵而即行。又有猛將，兵無多少，敵無强弱，三軍順令，如背使指，單劍催鋒，先入使敵失措而遠遁。以二將拘于車，必窘其才而無用。是當選梟雄有氣略者二千人，騎步各半，俾得自成一軍，以之當陣而衝鋒，二將必不負我所任。

其八十二、議者謂，車能拒人而不能致人。然車營成，較嚮之不能拒人者，其得失何如也。況拒之，即所以致之。如車中之騎步出奇設伏，或後擊，或旁抄，或掩襲，引敵及車，而矢炮及之，敵退則復引之，車豈衹拒人而不致人。

其八十三、照管定數，似難摘用，而李淵選善騎射者二千，飲食舍止如突厥，與之遇，伺便擊之，無不捷。我效其法而用之，于十分中摘其一分，即領以强猛之將乃奇。

其八十四、車一營，騎步每虞不相爲用，乃今六營各分立爲定制，使彼此有不得不聯之勢，功則輕重各賞，過則分別受罰，毋分畛域，互爲應援，一營之聯絡，專在十二材官，六營之比聯，專在各路哨探。

其八十五、車步狹隘之地，及過險出隘，難以今所定營行也。古有約隊之法，今以用于車，而前後左右中五部魚貫而進，綿綿翼翼，殆一直陣焉。

其八十六、方、圓、曲、直、鋭，每陣五變，而得二十五。或以爲花陣也，臨陣無所用。然一營固可以爲五行矣。約之而衝，而衡，而乘，莫不可以爲五行也。悟其理者，惟相邱陵、林壑、平陸、斥澤之不同，高下、險易、生死、支挂之各异，而因以制騎步多寡、疏密、輕重、分合之所宜。

其八十七、車之制，要便利爽快矣，而車營之制，亦要簡易直捷。今驅車策馬，法似煩亂，然練熟自易，况臨時傳令有材官，稽查有監督，而内巡、風巡、内外巡、風巡外，有變則彌縫補缺，專在中權，營制又豈不簡易直捷。

其八十八、矢可以及百步，炮可以及數里，遠近如是，高下略同。魏爲霹靂車，而袁紹之樓櫓皆破。我師其智而爲之，夫豈不可以仰攻。况彼可因高爲營，我能爲高而擊，是不必虞。

其八十九、敵三面各有重城，以居我叛將及遼人之爲生計者，而敵之親兵俱在城内，其西一面臨代子河，不住一人。城中水乏，開小便門取水于河，當設計招我叛將，誘我遼人，視其何處有隙可乘，即以何處爲先著，而留兵于餘面，以防其劫。否則囊砂以截上流，而更置毒于河，敵亦不擊自憊也。

其九十、車抵海、蓋，便當乘勝薄敵，而大軍未集，恐蹈吴漢剋廣抵城之弊，當量敵之多寡、强弱、虚實、離合、智愚，而慎重以出，乃合。

其九十一、行兵必先審敵之虚實，而趨乘其危，然欲乘敵者，尤必防敵之乘我。我如時值倉猝，軍營一切備具約束偶有未齊，宜先發游兵，擾敵前後，使其不敢遽來，方可以從容擺設，而趨乘其危。

其九十二、天久陰雨，車陷馬止，四面受敵，當堅陣固壘，秣馬勵兵，俟天變稍息，選輕快車馬，俾猛將出奇以擊之，擊退勿論，獨逐、衆逐，不必窮追。若占天而得時爲燥，采盤而得地爲高，此深入之利也，當預于六館謀之。

其九十三、車行無犯進止之節，無失飲食之時，無絶人馬之力，進不可當，退不可遏，左右而麾，前後有節，絶成陣，散成行，要在合而不離，用而不疲，與之安，與之危而已，而非練其心，練其耳目，樂賞畏罰，視主帥如心腹者不能。

其九十四、凡戰，非陣之難，使人各能布陣爲難，又非知之難，行之難。今之諸將，尚有不知者，當頒發車營練陣規條，使平時熟讀之，而三日小操，五日合演，十日會哨，二十日大閲，熟練者加賞，否則罰，再閲不符者黜。此陣之常式也。而變而通之，又在諸將之智慧。予實有厚望焉。

其九十五、車行，馬、騾、牛、駝號爲五萬，其秣飼當因于地，而敵似習赭地之法，如元昊所以誘契丹，王君㚟所以破突厥者。我當先站一著，募短髮遼人敢爲死士者，繞出敵後，凡敵所必經必據之地，遍行此法，使敵無所恃，敵或貪此地之秣飼，而不遽赭也。此策以不防爲防。

其九十六、凡設伏、暗劫、詐誘，皆權勇所爲，而將惟智，士乃愚。今使士知其用，而將反不知何以乘機，此參僚之不可不設也。嚮時開原一路之兵，敵實假我既潰之兵而詐迎爲計也。我軍衣裝既各有暗記，自不至爲敵所誤，而所以振作將士者，下等在賞罰必當，上等在奮其忠義之心。

其九十七、選練乘亂之精卒，必揀士之梟雄者，騎二百人，步三百人，加其糧賞，時申訓練，以有智略之偏裨領之，借捍武種種火器，駭亂敵軍，而一鼓作氣，必可以衝鋒破壘，殺獲無窮。

其九十八、敵少則宜使之聚，敵多則宜使之散。敵三面據城，一面據河，俱有精兵防守，無懈可擊。然敵性貪，或委金帛以相誘，敵情狡，或行詐僞以相欺，我復聲其東而擊其西，虛實莫測，使敵不知所嚮，敵必破散無疑。

其九十九、車營自有奇正，然止供一營之用，即策應他營，亦如一營也。今大兵自西來，南與東却有奇兵，如所稱用寡用奇，裹氈逾嶺，當不在車營，而東西兩鎮不足恃。此必別有奇男子，曉暢邊事，洞悉敵情，沉雄果毅可任大事者，而中朝恐未之聞也，可惜。

其一百、車行必擇晴乾，而用奇必因風霧、雨雪。蘇定方乘霧雪兩破突厥，楚備吴雨十日，楚乘吴之還而擊之，吴乃破。今如用奇，選迎鋒、鑽槍等輕快便利之車，或因風霧，或乘雨雪，出敵不意而疾擊之，而掩襲之，敵必敗。惟料敵明白乃能。

其百一、攻有三道，曰正，曰奇，曰伏。昔李愬自文城疾馳而蔡滅，鄧艾自陰平逾嶺，而蜀降。此一奇勝，一伏勝也。今奇伏而用于車，平曠之地，無論已，如遇山川險阻，當環車營于要隘，而奇伏始可以行。

其百二、車深入，而敵堅壁不戰。法曰：「攻其所不備。」又曰：「攻其所必救。」而敵止一寨，其備甚具，無糧草可斷，無歸路可截，計必偏攻。夫偏攻是必諒其所必救，料其所不備矣。要在用詐用誘，而斟酌乎虛實之間。

其百三、其舊遼城之形勝，我哨探未必深到也。然短髮遼人從敵已久，必有知而習之者，即廟山口于耀州一帶，可令探明而好爲之應。

其百四、兔酋平時稱順，似乎可用。虎酋近日爲恭，亦無或虞。然抽、歹固敵中之桀驁也，粆、宰又敵外之比鄰也。計當以敵禦敵，籠牢兔、虎二酋，使其牽制抽、歹、粆、宰，不致蠢動，而我復留一營，合耀州新設遼營，聯絡其勢以禦之。夫而後，悉力進攻，以盡車之利。

其百五、津運僅供十萬，而遼人來歸，西虜隨後，需糧更多，其食俱在所携之外。預爲計者，當咨部以增其餉，而榷酤之税，屯積所充，以及糧草之可因于敵者，暫爲接濟，即核實酌定餉需月支分數，挨次趕緊請發。

其百六、車營一戰一守，動静各半，不空方以行，故一營之馬步炮矢，無一人一器不更番叠陣。其守營也，此出則彼守，此守則彼出；其出戰也，騎奇則步正，騎正則步奇；其用器也，步隊則鳥槍、郎機前，而三眼、火箭在後，騎隊則弓箭、三眼、大炮連環叠用。而權勇八百，分四正、四奇，四正隨四督，以内衛主將，分應四衝，四奇隨四督，以外監騎步，督察四衝，而旗鼓餘奇隸中軍，曰握奇，以備補伍。更有奇外之奇，或用樓車架大炮，以轟其後，或選精鋭，俾猛將以挫其鋒。此調度之大略也。

其百七、車之全得力在後勁，而車一營之得力在中權，陣始于方圓，此捲而藏之也。而後勁在中，繼以曲直鋭，此舒而張之也。而後勁在後，此一營之後勁也，當分別用之。

其百八、車營深入千里，營有大小，戰非一合炮擊退敵。騎步追殺，敵乃佯敗，或既敗而糾衆來援，無論其速與緩也。營之近敵者則擊之，遠敵者則抄之；或在敵前，則列陣以擊其前；

或在敵後，則進兵以擊其後；或在敵左右，則夾擊以掩其左右，紛紛紜紜，逗亂而法不亂，既勝則鳴金收隊，各歸各營，以行犒賞。

附録一　傳記與軼事

孫承宗傳

清　查繼佐　撰　（罪惟録　列傳卷九）

孫承宗，字稚繩，號愷陽，北直高陽人。博學强記，倜儻務經術。爲諸生，便仗劍出塞下，周歷亭障厄塞，訪故將老兵，通知邊事。以萬曆甲辰進士廷試第二人，授編修，歷官坊局。時有梃擊之獄，閣臣吴道南密以訊承宗。承宗曰：「事不可深問，然劉成、龐保故不可不問，當密啓上自裁之。」

熹宗立，累官禮部侍郎。時雖回翔館閣，料瀋、遼事每奇中，内外皆以將略推之。天啓二年，遼撫王化貞弃廣寧，與經略熊廷弼咸走入關。承宗遂以兵部尚書兼東閣大學士，出經略山海，上書言便宜，謂：「邊事之壞，由兵集而不練，餉耗而不核。以將用兵，而以文臣爲招練；以將臨陳，而以文臣爲指發；以武爲備邊，而日增于幕；以邊任經撫，而日問戰守于朝。以此求濟，不可得矣。兵之進，精不可以事窺，粗不可以理解。今大將果得其人，即當以遼事付之，小勝小衄，皆所勿問，俾先嚴關守，以遏其衝，而後徐議出關，以圖恢復。」報聞。時寧前道監軍高出請移山海于永平，弃關以東不問，而大司馬王在晋行邊，復議築墻八里鋪以守。承宗曰：「退守八里鋪，京師震驚，是以山海爲孤注也。請急守寧遠，所以守關門。」又言：「西鹵必不可用；遼之遺民必不可以安集之；關内之遼民當使籍土著，關外之遼民當使籍卒伍；而關外十三站之義民，諸不附敵者，當收置寧遠、覺華。以遼人守遼土，以遼土養遼人，此今日之大計也。」請置大將，以馬世龍佩平遼將軍印，行授鉞之禮，節制三部，罷監陣之設。更定儀注，總兵官以賓客接經撫，不服戎服伏階下。移咨朝鮮王琿，激以同仇之義。亦犒毛文龍于江東，俾復四衛。而朝議急遼，弗許。

遼人劉愛塔者，初爲東師守金、復，至是内附，會東師撤廣寧，渡河去。撫彝道萬有孚欲挾西鹵襲殺之，以爲功，承宗不可。時魏逆用事，議内操，且遣中官盡監塞上諸軍。承宗上書，極言其不便，請大築寧遠，以土官招撫主守，以客將訓練主戰，移拱兔市場于興水堡，使左輔率精騎出邏中右，撫彝闌入者，以掠論。于是邊軍得盡力屯牧。尋南關降彝王世忠，厚餌虎酋之妻，虎酋喜，八部皆服，自是金、蓋爲我守力。時議張鳳翼代閻鳴泰爲關撫，復主畫關退守之説。承宗力主勿設撫臣，以撓戰守，不聽。使祖大壽更築寧遠。復言于撫臣王象乾：「西鹵必不可用，款必不可恃，通官與當事之説必不可憑。」遂自請罷譴，勿推經略、總督，以一事權。不聽。

在關四年，先後復大城九、堡四十五，招練精兵十一萬，立車營十二、木營五、火營二、前鋒後勁營八，弓弩火炮手五萬，輕車千輛，偏廂車千五百輛，沙虎船六百，馬駝牛驢五萬，甲冑器械、弓矢火藥、藺石渠荅鹵楯，合數百餘萬，闢弃地四百里，招集遼人四十餘萬、遼兵三萬，屯田五千頃，得粟十五萬，鹽策錢税朋樁入可七萬，採青省十八萬，獲零級至一千八百五十有奇。故事，積級二百五十，准一大捷，承宗勿叙也。論功加太子太師，與諸閣臣皆世錦衣千户。而魏遂冒世襲都指揮使，加恩三等。嗣撫臣鳳翼恨承宗有「遼撫居遼」之説，極論馬世龍之罪以撓之。承宗接逆魏所遣中官劉應坤頗倨，忠賢怒。會承宗遵詔巡通州，疏請面陳軍中機密。時兩魏昵，勇務翻局，南樂廣微危言忠賢，此必不利君側。忠賢懼，半夜開宫門，出校尉八人，飛騎迫脅職方方孔炤，速語孫閣部十三日午時回關，職方免究。而是時李左都邦華、繆春坊昌期同日投閒矣。崔呈秀首上逆魏功德，并誣劾承宗。孔炤大言争之，請留春坊，以需後議。而魏黨徐大化、李蕃等復連章劾承宗失事，吏部尚書崔景榮獨訟言承宗無罪，詔趣事。

會馬世龍襲東師于耀州，墮其伏，戰不利，哨將李承先戰死，魯之甲投河死，于是臺諫交章承宗。承宗歸里，兵部尚書高第出代經略，復申守關之議。承宗即家中上書駁之，不聽。盡撤關外兵，號聲震原野。而道臣袁崇煥獨不聽撤。亡何，遂有崇禎己巳之警，薊門危，倉猝起承宗領援兵保通州，復填危關。京師被圍，遼督崇煥以大帥祖大壽入援，承宗亦遣游擊尤岱將兵三千內衛。或言崇煥挾東師爲媾，承宗厲聲：「我受命禦敵，不受命撫敵。」集文武將吏誓之。復遣劉國柱將防漕軍三千，與密雲及堡鎮兵各三千防門。上出馬世龍于獄，與滿桂將兵，頗有斬馘。敵却，逮崇煥于獄，大壽以萬五千人疑，東走。承宗使飛騎追之，與誓，涕泣。時滿桂戰死，而世龍代爲大將軍。降將劉興祚戰勝兩灰口，中流矢卒，永平失守，遷安、灤州、建昌敗聞交至。東師攻撫寧不剋，相持紅花店六晝夜。東師挾大壽請講，承宗毀其旗及書軍前，而大壽乃斬來使絶講。已大捷雙堡，關門六城皆復，戍開平，復建昌而守之。初東師連戰不甚利，承宗聲以大師出搗金、蓋、遼、瀋，敵頗東顧。設三伏，大捷永城，已剋灤州。世龍中數矢，不退。東師從冷口出，而永平、遵化亦復。再勝遼州，獲叛人馬思恭等十一人。論功，加承宗太傅，蔭一子，世襲錦衣指揮僉事。疏辭太傅。是役也，東省頗爲嚮導，承宗奉命討之，斬首二千餘級，俘獲無算。廷臣欲追論大壽東潰事，承宗密奏止之。

時梁廷棟爲樞部，以世龍不受中制，令所善部郎丘禾嘉監其軍，誣世龍坐視三屯不救。承宗争之，廷棟益不悦，故拜禾嘉爲遼撫，而孫元化爲登撫，以撓經略。會錦州被圍，禾嘉乞救迫，承宗分遣諸將力援之。東師墮大淩，毁雙堡去，錦圍以解。蔭一子尚寶司丞。久之，廷棟以禾嘉議，力主築淩河，以圖進取。詔大壽以兵四千董其事，以班軍萬四千供版築，而石砫兵一萬護之。禾嘉親往相度，與大壽郄。大壽抗章，摘其貪穢。會廷棟罷去，廷議益謂築淩非是。禾嘉計，盡撤防兵，一幸淩工竣，可以塞衆議坐賞。承宗曰：「爲今之計，不撤兵，敵至則戰，上策也。即奉詔撤兵，據糧以守，中策也。撤兵并罷轉餉，委空城以餌敵，下策矣。今出于無策，可乎？」禾嘉不聽。已而凌被圍十餘日，大壽與總兵何可綱竭力堵守。禾嘉督諸鎮宋偉、吴襄等救凌，遇敵長山。襄部先亂，官兵大敗。監軍張春被執，矯不從東制。東師勒爲上書請款，禾嘉密以聞。承宗恚曰：「春有鬚眉，獨不聞其妻翟氏六日不食而自經乎？春愧其妻，禾嘉智出婦人下矣。」朝議惑，承宗持之益堅。時凌城食盡，何可綱語大壽：「公不出戰，無以慰孫公。我不死，無以報孫公。」爲文自祭，引絕。大壽率二十七人弃凌城東歸，盟而返。會錦人高應元等三人自敵中間歸，承宗令從大壽弟大弼夜劫東師白雲山之營。東師退，承宗請罷疏十七上，得許。已而議長山之敗，坐承宗矯詔復城進兵，削世蔭，罷其官。承宗上言：「陛下即坐臣敗軍失律之罪，不宜歸罪復城進兵，以灰天下恢復土宇、鼓勇殺敵之心。」

九年，東師再入，掠定興，鄉紳鹿善繼死之，承宗賦詩六十章哭之。繼破安州，距高陽四十里，聞承宗守高陽有法，引去。

戊寅，東師復大入，逼掠畿南，攻高陽。承宗署子姓，分雉堞，嚴守十一日，力竭城破。承宗坐北樓，叱衆家丁：「速去，我死此。」東師擁去，以其知兵，欲降之，上坐稱宰相。承宗曰：「城亡與亡，無多言。」或又曰：「何不以金贖死？」承宗曰：「抑知本朝有無錢宰相乎？」布葦席，望闕三頓首，引卒弓弦自縊死。既絕，東師相顧嘆息去。年七十有六。詔復原官，予祭葬。

子五：鉁，鄉薦；尚寶丞鑰，諸生；鈐、鈰、鎬，恩蔭中書一、官生二。孫五：之沆、之滂、之潩、之潔、之澺；兄子二：鍊、鏘；從孫六：之澈、之渼、之泳、之澤、之渙、之瀚，皆力戰死。承宗後贈太傅，謚「文忠」。〔一〕

論曰：明知遼經撫不和坐敗，乃必設撫以撓經，謂何？初幸魏逆方倚武功塡爵，任專，勇接濟，實非度内高陽，而高陽功見。「一事權」，保遼三字經也。及黨事起，廷無知兵。所謂以遼事付之，小勝小衄不問，古外體，而卒濡忍不能割。再任關門，已百難往昔。而長山之敗，本于撫禾嘉之撤防兵，是猶事權不一之故矣。專制故勢行，與一較争跺一較已耳。卒與鹿定興力固京師外障，皆無所命，而自與城俱，嗟哉。

【校記】〔一〕此後略去鹿善繼小傳。

孫承宗列傳　清　張岱　撰　（石匱書後集　卷八）

孫承宗，北直高陽人；萬曆甲辰進士，廷試第二人。承宗，鐵面劍眉，鬚髯戟張；聲如鼓鐘，殷動墻壁；方嚴果毅，嶷如斷山；開誠坦中，談笑風發，望而知其爲偉人杰士。年三十餘，爲舉子，伏劍游塞下，歷亭障，窮厄塞，訪問老將退卒，通知邊事要害。凡史官在禁近者，皆媛媛姝姝，俯躬低聲，涵養相度，謂之「女兒官」；承宗獨不然，講筵獻替，務爲激切愷直，以聳動人主。講罷，有軍國大事，大璫傳語問難，閣臣相顧失色，承宗拂衣奮袖，矯尾厲角，指畫其是非可否，中人各有所挾持，無以奪也。

天啓二年，入閣辦事。時廣寧失陷，熹宗手握首輔衣袂而泣，于是遣大司馬王在晋行邊。在晋議于八里鋪築墻百里，以限華彝；而寧前道高出疏請移山海關于永平，弃山海以外，悉以予敵。廷臣恐慴無策，御史方震孺獨疏請閣臣攝樞部事，特簡承宗攝之。承宗曰：「守寧遠者，所以守關門也；退處于關，則永平震撼；永平震撼，則京師動摇。八里鋪去關門未及一舍，是以山海爲孤注也，萬萬不可。」廷論壯之。承宗請行邊，天子御門餞送，詔書鄭重，以漢諸葛亮、唐裴度爲比。出鎮之初，關門三十里外，斥堠不設。經營四年，闢地四百里，徙幕逾七百里。樓船、鐵騎東巡至醫無閭，將興師大舉，禡牙有日矣。逆奄魏忠賢竊柄，忌承宗擁重兵于外，汰其兵將，每事掣肘。自辛酉至甲子，諸將較哨邊所斬零級，至一千八百五十有奇。承宗進諸將，厲之曰：「凡我所恢復，計是雕剿幾何，第籍之彙報而不叙。」故事，邊吏零支級滿二百五十者，准一大捷，則恩蔭被矣。承宗之不伐若此。三年間，塞外諜報老憨斃者凡三，諸將較又促承宗代叙。承宗曰：「不見狄青不報儂智高乎？」及承宗被讒去，未及一年，魏璫始以老憨斃，封伯爵；則承宗之老成持重，有大臣風度，不可及也。承宗受三方布置之命，甲子冬，單騎至通州，具疏請面對軍中密事。時魏廣微翻局甚急，聞之大駭，創危言動璫：「孫閣部提三萬人馬，欲掃除君側，其意當在上公。」逆璫膽落，半夜開宮門，召趨大司馬，以校尉八人脅職方郎云：「過巳時不還闕，則督師、兵曹俱斬！」廣微又大言曰：「若世宗有此悍臣，砍首何待。吾衙門中與少司馬互作奸耳。」承宗嘆曰：「老臣思面對剖別貞邪，或不至流毒海内。視師一出，君門遠于萬里，奈何！」崔呈秀劾之，李蕃又劾之，比承宗于李懷光、王敦稱兵嚮闕，叛逆顯然。熹宗在宮中，獨注念孫先生不置口，故雖陷以糜餉，欲毁其家，而熹宗眷顧不衰，僅勒休致。承宗歸里，閲諸賢之駢戮，作三十五忠傳，以寄感慨。

崇禎己巳冬十月，東兵薄薊門，畿輔戒嚴，仍命承宗領兵馬，帥十八路援兵進保通州。承宗聞命即行，抵危關，收悍將，復遵、永四城，調度諸將追逐迅掃，盧帳遠遁，關門雄壯，屹然萬里長城。乃妒功疾能之輩，百計阻撓，遂復撤回，卒使東兵大入，遍掠畿南。

戊寅冬，高陽失守，入城南老營中，用葦席藉地，望闕叩頭，叱持繯者趣縊我，乃絶。子孫十九人，皆力戰從死。事聞，先帝震悼。薛國觀猶靳其恤典，弗肯予。久之，用弘光詔書，追贈太傅，定謚曰「文正」。先後出鎮事迹，詳在定興鹿善繼兩督師記略。承宗生長北方，游學都下，鍾崆峒、戴斗之氣，負燕趙悲歌之節，作爲文章，伸紙屬筆，蛟龍屈蟠，江河競注，奏疏書檄，摇筆數千言，灝溔演延，幕下書記多鴻生魁士，莫得而窺其涯涘也。文集百卷，兵火之後，苕上茅元儀往吊，得之頹垣敗屋中，南司馬范景文刻之金陵。剞劂甫竟，以乙酉之兵毀焉。

孫承宗傳

清　張廷玉等　撰　（明史　卷二百五十）

孫承宗，字稚繩，高陽人。貌奇偉，鬚髯戟張。與人言，聲殷墻壁。始爲縣學生，授經邊郡。往來飛狐、拒馬間，直走白登，又從紇干、清波故道南下。喜從材官老兵，究問險要厄塞，用是曉暢邊事。

萬曆三十二年，登進士第二人，授編修，進中允。梃擊變起，大學士吴道南以諮承宗。對曰：「事關東宫，不可不問；事連貴妃，不可深問。龐保、劉成而下，不可不問也；龐保、劉成而上，不可深問也。」道南如其言，具揭上之，事遂定。出典應天鄉試，發策著其語，攖黨人忌，將以大計出諸外，學士劉一燝保持，乃得免。歷諭德、洗馬。

熹宗即位，以左庶子充日講官。帝每聽承宗講，輒曰「心開」，故眷注特殷。天啓元年，進少詹事。時瀋、遼相繼失，舉朝洶洶，御史方震孺請罷兵部尚書崔景榮，以承宗代，廷臣亦皆以承宗知兵，遂推爲兵部添設侍郎，主東事。帝不欲承宗離講筵，疏再上，不許。二年，擢禮部右侍郎，協理詹事府。

未幾，大清兵逼廣寧，王化貞弃城走，熊廷弼與俱入關。兵部尚書張鶴鳴懼罪，出行邊。帝亦急東事，遂拜承宗兵部尚書兼東閣大學士，入直辦事。越數日，命以閣臣掌部務。承宗上疏曰：「邇年兵多不練，餉多不核；以將用兵，而以文官招練；以將臨陣，而以文官指發；以武略備邊，而日增置文官于幕；以邊任經撫，而日問戰守于朝，此極弊也。今天下當重將權，擇一沉雄有氣略者，授之節鉞，得自辟置偏裨以下，勿使文吏用小見沾沾陵其上。邊疆小勝小敗，皆不足問，要使守關無闌入，而徐爲恢復計。」因列上「撫西部、恤遼民、簡京軍、增永平大帥、修薊鎮亭障、開京東屯田」數策，帝褒納焉。時邊警屢告，閣部大臣幸旦暮無事，而言路日益紛呶。承宗乃請下廷弼于理，與化貞并讞，用正朝士黨護。又請逮給事中明時舉、御史李達，以懲四川之招兵致寇者。又請詰責遼東巡按方震孺、登萊監軍梁之垣、薊州兵備邵可立，以警在位之骫骳者。諸人以次獲譴，朝右聳然，而側目怨咨者亦衆矣。

兵部尚書王在晉代廷弼經略遼東，與總督王象乾深相倚結。象乾在薊門久，習知西部種類情性，西部亦愛戴之，然實無他才，惟啖以財物相羈縻，冀得以老解職而已。在晉謀用西部襲廣寧。象乾甚之曰：「得廣寧，不能守也，獲罪滋大，不如重關設險，衛山海以衛京師。」在晉乃請于山海關外八里鋪築重關，用四萬人守之。其僚佐袁崇煥、沈棨、孫元化等力爭，不能得，奏記于首輔葉向高。向高曰：「是未可臆度也。」承宗請身往決之。帝大喜，加太子太保，賜蟒玉、銀幣。抵關，詰在晉曰：「新城成，即移舊城四萬人以守乎？」在晉曰：「否，當更設兵。」曰：「如此，則八里内守兵八萬矣。一片石西北不當設兵乎？且築關在八里内，新城背即舊城趾，舊城之品坑地雷爲敵人設，抑爲新兵設乎？新城可守，安用舊城？如不可守，則四萬新兵倒戈舊城下，將開關延入乎，抑閉關以委敵乎？」曰：「關外有三道關可入也。」曰：「若此，則敵至而兵逃如故也，安用重關。」曰：「將建三寨于山，以待潰卒。」曰：「兵未潰而築寨以待之，是教之潰也。且潰兵可入，敵亦可尾之入。今不爲恢復計，畫關而守，將盡撤藩籬，日哄堂奥，畿東其有寧宇乎？」在晉無以難。承宗乃議守關外，監軍閻鳴泰主覺華島，袁崇煥主寧遠衛；在晉持不可，主守中前所，舊監司邢慎言、張應吾逃在關，皆附和之。

初，化貞等既逃，自寧遠以西五城、七十二堡，悉爲哈喇慎諸部所據，聲言助守邊。前哨游擊左輔，名駐中前，實不出八里鋪。承宗知諸部不足信而寧遠、覺華之可守，已決計將自在晉發之，推心告語凡七晝夜，終不應。還朝，言：「敵未抵鎮武，而我自燒寧前，此前日經撫罪也；我弃寧前，敵終不至，而我不敢出關一步，此今日將吏罪也。將吏匿關内，無能轉其畏敵之心以畏法，化其謀利之智以謀敵，此臣與經臣罪也。與其以百萬金錢浪擲于無用之版築，曷若築寧遠要害，以守八里鋪之四萬人當寧遠衝，與覺華相犄角。敵窺城，令島上卒旁出三岔，斷浮橋，繞其後而横擊之。即無事，亦且收二百里疆土。總之，敵人之帳幕必不可近關門，杏山之難民必不可置膜外。不盡破庸人之論，遼事不可爲也。」其他制置軍事，又十餘疏，帝嘉納。無何，御講筵，承宗面奏在晋不足任，乃改南京兵部尚書，并斥逃臣慎言等，而八里築城之議遂熄。

在晋既去，承宗自請督師。詔給關防敕書，以原官督山海關及薊、遼、天津、登、萊諸處軍務，便宜行事，不從中制，而以鳴泰爲遼東巡撫。承宗乃辟職方主事鹿善繼、王則古爲贊畫，請帑金十八萬以行。帝特御門臨遣，賜尚方劍、坐蟒，閣臣送之崇文門外。既至關，令總兵江應詔定軍制，僉事崇煥建營舍，廢將李秉誠練火器，贊畫善繼、則古治軍儲，沈棨、杜應芳繕甲仗，司務孫元化築炮臺，中書舍人宋獻、羽林經歷程崙主市馬，廣寧道僉事萬有孚主採木，而令游擊祖大壽佐金冠于覺華，副將陳諫助趙率教于前屯，游擊魯之甲拯難民，副將李承先練騎卒，參將楊應乾募遼人爲軍。

是時，關上兵名七萬，顧無紀律，冒餉多。承宗大閲，汰逃將數百人，遣還河南、真定疲兵萬餘，以之甲所救難民七千發前屯爲兵，應乾所募遼卒出戍寧遠；咨朝鮮，使助聲援。犒毛文龍于東江，令復四衛；檄登帥沈有容進據廣鹿島。欲以春防躬詣登、萊，商進取，而中朝意方急遼，弗許也。應詔被劾，承宗請用馬世龍代之，以尤世禄、王世欽爲南北帥，聽世龍節制，且爲世龍請尚方劍，帝皆可之。世龍既受事，承宗爲築壇，拜行授鉞禮。率教已守前屯，盡驅哈喇慎諸部，撫場猶在八里鋪，象乾議開水關，撫之關内，承宗不可，乃定于高臺堡。

時大清兵委廣寧去，遼遺民入居之，插漢部以告有孚。有孚謀挾西部，乘間殲之，冒恢復功。承宗下檄曰：「西部殺我人者，致罰如盟言。」是役也，全活千餘人。帝好察邊情，時令東廠遣人詣關門，具事狀奏報，名曰「較事」。及魏忠賢竊政，遣其黨劉朝、胡良輔、紀用等四十五人賫內庫神炮、甲仗、弓矢之屬數萬至關門，爲軍中用；又以白金十萬、蟒、麒麟、獅子、虎、豹諸幣，頒賚將士，而賜承宗蟒服、白金慰勞之，實覘軍也。承宗方出關巡寧遠，中路聞之，立疏言：「中使觀兵，自古有戒。」帝溫旨報之。使者至，具杯茗而已。

鳴泰之爲巡撫也，承宗薦之，後知其無實，軍事多不與議。鳴泰怏怏求去，承宗亦引疾。言官共留承宗，詆鳴泰，巡關御史潘雲翼復論劾之。帝乃罷鳴泰，而以張鳳翼代。鳳翼怯，復主守關議。承宗不悅，乃復出關巡視。抵寧遠，集將吏議所守。衆多如鳳翼指，獨世龍請守中後所，而崇煥、善繼及副將茅元儀力請守寧遠，承宗然之，議乃定。令大壽興工，崇煥、滿桂守之。先是，虎部竊出盜掠，率教捕斬四人，象乾欲斬率教謝虎部，承宗不可。而承宗所遣王楹戍中右，護其兵出採木，爲西部朗素所殺。承宗怒，遣世龍剿之。象乾恐壞撫局，令朗素縛逃人爲殺楹者以獻，而增市賞千金。承宗方疏爭，而象乾以憂去。

承宗患主款者撓己權，言「督師、總督可勿兼設」，請罷己，不可，則弗推總督，并請以遼撫移駐寧遠。帝命止總督推，而鳳翼謂置己死地也，因大恨，與其鄉人雲翼、有孚等力毁世龍，以撼承宗。無何，有孚爲薊撫岳和聲所劾，益疑世龍與崇煥搆陷，乃共爲浮言，撓出關計。給事中解學龍遂極論世龍罪。承宗憤，抗疏陳守禦策，言：「拒敵門庭之中，與拒諸門庭外，勢既辨。我促敵二百里外，敵促我二百里中，勢又辨。蓋廣寧，我遠而敵近；寧遠，我近而敵遠。我不進逼敵，敵將進而逼我。今日即不能恢遼左，而寧遠、覺華終不可弃。請敕廷臣雜議：主客之兵可否久戍，本折之餉可否久輸，關外之土地人民可否捐弃，屯築戰守可否興舉，再察敵人情形果否坐待可以消滅。臣不敢爲百年久計，祇計及五年間究竟何如。倘臣言不當，立斥臣，以定大計，無紆回不決，使全軀保妻子之臣，附合衆喙，以殺臣一身而誤天下也。」復爲世龍辯，而發有孚等交搆狀。

有孚者，故侍郎世德子也，爲廣寧理餉同知，城陷逃歸，象乾題爲廣寧道僉事，專撫插漢，乾没多，至是，以承宗言被斥。鳳翼亦以憂歸，喻安性代。而廷臣言總督不可裁，命吴用先督薊遼，代象乾。承宗惡本兵趙彦多中制，稱疾求罷，舉彦自代，以困之，廷議不可而止。

時寧遠城工竣，關外守具畢備，承宗圖大舉，奏言：「前哨已置連山、大凌河，速畀臣餉二十四萬，則功可立奏。」帝命所司給之。兵工二部相與謀曰：「餉足，渠即妄爲，不如許而不與，文移往復稽緩之。」承宗再疏促，具以情告，帝爲飭諸曹，而師竟不果出。

初，方震孺、游士任、李達、明時舉之譴，承宗實劾之，後皆爲求宥，復稱楊鎬、熊廷弼、王化貞之勞，請免死遣戍，朝端嘩然。給事中顧其仁、許譽卿、御史袁化中交章論駁，帝皆置弗省。會承宗叙五防效勞諸臣，且引疾乞罷，乃遣中官劉應坤等賫帑金十萬犒將士，而賜承宗坐蟒、膝襴，佐以金幣。

當是時，忠賢益盜柄，以承宗功高，欲親附之，令應坤等申意。承宗不與交一言，忠賢由是大憾。會忠賢逐楊漣、趙南星、高攀龍等，承宗方西巡薊、昌，念抗疏帝未必親覽，往在講筵，每奏對輒有入，乃請以賀聖壽入朝，面奏機宜，欲因是論其罪。魏廣微聞之，奔告忠賢：「承宗擁兵數萬，將清君側，兵部侍郎李邦華爲内主，公立齏粉矣。」忠賢悸甚，繞御床哭。帝亦爲心動，令内閣擬旨。次輔顧秉謙奮筆曰：「無旨離信地，非祖宗法，違者不宥。」夜啓禁門，召兵部尚書入，令三道飛騎止之。又矯旨諭九門守閹，承宗若至齊化門，反接以入。承宗抵通州，聞命而返。忠賢遣人偵之，一襆被置輿中，後車鹿善繼而已，意少解。而其黨李蕃、崔呈秀、徐大化連疏詆之，至比之王敦、李懷光，承宗乃杜門求罷。

五年四月，給事中郭興治請令廷臣議去留，論冒餉者復踵至，遂下廷臣雜議。吏部尚書崔景榮持之，乃下詔勉留，而以簡將、汰兵、清餉三事責承宗，奏報。承宗方遣諸將分戍錦州、大小淩河、松、杏、右屯諸要害，拓地復二百里，罷大將世欽、世禄、副將李秉誠、孫諫，汰軍萬七千餘人，省度支六十八萬，而言官論世龍不已。至九月，遂有柳河之敗，死者四百餘人，語詳世龍傳。于是臺省劾世龍，并及承宗，章疏數十上。承宗求去益力，十月始得請。先已屢加左柱國、少師、太子太師、中極殿大學士，遂加特進光禄大夫，蔭子中書舍人，賜蟒服、銀幣，行人護歸。而以兵部尚書高第代爲經略。無何，安性亦罷，遂廢巡撫不設。

初，第力扼承宗，請撤關外，以守關内。承宗駁之，第深憾。明年，寧遠被圍，乃疏言關門兵止存五萬，言者益以爲承宗罪。承宗告户部曰：「第初莅關，嘗給十一萬七千人餉，今但給五萬人餉足矣。」第果以妄言引罪。後忠賢遣其黨梁夢環巡關，欲傅致承宗罪，無所得而止。承宗在關四年，前後修復大城九、堡四十五，練兵十一萬，立車營十二、水營五、火營二、前鋒後勁營八，造甲胄、器械、弓矢、炮石、渠答、鹵楯之具合數百萬，拓地四百里，開屯五千頃，歲入十五萬。後敘寧遠功，蔭子錦衣世千户。

莊烈帝即位，在晋入爲兵部尚書，恨承宗不置，極論世龍及元儀熒惑樞輔、壞關事，又嗾臺省交口詆承宗，以沮其出。二年十月，大清兵入大安口，取遵化，將薄都城。廷臣争請召承宗，詔以原官兼兵部尚書守通州，仍入朝陛見。承宗至，召對平臺。帝慰勞畢，問方略。承宗奏：「臣聞袁崇焕駐薊州，滿桂駐順義，侯世禄駐三河，此爲得策。又聞尤世威回昌平，世禄駐通州，似未合宜。」帝問：「卿欲守三河，何意？」對曰：「守三河，可以沮西奔，遏南下。」帝稱善，曰：「若何爲朕保護京師？」承宗言：「當緩急之際，守陴人苦饑寒，非萬全策。請整器械，厚犒勞，以固人心。」所條畫俱稱旨。帝曰：「卿不須往通，其爲朕總督京城内外守禦事務，仍參帷幄。」趣首輔韓爌草敕下所司鑄關防。承宗出，漏下二十刻矣，即周閲都城，五鼓而畢，復出閲重城。明日夜半，忽傳旨守通州。時烽火遍近郊，承宗從二十七騎出東便門，道亡其三，疾馳抵通，門者幾不納。既入城，與保定巡撫解經傳、御史方大任、總兵楊國棟登陴固守。而大清兵已薄都城，乃急遣游擊尤岱以騎卒三千赴援，旋遣副將劉國柱督軍二千與岱合，而發密雲兵三千營東直門，保定兵五千營廣寧門，以其間遣將復馬蘭、三屯二城。

至十二月四日，而有祖大壽之變。大壽，遼東前鋒總兵官也，偕崇煥入衛。見崇煥下吏，懼誅，遂與副將何可綱等率所部萬五千人東潰，遠近大震。承宗聞，急遣都司賈登科賫手書慰諭大壽，而令游擊石柱國馳撫諸軍。大壽見登科，言：「麾下卒赴援，連戰俱捷，冀得厚賞。城上人群詈爲賊，投石擊死數人。所遣邏卒，指爲間諜而殺之。勞而見罪，是以奔還。當出搗朶顔，然後束身歸命。」柱國追及諸軍，其將士持弓刀相嚮，皆垂涕，言：「督師既戮，又將以大炮擊斃我軍，故至此。」柱國復前追，大壽去已遠，乃返。承宗奏言：「大壽危疑已甚，又不肯受滿桂節制，因訛言激衆東奔，非部下盡欲叛也。當大開生路，曲收衆心。遼將多馬世龍舊部曲，臣謹用便宜，遣世龍馳諭，其將士必解甲歸，大壽不足慮也。」帝喜從之。承宗密札諭大壽急上章自列，且立功贖督師罪，而己當代爲剖白。大壽諾之，具列東奔之故，悉如將士言。帝優詔報之，命承宗移鎮關門。諸將聞承宗、世龍至，多自拔來歸者。大壽妻左氏亦以大義責其夫，大壽斂兵待命。

當潰兵出關，關城被劫掠，閉門罷市。承宗至，人心始定。關城故十六里，衛城止二里。今敵在內，關城無可守，衛城連關，可步屧而上也。乃別築墻，横互于關城，穴之，使炮可平出。城中水不足，一晝夜穿鑿百井。舊汰牙門將僑寓者千人，窮而思亂，皆廪之于官，使巡行街衢、守擡護倉，均有所事，内間不得發，外來者輒爲邏騎所得，由是關門守完。乃遣世龍督步騎兵萬五千入援，令游擊祖可法等率騎兵四營西戍撫寧。三年正月，大壽入關謁承宗，親軍五百人甲而候于門。承宗開誠與語，即日列其所統步騎三萬于教場，行誓師禮，群疑頓釋。

時我大清已拔遵化而守之。是月四日，拔永平；八日，拔遷安，遂下灤州。分兵攻撫寧，可法等堅守不下。大清兵遂嚮山海關，離三十里而營，副將官惟賢等力戰，乃還攻撫寧及昌黎，俱不下。當是時，京師道梗，承宗、大壽軍在東，世龍及四方援軍在西。承宗募死士沿海達京師，始知關城尚無恙。關西南三縣，曰撫寧、昌黎、樂亭，西北三城，曰石門，臺頭，燕河。六城東護關門，西繞永平，皆近關要地。承宗飭諸城嚴守，而遣將戍開平，復建昌，聲援始接。

方京師戒嚴，天下勤王兵先後至者二十萬，皆壁于薊門及近畿，莫利先進。詔旨屢督趣，諸將亦時戰攻，然莫能剋復。世龍請先復遵化，承宗曰：「不然，遵在北，易取而難守，不如姑留之，以分其勢，而先圖灤。今當多爲聲勢，示欲圖遵之狀以牽之。諸鎮赴豐潤、開平，聯關兵以圖灤。得灤，則以開平兵守之；而騎兵決戰以圖永。得灤、永，則關、永合，而取遵易易矣。」議既定，乃令東西諸營并進，親詣撫寧以督之。五月十日，大壽及張春、邱禾嘉諸軍先抵灤城下，世龍及尤世祿、吴自勉、楊麒、王承恩繼至，越二日剋之，而副將王維城等亦入遷安。我大清兵守永平者，盡撤而北還，承宗遂入永平。十六日，諸將謝尚政等亦入遵化，四城俱復。帝爲告謝郊廟，大行賞賚，加承宗太傅，賜蟒服、白金，世襲錦衣衛指揮僉事。力辭太傅不受，而屢疏稱疾乞休，優詔不允。

朵顏束不的反覆，承宗令大將王威擊敗之，復賚銀幣。先以册立東宫，加太保，及神宗實録成，加官亦如之，并辭免，而乞休不已。帝命閣臣議去留，不能决。特遣中書賫手詔慰問，乃起視事。四年正月，出關東巡，抵松山、錦州，還入關，復西巡，遍閲三協十二路而返。條上東西邊政八事，帝咸採納。五月，以考滿，詔加太傅兼食尚書俸，蔭尚寶司丞，賚蟒服、銀幣、羊酒，復辭太傅不受。

初，右屯、大凌河二城，承宗已設兵戍守；後高第來代，盡撤之，二城遂被毁。至是，禾嘉巡撫遼東，議復取廣寧、義州、右屯三城。承宗言廣寧道遠，當先據右屯，築城大凌河，以漸而進。兵部尚書梁廷棟主之，遂以七月興工。工甫竣，我大清兵大至，圍數周。承宗聞，馳赴錦州，遣吴襄、宋偉往救。禾嘉屢易師期，偉與襄又不相能，遂大敗于長山。至十月，城中糧盡援絶，守將祖大壽力屈出降，城復被毀。廷臣追咎築城非策也，交章論禾嘉及承宗。承宗復連疏引疾，十一月得請，賜銀幣、乘傳歸。言者追論其喪師辱國，奪官閑住，并奪寧遠世蔭。承宗復列上邊計十六事，而極言禾嘉軍謀牴牾之失，帝報聞而已。家居七年，中外屢請召用，不報。

十一年，我大清兵深入内地，以十一月九日攻高陽，承宗率家人拒守。大兵將引去，繞城納喊者三，守者亦應之三，曰「此城笑也，于法當破。」圍復合。明日城陷，被執。望闕叩頭，投繯而死，年七十有六。子舉人鈐、尚寶丞鑰、官生鈰，生員鋡、鎬、從子鍊，及孫之沆、之滂、之澋、之潔、之濾，從孫之澈、之渼、之泳、之澤、之涣、之瀚，皆戰死。督師中官高起潛以聞。帝嗟悼，命所司優恤。當國者楊嗣昌、薛國觀輩陰扼之，但復故官，予祭葬而已。福王時，始贈太師，謚「文忠」。

贊曰：承宗以宰相再視師，皆粗有成效矣。奄竪斗筲，後先齮扼，卒屏諸田野，至闔門膏斧鑕，而恤典不加。國是如此，求無危，安可得也。夫攻不足者，守有餘。度彼之才，恢復固未易言，令專任之，猶足以慎固封守；而廷論紛呶，亟行翦除。蓋天眷有德，氣運將更，有莫之爲而爲者夫。

孫承宗傳

清　陳鼎　撰　（東林列傳　卷六）

孫承宗，字稚繩，直隸高陽人。生而沉塞果毅，不苟訾笑。爲諸生，嘗授經易水、雲中，仗劍游塞下，從飛狐、拒馬間直走白登，又從紇干、清波故道南下，結納其豪杰，與成將老卒周行營壘，訪問要害扼塞，以是曉暢敵情，通知邊事。舉萬曆三十二年進士第二人，授翰林院編修。十二載，遷左春坊中允，歷左諭德、司經局洗馬，與鄒元標、趙南星、高攀龍諸君子交極契。熹宗即位，遷左庶子，充日講官，拜詹事府少詹事，加禮部右侍郎，協理詹事府事，日講如故。承宗爲史官，不造請權要，不徵逐游燕，持重自守泊如也。神宗末，有東宮梃擊之變，御史劉廷元以風癲蔽獄，閣臣吴道南密以問承宗。承宗曰：「事關東宮，不可不問；事關皇宮，不可深問。龐保、劉成而下，不可不問也；龐保、劉成而上，不可深問也。獨皇上能了此，須中堂密揭之耳。」如其言，而梃擊之獄定。

四十五年内計，忌者議左承宗于外，掌院劉一燝力持之，乃止。熹宗初御講筵，内閣戒講官講章宜簡要，講畢勿多獻替。承宗曰：「中堂當擇講官，不當擇講章。與其擇講章，寧去講官可也。」會同官李光元亦上書争之，得勿改。既逆璫造孽，欲斥東林諸賢，承宗密言執政力護之，璫亦疑其同黨勿顧也。

當遼事初起，朝議倚熊廷弼足以辦敵。承宗曰：「未也。當大事，須置身天宇之外，俯視所營，乃能洞晰情勢，使敵在我目中。今身爲遼事所囷，惴惴焉，懼敵人之入我室、發我屋，曾暇及藩籬之外乎？一城挑三河，虎皮驛破不能救，枝斫膚剥，而曰護其根本，樹其能久乎？」既而廷弼去，瀋陽陷，遼陽又陷，經略袁應泰自焚死，乃即家再起廷弼經略遼東，寧前道王化貞爲巡撫。化貞主戰，而廷弼主守，兩人遂相惡，交相謗也。上敕廷臣議經撫去留，至欲專任化貞，而我兵已度三岔矣。于是群推承宗爲兵部添設侍郎，專主東事。

天啓二年正月，我兵略廣寧，化貞弃城走閭陽，廷弼見而唾之，惶遽焚弃右屯以西四百里，與監軍道高出、張應吾、邢慎言躡化貞後入關，以屢逃懦夫，倡爲退守關門之説。舉朝洶洶，上乃拜承宗兵部尚書兼東閣大學士。入直凡九日，即以閣臣暫掌部事。承宗因上目前切要疏，其略云：「年來兵多不練，餉多不核；以將用兵，而以文官招練；以將臨陣，而以文官指發；以武略備邊，而日增文官于幕；以邊任經撫，而日問戰守于朝，此皆因循誕謾之失也。今天下急務在收拾人心，而欲收人心，在大振天下之氣。」又云：「以文統武，自是敝法；以極不知武之文，統極怕文之武，更屬極敝之法。故臣謂，今天下當重武之權，而重武之權在去文吏之擾。」又云：「國家京營兵十萬，日添官以爲兵害，而不少添其餉。營兵上等之餉，不當募兵下等之餉，何能爲練。當如募兵之法，列餉爲三等，而以遞升遞降之法，簡拔清汰。環城爲營，每城建三營，營可八千有奇。建營之法，即以陣法爲之，令什什伍伍，在營如陣，在陣如營，升其伉健者爲親軍，而老弱拊營，姑任之爲老家。此宋初升籍之法也。永平爲陵京重鎮，爲山海後勁，不可不再設巡撫，不可不設總兵，與山海、薊鎮爲鐺脚之勢。盧龍、薊門諸州縣，宜仿各邊之法，城各設守將一員，築壘于必争之地，使鎮戍接連，墩營相望。關西州縣，處處設兵，雖各爲城守，其實于東，則若以山海之兵分布于各城，以爲老營；于西則若以京師之兵分布于各城，以爲突騎。一片石而西，戚繼光故壘在焉，可按其踪而加修葺；畿南涿、易，以及通州，當清理額兵，兼募新兵；天津、北平，若京東皆可屯田，以屯撥遼人，以渠限敵馬，以租給軍餉，此三便也。」當是時，邊警日急，長安一夕數驚，閣部大臣瞪目屏足，苟幸旦夕無事，言官如蜩螗沸羹，莫適爲公家計。承宗乃上章請下熊廷弼于理，與王化貞同讞；又請逮給事中明時舉、御史李達，以懲蜀之招兵致寇者；又請詰責募兵監軍諸臣，以警有位之骫骳者，上皆允之，而側目者衆矣。

兵部尚書王在晋代廷弼經略遼東，而王象乾先以兵部尚書行邊，總督薊遼，習知西邊部落，西人亦愛之。而在晋之出也，深倚象乾，謀用西人，以襲廣寧。象乾教之曰：「得廣寧，不可守也，爲罪滋大。重關設險，衛山海以衛京師，此穩著也。」在晋乃請築重關于山海關八里鋪，費一百二十萬。關門僚佐袁崇焕、沈棨、孫元化力争不能得，皆奏記内閣。承宗請身往决之，加太子太保，賜蟒玉、銀幣。抵關，閲新城，詰在晋曰：「新城成，即移舊城之四萬兵以守乎？」曰：「當另設兵。」承宗曰：「如此則八里内守兵八萬矣。一片石而西北，不當有守乎？其戰兵即守兵乎？抑另有戰兵乎？築關在八里内，新城之背，即舊城之址也。舊城之品坑地雷，將爲敵人設，抑爲新兵設乎？新城可守，則安用舊城？如不可守，則新兵之四萬倒戈舊城之下，將開關延入乎？抑閉關以委敵乎？」曰：「關外有三道關可入。」承宗曰：「若是則敵至而兵逃如故也，安用重關？」曰：「將建三寨于山，以待潰卒。」承宗曰：「兵未潰，而築寨以待之，是教之潰也。若是，則又安用重關？且敗兵入三道關，敵不可尾而入乎？人心一潰，不又爲全遼之續乎？」曰：「將于八里内，南負山，北抵海，掘溝二十里，以限敵馬。」承宗曰：「徐中山之經度斯地也，左山右海，砂少土多，故扼要爲關。今將踐砂鑿石，火燒水激而成河，不亦難乎。成祖弃大寧諸城，而獨守遼東，以大寧退有薊門天險，遼西非遼東，不可守也。今不爲恢復大計，乃畫關而守，畿東有寧宇乎？」在晋語塞而止。

承宗出關，親覽形勝，還至建昌，遇雨，留七日，條奏關東西形勢事宜，凡十餘疏，無慮數十萬言，上皆報聞。還朝，極言在晋不可恃。改在晋南京兵部尚書，盡逐逃臣張應吾等，而八里鋪築城之議罷。

經略缺，承宗自請督師，上大悦，以原官督理軍務，賜尚方劍、坐蟒。承宗乃辟職方主事鹿善繼、王則古爲贊畫，請帑八十萬以行。既至關，首定兵制，以三千人爲一營，十五營爲三部，兵不離將，將不離帥，使教肆分而稽核便；修築關城，南防海口，北防角山；安大炮于望海臺，以爲横擊，頓萬人于三道口之石城，以爲突騎；置炮臺十一于北水關外，以防外瞰。此守關之大略也。汰副總兵以下數百人，罷真定、保定、河南踐更之卒，以實中原三輔。承宗之議，大約謂：「守寧遠，所以守關門，屯大兵于山海，以次第戰守，于法爲正爲實；東連西結，分布丁覺華、彌串、廣鹿，于法爲奇而正、虚而實。」又謂：「西部必不可用，遼之遺民必不可弃，關内之遼民當使籍土著，關外之遼人當使籍卒伍，關外十三站之義民，諸不附敵者，當收置寧遠、覺華。以遼人守遼土，以遼土養遼人，此今日之大計也。」請置大將，以馬世龍佩平遼將軍印，行授鉞之禮，節制三部。罷監陣之官，更定儀注，總兵官以賓禮接經撫，不戎服跪階下。移咨朝鮮國王李琿，激以同仇之誼；犒毛文龍于東江，令復四衛；檄登帥沈有容進據廣鹿，而自以春防詣登萊，商度進取之計。時朝廷方急遼，不許也。

劉愛塔者，遼人也，爲金、復都督，改名劉興祚，至是内附。會我兵去，廣寧道臣萬有孚欲挾西部襲殺遼人以爲功，承宗不許，全活者千餘人。設六館以招徠天下豪杰。三年春，進諸將將吏而問之曰：「汝等數言按視寧遠，何以屢更？」衆曰：「請戒期。」承宗曰：「以明日往，何如？」衆皆愕。翼日即出關，抵前屯，總兵趙率教以空糧買馬置牛，屯練修舉，大加慰勞，以所乘輿予之。自前屯一日馳至中右，質明抵寧遠，登其城，喟然而嘆，復由盧山夜抵中右，乃還治所。

當是時，魏忠賢用事，興内操，使中官胡良輔、劉朝等犒邊，已寓中人觀兵之意。承宗力言其不可，有旨報聞。募關以西遼兵數千人，遣魯之甲將三千人出守中後所，遣王楹將三千人出守中右所；又念寧遠城大而瑕，檄祖大壽移覺華島兵七百人于城中，命大壽司版築，汪翥司窑造，計日舉事；又以土官招撫主守客兵，訓練主戰，立兩游擊于要地，專備應援；又移拱兔市場于興水堡，遣左輔領精騎出哨中右，鎮撫闌入一步，即以掠論。于是我軍不得恣意屯牧。

方遼事之殷也，承宗有請，人不得不從；及邊警漸息，中外解嚴，于是朝議籍籍，謂承宗用撫臣閻鳴泰、岳和聲及大將馬世龍爲非是。御史潘雲翼首劾去鳴泰，以張鳳翼代之。鳳翼復主畫關退守之説，承宗力争，請勿設撫臣以撓戰守，不聽。先是，虎部中竊出盗掠，趙率教捕斬四人，道臣萬有孚詬之，督臣王象乾欲斬率教，以悦西人，承宗力争乃免。而王楹之城中右也，護其兵出採木，西部朗素邀之，中伏而死，蓋萬有孚陰主之。承宗怒，遣馬世龍引大軍從大盤嶺壓其巢，五部恐，遠徙三百里外。象乾恐其敗款也，教素朗縛我逃人爲殺楹者以獻，而增其賞千金。承宗曰：「人各有能，有不能，此象乾之所能，而非臣之所能也。」因極論西部不可用，款不可恃，通官與當事之説不可憑。會象乾以憂去，遂自刎，乞罷譴，又請勿推經略、總督，以一事權，皆不聽。

承宗在關四年，前後復大城九，堡四十五；練兵十一萬；立車營十二，水營五，火營二，前鋒後勁營八，弓弩火炮軍五萬，輕車千輛，偏廂車千五百輛，沙唬船六百，馬駝牛騾五萬，甲冑器械、弓矢火藥、藺石渠答鹵楯，合數百餘萬；辟地四百里，招回遼人四十餘萬，遼兵三萬；屯田五千頃，獲零級一千八百有奇。故事，積級二百五十，准一大捷，承宗勿叙也。論功加太子太師，與閣臣皆世錦衣千户，而魏忠賢則世襲錦衣都指揮使，加恩三等。撫臣張鳳翼因「遼撫居遼」之説，恨承宗刺骨，與萬有孚、潘雲翼嗾人，極論馬世龍之罪，以撓之。又承宗素不悦于魏廣微，及魏忠賢再遣劉應坤、胡良輔等犒師，承宗待之又倨。會是年九月，遵詔巡喜峰、古北口，請以十一月入都門，賀萬壽節，與廷臣面商進兵事宜。廣微奔告忠賢曰：「樞輔擁兵數萬，來清君側，兵部侍郎李邦華爲内應，公等爲虀粉矣。」忠賢繞御床而哭。上南郊回，趨内閣擬諭，次輔顧秉謙奮筆曰：「無旨擅離汛地，祖宗法所不宥。」兵部馬上差人傳樞輔，馬首即東，午夜開大明門，召兵部尚書趙彦入，分三道，飛騎止之。又矯諭九門守閹：「孫閣老若入齊化門，便鎖綁進來。」時承宗已至通州，聞命即日還鎮，具疏入奏，亦不牽連引謝。忠賢遣人偵之，一襆被置輿中，後車惟鹿善繼從，意稍解，而廣微又嗾崔呈秀、徐大化、李蕃連章劾之，比之王敦、李懷光。會師失利于柳河，哨將李承先、魯之甲皆死，于是臺諫交章劾承宗，遂罷歸。兵部尚書高第代之爲經略，復申守關之議。承宗即家移書争之，不聽，盡撤關外兵，弃軍糧數十萬石，哭聲震原野，而寧前道袁崇焕獨不聽撤。

烈皇帝即位，王在晋入爲兵部尚書，恨承宗不置，抗疏極論馬世龍及茅元儀熒惑樞輔，敗壞關事，逮世龍，逐元儀，又嗾新進臺諫交口詆承宗，以沮其出。

崇禎二年冬，我兵入大安口，取遵化，將薄都城，舉朝洶駭，謂非用承宗不可，詔起承宗原官，改兵部尚書，駐通州，仍入朝陛見。時十一月七日也。十五日，上知承宗抵近郊，召見平臺，慰勞畢，曰：「卿不須往通，爲朕調度京城，此時即煩卿去。面諭首輔韓爌即擬敕來，事權要隆重，賜尚方劍。自京營總協及坐門大小文武、公侯駙馬伯，下至總兵，皆以軍法從事。」承宗承旨而出，漏下二十餘刻，周閱都城四十里，五鼓而畢，即出閱重城，乃乘月巡濠塹，度險阻。是日夜半，内閣傳奉聖旨：「卿等傳輔臣承宗星夜往通料理，敕書隨後補給。」承宗夜宿重門，質明門啓，聞後命，遵旨即行，事秘，人莫得知，知者亦莫之敢指，斯其故，難言之矣。中外聞承宗之出也，皆驚愕，尚書李騰芳、鄭以偉、講官羅喻義要衆伏闕請留，承宗聞之，疾馳出宣武門，宿僧舍，明日抵通，總兵楊國棟以軍禮見，承宗受而不辭，曰：「吾以安衆也。」兩城中，保鎮及京兵相半，命國棟兼統之。

時上以流言忽置袁崇煥于法，島帥祖大壽、中軍何可綱等率所部萬五千人東潰，自通之南二十里，趨張灣渡河。承宗遣飛騎追三百餘里，弓刀反嚮，僅及其尾。大壽傳語曰：「事已至此，當出搗東巢，歸以待命耳。」承宗密請調馬世龍撫諭，又代爲大壽別白，上俱如所請，即命移鎮關門。承宗即日戒途東發。方世龍之追大壽于關門也，令二將捧上手詔往，大壽懼有變，密授指揮下噪而出關。世龍追及之于歡喜嶺，單騎入其營，傳閣部撫諭諸將，諸將皆羅拜。王承胤率所部先去，曹文詔逾墻走，大壽妻左氏使人語大壽曰：「孫公大人再貴若死，兵潰，何不死城下，以謝孫公。今來此，吾以大炮待汝耳。」大壽意奪于其妻，而又恐諸將之賣己也，乃受詔斂兵，以待命。數日，承宗再莅關門，而人心乃大定。三年正月，大壽入關謁承宗，列所統騎步三萬于教場，行誓師之禮，乃遣死士沿海入報，中朝始知關門無恙也。及四城之復，自爲露布奏聞，上親告廟，布告中外，加承宗太傅，廕一子，世襲錦衣衛指揮僉事，賚白金五十蟒、衣一襲。三疏力辭，上允辭太傅。

承宗還治所，關政一新。時梁廷棟爲兵部尚書，惡馬世龍不受中制，令所善部郎丘禾嘉監其軍，誣世龍坐視三屯不救，承宗争之，廷棟益不悦，故超拜禾嘉爲遼撫，孫元化亦以言兵超拜登撫，承宗連章求罷，弗許。既而朝議皆欲聽其去，以遼委禾嘉，而上不從，承宗十一疏乞休，上遣中書詣關門，宣諭視事。

四年正月八日，承宗出關，由前屯、寧遠抵松、錦；十六日，由三道關、一片石，歷石門、燕河，遍閲三協十二路；由石塘路過平谷，經盤山入薊州而還；條次東西邊政，分八疏入奏，上嘉納行之，未幾，而有凌河之墮，承宗抗疏乞休，疏十七上，乃許乘傳歸。已而追論長山之敗，坐矯旨復城，欲中以危法，上不許，命冠帶閒住，削寧、錦叙功世廕。承宗上言：「臣願陛下治臣進兵敗衄之罪，不宜以兵潰卸罪于進兵，使天下以禦敵爲戒也。臣願陛下治臣不能禦敵之罪，不宜以兵困卸罪于復城，使天下以復城爲諱也。」

崇禎九年，我兵破定興，鹿善繼死之，賦詩六十四章哭焉。後二年九月，圍高陽，承宗部勒子弟城守。十一月，破城，坐北樓，叱衆家丁：「速去，我死此。」我兵挾至城南三里橋，欲降之，叱曰：「我朝廷大臣，城亡與亡，死耳，無多言。」以葦席布地，望闕叩頭，取弓弦自縊死。從承宗死者，次子鈐，四子鈴，五子鑰，六子鈽，七子鎬，孫之沆、之滂、之滉、之潔、之澽，兄子鍊、鏘，從孫之瀓、之渼、之泳、之澤、之渙、之瀚皆力戰死。事聞，上震悼。忌之者猶在事，僅復原官，予祭葬，後追贈太師，謚「文忠」。

外史氏曰：嗚呼痛哉！在朝諸臣，皆無心肝者，其必去先生，而用此輩犬豕豺狼者，何耶？嗚呼痛哉！天耶，人耶？

少師孫文正公承宗

清　錢謙益　撰

（列朝詩集小傳　丁集十一）

公諱承宗，字稚繩，高陽人。萬曆甲辰進士，廷試唱名第二，除翰林院編修，歷官坊局，以禮部侍郎掌詹事府。天啓二年，拜兵部尚書，入直内閣，兼理部事，奉命督師，出鎮山海，凡四年，予告歸里。崇禎二年，起鎮通州，旋遷鎮關門。又三年，復予告歸。歸七年，而又闔門殉國之事，年七十有六。

公鐵面劍目，鬚髯戟張，聲如鼓鐘，殷動墻壁，方嚴果毅，嶷如斷山，開誠坦中，譚笑風發，望而知其爲偉人長德。年三十餘，爲舉子，仗劍游塞下，歷亭障，窮厄塞，訪問老將退卒，通知邊事要害。凡史官在禁近者，皆媛媛姝姝，俯躬低聲，涵養相體，謂之女兒官；公獨不然，講筵獻替，務爲激切剴直，以聳動人主。講罷，有軍國大事，大璫傳語問難，閣臣相顧失色，拂衣奮袖，矯尾厲角，指畫其是非可否，中人各有所挾持，無以奪也。

東事日亟，舉朝請以東事累公，遂用是大拜，單車行邊，破八（七）里築城之議，遂自請視師。天子御門臨送，詔書鄭重，以漢諸葛、唐裴度爲比。

初鎮之初，關門三十里外，斥堠不設，經營四年，闢地四百里，徙幕逾七百里，樓船鐵騎，東巡至醫無閭，將興師大舉，禡牙有日矣。逆閹竊枋，畏公興晋陽之甲，垂成而告罷。

己巳再起，朝受詔而夕引道。東便門之役，以十八騎横穿萬壘，抵危關，收悍將，手復遵、永四城，以安畿輔。先帝深知公能辦東事，公亦謝絶款議，以恢復爲己任，群小居中用事，掣其肘，絆其足，然後噪而逐之，上亦弗能自主也。

高陽失守，入城南老營中，用葦席藉地，望闕叩頭，叱持繯者趣縊我，乃絶。子孫凡十九人，皆力戰從死。事聞，先帝震悼，薛國觀猶靳其恤典，弗肯予，久而用弘光詔書，追贈太傅，定謚曰「文正」。先後出鎮事迹，詳在定興鹿善繼兩督師記略，及謙益所撰行狀，統在國史。

公生長北方，游學都下，鐘崆峒、戴斗之氣，負燕趙悲歌之節，作爲文章，伸紙屬筆，蛟龍屈蟠，江河競注，奏疏書檄，摇筆數千言，灝溔演延，幕下書記，多鴻生魁士，莫得而窺涯涘也。爲詩不問聲病，不事粉澤，卓犖沈塞，元氣鬱盤，説者以爲高陽之詩，信矣。公文集一百卷，兵火之後，苕上茅元儀往弔，得之頹垣敗屋中，南司馬范景文刻之金陵，剞劂甫竟，以乙酉之兵毁焉。

謙益之舉南宮也，公爲考官，門墻之附麗，衣鉢之付囑，出于尋常舉主門生，不啻百倍，今老且廢矣，愧無以見公地下，録遺詩而存之，何足以逭後死之責哉。

特進光禄大夫左柱國少師兼太子太師兵部尚書中極殿大學士孫公行狀

清　錢謙益　撰　（牧齋初學集　卷四十七）

上

曾祖懷，曾祖母李氏，祖逵，祖母蕭氏，父麒，母張氏，三代皆歷贈特進光禄大夫、左柱國、少師兼太子太師、兵部尚書、中極殿大學士，妣皆贈一品夫人。

北直隸保定府高陽縣城北西莊里孫公，年七十六。狀：

公諱承宗，字稚繩，其先河南之湯陰人。永樂中，有諱遇者，徙居高陽城北二里之西莊，子孫因家焉。遇生懷，懷生逵，逵生麒，麒生四子，叔子諱敬宗，繇舉人仕至兵部職方司員外郎，而公其季也。

家世豐産，孝弟力田，好行其德。公之父太公，俶儻闊達，耽詩酒。歲大祲，族里皆仰給以生。傾家以應徭役，産益落，其任俠好施自如也。公生二歲，凛然如成人，鄰媪予之餅，必懷歸以遺母，母食，然後敢食。母使之旋，顧視諸甥成童者曰：「孺子在旁，不便也。」母笑而异之。年十餘歲，徒步從職方公讀書學宫，往來西莊，遇風雪，職方公欲負之，公不肯，兄弟相視，含涕而笑。遂從職方公授五經諸史，穿穴今古，蔚爲碩儒。年三十二，應選貢試，奉天門對禦倭策萬言，文不加點。是日，西華門災，紅雲覆五鳳樓。公賦詩記之曰：「黄扉進御平夷策，應許書生抱六奇。」其自負已不徒矣。是歲，舉于鄉，又十年，舉進士。公長而鐵面劍眉，鬚髯如戟，聲如鼓鐘，殷動墻壁，方嚴鯁亮，沈塞果毅，不苟呰笑，不妄取予。雖爲儒生，巋然如巨人長德，人望而畏之矣。嘗授經易水、雲中，杖劍游塞下，從飛狐、拒馬間直走白登，又從紇干、青波故道南下，結納其豪杰，與戍將老卒，周行邊壘，訪問要害厄塞，相與解裘繫馬，貰酒高歌，用是以曉暢虜情，通知邊事本末。大同兵譟，圍撫院，鼓聲如雷，闔署莫知所爲。公教令史書榜示曰：「嚮某道領餉，嘩者斬。」兵士從門閾中窺之，葸然而散。巡撫房守士執公手而嘆曰：「非吾所及也。」萬曆三十二年，試進士，唱名第二，除翰林院編修。十二載，遷左春坊中允，歷左諭德、司經局洗馬。熹宗即位，遷左庶子，充日講官，拜詹事府少詹事，加禮部右侍郎，協理詹事府事，日講如故。

公爲史官，不造請權要，不徵逐游宴，厚自貴重，泊如也。顧不屑爲低眉拱手，優閑養望。館閣間有大議，矯尾厲角，奮袞而譚，往往自公一言而决。内閣以中堂相臨，兼有師資之誼。其賢者争相引重，退而一無所附麗；其不賢者，深自閟匿，不欲一過其門。及其罷免死亡，未嘗不鄭重慰藉也。神宗末，東宫有梃擊之變，御史劉廷元以風癲蔽其獄。閹臣吴道南密以諂公，公曰：「事關東宮，不可不問；事關皇宮，不可深問。龐保、劉成而下，不可不問也；龐保、劉成而上，不可深問也。獨皇上能了此，須中堂密揭啓之耳。」道南謝曰：「謹受教。」于是梃擊之獄定。已而爲人序諫草暨南闈發策，頗著其語，主風癲者銜之。丁巳，内計議左公于外。掌院劉一燝曰：「孫公，國之元氣，誠不忍阿附黨論，得罪天下萬世也。」力持之，乃止。

熹廟初御講筵，内閣戒講官講章宜簡要，講畢勿多獻替，恐上倦弗能省也。公告同官曰：「主上幼冲，在我輩六七措大，開導聖聰。講章須詳明切直，博引曲譬。若講官聽中堂爲芟改，中堂又視中人爲忌諱，則講筵爲無人矣。中堂當擇講官，不當擇講章。與其擇講章，寧去講官可也。」講官李光元，亦以内閣不宜芟改講章，上書争之，于是講章乃得勿改。公當進講，容止莊静，敷陳剴切，忠誠惻怛，著見眉宇。上聽之，輒灑然動色易容，詢近侍：「長鬚者何官？」曰：「庶子孫某。」上曰：「我偏懂他講。」每進直講姓名，輒喜曰：「我又懂他了。」上朝罷，喜謂近侍：「我尊重如此。」移宫之議，司禮王安主之。公恐上幼而驕，宮闈之中，或導之以薄也，進講克明俊德章。既畢，乃疏解以親九族高、曾、祖、父子孫曾玄之詳，因反覆開諭，言：「帝堯，德爲聖人，尊爲天子，决不敢自恃，説自家是天子。極尊重了，便輕疏一家骨肉。所以要親愛九族，處置得所。我皇上内有宫眷戚畹，外有宗室親藩，皆九族之支屬，須要同其好惡，共其富貴。凡先遺眷屬，仁至義盡，無使驕恣，無俾怨恫，以傷親睦。」上端凝拱聽，退而喜曰：「我今日纔知九族，昨日如何不做在講章裏？」安曰：「講官于講章外，臨時發明耳。」然而安殊不懌也。進講次，上嗽，以紙拭涕唾。公東嚮拱立不進，上目之，東班官亦目趣公，公拱立如故。俟上拭罷整衣，乃前講「出入起居，罔有弗欽」，于「出入起居」四字，點分爲讀，抑揚其音節，以聳上聽。備述堯舜欽明兢業及我二祖敬天家法，上肅然起敬，退謂孫講官知禮。再講，值上嗽，公釋簽以待，上益莊，不復拭唾矣。

凡講官讀書，近侍皆先期進讀，字韵有互异者，上高聲讀某字爲某，講官從之，不敢是正也。公侍上讀書，至「三百六旬有六日」，讀「六」爲「溜」，上高聲讀「溜」者三，公亦高聲讀「禄」者三，上改而從公。退而知「溜」音之訛也，戒近侍曰：「畢竟拗講官不過，以後休錯被講官笑。」公謂安及高時明曰：「民間家塾講習，朝夕聚首促膝，群萃笑語，相習而熟。今上御講筵，恭嘿無一問難，臣下日踧踖而退，何繇熟也。常朝奏事，例有口咎。今借此儀，與公等約：上問某句，講官通俗細解；再問，講官又細解。借此套數，起發問難，俾上漸通曉機務。講帝鑒圖說，指圖畫像如民間詞話演義之比，俾聖心與臣下日親日熟，入而後説之，此啓沃之要也。」時明曰：「非復午講不可。」安曰：「甚善，當請修九五齋。」時明曰：「孫公欲致君堯舜，須有茅茨土階遺意，何必修齋而後講乎。」安、時明皆先帝東朝伴讀，夜直宿御榻旁，孳孳爲聖學計。未幾，逆奄魏忠賢用事，殺安，罷時明，公亦輟講帷以去，而講筵遂爲故事矣。公每嘆息，謂：「君德成就，責經筵，亦須内閣與司禮有人，不能獨責講官。」而天啓中之經筵，獨視内臣之賢否以爲隆污，則良可愧也。

萬曆四十二年，建州酋奴兒哈赤叛，襲撫順、清河，大兵分四路進討，我師敗没。已而開原、鐵嶺并陷，擒西虜宰賽，滅北關，要結暖兔、炒花諸部，脅服朝鮮，其勢益張。朝議倚遼撫熊廷弼，謂足以辦奴。公曰：「未也。當大事，須置身天宇之外，俯視所營，乃能洞析情勢，使敵在我目中。今身爲遼事所圍，敵見我，而我不能見敵，惴惴懼敵之入我室、發我屋，曾暇及藩籬之外乎？一城挑三道河，虎皮驛破不能救，枝斫膚剥，而曰護其本根，樹其能久乎？」一詞垣争扼腕論兵，有事招練，公守官自如，顧舉朝皆視歸乎公。廷弼去，奴陷我瀋陽，遂陷遼陽，經略袁應泰自焚死。乃即家起廷弼，經略遼東，寧前道王化貞爲巡撫。化貞自詭能結西虜，用六萬兵破奴，而廷弼主固守，兩人遂相惡，交相謗也。上敕廷臣議經撫去留，至欲專命使講解，奴兵已騃騃度三岔矣。崔景榮爲兵部尚書，老臣遲頓，數爲言官所詬詈，御史方震孺請罷景榮，以公代，舉朝和之，疏以累百計。朝罷，九卿臺省要公于會極門，相率下拜曰：「願公出，身爲社稷計，吾輩爲社稷拜公。」公固辭不可，遂推公爲兵部添設侍郎，以主東事。上不欲公離講筵，疏再上，不許。

天啓二年正月，奴兵略廣寧，未至，化貞弃城走閭陽，廷弼見而唾之，惶遽嗚呼，焚弃右屯以西四百里，遂與監軍道臣高出、張應吾、邢慎言躡化貞後，相將入關。出至是已再逃矣。出之初逃也，上書于朝，請盡捐河西地以予西虜，我退守山海關，可以自保。其再逃也，益播其書于長安，幾惑衆以逃死。懦夫逃臣，競相祖述，且謂當并弃河東，畫關而守。中外聞斯言也，益懼。大臣雖未敢明主其説，而亦不能斷以爲非也。蓋關門退守之議昉于此矣。于是請用公者益亟，以謂不可朝夕待。上亦急東事，不復能留公于講筵，乃拜兵部尚書兼東閣大學士，以二月十八日入直辦事。凡九日，即命以閣臣暫掌部務。辰入閣，午入部，仍以侍郎承旨。

公入部，即上奏曰：「臣家非業武，口不談兵，不知諸臣何以謬相推許，致皇上誤信，授以兵樞。臣再四省循，或者諸臣見臣頗負慷慨之氣，不投時好，不畏時嫌，以臣戇質，信臣直腸。臣惟今天下事無一不難，而兵事更難。自非負十分精敏之才，兼幾分痴呆之性，决不肯妄承于身。所謂痴呆者，習聞忠君愛國之説，不徇人情，不聽私屬，投之賄，必告于朝，遺之書，必聞于衆。其勤勤懇懇，期于集思，不以護黨，期于廣益，不以植私。故能勞怨不避，毁譽不聞，不化長安之習性，不顧從旁之蝕口。臣今仰告皇上，今天下敝極矣，若不極力修明祖宗法度，以大布皇上德澤，人心必不能固結，士氣必不能奮揚。臣下所爲致身以奉明法者，徒以供妒忌之口。皇上虚明以察事理，詳密以燭人情，飭厲文武諸臣，勿角口語，勿事虚文，以公忠憂國之心，勵精敏有爲之氣。事關軍國大務，群策群力，一德一心，同議幹理，同議節縮。司兵馬者，不得恣意于所不可多而不顧供億之難；司錢穀營造者，不得刻意于不可少而不顧星火之急。即科道各官，事必盡言，言必盡事。第人有賢否，事有緩急，須身在事中者，詳酌輕重，悉心料理，以副言者之籌策。諸臣望臣以必行，抑且望臣以必可行；臣望諸臣以必言，抑且望諸臣以必可言。惟必可言，乃必可行，人患言者之多，臣患其少耳。臣原無他長，獨有真念，其有柅格不行、仰干名法者，容臣執三尺，以入告皇上，將天下警心迅霆，頓破沉陰，是臣之志也。」

又敬陳目前切要曰：「年來兵多不練，餉多不核；以將用兵，而以文官招練；以將臨戰，而以文官指發；以武爲備邊，而日增文官于幕；以邊任經撫，而日問戰守于朝。其一種因循誕謾之象，徒相與咨嗟而不能返，故以一隅勤天下，遂至斂天下之兵于邊，而既壞一隅，兼壞天下。臣以爲，今天下急務，在收拾人心；而欲收人心，在大振天下之氣。其綱紀大要，在皇上敕厲臣工，共奉祖宗之法度，而先選精敏有爲之材。昔劉晏爲度支，專用果鋭少年，務在急速集事。世或非之，而不知治固有時。方今百吏因循，庶政叢脞。宜令吏部細加體察，凡寬博近迂，文藻近弱，遲暮近衰，急爲量移。務得精敏有幹局者，布列兵馬錢糧之司，撫道俱極一時之選，大破常格，勿拘資叙。又不得借破例以徇情，分郡邑之長，務擇廉幹。蓋郡邑尚可搜括儲偫，而廉乃不私，幹乃有用，遂可積餉養兵，以應徵求，以辦城守。凡地皆然，而畿内爲急。至于武吏，不拘曾在戰陳，曾爲大將，亦不拘文武，兵部調諸將有才望者，遍核之，擇一沉雄有氣略者，授之鉞，俾開府，專辟置，偏裨而下，得自擇其人而授之朝，或朝有推授，仍聽其自擇意氣相合者，即以其人若所辟置之人，分募精兵，多不過十萬，或有見兵若調募來者，仍令自爲簡汰而用之，如所自募。縱其撫賞之費，而任屬專，聽信明。文吏得與謀議供軍實，不得制其師。蓋兵之道，精不可以事窺，粗不可以理解。而文吏泥拗，好用小見解，沾沾將吏之上，能令將吏羈畱而不得展。以文統武，自是敝法；以極不知武之文，統極怕文之武，更屬極敝之法。故臣謂，今天下當重武吏之權。而重武之權，亦唯是去文吏之擾，但得無多設文官，則武吏不輕。如鄉者劉綎、杜松，近者羅一貴之勇烈，假令得專制之權，何至于敗惜也。大將既得其人，便當以遼事付之，小勝小衄皆勿問，要于守關無闌入，俟兵力之厚爲恢復，城堡有所復，即以畀其人。略法黔國，使其人之精力全用于遼，得寸則寸，得尺則尺，以幹家之智幹國，必無遺力。而朝廷特資兵餉，明賞罰，以防跋扈之漸，如周、宋之初，可法也。國家京營兵十萬，日添文添武以爲兵害，而不少添其餉。營兵上等之餉，不當募兵下等之餉，何能爲練。當如募兵之法，列餉爲三等，而以遞升遞降之法，簡拔清汰，環城爲營。每城建三營，營可八千有奇。建營之法，即以陣法爲之。令什什伍伍，在營如陣，在陣如營。升其伉健者爲親軍，而老弱拊營，姑任之爲老家，如宋初升籍之法。不變常，不動衆，而陰奪其勢，不憂其徒衆而易嘩也。其大要在先簡營將，無以文吏操之，而清其拜座主之費。尤在總協大臣，挈持綱領，勿循格套，以提掇營將之情神，則京兵可强，募兵可省，而外兵屯聚之禍可銷也。永平爲陵京重鎮，爲山海後勁，不可再設巡撫，却不可不設總兵，與山海、薊鎮爲鐺脚之勢，爲皇上護此雄關。盧龍、薊門諸州縣，宜略仿各邊之法，城各設守將一員，添兵防戍，築壘于必争之地，使鎮戍連接，墩營相望，關西州縣，處處設兵，雖爲各城防守其實，于東則若以山海之兵，分布于各城，以爲老營，于西則若以京師之兵，分布于各城，以爲突騎，每城擇健令及佐貳，團結義民，安插流傭。兵即于本州縣招募，器甲糧餉，給以本地錢糧。近畿三百里内，發數萬金，儲米豆爲備，備而不用，可平糶以賑民，而官饒其息。一片石而西，戚繼光故壘在焉，可按其踪而加修葺。畿南涿、易以及通州，當清理額兵，兼募新兵。撫臣張鳳翔議招兵五萬，臣謂有一兵當得一兵之實用，無哆口幾千幾萬，不得一兵之用也。天津、北平若京東，皆可屯田，以屯撥遼人，以渠限胡馬，以租給軍餉，此三便也。臣之所言，非有迂遠難行，然惟法乃定，惟斷乃成。臣非欲弃老成、奬新進也；又非欲遺道德、尚名法也。天下因循誕謾，姑務偷安，大厦之不支，而苦守門户，要領之不問，而牢護面皮。臣誠不忍見皇上之法，凌夷蠱壞而不可收拾，遂敢冒天下之私忌，以修朝廷之公法。自古法之利國家者大，而奉法之害，其中于身者亦大。若言必遜皇上之心，動必諧衆人之意，老成長慮，却顧身名，不爲皇上主持。今天下豈少此人，而皇上亦何取于臣哉。」

當是時，奴警日亟，長安一夕數驚。閣部大臣瞪目屏足，苟幸旦夕無事。言官如蜩螗沸羹，聚族分部，莫適爲公家計。公既以法斷自任，乃上章請下熊廷弼于理，與王化貞并讞，以結正朝士之庇護經撫、分左右袒者。請逮給事明時舉、御史李達，以懲蜀之招兵致寇者。請詰責募兵監軍諸臣，以次究問，以警有位之骫骳者。公所彈治，或時所譽望，及抗章推薦公者，人或以謂公。公曰：「法者，天下之公也。吾輩先置身于法中，然後可出其身爲朝廷明法。若以其仇而入之，親而出之，毀而伐之，譽而捨之，壞法實自我始，何以信天下。」奏上，詔如公所請，舉朝聳然，始知有國法，而側目怨咨者亦多矣。招兵之議起，勛戚爭先奮臂，公請一切停止，曰：「勛臣總京營、坐五府，果能清理，則京營十萬衆莫非强兵。捨見在之清理，博虛名之召募，臣不敢信也。」一布衣争上書，言結死士，一呼千萬人立至。公請一一核之，曰：「王韶、郭京之流，好以大言僨事，恐其爲權門之藉托，此輩爲神君也。」駙馬都尉王昺，公夫人之侄也，公覆其疏，曰：「廷議尚有參差，本官宜切引避。」其不私親昵，不辭怨謗，皆此類也。

兵部尚書王在晋代熊廷弼經略遼東，而王象乾先以兵部尚書行邊，總督薊遼。象乾在薊門久，習知西虜種族部落，西虜亦愛之；然實無他才略，用漢財物啖虜，煦煦相媚説而已。至是欲用一百二十萬以撫西虜，藉以禦奴。象乾老矣，聊用以羈縻顧望，幸得解去。而在晋之出也，深倚象乾，謀用西虜以襲廣寧。象乾甚之曰：「得廣寧，不可守也，爲罪滋大。重關設險，衛山海以衛京師，此穩著也。」在晋乃請築重關于山海關外八里鋪，工四千餘丈，費一百二十萬，而麗譙亭障不與焉。關門僚佐袁崇焕、沈棨、孫元化力争不能得，皆奏記于首輔葉向高。向高曰：「是未可以臆也，當身往决之。」公曰：「某當往。」疏請以六月十五日單車就道。陛辭，加太子太保，賜蟒玉銀幣。先後控辭，疏辭五，口辭二，皆不許。

二十六日，抵關，閲新城。公詰在晋曰：「新城成，即移舊城之四萬兵以守乎？」曰：「當另設兵。」公曰：「如此則八里内守兵八萬矣，一片石而西北，不當有守乎？其戰兵即守兵乎？

抑另有戰兵乎？築關在八里內，新城之背，即舊城之趾也，舊城之品坑地雷，將爲虜設乎？抑爲我新兵設乎？新城可守，則安用舊城？如不可守，則新兵之四萬倒戈舊城之下，將開關延入乎？抑閉關以委虜乎？」曰：「關外有三道關可入。」公曰：「若是則虜至而兵逃如故也，安用重關？」曰：「將建三寨于山，以待潰卒。」公曰：「兵未潰而築寨以待之，是教之潰也。若是，則又安用重關？且敗兵入三道關，虜不可尾而入乎？人心一潰，不又爲全遼之續乎？」曰：「將于八里內，南負山，北抵海，掘溝二十里，以限胡馬。」公曰：「徐中山之經度斯地也，左山右海，砂少土多，故扼要爲關。今將踐砂鑿石，火燒水激而成河，不亦難乎。成祖弃大寧諸城，而獨守遼東，以大寧退有薊門天險，遼西非遼東不可守也。今不爲恢復大計，切切然畫關而守，將盡撤藩籬，日鬪堂奥，畿東有寧宇乎？關門諸僚佐俱從，在晋數目之，頗倚以爲助。公出袖中揭帖視之，曰：「諸君皆以爲不可，今日何默默也？」在晋語塞而止。是時關門議防守未決，閻鳴泰主覺華，袁崇焕主寧遠，在晋堅持不可，主守中前，而逃臣張應吾、邢慎言力佐之。公欲便衣策馬，歷寧遠、覺華，相度形勢。在晋固止之，曰：「關外西虜充斥，元老出，脱有不虞，當關者何所逃死。」公笑而不許，則涕泣告哀于幕僚，乃抵中前所而止。

公出關，毳幕氈車，雜遝崗阜，駝馬滿野，腥羶撲人。繇關門至寧遠，皆曰「西虜爲防守，而時以劫殺報」，乃知守邊助順之不可信，而主撫者之非忠計也。關以東，寧遠以西，五城、二十七堡，獨一城一堡僅存。前哨將左輔名駐中前，實不出八里鋪，知守關者之無意于關外，即守中前亦非其本懷也。入中前所，所過荒落，井臼依然。登其城，潸然下新亭之泪。遥望寧前，天設重關，以護神京，覺華島孤懸海中，與寧遠如左右掖，天設以爲用水制奴之地，而益知畫關者之失策也。公固已決計收復，然欲自在晋發之，推心告語，凡七晝夜，在晋終不應。奴之徙錦、義而東也，義州人楊三、畢麻子閉城拒守，所殺奴，幾與城平，遂奔據十三山爲寨。奴仰攻之不下，築長圍以困之。楊與畢自相圖，楊三死，畢麻子遣陳天民求救曰：「義民十餘萬，忍死以待天兵。」公與王象乾計，以五千兵據寧遠，出鋭師以突之，俾潰圍以出。象乾議發西虜爲聲援，在晋不可，乃陽具疏爲請救，而極陳其不可救之狀。圍久不解，冒大雨夜跳者六千人，其餘僅二男子得脱璧而入關，公督師後之四日也。

公在道，乃條列閱關事宜以上，論守關則曰：「奴未抵鎮武，而我先燒寧前，此前日經撫之罪也。我弃寧前，奴終不至，而我堅委爲西虜住牧之所，不敢出關嚮東行一步，此今日道將之罪也。道將既縮朒，匿影關內，而不能轉其畏奴之心以畏法，化其謀利之智以謀敵，此臣與經臣之罪也。臣與諸臣議，與其以百萬金錢浪擲于無用之版築，不如以築八里者築寧遠之要害，更以守八里之四萬人當寧遠之衝，與覺華相犄角。奴窺城，則島上之兵旁出三岔，燒其浮橋，而繞其後以横擊之。即無事，亦且驅西虜于二百里外，漸遠于關城，收二百里疆土于宇下。」

論撫虜則曰：「督臣撫夷用夷之説，臣種種有疑。喇慎、朵顔諸部，力能爲我守也，何不令守寧遠以東，而我得以守寧遠。彼不能守寧遠也，亦何取于守山海乎？都、塞二酋自稱住牧與奴相連，曰和也在我，殺也在我；又曰奴送貂馬于二酋，欲結婚而未應也。時云殺奴，時云和奴，既窺我所欲以歆之，于奴若親，且于奴若怨，又窺我所忌以要之。其通官將無借爲重，而浮湛其辭者乎？虎酋之助順也，犒賞吃食可二十萬，夷兵二萬守邊，歲犒賞三十六萬。酋之助順也，以何時也。助必有主，我于何時，以何將何兵，從何道出，而但曰助順。或曰塞上增兵二萬，歲費餉一百九十四萬有奇，募兵又不能不撫夷，歲費銀二百三十四萬八千有奇，用虜僅一百二萬。謂用虜而遂可省用兵也，臣又疑用虜而終不能不用兵也。且此五十六萬者，以今歲進兵而一用之乎，將歲仍爲額乎？歲百二萬已不能繼，而又終不能去兵，將二百萬之餉更繁，而百二萬之額歲益，天下其堪此乎？且此之款也，與宣、雲异。宣、雲之款，即作惡之虜既款則惡息，而調發之費省；今作款，一虜作惡，又一虜借此之款以息彼之惡。即款者不能，而款之者何可必。望皇上敕經督二臣，力修内備，勿倚此爲實著，而忽臣之所疑也。」

論安插遼人則曰：「有關内之遼人，玉田、豐潤之間，擁犢車，載婦女，朝東暮西，而呼號于道者是也。法當籍所聚遼人，分注其衛所，量州縣大小，分撥鄉堡，無令流移不定，而事久變生也。有關上之遼人，環關城之外而片席爲窩者是也。法當籍其拳勇，盡募爲兵，置之中前、前屯，漸及寧遠，更擇其有家口者爲屯牧。以遼人守遼土，以遼土養遼人，此大計也。又有關外十三站之遼人義民十餘萬，因山爲寨，以待救者是也。法當如袁崇焕議，駐兵寧遠、覺華，迎護以歸，强者爲兵，弱者屯牧，此復遼之資也。當事者恐其召兵，苦其歸而無計安插，輾轉躊躇，聽其自爲生死。亂賊既不能誅，而忠義又不能援，十萬之衆盡化爲東西虜，何可緩也。」

論戰守大略，則曰：「爲今之計，不盡洗天下之肺肝，不能起朝氣；不盡改天下之觀聽，不能收殘局；不盡破庸人之論，則中外之聞聞見見不清；不盡驅逃潰之人，則幕府之是是非非不正。逃不在兵而在道將，哨馬回而道將相率而逃，兵于何有。道臣如張應吾、邢慎言，何以抗顔將吏之上，姑捨之，以全其生，而關門無攢眉忸怩之氣，亦足慁也。逃將皆肥頭大面，關門有酒肉走路之謡，十六里關城，豈堪此數人爲祟。精簡而嚴汰之，别選拳勇膽智之將，邊事尚可爲也。臣之意，實著在及時立練精兵，而練兵在精選良將。其要在有沉雄博大、端謹精詳之大臣，以提挈道將。其主意在守，而其守在力修戰具，其戰具在關，而其提掇全鎮之精神，無一人無一念不在關以外，仍以用西虜用東江爲虚活之著，勿跼足于十六里之内，而目不外窺，趾不外錯，乃爲善守關也。臣至關，而真見有人爲主，便可立地化爲强將强兵，種種著數，自可爲計；無人爲主，即終日終年調兵調將，百毛文龍、萬西虜、十重城、百道塹，終是隔靴搔癢。獨是承前人蠱壞之餘，正秋高馬肥之日，一接手而天下事不可知。然而來不可知，幸其不來，則尚及時可爲。臣深爲經臣懼之，亦竊自懼也。」

公入關，過一片石，閲薊鎮諸口，大雨，留建昌七日，條奏關西東形勢事宜，及薊、昌諸鎮防守、三鎮分轄、衝邊水灾，凡十餘疏，無慮數十萬言。恭謁定、慶二陵，泣下霑襟，慨然有致命遂志之感焉。上遣中官賜銀幣羊酒，以勞其還，命仍掌部事。上御講筵，公面陳邊事，極言在晋不足倚，然勤瘁可念，當量移以善其去，而付之能者。上即召還在晋爲南京兵部尚書，盡逐逃臣張應吾等，而八里築城之議罷。是行也，省費可九十七萬，薊鎮所裁減撫賞又八十三萬五千。公督師四年，經費財一百三十餘萬，取諸兩尚書之所罷而有餘也。

經略闕代者，益難其人。公上奏曰：「臣于講筵，面陳關城事宜，荷蒙一一俞允，且急催更易經略。而目前人才衹是如此，關城之事，擔閣已久。半年來，兵未合營，將未束伍，獨有逃官逃將，議築議鑿，主守主退，以迎合經臣之指，而媒孽异己之不爲逃者。以畏奴爲持重，以逃死爲老成，以媚夷爲制虜，以弃地爲守關，以三十萬可了之工而估百萬，以八里地百萬之費而縻歲時。大將方事經營，而彈文已絆其手足；道將甫有籌策，而軍府又抂其頰牙。忠良禀計于逋臣，敢勇程材于罪弁。滿鎮之旌旗無色，一方之喧呶有聲。杏山十萬之義兵，豈忍其委于夷虜；關城數萬之流冗，豈忍其盡爲捐瘠；寧遠以内二百里之疆土，奴酋所未到，豈忍其鞠爲西虜之幕塲。經臣業蒙召還，舉朝似難勝任。臣再四思維，與其以天下之大，付之不可知之人，而并以身從，何若以身任之，即天下以爲不可知，而臣猶得以自竭其力。臣願以本官赴山海督師。奴來窺關，以見在之將，督率三軍，必不使匹馬横行。奴少斂輯，則簡驍雄膽智之將，訓練士馬，指授方略，待兵將調和，文武豫附，進可以攻，坐可以守，然後擇其可付大事者，授以經撫之任，是臣所以忠于皇上而報神廟、光廟之生成也。」

上大悦，遂詔以原官督理關城及薊、遼、天津、登、萊各處軍務，便宜行事，不從中制，俟功有次第，即召還朝。仍給關防敕書，以便行事。敕曰：「夫内安外攘，夙稱重任；出將入相，尤鮮兼才。惟卿以密勿贊襄之臣，兼干城腹心之任。既謨謀于帷幄，復管攝乎戎樞。今且秉鉞以統元戎，建牙而專外閫，安危之任，實惟一身。朕所倚賴，亦惟卿一人。漢則孔明，唐惟裴度。卿其勉建勛猷，除凶雪耻，標名麟閣，毋遜前徽，用副朕委任至意。卿往，欽哉。」

本朝閣臣出將者，楊一清即家起，翟鑾奉詔出，皆不兼閣銜，故敕書以裴度爲比，葉向高之辭也。公乃辟職方主事鹿善繼、王則古贊畫軍事，請帑八十萬以行。八月十九日，上御門臨遣，賜尚方劍、坐蟒，命百官吉服入朝，閣臣送至崇文門外。昔裴度赴淮西，憲宗御通化門慰勉，度樓下銜涕而辭，史臣書爲盛事。自度以來，相臣出鎮，臨遣賜鉞之禮，未有如公者也。

公以九月三日至治所。關兵名七萬，逃潰之餘，殘冗漫漶，或將數百，或纔數十，各自爲符籍以冒餉。有兵少將多、一營纔兵四十而官十七員者。一城聚兵數萬，民不堪踐蹂，空肆而走。兵嘩于市，白晝閉門，民不安居，兵不得食。乃定兵制，立營房，五人一房，三千一營，十五營爲三部，而將帥以營部爲署。兵不離將，將不離帥，教肄分而稽核便。商販日至，市肆充牣，民安而兵不復嘩。行之期年，關乃可守。計關城埤堄，三千有奇，量埤堄爲信地，而兵營綦布其下，續爲十八垛，造直廬三，以車營號令爲城操法，耳目不驚，攻打徹日，子母炮更迭不窮。袁崇煥寧遠之捷用此法也。并夾城之役，修築關城，南防海口，北防角山；水則從望海臺出芝麻灣，三面環海，安大炮爲橫擊；陸則三道關之石城，可頓萬人，開突門爲夜擊。北水關外有峻嶺，築號臺十一，置炮以防外瞰。相度山海爲防，即設奇山海之間。此守關之大略也。

關門習火器者不能二百人，公親按營部，短衣教演，初有賞無罰，既而賞罰參用，因以殿最諸將，于是關門有火兵矣。調三協諸將內丁，得梟騎三千，立爲騎營，高其部曲之選，使李承先將之，躬酹酒，具威儀以遣之，于是關門有騎兵矣。罷官之去關也，流言于衆曰：「督師來，將盡殺逃將逃兵。」欲鼓以爲亂。公曰：「兵逃，將之罪也。將可用，猶貰之，況于兵乎。」下上賞罰，以一切行之，久之皆弭伏，無復偶語夜驚。于是大閱諸將，汰副總兵以下官數百員，皆幸生還，捧首竄去。汰將然後核兵，真、保、河南兵萬人，不足備緩急，而中原三輔空虛，方數千里有踐更之苦，悉罷去之，而兵將一清矣。按核錢糧，以兵馬、軍器、火藥、撫夷、買馬，分屬諸幕僚。定糧餉關支，核器甲營造，冒破者斬。嚴硝磺收放，厲火禁營，若城失火，無問故誤，皆斬。禁饋遺，絶宴會，罷供帳，刦郵馬，省參謁。撫臣以燕閒置酒，下教切責。于是關門凛如負霜矣。

王在晋之議守中前也，故中軍趙率教請守前屯，在晋怒，令自率其衆二十八人往。率教懼，留中前，不敢歸，而陷虜回者六千人栖泊覺華島，即十三山義民乘雨逃出者也。公乃命游擊魯之甲以舟師從筆架山逆之，使居前屯，率教編次之爲兵，剃荊棘，修樓櫓，而關外之出守始于此矣。遼人好潰，奴細作多厠其中，遼破之後，東入奴而無遺種，西入虜而餓莩奴隸，入内地而無以自存。善用之，遼人皆怨軍也，且可以省安家行糧之費，而漸爲土著。命島將祖大壽給貲糧器械于新歸者，募其流徙關内者，戍寧遠而守之。餉不繼，以真、保四營抵之。于是遼人始出關爲兵，而屯守始基之矣。川、湖兵悍，不受經略約束，結隊而逃，踞北山，不肯下。袁崇焕招之還伍，建議以爲可用，令陳諫將之，出防前屯，以佐趙率教，于是川、湖兵始聽調，而關兵始出關矣。于是更置大將，以馬世龍佩平遼將軍印，行授鉞之禮，節制三部，王世欽、尤世禄爲南北部將。公上言：「唐河陽之役，以郭、李不相統攝而敗。而馬燧、李抱真、李晟初以獨當一面生嫌，後以交相統隸底績。故臣謂，南北兩部當受中部節制；而中部諸營，南北部大將亦得過而問焉。但不得人自爲制，有十羊九牧之患。裴度督師，諸道兵皆有中使監陣，進退不繇主將，并奏去之，兵柄專制之于將，以是出戰皆捷。及度抵行營，獨李愬以計質度曰：『兵以奇勝，常侍言是也。』愬功成而具囊鞬以軍禮迎度，拜之路左。愬固良將，而度所以馭軍中如此。」因推監陣之説，雜引古今已事，以明其當去者四：以朝議監之曰中制，以朝使監之曰掣肘，以邊之大吏監之曰兼并，以邊之文吏兼之曰横侵。改正總兵官謁經撫儀注，持名刺迎送，具賓主禮，不得仍前戎裝長跽。于是武帥之氣大奮，而文吏退有後言矣。軍中車炮，惟西丁慣習，乃核宣、雲七鎮精鋭，調萬二千人，擇本鎮驍將統領以來。更定營制，三大將列爲中左右部，中部駐羅城，左部駐角山，右部駐海口。副將趙率教、孫諫爲前後部，前部駐前屯，後部駐紅花店。三千爲營，五營萬五千人爲一部，營名各繫之以武。又調津門水兵以佐舟師。而兵威始大振矣。

公赴關，塗次遷安，即具奏建四衛之議，遣膠州人趙佑入長安爲閣部指陳形便，咸弗省，佑恚而亡去。既抵關，即移咨朝鮮國王李琿，激以同仇之誼，以毛文龍在皮島，可遥倚爲聲援，不欲其遽貳于我也。四衛在三岔河東，實全遼之腹腴，而又近海。遼陽陷，四衛没于虜，廣寧陷而全遼失。然自四衛進兵，直逼遼、瀋，搗其腹心，視繇河西入，紆遠曠日，難易相萬也。毛文龍初得旅順，直金州之尾，爲四衛南口，而奴已震動矣。文龍不能守旅順，遂棲彌串島，聲言自寬、靉度牛毛嶺，搗奴老寨，中朝深倚之，而不知越險千里，非地利也。

公之建置，以謂屯大兵于山海，以次第戰守修復，于法爲正爲實；東連西結，分布于覺華、彌串、廣鹿，于法爲奇而正、虚而實。乃遣使犒文龍于東江，使之遠結鮮人，近撼鎮江，用多方誤之之法。移檄登帥沈有容，使據廣鹿旁近洲島，奴小至則避之洲，大至則遁之海，用三肆疲敵之法，然後用登萊兵圖四衛之南，覺華兵圖四衛之北。彼之應分而備多，而我可以并力東鄉。公欲以春防詣登萊，商度爲決進之計，而朝廷方急遼，弗許也。

劉愛塔者，遼人也。爲兒時，老奴甚愛之。及長，善用兵，爲僞都督，守金、復。愛塔者，「愛他」之訛也。奴又以乳媪之女妻之，呼之曰「愛塔兒夫」，畜之如諸婿。愛塔見遼人輒左右之，涕泣思自拔歸。公遣壯士張盤間行，解腰帶以招之，愛塔遂改名興祚，誓死以歸款，而四衛之人日思内附矣。廣寧潰，王象乾招西虜守關。羅城之外皆虜也。我既收中前，守前屯，撫場猶在八里鋪。象乾又欲開水關，撫之關内。公執不可，乃復鐵場堡，議撫場于前屯之東。撫夷將朱梅不肯，公怒，欲斬之，乃定于高臺堡，而前屯以西無虜幕矣。公未抵關，我哨馬止中前所，去關門三十里。前屯既復，撥馬烽火直抵寧遠，而奴哨亦至杏山。哨將周守廉密以陰事輸賊，逮治之，而專屬左輔，輔擒其偵騎人漢喇，奴哨不復西。申明遼、海舊禁，祖大壽之族人闌出覺華，立斬其主者，而奴之水諜絶矣。奴以數萬守廣寧，二萬守右屯。至是奴且老，賊巢猜忌間作，聚食易盡，而我軍漸張，乃撤廣寧，焚其餘糧，度我必追襲，伏兵西寧堡以待。我兵不出，乃徐引渡河以去。遼之遺黎數千人乘間入廣寧，食其燎餘。撫夷道萬有孚私于僚佐曰：「遼人髠而從賊，亦賊也。虎酋遺貴英哈以兵二萬導我，馘千餘人，復廣寧一大都會，可中封侯，率以此爲相公地，不亦可乎。」公曰：「是安得堯餘我哉。」乃下檄曰：「西虜乘東虜撤廣寧，欲援，復廣寧賞格，不可聽。其殺我人以當奴，必以殺我人論致罰，如盟質。」是役也，活遺民千人，遏西虜不可知之詐，沮抑有孚輩之徼幸冒功賞者，而鞅鞅者滿關門矣。

公出鎮，至是纔五閲月，兵民安（按）堵，文武輯睦，商旅填咽，卒乘競勸。立六館，招天下豪杰，奇材劍客争摩厲以求自效。占今年主算長、客算短，選將厲兵，用疑設伏，隱然有唐韋皋築鹽城八道破蕃之勢，而中朝已不能無摇動矣。三年二月二十六日，公朝諸將吏而問之曰：「公等數言按視寧遠，何以屢更？」衆曰：「請戒期。」公曰：「以明日往，何如？」衆皆愕。公曰：「此無庸再卜也。」次日即出關，抵前屯。趙率教以空糧買馬置牛，燒土種秫，屯練修舉，其容有墨。公大喜慰勞，以所乘輿予之。召東廠較事者語之，令以上聞。自前屯一日馳至中右，城中僅苫屋兩楹，一破几及木燈檠突兀叢骨中。質明，抵寧遠，登首山眺海，遂跨崆瓏山，南望覺華島，三山連踞，若與首山相招邀，而灰山連崆瓏，與首山相爲内護。南則大海從東來，以覺華灣環寧遠，情地内嚮，重山叠海，天造之以拱衛中華，誠必據必争之地也。登其城，喟然而嘆曰：「好家居，爲纖兒撞破，安得不致恨于焚城撤守者乎？」繇盧山横跨西南，車殆馬煩，躑躅沙磧荒草間。夜三鼓，仍抵中右，乃還治所。

上念公久勞關塞，遣内臣劉朝、胡良輔、紀用、陶文等賫白金、蟒衣賚公，出内帑十萬犒將士，且以内府器仗給軍。公執奏曰：「中使關涉兵政，自古有戒。邊人竊見皇上不遣主兵大臣，而獨遣治兵内臣，又遣不一人而四十餘人，私相擬議：一謂上特重邊人，勞親近以慰勞疆場；一謂上或不信邊人，遣親近以體察情形。主兵之臣所爲抗顔軍中，令行禁止者，惟仰恃皇上信任寵靈。而體察之説一聞，主兵者摇摇不敢自信，而使之必信？何以號令文武將吏？聞諸内臣從北邊來，令將領罷邊務而逢迎，士馬釋戈申而供應。臣欲諸將吏昂首而當貴人，則懼媟慢天使，無以仰對皇上慰勞之盛心；欲其俯首而事貴人，則嚮來扶養飛揚用壯之氣，稍稍見于眉睫，一旦銷鑠于内外交接之儀丈，又無以仰副皇上鼓舞之至意。兵不可玩，使不可常，典或以美而成駭，例或以暫而爲久。天下不明皇上過信大臣之心，而或疑皇上有不信大臣之心，是皆足以害政。臣願皇上嚴于兵事，毖飭使臣，令其宣布德意，無遂以此行爲常，無遽以觀兵爲威福。」上得公奏，温旨報公，令將士毋得過慮。

是時逆奄方用事，創内操，所遣皆提督内臣，已寓中人觀軍之意。公故抗章逆折其機牙。公方禁宴會，朝等至，具杯茗而已。朝等亦惴惴將事，莫敢歡咋。其後逆奄益侈大，分遣諸奄監督關、薊、海外，必待逐公而後發。蓋逆奄之憚公深矣。募關以西遼兵，得數千人，遣魯之甲將三千出守中後所，王楹將三千出守中右所，皆出上所賚蟒紵白金、甲馬弓矢，親酹而餞之。檄祖大壽移覺華兵七百于寧遠。城大而瑕，以大壽司版築，汪翥司窑造，計工命日，備而後舉。五城布置已竣，量度邊腹諸堡，以土官招撫主守，以客將訓練主戰，立兩游擊于要地，專備應援，如戊己較尉之制。移拱兔市場于興水堡，遣左輔領精騎出哨中右，撫夷闌入一步，即以掠論，我兵民得恣屯牧。于子章者，錦、右間一小堡也。河西陷，曹恭誠、楊文貴將少年數十守之。奴攻之旬日，以爲水竭必降。恭誠度城外井所直，引其水眼。奴僞渴索水，城中揚水以示之，而與之酒，奴驚而解去。王喇麻自西虜還，文貴以蠟書歸款。公手書諭之，輸之粟，以駐哨丁，于子章遂爲我守。自八里鋪至寧遠，收復已二百七十里矣。

虎酋部夷主款者曰貴英哈，狡獪多智，撫夷官陰導之爲奸利，益驕。虎酋之妻中根兒，故北關之女。北關與南關，姻婭也。其妹嫁桑阿兒寨，而南關之遺孽揭力庫歸漢曰王世忠。世忠之兄世勛，爲奴僞都堂用事。公思顯南關之後，招來南北關、灰扒、魚皮諸虜，結虎酋之比妓而柔，虎酋因以招世勛而間之。乃以世忠爲副總兵，主譯審館。虎酋領秋賞，貴英哈來，公乃撤輿蓋，解蟒綉，以予世忠，精騎千人，導從之款所，偏裨以下，夾立傳呼，引見貴英哈。世忠習爲中國大人語度，偃仰自如，問訊中根兒姊妹，稍及虎酋語款事，曰：「天朝法度嚴，非所知也。」貴英哈歸，令以漢物問遺中根及桑酋妻，中根兒見使者而泣。虎酋宴八大部酋長于插罕兒，出其妻之所得，以誇示諸酋。報世忠以四駝馱、毳帳五間，及所乘金鞶勒善馬，許送夷女及夷卒三百。以其舅監貴英哈，曰：「如得罪中國，則殺之。」每遣使，輒南嚮膜拜曰：「頂上那顏，我夷頭也，敢不爲那顏約束散夷。」虎酋既服，八部皆不敢内訌，而主撫者妒而思敗之矣。

劉愛塔之内附也，遼人王丙爲奴守復州，微知其狀。愛塔欲間而殺之，丙遂告密于奴。奴不信，縛愛塔及其弟，與丙雜訊之，遂殺丙及愛塔之弟，而捨愛塔。先是，沈有容兵至廣鹿島，分舟師，布間諜，喧傳大兵且至。奴遂弃金而保復，于雙墩子掘溝爲邊。至是，屠復州民十餘萬，虚金、復不守，而以西虜二萬人守蓋。蓋以東，奴不復至，遼人亦不復耕，赭地數百里。公所遣張盤者，乘金州之虚，率衆據之。奴兵南下，盤退守旅順，孤軍無援，力戰而死。奴之襲盤也，懸軍七百里，晝夜兼行，殺馬以爲食，其攻之疾力如此。公以爲不守金則無以奪海之利而制奴，不據蓋據旅順，則無以守金。我據蓋據旅順以守金，則登萊可通，遼西可合，東江亦呼吸相應，而奴勢日蹙。開國之日，馮勝大兵自遼渡三岔，馬雲、葉旺自登州取金、蓋，此高皇帝之所以取納哈出也。公初建議四衛，其後歸重于復、蓋，以爲恢復之要領在是，而中朝卒弗省也。

公之當關也，不問勢要，不顧情面，有干犯者，不引法鐫責，則露章劾奏。方事之殷也，人不得不聽公。已而奴警漸息，中外解嚴，長安中文法議論，勾萌條引，猜妒孽牙，怨謗交作：退守者，憎其軋己也則怨；撫夷者，厭其裁賞也則怨；逃官逃將蘇而不得復上也則怨；權貴之交關，臺省之請托，與夫戚里游閑，招權顧金錢者，胥不得志于關門也則怨。于是朝議籍籍，謂公用關撫閻鳴泰、薊撫岳和聲及大將馬世龍爲非是。巡關御史潘雲翼論劾鳴泰，故摘其與公牴牾事狀，以陰撼公。鳴泰罷，以張鳳翼代。鳳翼主畫關退守，約略如舊經略指，與公异議者也。公移書首輔曰：「權不得兩操，機不容并省，此中經撫决不可兼設，當設兩撫，分轄薊門、山海，一總督并制登萊，而爲款爲防，分授于兩撫。至某之督師，去歲决不可不來，今歲决不可不去。不去不獨多一巡撫，抑且多半總督，一事之柄而三操之，與夫三人之柄而一操之，豈有濟乎？」公深嘗矛盾枘鑿之苦，誓以隻身任封疆大計，遂不惜正告本朝。而老成當國，以調停爲能事，終不能一意任公，于是遼事終不可爲矣。

公奏定出關方略，總督率三屯，總兵王威移駐永平，關撫居守，馬世龍統兵三萬列車營于關外，王世欽、趙率教統兵三萬駐前屯，尤世禄、孫諫統兵三萬駐寧遠，而水陸各有奇有伏，以爲之援。覺華兵二萬扼奴肩背，鹿島兵二萬襲金、復，搗奴胸脅，東江兵二萬襲鎮江、九連城，搗奴脾臍。部署已大定，而孫諫者，狡人也，怯居前部，屬潘雲翼疏移之內地。諫謁公，趦入和門，及階則跛而進，公怒曰：「諫不肯前，則歸軍正耳。焉得自便？」以琅璫鎖之。鎮道爲力請乃解。公將移軍而東，將士鼓舞，獨一二宿猾，還顧望。及加威于諫，人皆聳懼，而雲翼輩恨益深矣。

公當關一年餘，中朝漸忘奴警，而厭苦關門之供億，以爲不獲已也，闕餉數月，促數催請，户部噤弗應。公乃劾户部堂屬，各罷去，而請行考成之法于撫按，于是外解乃麇至。兵部尚書董漢儒依倚朝議，衡操關門事，如它邊鎮。公曰：「臣承乏督師，諸所條議，惟聽皇上可否，或下内閣參詳，臣尚得施面目，不爲政地羞。今樞臣高坐司馬堂，信手批抹侯指撝如疆吏，不已甚乎？虜警急，調兵十萬，召募十萬，猶以爲少；今僅逾其半，而曰多曰冒。諸臣何不各將其屬以出核，徒反唇相稽乎？」一奏上，會漢儒亦去，而當事咸爲口呿矣。

九月八日，公出關，抵寧遠，渡覺華島，復還寧遠，歷前屯、中後、中右、寧前，往來數四，仍駐前屯而返。寧遠自修築以來，河東人歸者萬餘，合兵民不下數萬。公登城四望，生氣鬱然。集衆議所守，將吏多如撫臣指，請守關，馬世龍請守中後所，袁崇煥、鹿善繼、茅元儀力主守寧遠。公嘆曰：「老臣捨此，無以報明主矣。」乃定築城式，使祖大壽等三分基趾，期以春三月蕆事，而撤中軍滿桂守之。桂，夷種，椎魯敢戰，其後能守城得奴者也。東行至罩笠山，先期遣覺華將金冠從水入葫蘆套，公至，冠艤舟以待，相與嘆會師設伏良可圖也。公方戒舟車，庀戰具，偫十萬人數月之餉，以圖東鄉，而不欲以進取駭朝廷，并使奴得爲備也。乃議于寧遠數十里外，南從望海臺，北接首山與崆瓏山相夾處，仿徐中山築山海法，築爲重關。再遣將吏相度，而身自往按視焉。其微意，即幕中或未之知也。

公出關，撫夷將王牧民數報西虜入犯行中，復道中縱插漢部夷突出，羅拜乞賞，欲以嘗公。公神色不動，徐撫之而去。往還絶塞，道旁皆虜騎足迹，士卒皆恐。宿寨兒山，藉草而卧，風雨饑餓，與從行士共之。自麻溝望大小紅螺山，王象乾自薊來會，年八十，與公并馬而馳，共指李、曹公遇角端遺迹，徘徊不忍去。又從邊外閲蠟子山，以人爲標，高下天設，欲以收復之餘力，包二百里爲内鎮，而扃山海于重垣之内，非托諸空言而已也。凡戰守之具，自關門漸移前屯，自前屯漸移寧遠。袁崇煥領三參將經營寧遠，而三大將更番練兵于二百里内外。簡閲寧前以西，可屯之田可五千餘頃，官屯其半。身督將吏，分買牛種，治耕具。諸部將輪防邊堡以護屯。遼人出關者又十餘萬，車牛屬途，輪蹄相續，城堡輻輳，如承平時行採青之法，不復仰給于關東，省度支巨萬。因煤以鑄錢，因海以煮鹽，因船以貿易貨物，而軍需廣矣。

公初至關，敝車百餘，纍纍卧墻壁間，五部設，乃立車營。惟馬世龍能曉其意，盡改諸式車爲偏厢。又用世龍議，增損車制，擇更番之火器以當車，使車之用不窮。而習卒用車別有法：騎與騎，步與步，自相更迭；騎之與步，步之與騎，又互相更迭。以相丘陵阪險原隰，以時廣狹，圓、方、直、鋭，兼用而互出之，三鼓成列，百戰而不亂。凡十二營，營各有主將，有步佐，有騎佐，有輜車以爲運。世龍率四部以督之。至是乃躬率將吏，日夜練習，名爲備前屯，而進戰之車營成矣。有車營，當有精騎以爲前鋒，堅陣以爲後勁，乃立鋒勁制，皆以騎兵爲之。前後協帥各一，前鋒營三，後勁營五，各有炮車以爲蔽。分爲尺，寸爲丈，手畫爲圖，以授諸將。五部之龍武營，水師也。水師五營，四船爲一舫，二舫爲一舶，四舶爲一艟，四艟爲一營。各有長有將，而游艟備衝突，隸于中權。以水營兼車營之制，水陸可以互用。又廣募于江南，駕以習流之卒，而樓船下瀨之師具矣。奴馬不能數千，三潰之後，我馬盡折于奴。今之介而馳者，皆我之遺也。三年來，市馬不足，益之以寺馬，及京營多倒死，乃立四法，發瘦馬于內地以易價，移膘馬于內地以就喂，又移冬春之膘馬于關外以就水草。而所謂朋樁者，當關馬就喂之時，扣騎營有馬兵丁草銀一錢爲大朋，無馬兵丁月糧六分爲小朋，倒馬一匹，支給以買馬。于是關馬盛，而馬價亦省，馬政之最善者也。

先是，虎酋部中有抽扣兒，時竊出盜掠。趙率教捕斬四人，撫夷萬有孚訴之督臣，象乾欲斬率教以謝虜，公爭之力，率教乃免。而王楹之城中右也，護其兵出，採木款虜。朗素邀之，中伏力戰而死。或曰：「有孚實陰主之。」公怒，遣馬世龍從大盤嶺壓其巢。五部孩斯、滚柰台吉等，皆遠徙三百里外。象乾恐敗款也，教之縛我逃人爲殺楹者以獻，而增其賞千餘金。公曰：「人各有能，有不能，此象乾之所能，而非臣之所能也。」因極論虜不可用，款不可恃，通官與當事之説皆不可憑。而又曰：「細人不顧國家，然恐事一壞而害及身，其事多蒙；大人不顧身，却恐事一決而害及國家，其事多慎。蒙之發也，其害大；而慎之過也，亦或決裂而難收。督臣能治通官之爲蒙，臣則恐其爲慎而或過也。」公之婉切風諭，言語妙天下，皆此類也。

象乾以憂去。公上奏自請罷譴，專推一總督，以省防撫之紛紜。而又曰：「上如不欲臣竟致其事，則令臣姑還闕下，以聯絡邊情，比于識途之老馬。上必不欲臣離闕，則臣請不推經略，且不推總督，祇以臣一人督兩撫。邊事不治，則治臣之罪。然皇上如推督臣，則臣有請焉。有敢居薊、不敢居東者勿推，有能任撫、不能任剿者勿推，有肯同功、不肯同過者勿推，有怕勢要甚于怕奴酋者勿推，有顧局面、不顧安危者勿推，有愛便宜甚于愛性命者勿推。皇上如專任臣也，則臣亦有請焉。皇上終年不令臣一覲天顔，則臣不能任；皇上不時予邊餉，不額定軍需，則臣不能任；皇上不以聖斷是臣所奏請，而以樞部制臣可否，且中外紛紜。日論邊事，日發竿牘于鎮道，則臣不能任。凡此數者，皇上幸一一許臣，臣何敢復愛其死。」又曰：「臣所奏督撫事宜，乃祖宗舊制，决無薊遼總督祇督薊不督遼、祇督款不督防，偏居内地，遥制多事之邊與邊關共事之臣于千里之外。且此等亦何必擇人，祇朱梅、王牧民而足矣。」又曰：「與其若有若無，誤國兼以誤身；不若盡心盡力，捐身或以報國。區區一念，誠不自知其不可，猶往年自請之初心也。」奏上，臺省争言，總督不可罷，兵部請如言官言，亟推閣臣，不敢違。乃推吴用先自宣、大改任，而朝議明柅公矣。

四年正月三日，公復戒車而東，張鳳翼遮留曰：「諜言奴以三日發。且轅門禽狼。狼，奴象也。」公曰：「奴以三日來，我不可以三日往乎？奴，狼也，狼爲我禽，奴將安往？」即日冒風雪出關，過中右，爲文以告王楹，祭而哭之，一軍皆泣。鳳翼恨公以遼撫居遼，曰：「何乃殺我，教我充軍。」知公之將東征也，告兩道臣曰：「國家弃大寧、河套，不害爲全盛。舉世不要遼東，渠偏要遼東。」于是與其鄉人萬有孚、潘雲翼等，嗾人極論馬世龍貪淫納賄，詆公不當誤用世龍，以沮壞恢復之舉。公乃具奏，條列戰守大計，請敕廷臣雜議，因推明世龍任事得謗與鳳翼諸人盤互詆讕之狀。

其言戰守曰：「天下邊方大計，不過曰守，曰款，曰恢復。以守言之，凡客兵利速戰，主兵利久守。今關門秦、晉、川、湖四方之衆，盡號客兵；而關内之遼人，亦客也。竭天下物力，歲養十數萬坐食之人，進戰則不能，久戍則坐困。師老財匱，事久變生。天下之安危，寧獨在奴之來不來。天下亦計及此乎？以款言之，今議撤關外之防，守關以内，則虜仍入關以撫，而八部三十六家仍環聚于關門，其外之二百里二十餘萬人，何處安插，而却曰惹禍。繇此言之，即防西虜，不可不實寧前，而況道不必假，東可雜西，以東虜拒寧前，其禍可勝言乎。天下亦念及此乎。以恢復言之，奴薄寧遠，外無可掠，中無可希，海繞其後，山崎其前，奇伏間出，彼將何之？即或越一城而前，寧城已綴其後；即或合一城而守，各城已扼其吭；即或直搗關，而前有堅城，後有勁兵，立見糜碎。我若下關城之精甲，進圖恢復，水師合東，陸師合北，水陸之間，奇正出没。必争之地，我據之爲要者，敵得之爲害。拒賊于門庭之中，與拒賊于門庭之外，其勢既辨；我促賊于二百里之外，與賊促我于二百里之中，其勢又辨。人言奴入喜峰，假道西虜，果如是也，道遠而糗糒之費奢，不知西虜爲備乎，抑東虜自備之也。彼既可自備以犯喜峰，豈不能自備以犯山海，而曰寧遠資盗糧則來，否則不來，有是理乎。昔之弃廣寧，與今之未即收，凡以與賊相逼也。廣寧我遠而賊近，寧遠我近而賊遠。我不進而逼賊，賊將進而逼我。則山海之于寧遠，何如廣寧之于遼陽。天下亦念及此乎。今天下戒劉、杜之浪戰，而未察遼、廣之坐守。其謂減兵去馬，需機會而戰者，心欲弃遼左而未敢言耳。不知失遼左，必不能守渝關，失覺華、寧遠，必不能恢遼左。守不在關外不守，款不在關外不款，復不在關外不復。即國家真不欲窺遼左，而覺華、寧遠之防終不可罷。伏乞皇上敕下廷臣雜議，主客之兵可否久戍，本折之餉可否久輸，關外之土地人民可否捐弃，屯築戰守可否興舉，再察賊奴之時勢果否坐待自可消滅。臣不敢望爲百年久計，祇計及五年間究竟何如。臣身冒天下安危，而避忌不言，誰爲皇上言者。如臣言不當，當立去臣，以定大計，無使紆回不決，而全軀保妻子之臣，附合衆喙以殺臣一身而誤天下也。」

其言馬世龍曰：「世龍仰承皇上予以劍章，兩部受其節制。金穀刑名、軍需器仗，各有司存，總兵不得問。自移駐三屯而人怒，嚴核調兵而人怒，投牒不屈而人怒，居間竿牘不得傳遞以通臣而人怒，一總兵而滿關門、滿司馬門盡怒。萬口謡諑，身其餘幾。貪淫納賄，臣百口保其必無。世龍初練五部，再練車營，初守關内，再守關外，仰仗天威，幸無差跌。假令以訓練十一萬兵馬，復四百里封疆，東捶西批，守及三年者，爲虚爲幸，可譴可誅，則舉兩河之土地人民，弃捐殘毁，無一民可借寇兵，無尺土可資盜糧，誠安邊馭虜之長策，而今日當以首功追叙者也。」其言鳳翼曰：「材鄙而怯，識暗而狡。工于投時，巧于避患。誤入危疆，一籌莫展。而徒假手借面，以攬天下之是非。今且去矣，本官既得遂其觀望規避之志，而國家亦去一選懦猾賊之臣。」上曰：「軍國大計，朕已任卿，卿所自任，中外具知，有何嫌疑。兵餉戰守，卿前後條奏，審的時勢，聽便宜行，不必廷議。」遂下部議撫臣去留，并參看諸指名者，會鳳翼憂去而止。時趙彦爲兵部尚書，衡操邊事如故。公請用彦自代以困之。彦閉門而泣，屬所親告哀于公，乃止。

奴殺僇益甚，冰膠之日，渡河東歸者如密雨，西虜駐寧遠東甌脱地，邀而掠之無虚日。三遣東諜，皆爲所得。公遣滿桂、尤世禄襲擊之于大凌河，斬首四十三級，傷殘數百人，號泣西竄。公大喜，具飲至之禮，拜而勞之。是役也，東師鋭甚于西丁，擇前行五百，則二千人争先，乃知遼人之足用也。合關内外車營大閲于八里鋪，更定舊儀，令大將登壇，公幕而觀之，于是軍容益壯。而毛文龍自東江獻虜首三百，公喜其可以風厲軍中也，遂厚加犒賜，而爲請餉曰：「文龍報功，則疑其不實而亦喜；索餉，則信其非虚而亦難。此等舉動，皆足以解天下之體，而無以鼓動豪杰之心。」上是公言，命接濟焉。文龍頗以貂參餌朝右，朝士争言文龍直奴要害，覺華、廣鹿皆迂遠，文龍即按兵不舉，能牽制奴，使不敢東。公心知其不然，嘗深言其利害，以謂不當以取四衛責文龍，不當以牽制搗巢倚文龍，而中朝弗悟也。

朝鮮李倧弒其主琿，數之以其背我通奴，戕遼人而謀毛帥也，稱權攝國事，因文龍以請命。

公報首輔曰：「不如因而許之，使文龍得市德于鮮以自固也。」公之意謂文龍未必能制奴，而可以用鮮；鮮之力未必能搗奴左臂，而可以資我左掖，皆所謂聲而實者也。其後奴入犯，文龍竟不知，鮮亦卒折入于奴。蓋公去而用鮮用東江之策皆荒矣。

公上言：「前哨已安，連山、大淩河以西，皇上自爲社稷計，不忍高皇帝百戰土宇陷于逆賊，以錢糧工料給臣，則工可立奏。」上報曰：「卿謀出萬全，朕何難立斷。」立發帑金十萬，其二十萬，命户工二部區處。當事相語曰：「兵馬錢糧湊手，渠便胡做；不如許而不與，直用文移往復，以軟困之。」公奏曰：「今天下怏怏然，若邊人居奇于公事，而奴酋爲邊人之私賊。又若疾臣之乖剌自用，薄遽擔負，幸臣之一敗而自快其臆。嚮也，徵兵徵餉，立致數十萬而不敢後時；今也，約口裁腹，更番萬餘人而不能取辦。方忍死以前撐，或居安而高議。賊愈急，兵愈少，而更議銷禍愈迫，衆愈怕而却益玩，曾不思七年逋寇，勢同養癰，兩載狙伏，狡如隱魅。即千里之工可捐，三敗之羞可冒，而天未悔禍，賊自生心，關門之利害，社稷之安危，其可以不念乎？皇上任臣，責以恢復，而中朝諸臣不明言其不可，獨私議旁嚇，以爲必不可，而不問機事兵力之何如。當此時，悍然不顧，則天下已設蝮相待。如機局已成，衆議爲顧，則又何以仰副皇上之付托。臣願中朝以殺奴賊之心，急以應邊人，勿以殺邊人之心，緩以貫奴賊。」上鋭意恢復，申飭諸曹，命公指名參處。復遣内臣劉應坤、胡良輔、陶文等賚十萬金、蟒綉百五十端，賚東征將士，而以坐蟒膝攔四、幣有副、白金二百賜公。公在一片石奏曰：「十萬官兵出關外二百里，而關内不過居民行賈。謹于九月十八日扶病出關，俟命于寧前，用以宣播華夷，風示中外。」寧遠城工告竣，公尊藏蟒幣，以賜金修杰閣于城中，榜之曰「恩寧」，而勒石以記焉。

是時，逆奄已執國命，魏廣微附麗入相，公于詞館中弟畜廣微，廣微側目視公，弗善也。副都御史楊漣劾逆奄二十四罪，列謀害皇親一事，以公爲徵，逆奄深疑之。應坤之出也，逆奄屬伸意于公，且伺公意指。公方在告，扶掖拜命，應坤不能交一言，歸具述其狀，逆奄自是心銜公矣。寧遠既城，名城天塹，延袤二百里，東南抵右屯，西北及錦州，東至大淩，直通閭陽，因屯防以規進取。九月，公在寧遠，遣馬世龍、袁崇煥等東巡至廣寧，抵醫無閭山北鎮祠下，還歷十三山，以陸營屯右屯城東二十里，用舟師歷三岔泊二家溝，遣將探蓋州，遣尤世禄自錦州會師右屯。分遣兩營出哨于松、錦之間，去寧遠幾二百里。已而胥會于寧遠，文武將吏相與奮臂抵掌，以爲春夏之交，當決計大舉。公遂以是月西巡薊、昌，閲喜峰、古北諸口，取道都門，請以十一月十四日入賀萬壽節，面奏進兵機宜，出與廷臣商榷可否。事畢，即繇關門還寧遠。廣微急告逆奄：「樞輔擁關兵數萬清君側，兵部侍郎李邦華爲内應，公等爲齏粉矣。」逆奄悸甚，繞御床而哭，上亦爲心動，南郊回，趣内閣擬諭。次輔顧秉謙奮筆曰：「無旨擅離信地，非祖宗法度所宥。兵部馬上差人傳諭樞輔，馬首即東。」午夜開大明門，召兵部尚書入，分三道飛騎止公，矯旨諭九門守奄：「孫閣老若入齊化門，便鎖綁進來。」公以十一日抵通州，次日平明接諭，即刻東行。人言宮府意各叵測，宜惶怖謝罪，重自鐫責，以安上心。公曰：「本無罪而張惶飾罪，是亦欺君也。死生禍福，天也。君可欺乎？」具疏言：「薊門、昌平一帶，載在敕書。臣本奉敕旨行信地，豈敢無旨擅離。去天咫尺，適當萬壽，冒請入賀，致干聖諭嚴切，衰殘昏昧，有席槁待罪而已。」十九日，以還鎮日期并西巡後關内外情形入奏，不復牽連引謝，皆有旨報聞。

逆奄之斥逐楊漣、趙南星、高攀龍也，公曰：「上幼沖，在奸人掌握。疏入未必覽；覽，弗省也。往在講幄，每進講，輒爲心開。今得以奏對之間，進其愚忠，極論中外膠結奸邪蒙蔽之狀，上萬一感悟，老臣死不憾矣。」群小詗得之，流言興晋陽之甲，嗾逆奄殺公。逆奄遣人偵之，一襆被置輿内，後車惟鹿善繼從，不携一甲士，意遂少解。而公之疏，理正而詞直，無以難也。廣微乃嗾其黨崔呈秀、徐大化、李蕃連章劾公，臺諫群和之，而蕃至比公于王敦、李懷光。下九卿雜議，吏部尚書崔景榮訟言非公不可，乃奉嚴旨，趣公視事。群小進謀于逆奄：「樞輔擁兵以市重，浸削其兵柄，則易制也。」兵科李魯生乃唱簡汰之議，使兵銷將衰，公徒手不能有爲，而減兵核餉，又可以激兵變而發難端。

公既視事，首汰大將，尤世禄、王世欽以病去，李秉誠、孫諫以罷去。先自汰鈐下人役，以爲將吏先。汰官兵一萬七千三百餘人，減騾馬糧草諸費五十六萬有奇，闔鎮帖然無嘩者。出十二車營于關外，分爲四鎮，以實錦、右營。有車正者，刺股血于酒，以盟其二十五人，其感奮若此。公留寧遠、錦州，久之，遂如右屯。自西而東，借簡汰之名，爲布置出關之計，惟恐中朝之議其後也。其戒心甚于防奴矣。奴得遼陽，擇地代子河北，去舊城十里而城之，以畜其珍异子女。我之漸東也，奴懼，遂毁其宫室，北築宫于瀋陽，甕城屢不就，又懼襲之，漸徙其畜于老寨，而營城于撫順關外，漸思遁矣。奴老，多意忌，以劉愛塔故，殺愛將王丙，又以我間殺僞都堂王世勛，奴舊人兀爾忽達及李永芳俱罷閑，而佟養性、李伯龍、郎通事、李都司用事。郎通事通夷語，善風角，夜爲人斷其首，大索不獲。李都司凶暴，喜殺戮，嘗製西帽自隨。糧少，殺遼人而奪其糧。遼人怨憤思亂，數夜驚，群奴每相聚而泣。公謂奴遁入老寨則難攻，奴死而小酋定凶饑驚亂，少戢則未易爲力也。雖其艱辛覆逆，歷險瀕危，而進取之志不少衰止。然而小人之心計，不用以圖奴而以圖公；公之才力，足以勝奴而不能勝小人，公亦無如之何也。

先是，歸正人劉伯漍以鹽場堡人來曰：「四王子在耀州，奴兵不滿三百，潛師過河，可襲而虜也。」馬世龍遣東哨將魯之甲、李承先往檄水將金冠等，刻日會師于柳河。冠等奉遼撫喻安性指，弗聽調。九月二十五日，之甲、承先師抵三岔河，冠等不至，以漁舟渡師，三日渡八百騎。二十八日，我師趣耀州。奴設伏以待，伏發，我師退走，奴追掩之于河。我師不能營，縛葦橋未就，承先力戰，殺數賊而死。之甲既渡，曰「無面目見閣部」，投河而死，八百人死者强半。而左輔之分道出也，自上流至船城，殺奴一孤山，虜數十人，收生口五百餘，振旅而還。是役也，我喪師四百，船城之捷，奴亦奪氣退保。中外張大其事，以爲我喪師數萬，好馬數千，關門且旦夕失守。臺諫數十人希奄黨風指，爭言柳河事。兵部尚書高第謁逆奄于工所，伏地而哭，逆奄亦薄之。公猶在寧遠，臺臣請勒公回關門，以重秋防。公曰：「防秋顧在關内乎？檜之殺飛，不先風臺臣請班師乎？」乃抗章求去。上遂允公歸，加官蔭子，行人護送如彝典，而高第爲經略。第在兵部，日請減兵，請撤關外以守關内。公露章力爲駁正，而以兩言蔽之曰：「臣既遵皇上恢復之明詔，不能再奉中樞撤守之意指。」第以此心恨公，柳河之敗，請御史往勘，欲殺公以媚兩魏，而逆奄弗許。甫受事，即下檄馬世龍，令撤錦、右、寧前之兵，弃關外四百里。袁崇煥力爭曰：「寧前道與寧前爲存亡，撤寧前，我必不入，獨卧孤城以當虜耳。」第不得已，止撤錦、右兵，驅屯兵屯民入關，弃屯糧數十萬石，死亡塞路，哭聲震原野。明年正月，奴長驅入犯，路無留行，第撤兵之效也。第倉皇叫苦曰：「關兵祇五萬。」逆黨喜而相告，此可以難倒樞輔矣。公遣人告户部曰：「高尚書散十一二月餉，且有全鎮布花，五萬人乎，十一萬人乎？今户部發餉，止給五萬人，則尚書窘矣。予姑不置辯，尚書可自悔失言。予一疏使東有不識兵數之尚書，當爲四夷傳笑，遂輕中國。」奴既退，再奉旨核兵。第乃具疏認罪曰：「前止據見在五萬，今核有某兵某兵合十一萬有奇。」其欺妄如此。

公先以四年督理事宜，條列爲書，凡十八務，務分三十一則。而十八務爲國家一大經費，特先之以錢糧出入、軍實總務，而後及諸務。正項錢糧曰帑金，曰部解，雜項錢糧曰刷舊，曰生新。其用有開銷，有置辦；其存有借支，有在庫，有現領。綱舉目張，條分理解。軍興之際，錢貨騰踴，雖名卿巨手，往往疏闊錯互。公負豪杰倜儻之概，而澹泊如腐儒，介特如處女，勾稽文簿，出納如水。謝事之後，讒言孔多。逆奄使其黨梁夢環磨治督府文書錢物，毛舉髮櫛，一無所得而止。公嘗謂張浚被人言乾没都督府錢十七萬緡，終不置辨，士大夫自待當如此。然而公之廉辨詳謹，固亦無待于自明也。寧、錦之捷，城池將士、兵馬器械，皆公在事所料理，論功改吏部尚書，蔭一子錦衣衛千户。公力辭世蔭，得請而止。

公居東，東諜朝夕相聞。六年八月，奴兒哈赤死，其四子河干貝勒立。袁崇焕使鎖南僧往吊以探之，逾冬而歸報，蓋用間之相懸若此。公之東歸也，與高第遇于豐潤。公謂第曰：「長安貴人以我輩爲守門，而高居堂奥，説好説惡。今公且爲我守門，予且居堂奥觀大經綸也。」第曰：「賴主上洪福、閣下壯猷，第守而勿失，可幸無罪。」公笑曰：「公以守而勿失爲嗛嗛乎？予居四年，復九大城、四十五堡，招練精兵十一萬，立車營十二、水營五、火營二、前鋒後勁營八、弓弩火炮手五萬、輕車千、偏厢車一千五百輛、沙唬船六百、馬駝牛騾六萬、甲胄器仗、弓矢火藥、藺石渠答鹵楯合之數百餘萬。我進四百里，奴退七百里。西虜受我戎索，東奴不敢過河一步。招集遼人四十餘萬、遼兵三萬。兩年屯田五千頃，得十五萬鹽策錢，税朋椿入可七萬，採青省十八萬。公今守四年，再恢四百里，種種倍予所辦，方稱守而勿失。若以予所辦而四年勿失，未爲守也。」第唯唯謝不敏而退。

鹿善繼之從公而東也，公謝之曰：「太宰以銓郎屬公，予不願奪賢于銓部。且不憂太公匕箸乎？」善繼曰：「辭塞上，就銓司，此常人之所不爲也。相公爲善繼願之乎？家大人范陽男子，書來囑善繼亟從公與邊，老人爲汝加一飯矣。相公以常人畜善繼猶可，而忍以常人畜家大人乎？」四年塞下，不加一級，朝齏暮鹽，相對如兔園老生。移疾從公而歸，渡潞水，宿得雲寺，既過帝城，遂成閑身。酌村酒相勞曰：「昔有兩賢里居，一人之官，一人酹酒祖道曰：「祇要歸時，依樣還我一副老兄面皮。」今吾輩歸來，面皮可依舊樣否？」相與大笑而醉。公每嘆善繼清貞安雅，道氣澄澈，窮年絶塞，不獨以軍務相仗助也。

公歸未逾年，而逆奄僭封上公，兒孫滿朝，祠廟遍天下。緹騎刺探者，日繞公第，敝廬素籬，門屏蕭然，不能得公一事。畿南之建祠也，逆奄假公以爲重，屬督撫諈諉之。公曰：「此好事，公等自爲之，不比鄉邦閭陋，以老鄉官主募緣疏也。」奄聞而恚曰：「他邦是如此。」遣人訶督撫曰：「不得孫閣老具呈，不建祠、不上疏可也。」督撫固請之不得，則以他搢紳具呈，而署公名銜于首。公之姻師泰餘見之曰：「孫公三朝老臣，不肯失節，置身家性命于度外，我輩奈何以朽殘涴之。」遂碎其紙。逆奄聞之怒甚，人皆咋指爲公危，逾月而熹廟上賓矣。

下

今上御極，念公之忠勛，累命召用。而王在晉入爲兵部尚書，每鄉人詩當關勞績，曰關外五城、七十二堡，皆其所復，而高陽攘其功。故幕僚茅元儀以談兵游長安，挾武備志進御，對諸公輒言：「在晉當關時，關外惟八里鋪一堡、中前所一城耳。當逆奄昏黑之世，欺天罔人可也。聖人在上，天晶日明，敢作此夢囈語耶。」爲諸公指畫先後弃守地圖兵志甚辨，又鈔得在晉南樞頌奄疏稿，携之袖中，出以示人。在晉不勝其憤，乃抗疏極論馬世龍及元儀熒惑樞輔，敗壞關事，逮世龍，逐元儀，又嗾新進臺省交口詆公，以沮其出。久之，公當關之功益著，所指冒沒賞功銀三十萬者，衹二十萬收支，解驗簿牒井然，不能以錙銖點公。在晉敗，世龍之獄漸解，言者相顧慚服，曰：「奈何拾奄黨餘唾，代他人傳刃耶？」

崇禎二年十月，奴兵入大安口，陷遵化，將薄都城。與朝恟駭，無可爲計，咸以爲，通州，京城之左臂，守通以捍京，非公不可。十一月七日，詔從廷議，即家起公，以原官改兼兵部尚書，駐通州，控禦東虜，仍入朝陛見。以九日日暮聞命，遲旦而首塗，越一日而宣召守催之敕繼至，所謂朝受詔、夕引道、無辨嚴之日者也。十五日，上知公抵近郊，即下帖子召見平臺。九門晝閉，命啓彰義諸門以俟。日暮詣朝房，未及，而兩內使捧召帖至。朝見當用公服，未及啓，又兩内使來趣曰：「上立俟平臺久矣。」踉蹌衣錦綉而入，至弘政門，乃易公服，趨入平臺，扣頭致辭。上慰諭畢，問曰：「賊至壩上矣。百無一備，奈何？」公曰：「賊警已久，諸臣料理，或有次第。」上曰：「無有。卿不信，試去看。」袖出一哨帖示公。公曰：「賊近矣，至壩上或未的。」上曰：「何以知之？」公曰：「壩上去都城不過二十里，都城至大内又二十里，諜報賊已時至壩，諜行四十里，賊尾之而來，不已薄城下乎？賊薄城下，則烽炮連接，居民崩潰，何以寂然無聲乎？臣故知其未至也。」上沈吟首肯，久之，又問公曰：「賊入半月餘矣，舉朝一無可恃，所恃惟卿。卿如何爲朕調度？」公奏曰：「臣聞督師尚書袁崇煥帥所部駐薊州，昌平總兵尤世威駐密雲，大同總兵滿桂駐順義，宣鎮總兵侯世禄駐三河。三邊將守三要地，勢若排墻，地密而層層接應，此爲得策。又聞尤世威回昌平，侯世禄駐通州，且聞各援兵回本鎮，似未合機宜。」上曰：「侯世禄原在三河，以城小，移通州就食。」公曰：「聖諭誠然。但事緩，就食通州；事急，當仍守三河。」上曰：「卿欲守三河，何説？」公曰：「密雲在北，近邊，順義稍南，三河又南而稍東。嘉靖庚戌，北虜繇三河而南，闖河西務等地，轉入西山，繇陵寢而出。蓋三河爲東來西南必經之路，守三河則可以阻賊西奔，兼可以遏賊南下。西奔則擾都城，南下則蹂畿輔。故臣以爲當守三河。」上曰：「卿言是。」又曰：「卿不須往通，即爲朕調度京城。」閣臣成靜之奏曰：「陛下以内外戰守事宜，一切委承宗，必能辦賊。」上又問公曰：「卿如何爲朕調度京城？」公奏曰：「以臣之愚，不過調度一大將，大將調度偏裨，偏裨調度兵丁。有糧餉，有器甲，乃有兵；有兵乃有將；將得其人，則臣調度不難。至于應戰機宜，當機立辦，不可預設。若城守，則有地可憑，有方可據，祇在調度其人。」上曰：「卿言是。」公曰：「目前以固結人心爲第一義，人心固，則爲戰爲守，所嚮無前。」上即曰：「城守官兵已預支兩月糧，仍有行糧，有欽賞。昨命每人給米二升、銀二錢，但苦人太多，奈何？」公奏曰：「陛下當緩急之際，不恤將卒之性命，而使之饑寒，恐非萬全之策。」上曰：「卿言是。」公又詳奏守城器具、藥物、守垛、丁夫及闕門車營火炮更番子母之制，上一一是之。賜茶畢，入謝。上又曰：「卿不須往通，勞卿爲朕調度京城。卿不要惜勞。此時就煩卿去。」面諭首輔韓爌：「卿即擬敕來，事權要極隆重，賜尚方劍，京營總協及坐門文武、大小公侯、駙馬、伯、五城御史、順天府官，盡聽統轄。文武官員應用者，用後吏兵兩部奏聞。户部有應支錢糧，便宜取用。户、兵、工三部司官，違誤軍機，許拿問。入援各軍，便宜調遣。自總兵以下，有違誤者，以軍法治罪。其餘合行事宜，卿等詳畫之，此時即擬來。」諭禮部即鑄關防。又諭公：「卿即行，時不容緩矣。」再賜茶，當入謝。上傳：「孫閣老不須謝茶，事急矣。」乃承旨而出。

人謂公倉皇奏對，詞辨分明，上虛己霽威，每言稱是，蓋臨御以來所未有。公謂入對時，天慈篤摯温然，如家人父子，仰睹聖顔焦勞，屬望老臣之切，嗟咨俯仰，堯舜一堂，每念之，未嘗不感激流涕也。公出朝，漏下二十餘刻，周閱都城四十里，五鼓而畢。公登城，士卒僵卧，燎火委地，守將或博衣長袖，醉而譫語。置炮多不知點放，又不直賊路，而直民居。城樓角樓，瞭望之地，關楗宛然，所貯器不以授兵。安定、德勝二門，東北外空無人，西北人少，置賊首攻之地，不爲設備。秉燭草揭回奏。知上念城守甚切，草奏畢，即出閲重城。乃乘月巡壕塹，度險阻。是日，館閣諸僚吏盛服遲公入直，内閣撰敕，禮部鑄關防，皆簡閲儀注，以候頒發。夜半，内閣傳奉聖旨：「卿等傳輔臣承宗星馳通州料理，敕書隨後補給。」公夜宿重門，質明門啓，始聞後命，具揭遵旨即行。上報曰：「虜報逼通，命卿馳赴，不及召見面辭。」中外聞公之出也，皆驚而相告。尚書李騰芳、鄭以偉、講官羅喻義要衆伏闕請留。公聞之，疾馳出宣武門，宿東便門僧院，明日抵通。蓋公自此不復入國門矣。

公之初被召也，朝議以守通責公，非召公入也。既入而上留之，奴退而安坐中書，得君行政，群小得晏然而已乎？當國者忌能而畏逼也，相與擠而出之，夜半遣發，如逐臣遷客，雖委公以血奴吻，弗恤也。事秘，人莫得知，知者亦莫之敢指，斯其故難言之矣。公從二十七騎出東便門，故將從行者竊其三騎逃匿，訣别其子侄，望塵拜哭而去，獨茅元儀誓死策馬以從。行十里許，廬屋煨燼，尸骨撑距，鳴鏑之聲聒耳。數人持梃伏溝間，愕立曰：「公何以至此？虜昨已屠此矣。」問賊所在，曰：「去此纔俄頃耳，當不出二三里。」行四十里，日下舂，抵通州，遣人呼于門，莫應。有絳衣者乘城，踞而罵曰：「若所遣僞牌，已碎之矣。尚敢來送死，不知我箭利耶！」公聞守通命，即遣牌敕戒候，吏募人夜縋城以往。奴招降逆榜已先二日至。巡關御史方大任謀于衆曰：「奴至郊三日矣，焉得有達官出春明一步乎？奴爲間以誑得城耳。」毀其牌，擲之城外。越一日而公至，褰帷以示之，不信。是時倉場侍郎南居益、保定巡撫解經傳、巡漕御史龔一程及大任皆駐通，公呼絳衣者馳告之，逾時方至，皆不敢登陴，懼伏矢及之也。經傳縋一弁熟識公者，審視詰問，而後啓門。通兩城，新城庳薄，公獨居之，嚮不受大將廷謁。總兵楊國棟以軍禮見，公受而不辭，曰：「吾以安衆也。」兩城兵，保鎮及京兵相半，命國棟兼統之，有倚恃其帥、不受節制者斬。檄州守編氓城守，具食于其次，出通倉糧，加其糈，親嘗其食，抶其不如法者，兵得宿飽，而不敢以沽酒食離次。騎兵分布城下，以備緩急。設游兵數百，負大炮以策應，創懸簾束葦以加土，費省而火不能及。按四城易置炮門，教以更番不絶之法。城守既備，上奏看詳兵事，曰：「虜薄都城，止有二路。如臣前議，袁崇煥之兵移駐于通近郊，當其東南，滿、侯、尤三帥當其西北，則戰于通之外，正所以遏逼京之路。今駐兵永定門外，則是崇煥之來路，而非奴之來路。駐通則可顧京城，而駐永定則不可顧通，通危而京城亦危。臣在關，嘗聞賊曰：『從他幾路來，我衹一路去。』今久聚而不散掠，懼其分也；深入而不反顧，我無以創之也。我分一兵以守通，又分一兵以守京城，則通與京城皆以寡當衆，而我無所不寡。臣以爲，奴既薄通，京城與通之兵，衹責之完守，而不責之出戰。當責總督劉策守密雲，令尤世威率五千兵與滿桂、侯世禄聯絡于順義之南，袁崇煥列陣于通州左右，不宜逼駐京城。四鎮聲勢相接，賊分攻則分應，合攻則合應，或夾攻，或追躡，或出奇斫營，或設伏邀擊，有機便可一創，否則勿迫其戰。今天下之安危在四鎮，四鎮不一力戰，則賊終無已時；一浪戰而失，則畿輔將驚潰，而天下危。如奕然，置子一不定，而全局係之，可不慎乎？臣又聞崇煥不欲用滿、侯，滿、侯亦不欲爲崇煥用。昔唐以九節度兵而潰。是在皇上慰諭申飭，務令同心僇力，無遺君父憂而已。」奏上，而奴已薄都城矣。公嘆曰：「四鎮兵早從我調度，豈令奴騎至此。」急簡騎兵三千，遣游擊尤岱將之，馳赴城下。奴方攻廣渠門，見城上不發一矢，方揶揄手笑，岱兵忽從東來，與殊死戰，殺傷過當。奴遁入南海子老營，諜知公所遣，咸咋指，以爲神兵也。

當是時，中外畏奴甚，喧傳袁崇煥挾奴講款，咸欲倚崇煥以媾奴，而獨難公一人。有私于公者曰：「以靖國也，雖城下之盟，何害？」公曰：「我受命防禦，不受命爲撫。存亡與公共之，不可則開門請行，無亂人意。」乃合文武將吏，誓于關壯繆之祠，將吏皆感奮，誓以死守。而保定一軍鞅鞅思歸鎮，解經傳既上疏，令騎士辦嚴待發，曰：「相公駐通，當轄通兩營，保鎮非所隸也。」衆議皆不與經傳。方大任至，拍案詬罵。公所受敕未至，無以難也。奴駐京、通之間，遠者去城十餘里，游騎夜掠，城下火光燭兜鍪如晝。京城消息中斷者數日，公欲入衛，一決城下，經傳持其兵不與。茅元儀私出橐金，募死士，扣東便門，守者駭曰：「尚有通乎？」曰：「有。」守者喧呼相報，乃大喜。滿桂戰敗，坐德勝門城下破車，袁崇煥、祖大壽戰，勝負相當，治軍沙河門闕下，得報，皆大喜。所募七人，亡其四矣。前使者賫敕書、旗牌及所賜金帛，道梗，不知所之。至是，兵部復遣健卒爲乞丐裝，夜縋以出，始得達。二十六日，開讀畢，即調防漕副總兵劉國柱率馬步兵二千與尤岱合營，發密鎮兵三千札東直門，發保鎮兵五千札廣寧門。奴闌入畿南，檄密、薊兩鎮要其歸路。諭款虜無蠢動，遣將復馬闌、三屯、灤陽諸城堡。上命滿桂爲武經略，總理援兵，諸鎮聽節制。出馬世龍于獄，賜之金鋧。公恐其兩不相下也，下教和解之。桂戰安定門，殺僞大王子，世龍亦殺一牛鹿，奴鋒少挫。遵化以老弱留守。公將有事焉，而有遼兵東潰之變，十二月四日也。

祖大壽者，故遼撫王化貞之中軍，寧遠人也。化貞逃，大壽率衆七百人保覺華島。其甥白臂用事于西虜拱兔。拱兔營直寧遠。大壽製衣帽，將西走。御史方震孺遣人招之，顧盼未有所屬，公撫而用之。再犯法，當斬，俾袁崇焕力請而後貰之。大壽以是嚴憚公，而感崇焕次骨。崇焕之入援也，大壽爲東鎮總兵官，東兵皆屬焉。上逮崇焕下詔獄，大壽與中軍何可綱等率所部萬五千人東潰。人言大壽且與奴合關、寧十萬衆，反戈内嚮，禍在漏刻。又言大壽據關城，則自此以東數十城中斷，將割以自王。而師之潰也，其勢如崩山決河，自通之南二十里，趨張灣渡河。公遣飛騎追三百餘里，弓刀反鄉，僅及其尾。大壽傳語曰：「事已至此，當出擣東不的巢穴，歸，束身待罪耳。」公密奏曰：「大壽危疑既甚，又不肯受滿桂節制，乘一軍驚駭，有放炮洗營之説，激而東潰，非諸將卒盡欲叛也。當慰諭將領，解散士卒，大開生路，以收衆心。遼將大半爲馬世龍部曲，臣謹遵便宜行事之旨，密調世龍亟往撫諭。苟見世龍，必有解甲而歸者，則大壽可無慮也。」公懼大壽之果與奴合也，大書榜示軍前：「東奴久薄近郊，急調祖大壽兵往遵化擣巢，遏虜歸路。」用以疑虜。傳檄諭大壽及諸將曰：「今日東兵西還，必無一毫罪戾。閣部四載關門，從無食言于將士，爾輩所悉也。」又密札諭大壽，教以急上疏自列，東兵殺賊，以報浩蕩之恩，以贖督師之罪，而仍許代爲別白。大壽得帖子大哭，諸將亦哭，乃具如公指還報，則前軍已過永平矣。上遂命公移鎮關門，復傳聖諭曰：「朕以東事付袁崇焕。奴、東合謀入犯，不能先事偵探，致深入内地。雖兼程赴援，却又箝制諸將，坐視搶掠，功罪難掩，暫解事權聽勘。祖大壽、何可綱等，血戰勇敢，朕所深嘉。今或機有可乘，兵有妙用，或乃輕信訛言，倉皇驚擾，亟宜憬省自效，奮勵圖功，事平，一體論叙。關、寧兵將，朕竭天下財力養成，又卿舊日部曲，卿可作速遣官宣布朕意，一面星馳抵關，便宜安輯。特諭卿知。」公遵旨，即戒塗東發。而馬世龍之追及大壽于關門也，令二將捧上手詔往。大壽懼有變，密授指麾下，譟而出關。世龍追及于歡喜嶺，單騎入其營，傳閣部語，撫諭諸將，諸將皆羅拜。諸將聞公抵關，多陰規自拔。王承胤率所部先去，曹文詔逾墻亡去，及與世龍語，皆目動。大壽心知之。大壽妻左氏，故娼（倡）也，遣人數大壽曰：「孫公大人，再貰若死。兵潰，胡不死城下，以謝孫公？

而覸然來此，我閉城設大炮以待，仍自殺以謝若耳。」大壽意奪于其妻，而又恐諸將之賣己也，乃受詔，斂兵以待命。公急遣世龍報命，發步騎兵一萬五千，令督以入援。世龍兵抵通州，奴始拔壩上營歸遵，而京師解嚴。上憂東兵甚，令兵部從獄中出袁崇煥，手書慰止東鎮將士。滿桂戰歿，遂命世龍總理關、寧兵馬，督各路援兵，節制諸大將，以其有成勞于東也。

公以十四日再莅關門。自東兵斫關而出，我叛人謀抉關合遼、薊以困京師。罷官廢弁，劫城跨海，扇動百端，闔門罷肆，以待奔潰。公至，人心乃大定。衛城僅二里，倚關城以外禦。今賊從西來，撲我懷中，則關城失其據，衛城可步屧而上也。乃別築墻，橫亙于關城，穴之，使炮可平出。又量度號臺花樓，埤堄曲折，使衛城與關城，矢炮橫擊，而賊不得以薄我。北山南海，异時出奇設伏之地，公去四年，遂依稀如故壘，一一按而修之。城中水不足，一晝夜鑿百井。避難者十餘萬，携餱糧，與居者通有無；雜流材官、失職僑寓者千人，廩之于官；分使巡行街衢，防護倉局，各有事而不亂。安一營于西關，遏賊來路。張兩營爲兩翼，馬營在兩翼背，負城而營。奴善用諜，城中整暇，内間不得發，外來者輒爲邏騎所得，而關門之守完矣。歲逼除，奴警益急，乃遣參將黄惟正等率騎兵四營守撫寧，而降將劉興祚合諸將兵護永平。興祚者，所謂劉愛塔者也。其來歸也，依毛文龍于東江，文龍死，歸袁崇煥，皆悒悒不得志。至是，乃領降虜親兵二百、遼騎六百，拜公于馬前。公下車慰諭，置之帳下。興祚涕泣，願爲公死。興祚與諸將遇奴于青山營帽兒頭，使諸將爲三覆，自選夷漢丁八百騎，夜斫奴營，興祚爲奴旗幟，詰其軍號，奴莫能誰何，盡破其一營，斬首六百級，得其婦女輜重。明日，衣箭衣，輕兵出兩灰口，遇奴數千騎，血戰至晡，中流矢而死。公故遣興祚護永平，道臣鄭國昌疑之，托言糧少，移之建昌。興祚死，永平遂失守。而四營之趨撫寧者，先奴二日入守，奴急攻不能拔也。

三年正月四日，祖大壽整兵入關謁公，督府親兵五百甲而候于門。公開誠與語，諭以勉報聖恩。大壽喜溢眉眥，出而告將士：「公真生我矣。」是日，列大壽所統騎步三萬于教場，行誓師之禮。公率諸文武西嚮闕庭，叩頭以告。已乃執爵，致告山川、社稷旗纛諸神。酹畢，再拜已，執爵以飲大壽及諸將，進而誓戒之，再拜而祖之。禮畢，復西嚮叩頭，大陳斧鉞旗幟，成師以出。師行三十里，永平、遷安、灤州、建昌失守之報交至，乃檄大壽旋師。

奴攻撫寧不剋，東破深河驛，屯范家店，前軍至紅花店，去關門十里。我嚴兵而待，以游騎誘之使東，欲以城上大炮及沿壕所伏射生、降虜夾擊之。奴覘知，不敢逼，相持六晝夜，徐引而去。還攻撫寧，分兵攻昌黎，皆不剋。公猶恐大壽心疑，間入其營，周視壁壘部曲，安坐劇談，每至移晷。又時時具酒炙，呼大壽等入飲于城樓，大壽益自安。而大壽故與奴有連，降虜銀定，故給事大壽左右，大壽遣之奴營，留半歲，奉奴書來與崇煥議款。款未就，銀定仍留大壽所。奴破永平，遣三叛人持黄旗大書「講和」字詣大壽營。大壽以請，公報曰：「聽大將軍處分。」而又密下教曰：「毁其旗及書，焚之軍前，其人惟所置之。」大壽懼，乃立斬其使。公曰：「大壽真爲我用矣。」奴千餘騎，恣掠屯堡，夜宿撫寧東三十里之雙望，驕不爲備。公使大壽夜襲之，分兵爲三伏，我僞入奴伏中，奴方發，我兵伏雙望兩隅者亦發，追奔二十里，斬首一百四十九級，鹵獲無算。奴勢大挫，遂不得南闖昌、樂，東闖撫寧。

自永平陷，東道梗塞，乃遣死士徑虜營沿海以報捷，中朝始知關門無恙也。關門西南三縣城，曰撫寧、昌黎、樂亭，西北三邊城，曰石門、臺頭、燕河，六城東護關門，西繞永平，而昌、樂近海通漕，東兵之要地也。叛人白養粹唱言剃降不殺，以勾誘郡邑，遷安令自髡以從，樂亭守其約，不納我兵，而昌黎亦顧望自守。公下檄切責各城，捕斬奸細，禁止蜚語。六城皆壹意完守，後先間諸叛人于奴，搆而殺之。又遣將戍開平，復建昌而守之，而進取之勢定矣。

諸將議兵所嚮，馬世龍請先復遵，軍中皆是之。公謂奴據四城，其勁在永，其次在遵，而以灤、遷爲羽翼，横截京關之間。關欲合京取遵則隔永，京欲合關取永則隔遵。當多爲聲勢，示欲圖遵之狀以牽之。馬、尤二帥赴豐潤、開平，聯關兵以圖灤，得灤，則以開平兵守灤，而騎兵待戰以圖永。得灤、永，則關、永合，天下安危之局定，可以一意圖遵。而董口、大安，留爲歸路，以墮賊必死之心。取遷易于取灤，遷在北，易取而難守，不如姑留之，以分賊勢，而先圖灤。諜言四酋將輦重去，二酋將入。重裝去，則身輕無所顧，輕騎來，則氣鋭有所必求。兵貴乘機，機在去而未來之時，不可不争也。撫、昌、樂三邑負海，去永各五六十里，步兵守城，騎兵挑戰，使賊騎不得西出，而我又促之逼之，使不得不動。動乃有機，我密邇于賊，而機乃可乘也，故曰圖灤便。既下教世龍，再疏爲上分明之，然後取灤之議定。

建昌既復，遣騎兵疾趨據守。奴連十日繞城而戰，我師皆捷。遣東兵五百騎，從田疇入盧龍故道，繞出虜背，合三屯以掩遵化，迎擊奴之出掠者，于是有鐵廠之捷。奴四酋河干貝勒傾巢入寇，僞二王子安明貝勒居守瀋陽。公大發教令，治舟師，合東江師十萬搗金、蓋、遼、瀋，又縱間謂之曰：「師期定矣。」故以榜示者，欲使彼疑爲聲也。四酋遂逸去，修懸樓，掘井運米以待我。而祖大壽又有雙望之捷。公欲窺永以牽遵也，登西城樓，屏人呼大壽，遣發四前鋒抵永城下，以一大營繼之。明日，復呼大壽曰：「兵雖發，不虞單薄乎？大兵去二百里，稟成于帥，不虞遠乎？」大壽曰：「請即行，以爲後勁。」公曰：「甚善。兵在雙望，遇敵，大將軍當出撫寧，河西張弘謨爲二敵，在十五里中，三敵不出二十餘里，近永多崗巒，可伏。以前三鋒爲三伏，以一營爲誘，賊不深入不發。傍山爲哨，既賺入伏，當敵兵，乃轉戰，而伏發可殲也。」大壽且行，復呼謂曰：「計明日午後當遇敵，檄劉應國四將自西北來，從建昌趨永東北，檄張存仁四將自西南來，從樂亭趨永東南。」語畢，呼道將入，曰：「祖將軍議若此，何如？」皆曰：「善。」公蓋推其謀以予大壽，不曰自己出，及灤、永成功，皆用此也。大壽如公戒，爲三敵三伏。奴入伏，追奔至永城下，奴繞城東，欲入北門，應國兵自北至，奔南門，存仁兵自南至。我伏初起，四面皆兵，從山半蔽空而下，奴大敗，殺傷者數千，斬伯言二十三人。伯言，或曰

「擺彦」，奴精騎也。殺其貴人四，曰孤謎，僞都堂也；曰温木機郎、伯言事台吉，皆孤山。孤山，僞總兵也。公嘗密奏，薊遼二三千里皆用遼兵，不當防猜東將，或使生心。捷聞，上乃大喜。而又憂逆奴尚踞内地，公亦久困行間，下詔撫諭，且趣師期。

公遂以五月四日誓師，六日詣撫寧督戰。八日，大壽先趨灤州，列攻灤圖，以示諸將。世龍分謝尚政等攻遵化，身馳至灤，與大壽分地而攻。大壽麾鄉兵，人斫一柳，頃刻平其壕。世龍身中數矢，不還營。黄龍兵損傷及半，龍哭而止之。仰攻益急，攢炮數十，以攻數雉。奴少避，大炮分擊其旁，使不得回救，師從間以登。十三日，剋灤州。奴冒雨出，大壽伏騎卒邀之，殺掠殆盡。奴自永平趨救，知灤破，遂并遷安兵于永平，屠其衆萬餘，從冷口遁去。公急使世龍邀之，復有斬獲。公遂入永平。十六日，謝尚政等攻剋遵化。四日而四城皆下，天下驚以爲神。公至永平，掩遺骼，繕城郭，恤死傷，經理新復諸城寨。度奴瀕去，必一犯遼以示强，使三將出備之，果與奴遇，復大捷。計公所督理，合天下入援及關、寧、薊、昌兵可三十萬，戰守七閱月，復建昌、三屯、馬蘭、松棚、大安，繼復四大城，及冷口、瓦坡、龍井、潘關諸邊堡四十有奇，先後上首虜九千餘級。而四城之復也，斬孤山、牛鹿數十人，生擒東夷猝木等二十二人，及我叛人授僞都堂、兵備、都督等官馬思恭、賈維鑰、吕及第等十一人，獻俘闕下，公自爲露布奏聞。上親告廟，布告中外，加公太傅，蔭一子世襲錦衣衛指揮僉事，賚白金五十、蟒一襲。三疏力辭，上允辭太傅。又以收復之晚，自劾乞罷，上優詔答焉。

公還治所，關政一新，烽火相望，東西哨報無日不至。上以東酋導東奴入寇，欲討之。公曰：「徐之，擊其不備，可大創也。」指授諸將，以次撲剿，後先斬首二千餘級，俘獲無算。近邊三百里外，廬帳遠徙。奴之據遵、永也，中朝望公驅之出塞，如救頭然。既而曰：「曷不邀之出口，俾匹馬無返乎？」言官欲追論大壽東潰之事，公密奏曰：「東兵東將偶語籍籍，可慮也。且奴纔出口，遽抹殺殊死血戰之功，亦何以服諸將之心乎？」梁廷棟繇邊道開府督師，遂入爲兵部尚書，哆言邊城方略，部署諸將，滿桂爲總理，當提調諸鎮，而畫永定、左右安門爲信地，自顧不暇，卒用是敗。馬世龍代桂，不受中制，廷棟恨之，以總理遍許諸鎮，諸鎮皆擁兵不相下。世龍得其所與昌帥書，列之于朝。廷棟乃使其所善部郎丘禾嘉監紀軍事。楊肇基守三屯，奴攻之急，世龍遣五千人往救。禾嘉奪之，遠守開平，而使肇基訟世龍于朝。公言：「中樞雖調度諸將，戰守進退，隨地換形，當聽之大將，而勿掣其肘。禾嘉當從臣于師，以佐籌策，不當自爲戰守，令將帥不得其任。」于是廷棟與禾嘉胥怨。攻灤之役，四酋請款以緩師，禾嘉以其書來報，公叱之曰：「行間講款，獨不知閣部有賜劍乎？」灤之叛將遣老道士間行詣禾嘉請獻城，公謂大壽姑應之，而少與之師。我師三抵灤，莫有應者，最後中奴伏，幾盡。禾嘉慚，并恨世龍、大壽。廷棟輩謂禾嘉守開平，通京、關，復城大功，出自郎署，遂超拜禾嘉爲遼撫。公知權要之冒嫉，而群小比而相傾也，自五月逐奴，遂連章移病求罷，而上終弗許也。

禾嘉既驟貴，孫元化亦用譚兵超拜登撫，于是關門有橫竪二局。二局者，登撫繇登萊取南四衛爲橫，遼撫繇廣寧取遼瀋爲竪。二撫既受事，乃各變其說。禾嘉請以島兵復廣寧、義州、右屯，元化請撤海于遼，以島兵復廣寧三衛。廷棟詒公書曰：「皇上從部議立兩撫，方執券以責成功，廷棟無死所矣。」公奉旨詳議，上奏曰：「禾嘉議復廣寧、義州、右屯。廣寧易復也，去海百八十里，去河百六十里，陸運爲難。義州地偏西，去廣寧百六十里，繞山而東。撫臣雖三城并言，必當先據右屯以爲家，聚兵積餉，以漸入廣寧，爲進取堵截之計。元化議撤海以復廣寧三衛。臣先年議四衛，請先復蓋州而守之。蓋兩河之中堅，西在寧遠，而扼要在右屯，東在金州，而扼要在蓋州。今蓋州城已墮矣，金州遠奴，而可速築，當先據之，以漸圖復、蓋。若撤海復廣之議，則劉興治仇殺甫戢，恐其懷毛帥之懼疑而走奴；欲留之島上，恐其不歸奴而借馬市以交奴，如宋之李全也。移興治于旅順，以絶皮島之患，而以復、金責興治，以勢難據撤之島兵，圖終當恢復之金、旅，此便計也。」

劉興治者，興祚之母弟也。興祚死，興治居皮島。東江副總兵陳繼盛諜報興祚未死，其弟興賢自賊中以書招興治。興治深銜之，僞爲其兄醮，誘繼盛等擊殺之，揚帆至長山島，而灤、永剋復之信至，乃復返皮島。公遣周文鬱以興祚舊恩招之，興治乃聽命，請殺奴以自贖。公請移之旅順，部議畏興治不果，逾年而爲島人所殺。禾嘉初莅鎮，奴兵二萬圍錦州。禾嘉恇駭請救，公分調諸將，援兵四集，諸將請出奇一創之，禾嘉不敢從，遂墮大淩，毀雙堡而去。錦圍既解，益嚮人鼓掌大言：「閣部老矣，遼事我隻手可辦。」朝議皆欲聽公去，以遼事倚禾嘉，而上不可，以王威、楊嘉謨青山、潘口之捷，賚金四十、大紅虬服一，以神廟實録進御，加太保，蔭一子尚寶司丞，皆力辭，上允辭太保。

公以十一疏乞休，上命閣臣議去留，皆不敢堅決，曰：「吾固知無可代承宗者。」乃特遣内閣中書官詣關門宣諭視事。上篤念元老，愼簡使臣，廷臣不與知也。公奏謝曰：「臣欽奉聖諭，謹于四年正月朔日視事。食少事煩，即不能久，而輿疾討賊，當可爲法。」八日出關，繇前屯、寧遠抵松、錦，十六日繇三道關、一片石歷石門、燕河，遍閲三協十二路，由石塘路過平谷，經盤山入薊州而還。公西巡周遭邊塞，幾三千里，皆奴虜出入殘破之地，山谷崎嶇，扶掖登頓，經邊堡臺墻，詢問地衝緩，器有無，哨近遠，尖夜老卒，往往能置對，而將領眊然無以應。過馬蘭，問路將曰：「此防兵爲閣部來耳。」三屯先三日以無虜報，俄而報二萬抵墻。公嘆曰：「奴退而大修邊備，特遣御史、中貴人，督以督撫，而今若此乎？遼以費成省，薊以省成費，今于大費中小省，而實亦成大費。遼核無馬之馬兵，而減其餉，費馬因以費兵；薊無器甲，無訓練，兵幾萬而坐食，則費食。今天下不節省，不能致太平，不去節省二字，必大亂。」

還鎮，條次東西邊政，分八疏入奏：一曰「欲定封疆大計，當先定封疆大臣」，二曰「欲東大兵，當先分部大帥」，三曰「欲分戰守之兵，當先分戰守之備」，四曰「薊之備守」，五曰：「遼之備戰」，六曰「合論薊遼戰守」，七曰「防插」，八曰「復城」。其復城之疏曰：「右屯城既墮，必先築而後守。築之，賊必來擾，必先防而後修。右屯去水二十餘里，復右屯，必先復大小凌河，以接松、杏。錦州繞海而居，賊難陸運以窺我，而屯之後即海，則糧可給，兵可駐。就此而東，不妨爲發軔之地。」上詳覽八疏，嚴諭飭行曰：「務使中外共濟，議任同心，克壯元老之猷，早奏安攘之績。」于是有凌河之役。上從部議，命祖大壽率馬步兵四千出關領其事，以班軍一萬四千供版築，護以石砫主兵一萬。禾嘉親往相度，條九議奏聞。未幾而凌河之議紛起，公兩任督師，實歷五十五月，移咨吏部以聞。上曰：「樞輔歷鎮岩關，平章軍國，忠誠匪解，猷績弘多，一品久已秩滿，至今方行報考，愈見勞謙，朕心嘉説。着仍前督理軍務，加太傅，并支尚書俸，蔭一子尚寶司丞，賞銀、蟒、羊、酒、鈔貫如例。」公三疏引辭，乃允辭太傅。

公前督師考滿，爲奄黨論劾，不敢上考。至是，六年考績，僅用中書三考故事。先是，叙復城功，祖大壽加少傅，世蔭錦衣三品，公僅蔭錦衣四品，薊督張鳳翼之賞與公埒，朝議固有意抑公，而公初不欲自明也。然上之念公深矣。西虜鎖合兒所部來乞賞，禾嘉收置墻外，遂誇詡入奏曰：「行撫賞于駾喙之後，以夷致夷，即以夷攻夷，此豢龍飼虎之手也。」公駁之曰：「往以吊喪愚奴而爲奴愚，以買米愚束而爲束愚。今之愚虜者，安知非昔之愚奴、束者乎？灤州之役，非以夷攻夷之左驗乎？」張弘謨夜襲虜于大盤嶺，斬首百餘級。禾嘉劾之曰：「此王燒餅達子來投，誘而殺之也。」公曰：「虜勾奴入犯，又來詐降。果王燒餅達子也，殺之尤當。弘謨功當叙。」禾嘉議乃絀，已而與鎮臣大壽相訐，大壽抗章抉讁其貪穢，公止之勿上，而聞之中朝，遷禾嘉南僕卿以去。公曰：「吾不欲爲鎮去撫，且以長東將之驕也。」其持大體，不計私怨如此。

屯、凌之修築也，梁廷棟實主其議，奉旨趣工者三矣。廷棟去，朝議反其所建置，謂屯、凌荒遠，不當築，撤班軍赴薊，且以邊臣矯舉，勒撫鎮回奏。禾嘉懼，揚言己不與築凌，以迎合朝議，猶覬凌工已辦、可以邀賞也，盡撤防兵，留班軍萬人，運糧萬石以給之。公曰：「且不撤兵，賊至而戰，上策也；奉旨撤兵，據見糧以守，中策也；撤糧，罷轉餉，委空城以疲賊，下策也。今出于無策，其可乎？」禾嘉弗聽。八月，奴圍淩城十餘日，大壽與何可綱固守，禾嘉率宋偉、吳襄救淩。禾嘉悖，屢易師期，而偉與襄不相能。二十七日，遇奴于長山，襄營先亂，我師敗績。監軍張春陷奴，上書爲奴請款，禾嘉密表其事。公曰：「春亦有鬚眉，獨不聞其妻翟氏六日不食而自經乎？士大夫不能飛矢仆此行尸，而忍爲關説，春固自愧其妻，士大夫亦何以見婦人乎？」一中樞詒書，頗以上意諷公，公持之益堅。錦人高應元、陳二、韓五從奴中自拔回。陳二者，願自效其奇。應元有心計，曰：「擒賊擒王，拚一死斫四酋耳。酋營直白雲山，以通夷語者百人，裹火藥入營，勾酋帳而刺之。即不成，八營皆擾亂，可走也。」大壽之弟大弼敢死，喜結客，戰于錦州。四酋免胄掠陣，大弼突出搏之，刃幾中馬腹，奴兵號曰「祖二風子」，四酋囓指稱之。三人在奴中，知大弼名，樂從之。公以三人屬大弼，結爲兄弟。夜三鼓，三人爲導，大弼率死士百二十人，斫四酋營，火藥發，烟焰蔽帳前，四酋跳而免，八酋營皆大亂，相蹂殺。既辨色，我兵爲胡語，僞爲奴追騎而先之，乃出。先一日，淩城食盡，奴招降甚急。何可綱語大壽曰：「公不出，無以慰閣部；我不死，無以報閣部。」爲文以自祭而死。大壽率二十七人詣虜營，四酋握其手飲酒歡甚，約下錦州。大壽以養子爲質，與之盟而還。二十九日，我師劫營，率二十七人逸出，徒步入錦州，奴乃墮淩城引去。

十一月，公還關門，以十七疏求罷。上念公久勞稱病，賜金幣，命馳傳以歸。已而議長山之敗，坐公矯旨復城，欲中以危法。上不許，命冠帶閑住，削寧、錦叙功世蔭，公故所力辭不拜者也。公得請，具奏陳謝：「身雖殘廢，終負天恩。一腔未死之心未可但已，謹列上薊遼事宜十六款，并以復城進兵二事諸臣所未悉者，具疏略爲明白。」

其論復城曰：「右屯之復，臣奉旨酌部議三城之一，非繇臣唱也。淩河去松山、錦州三十餘里，我前哨駐于子章、馬家湖，又在大淩北二十里。大淩直于、馬、松、錦腹中，非果如樞臣所云荒遠也。使右屯不與淩城并築，則淩工六月可竣。又使萬石之糧不運，則停工散兵，賊無所得，空城不致坐困。臣抱病關城東，撫鎮政出多門，應并乃分，應速乃緩，應散乃聚，致有疏失，則臣之罪也。今謂復城致賊，則遼地將終不可復；而又言復城逼賊，賊豈效我之遠之也，拱揖而不來乎？如果不必復也，彼何爲傾巢而來争此彈丸之地；如以爲修築惹賊，則己巳之入薊，庚午之圍錦，果誰惹而來乎；使鄉者臣不抗天下之議以復八九城，則關外皆虜地，灤、永一陷，關何以守，而遼東西三四千里皆賊天下，又何以爲計乎？臣願治臣不能禦賊之罪，不宜以兵困卸罪于復城，而使天下以復城爲諱也。」

其論進兵曰：「狡奴闌入，因糧以困淩河，臣欲檄撤淩之兵以援淩，撫臣曰『不敢』；臣欲馬步合營前進，撫臣曰『不如用奇』；臣欲以騎集錦，以步嚮淩，撫臣欲分四路。撫臣奉中樞堅壁之指，又不肯明言，持兩端以觀望，屢易師期。宋偉不附撫臣，則主進；吳襄奉中樞而附撫臣，則主不進。臣抵錦，偉以十七日剋期進兵。襄曰：『日者言，大壽命宮難星，數日當出，少待之。』偉曰：『我安得獨進。』臣以二十三日誓師，以賜劍從事，而撫臣猶曰『過嚴』也。及與奴遇也，襄曰『營近水』，偉曰『近草』，議未定而奴哨已逼。偉營柵固，奴連攻不能入，前鋒多死，移攻襄營。襄不能軍，以騎將南奔，偉力戰至晡，亦奔。倘兩軍皆固，則夾擊之勢成，未可謂兵難野戰，祇要用奇，祇要背城也。兵潰而臣回寧，料理粗定，設間用諜，夜劫其營，奴遂遁去。兵以奇勝，要必先正兵，賊非必不可勝，而我非必不能勝賊也。浹日轉戰，我兵潰而殺奴亦過當。如以一敗，謂我兵必不能殺賊，臣不信也。臣願治臣進兵敗衂之罪，不宜以兵潰卸罪于進兵，使天下以殺賊爲戒也。」

其論遼、薊事宜，則自西虜、插酋、東江、朝鮮以及關門内外，皆備列情形，撮其指要。論奴酋，謂我必不可講款畏奴，而終受其燼。論東將，謂當謹其繩約，恩宥出自朝廷，以防跋扈之漸。論兵將，謂奴各酋不過伯言五六千，皆同卧起，共膻毳，我鎮協將領皆有食大糧親軍，方可殺賊。又謂關内不可概用遼兵，關外不可盡用遼將。禦虜當急練車炮，不當盡倚騎卒。近邊州縣各設守備兵馬，佐以鄉兵，無徒責之必死。西協當專設總兵以佐昌平，不當分昌平之總兵以佐西協。至于關門，不當復置經督，請畫關、薊，分設三撫，而胥轄于督臣。上固已採而行之矣。

公雖引退，不忘軍國，拳拳爲明主忠言若此。公之初督師也，熹廟臨遣隆重，付以兵要。馴至宵小竊枋，讒間百出，而隱然係宮府之重，猶得以恩禮進退。其再出也，受命艱危之際，夜半出片紙，以單車横穿萬虜，奏汛掃之績。奴退，樞臣請旨分兵，遼、薊西兵各轄撫督，而督師爲冗從之員，下不願其留，上不聽其去。人主勤思恢復之功，中朝曲肆沮撓之術，左枝右梧，前跋後疐。其得以奉身而退者，秋毫皆聖主之賜也。庚午五月以前，戎馬旁午，畿輔危急。朝廷以疆事委公，事權在手，如以一身使兩臂，故功見而言信；五月以後，异口同喙，雄唱雌和，使之有足不能步，有翼不能飛，而有事則專以責公。故人謂今上之神聖，不啻度越先朝；而奸邪之冒忌，殆有甚于逆奄，不能不爲之三嘆也。公督師又閱三年，調度京城，調度援師，調度潞河、渝海，以及遼西、薊北、東江，經營底定，其有功于社稷甚大。而事勢之危且急者，危莫危于東便門之一出，急莫急于東師之一潰，其所以危而獲安、急而旋定者，天人之佑助，而祖宗之護呵也。由今思之，尚爲心悸，而况于當日乎。

公里居七年，門無賓朋，室無媵侍，居無玩好，出無輿從。危椽老屋，糲飯事酒，叢書散帙，篝燈講誦。夏扇冬爐，孫子夾侍，整襟危坐，儼如圖刻。不讀非聖之書，不作無益之文，身經奄難，戒心漢唐，撰次今古中官志，區明其賢奸禍福，以作殷鑒，丹鉛甲乙，夜分而罷。關門舊將故卒，每刺邊，遽以報，尺蹄片紙，藏弆几案，未嘗不彷徨屏營，憂形于色也。崇禎九年八月，奴騎掠畿南，破定興，鹿善繼以太常少卿里居，死之。公賦詩六十章，有祝予之慟焉。繼陷安州，去高陽四十里。公方城守，游騎去城七里，聞城頭炮聲，知有備，引去。十一年九月，奴兵復南下，公部署子姓，分雉堞距守，百里内衣冠甲族竄避者，皆要勒以入。遺親丁擊奴哨騎，殺之于郊外。十一月九日，奴數萬環攻高陽，填濠塹，豎雲梯，守者飛炮擊之，應聲拉折。奴人持門扉如木城，公令以秫秸乾草爲束，蘸硫黄，擲城下，木城盡毁。奴將遁，繞城吶喊者三，守者亦應之三。奴曰：「此城笑也，法當破。」圍復合，十日遲明，城中炮石竭，火焚西北樓，城遂陷。公坐北城樓，叱家人：「速去，我死此。」二酋挾公至城南三里圈頭橋老營，酋首擁公上坐，呼孫宰相。公趺坐大罵：「臊狗奴，胡不速殺我？」一酋漢語者曰：「北朝識好人，待士厚。相公胡不歸北朝，輔佐大業，而徒爲南朝死。」公叱之曰：「我天朝大臣，城亡與亡，死耳，無多言。」一酋曰：「不降，胡不出金銀贖死？」公復罵曰：「臊狗奴，真無耳者，尚不知天朝有没金銀孫閣老耶？」公令以葦席蓋地，望闕三叩頭，叱二酋趣持繯縊我。既絶，酋相顧嘆息，屬所掠老媪：「此孫宰相尸，可善視之。」乃拔營而去。十五日，太監高起潛兵至高陽，詢問遺民及陷奴回者，具知公死狀，治棺製一被以斂，拜而哭之，奏疏以聞。上曰：「故輔承宗，罵賊死義，慘及闔門，朕心殊惻。該部其從優議恤。」及部覆疏上，詔止復原官，予祭葬，而贈蔭易名，皆未許，視他閣臣考死牖下者有不逮焉。

或曰：「當國者主之，非上意也。」公以一死報國恩，立天經，明人紀，一死而公之事畢矣。小人何知，以公之死爲厲己，惟恐不抑而没之也。其拜而哭之也，不如奄，其相顧而嘆息也，不如奴。推其心，惟懼夫仗節死義之事重，而賈維鑰、白養粹之徒，不得交臂于世也，吾何責矣哉。

公妻贈一品夫人王氏，生七男子。長子銓，以選貢任高苑知縣，銓長子之滂，錦衣衛指揮僉事，皆守官不與難。三子鈐，先公歿。而從公死義者，次子舉人鉁、四子廩生鋡、五子尚寶司丞鑰、六子官生鈰、七子生員鎬，鉁之子之沆、之滂，鈐之子之㵾，鋡之子之潔，鑰之子之濾，皆力戰罵賊以死。鈰一子，生六歲，依其母栖草中得免。公之兄義官之子錬，錬之子之澈、之渼、之泳、之澤，職方之子鏘，鏘之子之渙、之瀚，皆死。蒼頭侯果陷奴逃歸，得公尸于圈頭，告哀于高奄，以其喪歸，行求得諸子孫尸，乞于親故，斂而殯焉。果言公面貌如生，鬚髮鬱然，舌微吐，裸而卧田間，野人夜竊之，鱗甲怒生，如虯龍攫拿，莫敢逼視而去。樞將引，風雷交作，天宇冥晦，里人驚謂大兵復至，移時乃息。公之子孫，狀貌皆雄駿，能文章，負經濟，他日可以爲偉人爲大將者，而皆能捨生取義，以從公于九京。其所以稱爲公子孫，固在此而不在彼也。

公識見通敏，商訂詳審，貫穿典章，諳曉物理，發言盈庭，紛糾盤錯，觿解抉決，片語輒了，論事析理，刺經諧俗，譚言微中，詼諧間出，雖悍璫驕將，莫不解頤俯首。至于斷國論、辨幾事，應機剸割，不出晷刻，知如炙輠，辯（辨）如噴泉，惟深惟幾，不先不後，世未有能窺其崖略者也。神宗顯皇帝彌留，方從哲爲政，以遺詔屬公。公請以「發帑餉邊」列詔條中，從哲曰：「東朝節儉，不減大行，發帑未可議也。」公曰：「相公任軍國大事，豈得預計君上不能而先已之。詔條擬發帑若干，使近侍請令旨行之，即不許，可堅請而得也。」從哲以不習近侍爲辭。公笑曰：「交結之禁，豈爲今日設，閣中不有日傳文書内官乎？」詔乃定，遂發二百萬，九邊皆歡誦焉。顯皇帝之升祔也，東閣集議，請祧睿宗。禮臣科臣主其議，公弗應。閣臣以詢公，公曰：「睿宗今日當祧，以當日不當入乎？」禮臣曰：「然。」公曰：「然則孝宗可終不祧乎？國家祀典，不遷之外，論功德乎，論世次乎？如論功德，無論以孫議祖，有所不忍，倘世世功德，世世不祧；世世無功德，世世祧乎？論其世，則以義制禮，祧之非以爲忍。所祧之祖，亦寧有軒輊，而獨孝宗不當祧乎？且神宗皇帝于睿宗，曾孫也。祧曾祖矣，再世猶武宗也。再世則世宗，不遷而穆宗矣。親盡之義謂何，將世世祧曾祖乎？」衆皆曰：「善。」乃罷祧睿宗。

熹宗即位，臺省集議改元，館閣皆唯唯。公曰：「大行皇帝一月堯舜，諸公何忍奪其年。大行皇帝詔以明年爲泰昌元年，今奪之以奉今上，詔以今年八月後仍爲萬曆四十八年，今奪已讓之殘年以歸大行。此一議也，于祖非順，于考非孝，臣子以婦寺之忠，陷主上于不順不孝，于心忍乎？」給事魏應嘉曰：「新君即位歲餘，而仍舊號，似爲不吉。」公曰：「帝王以日易月，自是變禮。帝王亦人子也，豈有人子居喪從變，而以從親號爲不吉者。假令大行以明年正月朔升遐，今上柩前即位，將以終年從舊號爲不吉，而遽以是日改元乎？自古易姓受命，則當年改元；一姓相繼，則逾年改元。唐順宗八月内禪，即令改元，憲宗仍稱永貞。宋太宗即位改元，史以爲篡。誠不忍見一統盛世，父子相繼，而一年三號，書之史策，爲千古議端也。」衆皆服。然其後卒從臺省改元，而識者以公議爲正。

熹宗日講罷，王安謂内閣劉一燝、韓爌曰：「二公肯做張江陵，我不難做馮司禮。」皆逡巡不應。安復嚮講官言，講官錢象坤肘公應之，公乃前對曰：「時政廢弛，此言誠救時之藥。但馮、張不克令終，願法其前，鑒其後，使韓、范、吕、張不得專美，斯可矣。」安曰：「何也？」公曰：「馮、張肯整飭法紀，今欲爲馮、張，當整飭各屬衙門。」安曰：「公當謂十庫？」公曰：「何止十庫。且如一大家做家，必使家督以下，飽暖歡悦，豈天家一起手，便與左右競刀錐。但當仰遵皇祖制度，酌以見行條例，寧以内供分給額供，勿以正供積内。賜予節，則宣索少。又如兵卒之冒占、部漕之關説、衙門之需索，司禮一清，將二十四屬俱清。内閣自宜仰遵祖法，以部務還各部，而以上意爲斷决。須先以身立祖法中，亦請皇上一如祖法，然後中外臣工有不若于法者，譴者譴，誅者誅，而我不私德怨，如此則馮、張豈足學哉。」一奄誶曰：「左班官有弃城而逃者，何也？」公曰：「予固言之曰『有不若于法者，譴之誅之』矣。纔一建議，便如此反唇相抵，如何内做得馮，外做得張。若内果欲做馮，便從此做起。」安曰：「所議者，朝家大政也。若安得妄言！」目之而退。安退謂其曹曰：「孫公大議論，當嚮内閣切言，嚮内官説何用。」時方推公代司馬，同官戲曰：「公不入中樞矣。」公笑曰：「正坐此不入中書，何中樞也。」

上既即吉，有司奏請選后，三宮俱即世，以穆廟榮妃傳諭，禮也。比大昏擇吉，典禮隆重，傳諭當用寶。鄭貴妃固争，曰：「我有寶，何故請劉？我遂夷于後宮大家采女乎？」因厚遺乳母，近侍旁側皆爲鄭言。安心不與也而難之，謀諸内閣。内閣要講官共議。公曰：「鄭所執以難劉者，何也？」安曰：「以無寶。」公曰：「傳諭立后，慈寧之事也。慈寧之寶故在，假榮妃之名，而用慈寧之寶，則鄭無詞以難我矣。」安躍然稱善。劉、鄭皆先朝妃嬪，初奉劉，後奉鄭，則鄭將倚主昏之名，實封后之末命。公一言而嘉禮定，釋宫掖之疑，亦奄安能持之也。

公官坊局，侃侃然以天下爲己任，多所建白。參大政，入直僅百餘日，而匡救回斡，裨益弘多。凡文書繇御前發票，司禮監令小奄抱黄袱篋送閣門，典籍官奉而入。有中旨，則小奄口傳曰：「上傳某事如何處分。」天啓初，中旨頻數，閣臣側耳籍記，惟恐錯誤，亦有借内傳以行其私者。公初入閣，即上奏曰：「臣累日在閣辦事，文書房時有口傳，如講學，如任將，如准臣入閣入部，皆關係重大。仰見聖意淵深，非臣等所能仰贊。皇上威福自操，一時奉法惟謹。而事久時移，不無可慮。且傳天語者，一字抑揚，便關輕重。臣愚，不勝過計。望皇上慎重口傳，酌爲札記，容臣等計日具口傳事目，并所處分，還報御前，詳加參閲，更賜面對，一一仰質，則王言畫一，蒙蔽無自而生矣。」

條上兵政切要數十萬言，其末曰：「憲臣高攀龍，語及宫闈，心實忠愛。皇上如信臣爲帷幄近臣，令直陳先帝危難舊事，臣得引諸輔臣爲證，一一爲皇上剖明之，即内監亦有知其事者。皇上至尊至貴，實極孤極危，即左右小心恭謹與皇上同甘苦者，恐其識見不定，爲人所借，將皇上之言動起居，日爲人伺，而求中皇上之心。且如先帝弱疾，最禁房帷，而飾美麗進者六七人。此天下共知，而皇上未必知；知之，亦未必盡。蓋天下之禍，有明爲奸細，如假梃于風癲是也；有暗爲奸細，如藏刃于美麗是也。皇祖明知之，而駕馭有法，故屢發而無虞。先帝亦明知之，而坊範或疏，故一嘗而輒殆。伏望皇上謹慎身體，堤防隱伏，以爲天地神人之主，以享千祀萬年之安，則灾祲不足銷，胡虜不足滅也。」公在講筵，見人主幼冲、國本單露，據經援義，多所諷諭。至是，乃直引其端幾，上心動，然後極陳之。亦欲借助于同官，而同官噤莫敢應，擬旨報聞而已。未幾，逆賢竊柄，群小用中旨，交關取事，而嬈節交扇，濁亂禁中，逮今上而後息；人始服公之愛君深、憂國遠而見幾蚤也。奢酋之亂，請發帑二十萬，內閣私請于司禮王體乾，不敢先答，目視忠賢。忠賢曰：「上不肯，奈何？」公曰：「四川歲賦，一歲不平，一歲不徵，況兼小民苦楚，藩府動摇，皇上忍惜二十萬而不惜全蜀賦税、人民。」忠賢曰：「小財不去，大財不來。」公曰：「然。煩即以此語奏皇上。」又曰：「更望皇上早發，遲則萬里外耽延日月。」忠賢曰：「寧可用在刀刃，不可用在刀背。」公曰：「然。更煩以此語奏皇上。」忠賢唯而入，出曰：「上允發二十萬。」工部造戰車，請帑三萬。忠賢曰：「可以發户部百萬分與。」公曰：「造車有益戰守，便係軍機。若户工二部彼此執奏，豈不耽閣。」忠賢又唯而入，出曰：「上并允發三萬矣。」御史帥衆疏言：「上當體古帝王自稱孤寡之意，臣下不可導以侈泰，但稱萬歲。」有旨謫外，首輔力救不得，請去。體乾、忠賢盛稱上怒，以拄閣議。公笑嚮二奄：「望皇上做一大分上。」二奄問：「何謂也？」公曰：「首輔以救御史不得，求去，皇上留御史以安首輔，豈非大分上。」二奄曰：「御史不解道理，説皇上不可稱萬歲。上怒甚，所以難解。」公正色曰：「御史所云，是老學究書本話頭，望皇上爲堯舜，心實無他。先帝末命曰：『輔他爲堯舜之君。』此事傳之後世，豈堯舜之世所宜有。吾輩要輔皇上爲堯舜，豈可不力解此事。且皇上稱『朕』，亦皇上獨稱爲尊耳。『朕』亦微眇如孤寡之意，非侈大也。若人臣願祝延皇上與天同久，豈有謂不可稱萬歲者乎？」二奄斂容曰：「便當以公言入奏。」已而持衆疏并憲臣鄒元標救四言官疏獨授公曰：「上傳此五人俱釋。」御史夏之令巡視內草場，譙訶群奄，群奄欲毆之，之令摑其面而出。忠賢怒，令小奄傳內草場疏重處御史。公曰：「此御史素戇，三日前朴責首輔胥史于端門下，頗開罪于首輔。今若重處，是閣中借公行私，首輔何以自解。中外相毆，獨以中疏處御史，不如置不問。如欲問，待御史疏到，勘核處分。如御史無故毆中人，便治御史；如中人有弊，不容御史巡視，而反劾御史，便治中人，決不可偏治御史。」小奄入報，乃不問，後竟以他事殺之令。

忠賢以客氏進女問三宮，遂興保和店之獄，録三皇親家僮奴各三四十人下鎮撫。掌詔獄劉僑來謁，侍坐稱老師。公曰：「君世官也，必祖父肯以爲子孫，子孫肯以爲祖父，予方敢當師稱。」僑錯愕避席。公曰：「上方以離間，疏遠三宮。三家之獄，意在三宮也。以私家爲喻，皇上，父也；三宮，母也。父不禮母，而子更發母黨之私，重父之怒，是可以爲子乎？皇上春秋方富，悔悟有日。此時差錯，不念异時乎？慫恿爲之，富貴立至。一絇之絲，其絡幾何。委曲解釋，即有少患，不過數年平巾耳。平巾時，是祖父子孫，是子孫祖父，予亦當斂手拜君。」僑問若何處分，公曰：「事有易而難，有難而易。直明外家冤誣，盡發嬈節陰謀，此可奏成手中，而禍與手俱，易而難也。録三家各一奴，無連染，無坐多贓，曰彼私爲奸利，主人無與也。辭成，付法司，予爲從中理解。此所謂難而易也。」僑如公言以讞。公屬舊司禮宋晋以公語正告忠賢曰：「如此則可以蔽斯獄矣。」忠賢乃止。其後楊漣劾奏忠賢，所謂以公爲徵者，謂此獄也。葉向高，公國子師也，而當國，公居五人之下，票擬商榷，越席而言，無所鯁避。人或間公于向高。公曰：「某不識忌諱，信口開闔，如說法道場，却插科打諢。豈不念閣體，直以賦材下中，荷皇上特達之知，六十歲人，報稱何時。待可爲之日，正恐長負天恩。然首揆，老師也；末坐，門生也。以末坐干首揆之政則不可，以門生參老師之議則可。」向高笑而謝焉。逆奄初用事，猶未敢明與外廷抗，而尤嚴事公，每見必側行却立。公出則偃仰指撝，待閣臣如郎吏，莫敢迕視矣。公嘗言：「中書有韓稚圭，國事不致决裂，忠賢亦不至殺身。」又言：「熹廟慈仁，宮府事皆可爲，而老成謀國，任調停手負朝廷也。」

公晚而大用，用而不久于內，雖人謀則然，亦豈非天意哉。公出處進退，大節凜然，蹈道執禮，之死不變。回翔詞館，歷十八年。以相度慶陵，加三品服俸，遂杜門請告，曰：「朝廷待我如此，當裁所以自待矣。」首輔力謝之，乃出。有勸公爲高新鄭者，曰：「逆取順守。」公曰：

「人望我殷，望其有爲耳。即能順守，當先償逆取之債。一兩事可償，便壞朝廷一兩事。天下有壞事好閣老乎？今人推一人當頭，便欲借此人爲大家主張，而此一人爲大家所蹈藉。朝廷爵禄有限，即盡在一手，豈能遍給同人乎？今天下得三四正人以道事君，不可則止，還做得幾分。不然，要閣老何用？」其人謝曰：「吾固知公之不爲新鄭也。」

公自請督師，一出而中外扞格。屢請入覲，條奏戰守大事，宰執咸梶之。公曰：「諸臣疑臣一人欲據中書。夫捨所任而求據中書，此亦天下之最不肖者矣，尚能爲皇上肩恢復大任乎？臣雖品望不及古人，亦望諸臣諒臣，無謂五月披裘，而猶拾遺金也。」公嘗稱曰：「范希文暫出而圖還，李伯紀出而悲不得還，皆鄙也。伯紀曰：『既行之後，進而死敵。』臣之願也。萬一朝廷執議不堅，陛下亦宜諒臣孤忠，以全君臣之誼。此則君相所當念耳。」督師再召，旋被讒沮。奴騎再入，人曰：「其可三乎？」公嘆曰：「張德遠有言：『上復用我，當即日就道，敢以老病爲辭。』彼獨何人哉。」丑寅之交，右地虛席，朝士數問公起居。公戒子鑰曰：「趣歸侍老人，無使人疑我以若爲陽鱎喬也。」鑰以使歸，遂及難。

逆奄之横也，所遣緹騎刺邊事者，日夕侍公帳下。公大聲問：「你家老公好否？」老公者，士大夫呼群奄爾汝之常詞也。騎叩頭聲諾，頷之而已。道人宋明時自詭以符法制虜，逆奄以屬薊督。薊督盛供帳，望風禮拜，以符禁四卒曰：「可敵萬人。」薊督戒諸將却陳以讓之，諸將皆大笑，招摇至關門。公曰：「此妖言亂軍心。」繫而欲斬之，薊督固請，乃釋之。逆奄覬覦封拜，以捕奸細上軍功。遼人告董成俊駐羅城通奴，將興大獄。公上言：「反側窺伺，豈盡無因。番快捶楚，何求不得。我方開一面之網，借賊殺機，以收降附之心，豈可密羅織之條，戕我平人，以絶來歸之路。」令所司一切平反，所全活甚衆。

吴國丙者，遼人，從贊畫孟淑孔逆歸正人劉伯溉于東江。淑孔遣入奴行間，殺同行者，而奪其妻，旁徨不敢歸。道逢一書生，謂曰：「魏司禮欲以邊功封王，此奇貨也。」乃詣廠告變。

劉伯漋、聶廷金輦奴萬金行間，孟淑孔主之。逆奄遣旗尉，密以屬公。公方負晉陽之疑，兩道臣相語曰：「閣部方危，須殺此數人解之。遼人殺過多少，而惜此數人乎？」公正色曰：「吾輩各一首領，十餘輩各一首領。殺十餘首領，以護此一首領，先十數人死矣。檄且下，悉心鞫之，果真，不嫌聽廠，不真，勿爲閣部惜首領也。倘失情枉殺，當飛章爲十數人争此首領。」屬推官陳祖苞按驗得實，發廷金戍居庸，安置伯漋等于寧遠。旗尉羅拜曰：「公，天人也。吾儕小人，皆有父母妻子，其敢逆天，不以實具報。」逆奄使人視其獄辭，無可周内而止。公每謂：「奄何能殺人，士大夫自相殺耳。」其枝柱閹宦，不畏强禦，皆此類也。黨論之角立也，人或謂公當親近某某爲君子。公曰：「附小人者，爲小人；附君子者，未必爲君子。吾輩當斬釘嚼鐵，自立人間，寧能爲蓬生蔴死乎？」

梃擊之獄起，主風癲者齗齗于公，公連柱其口。人謂公當與調和，公曰：「爲君子所容，未必君子，爲小人所容，豈非小人。生平不附君子，顧可求容于小人乎？」每與黨人語，輒曰：「勿墮輪回。」問何謂輪回，曰：「我方制人，隨爲人制，一番撥正，又一番輪回也。輪回幾番人才，國運有幾？登朝以來，十六七年，見幾輪回矣，可不懼乎？」

公舉進士，爲孫慎行所舉。慎行爲禮部尚書，劾故輔方從哲進藥藥殺先帝當誅。公昌言于閣曰：「進藥不止一人，實出聖意。當之曰弑，非律令也。庸醫殺傷人有罪，而况萬乘，李可灼當論如律。平人父母疾革，誤藥而傷，家人歸怨長子之失主張，理也。從哲宜削去先朝所與恩蔭，以當長子失主張之罰。」慎行恚，以爲反己，而從哲亦憾。

二魏亂政，賢者相繼貶斥。公抗疏自列曰：「臣故孫慎行之所取士，而高攀龍、左光斗之所嘗薦引也，義不當幸指摘未及，自爲聾啞，以姑容于天下。」又極論趙南星、高攀龍之去曰：「去兩臣而出于上意，則皇上之獨攬，未必協于天下之公。令去兩臣而出于惡兩臣者，將内結外援，天下盡入其牢籠，而大患立至。雖以皇上之威靈，立縛奴酋于闕下，天下之患未已也。兩臣之皦皦者去，而臣獨留，必其有遺行而愧于兩臣。使臣不早自裁決，臣所居何地，所任何事，他日求如兩臣之去，何可得也。」公不屑因依部黨，相倚爲名高，立朝抗議，每引義相駁正，遭逢末流，時危運否，不惜與之同禍若此。公爲政，惜名器，愛國體，遏徼幸，禁貪冒，綜核澄汰，每事皆可以爲法則。遼陽陷，中外紛然議添官設鎮。通州新兵萬人，多赤脚持白棓，而監之以提督、總兵、道將多官。公謂：「無事則多官，徒以擾萬人，而有事則萬人不足以衛多官。文官好聽游客妄人談説練兵，一聞警，則以無制之兵，付之不相習之將，牽率遷延，卒以取敗。」乃奏罷撫鎮，留一道一裨將，後亦罷。又請罷天津巡撫，以督餉侍郎兼理。

士大夫廢斥者，多求用于闕門，公謝却之。人曰：「范文正辟置幕客，多取謫籍未牽復之人，可法也。」公曰：「讀古人書，當觀其所重。文正之言曰：『有才而無過，朝廷自當用之。若實有可用之才，不幸陷于吏議，不因事起之，遂爲廢人。』夫實有可用之才而陷于吏議，又爲不幸，此文正之所急也。若無可用之才而吏議又非不幸，文正安得而用之乎？」

己巳之役，朝議以石亨、楊洪、周尚文故事，出馬世龍于獄。閣臣告公曰：「上知世龍爲公舊將，公入對，當爲世龍言。」公曰：「某新從田間來，未得一當，而亟言其舊將之有罪者，是將乘急以要君乎？即世龍可用，上赦出召見，問以戰守機宜，然後用之，則恩歸于上，而世龍不敢愛死。試之行間，愛者不能飾其所不能，忌者不能抑其所可見，亦所以安世龍也。」上聞公言，立召世龍出之。公在關城，長子庀家政，幼子就家塾，銓、鎔、鑰踐更省侍，每還往，帓首韡褲，握刀插矢，與旅人戍卒雜飯村店中，揮鞭驟馬而去。自大將軍以下，欲遣使持一壺漿勞馬首，不可得也。尤世禄鎮固原，以名刀、組甲、狐白裘來問。公還其裘，而以刀甲予王世忠，令佩之，以誇西虜。東歸之日，高第厚有饋遺，公笑曰：「我不取，亦可不與，公可不取，那得不與，留此以塞輦上君子可也。」

初開鹽屯之利，兩歲可十萬餘，再至則息益饒。丘禾嘉輩因緣爲市，每爲鎮道所持。御史王道直按遼，言鹽屯十萬可買馬，幸上旨不究。或曰：「中朝不欲究禾嘉也，非徒免者也。」道臣陳新甲以籍報，公以諧語應曰：「吾具知本末，亦具知該撫之苦而憐之。觀音大士觀聽衆生苦惱，寧不發大慈，寄聲善財童子，但防竹林鸚鵡饒舌，勿猜大士也。」其後以告遼撫方一藻，著爲經費，遼人賴焉。

公嚴于持己，恕于御物，謹于持法，詳于用刑，激勸忠義，鼓唱豪杰，作使貪詐，籠挫宿猾；至誠惻怛，而機牙四應；閑止淵静，而緐鏇百出；鑒别人才，洞晰情僞，人謀鬼謀，有告如響，公固不知其所以然也。趙率教、滿桂，拔之于偏裨者也，卒爲宿將。王楹、何可綱、魯之甲，拔之于逃將者也，卒以死事。祖大壽犯法當斬，赦而用之者也，卒以收復自效。袁崇煥、馬世龍輩，公所優禮付托者也。一不當，即欲行大法而譴訶，其中軍愛將世龍累被彈劾，益自感奮，插酋出賀蘭山，入犯寧夏，六戰六捷，上首虜七千有奇，卒以功名終。王楹之歿也，公請官其子，曰：「昔人解官以予生，臣願解官以贈死。」陳諫，廣獠也；尤智，夷種也，以勤事死，皆請優恤。死遼事者，張銓子道，張承胤子應昌，皆羅之塞下，念羽林孤兒之意，未嘗不撫之泣下也。李平胡者，寧遠伯成梁家丁也，善戰，累官都督，東西虜皆呼「三都督」，得罪亡命去。東事起，有自稱平胡來歸者，言李氏舊事甚悉。公見之，曰：「僞也。」與之飱，假其名以懾虜，而勿使虜見也。後乃知爲羅三杰，李如松乳媪之夫也，王之臣拜爲大將，卒爲虜笑。劉興祚之來也，與其弟興賢遇公于紅花店，相携拜馬首。公撫之，退而曰：「興祚將爲我死，興賢終當作賊。」永平之戰，興祚家人歸報：「興祚射死，興賢爲奴所得，臠而食之矣。」孫元化議并恤興賢。公曰：「未也。興賢面無死法。」已而興賢果在奴中。招興治、興沛反東江，卒滅劉氏。

公之爲人，齊莊中正，篤誠易直，未嘗專門講學，而資與道近。其在班行，自言得關西馮從吾、東越周汝登、青州鍾羽正三人摩切之益爲多。軍務少閑，與鹿善繼輩篝燈危坐，徒御不警，鈴鐸間作，蕭然書窗道院也。夜初鐘而入，曉鐘而起，歷八百昏旦，聽百八聲之高下疾徐，覃思却視，以窮極車營之變，作車營百八叩。語善繼曰：「平生不解格物物格，今于車營，窺見端倪矣。」戊寅春，閹人蔡鼎重趼而告公曰：「奴將復來，高陽不可守也。」公曰：「父母之邦也，去將安之？」鼎曰：「入保定，可以守。」公曰：「非君命而守，與非君命而逃，奚擇乎？君且休矣。」奴警至，諸孫有反馬于河間者，詒書郡守，夜縋而歸，歸六日而城陷。城陷之日，父死忠，子死孝，婦女死節，奴僕死主，爭先就義，無一屈辱者。公嘗曰：「先帝以漢武鄉、唐晋國擬我，我則何敢。成敗利鈍，非所逆睹，生老病死，時至則行，庶幾竊比于二公乎？」從容致命，慷慨殉難，人以爲奇偉大節，于公亦何有哉。

公生長北方，游學塞下，鍾崆峒、戴斗之氣，負燕趙悲歌之節；爲文章，雄健深厚，似其爲人，不煩繩削，不事模擬；每一屬筆，如蛟龍屈蟠，江河競注，雲霧訊集，波瀾灝溔；雖未敢方諸古人，實近代所稀有也。有文集一百卷、奏議三十卷，兵火之後，茅元儀得之頹垣敗屋中，南參贊范景文刻而傳之。別有督師全書一百卷、督師事宜十八卷、車營百八叩（扣）一卷、歷官舊記四卷、撫夷志十卷、高陽縣志十四卷，惟中官志若干卷未就。前督師紀略十六卷、後督師紀略十卷，定與鹿善繼所輯，于公之行事，爲得其大者。

公品望在館閣，功勞在社稷，威名在夷虜，忠義在宇宙。海内雖村塾之老儒、邊障之退卒、隸人牧圉、小兒竈婦，語及于公，靡不盱衡戟手、嗟咨嘆泣。而關塞之仇隙，朝著之謗焰，出自縉紳學士之口，相沿而不能解。若夫讒書穢史，流傳吴下者，雖蕪累不足道，然其大端，可得而數也。一則曰：「公不當自請督師，自請爲專命。」信斯言也，孔明之討賊，裴令之督戰，皆非純臣，當以矯制伏罪乎？捨台席而董戎旃，釋平章而事征伐，橫身以冒難，匪躬以徇國，而便文自營之輩，顧欲以腐鼠相嚇，不亦傷乎。身爲焦牙腐草，承乏危關，一旦弛其重擔，置之善地，創定而愧生，感銷而恨作，膏脣拭舌，牽連門户擁戴之語，冀以爚亂國論，而自蓋其憒眊，此猶東家之毀西子，彌自增其醜者也。一則曰：「公不當自請入覲，請覲爲逼主，不見馬首即東之詔乎？」君側之疑，種族之懼，非逼主也，而逼奄也。興元入朝，則有橫崗應讖之誣；薊門請覲，則有石頭、便橋之詆。奸邪醜類，古今同軌。至于今，閹兒媼子交章累疏者，固已九刑不亡，丹書未改，而猶然奉爲聖書，承其餘氣，此則其罪狀首伏，不待于案考者也。一則曰：「公不當力主恢復，恢復爲失算。」試問西虜之毳帳，何以遠徙，老奴之蟻穴，何以屢遷。整焚弃之遼土，變爲金湯；拔陷没之遼民，改爲生聚。公力而辟之于竟外，彼坐而攬之于紙上，戎索昭然，焉可誣也。柳河之衄，師期違也；大凌之墮，廟算乖也；覺華之陷，後政失也。執是而議進取之非，以先去爲能臣，以數奔爲良將，以割地爲陰符，以自盡爲終局，此國之間臣而與于逆奴之甚者也。撮中外之議與公抵梧者有二，一曰守，一曰款。彼非能爲守也，退而已矣；亦非能爲款也，和而已矣。公嘗詒書當國曰：「今合天下祇有一怕耳，初怕而開、鐵失，退守遼陽；再怕而遼陽失，退守廣寧；三怕而廣寧失，退守山海。今山海之怕更甚，曰遼陽一十萬而敗，廣寧十八萬而敗，三敗之後，何恃而不怕。縮項斂足，徒延挨以了目睫，曰勿惹。古今夷狄之禍，莫慘于宋。玉帛子女，與而又與；疆埸土地，退而又退。與而至于無可與，退而至于無可退，當時亦祇一怕以斷送社稷，而今可蹈其覆轍乎？」公何嘗不主守，怯者諱言退，而以守之一字相抵，此一反也。公嘗論講款之害曰：「未服而搆之款，其心必驕；有挾而要其得，其願必奢；幸全而竣其局，其費必大；既款而仍防，與恃款而弛防，其禍皆至于不可支。」公之意以謂我戰守局定，生聚教訓于兩河之間，沿海爲家，以坐待其變。彼既懾服，摇尾乞款，則柔而豢之；群孽并吞，降人内應，則侮而取之。若今日之講款，戰則不能，守則不固，退則無所，徒欲以國家外市，結橈酒之歡，而徼歌鐘之賞，求和不獲，其能款乎？公何嘗終廢款，昧者諱言和，而以款之一字相蒙，此二反也。惟公之立人本朝，志在于正朝廷、清宫府、杜私門、破朋黨。譬諸青天白晝，横目四足，皆仰其清明，而秋霜夏日，善人君子，亦憚其凜烈。

小夫壬人，不寒而栗，視以爲骨仇血怨，生擠而死排之，固其宜也。

公生于嘉靖四十三年正月壬申，享年七十有六。公歿後八日，之滂至自京師，改棺以斂。又一月，銓自高苑來奔喪。日月有時，滑綸未備。乃以崇禎十二年七月六日，葬公于城西二里祖鄉之西原。謙益壯而登公之門，今老矣，其忍畏勢焰，避黨仇，自愛一死，以欺天下萬世。謹件繫排纘，作爲行狀，以備獻于君父，下之史館，牒請編録，垂之無窮。蘇子瞻之狀司馬君實曰：「非天下所以治亂安危者，皆不載。」謙益猶是志也。戊寅九月，出獄南還，謁公高陽之里第，親見其屋廬苟完、什器粗給，無中人十家之産，然後知公之居身廉辨、一介不取，可信不誣。此于公爲細事，有識者所不道。然世之奴婢小人論公之語，必以是爲質的，不可以不書。謹狀。

崇禎十五年八月戊戌朔，門生、通議大夫、禮部右侍郎、協理詹事府事、兼翰林院侍讀學士、前史官常熟錢謙益狀。

督師閣部太傅孫文正公墓志銘　清　孫奇逢　撰（道光刻本夏峰先生集　卷九）

從古英雄豪杰，以得時遇主、功成身退爲顯名，爲厚實，爲承天之眷，而厄塞艱苦，俾以重任，而多方掣肘，使不得盡其才，且危其身，此其心更苦，而天之所以成之者，乃別有在。天生武侯于漢末，所志未遂，鞠躬盡瘁，死而後已。人謂天之厄武侯，使之重于天下萬世也。請以擬孫公。

按公諱承宗，字稚繩，別號愷陽。其先河南湯陰人。高祖遇，永樂間來高陽。遇生懷，懷生達，達生麒，是爲公父。母張氏，生子四。叔子敬宗，仕兵部職方司員外郎。公其季也。六歲屬對，語便驚人，十六補博士弟子員。文宗署其牘曰：「古誼敦靈如龜鑒，忠肝堅信若鐵石。」明年，以第一人食餼。三十一歲，選貢。甲午，舉于鄉，爲舉子。時仗劍游塞下，周歷亭障厄塞，訪問故將老兵，遂通知邊事。己亥，讀書雲中撫署，兵嘩圍撫，軍鼓聲如雷。公教令吏書榜示曰：「嚮某道領餉，嘩者斬。」人服其膽略。甲辰，以一甲第二除翰林院編修。甲寅，升右春坊右中允。是年東事起，襲撫順、清河，大兵四路進討，王師敗績。朝議倚舊遼撫熊廷弼足以辦此。公曰：「未也。當大事，須置身事外，乃能洞悉情勢。今身爲遼事所困，曾暇及藩籬外乎？」舉朝皆視歸乎公。

庚申，升左春坊左庶子，兼翰林院侍讀，充日講官。東事急，兵尚崔景榮數爲言官所訴（詢）詈，請罷景榮，以公代，要公于會極門，相率下拜。公力辭，竟推兵部添設侍郎，以主東事。

壬戌，廣寧不守，王化貞走，熊廷弼焚弃右屯以西四百里，躡化貞後相將入關。乃拜公兵部尚書兼東閣大學士。公上目前切要及積習夙病數十事，請置熊、王于法。兵侍王在晋代熊廷弼經略遼東，請築重關于山海外八里鋪，費一百二十萬。公請首揆葉向高曰：「某當親往，一察情形。」公至，與王在晋往復商榷曰：「皇上倚豪杰爲萬里長城，安得以百萬金錢輕擲于無用之版築。」本兵王象乾以百二萬撫西兵于關城下，公亦駁之。關門議防守未決，閻鳴泰主覺華，袁崇焕主寧遠，在晋堅持主守中前。公登中前城，遥見寧前形勢，天設重關，以護神京；覺華島孤峙海中，與寧遠如左右掖，可扼敵之用水，且得展我之用水，遂決計定守焉。且驅西兵于二百里外，漸遠于關城。公歸，以關門形勢諸當行罷事宜入告。上欲易在晋，而未得代之者，公亦難其人，遂自請督師，辟職方主事鹿善繼以行。到即定兵制，修營房，教火器，處分逃將，以新闢鎮耳目。禁絶饋遺宴會，省參謁，使專一公事，如有所欲言，則非時叩門，弗居常格。令趙率教守前屯，闢外出守始此。以馬世龍佩平遼將軍印，行授鉞之禮。前屯既復，撥馬烽火直抵寧遠。立六館，招天下豪杰。上遣中官賫白金蟒衣賚公，出内帑十萬犒將士。公執奏：「中使關涉兵政，自古有戒。」上温旨報公。是時逆奄方用事，創内操，所遣皆中官提督，已寓觀兵之意。故公抗章逆折之，遣魯之甲出守中後所，王楹出守中右所，皆出上所賚蟒紵白金、甲馬弓矢，親酬而餞之。檄祖大壽移覺華。自八里鋪至寧遠，收復已二百七十里，以袁崇煥與中軍滿桂經營寧遠，造車兵營，爲恢復全遼之計。公語世龍等曰：「守與恢復，終是一事。但静則爲守，動則爲恢復。予言守者也，予懼不能守者也。今日守關門，必不能不堅守前屯；守前屯，必不可不堅守寧遠；守寧遠更易于守前屯。有覺華可倚，連山可扼，諸山可伏。目前緊要，惟有訓練精明、賞罰當可而已。夫兵以簡汰而精，亦訓練之一事也。」

公當關久，外警漸息，朝議遂起，謂公用關撫、薊撫暨大將爲不得人。公力請去，不允，後上疏云：「如欲臣竟致其事，則令臣姑還闕下，以聯絡邊情。比于識道之老馬，上必不欲臣離關，請不推經略，不推總督，惟以臣一人督兩撫，邊事不治，則是治臣之罪。」奏入，臺省争言總督不可罷，推吴用先，朝議則明尼公矣。公鋭意有爲，恐事從中阻，因西巡薊、昌，閲喜峰、古北諸口，取道都門，入賀萬壽節，面奏進兵機宜。南樂急告逆奄：「樞輔擁兵數萬來清君側。」奄悸甚，繞床而哭，上趨内閣擬諭曰：「無旨擅離信地，非祖宗法度所宥。」公已抵通，接諭即刻東行，閉門求去。南樂嗾其黨崔呈秀等首疏，頌魏璫而劾公，科臣郭興治和之，遂下九卿雜議。公自此不得有爲，雖留而實困也。及公告歸，或曰：「非殺敵，不可歸。」公曰：「殺敵不難也，祇中朝不肯耳。」謝事之後，逆奄復使其黨梁夢環磨治督府文書、錢物，毛舉髮櫛，一無所得而止。

公當關四年，復九大城、四十五堡，招練精兵十一萬，進軍四百里，敵退七百里，招集遼人四十餘萬，遼兵三萬，兩年屯田五千頃，經費財一百三十餘萬，取諸罷兩尚書，築城撫賞之費百八十萬而有餘也。

公嚴于持己，恕于御物，激勸忠義，鼓舞豪杰，權使貪詐，籠挫宿猾，至誠惻怛，而機牙四應。公既歸里，袁崇煥、滿桂寧遠之捷，一一皆公所布置。己巳之變，公朝受詔，夕引道，上召見平臺，細詢方略。初擬公守京城，夜半旨出，令守通。二十四騎出東便門，茅元儀與俱。時有以款爲言者，公曰：「僕受命爲剿，不受命爲撫。」急簡騎兵三千，遣游擊尤岱將之，馳赴都城。敵退入南海子老營，諜知爲公所遣，咸咋指焉。上命滿桂爲武經略，總理援兵。出馬世龍于獄，賜之金鎧。公下教兩帥，要如兄弟共成大功。忽有遼兵東潰之變，袁崇煥下詔獄，祖大壽感其私恩，與其中軍何可綱等率所部五千人東奔。公密奏曰：「大壽危疑既甚，又不肯受滿桂節制，一軍驚駭，激而東潰，非諸將卒盡欲叛也。當慰諭將領，解散士卒，大開生路，以收衆心。遼將大半爲世龍部曲，臣謹遵便宜行事之旨，密札諭大壽，教以急上疏自剖，束兵殺敵，以報洪蕩之恩，以贖督師之罪，仍許代爲別白。」大壽得諭大哭，諸將亦哭，具如公指還報。公急遣世龍報命，發步騎兵一萬五千，令督以入援，而京師解嚴，上遂命公移鎮關門。大壽等整兵入關。當是時，敵據四城，其勁在永，其次在遵，而以灤、遷爲羽翼。公議先趨灤州，四日而四城皆下。公度敵人瀕去，必一犯遼以示强，遣孟道等馳往錦州備之。我兵未解甲，果與敵遇，復大捷。計公督兵戰守七閱月，復諸邊堡四十有奇，先後上首級九千餘顆，露布奏聞。上親告廟，布告中外，加公太傅，蔭一子錦衣世襲。未幾，言官欲追論大壽東潰之事，公密奏曰：「敵纔出口，遽抹殺殊死血戰之功，何以服諸將之心乎？」自是而中朝之議又紛矣。公十一疏乞休。上命閣臣議去留，皆不敢堅決。上曰：「吾固知無可代承宗者。」特遣內閣中書宣諭視事。公奏謝曰：「臣于某日視事，食少煩，即不能久，而輿疾致討，當可爲法。」遂出關，抵松、錦，逐城爲飾備，條次東西邊政，分八疏入奏。

凌（陵）城失守，閣部中軍副總兵何可綱以文自祭死之。夫失一凌（陵）城，而得一節義士撐拄世維，見公能得人之死力。然以成敗論人者，則百計中公矣。

公以十七疏求罷，得閒住。公之初督師也，臨遣隆重，付以兵要，雖宵小竊枋，讒間百出，猶得以恩禮進退，隱然係官府之重。其再出也，受命艱危之際，夜半出片紙，單車横穿敵壘，奏汛掃之績。是役也，危莫危于東便門之一出，急莫急于東師之一潰。其所以危而獲安、急而旋定者，謂非天不可，謂非人不可。公賜閒里居，時流賊數十萬，曾未一大創，而强欲勸之就撫。公謂：「當以有名兵將，莫用督撫節制，日尋賊厮殺，賊急求活，乃可乘機爲撫。撫須另一等人專主，撫事不得借言剿妨其撫。」蓋公心一日不忘安攘云。

戊寅，敵復南下，公部署子姓分雉堞距守，而不餉之兵、不甋之城、不聯之衆心，不能張空拳以禦强敵，城破，衆扶至城南三里圈頭橋老營，勸之降。公駡不絶口，欲求速死，兵不忍殺。公乃自理繩，命兩兵加勒而死。是爲戊寅冬十一月十日，距其生，得年七十有六。

公配王，生七子。長子銓，以選貢任高苑知縣，銓子之滂，錦衣衛指揮僉事，皆守官不與難。三子鈐，先公殁。從公死義者，次子舉人鈐，四子廪生鉻，五子尚寶司丞鑰、六子官生鍗、七子生員鎬、鈐子之沆、之滂、鈐子之澋、鉻子之浩、鑰子之瀗，皆力戰駡敵以死。其餘從子孫暨婦女童稚争先就義者二十餘人。

公善知人，雖悍璫驕將，莫不解頤俯首。然公才大而不能不露才，時作快意語，故人多忌之。公雖不善爲人知，然海内賢豪，如馮從吾、周汝登、鍾羽正于公初請行邊之日，特爲勖勉。高攀龍、左光斗輩嘗特薦于朝，又何敢爲不知者詬厲也。武侯伐魏，中外協心，黄皓尚未敢伸喙，然祁山六出，不能得魏之尺寸，而五丈原告殞。蓋天之所興，人不得而廢之，徒以鞠躬盡瘁、一念血誠，昭揭于天下萬世。公之所值，其敵人之强，衆口之讒，有難于武侯者，而鞠躬盡瘁不減于武侯，天正以厄公于一時者，通公于天下萬世也。公有文集一百卷、奏議三十卷、兵火之後，茅元儀得之頽垣敗屋中，南樞范景文刻而傳之。别有督師全書一百卷、督師事宜十八卷、車營百八叩（扣）一卷、歷官舊紀四卷、撫夷志十卷、高陽縣志十四卷；前督師紀略十六卷、後督師紀略十卷，定興鹿善繼所輯。公子孫姻譜既没者，不能詳述。其見存者，銓子之瀠、之湽、之溥，鈴子之汴，鉓子之澧。涝子六：樞、桄、梐、椾、桄、林。瀠子二：相、椿。湽子一，楷。汴子二：杋、杌。梐子二：爾焴，爾熠。

公没二十四年矣，志墓之文，未有所屬。仲孫之瀠，以予知公深，必欲俾予撰次，以傳信。予固不敢辭，且感公序予家乘之言曰：「尹吉甫佐周宣中興，歸而飲御，乃在張仲孝友。」噫！味斯言也，又何忍辭。「文正」之謚，甲申御史王孫蕃請也。

七十八歲，病骨稍蘇，于辛丑人日捉筆，逾元宵稿成，是爲銘。

銘曰：于惟閣部，一代偉人；頭頭第一，廣大無鄰。文志亹亹，靡堅弗摧；億萬斯言，和者其誰。兩次當關，敵弗敢入；危而復安，仆而復立。元臣殉義，視死如歸；二十餘口，形慘音徽。總由知學，見道分明；毁譽不摇，得失不驚。予也腐儒，公實携之；張仲孝友，有感于詩。功垂今古，德配地天；千百年後，雲旋月娟。當與公之子孫，世世共守斯阡。

光禄大夫左柱國少師兼太子太師吏兵兩部尚書中極殿大學士贈太傅謚文正孫公墓表略

清　魏裔介　撰

（雍正刻本高陽縣志卷六）

先生諱承宗，字稚繩，别號愷陽。生于嘉靖四十三年正月壬申。六歲入塾，出語驚人。十六歲，補博士弟子。十七歲，試首卷食餼。三十一歲，選入國雍。甲午，中鄉試第五。會試落第，仗劍游薊門、榆關，周歷塞下亭障，具知險塞厄要處，詢營弁老革之習于兵事者，按行戚將軍所設施防守事宜，慨然有志。己亥，讀書雲中撫署，值兵躁，公教吏書榜，頃刻定之。自甲午至甲辰，十年讀書，以一甲第二名及第，除授翰林院編修。又十年甲寅，升左春坊左中允。

庚申，升左春坊左庶子，充日講官，添設兵部侍郎，以公爲之。壬戌，以公爲兵部尚書兼東閣大學士，又以在晉懦，自請督師，辟鹿善繼爲參佐。至關門，旌旗壁壘爲之變色，立六館以招天下豪杰，簡汰老弱，訓練精兵。烽火方息，朝議遂起，謂公用撫鎮爲不得人。公求去，不允。崔呈秀首疏劾，科臣郭興治和之，公遂告歸。公當官四載，其籌畫、訓練、節省諸經濟，俱在本傳中。己巳，命公移鎮關門，復遵化、永平、灤州、遷安，加公太傅，蔭一子錦衣世襲，而中朝科道議者不已。公上疏乞休，不許，仍令視事。公十七疏求罷，得閑住。戊寅，高陽失守，公被執，主兵者勸之降，不屈，縊死之，冬十一月十日也。距其生，得年七十有六。公配王，贈一品夫人，生子七，銓、鈐、鈐、鋡、鑰、鈽、鎬，諸孫之涝官至錦衣衛指揮僉事，見存之等十餘人，俱青衿。餘載墓志、家傳中，不具述。所著文集，共二百餘卷。

高陽孫氏闔門忠孝記　清　錢謙益　撰（牧齋初學集　卷四十一）

崇禎十一年十一月十日，奴酋兵陷高陽，故少師大學士孫公死之。公之子五人、孫六人，與從子孫八人皆死。婦女童稚争先就義者三十餘人。公御其子姓□諸子，皆被服儒素，鏃礪文行。二郎，壬子舉人鈐，四郎秀才鋡，五郎尚寶司丞鑰尤奇偉，短衣匹馬更侍關門，善騎射，曉兵事。兄弟相期許，願以横磨大劍，馳騖黑山、白水之間。諸孫皆岐嶷，嶄然露頭角，落筆萬言，非凡兒也。城陷之日，五郎解裘血戰，手刃數奴。奴得而臠之。城下二郎戰敗被執，奴逼降，徒跣牽曳，荊棘簇足，心叢刺矗，出跗上，斫兩臂，揕其胸，終不屈而死。二郎子中書舍人之沆、秀才之滂皆死。之滂刃出腰膂，創甚，伏地把搔，鎸平其頞鼻而死。三郎鈐之子秀才之㶏被執，誑奴曰：「引我之圈頭，得見宰相，以金帛予汝。」曳至老營，見公方踞坐駡奴，拜而起，即援手罵曰：「我得見老爺，足矣。寧有金帛予汝，曷不速殺我？」奴財揮刃，首砰然墮于前。公嘆曰：「真我家孫子也。」四郎子尚寶司丞之潔自河間反馬歸，力戰。奴刃劈其腦，斷其喉，矢穴腹，貫背而出。執五郎之子之濾，使喂馬，不肯，沸湯沃頭，面糜爛而死。六郎鉌、七郎鎬，皆戰城下死，而四郎被重傷，卧積尸中。僮侯果自任丘逃歸見之，脅中三矢鏃，深不可拔，口張不言，微舉手揮果，令去。果脱故衣，裹之負歸城南莊，覓水半瓢灌之，氣上而絶。果以十四日得公尸，于圈頭橋告高奄，以其喪歸，以次行，求諸子孫尸，乞于親戚，松棺柳口，斂以粗布，而五郎、七郎尸卒不可得。

于是太監起潛奏疏：「輔臣承宗子孫男婦、内外親口皆死，止逃一六歲孫及其母。」上惻然，念慘及闔門，首命優恤，而薛國觀當國，遂格其事。或曰：「高陽令雷覺民，國觀之私人也，黠而貪，盡逐公所畜守城材官壯士，剋其餉以輸國觀。城陷，逃匿國觀所。公長孫錦衣之澇詣闕籲天，語侵縣令，以此逢國觀之怒。」或曰：「國觀仇正人君子也。仇公之徇國而死奴也。」費爲縣令也。昔卞壺死蘇峻之難，二子相隨赴賊。尚書郎弘訥重議，以謂許男疾終，猶蒙二等之贈。壺伏節國難，父子并命賞。疑，從重，况在不疑。于是壺得改贈謚曰「忠貞」，祠以太牢，贈世子眕散騎侍郎，眕弟盱奉車都尉。公之勛勞，懋于濟陰，子孫就義，重于眕、盱。聖朝崇獎忠孝，超邁典午，而上無始興之憫恤，下無弘訥之駁議，此可爲痛哭者也。奴之陷河西者也，公在樞部，請贈恤監軍高邦佐、副將羅一貴與張銓、何廷魁，并立廟京師。邦佐之僕高永爲主死義，并恤之，以風示天下。今公不得比于邦佐、一貴，公之子孫不得比于邦佐之僕，何其傎也。人言奴恨公恢遼土、復四城、柱款議，城陷之日，必欲夷其家門，滅其種族。國觀非奴也，亦攘臂而助之。嗚呼！助天爲虐不祥。助天爲虐者，奴也。助奴爲虐者，國觀也。國觀誅奴孽，其將不久爲之記以待焉。

崇禎十五年中秋日，虞山錢謙益記。

高陽孫文正逸事

清　方苞　撰（望溪先生文集　卷九）

杜先生岕嘗言：「歸安茅止生習于高陽孫少師，道公爲諸生時，布衣麻鞋，獨身走塞外，徧歷大寧三衛及遼東，西行視地形險易，就老校豪酋，叩守備堅瑕、諸部强弱嚮背，逾歲而歸。」〔一〕天啓二年，以大學士經略薊遼，置酒别親，賓會者百人，有客中坐前席而言曰：「公之出，始吾爲國慶，而今重有憂。封疆社稷，寄公一身，公能堪備，物自奉人，莫之非；如不能，雖毁身家，責難逭，况儉觳乎。吾見客食皆鑿，而公獨飯粗，飾小名以鎮物，非所以負天下之重也。」一公揖而謝曰：「先生誨我甚當，然非敢以爲名也。好衣甘食，吾爲秀才時固不厭。自成進士，釋褐而歸，念此身已不爲己有，而朝廷多故，邊關日駭，恐一旦肩事任，非忍饑勞，不能以身率衆，自是不敢適口，體强自勖厲，以至于今，十有九年矣。

嗚呼！公之氣折逆奄，明周萬事，合智謀忠勇之士，以盡其材，用危困瘡痍之卒，以致其武，唐宋名賢中猶有倫比。至于誠能動物，所糾所斥，退無怨言，叛將遠人，咸喻其志，而革心無貳，則自漢諸葛武侯而後，規模氣象，惟公有焉。是乃克己省身、憂民體國之實心，自然而愾乎天下者，非躬豪杰之才而概乎有聞于聖人之道，孰能與于此。然惟一二三執政，與中樞邊境事同一體之人，實不能容。易曰：「信及豚魚。」媢嫉之臣乃不若豚魚之可格，可不懼哉！

【校記】〔一〕「爲諸生時」至「逾歲而歸」，據高陽太傅孫文正公年譜中方苞序補。

書孫文正傳後　清　方苞　撰（望溪集　卷四）

當明之將亡，其事最傎者，莫若殺袁崇焕與置公閑地。然間諜之言，當其時，迹猶難辨也。莊烈愍帝嗣位之二年，公自家起，受命危難中，復已失之畿甸，定將傾之宗社。其才不世出，而憂國忘身，帝所親見也。及關門靖，前、寧收，屯營立，軍民始有固志。而内蔽于奸僉，緩餉愆期，以掣公之手足，外則政權不一，分操割裂，以亂公之成謀。至大凌覆敗，按其末，則失律喪師者，邱禾嘉也；循其本，則敗謀速禍，乃撤班軍、改成命，主議之廷臣不明，徵罪之有無，乃以無識者追咎築城，而聽公引退廢弃，八年不咨一語，卒使巷戰力屈，闔門就死，此天下所嘆息痛恨不能爲帝解者。蓋方是時，周延儒、温體仁已深結帝知而得事柄矣。二人皆忠賢餘黨也，自忠賢時已誣公欲興晋陽之甲，而公之再用再罷，以至于死，實與二人之秉國相始終。延儒之獨對、體仁之密揭，所以搆公于冥昧之中者，豈可測哉。觀公始至召對平臺，帝親以京城相屬，越日而出公于通，則群邪之側目于公而携公于帝者，其術蓋多變矣。公既死，帝嗟悼，命優恤。當國者猶忌其義烈，而多方以格之，况生時懼公功成而位居己上者乎。而爲所蔽壅者，乃憂勤、恭儉、明察之君。嗚呼！此立政所以畏憸人也。

孫愷陽先生殉城論　清　蔡鼎　撰（筆記小説大觀）

王少司寇虞石公之哭高陽也，曰：崇禎十一年十一月十二日，醜□數萬南下，薄高陽城。愷陽先生率邑紳衿誓死登埤。十三日一戰，炮擊□清，土城低脆，外援不至，□晝夜環攻，石盡矢竭，力不能支。先生守北門，謂家人曰：「我死此，爾輩可任逃生。」家人輩都不忍捨。城既陷，□以多部落掖之去。先生求死不能，至□營，駡曰：「臊奴，我大臣家居，城亡與亡，可急殺我。」□不忍加刃，但令自便。先生望闕叩頭，以繩繫頸，呼令多夷奴絞之死。子姪男婦百餘口與奴婢俱被殺，逃出者，六歲孫與其母二口耳。當□圍時，城中衆數千，及陷，逃者不數十。先生忠義之盛，激烈哉。

或問于鼎曰：「先生可以無死，即死，亦可無闔門以死，豈先生遂不及料之耶，抑先生能料之而不能避之耶？」鼎曰：「先生處無可避之地，又不能與家人以避之勢。先生安之矣，即家人婦子輩亦安之。此所以爲先生也。先生自度不可免，而令子若孫去先生，以求免，是以不孝令也。先生願之乎？子若孫去先生以幸免，而坐視先生以不免，子若孫願之乎？在他人，于此必生許多計較，許多躲閃，以求萬一之或免，至于必不可免而已。先生不屑也。先生安之矣。家人婦子安先生之所安矣。」

或曰：「聖人無死地，先生于此無以自完乎？」鼎曰：「先生當已督師時，舊經略高弟弁灤以逃生，雖不暴其惡，而實惡其懦。先生殉城之志定于此矣。□來而朝廷或假以便宜，使調度西南團練民壯，制□深入。此先生之能也，而先生不能得也，且耻于苟得也，故先生安之。有地方軍旅之責者，或念其國家元老、滿城赤子，不可坐弃于□，而或護或援，得相犄角。此先生也，而先生不能得也，且不欲强得也。故先生又安之以守，鼓鋭作氣，合數千人死卒，以抗十萬之强□。先生且身先之矣。圍城之内有圖脱者，先生且軍法行之人婦子乎？力盡援絶，不濟而斃，父死忠，子死孝，婦女死節，奴僕死主，天地正氣萃于先生甘之。此先生所謂自完者也，非今人之苟免幸生以謂完也。」以身之死，與闔門奉功令，而使天下之人無敢骫功令求苟免。先生之以忠教也，先生之所維持大矣。以一身之死，闔門之死，維功令，維世教，明君、臣子、父子、夫婦、兄弟，無可苟免之人倫中子，卒無一人爲先生表章，以振末世苟免無耻之人心，而誅白養粹、賈維毓等不能徒于地下，則中外之負先生深也。匹夫匹婦，自痛其父，自痛其夫，或自殉以死，于國毫未有涉也。司世教者，必表章旌异之曰：「若以勵世也。」先生之門，子死父兄，婦死夫，奴死主者，若殉所私，實許國也。以國死而及其私與以私，而無及于國，世有間矣。司世教者，無或表章焉，豈特負先生哉。明以無益之死示天下，而誨之其哉。國家于閣臣有遺官護送之禮，于老臣有遺官存問之禮，于大臣有遺官祭葬之順猶然，况其變者乎。八十老人，闔門死□，積尸涼月，暴骨荒原，狐狼嘷其前，烏鷲鳶嘯，慘何甚也。守道巡方不言，風聞豸綉不言，閣臣禮臣不言，門生故吏不言，僅僅徼一議恤之明旨，豈惟國體大本，將掩骼埋骨之皇仁不太傷乎。天下不喜言仗節死義，與天下仗節死義之事不重于世，此天下國家之大患也。异日封疆有事，爲白養粹、賈維毓者，無以籍口，而高第者流，亦何難以一贖幸免。即百司馬，日勵戰，日勵守，恐無所施之矣。鼎不悲先生之死，而深悲先生之死不爲世重，以爲天下憂，故論之于此。

孫文正公愷陽先生像贊

清　郭棻　撰（同治刻本清苑縣志　卷十六）

余兒時家于郡南小巷，環公郡第而居也。會公從京師歸，稅駕于茲。行者辟易，惟稚子許佇觀焉。憶公冠東坡巾，衣深衣，帶著朱履，豐軀偉幹，背闊可掩兩人，電目岳顴，炯炯屹屹，眉高而闊，鬚長而疏，兩頰色重于面，顴以下有鬚數莖，散散修修，與頷頤等，河口垂耳，音吐如鐘，儼然神人也。郡守以下，僉來拜謁，或堂上，或階下，或儀門內，禮度不一，公皆有問慰獎勉之辭，尊重輝煌，泰山、北斗也。比余心竊敬慕之。迄今五十餘年矣，猶隱隱在心目間。戊辰嘉平月，公孫紫淵捧一卷，曰：「此先文正公遺像也。」乞余題其端。余沐手展觀，非丹青摹寫，乃公文集册端剞劂氏仿佛而梓者，雖無頰毛神妙，規度具是矣。敬爲之贊曰：「大人君子，神傳青史。吴縣固工，略以云似。羹墻如見，盍讀余序公之一紙。」

附録二　題跋

孫高陽先生全集序　清　周亮工　撰　（高陽集）

文章一道，自宋以來，權歸館閣，即北地、歷下極力争之，而終不能勝。但其流爲春容蔓衍，總不脱宋人氣習。三百年來，詩推李長沙，奏議推楊石淙，其它雖相業勛名景爍千古，而求其確狀可傳者，顧乃闕如。余産中州，束髮受書，再從制舉，藝中習知有孫高陽先生，以未及得探先生金匱石室之藏爲恨。比通籍登朝，聞刻先生全集于白門，私心竊喜，以爲得慰三十年仰慕之私，而兵燹之後，旋復散佚，殊覺悵然，不釋于懷。幸與先生冢孫都閫星衡君爲十年舊交，比同事于閩，因得盡讀先生著作。而都閫君又將再刻，以廣其傳，屬余序之。余按先生叙事同史記，制誥同六朝，奏疏札子同賈誼、陸贄。至于辨駁考核，雖復粹然一出于正，而嚴厲沈鷙之氣，大都本之韓子，殆近代館閣諸公，與北地、歷下合爲一人者也。

先生爲諸生時，即懷當世之志，負劍歷游塞上，凡情形得失、山川險阻，罔不按若指掌。及給札内廷，尤熟于累朝掌故，朝家議祧議婚諸大典禮，一一皆屬先生主裁。先生矢口爲文，出言成章，邁中款，會機宜，而息盈庭之喙。至于進講經筵，尤孜孜以輔養君德爲務。業拜端揆，仍兼司馬，晋吕鼎，隨守榆關。其時羽檄旁午，燧子傳呼，而先生徵召處分，片紙一出，即老成宿將，莫不踧踖趨事。身在師中，手不釋券，比之長沙、石淙，尤爲繁難勞勩，而著述不啻伯倍富之。此豈可與韓魏公未遑文章，司馬温公不能四六，同日而語哉。顧先生之言，雖未盡用于時，而徵之身後，真有不可廢者。都閫君守其家學，具有雋才，嚮用未艾。余于是嘆哲人之有後，而兹集之必傳者，爲無疑也。昔蘇子瞻少時，聞慶曆聖德詩，知有范文正公之名，每以不得見爲恨。嗣後獲遇范忠宣丞相，而以得序其集，爲比于門下士之列。余雖未及奉先生顔色，然得與都閫君共事一方，而挂名于先生之集也，其幸又可勝道哉。因拜手而叙其嚮慕先生者于右。

順治甲午初冬，大梁後學周亮工頓首題。

高陽集序　清　佟國器　撰（高陽集）

詩生于情，情本乎忠孝。紓天而則義，象類以徵辭，莫切于四言矣。華居豫悦，徵諸鸞；練材成幹，徵諸莪；肅止敦行，徵諸鵠；依盈就歉，徵諸罍；怡顔順聲，徵諸黄鳥；秉廉宣潔，徵諸白華；内志外功，因心富業，惟詩信而有徵。迨立宋、明間，尋源問準，必師漢魏、盛唐，不位開元、天寶以下人物。此志緣識定，匪語于情，自性開也。

稚繩孫公，運理庭倫，興謳邦佐；五章焕發，聿亟榮光之圖；六律咸和，共覿奏金之字；位忠顯孝，鳴盛美于神、熹，炳旅常于朝廟，洋洋乎如慶善之在耳。先大夫與嗣君仝桂，譜兹蘭蓀，接武三山，編次公高陽詩集十卷。余爰得誦歌之，志感絲篁，氣變金石，情必盡致以寫物，辭必窮工以追新，平子之雅、茂先之清、景陽之麗，洵有兼長。應制則莊嚴典贍，宴游則雋逸瀟疏，别離則感歎低回，邊塞則悲壯凄惋，觸情移韵，恰中其宜。如「池間飛燕子，砌古長宜男」，五言之李翰林也；「白髮縱横下，丹心慷慨生」，五言之杜工部也；「襟披海色黏天碧，旆拔山客捶地青」，排律之王右丞也；「老臣奏捷連三月，聖主興平第四年」，七言之儲光義也；「廿載騎雲弄月，萬年緑拊青山」、「把酒任花開落，披襟看鳥飛還」，六言之李頎、常建也。不必沾沾王、楊、盧、駱，而自弗光怪酸寒，六朝而上，公爲折衷，是豈非情之所生乎？公行篤于家乘，勛著于疆埸，十疏歸里，注位如林。兹集特情韵之不匱者耳。敬爲之序。

時順治乙未春，王正月上元之吉，巡撫福建等處都御史、年家晚生長白佟國器頓首撰。

高陽孫太傅文集序

清　佟國器　撰　（高陽集）

余髫年侍先大夫宦游瀛海，即耳轟高陽孫先生盛名。維時先生政給札内廷，典試京國，翕然稱斯文匠石，宇内操觚之家，莫不視爲準則。迨後來，金匱石室之藏益富，而旗常鼎吕之業爛然，或口代天言，或經筵亟迪，倘言議禮，横筆談兵，山川人物之紀載、開治論道之訏謨，露布師中，傳札塞上，指陳利害，入告嘉謀，剖析名理之精微，考撰古今之典實。及夫交游贈答，觸境成文，是以卷帙浩繁，幾于充棟。余每評論一代館閣諸公，政治文章媲美者，以李長沙外，指不多屈，而太傅公以宰輔兼本兵，進參機務，出鎮榆關，其治忽機宜，上必親爲咨問，戰守籌畫，國所待爲安危，有歷代近臣所不敢畫者。夫昔賢以雍容典碩之詞，發抒治平景象，而太傅公决策綸扉，定計密勿，帥師邊境，當戎馬倥偬之時，論思敷奏，立言有體如此，大都以嚴氣正性，抒忠讜篤切之言，故字字沉雄堅定，宜其焜耀千秋，昭著日月，爲館閣第一流之文，亦籌邊之勝略也。

素傳稿甚富，珍藏于家，天亦概之，兵燹之餘，幾成不傳之秘。令孫都閫君之滂，孝思不匱，遍檢殘編，多方捃輯，得二十卷。宦游入閩，珍以什襲。幸予與都閫共事會城，而都閫之尊公亦與先大夫昔同譜牒（諜），年誼爲較篤焉。予撫閩二載，訓練徵調，日不暇給，賴都閫共考軍實，選士勵兵，勤襄乃事。見余羽檄稍靖之餘，亦喜搜覽遺乘，以廣見聞，都閫君乃出太傅公文集，屬余較正。卒業之後，付之剞劂，以壽諸世。吾深幸房、杜相業，晁、賈經濟，韓、柳文章，畢萃于兹集中，而欣然爲叙其景仰之素志如此。

時順治乙未五月既望，巡撫南贛等處都御史、前巡撫福建襄平、年家晚生佟國器謹撰。

重刻先太傅全集小紀　清　孫之澇　撰（高陽集）

先大父太傅公，繇明經登萬曆甲午賢書甲辰第，春官廷對第二人，歷翰苑講幄。天啓壬戌入内閣，仍兼攝大司馬事。奉命行邊，自請督師，排築八里城之議，省百萬金錢，以招集遼人屯田，爲固守計。關門四載，復地三百里，安插難民三十萬户。乙丑，以病請告歸里。崇禎己巳，自田間召起，經畫畿輔，守禦方略。尋出鎮通州，旋奉命移駐山海，撫綏亂兵，恢復灤、永、遵、遷四城，加太傅，予一子錦衣指揮僉事世襲。先太傅凡七舉丈夫子，長諱銓，字次公，即之澇先嚴，爲辛酉明經；次曰鈐，舉壬子舉人；三曰鈐，五曰鑰，六曰鈽，皆蔭授璽丞；四曰鉻，七曰鎬，皆邑廩生。

先嚴以丁丑授山東高苑令，故之澇以應襲得備宿衛。太傅在閣部，在關門，前後七載，其爲奏議若干卷，已經授梓，福清葉文忠元輔已序而傳之。惟詩文未經行世。戊寅之春，先太傅六子九孫闔門罹變。時先嚴携家宦東，之澇侍衛京師，故三弟之瀠、之澑、之溥，三子桄、桄、栍，得不及于難。時先嚴阻兵不得歸，之澇聞難，倉皇請假，單騎星旋，兵刃充斥，間關抵家。時外舅侍御劉公微、姊丈孝廉賈公爾梅咸備助棺衾，得俾成禮。亟求遺文，得之四叔父笥中，彙成六篋，亂不可理，坎地而藏之。比先嚴歸，因出而彙次成帙，附茅止生元戎携入南中，與錢牧齋、范質翁二先生纂定二百餘卷，捐資梓行，方僅成書，而南中又陷，遂致散失。年來之澇濫竽閩閫，賫捧往返，十年之間，訪問中外，而舍弟之瀠又博求親故，僅得所爲尺牘、詩文、序記若干卷，挈來三山，重爲纂集，比之原刻，尚未及半。撫軍佟公覽之，爲撫卷太息，懼風徽之漸遠而哲人之不彰也。力爲從臾以表章于世。因念此集之佚而存、存而不復佚也，有天道焉。至于其間有宜傳而究不能盡傳，則皆人事也。海内君子凡得斯集所遺者，尚容購而需之續刻。

孫男之澇謹記。

孫文正公全集序　清　楊璧　撰　（高陽集）

夫士君子束身名教，志法聖賢，非徒以文章畢乃事也，然又未嘗不以文章見其真。蓋文章即忠孝之端倪，而忠孝乃文章之實效，二者若爲兩途，而實歸于一致。故太上立德，其次立功，其次立言，所以垂不朽之三，以炳耀乎天下後世者，名臣賢相由此其選也。予束髮時，輒耳熱愷陽先生之名。丙寅歲，筮仕高陽，亟取邑志讀之，見其勛名事業，行表言坊，談笑從戎，慷慨赴義，百世之下，凛然尚有生氣。然猶以未讀先生全集爲憾。丁卯春，其裔孫茂才克録至誠，國學生瀾捧家藏全集，以作序請。予披讀至再，覺言該經史，字蓄箴規，世道人心，賴以維繫，文搜兩漢之腴，詩探四唐之奥，至其對策陳疏、講經制詔，以及銘志序牘之屬，莫不以致君澤民爲先，匡扶補救爲任。予不禁掩卷流連，竊有感于先生之爲人矣。先生生當末季，力挽傾頽，縱虎穴之能探，奈蚊雷之聚處，卒能鞠躬盡瘁，百折不回，求仁得仁，以身殉道。迄今讀其遺編，仰其英烈，始知文章流于血性，忠孝發乎天真，又豈沾沾章句者所可同日語哉。嘻！不朽之三，非先生，其誰與歸。先生事功顛末，已詳志乘，予固不贅，聊抒所見，以跋其卷尾。

嘉慶十二年，歲次丁卯，病月上浣八日，知高陽縣事、光山後學楊璧謹撰。

故太傅孫文正公集序

清　魏象樞　撰　（畿輔通志　卷一百）

傳謂，頌詩、讀書、論世，三者于尚友古人之法備矣。然必其人之文若行有足以爲法傳世者，始從而歌咏之，玩索之，流連不能去懷，往復不忍釋手，咨嗟憑吊之下，寤寐美墻之間，仿佛其人正襟端坐，伸紙急書，與夫侃侃言天下事也。雖相去幾千百載，如或見之。矧近在數十年中，時地非遠隔也。高山景行，又當何如乎？

余蚤歲即稔聞故太傅愷陽孫先生名，時于碑版中見所爲詩、古文詞，竊自念曰：「此特其一臠，顧安得全鼎而嘗之？」迨釋褐登朝，先生已駕尋虹長往垂十年所。先生浩氣雖無日不流行天壤，至欲求其遺文，如曩所謂全鼎者，杳不可得。又自念曰：「豈兵燹之餘，殘闕無存耶，抑其家人欲秘爲藏書耶？否則其子孫或無力表章之耶？倘亦余偶未之見也。」我國家褒忠之典不遺往代，如甲申死事諸臣，賜謚予祭，尤千古曠典。又常下購書之詔，以備採擇。如先生所撰著，要皆館閣時經世垂教之言，詎同草莽之管窺蠡測者比。且今海内澄平，凡名山其人之鴻文奥論，當與孔壁、汲冢漸次以出，無寧先生遺稿終銷沉于斷碣焦梨已哉。及余得請里將母，又十年所。無何，苫塊餘息中，公孫太學自高陽寄聲不孝曰：「從來乞言難，爲先公乞言尤難。若夫品行、事業、文章，其人一出于真，而不獲其言，以光先集，是生平一大闕失也。惟先生序之。」余未敢任。又越三年所，余罷讀禮，乃出所寄家刻五種，詳披閱焉。得睹大學士李坦園先生所搆先生全集、續集兩序，始豁然曰：「曩固謂嘗厥一臠，兹即非全鼎，其鼎中之椒馨，津津有味乎其言之也。」計公先後著述，亡慮數百卷，其得梓者，卷僅五十許。披覽太學所續上下二卷，若序、記、志、誄及雜著之微言緒論、藻語韵辭，與古風近體諸詩，靡不本英分，攄雄才。即文章寓經濟，無隻字單句不高步古作者之林，而究無泥乎古者。是乃深于古今，是以仿佛先生全集，或庶幾有當于萬一。然余固猶執一臠以概全鼎，且終未敢任屬序意也。嗟乎！先生身歷將相，璫焰方熾，獨有以折其氣義，不附東林，介然孤立，以身係一代安危三十餘年。孟氏所謂豪杰，非歟？余謬于頌詩，讀書之餘，論及其世如此，餘詳具孫徵君所爲墓志與大學士魏柏鄉先生所撰墓表中。

題文正公手迹後　清　孫奇逢　撰（孫文正公詩稿孫夏峰先生題跋合璧）

文正先生大節，炳如日星矣。兵燹之後，遺文散佚。其仲孫之瀠輩多方搜輯，亦得七八。獨手澤墨迹不多概見。今之瀠來蘇門，出所藏一帙見示。雖紙墨敗殘，而精光焕發，恍于字裏行間透出，真有一段不可没滅處。人嘗言，賢子孫守祖父之業，尺地寸椽，罔敢失墜焉，片言隻字，亦罔敢失墜焉。今田廬不可復問，而遺文手迹，殘缺如斯，賢子孫勿遏佚前人光，當别有在矣。之瀠寶之。敬跋數語于後。

壬寅初夏，歲寒老人孫奇逢書于兼山堂。

孫文正公詩稿跋　清　廖玉　撰（孫文正公詩稿孫夏峰先生題跋合璧）

孫文正先生事業文章，俱足千古，既肝石以報國，復心燈以傳家。余辭政之暇，交公裔紫淵，把玩先生翰墨琳琅，觀其落腕遒勁，灑毫凝重，絕無嫵媚態，可知先生當日嚴氣立朝、正容匡主之大概矣。余願紫淵世其學什，襲前人之手澤而珍藏之。啓笥展軸間，弓劍宛昨，寧不同仰榱桷、俯几筵而惕生也耶？紫淵謂余，雖吉光片羽，皆出燹殘故楮中。此非有神靈呵護之能然乎？

己酉仲冬，後學文江廖玉敬書。

跋孫少師手迹後　清　孫奇逢　撰　（畿輔叢書本夏峰先生集　卷九）

按少師年譜，此詩辛未一片石作，戊寅殉節，且七十年矣，而此詩光氣如新。老臣心事，一片石有靈，猶能識之。其言曰：「有天無人，有君無臣。」夫天之下皆人，君之下皆臣，安得謂無人無臣哉，則其心亦苦矣。雖然，精忠亮節已揭日月而行中天，千載下共欽共仰，將指而目之曰：「少師之人也，天之下一人也，君之下一臣也。」又何嘆乎無人無臣也哉。

凱陽孫公奏議序　明　葉向高　撰　（高陽集）

文武之分途久矣。以周之多才，而禮樂屬之姬旦，韜鈐屬之姜望。漢興，首推子房，亦運籌帷幄耳。唐之房、杜、姚、宋，明之青田，皆不典兵。宋之張德遠典兵而敗，韓、范之膽寒西賊，皆虛名耳。其身兼將相，真能用兵者，亘古今，惟諸葛孔明一人。然亦偏安之業，非全盛之世也。今凱陽孫公躬逢聖主，入參帷幄，出典戎樞，而又不辭艱險，督師榆關。當邊庭多事之際，褫其魄而不敢進者，已三載于兹。非真具文武才，無施不可，曷能勝兹任哉。余于公有一日之雅，自托于相知。然當是時，聞士大夫多推轂公，欲登之壇坫，心不無少訝，詞臣耳，何以得此名。其後余入都，見士大夫推轂公愈甚，上亦心注公，自講帷爰立，且領司馬事，公亦慷慨任之，略無難色。于是，服公之識力抱負果有大過人者。其往榆關也，屬廣寧新破，中外縮胸，無敢行，甚至已被命之經略抵死力辭。上怒，褫其職，而終不能鼓懦夫之氣。公之出督，非舉朝所敢望。使公不自請，誰迫公者。捨密勿論思之安，而就戎馬倥傯之苦，凡少顧身家、知擇利害者，決不肯爲，而公冒然爲之，其忠肝義膽、急公忘私，自武卿而後，豈可多見。余每念之，不覺汗之浹踵也。從來當事難，議論易。非議論之易也，彼其議論之時，原未嘗從國家封疆起念，但取唇吻爲快耳。夫惟自爲之，而自議之，議而不效，則身受其責，安得不難。故以趙營平之自負，猶必至金城，乃圖上方略。孔明出師，亦曰：「成敗利鈍，非臣之明所能逆睹。」趙括之母知括之必敗，亦不過曰：「兵，死地也，而括易言之。」余觀自東西多事以來，談兵者如刺蜚，公車之疏，無日不騰。聽其言，若鑿鑿乎孫、吴復生，韜鈐滿腹，試之于事，曾無一效，或反因以僨，此皆括母之所謂易言者。假令因其言，即令任其事，且將緘口縮舌而不敢咄，而惜哉此法之不可行耳。

公在榆關久，議者亦稍有异同，然公持之甚堅，不爲人所摇奪。上信倚公，不啻塞下長城。所請事，朝上朝報，夕上夕報，無頃刻留滯，賜予駢蕃，璽書屢下，若不能一日去公于榆關者。公屢疏請歸見上，面論機宜。余亦竭力爲公從臾，終不聽也。以社稷之福、主上之盛靈，與公之宏猷大略，可旦夕告成功，以報命于天子，豈非綸閣之光華、千古第一快心之事哉。

余不佞，固拭目俟焉。公管樞、出督奏疏共若干篇，將付梓，而屬余序。余非知兵者，不足以窺公。然知公所條畫，皆自爲之而自議之，每上一章，輒費多少籌算，字字自心膽流出，與取快于唇吻者不同，故爲發明其意，使公一片心不至于莞結而莫舒。後有券公勛業者，于此亦可徵矣。

賜進士第、特進光禄大夫、左柱國少師兼太子太師、吏部尚書、中極殿大學士兼支尚書俸、知經筵日講、制誥總裁、國史前予告存問、奉詔召起、友人福唐葉向高頓首拜撰。

少師高陽公奏議序　清　錢謙益　撰（初學集　卷三十）

嗚呼！天之愛國家，可謂至矣。其治也，必爲之生佐命之人；其亂也，必爲之生致命之人；而其久治而孽亂，方盛而兆衰也，必爲之生保大定傾之人。天之生斯人以救世也，猶人之儲藥以救病也，有是病，必畜是藥，以對治之，以故疾病時有，而人之性命有所恃以無恐。然而天之生斯人也，有才必竟其用，有用必盡其才。其或才有所未盡，而用有所未竟也，又若爲之登頓簸弄，用以中國家之緩急，而顯豪杰之能事。其愛惜人才而務欲全之也，無以异于其愛國家也。嗚呼！我國家中葉全盛，乃有奴酋之難，不可謂非孽亂兆衰之會。而保大定傾之人，若故少師高陽公者，豈非天之所篤生也與。

蓋奴自撫順發難，勢如旋風熛火，不可嚮邇。廣寧陷，振武潰，寧前焚，舉四海之大、九廟之重，岌岌乎寄命于堵墻。公于斯時，以文學侍從之臣，自請當邊關廟社之寄，以謂保關外乃可以保關内，保關内乃可以保畿内。首辟八里鋪畫地築城之議，而關門之規摹大定。經營四載，辟地四百餘里，奴弃廣寧，退守河東。此公之功在初鎮者也。

己巳之役，五日而赴闕，一夕而出鎮，挽遼帥遼兵于狂走驚瘓之時，决幾呼吸，轡勒在手，關門砦定，京師解嚴，遵、永四城，次第收復，以報天子。此公之功在再鎮者也。

公前後出鎮方略，具在奏議中。使公之言得行于初鎮之日，則全遼可復，何有于寧、錦；

使公之言得行于再鎮之日，則河西可辟，何止于四城。晉陽之讒梗于前，中山之謗間于後，奴之游魂尚在，而我之國耻未雪，此天爲之也。然自公再鎮之後，奴雖一再入，卒不敢窺左足于關門，而神京晏然，安于覆盂。譬之治室家者焉，墻垣繕完，閈閎堅厚，扃鐍内設，嚴更外儆，雖有穿窬偷兒昏夜竊發，而主人固高眠燕寢，無犬吠之警矣。天實生公，爲國家料理東事，東事定，而公之能事畢矣。夫然後假手羯奴，畀公以完節。于是乎成仁取義之局始全，而忠臣志士敵愾除凶之氣志，益憤盈而不可解。人徒知天之生公所以制奴，而豈知天之死公乃所以殄奴也與。

公奏議凡若干卷，南司馬范公請于公而刻之。刻甫竣，而殉難之訃至矣。以謙益白首門生，俾爲其序。公受知熹宗皇帝，臨軒授鉞，以謂漢則孔明，唐惟裴度。今天子平臺召見，日暮秉燭，親以東事付公。而朝右之權奸、封疆之懦吏，旁掣而交棍之。公不獲孤立行意，復祖宗之舊疆，以報二聖，故其奏對之文，讓功任罪、憂讒畏佞、茹荼銜堇、邑鬱孤憤者居多。人皆以公之死奴爲難事，而不知公之在邊，心口交枳，進退惟谷，譬如炎帝之嘗草，一日而百死，其難其苦，殆不啻一死而已也。今天子赫然震怒，誓滅奴以朝食。使公之書得進于廣厦細旃，備乙夜之覽，其必將愾然太息，憐公之志，而盡用其言于身後。後之君子，論其世而考其行事，然後知公之才果有所未盡，其用亦果有所未竟，而天之所以生公與其愛我國家者，信非偶然也。若余也，衰遲退廢，老而不死，進無所與于國恤，而退無以效于師門，撫公之遺文，忍痛而書其後，掩卷慟哭，不自意其强顔猶居此世而已矣。

崇禎己卯九月十七日辛未，門生錢謙益謹叙。

孫高陽前後督師略跋　清　蔡鼎　撰　（筆記小說大觀）

鼎之從愷陽先生也，是先生督關之明年，癸亥十有一年月也。鼎以辛酉受幕兵太僕河天玉先生薦，壬戌復受薊撫岳石梁先生薦，至京，居薊幕，往來京薊間，所上當道書言：「□且死，遼可復。五星聚張，有封建，官中赤祥，有赦黔，犯歲刑，主兵不利。」語聞諸公，鄉首輔葉文忠先生數引與論邊關大計，遂誦言于公。時薊爲遼後勁，公倚薊切，石梁先生交余密，故余不欲捨薊而關。

是冬，岳被言將去，送余詣公曰：「無負兄北來馬足。」公之初見也，曰：「望兄久矣，願聞教言。」自辰至午，披肝洞膈，退告幕僚曰：「蔡子了了，人言不謬。」是午，邀閱軍營，因論營制。又明日，邀閱芝麻灣。余曰：「大海洋洋，出奇之地。」公益屬余。又數日，邀閱龍虎營。營，閩卒也。余因言：「用水非此兵不可。」公優賞之。時偵卒言：「□欲以明年正月初三日，假西虜衣服取道喜峰。」關撫張鳳翼及關門大吏俱遣眷歸，商賈相率避去。公以詢余，余曰：「水星疾躁，法則占□，水伏不出，□未動也。以人事言之，相公當即以初三出寧遠，靜人心口，來而精騎在前，便可一戰。」公急決，邀余同行，余從此始關幕，而以師禮視公。

公令鎮道爲余議餼，余不可，曰：「書生不宜以口腹取時厭薄，爲且受餼，去留未便。」公遂不欲屈余，而以客禮處。余從居寧時，西虜以精騎聚寧東要，吾拔歸之，遼人東諜盡爲所得。余請與諸將擊之，師出大捷。然每爲公言，朝紳當有清流白馬之欲。公留心幹濟，留寧者三閱月，時共事競相讒搆。余嘆曰：「幕府尚若此，何疑輦轂。」遂辭西歸。公欲留之，余曰：「鼎來佐東征耳。此間無所用，鼎若師以秋行，當來赴訂期。」而別秋入京師。聞師期尚遠，以僉憲左浮邱先生留，因居焉。時左禍已不可解。十一月發京師諸關，意欲與公密商斡旋之策。到關之明日，公叱馭西巡。余謁曰：「師西行耶，覲聖耶？時事大有可商，當若爲易與以狃之，不宜造次。」公不聽。是日公行，鹿職方從余與杜武庫居守。瑺疑公與晉陽之甲者，時輔共承瑺意，嚴旨逐公。公歸，余曰：「邊塵不驚，邊人無可議也。惟當急爲調停。」公不聽余。鎮道謀曰：「事與可若是乎？」入都時乙丑二月也。

余以軍國大義説南東，而别令人爲鎮道説，當事解乃留，公不知也。既至，告公曰：「瑺烈方張不已，撲閒元規污人爲有去耳。」公爲涕泣，且陰詢帝星福禍。余爲著帝星論曰：「侯星大過于帝，而帝患青黑，嫌于小弱。」末云：「意者星聚河清，鳳見璽出，欲開中興之泰，而丙丁戊己不能無燒劫諫之灰。」公讀畢，嘆曰：「事至是耶！」又問瑺局，曰：「竟于丁卯。」公曰：「何以知之？」曰：「楊憲副劾瑺時，歲在辛巳歲末也，木數三計，其期在丁卯七八月間。蓋楊疏發于甲子七月也。」又問楊、左，曰：「歲逆執法，二公不免矣。」相對飲泣。後數日，余告去。公曰：「何遽捨我？」曰：「嚮以此間有封侯氣，欲來爲師傅成之。今細查，是亂人假竊耳。願師勿復言恢復。」又爲吉日攻車説，以八月後師行有忌，勸公早歸，公益泫然。余每見，方欲啓辭，而公已泪出。余不敢復言，乃以蕭客出幕，覓驢竟去。時乙酉三月也。

余去，公以七月出右屯，九月師渡柳河，折前鋒將李光先、魯之甲等，朝議沸騰，公引去。公歸，而瑺以邊勞開國矣。保定舉生祠，公不署名，事緣未舉。瑺以怒，必中以危。余歸，瑺以左故忌余，且謂余持左書囑公與晉陽之甲者。余裹足山中，不交市朝者三年。己巳，謁公于家。時上初政，朝端相望太平。關督袁公鋭以復遼爲己任。余告公曰：「時局又當决裂，袁跐舉矣。」公曰：「然則奈何？」余曰：「秋冬來，師當再出。肩危一切行笥，約略整頓。鼎來故爲是耳。」時仲夏五月也。

六月入都，鹿乾岳太常使人來促甚急。余過，鹿出袁勘馬帥三咨示余，嘆曰：「人情至此，勘皇賞，勘媚瑺，勘柳河失事。」語語彈射，且速公。余曰：「固知是兒心死久矣。我當一行，令彼必易。」鹿曰：「袁自戕師以來，目中大無忌憚，未可嘗試。」余笑曰：「彼何能爲，不吾易，吾不歸。」遂以明日去關，袁探得之嚴門者，不通以困。予往見趙帥，語侵之急，趙不能勘，泣告袁曰：「三咨不易，率教無死所矣。」無能且謂率教與恩臺實陷馬，以波及師相。率教無辭于無能，更何不出。知余來者，邀予。余入，申明大義，諭以師相造就之恩、馬帥八拜之盟，不可隨俗擠排，動以福難禍易，前事後師，袁無以復曰：「謹如教言。」

八月還京，走書告公曰：「□來近矣。當關者不支，必在師。」遍告當事，使早爲備。十月□入，天子從當事議，起公于家。公入對，余候公于朝房。公曰：「事果至是耶？」余曰：「中外直待師成款耳。」公曰：「聞之，無能以爲何如？」曰：「鼎固知師臺不可。」公爲微笑。時上方柄用公，而一時忌者以「通急，非公不可」逐公。公出東便門，余追赴之，而門已塞矣。公竊通去關，余後與馬帥至薊，欲詣關，而□破永平。馬曰：「吾兩人在薊，止與關犄角耳，何必往關。」然馬終不能用余，故余辭，而南□退。

余以八月至關，時趙帥死□，袁坐逆伏法，與公相對感泣。中朝忌公，欲歸公，而以遼事任邱撫，亦以遼自任。公累疏乞休，未允。余別公歸京，中樞梁公挽余，余留京師。

辛未春，梁以沈敏事爲御史水嘉允所劾，予復至關。公班役在京者密禀投公，謂梁事且及余，毋久居。余事平，公曰：「日來雖爲兄過計，然知兄自不可浼。」余曰：「兩年來，止以痴腸熱血幾罹不測。己巳之冬，有謂鼎等共詆袁督，實爲□行者；袁逮，又有謂鼎爲袁逆黨，欲行驅逐者，今復而而。總之，行易言殊，不當久處冗地。」留幕府三閱月。公每有所條列，必咨予，尤惕于往日三至之□，更加敬慎，不復以幕客臨戎矣。

秋七月，告歸。公曰：「無能歸耶？如此老病何！」余曰：「師歸近矣，其歲除乎？」公曰：「如此則非好歸。」余曰：「遼撫貪鄙輕躁，必敗乃事，惟師善計。」時大凌工築方半，公意欲留余同省凌工。余悚于世路，倦飛欲還，遂辭公歸，而大凌被圍，長山喪師，則遼撫之爲也。

□退，公上疏自列，因議改督爲撫，分關、遼、薊爲守，而力請去，上允公關，蓋是年除月也。

余歸，長卧白門，交游罕接。乙亥還閩，避地更遠。丁丑秋，嘆曰：「禍逼矣。踐土食毛，誰非臣子。豈二十年侈口天下者，可于近日遂不與天下同憂。」師又念高陽城小，不可當□，乃扶策北上，越戊寅春，始至定興，哭乾岳喬梓，告其孫孝廉靜觀曰：「速自圖，毋再及于禍。」蓋乾岳死定興之難，仁卿又痛父以死也。時容城孫鍾元者爲鹿直客，余謂鍾元曰：「逃將焉往？有死而已。」鍾元，蓋公與鹿之老友，均北方人杰也。丙子□入，鹿守定興，鍾元守容城，公守高陽，定興破，容城、高陽得免，二公之力。翌日晨，至高陽，刺入，公方盥，六世兄出迎曰：「師方盥櫛。」公出，喜曰：「今日可謂出于望外。數年懷想，無由得面。去歲，林掌科正亭來詢兄動定，云相去遠，雖知名，尚不能詳。晨起得刺心動，然謂兄未必至此，急欲得名閱之。方盥手濕，令家人代轉揭，轉誤不可得。及得，令人躍進。今日可謂出于望外，而精神矍鑠，意氣沉雄，殊不減癸亥、甲子時。至于目破蠅頭，飯常兼人，則余不及焉。」公亦謂余不類昔時瘦削者，以次問舍弟，詢小兒，詢前日諸厮，大都如家人父子，言言相悉，事事圖度，竟三晝夜不少懈。余别公曰：「鼎老且貧，不可再至。且干戈浸淫，南北將梗亦斷，不能再至。以鼎愚淺，朝廷國勢大有可慮。又慮今秋□來，師臺此城如何可守。故不遠萬里，特來相告，願師善計。」公曰：「守則守耳，餘亦無計。」相對黯然。因出所哭鹿乾岳詩百首示余。余退謂四世兄咸若曰：「斯誠難守，兄等如何爲計？余言止矣。」咸若曰：「兄豈不知老師，前非吾輩所敢出口者。天若助明，决無可慮。」余遂不復言計，入都與當事謀起公于朝，如己巳然，用以脱公，而濟天下。及抵都，大司寇鄭公元岳逮，大司農程公我旋、大司馬楊公文弱避客不面，惟廷尉王公虞石、今大學士前少司空蔡公静源頗善余言。款議起，余上書司馬門，深言不可，掌科何楷疏劾非是。司馬咎余饒舌，隱隱不相容矣。余説不行，痛哭南歸，聞者尚疑余過激。時季夏初旬也，京畿大水，次新城、雄縣者各數日，告張于度、王北愚、劉士望諸公謹備□，且寄諸靜觀、鍾元云：「望舟人安舟。」去高陽一舍地，盜劫從横，州人相戒，不敢出户，復痛哭而南。後錢牧齋過公，公問曰：「無能在京，每書言來，何竟不到？」錢曰：「正自不解。」冬，余入虞山，錢以公言告余。余方作報，仗錢爲達，而高陽監視大臣駡□慘死，合門就義之報至矣。容城、任邱、雄縣、新城同日報陷，于度諸公又不知何如矣。痛哉！余痛哭數日，眼爲之爛。牧齋來約余入虞山，爲位哭師，因以前後督師略屬余。余删繁摘要，爲萬五千言，用以信今垂後，因題其簡末如此。

車營叩答合編序

清　郭會昌　撰　（車營叩答合編）

嘗讀高陽孫文正公諸集，有車營百八叩者。文正創其制，以妙其用，而借以嫺文武將吏之韜略也。是時幕府多才，定興鹿公伯順爲尤著。文正在關，擴地四百里，賴其籌畫居多，嘗曰：「伯順在坐，使人匪幾盡杜，不止謨謀也。」其引重如此，則知有叩必有答，而答必多出鹿公。會需次保陽，嘗訪諸士大夫，或云：「當時軍機嚴密，皆以指畫地，本無鋟版。」或云：「兵燹之餘，久遭焚毁。」求而不得，竊嘗憾焉。

戊辰春，捻逆北訌，會捧檄查保屬團練，至定興，詣鹿忠節公祠，瞻公像，求公遺書。其八世孫欣理廣文，以四書説約及無欲齋詩集贈。至詢百八答，則云未之見。聞文正家尚存之，亦未知其詳，會謹識之。

由是而安州，而高陽，晤縣令張君墨林，亟以此書詢，適孫桂枝茂才，文正九世孫也，以公年譜進，因索百八答一書，則曰：「此鹿忠節暨歸安茅公、忻州杜公及同時諸將應我先文正公所叩者。客臘方購録于新城孔氏，君何知之速耶？」乃與百八叩并出見示。墨林謂余曰：「二百年不傳之書，不憚搜輯，復出于世，豈數公靈爽實式憑耶，抑天鑒忠藎，俾君作合于其間耶？」余喜墨林之先得我心，而孫生之不私所有也，遂携以歸，質諸同人，詳加校對，僉以車營圖、百八叩版就漫漶，盍合刻之，爰都爲一編。夫以孫、鹿諸公之經濟韜略，昭垂史册，會曷敢贊一辭，唯將得是書始末，存諸簡首，以志兩美之必合云。

同治七年三月，武陟後學郭會昌謹序。

車營叩答合編序　清　張恩煦　撰　（車營叩答合編）

車營一書，高陽孫文正公塞下筆也。百八答二卷，則定興鹿公、歸安茅公、忻州杜公諸僚所對。聞當日晝沙爲字，不欲機宜外泄，故車營百八叩書傳于世，而百八答無刊本，讀者憾焉。煦承乏高陽，訪孫氏，求其書，不可得。中州郭君景熙，博學好古，求其書于定興鹿氏，亦不可得。歲戊辰三月，同拜文正公遺像于師儉堂。公之九世孫座生名桂枝者，出繕本相示，云近始購之新城孔氏。捧讀之下，覺諸公當年塞上櫛沐風雨，聽晚鐘而入幕談兵，各抒己見，别有會心，運籌帷幄之中，决勝千里之外，至今猶凜凜有生氣，誠所謂胸藏數萬甲兵者也。謀付手民，以垂永久。二百年不傳之書，一旦竟成完璧，毋亦孫、鹿諸公之靈實式憑之，而郭君表彰前賢之功，亦并傳不朽云。

同治七年三月，東牟後學張恩煦謹序。

明太傅孫文正公車營序　清　陳守創　撰（車營叩答合編）

自昔薄文教者則曰：「安定國家，在長槍大劍，安用毛錐。」而斥噲伍者則又曰：「儒者自有名教可樂，何事于兵。」蓋略不相謀矣。不知致治以文，戡亂以武，二者相需，不可偏廢。但自古今來，文經武緯萃于一人之身者，簡册所傳，不少概見，獨有高陽孫文正公枚卜後，措天下于太平玉燭者垂十餘年，及其出守邊陲，再駕而人不能與争幾幾乎。撼山易，撼文正公軍難，則是入作鹽梅，出爲干城，古之韓、范，不是過矣。

余自束髮後，即聞公名，如雷轟耳，而特恨未嘗親睹其著作之行于世者，爲之惜也。迨壬辰歲，余承乏兹土，下車後，即得公所著高陽集，讀其諸奏疏，規畫時事，條分縷析，其相業蓋已窺見一班矣。閱數月，其曾孫名相者，又持其車營一册以示余，則洵乎文正公腹有甲兵，非托言調燮者可比。余嘆息久之，而其孫相因以問序焉。余幼學雕蟲，長又困于簿書，折衝之事，概未之前聞。惟讀漢史，至衛青以武剛車自環爲營，亦知有車營之説，但不過想像其大略，至其奇正分合所以然之制，則不可得聞也。及閱是書，其布置棋跱，燎若指掌，遵于古而又不泥于古，真得運用存乎一心之妙。今雖未獲親歷其境，披讀之下，仿佛如細柳營中，旌旗壁壘，毫不可犯。噫嘻！觀止矣。然此亦陣之一端耳。蓋有無一弗精者，諒不徒一車營已也。昔元之伯顔稱廉希憲爲真宰相，漢之文帝稱周亞夫爲真將軍，若文正公，則合二人而一之，誰謂文經武緯之不可萃于一身哉。余故多文正公之爲全材，而嘖嘖稱道弗衰。至車營之妙，則精于韜略者自能領會，而又無事余之多贅也。是爲序。

賜進士第、文林郎、知高陽縣事、前翰林院庶吉士、高安後學陳守創謹撰。

孫文正公車營跋

清　王餘佑　撰　（車營叩答合編）

車戰一道，自春秋以還，代有其人，人有其制，而酌古準今，得失利病，區畫無遺，則文正公此制集其大成矣。始于馬滄淵大將軍呈其式，屢呈而屢不合，最後公方喻之，制成團練，分合變化，捷于呼吸。其運用之妙，惟鹿忠節公車營説盡其概。大要不出「我欲行，敵不能使之止；我欲止，敵不能使之行」二語，而其精思妙理，百端并輳，尋繹無窮，則在百八叩一編，浩乎，淵乎，不可揣摩矣。

昔年吾邑于度張公、養邃孔公，皆忠節高足，刳心世務，與先師孫徵君曾親到關門，觀其規略，深服公布置宏遠、制作精詳，非常人所及。歸來與余草廬抵掌，每一挑燈，輒至五鼓。不意世故紛紜，二公皆以松柏之操，埋骨首陽，余亦流耕岩瀨，絶口不談世事。

壬戌冬，公孫紫淵從余破囊中搜得百叩一編，持歸補其家集，既而走字，囑余爲序而藏之，以傳久遠。噫！此事往矣，燕雀堂中，圖淹歲月，世無過而問津者。此道幾何不爲塵飯土羹也。雖然，諸葛武侯鞠躬盡瘁，創爲八陣，至今魚腹（復）沙中，縱横列石，江流不轉，豈非精誠所著耶？況此編條分縷析，精誠所被，俱足千古，收而存之，可以補孫、吴所未備，安能使間世奇猷泛泛與草木同腐乎。詩云：「魚鳥猶疑畏簡書，風雲常爲護儲胥。」三復斯言，令人神往。

五公山人王餘佑跋。

車營叩答合編跋 清 段福廣 撰 （車營叩答合編）

甲辰夏，需次保陽，知有高陽孫文正公車陣圖、百八叩，并聞有百八答，亟求之，不可得見。後十餘歲，百八叩始有鐫本，閱之，不喜自勝，而終以未見百八答爲憾。戊辰春，同鄉景熙郭君，因差便，輾轉搜尋，始得自文正公之裔孫茂才某，急以示。余展卷玩誦，見其籌畫精詳，議論奇確，一時幕府多材，洵爲古今所未有。嗟乎！文正公之忠貞大節，昭垂史册，毋庸贅，即此車陳圖之制作精深，茅、鹿諸公之韜鈐曉暢，今得合梓以傳，豈非千古盛業哉。觀公叙文與其僚佐每切切然以漢之武侯、唐之晋公相敦勉。嗚呼！無不及矣。因不揣固陋，聊付數語于後，以志景仰之私云。

同治七年，歲次著雍執徐塗月穀旦，覃懷後學段福廣跋。

車營叩答合編跋 清 劉福齡 撰 （車營叩答合編）

戊辰春，景熙得孫高陽車陣百八答于其裔孫，喜而示福曰：「延平之劍失必合，子其爲我校之，將并刊焉。」蓋問之不與答合，二百年于兹矣。福嘗嘆黄帝握奇武，鄉八陣，詮解者，言人人殊，罔識聖賢創造之意。今問、答兩存，庶幾與姬姜、唐李之問答并垂不朽乎。雖然，法迹也，兵心也，想文正與其參佐對踞畫沙，成此巨製，與冉氏兄弟之規畫釣魚城何异。岳武穆之言曰：「運用之妙，存乎一心。」建牙吹角者，勿徒泥其迹而仿之，致取譏爲鵪鴿車，則文正之幸，抑車營叩答之幸耳。

隆慮劉福齡跋。

車營百八答跋〔一〕　清　鹿欣理　撰　（車營叩答合編）

先忠節著作，如四書説約、文集、無欲齋詩，皆有藏板。認真草十五種，雖無藏板，猶有藏本。惟百八答一書，則第聞之而未之見也。良由當日軍機謹密，繕本無多，一經劫灰，片羽吉光，難獲睹。高曾以來，訪求幾遍天下，迄以不得爲憾。戊辰春，郭景熙大令奉差到定，詢及是書，亦復相與悵悵。郭公旋赴高陽，不意竟得之文正後裔，而孫生亦甫得諸孔氏。夫以二百年失傳之書，一旦復見于世，卒與百八叩合成完璧，豈偶然哉。而吾家歷代求之未得者，今可壽諸梨棗，與説約諸書并藏之矣，尤吾家之深幸也。郭公先謀付梓，以公于世，命校亥豕，恭書數語，以志幸，并感謝郭公購求之力云。

定興鹿忠節公八世孫欣理謹識。

【校記】〔一〕篇題爲整理者所擬。

車營百八答跋後　清　孫炳文　撰　（車營叩答合編）

炳不敏而從戎，有志讀先人書，力不逮焉。舊作有蕉窗十則，日練兵籌餉，御將安民，鷹逐狐疑，分攻合擊，正本清源，稿成拍掌自笑曰：「古之運籌决勝者，無乃亦若是歟。」時壬子八月，中庭月白，露澈雲衢，仰見秋色澄清，朗人懷抱，俄而儼若有思，莫知所嚮，恍忽見有排闥而入者，衣冠樸潔，舉止雍容，袖出車營百八叩，口授指畫，意絮絮不少休。炳俯首悚聽，覺關門二百里外之形勝，旌旗煥彩，壁壘重新，不啻置身于戎馬間也。言畢，拂衣而出，復回顧曰：「文正公揞拄乾坤，功高天下，識此即可想見一班。」炳謹應之曰唯唯。適門外有呼茅先生，遂去。少頃，聞隔壁有朗誦聲，審諦之，蓋旭日東升，同塾讀歐陽秋聲者，方知嚮者爲夢，心竊异之。乃急取百八叩，條分縷析，援筆志之。事誠奇矣，亦未敢遽以爲真也。

去歲秋闈赴都，偶遇孔氏于正陽門外，導至寓所，室廬精潔，湘簾棐几，雅雋非常，又有別室，書盈四壁，內有督師紀略并車營百八叩，知爲先文正遺書。道及當年情事，因念百八答胡以不傳，是誠遺憾。孔慨然曰：「是書君固未見耶？」即啓篋，取一帙付炳視之，定興鹿忠節、歸安茅、忻州杜三先生百八答，而先文正所編次者也。甫閱數頁，頓憶前夢，語似相符，亟請借鈔，藏之宗社。繕畢，賫厚幣往酬之，至則闃寂無人，移居已久矣。於戲！茅、鹿諸公參僚關外，雄才大略，震鑠古今，而百八答一書埋没二百餘年，忽傳之于夢，又得之于孔，豈以炳懷想先人精神所結，而恍忽遇之耶？抑以孔氏多藏先哲秘書，而資以取信耶？其果夢耶，其果真耶，抑真即夢、夢即真耶？何再訪孔氏而不遇，倏來倏去，竟若與茅先生同耶？因念經留壁中，書遺圯上，凡神物之有呵護者，大率類此。鬱久必發，數極則通，豈非有關于天時人事哉。炳擬付梓，而絀于力，謹志顛末，以俟賢者。

同治戊辰四月，高陽孫文正公十世孫炳文謹識。

車營叩答合編跋

清　鹿學尊　撰

（車營叩答合編）

憶自髫齔讀書，先大夫嘗語曰：「昔忠節公贊高陽幕，有百八答一書，失傳已久，累世求之，不可得。」惟聞先人口授三四，則云某答而已，尊敬識之。及長讀百八叩，心佩之而不解其義，每以不見答爲憾。戊辰春，郭景熙大令到定興見訪，談及是書，輒相嘆惋，謂：「廣陵散果不復在人間耶？」越月得郭公書云：「已獲百八答于文正公家，蓋轉購之于孔氏者。」郭公純學偉略，氣概不凡，誠天假之緣，以發此奇蘊，因與劉夏、段傳諸君子議付剞劂，以廣其傳。時尊叔父名欣理從戎過省，僅得一見。尊以教習，羈絆京師，未克相與探討。今歲初夏來會垣，遂得與諸大君子細加校閱，旋復訪于文正公十世孫炳文茂才，取其抄本，詳辨舛訛，得讀跋後一篇，其遇甚奇，始知郭公之得于桂枝茂才者，即由是轉抄者也。因更索其舊本百八叩，搜檢遺漏，内有五公山人暨高陽令陳公兩序，皆能洞徹源委，開悟後學。又有後勁圖一幅，熟視之，乃恍然于先忠節之前鋒、後勁説所謂「得力在後勁」者，殆即此歟。爰亟商于諸君子同補刊焉。書既成，囑尊跋而志之。尊年少未嘗學問，何敢贅一辭，惟每讀忠節遺集，恒于兵事未能燎然在目。今獲是編，嚮之昧者以明，而憾可釋矣。夫二百餘年不傳之秘笈，一旦幽光闡發，炳若日星，脱非郭公好古敏求，精心採訪，始終不怠，其不至于湮没不彰者幾希。延平劍合，趙氏璧完，未足以喻此快。微獨孫、鹿兩氏子孫之幸，亦海内運韜鈐、建旗鼓者之一大助云。

同治八年四月上浣，定興鹿忠節公九世孫學尊薰沐謹識。

督師拾遺百八叩説叙

清　郭會昌　撰

（車營叩答合編）

會既與諸同志謀刊叩答合編，工將竣，適鹿拔萃學尊寓書相告曰：「嚮幸得讀百八答，今于孫炳文茂才家又得文正公百八叩説一卷，請續梓于叩答合編後，厘爲四卷，以成完璧。」會讀之，喜不自勝，以爲得未曾有也。藉非文正天資學力超絶人寰，誰能于叩答外更參一解。爰取叩答參觀之，深謀遠慮，變化無窮，雖以李、衛公之問對，弗是及也。其亟梓而合訂之，而文正當年之苦心，想亦爲之一慰。諸同志以會始終其事也，復求弁語于簡端。會竊恐言之未當，于書中義藴無所發明，而復念文正當日規畫榆關，仿佛岳家軍之不可犯，所以抒九重之憂、慰萬民之望者，豈淺鮮哉。後之人管窺蠡測，詎喻高深。然會展讀再四，欽佩難名，竟有不能已于言者。始見叩，即致疑于不能答，既見答，更敬服答之已詳且盡，而别無可説，而公復有是説也，必其于叩之中多所引伸也。不然，必其于答之外頓開异境也。又不然，必其于叩答既成，寓目愜心，遂不禁言之不足，而長言之也。而要之，公之爲是説也，豈徒矜韜略之淵博云爾哉。誠以兵，凶事也：戰，危機也；一言之得失，萬命之所係也。臨時而説之，恐泄機宜也；先事而説之，冀窺奧窔也。久之，心領神會，觸類旁通，且將以不説爲説矣。

公之説，詳公之意，深哉！會于此，竊有感焉。時當晚季，國祚將移，冀入輔者有之，願出鎮者誰乎；諱言亂者有之，敢談兵者誰乎？而公竟以閣部而力請督師，獨當一面，日與鹿忠節諸公口講指畫，制勝出奇，復疆域數百餘里。議者以公爲榆關之長城，信不誣也。孰意忽則將相，忽則佚老，致令讀其説者，動以「早謝兵權，未酬夙志」爲公惜，而不知可惜者不在公也。使其説行，上之固可以安社稷，下之亦可以庇人民；即其説不久行，當時既可爲將佐式，後世且不獨爲子孫法。古云三不朽，立言居一焉。睹是説也，謂爲公之言也可，謂爲公之德與功也，亦奚不可。迄于今，公往矣，而賢裔茂才猶與鹿拔萃，均以英年隽秀，振其家聲，篤其世好，而且善讀祖書，交相勉爲有用之學。是刻也，既賴其搜羅，以贊成之，又資其校讎，俾免魚魯，藉非貽厥孫謀、克昌厥後，曷克臻此。此會之所以不能已于言也。至于拾遺之義，則有拔萃之叙在。

同治八年，歲次己巳夏六月，知任邱縣事武陟後學郭會昌謹識。

督師拾遺百八叩説跋　清　鹿學尊　撰　（車營叩答合編）

文正公拾遺一書，鄉無録本，世亦不多見。大抵著于前後兩督師紀略之外者，别標曰百八叩説，則又拾遺中之一種也。當文正初至關門，經營四載，先忠節公無日不在左右，故前後兩督師略皆公爲之序。是説也，又與爲校訂，想見當日戮力同心，共圖大計，人擬之裴晋公與韓昌黎同謀淮、蔡，洵不誣也。嘗讀先忠節榆關草，至答友人問邊事暨與兵垣書曰：「談信心，不如談盡心。」又曰：「鈐閣意起，鬼神莫測。」今讀是説，而知當事之心之所以盡也。既叩而復答矣，尚有遺義之可拾乎？然兵，陰道也，陽用之則敗，不有是説，不足以神不測之用，至其中或與前答互相發明，或于答外别抒妙策，大抵盡心二字括之矣。

己巳夏，尊既校叩答合編于省垣，孫茂才炳文復以是卷見示，云亦自新城孔氏抄來者。因請于郭公景熙暨諸君子續刊于叩答之後，輯爲一書。劉公介卿謂與姬姜、唐李之問答并美。至是乃更詳且備歟。然尊尤有説者。文正公遺書尚多，孔氏之韞藏與茂才之搜訪，皆有心人也。倘由此因端竟緒，網羅散失，相續于無窮，不使督師巨製多有所遺，而人人得而拾之，則更天下大快也夫。

定興鹿學尊敬識。

重刻孫高陽車戰圖并百八叩答説合編序〔一〕　清　鄭獻甫　撰（車營叩答合編）

功名之列，由忠義之氣，而兵不徒恃氣也。稽考之精，由博洽之學，而言兵不徒恃學也。戰國以後，騎兵既興，車兵殆絶，而史書所紀漢衛青以用車戰而勝、唐房琯以用車戰而敗，此豈有軌轍可循哉。明季之孫高陽，漢季之皇甫規，宋季之虞允文，功雖未成，材則特出。嚮傳有車戰圖刻本，風雨離合，龍虎變化，令人想魚腹浦遺意，而别有百八叩，并有百八答，又有百八説，皆提兵守塞時與幕中鹿忠節等畫灰作字者。習聞其事，而未見其書，乃展轉求索，或先或後，竟得次第續出，成完帙，亦奇事矣。

壬申秋，忠節裔孫滋軒太史爲吾鄉太守，令欲重編而刻之，出以相示，驚爲創獲。舊本隨先後所得，各爲分編，今擬合編，使一叩、一答、一説相次而列，俾閲者相悦以解，餘則仍其舊。太守以爲然，因命爲序。獻甫竊念魏武注孫子，杜牧亦注孫子。觀杜所上李衛公書，非不知兵者。然如謀攻篇「十則圍之」，曹注言：「操所以倍兵圍下邳，生擒吕布也。」九變篇「城有所不攻」，曹注曰：「操所以置華、費而深入徐州，得四十九縣也。非徒知之，蓋先蹈之。」一此豈杜書記所能爲哉。胸中甲兵所以异于紙上語言也。世有能讀此帙者，請以此觀之。

象州後學鄭獻甫謹題。

【校記】〔一〕本篇輯自光緒六年粤東官廨鉛字排印本車營百八叩答説合編。

重刻孫高陽車戰圖并百八叩答合編序〔一〕 清 鹿傳霖 撰（車營叩答合編）

謹按車營圖及百八叩一書，乃明季高陽孫相國文正公督師關門時，與僚佐商榷兵法所著。先忠節公爲文正公高弟，軍中贊畫尤多，故家藏此書抄本，世世珍守，惟兵燹散失，每恨不得其答，更不知有所謂説也。不意二百餘年搜求不得者，今文正裔孫炳文竟一旦得之，不獨有答，且更有説。使當日談兵精義，後人可以窺其全，而神游意會焉，可不謂大幸哉。且閲炳文所述得此書于孔氏之由，則又神奇變幻若有神物爲之呵護而指示者，安知非文正公之靈爽所憑，不使湮没不彰，特出而垂示後世，以爲善用兵者之一助耶。

庚午冬，傳霖自粤入覲，便道旋里，是書已刊成。猶子欣理從孫學尊驚喜以告，共相慶幸。傳霖受而讀之，藏諸行篋，以原刻潦草，擬重爲刊校。爰質諸象州通儒鄭小谷秋曹獻甫。鄭子讀竟，概然曰：「是書之出，非偶然矣。但是刻分編各列，不相貫串。不若以叩、答、説合而爲一，次第編列，使讀者易于探索領會。」傳霖曰：「甚善。」請爲之序，將付梓人。適以移官嶺南未果。己卯秋，權守廣郡，同年袁惇哉大令博學君子也，藏書甚富，製有活字板，凡秘書未刊者，皆可鱗集刷印。因出是書，商之袁君，即按鄭君所訂合編，另爲編叙次第，而以原序原跋，各附于後。爰叙其顛末于後。

時在光緒庚辰仲春月，忠節七世孫鹿傳霖謹識。

【校記】〔一〕本篇輯自光緒六年粤東官廨鉛字排印本車營百八叩答説合編。

車營總記

明　鹿善繼　撰

（車營叩答合編）

予以春杪至自寧城，而車營成，憑軾觀之，其事可使由，其義可使知也。夫車于兵爲樊垣，微獨遏衡衝突爲守也。守以應來，發以應往，握奇于中，運奇于外，漢大將軍之擊胡也。環車爲營，而縱奇兵出擊。晉討樹機能，以八陣作偏箱，且戰且前，則車有騎有步。然不言火器，即吴璘之疊陣，祇憑弓弩耳。近者，火器之用急，而不以合于車，且不以憑車爲疊陣。今法疊陣，而麗銃于車，兼弓弩于火器，憑偏箱而用之，則銃與車合。夫制敵之法，在于不窮，無銃則車窮，不疊陣則銃窮。銃之貴子母，爲其不窮也。然銃與車合，猶步也，百里者日，千里者旬，倏忽散集，而整需之，而暇應之。惟騎無精騎以佐步，則敵將不來，我將不往，而敵得以輕騎肆我，或未列薄我。即有所以挫其鋭者，又誰爲之，乘其靡，宜矣。步之合于騎也，法有因兵，有因糧，顧何得恃因而疏備，轉戰千里，下狻逋于堅城，法當以可因之糧，食可因之兵。我不自爲備，將馬步之俱窮，宜矣。戰之合于輜也，凡戰、輜、步、騎，各有所藉，即各有所爲藉。其各爲藉者，得相衛。其各藉者，不得不相資。相衛猶待指揮，相資則不言而喻，不窮之術也。天下事，渾責之，各佚于利害之外而疏，專屬之，身入于利害之中而親，假令戰輜步騎統爲備具，而不于統備之中有分屬，則身不親而易窮，法使某步、某騎同功同罪，而又同待哺于某輜，常爲行住，急爲應援，細爲樵汲，情有緩急，途有夷險，罔不事相榷、步相顧也。其内護之，若四體之于腹心，其相爲以爲合也。至于一乘、一衡、一衝，層累而爲督，復有督之督内之直達者。不梶于前，乃使外之横亘者，不縮于後，而中央有握奇，四隅復有伏奇兵，以正用，以奇勝，是所以藏運用而裕不窮也。若夫分數既明，聚衆若寡，方、圓、曲、直，隨地制形，喻者且以數珠盡其變，故義可使知也，乃在事可使由，法曰「無窮如陰陽」，其庶幾乎。

天啓四年春，賜進士第、兵部清吏職方司主事、門人定興鹿善繼撰。
右部總兵官王世欽、中部經理總兵官馬世龍、左部總兵官尤世禄同校。

前鋒後勁説

明　鹿善繼　撰　（車營叩答合編）

余聞劍有鈎、竿、蒙、須、鐔也，而用在鋒，然牌不薄不斷，脊不厚不入，故劍之爲用，在前薄其脾爲鋒，後厚其脊爲勁。古稱兵有後勁，今或不用車，而偏以鋭當前，故前之鋭若瑕，而後之弱先潰，遂令前之鋭者，以返顧而瑕，可使數十萬爲烏合，即可使數十萬爲鳥散。然莫爲之前，則慮無不舉，而猝當敵將，車不得方軌。今法簡步卒，習火器，習短兵，而衛以車，即人不必精良，而有技有車，當不致猝遇敵而失措。其騎卒之在車，有權奇，有伏奇，固自爲前鋒，自爲後勁，而大將軍建旗鼓，合衆軍，營之全局，法在神參乎衆車營之中，而氣行乎衆軍營之外，則舉衆車營之前後左右，盡以大將軍之氣神，周浹連貫，如海之怒濤，相逼而東，當則推之，陷則没之，法略如車營。其兵純以騎，其器參用矢炮，盡簡精良者充之。蓋營有握奇，而大將軍握衆奇之奇，其前則猝遇之，即以當敵，而更使車得當敵之用，乃其後則既已張其膽，使之進，更以一其志，使之必不得退其兵，似爲車用，而乃以用車。夫有進無退，則人盡爲勁，以全其鋒，而十百成千萬之用。蓋如劍然，合鈎、鐔爲體，而其用在鋒，其得力在勁。

天啓四年甲子春，賜進士第、兵部清吏職方司主事定興縣門人鹿善繼撰。

孫氏詩鉢序

清　李塨　撰（恕谷後集　卷二）

顔習齋先生嘗言：「詩文字畫，爲乾坤四蠹。」或者疑之，曰：「他無論，如三百篇，先王所傳，孔子所删，後之吟哦者，皆祖焉。可謂之蠹乎？」顔先生曰：「子不見今之爲詩文者乎？梁王繹敵，兵臨城，猶君臣倡和爲詩。及敗降，魏焚圖書十四萬卷。吴三桂畔，聘一名士主軍謀，則善字畫鎸圖章者也。在戲下方搦刀筆，曰某畫某傳，某波某法，問以軍事，睨而不言。無何，被擄死。詩文之禍，至此其極也。」乃今閲孫氏詩鉢，而定其説詩之爲道，内出于言，而外成于樂。言，心聲也。詩者，言之有韵者也。去詩，是去言也。長言之，咏嘆之，而形爲舞蹈，節以金石絲竹，是爲樂。去詩，是無樂也。高陽孫文正公，以社稷大臣，出爲經濟，卒成忠節，故其家傳，著爲歌咏，一唱三嘆，皆有聞鷄蹴足、揮戈挽日之思。令讀之者，流連感泣而不能已。是固本于言志、極于協律者矣。誠可以興、可以觀矣，豈以爲蠹而去之。若其一蓴一葉，玩愒光景，一羽一毛，刻鏤象態。置君父，遺禮樂，而惟破心疲精于蟲吟蝸迹，致乾坤無一撑拄之人、經理之士，則誠世道之蠹也，而亦詩鉢之所深斥矣。詩鉢者，文正公與其考功兄相酬應，而諸子繼之，仲孫紫淵實纂爲集。其子浩莽即以紫淵詩殿焉。是風雅之遺也。孔子所謂「邇之事父，遠之事君」也。

附録三

孫文正公年譜

明　孫銓　編　　清　孫奇逢　訂正

卷一

公諱承宗，字稚繩，别號愷陽。其先河南湯陰人。高祖諱遇，永樂間來高陽，居城北二里之西莊，因家焉。遇生懷，配李氏。懷生逵，配蕭氏。逵生麟，配張氏，是爲公父。皆以公貴，贈特進光禄大夫、左柱國、少師兼太子太師、兵部尚書、中極殿大學士。妣皆贈一品夫人。公父俶儻闊達，耽詩酒。歲大祲，族里仰給以生，傾家應徭役，産益落。其任性好施，自如也。公生四子。叔諱敬宗，由舉人仕至兵部職方司員外。公其季也。公不忘湯陰，詩文時稱「相臺居士」，或「鄴下生」。

嘉靖四十三年癸亥正月，公始生

公生時，多异兆，以幻而難憑，故不載。

嘉靖四十五年丙寅，公四歲

口授韵語，一再過輒成誦。

隆慶二年戊辰，公六歲

學屬對，出語驚人。

隆慶三年己巳，公七歲

公父欲以公嗣從弟，公不肯。後叔卒，公官諭德，哭踴如子，爲之立嗣。

隆慶四年庚午，公八歲

出就外傳機警，通孝經義。

萬曆元年癸酉，公十一歲

兄職方公授以易，往來西莊，遇風雪。職方公欲負公，公不肯，努力跋涉，兄弟相含涕而笑。五經、諸史皆職方公所授。

萬曆三年乙亥，公十三歲

是年，應童子試。州里稱异，郡守亦奇之。

母夫人早夜課讀，述范滂語以勖公，公勤識之。後遇神宗覃恩，孫淇澳擬敕命曰：「范滂之母。」

萬曆六年戊寅，公十六歲

以易經補博士弟子員，名在第二。督學署其牘云：「古誼敦靈如龜鑒，忠肝堅信若鐵石。」

萬曆七年己卯，公十七歲

是年，娶王夫人。

科試第一，食餼。

萬曆八年庚辰，公十八歲

同職方公歲試，公名第一，當倍賞。職方第二，以舉優行賞，又當倍。督學甚喜，令兩吏代持之，謂縣令馬原齋曰：「平輿二龍，是家且大。」

萬曆九年辛巳，公十九歲

二月，母夫人張氏卒。

萬曆十三年乙酉，公二十三歲

謁楊忠愍祠，有詩。

十二月，長子鉁生。後以天啓辛酉選貢，知高苑縣事。戊寅，高陽城陷，乘勝東下，圍高苑，時鉁已丁艱報代，猶力保孤城，事定，始奔喪。

萬曆十八年庚寅，公二十八歲

文安姜中丞延至京師，使仲子楊武受戴記，叔子經武暨長孫鉁受易，公内侄王策與焉。以毛詩授其婿王升。後楊武成進士，策、鉁登賢書，經武亦知名，升入翰林。姜公以女孫字公長子。

是歲，輯高陽志略。

萬曆二十年壬辰，公三十歲

兵備道房公延公讀書易水，每誡其子曰：「此吾師也。爾善事之。」

三月，次子鈐生。後中萬曆壬子鄉試第十七名，暨妻齊氏、兩子之沆、之滂殉公難。

萬曆二十一年癸巳，公三十一歲

是歲，選貢第五。

萬曆二十二年甲午，公三十二歲

四月，以選貢廷試奉天門，對禦倭策萬言，文不加點。適西華門灾，紅雲覆五鳳樓，午後完卷，口占即事詩四絶句，末云：「黄扉更問平夷策，應説書生抱六奇。」

八月，中順天鄉試第五名。總裁劉庶子應秋、蕭德諭良有，禮經房陳行人治則。

萬曆二十三年乙未，公三十三歲

三月，繼母曹氏卒。

鄒公泗山使其子匡明、承明從學。

萬曆二十四年丙申，公三十四歲

正月，公父贈公卒。姜中丞璧爲之狀，鄒洗馬德溥爲之銘。

萬曆二十七年己亥，公三十七歲

雲中巡撫房守士延公讀書官署，忽兵噪，鼓聲如雷，闔署莫知所爲。公教令吏書榜示曰：「嚮某道領餉，嘩者斬。」兵士從門隙中窺見，哄然而散。房執公手而嘆曰：「非吾所及也。」

時登恒山，涉桑乾河，仗劍游塞下，從飛狐、拒馬直走白登，又從紇干、清波故道南下，結納其豪杰，與戍將老卒周行邊壘，訪問要害厄塞，用是曉暢敵情，通知邊事本末。

五月，三子鈴生。

萬曆二十九年辛丑，公三十九歲

時學使試士于易水，有儒童夜行，爲隸卒所窘辱。公遇，怒叱之，詰其名，欲付有地守者，詰旦，嗚之官，遂屈服。儒童得釋，争傳其事。余自此始識公。公鐵面劍眉，鬚髯如戟，聲如鼓鐘，殷動墻壁，方嚴果毅，不苟言笑，人望而畏之。

萬曆三十一年癸卯，公四十一歲

六月，第四子鉁生，後殉公難。

九月，入長安，讀書善果僧舍。有松千百環亭，風叟叟，因名其亭曰「松濤」。有松濤制藝行于世。

萬曆三十二年甲辰，公四十二歲

二月，會試，中百十五名，殿試第二名，除翰林院編修。

萬曆三十三年乙巳，公四十三歲

進階文林郎，記注起居，編纂六朝章奏。

十月，第五子尚寶司丞鑰生，後殉公難。

萬曆三十四年丙午，公四十四歲

縣令錢梅谷擒大盜蘇守果，多牽連誣陷，公力雪之，全活甚衆。

萬曆三十五年丁未，公四十五歲

公在翰林，持己甚峻，不隨班拜先達，于人不可得而親，不可得而疏。

萬曆三十六年戊申，公四十六歲

公請假歸里，偶過容城，鄉同年陳見齋已殁，無子，扣扉拜母，拯其家饑寒，且囑縣令袁曉屏存恤。

是年，有渌水吟刻。

萬曆三十七年己酉，公四十七歲

十二月，第一孫中書舍人之沆生，鈐之長子，後殉公難。

萬曆三十八年庚戌，公四十八歲

會試，公分校春秋，得陶崇道、錢謙益、傅宗龍。又于禮記房酌定王象春、包鴻逵，皆一時知名士。

萬曆三十九年辛亥，公四十九歲

公貽余詩。

萬曆四十二年甲寅，公五十二歲

升右春坊右中允，兼翰林院編修。

敵襲福順、清河，分兵四路進攻，我師敗没，已而開原、鐵嶺并陷，擒西部宰賽，滅北關，要結原暖兔、炒花諸部，脅服朝鮮，執益張。朝議倚遼撫熊廷弼，謂能辨敵。公曰：「未也。當大事，須置身天宇之外，俯視所營，乃能洞悉情執，使敵在我目中。今我爲遼事所圍，敵見我，而我不能見敵，惴惴懼敵之入我室、發我屋，曾暇及藩籬之外乎？一城挑三道河，虎皮驛破不能救，枝斫膚剥，而曰護其本根，樹其能久乎？」詞垣争扼腕論兵，有事招練，公守官自如，而舉朝皆視歸公乎。

徐玄扈談兵，每疏兵事，其造器甲火炮，以异術自負。不知玄扈者，或訕笑之。一旦東事急，中朝人人惴恐，遂交薦玄扈練兵。無何，東事緩，遂劾玄扈去。同館餞送門外關公祠，公笑謂玄扈曰：「今安歸？」曰：「静海有薄田，就養于此。」公曰：「正好優游近郊。東事且起，又請兄矣。遠不及事也。」衆哄然别去。無幾何，東事急，玄扈果以薦起。乃笑曰：「兄乃作讖，今再來矣。當云何？」公笑曰：「僕乃辦榼酒，伺關公祠。」衆復哄然。後事緩，果又劾退。

九月十二日，第六子鉓生，後殉公難。

十二月，第二孫之湜生，鈐之長子。

萬曆四十三年乙卯，公五十三歲

五月，東宫有梃擊之變。御史劉廷元以風顛蔽其獄。閣臣吴道南密以諮公，公曰：「事關東宫，不可不問；事關皇宫，不可深問。龐保、劉成而下，不可不問；龐保、劉成而上，不可深問。獨皇上能了此，須輔臣密揭啓之。」道南謝曰：「謹受教。」于是梃擊之獄定。

典南京試，爲人序諫草，及發策，頗著其語，主風顛者銜之。

萬曆四十五年丁巳，公五十五歲

是年，内計忌公者，議出公于外。掌院劉一燝曰：「孫公乃國之元氣，誠不忍阿附黨論，得罪天下萬事也。」力持之，乃止。

萬曆四十六年戊午，公五十六歲

公假歸里，作職方公狀。

正月，第三孫之澋生，鈐之第二子，後殉公難。

十一月，公原配王夫人卒。

十二月，第四孫錦衣之滂生，銓之長子，後戊寅爲公疏請祭葬，梓公全集于閩。

萬曆四十七年己未，公五十七歲

升左春坊左諭德兼翰林院侍讀。

或問：「皇上似有輕視士大夫意。」公曰：「人臣見利則趨，見害則避：有一好缺，尋争赴之；有一不好缺，争避之。主爵者僭以攬政權，臺省僭以行愛憎，而士大夫利害之路明，趨避之計工，主爵者與臺省之權重且貪黷。日聞皇上四十餘年天子，經閲十倍于朝臣，安得不輕。即如一同考官，六部合争之，一部分争之，至騰之章疏，而邊方險危，及一切清苦之地，則百計脱卸，而不知耻。尚有可去而不去，不可來而來，種種不當于天下之公心，安得當聖心。」時問者方自鈔關來，又求充考官，故語及之。

嘗謂孫藍石侍郎曰：「人臣立身不當僭人，亦不當爲人借。公初以名諫議，急病遽歸被謫，曾不借人；今方爲人倫冠冕，必且慎交接，正直是與，無爲人借。」藍石拜而謝之。

十月，第五孫之澺生，鈐之第三子，出嗣五子鑰，後殉公難。

萬曆四十八年庚申，公五十八歲

神宗不豫，方中涵擬大赦遺詔，已與總憲張誠宇定議，屬公爲草。公謂：「如此大事，何得謀之一兩人而定，當與各官裁酌，無濫無遺，方可頒行天下。倘以一兩人而定，無論此一兩人爲天下口實，即政府能任此口乎？」

公擬補切要三事：

一、枚卜。方曰：「枚卜已點兩人而未下。若再説，恐于兩人有妨。」公曰：「此擬草者恐礙獨相，知人而不入耳。若此時而語不及，寧得再諉上意乎？宜詔内閣明説已點某某，即令入閣辦事。閣務殷繁，時艱孔亟，仍推才望幾員輔理如此，則閣下之情事昭然，而貽謀乃善。」

一、復論礦税得罪者。方曰：「礦獲遺者，似已無人。」公曰：「滿朝薦何棟如輩尚在，當與以言廢者同復；其物故者，亦當與諸死者同恤。」

一、發帑于邊。方曰：「發帑亦大難事。東朝慎用不減，今上恐難置口。」公謂：「人臣做事，豈得豫擬于頒詔之先。使璫請令于東朝，候其定數填入。即有不可，不妨再四堅請。」後果允二百萬。

神宗當升祔廟，文武集東閣議祧。公以庶子在列，楊給事漣主祧睿宗。李騰芳爲禮部侍郎，大聲曰：「次當祧孝宗。孝宗深仁厚澤，似當從容，不如且祧睿宗。」公曰：「國家祧典，不遷之外，仍論功德乎，論世次乎？倘世世功德，世世不祧；世世不功德，世世祧乎？士大夫祖父有不善，遂置而不祀乎？聖子神孫豈不能盡，世世祀之而有祧者，以義制禮，不可過也。祧之原非忍，則所祧之祖未爲屈，要以合禮耳。更以情論。神宗皇帝于睿宗，曾孫也。祧曾祖也，再世則猶武宗也，再世則世宗不遷，而穆宗矣。親盡之義謂何？將世世祧曾祖乎？親盡之義謂何？」乃罷祧睿宗。

光宗皇帝以四十八年八月即位，以明年爲泰昌元年，以是月升遐。熹宗皇帝以九月即位，衆擬仍以明年爲天啓元年，以萬曆四十八年八月以後五匝月爲泰昌元年。群臣集會極門，惠世揚、李若珪、魏應嘉三掌科力主前議。公曰：「國家緣情制禮，禮而不情則不衷，情而不禮則不典。諸公所説，私情也。禮則有極，情則有限。大行皇帝以明年爲泰昌元年，我輩奪此奉今上。于祖非順，于考非孝，皆我臣子以婦寺之情虧皇上之孝順。何不持大臣之禮，引皇上以孝順。」時徐玄扈光啓亦附臺省言。公曰：「自古易姓受命，則當年改元。若一姓相繼，則明年改元。唐順宗八月内禪，即令改元，憲宗仍稱永元。即宋太宗于即位之年改元，史以爲篡。請退三日，閲廿一史帝紀，當悔失言也。」

八月，掌司經局，管誥敕撰文，升左春坊左庶子，兼翰林院侍講，充日講官。

熹廟初御講筵，錢象坤當進講，其講義寥寥無所獻替，公怪之。錢曰：「中堂意也。」公曰：「吾輩直上講，與東朝講不同。東朝語當嫌忌，上前那得嫌忌？主上幼冲，在我輩六七書生啓導聖冲，講章宜詳明切直，博引曲譬。若講官聽中堂爲芟改，中堂又視中人爲忌諱，則講筵可不設矣。中堂當擇講官，不當擇講章。」同事李光元亦上書争之，乃從舊式。

公進講，容止端正，敷陳剴切，上聳然拱聽。至説先帝，又肅然改容。會司禮王安方主移宫之事，又聞聖語云：「我尊重了。」因進講克明俊德章，就親九族，發揮高曾、祖父、子孫曾玄之意，反覆開喻。言：「帝堯，德爲聖人，尊爲天子，第一件要緊事，便重九族，决不敢自恃。身爲天子，尊重極了，便輕疏一家骨肉，所以要親愛之，便處置得所。我皇上内有宫眷戚畹，外有宗室親籓，皆九族支屬。須要同其好惡，共其富貴，又當閑以禮法，仁至義盡，無使驕恣，無俾怨恫，以傷親睦。」上天顏開朗，退而喜曰：「今日纔知九族。」

一日進講出班，將近細旃，值上嗽呼紙拭涕唾。公拱立不前，同事及中侍皆目促進。公凝然，待皇上端拱，方進講。時又值上嗽，即釋籤以待，上輒急爲整斂。講「出入起居，罔有弗欽」，于「出入起居」四字，點分爲讀，以聳上聽。備述堯舜欽明兢業及列祖敬天家法。上肅然起敬，退謂「講官知禮」。古稱「成就君德，責在經筵」，良然。

凡講官講書，近侍皆先期進講。北方土音有失正音者，上讀某字爲某，講官不敢正也。公侍上讀書，至「三百有六旬有六日」，讀「六」爲「溜」。上高聲讀「溜」者三，公亦高聲讀「禄」者三，上改而從之，退九五齋，戒近侍曰：「畢竟拗講官不過，以後休錯被講官笑。」

一日，詢近侍：「長鬚者何官？」曰：「庶子。」問：「何處人？」曰：「北直人。」問：「何姓？」曰：「孫某。」上曰：「他講我偏明醒。」每進直講姓名，輒喜曰：「我又懂的了。」

王安謂內閣劉一燝、韓爌曰：「二公肯做張江陵，我不難做馮司禮。」皆逡巡不應。安復嚮講官言，講官錢象坤讓公言，公乃前對曰：「時政廢弛，此言誠救時之藥石。但馮、張不克令終，願法其前，鑒其後，使韓、范、吕、張不得專美，斯可矣。」安曰：「何也？」公曰：「馮、張肯飭法紀，今欲爲馮、張，當整飭各屬衙門。」安曰：「公當謂十庫？」公曰：「何止十庫。且如一臣室做家，必使家督以下，飽暖歡悦，豈可一起手，便與左右競刀錐。但當仰遵皇祖制度，酌以見行條例，寧以內供分給額供，勿以正供積內。賜予節，則宣索少。又如兵卒之冒占、部漕之關税、衙門之需索，司禮一清，將二十四屬俱清。內閣自宜仰遵祖法，以部務還各部。然必我皇上內斷于心，先以身立祖法中，然後中外臣工有不若法者，譴者譴，誅者誅，而我不私德怨。如此則馮、張何足法哉。」一奄誶曰：「左班官有弃城而逃者，何也？」公曰：「予固曰：『有不若于法者，譴之誅之矣。』纔一建議，便如此反唇相抵，如何內做得馮，外做得張？若內果欲做馮，便從此做起。」安曰：「所議者，朝家大政也。若安得妄言？」目之而退。時方推公代司馬，同官戲曰：「公不入中樞矣。」公笑曰：「正坐此不入中書，何中樞也？」

上既即吉，有司奏請選后。三宫俱即世，以穆廟榮妃傳諭，禮也。比大婚擇吉，傳諭例當用寶。鄭貴妃固争，曰：「我有寶，何故請劉，遂夷于我後宫大家采女乎？」因厚遺乳母，近侍旁側皆爲鄭言。安心不與也，而難之，謀諸内閣。内閣要講官共議。公曰：「鄭所執以難劉者，何也？」安曰：「以無寶。」公曰：「傳諭立后，慈寧之事也。慈寧之寶故在，假榮妃之名，而用慈寧之寶，則鄭無詞以難我矣。」安躍然稱善。劉、鄭皆先朝貴妃，初奉劉，後奉鄭，則鄭將倚主婚之名，實封后之末命。公一言而定，亦安能持之也。

天啓元年辛酉，公五十九歲

三月，充經筵講官，充兩朝實録副總裁。方三十日，升少詹事府兼翰林院侍讀學士。及四月，九卿會推兵部侍郎兼管經筵，俱如故，合朝公薦兵部尚書。會推疏上，聖旨三留之。上每呼公「先生」，謂左右曰：「每見孫先生，使我精神生。」王安及高時明曰：「皇上聽講，甚是悚動。老先生真是成就君德。」公曰：「荷聖恩，可幸無罪。但日來講退甚覺踧踖。」安曰：「公以皇上嘿無問難乎？此時尚未熟耳。」公曰：「孰非笑語，相習之謂也。舊例，常朝奏事，上須口答。及講帝鑒圖，可借此啓沃。今與諸公約，須豫擬某處當問，某處當解。請皇上以通俗語細問，吾輩一一細講，皇上又從講處細問，吾輩又一一解説，俾皇上漸次通曉物理人情，上下志氣流通，便可隨時開導。」衆稱善。時明曰：「非復午講不可。」安曰：「當請修九五齋。」時明曰：「孫公欲致君堯舜，須有茅茨土階遺意，何必修齋而後講乎？」議遂定。安、時明皆先帝東宫伴讀，孳孳爲聖學計。未幾，逆奄魏忠賢用事，殺安，罷時明，講筵遂爲故事矣。公每嘆：「君德成就，亦須内閣與司禮有人，不能獨責講官。而天啓中之經筵，獨視内臣之賢否以爲隆污，良可愧也。」

公在經筵，適郭給事鞏以經略事語侵政府，劉是庵上前辨説，上退是庵，仍憤。公曰：「內閣任天下之重，塗轍甚遠，安得人人著氣，事事著意。此事祇宜虛心平氣了之，一著意氣，便是與言官爲難。竊意，諫官語及乘輿，皇上改容以謝，而語及宰相，反立要處分，它日相公何以愬勸皇上，以容言官。」是庵改容以謝。

御史王心一疏選侍事，降三級，閣臣頗以言官爲煩瑣，似謂降級爲宜。公曰：「優容言官，是主上盛德事；勸導主上優容言官，是宰相盛德事；言官語語合時，便覺逢事，臺中不知何如，內閣自當揭救。」閣臣曰然。公以江陵持法于主少、國疑，飭久玩之人心，而中外寧謐。其自任之重，至不自顧其身名，亦一時材相也。意欲以神廟遺詔復之。當時衆不能從，後楚人朱上虞援公語上疏，復官，予蔭并第宅。

福藩之國，公語座師禮部侍郎孫淇澳與首輔葉臺山宜盡力。孫蹙額求去，欲出門外候命。公曰：「大臣去就有時，何得潦草。當吾師推佐銓方掌科疏云：『或以爲衙門事體當然，或以爲出當事者意。』此兩語輕天下豪杰，當以此時求去。今天下定，而上下交孚，何忍言去。」乃止。未幾，孫爲銓諫所劾，草書拜大明門，適皈衣寺。公入門，大聲稱賀，爲淇澳慶。後坐中聞旨，有「本當削籍」語，滿坐爲不快。公曰：「大賢去國，固衆心所憤。而吾師求去，殊可快也。是非明，削籍；得不削籍，亦得是非不明，削籍亦得，不削籍亦得。」淇澳爲之灑然。及孫升禮部尚書入京，以進藥劾方中涵，詞嚴義正，舉朝驚悚。葉臺山、張家宰意護之，而奪于大義，莫敢决。公曰：「先皇居潛邸，及嗣位之初，多可疑事，而竟以疑終。此疏真可破纖兒密計，使异時奸人不得借此爲例。即見在，亦當寒心。然此藥之進，不止一人；而决意進用，實出聖意。今以禮臣從三千里外來，而獨决群臣共目之事。定一人曰篡，難爲定案。但庸醫殺人有罪，而况萬乘之尊。即平人家父母病革，誤藥而傷，當亦怨長子之失主張。可灼當問擬如律，而中涵亦當受長子失主張之責，稍削先帝所予爵級，以示失慎之罰。即中涵自請如此可也。」

誠宇及臺山以爲極當，淇澳意亦漸解。

東事急，兵部尚書崔景榮數爲言官所詬詈，御史方震孺請罷景榮，以公代，舉朝和之。要公于會極門，相率下拜曰：「願公出，身爲社稷計，吾輩爲社稷拜公。」公固力辭之曰：「振峰以久歷邊疆之大臣，而易以半生詞翰之書生，豈不爲四夷笑。諸公言振峰誠鈍誠拙，然何處之兵，何處之將，險夷遠近尚自分明，誠得明敏諳練者，列司馬門，自可應急。如僕即明即敏，然士馬强弱、厄塞遠近，一切情狀，即涉獵章奏，聽口語，難遽得其淺深虚實，以極明敏之人，當間不容髮之日，亦宜費時日，根尋頭緒，幾萬方張，葉落何待我根尋乎。諸公爲社稷求人，予豈敢不爲社稷求身。獨以平日稍明于事理，而遽推予，予即勇于自任，諸公仍當爲社稷慎重。倘予冒然一承，則諸公今日便以失舉，天下事必非冒然承當者可就也。」竟推公爲兵部添設侍郎，以主東事。

上不欲公離講筵，曰：「這講官，予甚省其説。」仍兼侍讀學士充講官。

十一月，第七子生，後殉公難。

九月，第六孫之滂生，鈐之第二子，後殉公難。

卷二

天啓二年壬戌，公六十歲

正月，遷禮部右侍郎兼翰林院侍讀，協理詹事府事。

敵兵略廣寧，未至，化貞走閭陽，廷弼見而唾之，惶遽嗚呼，焚弃右屯以西四百里，遂與監軍道高出、張應吾、邢慎言躡化貞後，相將入關。于是請用公者益急，以爲不可朝夕待。上亦急東事，不復能留公，拜兵部尚書兼東閣大學士，以二月十八日入直辦事。凡九日，即命以閣臣暫掌部務。辰入閣，午入部，仍以侍郎承旨。

公入部即疏奏曰：「臣家非業武，口不談兵，不知諸臣何以謬相推許，致皇上誤信，授以兵樞。臣再四循省，或者諸臣見臣頗負慷慨之氣，不投時好，不畏時嫌，以臣愚戇，信臣直腸。臣謂今天下事無一不難，而兵事更難。自非負十分精敏之才，兼幾分痴呆之性，决不肯妄承于身。所謂痴呆者，習聞忠君愛國之説，不徇人情，不聽私屬，投之賄，必告于朝，遺之書，必聞于衆。其勤勤懇懇，期于集思，不以護黨，期于廣益，不以植私，然後能勞怨不避，毁謷不聞，不化長安之習性，不顧從旁之蝮口。臣今仰告皇上，今天下敝極矣，若不極力修明祖宗法度，以大布皇上德澤，人心必不能固結，士氣必不能奮揚。臣下所謂致身以奉明法者，徒以供妒忌之口。皇上虚明以察事理，詳密以燭人情，飭厲文武諸臣，勿角口語，勿事虚文，以忠君憂國之心，勵精敏有爲之氣。軍國大事，必合群策群力，一德一心，同議幹理，同議節縮。司兵馬者，不得恣意于所可多，而不顧供億之難；司錢穀、營造者，不得刻意于可少，而不顧星火之急。即科道諸臣，事必盡言，言必盡事。第人有賢否，事有緩急，須身在事中者，詳酌輕重，悉心料理，以副言者之籌策。諸臣望臣以必行，抑且望臣以必可行。臣望諸臣以必言，抑且望諸臣以必可言。惟必言乃可必行，人患言者之多，臣患其少耳。臣原無它長，獨有真念，其有梶格不行、仰干名法者，容臣執三尺，以入告皇上，將天下警心迅雷，頓破沉陰，是臣之志也。」

又敬陳目前切要曰：「年來兵多不練，餉多不核；以將用兵，而以文官招練；以將臨戰，而以文官指發；以武爲備邊，而日增文官于幕；以邊任經撫，而日問戰守于朝。其一種因循誕謾之象，徒相與咨嗟而不能返。故以一隅勸天下，遂至斂天下之兵于邊，而既壞一隅，兼壞天下。

臣以爲，今天下急務，在收拾人心；而欲收人心，在大振天下之氣。其綱紀大要，在皇上敕勵臣工，共奉祖宗之法度，而先選精敏有爲之材。昔劉晏爲度支，專用果鋭少年，務在急速集事，世或非之，而不知治固有時。方今百吏因循，庶政叢脞，宜令吏部細加體察，凡寬博近迂、文藻近弱、遲暮近衰，急爲量移，務得精敏有幹局者，布列兵馬錢糧之司，撫道俱宜極一時之選，大破常格，勿拘資叙。又不得借破例以徇情分。郡邑之長，務擇廉幹。蓋郡邑尚可搜括儲偫，而廉乃不私，幹乃有用，始可積餉養兵，以應徵求，以辦城守。凡地皆然，而畿内爲急。至于武吏，不拘曾在戰陣、曾爲大將，亦不拘文武，兵部調諸將有才望者遍核之，擇一沉雄有氣略者，授之鉞，俾開府專辟置，偏裨而下，得自擇其人而授之朝，或朝有推授，仍聽其自擇。分募精兵，多不過十萬，或有見兵若調募來者，仍令自爲簡汰而用之，如所自募。縱其撫賞之費，而任屬專，聽信明。文吏得與謀議供軍實，不得制其師。蓋兵之道，精不可以事窺，粗不可以理解。而文吏泥拗，好用小見解，沾沾將吏之上，能令將吏羈馽而不得展。以文統武，自是敝法；以極不知武之文，統極怕文之武，更屬極敝之法。故臣謂，今天下當重武吏之權。而重武之權，亦唯是去文吏之擾，但得無多設文官，則武吏不輕。如嚮者劉綎、杜松，近者羅一貴之勇烈，假令得專治之權，何至于敗。若大將既得其人，便當以遼事付之，小勝小衄皆勿問，要于守關無闌入，俟兵力之厚爲恢復。城堡有所復，即以畀其人，略法黔國世守雲南故事。使其人之精力全用于遼，得寸則寸，得尺則尺，以幹家之知幹國，必無遺力。而朝廷時資兵餉，明賞罰，以防跋扈之漸，如周、宋之初，可法也。

國家京營兵十萬，日添文添武，以爲兵害，而不少添其餉。營兵上等之餉，不當募兵下等之餉，何能操練。當如募兵之法，列餉爲三等，而以遞升遞降之法，簡拔清汰，環城爲營。每城建三營，營可八千有奇。建營之法，即以陣法爲之。令什什伍伍，在營如陣，在陣如營。升其伉健者爲親軍，而老弱拊營，姑任之爲老家，如宋初升籍之法。不變常，不動衆，而陰奪其執，不憂其徒衆而易嘩也。其大要在先簡營將，無以文吏操之，而清其拜座主之費。尤在總協大臣，挈持綱領，勿循格套，以提掇營將之精神，則京兵可强，募兵可省，而外兵屯聚之禍可銷也。

永平爲陵京重鎮，爲山海後勁，不可再設巡撫，却不可不設總兵，與山海、薊鎮爲犄脚之執，爲皇上護此雄關。盧龍、薊門諸州縣，宜略仿各邊之法，城各設守將一員，添兵防戍，築壘于必争之地，使鎮戍連接，墩營相望，關西州縣，處處設兵，雖爲各城保守，其實于東則若以山海之兵分布于各城以爲老營，于西則若以京師之兵分布于各城以爲突騎，每城擇健令及佐貳，團結義民，安插流傭，兵即于本州縣募招，器甲糧餉，給以本地錢糧。近畿三百里内，發數萬金儲米豆爲備，備而不用，可平糶以賑民，而官饒其息。一片石而西，戚繼光故壘在焉，可按其踪而加修葺。畿南涿、易以及通州，當清理額兵，兼募新兵。撫臣張鳳翔議招兵五萬，臣謂，有一兵，當得一兵之實用，無哆口幾千幾萬，不得一兵之用也。天津、北平若京東，皆可屯田，以屯撥遼人，以渠限敵馬，以租給軍餉，此三便也。

臣之所言，非有迂遠難行，然惟法乃定，惟斷乃成，臣非欲弃老成，奬新進也；又非欲遺道德、尚名法也。天下因循誕謾，姑務偷安，大厦之不支，而苦守門户，要領之不問，而牢護面皮。臣誠不忍見皇上之法，凌夷蠱壞而不可收拾，遂敢冒天下之私忌，以修朝廷之公法。自古非法，國家無以立，法之利國家者大，而奉法之害，其中于身者亦大。若言必遜皇上之心，動必諧衆人之意，老成長慮，却顧身名，不爲皇上主持。今天下豈少此人，而皇上又何取于臣哉。」

奢寅之亂，請發帑二十萬，内閣私請于司禮王體乾，不敢先答，目視魏忠賢。忠賢曰：「皇上不肯，奈何。」公曰：「四川一歲不平，歲賦一歲不徵，况小民苦楚，藩府動摇，皇上忍惜二十萬，而不惜全蜀賦税人民。」忠賢曰：「小財不去，大財不來。」公曰：「然。煩即以此語奏皇上。」又曰：「更望皇上早發，遲則萬里外耽延月日。」忠賢曰：「寧可用在刀刃，不可用在刀背。」公曰：「然。更煩以此語奏皇上。」忠賢唯而入，出曰：「上允發二十萬。」

工部造戰車，請帑三萬。忠賢曰：「可以發户部百萬分與。」公曰：「造車有益戰守，便係軍機。若户工二部彼此執奏，豈不耽閣？」忠賢又唯而入，出曰：「上允發三萬矣。」

時敵警日急，長安一夕數驚。閣部大臣瞪目屏足，言官如蜩螗沸羹，熊、王黨與多方營進。公既以法斷自任，乃上疏請下熊廷弼于理，與王化貞并讞，以結正朝士之庇護經撫、分左右袒者。

又曰：「新推經略裹足不前，朝廷法紀安在。四川招兵給事明時舉、御史李逵，以貪狠激重慶之變，招兵御史游士任弃君省母，遼東監軍御史方震孺不早言經撫之失，南路監軍御史梁之垣奉使渡海，久耽家園，薊州總兵布政邵可立以苛政致軍變，皆請究問。」楊鎬、李如楨獄久未解。公疏云：「兩人自有應得之罪，而或曰通敵，獨不思强予以莫須有之文，既令稱寃，反脱其不可逭之罪，特爲漏網，何以服本辜，何以服天下，定讞者抑何以自服其心。」所彈治，或係時望，及素曾推薦公者。或以謂公曰：「法者，天下之公也。吾輩先置身于法中，然後可以出其身爲朝廷明法。若以其仇而入之，親而出之，壞法實自我始，何以信天下。」奏上，詔如公所請，舉朝聳然，始知有國法，而側目怨咨者亦多矣。

招兵議起，勛戚争先奮臂，布衣接踵上疏。公上疏，請一切停止。駙馬都尉王昺，公夫人之侄孫也。公覆其疏云：「廷議尚有參差，本官宜切引避。」時邊吏概多規避，頗借起廢爲名。公曰：「軍旅之事，費尋常簿書，可以勤慎勉爲，必其人目前便可了經撫之事，日後果可當經撫之官，乃可除授。如必盡在起廢，是邊缺爲人所不願。而以没官做人，予以没人佐官，邊事尚可問乎？當擇精敏有膽略者，纔可立辦。應聲之征，智可豫設，不虞之備，乃克有濟耳。」

兵部尚書王在晋代熊廷弼經略遼東，而王象乾先以兵部尚書行邊，總督薊遼，欲用一百二十萬撫西部，借以禦奴。在晉之出也，深倚象乾，乃請築重關于山海關外八里鋪，計二十里，工四千餘丈，費一百二十萬，先築土墻，已發二十萬矣。其贊畫沈職方棨、孫孝廉元化、關内道袁崇焕，兩具揭于首揆葉向高，言不可從。向高曰：「此不可臆决，當身往視之。」公曰：「某當親閱，一察情形，凡山川險易遠近、士馬强弱、人情安危，稍悉情狀，方可照應。」葉公極稱善。次日疏請，以六月十五日，單車就道，閱山海。上大悦，陛辭，加太子太保，賜蟒玉、銀幣，凡七辭，皆不許。

二十六日抵關，經略而下皆執稱不可罷，即沈、孫及袁，若未嘗言不可者。公因詰：「新邊城，即移舊邊之四萬以守乎？」曰：「當另有兵。」公曰：「如此，則八里内守兵八萬矣。一片石西北不當有守乎？其戰兵即守兵乎？另有戰兵乎？築關在八里鋪，新城之背，即舊城之址也。其品坑、地雷，將爲敵設乎？爲新兵設乎？若新城可守，則安用舊城；如不可守，則新兵四萬退轉舊城之下，將開關以延入乎？抑閉關以委敵乎？」曰：「關外有三道關，可入。」公曰：「若是，則敵至兵逃如故，安用重關？」曰：「將建三寨于山，以待潰卒。」公曰：「兵未潰，而築寨以待之，是教之潰也，又安用重關？且敗兵入三道關，敵不可尾而入乎？人心一潰，不又蹈全遼覆轍乎？」

衆猶堅執。公又言：「秋高馬肥，敵且西來，當爲戰備。而舊關未固，胡不含新舊之費，且築舊城，待舊城可守，再築新城，似爲有備。如兩城并築，而一瑕百瑕，是未有一備也。皇上倚豪杰爲萬里長城，那得潦草。而况百萬金銀輕抛于無用之版築，似當詳察。」因出兩揭示在晉，曰：「同心之人，且作後言，安能服天下。」在晉始喪氣失色。

王象乾尚議于八里鋪内，南自海，北至山，掘溝二十里，以限敵。公閲而謂道將曰：「徐中山達所經理也，由永平而東，俱左山右海，相去有遠近。獨山海衛相去二十里而近，且砂少土多，故扼要爲關。海去山二十里而不北者，山爲之峽，埤爲之阻也。今將鑱砂鑿石，火燒水激，不亦難乎。中山智略纖悉畢周，寧護後人，況敵從山海闌入，則遼東非我有，何以守遼西。成祖文皇帝弃大寧諸城，而必守遼東一綫。蓋大寧退守薊門，天險可憑，而遼西非遼東必不可守。諸將當力爲恢復遼東。大計姑以戰兵備守，如切切造定，固守規模，將盡撤藩籬，日鬧堂奥，畿東有寧宇乎？」

時關門議防守未决，閻鳴泰主覺華，袁崇焕主寧遠，在晉堅持不可，主守中前，前逃回監軍張應吾、邢慎言力佐之。公以寧遠、覺華扼要當衝，非短衣策馬親往相度形執不可。在晉乃以情告曰：「關門至寧遠，雖曰西部爲我防守，而時以劫殺報。前哨將左輔名駐中前，實不出八里鋪，故無恙。中前城亦前弃而近緝之，僅兩破扉。脱元老出有不虞，主兵者何以報明天子，惟有伏劍死耳。」公曰：「是不然，東敵哨馬聞在杏山，去寧遠尚數十里。西部既以護關來，即心懷叵測，豈遂輕動。」在晉涕泣告，又哀懇偕行幕僚，于是至中前乃止。公登中前城，遥見寧前形執，天設重關，以護神京；覺華島孤懸海中，與寧遠如左右腋，可遏敵之用水，是必不可不守。然欲意自在晉發之，乃推心告語，凡七晝夜，在晉終縮朒不應。

義州大俠楊三糾衆十萬，自正月閉城拒守，令畢麻子弟兄分領其衆據十三山爲寨。敵仰攻之不能下，築長圍以困之。畢麻子殺楊三并其衆，募死士陳天民入關，請救曰：「義民忍死待救。」六月杳然，在晉若勿聞。公聞之曰：「此天所以資我恢復遼也。」與王象乾計，欲以五千兵據寧遠，出鋭師以突之，俾潰圍以出。象乾意借西部爲聲援，在晉不可，陽具疏請救，實爲弃之。後公督師方四日，此十萬人冒大雨夜跳者六千人，僅二男子得脱壁而入關，公甚痛之。

閱薊鎮諸口，從夾山中行至建昌，大雨，乃留七日。先以關上形執諸當行當罷事宜，暨撫遼民窮塞水灾入告。

論守關曰：「敵未抵鎮武，而我先燒寧前，此前日經撫之罪也。我弃寧前，敵終不至，而我堅委爲西部駐牧之所，不敢出關嚮東行一步，此今日道將之罪也。道將既縮朒，匿影關内，而不能轉其畏敵之心以畏法，化其謀利之心以謀敵，此臣與經臣之罪也。臣與諸臣議，與其以百萬金錢浪擲于無用之版築，不如以築八里者築寧遠之要害，更以守八里之四萬人當寧遠之衝，與覺華相犄角。敵窺城，則島兵旁出三岔，燒其浮橋，而繞其後，以橫擊之。即無事，且驅西部于二百里之外，漸遠于關城，收二百里疆土于宇内。」

論撫敵曰：「督臣『撫夷用夷』之説，種種有疑。所云喇憤、朵顏諸部，果能爲我守，何不令守寧遠乎？不能守寧遠，山海關何用其守乎？都、塞二酋自稱住牧，其可爲我用，不可，必其陰爲敵用，不可知而可恃乎？且虎酋即果助順，兵動則犒賞及吃食可二十萬，而以夷兵二萬守邊，歲犒賞三十六萬。虎酋之助順以何時？數約之，而無有定期，得無以請賞之兵哄于邊，即爲助順乎。」

曰：「助必有主，我于何時，以何將何兵，從何道出，而空言助順。或曰：『塞上增兵二萬，歲費募餉一百九十四萬，雖募兵，仍不能不撫近塞諸部。歲費銀二百三十四萬八千。若用西部，止費一百有二萬。』似謂用西部而遂可省用兵也。臣又疑用西部而終不能去兵也。今之五十六萬者，以今歲用兵一用之乎，將遂仍爲額也？歲百二萬已不能繼，况終不能去兵乎。」

論安插遼人則曰：「有關内之遼人，玉田、豐潤之間，擁犢車，載婦女，朝東暮西，而呼號于道者是也。法當登籍，分屯衛所，量州縣大小，分撥鄉堡，無令流移不定，而事久生變也。有關上之遼人，環關城之外片席爲窩者是也。法當籍其拳勇，盡募爲兵，置之中、前二屯，漸及寧遠；更擇其有家口者爲屯牧。以遼人守遼土，以遼土養遼人，此大計也。又有關外十三站之遼人義民十餘萬，因山爲寨，以待救者是也。法當如袁崇焕議，駐兵寧遠、覺華，迎護以歸，强者爲兵，弱者屯牧，此復遼之資也。當事者恐其召兵，苦其歸而無計安插，輾轉躊躇，聽其自爲生死。背叛者既不能誅，而忠義又不能援，十萬之衆盡化爲東西敵，何可緩也。」

凡十餘疏，數十萬言，皆自心血出之。上遣中官賜銀幣、羊酒，以勞其還，命仍掌部事。

七月二十八日，恭謁定、慶二陵，泣下沾襟。上遣中官賜銀幣羊酒，以慰勞苦，仍令掌部事。公辭樞務，不允。

上御講筵，公面陳邊事，極言在晉本末。上大駭，令具疏聞。略曰：「爲今之計，不盡洗天下之肺腸，不能起朝氣；不盡改天下之觀聽，不能收殘局；不盡破庸人之議論，則中外之聞見不清；不盡驅逃潰之人，則幕府之是非不正。逃不在兵而在將，哨馬回，而道將相率而逃，兵于何有？道臣如張應吾、邢慎言，何以抗顔將吏之上，姑捨之，以全其生。别選拳勇膽智之將，邊事尚可爲也。臣之意，實著在及時選練精兵，而練兵在精簡良將。其要在有沈雄博大、端謹精詳之大臣，立去逃官逃將，以洗天下之心，而新其耳目，提掇全鎮之精神，無一人無一念不在關以外。而仍存毛文龍，用西部虚活之著，務實以自强，用虚以牽敵。蓋主意在守，而守在力修戰具精神，在關以外，而後關可保，遼疆可復。議不必同，要在盡天下之情，以竭其智謀。或有异，而要在有當幾之斷，以集其成。經臣在晉，精勤有餘，而筆舌更自迅利，然沈雄博大之未能。袁崇焕，英發貼實，綽有擔當，自願爲大將。臣取其志，尚欲練其氣。閻鳴泰，沈雄博大，端謹精詳，然而成色未滿八分。又聞新侍郎王之寀、舊淮撫李三才、宣撫王之臣，可備經略之用，而臣未見其人。當此間不容髮之時，臣已不顧性命，何敢復問世人面皮。」上即召還在晉爲南京兵部尚書，盡逐逃臣張應吾等，而八里築城之議罷。

是行也，省費可九十七萬，薊鎮所裁減撫賞又八十三萬五千。公督師四年，經費纔一百三十餘萬，取諸兩尚書之所罷而有餘也。

上遂委公一意承當緊要事宜，應會各部或本部徑行，不必復奏。公嘆曰：「經略去矣，代者且將奈何。」上奏曰：「臣于講筵，面陳關城事宜，荷蒙一一俞允，且急催更易經略。而目前人才祇是如此，關城之事，擔閣已久。半年來，兵未合營，將未束伍，獨有逃官逃將，議築議鑿，主守主退，以迎合經臣之指，而媒孽异己之不爲逃者。以畏敵爲持重，以逃死爲老成，以媚夷爲制敵，以弃地爲守關，以三十萬可了之工而估百萬，以八里地百萬之費而縻歲時。大將方事經營，而彈文已絆其手足；道將甫有籌策，而經撫又狃其頰牙。忠良稟計于逋臣，敢勇程材于罪弁。滿鎮之旌旗無色，一方之喧呶有聲。杏山十萬之義民，豈忍其委于敵人；關城數萬之流冗，豈忍其盡爲捐瘠；寧遠以内二百里之疆土，敵人所未到，豈忍其鞠爲西部之牧場。經臣業蒙召還，舉朝似難勝任。臣再四思維，與其以天下之大，付之不可知之人，而并以身從，何若以身任之，即天下以爲不可知，臣猶得自竭其力。臣願以本官赴山海督師。敵來窺關，以見在之將，督率三軍，必不使匹馬横行。敵人斂輯，則簡驍勇膽智之將，訓練士馬，指授方略，待兵將調和，文武豫附，進可以攻，坐可以守，然後擇其可付大事者，授以經撫之任，是臣所以忠于皇上而報神廟、光廟之生成也。」

上大悦，遂詔以原官督理關城及薊、遼、天津、登、萊等處，便宜行事，不從中制，俟功有次第，即召還朝，仍給關防敕書，以便行事。敕曰：「夫内安外攘，夙稱重任；出將入相，尤鮮兼才。惟卿以調燮贊襄之才，兼干城腹心之寄，既謨謀于帷幄，復管攝乎戎樞。今且秉鉞以統元戎，建牙而專外閫，安危之任，實惟一身。朕所倚賴，亦惟卿一人。漢則孔明，唐惟裴度，卿其勉建勛猷，標名麟閣，勿遜前徽，用副朕委任之意。卿往，欽哉。」此首揆葉臺山筆也。

公乃辟職方主事鹿善繼、王則古贊畫軍機，請帑八十萬以行。八月十九日，上御門臨遣，賜上方劍、坐蟒，命百官吉服入朝，閣臣送至崇文門外。昔裴度赴淮西，憲宗御通化門慰勉，度樓下銜涕而辭，史臣書爲盛事。自度以來，相臣出鎮，臨遣賜鉞之禮，未有如公者也。

善繼之從公而東也，張太宰問逵謂公曰：「鹿職方已擬吏部司官，但聞閣部欲與行邊，奈何？」曰：「人情于銓于邊，趨避何狀？鹿君趨避，即不同世人，豈得奪世人所企望不可得者，而使世人所裹足而不敢赴者。且其雙親在堂，縱此君盡脱世情，不虞高堂之念子乎？」太宰遂注定將以疏聞。鹿聞而辭銓部，且嚮公曰：「倘得從相公，銓部可辭也。辭塞上，就銓司，尋常人所不爲也。相公爲善繼願之乎？」公笑曰：「予敢以尋常人待公，正念公高堂，爲公躊躇，且不願與銓部爭賢耳。」鹿曰：「家君書來，直以從公于邊爲忠，且勖以先侍御公忠也。」公謝曰：「老成人每欲成就後進，公肯做聖賢豪杰，吾輩肯涴公以尋常乎？」

公嘗自言，得關西馮從吾、東越周汝登、青州鍾羽正三人摩切之益爲多。及請行邊，馮特相勉曰：「這便是聖人。」公曰：「吾輩正不嫌，偶學聖人之行，以復我自家聖人之心，能去我斷斷續續，做得純純常常，願與少虛共勉之。」鍾亦謂：「今日真是任世人不能任、不肯任之事，以己身爲朝廷身，以朝廷事爲己事。」公曰：「朝廷是原事己事，祇要善成其事；己身原是朝廷身，祇要善致其身。僕今日如所教，真不敢自諉于不能不肯，但冒任而徒害其身，輕身而無益于事，則目前諸君子可鑒也。願先生語我何以善成其事、善致其身。」

九月初三日抵關，是時閻鳴泰已爲撫軍，總兵江應詔受尚方劍，爲大帥。公即令應詔定兵制，袁崇煥修營房，總兵李秉誠教火器，廣寧道萬有孚募守邊夷人採木，遼人修營房，兵部司務孫元化相度北山、南海，設奇于山海之間，游擊祖大壽給糧餉器械于覺華，撫練新歸遼人。時邊大吏恌者間爲大言遠略，好予當事以選懦。公每于恌者請出關，輒令之出，因令自度所需料，而恌者竟不敢出。逃潰之餘兵名七萬，而殘冗無統，或將數千，或將數百，各據所稱以冒餉，甚則一營千八百人，而爲官者三百一十七，又有所領止三四十人，而居官者十有七八。兵嘩于市，或擾民居，無敢或問。欲加簡練，繞市而呼，寄食市肆，譬至肆空，則士即枵腹，予以本色，莫或肯受。乃定兵制，使營三千，類以聚之，無使不協。又爲築營房以居之，五人一房，有家者專分爲三部。每部五營，帥屬于部，將屬于營，而中軍、千把總各次列焉。營房環列，使將卒日夕起居共之，兵易于簡，而難于嘩，難于逃，房給三金不足，則或加一焉。使之雇遼人以爲工，其受雇者即以寓賑，弗以疲兵。兵欲得雇而身爲之者聽，但不得妨操練。關城埤堄三千，置埤堄爲信地，而兵營棋布，其下續爲十八垛，造直廬三，以車營、號令爲城操法，耳目不驚，攻打徹日，子母炮更迭不窮，袁崇焕寧遠之捷，用此法也。并夾城之役築關城，南防海口，北防角山，水則從望海臺出芝麻灣，三面環海，安大炮可横擊，陸則三道關之石城可頓萬人，開突門爲夜擊。北水關外有峻嶺，築號臺十一，置炮以防外瞰。度山海爲防，即設奇山海之間。此守關大略也。

關門習火器者不能二百人。李秉誠故逃將，公知其能，因用之，具短衣親至營中按教。初有賞無罰，每大犒，則厚能火器者，以表异之。既而賞罰參用，因以殿最諸將。于是關門始有火兵矣。

關門騎卒精悍者纔數百，乃調三協諸内丁，得梟騎三千，立爲騎營。高其部曲之選，使李成先將之，躬酬酒具，盛儀以遣之，關門始有騎兵矣。

逃官之罷也，流言于衆曰：「孫公來，將盡殺逃將逃兵。」欲鼓以爲亂。公示以寬大曰：「兵之逃，將罪也。即將逃，而今能自勵，當爲浣舊淬新，况于兵乎。」久之，皆懾服，無復偶語夜驚。乃大閲，汰副總兵王有光等六十二員，千把材官凡數百人。逃將皆幸生還，各竄去。然後核兵，真、保、河南兵萬人，皆使罷歸，免踐更之苦，而畿輔中原營伍不致空虚。招募遼人，以充兵額，中外便之。

稽核錢糧，以鹿善繼、王則古按兵馬錢糧，沈棨、杜應芳、孫元化按軍器火藥錢糧，宋獻、程崙按撫賞馬錢糧，定糧餉關支，核器甲營造，冒破者斬。嚴硝黄收放，明火禁，營中城内失火者，無問故誤，皆斬。

于時禁絶饋遺宴會，撫軍偶以宴會置酒，下教切責。

州邑從前賫供應，以俟大吏，張筵、驛遞、供公馬，以俟大吏，差撥者俱罷之。省參謁，使專一公事。如有所欲言，則非時叩扉，勿拘常格。令趙率教出守前屯，刘荊棘，修樓櫓，編次陷敵逃回者之六千人以爲兵，即十三山義民冒雨逃出者也。關外之出守始于此。

更置大將，以馬世龍佩「平遼將軍」印，行授鉞之禮，節制三部。以王世欽、尤世祿爲南北部將。公上言：「唐河陽之役，以郭、李不相統攝而敗，而馬燧、李抱真、李晟初，以獨當一面生嫌，後以交相統隸底績。故臣謂，南北兩部當受中部節制，而中部諸營，南北部大將亦得過而問焉。但不得人自爲制，有十羊九牧之患。」一時方用監陣之法，公雜引古今已事，以明其當去者四：以朝議監之曰中制，以朝使監之曰掣肘，以邊之大吏監之曰兼并，以邊之文吏兼之曰橫侵。改正總兵官謁經撫儀注，持名刺迎送，具賓主禮，不得仍前戎裝長跪。于是武帥之氣大奮，而文吏退有後言矣。

軍中車炮，惟西丁慣習，乃核宣、雲七鎮精鋭，調萬二千人，擇本鎮驍將統領以來。更定營制，三大將列爲中左右部，中部駐羅城，左部駐角山，右部駐海口。副將趙率教、孫諫爲前後部，前部駐前屯，後部駐紅花店。三千爲營，五營萬五千人爲一部，營名各繫之以「武」。又調津門水兵以佐舟師，而兵威大震，遂商度四衛之事。

四衛在三岔河東，實全遼之腹腴，而又近海。遼陽陷，四衛没于敵。廣寧陷則全遼失。然自四衛進兵，直逼遼、瀋，搗其腹心，視由河西入，紆遠曠日，難易相萬也。毛文龍初得旅順，直金州之尾，爲四衛南口，而敵已震動矣。文龍不能守旅順，遂栖彌串島，聲言自寬、靉度牛尾嶺，搗敵老寨。中朝深倚之，而不知越險千里，非地利也。公之建置，謂屯大兵于山海，以次第戰守修復，于法爲正爲實。東連西結，分布于覺華、彌串、廣鹿，于法爲奇而正、虛而實。乃移咨朝鮮國王李琿，激以同仇之誼，遣使犒毛文龍于東江，檄登帥沈有容，使自奮用多方誤之之法，然後用登萊兵圍四衛之南，覺華兵圍四衛之北，敵分應而備多，而我可以并力東嚮。擬春防詣登萊，爲决進之計，朝廷方急遼，弗許也。

劉愛塔者，遼人也。爲兒時，敵見而奇之，蓄之以爲腹心。及長，善用兵，爲敵都督，守金、復。然其心頗内嚮，見遼人輒左右之，時露其自拔意。公使壯士張盤間行，解腰帶以招之。

愛塔遂改名興祚，誓死以歸款。四衛人之被陷者，思歸更若饑渴。

廣寧潰，王象乾招西部守關，羅城之外皆氈幕也。我既收中前所，守中前屯，撫場猶在八里鋪。象乾又欲開水關，撫之關内。公執不可，曰：「敵爲護，當護于我所守之外，奈何居我内地爲盜爲掠，莫之禁乎？」乃議移撫場于前屯之東。撫夷將朱梅標不肯，公怒，欲斬之，乃定于高臺堡，而前屯以西無西部之幕矣。

公未抵關，我哨馬止中前所，去關門三十里。前屯既復，撥馬烽火直抵寧遠，而敵哨亦止杏山。哨將周守廉密以陰事輸敵，逮治之，而專屬左輔，輔擒其偵騎人漢喇，敵哨不復西。申明遼、海舊禁，祖大壽之族人闌出覺華，立斬其主者，而敵之水諜絶矣。

敵撤守廣寧之衆，渡河引歸遼之餘黎千餘人，入廣寧城食其燎餘。西部聞于萬有孚，有孚請率大兵出關，以西部爲先鋒復廣寧。乃因幕僚以告曰：「遼人禿而從敵，是亦敵也。殺數千人足以馘報，復廣寧大都會，而斬獲多，可當封侯格，以此爲相公地，不亦可乎。」公曰：「是焉得爲僥餘哉。」乃下教有孚曰：「適得報，聞西部虎酋以所部貴英哈領衆二萬到廣寧近地，且云助兵也。真耶，假耶？實有若干，可一一細查，勿爲虎酋所誑，因以誑朝廷也。即真矣，實矣，第東敵在，而西部百計虚支不來也。今西部來，而東敵先去矣。此中得無有局機耶。嚮之不來，果畏東而避之，抑通東而不肯來。今來，東敵去，而借空城以邀功耶？抑兩敵原通，而東特以所弃予西，令之坐收助兵之利耶？豈可聽其殺我人民，以邀復廣寧賞格，殺一遼人，必以殺我人民論致罰。」有孚輩之詐謀乃沮。是役也，活遺民千餘人。

是時嚴冬，上念公，令内閣中書陸宗本賫貂皮賜公及將吏。詔云：「前六十年之精力，于此發抒；後千百世之勛猷，于此規定。」

公初參大政，即請皇上慎重口傳，酌爲札記，更賜面對，一一仰質，則王言畫一，蒙蔽無自而生。又云：「皇上謹慎身體，堤防隱伏，以爲天地神人之主，以享千祀萬年之安。」未幾，逆奄竊柄，群小用中旨，交關取事，嬈節交扇，濁亂禁中，人始服公愛君深而見幾早也。

公在内閣時，衆御史疏言：「上當體古帝王自稱孤寡之意，臣下不可尊以侈泰，恒稱萬歲。」有旨謫外。首輔力救不得，請去。體乾、忠賢盛稱，上怒，以拄閣議。公笑嚮二奄曰：「望皇上做一大分上。」二奄問：「何也？」公曰：「首輔以救御史不得，求去。皇上留御史以安首輔，豈非大分？」二奄曰：「御史不解道理，説皇上不可稱萬歲。上怒，所以難解。」公正色曰：「御史所言，是老學究書本話頭，望皇上爲堯爲舜，心實無他。先帝末命曰：『輔它爲堯舜之君。』此事傳之後世，豈堯舜之世所宜有。吾輩要輔皇上爲堯舜，豈可不力解此事。皇上制詞，時稱朕以微眇，與稱孤寡之意同。若人臣祝願皇上與天同久，豈有謂不可以稱萬歲者乎？」二奄斂容曰：「便當以公言入奏。」已而持衆疏并鄒元標救四言官疏獨受公曰：「上傳此五人俱釋。」

御史夏之令巡視内草場，譙訶群奄。群奄欲毆之，令摑其面而出。忠賢怒，令小奄傳内草場疏，重處御史。公曰：「此御史素戇，三日前朴責首輔胥史于端門下，頗開罪于首輔。今若重處，是閣中借公行私，首輔何以自解？中外相毆，獨以中人處御史，不如置不問。如欲問，待御史疏到，勘核處分。如御史無故毆中人，便治御史；如中人有弊，不容御史巡視，而反劾御史，便治中人，决不可偏治御史。」小奄入報，乃不問。

忠賢以客氏進女間三宮，遂興保和店之獄，録三皇親家僮奴各三四十人下鎮撫。掌詔獄劉僑來謁，侍坐稱老師。公曰：「君世官也，必祖父肯以爲子孫，子孫肯以爲祖父，予方敢當師稱。」僑錯愕避席。公曰：「上方以離間疏遠三宮。三家之獄，意在三宮也。以私家爲喻，皇上，父也；三宮，母也。父不禮母，而子更發母黨之私，重父之怒，是可以爲子乎？皇上春秋方富，悔悟有日。此時差錯，不念异時乎。慫恿爲之，富貴立至。一絇之絲，其絡幾何。委曲解釋，即有少患，不過數年平巾耳。平巾時是祖父子孫，是子孫祖父，予亦當斂手拜君。」僑問：「若何處置？」公曰：「事有易而難，有難而易。直明外家冤誣，盡發嬈節陰謀，此可奏成手中，禍與手俱易而難也。録三家各一奴，無連染，無坐多贓，曰彼私爲奸利，主人無與也。辭成，付法司，予爲從中理解。此所謂難而易也。」僑如公言以讞。公屬舊司禮宋晋以公語正告忠賢曰：「如此則可以蔽斯獄矣。」忠賢乃止。其後楊漣劾奏忠賢，所謂以公爲徵者，謂此獄也。

葉向高，公國子師也，而當國，公居五人之下，票擬商榷，越席而言，無所鯁避。人或問公于向高。公曰：「某不識諱忌，信口開闔，如説法道場，却插科打諢。豈不念閣體，直以賦材下中，荷皇上特達之知，六十歲人，報稱何時。待可爲之日，正恐長負天恩。然首揆，老師也；末坐，門生也。以末坐干首揆之政則不可，以門生參老師之議，有何不可。」向高笑而謝焉。

逆奄初用事，猶未敢明與外廷抗，而尤嚴憚公，每見必側行却立。公出則偃仰指揮，待閣臣如郎吏，莫敢迕視矣。公嘗言：「中書有韓稚圭，國事不致决裂，忠賢亦不至殺身。」

九月，第七孫尚寶司司丞之潔生，鉁之第一子，後殉公難。

卷三

天啓三年癸亥，公六十一歲

公出鎮山海，至是纔五閱月，兵民安（按）堵，文武輯睦，商旅雲屯，卒乘競勸。立六館，招天下豪杰：一、占天館，凡通仰觀風角三式者；一、察地館，凡通敵人部落、道理山川厄塞、安營寨及屯田水利者；一、譯番館，凡識寫敵字、通曉敵語及情者；一、偵諜館，凡精敏便利、能出入敵境、諳敵所往來者；一、异才劍俠館，凡材能使外域及有劍術如荊、聶之流；一、大力捷足館，凡力能挽强、舉重至千斤或六七百斤，及飛檐走壁、日行數百里者。

上念公久勞邊塞，遣内臣劉朝、胡良輔、紀用、陶文等賚白金蟒衣賚公，出内帑十萬犒將士，且以内府器仗給軍。公執奏曰：「中使關涉兵政，自古有戒。關人竊見皇上不遺主兵大臣，而獨遣治兵内臣，又遣不一人而四十餘人，私相擬議：一謂上特重邊人，遣親近以慰勞疆埸；一謂上或不信邊人，遣親近以體察情形。主兵之臣所爲抗顔軍中、令行禁止者，惟仰恃皇上信任寵愛。而體察之説一聞，主兵者摇摇不敢自信，何以號令文武將吏，而使之必信。聞諸内臣從北邊來，令將領罷邊務而逢迎，士馬釋戈甲而供應。臣欲諸將吏昂首而當貴人，則懼媟慢天使，無以仰對皇上慰勞之盛心；欲其俯首而事貴人，則嚮來扶養飛揚壯烈之氣，少少見于眉睫，一旦銷鑠于内外交接之儀文，又無以仰副皇上鼓舞之至意。兵不可玩，使不可常，典或以美而成駭，例或以暫而爲久。天下不明皇上過信大臣之心，而或疑皇上有不信大臣之心，是皆足以害政。臣願皇上嚴于兵事，毖飭使臣，令其宣布德意，無遂以此行爲常，無遽以觀兵爲威福。」

上得公奏，温旨報公，令將士毋得過慮。

是時，公方禁宴會，朝等至，具杯茗而已。朝等亦惴惴將事，莫敢嚾咋。

逆奄方用事，創内操。公上疏曰：「閫外有事，臣得以兵治之；肘腋之間倘或有變，誰得而治之乎？祖宗以兵馬得天下，不聞有此。忠賢何人，而建此内操。不惟忠賢當在祖宗法度之内，即皇上亦不得出祖宗法度之外。」疏上，不發。

逆奄之創内操，所遣皆提督内臣，已寓中人觀軍之意。公逆折其機牙。其後逆奄愈侈大，分遣諸奄監督關、薊、海外，必待逐公而後發，蓋憚公深矣。

二十六日，公朝諸將吏而問之曰：「公等數言按視寧遠，何以屢更？」衆曰：「請戒期。」公曰：「以明日往，何如？」衆皆愕。公曰：「此無容再卜也。」次日即出關，抵前屯。趙率教以空糧買馬置牛，燒土種秫，屯練修舉，其容有墨。公大喜慰勞，以所乘輿予之。召東廠較事者語之，令以上聞。自前屯一日馳至中右，城中僅苫屋兩楹，一破几及木凳、燈檠，突兀叢骨中。質明，抵寧遠，登首山眺海，遂跨崆瓏山，南望覺華島，與首山、灰山連踞，灣環寧遠，外護内嚮，喟然嘆曰：「此天造以拱衛中華，安得不致恨于焚城撤守哉。」由盧山横跨西南，車殆馬煩，躑躅沙磧荒草間。夜三鼓，仍抵中右，乃還。

余子章者，錦、右間一小堡也。河西陷，曹恭誠、楊文貴將少年數十守之，敵攻之旬日，以爲水竭必降。恭誠度城外水所直，引其水眼。敵僞渴索水，城中揚水以示之，而與之酒，敵驚而解去。

王喇麻自西部還，文貴以蠟書歸款。公手諭之，曰：「爲爾喜，再爲爾哭。恨未即日率大軍爲爾援。」輸之粟以駐哨丁，余子章遂爲我守。

募關以西遼兵，得數千人，遣魯之甲將三千出守中後所，王楹將三千守中右所，皆出上所賚蟒紵白金、甲馬弓矢，親酬而餞之。檄祖大壽移覺華兵七百于寧遠。城大而瑕，以大壽司版築，汪翥司窑造，計工命日，備而後舉。五城布置已竣，量度邊腹諸堡，以土官招撫主守，以客將訓練主戰，立兩游擊于要地，專備應援，如漢戊己較尉之制。移拱兔市場于興水堡，遣左輔領精騎出哨中右，撫夷闌入一步，即以掠論，我兵民得恣屯牧。自八里鋪至寧遠，收復二百七十里矣。

虎酋部夷主款者貴英哈，狡獪多智，撫夷官陰導之爲奸利。虎酋之妻中根兒，故北關之女，與南關之遺孽揭力庫爲中表。揭力庫歸漢，改名王世忠。乃用以爲副總兵，主譯番館，以結虎酋。虎酋既服，八部皆不敢内訌，而主撫者妒而思敗之矣。

皇考實録成，升少傅兼太子太傅，仍督師山海，蔭一子入監讀書，給三代誥命。

九邊每苦游客爲祟，自遼急，人無敢窺趾者。至是，又漸營要人，以撓將吏。公下教曰：「近聞各該鎮協每攢眉應客，既塞傳食之口，兼酬故人之知，往復動至什伯。該鎮協俸薪幾何，堪此蠶食。今天下此地此時，尚作此等簡牘，大是忍心人。該鎮協既以俸薪爲應，必且以刻剥爲俸薪，是交口而食我疲卒也。兩情相牾，特損功名；兩敵相加，或及性命；翳葉娩哺，固屬不仁；豪口薦芹，亦爲不智。」于是游客盡屏，而騰謗者愈以衆矣。

欽天監博士張正道以建五部營房，公出數十金酬之。正道仍欲斂諸營數百金，日過諸將議。公覺，榜于門曰：「幕官非時而出，與大將而下非時而謁幕官者，皆按軍法。」

公之當關也，不問執要，不顧情面，有干犯者，不引法鐫責，則露章劾奏。方事之殷也，人不得不聽公。已而敵警漸息，中外解嚴，于是朝議籍籍，謂公用關撫閻鳴泰、薊撫岳和聲及大將馬世龍爲非是。公慎于用人，于閻撫所任者，或不中，即面格之。巡關御史潘雲翼劾鳴泰，遂借以爲詞，以爲閻不和于公，而陰刺世龍，臺省復佐之，閻遂聽勘，公亦請去。上不允。公乃遺書首揆葉臺山曰：「權不得兩操，機不容并省。蓋同此兵馬，同此地方，一檄兩出，一詳兩呈，俱屬未便，而一人專之，則一人爲贅。由是局中窺伺，局外浮談，猝有挑激，易生搆鬥。

此中經撫決不可兼設，似當一撫薊門，一撫山海，一總督并治登萊，而爲款爲防，分授于兩撫。至某之督師，去歲決不可不來，今歲決不可不去。不去，不獨多一巡撫，抑且多一總督。一事之柄而三操之，與夫三人之柄而一操之，豈有濟乎？」中朝竟以張鳳翼爲巡撫。鳳翼謂必當憑關而守，如欲出關一步，則不敢任遼撫。此猶舊經略指與公异議者也。

公奏出關方略，部署已定。而孫諫者，故經略熊廷弼中軍也，怯居前部署，潘雲翼疏移之内地。謁公，趨入和門，及階則跛而進。公怒曰：「諫不肯前，則歸軍正耳，焉得自便。」以琅璫鎖之，鎮道力爲請，乃解。

是時，敵警不聞已期且半，人心漸弛，外解不至，餉每中絶，而議論既囂，司農不復外顧，遂缺餉數月。外呼急，則議裁兵糧。公乃劾司農堂屬各罷去，而請行考成之法于撫按，于是外解紛至。

兵部尚書董漢儒每依倚浮議，衡操關門事，如它邊鎮。公曰：「臣承乏督師，諸所條議，當聞之皇上，議之政府，而樞臣信手批抹指撝等，疆吏不幾倒置乎。敵警急，初議調兵十萬，招募十萬，猶以爲少；今未逾十餘萬，而曰多曰冒，司馬司農何不各將其屬以出核乎？人任之若可緩，欲身出，則視關門爲絶地，亦安用此統邦政乎？」會漢儒以憂去。

公鋭意爲恢復之舉，爲兵事以示馬世龍等，略曰：「守與恢復，終是一事，但静則爲守，動則爲恢。一意要恢復，必不能守，絶想不到恢復，亦必不能守；予言守者也，予懼不能守者也。今日之守關門，必不能堅守前屯；後日之守前屯，寧遠，有覺華可倚，連山可扼，諸山可伏。目前緊要，衹在訓練，便有簡汰。兵以簡汰而精，不必云就餉也。即餉多，豈宜冗雜乎；即餉不足，豈宜苟簡乎？今止以簡汰言守，遂至縮朒于關，而不敢出一步。此借市論以文其私者，曾不足語眉睫，而又安知大計。」

九月八日，過中前所，至前屯，開小筵，宴將吏。因下教訪遼人之謀勇，試文武諸生。次日，至中後所，父老子弟環而泣曰：「小民作孽，憂勞九重，至厪相公馳驅。」公勉以忠孝大義，千百人應聲如雷。

公抵寧遠，登城四望，生意鬱然。集衆議，所守將吏，多如撫臣指，請守關，馬世龍請守中後所，袁崇焕、鹿善繼、茅元儀力主守寧遠。公嘆曰：「老臣捨此，無以報明主矣。」乃定築城式。使祖大壽等，三分基址，期以春三月竣事而輟，中軍滿桂守之。桂夷種，椎魯敢戰，其後果能守城捍敵。

公出關，撫夷將王牧民數報西人入犯，行中後所道中，縱插漢部夷突出羅拜乞賞，欲以嘗公。公神色不動，徐撫之而去。

往還絶塞，道旁多敵騎足迹，士卒皆恐。宿寨兒山，藉草而卧，風雨饑餓，與從行士共之。凡戰守之具，自關門漸移前屯，自前屯漸移寧遠。袁崇焕領三參將，經營寧遠。而公令馬世龍等三大將，更番練兵于二百里内外。簡閲寧前以西，可屯之田五千餘頃，官屯其半，身督將吏分買牛、種，治耕具，諸部將輪防邊堡，以護屯。遼人出關者又十餘萬，車牛屬途，輪蹄相續，城堡輻輳，如承平時。行採青之法，不復仰給于關東，省度支巨萬。因煤以鑄錢，因海以煮鹽，因舟以貿易貨物，而軍需廣矣。

公初抵關，有熊經略所造迎鋒車六百輛，敝而弃之。世龍有心計，語之車，轍通曉，令爲修理，并以三屯車抵關，盡改諸式爲偏厢。擇火器，更番以供車使，車之用不窮。而習卒用車，别有法制。騎與騎，步與步，自相更迭，騎之與步，步之與騎，又相互更迭，以相邱陵阪險原隰，以時廣狹，方、圓、直、鋭，兼用而互出之，三鼓成列，百戰而不亂。凡十二營，營各有主將，有步佐，有騎佐，有輜車以運載，馬世龍率四部以督之。至是，乃率大將吏日夜練習，名爲備前屯，而進戰之車營成矣。

公以有車營，當有精騎以爲前鋒，堅陣以爲後勁，乃立鋒勁制，皆以騎兵爲之。前後協帥各一，前鋒營三，後勁營五，各有炮車以爲蔽。分爲尺，寸爲丈，手畫爲圖，以授諸將。五部之龍武營，水師也。水師五營，四船爲一舫，二舫爲一舶，四舶爲一艟，四艟爲一營，各有長有將，而游艟備衝突，隸于中權。以水營兼車營之制，水陸可以互用。又廣募于江南，駕以習水之卒。

虎敵部中有抽叩兒者，善爲盜，而敵亦苦之。時撫事定，而抽叩之部殺掠不已。趙率教捕斬四人，撫夷萬有孚訴之。督臣象乾欲斬率教以謝敵。公曰：「非兵以爲防，則款必不久。如以率教殉，則諸將誰敢角敵者。未得西以禦東，西患且逼于東矣。」力持之，率教乃得免。

王楹之城中右也，護其兵出，採木款敵，朗素邀之，中途力戰而死。或曰：「有孚實陰主之。」公怒，遣馬世龍從大盤嶺壓其巢。五部孩斯、滚夲台吉等，皆遠徙二百里外。象乾恐敗款事，教之縛我逃人爲殺楹者以獻，而增其賞千餘金。公曰：「人各有能，有不能。此象乾之所能，而非臣之所能也。」因極論敵不可用，款不可恃，通使官與當事之説皆不可憑。而又曰：「細人不顧國家，然恐事一壞而害及身，其事多蒙；大人不顧身，却恐事一决而害及國家，其事多慎。蒙之發也，其害大；而慎之過也，亦或决裂而難收。督臣能治通官之爲蒙，臣則恐其爲慎而或過也。」

答内閣魏廣微云：「僕自謂西敵當撫，如將殺賊，既以四千賞賊，而賊殺將，又以千金賞賊，其充綁獻者，又以我人。嗟乎！中國之耳目可塗，而敵心益長，敵索益富，邊將之心益灰，國家之物力何底極，而曰所加不多乎。」

督臣象乾以憂去。公上奏自請罷譴，專推一總督，以省防撫之紛紜。又曰：「上如不欲臣竟其事，則令臣姑還闕下，以聯絡關情，比于識道之老馬。上必不欲臣離關，則臣請不推經略，且不推總督，祇以臣一人督兩撫。邊事不治，則治臣之罪。皇上如推督臣，則臣有請焉。有敢居薊、不敢居東者勿推，有能任撫、不能任剿者勿推，有肯同功、不肯同過者勿推，有怕執要甚于怕敵人者勿推，有顧局面、不顧安危者勿推，有愛便宜甚于愛性命者勿推。皇上如專任臣也，則臣亦有請焉。皇上終年不令臣一覲天顔，則臣不能任；皇上不時予邊餉，不額定軍需，則臣不能任；皇上不以聖斷是臣所奏請，而以樞部制臣可否，且中外紛紜，日論邊事，日發竿牘于鎮道，則臣不能任。凡此數者，皇上幸一一許臣，臣何敢復愛其死。」又曰：「臣所奏督撫事宜，乃祖宗舊制，決無薊遼總督祇督薊不督遼，祇督款不督防，偏居内地，遥制多事之邊與邊關共事之臣于千里之外。且此等亦何必擇人，祇朱梅、王牧民而足矣。」又曰：「與其若有若無，誤國兼以誤身；不若盡心盡力，捐身或可報國。區區一念，誠不自知其不可，猶往年自請之初心也。」奏上，臺省争言「總督不可罷」，兵部請如言官言，亟推閣臣，不敢違。乃推吴用先自宣、大改任，而朝議明扼公矣。

十一月初八日，第八孫之瀿生，銓之第二子。

天啓四年甲子，公六十二歲

公在山海，正月三日，戒車而東，張鳳翼遮留曰：「諜言敵以三日發。且轅門擒狼。狼，敵象也。」公曰：「敵以三日來，我不可以三日往乎？」即日冒風雪出關，過中右，爲文以告王楹，祭而哭之，一軍皆泣。

鳳翼恨公「以遼撫居遼」，曰：「何乃殺我，教我充軍。」知公之將東征也，告兩道臣曰：「國家弃大寧、河套，不害爲全盛。舉世不要遼東，渠偏要遼東。」于是與其鄉人萬有孚、潘雲翼等，嗾人極論馬世龍貪淫納賄，詆公不當誤用世龍，以沮壞恢復之舉。公乃具奏，條列戰守大計，請敕廷臣雜議。因推明世龍任事得謗與鳳翼諸人盤互詆讕之狀。

其略曰：「目前大計，不過曰守，曰款，曰恢復。以守言之，凡客兵利速戰，主兵利久守。今關門秦、晉、川、湖四方之衆，盡號客兵；而關内之遼人，亦客也。竭天下物力，歲養十數萬坐食之人，進戰則不能，久戍則坐困。師老財匱，事久變生。天下之安危，寧獨在敵之來不來乎？朝臣亦計及此乎？

以款言之，今議撤關外之防，守關以內，則敵仍入關以撫，而八部三十六家仍環聚于關門，其外之二百里二十餘萬人，何處安插，而却曰惹禍。由此言之，即防西人，亦不可不實寧前，而况道不必假，東可雜西，以東敵拒寧前，其禍可勝言乎。朝臣亦念及此乎？

以恢復言之，敵薄寧遠，外無可掠，中無可覬，海繞其後，山崎其前。即或越一城而前，寧城已綴其後；即或破一城而守，各城已扼其吭；其或直搗關門，而前有堅城，後有勁兵，立見糜碎。我若下關城之精甲，進圖恢復，水師合東，陸師合北，水陸之間，奇正出没，定可剋敵。拒敵于門庭之中，與拒敵于門庭之外，其執既辨；我促敵于二百里之外，與敵促我于二百里之中，其執又辨。人言敵入喜峰，假道西人，果如是也，道遠而糗精之費奢，不知西人爲備乎，抑東人自備之也。彼既可自備以犯喜峰，豈不能自備以犯山海，而曰守寧遠以資盗糧則來，否則不來，有是理乎？

以馬世龍言之，近指三總兵各領萬二千金建帥府，則馬世龍原未創建。曰，敵平何用屋，敵不平何用屋。且世龍仰承皇上予以建章，兩部受其節制。金穀刑名、軍需器仗，各有司存，總兵不得問。自移駐三屯而人怒，嚴核調兵而人怒，投牒不屈而人怒，一總兵而滿關門、滿司馬門盡怒，萬口謡詠，身其餘幾。貪淫納賄，臣百口保其必無。世龍初練五部，再練車營，初守關內，再守關外，仰仗天威，幸無差跌。假令以訓練十一萬兵馬，復四百里封疆，東捶西批，守及三年者，爲虚爲幸，可譴可誅，則舉西河之土地人民，弃捐殘毁，無一民可借寇兵，無尺土可資盗糧，誠安邊馭敵之長策，而今日當以首功追叙也。」

其言鳳翼曰：「材鄙而怯，識暗而狡，工于投時，巧于避患，誤入危疆，一籌莫展，而徒假手借面，以攬天下之是非。今且去矣，本官既得遂其觀望規避之志，而國家亦去一選懦猾賊之臣。」上曰：「軍國大計，朕已任卿，卿所自任，中外具知，有何嫌疑。兵餉戰守，卿前後條奏，審的時執，聽便宜行事，不必廷議。」遂下部議撫臣去留，并參劾諸指名者，會鳳翼以憂去而止。

趙彦爲兵部尚書，以要人指可否邊事。公連章求去，請用彦自代之。彦大懼，因所親，哀告于公，且曰：「彦若代，如國事何。」公乃止。

西部以鋭師在寧遠，邀我拔歸之難民，東諜盡爲所得。公令滿桂、尤世禄襲之于大凌河，斬首七十三級。殘傷者號泣西竄，無復敢掠于東者。公大喜，親出迎師，拜而酬之，下及小弁，人心無不感奮。是役也，遼人鋭意甚于西丁，擇前行五日，則二十人争先，公益喜其可用也。

毛文龍自東江獻敵首三百至寧遠，雖不知其自，公欲以風勵將士，遂厚加犒賞，而爲請餉曰：「文龍報功，則疑其不實而亦喜；索餉，則信其非虚而亦難。此等舉動，皆足以解天下之體，而無以鼓動豪杰之心。」上是公言，命接濟。

時張撫去，新推喻安性未來，公上言：「前哨已安，連山、大凌河以西，皇上自爲社稷計，不忍高皇帝百戰土宇陷于敵人，以錢糧工料給臣，則工可立奏。」上報曰：「卿謀出萬全，朕何難裁斷。内外各衙門當協心奮力，共圖大計。」公承旨條陳一切行營之費，且請發帑金二十四萬餘，令工部區處。長安相語曰：「兵馬錢糧凑手，渠便胡做。不如許而不與，止用文移往復，以軟困之。」公奏曰：「今朝臣怏怏，若邊人居奇于公事，而敵人爲邊人之私仇。又若疾臣之乖刺自用，幸臣之一敗而自快其胸臆。嚮也，徵兵徵餉，立致數十萬而不敢後時；今也，約口裁腹，更番萬餘人而不能取辦。方忍死以前撑，或居安而高議。敵愈急，兵愈少，而更議銷；禍愈迫，衆愈怕，而却益玩。臣願中朝以殺敵人之心，急以應邊人，勿以殺邊人之心，緩以貫奴賊。」

上鋭意恢復，申飭諸曹，命公指名參處。復遣内臣劉應坤、胡良輔、陶文等賫十萬金、蟒綉百五十端，賫東征將士，而以坐蟒膝攔四、幣百副、白金二百錫公。公在一片石，奏曰：「十萬官兵出關外二百里，而關内不過居民行賈。謹于九月十八日扶病出關，俟命于寧前，用以宣播華夷，風示中外。」寧遠城工告竣，公以賜金建閣，勒聖諭于貞珉，榜之曰「恩寧閣」。蓋緣拜恩于寧，以識天恩，予東人以寧也。

往年，中使劉朝至，公告以方禁宴會、不敢自開之故，一茗而已。及應坤至，中賢屬仲意于公，且伺公意指，扶病拜恩，不與交一語，應坤深恨之。

是時，逆奄已執國命，魏廣微諂附入相，副都御史楊漣以二十四罪劾忠賢，列謀害皇親一事，以公爲徵。應坤歸，忠賢益銜公。魏廣微雖同鄉同年，亦深心疾公。會總督吴用先以春夏之交，兵不可發，而撫軍意亦勃勃。公謂，此必入告，乃可放膽措注。且忠賢已逐，趙南星、高攀龍等群臣章疏久爲所格。公曰：「明主可與面言也。荷主深恩，必當有言。」乃因西巡薊、昌，閱喜峰、古北口，取道都門。請以十月十四日入賀萬壽節，面奏進兵機宜，出與廷臣商確可否，事畢即由關門還寧遠。廣微乃告急于逆奄曰：「樞輔擁關兵數萬清君側，兵部侍郎李邦華爲内應，公等爲齏粉矣。」逆奄悸甚，繞御床而哭。上亦爲心動，南郊回，趣内閣擬諭。次輔顧秉謙奮筆曰：「無旨擅離信地，非祖宗法度所宥。」兵部馬上差人傳諭樞輔，馬首即東。午夜，開大明門，召兵部尚書入，分三道飛騎止公，矯旨諭九門守奄：「孫閣老若入，便鎖綁進來。」公以十一日抵通州，次日平明接諭，即刻東行。人言宫府意各叵測，宜惶怖謝罪，重自鐫責，以安上心。公曰：「本無罪而張惶飾罪，是亦欺君也。死生禍福，天也。君可欺乎？」具疏言：「薊門、昌平一帶，載在敕書。臣本奉敕旨行信地，豈敢無旨擅離。去天顔咫尺，適當萬壽，冒請入賀，致干聖諭嚴切，衰殘昏昧，有席藁待罪而已。」十九日，以還鎮日期并西巡後關内外情形入奏，閉門求去。奄遣人偵之，一襆被置輿内，後車惟鹿善繼從，不携一甲士，意亦少解。御史李蕃詆公爲王敦，望公爲裴度。公曰：「御史未讀裴度傳耳。」

公既東，廣微嗾其黨崔呈秀、徐大化首疏頌忠賢而劾公，科臣郭興治和之，遂下九卿雜議。崔景榮爲冢宰，以非公不可，而廣微意所屬王之臣亦未至，嚴旨令出治事。兵科李魯生先持簡汰之議，使兵銷將衰，公自不得有爲，雖留而實困也。户科林宗戴照册減將汰兵。鹿善繼移書臺省曰：「累歲之搜羅，何足供一時之清汰，恐兵從此少、事從此多耳。」中朝有成議，莫之省。以皇子誕生，改兼太子太師，蔭一子，給三代誥命。

天啓五年乙丑，公六十三歲

公在山海，以陵工告成，升少師，蔭一子中書。

既奉旨汰兵，遂首允尤世禄、王世忠以病請，而汰李秉誠、孫諫，并鈴閣下額役二百二十人，以爲諸將先，汰官兵一萬七千三百餘人，減騾馬料草諸費五十六萬有奇。

廣微柄政，起王在晋爲南冢宰，陪推中樞，上疏謂：「當屯守關内。」貽書謂公：「無暴虎憑河。」及公告歸，又曰：「非殺敵不可。」公曰：「殺敵不難也，祇中朝不肯耳。」下教袁崇煥、馬世龍曰：「凡兵在先定本謀：定在進，凡守皆進；定在守，凡進皆守。」乃發十二車營于關外，分爲四鎮，以實錦、右。每出一營，公拜而送之。有車正者感奮，刺骨血于酒，以盟其二十五人。公復奬异士，皆勇往而樂于爲用。

當敵得遼陽，即擇形執，代子河北，去舊城十里而城之，以畜其珍异子女。我之漸東也，遂毁其宫室，北築宫于瀋陽，甕城屢不就，懼襲之，漸徙其畜于老寨，而營城于撫順關外，漸思歸矣。公以其歸阻險遠則難爲攻，而乘其警亂饑灾，轉易爲力，故雖知中朝不與之意，而念關係安危，潜圖大舉。但往時明言進取，而中朝暗阻之；至是，暗爲進取，而中朝明阻之矣。

魏廣微欲殺楊、左諸君子以雪憤，因以媚忠賢。逮將至，乃宣言曰：「漣等以騾車運十數萬金，往關賂孫公，將使疏救矣。」是時，上意雅信公，故忠賢尚恐公有言。或以廣微之言告公。

公未及言，而客有爲諸賢行金于廣微。廣微受之，遂以疏救。忠賢曰：「如此則關門之金其運南樂矣。」遂逐廣微。廣微抱頭鼠竄而去。

九月，以門工告成，加左柱國，進中極殿大學士，廕一子尚寶司丞。數辭，不允。

敵既守瀋陽，所餘真敵不過數百，散于數百里之間。其備既弛，我民十餘萬無不圖内應。馬世龍遣東哨將魯之甲、李承先往撫水營將金冠等，剋日會師于柳河。冠等奉遼撫喻安性指，不聽調。九月二十五日，之甲、承先師抵三岔河，冠等不至，以漁舟渡師，三日渡八百騎。二十八日，我師趨耀州。敵設伏以待，伏發，我師退走，敵追掩之于河。我師不能營，縛葦橋未就。承先力戰，殺數人而死。之甲既渡，曰：「無面目見閣部。」投河而死。八百人死者幾半。

時之甲、承先與左輔三先鋒分道出。左輔自上流至船城。船城民殺一固山及小卒數十，收牲口五百有奇，振旅而旋。是役也，我喪師四百，而船城之戰，敵亦奪氣退保。奄黨煽布流言，謂喪師數萬，關門旦夕失守。高第謁逆奄于工所，伏地而哭，奄亦薄之。

公猶在寧遠，御史陳世俊請勒公還關，以嚴秋防。公曰：「防秋反入乎，是金牌十二也。」至是，遂還關，求去愈切，而中朝新用事者亦深忌公，遂允公歸，加官，廕一子，行人護送如舊典。

天啓六年丙寅，公六十四歲

公予告在里，正月，敵長驅入犯，路無留行，高第撤兵之故也。第倉皇以關兵止五萬八千人入告，謂寧遠必破，漫無可稽，欲留此言以飾罪，并以中公。中朝合第者，遂指爲罪，以結忠賢歡。公遣人告司農曰：「高尚書散十一二月餉，且有全鎮布花，五萬人乎，十一萬人乎？今户部發餉止給五萬人，則高尚書窘矣。予姑不置辨，尚書可自悔失言。予若疏奏，使天下知有不識兵數之本兵，當爲四夷傳笑，遂傾中國。」

敵既退，再奉旨核兵。第曰：「前止據見在五萬，今核有某兵某兵，合十一萬有奇。」始報實數，認罪以請。

寧遠之捷，公雖去國，而城池將士、兵馬器械，皆公在時所經理。其得力多藉西洋炮，茅元儀與滿桂依式爲之，欲載以取蓋州，乃置寧遠，竟用以殲敵。論功，改吏部尚書，廕一子錦衣衛千户。公力辭，世廕乃止。

歸里之後，邏騎交集，而敝盧敗籬，不能得一事。

公嘗云：「凡當大任，未有獨主一邊而能久立，亦未有兼調异己而頓可支吾。逆璫畢竟爲調停手養成，遂至獨主一邊者受害，以害多人。」趙儕鶴良心一疏，要喚醒世人，猝難遽返。曾有牘言，楊、墨横行，禽獸不遠，故急欲返其良心。公告以：「要异己返良心，須同己用真心。主持世道，必廓然大公。記曰：『同弗與弗非也。』今自號正人，以同异爲善惡，不以善惡爲同异，便覺將天下分裂。試觀從古升降之會，有專用同類，使异己者無一人翻身，無一人吐氣，經幾歲者乎？况富貴路狹，願欲心奢，主持世道者，執不能遍給。正人不足，則正人之中意且外嚮與异己者合以相謀。是撥正一番，落一番輪回也。輪回幾番，人材受虧，國運因之。此又元會世中一大輪回也。」儕鶴等不能用，遂及于禍。

天啓七年丁卯，公六十五歲

公在里，逆奄建祠，薊督書來，索鄉宦公呈，且云：「非閣下之筆不光。」公曰：「此種事，公等自爲之，不必問及殘廢野人。」撫道府廳仍以督意托署縣韓知州促之。公曰：「此事原以不可做不做，然未敢言不可。予人品庸下，而官品屬朝廷，大學士豈可具呈督撫乎？」奄聞而恚曰：「它還是如此。」遣人訶督撫曰：「不得孫閣老具呈，不建祠、不具疏可也。」督撫固請之不得，則以它縉紳具呈而署公名銜。公之姻師泰餘見之曰：「孫公，三朝元老，不肯失節，置身家性命于度外，我輩奈何以此等事污之。」遂碎其紙，人皆咋指，因不具呈，故錦州再捷與七防功次俱未入叙。逾月而熹廟上賓。

九月十六日，第十孫之澢生，銓之第三子。

崇禎元年戊辰，公六十六歲

公在里，南科錢允鯨以邊事論公：「奉旨賞功銀三十萬兩，作何開銷，着據實回奏。」公疏陳：「關門經用收支有人，解驗有人，成造領用有人，俱道臣撫臣議妥，方以及臣，臣止憑文移批答。即一錢出入，俱關衆目，决不得有一人一事可私者。」奏上，復奉旨：「着奏賞功銀兩收支數目。」因有略明心迹一疏，大旨謂：「在邊四年，三年未敢報滿，七防未敢入叙。內掌部務，出督關門，平四川之亂，解貴州之危，白蓮就殲，東江屢捷。雖有微勞，臣未敢緣以受一恩一廕。即奉陛下數有候敕召用之旨，臣實凛凛，無以自安。恐臣出者，遂來多口，不知臣實病老不足用矣。」

題三十五忠詩，人各有小序，俱載文集。

卷四

崇禎二年己巳，公六十七歲

是歲，公在里。王在晉爲兵部尚書，每自矜當關勞績，謂高陽攘其功。舊僚茅元儀時携武備志進御，昌言于長安諸公曰：「在晉當關，關外惟八里鋪一堡、中前所一城。當逆奄昏黑之時，或可聽其欺罔。新天子在上，敢作此夢囈語耶。」在晉不勝其憤，抗疏極論馬世龍及茅元儀熒惑樞輔、敗壞邊事，遂逮世龍，逐元儀。臺省交口詆公，以阻其出，迄所指冒没銀兩，錙銖無以點公言者，亦相顧慚服曰：「奈何拾奄黨餘囈，代它人操刃耶？」

十月，敵兵入大安口，陷遵化，將薄都城。舉朝傾駭，無可爲計。咸以通州乃京城之左臂，守通以捍京，非公不可。十一月七日，詔從廷議，即家起公，以原任少師兼太子太師、吏部尚書、中極殿大學士，改兼兵部尚書，駐通州，控禦東敵，仍入朝陛見。敕曰：「朕以東事，時厪顧憂，固圉恢疆，急須奏績。卿行邊，繻有成勞，居里，久懸輿望。兹者，外患復動，突闖薊門。戎馬薄于近畿，蹂躪及于岩疆，警告日至，都門戒嚴，念禁地通屬襟喉，宜重臣借籌鎖鑰，爰允廷議，特詔還卿。仍以原官起用，總理兵馬錢糧，剿禦東西。時迫不及遣使，該部差官賫敕守催赴朝。卿以元老壯猷，忠誠素篤。聞命之日，即刻就道，星馳陛見，勿拘例辭。庶以將相兼才，克副安攘重寄，濟艱有賴，慰朕佇延，如敕奉行。」

以九日日暮聞命，次日戒行，越一日而宣詔守催之敕繼至。十四日，上知公抵近郊，即下帖子，召見平臺，九門盡閉，命啓彰儀門以俟。日夕詣朝房，未及頮，而兩内使捧召帖至。服笥未及啓，兩内使復來趨曰：「皇上立俟平臺久矣。」遂衣常服入，至弘政門，乃易公服，趨入平臺稽首。上慰諭畢，問曰：「敵至壩上矣，百無一備，奈何？」公曰：「敵警已久，諸臣料理，或有次弟。」上曰：「無有。卿不信，試去看。」袖出一哨帖示公。公曰：「敵近矣，至壩上或未的。」上曰：「何以知之？」公曰：「壩上至都城，不過二十里，都城至大内，又二十里。諜報敵已時至壩上，諜行四十里，敵尾之而來，當已薄城下。敵薄城下，則烽炮接連，居民崩潰，何以寂然無聲乎？臣故知其未至也。」上沉吟首肯。久之，又問公曰：「敵入半月餘矣，舉朝無一可恃，所恃惟卿，卿如何爲朕調度？」公曰：「臣聞督師尚書袁崇焕率所部駐薊州，昌平總兵尤世威駐密雲，大同總兵滿桂駐順義，宣鎮總兵侯世禄駐三河，三邊將守三勁地，執若排墻，地密而層層接應，可爲都城前茅，遼兵後勁，此爲得策。」又聞尤世威回昌平，侯世禄原駐三河，以城小移通州就食。公曰：「聖諭誠然，但事緩就食通州，事急當仍守三河。」上曰：「卿欲守三河，何説？」公曰：「密雲在北，近邊，順義稍南，三河又南而稍東。嘉靖庚戌，北敵由三河而南闖河西務等地，轉入西山，由陵寢而出。蓋三河爲東來西南必經之路，守三河則可以阻敵西奔，兼可以遏敵南下，西奔則擾都城，南下則蹂畿輔，故臣以爲當守三河。」

上曰：「卿言是。」又曰：「卿不須往通，即爲朕調度京城。」閣臣成基命奏曰：「陛下以内外戰守事宜，一切委承宗，必能辦敵。」上又問公曰：「卿如何爲朕調度京城？」公曰：「以臣之愚，不過調度一大將，大將調度偏裨，偏裨調度兵丁。有餉糧，有器甲，乃有兵，有兵乃有將，將得其人，則臣調度不難。至于應戰機宜，當機立辦，不可預設。若城守，則有城可憑，有方可據，祇在調度得其人。」上曰：「卿言是。」公曰：「目前以團結人心爲第一著。人心固則爲戰爲守，所嚮無前。」上曰：「守城官兵已豫支兩月月糧，仍有行糧，有欽賞。昨命每人給米二升、銀二錢，但若人多，奈何？」公奏曰：「陛下當緊急之際，不恤將卒之性命，而使之饑寒，恐非萬全之策。」上曰：「卿言是。」公乃又詳奏守城器具、藥物、守垛、丁夫及闗門車營、火炮、更番子母之制。所奏甚多，上皆是之。賜茶畢，入謝，上又曰：「卿不須往通，勞卿爲朕調度京城。卿不要惜勞，此時就煩卿去。」一面諭首輔韓爌：「卿即擬敕來，事權要極隆重。賜尚方劍，京營總協及坐門文武大小公侯、駙馬、伯、五城御史、順天府官，盡聽統轄。文武官員，應用者候用，後吏兵兩部奏聞，户部有應支錢糧，便宜取用。户、兵、工三部司官，違誤軍機，許拿問。入援各軍，便宜調遣。自總兵以下，有違誤者，以軍法治罪。其餘各行事宜等，卿詳晝之，此時即擬來。」諭禮部，即鑄關防。又諭公：「卿即行，時不容緩矣。」再賜茶，當入謝，上傳：「孫閣老不必謝茶，事急矣。」乃承旨而出。公謂入對時，天慈篤摯温然，如家人父子，仰觀聖顔焦勞，咨嗟太息，一俯一仰，具堯舜規模，每念之，未嘗不感激流涕也。

公出朝，漏下二十餘刻。周閲都城四十里，五鼓而畢。公登城，士卒僵卧，燎火委地。守將或博衣長袖，醉而譁語。置炮多不點放，又不直敵路，而直民居。城樓角樓，瞭望之地，關鍵宛然，所貯器不以授兵。安定、德勝二門，東北外空無人，西北人少，置敵首攻之地，不爲設備。秉燭草揭回奏，請急整北城守禦，後敵至，果攻東北，得保無虞。

揭畢，即出閲重城。乃乘月巡壕塹，度險阻。是日館閣諸僚吏盛服遲公入直，内閣撰敕，禮部鑄關防，皆簡閲儀注，以候頒發。夜半，内閣傳奉聖旨：「卿等傳輔臣承宗星馳通州料理，敕書隨補給。」公夜宿重門，質明門啓，始聞後命。上意謂：「守近不如守遠。」大臣中有忌公者，主言公能守遠，以合上意，故夜半遣發如逐臣遷客。始閣臣以事急，請出馬世龍，上命俟公至。諸公囑公書薦，公曰：「此宜以上意特赦世龍，入見面詢戰守方略，果當上意，立授大將節篆。世龍必感激，忘身報國。不可由臣下薦達，望諸公即以此言入告。」其後世龍效死，果如公言。

袁崇焕已列營永定門，中外皇皇，謂公未可遠去。尚書李騰芳、鄭以偉、講官羅喻義，率衆伏闕請。公聞，疾馳出宣武門。上傳以三千兵護行。又傳：「且赴袁崇焕營。」公笑曰：「滿地敵馬，三千可護乎？且此三千兵安在乎？予以大臣赴袁營，調度之乎？且以避敵乎？袁竟何如，而予同功乎，同罪乎？」以二十四騎出東便門，第二子鈐、四子鉁欲同往。公遣鉁入城，就鹿善繼所，商略機事。鉁不忍别，茅元儀奪所佩刀，大言曰：「師相此行，左手勛名，右手節烈，何所不可。」乃决别其子侄。鈐拜儀，儀策馬擔死以從，時北望敵巢在三二里間，村舍已空，死傷載道，血肉淋漓，烏鳶上下。公不顧，日入抵通州城下。衆不信爲公，保撫解經傳縋一弁識公者，熟視問舊事，始啓門。入已二鼓矣。

次日抵任，疏聞，奉旨：「敵騎越通入犯，調通、薊近將，尾擊聲援。卿相機行事。」又具看詳兵事疏，略曰：「目下所倚，惟滿桂、侯世禄二三大帥。數鎮之安危，頓關天下，如弈然，置一子不定，而全局係之。説者謂：『通州分兵之半，列陳潞河。』但通新舊二城，共十七里。現在之兵，止足爲守，而列陳于外者，當責之援兵。臣以爲，敵衆既薄京城，當責總督劉策守密雲，而令尤世威率五千兵，與滿桂、侯世禄聯絡于順義之南，而袁崇焕兵當列陳于通州左右，不宜逼駐京城。四鎮聲勢相接，敵分攻則分應，合攻則合應。或夾攻，或追躡，或出奇砍營，或設伏邀擊。有機便可一創，否則勿迫其戰。蓋天下之安危在四鎮，一浪戰而失，則全局驚潰，而天下危。」是疏作于東便門下，抵通始得奏，而京城已被攻矣，遂留中，有識者韙之，而恨其不得早達也。

時環通四面皆哨騎，而兵未習敵，亦未習攻戰之器，衆心摇摇未定。有請以款聞者，公曰：「勿迂談，城下之盟可耻也。僕受命爲剿，不受命爲撫，與城存亡，願諸公共之。諸君守即守耳，不願守即開門請行，勿亂人意。」一時宣傳崇焕挾敵講款，咸欲倚崇焕以媾敵，而獨難公一人。會合文武將吏于關聖祠，曰：「戰在僕，守與諸公共之，諸公云何？」衆曰：「願隨公效死！」公誓，侍郎南居益而下亦各誓，遂飭戒將士，又詣學宫，飭厲多士，下令懸賞格，責總鎮約束兵將，戒將領受約束，而嚴剥削及煽嚣者。又分派城守，列衆兵于城，設井竈于下。計兩城垛三千二百七十，垜設炮手二人、殺手二人。下以民夫爲火兵，專管炊竈及供應器具。殺敵不力而私自下城者斬，居民紛囂亂動者斬，訛言失火者斬。

公嚮不受大將庭謁，總兵楊國棟以軍禮見，受而不辭曰：「吾以安衆也。」兩城兵，保鎮及京兵相半，命國棟兼統之。戒其兵，有倚恃其帥、不受節制者斬。保撫解經傳曰：「相公駐通，當轄通兩營，保鎮非所隸也。」衆議皆不與。方大任至，拍案詬詈。公所受敕未到，無以難也。

京師消息中斷者數日，公欲入衛，一决城下，經傳持其兵不與。茅元儀私出橐金募死士，叩東便門。守者駭曰：「尚有通乎？」曰：「有守者。」喧呼相報，乃大喜。滿桂戰敗，坐德勝門下破車。袁崇煥、祖大壽勝負相當，治軍沙河門闕下，得報，皆大喜。所募七人，亡其四矣。

公念敵薄都城，又聞崇煥不欲用滿、侯，滿、侯亦不欲爲崇煥用，急簡兵三千，遣車營舊將、游擊尤岱將之，馳赴城下。敵兵方攻廣渠門，見城上不發一矢，方揶揄呼笑，岱兵忽從東來，與敵殊死戰，殺傷過當。敵遁入南海子老營，方諜知公所遣，咸咋指以爲神兵。

前使者賫敕書遣健卒爲乞丐裝，夜縋以出，始得達通州。二十六日，開讀畢，即調防漕副總兵劉國柱率馬步兵二千與尤岱合營，發密鎮兵三千札東直門，發保鎮兵五千札廣寧門，闌敵入畿南，檄密、薊兩鎮要其歸路，申諭款敵，無輕動，遣將復馬蘭、三屯、灤、永諸城堡。

上命滿桂爲武經略，總理援兵，諸鎮聽節制。以公前奏，出馬世龍丁獄，賜之金鋧。公恐其不相下，下教曰：「二大將軍要如兄如弟，同心合意，便可共成大功。」桂戰安定門，殺敵大王子，世龍亦殺一牛彔，敵鋒少挫。遵化以老弱留守，公將有事焉，而有遼兵東潰之變，十二月四日也。

袁崇煥下詔獄。祖大壽素感崇煥恩，與其中軍何可綱等，率所部萬五千人東潰。人言：「大壽且與敵合，關、寧十萬衆反戈嚮內，禍在漏刻。」又言：「大壽據關城，則自此以東數十城中斷，將割以自王。而師之潰也，其執如崩山决河，自通之南二十里，趨張家灣渡河。諸將皆公舊日部曲。公聞，急令游擊石柱國飛騎追之，作手書諭大壽：「袁督師事，可爲流涕。今閣部在此，自當以爾忠義本心懇告主上。」又檄撫三軍：「爾輩不忘主將，便見不忘朝廷，可即隨祖、何二將還，聽閣部調度，必一一爲爾輩表白。爾輩宜悉體閣部之心。」後隊聞之，且泣且訴，以日暮，不及大壽而還。

公密奏曰：「大壽危疑既甚，又不肯受滿桂節制，乘一軍驚駭，有放炮徙營之説，激而東潰，非諸將卒盡欲叛也。當慰諭將領，解散士卒，大開生路，以收衆心。遼將大半爲馬世龍部曲，臣謹遵便宜行事之旨，密調世龍亟往撫諭。苟見世龍，必有解甲而歸者，則大壽可勿慮也。」公懼大壽之果與敵合也，大書榜示軍前曰：「東敵久薄近郊，急調祖大壽兵往遵化搗巢，遏敵歸路。」用以疑敵。傳檄諭大壽諸將曰：「今日東兵西還，必無一毫罪戾。閣部四載關門，從無食言于將士，爾輩所悉也。」又密札諭大壽，教以急上疏自列復遵化殺敵效實，豈惟自明心迹，且歷叙大功。大壽得書大哭，諸將亦哭，乃俱如公指還報，而前軍已過永平矣。

本兵申用懋以關、寧防剿亟須重臣，請使公往。上命公移鎮關門，復傳聖諭曰：「朕以東事付袁崇焕，敵、東合入犯，不能先事偵探，致入内地，雖兼程赴援，却又鉗制諸將，坐視搶掠，功罪難掩，暫解事權聽勘。祖大壽、何可綱等，血戰勇敢，朕所深嘉。今或機有可乘，兵有妙用，或乃輕信僞言，倉皇驚擾，亟宜憬省自效，奮力圖功。事平，一體論叙。關、寧兵將，朕竭天下財力，又卿舊日部曲，卿可迅速遣官宣布朕意，一面星馳抵關，便宜安輯。特諭卿知。」公即戒塗東發。

馬世龍之追及大壽于關門也，令二將捧上手詔往。大壽懼有變，密授指麾下，噪而出關。世龍追及于歡喜嶺，單騎入其營，傳閣部撫諭諸將，諸將皆羅拜。諸將聞公抵關，多陰規自拔。王承胤率所部先走，曹文詔逾墻亡走，及與世龍語，皆目動。大壽心知之，而又恐諸將之賣己也，乃受詔，斂兵以待命。于是公急遣世龍以報，發步騎兵一萬五千，令督以入援。世龍兵抵通，敵始拔壩上營，歸遵化，而京師解嚴。

上諭公東行須盛輿衛，公仍携前出東便門家丁書記及副將茅元儀、參將王承胤、游擊岳維忠、石國柱等二十餘人即時戒行。上諭必盛輿衛，先發後聞。公奏調撫標馬兵百人，後止用四百人，而同守通者疏稱，挑精騎三千。蓋忠賢餘黨陰主之。此時已爲退公計矣。過三河爲調度守城，抵薊州，登陴撫其衆。十二日，抵撫寧，以其地爲關門前茅，極爲整理。所過村鎮，皆召紳士，授以團練備禦方略。過豐潤，發參將鄒宗武領一千六百人，調原駐建昌游擊劉鎮華領二千一百七十人，又自永平調回參將謝尚政，東還一千三百三十人，限日抵都，令世龍押催前進。十四日，抵山海關。時關門罷市肆，决計爲逃，無復計守禦。我叛人謀抉關，合遼、薊以困京師。罷官廢弁，劫城跨海，扇動百端。公抵關之次日到任，隨具疏，略曰：「臣抵關到任，隨即延見吏民。蓋關門見東兵潰還，無不驚擾，各圖逃竄。聞皇上特遣重臣，宣布聖諭，人心稍帖。臣隨仰體聖意，諭慰將士。軍民無不歡呼踴躍，而人心遂已大定。其東去將領，各具稟揭，候臣無有嫌間。臣遣朱梅出關，諭祖大壽以皇上恩威，一一俱仰遵聖意。挑選兵馬聽調，亟于關門令朱梅選馬步兵七千二百名，寧前道孫元化發進馬兵一千名，及不食糧官丁願自效者，通前所調發共萬五千人，俱受馬世龍節制，星馳入衛。」

公去四年，按故壘，一一修之。城中水不足，一晝夜鑿百井，避難者十餘萬，携餱糧，與居者通有無，雜流材官、失職僑寓者千人，廩之于官，分使巡行街衢，防護倉局，使各有事而不亂。安一營于西關，遏敵來路。張兩營爲兩翼，馬營在兩翼背，負城而營。敵善用諜，城中整暇，內間不得發，外來者輒爲邏騎所得，而關門之守完矣。

滿桂戰没，遂命世龍總理關、寧兵馬，督各路援兵，節制諸大將，以其有成勞于東也。敵已東窺，立標採育，將屠其城。聞世龍至，遂拔幟而去。過通州，捉壩上敵哨，于高碑店縛之，而以所領馬兵數千，循環一夜，聲曰十萬。凌晨，縱其人去，敵遂拔壩上營，歸遵化。

遣參將黃惟正等率騎兵四營守撫寧，遣降將劉興祚合諸將兵護永平。興祚者，所謂劉愛塔也。依毛文龍于東江，文龍死，歸袁崇煥，皆悒悒不得志。至是，乃領親兵二百、遼騎六百，拜公于馬前。公下車慰諭，置之帳下。興祚涕泣，願爲公死。興祚與諸將遇敵于青山營帽兒頭，以營將王維城當其南，永平道中軍程應奇當其北，自選夷漢丁八百騎當其中路，仍以路將馬光遠步兵槍炮手伏敵之後，遂以二十九夜三更銜枚疾走，以除日未辨色，入斫奴營。蓋興祚爲東語、東幟，敵莫能辨。加以維城各兵奮勇繼至，當陣斬獲五百九十二人，而先獲十一級，馬駝稱是。敵盡弃所掠婦女輜重而去。及收兵太平，維城等各歸信地。元旦，興祚方入永解驗，至兩灰口，忽遇敵數千騎，以馱馬逸，不及甲，箭衣力戰，自卯至申，殺敵無算。無何，中流矢死。

是役也，興祚以八百騎斬驕敵六百有奇，而終能捐軀死敵，以成歸正初心，可謂東人第一元功，亦可謂東人第一大忠。公疏請優恤，蔭其子大縉錦衣指揮僉事世襲。初，寧遠道詳請恤，其弟興賢謂爲敵所得臠而食之矣。公曰：「未也。興賢面無死法。」已而果在敵中，招興治、興沛反東江，而劉氏一門遂盡。人莫不异公之特識。

當關門鼎沸時，撫夷總兵王世忠方在都督府，其妻爲參將張存仁之妹。在關門，存仁抵關，欲携其妹出。妹謂：「夫當死京城，我當死關城，爾勿累我。」夫祖大壽妻左氏聞大壽在寧遠，遣其衙內曰：「夫夫來，閉門勿納。當兵潰，胡不死關城下，而靦焉來此，爲天下笑。」後公以札聞，内閣謂：「即兩婦人明智如此，誰謂東人盡不知大義也。」内閣以公札入奏，上亦嘉之。公復宣示于東以風。

十月，第十一孫之汻生，鈐之第三子。

崇禎三年庚午，公六十八歲

正月三日，祖大壽整兵入關。次日，與何可綱、張弘謨先後謁公。督府親兵五百甲，而候于門。公開誠與語，諭以勉報聖恩。大壽喜溢眉眥，出而告將士：「公真生我矣。」是日，列大壽所統騎步三萬于教場，行誓師之禮。公率諸文武西嚮闕廷，叩頭以告。已，乃執爵致告山川、社稷、旗纛諸神。爵畢，再拜已，執爵以飲大壽及諸將，進而誓戒之，再拜而祖之。其辭云：「念敵人初爲遼人世仇，皇上既竭天下以安遼人，今又爲天下世仇，願將軍仰體皇上明命，以遼人安天下。」嚮南再拜，復西嚮，行一拜三叩頭禮。大陳斧鉞旗幟，成師以出。師行三十里，永平、遷安、灤州、建昌失守之報交至，乃檄大壽旋師。原遣興祚護永平，道臣鄭國昌疑之，托言糧少，移之建昌。興祚死，永平遂失守，而四營之趨撫寧者，先敵二百入守，敵急攻，不能拔也。東破深河驛，前軍紅花店，去關門十里。我嚴兵以待，相持六晝夜，徐引而去。

公猶恐大壽心疑，間入其營，周視壁壘部曲，安坐劇談，每至移晷。又時時具酒炙，呼大壽等入飲于城樓，大壽益自安。而大壽故與敵有連，降人銀定者，故給事大壽左右，大壽遣之敵營，留半歲，奉敵書來與崇煥議款。款未就，銀定仍留大壽所。敵破永平，遣三叛人持黃旗大書「講和」字，詣大壽營。大壽以請，公報曰：「聽大將軍處分。」而又密下教曰：「毀其旗及書，焚之軍前，其人惟所置之。」大壽懼，乃立斬其使。公曰：「大壽真爲我用矣。」

關門西南三縣城，曰撫寧、昌黎、樂亭，西北三邊城，曰石門、臺頭、燕河。六城東護關門，西繞永平，而昌、樂近海通漕，東兵之要地也。叛人白養粹倡言剃降不殺，以勾誘郡邑，遷安令自髡以從。樂亭守其約，不納我兵，而昌黎亦顧望自守。公下檄切責各城，捕斬奸細，禁止蜚語，六城皆一意完守。

敵攻撫寧，分攻昌黎，我兵奮勇堵截，殺傷頗多。敵復自率大隊來，命劉天禄等四將設伏，督精鋭迎戰，至孛羅嶺對敵，斬獲首級一百六十六顆，追奔二十餘里。敵分攻樂亭，檄大壽以精兵邀之。曹恭誠等設伏于鞍山，誘敵入，伏發，奮勇大勝，大臘子山、董峪山各處俱勝，共得首級三百一十四顆。建昌爲白養粹之嗣子衍慶所據，以召號各堡。燕河諸生請兵，中有與建昌人親識者，密令朱梅約城中内應，俟兵薄城下，士民縛叛將出正法。三戰三捷，共得首級三百四十四顆，奪回人畜六百有奇，于是復建昌。

何可綱等開平殺敵人六十七級，而遵海者得借以通。

二月初□日，以册立皇太子，加太保，蔭一子尚寶丞，給正一品誥命，升蔭，三疏，允辭。

二十七日，有敵三千餘騎截我糧道。總兵楊肇基赴三屯設伏，待深入，奮勇齊出，斬級三百餘顆，奪馬騾五百有奇。

三月十一日，敵往遵化，復圖西犯。大壽設伏背陰鋪、盧峰口，誘敵入。至雙旺，我兵四起，斬首五十三級，砍大旗三杆，奪馬騾器械數百，内有敵將首四顆。毛兒崖、桃林等處，各有斬獲，共得級百九十七顆。

諸將議兵所嚮，馬世龍請先復遵化，軍中皆是之。公謂：「敵獲四城，其勁在永，其次在遵，而以灤、遷爲羽翼，横截京、關之間。關欲合京取遵，則隔永；京欲合關取永，則隔遵。當多爲聲執，示欲圖遵之狀以牽之。馬、尤二帥赴豐潤、開平，聯關兵以圖灤。得灤，則以開平兵守灤，而騎兵待戰，以圖永。得灤、永，則開、永合，天下安危之局定，可以一意圖遵，而董口、大安留爲歸路，以隳敵必死之心。取遷易于取灤，遷在北，易取而難守，不如姑留之，以分敵執，而先圖灤。諜言四敵將將輦重去，一敵將將入重裝去，則身輕無所顧。輕騎來則氣鋭，有所必求。兵貴乘機，機在去而未去之時，不可不争也。撫、昌、樂三邑負海，去永各五六十里，步兵守城，騎兵挑戰，使敵騎不得西出，而我又促之逼之，使不得不動。動乃有機，我密邇于敵，而機乃可乘也。故曰：『圖灤便。』」既下教世龍，再疏爲上分明之，然後去灤之議定。

公以五月四日誓師，六日詣撫寧督戰。八日，大壽先趨灤州，列攻灤圖，以示諸將。世龍分謝尚政兵，共攻遵化，身馳至灤，與大壽分地而攻。大壽麾鄉兵，人砍一柳，頃刻平其壕。世龍身中數矢，不還營，仰攻益急，攢炮數十，連破數雉。敵少避，大炮分擊其旁，使不得回救，師從間以登。十三日，剋灤州。敵冒雨出，大壽伏騎卒邀之，殺掠殆盡。于是，敵將斬國臣等以是日入遷安。敵自永救灤，知灤破，又遇何可綱等邀擊，遂屠永城。中萬餘人從冷口遁去，公急使世龍邀之，復有斬獲。十六日，謝尚政等攻遵化，四日而四城皆下，天下驚以爲神。

公至永平，掩遺骼，繕城郭，恤死傷，經理新復諸城寨。度敵既敗去，必一犯遼以示强，遣孟道等馳往錦州備之。我兵未及解甲，果與敵遇，復大捷。

計公所督理，合天下入援，及關、寧、薊、昌兵，可三十萬。戰守七閱月，復建昌、三屯、馬蘭、松棚、大安，復灤、永等四大城，及冷口、瓦坡、龍井、潘關諸邊堡四十有奇，先後上首萬餘級。而四城之復也，殺固山、牛録數十人，生擒東人獰木等二十二人，及我叛人受敵都堂、兵備、都督等官馬思恭、賈維鑰、吕及第等十一人，獻俘闕下，公自爲露布奏聞。上親告廟，布告中外，加公太傅，廕一子世襲錦衣衛指揮僉事，賚白金五十、蟒一襲。三疏力辭，上允辭太傅。又以收復之晚，自劾乞罷，上優詔答焉。

敵之據遵化也，中朝望公驅之出塞，如救焚然。既而曰：「曷不邀之出口，俾匹馬無返乎？」言官欲追論大壽東潰之事。公密奏曰：「東兵東將，偶語藉藉，可慮也。且敵纔出口，遽抹殺殊死血戰之功，亦何以服諸將之心乎？」

梁廷棟由邊道開府督師，遂入爲兵部尚書，哆言邊城方略，恨世龍不受中制，以總理遍許諸鎮，諸鎮皆擁兵不相下。世龍得其所與昌帥書，列之于朝。廷棟乃使其所善部郎丘禾嘉監紀軍事。楊肇基守三屯，敵攻之急，世龍遣五千人往救。禾嘉奪之，遠守開平，而使楊肇基訟世龍于朝。公言中樞雖調度諸將，戰守進退，當聽之大將，而勿掣其肘。禾嘉從臣于師，以佐籌策，不當自爲戰守，令將帥不得其任。于是廷棟與禾嘉胥怨公。

廷棟輩謂禾嘉守開平，通京、關，復城大功，出自郎署，遂超拜禾嘉爲遼撫。公知權要之冒嫉，而群小比相傾也，連章移病求罷，而上終弗許。

禾嘉既驟貴，孫元化亦用譚兵超拜登撫，于是關門有横竪二局。二局者，登撫由登萊取四衛爲横，遼撫由廣寧取遼、瀋爲竪。二撫既受事，乃各變其説。禾嘉請以島兵復廣寧、義州、右屯，元化請撤海于遼，以島兵復廣寧三衛。廷棟詒公書曰：「皇上從部議，立兩撫，廷棟無死所矣。」公奉旨詳議，上奏曰：「禾嘉議復廣寧、義州、右屯。廣寧易復也，去海百八十里，去河百六十里，陸運爲難。義州地偏西，去廣寧百六十里，繞山而東，撫臣雖三城并言，必當先據右屯以爲家，聚兵積餉，以漸入廣寧，爲進取堵截之計。元化議撤海以復廣寧三衛。臣先年議四衛，請先復蓋州而守之。蓋兩河之中堅，西在寧遠，而扼要在右屯，東在金州，而扼要在蓋州。今蓋州城已墮矣，金州遠敵，而可速築，當先據之，以漸圖復、蓋。若撤海復廣之議，則劉興治仇殺甫戢，恐其懷毛帥之懼，疑而走敵；欲留之島上，恐其不歸敵，而借馬市以交敵，如宋之李全也。移興治于旅順，以絶皮島之患，而以復、金責興治。以執難據撤之島兵，圖終當恢復之金、旅，此便計也。」

劉興治者，興祚之母弟也。興祚死，興治居皮島。東江副總兵陳繼盛諜報興祚未死，其弟興賢自賊中以書招興治。興治深銜之，僞爲其兄醮，誘繼盛等擊殺之，揚帆至長山島，而灤、永剋復之信至，乃復返皮島。公遣周文鬱以興祚舊恩招之，興治乃聽命，請殺敵以自贖。公請移之旅順，部議畏興治不果，逾年而爲島人所殺。

禾嘉附李繼貞，謀殺馬世龍，賴上親見其人，又悉外城提炮殺敵大功，群謀不得肆。

繼貞者，在晋之親，以職方代，爲在晋修怨，而中樞梁廷棟又無日不思甘心于世龍。公曰：「世龍何足較，而國事當如何。」乃遺廷棟書云：「吾輩馭才，將或效高天大澤，令魚自飛自躍，而終不出吾範圍。即有狂飛横走，姑以大塊之氣渾涵之，令其點綴化工，以成天地之大。此腐儒所願，而未能者也。弁帥何當中樞之一領，故敢以告。」

禾嘉既得意，益嚮人鼓掌，大言：「閣部老矣，遼事我隻手可辦。」朝議皆欲聽公去，以遼事依禾嘉，而上不可。

以王威、楊嘉謨青山、潘口之捷，賚金四十、大紅虬服一，以神廟實録進御，加太保，蔭一子尚寶司丞，皆力辭，上允辭太保。

公以十一疏乞休。上命閣臣議去留，皆不敢堅決。上曰：「吾固知無可代者。」乃特遣内閣中書官詣關門宣諭視事。上篤念元老，慎簡使臣，而廷臣皆不與知也。

卷五

崇禎四年辛未，公六十九歲

公督師山海。

奏謝曰：「臣欽奉聖諭，于正月朔日視事，食少事煩，即不能久，而輿疾攻敵，當可爲法。」八日，出關，繇三道關、一片石，歷石門、燕河，遍閱三協十二路，繇石塘路過平谷，經盤山入薊州而還。

公西巡周遭邊塞，幾三千里，皆敵人出入殘破之地，山谷崎嶇，扶掖登頓。經邊堡臺墻，詢問地衝緩、器有無、哨近遠，尖夜老卒往往能置對，而將領眊然無以應，每賞其卒以責將。然地有督撫主之，雖嚴爲飭厲，未能一一行法。嘗對遵令郭凝鼎而嘆曰：「敵退而大修邊備，將士亦復塗抹。目前雖報竣報堅，好嚣而不實，分而無統，所遣御史中貴人督以督撫，而今若此乎？」

過馬蘭，問路將曰：「中外以戚帥法既飭，便可高枕，不知四五百鉛藥能擊千萬敵人乎？今朝臣謂：『不節省，不太平。』不知去節省二字，且亂旅鎮。」條次東西邊政，分八疏入奏。一曰「欲定封疆大計，當先定封疆大臣」，二曰「欲東大兵，當先分部大帥」，三曰「欲分戰守之兵，當先分戰守之備」，四曰「薊之備守」，五曰「遼之備守」，六曰「合論薊遼戰守」，七曰「防插」，八曰「復城」。其復城之疏曰：「右屯城既墮，必先築而後守。築之，敵必來擾，必先防而後修。右屯去水二十餘里，復右屯，必先復大小凌河，以接松、杏。錦州繞海而居，敵難陸運以窺我，而屯之後即海，則糧可給，兵可駐。就此而東，不妨爲發軔之地。」上詳覽八疏，嚴諭飭行曰：「務使中外共濟，异任同心，克壯元老之猷，早奏安攘之績。」

公兩任督師，實歷五十五月，移咨吏部以聞。上曰：「樞部歷鎮岩關，平章軍國，忠誠匪懈，猷績宏多。一品久已秩滿，至今方行報考，愈見勞謙，朕心嘉説。着仍前督理軍務，加太傅，并支尚書俸，蔭一子尚寶司丞，賞銀蟒、羊酒、鈔貫如例。」公三疏引辭，乃允辭太傅。

公前督師考滿，爲奄黨論劾，未上。至是，六年考績，僅用中書三考故事。先是，叙復城功，祖大壽世蔭錦衣三品，公僅蔭錦衣四品，賞與薊督張鳳翼等。蓋娼嫉者無事不思抑公，不獨忠賢餘黨也。

張弘謨夜襲敵于大盤嶺，斬首百餘級。禾嘉劾之曰：「此王燒餅達子來投，誘而殺之也。」公曰：「勾敵入犯，又來詐降，果王燒餅也，殺之尤當，弘謨功當叙。」禾嘉議乃絀。已而與鎮臣大壽相訐。禾嘉以上嚴偵哨，而前之邊吏以此誅，遂爲偵哨不嚴之説，以劾大壽。大壽亦以上嚴貪賄，即大卿亦多斥褫，遂列禾嘉貪穢，欲以上聞。公以交相劾，則禾嘉得罪，愈以長邊人之傲恣，力止大壽。乃略聞之内閣，欲其善去禾嘉也。衆如公議，轉禾嘉南太僕卿。

大凌河之役，群議紛出，蓋中朝以修築之説起自廷楝，廷楝去，遂謂其謀之不臧。而禾嘉既以修築奉去樞之意，又以不可修築迎新樞熊明遇之説外，仍督工于凌河。意謂，事之成，則曰抗中朝之議以成功；事不成，則固曾言不可于中朝也。及巡關御史王道直出關按視，工十日可完。禾嘉遂哆言，磚八百萬，兩月不能完，而秋高敵來難竣。朝議謂，荒遠不當築，撤班軍赴薊，且以邊臣驕舉，勒撫鎮回奏。禾嘉懼，揚言已不與築凌河之議。公上疏，略曰：「大凌河城，臣曾奉修築明旨，後雖奉旨議酌，安得遽停萬人之工，以待商酌之定。如樞部的奉明旨，則當力行撤調。所以命酌議者，皇上必以地方之厲害得失，邊臣之見或真，而傍聽或未確也。臣奉旨修築，且實見當行，奉旨當停，而停之以待議。樞臣設身處地，可乎，不可乎？况大凌一城，如薊鎮之邊垣，然地非遠荒，執居要害，敵所深忌，我所切防，既明出偵之耳目，兼固卧榻之藩籬，城小易完，地近可守。使樞臣一規恢大略，攬結河山，必且灑新亭之泪，而咎陸沈，未有不三嘆當復者。且憤敵之毁而興，懼敵之擾而罷，非所以示敵也；前實見其可而修，後未見其不可而止，非所以示邊也。鳩數百萬工料于地方，而廢于垂成，非所以爲實也；聚二三萬人于壓境，而撤于無名，非所以爲聲也。」祖大壽接公奉旨停工之檄，乞公假班兵三日，則工可完，公不准，再檄催速撤。禾嘉又貪數百日完工可自爲功，以牌示，撤防兵，仍留班兵，以終其事。而敵已至，衆隨陷圍中。大凌城不滿三里，未有毁，半垣可因。使從公之説，不堅辦右屯，則大凌城已成矣。設禾嘉遵旨盡撤，不留不任戰之班兵，不催運八千石之糧，二萬粸炒于内，則新復之空城，我無所失，亦可以不守；祖大壽在外，且可以戰。奸庸誤國，在師中者，無不切齒焉。

禾嘉紿新甲曰：「築凌乃將相偉業，與吾輩何與。我幸而原疏無名。」新甲曰：「修築之議，主持其上者，台臺也；陪其下者，總鎮也；執筆者，丘磊也；侍側者，道與協也。九議集，而報閣報部，難説吾輩何與。嚮使恢復成功，台臺首膺叙典，亦肯認原疏無名乎？」

八月，敵圍凌城。祖大壽與何可綱固守，禾嘉率宋偉、吴襄救援。禾嘉悖，屢易師期，而偉與襄不相能，二十七日，遇于長山，襄營先亂，我師潰。監軍張春陷敵，上書爲敵請款。禾嘉密表其事。公曰：「春亦有鬚眉，獨不聞其妻翟氏六日不食而自經乎？士大夫不能飛矢仆此行尸，而忍爲開説，春固自愧其妻，士大夫亦何以見婦人乎？」中樞詔書，頗以上意諷公。公持之益堅。

凌圍未解，上屢諭用奇，莫得要領。十月十二日，適錦人高應元、陳二、韓五從敵中自拔回。陳二願自效其奇。應元有心計，曰：「擒賊擒王，拚一死，斫敵長耳。敵營直白雲山，以通夷語者百人，裹火藥入營，就敵帳而刺之。即不成，八營皆擾亂，可走也。」大壽之弟大弼敢死，喜結客，戰于錦州。敵長免冑掠陣，大弼突出搏之，刀幾中馬腹，敵兵號曰「祖二風子」，皆嚙指稱之。三人在敵中，知大弼名，樂從之。公以三人屬大弼，結爲兄弟。夜三鼓，三人爲導，大弼率死士百二十人，砍敵營，火藥發，烟焰蔽帳前，敵長跳而免，八營皆大亂，相蹂殺。既辨色，我兵爲敵語，僞爲敵追騎而先之，乃出。

凌城食盡，敵以叛人招降，衆且挾降。閣部中軍副總兵何可綱語大壽曰：「我兩人皆受知閣部。公不出，無以慰閣部；予不死，無以報閣部。公固不當同予死，而予亦不難同公出。但即出，亦不能同公以有爲，不如死，并可以明公之出亦非得已也。」可綱遂以文自祭，又語衆曰：「死則死爾，奈何出凌河，受萬世唾。」亂卒橫擊而食之。公爲請優恤。上嘉其忠貞蒙難，公爲立傳，并祭以文，略曰：「甘三月之守，不減睢陽，抗一朝之變，不減魯公，豈獨爲醫閭木葉之晶光，宗祏係籙之符彩，抑中原坱北之氣所特鍾，以表大東。而凌河一役，喪衄多人，得爲撑柱世維也。予不能全子以生，而實全子以死。爾之死，乃所以生。首山之石可以爲鍔，覺島之水可以爲淬，取以薦子，子爲我念之。」

可綱死，大壽率二十七人詣敵營。敵長握其手，飲酒歡甚，約下錦州。大壽以養子爲質，與之盟而還。二十九日，我師劫營，率二十七人逸出，徒步入錦州，敵乃墮凌城引去。

十一月，公還關，以十七疏求罷。上念公久病成勞，賜金幣，命馳傳以歸。已而議長山之敗，坐公矯旨復城，欲中以危法。上不許，命冠帶閑住，削寧、錦叙功世蔭，公故所力辭不拜者也。

公得請，具奏陳謝：「身雖殘廢，終負天恩。一腔未死之心未可但已，謹列上薊遼事宜十六款，并以復城進兵二事，諸臣所未悉者，具疏略爲明白。」

其論復城曰：「右屯之復，臣奉旨酌部議三城之一，非由臣唱也。凌河去松山、錦州三十餘里，我前哨駐余子章、馬家湖，又在大凌北二十里。大凌直余、馬、松、錦腹中，非果如樞臣所云荒遠也。使右屯不與凌城并築，則凌工六月可竣。又使萬石之糧不運，則停工散兵，敵無所得，空城不致坐困。臣抱病關城東，撫鎮政出多門，應并乃分，應速乃緩，應散乃聚，致有疏失，則臣之罪也。今謂復城致敵，則遼地將終不可復；而又言復城逼敵，敵豈效我之遠之也，拱揖而不來乎？如果不必復也，彼何爲傾國而來争此彈丸之地。如以修築爲惹敵，則已巳之入薊，庚午之圍錦，果誰惹而來乎？使嚮者臣不抗天下之議以復八九城，則關外皆敵地，灤、永一陷，關何以守。而遼東西三四千里皆敵，中朝又何以爲計乎？臣願治臣不能禦敵之罪，不宜以兵困卸罪于復城，而使天下以復城爲諱也。」

其論進兵曰：「敵人闌入，因糧以困凌河，臣欲檄撤凌之兵以援凌，撫臣曰『不敢』；臣欲馬步合營前進，撫臣曰『不如用奇』；臣欲以騎集錦，以步嚮凌，撫臣欲分四路。撫臣奉中樞堅壁之指，又不肯明言，持兩端以觀望，屢易師期。宋偉不附撫臣，則主進；吴襄奉中樞而附撫臣，則主不進。臣抵錦，偉以十七日剋期進兵。襄曰：『日者言，大壽命宫難星，數日當出，少待之。』偉曰：『我安得獨進。』臣以二十三日誓師，以賜劍從事，而撫臣猶曰『過嚴』也。及與敵遇也，襄曰『營近水』，偉曰『近草』，議未定而敵哨已逼。偉營柵固，敵連攻不能入，前鋒多死，移攻襄營。襄不能軍，以騎將南奔，偉力戰至晡亦奔。倘兩軍皆固，則夾擊之執成，敵遂遁去。兵以奇勝，要必先正兵，敵非必不可勝，而我非必不能勝敵也。浹日轉戰，我兵潰而殺敵亦過當。如以一敗，謂我兵必不能殺敵，臣不信也。臣願治臣衄之罪，不宜以兵潰卸罪于進兵，使天下以殺敵爲戒也。」

其論遼、薊事宜，則自西部、插部、皮島、朝鮮以及關門内外，皆備列情形。其要指則謂：「必不可講款畏敵，而終受其燼。」

論東將，謂當謹其繩約，恩宥出自朝廷，以防跋扈之漸。

論東兵將，謂敵各長不過伯言五六千，皆同卧起，共饘毳，我鎮協將領皆有食大糧親軍，方可禦敵。

又謂：「關内不可概用遼兵，關外不可盡用遼將。禦敵當急練車炮，不當盡倚騎卒。近邊州縣各設守備兵馬，佐以鄉兵，無徒責之必死。西協當專設總兵以佐昌平，不當分昌平之總兵以佐西協。至于關門，不當復置經、督，請劃關、薊，分設三撫，而胥轄于督臣。」公雖隱退，不忘軍國，拳拳忠言，上頗採而行之。

初開鹽屯之利，兩歲可十萬餘，其後息益饒。丘禾嘉因緣爲市，每爲鎮道所持。御史王道直按遼，言鹽屯，上旨不究。或曰：「中朝不欲究禾嘉也，非徒免死者也。」道臣陳新甲以籍報公以諧語應曰：「吾具知本末，亦具知該撫之苦而憐之。」及公歸，與遼撫方一藻遇于豐潤，以鹽屯始末告之，且曰：「予非敢以國家財用姑息纖兒也。遼撫新設，百無經費，而行間經費爲繁。且器甲馬匹，時貴交際。予以内閣居塞下，僅可不取不與。若撫道那得不回頭應人。此等財用，搜刮不遺，即大豪杰，亦當窘手。若貪婪小人，便剥軍剥將，邊事豈不益壞。公真正英雄，豈前此齷齪者可希。萬一于此等爲額支，爲隨時隨事雜支，而歸于正者，一一支放明白，勿爲奸吏瞞昧，祇圖自家清潔，作自了漢，此等便是真爲朝廷。即有旁議者，執所支放以告，而仍以人與器物實之，邊事尚可爲也。」方深以爲然。

公之初督師也，熹廟臨遺隆重，付以兵要。馴至宵小竊枋，讒間百出，而隱然繫宫府之重，猶得以恩禮進退。其再出也，受命艱危之際，夜半出片紙，以單車横穿萬敵，奏迅掃之績。敵退，樞臣請旨分兵，遼、薊西兵各轄撫、督，而督師爲冗從之員，下不願其留，上不聽其去。人主勤思恢復之功，中朝曲肆沮撓之術。庚午五月以前，在潞在關，時事急患大，無一人敢擔，無一人敢議，不掣兵將之肘，而關、遼之兵將爲天下雄。五月以後，敵既平，中朝與撫、督异口同喙，雄唱雌和，修築則陽言不任，而陰爲任，以冀有功；救援則陽言任，而陰爲不任，以仇所忌，卒以不任壞事。設令始終如五月以前，則不難張皇六師，盡復兩河，以雪十數年仇耻也。危莫危于東便門之一出，急莫急于東師之一潰。公于危而不驚，于急而不亂，卒能危而獲安，急而旋定，經緯之略，過人遠矣。

崇禎五年壬申，公七十歲

公以賜閑里居，門無賓朋，室無媵侍，居無玩好，出無輿從，危椽老屋，糲飯市酒，篝燈讀書，夏扇冬爐，孫子夾侍。題一聯于師儉堂云：「好將社稷安危意，聊聽兒孫誦讀聲。」不讀非聖之書，不作無益之文。身經奄難，戒心漢唐，撰次今古中官志，區明其賢奸禍福，以作殷鑒，丹鉛甲乙，夜分而罷。鹿善繼、茅元儀聯袂過公，言念危疆共事，及所任匪人，輒憂填于心，不能釋。

公以累年督理事宜，列爲書，略曰：「臣以章句腐儒，誤承皇上任使，督理軍務。三年來，國威未立，百事草創，督理之政，無可入告皇上，乃諸務繁雜，動關度支，又何敢不入告皇上。臣惟軍務實繁，首先簡將，其次簡兵。兵將列而信地明，故先守關以爲基，復恢遼以圖進；有信地而後可審機宜，然戰不剋則守不固，守不固則款不成。若士不教，馬不閑，亦不足以赴機。故操次之，馬又次之，士尚爲能死戰，馬尚爲能飽騰，故款亦可暫用。非屯田，則餉草之用窮，故屯田又次之。有兵馬，而無舟車器械，是以卒予敵也，故次之以局。有舟車器械，而敢不爲行營之計乎，故次之以營。數者具備，而可以有土矣。然不安民生、興士氣，雖有土，其誰與守，故曰拊曰學又次之。有土則可生財，故儲與用又次之。凡十八務，務分三十一則。而十八務爲國家大經費，特先之以錢糧出入。軍實總務，正項錢糧曰帑金，曰部解，雜項錢糧曰刷舊，曰生新。其用有開銷，有置辦，其存有借支，有在庫，有現領，綱舉目張，條分縷晰。軍興之際，錢貨騰踴，雖碩德長材，往往疏闊錯互。」

公負豪杰俶儻之概，而澹泊如老儒，介特如處女，勾稽文簿，出納如水。謝事之後，讒言孔多。逆奄使其黨梁夢環磨治督府文書錢物，毛舉髮櫛，一無所得而止。公嘗謂趙鼎被人言乾没都督府錢十七萬緡，終不置辨，士大夫自待當如此。然而公之廉辦詳謹，固亦無待于自明也。高第在兵部，日請減兵，請撤關外以守關内。公露章力爲駁正，而以兩言蔽之曰：「臣既遵皇上恢復之明詔，不能再奉中樞撤守之意指。」第以此心恨公，柳河之敗，請御史往勘，欲殺公以媚兩魏，而逆奄弗許。

第甫受事，即下檄馬世龍，令撤錦、右、寧、前之兵，弃關外四百里。元儀力争之，謂：「敵三年不來，非天幸也。實以我兵執既張，畏而不敢耳。柳河之役，我損失不及三百人，中朝自欲張大其事耳。而敵實以船城之失過于是，且逼于瀋陽，而心懷憂悸。如不撤兵，敵必不敢輕我而來。」袁崇焕身卧以争曰：「寧前道與寧前爲存亡。如撤寧前兵，寧道必不入，獨卧孤城以當敵耳。」第不得已，止撤錦、右兵，驅屯兵屯民入關，弃屯糧數十萬石，死亡塞路，哭震原野。

高第意欲用廣微舊策，以王之臣代公。而忠賢謂第有口，令其自任。第大懼，叩頭乞免，不聽，日夜憂泣，怨主事徐日久平日左之嘩，乃題爲贊畫。日久懼，以疏論世龍，激上怒，削籍去。復題田吉素，嘗倚之以通逆奄者。

公之東歸也，與高第遇于豐潤。公謂第曰：「長安貴人以我輩爲守門，而高居堂奥，説好説惡。今公且爲我守門，予且居堂奥觀大經綸也。」第曰：「賴主上洪福、閣下壯猷，第守而勿失，可幸無罪。」公笑曰：「公以守而勿失爲嗛嗛乎？予居四年，復九大城、四十五堡，招練精兵十一萬，立車營十二、水營五、火營二、前鋒後勁營八，弓弩火炮手五萬，輜車千輛、偏厢車一千五百輛、沙唬船六百隻、馬駝牛騾六萬、甲冑器仗、弓矢火藥、藺石渠答、鹵楯合之數百餘萬。我進四百里，敵退七百里。西部受我戎索，東敵不敢過河一步。招集遼人四十餘萬、遼兵三萬。兩年屯田五千頃，得十五萬鹽策錢，稅朋椿入可七萬，採青省十八萬。公今守四年，再恢四百里，種種倍予所辦，方稱守而勿失。若以予所辦而四年勿失，未爲守也。」第唯唯，謝不敏而退。

參佐數人，宋獻再來，以父喪去，王則古以察處鹿善繼、杜應芳、茅元儀，皆請去。部覆不允，而三人皆不出。三人四載邊關，未嘗進一階。

公軍務少閑，與鹿善繼輩篝燈危坐，徒御不驚，鈴鐸間作，蕭然書齋道院也。夜初鐘而入，曉鐘而起，歷百八昏旦，聽百八聲之高下疾徐，單思却視，以窮極車營之變，作車營百八叩。語善繼曰：「平生不解格物物格，今于車營，窺見端倪矣。」

公每嘆善繼清貞安雅，道氣澄澈，窮年絶塞，資此畏友，不獨借軍旅之助也。移疾從公而歸，渡潞水，宿得雲寺。既過帝城，酌村酒相勞曰：「昔有兩賢居里，一人之官，一人酬酒。祖道曰：『衹要歸時還我一副老面皮。』今吾輩歸來，面皮依舊樣否？」相與大笑。

公初至遼，即發間于四衛，而敵赭其地。至于炒花再款，因大成喇嘛之往，使滿桂之內丁朝朝兔髡而從之，深得機事，故知敵懼而來求款，而公故持不款之説，必欲兩河盡歸，罪人斯得，方開一面，而後人發之稍早，遂爲多乘。至于敵之動静，無日不聞，故敵畏而四年不至。

公嚴于持己，恕以御物，激勸忠義，鼓舞豪杰，作使貪詐，籠挫宿猾，至誠惻怛，而機牙四應。如趙率教、魯之甲、李秉誠、祖大壽、孫諫，或以其在逃當殺而赦之，或以其犯法當誅而宥之，各隨才用，以身蒙謗而不恤。

袁崇煥、馬世龍輩，公所優禮付托者也，一不當，即譴呵欲行大法。愛將王楹之没也，公請官其子，曰：「昔人解官以予生，臣願解官以贈死。」死邊事者，張銓子道、張承胤子應昌，皆羅之塞下，念羽林孤兒之意，未嘗不撫之泣下。

李平胡者，寧遠伯成梁家丁也。善戰，累官都督，東西敵皆呼「三都督」，得罪亡去。東事起，有自稱平胡來歸者，言李氏舊事甚悉。公見之，曰：「僞也。」與之饘，假其名以懾敵。後乃知爲羅三杰，李如松乳媪之夫也。公曰：「果能殺敵，不妨爲羅三杰；不能殺敵，即寧遠復生，亦何所用。」後王之臣任爲大將，招練一無所就，卒爲敵笑。

公生平不植交樹黨，及一身入塞，更不内顧，交游怨其希闊，權貴怪其冷落，遂至滋長安之口。在中書堂者，疑公戀内惡外。公曰：「病于外而愈于内，得爲兔餘乎？范希文暫出而圖還，李伯紀出而悲不得還，皆鄙也。伯紀曰：『既行之後，無阻難則進而死敵。』臣之願也。萬一執議不堅，即須告陛下，亦宜諒臣孤忠，以全君臣之誼。此則君相所當念耳。」

公歸，高第厚有饋遺。公笑曰：「我不取，亦可不與；公可不取，那得不與。留此以塞輦下君子可也。」

八月初八日，第九孫之浯生，鈴之第二子。

崇禎六年癸酉，公七十一歲

公在里。

有答王者佐書云：「潞河之守，關天下安危。嚮微豪略雄兵天下，危于潞河矣。世人以私意作腦後風波，不復計天下安危。雖豪杰間却擎天手，然天下洶洶，言念腐儒相倚，行間排僉壬之口，而固吾圉，以壯神京，遂得次第收復河山，以報明天子。我兩人當重自勖勵，毋徒爲今昔之感也。」

又曰：「欲世界治平，須先爲平治儲豪杰。由今計豪杰柄用時，殆世界平治時耳。出處與隆替對，豈不真豪杰乎。」

金毓峒母七十壽，請公爲文。公謂：「毓峒登進士，不惟能官，而實能人。」後甲申殉保定難，果不負公知也。

公爲孫愼行所取士，而高攀龍、左光斗常特薦于朝。愼行之没也，公素服爲位而哭。極論高攀龍、趙南星之去曰：「去兩臣而出上意，則皇上之獨見，未必協于天下之公。如出于惡兩臣者，將内結外援，天下盡入其牢籠，而大患立至。兩臣之皦皦者去，而臣獨留，必其有遺行，而愧于兩臣。它日求如兩臣之去，何可得也。」時危運否，不惜與之同禍概如此。

士大夫廢斥者，多求用于闕門，公謝却之。人曰：「范文正辟置幕客，多取謫籍未牽復之人，可法也。」公曰：「讀古人書，當觀其所重。文正之言曰：『有才而無過，朝廷自當用之。若實有可用之才，不幸陷于吏議，不因事起之，遂爲廢人。』此文正之所急用也。若無可用之才，而吏議又非不幸，文正安得而用之乎？」

崇禎七年甲戌，公七十二歲

公在里。

馬大將軍滄淵死。公聞，深慟之。因爲哭詩二十首，有序略曰：「滄淵沈雄，負肝膽，悉推轂大義。當死生利害間，若居平游處。曾無幾，微促遽，獨不以鞅韐結輦下諸要人。居平落穆，微予不能用滄淵，乃世人恚滄淵，實恚予。即爲好語，亦曰：『謏誤武鄉。』然滄淵自是大將材，殆不在上賀蘭五千敵首也。」

公讀漢書，建武中赤眉、青犢等賊人擁十餘萬若數萬，不下十六七夥。時以新興兵將，氣力駭人心膽，所至捕殺，賊多自求活路。當時所以散遣，亦自有法，而安插得所。今流賊數十萬，曾未一大創，而强欲勸之就撫，徒多殺主計之臣，終無濟于事。此當以有名宿將統邊兵猛殺，莫用督撫節制，每日自報有無交戰勝負，與何賊相持，與何兵相角。御史日爲上之，直令日日令賊厮殺，不待地方報警。督撫令到，賊急求活，乃可乘機爲撫。然撫須令一等人專主撫事，而督撫鎮道督勦者，但一意殺賊，勿管撫事。即撫而反覆，急須勦之，但勿殺已降，則撫者不得借言剿妨其撫。
八月，第十二孫之澧生，鉓之長子。

崇禎八年乙亥，公七十三歲

公在里。
關門舊將故卒每刺得邊，遽以報，未嘗不彷徨屏營，憂形于色。
三月，曾孫樞生，滂之長子，銓之孫。

崇禎九年丙子，公七十四歲

公在里。
正月，爲公壽辰。予與鹿伯順携兒立雅同過師儉堂，公甚喜。金稚鶴毓峒亦自上谷至。公顧謂諸客曰：「坐中恨無青梅耳。」因命諸郎設榻，爲十日留，或談文章，或談經濟，或談理學，夜分忘倦。
與南樞范質公景文書：「年來，公所履之地，一則親密而緊，一則專獨而要，既重且大，既危且急。兩地實關世界，自非經綸天地之才，其能一手斡旋，而以弱爲强，以危爲安，直令忠而愚者釋其懼，奸而庸者悔所料，而不得樂其灾。明目之大，人擊節曰：『固知有是社稷之役哉。』往代兩老子，固經綸手，不知于此何如。至于履危圖安，抗議定謀，破一切庸狡之猜揣，而維根本大計，則又往代所難。此日來朝廷知任最得著之盛事，而衆或不知。此際所關大矣。倘不知者之言一行，世界將何如，國家萬年德福當無是耳。中原一片，聞控弦竄南，聞鳴鏑竄北。乃若不黄不緑，匪羌匪胡，莽戎而冠沐者，猛發而監人，遂無可竄。然抒成謀而靖世棼，捨名世而誰望哉。丘壑中人，日祝豪杰正人著著得力，能爲聖明用耳。」

八月，敵騎掠畿南，破定興，鹿善繼以太常少卿里居死之。公有祝予之慟序，略曰：「伯順主職方政，從予行邊辭銓，居樞辭京轂。居邊四年，僅以叙遷副郎。遭璫患，從予歸，口不言功，功亦不得御，惟自伯順獨耳。今年秋，敵入畿南。范陽令謁公爲守，而不餉之兵、不甋之城、不聯之衆心，張空拳調練，而敵已薄城。伯順禦之東垣，而西偏有逾垣遁者，敵遂登城。伯順駡不絶口，嬰白刃不避也。尚欲絶氣于明倫堂，不得入，乃歿于東城小園子。既知伯順在城，而聞城陷，曰：『伯順死矣。』噫！天乎，死伯順乎？世人利害之屬，有窮通得喪，有毁譽成虧，至生死而極。予嚮固覘伯順之「一窮通、齊得喪，忘毁譽、渾成虧」也。今乃親覘其不二死生。悲夫！全師議成，重兵不戰，居平不以人料備而亂，成乃畀之。其人倉猝以責其成，而又百掣其肘。纖兒旁睨，不樂其成，而幸其死，伯順其一也。」有哭伯順詩六十四首。

繼陷安州，去高陽四十里。公方城守，游騎去城七里，聞城頭炮聲，疑有備，引去。

崇禎十年丁丑，公七十五歲

公在里。

長子銓，山東高苑令。公往觀焉。始至境邑，人不知。及旋里邑，父老皆送矣。乃口占以勖其子曰：「父老肯來送老父，官人好去作人官。」又曰：「在外能爲真父母，居家便是好兒孫。」邑西五里，高節書院之魯先生墓，人稱周高士魯仲連也。公過而吊以詩曰：「春秋志在夷吾老，誰把尊周問水濱。海岱精英鍾大地，乾坤紛難屬閑身。千金豈謂能辭趙，六國今知不帝秦。最喜漢家赤帝子，先從圖籍慰斯人。」

與人論地方戰守曰：「州邑當有真可戰守之實兵實將，不宜以半餉不餉之鄉兵，爲掩耳盗鈴之計，以苟應功令，而相率就死。州邑不設備，而勒士民守死，當誅州邑；州邑設備，而士民四散，反置家口于他方，而以身浮寄，遂至失陷，則士民當死。今試簡告陷之州邑，其士紳幾人，生者幾人，死者幾人。再簡生何以生，死何以死。生者不罪，人何不生；死者不恤，人何以死。念此則未雨綢繆，亦可寒心。況漫然不爲之計乎。」

崇禎十一年戊寅，公七十六歲

公在里。

七月，曾孫梡生，淓之第二子，銓之第二孫。

十月，第十三孫之溥生，銓之第四子。

九月，敵兵復南下。公部署子姓，分雉堞距守邑，衣冠舊族皆奮義入守。十一月初九日，敵數萬環攻。時庫貯無鉛彈火藥，猶出面盆茶注等物以爲鉛彈，橫梁竪柱，悉作滚木，窗臺階條，悉作檑石。但人非習戰，器無多儲。初十日，城陷。公坐北城，猶大呼放炮。公之僕南州者，奮勇手刃數人。敵恨州，砍二十四刀死。敵首不欲死公，勒令作軍師。公罵曰：「誰與你作軍師。你敢作胡亂話，但速殺我。」敵首曰：「從來無殺閣老劍。」乃令衆曳至城南老營，勸之降。公罵不絶口。勸者孔有德乃自言當日降敵不得已之狀。公曰：「今日説此無益，但速殺我。」孔又曰：「你當日在山海要殺我，虧某人告免。今日還記得否？」公曰：「早知今日，恨不當日速殺你。無多言。」敵中有呼老爺者，有呼督師者，有呼尚書者。敵首稱：「閣部終不欲死。」公與之繩，請其自便。公呼闕就義，敵衆不容，必搶地者三，乃自理繩，命兩卒加勒而死。時天鼓震鳴，敵衆皆驚。城破時，太監高起潛頓兵容城。敵去之次日，高監入高陽。時公之尸已委于原野。鄉人舁至門，僕人侯果負入于庭。高監乃納之棺中。諸子若孫尚在榛莽，舁尚爲全。高監簡察各骸馳奏。奉旨：「據舊撫孫承宗罵敵就義，慘及闔門。朕心殊惻。着該部從優議恤。」及部覆疏上，詔復原官，予祭葬。元配王氏贈一品夫人。子七，長子銓以選貢任高苑知縣。銓長子之滂，錦衣衛指揮僉事，皆守官不與難。三子鈐，先公歿。而從公死義者，次子舉人鉁，四子廪生鋡、五子尚寶司丞鑰、六子官生鈰，七子生員鎬，鉁子之沆、之滂、鈐子之漯、鋡子之潔、鑰子之濾，皆以戰死。鈰子六歲，栖草中得免。公兄義官之子鍊，職方之子鏘，姪孫之瀜、之渼、之泳、之澤、之沚、之滋、之渙、之瀚，皆死。公之子孫狀貌雄駿，能文章，負經濟。他日可以爲偉人爲大將者，皆捨生就義，以從公于九原。其所以稱爲公之子孫者，固在此而不在彼也。

公生于嘉靖四十三年正月壬申，享年七十有六。公没後八日，之滂至自京師，改棺以斂。又一月，銓自高苑來奔喪，乃以崇禎十二年七月六日，葬公于城西二里祖鄉之西原。襄葬，予携鹿盡心往哭公。茅元儀爲之序。盡心，鹿太常善繼冢孫。

公品望在館閣，功勞在社稷，威名在四夷，忠義在宇宙。而關塞之仇隙，中朝之謗焰，流傳遠邇，相沿而不能解者。至謂公不當自請督師，自請爲專命。又謂公不當自請入覲，請覲爲逼主。又謂公不當力主恢復，恢復爲失算。嗟乎！士大夫肺肝多如此，欲國不亡，可乎？

戊寅春，閩人蔡鼎重趼而告公曰：「敵將復來，高陽不可守也。」公曰：「父母之邦也，去將安之？」鼎曰：「入保定，可以守。」公曰：「非君命而守，與非君命而逃，奚擇乎？君且休矣！」敵警至，諸孫有反馬于河間者，致書郡守，夜縋而歸，歸六日而城陷。城陷之日，父死忠，子死孝，婦女死節，奴僕死主，争先就義，無一屈辱者。公嘗曰：「先帝以漢武鄉、唐晋國擬我，我則何敢。成敗利鈍，非所逆睹，生老病死，時至則行，庶幾竊比于二公乎。」

公識見通敏，曉暢物情，紛糾盤錯，片語輒了，論事析理，刺經諧俗，譚言微中，詼諧間出，雖悍璫驕將，莫不解頤俯首。至于斷國論，辨幾事，應機剸割，不出晷刻，而裁鑒高整，尤善知人。昔所目爲中駟，後皆稱爲名世。然特立獨行，不求人知。海内君子，高景逸、左浮丘而外，知己寥寥，吾鄉亦惟伯順一人耳。至于奄寺相疾者雖多，而高監目擊，闔門慘烈，亦爲動心。野夫隸卒，聞者莫不痛憤哽咽，而朝士大夫之忌克終不能小咄哉。

公有文集一百卷、奏議三十卷，兵火之後，茅元儀得之頹垣敗屋中，同南樞范景文刻而傳之。別有督師全書一百卷、督師事宜十八卷、車營百八叩一卷、歷官舊紀四卷、掌樞稿四卷、撫夷志十卷、高陽縣志十四卷。惟中官志若干卷未就。前督師紀略十六卷、後督師紀略十卷，定興鹿善繼所輯。

序

按公譜，長君高苑令銓讀禮三年，泣血茹苦，編次成之，未及授梓，而高苑君没。高苑次子之瀿訪余渥城，謂兵燹之後，先少師年譜已多遺失，并錢牧齋所狀亦未得存。言念及此，寸心如焚，中夜起坐。余曰：「牧齋以狀付余，固恐其有遺失也。已存副本于笥中矣。」之瀿喜，謂少師復作。因出高苑君所爲譜，囑余訂之，并譜其缺。余卒業，至遺失處，掩卷嘆息。常于鷄鳴夜清時，追憶生平所見所聞，再採之牧齋所撰述，令博兒録之，得若干卷。公之生平大節，炳如日星。至其纖悉周折、語言嚬笑，皆公精神所寄。高苑君所譜，子孫當敬守之，不可令再有疏失也。

南都文集之刻，茅止生賣水田二頃，爲公了此，甫竣，遂雜荊薪，供軍旅之一爨。噫！造物者豈忌公宣泄之太盡邪。公之神照耀于地，不借語言文字而傳。但後之君子仰公德，必于公之生平細大備詳，然後可以識公之時義。與余商略而共訂之者，杜生越、高生鎬、魏生一鼇、李生龍光有助焉。

時崇禎十五年夏，端陽前一日，容城後學孫奇逢謹序。

明太傅孫文正公年譜序

予之私淑先生也，自髫鬌然矣。憶昔霜飛畫角，我伯祖數著威棱。爾時風動臭蘭，惟先生最稱聲氣。荷華有序，知不朽于億年；楮札連篇，幸得披于此日。仰先生之持己也正，服先生之接物也誠。蓋由情咀道，真非當代之志士仁人無交可訂，抑亦性含天粹，必同心之忠臣孝子，有懷是商，誦唐虞之書，神往乎稷、契、皋、夔，豈僅巍冠而講負平格之任，憤深于搶攘板蕩，欲攫身以圖，志在山河，桑扈輩難投，招隱之什才稱，穹壤草澤間，屢聞呼籲之聲；憫窮檐之蠢蠢堪悲，我縈寤寐；睹庶官之妹妹自守，誰共經綸。爰慷慨以陳言，俟霽顔而補牘者，何啻一二。爲蒼黎以請命，雖鏤心而瀝血乎，不憚，百千宇内匹夫匹婦，皆如性命肌膚；朝端一語一言，罔非腹心腸腎。其卓識誠敉乎北斗之嶟嶟，而碩德乃等于長江之浩浩。至若鄙擁裘以自保，因奮袂而前驅，屢險如平，羡王尊之叱馭；復覯潛機莫測，較充國之勝算尤工。允文允武，人稱方叔；太師太傅，績茂元戎。且也以于忠肅之清忠，兼海忠介之清直，以馬端肅之清遜，合王端毅之清嚴；嶺南節度之沉蓄犀，後先一轍，屬國都尉之却獻馬，彼此同操；于爍哉壯勇，疇與爲比而梗概，今其如存乎？若夫溯宏功之由來，則先生有搜羅古今之學；卜盛名之勿替，則先生有經緯天地之文。奇矣爲不可探之奇，而不同于頤鎖頞折。古矣，爲不易讀之古，而迥絶于口吟舌言筆補。造化渾無痕，在先生信推獨步。天生我才，必有用，微先生，其孰與歸。予蓋因先人之締好有年，而敢于先生揚榷大略云。

高安後學陳守創謹撰。

孫文正公年譜序

往予讀虞山集，得諗前明孫高陽公顛末，未嘗不肅然起敬。繼讀明史，乃慨然于勝國末造，閹竪煽禍，忠直屏迹，雖欲不亡，不可得也。當熹、懷兩朝二十五年間，更換宰相七十餘人，非極古今之庸惡陋劣，不得久于其位。一二品望卓卓、忠肝義膽、昭昭然揭日月而行者，非中以不測之禍，使無所解免。即斥遠之，遏抑之，一廢而不復用，如高陽先生其一也。先生望在館閣，名在邊塞，功在社稷，出將入相，勤勞王事，而媒孽其短者，奪其政權，解其兵柄，鬱鬱歸居故鄉，當是時，邊塞大將，若毛文龍、袁崇煥、熊廷弼輩，一死于忌，一死于間，一死于坐贓，而高陽又廢弃窮居，其所倚腹心大將，非坐觀成敗，即奉國投誠之人也。君不識相，相不識將，將不識兵，卒之兵薄都城，如摧枯朽，而高陽先生率其子孫殉難于其鄉。君子是以嘆熹、懷兩朝用人行政之舛也。歲壬戌，湘奉簡命，莅高陽，拜先生之祠，仰先生之像，讀先生之集，如承先生之謦欬焉。適先生之四代孫爾然刻夏峰先生手定高陽年譜。余捧讀之，以高陽之人物得夏峰之手筆而益彰。因識數語，厠名夏峰先生之簡末，其爲榮曜何如也。

新陽後學浦湘。

小紀

嘗讀容城孫徵君傳曰：「爲常人之子孫易，爲賢哲之子孫難。」旨哉斯言乎。蓋祖父尋常，循規襲矩，可告無愆，若祖父賢哲，身心品行稍有逾閒，即爲上負前人，爲子孫者，豈不難哉。先文正公，時際邅屯，鞠躬盡瘁，經營擘畫，次第井然，議挺擊而朝廷以安，劾内操而逆璫以忌，復九大城、四十五堡，擴地四百餘里，而成敗利鈍，如指諸掌，則言在文集，德在舊紀，功業在督師紀略并前後疏稿，以及車營百八叩等編，皎若日星，千古于昭已。迨戊寅殉節，慘及闔門，當宁震悼輟朝，表忠賜謚。前督師時，熹廟稱爲武侯、晋國，良有以也。先嚴有志編次遺書，值兵燹頻仍，載籍零落，實事空言，兩無稽考。乃延訪搜羅，搜剔滅燼，煌煌舊物，歷久重光。且受教孫徵君訂成年譜。從蔚州魏環溪先生游，而全集有序，遺像有贊，續集有刊，一時名公巨卿詩文憑吊者，積成卷帙，海内傳誦。至文正公專祠，余父偕伯兄桄等修葺，同時死節諸父兄，請于朝，春秋配享。文正公身後之事，先君子用力尤多云。又嘗教柏曰：「昔魏謨爲魏徵之孫，朝廷問其家藏遺書，皆已散失，惟存袍笏而已。我輩爲文正公嫡嗣，單詞片紙，皆宜珍藏。」柏敬而志之，不敢忘。每獨居深念，嘗以有墮親言爲懼。用鐫成小像，抄存諸書，以垂久遠。最後得督師事宜于蠡吾李恕谷、雄山王中丞宓遠，復爲刻孫氏詩鉢。蓋先公之志事，造物者固不忍使沉没也，至督師事宜及百八叩，尤經濟實用，而原版既失，流傳于世者甚希，余有志焉而未逮也。間讀家乘序，祖訓曰樸實，曰清廉，曰無欲害人，曰精神休使盡，訏謨碩畫，銘勒肝脾飲食間，嘗與長子爾榮言之，欲其勿替厥緒。然則躬承餘蔭，有失爲清白子孫，責不綦重哉。願與余子孫共勉于難也云爾。

曾孫男柏謹紀。

修葺年譜贅言

先高祖文正公年譜，然曾祖苦由中，和墨血所輯也。未及成，遽捐館舍，叔祖之瀠惻然傷之。因思先高祖素稱：「心知莫徵君。」一若爰奉遺稿求定，成父志焉。爾時即付剞劂，海内觀者，奉之若拱璧，迄今百年矣。門衰祚薄，譜板缺遺，全書竟不可得，年來流布漸稀。客歲辛酉，游山左，忽從友人處得睹全譜，心竊驚异，歸取殘板印證，無毫髮訛。然于是幸文正公復生也。急欲補綴殘缺，用公同好，苦力微，莫之勝也。適有親友咸願解囊相助，且復約同人共成厥事，片詞隻字，悉按原本，庶幾傳信來許耳。嗚呼！先高祖大節偉業，炳若日星，國史傳之，邑乖載之，宗鄙賢達，靡弗稱誦而樂道之，詎以是譜存亡關輕重。第然躬逢盛世，食貧居賤，不獲稍自樹立，以紹先業。倘于簡册遺文，亦弗修葺，則然之獲罪先人，將何辭耶。幸賴諸君子同心協力，成玆全璧，俾先人七十年之弘局，千百年後，歷歷在人心目。豈第予小子一人銘于肺腑哉。敬識始末，用告將來云爾。

元孫爾然謹紀。

跋

嗚呼！余大父年譜，今始成矣。年譜成，余忍讀此譜哉。譜創于先考倚廬時，羅憶談言，縷思行事，泣血成之，塊鞠篝燈，繕寫楷嚴，洎八百餘葉，嘗曰：「吾隨爾祖自儒生以至臺輔四十餘年，一生出處，吾知獨詳。今闔門就義，吾獨以繫官山東獲免，此天不絕孤臣，命予譜吾父生平耳。吾父之大節未序，闔門之奇慘未恤，每一憶之，腸如湇湯，寧忍獨生乎？譜成服闋，余尚欲携之南都，求二三故舊爲壙銘墓表，不意病遂不起，豈非命耶。汝輩童稚無知，其什襲世藏之，他年當有巨人君子爲訂正也。」濴泣而識之，後頻遭兵燹，圖籍一空，而年譜亦微有散佚。念大父勛庸節義，雖在人耳目，然訂此譜者，非與大父會轍合的、久故相知者，不可以相屬。偶檢散帙，得取節録，懼然而喜。此非哭文正公于墓側、吾先子所畏六年廬墓、七聘不至之孫徵君耶？即負笈渥城，得謁雲宿舍，謂濴曰：「吾久謂少師後人當有就余者。」因出年譜長跪，請爲補緝。徵君曰：「子不來，吾且自譜少師矣。」矻矻五月，删繁補缺，寸髭爲枯，訂五卷，命其子君僑録之，謂濴曰：「譜雖成，猶懼其略也。而翁之傳而祖者，其全體具在，豈可忽諸。」濴再拜稽首，歸而告木主曰：「年譜成，容城孫徵君奇逢筆也。」噫！濴不能悉大父之生平。憶爲兒時，大父嘗拊頂，誨以文，勖以行及讀書大指。今自暴弃荒，墜厥緒，猛一思之，輒爲汗背。余祖父，其樂我爲子孫哉。此又瀠之所大懼也。

崇禎十五年秋，孫男之瀠薰沐謹識。

參考書目

明史　清張廷玉等　百衲本　浙江古籍出版社影印
明熹宗實録　北平圖書館藏紅格抄本
明史紀事本末　清谷應泰　中華書局點校本　一九七七年
石匱書　清張岱　續修四庫全書影印鳳嬉堂抄本
石匱書後集　清張岱　續修四庫全書影印南京圖書館藏稿本
罪惟録　清查繼佐　四部叢刊三編影印嘉業堂藏稿本
三朝遼事實録　明王在晋　四庫禁毁書叢刊影印清抄本
兩朝從信録　明沈國元　四庫禁毁書叢刊影印北京大學圖書館藏明末刻本
啓禎兩朝剥復録　明吴應箕　四庫禁毁書叢刊影印北京大學圖書館藏清抄本
督師紀略　明茅元儀　四庫禁毁書叢刊影印北京圖書館藏明刻本
後督師紀略　明鹿善繼　杜應芳　國家圖書館藏清抄本
督師紀略　明鹿善繼等　國家圖書館藏民國抄本
後督師紀略　明鹿善繼　明杜應芳　稀見明史史籍輯存影印國家圖書館藏清抄本
崇禎朝記事　明李遜之　四庫禁毁書叢刊影印清光緒武進盛氏刻常州先哲遺書本
邊事小記　明周文鬱　玄覽堂叢書續集影印明刻本
閱關奏稿　明孫承宗　河南省圖書館藏明刻本
督師奏疏　明孫承宗　北京大學圖書館藏明刻本

督師奏疏　明孫承宗　國家圖書館藏清抄本
敬事草　明沈一貫　續修四庫全書影印國家圖書館藏明刻本
餉撫疏草　明畢自嚴　四庫禁毁書叢刊影印國家圖書館藏明天啓刻本
高陽太傅孫文正公年譜　明孫銓撰　孫奇逢訂正　北京圖書館藏珍本年譜叢刊影印清乾隆六年師儉堂刻本
鹿氏世傳　明孫承宗等　國家圖書館藏清乾隆刻本
東林列傳　清陳鼎　江蘇廣陵刻印社影印清康熙刻本　一九八八年
孫文正公家乘　清宣統三年刻本
房氏族譜　民國辛未刻本
高陽縣志　明孫承宗　國家圖書館藏抄本
高陽縣志　清嚴宗嘉　李其旋纂修　國家圖書館藏清雍正刻本
高陽縣志　民國李大本修、李曉泠纂　中國方志叢書影印本民國二十年鉛印本
山海關志　清陳天植等纂修　國家圖書館藏清康熙刻本
永平府志　國家圖書館藏清乾隆三十九年
保定府志　清紀弘謨　郭棻等纂修　國家圖書館藏清康熙刻本
清苑縣志　清李逢源　諸崇儉纂修　國家圖書館藏清同治刻本
孫高陽前後督師略跋　清蔡鼎　筆記小説大觀　臺北新興書局　第四編第七册
孫愷陽先生殉城論　清蔡鼎　筆記小説大觀　臺北新興書局　第四編第八册
車營百八叩　明孫承宗　清道光古槐山房木活字本
車營百八叩　明孫承宗　國家圖書館藏清光緒五年定州王氏謙德堂刻本

車營百八叩答説合編　清鄭獻甫編　國家圖書館藏清光緒六年粵東官廨鉛印本
車營百八叩　明孫承宗　叢書集成新編據畿輔叢書本影印
車營叩答合編　明孫承宗　清張恩煦等　清同治八年輯刻本
車營叩答合編　明孫承宗　續修四庫全書影印清同治八年師儉堂刻本

孫文正公全集　明孫承宗　北京大學圖書館藏清順治十二年孫之澇刻本
孫高陽先生全集　明孫承宗　北京大學圖書館藏清嘉慶十二年重刊本
高陽集　明孫承宗　四庫禁毁書叢刊影印中國科學院圖書館藏清初刻清嘉慶修補本
高陽集　明孫承宗　清道光二十八年涇縣潘氏袁江節署刻乾坤正氣集本
高陽詩集　明孫承宗　北京大學圖書館藏清順治刻本
認真草　明鹿善繼　叢書集成新編據清光緒五年畿輔叢書本排印本
寸補　明程崙　首都圖書館藏明崇禎刻本
占星堂集　明唐文獻　四庫全書存目叢書影印北京大學圖書館藏明楊鶴　崔爾進刻本
石民又峴集　明茅元儀　四庫禁毁書叢刊影印北京圖書館藏明崇禎刻本
石民四十集　明茅元儀　四庫禁毁書叢刊影印北京圖書館藏明崇禎刻本
牧齋初學集　明錢謙益　四庫禁毁書叢刊影印中國科學院藏明崇禎瞿耜式刻本
陳氏荷華山房詩稿　明陳邦瞻　明萬曆四十六年淦陽刻本
象村稿　朝鮮申欽　韓國文集叢刊影印　韓國景仁文化社　一九九〇年
夏峰先生集　清孫奇逢　四庫禁毁書叢刊影印北京大學圖書館藏清道光二十五年大梁書院刻本
擬山園選集　清王鐸　四庫禁毁書叢刊影印中國社會科學院圖書館藏清順治十五年王鑨刻本
望溪先生文集　清方苞　續修四庫全書影印上海圖書館藏清咸豐元年戴鈞衡刻本

媚幽閣文娱二集　明鄭元勛選輯　四庫禁毁書叢刊影印中國科學院圖書館藏明崇禎刻本
明詩綜　清朱彝尊　清康熙四十四年六峰閣刻本
御選宋金元明四朝詩　清玄燁　清康熙四十八年武英殿刻本
列朝詩集　清錢謙益　四庫禁毁書叢刊影印中國科學院圖書館藏清順治九年毛氏汲古閣刻本
啓禎詩遺　清陳濟生　四庫禁毁書叢刊影印中國科學院圖書館藏清順治刻增修本
三十五忠詩　明孫承宗　清周在都輯　賴古堂藏書　甲集十種第四册　清康熙刻本
孫文正公詩稿孫夏峰先生題跋合璧（明代名臣墨寶之七）　有正書局石印本
孫文忠公詞　明孫承宗　國家圖書館藏民國朱印本
明詞彙刊　趙尊岳輯　上海古籍出版社，一九九二年
全明詞　饒宗頤主編　中華書局，二〇〇四年
詞律　清萬樹　清光緒二年刻本　上海古籍出版社影印本
上海圖書館藏明代尺牘　王世偉　鄭明主編　上海科學技術文獻出版社　二〇〇二年

國家古籍整理出版專項經費資助項目

明季遼事文集叢刊

孫承宗集

中

李紅權 輯録 點校

學苑出版社

孫承宗集卷十六

制詞

原任禮部尚書兼東閣大學士贈少保謚文端王家屏

制曰：朕祇承大業，光撫洪圖，仰遵列祖之貽謨，式叙五朝之元碩。蓋上哲不貶忠以阿世，乃英明或藉法以行權，故迹若睽而深信其心，身雖遠而終行其議。對凌風之勁草，念夾日之誠臣，可靳新恩，以旌往勩。咨爾原任禮部尚書、兼東閣大學士、贈少保、謚「文端」王家屏，沉凝疆毅，冲粹坦夷；閱歷廿年，久禁嚴之近職；周旋二紀，更侍從之要官；進陪帷幄之司，載任股肱之重。當先皇帝升儲未定，適先皇祖猜意方深，將順者術疏，而衆攻其短，糾繩者力盡，而式遄其行。蓋上以終當相信之心，持堅不可開之勢，兼以時有可乘之惑，掩必無終晦之明，乃因勢以啓其心，希緣明以破其惑，喜引之爵名而不顧，怒加之放逐而不移，經綸竭補衮之才，肝膽傾回天之力。豈獨群情倚以爲重，遂開仁愛之心；抑且九重據以爲辭，藉塞讒譏之口。倡天下以必不可回之正志，見朝廷有誼不戀位之大臣。故旁謀逆折于公忠，王意頓窮于弃置，此天生名世，以維有道之長，而誼篤忠貞，遂衍無疆之曆。兹以覃恩，加贈爾太保，錫之誥命。於戲！庭謨惟直，國本有經，假調停，聯四海之心術窮，而衆將益涣，借阿諛，通九重之意道輕，而身竟不光。唯是執憲典以陳謨，乃能佐繼衙而馭世。人知直言不諱，其氣伸，不知婉畫開陳，其心苦；人知正色有辭，其力大，不知當機立斷，其識沉。蓋燮調勛茂，本格心翼羽，功成于佐聖，老成既謝典刑，尚可風人忠悃，不磨丰采，猶能裨治，贊畫（書）無斁，舊德惟馨。

少保兼太子太保户部尚書武英殿大學士方從哲

制曰：朕祗承先緒，光紹丕基；遵訓揚功，仰憲祖宗之舊德；銓時揆策，式資弼亮之元臣。惟勛庸懋著于三朝，乃位望特高于一代，眷爾褒崇之貺，昭予眷倚之懷。咨爾少保兼太子太保户部尚書武英殿大學士方從哲，直亮小心，忠清雅量；辨精白于渾金璞玉，而主以嚴恭；銷聲聞于大吕黄鐘，而恬以静密；蚤登侍從，薦陟高華，銅龍試黼黻，弘猷璧水；裕燮調遠略，載養澹寧于都輦，夙標風望于宰衡；荷神祖特達之知，八年而功勤納牖，膺先皇倚托之重，浹月而政下如流。上獨操之不分，既永肩而默成爲苦；下交責之未解，或入告而補綴爲勞。佐恭默于攬政之朝，定倉皇于彌留之際。救時所易格，事定而已不必居；竟力所可爲，道潛而世或未覺。念今之師師濟濟，賢豪雅相和于同流；想嚮之斷斷休休，彦聖原無妨于若己。肆朕纂臨之始，更嘉翼戴之勤，罄抒盡瘁，深衷日謹，謨明體要。蓋國家多難，正危疑震撼之秋；元碩效忠，在利害成虧之外。兹以覃恩，授爾階勛光禄大夫柱國，錫之誥命。於戲！進退立身大義，豈敢後于潔身；安危在國重臣，乃更先于體國。古人一諾，輒傾心腹肝腸；顧命兩承，而惜翼爲明聽。業許身親于堯舜，其寧自遜于皋夔。事君致身，當念葉成；衆口用汝，作礪何嫌；攻玉它山，尚其正色；立朝百官，寅恭之訓，同心輔政，萬民康定之休。欽哉！

户部尚書李汝華

制曰：朕以沖人，光膺大籙，特嚴民部，深計天儲。念先人殫力以居，傾朝不可，而今乃蒙功及後世，據圖以用，舉國咸歡。而終或不繼，故遺恩難恃，而舊法當修，眷予喉舌之司，竭爾股肱之力。爾户部尚書李汝華，清嚴而拆計精詳，沉敏而矢心匡定；蚤標規格，不避强宗；兩都薦曆清卿，四履光開雄甸；迨酌元斗杓，遂正位臺司；十年獨苦于節宣，百計力支于幹濟；直參便利，而婉弭傷心；虛集衆思，而公調多口。先皇祖封樁似吝，而爾力散小儲；先皇考發帑如流，而爾先核實用。蓋老成致主，計一身爲纖，而計國家大；遠略匡時，安一隅爲少，而安社稷多；曠典總三朝之閱歷，弘猷合四紀之經營。玆以覃恩，授爾階資德大夫，錫之誥命。於戲！爲天下守財，敢愛瓊盈之積貯；念民間若掃，忍忘稼穡之艱難；顧户鮮均輸，會無常，滿九伐當三空之日，一朝合五禮之全；增賦而覽乞賑之章，請蠲而下搜括之令。肆予踐祚，念爾持籌，緬維顧命之元臣，曾屬弼予于堯舜。詎蔑生財之大道，而輕算訾于舟車。勿入豐而詳核逃亡，勿出嗇而偏稽虛冒。朕惟求舊，爾尚圖新。欽哉！

禮部尚書兼翰林院學士孫慎行

制曰：朕祇紹宗閎，希光制作，唯南宮之地峻，緊東觀之職親，眷我誠臣，裨予新治；曳履上星辰之色，方密切于維毗；持荷調喉舌之司，特先加于寵命。咨爾禮部尚書兼翰林院學士孫慎行，清修直節，邃學沉衷，以精明果毅之襟期，抒正大剛中之風采，久騰英茂，薦歷高華，名蜚侍從之班，道重寅清之貳。而爾恪奉祖宗之成法，力絶臣子之私交；當先皇養晦之年，正藩國就封之際；心存夾日，矢九折以不辭；力欲回天，抱孤忠而直上。大道既通乎宫府，恬踪遂賁于丘園，特念舊勞，召還今秩，峻業彌揚于朝宁，夙謨方企于冲人。兹以覃恩，授爾階資政大夫，錫之誥命。於戲！身係朝端之重望，心懷天下之先憂，非堅定，不足成功，唯公清，乃能持世。自昔紛紜之日，迄今底定之朝，尚賴耆賢，兼兹委寄。人惟求舊，冀神人上下以咸和；動必有常，庶風俗人心之丕正。欽哉勿替，光我訓辭。

都察院左都御史張問達

制曰：朕聞結綬彈冠，萬寓適維新之會，振衣挈領，九重嚴獨坐之權。提英鑒以奉國維，開大紘而揚天紀。倘浮游未盡，曷增日月之光；惟綱目堅持，始快風霜之任。特登功于芝簡，載錫命于蘭臺，爾都察院左都御史張問達，端凝沉毅，博大精詳，廉平譽起于花封，蹇諤聲揚于梧掖，遂以容喜禮樂，出披楚甸，甲兵迨入主于邦刑，載借籌于國用。群情以四紀之經營而熟，不藉調停，大典以三朝之閲歷而精，寧惟曉𢡟。適簡憐于先帝，乃調護于朕躬。親承玉几之慈謨，茂著鐵冠之風采。昌言國是，百官披忠直之猷；正色朝端，三窟屏權豪之氣。當廷争之未决，持中正以涣小群，即衆議之或囂，足虚公而佐人治。爾既思忠于先帝，予方求助于舊人。兹以先皇帝覃恩，授爾階資政大夫，再以朕覃恩，晋爾勛階資德大夫、正治上卿，錫之誥命。夫法久敝生，吏弛人玩，任之則𢘅委，久而優容多，嚴之則鷙擊煩，而摧折衆，人各分塗于同异。爾惟遵道于蕩平，勿以獨斷之機，概從集議，勿以大公之法偏任同心，力振其夙迷，則沉陰之聞霆而破，徐而俟其自化，如瀌雪之見日而消，倘祖宗之法度克修，即朝廷之德澤偏布，雖小臣之藩籬未剖，而耆碩之衡鑒常虚。念予訪落初心，罄爾匡時大略。欽哉。

兵部右侍郎張經世

制曰：朕聞朝廷維社稷之安，遠計特儲于借箸；元碩托國家之重，壯猷先倚于當機。蓋韜鈐不可以意營，而軍旅寧能以嘗試。惟豪杰抱兼資之具，不難出入均勞；抑疆場有歷閲之身，適可安危獨注。爾兵部右侍郎張經世，幹度凝山，襟期峙玉，用堅貞于諳練，抒精敏于沉雄。適晋佐于樞廷，俾端司于廟算，念四方之多故，或九法之乏人，輕訬者猝嗟爲威，冗豫者依違有態。予惟經政，爾以除戎。蓋紫馬行春，輒負秉麾之望；碧幢映日，更嫻司武之猷。且嫣易之威名，紀綱上郡；即谷雲之方略，鎖鑰北門。是惟端凝博大之材，兼歷錢穀兵刑之任。故望昭輕緩于華戎，式展元英之風度；籌運謨謀于帷幄，丕揚神武之天聲。兹以覃恩，授爾階勛通議大夫資治尹，錫之誥命。於戲！昔當清晏，即端委可以折冲；今值艱難，豈笑談可以鎮物。又况持膏粱已疾者，藴毒益深；假尸祝代庖者，兩官俱曠。是惟遠輯摧陷廓清之略，近資發縱指示之奇。兵緣將勇而精，重念徙戎之論；餉以士强而減，應先安内之謀。蓋歷久則人盡其材，任專則宦得其體；聞旅紛而自若，惟企爾以專功，當大事而獨先，尚副予以制勝。欽哉！

原任南京户部右侍郎兼都察院右僉都御史佘懋學

制曰：朕方嚴名實，以破詭隨，旌讜直，而激浮競，乃權謀假重于綜核，或僞辨借名于流品，眷焉之耆碩，蔚爾公忠，尚崇簡德之深思，式報匡時雅略。爾原任南京户部右侍郎、兼都察院右僉都御史余懋學，勁節孤標，赤城玄度，一參郡憲，薦貳留曹有猷，入告一人據古，不阿當世。緬予初政，念爾昌言，政虞猛而爲殘，氣患矯而成激；慮先曲突，砥狂熏轑之先；誼慎和衷，拔幟凌囂之會。蓋識能見遠，學不近名，故置身夷險之中，脱念成虧之外。方其報最，適切投簪，載更介弟之風猷，重念老成之績序。兹用贈爾階通議大夫，錫之誥命。於戲！束髮登朝，寧有可私之耳目；比肩共主，誰居不剖之藩籬。唯材誠不用于朝廷，乃膽智遂絀于身世；想風規之落穆，尚有典刑；撫政局之紛紜，永言穆頌。懋嘉舊烈，祇服新綸，爾惟歆哉。

制曰：朕聞學如居積，道若張弓，用以久蓄而饒，後以前絀而大，有嬔世業，載荷國章。爾原任四川重慶府合州知州、贈奉直大夫余世儒，乃原任南京户部右侍郎、兼都察院右僉都御史懋學之父，學不愧于科名，行期追乎往喆，故澡身浴德，砥節首公，入當爲己之儒，出稱字人之吏。即喜形義檄，尚餘抱璞之懷；迫業授韋經，茂啓趨庭之訓。德業相成于奕世，忠貞盡萃于一門，不有崇褒，曷酬善慶。是用贈爾爲通議大夫、南京户部右侍郎、兼都察院右僉都御史，誕膺如綍之華，永錫無窮之聞。

制曰：國重公忠之上佐，載肅朝常，家需辦濟之淑英，式操閫範。惟識超帷薄，故道啓蘋蘩。爾原任四川重慶府合州知州余世儒妻贈孺人、再贈宜人孫氏，乃原任南京户部右侍郎兼都察院右僉都御史懋學之母，辦族函貞，德門作配。當其孝嚴虔閣，敬給傳餐，使其君子内奉中庭，外交當世，入無違養，出有良朋。至若佐燕翼之謀，能勞愛子，當負芻之交，大誼存翁，則閨芳遂比須麋，家學頓成聖善矣。是用加贈爾爲淑人，絲綸貽女史之芳，松檟顯慈庭之懿。

制曰：蓋聞朝昌衆正，族大多賢，故塤篪迭奏于虞庭，杞梓交加于諼背，怙恃維均，式穀生成，不間劬勞。爾原任四川重慶府合州知州余世儒繼室封孺人、贈宜人胡氏，乃原任南京户部右侍郎、兼都察院右僉都御史懋學之繼母，禮科給事中懋孳之母，識函德慧，性秉淑貞，上承道德之名賢，下撫忠貞之良佐，迨于哲胤，爲我藎臣。直躬競爽于難兄，雅志竟成于是父。眷凌霄之一羽，再覽鳳毛；握合浦之雙珠，齊輝月暈。夏理夕郎，奏記式嘉，民部成勞。是用贈爾爲淑人。榮名益大，仰酬靜樹之思；潛德彌芳，用佩芝函之寵。

總督宣大山西軍務兼理糧餉兵部右侍郎兼都察院右僉都御史董儒

制曰：朕惟纂籙承圖，予寧萬寓，投戈息馬，佐重元臣，矧地控雄邊，望隆閫鉞，夾兩庭而甲左右之中權，拊萬落而壯陵京之大勢，自匪材兼文武，曷能任總綱維。爾總督宣大、山西軍務、兼理糧餉、兵部右侍郎、兼都察院右僉都御史董漢儒，氣格沉雄，風規峻朗；才能肩重，而出以真誠；識可當機，而持以縝密；起家淑問，薦歷高華；閱襟喉鎖鑰之名區，任錢穀兵刑之遠計；凡畀提衡之重，僉云經緯之長。以故才由展錯而彌深，識藉擘裁而益邃，即在懸車之日，更精借箸之籌，既若予工，乃固吾圉。錫龍旗而賜履，佩兖鉞以登壇；伏久著之雄名，風行草木；運靜綜之虎略，膽破旃裘。茲以覃恩，特從新銜，授爾階通議大夫，錫之誥命。於戲！昔我皇祖誕任老成，當建議于谷雲，實調和于將相，迄五十年之定業，壯千百世之鴻圖。然而法久敝生，兵驕將玩，吏所憂在胥紕之鹽，惡行徼之奸蘭，起視吾蛇而已。卧地所急仕，漢法之將窮，戎索之幾頓，倘一嘶口，馬其何支。是唯于蕩佚簡易之中，先制節精詳之慮，净三陲于兩幕，聯九塞爲一家。念予用舊圖新，方藉英雄之膽智；以爾長材大略，當爲經久之謨猷。欽哉！

制曰：蓋聞約詡能廉，富好行德，乃若公清獨矢于華溫，仁義饒聞于里巷，坐策當世之故，遠貽燕翼之謀，曾受爵于東落，更升華于北鑰。爾累封通奉大夫、湖廣布攻使司右布政使、贈正議大夫資治尹、工部右侍郎董萬斛，乃總督宣大、山西軍務、兼理糧餉兵部右侍郎、兼都察院右僉都御史漢儒之父，衡泌姱修，瑾瑜偉抱，積而能散，貴不忘冲。爾其解衣衣寒，推食食餓，逸軌素孚，月日嗣賢，載振風徽。若夫刑持丹筆之平，榷減行舟之算，促裝典餌，著論司漕，罔不後兒女之私，而唯先國家之計。蓋俠行本其天性，雄風具在家謨，蔚爾官成，翳唯庭誥。是用贈爾爲通議大夫、兵部右侍郎、兼都察院右僉都御史。弓冶（治）流輝于百世，松楸昭慶于重褒。

制曰：國重元臣，曠典與勛庸而并盛，家榮令子，慈恩偕毛懷以爲昭。蓋世既謝其徽音，而道尚留其懿範，可無憫册，以體遐心。爾累贈淑人盧氏，乃總督宣大、山西軍務兼理糧餉、兵部右侍郎兼都察院右僉都御史董漢儒之前母，蚤以淑資，歸于介士；必敬必戒，持家忌拮据之勞；不競不絿，鳴佩效贊襄之儆。爾其載成士行，式佐高風，相莊于俯仰之間，交劑于居儲之會。而桓修自御，冀饁無遠；在握三珠，竟隕夜光于月蚌；凌霄一羽，尚留瑞色于蘭陔。是用仍贈爾爲淑人，儲嘉祉于采昆，揚芳徽于奕世。

制曰：蓋聞天錫寵于誠臣，百膺多祉；朝疏榮于上壽，五錫鴻名；展雄略而道益彰，扶鳩笻而禄益大。爾累封夫人，以丙秋改封淑人張氏，乃總督宣大、山西軍務兼理糧餉、兵部右侍郎兼都察院右僉都御史董漢儒之母，端莊純一，温厚慈和；遵令範于圖經，迪義方于機杼，清節不渌却餉，忱心匪以導輿。爾其鶴髮翩翩，鸞章燁燁，歷五朝于百壽，合四世于一堂；袍擁赤霜，修玳筵而按夔鼓；丹成絳雪，繞蘭茁而捧彤書；方資龍首之英猷，重下螭頭之渥錫。兹用仍封爾爲太淑人，高華彩結，雲霞徽省，耀崇班之氣色；清切光依，日月蘭臺，分内秩之榮名。

原任經略遼東贊理軍務兵部右侍郎兼都察院右僉都御史熊廷弼

制曰：昔我先皇祖念三韓中六合皆兵，妙遴獨出之才，弘濟孤懸之鎮，衆皆贊其特簡，上更倚爲長城。當大慶之方深，矧膚功之可奏。爾原任經略遼東、贊理軍務、兵部右侍郎、兼都察院右僉都御史熊廷弼，雄識脱成虧之外，駿材超利害之中。爾其司法天坼，抗凌西憲；當登車東下，抱澄清天下之思；及投策歸來，更大繫中朝之望。會爾風烟之未靖，僉云經緯之兼資。念先皇祖撫髀外寧，迨先皇考倚廬東顧。而爾膺兩朝之重寄，當百戰之孤城，既嘔心以荷劍龍，日携膽而馳雲馬。先謀後戰，未遽熕大創之師；雷逐電行，業先握萬全之算。振軍聲于積弱，懾沴氣乎方張。萬里龍荒，忍見[虜]塵之聳；千年鶴表，仍增漢壘之雄。即成謀，尚隔于人言，而大略終維于國是。兹以覃恩，授爾階通議大夫，錫之誥命。於戲！天生豪杰之材，寧惟身許；世篤忠貞之佐，蔚以國籌。遽云一壑之特安，尚念三朝之异數。白山木葉，業保固于丈人；蠆毒狼心，更潛窺于諜者。集烏合而起，緊豈异人；運龍首而謀，祇需後命。佩我康侯之蕃錫，企兹方叔之壯猷。欽哉。

整飭薊州邊備兼巡撫順天等府地方都察院右僉都御史李瑾

制曰：朕光纂洪圖，綏寧方夏，唯是大中丞激揚文武百吏，以惠元元，而京國依日月光際，上有大澤大征，恒先被之，至倜焉東顧，不翅雄要于東也。念我誠臣，寧需閲叙。爾整飭薊州邊備兼巡撫順天等府地方都察院右僉都御史李瑾，識量宏深，操持清辨，惠政夙揚于蜚舄，直聲允著于伏蒲，抨彈不避强宗，議論獨持大體，既高文對，乃貳奉常。嚮安丘壑之中，衆其欽爲泰斗；頃拔雲霄之上，人咸擬以星鳳。遂鎮天圻，予以節鉞，猷望雅孚于四履，關山盡在清寧；威名先布于十連，草木亦欣德化。蓋三韓未靖，四輔爲騷，糾虔將吏于威嚴，綏靖兵民以鎮静，允稱神皋之重寄，將折戎塞之遐冲。兹以覃恩，授爾階中憲大夫，錫之誥命。於戲！久安則政易弛，多事則人易劇，方今天下或類此乎？薊門爲東塞聲援，不獨蔽陵京也。古人未雨徹桑，定其中流，而忘衣袽桃林之議煩爾矣。竟爾材操，堅爾心，以肩我大任，尚無忘于保介哉。惠此京師，以綏四國，予日望之。

總理督糧提督軍務兼巡撫應天等府地方都察院右僉都御史王象恒

制曰：朕光纂洪圖，祗寧方夏，深惟根木，特簡元僚，無亦曰：「高皇帝有遺弓焉，而輕之也。總風紀以保釐元元，朕其有愛焉。」一爾總理糧儲、提督軍務、兼巡撫應天等府地方、都察院右僉都御史王象恒，材緣駿迅爲沉凝，識以端詳爲敏劭，一蜚凫舄，載插豸冠，既久歷于蘭臺，遂參丞于冏寺，以神皇之簡在，越先帝之特掄，肆以冲人，倚于舊德，乃予旄鉞。往又陵京十連合財賦之區，籌謨審慎；四履綰紀綱之任，憲律清嚴。蓋幹聳孤霄，霜溜千尋，瑶岫標凝，峙玉露寒，萬壑清冰。其振采于留臺，尚令憚黯；業升華于横榻，無以易堯。兹以覃恩，授爾階中憲大夫，錫之誥命。於戲！地重不可劇也，民罷不可紛也，東南民力，自昔念之矣。伫爾爾嚮者不扼捥吴人之凌嚣乎，無以勝之，有以安之，則籌邊之方略、按部之風棱自在也。新庸，光予遠計。懋哉。

制曰：國家普如天之貺，匪盡明庸也，而特重勞臣。又况世篤忠貞、開予大烈者乎。夫人地之光華，寧床笏門戟爲詡詡也，前以爲堂，後以爲構矣。朕且爲御史大夫念之。爾通議大夫、浙江按察使王之猷，乃總理糧儲、提督軍務、兼巡撫應天等府地方、都察院右僉都御史象恒之父，蚤以甲掄，仰承世學，而出揚淑問，入佐寅清，發奸調衆庶之和，陳令作藩封之範，載更藩臬，益著謨謨。每先事以爲防，盛當機而立斷；臿雲渠雨，安魚沸于狂瀾；甲首丁男，修鱗屯于宿飽。蓋地盡中原之雄要，謀先經久之鴻圖。爾其既重天常，特隆風節，即天皇所譴怒，亦以周旋，而肯阿承直指，雖帝子之遨游，不難論諫，而况曲制中涓，尚存冏正之庭模，載啓中丞之節鉞。是用贈爾爲中憲大夫、都察院右僉都御史。蘭函隆錫，從中秩以爲華；槐蔭清光，蔚南臺其未艾。

巡撫宣府都察院右僉都御史張經世

制曰：朕統承方寓，綏靖邊陲；有赫東征，特注詩書之佐；倜焉北顧，尚嘉文武之猷；內拱陵京，外當肩背，以千百世中興之盛際，馭五十年解辮之伏戎。繄重任之難勝，豈榮恩之可後。爾巡撫宣府都察院右僉都御史張經世，識超利害之中，而操持獨力；氣拔功名之外，而涵養特沉。當其明允成能，度支有譽；載典股肱之郡，輒注邊材；屢參屏翰之司，更閑將略；廷議共推上策，朝廷遂倚長城，以上谷之節旄，當北門之鎖鑰，念□狄争相雄長，爲中原制勝之機，然犬羊所在生心，亦邊徼跳梁之漸。于是糾虔將吏，安輯兵民，齊戎律以振風棱，揣[虜]情而悉要領；威知草木，名怖啼兒；率是羆熊，快旌旗之變色；整斯鵝鸛，知金匕之非常。蓋韜鈐略法乎威嚴，輕緩惟持以鎮静；當機省括，即未雨厘桑土之謀；先事致防，豈中流乏衣袽之戒。兹以覃恩，授爾階中憲大夫，錫之誥命。於戲！大臣出則戎□走于帳下，入則甲兵具在胸中。爾既貳洪樞，遂參邦政，即一隅尚屈群力，豈九法而遺衆謀。尚其大簡車徒，令士有陷堅之志；益嚴帷幄，俾人皆投袂之思；勿以首像而耽外寧，勿以鴟張而挫内鋭。即法嚴中制，而箸籌特主于樞機；雖情自内依，而戎索獨提于股掌。犁庭空漠，副予一人簡在之心；飲至策勛，慰今天下清寧之望。欽哉。

巡撫江西地方兼理軍務都察院右僉都御史房壯麗

制曰：朕光承大曆，祇綏方隅，所賴執憲大吏察舉郡國，守令諸臣遂以宣導上澤，疏通人瘼，自非仁而不縱如光，威而不刻如峻，誰夫弄印以畀者。爾巡撫江西地方、兼理軍務、都察院右僉都御史房壯麗，識度宏深，操持潔慎；才能任重，而入以純明，識可先機而持之縝密，威惠夙揚于壯縣，公忠久著于法棱。方持棘署之平，遂執蘭臺之憲。内封四履，則江湖陵澤之雄奇；外接十連，則吴、粤、荊、淮之保障；綏輯惟持以鎮静，糾虔略法乎威嚴。藉六察之風威，驅除苛吏；抒五刑之平允，袵席窮檐。蓋廉直勁正之操，規模常遠；節義文章之地，拊綏爲勤。正宜异數之頒，况值慶條之布。兹特授爾階中憲大夫，錫之誥命。於戲！爾所部則藩封之供億爲艱，而角北湖山，無得治絲而棼之也。陶之役，頃從减省，得無有不解者乎？久安則綱解，多事則民煩，懋之哉！還祖宗以舊法，即予天下以新恩，寧獨天柱寶極，間有寧圉也。企爾行矣。

通政使司通政使王舜鼎

制曰：朕光膺大命，嘉與維新，廣延不諱之書，悉體登聞之願，所期宣上之澤下究，求人之瘼上聞。唯爾納言，祇承朕命。爾通政使司通政使王舜鼎，秉沉毅之資，而寬明簡惠，有清嚴之守，而忠亮篤誠。起自爽鳩，晋躋司馬，既揚歷于雄藩，遂旬宣于劇部。入尹神皋之重，載清都輦之塵；肆予踐祚之初，乃改陪京之命。以心膂而司喉舌，緣出納而披琅玕，遂使堂下之謀概暴于乙覽，遐方之論不隔于九重，師望允諧，朕心則懌。兹以覃恩，授爾階通議大夫，錫之誥命。於戲！天下之志在通，人主之心欲遠。以我先皇祖之恭默，或鬱鬱而未舒；洎我先皇帝之彌留，尚通而未久。倘閭左有未伸之意願，則朝廷無偏布之仁恩。况予方速昧之年，且國值艱難之會，智急先務，朕當加意于轉圜；道本人情，爾尚注心于掌匭。祇承朕眷，無替訓辭。欽哉。

通政使司右參議吕邦耀

制曰：朕以沖人，光纂曆服，方期包荒茹彙，通百壅以悉萬隱。易不云乎：「天地交而萬物通也。」一出入朕命，惟爾納言。爾通政司參議吕邦耀，清修勁節，遠識沉心，擢對大廷，抽毫中秘，生長輦轂之下，既習朝嘗；出入禁闥之中，載嘗國政。迨提衡河洛，乃益嗇謀猷，晋參喉舌之司，佇廣目聰之益。而爾自矢丹心日皦，人推青瑣風稜；一疏建元，特展尊親之大孝；再談講幄，獨抒憂國之深心。念老成雅意敷陳，想明允克詳出納。兹以覃恩，授爾階奉政大夫，錫之誥命。朝廷唯聖讒斯嚴，而以人之瘼上聞，乃更亟也。往聞要人所欲扼，頗有壅而不得上者。夫草野豈盡嘉謀，而衆思可集，故壅乃否，疏其壅乃泰，通以爲疏也。爾尚省爾官，篤爾初忱，佐予新政，朕乃庸。

日講官詹事府少詹事兼翰林院侍讀學士協理府事錢象坤

制曰：國家設端任爲彈肅，微獨弼諧儲副也，實將資忠亮，翼帝學。肆朕冲昧，光纂洪圖，所賴豐芑舊遺，以沃于朕志。其念宿學，乃更殷也，可靳榮册。爾日講官、詹事府少詹事、兼翰林院侍讀學士、協理府事錢象坤，沉心秀骨，亮節宏材，射策大廷，抽書中秘。爾其學廛匡濟，肯專目于文雄；志切澹寧，不受攖于世蠖。念皇祖拔奇材于禁近，洊躋中護以延芳；迨先皇簡峻品于東朝，遂踐儲端而插羽。洎予訪落，晋爾談經；身依日月，聯延乂于光華；班綴蓬瀛，首群英而領袖。蓋詞成盤誥，代得麒麟，業超文士之宿摹，尚屬儒臣之舊事。惟爾倡予，和聲相應于一堂；且析義陳辭，道頓洽于積日，乃關朕學，式懋爾功。兹以覃恩，授爾階中憲大夫，錫之誥命。頃閱群臣交牘進予學也，念冲人不學于元子之初，而倜焉踐祚，其敢忘焉。明新德業，爾實始基之。易不云乎：「富有之，謂大業；日新之，謂盛德。」爾尚堅爾心，弼予德，以奏大業于天下。朕不忘學也，其敢忘佐予學。懋哉，以需遠注。

右春坊右庶子兼翰林院侍讀掌坊事吴宗達

制曰：朕光纂洪圖，肇辟新政，方將揚兩朝之大烈，建一代之遠猷，而寡昧未學，倜焉思奮，所賴皇祖貽以豐芑舊德，迪我冲人，其公忠該練之臣，懷嘉謨而入告，敢不以報。爾右春坊右庶子、兼翰林院侍讀、掌坊事吴宗達，蚤登上第，遂踐清塗，既歷詞垣，乃躋中護；濟世美以特立，裕辰猷而具臧；屬辭義比陽秋，得士人當鷩代；青霄接武，光騰文海之鯨鼇；白日懸名，棫起蓬山之鸑鷟。蓋冰局清介，自屬嘗操；文苑詞章，特爲本業。爾其抱堅明沉識，凜四知以成能；抒經濟宏材，兼三長而擅美；則深心勁骨，節明亮謨，尚資啓沃之忠，式展弼諧之略。兹以覃恩，授爾階奉政大夫，錫之誥命。爾以韶年，當皇祖簡授句臚之曉，閲三朝爲新也。爾家諸父不聯跗金馬耿耿抱大節乎？國恩可副也，家學可承也，以爾氣骨，用爾材誠，勉迪前人之庥，其新當世之務，懋之哉，尚有遠注。

右春坊右諭德兼翰林院侍講周炳謨

制曰：朕以冲人，纂乃曆服，期于光揚烈祖之洪庥，唯是豐芑舊貽，朝夕納誨，朕所不憚，夙宵希縱。我皇祖初猷，亦唯是世學名德，左右我朝夕，遂俾予于治。爾右春坊右諭德、兼翰林院侍講周炳謨，乃原任通議大夫、吏部左侍郎、兼翰林院侍讀學士、掌詹事府事、贈禮部尚書諡文恪子義之子，清修介節，邃學宏材，持正大于和中，發精明于沉毅。爾其史垣檀譽，鎖院掄材，抽書靡間于丘墳，得士頓兼于文武。緝經擷史，亦纂其玄，侍幕入帷，静綜其大。周踐清塗于北研，彌崇峻望于西清。當皇祖之末年，曾嘉謨之入告。啓沃常先堯舜，每懷當世之憂；敷陳力法祖宗，不愧古人之學。既裨朕志，載練朝章。蓋世掌絲綸，煒煒鳳毛自色；兩參帆幄，瞳瞳日脚嘗清；陳詞允愜于延英，展采彌揚于當寧。兹以覃恩，授爾階奉直大夫勛，協正庶尹，錫之誥命。皇祖朝，該亮博雅，屹爲中立者，爾先臣，杙以爾材操，先緒竟于爾矣。爾頃爲朕説書，不云「孝以事君」乎？纘家學，孝也；裨國政，忠也。觀忠于孝，懋乃攸績。朕且大用爾。欽哉。

制曰：朕祇紹先猷，式圖新政，是稽祖宗之法，以旌社稷之臣。更再世之隆昌，想五朝之閱歷。爾原任通議大夫、吏部左侍郎、兼翰林院侍讀學士、掌詹事府事、贈資政大夫、禮部尚書、謚「文恪」周子義，乃右春坊右諭德、兼翰林院侍講炳謨之父，器識凝厚，學藴淵純；秘館抽函，蚤升華于詞苑；東朝列彩，遂植範于賢關；聲猷蔚重于兩都，地秩高聯于六副。蓋肅皇之末祀，歷神廟之初基，憤俗學徇華，著作五經羽翼；念朝章佚實，勒成一代典謨；孤標萬壑，清冰雅操，千尋玉海，曾不與時爲耦。惟聞以耻立防，當綱維勸戮于纖兒，指堂顔而矢守；即槐柳方齊于殘客，坐虚室以耽恬；謹醇餘萬石之風，詩禮衍一經之訓；謀詒謝鳳，池毛世美于今；直邁史魚，風力載勤于古。是用從爾子炳謨請，以覃恩贈爾爲資德大夫，錫之誥命。於戲！沽激爲名，依阿詭遇，名成而道仍晦，遇合而品乃隳。乃若繩趨尺步之爲遵，方鑿枘員之不問，寧竟世不登揆席，而朝端仰泰斗星凰；即終身未見大行，而天下望鐘鏞鼎吕。故天之篤純忠者遠，閲世彌光；後之振家聲者，宏于前更大；勁骨猶堪礪世，忠規自可風人，歆我訓辭，以光轂迪。

右春坊右諭德兼翰林侍講黄立極

制曰：朕以冲人，光紹丕基，所賴正人夾輔，弼予于治。亦唯是我皇祖以累世豐芑，植于禁林，遺予爲夾輔，乃若端敏直亮、抱天下大略者，朕方器重之，敢靳褒予。爾右春坊右諭德、兼翰林院侍講黄立極，以華婉雍容之材具，抒沈雄超邁之德資，一鳴而兩冠京皐，載擢而升華天禄。爾其探琅嬛之秘奥，矢葵藿之深心；提衡而士皆驚代麒麟，荷橐而詞盡度時舟筏。蓋憤七葉之書香未振，則鐘爐于大業者深；念廿年之文彩不揚，則閲歷于世途者厚；故澹泊以存故我，姱修而裕遠猷。當予訪落之初，適爾登明之日。兹以覃恩，授爾階奉政大夫，錫之誥命。爾頃從田間來，朕方以朝參，覘爾風格，遂以念爾材局矣。爾資望不盡在諸供奉于庭者後，而徒以大典亟需，不能需次于爾，然爾資望何得久稽也。材浮于世用彌裕，業饒于位品彌高，懋之哉。念皇祖所深陶，堅爾心益，大爾材局。朕未敢拙于用大也，其尚有遠需。

翰林院編修錢謙益

制曰：朕光纂洪圖，肇修大典，亦唯是我先皇祖豐芑之貽，以布列詞垣，遂以捃摭大烈，開予冲人。其若抱舊學、應新命而出者，朕且褒表之。爾翰林院編修錢謙益，直方特達，端亮博聞，既冠兩闈，載承軒問。而爾雅抱匡時之略，遂多矯俗之談，帝心亟嘆奇才，師頌同推大第。萬言直上，孤忠結明主之知；十載歸來，至性倚慈親之愛。蓋道可大行于遠，學期深造于微；升沉閲良史之材，澹默識鴻猷之概。兹以覃恩，授爾階文林郎，錫之敕命。詞臣以無事綜天下事，故當事而無事矣，恌而苦約結，急而求聞達焉，寧得終日乎？爾唯必恌故静，爾唯勿急故久，静可遠也，久可大也。懋之哉！朕且需爾于遠大。

翰林院提督四夷館太常寺少卿范濟世

制曰：國家以秩宗之貳爲清選，多以待瑣闥之英，而朝有大政事、大議論，必稽焉。至旁行首戴之書，較功能于質館，則隸在詞苑，而妙簡時望，亦唯以其貳主之。爾翰林院提督四夷館太常寺少卿范濟世，以子大夫高第，入侍紫微，載參黄闥，適予訪落，晋爾客臺。當爾念兵事之方殷，惜老成于既去，賜環者輒亟，覆餗者竟符。蓋直力振綱維，風棱夙振于掖垣，德度更揚于金馬；胸羅方寓，合東西南北之文章；標表人倫，盡譯象寄鞮之變態。兹以覃恩，授爾階中憲大夫，錫之誥命。古有莅此選者，或果敢直言，數有據争，又或數言得失，不事權貴，故每由此擢諫職。爾方自夕拜來，嘗隨諸大臣侍朕左右，更聞爾讜言也。爾尚練爾卿材，以肩大任，朕無令天下以士輕矣。欽哉。

太僕寺卿丁懋遜

制曰：朕祗承大命，光纂洪圖，仰惟豐芑之貽謀，式藉王楨之篤棐，下蒲徵于耆舊，上邁軸于碩寬。念爾鴻猷，企予冏命。爾太僕寺卿丁懋遜，該通敏練，抒以誠心；博大沉凝，用其質行；一光軒制，遂綰邑符；載勤夕拜于梧垣，乃展辰猷于楓陛。驄章屢奏，朝端特倚其威棱；

直道獨行，天下想聞其風采。當先皇之養晦，正神祖之獨操，九重懷持重之心，舉國抱危疑之慮。而爾忠存夾日，力竟回天；合衆正以同鳴阿閣，快朝陽之鳳；持一封以自遠冥霄，翔何慕之鴻。居雷霆而不驚，韓稚圭其予以膽；挾風霜以爲字，汲長孺願畢其忠。政方希以維新，人乃先于求舊，光于牧政，業有前聞。茲以覃恩，授爾階中大夫，錫之誥命。於戲！皇天之大命眷德，惟嘗聖祖之深心，詒謀有叙，然而必不可摇之慮，間移于時，或暫晦之明，不有忠言，曷開遠計。厥後克正，予將企正于僕臣；其羽爲儀，爾尚標儀于群策。無斁老成之碩畫，光昭正直之生平。欽哉。

太僕寺少卿何士晋

制曰：朕光纂大命，祗服洪庥，念我先皇帝以豐芑舊人，貽我燕翼，因念我先皇帝養晦東朝，賴爾公忠爲調護，遂貽永祚于今。我皇祖慈寧之召，朕豈忘焉，而况公忠歷試，不獨問政也。爾太僕寺少卿何士晋，以子大夫高第，由明允而入掖垣，歷藩臬而晋卿貳；迹成中外，精謍職任之嘗；孝矢明神，心苦家庭之變。乃若誼關國本，重切宫幃，九廟震驚，舉朝皇沮。而爾神閒氣定，慮切憂深，矢九死以明心，結一忠而爲膽，既褫奸雄之魄，遂調肺腑之恩。即其信而見疑，暫違禁闥；孰與諛而得咎，竟失身名。蓋國家二百年養士之報社稷，億萬世得人以安，業晋符丞，載遷冏牧。茲以覃恩，授爾階中憲大夫，錫之誥命。於戲！公忠遠計，在識定而膽用之。當爾忍家難十餘年而後報，似留侯良；及變起觸瑟，而能以死生入奏，似長孺黯；至决大政，定大策，而神色不移，似侍中琦。書不云乎：「僕臣正，厥後克正。」尚堅爾識，用爾膽，無以爾爲人藉社稷之役矣。懋之哉！

制曰：朕聞國家有大憝大懟，唯豪杰之材是倚，故忠臣發伏戎于衆默，孝子酬賫怨于久銜，然則非嘗之變，殆天所以啓豪杰乎？卒之嬰非嘗之變者，集忠孝之後福，則浥彼注兹之天，于是乎定。爾累贈奉直大夫、尚寶寺少卿何其孝，乃太僕寺少卿士晋之父，賦性既奇，遭家大造，大志未成于國士，深心遂既于家猷，而洗腆承歡，情文中禮，既振中衰之緒，兼承先世之仁，合三黨爲一身，拊藐孤其若子，或解衣而拯溺，亦焚券以捐金，踆爾推豪寇之田廬，惄如調單貧之生養。蓋宅懷樸厚，秉度寬和；言念鞠哀，永抱分荊之痛；迪成哲胤，竟符夢斗之占；人乘文弱以相加，天篤忠貞而爲報。兹用加贈爾爲中憲大夫、太僕寺少卿。春滿桃溪，三世啓成梁之兆；天回楓陛，九重錫如綍之恩。

太僕寺少卿馮嘉會

制曰：朕觀兵興以來，既竭冏騎，遂竭冏儲，故馬日耗，兵日益罷。夫討軍實而申儆之冏，一大政也。其有悉兵于營，悉馬于兵，朝廷尚式嘉之。爾太僕寺少卿馮嘉會，操敏劭于先幾，矢淵沉于中勁。當其榮名軒對，解褐花封；合三异于一同，孤直抗西臺之譽；謝二天于六察，仁威表東海之風。頃以邊塵，日閑輿衛，而爾蚤圖方略，大振軍聲，人倫式叙于臺班，品秩遂參于冏正，輦下仍避驄之號，庭中餘攬轡之清。兹以覃恩，授爾階中憲大夫，錫之誥命。昔我文皇帝謂所司「知恤馬，不知恤人」。爾起家司牧，業以人恤，而不以馬恤。夫馭人猶馬也，馬以劇逸，人以劇亂，朝廷持遠馭，不以冏維爾，爾寧爲劇也。尚欽予冏命。

制曰：詩不云乎：「執轡如組。」夫士組修其身而文成，微賢媛，誰爲略庭屏者。士馭世，女士馭家，遂以佐予，士疏榮其靳焉。爾太僕寺少卿馮嘉會妻封孺人黄氏，柔良有則，淑慎無儀，躬旨甘以奉重阨，修蘋藻而調中饋。爾其短檠四照，長佩陸離，蠅聲發警爛之星，機緒襄流黄之月，寧獨證盟于子㦸我佩，抑將交儆于商政榷材，是用封爾爲恭人。女以德爲才，而以不見才爲德，三錫文綸，報之德矣。

太僕寺少卿商周祚

制曰：昔我文皇帝詢所司以蕃息之效，蓋惓惓故事也。當是時，去創法幾何，而瑩精若此矣。冏政日紛，冏儲日竭，予嗣先皇帝，宅丕基，尚以爾僕臣，俾克紹先烈，朕其有愛焉。爾太僕寺少卿商周祚，用沉凝以駿發，藏渾樸于犀然，解褐軒掄，綰章邑牧，蔚爾夕郎之拜，贊予大正之猷；諷議雍容，尚見論思之德度；執持確切，恃餘封駁之風棱；懷承弼以忠良，舉匡襄于廉正；倏生人之六瘼，載修復令于民間；念國事之多艱，百計錦群于塞上。兹以覃恩，授爾階中憲大夫，錫之誥命。大民猶馬也，錯綴銜橛以難之，而旁出矣。爾起家民牧，業悉牧民，其于扼私振敝，無旁出我小民，尚藉爾局略矣。僕臣正，厥後克正，寧獨數馬以對。懋哉，朕有顯陟。

太僕寺少卿王象恒

制曰：朕觀漢初不具醇駟，而後擯乘也。至修馬復令，而禁苛暴，止擅賦，晚矣。以馬登耗關天下興衰，冏臣顧不重與。爾太僕寺少卿王象恒，以子大夫高第，分符花縣，受斧松廳；

簪筆立朝，霜氣肅騰于白簡；攬驄按部，風棱丕振于彤騶。迨與問承華，而益閑輿衛；采良丘甸，既縮榷于口錢；入主路軨，無侈名于雲錦。蓋沉謀遠慮，嚮陳保鄣于邊陲；偉略長材，今奏折衝于都廄。兹以覃恩，授爾階中憲大夫，錫之誥命。夫民與馬相乘也，頃聞圻民雜畜耗于東矣，馬如舊乎？爾新從六察來，其白奏業悉我近民便害矣。尚念耗民之馬，遂及耗馬之民。詩不云乎：「惠此京師，以綏四國。」懋哉！徵于漢矣。

順天府府丞畢懋康

制曰：朕光纂洪圖，綏寧方夏，念京兆依日月光際，則行慶施惠，首及之，而應聲之征、不時之藝，亦先被焉。況萬方都會，五禮繁興，不有英猷，誰清都輦。爾順天府府丞畢懋康，以子大夫高第，一對薇垣，載徵柏府，操敏練沉雄之材具，抒高華讜朗之襟期；入以乘驄，歌風霜而至止；出當攬轡，摇山岳以澄清。肆特簡于師言，乃升華于京兆，議大朝陽之鳴鳳，擊疆觸佞之神羊。蓋貞度肅寮，毖吏本源之地；揚清激濁，褆身冰玉之中。企爾新猷，徵于舊勩。兹以覃恩，授爾階中憲大夫，錫之誥命。詩「咏綏四國，在惠京師」，然其道在去詭隨，謹惛呶。夫鈎陳豹尾，下寧得狐搰之，而狐埋之，呶則易嘩，隨則易動，法之不行，自上始也。以爾材操，不隨不呶，試輒效矣。尚飭爾風棱，肅我交戟，予一人則懌。

制曰：朕聞備美者不必大年，啬受者竟饒顯號，故感駒隙之閲人，拊蕣華之易歇，傷如之何，朝廷所爲體貞臣于結髦也。爾順天府府丞畢懋康妻累贈孺人江氏，以貞静恪勤之質，生文學簪組之門，擇快婿于龍乘，叶佳占于鳳卜。而爾内言不出，中饋靡渝。淑慎無儀，鍼爾閨中之秀；肅恭有禮，温其林下之風；疾遽不設于躬，雍和以調其度。然而風雲欲會，霜露先凋，蚤冷雪絮之吟，遽破筆花之夢。是用贈爾爲恭人。對薇有句，業再錫于龍綸；列柏重輝，幸三加于馬鬣。

制曰：朕觀士之理家也，其家之人各出其精神之所至，合而成理，乃若前入方聚百善于家，如晬然以視後人，而後人得其一，遂能以其精神爲合而幾于善。即柔女子，朝廷特褒之。爾順天府府丞畢懋康繼妻趙氏，毓貞清第，伉美哲人，柔惠維嘉，賢明自遠。爾其進觀堂上，退偶室中，仰去矜去汰之風規，則謙約以孝，而白華朱萼爲嘗；念維白維清之矩矱，則寧靜相從，而縞衣綦巾爲細。蓋至雙白日承于大耋，一清載砥于當官，殆亦賢已。是用封爾爲恭人，説禮敦詩，尚佩北堂之訓；紘綖翟茀，式隆閨秀之儀。

制曰：天以奇材异質爲清，世十賚而世，未必盡置之高華，以既其奇，天以爲是約結之，而錫以大年，貽以令子，曰以報吾奇也，朝廷特疏榮慶之。爾原任江西武寧縣主簿累封廣西道監察御史畢力德，乃順天府府丞懋康之父，俠氣沉心，雄風遠局，洎升華璧水，乃振彩詞場，開萬卷于寒檠，擅三長于柔翰；尺幅不收寸管，則跳身而弄新詩；薄游木盡一斑，則唾手而還舊社。爾其感秋風于短簿，耽五字于長城，擁水木之清華，脱鴛鷺之夙願。然而公忠課子，澹宕持身，進則護瘠民以破嘗調，退則樹陰德以芘後人。蓋孝謹有爲，廉清不佻矣。是用封爾爲中憲大夫、順天府府丞。五斗折腰，投牒滿風鱸之感概；雙珠入掌，錫綸映月蚌之光華。

制曰：朕聞泱北之英不散珠璧，而與集于人，集鬚眉奇矣，集鞶帨，抑又奇矣。閨彦醖奇，不得施而施及後人，以成其奇。爾累封孺人孫氏，乃順天府府丞畢懋康之母，蔚以鳳彩，特抱螭章，既儷碩人，更勤淑行。爾其口占漢雅，手注靈文，破萬卷于舒帷，傷孤忠于楚些，慷慨形之清夢，識論持以古人。然而去汰爲纖，去矜爲讓，均鳩拊子，制股療姑，畢婚嫁而佐嚮游，執禮詩而趨鯉對。爾詔爾子曰：「爲天下第一品官，無寧爲天下第一品人。」朕且持官以待人矣。是用封爾爲恭人，書函紫鳳，絲綸開龍應之祥；袍擁赤霜，冠帔耀曇雯之彩。

光禄寺少卿白瑜

制曰：朕光膺大命，祇服舊德，重念我先皇祖之末年，念周楨未拔，漢薪逾積，故有昔用其言而今始顯其身者。朕方仰藉芑貽，而安得不歌數世之仁于清卿也。爾光禄寺少卿白瑜，以子大夫，抽書秘館，拜疏夕垣；誤致投閑，廿載之風棱日上；頃緣蚤譽，三朝之舊學維新。蓋朝端之錢穀兵刑與世道興衰之故，天下之扼塞險易及人材忠佞之防，其該通業曉罔于胸中，而英直能發揚于筆底。故事無不徹，言有必詳；摩切帝違，結一忠以獨立；抨彈貴近，雖百折以不回；弗諼薖軸之歌，碩寬盤澗；遂蒲槐庭之蔭，清白笥經。蓋孝隆萱背，即細營亦重綱常；凡忠在楓宸，歸去維知名行。眷爾舊學，光予新政。兹以覃恩，授爾階奉政大夫，錫之誥命。爾當先皇祖不奏通精神，聯泰交乎，其曰言非；而當聖衷者，察其獨成一非言是，而不當聖衷者，察其其濟一是。朕方張大紘，以盡天下之心，舊所予予之，即舊所未予，今已予之。蓋朕不難宥貸而防誤中也。輯爾膽識，以肩天下大計，寧獨勤爾于大官也，尚以企爾于遠。

制曰：朕聞石以泐，水以凝，而兩間孤隽之氣，不泐不凝，此微獨豪鬚眉也，佐成于夫，式穀于子，兩以孤隽名天下。蓋柔女子具丈夫風概矣。爾光禄寺少卿白瑜妻封孺人，再以子山東按察司副使養粹封安人王氏，以甲門慧淑，伉于令人，躬浣濯以爲文，安疏糲以成質。三黨誦睦姻之行，室有肅雍；一庭洽清辨之風，語無嘻誶。爾其宣尊穆孝，佐學恪勤，夫子方興，嗣君代起，于時乘輜共貴，佩紱同華，而約以居盈，冲能禦汰，又若抗東山于希代，卧北海于清朝，而進不泣衣，退無屈蠖。蓋澹寧自性，儉素以經，以故襄孤峻之修標，總光華之采綈。是用加封爾爲宜人。雙珠入掌，鸞章昭日月以同明；三錫在躬，翟服比河山而表度。

吏科都給事中范濟世

敕曰：國家辟六垣以司封駁，而吏垣爲之長，以吏垣式叙群吏，而是垣之首又爲之長。朕頃召見耆碩，頗以諸諫官次進，亦覘爾風格也。自非閲歷深，雅負材望，莫進焉。爾吏科都給事中范濟世，以子大夫高第，對薇丹地，拜夕黄門。而爾屢進昌言，薦躋清近，雖舊已疏榮于青瑣，今仍錫命于清鄉。然重念我皇考，如流從諫，而爾方條次于虞謡；若渴求賢，而爾方論思于山啓。當在彌留之際，載同顧命之班。朕方風厲于言臣，其靳明恩于舊德。兹以我皇考覃恩，授爾階文林郎，錫之敕命。人臣進言，在識與力。揣端測，未識也；從端執，未力也。不識力竅，不力識竅，以爾識力，遂無竅言。然天下事，取辨識力，獨言也乎？竟爾識，以竟爾力，肩踪古人哉。

吏科右給事中韋蕃

敕曰：朕纘承大曆，肇啓弘猷，所賴豐芑舊貽，弼予于貽，而覆駁善違，以縫究闕。惟爾閲讀之吏無弗綜也，乃式叙品流，又唯爾對掌爲藉，疏恩其靳焉。爾吏科右給事中韋番，以子大夫高第，出綰花封，入登梧掖，即驤書初奏，而直氣先聞。蓋銷萌壓未雨之綢繆，定變重當機之調劑。惟下有奸而上不問，則人懷幸免之心；即上賞過而下不言，則吏起冒功之念。以爾抑彊扶善，負青蒲、白馬之風棱；振絶察冤，抱守閣叩墀之感概。固已受材鯁亮，秉度公忠，而驀爾田廬，蕭然冰玉，則志明于澹泊，議吐于廉清。故力持南北之機宜，特列安攘之肯綮。

念茲舊勣，蔚爾新猷。茲用覃恩，授爾階征佐郎，錫之敕命。爾嚮者治聊，不曰鉏稂莠、安嘉禾乎？尚猶令之正國法也。辨在識，用在斷，漢人亦嘗言田意矣，曰：「鉏非其類。」夫類似而狃于類之廣也，類繁而狃于類之未廣也。懋之哉！勿疑于繁，勿惑于似，以識用斷，朕爲爾登獲于法矣。

敕曰：士在約而泣璞，愧無以慰内也；在通而砥節，又愧無以慰内也。乃若輟七不色愠，曳裾不色詡，而惓惓乎三事也，胡不大年而惋我直臣乎？爾吏科右給事中韋番妻封孺人陳氏，坤章脱穎，巽順含聰，澹泊業已明心，詩書略能上口；借囊螢以佐照，尚分餘壁之光；稱映雪以襄勤，不咏因風之絮。爾其御塵甑，有膏粱之色；當皇茵，無紈綺之華。勸潔己以成廉，助愛民而布德，豈惟贊循政，抑亦通諫術矣。是用贈爾爲孺人。翩翩翟帔，芳蘭分花縣之春；煒煒鸞章，柏室度梧垣之慶。

敕曰：韓稚圭不云乎：「諫主理，而以至誠將之，乃其用在氣也。氣之成配理，咏北門，而氣竭于配矣。合而有助曰配，士嘗借助于好合焉。」爾吏科右給事中韋蕃繼妻吴氏，以邁衡清白之門，當都輦紛華之會。而爾慈和性植，莊静夙成，勤不厭拮据，精女紅于在貴；儉或脱簪珥，調蒙袂于能施，寧惟習纂組之華，亦豈儆窶人之譽。蓋當嗇而用，居沃而思，固已聽佩馬于風珂，襄華蟲于色綫。爾夫謂爾無忝内助也。是用封爾爲孺人。少而能敬，蚤湘錡釜于有齊；多以爲華，光錫絲綸于未艾。

禮科給事中余懋孳

敕曰：朕觀唐臣論事，至使人主式嘉之，曰回天。夫人主使其臣難于天，無乃其臣實且回焉。啜熱者置之吹，不有能臣，其光于閱讀者。爾禮科給事中余楙孳，以子大夫高等，出宰寶林，入參瑣闈，而能修明治譜，練習儀嘗，無改父之政于臨人，以愛兄之道而匡主，借箸按九朝于掌故，塗歸應三禮于文昌。諸所封駁，力挽狂瀾，獨操大體。朕不忘爾父兄也，其忘爾勞勩。茲特授爾階徵仕郎，錫之敕命。於戲！爾家登留省而數之忠進者，兄也。寧惟不附要人，抑亦不附正人，頃從爾奏以風矣。以爾孤特自持，庶其趾爾兄。語不云乎：「有耳不以私聽，有目不以私視。」朕且耳目汝。

兵科都給事中楊漣

敕曰：朕光纂曆服，式宏延納，所賴論思清近，覆駁善違，條悉便害，而兵事未解，其于圖上方略，借箸爲籌，非負膽智有局度者，不以授。爾兵科都給事中楊漣（璉），以子大夫高第，初分花縣，載踐梧垣。而爾赤膽沉心，瑩神勁骨，當先帝考終之日，肆朕躬正始之初，同顧命以周旋，綴大臣而建議。凡以宫幃易隔，猜忖煩興，在先朝尚有訛言，豈冲人而宜漫應。唯爾嘉猷，懌于朕志。以正直忠厚，調停骨肉之間；殫心腹腎腸，擘畫初終之慮。蓋意無不盡，氣頓可以摧奸；知有必言，心唯希其悟主。茲以覃恩，授爾階文林郎，錫之敕命。爾嚮侍先皇帝，三以幄見矣。即爾所白奏，有不次第行者乎？夫言官之言，在能爲可行耳。今天下兵虞寡，餉虞多，所司或言之，而卒未能行，以爾歷兩垣而互籌之也，尚以識力爲朕圖所以可行者，朕且有遠注。

敕曰：士當俯首下帷，而女士以短檠佐之，無亦曰子戟我佩，而况擁面時，固自詡有佳奩也。乃不登于年，不逮于宦，士得無遺簪之恩焉。爾兵科都給事中楊漣妻贈孺人張氏，息以少孤，寧于名世。爾其室未承于姆訓，家不念于鞠哀，而柔順得中，温恭有度，明志適宜于淡泊，素心不易于華温。就杯棬之有澤，而恩贈寧忘故物；以兄弟之不咸，而生安忍無親。蓋行必端方，細及凌雜而亦謹；性不緣飾，投以繁巨而能勝；想入告之辰猷，念交修之星儆。是用仍贈爾爲孺人，借尚方以去佞，尚思故劍于蒯緱；補五綫以爲裳，載咏素絲于紽緎。

敕曰：朕觀唐于久視問宦而緋者，抑何忍也。乃若柔女子，雅不欲平呼譽于尺宅，而凛然于不及洗也。鬚眉難之，鞶帨易之矣，而况摯行種種也，疏榮以旌。爾兵科都給事中楊漣繼妻封孺人詹氏，莊正有容，柔嘉無遂，儆廉宦舍，紈綺無華，佐禱齋居，臧獲亦潔。又若孝極，因母誼，通明神；隨居解倚閭之思，而婉辭市屋；急病有封股之愛，而力謝居閑。蓋細人方儌利于得廬，曲士或明恩于排難。乃能懼萇碧，相爲終始；念沆第，當傳子孫。殆真遺以安，而獨執其正矣。是用仍封爾爲孺人，包蒙叶吉，鏘鏘占鳳于克家；載錫承恩，燁燁回鸞于諫紙。

敕曰：士執簡論列天下大計，而耻沽激爲名也，即自性忠鯁乎？乃其先雅不欲廣田宅爲垢坊，而細至于去功業心，此其人稱山谷臣而光社稷矣，疏榮其靳焉。爾贈文林郎直隸蘇州府嘗熟縣知縣楊某，乃兵科都給事中漣之父，慨當以慷，質有其文，以佐父之義從兄，持律身之經課子。爾其道欲達天，學求入淡，見起成虧之外，心超名禄之先。故孝以格神，清深念祖；誼不可奪，藉公法以必争；勢有當推，捨己田而不問。爾其呼詩酒于林風山月，問耕織于野老溪童，而傾廩周貧，論官耻富。蓋已樹鯁固不阿之風標矣。是用贈爾爲文林郎、兵科都給事中。上池數字，光生醫國之藥言；迎禁聯章，輝映趨庭之石訓。

敕曰：朕觀儒行，亦有不隕獲貧賤，不充詘富貴。然當在貧賤，耻人之克詘易，耻己之隕獲難。乃賢母侃侃内言，有丈夫風烈，此漢人所關情于子，而賢母饒爲之矣。爾贈孺人張氏，乃兵科都給事中楊漣之母，毓質甲門，偕貞令德。爾其逃名林谷，問織薖衡，傾山居之積以調饑，收稔歲之償而更振，則家藏義廩，人誦麥舟。又若躬椎布以率壺彝，指綺紈而爲世蠖。蓋意貞于命，書極于人，華膴總屬尋嘗，簪履亦當簡素。凡以識力頓超枯菀，材誠雅合經綸，眷梧掖之新猷，惟蘭陔之舊勩。是用仍贈爾爲孺人。勞以爲愛，光貽玉佩之珩璜；孝以移忠，彩映衮衣之黻黼。

兵科給事中郭鞏

敕曰：國家儲邊吏于樞曹，而更簡生長邊陲、習警發者以靖邊，人至簡其鯁亮有志介，遂合漢法戎索，俾覆駁于閱讀，以圖天下大計。爾兵科給事中郭鞏，以子大夫高第，初參華署，載踐梧垣，方緣練習機宜，遂借參稽方略。而爾以精敏昭融之識，用沉雄博大之衷，乃矢良謨而陳要務，謂選人嘗試，既不自顧其材，即除吏徇人，亦未嘗計其地。甚至飾材嘗試，借地償人，苟不大破其拘攣，終爲曲全其貨屬。蓋志存家國而不近名，誠竭朝廷而無遺慮，式茲確論，覘爾貞風矣。茲以覃恩，授爾爲徵仕郎，錫之敕命。爾頃不談道將乎？朕方以兩吏付兩曹，願以不可用役駁之，勿寧以可用先主之。朕非願勿駁也，駁其所不可用，勿駁其所不欲用，兩曹能除吏矣。朕將從爾議，以除兩吏。爾尚堅爾識，以聞耳目，俾朕不晦于吏。

刑科都給事中魏應嘉

敕曰：朕以沖人，祗膺大緒，意在察苛撓，申冤滯，以綏靖方隅。書不云乎：「其勿誤于庶獄」，其克詰爾戎兵。」所賴覆善駁違，歷兩垣而明大法，則爾閱讀吏是藉。爾刑科都給事中魏應嘉，以子大夫高第，出參郡辟，入踐言坡。需神皇之命七年，直先帝之庭匝月。迨予踐祚，及爾首垣；念國正艱難，談兵圖上乎方略；即時非閒暇，平法抗論乎政刑；振綱維于更化之餘，頓復金科于甲令；防人主以未萌之欲，尚稱玉几于丁寧。蓋同道爲朋，散小群而成大；孤忠自許，結明主以獨知，以故摩切帝違，抨彈疆近。閱爾奏，悉爾鯁亮矣。茲以覃恩，授爾階文林郎，錫之敕命。於戲！修祖法，乃圖新政。爾不嘗欲明大法乎？合勿誤子，克詰周人，所爲念光烈也。朝廷宿望，閱我二垣，尚其堅國論，合群謀，無使民在鼎也，朕則有顯陟。

制曰：朕聞士之望子也，如農望歲其長也，欲相與俱其熟也，欲相扶登獲于子而不與扶也，爲我直臣，念爾令子已。爾封文林郎、河南汝寧府推官、贈徵仕郎刑科左給事中魏復初，乃刑科都給事中應嘉之父，亮音修幹，淳質仁心。爾其奉孤劍于高堂，念三荊于鞫子，抗顔範甑，竟志韋經，拊丹鳳于河東，探玄珠于合浦。臨財不苟，在貴能沖，手一編不詭古人，呼雙鶴而稱長者。百年清白，留遺事于蒲葵；萬慮逍遥，把高風于松菊。爾屬爾子以平反，乃安蔬水也，今更試矣。是用贈爲文林郎、刑科都給事中。封事不慚諫紙，尚看筆研于傭書；天恩再錫文綸，猶憶衣冠于望闕。

工科署給事右給事中惠世楊

敕曰：朕光纂洪圖，式開延納，期忠益于耳目之官甚至，頃承先皇帝遺謨，修舉曠闕，庶圖寧宇，而費繁易窮，民罷易劇，匪藉敢言之風采，疇若予工。爾工科署科事右給事中惠世揚，以子大夫高第，分符花縣，入應蒲徵，低徊轂下者八年，鍛煉襟期者百狀。故晉參夕掖，屢進戇章；體祖考之深心，忍啓疑端于拊肺；披憂危之苦口，尚或借警于披肝。蓋家庭骨肉之間，宫府危疑之際，不激烈，不可徐議和平，不晰條，不可預防微漸。唯先皇遺予以正士，乃朕躬憑爾于忠言。兹以覃恩，授爾階徵仕郎，錫之敕命。頃覽爾奏，欲朕務交修乎？自先皇帝用人若不及，而天下非無官之患矣。果若爾言巧拙疏密，患不滋大乎？夫言督之易，義持之難，朕方欲解私交，杜幸門，如爾言。爾尚堅爾骨，弼予于治，朕且有顯庸。

巡按山東浙江道監察御史陳王庭

敕曰：朕光纂大曆，寄耳目于臺察，因念我先皇祖，特慎耳目，而獨于東之役，簡于衆，得膽智達朝聽者以往，意在條便害、糾奸良也，朕敢忘報。爾巡按山東浙江道監察御史陳王庭，以子大夫高第，出分花縣，入踐松廳，緣廷議之共推，受神皇之特簡，誰以□遺君父，獨何心問室家。于是慷慨臨邊，從容授斧，即謀不必盡用，而法有所决行，策成虧借箸之先，核功辠授綏之後，振綱維于阽委，調猜愎于雄行。蓋以沉毅有爲之材，厲精明必勝之志，故衆方縮而獨住，人競嘩而自寧，是覘爾風猷矣。兹以覃恩，授爾階文林郎，錫之敕命。於戲！往在承平，而哆口談邊者誰也。一當邊聲，曾不能窺左足而先進。猶憶先皇祖之遺爾于東也。當衆所不能行，而又同牒之未有命，抑何重也。爾尚堅爾心，調爾膽智，偕新遣以綜核，勿隨勿護，以重予耳目之寄，朕則懌。

浙江道監察御史蘇逑

敕曰：朕聞古臺察之臣，簪白筆，側陛而坐，以伺察非法，蓋其重也。朕光膺大曆，特慎簡其人，庶幾古簪筆之風，以振天下之法，自非氣貌孤峻者，不以授。爾浙江道監察御史蘇逑，以子大夫高第，兩官花封，載徵柏署，以清嚴粹品，用其沉凝，以勉劭真材，濟其讜朗。即讜章初奏，而直道先聞，謂臣不自遜于皋夔，乃君可身親于堯舜。倘祖宗之法度，盡舉于朝廷，則人主之仁恩，遍翔于寰宇，方兢業而圖新政，適殷懃以贊舊章。蓋公廉萬壑，清冰孤峻，千尋喬岳；風霜隨馬，人成攬轡之謡；露雨依車，道切埋輪之志。故磨切貴近，提挈紀綱，持勞心撫字之忠，爲明目抨彈之論。茲以覃恩，授爾階文林郎，錫之敕命。昔人稱，耳目之官，當特立也，將無據雄職自豪乎？法𠩄委而力起之，之謂立，法衆弛而獨張之，之謂特。爾頊不譚法乎？以爾識力，佐予法，無委于𠩄，無弛于衆，朕何難執法以助特立者。懋哉！朕與爾交持于法矣。

山東道監察御史傅宗龍

敕曰：昔我皇祖，拔清明勁正之士，列于綱憲，以貽我沖人，無亦曰御史。吾耳目官，非清明勁正、不偏不撓者，安可使條便害，振紀綱，廣吾聰明哉。三朝舊簡，六察雄職，業能其官矣，慶渥其靳焉。爾山東道監察御史傅宗龍，以子大夫高第，出蜚鳧舄，入插豸冠；襟期凝萬壑清冰，標格聳一時風采；識徹先民之大，一意獨行；忠懷當世之心，有謀入告；提衡張弛，振人心頽委之源；酌次西南，調衆口狐疑之論；抒孤忠而結主誼，重綱維；陳古道以匡時論，嚴苛細；尚有酬庸之興，矧當大慶之條。兹以覃恩，仍授爾階文林郎，錫之誥命。古之重察視也，不兩爲令，不得除。豈非以約結于令者，可言之，可行之乎？夫軔車弼違也，埋輪破奸也，以英之智，用雄之膽，懋之哉！奮不爲阿比易，直不爲沽激難。朕且腹心予耳目矣。

陝西道監察御史高弘圖

敕曰：朕以冲人，光纂大曆，其内自帷幄，外及方夏，諸臺察皆得執大府之憲，以條次德違，糾虔善敗，而勁挺不阿、引誼詔予者，朕心嘉之，大慶其靳焉。爾陝西道監察御史高弘圖，以子大夫高第，對薇西署，列柏中臺，以澹泊之沉心，用堅貞之勁骨。爾其抨彈疆近，磨切從違，持大體以爲繩，提四維而立議。蓋直腸則有懷必吐，而況事係安危，即納交，亦無德不酬，而況言關君父。故孤忠結主，寧逆計其當主上之衷；而正色立朝，竟曲諒其忠朝廷之意；以兹戇氣，快我直臣。兹以覃恩，授爾階文林郎。於戲！朕不忘先皇考，其敢忘先皇考之意，而矧予同氣也。爾亦聞朕所爲酌次宮幃者乎？庶幾其明朕志，而未嘗置爾言也。夫明主不以逆耳却謀，直士不以攖鱗忘規。懋哉！朕不敢遜明，爾寧遜直，勿矯勿挫，朕且有顯陟。

敕曰：昔人以小雅名遍材，以大雅名德行，蓋一至謂之偏材，具體謂之德行。朕大賚慶條，而每念其先世之德行，乃若束修于身，式穀于子，斯亦大雅矣。爾生員封徵仕郎、中書舍人高夢説，乃陝西道監察御史弘圖之父，學探二酉，志抗八寅，情文盡殫于庭幃，心力惟敦于鞫念，解内子佩環之飾，畢高堂婚嫁之懷，孝在娱心，意先伺色，董帷大業，羞談謀利。計功馬帳春風，不作玄言奇字；屨嘗穿于鐵限，道乃重于皋皮。念兹鯁固之臣，惟爾象賢之嗣，是用贈爾爲文林郎、陝西道監察御史。名高鸞掖，瀫章相賁于一經；秩晋雄班，龍綍式昭于百世。

陝西道監察御史張論

敕曰：朕光纂洪圖，祗寧方夏，所賴箴予之闕，求人之瘼，遂以達上之澤。唯我六察之臣，是承是藉，蓋古所稱「陳古道，引大體，不舉苛細」者，今有其人焉。爾陝西道監察御史張論，以子大夫高第，一入皇華之署，載聯蒼佩之班，立正直忠厚之高標，運博大沉雄之峻采，昌言日進，戆氣特聞。蓋先皇祖拔爾于師言，先皇考遺予以正士。頃方列于鵷行，遽入陳其鴻略；演堯舜傳心之法，提十二事以爲經；矢君臣交儆之謨，合百千年而成業；謂英猷漸試，當令君子在朝，而寶曆初開，惟以小民永命。挾風霜于白筆，人歌至止之驄；摇山岳于鐵肝，威攬澄清之轡。兹以覃恩，授爾階文林郎，錫之敕命。爾頃以中聞乎？朕念先皇帝大命，方欲效唐虞之治，而進言者，或互成其是，亦或各執其非。夫毋傾毋側，毋黨毋偏，爾所謂中也。懋之哉！堅爾膽識，以弼予于治，願與爾交勉于中矣。

敕曰：朕觀漢人起家孝弟力田者，不翅賢良方正，而况慷慨之沉心，修穆行于家，婉愉之摯性，迪公清于國。蓋質有其文，孝以教忠也，朕甚嘉焉。爾贈修職郎行人司行人張士蓋，乃陝西道監察御史論之父，風規儻朗，襟韵瓌奇，蚤標脱穎之資，雅抱耽書之志，遭家不造，投策以興。爾其仰承孤鈎，躬調皮閣；安則媥爛繞膝，曾無倚望于門閭；否則頂踵乞捐，不獨修文于問視。蓋揮譚洞决，皆明哲所不能，而爲韡樂施，又膻膩所必避。至若分孤生以未照，推祭酒于賓筵。而里有同高，貴帷冲勝；亭亭桂樹，夙符十竇之名；韡韡槐庭，竟叶二郎之兆；眷兹正直，惟爾嚴清。是用贈爾爲文林郎、陝西道監察御史。福延子姓，家餘麟鳳之祥；恩重天綸，世有龍鸞之彩。

吏部驗封清吏司郎中范景文

制曰：朕嗣膺寶籙，訓迪在廷，方欲飭天下合營一公，而不敢私，固不吝屬柄于用人之人，自匪拔籬棘無私嗔笑者，誰以佐爾宰，握予柄。爾吏部驗封清吏司郎中范景文，以子大夫高第，起家司法，簡陟天曹。而爾明識竑材，爽心介節；虛辟登庸之路，人競稱平；公塞僥幸之塗，物來自鑒。蓋精神以居清而勁，澹泊當處要而堅，故邈操信其有嘗，質清不以簡物，朕甚嘉之。兹特以覃恩，授爾階奉政大夫，錫之誥命。昔我皇祖朝，嘗難弄印，今上有忍弗予者乎？朕不敢私一人以屬爾。夫私則人指之，即姑聽之，而終指之。懋哉！天下之忠邪，至爾曹而定也。尚佐爾宰，總齊清議，勿徒調天下之口，而不以服天下之心。

制曰：朕觀史稱，山吏部濤，莅事明雅邁時，而其妻以貞慎儉約佐之。予銓臣負邁時風，概寧遜啓事于山，其得無貞約之褒焉。爾吏部驗封清吏司郎中范景文妻封孺人張氏，澹能成質，靖以爲操，引機而佐墨帷，執燭以調丹筆。爾其再日，甘同範甑，三年不御原綿，齊持結髺之先，珥脱綰符之後，則篤孝真成至性，素心不易紛華。而明智榷材，公忠商政，惟炊無欲清之色，故門絶因熱之風，其規格出山媛上已。是用封爾爲宜人。夫衡鏡之司，唯曰清直，不能移也。竟爾操，乃以左之，尚祗佩于文綸。

吏部文選清吏司員外郎劉榮嗣

制曰：朕所與共理天下者，唯是三朝簡拔，而漢薪易積，山啓難疏，嚮壅于野，今壅于朝，微公忠不阿之吏，誰爲我佐統均以平天下者。爾吏部文選清吏司員外郎劉榮嗣，以子大夫高第，初主版曹，載分銓政。爾其參核名實，人無浮濫之恩華，兼總功能，朝盡清嚴于閥閲。蓋先皇祖以始，署無全官，而職稍曠；先皇考以來，官無空署，而人乃壅。方思選叙之清通，適拔公忠之哲彦，虚而爲鑒，予天下以各自具之妍媸；公以持衡，平朝端所不可偏之輕重。蓋世情曉嘵，立心在插籬樹棘之先；朝典該通，持議于笑留瞋與之外。故繁纓亦惜，斗食惟嚴。閲爾叙書宜予榮册。兹以覃恩，授爾階奉直大夫，錫之誥命。朕不難以用天下之柄予若曹，其用而不自用者，若曹乎，散而不可收者，柄也，持而不可倒者，法也，必以獨而概議，勿以公而偏操。懋之哉，朕以用天下，希爾曹矣。

吏部文選清吏司員外郎蔡奕琛

制曰：朕祇承大曆，式叙群流，嚮集于野，今集于朝，所賴統均天下，以拔滯疏湮，無使選人嗟漢薪也，唯爾諸子曹是賴。爾吏部文選清吏司員外郎蔡奕琛，以子大夫高第，初若予工，乃除予吏，而齒新學，宿志潔行，芳執簡要，以解紛抒清，通而定秩。禔身冰玉，笑嗔寧肯隨人；抗志雲霄，籬棘不將設世。蓋厲朝氣以綜名實，則人盡歸于衡平；由精心而核楛良，則品不淆于匈委。念爾操之克謹，將吏治之唯明。兹以覃恩，授爾階奉直大夫，錫之誥命。朕方念貲入者，頓令吏道雜而多端，而假冒者，遂并其貲爲奸利。夫肘腋之刀筆不清，而問天下乎？貲冒者淺，名冒者深，以爾氣骨棱棱，殆易以辨此也。懋哉！朕于爾辨吏矣。

吏部文選清吏司員外郎耿志煒

制曰：朕光纘洪圖，登延英乂，期以總齊清論，遂且澄汰天下之品流，而特簡衡鏡之司，佐我主爵，自非清直寡欲、雅有律度者，不以授。爾吏部文選清吏司員外郎耿志煒，以子大夫高第，出理名邦，入分銓署。而爾沉心茂識，介節宏猷，念皇祖之朝，漢薪方積，迨先皇而後，山啓特清。洎予踐祚之初，適爾副銓之始。持平衡而調叙，閱輕重[而]有條；提英鑒以照倫群，妍媸畢獻；識脱成虧于身世，水心無雄要之談；力還進退于賢奸，皇路有蕩平之日。蓋自題評于荊李，條次乎楚材，固已簡束勁廉，綜核平允，而公持其斷，虚用其明，即未正郎闈，乃特占峻品矣。兹以覃恩，授爾階奉直大夫，錫之誥命。天下之患壅也，則言與吏矣。吏之壅，嚮于野，今于朝也；言之壅，嚮于上，今于下也。以言衡吏，以吏衡言，天下之是非，至爾曹而猶不定乎？懋之哉！今之釋岩居而入者，或多嚮之好爲公持者也。堅爾骨，佐爾長，以需予遠注。

户部山西清吏司郎中楊文莅

制曰：朕光紹丕基，眷求舊德，夙昔簪筆題橐之吏，沉滯泉石者，相次應蒲徵而振鴻漸之羽，矧我幹臣回翔郎署，以公忠佐我軍國大計，可無以顯褒之。爾户部山西清吏司郎中楊文莅，道裕庇民，忠能結主，以子大夫高第，抽毫秘苑，拜敕松廳；入倚螭頭，霜氣先騰于輦下；出横豸角，風棱夙振于關西；幾年解組于平原，一夕聞鐘于長樂，材備嘗而成大氣，百煉以彌剛。爾其慎管鑰于錙銖，酌盈虚于庚癸；識泉源之流衍，一清耗蠹之端；察天地之收藏，盡洗滯留之竇；方嘉舊勩，而靳新恩。兹以覃恩，授爾階奉政大夫，錫之誥命。天下事，旁議之易，身試之難，今之畫沙撮米而籌度支者，章滿公車矣，曾一不仰瓊盈乎？爾以昔所條次，爲今所規恢，勿謂借箸不若授斧也。其尚殫心計，以贊佐我大農，復我皇祖之初服。朕不久以錢穀爲勞也。欽哉。

户部山東清吏司員外郎王浚初

制曰：朕祇承大曆，底定方隅，而所在告之，無亦曰祖宗之法自足，而史不能持也。朕頃罷絶進獻，持一清以洗天下于墨，而秋毫以上，莫不有益，庶幾嘉惠元元，以康我王國。蓋度支吏有雅能念之者。爾户部山東清吏司員外郎王浚初，乃原任禮部尚書、兼東閣大學士、贈太保謚「文端」家屏之子，材稱國器，名冠鄉掄；池上鳳毛，世美絲綸之閣；士中英志，先籌提入出之衡。頃奉檄于津門，益折心于計略；精于簡下，力清耗蠹之源，慎以禔身，獨提公忠之概。蓋入承家學，即利鈍，不易其心；出佐國成，豈脂膏，肯攖其守，以故標同峙玉，嶷若斷山，式綜管鑰之明猷，尚超幃幄之英略。兹以覃恩，授爾階奉直大夫，錫之誥命。頃奉先皇帝詒謨，録列爾先臣。爾先臣有大功于國，而爾介弟復瘁于勤，稱其佳兒矣。夫清第難持，當不謂爾以材自命者，乃人門雙美，朕且爲元臣快之。一乃心，堅乃材操。朕不敢忘先皇帝之養晦于東也，其敢忘爾先臣，而不念其令子之能吏者。懋哉！

户部雲南清吏司主事耿如杞

敕曰：國家以大農諸子曹詔邦用，其要在慎管鑰于入出。夫入出有耗，若木有蠹，然蠹以木養，而害木者蠹也。治木去蠹，治賦去耗，微廉幹吏，誰辨此者。爾户部雲南清吏司主事耿如杞，以子大夫高第，入主版曹，出分庾政，謂秋毫皆有益于國，無一事不可質于神，節以砥公，精于簡下，料量破南金之口，清直開赤玉之胸。蓋德度金鎔，材鋒犀利，故創格風塵之外，置身勞怨之中；批郤導窾之材，鍘新發而合節；駕輕就熟之識，手先得而應心。兹以覃恩，授爾階承德郎，錫之敕命。吏臨爵名，患競也；臨事任，患委也。爾司庾而稱與之争乎？清吏遠金穀如膩，防其涴耳。處膏而不自潤，誰爲涴者。汝唯争乃任，歲至省民錢千百萬，而躋然願畢役于爾者婁矣。朕不欲以漁蠹民，寧欲以耗蠹國。懋哉！朕無吝爾爵名矣。

禮部儀制清吏司員外郎張光房

制曰：朕方藉我皇祖豐芑舊人，祇叙秩彝，所賴大宗伯掌禮，典諧神人，而儀曹之任實藉，文雄于以審覆，白奏以次諮決，自非識見清通、詳練故事者，不以授。爾禮部儀制清吏司員外郎張光房，乃正議大夫資治尹、户部右侍郎、贈户部尚書養蒙之子，以子大夫高第，初踐西垣，載從南省，師頌方推于雄要，偏裁尚列于清華。而爾煉局淵渟，沉資秀峙，世學既勤于曉毖，靜綜更號爲該通。肆予踐祚之初，適爾攝符之會，綸閣鸞鳳，中儀特藉先資；彩筆雲霞，仙闥咸稱獨謡；秩典應聲而辨，衆棼游刃以裁；佐我寅清，式于閱叙。茲以覃恩，授爾階奉直大夫，錫之誥命。於戲！三朝之事變靡常，五禮之會通遞奏，即他曹未皇，而況爾諸子曹乎。皇祖朝任大事，能倉卒立斷者，爾先司徒也。堅爾骨，抒爾材，操家猷，亦國典也。懋之哉！朕且遠注。

制曰：朕茂膺大籙，光奠洪圖，方將操進退之權，以清流品，剖忠襄之路，而奏蕩平，即老成不竟于當年，乃碩畫尚存于今日，可無憫册，式慰貞臣。爾原任正議大夫資治尹、户部右侍郎、贈户部尚書張養蒙，乃禮部儀制清吏司員外郎光房之父，抱忠鯁之襟期，抒其匡濟；藉沉雄之規格，用其公清；一入木天，載登梧掖，即探秘奥，乃奏虁章；綜古今消長之機，嚴良楛去留之辨，抨彈疆近，磨切帝違。當其行省初麾，清華載踐；出盡心以營職，不抗高遷謫之顔；入展力以酬恩，寧少貶生平之志。迨晋司徒之貳，益調借箸之籌。蓋皇祖倚相之初，難于捋虎，而持驅憑社之奸，及皇祖攬權之日，憚在嬰鱗，而數進格心之論。至若糾并封之誤説，載引同心；進蚤建之昌言，不嫌逆耳。蓋識脱成虧之外，身禔冰玉之中，故載筆立談，竟中數十年之後；當機立斷，頓消百千世之萌。是誠安社稷之元臣，豈徒長國家之財用。茲以覃恩，從爾子房請，晋爾階資政大夫，錫之誥命，其贈官如故。於戲！小臣易以借人，元碩難于執法；倘四支既頓，誰爲載厚之資；果百體咸靈，自是梯榮之藉。惟中外堅持一行，乃初終無二。爾心念故老之芳規，徒勤仰止；睹中儀之風度，尚有典型。朕將厲臣誼于靖共，明恩有錫，爾尚相家謨于燕翼，休問無窮。欽哉。

兵部車駕清吏司郎中沈麟祥

制曰：駕部郎，調乘輿，飭傳遽，即冋牧，與有責焉。非消萌弭慮之衷爲國遠圖者，無以壯皇威，節物力。爾承德郎、兵部車駕清吏司郎中沈麟祥，風格峻挺，識度淵停，製錦名城，含香郎署。而爾氣昂鳴轂，意儆投籤，持衡而組練惟良，按籍而符繻必核。兹以覃恩，授爾階奉直大夫，錫之誥命。於戲！方今内弛于玩，外苦于徇，所恃日閑輿衛，以詰爾士馬，清爾驛騷，唯爾是賴。爾尚條次故實，以佐爾夏官，無令抗敝者，以玩與徇相蒙也。欽哉。

刑部山東清吏司添注郎中馬之服

制曰：頃我先皇帝無欲小民之在鼎也，特下矜恤之詔，至數數促所司以奉行。朕仰承先緒，加意天下之平，所賴分朕猷念，以奉行先帝矜恤至意，其望爾司冠諸子曹更渥也。爾刑部山東清吏司添注郎中馬之服，冲夷粹度，峻爽風規，迨升秀于彤軒，遂分符于花縣，既聞績奏，爰擢雲曹。而爾識朗燃犀，沉謹而抒敏□；才恢游刃，廉公以用精明。諳名法于三朝，獨深綜練；持祥刑于一代，更切平亭。蓋道以原情，爾不負清嚴之志；明足鑒物，吏何敢輕重其心。至恩或下及于單宗，法不留行于强近，而庭無呼謈，謡有皆生。朕且覘爾標格矣。兹以覃恩，授爾階奉政大夫，錫之誥命。古者設言而民不違，畫象而民不犯，今法令日密，而奸不爲止，何也？吏藉法以行意，或阿意以紲法也。爾尚堅爾識力，以爾所試于一同者，體先帝之意，以弼予于治，尚其有顯庸。

刑部浙江清吏司署員外郎事主事劉繼禮

敕曰：朕觀漢神爵間多綜核矣，而一時法吏何深獲，公名平多後患也。朕數下詔爲寬大，隨以計簿按其後，蓋亦從綜核者。有司體朕意，無□爲漢吏，朕其有愛焉。爾刑部浙江清吏司署員外郎事主事劉繼禮，以軒策賢良，握符壯縣，洊曆雲曹。而爾操凜餐冰，材恢游刃，塞浮淫之竇，則十萬旋留，抗熏轑之權，則一官可謝，嚴能行恕，而人競稱平。公以用明而物來自鑒，閱爾狀，朕心嘉焉。兹特授爾階承德郎，錫之敕命。語不云乎：「莠盛禾穢，何可不鉏也。」乃文皇帝諭所司明慎，特曰目有不見，并良苗去之，抑何懇篤也。爾以抗法從文學，既明既慎矣。懋之哉！法之所取，禮之所弃也。悉弃取，乃無害良苗，尚竟爾明慎，以謹所不見。朕顯陟汝。

刑部江西清吏司主事劉似鰲

敕曰：頃我先皇帝期予于堯舜，朕用是夙夜兢兢，冀我大吏明刑弼教，以洽予好生之德于天下，而倚望司寇諸子曹更渥也。爾刑部江西清吏司主事劉似鰲，器識端凝，風猷敏練，以子大夫高第，出分花縣，入佐雲曹。而爾操勵含冰，斷成游刃；抒精明于渾厚，案無稽牒而清；寓敦大于辨嚴，民自不冤而治。遂使威行拔薤，惠浹懷嬰，九城頌惻怛之真心，百吏體哀矜之至意，具覘偉抱矣。兹以覃恩，授爾階承德郎，錫之敕命。古稱獄市「爲奸人所藏」也。奸良之辨，天下安危係之。朕嘉與維新，道先懲奸，爾其勿嚴于刻，勿苛于察，持允明以效唐虞之治，朕且顯陟汝。

刑部山西清吏司主事陳所聞

敕曰：朕紹休丕基，聿惟改歲，方春時和，而吾民或幽于圜土中，匪得星郎之俊，明恕以分理，其何以惠我嘉師。爾刑部山西清吏司主事陳所聞，學務澤于雅馴，才更升于讜朗；離蔬釋屩，方騰逸驥之群；結綬彈冠，遂入爽鳩之署。而爾敕法參乎雷電，慎用準夫火山；佐清讞以無私，輕重之服，惟其允；蕩新恩于肆赦，小大之察，必以情；身坐萬壑之冰，物來自鑒；皋疏一面之網，人兢稱平。丁此元祀初辟之辰，載屬群生咸樂之會，而有贊治爰書，刑期無刑若爾者，朕殊愜焉。兹以覃恩，授爾階承德郎，錫之敕命。夫頃以山陵之役移諸臺省。宋時比部司法制，至德初則又以之職工程，蓋一官异名也，欲無冤者，利在寬，綜濫孔者，宜主嚴。爾尚其變用之。

敕曰：易言「夫婦之道，不可以不久」，故次恒于咸，義有攸當。而或以作儐之良助，竟厄其年，將毋憾遺袿也。爾刑部山西清吏司主事陳所聞妻韓氏，質畀幽貞，性成恬穆；結褵伊始，儆爛無替；鳴鷄主饋必新，作苦偕將挽鹿；慎乃儉德，縞綦佐節于壺間；永言孝思，甘旨潔羞于堂上。爰滋祚胤，愈懋恩勤，方幸交勉以同心，亡何頓捐于中道。兹用贈爾爲安人，光熠黄壚，譽流彤管。

敕曰：夫如鼓瑟琴，志嘉耦之丘也。琴瑟敝則必解，而更張之，乃室中亦有更張之會，而能引伸芳緒，以曲贊于雲省間，疏榮其未可靳已。爾刑部山西清吏司主事陳所聞繼妻唐氏，毓穎儒門，嗣徽賢配，内言不出，中饋載調，雍肅宜家并處，篤如賓之敬；端莊佐閫無違，謹克相之儀。篝燈而伴青氈，志已畢酬于聳壑；秉燭以隨丹筆，人寧抱抑于飛霜。鑒此祥刑，嘉彼良儷，兹用封爾爲安人，楓音錫美，蘭韵含馨。

工部都水清吏司郎中管理南河朱國盛

制曰：朕光宅丕基，以奠方夏，豈其圖壯麗以示威，無亦仰奉列祖貽謨，拊御中外，無敢侈焉。即不能盡罷諸作治，以息元元，而程藝飭工，毗贊宏父，則諸子曹有均勞，而況歷試輒效者。爾工部都水清吏司郎中、管理南河朱國盛，以子大夫高第，一分水部，載歷繕曹，適以漕渠，更勤荒度。蓋示巧陳功之會，唯協財權用之方，顧握利或集怨以交征，而庀材多市私以任德。爾乃力清浮目，獨任綜核，人予綱紀之成模，事按祖宗之舊法。既不緣公家徵取，下剥人膏，豈其以豪寇奸闌，上湮國計。至若省納交以充額，則獻丞不潤于苞苴；革虛濫以通商，則物力頓蘇于權礿。宣勞内署，標仍楚、蜀之星凰；展采真江，檣語東南之風燕。屬兹大賚，晋正郎闈。是用授爾階奉政大夫，錫之誥命。於戲！水衡錢不可問也，蓋民間什伯，公家千萬，假令出私錢料口内，寧任乾没乃爾乎？以爾綜理周密，費省于國，力寬于人矣。尚堅爾心，竟爾材操。夫水猶民，然少疏則雍，多漏則竭。懋之哉！佐我如流之令。

工部都水清吏司主事胡汝淳

敕曰：朕光纂洪圖，綜核六職，念役煩而司空填委，特慎簡關吏，以條次榷政，乃荊、襄猶輻輳重地也。子大夫持籌勞勩，亦久矣。朕其忘顯褒。爾工部都水清吏司主事胡汝淳，學紹庭聞，名升軒對，迨蜚英璧水，遂振秀冬曹。爾乃守勵堅冰，才恢迎刃；精于簡下，法行憑稷之奸；惠以通商，德在倚舷之口。蓋司存裕國，志在寧民；條生人利病之衡，深惟其大；酌天地盈虛之脉，力導其源；頓使惠風偕江水同清，心勒與峴山同頌已。爰以覃恩，授爾階承德郎，錫之敕命。於戲！國家自工興來，榷征之使，不啻十道。比我先皇帝皇祖大命，盡罷諸璫，獨留士人爲司關。唐劉晏不云乎：「士人名重于利。」故借士以克有成。爾尚精白一心，以重士名，遂以若予工，以爲朝廷收士效。欽哉。

南京吏部稽勛清吏司郎中文翔鳳

制曰：朝廷採清議，佐大法，往往從轂下藉留京之議，而留銓諸子曹，亦復饒介節、有道術者，各持所抱，以佐清議。爾南京吏部稽勛清吏司郎中文翔鳳，以子大夫高第，三仕爲令，兩曹于南。而爾譽起青齊，化行伊雒；充庭鷺羽，雲開葉上之凫；繞境竹花，春滿河陽之種。至若調藩室之宜而抑璫寺，録名賢之後而遠侏言，拔籬棘于蕃墻，嚴笑嗔于風月。蓋學探二酉，志攬八寅，提英鑒于群倫，振文鋒于奇響。今自推高用世，後來稱首詞人。兹以覃恩，授爾階奉政大夫，錫之誥命。世珊文士，迂不中世用，而留署恣眺聽爲辭也。爾抱匡時氣略，而薄衍天頰龍，抑何雄博也。乃棱棱風骨，與嚮者字人之政同聲，寧惟雪此迂姗，將河山供爾籌策矣。懋哉！竟爾遠局。

制曰：士抱璞而人修賓案，亦足以勞乎？乃若共寒素，遂其功名，則糟糠當貧賤之交矣。爾南京吏部稽勛清吏司郎中文翔鳳妻封安人武氏，圖史蔚其在躬，詩書略能上口，鍾禮郝法，合以壺彝，鹿雅睢風，翩其閨秀。爾其流黄皎月，清開筆底，江花静瑟，明星儆助，空中卲閣，翳爾夫能，唯爾佐之。是用封爾爲宜人。爾夫謂爾勉相勤也，尚以榮綸報爾聞婦。

制曰：朕聞抱文者守質，士不幸以文見，而遂掩質于爵名，然竟以道重也，而況式似于子。

爾承德郎、禮部祠祭清吏司主事文在中，乃南京吏部稽勳清吏司郎中翔鳳之父，一冠西京，載雄南省，當神皇帝嗣服，正子大夫承軒，而雅欲通一氣于目聰，清兩孽于中外。爾其才堪世忌，道與天經；董、賈不逢，竟弄半川風月；莊騷杜筆，頓成持世文章；襟期曠達天人，閎巨綜銓宇宙，即三至清曹，供爾辦略矣。是用封爾爲奉政大夫、南京吏部稽勳清吏司郎中。老鳳嗛名于故繼，文龍啓秀于絲綸。

制曰：華相席，易侈也；質相席，易樸也。乃夫若子，方以文章豪天下，而又世宦于朝，獨孝讓之行滿庭屏也。予其有吝焉。爾封安人趙氏，乃南京吏部稽勳清吏司郎中文翔鳳之母，賦以慈和，嫻于静讓，處貴顯而躬修甘旨，當華温而力卸綺紈，友介侑于肅雍，奉諸姑于敬愛。南樛福履，室無嘻誶之聲；西極才名，庭佐義方之訓。是用封爾爲宜人。爾躬翟服拊子，舍昕文，侍重陔也。尚以慈功，酬爾孝行。

南京吏部稽勳清吏司郎中沈維圮

制曰：朕方綜核名實，以式叙品流，所期疏壅拔滯，盡登天下之豪杰，而進絀閲序于勛曹，尤稱要任。矧豐、鎬重地，自昔稱清議焉，自非公忠有風格者，不授。爾南京吏部稽勳清吏司郎中沈維圮，以子大夫高第，載佐邦刑，兩衡省辟，庭無呼謈之聲，野乏留良之嘆。爾其升華銓部，振彩留都，别流品以開大公，明陟黜以杜群枉。獨提英鑒，物來而自具妍媸；入就平衡，心定而不爲輕重。蓋語嚴于風月，官慎于笑嗔，而道重嵬山，名高玉峙，具覘爾風格已。兹以覃恩，授爾階奉政大夫，錫之誥命。於戲！爾不聞周家董正治官乎，功賞明而人心定，籬棘撤而世道平。懋之哉！朝廷通天下爲一身，無謂南銓非交戟下也。資爾令猷，質予新政，朕于爾辨吏矣。

南京户部福建清吏司郎中祝萬齡

制曰：朕光纘洪圖，仰惟大計，即不吝遺貯以念塞人，而更深念大司農之訾算，窮則數請爲借也，習于借，遂不講于籌，而率爾以借，猶裁腹賑蒙袂也，計其有轉注乎？微清忠幹吏，誰辨此者。爾南京户部福建清吏司郎中祝萬齡，以子大夫高第，一主留曹，遂勤版計，而精于簡下，廉以持身，乃使奸戢豐狐，耗嚴壯雀，它所矜爲千伯，爾方屬以尋常。至以當事之勤心，邀神皇之明旨，而兵荒易劇，地重難虚，仰陳軏軏之群心，特奏瓶罍之罄狀，既精心以争職，乃獨力以回天。蓋勁骨直腸，通材宏識，見超利害之外，計析盈虚之中，可謂明而知大計矣。兹以覃恩，授爾階奉政大夫，錫之誥命。漢臣不云乎：「羌獨足憂耶？」而借非計也。入不問逋，出不問冒，有司席故嘗，馬入廄，金入懷矣。踆踆加賦于乞蠲之人，議賑于追逋之地，其寧有計乎？以爾遠識，堅爾骨行，且典大方，爲國遠猷，其勤入以念所出也。朕顯陟爾。

制曰：朕祇膺大籙，而不得以天下養，每覽諸臣孝行，未嘗不惆焉念之也。至身所不能得于親，而子能得于身，其以韍佩爲萊服也，殆不獨宦學相輝暎矣。爾原任秦府審理正封承德郎、南京户部福建清吏司主事祝世喬，乃南京户部福建清吏司郎中萬齡之父，蚤分翼軫之精英，壯覽河華之雄秀，生函摯性，天與醇衷。爾其傷萱背之既零，望橋山于空仰，間關萬里，風雪幾年，要之以少艾而不留，歷之以諸艱而竟合。當其既違，復遇頻危，猝安則道已通于神明，志不負于金石，故外無主伯亞旅之屬，内無期功强近之親，而雄文結四海之同心，篤行聚一堂之肺腑。迨輿題梓里，醴設王門，分槐蔭于二郎，展松庭于載世，殆天所以光豪杰，報醇孝也。

是用封爾爲奉政大夫南京户部、福建清吏司郎中。尚聞命而益恭，勵高修于聚講，無既耄而忘儆，仰睿聖于遐齡。

制曰：朕甚喜張負之偉陳孺子也，假幣以聘，而曰毋以貧。故事，人不謹，乃若比德配于陳張，而上壽令名，蘭芽玉樹并拊而膺之，亦可以待天恩，以釋誚糟核也，所由與陰謀者遠矣。爾封安人劉氏，乃南京户部福建清吏司郎中祝萬齡之母，經于儉樸，居以端方。爾其成佳耦于案以相將；落落同心，挽鹿車而交勵。乃若勤能操作，苦以御窮，即税駕舊州，解裾新社。而孤踪，采淑姿于清第，叶鸞凫室，修雁雄堂，仰不逮于尊章，旁無友于介倩。煢煢孤立，依鴻雙珠在握，一羽凌霄，猶然笑語之嚴，尚是布荊之舊。當聚族而談五十年閱歷，亦足快矣。是用加封爾爲宜人。合五朝以共壽，泥書與鸞鳳同明；集四世于一堂，翟服象河山爲度。

南京禮部主客清吏司郎中楊廷槐

制曰：國家重寅清之秩，以諸子曹佐大宗伯，典三禮，特稱華選矣。客部未甚繁巨，而留都去朝貢遠，局又特清，然清議所出，不翅供事交戟，下則望實騰茂，亦雲霄榮梯也，矧其負久閲者。爾南京禮部主客清吏司郎中楊廷槐，才猷敏茂，器識淵宏，芨棠愛著于昌江，肺石亭平于西署，薇省慰黍苗之望，海濱著桑扈之功，誤致投閑，旋更華要，比賜環于法部，遂洊陟于春曹。襟韵標千尋峙玉，風規開萬斛行舟。閲歷三朝，典秩以静綜而益練；回翔十道，材操緣屢試而惟精。嗣予訪落之初，值爾郎闈之正。是用授爾階奉政大夫，錫之誥命。夫莫邪、干將，天下之神物也，淬以華陰之土，其鋒益利。以爾剔歷兩都，浮沉中外，特簡留司，以裕爾遠猷。夫火以外觀而明，鑒以久磨而清。夫用固有以不用裕者，清明之用大矣。懋之哉！朕且大用汝。

南京禮部祠祭清吏司主事柴紹勛

敕曰：朕初承匕鬯，式敘天人。蓋踆踆臨保，虔惕靡遑，特重秩宗，諸子曹以共襄寅清，而留都清議，又不專練習儀章也。微亮有器局者，不以選。爾南京禮部祠祭清吏司主事柴紹勛，韵度春容，風猷敏劭，早承軒對，出握名城，迨擢秀子清華，爰蜚聲于祠部。爾乃還醇崇雅，力脱江左之風；抱一守恬，清飲建康之水；須静綜風塵之外，靡寧勤夙夜之間。蓋勁骨沉心，一錙不膩，鴻衷遠略，百度惟貞，可稱寅清直亮已。兹以覃恩，授爾階承德郎，錫之敕命。六曹并列，半皆有司事耳；虞廷之命，秩宗獨曰直哉。惟清非挺然無所依倚之豪杰，未有能皭然者也。爾以清曹，居清議之地，業已正郎闈矣。其尚精白一心，以永終譽，朕且有後命焉。

南京兵部武選清吏司署郎中事主事王宇

敕曰：留樞以擁衛，關天下根本，特重它曹，而樞銓品，騭材官，以善任使，又特重于子部。自非博聞有方略者，不在是選。爾南京兵部武選清吏司署郎中事主事王宇，以子大夫上第，同憲爽鳩，晋銓司馬。而爾清白，仰承先世直方，自矢平生，置身冰蘗之中，脱念成虧之外，題群材于前箸，運九塞于握籌。兹以歲閲，授爾階承德郎，錫之敕命。昔我莊皇帝重念邊材，博求預蓄，特允推擇材望于樞司，而重其格。爾既無誤獄，亦克詰戎，覘爾材操矣。爾尚練習機宜，勿循文墨，以稱朕蓄材之意，朕顯陟汝。

南京兵部車駕清吏司署員外郎事主事王志堅

敕曰：高皇帝以神武定鼎留都，故留樞特重它曹，而公車參掌，比于七兵，要以歷練資材，深其局器，無亦幹臣不猝索也。爾南京兵部車駕清吏司署員外郎事主事王志堅，雋才鴻略，爽度清襟，擢自軒掄，試于留署。而爾丕承家學，式贊庭謨静綜，政局紛紜獨攬，便宜窾會，沉先開務；箸籌九塞之情形，敏以當機；手畫四方之利害，子琮暗對；公義竭忠，殆可兼之。兹以歲閱，特授爾階承德郎，錫之敕命。朕觀古曹郎，案無稽牒，骨有清强，抑何材操也。爾父不嘗郎比部乎？爾尚堅爾操，竟爾材，以爾父所無誤，勤爾克詰，朕且顯陟爾。

敕曰：士抱經世遠猷，而用不竟也，殊悲既藨之穫焉。乃其學有模，治有譜，後人紹庭聞而大也，殆天所挹注已。爾原任刑部江西清吏司郎中王臨亨，乃南京兵部車駕清吏司署員外郎事主事志堅之父，以賢良高等，兩綰名封，歷參邦辟，明恕不阿當世，廉公直學古人，法嚴薙拔于强宗，澤究嬰懷于單赤，庭無呼譽，頌有必生。爾其誼重孤嫠，道忘恩怨，持介不欺三尺，遺安尚見一經。是用贈爾階爲奉議大夫，錫之誥命。有赫明綸，爾以酬所生也。爾嗣人償爾矣。

南京兵部職方清吏司添注署郎中事主事金汝嘉

敕曰：朕讀書，覽周家以起士勵相王國，唯是勿誤獄以詰戎兵，乃知古人以兵爲刑，而僴焉簡幄籌于明允也。倘不訓于德，罔顯在厥世，其寧俾乂焉。爾南京兵部職方清吏司添注署郎中事主事金汝嘉，以端方剛毅之資，敦孝友宣慈之行，一承軒對，載佐邦刑。而爾參决科條，平亭疑法，業及期報最，旋奉節乞南；望皦日于重陔，不違色笑；想先猷于舊署，猶見典刑；至力塞僥幸之門，獨剖貞衺之路。蓋載恢世業，不減前茅矣。兹仍以舊叙，授爾階承德郎，錫之敕命。爾先臣以伉直官若曹，爾復以孝就之。官非必有譜也，爾家真摯沉心，若譜然。朕所惓惓兵刑，略見于爾矣。爾尚體朕德意，以竟爾先臣之志，朕則汝庸。

中書舍人姜士望

敕曰：朕光膺大烈，登進英賢，特重西垣之簡，以出典明綸，入聯法從。蓋習侍臣于耳目，將寄耳目于侍臣也。自非澹寧、静默有風望者，不以授。爾中書舍人姜士望，以子大夫高第，早承簡擢，遂踐清華。而爾超秀用其沉雄，端凝載其讜朗，姿采清函峙玉，風棱孤映巍山；書掩蕭雲，風入龍鸞之彩；壚回袖篆，香先鴛鷺之群。爾其攬采葉于皇華，倚陔蘭于静樹，博採華□之方略，静綜身世之沉揚。蓋不獨光我寵章，抑且以啚兹休問矣。兹以覃恩，授爾階徵仕郎，錫之敕命。中秘秩非崇也，而依禁近之光華，蓋古所稱人與地兼清矣。亦嘗聞于水乎，細而溪谷之鑒，眉睫清也；大而溟渤之浴，雲日亦清也。堅爾骨，遠爾識，細大不捐，以成爾清，朕且有崇陟。

中書舍人莫儼臯

敕曰：士離蔬釋屩，而頓依日月光際，詎不稱朝廷盛選乎？唐臣以古學蒙上賞者，惟曰廉靜。夫官之設，有遠需，而廉靜實始基之。自非雅有風規者，曷以授。爾中書舍人莫儼臯，以子大夫高第，升華禁幄，振彩西垣，絲綸挹星掖之高華，冰玉坐蓬壺之近秘，清白脱身，世濩澹寧，雅學人龍。蓋遠局凝神，不以飽温役志；清衷秀骨，肯緣俯仰隨人；萬年枝咏清池，五色直連浴鳳；詔傳高閣，班入翔鸞。又若槎星携兩袖清風，階藥翻一簾紅日，則人稱玉笋，品重泥書矣。兹以覃恩，授爾階徵仕郎，錫之敕命。以中秘之秩清近，而不煩他務也。寧唯佩馬從容，侈甘泉，法從乎清以定志，簡以厚蓄。率爾廉静家風，以圖匡世大略，則從容佩馬，皆經濟也。懋之哉！尚有遠注。

中書舍人楊景明

敕曰：朕肇纂鴻圖，涣頒綸叙，遂以宣達訓令，以嘉惠于萬方，亦仕是西掖之臣，依日月光華，佐以古學，蓋與有勞勩焉。而耳目侍從，其選也，疏榮，其靳之。爾中書舍人楊景明，冲襟粹養，端品沉衷；高擢彤軒，鵬繫天池之浪；昌言楓陛，鶯遷上苑之春；遂籲隽于薇垣，爰蜚英于鳳掖。爾乃力綜典制，益聳風猷，該通中外之機宜，静練名實之大略，清標玉立，偉度山凝；浴鳳翔鸞，綸綍散紫泥之色；玉珂金鑰，衣冠翻紅藥之香。朕且以閒静，見爾遠局已。兹以覃恩，特授爾階徵仕郎，錫之敕命。朕閲史策，前代以諫官拜中書，我國家多以中書拜諫官也。蓋昔以議論儲功能，今以沉静儲議論。爾當莅仕，服兹清華，尚懋乃潛修，益弘令望，朕且耳目汝。

行人司行人丘兆麟

敕曰：朕聞因雲易潤，乘風易響，則越石左驂，不加于凝之薄苶也，士孤興啓後人，而雅負殊行，朕其有愛焉。爾丘御琇，乃行人司行人兆麟之父，俠骨沉心，清襟篤孝，家不食華温而樂與，交非關昵密而偏親，至嬰哀不悔傾衿，攻苦猶甘倒庋，則馮券不焚于自貸，范舟未散于身厄，而皦日孤鈎，清時結駟，殆天所以報善人矣。兹從爾麟奏，移贈爾爲修職郎行人司行人，既表爾室，以明貞，載錫爾書，以勸孝。爾所屬爾子竟爾志矣。

應天府治中吕恒

制曰：國家奉高皇帝詒謀，以重芑豊，因念留京爲根本重地，不惟卿尹之秩貴也，二三參佐皆出茂簡，以比于廷僚。國有大慶，可無褒揚之典。爾應天府治中吕恒，器識閎深，才猷敏練；以省辟高第，振彩名城；以郡佐循良，升華京兆。爾乃清涵皦日，明察秋毫，迺上德以安人，奉官箴而卒訓；雄飛天塹，提衡南北于長江；驥展神皋，攬結河山于上國；舳艫載色，閭井生春，可稱重地長城、華京保障已。兹以覃恩，授爾階奉政大夫，錫之誥命。今之東南民力竭矣。爾昔佐天水，有開鑿之績著聞，先朝建業之水可飲，六朝之風韵不可習也。爾其益勵忠勤，以佐大京兆，慰我豐、鎬之思，朕且大受汝。

制敕房辦事加三品服俸鴻臚寺卿兼司經局正字汪民敬

制曰：朕光纂曆服，以親帷幄大臣，遂且盛其官屬，以備任使，而文學堂故之吏，自非該練通明，鮮克久于其任。爾制敕房辦事、加三品服俸、鴻臚寺卿、兼司經局正字汪民敬，以甲舍名英，趨陪清近，日絛鸞紙，歲曝芸簽，經翻顧陸之文華，筆載鍾王之墨妙；翩翩金紫，蓬山綴集儒紳，馥馥丹鉛，芝閣開陳漢簡；供奉既逾三紀，恪勤薦莅八官；飽參世局之縮盈，歷覽天家之故事；載承朕眷，祇受新綸。茲以覃恩，授爾階中憲大夫資治尹，錫之誥命。昔人願以華顛眠秘書，不願作賀監服也，爾尚有此襟抱乎？低徊静密，兼總華清，亦既效矣。尚祇乃叙，以判別朱紫，遂以商略古今。頃者，大典宣勞，并及大賚，朝廷庸舊人若斯矣。欽哉。

制敕房辦事大理寺左寺左評事兼司經局正字唐允恭

敕曰：國家于禁秘之地，設中書，以掌書王命，間簡世裔，以參佐其間，微獨以清華之秩榮門望也，無亦以簪裾之後，雅聞心筆之談，而清忠之裔，饒俊才也。爾制敕房辦事大理寺左評事、兼司經局正字唐允恭，乃故禮部右侍郎、兼翰林院侍讀學士文獻之子，風規峻爽，器度冲夷，學紹庭聞，名成頖藻，追蜚聲于壁水，遂啓秀于薇垣，乃以積資，加銜棘寺。而爾抽毫鸞掖，載筆螭頭；蘭簡浮香，潤色焕龍縑之耀；芝函發彩，宣文騰鳳藻之輝。乃若窗對緑松，階蘂翻一簾清影；班聯玉笋，佩環携兩袖香烟。朕頃從講幄，以正字覘爾風格矣。是用覃恩，授爾階徵仕郎，錫之敕命。於戲！惟乃父當皇祖時，清貞大節，著于西清矣，家聲無替，惟爾後之人是寄。爾尚承爾家學，從諸大臣以佐綸。蓋家爲令子，即國爲良臣。懋之哉！以需顯陟。

制曰：朕聞婦榮于夫，母貴以子，乃子職、夫名之并懋，知婦功、母德之兼隆，昭聖善于蘭陔，特錫恩于楓陛。爾故禮部右侍郎、兼翰林院侍讀學士唐文獻妻累贈宜人顧氏，乃制敕房辦事、大理寺左寺左評事允恭之母，函貞華胄，儷美名英，秉德温恭，賦儀婉嫕，借照先分藜火，調機緒引綸扉，遂使抽毫光著作之庭，佐政起寅清之譽。若夫式和丸之訓，躬畫荻之勤，揭帷墨于先程，起絲綸于世掌；優龍劣虎，盡含絶地之材；玉季金昆，總奮凌霄之技；嘉萱幃之啓佑，念薇省之聲華。是用贈爾爲淑人，眷象服之重錫，以夫榮而既貴；荷龍章于三賁，緣子貴以彌榮。

鴻臚寺左寺丞趙以旟

制曰：國家以禮陳叙萬邦而肅中外，典客之司，亟需令望，自非多材藝、端容儀可以接對者，曾不閱歷，以幾于大列。爾鴻臚寺左寺丞趙以旟，以儒家子，近京國居，而振秀琅函，升華璧水。迨入參典屬，乃更切觀光；薦轂蒲而來朝周室，正崇禮樂；都綿蕞而注禮漢官，載見威儀；遂以積資，薦躋清近。兹以覃恩，授爾階儒林郎，錫之敕命。昔我顯皇帝静攝有年，洎我貞皇帝受命于末，故鈎陳豹尾間，未或即叙。爾依日月光際久矣，朕方初嗣曆服，以賓四門。爾尚恪爾職，以匡爾正，而修大府之靈。欽哉。

東城兵馬指揮司副指揮劉垣

敕曰：朕方光纂服曆，以安方夏，而惠此京國，更惓惓焉。乃若固紫薇營室之防，而治以無擾，則唯是二三司城吏是寄。爾東城兵馬指揮司副指揮劉垣，風格瑩平，才猷敏劭，蚤蜚英于齒胄，遂服采于都厢。而爾禔身志切飲冰，剖劇識諳熟路；和風披惠，九衢沾安堵之庥；明鑒懸清，百雉罷探丸之警；既登薦剡，式叙官常。兹特授爾階承事郎，錫之敕命。語不云乎：「稂莠不剃，嘉穀不生。」安民生者，在去民之稂莠耳。矧左言不盡譯于澄波，而萬方雜遝，得無勤銷萌之慮焉。爾尚益既乃心，祗服厥叙。朕且録歲閲而登爾。欽哉。

後軍都督府署經歷司事都事顧懋光

敕曰：朕眷念耆舊，施及後人，間量品材，擢在戎幕，無亦握籌俎，勝勞在疆場，則軍旅之事，後人所習聞也。爾後軍都督府經歷司署經歷事都事顧懋光，乃原任總督河道提督軍務、都察院右都御史、兼工部右侍郎、贈兵部尚書養謙之子，以淮揚俊品，出德善甲門，而慨慷有文，疏通多略，特從蔭叙，式贊戎闈，恪勤在經畫之中，風格出簿書之外。兹以考滿，特授爾階文林郎，錫之敕命。爾不憶爾先臣乎，狡[虜]交訌，輕緩追如也。其雄才大略，爾得幾何？尚竟爾材操，以裨戎畫，勿謂簿領無煩借箸也。懋哉。

羽林前衛經歷司經歷鄒帙

敕曰：國家設武衛，護周廬，而以世其武者統之，又間擇其世文者，佐畫諸于幕要，以參對簿書，交相成也。爾羽林前衛經歷司經歷鄒帙，以疏通敏練之材，生道誼文章之族，而仰承世學，祇奉彝常，精明驅憑稷之奸，豈弟取當官之譽。所司奏爾狀，曰「敦理學，懋家風」，覘爾格矣。兹特授爾階徵仕郎，授之敕命。爾先人世有名儒，而伉直敦古，爾尚趾美前修，不隤父業，乃以能爾官，無回簿領瑣猥有奇安施也。懋哉。

制曰：朕觀世儒嘵嘵，高以博名，卑以博爵，及爵名無所傳，而儒遂爲天下詬病，乃若儒于爵名，而爵名不易吾儒，夫儒亦何可詬病也。爾原任河南按察司僉事鄒德涵，乃羽林前衛經歷司經歷鄒帙之父，以賢良高第，一佐邦刑，載僉外臬。而識參聖脉，學紹庭聞，求心直見古人，據德不阿當世，論説在風塵之外，精神函職業之中，有子而才，克家于業。是用贈爾階爲奉政大夫，錫之誥命。閱爾疏三儒，抑何懇爽也。爾不竟其志，而子以下僚顯爾矣。

南京太醫院院判羅成名

敕曰：比者，歲時失和，灾沴頻生，元元時厲非咎，朕惆然念之。有能執一匕以調我元化，其靳褒榮之典。爾南京太醫院院判羅成名，藝苑名英，儒紳重品，器形而上，精藝入神，早譽于岐黄，遂策勛于南北；幾年禁籞，聞長樂之鐘聲；數載江城，閱吴宫之芳草；尚思醫諫，特簡留都。兹以覃恩，授爾階承直郎，錫之敕命。古豪杰不得意于時，多托之卜藥，以孤行其介。邇者，借爾曹以爲榮梯，養交游，結通顯而已。以爾供事三朝，積資甚久，其尚永保終譽，以廣朕如復至意。欽哉。

四川布政使司左布政使侯執躬

制曰：國家建方岳，以課百吏，而佐安元元，其有綜核行理，疏附周澤，俾萬里昵在尺階也。朕不忘遠氓，其忘遠吏。爾四川布政使司布政使侯執躬，風規凝遠，識力精沉，一擢軒掄，洊參華貫，俾專左轄，式是西邦，以番蠻雜遝之區，當兵役頻仍之會。而爾端敏，以清六紀，廉公，以率百城，作屏翰于屬連，大旬宣于踣頓，遂使漢索崇隆于劍閣，皇流倍渥于瞿塘。閱爾程書，朕心用懌。兹特授爾階通奉大夫，錫之誥命。詩不云乎：「芃芃黍苗，陰雨膏之。」國家不憚征繕，以安西南，而西南愈困，亦唯是郇召勞之耳。既綏既拊，不戢不難，其堅爾膽智，以當天下之務，尚以培我周京，以篤佑于桑扈。爾惟懋哉。

湖廣布攻使司右參政張以謙

制曰：朕念方岳之臣揚歷中外，皆我皇祖所簡拔，曹署綏靖元元，中更我皇考弃過録功，因材選叙。朕頃以普天大慶，疏榮及之，不必其任也。爾湖廣布政使司右參政張以謙，沉心遠局，介守通材，擢等軒掄，綰符花縣；飲水分曹于建業，懸魚出守于鄂江；法提藩臬之衡，績滿楚秦之路；意律千人自廢，冰操一介必嚴。振潄扼私，百吏仰忠清之概；起衰扶弱，屬城欽該練之猷；即偶誤于人言，旋徹聞于朝聽。茲以覃恩，授爾階中大夫，仍加爾資治少尹，錫之誥命。楚稱栗鷙，而苗匪用命也。或至中外爲奸利，吏不務安之，而務勝之。釁起苛煩，而又草剃是急，寧復有靖圉乎？竟爾勤疆課，廉幹以化楚栗，重念苗亦吾人也，朕且有顯陟。

整飭永平等處兵備山西提刑按察司按察使杜詩

制曰：朕眷顧東陲，宣威外闈，特重紀綱之任，兼資文武之猷，矧地擁神皇，權兼戎索，念安攘之不易，宜寵錫之特隆。爾整飭永平等處兵備、山西提刑按察司按察使杜詩，履繩峻節，導窾長材；發迹版曹，力贊度支于心計；握籌上谷，特清浮冒于雄關；迨武部之專司，洎薇藩之分部；晉楚更參悉吏治民瘼之隱，燕秦特寄諳[虜]情邊計之詳；僉云鶩代之鴻猷，特畀遼西之重任。而爾才與誠合，謀以斷資，糾虔將吏以威嚴，綏輯兵民于鎮静；振積弱之軍聲，知名草木；剪方張之虜勢，落膽旃裘；自折千里之遐衝，允稱一方之偉略。茲以覃恩，授爾階通議大夫，錫之誥命。於戲！邊隅多事，則剛委難張；中外久疏，則綱成易解；屬廷謨之未諳，兼塞略之或艱；既耽木葉之憂，遂起桃林之役。况民係中原之機括，地當東土之員官，豈惟企意于外寧，抑亦先防于内患，當未雨尚徹桑土，豈中流可略衣袽。惟時儆于不虞，將事乃其有備，無忘保介，益懋膚功。欽哉。

整飭淮揚海防兵備道浙江布政使司右參政馬從龍

制曰：東南咽領，有海防之設，自嘉靖甲寅，迄于今，亦已寖弛矣。它率守巡异置，兹獨以守而兼巡，則内靖外綏，式清且晏，寧漫比于群牧，受簡者能無加意乎？爾飭整淮揚海防兵備道浙江布政使司右參政馬從龍，于迭生忠義之邦，爲知嚮詩書之士，軒陳漢策，硎發舜封，值縮板之繁興，受起曹之劇任，而一朝佩虎，三郡坐熊，久則自明，抑焉彌振。惟枕江臂淮之能洞識，故持衡作屏之不它移。曩以蘗苦，博其棠甘；今以車輕，凑于道熟。兹以覃恩，授爾階中大夫，錫之誥命。是役也，吏民伍兩原，責各半之。兹具擇其最急，借觀已事，如群口雲擾，而後輒有孫恩之屬，乘以抵巇。方今蒿目養癰，不直在島，狼燧鯨波，同時交亟，俾朕得稍紓南顧，并念東籌，繄惟爾是賴，欽哉。

浙江布政使司管理嘉湖道右參政兼按察司僉事潘洙

制曰：朕惆焉流冗，軫爾藩垣，比緣歲序之不登，更念東南之既竭，端資岳牧，分任旬宣，既隆勢伐，可靳褒崇。爾浙江布政使司、管理嘉湖道右參政、兼按察司僉事潘洙，賦才閎敏，操行端嚴，一冠廷掄，遂開經學；既若予工于寅亮，乃握人鑒于清通；出佐藩方，歷更繁劇。乃能奉官箴以率屬，迺上德以安人；胸函屋蔀，光明同皦日而流；力脱繭絲，節縮至秋毫而上；懋著激揚之績，式宏保障之猷，師薦登聞，朕心嘉悦。兹特授爾階亞中大夫，錫之誥命。朕聞力劇則苦租徭之苛慘，官高則厭金穀之凌嚻，兼以海汛時嚴，民恫未解，野多疾首，吏有攢糜，借爾前籌，遂成安堵。朕今擢爾廉憲粵西矣。綱紀庶司提衡，諸道任爲益巨，稱亦滋難，永矢厥心，益騰休問，朕將有大用焉。欽哉。

浙江布政使司分守金衢嚴道右參政米萬鍾

制曰：朕光纂大曆，祗綏方隅。唯是分岳藩臣，宣布朝廷德意，乃兩浙爲天下首藩，而寶婺、穀江達于桐水，又兩浙之雄要，微公忠有幹略者，不授也。大慶疏榮，寧需閱叙。爾浙江布政使司、分守金衢嚴道右參政米萬鍾，以子大夫高第，出宰花封，入平棘署，載遷版部，洊歷水曹，既若予工，乃分方岳。爾其精于簡下，力清耗蠹之源；慎以提身，自矢公忠之志；概三朝之閱歷，識以練而日精；參兩部之經營，材緣用而益大；處脂膏不潤，清標峙玉千尋；當盤錯有爲，風度行舟萬斛。蓋雲夢八九，嘗空赤玉之胸；材實四三，不假南金之口。當慶條之初下，正行省之新參。兹用授爾階中大夫，錫之誥命。朝廷以土予吏將，土人之便害興除是倚。乃一有事，而借才略土，借餉食人。蓋一切取辦于上，而吏不問。以爾邁往不屑之韵，生長都輦下，諳此深矣。一乃心，堅乃材操，尚爲朕辦此土也。懋哉！朕且有顯陟。

制曰：朕聞疆弱之植，在于骨，躁静之决，在于氣，而氣骨定于夙學，則元儐早佐以擔當。天下之大，朕且爲抱骨氣者重之。爾浙江布政使司、分守金衢嚴道右參政米萬鍾妻贈宜人李氏，以椒畹之裔親，當天畿之都會，而德函百順，躬備多儀，蘋蘩克庀于僮僮，圖史夙遵于穆穆；終温且惠，主中饋以宣勤；能敬而文，佐下帷以勵學；眷念旬宣之寄，可佐薇藩；由昔敬戒之規，蚤襄蘭壼。兹加贈爾爲淑人。德音無斁，昭彤管以長庥；异數方隆，賁玄扃而永耀。

制曰：抱奇之士，當龍騰豹變之會，而柔女子，佐其成能，使式叙于内言，而揚歷中外者，得以廉公報主上，殆亦賢已。爾浙江布政使司、分守金衢嚴道右參政米萬鍾繼妻陸氏，生以甲門，伉于名世，而清心爲質，慧性作儀；堂無伺色之歡，衿鞶克庀；室有同心之愛，筐筥偕芬；結褵當冠佩之華，茹澹御紛靡之會。爾夫出襄繁劇，曾無内顧于庭屏；入理琴書，雅見相莊于椎布；前猷力紹，外政彌光。是用加封爾爲淑人，録彤書于主饋，洊膺并貴之榮；揚淑行于明庸，益懋相成之誼。

河南布政使司右參政兼按察司僉事高惟崗

制曰：宋韓蘄王産于延，以勇鷙應募，卒擅武功之首，厥後彦直登制科，特標水鏡，固文陣雄帥乎？兹有與之同里，而世績偶符，其以旬宣奚忝也。爾河南布政使司右參政、兼按察司僉事高惟崗，才具茂明，器資端亮，甫敕黄于楓陛，旋綰墨于桑泉，洊陟冬夏之兩曹，兼司水陸之一會。乃爾嚴精剔攘，濯意均調，健兒非紙上之名，斥鹵有湟中之利，而置郵行德，謹策呈能，歷收古汴殊庸，果副維垣重寄。是用授爾階中大夫，錫之誥命。夫大梁鎖天控地，舊稱四達，其域爲豫，蓋言乎舒，亦甚矣。爾尚與民休息，力返中和，俾再游化國之日，朕且甄其後效，更有顯酬。欽哉。

四川布政使司兵巡上川東道右參政兼按察司僉事沈朝燁

制曰：朕光纂弘圖，祗綏方夏，所賴保乂之臣，宣布德意于遐方，遂使捐煩解易，以息小民于苛慘，而徵發亦一大役也。有能俾乂，朕其忘報，而況慶絛之布，與地俱遠者。爾四川布政使司、兵巡上川東道右參政、兼按察司僉事沈朝燁，長材偉識，俊烈神衷，既冠鄉掄，遂承軒對。爾其通除虞部，振策水曹，内靖九衢，外調萬舶，蔚爾經綸之略，參予藩臬之司，威嚴略法武侯，鎮静唯庸忠定。頃緣東役，遂借西籌；簡練惟精，旌旆變錦江春色；訓齊乃一，節矛拂劍閣晴雲；眷此膚功，宜膺茂渥。是用授爾階中大夫，錫之誥命。古稱益地險而氣疆。夫險與疆不可恃，而又不能因而用之乎？以爾疏滯牒，流泉貨，核一切古法，而精心行之，亦既以效。乃酉陽之役，兩及之，而唯爾能調之。頃聞東入，倚蜀卒，如左右手，斯亦簡飭之效乎？民固乃險，民靖乃疆。懋哉！朕將咫尺吾遠民，而寧遠吾遠吏。

整飭密雲等處兵備河南提刑按察司副使馮汝京

制曰：我先皇祖倜焉東顧，念白山木葉之未康，而赫肆撻伐，中更我先皇考，愈益興發，以獎士氣，而遼西爲徵調出入之咽喉，抑將犄角西夷，以跋其尾，無得生心于東也。非雅抱器識，以地練閲者，其得授焉。爾整飭密雲等處兵備、河南提刑按察司副使馮汝京，風猷峻亮，識量宏深，蚤以軒掄，回翔學鐸，迨升華版部，乃出視邊儲，僉云文武之兼資，遂授紀綱之重任。而爾才誠兩合，謀斷相成，訓戎律而協其機宜，揣[虜]情而得其要領；糾虔將吏，略法乎威嚴；綏輯兵民，惟持以鎮静，衆皆稱其上策，予方倚爲長城。惟是中行之有口，以致狡[虜]之生心，尚賴成謀，寧爲漢患。兹以覃恩，授爾階中憲大夫，錫之誥命。當邊烽未聳，其誰不韜鈐負而孫吴雄也。屬者東之役，大略可睹矣。以爾公忠敏劭，業有造于東，尚爲朕綏我勞人，以壯神臯左臂，而遏佚其心。我文皇帝之大烈，朕且企焉。欽哉。

撫治荊岳整飭施歸等處兵備分巡上荊南道湖廣按察司副使盧瑛田

制曰：朕聞漢以荊爲用武之國，展紀而帶江漢，寧復篳縷之遺乎？壇曼靡隨，亦吴會、巴蜀間都會也。即急悍而争乎桃弧棘矢，共我王事，尚猶是忠誼也。揆文奮武，察後服先，彊而備之，則唯公忠吏是倚。爾撫治荊岳、整飭施歸等處兵備、分巡上荊南道湖廣按察司副使盧瑛田，以子大夫高第，入佐版曹，出分榷政，迨郎闈洊正，乃楚臬方膺。而爾以沉雄博大之材，行其悃款，以敏劭精詳之慮，用其寬明，故力察貪廉，兼資文武，訓練振拔河之氣，綜核起控玉之岩。蓋國家托重臬藩，而中外習爲誕慢，下媚宦成之能吏，上窺局定之爰書。爾唯一脱于尋常，事乃奏成于遠大。既思爲主上結心于百姓，忍不爲小民請命于有司，蹻然冰玉之中，蔚爾社稷之役。兹以覃恩，授爾階中憲大夫，錫之誥命。詩不以江漢紀南國乎？爾以廉清，負幹材，爲江漢砥，倘亦其紀乎？念爾淮徐之政，尚芬人齒，而賁我周南，鰓鰓爲兵民計甚悉也。方今舊藩既饒，新藩且建，非爾廉清有幹材者，誰安此警而易争之衆。懋之哉！朕將大爾庸。

分巡汝南撫民河南按察司兵備副使郭士望

制曰：朕祇承大業，底定萬方，倜焉念中原重地，唯是藩臬之臣是倚，更念我神宗皇帝芑貽賢豪，釋薪積而湔濯舊德，弼我成謨，況其分統均之政，而繫望名藩者，明恩其愛焉。爾分巡汝南撫民河南按察司兵備副使郭士望，早冠楚材，遂掄軒對，載分華署，入主祠曹，既持天部之衡，卓負人倫之鑒；一行藩省，名香浮蘭茝之溪；幾月于宣，襟韵徹桐江之水；六息方旋于紛語，百爲益暢于静觀。當予大政之維新，適爾受除之載始。蓋介守千尋峙玉，竑材萬斛行舟；揆策周詳，抱中外兵民之上計；陳言慷慨，饒清通簡要之風規。兹以覃恩，授爾階中憲大夫，錫之誥命。中州當天下腹心，而宛、豫居其陽。蓋白羽、析隈，通隕襄間，嚮蓋有倉襄焉。土之人不云乎：「聖君如望慈父母焉。」亦曰：「望君如望歲。」今不然乎？爾尚修爾德，以拊予腹心。懋之哉！宛、豫人將豐穫于歲，以恢慈望矣。

分守遼海東寧道山東按察使司副使兼右參議何廷魁

制曰：朕光纂大曆，綏靖邊陲，念我先皇帝不憚征繕，以數百萬爲東人挾纊，而文武大吏，尚未有畫一策，出一奇，以指定白山木葉之間，朕安得不厚屬于新命也。爾分守遼海東寧道山東按察使司副使兼右參議何廷魁，以子大夫高第，兩下舄鳧，載參署爽，追鶴携隼旟，鹿夾熊軾，以博綜遠馭之材，調往最難堪之役，更緣疆鯁孤特之望，力持不可問之鄉。蓋大軏既發乎庖鋣，錯節遂分于虡器，僉謂兼資于經緯，持予重任于東寧；振積弱之軍聲，山川動色；剪方張之[虜]勢，斧金爲光。兹以覃恩，特以新銜授爾階中憲大夫，錫之誥命。朕聞豪杰用人以成功，微獨其人也，用及敵人矣。以[虜]之夫心于東西也，我不能兩乘爲用，而又弃土人以啖[虜]，安在勤天下于一隅也。夫庸不足爲用，而驚不能用，爾以才用矣，尚以膽智羅三韓，而隨地以用，朕且覘爾材名。

整飭遼東駐寬奠等處監軍道山東按察司僉事胡嘉棟

制曰：朕光纂鴻圖，底寧萬寓，而東人未靖，我先皇帝惆焉有東顧之憂。蓋重授以撻伐，而條次方略，以固吾圉也，則爾諸臬司是倚，自非公忠有局略者，烏勝其任。爾整飭遼東駐寬奠等處監軍道、山東按察司僉事胡嘉棟，以子大夫高第，一參郡辟，遂主留銓，迨入拜夕垣，乃屢煩辰告，遂因過戇，誤致投閑，僉云經緯之兼資，旋適畀紀綱之重任。而爾駿氣超成虧之外，鴻謨操戰守之中，運龍首以成謀，驅虎牙而制勝，訓練旌旗動色，指揮斧鉞爲光，獨運幄籌，壯塞上尋常之膽；先爲俎勝，調胸中百萬之兵。蓋以十載之靜觀，合生平之感慨，算以沉而透，神以練而精，念慶典之方新，正膚功之可奏。是用覃恩，授爾階奉政大夫，錫之誥命。爾不驗朝氣乎？夫爾之鋭，而攖摧璫，觸世忌，投荒而不懼者，氣也。氣定則能任，氣奮則能往，合定與奮而成鋭，入其深，瑕其堅，將在此鐃矣。懋之哉！練士而成朝氣也，予日望之。

江西廣信府知府衛道

制曰：朕聞江之右多徙業于遠，而靈山、鐃水間，獨矜謹節義，稱重業焉。不識象山、鵝湖遺風尚有在者乎？朝廷欲表率屬城而振迪之，微二千石，誰其與我共此者。爾江西廣信府知府衛道，以子大夫高第，起居秘省，佐政版曹，歷著能聲，載專劇郡，操修峻遠，器識沉凝；契以端方，道更嚴于拔薤；載其清净，治不擾于烹鮮；法窮銖兩之奸，澤遍桑麻之野。閲爾奏績，朕心用嘉。茲特授爾階中憲大夫，錫之誥命。夫民進窮于吏，退窮于豪，得無咨嗟嘆息乎？

簡群而憑稷者去之，使吏不倚法，豪不倚力，爾治郡亦既效矣。尚竟爾材操，將以膽智，擔當世務，朕且汝嘉。欽哉。

山西平陽府知府高登龍

制曰：河東，古股肱重地，頃以薦灾失業，賦逋民流，所賴良二千石，表率州邑，安小民于田里，用副朕與共之思。爾山西平陽府知府高登龍，忠精敏劭，博大端凝，由廷掄而佐版曹，積歲閲以臨劇郡。而爾操嚴一介，斷析棼絲，宣明恩而表百城，敦大體而課群吏，師帥人歌，振鷺寬和，野有蜚鴻，所司以狀來聞。特授爾階中憲大夫，錫之誥命。夫漢吏有納客而名章，或却屬而坐咎。然雅志報國，不藉豪敚，名何如也。爾控此土臨人，非一譽，尚爲實，毋爲名，朕終不任一人之毀譽也，行詔爾矣。

直隸保定府同知姚光祚

制曰：郡丞秩亞二千石，以宣王化，佐長吏，親人也。京輔重地，迭儆洊灾，其有贊符副政，表率屬城，使小民安田里而無愁嘆，朕敢吝崇褒焉。爾直隸保定府同知姚光祚，抱質學文，居今好古，薦登上國，試教天雍，遂端佐大邦，以抒籌與。其地當旁午，人半呼庚，清肅而操紀綱，精嚴而佐晝諾。正學化悲歌之舊，直躬當通介之交；既以力靖萑苻，風行組練。而旁搜藏簡，間握屬城。所司以狀來聞，曰循良君子已。特授爾階奉直大夫，錫之誥命。悃愊之吏，夙謂無華，文學之吏，或不兼政。爾質有其文，爲轂下端寮之最，其一雪此言矣。爾尚率爾真，竟爾學，以調此如礪，朕且汝庸。

駐札岫岩撫民兼海蓋管糧直隸永平府同知張文達

制曰：念我先皇考以先皇祖遺白山木葉之憂，遂至惆焉東顧，發金錢百數萬，而浮濫尚存，耗蠹未洗，非得廉辦之臣，孰爲朕善酌盈虛，保護元元，漏卮終何以實，民急終何以濟也。爾駐札岫岩撫民兼海蓋管糧、直隸永平府同知張文達，長才聳壑，峻節昂霄，擢自賢科，歷遷重地。而爾撫摩兹愛，輸挽清勤，功著倉箱，歡騰井竈，拮据造軍民之命脉，綢繆固畿輔之藩籬，剔蠹細入秋毫，恤隱明含皦日，所司來奏，僉曰汝嘉。兹以覃恩，特授爾階奉政大夫，錫之誥命。於戲！遼之民與虜相習也，山川險易，其集餉騷動半天下，將遼終不可用乎？諺曰：「巧者不過習者之門。」以爾著績東隅，尚其益勵初忱，佐我國家大計。欽哉。

管理遼東金州海防清軍山東濟南府同知李居簡

制曰：國家秩少府亞二千石，以佐專城，乃幕府僑設，特資彈壓，其雄要視二千石不翅重也。矧三韓弗靖，六合皆兵，非精敏練諳之士，曷稱其選。爾管理遼東金州海防清軍山東濟南府同知李居簡，貞心遠略，峻宇沉衷，早薦鄉闈，歷參邊郡。爾乃緣經術而通務，抒雅抱以匡時，操勵茹水，法嚴拔薤，獨運興除大計，深悉利害機宜，士無脱伍，海不揚波，可稱精敏練諳矣。兹用授爾階奉政大夫，錫之誥命。於戲！漢人之册營平也，曰：「羌獨足憂耶？」百萬之需，寄于海若斯，亦東人之大命，用兵不練不精，士不核不練，乃將乘虛而爲漁也，卒伺冒而爲市也。文吏兩乘其弊，以飭喜怒于中，而誰練之，誰核之也。懋哉！力破積習，慎我繆綢，朕不以格格汝。

遼東廣寧駐札管糧山東濟南府同知馬紹芳

制曰：在昔我皇祖，念遼左軍興，而廣鎮當西夷之雄要，特選精敏有幹略者，往倅其地，以管軍儲，一切機宜，得與聞焉。國有大慶，寧忘爾勞勛乎？爾遼東廣寧駐札管糧山東濟南府同知馬紹芳，乃原任工科都給事中汝松之孫，湖廣布政使司右參政允登之子，粹品鴻才，清風亮節，廹蜚英于璧水，遂振彩于花封，既簡輿情，擢遴岩鎮，借箸起孤城之孱膽，投醪布絶塞之陽春，處危岌而能御以安閒，當煩鉒而克籌以暇整，馬騰士飽，食足備嚴。嚮者，[虜]闌入，而能以意調發，隨創而去，覘爾風猷矣。朕甚嘉之。兹以覃恩，特授爾階奉政大夫，錫之誥命。夫遼之地，危于無兵，而非無兵也；遼之兵，危于無餉，而非無餉也。金城方略，朕不中制。爾其悉心大計，佐元老壯猷，以圖滅此小醜，朕不以格格汝。

制曰：三妻并貴，司封氏所不掌也。朝廷覃浩蕩之恩，敷天同慶，矧邊徼勞吏，猶朕所加意振作，可無破格以旌之。爾山東濟南府同知馬紹芳繼妻邢氏，静嫻則訓，動應圖書，和以莅衆而成嚴，恭以承尊而能愛，前猷力紹，宗佑靡昌。念芳澤之猶存，眷學機之中斷，特加顯命，式慰幽貞。兹用贈爾爲宜人，錫鸞綍以爲華，佩鴻庥而如在。

山東登州府同知管自在州事段展

制曰：朕承先帝遺謨，底寧方寓，而東夷永靖，每期邊吏滅此朝食，乃若公忠良牧，負幹局以固吾圉，遂以分朕猷念者，朕敢忘報。爾山東登州府同知管自在州事段展，德度端凝，才華敏茂，蚤掄鄉薦，歷綰名城，以田民兩敝之區，當戰守不常之會。而爾才周四應，謀尚萬全，羅邊略于胸中，玩[虜]情于掌上，遂使鶴表風清，體關月净，予一人甚爲嘉之。狐鼠魂消于城社，旓裘膽落于威名。是用覃恩，授爾階奉政大夫，錫之誥命。於戲！白山木葉之間，旁扼夷落，爲陵京重地，所賴内拊百姓，外捷狡[虜]者，微爾愨衷介守，不以錯幹局也。爾之撫灾黎，處運事，著績先朝茂矣。其尚益殫厥心，以撫此遼土。朕不忘東顧，其寧忘爾。

直隸保定府推官夏嘉遇

敕曰：郡國設理官，以參佐二千石，謂以理理之也。我文皇帝命所司慎刑，唯曰「揆之以理」。朕數出德號，霈宥下土，而苛吏薰胥，民在鼎矣。有能體朕意，以理衷法，朕其有愛焉。爾直隸保定府推官夏嘉遇，廉謹而操遠局，精嚴而運沉衷，一冠廷掄，遂分郡憲，以三輔凋罷之會，當五方雜遝之區，贊爾惟良，綜于下邑。即圓方异格，或躁静殊材。而經閲則事精，悉咨則誤寡，群吏不逃名于寄治，屬城絶納響于托公，遂使庭無呼謈之聲，野有蜚鴻之頌已。兹歲閲，特授爾階文林郎，錫之敕命。夫理以專職，寄元元命脉，而其寄職且以核吏治，無樹苛慘于元元。古不云乎：「地廣不可狹也，民衆不可苛也。」上谷重地，而以明允用其博大，亦既效矣。尚竟爾志，以明庶獄，遂及庶官，朕且顯陟爾。

敕曰：昔謝媛佐其夫，商人吏之臧否，権政務之得失，種種有條理，而其夫遂不以富貴累其心，賢可知已。爾直隸保定府推官夏嘉遇妻郁氏，静嫻則訓，動應圖書，夙儆調機，以光素業，尚垂宿縞，式佐官常。頃所司告朕，曰爾夫「仁行法外，清畏人知」，計惟爾主中饋，調内言，用以成爾夫子廉清爾。兹用封爾爲孺人。夫木有理曰初，若以力解也。爾尚力以理爾家于成，助爾夫竟成于理。

直隸保定府推官范紹序

敕曰：上谷依日月光際，爲天畿浩穰，民嚚而俗易偷，地重而法易玩，凡以三輔之雄城，五方之都會也，其佐我良二千石，以捐煩去苛，而就吾理，惟良司法是藉。爾直隸保定府推官范紹序，學自庭聞，品成孤詣，蚤掄上第，司憲名城，處煩嚚以澹寧，馭盤錯以利器；片言既折若矜，如見之肺肝；百口無詞尚權，不經于銖兩；要以法必行于疆近，恩無漏于單宗，禔身冰玉之中，會法科條之外，遂使吏解聞風之綬，人依隨雨之重。蓋持一衡以表百城，懸三尺而平五聽，可稱精敏遠局矣。兹以覃恩，特授爾階文林郎，錫之敕命。理爲朝廷寄元命，而亦時爲大吏寄耳目。耳目久既大吏，反不得自有其明聰。夫以法行意者，驕也；以意行法者，恣也。惟勿驕以去偷，惟勿恣以去玩，無亦曰理不干其耳目，大吏乃不干其聰明乎？懋之哉！朕且耳目寄爾矣。

山東東昌府高唐州知州師心

制曰：州牧秩亞二千石，而臨邑長，乃其字人猶邑也。故膏雨其人，而襦褲之口牧，寧獨誇屬城之雄乎？有能俾乂，可靳褒嘉。爾山東東昌府高唐州知州師心，以省辟高等，載參大郡，歷典方州，以冠蓋之衝，當凋疲之會，兼以歲時不易，加之灾盗頻仍。而爾廉以禔躬，精于檢下，法嚴拔薤，而豈明威澤，究懷嬰而寧市德，遂使絳衣宵遁，赤地春生，階少静辭，人歌明牧。兹以歲閲，授爾階奉直大夫，錫之誥命。夫分甘絶少，以爲慈也。長吏子視方國，而茹其哺乎？豐修備，灾修救，爾既瘽身從事，以保流傭矣。尚竟爾猷，念左食我蒙袂，遂以康我王國，朕不以格格汝。

山西澤州知州王所用

制曰：州牧秩亞二千石，而旁領屬城，徑達藩臬，則有若閫之長溪，晉之高都，而高都爲大。其司牧能宣布德意，至以兩地奏歲成，朕敢忘報。爾山西澤州知州王所用，材操峻朗，標韵清通，一對彤庭，再麾紫馬，當吻海派江之要會，更高山深澗之雄藩，標華實于魚鹽，敦儉勤于種牧。而易民同化，易地同操，所司來聞，曰事治民安，風清弊絶，朕甚嘉之。兹用授爾階奉直大夫，錫之而命。嗚呼！朝廷課最民功，唯視其無過于百姓，然或上賞其功，而下摘其過，則利有愊，易嫚也，思有畔，難循也。爾既閲南北，而吏民同聲曰功矣，尚循畔而行，無黜嫚以慠其成，朕則顯陟汝。

四川重慶府合州知州羅萬象

制曰：西川去京師最遠，而州牧去民最近，其有究宣德意，爲朕親民于遠，則萬里猶尺階也。爾四川重慶府合州知州羅萬象，志介方廉，器姿敏茂，蚤掄鄉薦，出典方州，而能任質推誠，繫强扶弱，蘇累歲之凋殘，補百年之曠闕，使者數輩，咸以最聞。兹特授爾階奉直大夫，錫之誥命。漢重悃愊之吏，非謂飾敞垢也。修身取譽，無釣奇于官耳。爾簡失有簿，求告有鼓，尚懋爾實修，無以績成而替。所爲悃愊者，朕將選諸所表，以次用之。欽哉。

貴州貴陽軍民府廣順州知州萬曰棟

制曰：朕聞新沐者必彈冠，言勵精于新也。夜郎萬里，新民甫定，沐浴周澤矣。凡我二三長吏，尚有彈冠之思乎？朕不忘報。爾貴州貴陽軍民府廣順州知州萬曰棟，名蜚槐市，驤展泥轓，兩典方州，兼籌壯邑，而能手開草昧，力起傷痍，輯歸雁于澤中，懷鳴梟于境上，遂使漸成殷賑，復見威儀，役無黔皙之謡，作有褌襦之咏。兹以歲閲，授爾階奉直大夫，錫之誥命。詩不云乎：「爰得我所。」樂以民土爲所也。爾唯廉不藉資于地，爾唯平不鄙夷其氓，遠人業倚爾樂土矣。爾尚竟爾廉平，毋敓其所，朕則嘉汝。

直隸保定府唐縣知縣陳于堯

敕曰：朕念畿民依日月光際，大澤唯先，大役亦唯先。頃聞歲祲，有道殣焉。是吏奉吾詔不勤，而人瘼不省也。其有仰體朕意，康我畿人，遂以光于爾前業，朕將尊顯之。爾直隸保定府唐縣知縣陳于堯，以省辟高第，綰綬名封，當歲比不登，吏或爲蠹。而爾神閒氣定，識遠防周；惠遍桑麻，野有鳴鴻之頌；令行稂莠，庭無憑稷之奸。比使者白奏爾狀，曰真誠謹恪，殆有漢吏悃愊之風焉。茲特授爾階文林郎，錫之敕命。漢神爵務綜核，每曰舉廉吏，欲得其真也，廉乃不刓，真乃不□。爾先人守晉陵，不嘗以節約失過客歡乎？爾其竟爾操，爲真品，俾課吏者曰「晉陵之子」也。朕剡爾矣。

直隸保定府完縣知縣徐克讓

敕曰：朕嗣膺大曆，覃敷殊仁，重念日畿赤縣，固大澤所先暨也。而應聲之征，亦唯我畿民是需，自非公忠豈弟，烏能體德意以達人瘼者。朕且得其人，尊顯之。爾直隸保定府完縣知縣徐克讓，一掄省辟，載綰名封，表三异于一同，戴二天于兩地。爾其法嚴拔薤，操凜餐冰，蓋去謡方見于何思，來誦更勤于廉暮，識察興除之窾郤，力調寬猛之機宜，當盤錯而器利青萍，軫孑煢而念浹白屋，以故氓歡衆母，吏肅神君，三尺常懸，四郊無擾。茲以先帝覃恩，授爾階文林郎，錫之敕命。古稱壯哉，縣非曲逆耶，以望都彈丸，不足以展驥，而雄飛于斯也。尚有壯猷，以稱斯邑乎？望當子午而罷，曲當廣錯而悍，爾兩莅之而輒有效也。覘爾材操矣，遠爾識，以壯爾猷，勿徒以縣壯也。朕不以格格汝。

直隸保定府蠡縣知縣韓光先

敕曰：朕祗承大曆，綏靖方隅，重念畿人士依日月光際，所欲輕徭薄賦，以先萬方。詩不云「惠此京師，以綏四國」，微吾廉幹吏，誰與其此者。爾直隸保定府蠡縣知縣韓光先，以子大夫高第，一分紫水之符，載下蠡陽之舄。而爾誠心直道，介節宏材，以繁囂未定之氓，當灾盜叢仍之會，而之周四應，力挽一同，調徵藝于煩興，靖根株于□據，遂使野餘佩犢，市罷探丸。蓋公清立冰蘗之中，讜朗在簿書之外，豪敚讋心于手奏，單宗倚命于衷慈，穆如既咏芟棠，仰若載勤接樾。玆以覃恩，授爾階文林郎，錫之敕命。蠡吾，固安陵、饒肅之子午也，而北接澤國，地重而易囂，民雜而易動，以肅廉矜，既再試而效矣。囂不可劇也，動不可擾也，不聞瀛獻之役，遂煩朝聽乎？永肩一心，以副予綏靖至意，朕且有遠注。

直隸真定府真定縣知縣王聘

敕曰：東垣固燕陲趙際，列在大吏戲下，長吏多趨期會，飾厨傳期，以奉文奏，調憑軾之口，有能以利器，當盤錯而神閑周應，不輟拊循，則材局可按也。爾直隸真定府真定縣知縣王聘，資猷敏劭，操履清嚴，一對明廷，再銓壯縣，地當午道，塗滿庚呼，詬租于民田荒瘠之區，課理于灾盜叢仍之會。而爾法嚴銖兩，澤究單煢，使庭無呼謈之聲，野有蜚鴻之賦，吏民懷畏，遐邇恬熙，所司來聞，蓋譽言滿篋已。茲特授爾階文林郎，錫之敕命。詩不云乎：「挹彼注茲。」朕廉爾材局，而倚郭移之，爾治倚郭，猶支邑也。爾尚酌所挹注，以旁豈爾豈弟乎？夫萬民愛之，萬民之吏也。朕將于民取吏焉。

直隸廣平府永年縣知縣張振秀

敕曰：平干爲輦轂繁要，而倚郭又大吏宇下，古稱「縣劇而難治，地近而易知」，則曲梁一都會也。長吏明體朕意，惠綏元元，無飾憑軾之口，而塗上耳目，其寧獨繁調之。爾直隸廣平府永年縣知縣張振秀，以射策高第，簡令畿南，既游刃于彈丸，載移弦于望地，而政成就熟，操凛餐冰，高華競爽于聰山，孤潔同濡于滏水。其效至吏民懷畏，參佐同清。朕閲程書，咸曰聲施兩地，未嘗不必賞焉。是用授爾階文林郎，錫之敕命。公孫僑不云乎：「大官大邑，身所庇也。」不庇于人，不庇于身，朕不敢羈良足于千里，而庇爾身矣。爾其念尹賞之治劇，而庇于民乎？朕不吝大邑，其于大官寧吝焉。

河南衛輝府新鄉縣知縣董用威

敕曰：朕聞大梁爲天下要衝，新鄉又中原重地，而地瘠民貧，差繁賦重，乃有長吏加意拊循，能薄我租庸，清我郵傳，遂以蘇我罷民者，朕其忘報焉。爾河南衛輝府新鄉縣知縣董用威，幹度端凝，風猷詳練，以省辟高等，綰綬花封，而訟獄繁興，盜灾叢起，且民日困瘠，兼徭賦逋亡。爾能若保親民，以文飭吏，遂使野有蜚鴻之頌，庭無憑稷之奸，斯亦廉能之選已。是用授爾階文林郎，錫之敕命。夫口咈心俞之謂公，心咈口俞之謂私。朕聞吏治，悃愊者調心，通脱者調口。爾尚一乃心力，以竟爾材操，俾小民有心勤焉，而無徒以口適也。朕不格格爾。

陝西西安府乾州武功縣知縣相邦教

敕曰：朕聞圖經于郃，稱其沃美高厚，顧其人猶頌思文乎，吏綰銅墨，亦欲食而教之也。今以口量地，其于口猶有餘，而食之甚不足，立我蒸民，寧無念焉。爾陝西西安府乾州武功縣知縣相邦教，風猷敏劭，襟度軒翔，一冠鄉揄，載分花縣。而爾材揮游刃，分凛餐冰，執精心以照逃亡，執定法不摇豪近，遂使庭無留牘，野有蜚鴻。所司來報曰：「政希漢吏，仁洽郃封。」爾風格可按已。兹特授爾階文林郎，錫之敕命。郃，農國也，吏可以農喻。夫農之道，生欲深而猛，熟欲淺而廉，吏亦閲淺深，酌廉猛，鉏非其類耳。爾尚睹黄茂，而是蔗是蔉，朕終不調爾奢望也。懋哉。

山西平陽府臨汾縣知縣劉四端

敕曰：朕初纂鴻庥，勵圖堯舜之猷，遐覽史策，堯都平陽，介在我股肱郡，方欲詢咨遺風，以述大化，而賢牧令敷奏底績，朕其忘褒揚焉。爾山西平陽府臨汾縣知縣劉四端，以彤軒高第，爲赤縣神君，既游刃于彈丸，載移弦于重地。爾乃清涵皦月，慈煦春陽，運行雲掣雷之才，勵照乘千霄之品，遂使政成兩治，能冠百城。所司奏爾績曰：「宏材實政，真品純心。」朕甚嘉之。茲用授爾階文林郎，錫之敕命。今之臨汾，去古帝時綿邈矣。茅茨土階，固古昔盛事，其儉樸之極，流爲僿嗇，至與國家競什一之賦，不得不煩鞭敲。爾獨能以爾母之慈動之，朕益信堯舜可爲于今日矣。行且召汝，以襄予治。懋哉！

浙江寧波府鄞縣知縣沈猶龍

敕曰：句章爲甬東倚郭東南一大都會也，環山濱海，民瘠而囂，爲長吏者，能循俗雅化，酌静囂之會，使元元安堵，朕敢忘報。爾浙江寧波府鄞縣知縣沈猶龍，粹品軼才，鴻衷遠略，升華軒對，製錦名城。爾乃操勵茹冰，澤成馴雉，練敏以行愷悌，廉公而用精明；百里清恬，鳧舃下花封之月；一同歌頌，鶴琴清赤堇之風。譽望翩翩，奏且盈篋矣，朕甚嘉之。茲以覃恩，特進階文林郎，錫之敕命。朕閱漢史，其良吏治行卓絶，乃得被璽書。夫卓絶之治，非有它异能也，瘠者能安其瘠，囂者不競其囂而已。爾何以與民休息，乃爾朕且卜爾大受矣。爾其尚益勵公忠，以需顯命。

湖廣辰州辰溪縣知縣左天德

敕曰：朕聞辰陽險遠而俗樸，乃岩谷間或雜猺俗也。今復爾乎所賴字人之吏，勿鄙夷其遠，而以樸易之，加瑣科焉。朕勤遠民，敢忘遠吏。爾湖廣辰州府辰溪縣知縣左天德，以省辟高等，分篆花封。而爾精于簡下，廉以禔躬，淡寧不藉于紛奢，郤絶倍嚴于孔竇，庭無憑稷，市絶探丸，百里含甘，三軍挾纊，士振鹿萃之響，野餘雉陌之謡。所司奏爾狀曰：「政平訟理，吏畏民懷。」殆古漢吏之風焉。兹特授爾階文林郎，錫之敕命。古人謂吏有資才，何可學也，獨廉可爲譜耳。爾念爾先寧州乎，兄弟競爽，而家有垂橐，然爾固食其餘也。爾尚堅爾操，佩爾詒謀，俾人謂爾祖孫不減胡威父子也。朕顯陟爾。

福建延平府南平縣知縣商之彝

敕曰：朕聞劍浦當八閩之衝，士瘠氓罷，至數易長吏而不治，微廉幹饒智計者，誰其調憑軾之只，以爲予調待哺者。爾福建延平府南平縣知縣商之彝，以省辟高等，出綰邑綸，而身禔冰玉之中，器別盤錯之會；才周四應，匝時百廢俱興；政集十奇，萬口二天有頌。頃御史大夫奏爾績，至曰「髖髀應手，痌瘝切身」，斯亦循良之概矣。是用晋爾階文林郎，錫之敕命。昔我成祖文皇帝諭所司：「愛民在實惠，而重懲其害。」夫害非必盡，可瑣爲墨也。熒聽而瘼不以聞，驚愚而澤不以究耳。爾緣舊敘，顯被新綸，尚竟爾實，惠綏我遠氓哉。朕將修初政，以登進爾。

廣東瓊州府樂會縣知縣吴爾植

敕曰：朕惆焉念，嶺嶠越在萬里，外吏當捧檄陛辭，朕意與遠，其治行高等，不浹月達朝廷，而次第褒表之，比于日畿，安在萬里不咫階也。爾廣東瓊州府樂會縣知縣吴爾植，才識中通，風猷外偉，彩筆蜚聲桂籍，青氈綰佩花封，當閭閻耗敝之秋，正庸調頻繁之會。而爾神周四應，才過千人，禔躬介凛餐冰，批郤力閒游刃，秋毫而上，悉以與民，蚤夜以思，無非爲事；澤必徹于東郭，法靡藉于南金，以片語定囂訛，持寸衷嘘枯朽，恩遍桑麻而非惠，法行稂莠而惟嚴，卓有擔當，立蘇凋瘵。閲爾程書，中予賞率已。特授爾階文林郎，錫之敕命。夫天末僻遠，唯良吏煦噢而拊摩之，無法束焉，如駭鹿而更欲勝之也。爾尚竟爾材操，因其俗，不易其宜，將萬里在尺階也。朕不忘遠民，其忘遠吏。

廣西平樂府平樂縣知縣王淧

敕曰：朕聞昭潭爲嶺表喉襟，而灘瀧中分，俗固伯仲沅、湘也。頃以租庸無藝，弦誦稀聞，且時苦峒夷焉。吏無鄙我遠民，而嘉與拊循，朕其忘遠吏。爾廣西平樂府平樂縣知縣王淧，以明經華選，綰綬一同，而胸有藏書，室餘塵甑，批郤力閒游刃，禔躬仲凛餐冰，法靡藉于南金，澤必徹于東郭，持寸衷而嘘枯朽，以片語而定囂訛，所司以廉幹來聞已。兹特授爾階文林郎，錫之敕命。爾亦聞漢吏之悃愊乎，要于吏民同聲曰「不煩」耳。爾暗然行德，尚庶幾近之。夫天子使吏媚于庶人，何得煩吏民而上結也。爾之先，蓋有刻五瘴説者。竟爾材操，肩踪往烈，朕不爾格。

魯府長史司右長史楊允榮

制曰：朕肇纘鴻庥，大慶寰區，在廷之彦，咸被褒揚，有弼亮天潢、長我王國者，其忘寵錫，矧魯藩猶稱守禮信義，資爾輔導良多乎？爾魯府長史司右長史楊允榮，以甲門貞族，策譽成均，參戎幕而冰清，理藩刑而斧斷，眷登輔相，式佐名藩，乃能以正國王，重玉牒于穆醴，積誠修己，維青社于雪園，朕甚加之。兹以覃恩，授爾階奉政大夫，錫之誥命。漢制，諸侯王相，秩亞九卿，故爭自淬勵，以就功名。今天下何多以藩服軟轅也，無亦淬勵者少與。比者，廷臣議流遷朝秩，惟爾懋之，無徒以長裾曳王門也。

孫承宗集卷十七

墓志銘　傳　祭文

墓志銘

明都察院左僉都御史贈右副都御史太子少保浮丘左公墓志銘

今皇帝御極，殛讞逆璫，諸得罪熹宗皇帝者，遂次第優恤，以忠死璫諸臣。于是都察院左僉都御史左公光斗，贈都察院右副都御史，蔭一子太學生，予葬祭祀鄉賢，再贈太子少保，予三代誥命。因念熹宗皇帝，以堯舜聖資，適中人作逆，嬈節内訌，京貫外合，希進鮮志介者，入爲爪牙，諸君子方乘泰用壯，而璫類繁稱，憂在廟社。是時公爲左僉都御史，與左副都御史楊公漣（璉），怲怲爲根本遠謀。漣（璉）先疏璫忠賢二十四大罪既上，公復疏三十二斬，將以十一月二日繼之，而其下泄之，邏者遂于十月三十日，矯旨削奪去。當兩君子倡議擊璫，一時中外共擊之，璫已錯愕待死，而朝無嘉琦，乃慫節甫，遂至削奪諸君子如振落，而鼓唇改面，猝嗟反復，讀劇美之佞辭，髮指舌噤，嗛嗛媪相矣。自非聖神首出，次第殲滅，將安□于慶言，誰爲留唐業。奄者乃知天篤聖神，生公忠以拆逆鋒，抑且疆其毒，成此公忠，遂留一綫綱常于世。然則公之功，豈徒一死明其大，而登仕十八年，凡所傾納正人，以破沮邪説，而孽牙即爲蚤計，總成一爲朝廷不顧身家之公忠。嗟乎！二公言而世嚚，二公死而世暗，然則公之言，公之死，竟何如。

當光皇帝登遐也，康妃居乾清，熹皇帝仍居慈慶，蓋康妃固光皇帝所托拊東朝，而登極命册封貴妃，于是中人有「垂簾」之語，廷臣憂之。公隨公疏，爲疏曰：「内庭有乾清，猶外庭有皇極，惟皇上御天，惟皇后配天，得居之。今大行皇帝賓天，選侍既非嫡母，又非生母，儼然居正宫，而殿下乃居慈慶，不得守几筵、行大禮，典制乖舛，名分倒置。即先皇貴妃之請，亦在彌留之際，其意可知。且行于先皇，則伉儷之名猶可；行于殿下，則尊卑之稱亦斷，斷有不可者。倘及今不蚤决，將借撫養之名，行專制之實，禍將有不忍言者。乞收回遺命，速移别宫，庶幾宫幃清而名分正。」于是康妃奉旨移仁壽，熹皇帝還乾清。而中人尚復諸沸，公復疏曰：「皇上既當還宫，則選侍自當移宫。惟是移宫之後，存大體，捐小過，此其特恩在聖衷，調護在輔相。」疏與賈御史繼春及閣揭同日上，蓋防微捐過，朝廷忠謀，而猝命踉蹌，則中人爲之。

初，王奄安以正言標幟帝側，自附正人，魏奄忠賢乘間殺安，而收其犄安者。一璫死，一璫披猖，不獨邪類恣憑，而非其類亦覺欣合。其所按，盡憂國公忠，而稱詔誅翦數數至。今上所讜戮，又盡三案附忠賢者。使諸君子盡如公不畏璫，寧復有璫；又使盡如犄公者之畏璫，寧復有天下。善乎高總憲論三案也，「寬與上，嚴與下」，雅與公合，可謂大臣矣。公初削奪而南，逆輔微嗾璫劫裝以逮，璫不聽，已而策蹇就道，裝殊寥寥，則又私曰：「幸無搜。」既公得以初服歸，拜堂下，從母夫人移輿馬費，自分死矣。苦無以對兩尊人，微以椒山、西市及滂母暗解兩尊人，而諸逆璫謀逮益急。徐大化劾楊、左矯旨，俟汪文言逮審，及鎮撫司兩拷文言，遂以文言連逮公。

是日，一號殿灾，大風折屋樹。先一月，公弟光先不敢試春官，歸悉長安諸搆謀狀，公自若。適楊公漣（璉）來問「震藥原羅」，且曰：「勿恨。」公復曰：「死何恨，但死不歸君父，而先時擇便，我輩怕死矣。」日束裝候緹騎。既緹騎至，公自若，惟私語弟曰：「父母老矣，吾何以爲別。」已而曰：「爲忠臣，不能爲孝子矣。」妻子環相泣，不問。勉其弟曰：「率諸兒讀，勿以我戒，而謂善不可爲。」比開讀，晴空忽雨如注，讀竟而止。里人數百里奔集哀號，諸壇廟大張榜檄，爲憤激。公曰：「速我死矣。」懇止之。檻車行，傾城數百里諸父老子弟，遮擁馬首，哭聲動天地，已乃頂香禱北闕，復拜緹騎，即緹騎涕泗，莫能仰視。又密約數百人，伏闕上疏，公以長年遍慰之。抵黃河乃返。過德州，迎諸懷感慨者，越千里籲救，簌簌泣道傍。過河間，司李某事公如平生。止白溝，則容城孫孝廉奇逢、選貢奇彥來會公，語曰：「自古皆有死，惟椒山得其所。」璫聞而憎之，防更密，下緹騎逮公者獄，復矯旨捕親屬。公弟光明，以王莅民語，先避得免。

既下公詔獄，遂以受金脱封疆罪臣及妄議移宫受薦，具詞謝上，矯旨嚴追以五日奏，又矯旨嚴追勿縱，故每比倍爲嚴酷，占酷吏阿比爲茹，無過者。公唯呼天，特密屬弟光先曰：「我苦勿令二親知。」及比，無完膚，猶從茶注中出絶命詞曰：「辱極，污極，痛極，死矣，死矣，如二親何。」血與泪漬，慟不忍讀。公弟明潛白溝傳舍，張于度果中、孫鍾元奇逢，殆漢兩裴瑜焉，而以鹿太翁爲寧宇。鹿太翁者，鹿太常善繼乃翁，封公正也。時上下忿患，而懼染逮，不敢繒邇。翁獨以魏邵之護弼也而醵金，先以魏公子學持所醵百餘金往應比。翁仍策馬，星行郡縣，其父老子弟，各設部分募，應太翁，而公已斃杖下矣。

公途中有「衰鬢孤孀」之句，又云：「欲托五戚詣閶闔，恐驚宸慮轉徬皇。」其忠孝大義，起念輒在君父。當倉遽，略不作轉語，予頗得之。鳳陽黄生云：「公時年五十有一，其夜長虹亘天，里中星隕，光灼灼大如斗。」三日出殘骸，面貌尚如生，草率具衣冠，附艇而南，所過獨虞公大復爲奠賻，呼人至記室慟哭。董公應舉以片幅出短章來祭。時矯旨坐二萬金，下撫按追比，伯子國柱就獄，縣道掩泪行刑。籍田廬，不滿千餘，并籍胞兄弟八人，仍不滿萬餘，株連同堂同宗，及三族十族，始滿二萬。一時諸生在繫者十餘人，獨三四人以料理傾納免繫，甚以省視封大夫病，并捕下獄。伯兄死，太夫人死，仍矯旨下追薦謝。封大夫聞報，暈且死，既蘇而痿。時偵邏四出，以飄擻恣其唊咋，途有聲餘，輒罹網伺益，衆以心冤，而靡有胸鳴者。楊直指春茂抗疏悉破亡狀，得免。天下讀直指疏爲快。嗟乎！時乃有直指乎？無何，李夔龍怨直指，謂直指曲庇公，以瑠遣中官搜南州地。會避王舟，未遽前，而瑠敗。時丁卯八月二十一日也。

公既死，其黨仍議坐移宮通内，當剖斬奴没，賴新參馮公銓洎陸道長免焉。今上擊瑠，優恤公忠之詔屢下。公弟光先更以公狀伏控，乃定逆案。先後恤公如制，封大夫猶及見之，里中士民合詞請祠祀公，撫按以（一）下各捐助有差。

按狀，公諱光斗，字共之，號滄嶼，更號浮丘。生之辰，當大斗，故以名。始誕，有火光繞屋之异。資岐嶷，以六歲就塾，目過數十行無留，而措語成文，點黈不謬。封大夫心器之，代多隱德，後有達者，意在是兒，但虞身躍冶耳。九歲屬文，詩賦輒口就。大父父語其師曰：「吾祖難當公佐唐，以王爵廟食于浮長。二公美鬚髯，國初陟桐，全活無算。」乃屬師繩兒誤。歲饑，盡室粥食，作粥賦，鄉人至今爲談秳。年十四，漸有文名。麥一幹三枝，作瑞麥賦，太守异之。性拓落，好購奇書，喜讀節俠傳記。然試輒大利，封大夫爲延名師課讀，業日就，鄉副憲戴公，遂延以師，諸子若孫業日精，督學陳公子貞乃録入泮。時年二十二，未室。丁酉，始娶母黨周夫人。兄弟九，而公爲中子，故以兄弟居學爲己任課，每語人曰：「貧家無樂事，率諸弟爲文章。」一見其各成一藝，便欣然忘寢。庚子科，鄉試十一名。再不第，每自諷以課諸弟。無何，周夫人歿，娶戴孫嫒。

丁未，成進士，仍十一名，兩魁藝，天下誦之。後且以振都人士，筮拜中翰，兩奉使，絶饋遺不入。兩漕大水，稱貸賑三黨，仍佐邑令爲賑。或以爲所辦，公愀然曰：「當居貧洊饑，兩尊人啜粥，兒女菜色，親屬待舉火者尚數十家，豈一官而獨難之。」周岳翁有妾娠，而遭妒出，五月生子，贖之登譜矣。周歿而族人以半産啖公爲搆，公斥却之，尺寸悉歸是兒，更延師訓之。

癸丑，選入西臺，候命八年，强半依膝下。築龍眠舊居，課諸弟，題曰：「此間有伏龍、鳳雛。」每縱談古今，言「元祐去亂法，不去亂人」爲錯。又言「李伯紀争事，不知争人，事之失，一事，人則無窮，故百年之計樹人，乃吏兵用人之人更重，笥常有策疏天下豪杰主名，日爲條次，曰精神在此。」又言：「宮府鈎連，魍魎晝現，以宵小托婦寺，以婦寺釀夷狄，凝陰感召，寢費收拾，而本症從一穢濁始，故徵治以人，徵品以清。」己未命下，即糾大司馬三四，糾新舊平章，巡中城，即捕銓胥，搜假印、假文卷、假官各百數。蓋加意用人之人，其兼攝西北城，司城奉要人意，當暑縶無辜者二，絶其食。公手批釋之，得不死。領屯差，念勝國初倚漕東南，晚至不可支，緣北人不知水利，遂不解力田，疏三因十四議，請仿漢力田科，以田爲殿最。其富商大賈子弟，不得志于南者，得徙力田，以導北人。其風厲有可以屯田另爲舉劾。又疏開屯學，費一取給于屯制。一一報可。

當神皇帝不豫，璫朝。璫忠賢矯令旨，索世廟戚畹絶莊。公封還不啓，曰：「尺地盡殿下有，但御史奉命巡田，安敢私以田授。」無何，拉巨璫，奪子粒，蠹屯田，持疏糾之十三場，日課積逋，乃重以人逋而蕪，賦逋愈積，不可問。公力請蠲逋，民乃復，徵收乃饒。每登賸勸相，曾不倦欲風雨。蓋天下大計在兵餉，唯屯興稍可佐田口錢，故樂不爲疲。是歲，租倍。改理學，比學政之難，難于高率早徇，故庸或歡前，奇或歡後，詎難起衰，抑虞深溺。公以高華泰斗，群學盡屏情緣，獨劘道誼，每援扼塞磊落之奇材，于驚人語，有竟牘紅勒，而片語見奇。其所援，多兩第高名，文准于式，數准于額。每曰：「士一登場，父師輒取爲券，予稔習之，而忍忘之。」一特疏開武學，頒班經武淵源，期得兼資奇偉。所至較諸生，射頒射藝，録刻兼材，録有古弓箭社之遺，其意特達，故士競射，而膽識爲開。

又置水田于涿，贍貧生，給八郡鄉試卷，著爲例。兩巡不薦謝，即倖入，盡付封大夫，而又好急難，故十八年橐如洗。逆黨仍以薦謝殺公。凡公所爭，唯大體在察吏廉貪竄惰而登下之，不樂苛細毛舉。其蚤計，有後然，而今不必然，故世人初訝不然，而竟以爲然。當辛壬東紛，人思擁衛，故人出典兵，既不程力，兼不忌嫌。若內戚、內閣、內宦，公并疏糾之。然好録識諸負鈐略者，獨不輕爲剡薦。其于遼撫熊公初起，輒疏規之；既罷再起，又特疏救不快于熊者；及遼失，而憎熊者，坐熊通奸，公獨曰：「有本辜張魏公以逗遛殺曲端，而不入別，意當無憾。」

公介直不阿，歷兩巡，不納朝客書，不徇中常侍，若輦下貴人自其宿植而酌倩揆務，不漫不礉，好掩覆人小過，而衣飭其鈚誤，下吏呈署錯，第令易之，其私相訴揭，多引焚之。每言「恩不可忘，過可忘」。予嚮言范忠宣別美，勝汲長孺合己也，公拜予言。初遷大理寺丞，晉少卿，逾年拜都察院左僉都御史。是時趙公南星、李公勝芳、陳公于庭、司銓孫公瑋、高公攀龍、楊公漣（璉），相次司憲吏科，魏公大中、河南道袁公化中、調考功鄒公維璉、再調程公國祥佐外計，諸君子慨然澄清，而璫且收天下無行義之尤者，以抗諸君子，遂以推謝撫，逐吏垣，逐部院。公已草疏發家，口曰「無以孤兒寡婦累人」，而陳少宰于庭又擬喬允升、馮從吾爲尚書，遂與公并逐，而璫一恣，諸君子一網盡矣。痛哉！

公嫉惡如風，特先剸刃于群奸所藉，迹其手撲逆焰，豈爭一事是非。念當舉世歸璫之日，獨公一二抗逆爲正人噧矢。試問一時逢璫，何异漢新。即真人出御，而不先有正人，誰爲持此朝夕之世，令元憝低徊而不敢騁。嗚呼！外周內唐，詎乏懷英，而一日稱功四十八萬，誰復爲精忠。嚮者，往指三案諸君子好翹嘗事以居功，乃諸君子半死逆璫，將無璫之逆，仍三案嘗事而死爲居功也。且三案從璫者，有一不受璫推擢，而同其死且流譴者幾人。乃知事繫宮璫，要不得迂周，防釀逆患，至天下無一敢爲寢言，又無一敢不爲頌言。昔唐人之論張許也，守一城捍天下，以孤疲當强虜，蔽遮沮遏，天下不亡，予以誦二公，而因以坐觀圖存，愧附璫而未死者，公之功大矣。

公之先，陟桐者爲長。二公諱某，諱某。某爲公大父。自某以下三世，俱以公贈太子少保。公父某，初封御史，今封太子少保。王母某氏，俱贈夫人。母某氏，初封孺人，今贈夫人。公初娶周氏，累贈夫人，繼娶戴氏，封夫人。丈夫子四：長國柱，以廪生承蔭，配方工部女；次國稼，邑庠生，配何方伯女；次國林，邑庠生，配姚孝廉公女；次國材，公逮繫六歲，聘吴大司馬公女。長、次，戴夫人出，三、四，表令人出。女三：長室戴禮部公嫡家子，邑庠生閿閭，前死。周夫人出；二室方太僕公嫡家孫，庠生禹甸；三室方工部家子，邑庠生孔文，戴夫人出。孫二：長之駿，聘馬太僕嫡孫女；次之駒。孫女一，許方太僕三公明經爲媳。伯子等將以崇禎五年　月　日，以新命葬賜阡，而以姚孝廉等行述。鹿太常善繼乞銘（銘）云。

銘曰：嗚呼！馭下錯貸，防上奸窮。上操下防，益亂；下竊上馭，伏戎。嗚呼！挺不可械也，藥不可庸也，移不可逢也。集菀死逆，集枯死忠，逆之不死，亦死其胸。嗚呼！春秋義缺，蒲脯恣凶，觸惡不罪，却座不功，不耳不目，不瞳不聰。嗚呼！誰以佐鬥，誰以佐雍，不有公死，誰開大朦。嗚呼！誰缺爾斧，誰煩爾獮，不有公死，誰折狂鋒。嗚呼！先皇帝未飭六轡，今皇帝未御六龍，不有公死，誰挈綱維，而授天公。

明累贈光禄大夫左柱國少師兼太子太師吏部尚書中極殿大學士振野李公暨配累封一品夫鄺氏合葬墓志銘

予邑文行世家，則有郡城之劉、龐口之李兩族，罔不祖孫父子甲第蟬聯，而劉得其四，李得其三。李饒孝廉二，其在者發元，仍當千佛上第。兩族多文，而又罔不簡束，至行其幅巾方袍，安爾蓬繩，絶不效大家兒弟，而質有其文，乃丁甲繁多，則李尤最。予與兩族多姻親，在諸生，則與孝廉發元之祖龍塘、中翰國棠之父肖野，洎少師元冶之太翁振野爲友，而中翰靃之父玄溪同入序。玄溪之子孝廉震同予兒籍，而侄鏌，婚姻兄弟也。乃少師實師予，蓋太翁歿卅年，而太夫人歿時，少師歿已逾年。當少師歿，而堂于耋，室于嫠，藐孤于庭，衆爲心惻。無何，太夫人歿，益爲心惻。然太翁摭古爲咡，寶樹于霄，太夫人黄扉退食，佩規聖善，赤舄承歡，作頌闕宫。蓋予讀世綸，而雲錦天章，昭垂日月，乃知少師所嗛嗛未慊，凡以太翁之養不比夫人，而太夫人之喪不比于翁。然而承冶學弓，和丸調鼎，其功大，而太翁木拱門高，麗景長楸。太夫人大年异數，列茵日下，斯亦日畿之特瑞、皇際之特榮已。太翁孝友惠和，衷殊慧辨，當靡瞻載嘆，而孤峙鴒原，合群雁序，仲産不問，确肥嫡幃，調于温清。蓋身晦道光，家貧行義，故平亭糾紛，立應取携。其嘘枯比于春暘，祭酒高爲月旦，而藜光未耀，座客不空，眠柳植槐，有泥蟠天蜚者矣。太夫人嚴姑豁于毛裏，則太翁之奉嫡也；介姒釋于耦猜，則太翁之友昆也。乃若解佩食賓，佐翁爲德，暇以含飴，貴猶效績，則貧而能禮，豐而能約，故察及米鹽，御以浣濯，遂以承九命之頒，飽大官之賜，無亦手足之澤，行開霖雨，歿存之誼，式于鼎彝乎？

太翁生嘉靖辛亥四月十一日，卒萬曆乙巳八月二十一日，壽五十五歲。太夫人生嘉靖丁未二月二十一日，卒崇禎辛未十二月二十二日，壽八十六歲。按狀，太翁諱知先，振野，其號也。爲邑諸生，以少師貴，累贈光禄大夫左柱國少師兼太子太師、吏部尚書、中極殿大學士。其始祖平福，初居邑之龐口村，生德明，德明生進，進生甫榮，贈奉直大夫、南京户部員外郎。甫榮生儼，成化戊戌進士，歷官山西參議。生二子：長師孔，七品散官，今贈柱國少師兼太子太師、吏部尚書、中極殿大學士；次師儒，弘治庚戌進士，歷官參政。師孔生東少，臨洮府經歷，累贈左柱國少師兼太子太師、吏部尚書、中極殿大學士。是爲太翁父。配胡氏，累贈一品夫人。臨洮公有子六，太翁其六也。生母爲吴氏，累贈一品夫人。太翁配鄺氏，累贈一品太夫人，爲任丘儒宫淳女，祖爲平凉太守珩，其母王氏。鄺實生少師，諱國譜。太翁不售于璞，而以迪少師。司衡以少師茂才异等，當太翁艱，而予之饟，而太翁不見也，然相業迪于太翁。少師初娶陳氏，爲邑人陳焕女；繼娶趙氏，爲永平訓任丘趙應夢女，俱蚤卒，俱累贈一品夫人；繼娶張氏，累封一品夫人，爲順天庠生張經綸女。女一，適任丘庠生胡守憲，爲蘇州府通判思恭男孫。男一，爲蔭尚寶司司丞霌，趙出。孫女二：長適邑庠生馮倬，爲貢生，嘉祥男，陳出；次尚幼，張出兩中翰國棠、靁，謂霌以崇禎五年三月二十四日奉太夫人柩，合葬于太翁之壙，而乞言，乃爲銘。

銘曰：六龍翩翩，匪蘥匪赭；閟其爲潛，或振于野。子龍天蜚，兩于方夏；高城之東，高河之下。雄雌合宫，永食有嘏。

明光禄大夫左柱國少師兼太子太師吏部尚書中極殿大學士贈太保謚文敏李公暨元配一品夫人陳氏繼配一品夫人趙氏合葬墓志銘

予觀古大臣，以出處與天下興替相對，故有剥以貫魚，不嫌爲碩，亦有乾以飛龍，不嫌爲潛，要以内觀身，外觀天下。當其隙開媪相，憂生孽卿，緝思編苦，擬退以進，擬去以留，迂其身，衛社稷，以待聖明。及天剷荒荼，聖啓夷庚，方且問冥鴻于碩邁，揚滯羽于瘁林，而當進乃退，當留乃去，舉天下以仰奉一人，而謝大任于風虎雲龍之佐。蓋駢陰抗趾，决不可無一君子，以續離綆，衆正連茹，正可容一君子，白其嚮日雅懷，以光盛世。

予蓋有概于予邑文敏李公云。公當今皇帝，以熹皇帝遺命，遵高皇帝弟及之命，登寶位也。蓋天人歸與，中外頌歡，自非臣下可贊一辭。獨是黨臣交口美新，賴正人防微杜漸，頓令低徊而未敢恣，則公之功在不見不聞。及熹皇帝憑几顧命，更煩深心。公于時承諭，傳皇五弟，大聲宣揚，遂録禁中，遞傳轂下，以絶非嘗。其意殆不翅捲簾審視，則又功在見見聞聞，即迹求者，未必深知；而老成長慮，未嘗不頌龍行虎步之聖人，德福如天；而國家所賴于正人，遠且大，正人所爲迂身臯叢，仰裨國家，慮長而謀精。

按狀，公李姓，諱國㯳，字元治，號續溪，世居邑之龐口里。其八世祖曰平福。平福生德明，德明生進，進生甫榮，贈奉直大夫、南京户部員外郎。生儼，成化戊戌進士，歷山西參議。有丈夫子二：長師孔，公高祖也；次師儒，弘治庚戌進士，官山西參政。師孔生東少，臨洮府參軍，生知先，公父也。高曾而下，俱贈左柱國、少師兼太子太師、吏部尚書、中極殿大學士，高曾祖妣，俱贈一品夫人，母鄺氏累封一品夫人。

公生而秀跂玉立，五歲讀毛詩，八歲能文，稍長即與兄子進士發元、舉人震相摩切，仰百祀祖武，未嘗不念雪頯面也。萬曆乙巳，試童子，即爲大司農錢令公梅谷器重，督學使周公更奇之，當餼于庠，而丁外艱，特令學博，以缺補公，隨報公缺，以補其次。當贈公病，衣帶不解者五閱月，卒不起，哀毁骨立，襄事如禮。遂讀書張觀察藍田公塾，雅爲觀察重。己酉，克大比生，入都門，同兒輩與四方雅士雉盟。予故與贈公友善，爲贈公慶迪哲也。是年，登鄉薦。越庚戌，登癸丑進士，改翰林院庶吉士。公初謁予丹白園，議試中秘，予謂：「能辦廿年博士弟子乎？」公曰：「自今一如未第耳。」其豪杰風略，不以一第躁競如此。

公文藻瓌穎，而放準循繩，不獨剬詩緝頌、注蟲魚屑屑爲媒緊，至誠心直道，即精神蔭暎，而風規澄峻。初不推襟送抱，博嘖曲之笑，然嶄嶄中立，貞不絕俗，故异我不甚猜疑，又念詞苑非有柄梧，頓見展錯，愈益斂昄丰棱，但不置身于窾，殊不令世人有謀人之疑。

丙辰，授翰林簡討。己未，分較禮闈，拔名士二十人。辛酉，與修實録。壬戌，晋左贊善。甲子，再晋左諭德，管司業事。乙丑，熹皇帝幸太學，以公坐講易，上方親禮儒臣，舉歷朝曠典。公以德望發明天人大義，上斂容恭己以聽，環橋門而觀聽者千萬人。頌漢家白虎横經，尚爲太平偉觀也。署大司成，精心引舊法，敦尚大學，以仰副天子臨雍雅化。尋晋左庶子，充經筵日講官。次講尚書，每借經發明世政，以廣聖聰，仰承注簡。及庭卜，奏名第八，遂奉特箸，繇詹事學士，升禮部尚書兼東閣大學士，入閣辦事。

公念璫患方張，未可嚮邇，再疏，瀝辭甚懇。上以舊學特簡，不允。公又念當鷹瞵鶚視，以一二大臣提莊衿老帶，試分風擘流之手，養大蠹，及蠹成，而罔密事叢，方且決滯怒淹恚，鐫石灾于東波，而剛腸勁骨，不勝忿憒，遂以軟堰嫩灘，負一墣于焚輪，而益其潰。當是時，結膽之孱既已寒心銷志，即翩翩鳳遭，亦復衿容愛儀，曾厲鶩習驥之未能，而耽一絇之絡者，遂且附影覩風，遄登槐岳，以謁款于蜃閣蚝山。蓋勢成而不可解，自非深心大力，誰爲寢淮南之謀，而況逼在肘腋，乃自矢曰：「漢勃之呂，唐仁杰之武，何如。殺其身，有益于君，古人優爲之，而況迂其身。」于是翻然承帝命，其辭疏云：「天灾物异，縣寓未寧。」又云：「須使天心感格，國步清夷。」一時璫方詡詡，身致太平，有頌天與人歸者，而公不忌。其謝疏云：「妄意名節之重，絶無恩怨之嫌，身欲曠然立于四虛，身欲恤然周乎六幕。」又云：「舉世無不可用之人，而不必同于己；天下無不可爲之事，而不必有其功。」又云：「恩威出于明主，或藉之以行私；職掌隸在諸司，或干之以行意。巽懦博長厚之名，偏執冒介勁之聲，惟便身圖，罔恤國事。」蓋公兩年圖揆總此，先資而曲防，終始一腸。

初，璫欲以邊功合諸營建若捕緝徼王封，一時濫溢榮黨臣而要結其挺勁者，于綸扉更奓。公以丙寅六月參大政，則有皇極殿成，功若甘鎮捷，明年有延鎮捷。及熹皇帝違豫，則悉敍錦州捷，敍三殿告成銜，則三太宫銜爲下蔭，則内衛中舍爲下蔭，則坐虬文綺爲下，四代之誥，幾于版授，而黄封紫帉，時下九霄。公無一不疏辭再三，中間有允，有未允，公殊嗛嗛。而兩金吾之蔭再三，不得辭，乃不問優給，至上登極，得允。允公所辭，纍纍若若，不比璫歡，微獨循閣體，不與邊功，不與營繕，總以進當患成，不以濫恩傷本懷。故趙夫人之喪，終歲歸里，而不一乞恤。即伯爵謬于止票，以指揮使。蓋清正以銷逆萌。即今上御極眷注，持隆後先，放罷閣員，而獨于公眷留不替。乃公之請罷，至六七上，不允不休，則公之進退大義爲昭。當是時，婉曲周拆，事與持而卒歸于正。璫初以狡謀劾三戚畹，予以劉司隸，得不深反之。璫恨楊忠愍之指爲一罪也。復以劉志選劾張武清特重恚以撼宫闈。

公極言子不宜佐父難母，而況無間之父母，亦如予議武清得不重譴而罷。然予議在璫方張，而公議在患既成，遂以安皇親安宫闈，公之力爲大。

予邑唐令紹堯，以法故璫之裔，觸狐兔之怒，逮下司寇獄，坐幾千金。公明其事，而仍婉爲解，令得釋。今且爲良二千石，輦下逋祠，不捐不謁，自丁翰編乾學外，不知有幾人，而綸扉實概絶之，挾璫以請者，公絶不見，而辟雍之隙堧不予媚。疏中朝有不祠之鼎臣也，公之力爲大。

璫初以矯坊于里，鐫忠臣印，勒天下，概爲祠，遂有疏茅土不足封者。璫一一效莽新，試天下，其黨亦無一不效美新。至是，擬令史臣撰述功德告廟，藏之金匱，以璫希召言，假上傳，得公持不可而寢。

初，璫類有廓清之議已亟，欲殺方御史震孺、惠給事世揚諸人，公力執之不得。會殿工成，公援肆赦以停，璫猖猖而罷。璫屢以偵捕邀邊功，及款予不應而歸，乃以款屬邊吏，不成。適有寧城之捷，遂以款卸邊而奪其功，邊吏當有重譴，得公議，仍得薄叙，而文武主兵者罷歸。公凡票擬，每據法調辭，不盡得于璫，而決不唯諾以行其意。如朱童蒙等之奪情，魏良卿等之謬封，公俱擬不可，而璫獨以意行。熹皇帝大漸，璫假遺旨，以忠賢首受顧命，公執議削之，曰：「奈何當此際，致主上亂命乎？」上在潛邸，業識群臣大概，及龍飛御宇，而黨臣尚在左右，天縱聰明，一一辨識，遂倚公爲重，一時高文大册，如登極，如册聖后，如一切飭厲停刑，俱公奉命擬上。以登極恩加左柱國，兼支尚書俸，蔭中書，予誥，再疏，允辭兼俸。于時，覃恩有加，典册有加，精鏐文綺之賜日隆。公方班在季孟，自幸脱涴淖，登明清，展布支體，仰答注眷，然終念涴淖之與居爲心嗛也。

方以病擬疏乞罷，適國子生胡焕猷有言，公疏曰：「昨年七月，先帝拔臣講席之次，適逆熖方張，謬謂忝迹鉉路，或可挽救，不謂竊柄銜憲，動借上傳以行。今年五月，决意乞歸，患孔亟，繼以先帝違豫，旋忽奄弃群臣，然引慝避位，腸一日而九回，恭追皇上削除元凶，焕發新政，回想一年之内，猰㺄與居，虺蝎與處，種種愆尤，人非鬼責，無地自容。」上温旨諭留。

公又疏曰：「自恨待罪台司，上之不能如申屠嘉之困鄧通、韓琦之斥任守中坎之不能，如望之死于弘恭，陳蕃死于王甫，悱惻城社，薰灌力窮，妻死經年，歸骨下里，絶不徼求恤典，避遠權竪之私憐，其情可知也。」上仍溫旨慰留。

公感激時事，乃更疏曰：「天下不可以方隅限人才，不可以恩仇私。日來轉局日奇，業報日速，何如一意急公，并忘偏昵，以天下心，用天下人，以天下人，理天下事，事必考其底績，人務期于靖共。」上優答慰留，乃出視事。

隨有辨明心迹疏，有旨稱公「忠清端亮，堅意主持」。又曰：「善爲調劑，足稱丹赤，誠然砥柱之倚。」又曰：「終始無阿，心迹剖明。」又從所奏，優恤楊漣等，以慰忠魂。

是年十一月之望，月食太甚，公擬諭修省。明年，以大憝既除，百官未飭，擬諭云：「嚮者，動云權奸掣肘，不得自行其志。今大奸既除，職掌還之各司，而猶不致忠竭節！」一時惕然悚動。公乃條次十事，其仰關聖躬，則曰：「勵必爲，務實益，廣聽納，崇節儉。」上一一採納。其獻替內傳、節要貼黄、分曹簿稽，即令公與同官舉行。至用人恤民之大，則積材懲貪，務修久任，以部院如議申飭。公念上方鋭意明作，其所條次，不獨推體聖心，正以防上所漸，忽下所乘，藉以仰佐明作，故其辭有曰：「聲色貨利，不得移；讒謟面諛，不得惑；左右暬御，不得候。」意旨有曰：「經筵日講，下詢講臣，俾反復盡所欲言，輔臣亦竭慮補講臣所未備。」有曰：「題奏文繁，當先簽節要，以便省覽。」有曰：「諮詢群臣，如古宰相奏事，諫官隨之，明達益開，品材可照。」有曰：「一切奏章，概發票擬。或有上傳，容輔臣推審事理，有未合者，隨封執奏于獻可替否之中，杜竊恩藉威之漸。」

時邊餉急缺，公詳各邊餉疏，因奏各邊所急，且天津運價十數萬無措，上立發帑金五十萬。上致齋文華殿，召公入對，令參詳黄祔揭帖。公覽奏：「此無知小人，淺俚悠謬，不宜傳示外庭，焚之便。」上從之。又敕改票御史袁弘勛疏，公稱：「皇上明目達聰，聖讒息邪，真聖德之事。」又出請帑揭帖，公復頓首謝，因言：「天威咫尺，臣等一時悚懼，所懷未能盡吐，惟願皇上召對時勤，與大臣言官共商政事，取自上裁，則君臣情通，治平可期。」上曰：「卿言是。」公又言：

「章奏票擬，或有錯誤，惟皇上明示省改，歸于事理之當。」上曰：「改票，朕親以御筆行之，卿等詳酌。」公頓首謝。上又敕遵行詔旨，公上言：「皇上躬親大政，綜核名實，召臣工課勉之，諸臣自能振起精神，以襄維新之運。」上霽色嘉納。

公入二月，以病乞骸者再。入三月，凡四疏，以傳首輔。有疏，上報曰：「卿忠誠洞達，允愜元揆，度品既宜論資，亦當機衡重務，朕今悉以委卿。已有旨諭留，何得復申前請。況詰朝恭進皇考實録，卿以心膂大臣，正宜表率百僚，贊朕孝思，光兹大典，若再安私室，君臣之義謂何。」公遂以遺官敦趣，入直疏謝，因言：「輔臣昔謂鼎司以其關通水火之交，而燮和公餗也。第德不配位，則瑕釁彰，受過其量，則顛隕速，此其咎在臣一身。然今天下民窮矣，而追比方急；軍饑矣，而月餉日匱。遼難搆禍未息，插酋已擁衆臨邊；安賊毒熖正煽，閩寇已横戈渡海。此皆先廟實録未經見者，乃今并集一時，在事諸臣，或悠匆日月，議論拆衝，一旦警急，何恃不恐。聖明洞悉安危，博覽材品，顧召對時勤，俾任事者與言事者，參稽祖制，爲經常可久之策，實力行之，天下可爲也。」有旨：「召對諸臣，參求祖制，當不日舉行。」公以乞歸，引舊輔薦韓蒲州及予。其所稱，抗權批逆，定難持危，兩人未敢當，而中引論相語有云：「持心如水，以義理爲權衡而己無與。」又云：「天下萬世之事，當以天下萬世之心處之，則誠相道也。」上以忠誠嘉之。公乞歸之疏，無月不上，輒蒙眷留。會羅御史元賓復有言。公自四月之望，辭疏凡五上，不得請。入五月，以母老身病六懇，其切至之辭，不翅李令伯。上爲感動，允去。其予告隆恩，近代閣臣所未易。得旨有云：「終始隆眷。」真可以酬公兩朝苦心矣。

先是，辭實録，恩允；辭太保，至是允。辭太傅謝疏有云：「嚴嚬笑，謹幾微，左右非老成著聞，不以奉起居；女謁非外庭公選，不以承御幸。」又云：「陰陽寒暑之過激也，其極至于折膠墮指，鑠石流金。然而候至則移，時過則退，凝寒極熱，不可爲嘗。臣以爲，正氣沉伏之後，利在發舒，元氣休復之時，法宜將護，義正仁育，神運時出，秋肅春涵，乾綱獨攬。」又乞還胡焕猷胄監。有旨：「忠愛溢于言表，朕何能恝然，仍許以要著，許以力行。准復焕猷，許以録用。」

公以六月之朔抵里，其謝疏有云：「吏道悠忽，邊方蒙蔽，勿謂富强爲末務，法廉爲迂譚。」有旨嘉悦。乃三疏辭川省叙恩，受銀幣，又辭實録俸蔭，不允。公歸，以得奉太夫人爲快，而殊恨于贈公不一日養也。每會宗人，語以仰念祖德，勿以偶博一官而叢人怨。其叙蔭，予從弟國棠，再予從兄子霳及霑。立家廟爲塾，置義倉于側，贍族人，以仰慰祖慈。奉女兄如兄，拊母黨如姓宗也。當其脱豺虎，際風雲，斯以爲快。乃更謝天下安危之任，與同學少年徜徉洪山、白水之間，攬千岩之真氣，佩六月之寒濤，舉手捫天，把杯問月，未嘗不快身到滄洲，樂携伯仲也。公與涿鹿同館并留，遂成大業。當事實嚮予贊决去留，兩公怕少年。予參大政，則公登第之歲，公低徊史館日，予已角巾里第。予再居東，各相勉，而不意爲訣也。予邑以甲第接武四世者，公與郡城之劉，而公遂以大業顯，蓋文行世家云。

辛未春三月，忽以疾不起。蓋抵里奉大夫人，六年而終，以先訣太夫人爲恨也。上聞震悼，遣官祭葬如制，贈太保，予中書蔭，謚曰「文敏」。公凡三娶，今爲累封一品夫人張氏，順天張庠生經綸女，有子女不育，今爲公拊其前兩夫人之子若女。其初娶于陳，爲邑陳處士焕女，封孺人，累贈一品夫人，順正勤恪，逮事舅姑，佐公成大業，每分燈爲紉也。即登第上玉堂，公猶是予嚮所云十年諸生也。蓋攻苦茹淡，夫人同之，以初封而歿。再娶于趙，爲任丘趙司訓應夢女，封安人，累贈一品夫人，穎慧通詩書大義。公方歷官詹，陟通顯，夫人視起居惟謹，佐公孝事姑貴而能約，不見公參大政也。

公生于萬曆乙酉十月十七日，卒于崇禎辛未三月十四日，享年四十有七。陳夫人生于萬曆戊子十二月初十日，卒于天啓壬戌七月十九日，享年三十有五。趙夫人生于萬曆己酉五月二十五日，卒于天啓丙寅五月初十日，享年十有八。子一，𩅦，蔭尚寶司司丞，趙夫人出。女一，適庠生馮倬，爲貢士馮嘉祥于陳夫人出。

嗚呼！諸君子當天啓丙丁之會，非迮即溺，或蚤圖隱約，未有璧完者，及歲當新祚，風虎雲龍，仰承作睹，亦未有一脱梟群、頓躋鳳覽、上契天衷、下集民譽、終始稱一代完人，而履順居正如公者。予讀易，至剥、復，悉持「剥」之大臣，即養「復」之大臣也。熹皇帝以堯舜格于中人，逆方行而小人長，須大臣以止之。今上鋤奸芟頑，逆方除而剛長，須大臣以行之。然薰灌在婉曲，而承聖神寧容直，遂故于剥曰「以順止」，于復曰「以順行」。蓋剥若附而不入其中，逆不拆，復若在中而不動乎外，順不行。然則朋來而以順處順，尚猶蔑貞而以順處逆乎？予于此識天心云。爵以崇禎十年四月二十八日奉公柩，葬于賜兆，以公門人薛知府玉衡狀乞石言，蓋不勝哲人之慟也。乃爲銘。

銘曰：獨勝有權，嫛適有禬；以握以調，不結不齡。才智狺狺，戰争偈偈；結轄我中，齟齬我外。公曾有言，用明而晦；龍休于蟄，蜩藏于蜕。公曾有言，用鈍而駛；驚舟安流，泛駕安轡。國鮮嘉琦，節嬈乃膻；騰淵怒濤，横流逆濺。出没百怪，吞嚙萬川；不有巨靈，其擘迪遭。導于勢因，束于氣瀸；涵育龍魚，浸浴日天。坤維不泄，乾經以旋；龍從淵躍，乃用汝雨。波亦不揚，飈亦不舉；醒于國狂，冥于漸羽。枯不以籢，菀不以囷；雲卧裴莊，屐游謝墅。戢嘁鳳□，弄丸狙芧；讀易剥復，如循于環。以山附地，豈不駭焉；蔚爾碩果，而終岩岩。以雷在地，初亦閟潜；黄鐘方芽，青帝握璇。扶杳于若，回光于崦；玉琢益栗，金鎔益堅。其在先朝，乃辭華盛；其在維新，乃承榮命。辭爲留嗛，承爲去徑；碩以剥孤，朋以復勝。剥順以止，復順以動；一動一止，天心永定。

明中憲大夫雲南按察司副使浚泉井公暨配封孺人累贈恭人盧氏合葬墓志銘

予澡髮喜譚吏事，猝遇郡邑治行高等，輒詢其狀。當浚泉公以制及兩計歸，既爲予娓娓悉所以治郡邑者，而予少與伯仲兩嗣君游，公復以季子拱垣師予，又得以長者交公，而更悉其家政。蓋公之配盧恭人歿十六年矣，而公歿。伯子拱極持姜進士所爲公狀，并所自爲恭人狀，來乞銘，予遂以狀合予所悉者，條次其事曰：

公諱濟博，字世化，别號浚泉，世爲文安之柳河人，有諱仁美者，自柳河來仙居鄉，遂家焉。一傳而生深，深生寬，寬生仲祥，仲祥生瑁，以孝謹聞，累誥贈中憲大夫、貴州黎平軍民府知府。配王氏，有賢操，累誥贈恭人。舉丈夫子三，公其仲也。生而沉穎，不妄嘻謔。兒時失王恭人，哀毁如成人，事繼母張，如事恭人。弱冠，補諸生。庚午，以兩戴禮舉于鄉。辛未，中憲翁歿，煢煢苫塊，若喪恭人時。既上南宫，輒乙榜。癸未，出爲通渭令。通渭，地僻遠，多逋賦，公單騎抵舍，披荊棘居之，不遽裁以法，而時集諸生于邸，飲食之，爲講説行誼，若課子弟。念隴畝未清，故有隱田，乃有包税，或代輸而乾没之，乃有復税，訴租吏按籍課輸，至奸欺不可問。公履畝經丘，田清而税歸于額。又以公廉，三老司歲入，無復乾没爲奸利者，故私逋完而不煩敲朴。兩臺以聞，有白金之賜。會寧令夙恚王生，適生之婢盗環而縊，遂抵大辟。公覆按之，得白。即會寧令有治聲，不視其案也，曰「法止是」。

三載考績，有璽書之賜，擢邳州守。邳當水陸衝樞，歲苦河，苦徭役。公至則遞九等，令民自占，而質諸里甲僉協者，注爲籍，間以聽讞所雜識，若嚮所巡行偶採者，繩其欺謾，而徭役均。乃復察地脉剛柔，以計工力，而畚臿之費既定，不更派一金，更爲申遥堤之議，物土方議遠邇量事，期計徒庸，七日而防成。公有遠計，其所儲，不必旦暮亟需而適于用。嘗蓄聚至十數萬斤，又採湖中茅爲索，至數百萬斤。會靈壁河决，督河使仿皇無措，而卒藉公所蓄，以塞决口，至三倍其直，以償之。郡務旁午，公行河，輒兼聽質，或伺客于河濱，輒以了公事。每從片晷按數百牘，吏民駭其敏捷。公嘗言，有徙父骨，而仇家争曰予母也。按舊法鞫之，不驗，遂露骨于衢，而數欲驗之，數不果。既月餘卒往，則月餘皆其子在耳。乃罪争者曰：「若母守而人代之耶？」伏其辜。督河使方欲借公監司河上，而公以繼母訃，歸服闋，補鄧州。屬宛、洛大祲，流傭肉薄左食不糊口，而群聚爲疫至勤，貿貿百里外，曾不見庾扉。而瘠溝中，公以積贖千八百金，合上發所帑金二千餘，急買穀布灾鄉，遂沿鄉核饑民而予之符。主粟者但頭會收符，隨所在出穀，故小民無一切患苦，而行灾使者，亟稱鄧云。屬錢壅，重法疏之，而壅益甚。公出倉中穀，平價而市鬻之，㪷不過三，盡許以公易，故錢盡注于官。乃下令以粟若銀易錢者聽民，既以易穀，不給于錢。而又見官之不難以錢易也。自如約，與官易。蓋十日而錢行如故，且得息二百金以聞之上。

甲午，擢同知。彰德鄖臺董公，從民望，奏留之，以貳宛至，則清士伍，按籍而汰老弱，以省歲餉。會礦税使跆藉亡俚，走長吏于庭，而幫揖之。公笑曰：「予豈以晦晦受温蠖者。」捧手不拜，而璫亦矯意禮之，卒因事以導之正。丞無專政，諸所興學禮士，調酌榷採，每蚤夜焦勞，以匡守所不逮。嘗受牒，審軍民户口，爲百姓稱快。又嘗以丞攝守若州邑，或州邑各投牒，以請其去，無不攀卧挽去轂者。公所至，沿革務求實効，而橐不膩一錙，故所至輒薦剡數十上，而人人願得公詔予誥晋階。

辛丑，擢黎平守。念當兵燹後，直以蕩夷簡易，調輯其人，裁遞馬四十五匹，歲省金八百餘，諸所除苛解嬈，如撫嬰兒，而時其乳哺。蓋[夷]漢情形既悉，而卧閣以治。黎人稱其重青矜，調馬政，裁門税，革濫訟，平市價，釋淹禁，懲巨蠹，種種皆二百年創舉者。

丙午，擢雲南按察司副使。是時，公已嗛嗛不願滯淫蠻鄉，而當事方以格梍公。蓋甫下車，而輒税歸鞅矣。歸七年而卒。公悃愊簡直，語無偭偕。其綜理周密，而逡逡爲讓，義不避鼎鑊。治生若嗇，特好施予，歲出粟濟族屬，于寡姊若侄孫輩爲館穀，終身在下邳。趙公堂、賈公西土，客死逆旅，公輒捐俸理其喪，蓋天性樸直，好行其德。而盧恭人實以樸直，蚤佐之。恭人父應登，母董氏。恭人初以公官通渭，封孺人，再以南陽贈宜人，後以黎平贈恭人。十八歸公，輒斥鉛華，佐公于學。時已不逮事王恭人，日佐公養中憲公暨繼姑。中憲公嘗張具，款邑侯，屬恭人以長女伏床蓐，輒勉起修洗湔。蓋張家姑嚴，而恭人亦自甘荼苦，凡四免身，率不逾五日，即盥沐服家政，歷宦更如許歲。每甘蔬布佐公廉，晚爲公置側室，舉一兒，憐愛之。兒殤，殊悼之。時時調熊丸嘗諸子，不欲效大家兒弟。宗黨中有貧寡者，每節所自奉，以振其急。獲有子女，逾月始責以事，而御諸婦呴噢若子。恭人少鞅掌積病，及從宦，往往以藥餌自衛。丁酉秋，公攝歸德，會恭人疾劇，遂不起。

公生于嘉靖丁酉十月二十八日，卒于萬曆壬子五月十二日，得年七十有六。恭人生于嘉靖庚子十月十二日，卒于萬曆丁酉九月八日，得年五十有八。子三：長拱極，太學生，娶大中丞姜公璧女；次拱微，庠生，娶臨潁簿保定高公登女；次拱垣，廪生，殁，娶中書紀公大績女。兩嗣君將以四十二年四月十五日，奉公柩于先塋，開恭人窆而合葬焉。

史氏曰：鄧蓋有公生祠，在郡七里河埠口，碑其治鄧大略，而宛、黎各有去思碑，無不稱其樸直有幹略。里居爲澤國，議遥堤，費省而利大，當事竟用之，其詳具平戎志。蓋與王大司馬展河議，并頌于輿人，尚猶是邳河之緒也。恭人當結褵，即輙軻佐家政，其大無如曲事繼姑，而輕財好施，始終與公合德。蓋井氏且世食其福也。是宜銘。

銘曰：仕人解褐，競于善利；公所轍迹，半在天際。邳有沸魚，宛有蒙袂；静以綜棼，恬以馭踤。苗美于丸，瑠調于御；不惜鴻苞，而榮豸佩。亦有懿淑，中闈德配；子子孫孫，承承繼繼。緊清白遺，我辭勿替。

翰林院簡討劬生王公元配孺人姜氏墓志銘

嘗閲世家弓冶，當顯赫中式，至藉聲帨以傳，殊令人痛。然聲帨頓能光揚弓冶，而大其傳，又殊令人且痛且幸。乃若三世孤嫠，拊子拊孫，載咏蛾術，而卒以似續于祖，其幸也，其痛也。

予友王翰簡，諱升，字德懋，號劬生，其大父慶陽公佩以進士高第，爲良二千石。父欒安公惟幾亦以進士令欒安。翰簡，接兩世佛名，直金馬著作之庭，蔚爲畿輔世家。然三世獨傳，而翰簡歿，遂以三世之業倚于元配姜孺人云。翰簡滿考，母楊，贈孺人，而配得以孺人封。孺人，故大中丞姜公蒲汀諱璧之仲女，母王，封孺人。其伯兄繩武，諸生，以子銓封肥城令；仲弟揚武，以進士爲掖令；季弟經武，諸生。狀孺人者，兩王舅各以進士爲名宦。欒安公初爲翰簡問姻于中丞也，中丞公方爲諸生。欒安公歿，而所聘殤。楊孺人拊藐孤，而由丞登第，遂續締。孺人尚憶中丞公奠楊孺人辭曰：「夫人來言，願續前盟。一死一生，忍負交情。」孺人頗少于翰簡公，蓋待年而于歸云。孺人生長富貴，而又婦獨子，楊孺人更女拊之。然孺人念姑慈而益恭，每羹嘗小姑以安姑。楊孺人蚤嫠，而獨拊翰簡公及一女，然不以嫠之孤廢折夔，嘗命負笈游賢豪間若王文端、馮琢吾先生之門。孺人既辦裝以出，則入奉孀姑唯謹，而佐姑視家政。楊孺人喜曰：「佳婦愈益飭。」翰簡學曰：「予倚有佳婦。」門内外誦曰：「良哉，少主人。」

翰簡公舉于鄉，登進士，入中秘爲翰林。孺人辦館餐，視朝衣鷄鳴之警如諸生時，飭中外唯謹。神皇帝之季，詞苑無他政，多得據地酣歌。翰簡公復負豪略，一時握騂秉羽之英，盡欲得公爲游重。孺人飭鮮腆，供嘗滿，而每問客何似君，雅不欲公逐綴尋行墨也。且曰：「幼而貧，願君不煎于貧。今且願君勿忘貧。」一星警珥箴，不翅牛衣之諷，而矢桓少君勿忘也。更曰：「摇佩金馬門，預期大業，而游酒人乎？」翰簡公奉英蕩于宛，分較南宫，唯期爲國家得名人，以不辱命。固公所素盟，而孺人相賓敬以誠，固遠矣。

孺人自公爲諸生，至官長安，操家政，如持大府之憲，厘然有條次，身無破采之服，室無文衣之飭，子婦而下，無敢禮紫珍作鏡聽也。軋軋綿車，坐銷嘩誶，而釜筥有别，瓶甌有堤；誰司箴工，而紉佩萿蘭；誰司炊爨，而漿醲肉酒；誰司昕夕，而不警于枕，不鳴于籤。至于感戴勝虔苑窳，聽鳲鳩布穀，寧獨金鹽玉豉，料是淩雜，抑亦瓜疇芋區，掊彼陌畎，故問耕問織，無敢以蕭芷雜之滫中，無敢以燕鵲雜之隴上。當翰簡在，一切家政，唯孺人是操。即翰簡公殁，肅肅雍雍，一如翰簡公在。

晚乃依王孺人。中丞公女五，而王孺人出者四。其長婿爲予友井監州荃玄。白首齊眉，子孫振振，王孺人拊而樂，獨攢糜孺人耳。王孺人殁而孺人益孤，嗣子娶婦，成博士弟子員，且有子，孺人爲加一匕。孺人儉而實慈，蓋惠及姻親，蓋待以舉火者，率以翰簡親而酌給之如翰簡，無不及，而未嘗奢，曰：「爲兒守此銖兩也。」一斗粟尺布，謹于嚬笑。無何，嗣子病，日爲調藥餌，視飲食，語曰：「無有歡怡，一日九結。」當其在寒視暖，問友延師，曾未得少舒眉蓴，而一食子婦之報。無何，子病殁，而以婺拊婺，如嚮者奉楊孺人，乃更含飴抱孫，如楊孺人之拊子也。孫殊穎脱而文，蚤入鄉較，而以孺人之侄孫女爲婦，乃以命孫曰：「未亡人忍死爲兒父，若兒誠不忍忘先姑，令先人之業墜地而荒耳。兒其勉之承，未忘人意，以昭前人之光。」一孺人因念翰簡公途修馭短，既乏盤盂壺鑒之篆銘，而貽燕有謀，豐水有芑，謂誰鞶帨之支不足寄不朽深思，乃以孤孫從諸公啓當事竪雙闕，昭三世隆光，而翰簡公分宫墻俎豆，孺人所爲以弱女子承先志乎？

予與翰簡公少同筆研，而又後先直承明。兒銓婿于姜也，實聯兄弟之好，兩家娣姒家介然。孺人嘗出諸姬，拜亡大人，蓋謂孺人慈而弓觿之望殷也。楊孺人婺而拊一子一女，子娶婦，女爲紀家婦，三人相依也，而不見子生子。孺人拊嗣子，娶婦，兩人相依也，幸而子生子，而嗣子殁，又不似翰簡公得當母太孺人大故。其三世事姑，不以姑，以母，其拊婦不以婦，以女。翰簡自言不識兒胎有髮，孺人初見，呱呱便溺而走，晚乃抱孫，諳恩勤兩斯也。翰簡又曾爲予言：「當聚骨中丞墓傍。」予楚楚不能語。孺人望西靡之樹，而念掘閲，曰：「祔未亡人于亡耳。當爲弱喪兒索佳地。」其明辨而决，更可悲也。

嗚呼！當孺人却烟霜，焚麝塍，咀曦瓊華也，天曾不十賫于星薔，而菌合藥房，沐簡奉若，以進機羞，亦曾不得抱璣含瑠。及其採明月于鮫宫，攬彩羽于丹岫，豈不謂英英照人，巇巇鳴世。而修月方工，記玉先約，既不能挽駿狼之長暉，留玉署墨卿于拗攡，又何能延鸞飈于秀木，護縞羽于旋嵐。嗚呼！天胙光德，善積不慶，豈瓊蕊不以引齡，而千年之丹丘，適逢一燒也。大昇重仍，高天難問，孺人所爲，糺思編苦，讀怨録而永思，惘葨楚而泪冰。然則披蘋風之扶上，想桑日之淵雲，捧寶泓以泣徒，付升卿之率祖，爾念我良執，胡天不吊，煢煢婺婦，中道仳離，不案舉于操作，機不續于絇絡。予之對季騧，念哲人，撫蘭芽，愴重背，誠痛之也。

孺人生于隆慶五年八月十一日，卒于崇禎九年正月初八日，享年六十有六。子一，祚永，邑增廣生，娶田氏，兵部尚書田襄敏公樂孫女，錦衣督都爾耕女，先三年卒。孫一，謙，邑庠生，娶姜氏，杭州府同知侄銓女。祚永出謙，以崇禎十年三月十三日奉孺人柩，合葬于翰簡公墓，持姜季子經武所爲孺人狀，乞石言狀，稱孺人貞淑慈惠，本于天性，其端嚴簡肅似母，其柔静勤操似姑，生平茹荼茹蓼，無一非攢靡刺心，予亦悉其然。予既銘翰簡，乃更銘孺人。

銘曰：嗚呼！以鞶帨代弓冶而亢其宗，遂以兩拊孤而傳無窮，孰謂孤鈎寡珥而不當一雄。嗚呼！是所稱未亡人祔亡人之宫。

樊令公墓志銘

予夜讀浙川志，紀舊令樊公瑀毅然以古循良自任，且曰：「有守有爲，創邑以來，興利多，遺澤深，未有及之。」蓋甚快其人，而動念于公之孫望莪公。望莪，予同年友也。明日經而來謁者，望莪之季子夢斗泣而乞望莪銘。

望莪八十有八矣。數月前，曾問望莪于姜門，人穆如述，其静而健，日居潔齊，而足不城迹久矣。崦嵫之景，駛如迅駒，朋儕中更失良友，讀王獻我門人書，爲之三嘆。因念季子來，而何以先動念于舊德也。

公樊姓，諱效才，字龍所，號望莪。始祖諱希初，繇小興州徙文安，贅于王居城東南家莊，再徙城西之郭里。希初生志學，以人才授山西廣昌丞。生政，封工部虞衡司主事。生瑀，登成化甲辰榜進士，授浙川令，入名宦，歷四川順慶府知府，忤逆瑾罷。生纘，纘生潤，俱邑庠生。潤配程氏，生公。初以晚子，不遽授學。而太翁善病，公以十歲依母授書，家既落，而歲异重，仍採草木抵膚充餐，而不廢學。十四歲，試童子科，雅爲王令右軒所器重。居三年，入頖。又三年，食廪八等，試輒冠諸生，督學使無不以名家相方。以選貢入太學，則司成李公九我、方公中涵、比公瞿唐，與大名成公毖予七人，稱「太學七士」。獨數奇，不一得第，謁選入則袁石公留以卒業，而公意堅，遂授鞏昌文縣令。

岩邑閒曠，方八百里，饒嚚訟，借六察居奇于短長。蓋官護先辭，招訟以取鈎金，故辭繁而官饒瑣科，日紛山谷人干牙前。公既剖誕讒，而力絶贖鍰，酌輕重，予之法。更奏記巡方使者，謂丸邑非有大姓可煩斧鑕。既從其請矣，乃有網官吏于牘，而以僞印投者，公以印辨其詐。巡方駭公之明而能辨，蓋信鉅箒之多訛也。

邑故設守備，統所十有三，當蜀道，而兵多占冒，執單而餼者，多非其人，故有一人而數十單，或及伯。公爲補其逋亡，清其射占，按名以籍，按單以名餼，無敢肯而伍充。邑多士，應比長安，負笈三千里，而有司不藉分毫。公請以柴馬八十金爲借，著爲令。更念凋边之區，額賦艱輸，而庸調不平，徵斂重數，興作更艱，即學宫茂鞠，公爲清審編，減商税，除耗羨，均解户，修倉庾，浚學頖。漢吏悃愊，不月記而歲記，公殆過之。無何，以臬與郡衡，而連染公，乃諭静海，其地去文安不三舍，公既習其風尚文格，而入睹廢闕，殆甚于秦之文也。倒庋爲風，始合紳衿于胡令。公損輸以修，一時文心奮起，多士固素佩公大業，公復以大業課督，而手顭合否，一時名人蔚起感公者，遂登公俎豆。

無何，晋藩授有洛陽之行。福藩，天子愛子，其從官，以廪不時給，而倉襄于市。公奏紀數千言，略謂：「欲爲聖明之世保治安，又欲爲天潢之派計長久，其私憂公計，莫如民窮。職每見藩府從官鬻衣物以糊口，因念官府且然，閭巷可知，洛城且然，遐陬可知。民窮盜起，靈寶之禍，可爲寒心。我王，皇上之愛子。我王篤孝，又深得皇上之歡心。倘于問安稱賀奏章之中，婉致一言，以盡幾諫，則聖意不難轉回，仁澤不難下究。」書奏，王初閲疑懼，既而優旨答之，乃頒從官禄，内外有頌聲焉。當事無不以文章德行稱之，而公且乞骸歸。

予謂：「捧檄而官，當隨所官圖可以不朽于官。」望莪公之莅官，尚可不朽乎？以合浙川乘，尚猶行大公之道也。公以癸巳與予同特選之典，周懷魯師拔之李雍野師晏，同榜于京兆棘闈。公與予同大城竇繼夔，寓小招提，入同餐，出同轡，相與論舉子業，暇則觀同游蒱博爲戲。予兩人不甚飲，而與同游共酣。適時當領試卷朱録，上大宗伯，而公丁太夫人艱，倉襄既不可留，而朱卷不備，則禮曹他日無以爲名。予乃以公歸，而代爲録，更以幅短而録入者再。其後，試大廷，入成均，盡後予三年。予登甲午榜，公尚婆娑藝林。又十年，予濫詞苑，公方以茂宰試烹鮮乎？予以乙卯有南闈之役，則公諭静海，盈盈一水，相望舟中。最後，公顧予于東，年七十五矣。披藍氅，束赭絲，翩翩岩洞豪仙也。相與聯轡游青山黄嶺之奇崌，而攬結河山，其矍鑠不翅新息，抵掌談厄塞夷險紆所揆策，又不翅同贊皇登籌邊樓聚米畫灰。蓋細柳、長楊，一一按攬時，則衣公以駝尼，醉公以青田，壺意動神掀，而少年豪宕不羈之韵，頓以忘年。即予罷鎮歸來，亦復探予下里，每嘆息于生平相與之人豪，曾幾何時，而半同雲鴻没滅，如王觀察四槐、姜中丞蒲汀、紀黄門豫吾、王觀察夢岩，皆嘗呼公爲九齡小友，既化爲古人，而同游英隽，如王翰簡劬生、紀鄉寧廓吾、姜掖令克光，又復或在或亡。時方推公以洛耆祭酒，而溘然長逝，言念今昔，可勝殄瘁之痛。

公負材倜儻，而晚益弢練，其急病讓夷，若豪于名俠，而行有方格，固恂恂德讓，曾目睹陵尊加大，意有挹注，衆正爲平，亦緣是不合于陵加，遭蜚詆于司衡，先受坐之士，罔不同舌共誦，而名更藉藉，以張家居。二十年，日編司馬史題君臣二目，凡十三卷。又考古人所經歷，爲日涉編。日端坐一室，至塵盈硯席，晏如也。即虜氛闌入，公居二里許，若不聞。每五鼓，盥洗灑掃，身爲之，終其身不倦。病革，唯曰：「生平正直，絶不作兒女語。」蓋篤行君子哉。

公生于嘉靖二十九年庚戌三月十九日，卒于崇禎十年丁丑閏四月二十六日，得年八十有八。配周氏，有丈夫子三：長夢熊，娶宫氏；仲夢祧，娶張氏，廪生，俱早亡；季夢斗，廪生，娶李氏。女三：長適較尉張鳳鳴，仲適儒士邢惟揚，季適武生裴懋揚。後公十七日卒，夢斗將以今年九月十七日，葬公于城西郭里之祖塋，予爲志其行而銘之。

銘曰：資則楨楝，品則璠璵；名傾子墨，遇始除書。庭無闒文，介無冒糈；花城乃謝，桃蹊乃紆。司海濱鐸，曳王門裾；行有方幅，誼無咨且。天人董策，治安賈疏；嘉言則罄，王心則愉。饘不下堂，鵬乃鳴居；挺拔遠操，而試一隅。澄清大略，而除一廬；其風叜叜，其致蘧蘧。其氣矯矯，其神徐徐；雄風斯快，乃過右祛。今雨斯來，乃過左閭；芝房三秀，掌握一珠。上揚宗祏，下啓寶符；百子千孫，視于顯謨。

明安州田烈婦成氏墓志銘

予友濡陽田平野，以辛丑高第，歷官登萊道監軍副使，生平凜凜負大節，每論奏，奮不顧身。予嘗薦之朝，曰：「一介不取，百折不回。」故其一門風尚，多以氣義相高。有丈夫子十，女十，孫子女亦復十餘。丙子秋，□陷濡陽，人死者以澤量，而平野家死水、死刃，合子女八人，獨烈婦死最烈。烈婦之夫，行第五，名之龍，爲濡庠生，材可嗣平野大業。當城陷，婦即囑五郎：「携兒廣智奉老母去，勿顧我。我急，唯有一死。」五郎初掩家衆于壞垣，□輒奔壞垣。五郎急扶母，隨小大他奔。婦獨迷失道，急不得覓，僅護母若嫂妹諸兒，越陴而東，婦果爲□驅，同他婦閉一室。婦急投繯者三，以衆婦不得死，衆婦冀得他逋也。□忽驅以騎行，婦又急投水，水淺，又不得死。□復驅以刀，促之出，婦罵曰：「我成貢士女，田秀才妻，吾翁以名進士爲監軍，死則死此耳。」斷不肯隨□□□一步，以辱身辱兩姓。」且罵且手掬泥沙撲□，□怒，群箭射之。婦且死，猶罵不絕。賊愈怒，以刀臨之，而頭顱碎，遍體血水，盡赤他婦。逋者從旁睨之，識爲婦。□退，五郎就衣履認之。及斂，目忽大張，衆驚，烈烈有生氣也。不知一時鬚眉丈夫有此憤烈乎？

婦端嚴，不苟嚬笑，工綉刺紡績，以十三歲來居女室，五載不逾閾，不聞嘻呰。唯姑命，日辦姑若叔妹衣履。舅嚮姑喜曰：「得佳婦。」以十八歲居婦室，愈益爲恭順，居恒布菽，嘗誡五郎勿奢點大人清操，勿惰墜大人大業。五郎有小拂鬱，輒以義解之。五郎侍翁病，婦勸以省試湯餌，曰：「此不用吾情，何以用吾情。」姑病，婦方山居，五郎入侍病，婦以不得隨侍，輒以身籲，若有報者，曰：「姑病良已。」復果然。婦居娣姒十餘人之間，即葉宗不歁，即單宗不亢，唯忍唯讓，自將其姑叔婚嫁，不難解簪珥爲佐。

婦，成姓，貢士于欒女也，成與平野爲馬郡粹友婿，少同研席。平野登第，成尚落落諸生，乃以五郎締成。成以明經歿，而平野方官計曹。或言成之落落也，初締復無盟詞，平野怒叱之，即五郎少，亦復曰：「丈夫家于婦乎？」乃定盟，而以賓禮同養于女廬，乃今烈烈有生氣者，婦也。

婦生萬曆三十三年二月二十日未時，卒崇禎九年八月初二日，時得年三十有二。男一，即所囑携廣智。未字女二：長許聘儒士王某，爲完縣庠生王潢第三子；次許聘儒士李甲，爲完縣選貢士李邁林第五子。今年　月　日葬婦葛山之麓。嗚呼！五郎力能脱兩母、衆弟妹兄嫂于虎窟，而不能脱烈婦于難，將無天以完節付烈婦，以光平野慷慨之門，而不令曲全其生耶？八郎有癲病，死刃，其婦爲房太宰女，死水，其他俱死水，而十郎與長郎之仲子負高材，可世其家，亦以水死，一時爲平野惜。平野，廉吏，諸郎分其廉，無可治生。即烈婦死甚烈，五郎貧，不能爲烈婦聞于朝，即朝命，亦不及也。嗚呼！烈魄已馨濡水，烈骨弗白燕山乎？予悲義烈不上聞，而平野之後有大患，不得以義聞也，乃爲銘。

銘曰：濡之水清如淅，濡之水淺如滴。一泓洌洌，淺不溺；一掬皛皛，清不澼。胡然而白潔之瀝，胡然而赤丹之汨。嚙齒之憤虹，如可用激；撲泥之力笏，如可用擊。嗚呼！孰冠箕如，不與績；孰髯戟如，不與摘。鬘而矛，其氣如愨，孰與柔女子之罵口，而塗埴之與敵，有美而文，若錦傘弗顧錫；有貞而栗，若巾幗弗顧其。斯以爲八死之光，而濡之清淺可揭。嗚呼。

明鄉飲大賓義官仲兄再吾暨配段氏合葬墓志銘

予家自蕩源來，占居城北之西莊，稱殷厚。至曾大父、大父，好義俠，家頗落。至先少師，持兩大父大義，以應直年直堂，遂至罄產不支。而伯兄、仲兄俱學不竟，仲兄仍儻朗持俠氣。予家文業起叔兄，而叔兄得竟大業，乃以仲兄延師友，而予復從叔兄學，遂遞及子若孫以文名。仲兄殁，而見叔兄司職方及予官翰林也。

公諱敬思，字慎之，號再吾。先少師配予母張太夫人，生丈夫子四、女子四：長爲伯兄處士公，諱敬先，字述之；次即公；又次爲職方司員外郎，諱敬宗，字叔倩；又次爲予承宗，字稚繩，以大學士居閒，而仲兄殁時尚在翰林。公精穎，有先大父少師風。先大父以材武徵不合中人瑾，稱病歸里中，不字呼，而號「朝士」，以徵于朝也。朝士公，亮音修幹，有慷慨大節，每抱公，撫頭角曰：「類我。」初學儒，無何弃去。學騎射，氣意勃發，即踆踆馴謹，而雅不欲居人下，喜與負氣、意飛揚者交。其□淺，俯首爲心計，而親□豐饒，公輒吐不入頰頦，或稍有憑藉、威鄉里者，即未嘗波及，輒避不與語。其善良貧下，每拆節禮之。讀古史，見忠勇剛烈，或語次及忠勇剛烈，輒喜結眉宇，若初終异操，富貴异嚮，輒起不坐而走，或坐中瞋詈，如對其人。里豪醉，爲詈先叔祖屢矣，先少師解之而不遜。公方髫也，捽其胡曰：「何物豨突，辱人祖父。」一捶亂下如雨。里豪更乞脱先少師，而後不復醉，不獨不敢爲詈也。性愛馬，取神駿一，縱轡輒絶塵而去爲快，如蹣跚浮埃中，輒弃不顧。弓挽彊，可八石，發輒二百步爲常。生而矯健便捷，乘怒馬，挾弓刀，入出翩翩豪爽。嘗俠游大將軍秉衡幕，往來蜚狐、拒馬間，領小隊防紫荊，每合衆耦旅射，發矢輒屈其耦，然徒挽彊作好，不一當[虜]，無何，辭去，曰：「有親在。」邑令鄭公以氣義重公，遂團練弓箭社，時方徵良家子材官禦倭，而令公歸粵，托重公也。公意借道，以武功爵顯，而竟不得當倭。當其之粵，坐大艑，游彭、蠡之間，吊巖磯、茅岫爲快。適群劫劫來舟，公從旁護之，矢三發，殺三盜，遂鳥獸散。每及泊，輒引所部登岸射，觀者嘖指稱善，嗣後舟從席過矣。

後四十年，令公孫以孝廉謁予京師，尚感誦風慨也。家非富，而好振人之急，有托公爲重者，輒力副之。其倚貲，輒傾筐倒庋以應，故聘予采，葬予槥。族有以誣坐大辟者，公輒佐先少師脱之，至其人有始托之而後負之，或反噬之，公亦輒報相當，曰：「吾不能以軟媚爲是兒負也。」一出貲爲居礲。有負而去者，下里貧老輒予之緩，不問其豪，而力爲逋。若徵及門輒瞋，公必盡徵之。或其人批頰謝公，亦輒焚券以謝。既輸貲有冠裳，邑令公每以大義引公，視所興作，凡河防、城守諸大役，必待公以定。嘗佐創高陽帝祠。時捐資補飾之。

公事兩大人孝，能力承其意所不至。先少師有飲量，好客，公日具鮮腆，曁先少師意，同先仲父飲，或拉客入座。先太夫人孝事外王祖母，公具鮮腆，迎養北堂。即兩舅疆急，能屈意以事。先伯兄有子生子矣，而竟不嗣，公傾橐養之，歲爲常，伯兄亦以爲常，後不肖與叔兄相次舉于鄉，乃稍稍事伯兄。初爲諸生，則仲兄給兩弟，兼給伯兄，以承兩大人歡。叔兄初從師于里，再從師于邑，公一爲都養具。邑令公爲叔兄擇配，公佐先少師爲聘必具。家藏先少師手編記。不肖納采于王夫人，則兩兄爲佐具，而公多强其力所不及。不肖每讀手編，未嘗不涕覆面也。兩弟負笈游諸公間，公則爲文社諸友朋費，聞其談相快則益喜，出酒食爲談具，徹日夜不厭。每赴有司試，以所乘馬予弟，而自乘它雜騎。衣在鍦，兩弟輒披而敝之。兩弟入大小試闈，輒旦暮隨之爲快。

予甲辰大京兆，送歸第，公隨而縱觀都市中，不覺屐之折也。歲出貲，爲仲季兩妹丈賈，而不歸其母錢者數數，不問。墓旁田漸易它姓，公少輒憤，曰：「先人聚骨，而今他人呼牛馬其側乎？」一後乃盡復之。先太夫人歿，家方窘，公率兩弟爲兩附具必辦。即先少師歿，公仍率兩弟爲誠信，盡其力，不令兩弟獨在其事。仲父無嗣，公又率兩弟以其田廬供祀。即予葬仲父，兩兄必不肯以弟獨任，而各出貲，以先所復田爲塋田，以分其費也。

公剛斷持大義，凡意所不可，秋毫不以利動。予當入對，公輒屬曰：「先大人日以廉訓弟，勉之爲清華乎？家即貧，不借弟膏潤也。」邑子宦者同姓求合族，公婉謝之，曰：「即同鄉自可，何必同族。」一當仲嫂歿，有新寡擁多貲而願續爲室者，公不可，曰：「此有不可居而他適也。予敢貪多貲，而以身事婦人。且有貲必驕，以吾愛子事驕母，必兩不安。」遂絶之。

公初多豪舉，後乃拆節爲長者行，曰：「予少單，不昂藏，不爲里兒重。今里中盡晚少，而予家且大，不謙謹，不爲里兒頌。且不願兒弟效其少滿腦肥腸、鮮衣怒馬爲快也。」其少所結客，以窮老來歸，公盡如平生歡，客用益親。

滇南喬令公，以行誼重公，親爲題評，以族其楣。嘗之文安王觀察四槐、王翰簡劬生，讌語亟稱相見之晚，曰：「是大英雄市隱耳。」公初賓于鄉邑，令公雅持，乞言大典。公感而一再莅賓筵，時青青子衿盡一門，群從雜諸生間，競爲上食，歌鹿鳴、皇華雍如也，後輒辭不就，而歲兩虛座待公，仍以席來饋。元配段孺人，太夫人名之德容，父爲同巷段太公友，性敏慧，而孝事先太夫人，得其歡，嘗殫力奉朝夕之養。伯嫂氣高，而能下之，佐先太夫人作家，以嫁諸妹，婚諸弟。公所裁橐，給諸父昆弟嫂，能力贊之不吝。至待庶嫂王孺人，慈愛有禮，而王孺人又善事孺人，不翅孺人事先太夫人也。今子姓翩翩，則王孺人之功爲大，而終始拮据，以大孫氏門閥，則段孺人稱內德云。孺人撫諸兒諸婦，倍極憐愛，以病不育，少養楊氏女爲女，以配其侄。又養馬氏子爲子，予之姓，名鈳，教之入頖，授田廬如諸兒。予不忍迷其宗，且攬吾宗也，還其姓曰馬，予之名曰元孫，而今尚曰孫鈳，即予仍視以猶子禮，特別其塋兆。先太夫人特憐愛王孺人，錫名比諸嫂，曰「德潤」。不肖，少而授餐，則王孺人手調之。以拮据久，爲病歿。公乃納吴孺人，待子婦慈穆，亦先公歿。

公以布衣揖讓紳弁間，參憲養大典，平生裘馬賓筵，不吝多費，而施予捐金，以成氣義，又不吝傾庋。即中外兄弟之貧不能生活，輒予貲以農，以賈以讀，以賙其吉凶。蓋行德如富，而晚所積貲，爲田廬，以授諸子，比于中富。諸子各以文學入鄉校，食廩入等，諸孫八人，半入校（較），有遠器，曾孫亦已數入。其養子鈳亦諸生，而有五子，得稱孫。是天所以報公好文之願也。每言「對人言貧，意欲何爲。」一雅佩先少師明訓，其天性合文清大義，蓋剛烈不屈之用云。

公生于嘉靖十七年八月二十九日巳時，卒于萬曆四十五年十月二十七日亥時，得年八十歲。側室王孺人以嘉靖二十年正月初四日辰時，卒于萬曆三十五年八月二十日辰時，得年六十七歲。繼娶吳孺人以嘉靖三十四年九月十九日生，以萬曆三十一年十二月十六日歿，纔四十九歲。繼娶孺人生于嘉靖四十四年十月十五日生，以萬曆四十三年六月二十八日歿，得年五十六歲。公獨居者三年，有丈夫子三、養子一：伯子鋐，邑增生，娶張氏保安授思敬女，繼王氏，邑諸生家俊女；次煉，邑庠生，娶戴氏，貢士鵬飛女；次鍈，邑廩生，娶韓氏，藩府引禮應女，俱王孺人出。孫男八：長之瀜，邑增生，娶吳氏，諸生經世女，鋐出；次之渼，邑庠生，娶董氏，長史伉孫女，繼齊氏，蠡縣承掾應徵女，鍊出；次之泳，邑庠生，娶李氏，壬子舉人震女，鍈出；次之滐，邑庠生，娶王氏，諸生廷桂女，繼邊氏，任丘廩生世興女，鍊出；次之澤，娶睢氏，安州廩生長庚女，鋐出；次之湴，娶嚴氏，廩生士良女，鍊出；次之沾，聘崔氏，文秀女，鋐出；次之滋，聘劉氏，蠡縣諸生晝奇女，鍊出。孫女三：一適劉三杰，爲蠡縣庠生出奇之長子，鍊出；一適安州庠生潘瀟，爲州庠生應聘之次子，鋐出；一適安州李敏春，爲拜奇之季子，鍈出。曾孫五：長喿之，泳出；次楷；次楠；次□之，瀜出；次□之，滐出。曾孫女六：一適李大學，安州庠生逢春之長子；一適王任杰，邑庠生源清之長子，俱之瀜出。泳出者二，渼出者二，俱幼。其段孺人所鞠子鉰，今曰馬元孫，邑庠生，娶葛氏，繼趙氏，繼王氏，繼高氏。子五：長之瀇，娶□氏，次之演，次之沂，次之瀆，次之滇。女二：一適清苑庠生蔡養正，一適□□賈爾珍。

公初葬于先少師墓前，以逼亥遷于中黃，仍以當兩邸之中未静也，再遷今西野之原，風土清嘉，稍盡子孫之意。蓋以崇禎元年　月　日，奉諸嫂合葬，而伯子鋐、季子鍈，洎鋐婦張氏、孫婦董氏、王氏祔葬其側。至甲戌四月，乃得爲公銘。

銘曰：英抱而文，清橐而仁。氣雄而石醇，嗣艱而蘭馨。其孝于親，其友于鄰。我里市隱，我鄉大賓。銘我貞石，訓我後人。

明文林郎江西道監察御史贈光禄寺少卿豫軒鹿公神道碑銘〔一〕

公以神皇帝庚辰高第，兩試邑令，入爲監察御史，以直言判澤州，久之擢滎陽令，未就卒。又十五年，熹皇帝登極，追旌諫謫諸臣，以御史大夫鄒公元標議，贈公光禄寺少卿。明年，公孫太常君以職方同予居東，遂習公子及曾元五世之交，乃盡悉公精心遠略不獨豪燕趙間，獨以直言罷不振。因念名德之後并有材操，儼從子翼孫謀識風標也。

公鹿姓，諱久徵，字子誠，號豫軒。其先小興州人，以始祖榮徙定興。嗣後有德，有祥，有景玉，有文通，凡五世。爲封文林郎府，有隱德，實開後人以經術，是爲公父。配李孺人，生公。公生而偉碩，思業該通，雅爲時器异，試輒冠軍，稱茂才异等，不矜峭尚人，而風颷直亮，耻同流俗。郡有守，貌偉而行涴，或以貌擬公。公笑曰：「所不心其心耳。」

隆慶庚午，以春秋鄉薦，登萬曆庚辰進士，解薛知河南息縣，丁内艱，服闋，補山西之襄垣。秩滿封兩尊人，如已秩入爲陝西道監察御史，巡視北城，甫月以封公憂歸。除服，補江西道，奉命按蘇松諸郡，還朝申救所罷讜言官。判澤州。以臺檄還里，居十二年，疏薦十數上。銓部以召還請不得，量移滎陽令，而公已捐賓客。其令息有均田之令，息額田二萬八千頃。錯當下，而豪多占隱，部使者方則以三壤。公盡以下報批駁者屢矣。至面譙之，執不移曰：「令知土之下下耳。豈紓民而蹙民者令乎？」一獨盡清諸占隱，得溢額田四千頃，悉以見賦，通攤之，田均而賦輕，民乃悅，爲樹碑以頌。其補襄垣，歲值旱，遂調荒政，予賑予糜，稚弱予襦，諸皆以身行，流冗以逋遺。舊令不以人逋報，而悉索存者以補，使僑客不復，而閭左化爲繼妻。公按籍，除懸額七百户，以孑遺而招四方散者，吏或曰：「損户考當下。」公曰：「僞增何如實減，其以煢獨博官也，毋寧以官保我煢獨。」公視兩邑恂恂德讓，日計漢吏悃愊而去其害焉者。每毅然爲千百年遠計，苟利于民，即南金之口爲噤，而竟所持以應不爲拗。尤加意煢民，接其狀，退食爲蹙，蚤出堂皇，立爲安全之，以雅操礪士，拔其雋，引之繩墨，振其乏者，或以授室，兩邑斌斌，多文學科名，且大振于嚮，其掬拊若屬毛裏，即其人亦戴若二親，不翅朱之桐、韓之峘，家尸祝之豐碑矗矗，公所不知，即知，不能論罷者。

其爲御史，方自邑令入，真見親民在郡邑，而課督在監司。唯是御史大夫抨彈嚴，而無姑息于一家之哭，則一懲百警，廉吏可爲。以故，他御史競爲鷙擊，而公獨首言察吏。會歲旱，有詔修省，遂以修省之實上。其要在省聖躬，嚴酷吏之禁，以恤民。蓋寡欲平情，特切聖修，而御朝御講爲急，至撟虔吏乘勢侵人，故仍申二司糾彈，即以定御史，若御史大夫之品。當是時，西南未定，而西北、東南紛爲外患，內則江之北，山之東，河之南，至人相食。神皇方靜攝，罕見臣下。講臣獨以講義進，凡下所條上，或格而不行，而恚怒亦或未平。公特申養心平情之愬，請御平臺召輔弼大臣講求治道，以急收天下人心，不宜泄泄爲玩，日以虛文應實禍。鮮之役，經備使以不效罷，仍低徊都城，下獻倭物海圖，若不知有衄恧，而又若諂媚爲容也者。公具狀，抨彈之，破宵人所指嘗，而提天下以頑頓必不可容，故纖兒亟竄，一時肅然敬憚之。

其按蘇松，每念重賦疲民，當固其心，遂條上安民生計十六事，下諸屬督行之。而廉重自將去泰奢，杜請謁。當暵溢重，仍輒請放免諸逋，一一就病。爲方略，不徒張皇衆駭而不置一籌，如服御諸需，盡請以地所雜出。若大吏所節縮以給，曰：「不節則盡逋而徵之，未見足，節則盡逋而蠲之，未見不足。」又曰：「朝廷方遣賑灾人，而隨徵既賑之逋，駭我流冗，批我瘡痍，寧惟下以苦納，抑且上以苦徵。主計之臣不念上意，豈復念民，不知既完舊逋，仍逋新徵，窮年負逋，既以病民，未盡得賦，先盡失民，窮年責逋，將無病國。」故終持蠲逋之議。又以吳當江海隩區，既以太倉防海，而江陰扼大江之要，遂建議移一道防江。蓋攬轡所經，頓識三吳大勢，而察吏安民，蘇息重賦，軫恤重灾，無不至當。回臺，適上恚軍政不當，罷南北臺垣五十餘人，馬御史經綸以爲言，并罷御史，遂飭戒勿復言。公發憤謂：「是不言，無復可言。」疏稱：「皇上以不言爲罪之名，以言爲罪之實，名以不言之罪罪今日，實以言之罪罪往日。」又曰：「臺省無可容之言官，廟堂無可信之元臣。主勢上孤，群情下疑。」又曰：「弃捐人才敝屣，不若自弃耳目，自輕邦家。」又曰：「臣以補過拾遺爲職，畏而不言，策勵供職謂何。」激切數百言，盡上所不欲臣下發明者。疏入，上益怒，讁判澤州，公恬然安之。

既奉檄歸，治舊壟，課子若孫，十二年不詣官府，不言官事。公自起家爲令，祇食官禄。按吳，餘公費千五百金，移各屬抵額賦。既歸里，蕭然初服也。以萬曆三十五年正月二十一日，得年六十有七。當彌留，語諸子曰：「官下牖下生死，皆主恩。」迄逝，精爽不亂云。公事兩尊人備極，志物兩附，必誠必信。歲時哀慕不忘。每念太翁尚及封，且及見爲御史，太孺人僅以息養耳，不及封。每語及，未嘗不涕覆面也。內行醇備，無旁媵，而風尚特嚴，生平不狎語笑，故庭無進熟。與人誠盡無隱，而成于性。初受徵，或擬以捷入。公曰：「不願居恒言吾所爲，不必人知，亦不必求人知。」故履孝居忠，光揚往烈，至陳謨抒策，動合機宜。卒未嘗飾奇詭，邀功譽，蓋恂恂德讓爲真云。

配王氏，封孺人，有孝讓大德，始終佐公成大業。及見孫善繼登進士，官職方；見曾孫化麟舉京闈第一人。後公十二年卒，子二，正以縣學生累封太常寺少卿，直縣學生。孫男三：善繼，癸丑進士，以太常寺少卿管光禄寺丞事；善言，縣學生；善行。曾孫男化麟，天啓辛酉解元。元孫男盡心、洗心、悦心，其婚嫁俱宦素名家。公潔躬爲清，故所至，惡墨吏，而累疏懲貪。其在三吴，墨吏望風解組，而一往孤行，故進惡捷取寧，以寬民爲殿。疏當五十餘譴之後，明知不可測，而獨居雷霆下。至抨彈觀望之經臣，直可廉立頑懦，而風天下以誼。讀諫草，語氣若厚若温，乃其描寫閶闔隱疹如圖畫。其陳主上隱衷，懇以爲直，切以爲盡，發奸摘伏，又若揭，纖匿無所容。惟所學實，故動不爲赫之名。言念英猷，尚見必不可奪之氣。其鑒局夷遠，器懷凝曠，于息得黄職方杰，于襄得王侍御洪基，王稽勛雲龍。戊子，較晋闈士，得蒲州相爣。其後人稱名儒，掇高第者五世方昌云。

公葬既久，予曾詣其家，覘諸子姓，載登佳城，知忠厚正直之澤遠也。乃以太常之辭，次其大于隧道之石，而爲銘曰：眷兹鼎臣，俾我皇造；匪徇匪翹，不崥不峭。惟一惟和，乃博乃約；譬彼國手，見垣奏效。瀝膽以遠，洗心以真；脂膏可潔，鼎鑊可親。法呆立命，權可字人；抨彈乃厚，綜核乃仁。當在神皇，攝以淵默；惓惓人心，我衷用蠹。剔蠹固存，興廉解墨；披我皇仁，拊我凋攰。其呼帝座，乃顧民岩；其解湯羅，乃奠堯璇。無遐弗徹，無纖弗咸；群力既殫，百口既緘。天怒斯赫，臣習斯寫；何以居身，雷霆之下。解繻于驄，以監紫馬；碩碩邁軸，于彼曠野。小儒横經，或啜其醨；公志春秋，乃自爲宜。其文世顯，其義世持；璧采朱光，輝輝陸離。家傳素業，邦表司直；穆頌温綸，孫謀子翼。百世作忠，六朝紀德；燕易高深。我銘不泐。

賜進士及第、特進光禄大夫、左柱國少師兼太子太師、兵部尚書、中極殿大學士、兼支尚書俸知制誥起居經筵日講、總裁實録玉牒、奉命督師、改兼吏部尚書、予告奉詔起、改兼兵部尚書督理軍務、予告賜閒高陽孫承宗撰。

【校記】〔一〕本篇輯自國家圖書館藏鹿氏世傳。

予邑中指，數開濟材，梁中丞醇宇、王少參振華其選也。乃若有梁之易直而大，有王之英爽而沉，則賈計部太承爲著已。數十年來，梁死楚，王死遼，太守名位遜兩公，用其易直而大、英爽而沉者，直可蔚爲世標。太承終里第，而實以官瘁。適予有金革之役，不得哭公于位。既罷歸，乃得按陳太守顯。吾所爲公狀，參以伯子憲副君所具行實，爲銘其志曰：

公諱錪，字容甫，號太承，别號銜怙。以捧檄初，獨奉板輿，痛靡瞻也。始祖彦明，自小興州徙清苑之新莊，有隱德，七傳而至允中，是爲公父。繇文無害，授延慶治粟大使，後以公貴，累贈奉政大夫。娶郭氏，爲夔州太守郭公鳳之孫女，文學郭公東郊之女，初封太孺人，累贈宜人，歸于賈八季而生公。英敏异常兒，目過千餘言成誦，字復遒逸有格。及髫，補博士弟子員，益矻矻爲學，不遠千百里，負笈問業，一時如交河余文端、臨眗馬文敏諸先生，以文章行業名天下。公一造請，輒折節爲交，其流覽不榾榾簏笥也，雅有該通之目。予時與家職方卜研鄰，無慮不心折。公丁酉中順天鄉試，名在十七前。辛卯中，如其次，遭主司，以嫌落。是歲，當舉首，又以經房駱徐陵捐館，更置如其次。公不復念得雋後先，獨念駱先生客死爲綱紀，以資南輀，大爲主司焦漪園公嘆賞，曰：「是當不負朝廷。」

戊戌罷試，入成均執經。中涵方先生每以大魁期許。尋還里，適贈公以投牒歸，公奉贈公暨贈公兄弟，一堂融泄，不減君實家範。無何，贈公以偶病逝，公痛倉卒，頓不起，哀毁骨立兩附，曲盡心力，至産幾罄，猶若嗛嗛。因念太宜人春秋高，遂一意定省，搆小齋，課憲副君輩學，父子兄弟自相師友，安肅鄭思成題其堂曰「鳴鶴」，蓋取「鶴鳴子和」云。癸卯，伯子登賢書，偕上春官，屢不售。癸丑春，伯子録高第，以一語落。公更念太宜人急，曰：「奈何以浮榮稽三釜也。」一謁選人，得領猗氏。猗固丸邑，而娥眉嶺踞邑之什七，東南浩穰，曾不可一舍，歲比不登，逋責日繁。或難之，公不謂難，曰：「患人負地耳。」一抵任輒進諸縉紳先生及里中先受坐者，參伍邑里今昔諸大政，乃知租胥爲奸利，而傜汯抗敝也。邑田可五萬二千八百餘畝，而兩税四萬一千二百有奇。邑故以催租，長鳩所部中下户，以次代上公家。蓋下里喜不入公牙，而長乃喜代爲籍，一入手輒没爲槖中裝，或以痴代黠，江飽欲死矣。即官無納響，而邑有逋聲。公初嚴鳩收之禁，分十八限，刊糧牒，如其限按牒，牒注滿額即罷，不比而賦漸如額，口錢可七千金，而丁纔萬二千。猗固喜加差，不喜加門，長吏詢之，遂至加單丁錢五倍。公念目不識乏饒而憑南金之口高下。此萬餘人，將踐更之卒，日集單赤，而代饒爲役。于是屏車徒，親歷山谷，爲明保甲計耦耕，即以所歷郵畷手，奏其田廬户口乏饒之數。及編次户牒，遂參諸口奏者，定傜高下，而時擿其匿弗承、詭弗核者，悉數其丁季産目，而傜以均漸輕。

公嚴明，不令人以私干，而恕行之，故情行于法。嘗手奏獄，要無稽牒，無呼譽，至鍰金不足抵穀積，乃割俸抵之。諸大吏檄覆州邑，所上訟牒，無不願就猗令者。大盗久逋，出没梁、晋間，公輒受方備，購獲無遺。既念學宫圮不治，捐一歲俸爲倡，得後先輸金三百餘，分人受事。閲三月而學成，乃進邑庠諸弟子員及運司庠四百五十餘人，庭比之。其甲乙，百不失一。所比高等相次，後先得雋，中更有拔之苕華者。三晋固遜材郇瑕，而公復雅意作人，一時文彩英英相暎。其賙饑佐娶，喁喁頌德矣。會入覲，當留諸父老子弟，計不得借，則聚族爲報，詞尸祝之，猗長吏去不及政，公獨以累薦，得封兩尊人如秩。太宜人明瑫霞帔，令君率子姓上伯千壽。入則授大理寺評事，遽遭太宜人老病即世，公扶櫬還里，哀毁如喪太公，病幾殆，後乃益綜核文武大略，爲開濟天下遠計，曰：「是可以報吾君，即可以報吾親。」辛酉，服闋，補原官，以光宗登極，思改贈兩尊人如京秩。逾季，轉右寺副，遇今上登極，恩加贈太公爲儒林郎，太孺人爲安人。又逾年，轉本寺左寺正。是時，諸疆吏在大譴大呵之域者，司讞方聽熒于即要人撼以危語，三尺屹如也。乃孱脆失入，若冤僕，若疑盜，若戲稚，比部論大辟者，力相參駁，不厭平反云。大廷尉范涵初極器重之，尋擢户部廣西司郎中，以皇長子誕，恩加贈太公爲奉政大夫，郭安人爲宜人。蓋兩載三遷，三逢大典，殆公所謂「報吾君即報吾親」也。是時李太宰崧毓爲大司農，一見輒傾心相倚任，每大議難决，必趨公至而後定。

都人苦僉商，更苦十庫商，以司鑰不可問，而私應爲艱，纔登牒，輒蕩然有殍。公惻然，條上大（天）司農，爲都人請命，得補牘，請罷，報可。壩上諸倉，額馬多不充，而芻糗爲繁。時省臺建議汰去浮冗諸曹郎，以衆怨難任，格不得。公毅然立爲題覆，裁减各馬房款段百有奇。歲省千金。又爲題减酒醋局麥豆二千八百有奇，歲又可省三千餘金。既念轂下依日月光際，上有大澤，必先之，何忍見道殣溝瘠，則慫恿諸御史臺各捐庫貯間架錢，置綿繻萬緡諸貿貿蒙袂者。公既負開濟大志，故居平矻矻爲學，又矻矻爲吏，積瘁而病，加以醫庸，病日加亟，請休于大司農，不可，乃爲題請予六月假，扶病歸，四浹旬而逝矣。遺囑爲宗黨戚族計安全，語甚清晰。公坦粹沉毅，刻意以聖賢自律，而和易之氣，映人眉宇。予每相晤語，輒自覺讟薄，如遇黄叔度云。其孝友篤摯，故嘗受經于伯易庵，事易庵如贈公。及易庵之子利甫即世，事易庵更切。叔明庵弗良視而未嗣，公事明庵不异。易庵拊兩妹子如子，事伯叔母如母。屬纊時，猶令剖祖田，分給兩家子弟，乃其恬淡，絶不復求田問舍。性復儉樸，不飲酒。然讌集殊鮮腆，而不爲流連。歲時伏臘如禮，聚族而餕，時振其緩急。室無妾媵，自其壯，無聲色之娱。性嗜書史，每歲務涉二十一史、十三經注疏一過，得其大義。左盲一編，及毛箋，尤以本業精研，著左解、鳴鶴堂詩意，彙有藝苑英華一册。旁涉老、莊、管、韓、吕覽及楞嚴、天機諸經，手自删纂，故善爲古文辭，下筆千言立就。詩宗少陵。諸所著記，憲副君將以公命名家藏集，數録以質千古云。

公初配趙恭人，爲新莊之東劉家口人，于歸十年而逝，生而端靚，寡言笑，不喜華飾。既歸，更爲勤樸，競競爲孝敬。王母趙孺人，其祖姑也，性嚴重，御子媳，時有所呵讓。恭人獨以淑慎，得其歡心，王母無不解顔憐愛之。閫以内，合炊可數百指，恭人上事下接，以孝敬佐公，曲得其當。主簿公性好客，郭宜人病，不任中饋，恭人輒身代之，手調所庋閣，以奏其簒組女紅。又復代郭宜人以事趙王母，無慮不一一精好，愜王母意。主簿公喜曰：「佳哉，幹婦，吾門其興矣。」十八歲即舉憲副君于主簿，爲元曾孫尚有高王母于孺人在堂，重幃五世，倍勝郭宜人之在鄗也。越明年，公入頖，恭人解佩以佐。壯游歸來，輒舉所師友告恭人，又輒力贊之曰：「以君淩霄之姿，自足致身青雲。第當大父母未老時，蚤奮雲霄，更快人意耳。」

公固自嗜學，每篝燈夜讀，不鷄鳴不休。恭人每辟績佐之，無倦色。當試前，曰小捷也；當試不前曰小挫也。公聞而益感憤嚮學，鋭然以大儒自期。迄成名以至服官，中間菀枯悲喜，恭人盡以兩試意勉解，蓋具有遠識云。將逝之夕，公掩泣嚮恭人曰：「子，予之益友也。予誤子。」恭人拊膺太息曰：「君千里才，寧有長貧賤者，獨恨薄命不一見耳。兒女子實累君，君其教之，勿貽泉下人羞。」憲副君每舉語及之，未嘗不涕覆面也。

公生嘉靖四十四年三月二十四日寅時，卒天啓四年五月初六日申時，得年六十。元配趙氏先以公考猗氏績贈孺人，嗣以伯子憲副考户部主事滿加贈安人，再以進秩郎中逢光皇帝登極恩加贈宜人，又以擢陝西參議逢今上登極恩加贈恭人。時以公方同朝，獨得贈母例也。生嘉靖四十一年九月初九日午時，卒萬曆十四年十月二十五日戌時，得年二十有五。繼配張氏，安州庠生張養正女，封孺人，累封恭人，如趙恭人例。嗣君既以天啓五年四月初八日，葬公于東阡祖塋，啓西原。趙恭人祔下焉。越明年二月，予乃爲公銘。

銘曰：嗚呼。通或以涴，貞或以遻；挫鋭解紛，見吾叔度。不競不絿，不茹不吐；解薛鄗陽，法難悉索。擷法調人，捐煩去熇；亦既樂只，載規載約。入衡玉律，大憝方勍；山如其執，旭如其明。郵罰麗事，天下之平；彼都人士，繁繞孔極。既蘇其徭，載解其纏；攖鋒剔蠹，惠我京國。大業未竟，以遺後人；凌霄勁翮，蔚爾名臣。于昭百世，視此貞珉。

【校記】〔一〕本篇輯自康熙刻本保定府志卷二十八。

陝西按察使澤宇邢公墓志銘〔一〕

公于予爲先進，實忘年爲友。公之歸也，中外無不願公亟出，而予官翰林，不能推轂公，洎後漸可爲公語，而公遂歿。竊意包羅天地之雄襟，當不與一丘俱藏也。

志曰：公邢姓，諱雲路，字士登，號澤宇。世爲安肅龍山里人，其自小興州來者。始祖貞，貞生豐城丞貴，貴生河南訓導簡，簡生贈副使來岐，是爲公父。配李氏，贈恭人，實生公。當生之夕，訓導公有异夢，曰：「若仙然。手一軸，書喜字如斗，雲覆其上。」遂以命名。少修潔，有儀度。脱哺，侍食必箸。五歲授讀，每過不忘。八歲就塾師，日記數百言。十八歲，里選茂才第一人，試輒高第。二十八，舉于鄉。又四年庚辰，成進士。初授山西之繁峙。城以滹水苦溺，公議遷築水之陽，去後以公議，民乃靖。無何，丁外艱，歸起補河南之汲縣。無何，丁内艱，歸再起補山西之臨汾。邑爲倚郭，公以材游刃，平兩稅正體，時進博士弟子，勸課之，有富而冤不得解，公解之，嚴却其報。當大旱，兩發椎埋，而兩得雨。初捐金，煮千石粟活饑，再捐金市地，爲百槽掩骼。邑有澇，河渠溉九村田，歲徵水糧，渠廢而田鹵，糧乃逋。公莅政且四年，爲渠十三里。其弃石防他决，曰：「十金堰高倍尋，而廣以十軌，長又倍之。立華表，坐以狻猊，以潴水而緩之。其上有平臺，有亭，有樓，以察水勢，驗祲祥。凡四十日，溉田一周。所溉焦堡，九村田萬畝。復入郡永利池，便汲飲，而外環城。其月池環樓，下種藕花，岸雜桃柳，遥映十三里穲稏。當政成人和，携邑客作田歌，遂有河渠詩賦百餘篇，邑人爲石以紀。其修邑乘，修學宫，若惠民諸局舍，盡捐金。先士紳及捜所節羨，而又當報政之二年，不忍以蘧廬遺後艱。既徵入，主武選事，按牒澄叙，不以吏手。其清黄計日程，書吏無復得竄黜。無何，出僉河北事，備兵磁州，裁冗費，革火耗，恤驛遞。有令以賄及，遂以上聞罷之，部下以肅。無何，以邊備遷遼左，備兵開原，隨以功升延鄜道，加俸賜金，贈封如秩，公乃以病歸。又四年，特起隴西，隨調臨鞏，駐皋蘭。當松山初復，督臣議城守，以公始事。公爲相方正，位夸險茇荒，閲歲而城成。凡幕府亭障、虎落藺石，無不具其營壘，錯居屯種，漸興報竣。上録功有差，予之名「永泰」。公復編金城志，爲永計。無何以病告，隨中察忌歸。

初，公習爲曆，盡轍迹所歷，時爲揣摩，至是，以解官，益爲肆力。當在河北，疏正曆元，略爲：「漢以來治曆家，惟郭守敬爲密，獨司天氏守成法，曾不隨時考驗。如今年冬至後天九刻，其夏至立冬，皆適當子半之交，後先兩時，頓以日隔。且曆法疏密，驗在交食。乃今閏八月日，有食之曆，推後天幾二刻，而閏應轉應交，應各宜增損。臣願遴選稠人，因數察理，時爲測正。」疏入，得報。聞部議，晋京秩，督其事，遂督其人，不報。公益發憤著律曆考七十餘卷，其前五十卷，以所鑄顓論古人得失法數，其後二十卷，又以古法數籌顓爲曆議、曆原、曆理，遂括天體星經各度分，各正其訛。因論元曆失在既改歲實，而仍從月策轉終交終，與五行周之舊，既不算三乘方，而仍從加分損益積度。今曆失在三百年後仍用三百年前黄道，乃更約七十二卷之繁，爲太一書，謂一生二生三，有圓有方，有圓變方，有方變圓，是有方圓變化二十率。仍假象命數，托黄鍾金田，設答問，以測周徑。方圓相交，日月晷景，及黄白道出入交食，更約其入曆之數，以其周徑，率得天周，以其句股，率得日周，以積月、積轉、積交之盈朒差加減，得盈朒數以歸，除周天度分，得月策轉終交終分，以周天度計氣轉交周，得四餘分，以日周計五星，得五星分。大約法行數顯，起一歸一。公既探原太一，乃更著曆元玄書法，以前後距年積日，加減前後所測，真氣爲定積，如推歲周以距年，而一推交周，如減前後所測之轉以積轉，而一推月周加減前後所得之閏以積月，而一各得歲實月策轉終交終而諸應在。蓋䋣一元求三測，以三測定四事，凡七政、四餘、五緯、萬星，法可一瞬而得。初臨正張應候，以法自護，最後周子愚疏推公爲亘古一人。公以法不得身試，而重感子愚，乃就己未歲前天正日纏及月度諸數，以曆元玄法推極密率，仍測授時氣朔轉交之誤，惓惓謂「法既立，當時以法測」，仍以後三年月食之分數證其疏密。嘗與予言「諸數一禀太陽，今日至後，天日纏先天日，君象也。一後先，百度失常，調元手，寧得不問。」且議續增三百年之數。予幾欲僦居，悉公所藴，而公殁矣。

公恬静虚圓，耿亮有大節，事兩尊人孝。既殁，哀毁骨立，嘗著憂思、永思賦，讀之不翅蓼莪。雜著百餘卷，雍容大雅，不爲浮響急拍。即羽檄交馳，簿書填委，口占指畫，中不廢吟咏。居官砥節首公，無一事不關切大法，無一錢不留佐公家之急。按邊事，遂如科律，其于金城方略，有司馬君實所不及識。公慈和而近，故擊斷人情，務悉底裏，隨所至，有聲績。生平獎善匿瑕，好以詩酒自娱。及殁，四壁圖書而已。予嘗謂公實抱經濟大略，不獨天官之業掩映千古，乃其終身約結，亦不獨曆。今人駭所未悉。或以曆掩經濟，而瞶瞶者，并曆爲不急，安得起公九原而開瞶瞶者。公殁之前，方具疏，以曆請。殁之日，以遺編授其子曰：「此其爲茂陵遺書乎？」手披圖書，笑而却諸子湯藥，無何，卒。

【校記】〔一〕本篇輯自康熙刻本保定府志卷二十八。

房守士墓志銘〔一〕

萬曆之甲辰十二月二十八日，巡撫大同兵部右侍郎、兼都察院右僉都史、齊河房公卒于家。明年，東省撫臣以恤請，會上念雲中大閱勞，詔從優恤，得再蔭次子入胄，其葬祭如例，贈兵部尚書。蓋公當乞休，時小有言，故恤議或重持之，乃數年叙格，適與議會，此足明皇上不忘舊臣，而公之忠貞篤棐，不必盡白人人，而簡在皇上也。公嘗謂：「匡世者才，堅才者守，不廉者不才。」故生平當大任、定大棼，而卒以忠貞篤棐成其廉。筮仕民部，管金穀，則淪宿蠹，不膩一錙。迨兩守郡、兩備兵、兩司藩，至開府，歲且四，而一錙不膩如民部。其守安陸，當大祲，歲括贖羨，以待左食，垂橐而覲歸定鄓，歡歸榆林。榆林當天下精兵張空拳耳，公爲塞耗竇，至輟薪水，以饗士卒。上谷隸二十郡邑，往或藉交際，鈎贖金，藉擁呼之餘實橐。公故鮮竿牘，即有遺者，郡邑吏賚之，謝不受，從吏却寄，嘗粲然曰：「隸三百兵于中權，無亦時其訓練，備它虞，豈其供苴扉而不以聞，則按名籍實之，不利一丁也。」一分晋轄，獨佐盡諾，至專轄中州，核出入惟謹，積羨至千萬，不一顧，亦不聞。雲中榷採名馬，子粒雜至，比歲不登，公盡捐歲課，當宣索，而餘資平糴歲課。故題奏供幕府費，公不私也。公嘗居約時，輒樂振人急，不以急勞人，即廩餼，可爲族人應公役，乃季父資予，亦函不發，有餉千金者不顧，以故歷六七宦，輒居有利，去有遺，至捐賢者所必取，而令故人不敢爲饋其素植也。然而媒孽者不免，寧誰爲賦青蠅者。世多謂廉狷者抗拗不化，故識局于帷中，幹闟于宇下，乃公又何硠硠通敏也。

公馭吏嚴禁，不得讕語，而任師帥，談名理娓娓，雅不喜藉人爲壁，而接士大夫甚恭，法不骫囑，而務索其情。滹石橋在轂下，日與中貴人居，公能使法行于中貴人，乃安陸諸中貴馮陵寢爲蠹，不減轂下，公繩之法，至誣奏不少動。夫璫藉楚相之寄，勢甚張，公法調之雲中三監，勢又不減楚璫。公概以法，馴者義奪，不馴者，露章彈之，事得罷。諸貴人客挾聲焰嚙邊，公謝不問，即貴人以戚弁屬者，三年不問。然安陸有成獄，公力白之，以十二歲時，其伯謀産誣。爾計中州八郡吏，若悉一二。有吏誣注跛，公特察其不跛。歷梁、代，奉法以約諸宗人，即代藩，不私交，而不令有司以宗禄見風裁，居平温温，動大難。鄖卒嘩，單車以旆，先立定西陲寒盟。公決計贊中丞君剿之，有奇捷，一日夜，鬆皤如也。朔方之役震鄰，公以恩威諭諸降人，折其萌。扯力克藉佛僧西助，公檄諭之曰：「西陲禍若矣。若蔑三十年人德耶？秦人角之，晉人犄之，或取一秉秆焉。甲在門矣。」敵折箭誓不往。當初鎮雲中，即疏曰：「臣願款爲縻，戰守爲經。」故無日不討軍實而申警之，期不匿一卒實伍，不濫一金實餉，若鎮北郛，若平敵王家諸要害，皆予甓甃。至税繁，而私土者嫁禍于鄰，公獨以天變人窮，上請得即于寬。既而旱（早）相仍，公謂赤地未可箕斂，而强宗悍卒，未可舌却也，于是請蠲以恤灾，請漕，請年例，以補蠲。既得俞，則請輕折緩扣，更以税課千萬買穀，關内以濟。公所至，好爲經久計，不自爲儲，而民是儲。在榆鎮，嘗以廣儲，蒙幕府特薦。在紫荊，建齋堂，城儲其中。猶憶按部予邑，謝索倉粟者曰：「豆取釜鍾之數，异時民命，予任德耶，獨奈何有司以振士者自予也。」

公天性豈弟，而少從學使者鄒穎泉學，故守定而才足，以爲少孤，事王父母孝，丁内艱，哀毁如禮。嘗讓産于兄，立義田，睦族人，以不逮事兩尊人爲憾。事叔父如父，事姨母如母，嘗謂仕如酒政，主未厭而去者，兩適。在雲中，乞身者四，又再疏而歸，歸而闔門課子，甚適也。無何，卒。卒之後，銓部尚疏名，以大用請也。

按，公諱守士，字升甫，備吾，其别號。父曰巍，贈都御使，加贈兵部右侍郎。母王氏，贈淑人，以嘉靖之丁酉七月朔，生公于倫鎮里。蓋公之始祖庭訓有四子，其四生廸，廸生璇，贈如公官，配李氏，繼張氏、楊氏，贈亦如淑人。璇生巍。璇豁達，敦大義，嘗焚千金券，故再傳而有公。公爲巍之仲子，配劉氏，封淑人。公少穎异，入泮輒有聲，以恩貢中京闈癸酉鄉試第六人。丁丑，成進士，授户部陝西主事，歷雲南司員外郎、貴州司郎中，遷知承天府。丁亥，以兵變調繁鄖陽。己丑，遷陝西按察司榆林兵備副使。壬辰，以大閱，予俸級，遷山西布政司參政，整飭紫荆等關兵備。尋以癸巳剿敵功，加按察使，餘如故。甲午，遷山西右布政使。明年，以舊寧夏搗巢遏敵功，予俸級。丙申，遷河南左布政使。戊戌，遷督察院右副使，巡撫大同。辛丑，以東西叙功，兩蒙賜金幣。三年報績，加兵部右侍郎，贈及其王父母，始蔭長子美輪，入胄監。有三子：長即美輪，以廪生蔭，娶顔氏，府庠生齊河顔公仕進女；次美奂，廪生，即公殁後，以叙功蔭者，娶郭氏，山陽令郭公燧女；三美俗，早卒。女一，適河南按察司兵備歷城賈希夷子郡廪生槐。孫，泰亨，輪出，娶舉人禹城楊公大庭女；乾亨、謙亨，奂出。孫女，輪出者二，幼，未字；奂出者二：一適陝西兵備歷城陳公載春子太學生樞，一適延綏中丞歷城王公見賓孫德珣。二子將以丙午二月二十二日，葬公于長清之原，而美輪來乞銘。嗟乎！公進予于諸生十餘年矣，忍不爲公銘。

銘曰：廉者抗遺，而公行悉；才者員通，而公行特。悉以才敏，特以廉飭；肅如雍如，剛克柔克。顯畀壯猷，式嘉明秩；固我寧人，殿我疆域。匪計一時，而圖萬億。有弁者角，誰克翼只；有瀾者沙，誰克蜮尺。帝簡如天，臣心如日；五懇而歸，一病而畢。東門之原，堂如邇室；岩岩在前，憑是正直。文子[文]孫，斯繼斯適；太史有辭，千古無斁。

明大學士高陽孫承宗撰，門人。

【校記】〔一〕本篇輯自民國二十年刻本房氏族譜。

元孝子百户劉智墓記〔一〕

劉孝子者，勝國百夫長，曾剖肝瘳親，事在劉進士士美題詞。蓋由泰定來，三百餘年，兵火幾遭，而此石巋然無壞，亦孝秉天彝。即夫悍卒，有不忍墮者。孝子里，去城三里許，去予塋可半里。予每拉友人步其下，即枯株野鳥，啁嘲上下，嘗低徊久之，不能去。其地佩兩水，而孤峰亢爽回環，故其人遂得與舒歕同名天壤，則人地靈杰豈偶也。孝子之裔孫諸生燦然爲予門人。予偶謂生云：「爲侯王之裔，不若爲忠孝之裔，世有裔侯王而不敢自列其先，乃忠孝類侈言之。」予邑許睢陽，忠烈苗裔滿天下，而所在列其冢祠。一時熏轑豪華，如某如某，其子孫聞語及者，無不靦然汗下，而不能語。然則忠孝之裔勝公胄也。予既表許忠烈祠，乃更低徊孝子，適燦然除先墓，而剃蕪立仆，補其缺甗，遂題其語于石。嗟乎！臣忠子孝，宇宙大倫，劉户侯粖軨君子，而躬摯行，以彼引芒一念，乘障當敵，尚可爲睢陽乎？誰謂不經不訓也，敢藉以勵糜糜者。

【校記】〔一〕本篇輯自雍正刻本高陽縣志卷六。

傳

憲副夢岩王公傳

王公，諱應霖，字德徵，號夢岩。少沉凝，有局度，贈公器之，授讀輒敏劭若夙業。弱冠，補博士弟子，試輒高等。督學閱其文，以國器期之，爲易名。辛酉，舉于鄉。無何，丁贈公艱，以養不逮，傷焉，哀毁逾禮。庚辰，成進士。刻有制義，同榜無錫顧叔時有叙，尤爲艷服。初令桐城，既悉所疾苦，乃砥節首公，一意爲廉平，日挈大綱，以條次所興除。而賦不淄羡，訟不淄贖，嘗剔積役，乾没金可千餘，主藏吏以嘗，公輒叱去，爲建常平倉，十倉貯穀三百石，以爲賑恤之備。俗好訟，多結黨，以機弁良民，公盡得其主名。會有借辭卜者，而殲之以滅其口，并殺其所挈少子，投枯河中，其妻覓之不得，訴于公。公秘出健訟姓名，迹其與卜者飲日，即卜者死日也，一訊得狀，出尸于河，而抵之法。適有度田之役，多以僞增迎上意。公爲剔欺隱于豪敓，以蘇單赤。時葉龍潭知安慶，亟稱公能，檄他縣悉視公法，更檄公勘他縣。公既雅意興起文學，而皖以望邑多才，乃力破新格于額。其所拔識，多知名士，知何、吴諸君子，皆以進士高第爲名卿。會當入覲垂橐，而往有富民饋金于途中，公却之，曰：「小民不奉法爲安，而黠長吏耶？」其人感泣而去。時尚嚴急，吏方務爲刻深，應功令，公獨持漢吏悃愊，遂以舊令事詿。及調觀城。觀久乏科目，公首勵學宫，課多士，品題之，文風始振。士即有掄魁者，更爲均傜、裁冗，蘇息其凋苭，復立社倉，如桐而益之。會歲祲者再，道饉相望，即出所蓄，仿鄭富公青州法哺之，旁郡邑就食如鶩，先後全活甚衆。會左道借歲爲亂，公爲嚴禁，令散支黨，卒殄滅之。歷五載，奏績，得贈封如制，尋升户部陝西司主事，士民樹碑頌德，邑志臚列甚詳。入視驗糧廳，一意絶問遺，更禁需索，諸貨取足國課而止，商人便之。

庚寅，轉山東司郎中，督遼餉。遼左正餉七十萬，客餉十二萬，鹽課六萬，屯糧六萬，餉額既繁，耗蠹叢集，度支暗，或不得清，猾蠹而涴，或爲指嘗，將領得恣行其占冒，部軍半坐空名，冒實餉，而又數數虚傳警報，以邀行糧，有足未出塞而稱遠征、既出即旋而稱旬月者，敝習相沿，餉司罄支本歲，更借支來歲之半以爲常。公乃議之兩臺，與諸將約，餉須核實，空名者，罷勿給，警須計日，虚傳者，罷勿給。公既躬校簿書，以剔諸蠹，而又砥節首公，如嚮者于桐于覲諸將吏，慮無不嗌指，栗栗無敢爲冒，即冒，輒持格梶之。其給者，悉平衡出納，絶無低昂。三韓軍士，感如挾纊，至諸鹽屯，官與商爲市，吏與胥爲奸，弊竇不減于占冒，公悉爲剷除。二年來，歲例既饒，而釐剔裁省之羸糧，報羨幾二十餘萬，大司農疏聞，蒙恩紀録，上爲出帑金賜之。

甲午，丁太恭人艱，哀毁如喪。贈公服除，入部，尋升陝西參議，駐西安，領五道篆，鞅掌紛拿中，决裁無稽案。其子藩録邊餉，復如嚮者于遼，悉以平衡出入，毫無虧減。有礦使肆螫，公採諸生議，嚴爲條禁，地方賴以不擾。一時吏民懷畏，即宗人，翕然頌之。臨潼民習于頑，令數以訟去，適有新令履任未幾，部民聚訟至數十百人。公既前悉其誣，又悉有嗾之者，曰：「體統淩夷，不可長也。」乃聚衆庭諭之，曰：「令方新，何至嘖嘖如若訟。若即訟，獨不念部民誣長吏，其罪奚若耶？其連及之左，脅從之左。」一語未竟，獨渠魁三二人冥然右耶。一訊伏法，刁風爲息。

無何，賫捧入賀，升湖廣按察司副使，備兵辰、沅。值播酋猖獗，惡氛甚張，滇、黔之路絶，以偏橋爲要塞，其東北則走建康道也。逾闕白泥，即賊境。賊方幣結九股苗，倘偏橋不備，賊勢長驅，留都可虞。且大兵進，當有腹背之慮。公乃募丁壯，簡武勇，礪器械，儲糧餉，提鍉卒三千，移駐偏橋。賊以其子朝棟領兵直犯，公檄裨將，乘其未陣擊之，衆殊死戰。賊退復集，復擊之。又多設疑兵，旌旗烽火遥映林嶺間，酋子始懾而遁。于時督府尚留會城，援兵未集，而以孤軍遏敵衝。酋退守海龍，無敢窺圉外，公之力也。其後竟播之役，以至剿皮林，凡兵餉戎器，實無一不取之沅州，皆公所先期條備。既期，集入大軍，以于都護繼勛守偏橋，備策應，亦皆公所先期部署。公與胡公、魏公兩兵使入自白泥，時餉道苦險厄，而士乏宿飽也，幕府檄如雨，酋復謀截餉。公乃建接運法，軍中便之。大兵至海龍，公奏記「堵要塞，防奔逃」，逆酋就殲，公有力焉。

既乃有皮林之役。初，皮林苗亂，公方駐偏橋，拮据播事。黄參將沖霄急于進剿，公曰：「播事方始，而又及苗，非完計。俟播平，以餘力掃除，易矣。」黄意在邀功，陰以兵剿之而敗，至厪幕府抨彈，獨于公稱其能料敵，而鞭不及腹也。黄既失利，乃懼而納金求免，公却之，具白兩院。兩院報云：「門下潔如冰玉，渠自彰其僨帥耳。姑容待罪從戎，以責後效。」所部肅然憚之。播既平，乃議剿苗。江中丞以艱闔門，而文中丞不欲爲越俎，公奏記促之曰：「逆罪在不赦，而經久無進兵之期，困獸不虞肆搏乎？」于是始決計進兵，不逾月而皮林蕩平。乃喜功者，又議概剿諸洞。公又入見中丞曰：「叛而服之，服而捨之，誼也。罪未形，而加之兵，何以服遠。且概爲昆焚，有傷天地好生之心，亦甚非朝廷意也。」中丞亟稱善，遂止。初，大將軍置降苗于幕者三百，公謂：「裴晋公納蔡人爲牙兵，以蔡人苦威劫，而實吾人也。今以叛苗置榻側耶？」會夜嘩，以降苗爲内應，始服其識。大中丞稱公「料敵禦變，綽有膽識」云。

公莅沅三載，兩經大役，不獨詰戎理餉、衝冒矢石，而飭綱振紀、綏緝我人，不減帷籌。因念土司之釁多起于習驕而不折其萌，乃乘夷播之威持廉，公飭諸司。彭宣慰應昆恃兵與貲爲驕，易嫡之議，至邀權有力爲請，公嚴飭之，不聽。又念諸洞苗犖猝易擾，不比土司，且大創之後，方如獸獝，因遍歷諸洞，詢利害，調便宜。其逼臨苗洞，有八衛十三哨，哨官不得其人，每爲苗患苦，而以賄以屬，官遂不得其人，公爲簡膽智有技能者任之。適百户以金營納金茶籠中，公嚴斥之，不復任。因諭諸苗無内侵，哨官無外擾，勒其辭于石。中丞公亟加其行曰：「功宏遠矣。」是歲，滿四品考，會覃恩降敕褒諭，贈公中憲大夫、湖廣按察司副使，母暨妻加贈恭人。無何，擬參貴州政。候旨，以迕新直指，有言歸後叙征播功，概從優叙，至蒙白金之賜。或曰：「公論明，可以出矣。」公笑而不答。

公長身玉立，襟度弘闊。其爲文，好深沉之思，予猶及讀其制藝也。所至興文勸學，雅負人倫之鑒。至識進士，可行于青氈，猶奇。家世孝友，而公爲篤摯，懷贈公風木之憾，四十年如一日。于太恭人，備及色養，歲時享祀省墓，躬申誠敬，至老彌殷。待昴群從，有恩禮，季應期相摩切。成進士，當西安以任，季以蒲城令引避，歸遇華陰，聯榻信宿，友于之情，溢于關中。舊有祖田，既仕即推，以與諸弟之貧者。族黨婚喪，有力不能舉，皆于公取給。親識中有可以爲之地者，惟其力之所及，不必其人知也。里人既相與尊信，公或偶遘，意外應之，亦辭和氣平，時以方韓魏公稚圭。懸車二十年，游覽經史外，無他嗜，旦晚視諸孫伊吾以自娱，絶不爲謁請。至地方利病，不譚諄切言之。王文肅執政至，屬其邑令薛公曰：「是邑有某，其人賢者，可法。」文肅雅不輕許可，而薛令特負風裁，其語固可信云。

祭文

祭友人井荃玄文

嗚呼！我之自我，智或以嬰；物之自物，細或以情。孰知夫不我于我，我其用寧；孰知夫不物乾物，物其用成。有友顯陟，渠頓予攖，而或嫌之，曰不趨榮；有友要觸，渠頓連染，而或避之，曰不共險。公也予友，初終不渝；顯未嘗嫌，險未嘗虞。共予青衿，比予軒冕；欣予承明，比予里閈。當予東居，渝海相從；壇城毳帳，笑語從容。當予里居，中人肆虐；衆或股慄，而公自若。此亦尋嘗，何之重公；黄金交深，公其以風。嗚呼！衆豈公知，公豈衆伍；剛亦不茹，柔亦不吐。我于無累，物于無迕；貞不絶俗，今以爲古。嗚呼！予既賓交，天復喪公；不爲公慟，不爲予恫。季子孺泣，曰銘吾翁；乃述公略，乃既予里。嗚呼！官不爲仕，才不爲誇；翩翩子姓，𥏼𥏼文華。五經紛綸，蔚爲大家；公所惓惓，尚未有涯。嗚呼！嚮銘劬生，泣不成草；今茲銘公，胸舂如搗。况也銘公，還悲丘嫂；白首同歸，予辭用老。薄言酬之，英靈矯矯。嗚呼！尚饗。

祭憲副李培吾文

惟公醰粹雍和，廉直勁正；蕊榜名香，花城春映。入攬桓驄，出銜憲命；簡授霜飛，斧横岳動。道擁麟鳳，力摧梟獍；無斁師言，有聲朝聽。草木知名，兒童識姓；載分臬司，載陪藩政。月映秋潭，冰清秦鏡；既哺懷嬰，既讋指佞。公所顲畫，著爲絜令；公所弦更，蔚爲衆慶。函谷雲開，岱封日净；方聽鳴鶯，遽聞截鐙。嚴灘道高，謝墩望重；朝屢推轂，公屢移病。歲之不易，肥墝其横；三齊告饑，九重爲柄。公有藥言，以醫丹甑；流傭可復，瘡痍可定。謂公熱腸，出或乘輿；曾幾何時，而云不禜。予未登朝，輒聞明諍；誼托葭莩，聲相呼應。公以胤子，借途于懜；予有豚兒，袂聯同倩。吴紵匪親，丹鷄匪證；謂可聯蜚，而遵合迸。公歸大宅，藐孤誰憑；國喪王楨，鄉乏主盟。予豈哭私，畫爲心憖；靈神珊珊，絮鷄未罄。尚饗。

孫承宗集卷十八

碑記

重修大隆興寺碑

蓋聞聖人生而元功歸五岳之成，帝業昌而景福叶萬靈之貺，故劍投神冶，上皇解佩于山靈，夢繞赤蛇，大佛開祥于長壽。若夫丹陵瑞啓三河，白水嘉生九穗，巍巍蕩蕩，下對成功，鬱鬱葱葱，獨鍾佳氣。凡以天開地辟，通理于黄中，虎踞龍蟠，茂膺乎赤紀，惟眷命而亨天心，乃受圖而酬神佑。洪惟我太祖高皇帝，握天鏡以通寶筏，回地軸而履金繩，手提日月于迷方，力拔乾坤于苦海；誕靈縱睿，苞囊函夏之光華；接繞膺期，攬結方輿之雄秀。洎八弦靖謐，四極和寧，洞劃石牛，舍開白馬。故中都有大龍興寺者，昭龍興也。其地首諸夏，以控天邑，總環瀛，而號日畿，三天握籥于横衿，八部畫圖于指掌。爰憑鳳麓，回構仙臺；鷲華蜚翥鳳之區，虬鉢下潛龍之境；引太虛于玄鍵，遠蒸萬國之雲烟；蕩元氣于丹楹，近簇二陵之風雨。蓋功諧幽贊，技殫絶群，嗜闍藻函蓋之容，維極挾江山之助。于休哉！紺宇薦靈于譙、亳，玄房佐祉于岐、豐矣。迨我英宗睿皇帝，辟紫極以登三重，戡駿業，孝宗敬皇帝，繼黄離而乘六丕，邕鴻恩，眷龍象于炎昆，涣綍綸于福地，錦綉重披寶界，雲霞頓麗銀庭。蓋念五鳳七麟，曾肇王基于舊迹；千秋萬歲，或游魂夢于故鄉。而物力尚饒，周澤方渥，故能起雷霆于指顧，回蠖蛇于騰飛；千楣萬拱，俄盈既燼之墟；龍發螺文，復見維新之象。無何，勝地不嘗，劫灰再熠，祇樹香沉于户鳥，率陀影散于空花；四照枝殘，醉象攬藤蘿之月；三華葉爛，毒龍沉舍衛之城。

由正、嘉而來，歷八十餘祀，則詹御史事講、曹郡守時聘、李郡守驥千，先後圖之，大殿甫成，群工未輯，丹艧雖勤，藩垣未具。又二十年，而庭鞠茂草，法熄殘僧。于時則張郡丞大孝從董兵使元學議，再圖之，而以馬郡丞協綜焉。謀僉同于群策，數更極于百年，大開覺路于明幽，共唱慈風于法俗；笻鳩竹馬，鶩香闕以枝華；玉紗珠纓，望鷲林而布地。由是續往因于未斷，合大力于幾成；虹蜺通雙殿以峥嶸，八龍忽涌；星日絢重廊而隱現，兩鴿重飛；鴛瓦促魚鱗，增瓊垣于下歲；鶴軒迭雁齒，敞笏室于中岩。蓋曬慧日以耀昏衢，灑法雲而清火宅。爾其焕星幢于羽仗，雜魚梵于嵩呼；曇雯迎劍佩以疑華，鬘彩結簪纓而鬥色；蹌蹌陽馬之犧，而恍趨規地；戛戛風鳴之唄，而疑接中天；則嚴威儼若朝廷，悃款肅于辟士。若夫庭俯喬松，窗含遠岫，瓜剖華京之浩穰，蚪蹲湯沐之崇隆；噴薄陰陽之氣于重閎之年，而斐斐冪遠；發揮川岳之精于方通之侯，而巉巉盈衿；則峰標欲界之仙都，天挺明神之窟宅。又若仰斗電之重華，拾天花于巫雨，挹紫雲之黄彩，競界綫于金鋪；赤字第一，山入微塵而不滅；瑶文無盡，藏銷劫石以靡窮。又若瞻故里于新豐，恭承桑梓；攀遺弓于鼎嶠，愛永松楸；閲先帝之經營，憶創守維艱之會；緬仁王之貽翼，追天人相與之符；則投戈而栖，意慈林高祖所爲寓，神武于不殺也；撫遺而游心豐芑，二宗所爲寄，無念于昭兹也。

嗚呼！慶鐘長發，則維明襲嘉，而爾卜之傳日永，神應遠期；則重熙累洽，而百神之護彌周。蓋先天啓鑰，嘿契玄扃，後聖含靈，陰扶帝脉，此諸君子所爲。臨彼岸以褰裳，悲化城而反袂，報初禎于功德，昭申命于聖神也。由斯以談，祝釐之典爲文，存樹之思未大，豈與夫掇屠耆之金，供伊蘭之饌，恣麈尾之逸風，披虎溪之勝韵哉。至于妙度群品，盡出幽厄，萬感咸通，一思必應，則真如能事，姑不論焉。

乃作頌曰：乾函萬鑰，坤軸九維；靈氛葱蒍，嘉祉葳蕤。崇因效法，上聖膺期；日懸大覺，天度群迷。鼇柱斯標，龍宫斯奠；如鷲于嗜，如鹿于苑。花雨環纓，彤雲拂檻；日月法燈，風雷魚梵。爲我摩尼，斗極皇皇；爲我祇園，楚疆章章。忍亦弗界，福亦弗堂；三吴于左，荊汝于陽。江流漫漫，淮流漯漯；孤山巉巉，鳳山翼翼。是名渌池，是名方石；度亦非航，卓亦非錫。蓮花寶墨，貝葉龍文；天與如大，佛與如尊。蒸蒸法力，消我劫棼；彤彤法宇，食我德芬。列聖有作，爰清毁宅；我皇穆清，嘿軫人力。二三力臣，式我顆畫；奉宣睿謨，還我赫赫。神謀于舊，人謀于新；詎曰力饒，而酬國禎；詎曰偉觀，而重國根；以歸帝力，以洽帝心。智炬不然，慈雲不飾；其然非空，其飾非色。群力則共，群心則伭；神武聖慈，乃見天則。

重修觀音寺碑

余讀法華，見佛告無盡意，菩薩略謂：「觀音游娑婆世界，現種種身，處處爲諸衆生説法，能救護娑婆世界諸衆生。若有無量百千萬億衆生受諸苦惱，一心稱名，即時觀其聲音，皆得解脱。即入水，不溺；即入火，不焚；即入黑風羅刹，不墮。」蓋金剛三昧，授自如來，故慈力亦復如如來，遂令身成三十二應，入諸國土，始自佛身，終至人非人等，皆以無作妙力，自在成就。夫無作妙力者，真净智慧慈悲之性也。真性見，故不自觀音以觀觀之。夫不自觀音以觀觀之者，離塵復性之真觀也。離塵復性，則諸妄自脱，故能令苦惱衆生蒙我真觀，即時解脱，而不焚，不溺，不墮。蓋見覺爲火，聞聽爲水，一心稱名，萬念歸一，故見覺旋，則離火塵，聞聽旋，則離水塵。幻塵既離，真性斯復，故煩惱不焚于火宅，貪愛不波于情海，又何漂墮而罹羅刹之難乎？

總之，體合心，心合氣，氣合神，神合無，其有介然之聲、唯然之音，遠在八荒，邇在眉睫，來于我，必盡知之，乃不知爲是我七竅、手足所覺，五臟、六腑、心慮所知，其自知而已。世人不能即身釋塵，遂至離身求觀，妄謂稱七日而難免，誦千周而身全，豈其然乎？然性説難覺福，田利益易入，世人認迷爲真，且尸而祝之，幾遍娑婆世界。蓋妄希稱名解脱，以懺生平，而達人開士，亦或藉其法，以宣慈和。而動所不忍，且或令悍者馴，狡者愨，蒙者發其覆，即居士身，尚以纂緝之餘，爲襘禬于國家，則其尸祝一念可知也。

高陽齊公彦戎，以居士身佐比丘，惠禄嗣兄，續而成祠，以供觀音。迹其心，豈其置人于焚、于溺、于漂墮者，而浸假化身爲宰官，其利益寧有量乎？

寺經始于隆慶庚午仲秋，訖工于辛未仲夏，越三十年，而其嗣君大鴻臚敬才，始圪其先志而勒之珉。余固有感于是時物力饒而能以其餘它及也。蓋隆、萬之際，宇内宴如，能饒益一切衆生，充滿其願，如清凉地，能滿一切諸渴乏者，故一切衆生之得時，如寒得火，如裸得衣，如子得母，如渡得船，如賈得海，而大爐之焰不燻，大陸之波不揚，大宇之黑風漂墮不遭。蓋國家仁恩澤涌，德教翔洽，其明見仁與，則普門遍照，而蔀屋繩樞，亦若一心稱名，而得度一切諸苦，故民間得以寬然有奇嬴，而成其普濟之願。然則是役也，主上之賜也，豈其以居士身饒爲之，乃居士而願不焚、不溺、不墮，其念可嘉也。予其欲風宰官，身冀世人無或循聲流轉，然于無作妙力遠矣。歲辛丑，予以計偕，作是記，勒諸石。又三年，而閲其舛錯，爲訂數言。又四年，而磨且重鐫。若夫屋以雲霄，貌以金碧，則有籍者，兹不具論。

其偈曰：迦葉何源，菩提何樹；一塵瞥起，六入膠固。風濤斯波，火輪斯炷；如來太子，乃眷中土。高謝四流，俯宏六度；臂色金光，髻光如霧。三十二應，百千萬蠹；一心稱名，萬念同聚。解脱塵緣，妙明心愫；水火永離，風海不怖。如寒得衣，如饑得食；自在成就，此何以故。金剛三昧，同佛慈煦；知見既滅，人情孰畢。不自觀音，無嚮嘗住；幽谷空函，洪鐘虚鑄。有至斯嚮，無求不副；于昭我明，兼開覺路。色界雖迷，希夷未什；抱樸觀空，函元歸素。重抴玄津，更爲釋作；乃煥金姿，乃揚寶樹。八表慈雲，九乾甘露；十身不毁，曼壽以護。勒此貞珉，萬年永固。

慈臨庵記〔一〕

縣之南城有重門，題曰「滋襟」。繇滋襟門南行，折而東，徑三皇廟，過錢梅谷諸令公祠，有庵曰「慈臨」，蓋天啓六年以祠白衣大士。其東有火德祠，有碧霞祠，有真人祠，有古高陽氏廟，而風雲雷雨，壇居數祠之中。是庵當祠廟間，以左右諸祠廟，而北負城之東南隅。適〔二〕以新角臺若樓爲後屏，其前則兩郡劇驂，又前則大河如帶，而名家兆域，分列河陽，其阜崗點綴，林樾簇環，時則觥船柳蔭，漁網鳩洲，或作城南記焉。其東北隅，則楞嚴寺浮屠插霄乎二里外，而大河之南佩者，東折而北過浮屠，左受城西之水，合襟于予之西原左。其比庵而左鄰，亦予柰園也。庵入門，而隊柏葱葱，輒有凌雲氣。祠三楹，中爲龕，相白衣。蓋三十二相之一相。後爲僧寮三楹，亦有列柏。其土高而爆，每安步埃壒，苦門外喧闐，而一入門，則若深岩邃壑中，不復聞。

大士以無量身，現白衣相，主生，故尋聲救苦，曰觀世音。夫世音，音也。觀何以故，無亦淪落泥犁，悲號萬狀，都現爲音聽，則止其音觀，則并得其悲號苦痛之狀，形以用聲，非形非聲，目以用耳，非目非耳。予今從洪波巨浪中，見披髮男子與波呼號，安得不引手慈筏，畁以懺悔。且千伯萬魔，方付維馱，而暇從善財問龍珠乎？世人以清凈心，生貪戀，遂生怖懼，遂生嗔怨。要惟一痴大士從聞，思入三摩地，破痴爲慧，故了一切輪回心，而爲正法，明如來嘗予天下以生。遂次爲記。祠僧昌蘊頗静慧，作面壁行三年，其竪碣當其滿期云。

【校記】〔一〕本篇輯自雍正刻本高陽縣志卷五。
〔二〕「適」，國家圖書館藏孫承宗手書碑文拓片無此字。

興化寺廟記〔一〕

予以壬子冬，與舊令公錢若水御史約，會于石門，夜過泛頭，宿興化寺，喜其風土沉樸，兩僧亦復愿謹，漏再下，具脱粟啜茗，起視明月挂籬落間，遂成四偈。洎晨行，則僧指礱石索記，曰：「寺創于金大定元年，修于明洪武庚子，再修于萬曆癸巳。其修者爲鄉民謝安、郭尚義、王東曉、王奪世、陳可大洎僧會科。又十一年乙巳，則僧性良與省祭官郭應期等加飾焉。乞一言，留鎮山門，以當蘇公之帶。」予笑而諾之。越明年，癸丑秋，始隨沉樸之俗，而爲白衣諸父老説法。

予觀蠉蜚蠕動，具有趨避，其趨必利，其避必畏，乃世法之四維三尺，可避可趨，而愚迷或以爲常，而生玩于大慈悲主，俯就世人所必趨必避，以導通途。謂我予以利，不若自趨其利，我予以畏，不若自避其畏，故一切輪回之説歸命于佛，冀佛慈悲，以重徼福利，而去所畏。然佛有法，僧有律，一入法律，輒落輪回，種種惡業，種種惡報，凡世法所不盡及，若一切付之佛。至私居密語，減禄減算，必不可爽，而慈悲之心乃更密于世法。然世法甚寬而不漏，甚顯而不涉，有無故漢家之法三章，先蘭臺四十二章，而日月閻浮，乃知世界法律，語語大慈大悲，世人不犯世法，即不犯佛法。其遠科律，便是净土，便是靈花忍草；其近科律，便是泥犁，便是刀山劍林。試觀狂夫操利劍，繫徽纆，掏膺仰泣曰：「庶幾佛其救之。」顧操利劍者誰乎？我自不操利劍，我自不繫徽纆，故不殺人是佛，能自救身是佛。予謂：「率爾沉樸，且有佛理矣。且佛法空净，捐離一切。竊計爾能捐墳墓，不能捐田宅；能離父母，不能離妻子；就爾所能，便是禽門；就爾所不能，便是欲海；以爾不能，益恣爾能，便是永墮阿鼻。昔維摩答菩薩問眷屬曰：『智度爲母，方便爲父，法喜爲妻，慈悲爲女，善心成實爲男。』予今爲爾等轉語曰：『母爲智度，父爲方便，妻爲法喜，女爲慈悲，男爲成實。』吾所眷屬，即是眷屬，無以我欺心，名曰如來；無以我損人，名曰平等；父慈子孝，兄友弟恭，夫義婦聽，名曰極樂。昔佛言：『出家，不修善根，不如在家；出家，能修善根，則勝在家。』須知西方無貪嗔佛，震旦無迕逆佛，弟子以身試法，舉目寒林，以法檢身，普門金地。」僧聞而合掌稱善。予笑曰：「予爲在家白衣説法，不爲爾精進者説法。」因拈泛頭之泛爲語曰：「水別而復會爲泛，其別其會，當作何解。」更爲誦和修偈曰：「非法亦非法，無心亦無法，説是心法時，是法非心法。」

【校記】〔一〕本篇輯自雍正刻本高陽縣志卷五。

關帝廟記〔一〕

邑西八里許爲邢家，南又西里許爲六家莊。予田于六而過邢。邢有漢前將軍關帝祠，邢之人以黄生應聘因劉生利用來問記，其言曰：「祠，萬曆三十六年春月建，而有事于祠者，爲趙崇芳、馮禄、陳光宗。」予謂帝祠遍天下，是祠曾不足駐龍旗火馬，然重念鄉人樸茂，其藏縕或不供耕耘，而慕嚮明神，無亦其丹誠歟。蓋帝之言曰：「日在天，普照萬方；心在人，以表丹誠。」夫丹誠如日，縱此樸茂。予嘗兩記帝祠，大約謂：「子孝臣忠，兄良弟悌，惟神貺。其有行不履諾，末不蓋初，利害易嚮，生死易交，菀枯易集，成敗易志，惟神羞。」予挈兩記，告鄉人，使善用吾樸茂，以不辱于神明，則龍旗火馬，珊珊其來，未可知。然丹誠如日，亦何必龍旗火馬、赭面戟髯者神也。

【校記】〔一〕本篇輯自雍正刻本高陽縣志卷五。

北岳祠記〔一〕

按，岳稱恒宗，在雲中渾源，而秩祀在曲陽。予嘗負劍塞下，登恒巔，歷虎谷、集仙諸峰，以攬結河山雄秀，而北望白登、紇干，南眺五臺，逶迤幾千里而來結聚，以撐柱燕晋之交，遂以劃内外之界。是以有顯赫靈爽奠我朝，而更爲北偏屏翰。予邑依帝畿，在日月光際，于柴周、趙宋，則關南要害，而元爲鎮撫彈壓地，乃天下大勢，則北岳之隸也。古者，表山爲岳，以分天下爲五，遂分岳建侯，以司牧元元，而岳祀視三公，天子巡方則祀，諸侯在其地則祀，法不得祀于下里。然年歲豐和，雨暘時若，即下里，亦得以豚盂仰報，尊而親之。予嘗比天子大吏鎮撫其地，豈細氓得望見顔色，而軫瘼恤惸，即細氓得稱頌功德，擬于岠峴，神于地，興雲結雨，捍禦患灾，以屏翰我如礪之區，則我人似宜有崇報，以比天子大吏。然予嘗謂：「世昌明，憑人；世衰絶，憑神。」倘吏土者調輯柔剛，無患苦百姓，尚其唯神庥，凡我百姓，尚得戴守土之吏如明神，而其榮報明神，亦復如守土之吏。歲時伏臘，烹炰羊豚，醉飽庭下，即神亦樂只，而縉紳先生，且于若輩，以觀帝畿太平之象。鄉文學李大賓曰：「祠最古遠，再修于正、嘉際，先後俱其族人。」今天子癸丑，會首李大受、李春陽、僧福會、徒慶蓮洎鄉人修之，而予仲父壽、官府君麗、庠生王令績亦有事云。

【校記】〔一〕本篇輯自雍正刻本高陽縣志卷五。

東鹿縣新建滹沱河祠記〔一〕

余郡二十州邑，而半以水患，鹿城、滹沱之衝，患更厲。蓋臯守大夫日爲慮，而長吏半從泥淖中顛畫畚插有年矣。歲壬子，余持節過城下，則民廬没廢，什可三四。明年，則牙舍日艤舟而出，且支木以步。于時有遷城之議，袁令君固不可，曰：「南北不百里，誰爲湯湯安流而祈寧土者。」既上其事于參知解公，則爲高其衛城之坊，夾埤樹萬柳。亡何，水大浸，日遣舟出諸溺者，而城恃以無恐。然從坊視城，如盆盎，河伯環坊而浸者，遂至漂簿書，没民廬，父老相率請令君就高阜。令君復不可，曰：「吾請命于上矣。小民越在泥淖，而吾高阜以居乎？」乃繪圖持上參伯，條次修救數事，得還報，次第布之。于是開粥場，築冬生院，成梁于隘，成舟于闊，成水車于潴，鑿坊澌渠，以達内浸于舊壑，而斷西北之支河。越明年三月，渠且成，參知公實臨視之，皓皓旰旰，間幾爲河也。公駭嘆泣下，詰旦，又引咎拜禱，相其灣曰：「是可導而南。」又指其衝曰：「當築宫其上，以祀河伯。」更發金爲撫濟院百廬，以待諸露宿者。越月而祠成。又越月而河伯南徙可二里許。又越月而邑士庶擊牲享河伯，歡呼祠下，拜河伯之貺，頌參知公之格神也。于是馮孝廉冕次其事，來言曰：「公之格神，凡以爲百姓；神之貺公，凡以公前後所賑救。俾明府請無不得殫其心，而既遥厪之，又躬臨之。是用冥章厥績，以嘉成勞耳。」

余謂灾亦何常，備則馮人，不備則馮神，河之竟南若更北也，不敢知。乃余所知，可澌澌之，可坊坊之，使小民不馮神而馮人。今天下三事而下，輒攢眉于不可爲，令不以聞，令有狀，而上不以聽，即姑聞姑聽之，議蠲議賑，而死徙過半矣。乃若交相圖畫，至廑前矛于河干，而親爲指授方略。其諭慰父老、綏奠溺人，備極篤摯。然則川靈受貺，而浸宅康莊，驚波方軌也，豈非仁人之效哉。昔漢武沉璧揵石，而咎河伯不仁。王弇州過郡，曾曰：「河伯不仁，長吏佐之。」嗟呼！余不敢謂天下有不仁而吏，豈其神而不仁。今余郡有仁吏，神終煩我長笅乎？傳稱：「與溺人，寧溺淵。」然則有仁甚于水也。余願吏吾土者爲仁吏，士即溺，不溺矣。

【校記】〔一〕本篇輯自康熙刻本保定府志卷二十八。

保定府重修敕賜忠祠碑〔一〕

旌忠祠者，明忠臣楊公祠也。公家郡之容城，名繼盛，字仲芳，别號椒山。嘉靖乙未進士，歷司馬員外郎。會大將軍鸞主市議，公力言謬不可。鸞間入，貶臨洮。無何，誅鸞，召還公，公則極言大學士嵩奸罪狀。嵩主吏議，傳上刑，會縣官欲論它囚，公不免。其後七年，嵩敗，嵩子世蕃伏誅，而嵩寄食以死。又三年，而莊皇帝奉遺詔，褒録諸死諫者，贈公太常少卿，録一子太學生。無何，用言官言，賜公謚，謚「忠愍」，更賜祠于郡，額曰「旌忠」。其祠故湫溢，無以風觀者，王郡公鍾嵩議它遷，未遽。洎武郡公衷懿來，乃相地，得西闉之馗衢，大其宇，分塗于掖貌公，南面鑄相嵩父子若鸞，以鐵反接，北嚮跽，有患者，得隨所患杖之。郡公以不佞史爲公里人，當有辭勒麗牲之石。

嗚呼！古稱燕趙多慷慨之士。夫慷慨者，或偶發于一擊，一不中且悔，而一中已足以豪，即不悔于不中，若不豪于中，而慷慨亦復有善有不善。公獨盡言于慷慨，至主上予再生，而公竟死。世比公于殷帝之含光，謂公之功乃在一死。夫人臣委身于朝，死職死言，死亦其常，獨其盡言于職，可不問纖巨，而言在職外，則無敢瑣科于毛細，而謹圖其大。當肅皇帝傾心股肱，而嵩得怙主威，熏轑天下，一時福于瑜瑜，而禍于諤諤。公自度壞天下惟嵩，而非公誰言。即當其議馬市于職，一兵子唶（蜡）嘆，而大臣相視，莫敢先發。此又非公，誰爲言。

嗟乎！兩逆憂在社稷，而公以死言，故公之言，即不死，亦足以功，即不用，亦足以死。而況公用其死于言，上用其言于死，死且不朽矣。夫公脱負戴，適戟佩，或自固不肯言。及起貶所挈，風裁以傳，其天地文理、樂律兵甲之學，即不言，亦可以雍容皇路。乃復慷慨不顧器忌，而邀必至之禍于身，至夢驚長樂之新封，魂返太虚之浩氣，抑何楚楚激烈也，而公且甘之若飴。蓋生平志分，自矢出松柏之上，而一凌太岳之顛，頓悟無窮，國家二百年正氣所榮績，持偶激于要人，以破天下佞舌薄膽。而時所稱要人者，未覺無留恩，即覺無留威，即一跌，不足以當公，而卒未嘗負公一死，乃其死竟何如。

嗚呼！朝陽之鳳既摧，依人之鵲安在，後世之君子，尚慎指嘗于覆餗，而無良臣之願，謝不敏于公哉。予迹公生平，侃侃大節，固已撑拄宇宙，乃其于父子兄弟，罔不以變爲常，而匹士分一行，亦足以生。倘弁冕之倫，遭逢明聖，而不能副作新大雅，安在生慷慨之鄉，稱忠愍里人也。嗟乎！要人之子姓，不願樹頰胲于其先人，而啖名之徒，或願寄籍于公。即其解形回面，似已涊然自悛。然塞下拚萬死，拾一功，而紈綺冒之，則吏議其後。彼邪子側入，曾無體慚，而一旦掇遺瀋于狐蹲，遂欲衣飾其大疵，以冒萬死之功。予請援往例，以丸泥爲公塞之，勿爲若輩狂托，溷忠邪爪牙之途云。

武郡公，名文達，戊戌進士，陝西之涇陽人。而郡丞高君登明、新任姚君光祚、郡判鄭君廷英、鄭君宏、司理張君銓、新任夏石嘉遇，皆常有事于祠者。蓋予讀忠愍集，至其苦陰雨，汨輒淫淫下，乃效其韵爲大招，其辭曰：

帝閔三靈兮，墋黷結；遺公下掃兮，駢轡絶。簡之霜棱棱兮，劍石寒；筆之瀋淋淋兮，易水咽。衆欲傑兮，獨苦；心煩憺兮，報主；聒啁啁兮，深丸；迎狺狺兮，没羽。哲誓謝再生，生更回恩；留後死，死仍語。排帝閽兮，忽分；下帝兮，氣氲浴；語虞淵兮未上，揮魯戈兮既曛。含光濡兮，六符平，灝氣還，太虚晴，丹心萬古，天王聖明。

【校記】〔一〕本篇題，同治刻本清苑縣志卷十六作「旌忠祠碑記」。

齊公祠募疏〔一〕

伏以道存信古，誼在興今，故彰往菰蘆，采其翘盼，取材桑梓，不厭離奇。蓋壓以所嘗聞，則易入；沃于其最切，則難遷。即爵名，亦名以風，矧德業特堪爲範。竊惟有唐大曆四年，博學宏辭科狀元、中書舍人、賜紫金魚帶、同門下平章事、兼判兵部河間縣男、贈禮部尚書齊忠公映上，公華胄南省仙踪，局貌晢修，言音鴻爽，博學直探邱索，宏辭尚皀周秦，蓦諸昆而耀中朝，踵世父而魁天下，倚馬歷，參書記，承蜩妙，應軍機。當其佐策行帷，托孤幕府，化强梁以納節，起儒緩而勝殘，固已涣小成群，既明以保。迨夫奉天奔義，梁道御忠貴授中丞，親爲前馬，諭帥見朝廷之貴，持車知馭世之方。又迨載筆承明，綰魚中舍，稽古則道參堯舜，核今則法舉祖宗，肯盗禄以苟安，悉竭忠而自效。又迨平章門下，建爵河間，載判兵曹，兼修國史，合夔龍于頗牧，收遷固于典謨，謙居伴食之朝，勇厝當權之會；材正可用，忤帝旨以先登；交匪可私，絶舊恩而寧薄。又迨寇盜交哄，關輔震騷，慷慨當車，殷勤流涕，雅不忍憂遺君父，其更求謀合臣工，是其力可回天，忠能犯主。蓋生當下里，真稱爲代之豪，即簡在清朝，尚作救時之相。而世譜不存，苗裔往書，尚想風猷。是以揚大烈于雎陽，既欽節義；表元英于瀛滸，更識文章。蓋八才子開萬古明誠，兩世家擅一朝文武，凡同衿佩，其共激揚。

【校記】〔一〕本篇輯自雍正刻本高陽縣志卷五。

保定府太守嘉祥高公去思碑

予往入對平臺，恭願皇上固結天下人心，仰見天顔睟穆，若有概于下臣。及下臣居東，當急氛，更驗人心之當固結。蓋今天下急在惠養元元而靖諸氛，獨諸氛急，不得頓靖，而徭賦繁興，故上苦吏慢，下苦吏急。頃蓋屢廑詔書，予以寬大，至令藩臬面飭之。其懲婪除苛，與一切治不及格者并下。而親民大吏，懼慢忘急，其賦取盈，罰取重，簿書期會取速，小民遂若苦煩苛，而目不睹寬大；故吏治雅稱明辨，而天下人心似猶未結。嗟乎！漢詔，以二千石共小民安危，曾不深念也。

東嘉高公以進士高第，歷留曹，視予郡，風規峻整，而淵粹之氣如春，既收二十區，筋絡節轃于掌股，而斤剖理解，其刃若新，乃簡練直捷，則承影含光，其芒盡斂。念師帥倚手長吏，遂合黄墨之綬，綜檢規猷。至燕見若轉檄，輒榷所當否；果其議便民而及格，即引爲絜令。既不執繩墨約結，亦不以䨇駕弛繩墨。蓋遜接良迪，共褆冰玉，其黄綬而下，法飭之，恤其雜應，殊不以喋喋易許丞也。時推擇乘障，吏務取鈐略，試如格，不得以屬，不得以鬻，文吏好操切，故武吏胸則戚，施蒲伏，眺或激而爲悍，公一切禮持之。至品騭文武行能，則又識胸甲于厓纖，辨面垢于執拗，或類不可洗，乃曰「勸廉之駕，不若解墨之組」也。

郡賦合田租口錢，歲可五十萬，公初爲兑解期目，不涴一錙，尋以州邑不便，仍舊格，而終不涴一錙，故金穀掾無納嚮，而州邑長吏砥節首公，遂且奉德意，結我殫人。蓋歲可留數什伯千于小民，合二十區質成，不矯以嫌入，不徇以勢出，諸長吏既不令周内爲逢，更不令鈎束中二千石之牘。蓋錯可貸，斑可拉拭，其求生希懺，閔若列眉，而終無敢有巧法骫。

郡有衛兵，有府兵，有鄉兵。其府兵有捍掫之鋭，公選其鋭，時其食，飭其械，四應萑蒲，而不爲擾。合州邑鄉兵，額可三萬，檄長吏慰飭之，料所備勿嚚，長吏議予餉，急從之曰：「有兵乃備，有餉乃兵。」一郡以軍餘充城，復操其身，以緩議罷，以急議復。公謂集無餉之卒，不足與守，而且苦卒，不若計餉而後計守。衛之屯，百六十餘區，不下五千餘頃。其本折色，屬之衛弁。武太守衷懿誌其厲且逋也，請屬之有司，而武吏嘩欲復，公力持不可而罷。郡以七州邑寄囹牧，以十三州邑供囹俵。公如法，以官市而盡祛其痡。其他應聲之征，若津糧，亦復從倚郭以官糴而歲可蘇中産百餘家。即十驛五遞，官總之，盡絶耗濫，而額需歲可十萬，概不异入出，而吏手如洗。念大警重，仍飭二十區，繕城堡，增井竈，備器械。先自郡城，其修橋梁，罷税課，革行户，平量衡，恤煢獨，要以表百城，而冗及篤癃，細及睚眥，無一不入大慈。

其于郡紳冕，雅相爲重，而與廷尉不托，邑予則子，况風概可掬也。其于端文學直，以樸謹爲程。蓋蔣翁任童隨俗磨厲，又嘗捐俸，大□修學官，以率長吏，無慮不飭我如礪，以脱推穎者。當是時，二十區大吏式于廉平，以仰應大令，而野無懸耜，室無斷機，即潢池之氛，西鄰晉，東鄰瀛，南逼恒陽，獨不得闌入。子稱備若二十區赤白丸，合徂伺牙孽爲群，終睥睨戈戟，而不敢逞。蓋烏攫鳳集非奇，而雕鶚之會，見馴雉隨鶴，亦以行春。故旱可雨，饑可穰，政成而式歌且舞，語曰：「大夏龍雀，可以懷遠，可以柔邇。」公之所爲大乎？夫今天下俗吏之病，不在急趨功令，而在愚天下以功令之急，乃至附上行私，更借下以罔上。予觀漢神爵間，吏務嚴急，至不奉恩詔，獨外寬內明者，令小民知上意，而安其寬明，卒以大用。由斯知朝廷有必不可不舉之政，百姓有必不可不念之苦，歛民而逢上，抗公而邀民，漢有已事矣。公種種治狀，總所稱「宣上澤以下究，求人瘼以上聞」。其斟酌于上下，直令天下曉然于朝廷之寬大。即急需，亦以爲民，以故，事治民安，上下交譽。予不知治狀何如漢吏，要以爲朝廷固結人心者，公也。公嘗之白檀，過予問政。予謂公「業以豪杰手，抒真實心，則樹麾紫水，作翰白檀，平天下若斯矣」。公以爲然。

公器望疑練，有膽幹而不漏，即可驚可愕，徐應之不焚。其學不阿世之餘，而補世之不足，外寬內明，公可謂大臣矣。

公諱斗光，號星垣，山東嘉祥人。己未進士，以癸酉冬，備兵密雲，以次年七月紀其政。其繼公視郡事，爲某地李公，名縉征；郡丞倅，爲某某，某公某。許公敏儒，黄崗官，公撫極節，推爲遼東張公國臣、清苑張公若麒，咸樂觀其成。蓋二十區人吏藉王孝廉東問記云。

雄縣王令公遺愛碑

國家課吏，是唯小民安田里而無嘆嗟，不貴以可喜可愕之政。然吏爲可喜可愕，或易；而令小民安田里、無嘆嗟，或難。蓋地大賦繁，易爲愕喜，而銷嘆嗟于繁劇之罷甿，力乃什伯而不給。雄，古易陽地也。周、宋嘗益津，游口井，稱雄關，而歲蓄塘水，限□馬。入我明，乃在日月光際，更以南北之逵，輪蹄輻輳，且地饒中下，而五方雜遝，輕生好鬥。其田不滿五千，丁不滿四萬，而賦斂重，數曹掾或習爲黠，長吏治簿書，飭厨傳，即不爲可喜可愕，而一登序閱，方問怨讟，又安問嘆嗟。禹州王明府，以世學治譜，解褐于雄，而淵篤明決，耻爲孅趨。予友馬孝廉數稱其視利若染也，至則提大要，索民所嘆嗟未安者。時邑以塘水舊道，歲嘩于水，故塞苦上，決苦下，罪決于塞者，其寧罪塞于決也。明府不兢鄰于塞而罪口鄰者，特力疏十王河，以澌其流，故歲奪千伯田廬于河伯。輦下諸要人轂相擊也，借繻不可問，假途失期，不可問，倘其結憑軾之口，遽人爲頓矣。

明府一切按故事，核名實，諸涓人以獻，食丞橫索，每格不得行，至破其櫝，出所詐冒，白奏之。蓋歲省千百傭糈于行旅。歲入之羨，隸首携以中長吏，長吏遂以自予，故額縮罪，額羨不罪。明府爲立平輸令，自投諸櫝，而羨即還之，且紓其期會，即一失期，爲再期，不以詬租吏侵人也，故歲省千百庸口之錢于黠胥。予頃讀東昌理款議，有謂長吏出其羨可辨者，因念州邑額税，長吏或以羨實橐，而曰我宜然；至應聲之征，直横索之菜傭，而又攢蹙曰苦。明府以過税之羨，補額税，盡察其爲百姓患苦者，力奏罷之。蓋又歲省千百金錢于榷酤。俗競而殘骨肉，快其憤也。繆懦吏一聞鬥自殺，輒不難破敵産、供誣抵，而孤孑者死相籍。明府下令，自殺勿坐，時核其實，反坐之，意在銷豪寇，蘇踣頓，故犢可佩，犍可馴。其治小大之獄必以情，無論曹椽，禁不得一語，而無主先詞，無主先牘，即諸貴人無敢以尺一溷乃公者，蓋又歲培千百元命于讞牘。

雄以首善，漸磨帝澤，而學殖也，不治且落，明府低徊俎豆間久之，爲大築學宫，月簡諸生高等，督課之，給筆札食餼，而親第其甲乙。即閭右俊民力不受讀者，立塾授之。又爲復忠孝祀事，廣厲風尚，不獨令坐該蟫簡也已。念城當大河之濱，既染瓦濟、通行李，又議建浮圖，以培風氣。即税駕于紙，而惓惓以金遺明府，豈其以地爲郵也者。斯雄人士所爲思明府乎？明府種種猷念，豈必其可喜可愕，乃小民庶幾安田里而無嘆嗟。夫小民安田里而無嘆嗟，非有可嘉可愕也。而豪杰之才，或諉諈而不能。蓋豪杰擔任天下，惟是氣骨。而膽能彊骨，智能彊氣，其銷天下豪杰之膽智，而靡其氣骨者，惟利。士一中于利，將藉于口者重，其爲地藉者乃輕故事，至而左顧右支，卒陷與諉諈而不敢任。明府負豪杰之才，視利若染其身，嘗爲世藉，必不以世藉其身，故癉身于罷𤱶，而骨疆于膽，氣疆于智，凡俗吏嚙指，巧吏翹足，明府直身任之而不辭，又安在其可喜可愕，而又安在不可喜可愕也。斯寧獨百里才哉。

予以乙卯冬過雄，明府顧予于邸，稍及河渠之政，其切然胸春也。明年，予以休假，而明府亦以繁調。予何敢以一夕知明府，特稍從王孝廉喬棟悉明府之大。若曰：「是且禔雄之福未艾也。」因念如礪之地，誼不敢謡黔晳。其交口而贊者，必其心所同然。其不然者，即日在宇下，必不肯爲阿，而况後恩也。明府即以寶坻去，而繼治者，且以政治，殊不忘喻于魚藻也。遂次其語于石。

明府，諱則古，字某，别號且茨，河南禹州人，登癸丑進士。其嘗知予郡，有威惠，曰鍾嵩公，諱述古者，明府之兄也。蓋公家棠蔭在燕趙云。

錢令公遺愛碑（一）

漢有换縣之法，後世遂爲下邑患苦。蓋下邑罷𤱶，曾不供展錯，故高材目爲蘧廬，而上或重材，又不暇爲地，即送往事居，罷𤱶良苦已。錢令公不鄙彝我下邑，屢議調，輒屢從，我遮留，而拮据我罷𤱶者四年矣，乃調廣成去。去之日，衆相與築宫，而以誕日事公，比于岠山，即新令公閲舊政以爲當。予乃得次公所拮据予邑者，勒之石。

公明哲宣慈，而嶄嶄孤立，其于邑，雅意孺畜，不爲苛急，而宿蠹大猾，若剃邑分里，十有四。其長以督賦，其長之直年，以應供億，乃賦逋，至傾産不償，而供應煩，至以償傾産，多置長，分其督，而盡罷直年，故錙銖不逭逋、不民費也。邑兩税與雜徵，繻以入出爲低昂，而諸胥緣低昂爲奸利，公入不加秋毫，出不減秋毫，于入即豪胥批指，已踐更之徭，或憑胥吏爲解免。公以雜閱參嘖言，使田不匿額，而交闢之費，官給之，故徭平而省，無復求解免者。异時帑金化爲橐中裝，穀化爲金，公根株其往，無以涴來者而櫛比之，故帑清而穀儲。以三千邑，承三大河下流，南接蠡，既潰防以壑我，而東北瀛、濡，又善以我爲壑。公日夜率吏民堅其防于蠡，而東請瀛，决石城之道，北請濡，塞龍河之口，計此衣帶水不絶，則决者不塞，塞者不决，公之力也。邑比閭灑削，賣漿百數耳，而供應雜取其中，諸工匠半在公家，而薪木之榷，暴及遠人。公淡，無所需于邑，而盡罷河榷，獨稍存其額供上者。

邑不善訟，或以訟成牘，入而隸胥稍不厭，則陰陽令君而變黑白，故訟不窮公，而窮私劍也。公著令，計道里遠近，期訟者來，來輒奏成手中，而又聽其和解。邑延袤不百里，季僉丁壯者八人，司巡徼，大豪爲窟穴，而逋逃借爲藪。至閭巷勃磎，則執爲大，故諸鄉社讀法，責以捕緝。朝朔望，醵金泉，啖曹椽，公一切罷免，而里中額手歡也。邑馬不給于濡，而枉濫不裁，輒借民馬，乃厩吏匿而私其值，遞在民矣。公節縮而恤之無枉。邑道茀不可行，行李野宿，公堙溪嶄岸，以梁水涸，而又大修亭舍，實以供帳。即輪蹄錯趾，民不聞焉。邑士樸，而間者爲佻。公奬恬抑躁，時引説大誼，置學田，修學宫，以示風尚，而士習于萬。今所登賢書高第，其尤拔也。歲比不登，公單騎視煢獨，食之。以意奉功令，不以格梶，故貿貿者得不爲溝瘠。濡隸我，故其人得修眦于守，而追呼爲殘虐，公禁不予，即予者，預白曲直，而守不易也，民乃息。邑得祀高陽氏，若諸所尸祝，而額田没，至借牲以薦。公核其田，庀其豆登歲時，率父老低徊祠下有秩。祀已，大盜探丸萑苻，白晝刳人于市，連數州邑，莫之敢攖。公跳身游微中，借騎兵窮其冗，盡殲之。蓋公澹于操，故邑不以極欲；嚴于交，故邑不以結歡；力能使久疲屢灾之區，比于一同，而它人所亟去者，公獨四年拮据，而不我鄙。蓋公尊人爲啓新先生，起家廬陵，以忠言直節名天下，斯其治譜也。公諱春，字若木，號梅谷，武進人，萬曆甲辰進士。

【校記】〔一〕本篇輯自雍正刻本高陽縣志卷五。

高陽縣修城記

當圍人不戒，［虜］闌入爲紛。予既奉詔居東，而畿南警報狎聞，群心惶駭。于時兒輩同邑諸生、父老子弟，佐故捐李元治爲城守，捐貲飼鄉勇、訓火器，諸借亂爲亂者，禁不得發。然城實土摶而跛，羊凌其上，難語守。會明年月，涇陽王明府來，登陴而望曰：「其築斯城乎？」下令清外隍，闊一丈有八尺，深及泉，塹陂岸而齊之，城下得基，視闊有加，以其半附土于城，而殺其上，合雉堞而止量。社甲爲初報蚤竣者。予扑衆，疑之曰：「是當以期日竣，而蚤者，外堅内浮也。」一圮之果然，遂相視登登有聲，而莫敢謾告。成如削，池乃深，壁乃堅。役方興，而傍伺者不敢發矣。又爲門四，倍金木之費于往，穴其中之下可炮，仍爲懸橋，接樓櫓爲垣，高厚可城之，半橋以木絙環鐵，爲臥則方彴，起則重墉。一時按部，公多其略。蓋舊築内取土于崥，而外有覆隍，故外失其高，内基日窪，而城日壞，憩杵而頹，明府所低徊爲計也。

工興于庚午二月，再逾月而告成。諸生齊光裕、黃應聘，以士民之意來謁記。予按城，非顓頊之舊也。以洪武三年，從舊城徙今封家溆；以天順四年，鄒平魯公能始爲城。萬曆中，滇南喬公繼科始爲埤垷以磚，晉陵錢公春始修葺築浚，稱堅好，而丸邑殫殘，民力弗任，且天下無大兵革，以爲垣障而已。嘉靖庚戌，警［虜］，初以木爲柵，遂童其郊。今已報［虜］□白溝，警更嚴于庚戌，城得明府爲繕完，而人心乃固。魯公以來，功未有烈于明府者也。

予初應詔，入對天下大計，首言「都城爲天下雄峻，寧得窺其峽崥。然固結人心，爲天下大計」。特反復明所以重人心，以應問。有旨，亟稱善。蓋有城，則人心固，有人心，乃固此城，故曰「衆心成城」。明府自健令廉公，有幹法，所在如山，而慈煦于冬日。往多不字于科，而借應聲爲交征，明府獨捐例所自予者以予民，而僉人所應有者以還民。如邑馬之額，不給于郵，而舊所自予，可三之一，明府盡破例以蘇民。至廟學坊宇若衙治，酌力可爲而葺飾之，曰：「過此則民重勞也。」治内出廢井而甘，衆爲頌甘泉，覘人心矣。往盗入城，而高舂瞢瞢，徒有駭嘆。摭諸良氓，搒掠之爲塞，而牙蠹索失主錢幾千萬，瓜分之。明府不獨靖邑盗，又爲捕它盗，至爲捕輦下之逋，釋主上軫慮。嗟乎！予邑人心當沸鬱而憒，如積陰沉晦，思得迅霆長風破此爲快。所幸得明府之明威，亦既攝不逞，而心讋之，乃一發而草剃，又能固結人心以大慈，其建威銷萌，爲神皋屏翰天下，而循吏得如公百，立致太平，而在飾亂于城。明府治狀，不獨一城工，而城其一云。頃有旨，以捕大盗功叙録，明府且嚶鳴而上矣。予又急不得請，倘得投紱入里門，尚與明府講積甋之法，爲邑久計。

明府王姓，諱者佐，號申之。以鄉進士初視河南之葉縣，上從吏民白其誣，改視予邑。其尉則雲鳳，曲沃人；署教諭則舉人嚴恪，長治人；訓導則明經唐若虛，成安人，法得并書。

修高陽城記〔一〕

予曾上言：「今天下州邑，予以守具，乃可責其守。」且言：「畿以南，土城非城，鄉兵非兵。」兼以積甋之説進。其後以功令築土城，高且厚，仍以甋增喬令公之埤堄而新之，蓋稍有所據以守。嗣是設備之檄如星火，而土不可憑，甋不可辦。從邑人士之請，先修四重門，乃敦擇雅有行誼者，以分督四門，分司支納。義不用牙前，而獨藉督促丁匠。其轉輪蹄，取諸有家，不繼則分督分司者給之，諸鄉紳孝廉，日省成而勸勵之；其廬舍樹木，令得稱功令，除其當去者，仍易南門外横街而縱之，擬四重之，額南曰「滋襟」，北曰「濟倚」，東曰「瀛環」，西曰「恒仰」，爲四大門，而四重門屹爲可守，乃更議重角爲犄。蓋高苑令銓、舉人鈴之議曰：「法依功令，爲橋爲池，爲羊馬墻。」既于四正門爲重門，仍于四隅角爲重角，合以羊馬墻，連五隅而繚以通之。其重門之墻如半環，以抱城門，上如城，下爲複壁。其中大鐵門，如城之門。其兩樞之後，各爲小鐵門，以入複壁。其中爲夾道，其傍土城仍各爲小鐵門，以出人出炮。其列城門兩傍之複壁，面外下爲炮眼，視外當腰膂，上爲望眼，視内當眉，上爲甋櫨，以窺明于腹，虚其腹，實其巔。巔之實，築以木以甋。而巔之平面，其沿外爲埤堄，其兩夾之空爲炮臺，行炮其内。有女墻，下爲渠出水，而守具依女墻。其四隅之重角如却月，其複其巔，其以炮以望。其兩側有兩小鐵門，與重門之鐵門相嚮，盡如重門。獨其巔爲卧門，以鐵合木爲之，穿層級而下複道，以行人與炮，而建重樓其上，以覆卧門。其兩小鐵門爲夜出計，可不煩啓閉，而突出奇。蓋議成而衆皆曰可，城成而諸長上皆曰可。既落成，乃約用數，計灰石若干、丁夫若干，而里書作奸漏夫，而取其傭錢，且不下二萬，遂不覺偏苦樸人。令乃按藉，清其奸漏，力追所漁，爲甋爲灰，而佐以設備，而四重角復成。蓋重角之費，可當兩正而有加焉。嗟乎！邑惟瘠薄，故一役而三分之，乃成臯府，躬度之，且再且三，兩臺日督促御史臺，實躬莅之軍容，使又歷焉。有司得以朝廷之令成城，而民不爲厲，即費不在官，而人力癉瘁，亦足念矣。

【校記】〔一〕本篇輯自雍正刻本高陽縣志卷五。

高陽縣重修儒學記〔一〕

夫吏任師帥，而稍不牽于俗，未有不欲天下回心嚮道，而獨簿書筐篋之務者，然士肥則力充，歲登則官省，吏士者得以緣飾俎豆、敦説詩禮，其爲所欲爲，曾不咄嗟而辦。若夫彈丸瘠土、儉歲罷民，力不供皂牧，而政歲蟬聯，頓欲啓大明于昒爽，是何异假蜚衛以空拳，試公輸以瘣木也。

予邑廟學，自改邑來，且二百餘年，而繼修者，亦嘗剪荊榛，塗丹雘，而麗牲方勒，函席頓傾，遂至堂絶金絲，壁餘鼠蠹。蓋李下之蹊不言，而庭中之草可鞠矣。

錢明府始視事，輒低徊久之。然煩苛未捐，瘡痍未起，賦不忍有羨金，詞不忍有贖鍰，魚沸于渠，蛙沉于竈，三水薄城，家無射蛟之弩，九殰通道，人有濡首之厄，兼之萑苻晝警，行李露宿，野稀佩犢，室鮮織蛩。嗟乎！民不安作，吏敢煩興。明府于時，百嗇節物，一意寧人，一之歲除苛政，二之歲綜百維，三之歲定經制，遠撫長駕，澌沉澹灾，故乃防龍河，梁馬水，徼潢池，綏下里。其于士也，引恬抑躁，優异惠貧，肆有田，社有飙，饋酳有儀，簡束有榘，以故愈夫起俞扁之門，曲士直繩墨之側。然後鳩材集力，諏日起功，即其迫大擢，而心勞經久。蓋圮多者，難以補苴告成，積寡者，雖有興作終廢。是以圖之三年，成之一日，自殿堂廊廡、門庭齋厨，以至帷帳簠簋之屬，罔不撤舊圖新，而前啓聖于二祠，則又崇尼山之脉，而識絶曩今也。于休哉！基壞于難因，功同于甫創矣。夫吏士者，輕蘧廬，重厨傳，迂繇聖人之道，何如近結要人之歡，而况卧轍難再，歌襦有期，尚猶不忘我人士，而勤鄒魯之思，我人士無忘聖人之道，其敢忘明府，而無忘明府，其敢忘聖人之道。

夫士生如礪，扑不習拾級，穎不習撫席，其自負以才者，直掞藻拾華耳。然高陽氏之才，乃在齊聖廣淵、明允篤誠。當是時，蒼舒隤敳，功名才略，爛然勛華，而逡逡交讓，至與之天下不受，士奈何便孝先之腹，侈桓生之綬，而况未涉風雲，頓生宦况，甫窺月露，遽傲老宿也。夫見如佐光華之旦，私淑登美富之堂，唯是明誠之目，而實夫子所惓惓旃厦者。千秋學脉，始自吾鄉，而且當彈冠振衣之會，樸者近誠，穎者近明，豈其若蠖屈于葉、唯所蒼黄者。

予澡髮登庠，事幾令公矣。當其兩相厭薄，則學將落于原伯，較幾毁于然明。乃若幕無請間，庭無非公，而愛則慈父，畏則神君，無亦有引之繩斯材、置之溝斯窾者乎？雖然，祝鮀則欲遠，禳田則願奢，斯皆不緣功令，不謀父兄，而獨趫馳王路，登穫情田，則入埴之璽，尚假平傾，躍冶之金，間𤝞陶鑄。夫告之則頑，是謂不明，捨之則嚚，是謂不誠，斯亦高陽氏所不才也。才不才之間，不可以頓身，而况鼓笥則炳炳麟麟，踵堂則誾誾秩秩，明府爲大邑所難，而吾黨不爲樂歲所易，其何以不愧才名也。予觀古興學者，雅不欲弄筆墨、儌利達，而其大節在臣死忠、子死孝。夫忠孝，非明誠不立，而許睢陽之舌、劉户侯之肝，尚芬彤管，則夫率其樸與爲明，率其穎與爲誠，合明府數年之誨，而復吾鄉明誠之才，將在吾黨矣。吾黨無忘聖人之道也，乃其無忘明府。明府爲予同年進士，諱春，號梅谷，武進人。

【校記】〔一〕雍正刻本高陽縣志卷五作重修廟學記，民國抄本高陽縣志卷二題爲「萬曆戊申予爲錢公春修學記」。

猗氏縣重修廟學記

予讀詩，至曹風，疾苞稂之見浸，而愾念周京。其卒章曰：「芃芃黍苗，陰雨膏之。四國有王，郇伯勞之。」因嘆賢伯之功，力能使它邦士氓，至于明王同思，而不知畢原、酆、郇，文之昭也。鄗之封，乃在今猗氏。夫曹苦于侵刻，而思鄗意鄗，蓋勞心字人，捐去煩苛，而無徵怨于百姓。又意其親佩父兄光烈，以浸被下士者，既深且厚。或又謂鄗嘗祀文于封也。予怪漢人置邑不以鄗顯，而偏受猗名，至于今，吏勞詬租，更不稱猗，將藺絲勞人竊嘆，而曾不能膏雨芃芃耶，抑弗曳弗婁、尚守唐風也。

予郡人賈令君治猗，既膏以雨，載易其風，于是合廟學大修之。其邑人衛參知廉誦君曰：「明府殆比因于創。」明府謂：「令不毖祀，不修文，其寧食下咽。」顧歲不登，而率舉之爲飭耳。乃謀諸前，諭王君佐，而靚畫于衿紳。蓋相次輸者三百金，而明府且捐一歲俸爲倡。于是以不佞廉司入出，而以張孝廉泰洎父老有心計者佐之，以鄭丞續之經始末，而以金簿守賦、王幕嘉徵佐之，以李諭啓計料勸工，而以侯訓紹芳、田訓鳳鳴佐之。廟則先大成，殿次，若門，若廡，若祠，若亭學，則先明倫堂，次若齋，若樓，而又易隙地，以廣促隘。工以二月朔始，以五月終竣。且工以力成，而實以工食力也。蓋匡困資無，弃責薄斂，既給稛廩，乃修宫墻，畚臿合而興文，衿紳借而左食，則丁庸不擾，勸法不名，誼聯循畔之農，信結咫聞之士矣。

于是邑人王計部國瑚以其言來問記。不佞觀古先聖王立學，則遴其地之耆碩有德行道藝者爲之師。今天下共師孔子，其道既與天下共之，然而賢聖生于其地，或所嘗臨莅者，則又倍切親仰上，或執所仰而格之爲易從。蓋習聞于長老之誦說，而中有先入也。鄗伯以文王之子，同塤篪于武周，而又嘗祀文王于其地，然則文不在兹乎？予不爲諸君稱八士三相，而文王之文與天地爲昭者，所爲歷武周而及孔子也。

令君力修鄗政，無敢侵刻其民，而又執鄗之世學以徇邑。邑即不念令君，亦不念其鄉之文乎？文之大，在君臣父子之交，不在同章第士之人，習于頓之操術，而富既易艷于利。而文之道開武周以及孔子者，方且與君言仁，與臣言敬，與子言孝，與父言慈，則見爲迂闊，而害于頓之術。或又見世之誦法孔子者，間侈田廬，有頓心也，博士之工詞章者，漸即于利。夫官先事、士先志耳。今天下官事不修，士志不立，唯是利以爲相計，獨廉吏可不扣于利，乃能利天下，而消其鄙吝之心，故士捐利而趨于誼。夫捐利而趨于誼，所以爲文者也，而唯官與士先之。不然，郇用其地及東之人，而今曾不能厭苞稂之欲于地。予曷敢爲吏上者願之蝢小人也。以東之人，來用其地，遂以背雄，而今以士之人漸被聖賢，乃不能畢義于朝廷，而仰追唐風之良士，予又曷敢爲士願之，士勉矣。修道如修學，然闕可補，奇可扶，至其基壞棟傾，非力除而大創之。予友也，諱銆，字容甫，號銜恤，予郡清苑人，與其嗣君先後舉于鄉，而獨以義檄視猗，蓋有遠局云。

擬奉詔撰重修都重二城功成碑記

我成祖文皇帝，奠鼎燕畿，以建都城，扼吭拊背，維萬世之安。我世宗肅皇帝，念生齒滋繁，比廬溢郭，重毖庚戌之役，詔從侍郎臣邦瑞，議築外郛于三門，凡以固宇宅師，尊宸極，消奸萌也。今皇帝甲辰，夏恒雨，壞民廬舍無算，城有圮。于是秋七月朔，工尚書臣某以灾异上聞，若曰：「天不忘根本，肆不輯于兩城，而釁于雨。夫衆心爲城，外頹中陷，是且有土崩之象，將無彌縫其闕而固吾宇也，其何變之能圖。」蓋時報圮者，方三百丈，未甚也。又旬日，雨溢渠，計都城且七百七十七丈有奇，重城亦三百三十丈有奇，而埤堄亭舍，不與于是。臣某再以數上聞，若曰：「灾不可玩，備不可弛，玩灾弛備，不可以寧。」是時，皇上方以帑金十萬理民廬舍。疏入，不即問。乃臣某再以修葺上聞，若曰：「刻期我惟築，無寧徇故嘗，而不慮事以授，豈其不秋防是虞。若猶是枕纂而不以聞也，則少不逞，即剟户而逸者，四走無際它，其誰捍禦之，其若掌故何。定鼎來，是墉是壑，有基勿壞。方今千丈之瑕、秋防之候，即三旬而成，尚虞窺乎？况其平板幹，稱畚築，非卒辦也。而繕司困憊，曾餱糧之不具，則登登之築，無寧泄泄也。」于是天子下其議，停一切小修。若曰：「上天示儆，恒雨壞垣，尚亟修之，固我保障，毋怠毋玩。」乃以繕部郎中臣某同員外郎臣某，實專料理，而科臣某、臺臣某，實專巡察，時以行築者，督其不勉者。蓋以八月趨事，明年某月告成功，日發丁男若干、金錢若干。天子重念勞人，升賞各有差，且詔臣某爲之記。

臣以爲，城以盛民也。我上先民居而後兩城，其以鞏皇圖、綏蒸庶，意深遠矣。然威靈遐鬯，夷裔率服，方且極覆爲城，極載爲池，豈其介在藩籬，是豐芑之謀，不藉爲大耳。不然，百家之聚，尚勤藩垣，豈其根本天下，而不以備。然臣竊有警也。昔我肅皇帝議建永定外郛，而難其守臣，謂：「守在城郭者危，守在四夷者安，守在民力者疏，守在民心者密。」今天下浚膏實之，而罷力築之，則民不堪；暵溢灾之，而築鑿苦之，則天且若甚忍于民。夫民不堪，將生心，而天不忍，或其未忘也。我皇上愓于生心，而幸是未忘，必且以祖宗之德澤，維法度，而上爲百姓守法，下且爲朝廷守國。頃所爲慎重而不輕用民，意在斯乎？夫慎重而不輕用民，先王之所以爲天下也。臣謹稽首頓首，而爲之言。

銘曰：皇明御宇，奄有萬方；燕畿奠鼎，撫背扼吭。文經武緯，細大畢張；是憑是式，繫于苞桑。泰有茹匯，城有覆隍；天子曰籲，其固我防。乃度廣袤，乃察相翔；司徒計賦，乃芻乃粻；司馬獻旅，乃縠乃揚；司空鳩役，乃飭乃獎。萬臿雷奮，萬雉雲長；悦以忘勞，迄可大康。天子曰都，惟爾衆襄；詞臣載筆，俊迹用章。小臣稽首，曰惟帝光；匪城不易，惟守未遑。過城則傾，恃城則亡；于鑠帝賚，比于金湯。惟帝念功，無怠無荒；億萬斯年，民悦無疆。

洮河濟軍倉記

國家兵制，有主有客，而歲餉有運屯租，以給主兵，有例發京運，以給客兵。顧京運以在朝廷之度支，而脱巾是懼，即度支不得不時請，而一入塞，則客兵爲槖中裝。乃屯租既多詭没，而郡邑習撫字之虚聲，又輒以逋負見風裁，故民運難，而主兵時苦不給。然水旱爲虐，即客兵之槖，亦不足實枵腹，而主與客兩病，故常平之遺，不獨可行郡邑，而裔土戍卒更急也。

洮河倅徐君，始爲濟軍倉于洮，其法以贖鍰之羡與給公之羡爲糴資，而歲豐則居積以待，歲歉則平出以給，仍留其值以爲資。此不獨主兵無歲乏，即客兵有荒乏之需。蓋巡道荊公嘗試于朔方，而徐君能析心計，仰承之，以再試之洮河。公且檄河倉羡地爲别貯，而益出節省之羡爲資。洎臨洮、蘭州相繼立庾，而三衛主客之兵，始寬然有投石超距之氣。然則由此言之，九邊可庾也，而獨三衛乎？不佞嘗謂，一方之産，即可給一方，而患在吏土者不盡以遺民，即有廉吏，亦徒畢目前之局，而妨事端之始，故地方千百里，水旱輒扼腕而仰内帑。夫當其事，非不致憾于前人，而事過則爲盍旦之計，不復計後人之無措。嗟乎！天下而如洮河之法憂饑民哉。然常平社倉，世習聞之，而無一效。非無法也，上有意而下不能承，既認指爲日；下有奇而上不能析，則又時掣其肘也。故天下事，其始而成之，必上與下兩得，而一再傳，則繼之難其人，至下爲釁端，而上爲道旁之含。即幸而繼之人又相得也，然法久弊生：有浚于入，而稍其入之羡，爲授者苦；有剋于出，而積其出之羡，爲受者苦。且風雨之浥濕，盤詰之供億，力則出單弱之家，粟則入豪强之腹；甚而漁于官賈，其禍于吏又甚；而漁于吏賈，其禍于官又甚；而漁于官若吏而賈，其禍于民，則法始與人交相爲愈。譬之建浮圖者，願爲新，不爲舊，曰：「舊不如新之福利大也。」而修舊者，又緣爲它利，而徒愚其衆。嗟乎！守法者而無爲世人之浮圖也，利遠矣。徐君來問記，遂書以告後之守洮河者。

周令公重修横堤記

北〔一〕之河九，而匯于蒲陰者三，曰滋，曰溏，曰沙。歲領秋潦，徑博陵，歷蠡吾，入于邑，距城南可三里，而從岸瞰城，如眺盆盎，一不戒，則彈丸宛在水中。其毁民田廬，遂以波及于濡。其一時倉襄號呼，不翅兵荒，而异時詬租追逋、塗莩溝瘠，姑無問。蓋王弇州行部予邑，曾從吏民號睥睨中，其寓書中丞，真予邑監門圖也。

今上丁丑，則維揚冒令公守愚遍河東西爲堤，且力請于上，得坊邑以南曰横堤，起延福，迄塔兒頭，可七里許。又三十年，晋陵錢令公春續爲堤，可三里許，遂及于留祥左。其後河益壅溢，益且遠深。蓋庚辛、壬癸，水溢者再，于時清源周令公之藩，既身從畚臿泥淖，脱民于魚，復傾橐而雇役，大築之，日傭二十有奇，凡八日而竣。傭可二十千，費制泉七十千有奇，計當中金伯。蓋三老洎諸傭咸曰：「明府不難出俸錢，食我衛我，吾儕其敢念四支，不力于役。」假令以調起丁傭，當十倍其費，而堅厚不復如法。是役也，力省而成速、功堅而民逸無問，城無魚沸，室無蛙沉，而留七十萬錢于民間，亦足以起翳桑，孰望杏。

予始嘆廉吏可爲也。廉吏饒瞻知，視帑藏秋毫皆可爲民用，而不自爲用，故不復攢縻于不可爲。夫周令公飲高陽一盂水耳，俸入幾何，且以治坊。予澡髮事幾令公，其强力有爲，若冒，若錢，無不廉智如公。然予觀公精敏雍和，當偬劇，逌如也，蓋有遠局焉。嚮從公于風雨蠛蠓中，人真見其懇惻切怛，非復世人囂然啖名者，殆廉吏也，仁人也。弇州之述民言曰：「旁邑踵困，無所移食，乃或曰可活變也。」嗟呼！昔謂民之于仁也，甚于水；予謂民之于不仁也，亦甚于水。乃從闔邑之請，勒其事于珉，而告後來者，曰「廉吏爲仁人」云。

【校記】〔一〕「北」，雍正刻本高陽縣志卷五作「郡」。

車道口堤記〔一〕

邑有兩大水，其南匯延福，帶蠡而北，與我共，東折而又北，曰白洋，當濡、渥、虞邱之交，我與濡共。與我共，我得爲備；與濡共，濡嘗掣我肘，不難我爲壑，又不難我爲□。即地遠濡，而且欲壑我待豬。蓋邑隸濡，雖强有力如冒公，亦不得健執而畏多口，間或田不必趾，膝不必目，即濡長者，非有意督過之，而或不能不格。瀕白洋，有河曰猪龍，逆而南，可二十里，或曰高河之遺也。歲久而壅渠，不受淫潦，而泄洋之水于兩岸。于是歲發民夫防兩岸，合之可四五十里，費以千百計，猶若束獰猙而懼不羈。久之，兩防不時築，而河歲决，歲毁我廬舍若禾稼，又以千佰計，糧逋民流，長吏竟格于濡。有口者末爲計，乃其横可五十弓，而受名車道口者，足捧土塞也。錢明府梅谷來履畝，視高下，察原委，覈利害，進父老，屬曰：「與魚吾民而歲無算費者，孰與以百趾塞而無壑吾土。」又進濡，有口者屬曰：「瀕河而田，若隘遠，我廣近。即妨若，將復計廣隘，而若顧無妨也。」遂不兩旬，而車道堤成。或又曰：「是且受南水，將不便南者。」公熟顧曰：「南水北者，北水當什逆而南，予自爲南計耳。」

是歲，全民田廬無算，河之經，麥且有秋，遂入其地鄉校，供諸博士弟子費，而十八疃之民歡呼額手，僉謂：「不勒貞珉，久且罷于有口者。」董生恪來問記。嗟乎！水誠予邑一大利害也。屋溜妨人，人猶患之，而况鄰之壑。然我非垣四土而家視氓，其孰以斷是役也。省物力，全民田，蘇犖子，絀豪健，大而能綜，明而能斷，皆可爲後人法。往時延福横堤，冒令公曾爲我民争命于蠡，數十年水不浸城下。今洋之水，得錢令公安流，而東北邑之半，不至歲爲魚。蓋兩大水得兩公而安，然則利害興除，豈不以人哉。堤白洋之南曰：「唐以宋，唐公介令虞邱成也。」公風裁如唐，而詳練周到，不知唐何如。公其塞車道口，蓋補唐之缺云。己未，馬家河弃故道東決，一支從猪龍河入白洋，遂開車道口以出南水。蓋河從故道入白洋，則白洋水南溢猪龍，而此口可塞，河弃故道，而東入猪龍，則此口可開，杜令公議爲水門云。

【校記】〔一〕本篇輯自雍正刻本高陽縣志卷五。

弘濟橋記〔一〕

邑之南三里，佩城而東，折而北，曰馬家河。跨河之北而南，舊爲橋，曰弘濟。歲戊寅，則維揚冒公修之，幾二十年，而又數年己巳，則晉陵錢公重修之，以慶藩理。齊君敬才，内鄉簿單君一麟司其籌，工有值，丁夫有餼。蓋邑當荒歉，藉是役，食其壯者，且以值歸遺老稚，計木之金，蓋三百有奇，而他費稱是。嗟乎！吏士者趾前修，而不以難遺後人，則成者不圮，圮者立成。然歷三十年而若有待，則邑之成廢，寧獨橋也。邑在高河之陽，河入郡九，入邑三，曰溏，曰沙，曰滋。沙出繁峙，滋出放回山，溏出靈邱，統匯于蒲陰之三岔口，入邑爲二，其一合滱水背邑之西北，東入濡，其一出邑之南，匯延福淀爲馬家河，所謂佩城而東、折而北者。以三水束衣帶間，故其勢迅若樊騖，稍益之秋潦，則澤豬而淫，遂至觱沸不可涉。且邑介在燕陲趙際，西北則綿亘樊輿、武遂之衝，而濡、渥、溆、淶爲負東南，則聯絡瀛、鄚、鄌、蠡之會，而南走齊、魏，東入海北，達大都，是柴周、趙宋列雄關以控契丹者。且兩郡之行李時往來，而城據西偏，又東南十數社所途經，吏士者，豈其烏填鼉駕之需，而佐河伯以益之波也。當憶冒公築金堤三十里，夾岸樹萬柳，而橋適成。當是時，關梁不列，邑政既清，東南之貨賄、天津之魚鹽、晉恒之材木，畢集于橋側，而茶酒之務相望。于時，騷人墨客，携壺觴而維舟乎青秧白鳥之壖，相與歌大堤、咏棠蔭，田夫野老，時佐塵（麈）譚，快哉菰蘆，爲不僻也。曾幾何時，而稅繁賦重，堤窮于水，柳窮于爨，四方之賈旅不來，而邑之富者，化爲篳路藍縷，貧者化爲溝瘠，憂士之士，行吟澤畔，而斷岸頹梁，若助喻于魚藻焉。嗟乎！興廢寧獨橋也。錢令君來，亦既宣堙疏滯，食而教之，且恤我墊溺，而橋復成。予不知往來歡呼者何狀，舉杯而咏如虹者幾何人。然令君雅不以難遺後人，而力倍于前，則予邑之風氣，殆三十年而開。況褰裳者，突予之從席，則歡必倍幸，而後之人無以川之不梁爲過陳誚，則司險者，尚亦從時焉。而成者不圮，圮者立成。然則是役也，寧以占邑，無寧占令耳。予澡髮習諸令君，其賢者未有不經久是圖，然僅一再見，而冒公以繁調，錢公幸徇我士民，以安予邑。即予邑不足盡公，而公終不以難遺後人，予邑尚有賴焉。冒公別有紀。錢公名春，別號梅谷，與不佞宗同甲辰籍，以是年八月來視邑篆，而橋成于明年之秋。語曰：「與其溺于人也，寧溺于淵。」予懼後之人重法前人而溺吾士也。爲之記。

【校記】〔一〕本篇輯自雍正刻本高陽縣志卷五。

武强縣重修漢前將軍關公祠記

漢有死義之臣，曰前將軍假節鉞都督荊州事、漢壽亭侯，謚壯繆，關公羽，古忠臣龍逢裔孫也。章鄉之難，子平死。漢亡，孫彝又死。豈忠義之苗裔遠與何代多義烈也。當侯起草澤始事，蓋在幽薊，而又嘗依公孫于冀。故燕冀之人往往能道侯與張車騎飛佐昭烈之雄風。而武强又用武之國，多鞢鞈君子，即士人雅負朔氣，且其地北走涿鹿，南望白馬，則從龍皺蜮之故墟，東跨冀平，西接中山，又恍見司馬部曲，而張、蘇之俠氣猶存，故壯繆祠，無問轍迹至不至，而此更爲顯赫。其倚郭而據子午之衝有祠，隘于民廬，而侯生某，始損其居益之，某乃以衆醵鳩其成，而問記。

予以爲，天地精英之氣，分之百千萬億，以滿此宇宙，而間聚之一二賢豪，以撑拄其顛隮，而扶持其破壞。幸而世盡其用，則英氣散爲勛勞，而萬物各歸其分，其人亦復舒和而就于平。即不幸而不盡其用，然用不盡，正若用而或有所私與。夫賫志以殁，而不簺于昀昒未忘之人，則其氣亦且時聚時散，而不必常留于天地。唯是志嘘既爐之炎，誓與死生，而烏林之役未皇，西州之懷不竟，其名爲賊而貉視者，方欲草雉而禽斮之，而反駢首其人。故一腔孤憤，散在百千萬億之人心，而即合百千萬億，以繢之爲明神，其俯視此百千萬億中，有復如狐如鯨，不异曩時者，不草剃而禽散之不已。故百世而下，静庸易嚮，面背易辭，生死易交，成敗易志，平生詡詡而趨熱反復者，往往遭所譴誅，若迅霆之不測，而世之福于善、禍于慚者，無慮不神是屬。夫神，豈必龍旗火馬，髯磔磔如戟，無亦百千萬億有侯之心爾。嘗觀世人患難，而恍見其凛凛生面，亦或居平而逢呵怒，若不容，將無隱衷，不愧旦燭，而慚德實比于貉與。蓋侯之論心曰：「心在人之内，日在天之上。」夫日明則金節赤旂，日黯則天兵鬼斧，故曰日在天之上者，普照萬方，然則忠義在人心，而獨祈嚮于侯，侯尚猶用百千萬億之心也。武隧固多義烈，倘回照其心，以悉侯之心乎，則請觀于日。

山海關重修顯功廟記

昔在中山王徐武寧公，佐我高皇帝百戰而有天下，上開日月，下奠河山。當其定中原，驅□元于沙漠，歸守燕薊者十餘年，其規畫河山爲創，乃其藉河山險易闊狹、短長近遠爲因。蓋天地設河山之險，以待經綸補湊，而先篤一代聖明，合群策力于四方，又篤生佐運之豪杰，以補河山之缺而佐聖明，所爲裁成輔相，以中還禮樂文章于一代之人心。

予閲關以東，北山南海，嚮東北去，可千百里，而關爲扼要，一垣蜿蜒，若蛟螭，真兵家方員曲直鋭之大略，而三十里内外，用海用山，盡可用奇。初，武寧經營遼薊，以大寧護喜峰，以遼護山海。文皇帝予[虜]大寧，而固守遼。蓋無遼無以護關，無關無以護遼西，以護神皋。予鄉抗天下之議，復遼以守關。頃以薊人不戒，虜從西□，怦怦乎關之不守，而得與文武將吏憑關以拒，則武寧之功，不獨在守燕薊之年，而更在後人之憑燕薊爲守。當熹皇帝即位之二年八月，大將軍取燕都諸郡畢。明年冬，申河山帶礪之誓，賜鐵券，授開國輔運推誠宣力武臣，特進光禄大夫、左柱國、太傅、中書、右丞相、魏國公、參軍國事，食禄五千石，使子孫世世承襲，後追封中山王，謚「武寧」。

嗚呼！武寧之烈，與高皇帝所以酬武寧，盛矣。予讀武寧券辭，嘉大將軍之功，以唐漢名將，雖得中原四五，未盡賓服。言大將軍自起兵以來，爲首將十有六年，廓江、漢，清淮、楚，電掃兩浙，席捲中原，威聲所振，直抵塞外。其間降王縛將，不可勝數。嗚呼！□元以天下之力，不能抗武寧，而今以天下之力，豈不能殲□元所殄滅之遺[虜]而爲武寧唱。□武寧以百戰之餘略，規畫守計，令千百世不可移，而今循武寧之計，踆踆懼不可守，而何以戰。凡我文武將吏，瞻廟貌，企想英風，豈其念高皇帝百戰之天下。又當今皇帝中興之年，曾不急爲天下決一戰，而踆踆于守，更踆踆于不能守，其何以護北關，以護神皋。嗚呼！以武寧之烈，高皇帝嘉其班師星馳，而飭以高危滿溢，後人功未一班，而賞同懋，寧不讀武寧金書而心悸。

予以哲皇帝二年，視師山海；以五年予告；以今皇帝二年，再視師。每率文武將吏，俯仰高深，輒披大烈而嘆曰：「將之聖也。」判山海沈承源、副將軍葉時新等，重修公顯功祠，予題其坊曰「河山大烈」。蓋高爲仰止，深爲嚮若。凡我文武將吏，仰瞻日月，俯履河山，日游文章禮樂之中，寧獨以祠報武寧云。

孫承宗集卷十九

尺牘　上

答徐永平守

以糧料之議，嚮獨議及于門下，甚爲不快，而何得更爲別言。大約任事之人，那得不遭口語，願門下安之，不但虜警洶洶也。率言。

答李本寧太常

每從宦轍，見經濟皆文章；再讀大集，見文章皆經濟。世人不知公者，曰：「徒有文章。」即知公者，徒曰：「有文章。」即不肖自號爲知公，然纔得公以文章爲世重，而曾不得世人以經濟重公。以公經濟大手，胡不揆席，而落落留都，令枵腹藉口臯夔乎？甚以季公晤言爲快，且得悉老先生動定，獨愛莫助之耳。季公自悉鄙意。

柬馬總戎

今天下安危，繫吾輩一身，而猛檢此身，于天下安危何如。昨閲車，同不食不寐，氣咽而不下，想將軍同之也。初作車營，豈敢遽求合式，但各將冥悍，視如兒戲，可惱可恨。如昨果係銃炮炸裂，便當近前拊恤破傷兵丁，仍責成先爲驗試，或藥有過分；如止係兵丁失疏，便當近前拿究其人。凡陣前要暇要整，當兩軍對敵，如營中失火，衆軍亂驚，當何如。即炮有炸裂，俱要各守信地，不得輕動一步。如輕動，即梟，方成軍令。紛紛擾擾，到底一場空話，可奈何！

車營議幾月矣。將軍爲全遼大將，而部下不能成一車營，竊爲將軍耻之。吾輩原不着急，那得責成各將。昨賞尤岱，豈賞其能練，特賞其勤勤懇懇，如饑思食，如寒思衣，奬之以爲勸。然總吾輩急切，則諸將動耳。將軍肯減去騶從之鎮兵，以成一車營，凡解到各車整成者，俱隨兵給發，責令如法操演，何人不可車，何地不可車乎？古大將舊事，暇時可涉獵，一念之。本閣部，原以腐儒，冒據諸將之上，愧無能振諸將，以報朝廷，惟將軍可爲我釋此念。

答游直指肩生

僕意以佳總督，制兩佳開府，率膽識諸道，便可并心齊力，好爲之，最直捷，最簡易，非敢裁總督，非敢去撫也。世有會心人，如公肝膽，爲君傾矣。舊曾識孟生，肯與我共鞭弭乎？煩典記，爲僕一從臾之，敢不下榻以俟。

答永平餉司周之夫

一入維婁，兩庚歲鑰，古人拊髀而嘆，今且幾無髀矣。荒徼寧復問春華乎？過承問信，璧謝不既。

答岳石梁

當事須以膽目，今人心洶洶，正需稚圭膽以鎮之，誰謂謝太傅爲矯也。項子假特予之。

又

關外屯種，需耕牛甚急，而僕遂行有司之事，可嘆也。除此中派買，尚需千餘，敢藉台指，下教諸城，共成之。業擬端官解價，令以赴啓下，先此仰聞，不既縷縷。

答李直指應昇門人

得佳總督提兩佳撫，各兼防款，而邊事可幾定。僕欲合總督之任，重兩撫之權，非敢裁督、且以去款也。年來，邊人苦楚，乘暇爲言耳。此地此時，以刻爲歲，而囊錐不可，况畫餅乎。僕抵關，裁汰不急之官五百餘人，而汰兵一萬二千。營將非有羨員，獨調來有未任事者，以備急需。而三大將，當無事爲多，一有事則少，其佩鵲者，未易材也。獨不得門下一閱關城，遂以権諸要急耳。以五方雜遝之衆，而餉不繼，芻茭不繼，即繼，而米珠薪桂之區，曾不能加秋毫于日餉之外。久羈之，法繩之，日與講親上死長，望其固結之我誠難。然有法在焉。日提掇其將，而氣可振。今立十車營，而已成其六，遂覺有生色也。獨衆議守關，而邊人遂以關外爲不可有，必欲驅十餘萬人，仍赭此二百里地。其以五千頃爲屯，而買耕牛萬具，耕牛子種各萬，開新煤，煮舊鹽，盡以爲惹賊，而中右之役，幸曰宜然。一部署，曰殺我，曰遣戍我，一聞警，輒發家眷，而人心洶洶。

永平棼如絲，韓稚圭不許人以膽。夫膽誠未易許也。錐不必有穎，而何論囊乎。僕豈辭怨，而經撫去者二矣，邊事何堪屢變。僕處何地，敢不佩諸公藥言，以圖大計。惟門下爲我一體言者之意耳。僕不計生死，寧計毁譽，獨在事文武，一聞言而顧盼，則僕所謂心更苦也。兒輩念僕，學業俱荒，兼以待試久遣之銓兒欲得禮教，可以笥餘及之乎？門下念我予以肝膈之言，再四披讀，殊切感佩。附謝。

又

凡客兵利速戰，主兵利久守。今以進戰之備，爲久守之需，而糧料不繼，責以「親上死長，爲仁義之師」，固已難矣。即兵果仁義，不逋不嘩，而年復一年，坐食便自坐困，今天下曾有計及此者乎？故「以遼人守遼土，以遼土養遼人」爲便計，而今又以爲「生事端于關外，不如閉關，待賊來却之」。假令關可終閉，賊可即却，僕亦有心胸，敢圖關外。更念賊一據寧遠，由覺華以百船渡大洋，則關城百無一據，而天下安危，尚忍言哉！兄自會心悉大計，可爲我策之。僕不好刺刺饒舌，以兄愛我，情見乎辭，敢略言之。惟亮。

柬毛總兵文龍

再披報牒，具見將軍功高心苦。即叨主上鑒知，惟益宏膽智之大建設。將軍弟雲龍，固天子之命官，即有過，當曲全之，或放之歸。此微獨將軍家事也。念之。

諭孟游擊

諭游擊將軍。嚮在都門，識將軍以文；洎將軍將八千衆于東，而群囂紛紛，卒不聞亂，更識將軍以武。游直指以曠世人豪，抱社稷遠慮，稱將軍不置。將軍其爲我强起，助我跂望之矣。特諭。

答王霽宇

講以爲撫也，應增與否，惟老公祖芋賦之耳。即諭王番趨啓下，幸惟蚤結，以省紛紜之口爲伫。

答沈總兵有容

以將軍之材膽，而僕竟不能得其用，甚愧之。廟堂如有人，當不令將軍去。戲下有可遺我者乎？聊以寄用將軍之意，何如？

答張永平道春

太守自佳，可諭以安心，保此衝疲，不必紛紛也。其諸無故而去者，有法在。

答遵化道張樸

當殫殘之地，聽紛囂之口，頓不知春色撩人，而況甲首庚呼，聽子迭來，安得攬條風以破瓏俗也。種種有懷，面傾何日。辱函教，璧謝可既。

答張涵月

僕何敢裁總督爲不款也。欲得佳總督如壯猷者，善爲款防耳。豈其不自揣而妄任，以世方維婁之，而一總督驀地短長，令一鎮回頭顧盼，遂無可共手者，心不獨苦哉。年兄真堪了此，僕所願同鞭弭，而當局自有一流人，不知「好家居，頓令纖兒撞破」也。承教悒悒。

答岳石梁

一出抱關，再更歲籥。滄海未全，禹貢誰作。金湯薊門，自是堯封，尚資鎖鑰。攬條風之甫圀，怪螗沸之争鳴。可念匈奴未滅偏驚，聽子方囂敢煩，惠愛之頻仍殊切，韶華之迅邁有懷。明德不盡衷言，敬璧廾謝。

又

此等事，誰好來，而誰不好去。以公真肝膽，乃急于謝人言乎？僕欲得佳總督耳，非裁也。每見世人聞警，亦自忙亂，而一片忮懻心腸，却自偏多。奈何！

答孫總兵祖壽

新添兵，雖不稱大將軍和門，然亦足支柱矣。願惟勉作功名，無失我幽燕本色耳。概絶交際，非于將軍爲不恭也。璧謝。

答劉義齋招諫〔一〕

以慷慨豪杰，遭時擠排，此同襟所爲短氣也。賊未滅，安得遽廢豪杰哉。祇今在何處，言之惘然。兄何地何時，而煩問遺耶？別函，幸密圖之。

【校記】〔一〕「齋」，高陽集正文作「齊」，目録作「齋」，當以目録爲是。

答王總戎威

身在行間，刻刻如臨大敵，此自大將軍事，不必問聽子真訛也。關隘新舊官兵甲馬錢糧，煩逐一相聞。刁斗聲中，那見關門春色，唯將軍嘘此黍穀耳。

諭趙率教

丈夫精神，當爲世用。無何一等人，全軀念重耳。將軍可爲我倡之。守備自是將軍佳兒，待大用之。

答沈總戎

聞棨下且整春防矣。喜甚。即有微恙，似不妨從宅中指畫諸將也，奈何遽去矍鑠翁，何人不盼入馬革乎？烈男子，何得爾爾，甚爲心惋。條次明悉，便當入告。惟慎眠食自重，此中已圖所以聯東下矣。

答岳石梁

天下事，真自真，贋自贋。我不能爲贋，如人不能爲真，衹得與我周旋耳。君子落得做君子，小人枉做小人，豈不然哉。翁如泰山喬岳，世人安得高下之。執吾所謂真，聽天下自爲贋，亦不過討一時便宜，却亦有一時亦不得便宜者。吾不能爲贋，何得不認真。以僕之迂，借籌爲助，自是本心。然何嘗敢輕以朝廷官爵相許與乎。此等直付之嘔噱口也。率爾。

又

以兩年之逋，却以此時來，想機神之佐正人乎？邇自它人獲以啓下，它人以兵，啓下以游徼，功不百哉。定有隆恩，以酬明庸。惟在帷幄諸君子無易突薪也。壯猷大略，寧獨僕藉之，而一流議論，姑妄聽之耳。以總督與翁，僕所未敢，而翁何不宜者。然僕未敢者，勢不敢也。

姑妄聽之。

答林主事

此弁號崛疆，却有志介。聞山石道云「業爲門下認過」，可恕也。僕豈敢縱甲胄，以傲縉紳，但願滿紳同養此甲胄之氣，而粗豪者，定裁之以法。如此弁頑不曉禮，當以法治。

答陳給事爾翼門人

朱弁非將也，丞倅和解手耳。此地枝柱爲艱，而重念募主，遂及所任將，然頗以火器稱。僕初抵關，每下各營教演，本弁成熟者近千人，而百人中，三孔者三之一。曾與寧武營，特賞其將以下有差，而檄下五部以勸。比兩撫院相次以贅自名。僕多居關外，或帷中，而營各懈，一日下雄武，則本弁自爲下把，日仄不遑。且其下加少爲多，借稔爲藥，種種無一有，却又借此以懲。古稱：「知人善任使。」即本弁隨其材局，都可任使。但願諸公無過爲邊人設方略，而佐以軍需，一聽邊人爲之，必有以仰報朝廷。如近者，無一人肯來，而却從净地說法。無論說不當于邊人，而此中亦自嗛嗛也。中朝當力責恢復，誡其輕進，邊人尚得提掇諸將，進可以戰，退可以守。如上下衹有一怕，中外却說一守，邊人合諸將，縮項斂足在陴堄中，何日是出頭世界。歲坐養十數萬烏合之衆，既難久守，又難更番。即奴酋永世不來，而天下自當大亂。兄以爲然否。

答袁節庵中丞

歲又載長，髮其日短，念不敏之支碌碌，傷高材之足踆踆，仰快雄猷，俯慚雌甲。春風細柳，拊大樹以凌霄；夜雪鵝池，對六花而視草。誰能攬鏡，殊忝投觚，敢勞桑梓之素懷，遂極情文之慰藉。謹璧謝不盡。

又

一流人祇顧身家，不顧朝廷，而却堅持人短長，予以所不必有，此之不能銷，而欲銷鯨狐乎？楊弁何如能如舊弁支撑北岸乎？今歲似有機括，願兄努力好爲之也。如祇從世語，謹防南岸，料非豪杰手所甘心矣。袁進等有欲弟調來者，可乎？兄爲弟密言之。

柬馬總戎

連日各營有事乎？幸無辭勞怨，以報朝廷。前云徐璉管廣武營，似妥，以高見管捷武營，未妥也。此騎兵將，而人似閃鑠，進不能殺人，退不欲人殺者耳。門下可悉心計之見教。如高不可使，不必未前議，以胡維寧屯種，可來乎？

柬關内道

鹽鍋成造幾口，可盡數給發寧遠，以業流傭，無使有三月無鹽之嘆也。

答冀其道王完虛

念驄轡既□中，而弟且自麾遼左，千里明月，共此胡天，不知□火秋□摇人耳目也。亦時念長安膝語乎？弟未即殲此短狐，而九塞清寧，一隅易竟，所爲倚雲中君嚴此北鑰耳。誤承重任，遂遭維妻，以月之三日抵寧遠，綏此殫殘，以固吾圉也。幾不知春光度關門矣。附謝可既。

答馮木衷

一行抱關，遂不問家園事。接手函，便如對橋梓，在家園論文時也。字人之吏，最是親人。一念好心腸，便是四境福澤，亦是吾家福澤。然存心要仁恕，立身要廉□，處事要明了，澤必究于惸獨，法不□于□□。蓋清廉不要錢，而衙門要錢，仁恕不害人，而衙門善害，衹是自了漢。此最要十分留心，十分防閑。兄以明用恕，自是精妥。僕好作腐儒語，想亮我意真也。巡方君將及瓜乎？清俸纔六月，似于期爲少，須滿十月，乃可耳。附寄一牘，可令人酌投之。附謝遠致。

柬陳直指九疇

念東人未職，得清轡爲激揚，遂以綏此殫殘，其于錮墨長吏，若藉俞跗，然糜哺之，而參苓養之，時護其冷薄也。解墨之組，更加于勸廉之駕哉。一行抱關，遂遠風猷，謬以迂腐，誤任危疆。台丈不爲梓誼一引手乎？章丘馮令，材操自入大衡，念其人志介遠也。敢希嘘植想，可不負狄籠乎？惟報章之録，率爾。

答趙副將

虎酋之部不擾乎？其數的，可約略報我。兵事惟悉心遠計是倚。念我爲謝。

答畢白陽總憲

讀四大議，殊偏深心。大臣以道事君，應若斯矣。寧獨勁骨直腸以事見乎。僕齒髮日殘，迂腐日甚，徒有仰雄猷、愧此雌甲耳。拊細柳之春風，對六花于夜雪，殊覺駿狼之景爲速也。過承函注，可任主臣，敬璧并謝。

又

登威遠山，望覺華島，方攬結高深于懷袖，忽接手函，始覺春光隨馬度關門也。已而閱殘之籍，則二百里濯濯，十五萬嗷嗷，頓不知關門有春光矣。内部之八萬，寧作西江乎？馬骨爲丘，而不言，似忍言之，又覺謝過，翁以爲當何如？諄諄之愛，敢不佩之。

答馬總戎

聞車營有次第，殊欲聚觀于關門東也。漸集漸熟，便有生色。人情初拉之使入，尚覺牽合，久習之，不知當自安妥。惟門下深念之。此僕與門下大關係事。諸所調度，俱有條理。其車之應更即更，祇取有便軍前耳。此時便得怕人怨，到得不怕自家怨時，方是豪杰。

又

以御史之兵，合船與車，共來屯防，此大便益事，可速令之出。高將自是聰明人，第世間人乖猾，多以聰明誤耳。甚愛之，故與兄商榷，此等官都未易得也。昨聞劉定邦出門，有遼人隨行頗多，此俱吾輩大業債也。然俱是朝廷赤子，何得不念關外兵民可十五萬矣。假令有十五萬蟻蝨，忍蹙之死乎？捐一身，以全十五萬人，仁者爲之矣。願與兄共念之。

諭副總兵孫諫

念將軍爲諸將翹楚，第要傾此一片肝膽，仰報朝廷，則百事自理。尹將軍器有次序乎？本官氣不宜于衆，凡百需用，未得稱手。將軍可夾持爲之，此自將軍事也，老成人那得不念之。

附謝我念。

諭楊家謨等

聞五車營頗有次叙，此大將軍勤心，亦將軍等勤力也。吾輩生在世上，既爲人，進在朝中，又爲官，若縮項抽頭，延挨時日，便不是人，如何是官。此本閣部所目念，願與諸將共念之。

附謝念我。

答董秀才

久别爲念，何時坐齊頭，與兄細論文也。附謝念我。試竣，當早嚮塾中爲望。

答郭户部林兵部二主事

關城十萬衆，賴二兄爲拊爲防，即朽腐餘生，苟延宵旦，然安知有生之樂乎？事非不可爲，而心力不一，令晉公笑人矣。附謝。

諭陳九德

將軍精勇有膽識，凡吾輩要識以用膽，車營好爲之，以久失約束之兵，拊而有之，徐以束于法，使見吾之德，而不覺相安于法，將軍饒爲之矣。附謝念我。

答劉崇宇

以百弟子約腹而入者，凑來餉，弟那得有此段福力受用。平生祇爲少兄折乾錢，見受遠譴，那敢再惹業債乎。不敢受，不敢受。淹下幾多受了氣的，剛鬣曰：「頭嫂又吃齋，可辨肥麵筋當肉乎？」

賓甫維翰，到此幾滿一年，獨不得與兄盤桓耳。一官何物，牛馬維婁，讀李白子夜歌，未嘗不念今昔苦樂也。益津風景盡佳，更喜三堂爲一州屬，不以春秋奏琵琶記乎？州尊積厚德人，想念青氈客也。唯仁兄愷悌，以待諸友，無以教官臉，令人不親三等薄，那得送許多人，甚無使勢人必親之。昨聞入賀，抵都門，悵悵于不得晤言爲念。齊、劉兩兄欲還，弟以正月之三日出略寧遠，且一月矣。兩兄殊苦，今年當抛此官，跨塞益津，一問白頭樂事，兄可預備以待。

啓葉首揆

總督之議，門生兩疏自明，總謂此中「衹要一總督、兩撫院，此邊疆之福也，不必要經略」。況于督師，門生之自請。督師原爲整頓促督，成一家當，便可交付當事。目今身既不得脱，而却令旁人促督此身矣。合一鎮將吏，聽命一人，而同心僇力、共圖大業者，凡以此一人能可否上下之也。今同事之大吏，以旁議予奪，而此一人且若有督撫，欲爲則拗手相左，不爲則局已開而不就，禍不獨在一身。老師固明如觀火，而忍不爲門生一念乎？如止係門生一身，亦何敢告苦告難。目今關外十五萬兵民，而議趕盡關門，謝絶遼左。此等議論，即老師難任也。初有撫命，即上疏持此議，得老師止不上，何忍不爲門生一言，令數月來堅讓其有爲，而曾不一爲，獨曰贅，曰五字巡撫，曰殺我，曰教我充軍。此等景色，老師明知之，而猶疑門生以不任，豈真不任乎？門生苦矣。欲終不言，則此何等關係，而可泄泄；一有言，則爲愎爲誖，拗一世之論，而目持其禍，寧有既乎，遑恤我躬，天下事又安忍言。老師通天下爲一身，必有以教門生。

又啓

初三傳牌之信，非的也。屢遣人至廣寧，獨西虜伺截遼人之從東歸者耳。近已兩次遣諜入賊巢矣。有回鄉自新城來者，信頗真。然防守則不敢不嚴，關門之守，却倚關外，以寧遠難民之心，加以城守將士，自可無患。門生以人日抵寧遠，與諸將共春防矣。中、後、前屯，則關門所倚在此。即關門炮火，盡可支撑，而將士之矯矯者，盡可以戰。其謂將吏不盡奉行，則以一柄各操，左顧右盼，至關外之屯鹽、修築、安插，不肯着身。即練車營，則將士肯爲，而文吏或不着意，曰：「祇守關以内耳」。此最關天下安危，安得老師一臨關塞，盡此情形也。如縮足關内可以守關，門生豈獨負痴愚，好爲危事，以天下爲徼幸乎？

凡客兵利速戰，主兵利久守。今關城合秦、晋、川、湖、齊、梁、燕、趙之衆，盡客兵也。五方烏合，額餉而外，不能加毫末于身，而責其捐墳墓、弃妻子、固結于我，已自爲難，而况糧料不繼。即其繼也，能固結于我，不逋不嘩，而坐食便自坐困。竭天下物力，每歲養十數萬坐食之人，事久變生，師老財匱，天下之安危，寧在賊之來不來哉。今以速戰之備，爲久守之謀，進則不足，守則必變，局外計止眉睫，局中敢忘久遠。故兵必議土著，而守關以内則遼人亦客兵也。是以從遼人之便，西入者，安插前屯，東來者，安插寧遠。二百里，兩衛三所、邊腹二十七堡，兵民可十餘萬，城必不可不修，田必不可不屯。又爲掘煤煮鹽，請修邊垣，曰：「以遼人守遼土，以遼土養遼人。」近又立十大車營，以爲攻戰之具，已完其半。然此等事，盡非守陴赭地之舊，而大不便于「死而乞生、生而乞來」者之意。兼亦合天下，祇有一怕。夫初怕而開、鐵失，退守遼陽；再怕而遼陽失，退守廣寧；三怕而廣寧失，退守山海。目今山海之怕，更急更切，曰：「遼陽三十萬而敗，廣寧十八萬而敗。」以十萬烏合，當三敗之後，何恃不怕，而縮項斂足，不思爲計，徒延挨時日，以了眉睫，曰「勿惹」。夫安坐而不爲計，關内更難于外也。且開、鐵以來，誰爲惹者。甲冑爲謊，縉紳爲蒙，以吐心吐膽之腐儒，强作支撑，而一流人，左顧右盼，不肯實做肝膽，如鷄如兔，一聞出關，曰「遣戍」，曰「殺我老師」。試念亦有以「此中關外必不可爲，祇當守關以内」相告者乎？此即不奉于下之人，非將士也。然守關以內，亦必有道，豈得坐而不爲。

古今夷狄之禍，莫慘于宋，玉帛子女，與而又與，疆埸土地，退而又退。當其時，亦祇一怕以斷送社稷。由今觀割地，使諸君誠萬世罪人，然當時却亦賢人。蓋上自朝廷，下至吏士，無一不怕。正無可奈何，却有一救眉睫、勸和人出，以紓衆懷，却亦能事男子，衆心倚賴。假令計行，而社稷終安，斯其人豈不爲千古識時務俊杰哉。惟與而至于無可與，退而至于無可退，社稷丘墟，而爲天下唾，其病却在自護其局，以偏任一種人，遂至于戕殺忠義而不顧。

方今廟堂，當以恢復爲大計，責邊臣以酌量進止，勿信孱膽苟且之徒「自護自蒙，以必守關內、減兵省餉爲主」。邊人乃得提掇將士，以振其殺賊之心，而機會未起，邊人自不敢强進。如廟堂專戒以內守，則五方烏合之衆，坐食坐困，邊人何所藉以提掇。纔令之出，曰：「上祇責內，却教我外，恐外有警而內無兵矣。」且關外不填實各城，豈非于東無以爲外護。即西虜便在八里鋪殺人放火，如門生初抵關時。門生初來，西虜盡繞關門，毳幕旃車，雜遝崗阜，一登門，而腥羶之氣撲人。日報劫殺，驚傳烽火。門生苦，令撫官初移之中前，爲四十里；再移之前屯，爲七十里；又再移之中後，爲百里；又再移之寧遠，爲二百里。近總兵官以兩協提各路將，分以信地，仍以撫夷將統兵駐邊堡，仍隸以鄰堡，即撫即防，而脉絡分明，支節貫注。更以中右之役，揚兵擣勦，而各部遠遁，再得市貨稍真，通官不假，自可爲防。而今議守以關內，則虜可頻入關以撫，而八部三十六家，仍環聚于關門。其外之二百里地、十餘萬人，何所安插。而忽造語曰：「人怨不知，誰逐之出，所怨者誰。」由此言之，即防西虜，不可不實寧前，而況東虜據寧遠，天下安危，寧忍言哉。守不在關外不守，戰不在關外不戰，款不在關外不款。

至于總督之議，門生祇欲得一佳總督督兩佳撫院，合款防，而邊事定。豈其不自揣，而攬不可勝之任。其可以任者，祇在兩撫院。老師爲社稷遠計，兩撫于門生同异何如，門生之議守議戰如此，兩撫素具議于老師何如，老師必見之真。蓋門生不能爲局外之觀，老師必不忍于門生，而况肯忍于天下，必有以教門生。至于糧料不繼，軍需不補，衆口雖囂，而曾不一念。豈有内閣臨戎，終年不准一見。即往返十日，亦不許，曰「是欲卸擔」，曰「是欲復窺中書之堂」。昔范希文自參知出，安撫西邊，過鄭州，見吕夷簡，語暫出之意，或曰：「參政豈可復還。」李伯紀巡邊，奏曰：「臣之行，無有復還之理。」中亦引希文事。且言：「使臣既行之後，無阻難，無讒謗，無錢糧不足之患，則進而死敵，臣之願也。萬一有朝廷執議不堅，臣自度不能有所爲，即須告陛下，求代罷去。陛下亦宜察臣孤忠，以全君臣之義。」門生乞入覲，衹欲稍通脉絡，無使有錢糧不足之患，豈其患逐某人，以逐及僕者。然天下亦有以逐爲不快者乎？督且不必推，而門生所願請于皇上者，望老師一爲門生計之，以全門生。所爲任，年來無不合，而硬加以不合；予之以人，又不問合不合，而硬加以不任。至于議「以佳總督提兩撫爲款防」，而硬加曰「裁督」，曰「罷款」。門生所爲苦衆口者，此類是也。非敢計毁譽也。人至于不計生死，而寧計毁譽。

答唐令公

每念彈丸小邑，乃不爲高賢所鄙夷，自是名世真儒，非復世人宦學也。兒輩仰荷涵照，令邊人不問室家。然常念其蠢愚或不足辱大冶耳。敝邑殫殘，百無一經費，而各衙門每爲鄉官題門一檄，動至數十金。嚮者，周父母遂以額賦借支積數多而竟不能補，頗爲繼治者持之。僕曾盡出所受上官之問遺，以濟庫胥之急。今且自念秋毫無補于桲里，而動煩多費，其爲父母患苦甚大。今敢爲父母約，凡上官有贈送僕者，止將原帖付兒輩，即令具賤姓名謝帖，以還報上官。僕令兒輩開具上官交際之誼，偶于往復致謝，决不可那移借支，强爲饋送，以朝廷之正賦，爲上官供私交。僕諸生時，曾見薛侍御繼茂曾爲貴鄉孝感，今後改文安，僕時讀書其地。文安，澤國也。一時鄉紳十餘人，而八差贈送，歲可千金。舊以水泊舟居畸零户口錢充費。薛公嘆曰：「煢人無家，忍剥其膏爲鄉官大嚼乎？」遂免畸零税。每一檄下，輒致諸長者帖，而不持一物。時舍親姜中丞曾開府貴鄉鄖陽者，倡同襟齊具謝狀，亦不煩一物，僕時竊心識之。蓋欲學薛公，而今獨不可學姜公乎？願父母俯體鄙私，兩相便益。僕凡百樸，誠不敢爲絲毫欺詐，惟鑒諒爲希。

答王典史

里中信來，聞貴廳清廉，不受鄉坊斂錢；又明斷仰佐堂上，共爲小民福澤；又曾出私錢，募救火者，上官當有優崇。清俸幾多，可遠來送禮乎？僕在家，嘗供貴廳之先任者米麵，以願其清廉，以後不勞送禮可也。璧謝。

答王霽宇總督

佛僧如野鶴，性意靈通，何以頓西也。承命當備詢之，以開所未解，仍當咨送之耳。敬復。

柬馬總戎

連日各營銃炮及車營嘗練乎？王大將軍體力何如，曾相見乎？尹將所造諸器，可催督之，仍與該道言，可作速應付之。此公家事，非可以其人倔彊而令之誤也。劉永昌，豈得不薦；尹應聘，豈得又參。此武官不低眉于文官之故耳。天下事到如此地步，尚較量如此，何以做事，可惜吾輩一片肝膽矣。府中有家下人來寧遠，可遣數人伴來。馬有穩者，揀一二匹付之。永平戰車一百二十輛、小車八十輛，已行該道調取矣。密雲車及遵化車尚可調也。前所改造極便。

答山西劉開府范董

世人語賊，無不變色却步，而獨勇于紛囂之談，兼以舉世皆怕，而望兵以勿怕；舉世皆逃，而望兵以勿逃。夫推而百計不敢來、來而百計不敢任者赴調乎，着伍乎？以國家養士深恩，士大夫廉耻道誼何如，而一推經督，滿朝無一應其來者，亦復求脱，真可謂無人。而腐儒不解事，獨携空肝膽，冒任天下之重。誠念主上深恩，臣子不宜薄報，寧復念黄閣之雍容、丹徼之馳驅乎？老父母真心體國，一意急公，年來關門受益宏多，倘肯低徊了此乎？駐寧遠，忽接手函，便覺春光隨馬，仰快雄風，俯慚雌甲，何當遠注。敬謝。

答馬總戎

留此一片不媚世之心，便足辨賊。祇管練兵，祇管提掇各將，以共憤共怒，勿使其相習爲玩愒之風。此皆它人所不得制，所不得撓。即有言者，姑安聽之。夫極言者之害，不過殺此身，而吾方捐身以爲朝廷，曾此身之不計，而况吾輩實實做事，即言者，安得殺此身。果如實實做事，即見殺于言者，皇天后土，寧不鑒之。門下深念，勿再紛紜于衆口，以致耽閣大事。吾與門下共擔天下，不覺言之痛切。惟念。

諭參將劉永昌

以將軍之賢，而漏關院之薦，則將軍之品更高。僕初爲怦怦，後更爲善。即尹捍武，又加疵焉。世事可念也。將軍尚平此氣，留爲大敵之用，不必一一與世人較也。愛之，重之，特爲此語，將軍其體我。

答王威總兵

兵之發，當酌量緩急，不妨陸續來。其要緊地方，仍酌量以得力兵防。門下老成歷練，爲國忠貞，定不率且也小侯可令善調，勿躁勿急，平其心氣，節其嗜欲，早出以爲國，定戡定大亂，勿見難而思退，勿惑于自便之言，而相與以爲知幾。目今士大夫不念朝廷養我輩以高爵厚禄，謂何聞推，則抵死不來，既來，則抵死要去。門下看目前縉紳，不爲我輩羞乎？令弟好官，可大家做好。

諭王牧用

將軍勞苦矣。如何買貨不來，豈不知爲春季用乎？將軍悉心調停，着意檢查，勿令下人冒濫，仍要好待諸部渠。既有戎索，我自當守漢法撫款之道也。勿以適間小小得些須功，便傲以加之，可注意。

答王霽宇總督

僕腐儒也，何知老公祖悉心爲大計耳。僕從來議論，原不執定漢法，祇願稍爲操縱。如此一事，既有賞功成約，便可不待講而與之；既費講而撤坐門、殺將官，便可稍爲斷賞之説，待中有端緒而後議，然終無不賞者。今不以殺人斷賞，而却以殺人增賞，得無誨之殺乎？將殺賊，已加賊賞；賊殺將，仍加賊賞。夷狄貪漢財物，亦復何厭。僕所低徊，以此耳。然終是小家數。計米調湯學問，適爲大方笑也。又念丈公祖方以蚤竣此事爲意，不得不如此處分。是唯指縱諸弁蚤竣，僕非敢持异議也。朱梅已急促西來矣。

答張永平道

久不聞高議，心甚懸懸。乃至勤大旆于荒原，殊佩膽識之闊遠也。以門下勤勤高誼，何賊不滅哉。大將軍武人，不必繩以深理。此中獨有此人□□□……苦也。

答尤總戎

僕與大將軍同來此地，凡以彈壓兵民，安綏中外，無使驚訛，遂圖遠略。至于採木架梁，當以裨將出行，不必煩大旆也。況貴體未平，寧宜勞瘁于風日之中，而過傷脾胃。昨朱參將來，俱言門下當省心力，僕意正是如此。願養精神，以剪鯨妖耳。惟珍攝勿躁。

答李總戎

此小敵易爲也。惟大將軍所以同圖腊長鯨者，火器要緊，可急練之。然不可任吾意，而于各營之不合于心者爲輕重也。處此危疆，祇念朝廷，勿念私意，大將軍德氣，自當念之。

答郭主事户部

僕不善相人，而善相心。年來與兄周旋，輒得其心，方今真品也。貞不絕俗，通不失己，自是有用豪杰。此中諸公，急擬借重關門，獨恐未肯許耳。言念高誼，可任企切。昨見貴衙門以所還抵所措辦，此一時搪塞語耳。兄可爲貴堂翁一語。

柬李兵垣精白

方今虚而可實者，東江也；省而成費者，登鎮也；實而疑虚、省而嫌費者，渝關也。讀大疏，頓關天下安危，祇在解人耳。寧獨負痌腐儒信爲枚發乎？小疏乞諸種種，正欲奉台教，忍不爲邊人一引手乎？踣頓之極，兄又忍不爲一念梓里乎？每不敢空函煩報，言遂致疏闊。張鳳老體健否，附問。

柬葉老師并五閣老趙兵書

宗病甚，諸鎮道輯其所需以請，而幕中諸君爲辭。惟老先生酌裁可否，而務在必遂其請，乃可爲危邊計。伏枕次言，不盡百一。惟老先生念天下大計，一主持，可任懇切。

又柬魏閣老道冲

數得手教，如對面披直腸快語也。弟實衰病之極，諸公獨不一憐而放之，必令死于荒塞，不足爲中書羞乎？舊督欲遷戎政，尚有六七公書，而汪文言尚有揭救也。相方何如，豈以弟尚欲窺中書之堂乎？病于外而愈于内，寧有毚餘。

答朱工部門人國盛

以門下久勤，而所至功高，其節縮，每至千萬，乃靳一加銜乎？宦如啖蔗，徐而得味更佳。腐儒行徑，不合世論，而冒任天下之重，遂且維婁之。今天下怕賊，甚于遼、廣，而備賊更省于遼、廣，多方誤所忌之人，而不思已多方誤所怕之事。以金繒予虜，付二三游弁，而曰「真以糧料予兵」；合文武大吏，而曰「冒宋專恃和議」，謂賊不再來，詔減秋防之兵，故李伯紀謂：「禍生于忽然，所防之虜，即所和之虜也。」今恃款西虜，而議減東兵，愚于宋矣。將殺賊，增賊之賞四千；賊殺將，增賊之賞一千。以通官張大金質虜庭，邀來喜峰，增千金，仍綁我被虜之人，充爲逆賊，令僕殺之，忍乎？身任重而反制于藏身之固者，陰持議而多方以誤之，李伯紀笑人矣。

柬李御史應昇門人

嚮在講筵，從衆伸解江道長事。僕謂：「邊事任人要專，而議論不妨待邊吏推敲，豈其身當事，而罷天下議論，皆絶勿進。」凡僕所饒舌，以其妨邊事，不以其防身也。僕豈唯不敢涣大群而疑其地，即其人其小群毫有忮懻，無彘餘矣。年來上所去，而僕不能留，衆所用，而僕不能止，而諸公却以爲僕曾去某留某，而僕實未嘗去之用之也。小疏曰：「百計同仇，番成自用，一籌未展，已見輕敵。」兄爲我嘔噱乎？其于諸將，則尤、王兩總兵，取其氣鋭未涴東塵，而經理百務，惟馬世龍真可任將。僕以正月三日詣寧遠，而尤于臘嘉平之廿七先行。凡僕出，則總兵護行，而其未即久駐寧遠者，以城室未繕完，不得即以大將安插。而僕之在寧遠酌料一切，以呼鎮道之從關而應，蓋在關皆辦關外之務，而非親見關外之急者，未能爲呼。客歲以大吏送家口，而中外驚惶，非蚤出不定，而彼己情形、東西著數、水陸機宜、鹽屯要務，一切非寧遠不可審酌，豈其防援策應未條，而輕爲無所事事之浪游也。

王帥自是樸茂，心亦靈省，而尤帥猛率可戰，兩人俱病，而尤更重。此中人情，不樂久處危邊，武人更甚。操縱去留，一不得宜，則衆皆鳥獸散矣。特議：「强有力，于此升遷；弱善病，于此死亡，即勞，不它調，即病，不輕脱，獨脆而無能、猾而有疵者，時櫛梳之，而供抨彈。」

其于兵馬初就，見在格數，不得遽更。諸大吏議調十萬八萬，後至五萬三萬。僕再四執駁，止調一萬二千。蓋不調，則滿目逋逃，不備眉睫之患；多調，則征進無期，遂切坐縻之憂。然遽此之數，便已省減，而減之又減，即大豪杰不能。竊念三敗之後，賊勢更張，我兵更減，而今天下士大夫，怕更甚于前，兵更欲減于後；以金繒予虜，真費真冒，而不敢問；以糧料予兵，日缺日乏，而反曰虚；徒思多方誤所忌之人，不思已多方誤所怕之事。宋專恃和議，謂金人不再來，詔減罷秋防之兵大半，故靖康不守。李伯紀謂：「禍生于忽然，所防之虜，即所和之虜。」今恃款西虜，議減東兵，愚于宋矣。當是時，以親見親嘗之事立言，百不見信，而從旁道路之口，一訛即真。據其意，既以立言之人爲愎爲迂，不可信，而却又不令弗愎弗迂之人代其任天下事。豈愎者、迂者可任，即其人愚，不足憐，而衆所公怕之天下，可輕于一擲乎？

皇上既未悉僕之不肖，而誤爲任，又未悉天下之真弃不肖，以陰爲格，而不得任天下；既借僕之愚，以塞衆人所不欲任，又借皇上之任，以遂所不便其去之意，而更欲代所同者，以任其患，而好官自爲。竊恐賊一日未平，則兵一日不解。目前急以遼人換西兵，僅可省徵調更番之苦，不致有劫掠逋噪之患，而規模大定，須俟所成就而酌。

今人俱曰「進取相機」，曰「待時」。夫時機未至，誠不可進。豈時機未至，却謂之安，而省兵餉以守。僕方惴惴于坐待不能守，而今人已惴惴于僕之不肯爲守而好進。目今立十二車營設防而外，馬步可九萬六千，而成者半。使戰輜不得不親，馬步不得不合，將卒不得不聯，炮矢更番，分合便捷，而馬不足者二萬，兵不足者萬有奇，約雜費可六十萬金而辦，審時相機，則賊之殘暴已極，遼之憤怨已深，我之精鋭已奮。乘諸在遼者威劫未附，欲逃未能，而草木滿野，可以因兵，可以因糧。過此則遼化爲虜編之守，驅之戰，俱可以逆顏行，而馬不資于草，人不資于稼，則輜重之費多。蓋利鈍敢謂逆睹，而時機不可頓失。如曰「賊必不來，我但不去，而兵可省，餉可減」，僕未能也。僕身爲大臣，受皇王何等付托，而敢爲巧持，敢爲拙擲。第身任重，而制于藏身之固者。又有一流人，以身所徼幸，眯天下之心目者爲能，而令邊人程能幹下。僕觀自古大臣，身任天下之重，患莫大乎中有蓄蠹待潰之人。今天下衆倚爲盟者，或含怒以待所忌，將岳忠武不免于割地王人，而寧唯李伯紀流落不偶也。兄愛我，何以策我。

又

曾爲友人有言曰：「今天下急，不難于用小人；緩，不難于摘君子。」前閱大奏，有「患難用小人」之論，甚快。來教一一奉復，惟教我吴本如，爲先職方兄同門，先大理兄同僚。最悉本如川中大業，而又爲我輩正當人，其心事自是正當，真社稷之福也。此中原無難事，祇要心腸正當，百事可做，大豪杰手饒爲之矣。突突語，無以示人作談柄也。謝。

柬熊壇石操江

念惟真正英雄，爲人倫皈倚，故留京關天下安危，而壯猷遠略，遂且安留京，以安天下。顧何得别天下于留京乎？渝關之政，亦天下一方，而其需舟車也，如左右手趨履下爲募舟，而適讀龍華之牘，殊作胸春也。台臺得無意乎？無紛于議，而濟于行，渝關倚台臺爲命矣。率爾附言，惟鑒在爲荷。

答馬總戎

條次周詳明晰，最見心上經綸，可一一爲諸將闡明，仍令諸將爲其部下講明，祇擺設熟慣，便自曉然。以戰車爲主，而輜車佐之，其騎步馬牛器具，俱隸于戰車，則條貫自明。門下勞心瘁志，乃得有此法。得二三好將官演習熟，自是雄兵。

答程中丞公祖

念惟四履，當天下雄要，以外聯萬寓，内護神皇，仰藉壯猷，遂且康乂元元，惠此京國。蓋重地殫人，唯是字人之吏，銷驚疑于馴雉，慎操割于烹鮮，而水鑒冰壺，高懸日月，其于墨組清襟，數黑白而式叙之也。安三輔以安天下，即抱關吏，借箸籌爲北鑰矣。猥以腐儒，自逢維婁，亦不遺一介于建節，過承函私，殊深悚戢。率爾，附謝不既。

答翟凌玄中丞年丈

亟擬借箸籌于渝塞，了此五日，而屏息聽中朝之議，未敢發聲，頓令壯猷遠略，作美西方。猶是渝關也，獨不得共鞭弭乎東荒耳。年兄真品真心，其于固宇寧人，猶掇也。天下事，祇要一真。西于東，若橐鑰然。安一隅，以安天下，惟年兄帷帳中餘籌也。弟之腐如昨，誤入維婁，祇作蝸枯。年兄何以教弟。附謝不既。

又

此中兵，獨所調萬二千爲雄，而萬人中，獨履下之甲爲雄。蓋將吏矯矯乎見少也，得指縱于拔旆，時旌旗變色矣。可任同舟之感。新調諸韎韐君子，原議再歲爲瓜期，今已積口餘爲安家矣。獨是天下熙熙，何當此萬餘人往來，而得一東人，減一西人，以土換客，踆踆乎其欲。其即叙也，計客兵之數，不能頓爲進，計客兵之情，不能久爲守，而一流人，聊不動念，將岳忠武不免，何止李伯紀流落不偶也。天下事堪此否也。

答原任遵化道高中白年丈

今天下以平東之政爲楷，不借外兵，不費資糧，而巋然京觀，其于建威銷萌，猶掇也。當減兵之朝，而議三十萬，吾兄安得以六奇之一，脱登圍而建節乎薊、封、漁、鼓之間乎？得手教，頓悉壯猷，敢不一一佩之。大英雄推枰斂手，而以學子作老章。方且遭維婁乎逼仄，何得拔旆，當雄風于守下哉。不便其留，不欲其去，世爲此待弟矣。微大英雄，誰脱此者。念之。

答唐令公

恭念聲實騰茂，蔚爲重地星鳳，即荒徼勞人，借輿誦以解東篠之思也。河水爲邑一大利害，微明德，迄無安流。蓋築而不浚，旋築旋圮，而况築不如法乎。一勞永賴，明德遠矣。腐餘錢虜，兩相譸張。其一流親戚，或與其奄，曾相游者，或不無援護之意在。台下自有公法，誰得干之？然法如其罪，而于中少從寬假，微獨省紛求、抑大慈也。至于逃亡没産，似宜稍遲時日。倘捕獲而理之，予以應得之罪，如捕必不可獲，然後酌而行之，亦須量其罪。合如此，而後行。

僕聞人家父母于子弟，嚴誅之、寬釋之，俱是一家之天地。僕固子弟之列，忍不爲有罪子弟乞寬政于父母乎。一二孝廉，百惟寬之。此等事，微承教，決不得與聞；即聞，決不敢與議。生平與若曹不甚往還，世魁以京官頗相認，其後生亦不知其名，總以父母言及之而言，然非爲若曹也。惟亮在。

答葉首揆

裁巡撫，勿裁總督，其説似而非也。設總督而去巡撫，其總者何，督者何？將以門生爲巡撫，總薊撫以督之乎？門生原疏，意在合總督之任，重兩撫之權。蓋蘇有蘇撫，便可爲蘇；遼有遼撫，便可爲遼。以一督總其中，而權實輕；惟兩撫重，則事可做；惟總督之權輕，則兩撫乃重，若宣、雲然。此祖宗成法，薊遼舊例。今人不言重兩撫，衹言重總督。不知兩撫重，則總督爲受成立斷之人，而款防得力，全在兩撫，即鎮道一心齊力，惟撫是聽，而大事可定。

其曰停推，則以方今「不便其留，不欲其去」之計行，遂念嚮之可來，而來涉于誤身，今以可去，而不欲其去，更以誤天下。誠若總督一流人，居靜地，而特匆劇之短長意合，則强予之意不合，則必去之。試不避瑣括，而略言其易見者。如論三鎮，獨王世欽品在不激不隨；論三道，獨萬有孚功在不見不聞；論兩撫，獨張鳳翼善談，可憂可憫；論諸將，則陳九德、劉永昌可以不薦，尹應聘可參，查國寧可提問，趙率教可殺，獨孫諫可予善地，倪寵可起用，以萬化孚之千瘡百孔，亟宜登壇；論買馬，則黄明臣爲經略題委，而鎮道剛駁，至十餘兩一匹，突曰十八兩，獨萬邦孚可買馬，且兼招兵，而迄今有未完之爲；論增兵，則通、津之兵可裁，石匣之兵可緩，關門之兵冗而可減可汰，獨王威之兵可急；論各道，則張樸、劉復初之不調于化孚，遂不置齒牙，而獨張鳳翼三四人可開府，劉詔以永平令三年移之危關，而指其過藥濟衆，以永平守年半移之昌平，而大其功。

門生豈謂所與盡不肖，然而實有不肖；亦豈謂所不與盡賢，然而實有賢。總之，薊鎮以萬化孚爲主盟，而岳和聲受其口舌，遼鎮以萬有孚爲主盟，而張鳳翼在其提索，得孫諫、李秉誠爲之羽翼，以錦衣萬孚邦在長安中，時爲含沙，時爲拭穢，以廣寧馱來之金，遍拜强有力爲座主，兼以御史爲之入手，故兩鎮之人，以占風驗草，謂强項者受禍，低眉者得名。即王總督之博大、李侍郎之謹飭，不爲人藉，而群小實藉之。近者，總督聞憂，侍郎去，萬有孚參，而群小之勢稍減，是以鳳翼四顧彷徨，不覺無所依，而借御史以求自裁。今且以憂去矣。本官既得遂其庸怯不任之念，國家亦得去一選懦觀望之臣。至于群小中奸貪逋逃，姑不深言，令其解組，以全大臣之體。蓋抱忠義之心者，明知天下有巧宦，不忍言；而工于避難者，反謂天下不復有忠義之人，而可以語言簸弄以行。其「不便于留，不欲其去」之計，老師執玄鏡以照人群，豈其于此不真知灼見，而令迂腐老生悵悵暗室乎？老師于此時，似當明爲分斷，如門生之謭薄，不足圖大，便宜明告皇上。即皇上真不欲去門生，老師亦當直指其當去。如以門生材雖中下，頗負肝腸，便當明教以衆人之意，勿令迂腐倀倀，以誤天下。老師固社稷臣，其身爲社稷身，必不得自私其身，以求退爲急，而委天下于不計。荷老師慈念曰：「門下困苦如此，豈無分憂共痛之念。」一度無能爲助，故衹得委而去之。去門生，可委而去也，門生所任何事，是天下之安危也。可委而去乎？以門生之病骨，闔門兩月，不可去乎？幸無敗壞，盡可抽身，然四顧茫茫，誰爲負荷。士人與人祖父結交，尚其以孤幼相托也，則後死者忍不念之。當孤劍之紛紜，委而去之，即天下未有肝膽，不必交謫，而謂此心何？

方今總督、關撫，都當急推，但要重兩撫之權，合總督之任，以門生爲客官，則天下自定。如明知其人不以撫兼薊，不以薊兼遼，不以戰爲守，衹守關門，不肯出一步，是弃天下者，非獨弃遼東也。惟老師萬萬注神。

築墻之議，自是天下大計。獨此時班兵急在關門，而車營之費更急，未敢出口耳。乞發帑金數萬，惟老師主持，并諸公力持之，爲天下大計。至可爲督撫者，門生原未有欲用之人，老師幸予以可共事者，無令庸而且狡，如買臣之妻，千方百計，衹是它適窮措大，竭力供養，無一遂意，却令闔室不得安生，苦矣！

又啓

議者以總督當推，而不言重兩撫，則仍以總督專款，而别于兩撫之任，此其失立法之意，爲邊患甚大。門生備嘗之，而後敢言。乞老師立爲主持，以薊撫重薊，以遼撫重遼，以總督合款防，督兩撫于上，而主斷受成，無掣兩撫之肘，更使兩撫力得率鎮道，爲款爲防。至于門生，定在當罷免。即真是皇上不欲罷免，然不過客居，稍佐末議，便不必下行有司之事。其得力，全在兩撫盡力爲之。今當揀擇有膽識者四人，以新此局，使旌旗變色，亦快事也。不然，紛紜一會，竟落舊巢，天下事，必不堪此摶弄。念老師爲社稷遠計，定有主持，門生此身不敢問也。門生胸中原無欲用之人，適霽宇、石梁同日謂遵化道張樸可代薊，總在廟堂定議，門生決不敢與聞。

答永平徐太守廷松

以門下材操，而横有議論乎？願平心應之，無怦怦也。中外爲我不甘，我乃見。

答尤總戎

尤智何煩，如此病何。不且于此温養，而勞移之。

答袁開府節庵

得諸將北發，再得兵力稍給，便成聯絡大局。而世人省事者少，徒有延挨日月，令當事者受其極重不返之勢，奈何。惟翁力圖所以爲社稷遠計。袁進輩肯效于北岸，何必在軒較下，即來此，亦借爲覺華之役也，以沈弁云欲來耳。功不必問其虚，餉不必問其實，廟堂以此鶻突了事，真可浩嘆。登餉豈可去，司馬曹胸中無九邊，而瞪目臆談若斯矣。

答張總戎士顯

大將須挺然獨立，耻爲婞唈，方是鬚眉丈夫。若鞠躬縮項，輸納豪門，争爲延譽，及一聞警報，便如蜎如蝸，藏身刺殼，此何足爲用。平時怕内賊，臨敵怕外賊，祇一怕，便了一生。昨語諸將曰：「能以怕死之心怕生，便是豪杰。」將軍雅負膽識，當爲我辦所以腊長鯨者，適小敵耳。草草。

答王總戎威

予之以事，而不予以事料。蓋實其責，虚其應，類若斯矣。姑就見在家當整頓之，聊可爲備也。

答王總戎世欽

少年易病，而少年之病亦易痊，大將軍其慎調之。當此地而抽身，門下何以爲身。以此時而僕在事，有少年告歸之大將，僕何以爲心。惟平氣安心，節飲食，寡嗜欲，勿急勿躁，移居外室，令相知講古名將安身立命方法，其正氣日克，邪氣自退。惟門下念之，勿再言告歸，令天下流亡我兩人也。

答畢白陽

鳥倦飛而知還，吾輩人也，獨無倦乎、還乎，審時酌勢，中有所不忍耳。以壯猷真品，夢繞鄉邦，誰復有念關魏闕者。津門爲遼海命脉，那得不心悸。百凡倚台衡爲重，願無作驚人語也。銜尾如期，當不必秦鳥爲快。

答錢餉道士晋

年來極悉苦心，故聊爲將士忍死，未敢相尤也。銜尾如期，枵腹可鼓，且日望之矣。糙舂爲勞。

答山石道袁

吾輩做天下事，祇論人，不論天。然天道安可誣也。此一流人，非天去之，又攬多時，吾輩安得不善承天意，亟爲勉圖。

答關内道劉

凡百心勞爲念，然心不勞，事不集，正須忘此勞耳。諸弁中有亟需，便亟發之。彭、婁輩既無大失，姑從寬可也。西洋藥，可令亟製之爲念。

答趙兵書明宇

方今安危在邊徼，而大政在中樞。承教曰：「撫防兼施，戰守迭用。」顯與公共圖之。總督自當推，但稍理鄙意，總薊總遼，總款總防，以遵祖宗成法，無徒以大司馬職歲幣，則兩撫之責成，不得不重，而總督之任合。讀來教曰：「薊門總督，似更遺遼遺防乎？幸亟推之。」僕意原未敢裁也，特世人略鄙意耳。春防且盡，業理旋策矣。如可守，寧城可守也；如不可守，關城更不可守也。敢不佩良規。馬世龍自是大將，願無聽一流人細語，而曰「可殺」，邊人之幸也。率爾。

答王總督

讀大疏，便覺曉鬯。豈有執板道理嚮夷狄説者。操其機構，而稍就吾理，足矣。仰藉明猷苦心，敢不爲邊人謝。

柬山西開府劉范董按院徐卿伯

念一隅未靖，九野爲騷。年來百凡軍需，其取諸賜履，猶掇也。唯是同仇大誼，不以籬落爲私耳，敢不爲邊人以謝。敝年家張司隸，抱忠烈公之孤憤，而寄志銛于兵也，爲邊人開冶，于卿諸所關切，佇惟呵護。敢不爲邊人再謝。

答昌平部鎮道

疆事參差，獨藉諸公北門之鑰爲續命縷耳。敢煩典記，以惠函私。敬璧并謝，不盡。

柬喻養初撫院

閲餘目中外欣欣相告也。蔚以北鑰，載重東偏，諸文武大吏，合十萬軍聲，望新旌爲色矣。腐儒巽在床下，日卜台星之至止也。羽便馳函，佇惟蚤發爲荷。

柬高澍寰觀察

念惟壯猷大略，載戰南服，拔旆東來，遂且綏此杼軸，以建威銷萌，蔚爲重地殫人，涵和响育，而予之生全也。獨不得頓藉德威爲遼澤腊此長鯨耳。弟一行抱關，便遭維婁，予之可爲，而格之以不可爲。腐儒何足念，獨恐諸公之志銛于兵耳。年兄何以教弟？

答李太常京山

以何時北上乎？祥麟威鳳，于郊于庭，中外耳目，蔚爾光華。即邊人，亦歌一舜，且也擬爲諸奏草，乞椽筆，未敢遽。

柬左僉憲

近事何以紛紜如此，邊人遠在荒徼，不能悉轂下一字，惟老公祖一一教之。然此何傷于正人，獨是諸公之意所爲，似有大主張者爲之。僕病中茫昧，幸惟密示，决不敢妄語人也。一病潦倒，遂不可支，特願借大司馬，以輕熟代之，得正首丘。蓋此中不必怕，幸司馬來，亦可以盡悉此中兵馬之可用，不致鵲信人口也。惟老公祖亮在，爲宗念之。

諭帖

内閣諭游擊將軍鄭繼魁。近接具禀，知將軍與張盤協守金州，以爲後勁。往復接濟遼人，便可僉其壯者爲兵，然須精而熟道路者，大兵一動，便可前進爲導，仍以招降我遺人，以大其聲勢。但爾等遠在島嶼，本閣部日嚮督餉爲爾等催促糧米，不知可曾陸續到否。將軍忠勇，可與盤悉心以報。

答户部郎曹履吉

讀易直指車疏，直誦其爲膽智豪杰，最後從中翰君悉丈之深心也，益佩豪杰膽智。及今得閲小□□何稱而穩、該而辨、堅而不冗乎。精心大力哉，豪手也。僕合一營爲衝者四，各有督衝，得丈所名曰小衝，抑何雅相符也。車家防衝突爲守，僕欲且戰且前，故以「衝」名，雄哉。不以人爲衝，而以銃爲衝也；不以十百步爲衝，而以相去里許爲衝也。中翰且去渝水，而獨牽此小衝來，豈非天□腐儒，無一日敢忘黄龍、玄菟，其敢忘丈之明德。謹移文以乞繕部，即高車懸銃，不可得，便乞其人，幸兄一一爲贊發。腐儒肝膽，殊不愧丈，而鈐略無一有。然一片肝膽，固願天下豪杰同之也。謹謝。

答茅贊畫

世人有相爲藉者乎？但足了公事，不必盡同也。船爲重且急，兄可急圖之耳。諸種種在兄處，此中不爲制也。想自如法，惟蚤爲慰。趙都司，西北人，而用之東南，可時照顧之，無令舉目無可晤語爲悒悒也。地方不知其爲官更善，但我輩當念其爲官耳。若瘁心瘁力，姑不敢爲兄稱苦。

答吳總督

微乎兵也，時其緩急輕重而用之。霽老于此，自是老手。大約急時無弗急也，緩時無弗緩也。即渝關摘去兩總兵，而閉關謝兩虜，以三萬人作泥丸，胡不可者。

孫承宗集卷二十

尺牘　下

諭帖

諭魯參將之甲。將軍沉略深心，百几謹慎，所捕生口，既無尋問者，便可收牧。但要約束官兵，勿妄生事端，至闖邊捕殺不禁也。特諭。

答吴本如總督

朵酋之部，紛紛乞增于額外，而額内繒絮，百猶示備。即撫金急需上請，惟候大旆儼臨爲計耳。擬嚮西來一閲，諸乘障吏，遂得仰聆指教，而新撫軍未有期也，徒有只且耳。依切。

柬馬總戎

關外出防之兵，當計嚮來出防數，酌其勞逸，爲先後。此時所在要脅，宜以兵勢，先折其萌，未可姑徐徐也。賊所狂肆之地，依舊單薄，可速計之。

答袁山石

陶士行以運船作兵船，曰：「總是公家物。」僕竊欲效之。門下更欲以兵船作運船，亦自便計。獨念兵非用之水，當爲陸練。即其用之水，當東習水道，而人鶩于利，競相希冀，至夾帶爲奸利，當致紛紛，就中推諉插和，似難究詰。此久成無事之計。如目前果爲大計，則此法似未得便行，門下可悉心計之。船爲實用，何如鹽政，自可如此，惟速之，爲利數城。諸將好作事者，亦曾不聞有鹽鐵論，意可知也。兄可蚤計拱酉，妥惟兄調停力，即高臺堡，亦當以無事爲福。目今風雨時若，公私俱曰：「再得款撫無恙。」而大家畢力一場，是同襟深願也。兄居外，久爲念，且每欲面諸種種，急不可得。

答山石道

念此中大計，則門下當辭山石，而專寧前，乃可有爲。其種種，俱遼之急要，不獨復遼土後也。撫非門下，誰能爲計。此不獨清其費，而一操一縱，惟真實心，用光明藏，乃可耳。讀門下「光陰人命」之説，愯然爲念也。願悉念爲之，仍當與門下細論。

答毛文龍總兵

念將軍壯猷遠略，所覆何地，而忍不爲之計乎？報捷員役，想悉鄙意也。然外搔之而不能深，則彼之堅自若；數肆之而不能入，則我之計且窮。又况乎兵糧未足，將士或虛，未必其數肆而數搔之也。究竟當何如，將軍觀天人相與之際，得無意乎？

鮮人事一聞，本閣部即爲深計，令登萊曰：「此當令毛將軍做人情，便可停妥。」而就中節目，不必煩瑣，目今可定也。一水盈盈，企思可既。每見儀牘從來未受，將軍可檢入，毋爲役人乾没。

答尤總兵

惟門下平心氣，以重此身。僕所望門下，不在一時有勇氣也。虎膽當爲索之。

答密雲道葉兵備

某得出略寧城，而不煩西顧，倚有深心大力于重地也。顧安得頓借此一段心力爲東重乎？皎皎英英，雲日爲懷矣。檀之兵，敢漫爲藉，以霽老聞僕之愛若曹而許之，殊未敢受也。嚮顧曰：「當急時，或不吝爲用耳。」敢以護行而留之，作此孟浪。貴屬兵馬關隘，部署新舊多寡緩急之數，及各該文武之在兵者，煩節略見教，不必爲高文大册也。懸切。

答白完白

一流人好硬坐是非，或斷章取意，或栽木移花，令不知者駭然。而是非之實，自不可誣，晛消冰釋，公道定不盡淆，而况事迹昭然白日者。獨未悉于此時突有此論，肝腸是何，嚮弟于綫索由，殊未解也。敢不爲年兄深慮。

柬薛正亭開府

以楚甸高牙，爲蜀、黔司命，西南半壁，唯是壯猷大略爲支撑耳。以僕之謭薄，冒結孱膽，寧無黏壁之誚乎？公祖何以緒餘爲教也。

答吴御史關院之仁

今天下自是全盛，而危疆之苦，如同舟遇風，唯是理舵持楫，或可帆檣無恙，倘載吸載呼，各顧行李，幾不胥溺矣。念唯壯猷大略，社稷式憑，而清轡遄臨，伫見旌旗生色，是又危疆相依爲命也。迂拙腐儒，徒懷肝膽，既不能仰釋主上憂勞，將何以塞天下士大夫同舟遠念。昔李伯紀曰：「臣既行之後，無阻難，無讒謗，無錢糧不足之患，則進而死敵，臣之願也。萬一有朝廷執議不堅，臣自度不能有所爲，即須告陛下，求代罷去；陛下亦宜察臣孤忠，以全君臣之義。」僕三復此言，殊愧伯紀矣。

答徐知府

設有公費，將一切供應取給焉。豈其留公費爲節省之名，而予小民以加派之實乎？業與幕僚言，概以諸役從公費矣。且幕中諸君子行，以匹馬相從，原未敢一一爲騷也。僕以僑居，故不敢輒爲紛更。然此之紛更，想吾輩不咎也。年來秋毫無益于地方，而敢爲地方累。

答劉橫海親丈

念惟仁兄以真懸慈衷，運精明大略，蓋朱輜紫馬所至，止頓成福澤。弟方苦維婁中，何得游部下稱太平也。信來悉起居，闔宅清吉，且大政旁達，上下交頌，正可力圖有成，而忍言它適乎？歲餘嚶其鳴矣，似可耐此駒隙也。

答王霽宇

念光儀漸遠，頓失師程，獨有奉忠藎之極思，作顛危之鈐記耳。尋常虔告，敢煩典記之詞。敬拜一帛，附謝。

答鄧環丘薊撫

唯翁丈以開濟深心，抒擎天大略，念節鉞儼臨、旌旗變色矣。往復手函，真可爲邊人醒發。至曰「誓不以妻子功名之念，忽封疆利害之圖，而惓切于譸張酖毒」，真立身冰玉之中、矢念埃壒之外矣。敢不佩爲韋弦哉！僕嘗與畢白陽、張蓬玄言：「吾輩身不入利害中，不親；心不超利害外，不遠。」乃今聞大教，信之。年來壞邊防，攪人耳目，總擷要言，是痴腸人一再讀，所爲涕覆面也。鎖鑰餘籌，冀惟賴藉，而望霱雲，可勝爲社稷慶。

答寧前道袁

此何地，敢愛其身；此何地，敢不愛其身。得手教，乃快此惓切也。當痒呿時，願惟少加静息，自愛正以愛此地耳。種種計略，俱爲穩切，不可恃，必不可無兵。間要妙，惟所運設，乃舟車道路，細加體察，何高何深，何遠何近，未可臆度者，須一一明瞭，幸一一籌策爲望。

答馬總戎

捍武營車器如可蚤完，便可出就已發之兵；如車器未可頓成，便當撤前兵回營，以就訓練。但忽出入，似非事體，可酌量有説，方可。

答吏侍李湘洲

竊念主上聖明，當有真豪杰爲聲應。更念翁一出，頓關運數，將社稷式憑之，寧獨先山啓爲蒲徵雪虚聲也。一行抱關，無復心快。偶閲大疏，知台駕過大河，不覺破顏。衆語曰：「天下自此平矣。」帷中諸君子，獨無意乎？以寤寐思服，而亦不以一介仰候，唯翁諒此逼仄也。

又

兵事，微而實粗也，要于台教所云：「事力將備以需瑕，寧見瑕而後備。」凡備，盡戰具也，而實爲守。世遂曰：「夫夫將爲大，且安得一流兼材而用之。」諸君子肯明指庸迂，逐之去。宗且九頓謝。適小疏曰：「百計同仇，翻成自用；一籌未展，已見輕敵。」知翁爲宗嗢噱也。語云：「天下安用腐儒。」宗之腐何敢，望翁所指教諸君子。

答岳石梁

僕嘗于師友去國，或力佐其去，而了不顧念，適亦佐翁爲高，而獨惘然不懌于衷者。日來汔無寧宇，平助高蹈爲易宅，險剖同心爲難耳。低徊孤劍，身世同浮，正念吾輩之晤言有日，國家之平定無期。三復教言，敢不佩爲明謨，獨主上付以雪耻除凶之任，而日攬于棼，殊愧此尚方矣。聞藺徵有卜，願少憩中林，携麟兒出，爲佐太平也。

又

讀四大議，盡迂儒所力圖者，安得同襟在事，遂令迂儒得息肩乎？諸種種金繒，方在綜核，而藏頭縮尾，實繁有徒，且以貪槖，耐諸君子咀嚼，而利齒不肯啖名，愛其兄而弟之不翅若身也。適所綁獻，乃漢人之自東歸，而截以塞我，其忍不問而死之。一流人至此，豈不可閔。

又

黯别爲遥，而更煩函念。皎皎明月，英英白雲，隨翁懷袖者，便以持贈。

答馬總戎

天下樸直人，加學問，則事體盡安確；不學而樸直，其幸而當者，天資之偶合，其資所不及，便覺支離。此處正當覘其人果是真樸、真直、真未嘗學問，便是無它腸。如其人妝聾作啞，却是機關變詐，而又嘗讀書學問，便是倨傲驕恣。

僕抱關二年矣。如以語言文字，責文武將吏，祇有唯日救過不暇，而全人妥事，有幾如閣下所云。正當説明申飭，一一改正，却不宜種種留之心胸，積爲話柄。藺生不云乎：「先國家之急，而後私仇。」况錯失乎。念之。

又

嚮來群公正欲如此挑激吾輩，直須開朗心胸。其御諸將，如人家有才子弟，肯爲我持家，即有過失，可申飭改正，毋令旁觀者，交相爲愈，且略擊短狐，而遽有紛紜，寧不爲嚮來群公笑乎？

答項錦衣

捨心做事，人或阻之，亦有人不能阻之者，須得實其心、虚其腹耳。

柬王總戎尤總戎

念虎燕違和，殊切分炙之思，特具公費三十兩，少佐酬醫之需，願爲平氣慎身、澹焉無躁。僕懷□雖切，然不敢迫兄以未平之體臨事也。珍重，珍重。

答袁山石

糧料之籌，悉矣。倘得銜尾如期，何遽乏絶乎。寧城之兵，盡爲屯築，而左既爲哨，祖更爲撫，其所備架護之兵，獨甘、固耳。奈何驃武隨兩帥來，而不再計也。車略有緒，而輜車未具，即練稍合馬步，而戰輜相倚相容，馬步相兼相藉，百未一知，何得稱既回既攻乎？練車而不問輜，此關内之套車不念進取者，到底以事力未備，坐失事會爲解耳。奈何。

答畢白陽餉院

于時受舌擊者，方借東西爲聲援，而心戰者，以一片全軀保妻子之念，頓令中外震駭，然而東西實，且徂伏未有迹也。十餘萬殫殘，寧忍隔垣而付之一二韎韐君子吾輩、枯萬骨以爲功乎，寧勞一身，以活十數萬衆乎？此處着一毫功名利害，想其有僥餘者，士飽馬騰，倚命幄籌，惟願深心大力，開濟艱難耳。附謝。

答南京撫院周

方比水師乎海上，忽接函，言使如登燕磯、龍關，振雄風，對當眼鶯花也。一望凋殘，更不知春度玉門，獨有佩心知，以快此胸春耳。茅生買舟詣宇下，幸惟呵護。想豪杰深心，不共世人肝膽也。閫兵遂爲樓船最。覃都護，固自錚錚。兵將在鼓其氣而用之，何得盡衛、霍，而亦何遽不衛、霍，有粵政而人盡衛、霍矣。諸種種，傾語可時。

答柯和山通政

一行抱關，遂不得時時晤語。三復教言，懇切周摯，盡是渝關方略，正弟所爲與文武大吏竭力以圖者。獨朝聽未徹，勢難衿肘，安得所稱壯本朝之威乎？稍得議論不雜，則道將同心，天下事尚可爲也。年丈抱匡濟遠猷，弟所亟爲推轂，但高誼一展錯，便作社稷大計。以年丈生平真肝膽、真作用，唯希一願來耳。腐儒惛惛維婁中，徒作蝸壁，奈何！近立十二車營，而成其半，似有生色。再借懇衷，一調度，事其濟乎？劉弁，夙知其佳，欲一見而稱病，尚未見也。附謝。

答李户書崧毓

當三空四盡，何得不堅決以行。當七言八語，又何得不堅決以行。大力深心，邊人實佩之矣。此中起伏呼應，殊令人心悸。詩不云乎：「不愧于人，不畏于天。」僕不嫌以五萬二千利商，實懼以五萬二千抵草價耳。淮商十二萬，自貴衙門利，邊人何利焉，然亦何嘗不利。念之爲悒。

柬馬總戎

車營合是如此，但用事者未得發明詳盡。得大將軍議，始令天下知有車營之妙，此社稷之福也。深心大力，敢不念之。圖中「虚中」爲將，似當明注，以兼領馬步者爲主將，而仍以步將一、騎將一爲佐，庶將有專責，而勢常合。每車一曲，便以馬兵幾何，旅兵、監兵、大兵、雜兵幾何，牛馬等幾何，器甲等幾何。凡在此曲之後者，俱屬于此四車，而以八輜車供其餉。俱要相親相傍，認定主顧，使二百人合馬步戰輜爲一，仍以步兵百總以總之，而二曲則以馬兵百總以總之，以聽于千總，而分聽于偏將，以合聽于主將。此俱圖中不言而具者，特拈出問之。左旅等旅字，當改作「衝」，以「旅」字仄聲，嫌于不雄也。左衝右衝、前衝後衝，取古兵車衝車耳。凡圖可列者，俱是正法。其法之行，却有奇。即如此板做去，還有應，有不應，行之以奇，便可無敵于天下。惟兄深念之。

答寧前道

主客分合，視其多寡，均其勞逸，更爲之酌其遲速。此自門下當熟計之，中間却防一流人，謂空薊門，以修關門，而又空關門，以修寧遠，則班兵之當速其所急，而仍回關門，可念也。惟門下熟計之。鹽事，當早計，勿愲愲，令奸利者久不歸。公家屯田何如？暇時一算寧城之車與牛騾若干民間者。

諭魯之甲

諭魯將軍之甲。據報，以夷趕夷馬，當是偶爲之，此決不可嘗試者，賊不可縱也，釁亦不可開也。賊越邊堡，便奮勇捕殺；賊在草地，任其住牧，但謹防之，當略費，以結真有氣力者，爲我應呼。即夷衆來投，當細加體察，勿中狡計。將軍沉毅有大略，其深念之，勿以小利嘗試。特諭。

柬田少保親丈儆弦

閱邸報，甚喜。仁兄入清轂輦也。家口尚據大第，衷殊嗛嗛未安，借兄爲擇一小宅居之何如。一行抱關，遂疏親戚情話。弟所爲以元正三日抵寧遠，凡以鎮定人心，調習士氣，遂以密察彼己情形，而安輯十六萬兵民于五城二十七堡之中，令之且屯且築、修守修戰，豈其無所畫而輕以身嘗險者。人人畏險，而曰重此身，天下事安可爲乎？近車營成其七八矣。何得仁兄一教之。答長安諸公書奉覽，薄肅奉候，惟仁兄鑒在爲荷。道冲兄何得不念弟，仁兄爲我言。

答魏道冲閣老年兄

再奉教言，悉起居佳勝、清健倍常。此正人之福、社稷之慶也。主上萬安，人心歡悦，正須開濟諸公斟酌調劑。計年兄之心爲深、力爲大耳。弟甚慊慊于年兄不聽群公逐弟于丁巳之紛紜，遂永絶長安之路，而今乃自爲維妻也。年兄何以安弟，遂以安天下，而無致誤天下以誤其身。肝膈切至之談，惟年兄曲爲弟念耳。

弟詣寧遠，稍以鎮定中外人心，遂以安輯其衆，且體察彼己情形。此地殊饒爲之，豈其了無計畫而輕以身常險者。弟自謂西虜當撫，至其生事，便當力捕之，而就中酌强弱，别近遠，時其喜怒而操縱之，乃可撫。如將殺賊，既以四千賞賊，而賊殺將，又以一千賞賊，其充綁獻者，仍以我人聽殺。嗟乎！中國之耳目可塗，而戎心益長，戎橐益富，邊將之心益灰，國家之物力將何底極，而動曰「所加不多可即一」，此自是大患。況東賊伹伺，衆心惴惴，人顧其私，身圖其便，喙喙争鳴，何曾一念社稷之安危者。年兄深心大力，即不爲弟，獨不爲天下。然則推擇真豪杰，以了此紛，何得不念。

答袁山石

適處前屯之逋卒，固令飭以拊恤，勿急兵丁于工，而做我官也。以春班修兩衛，以秋班修兩所，自是畏言，適已前計之。獨關門之急，工不可不急，未敢盡出爲兩衛耳。然所餘固無多也。惟門下悉計。

又

其部署各兵最悉。深念連山自當修復，但寧遠未固，姑稍待之。以連山之修復，又當勤兵力，不宜省之寧遠，而更費之連山，仍疲我訓練也。爲物力計，自合如此。第稍出左將軍兵，分班探防之，當再積一哨探營，合左輔爲五千，作行營前哨耳。目下後營便令之出矣。門下獨勞爲念。

答徐永平廷松

重地殫人，即一州邑之自給爲苦也。而况非時之藝、應聲之征四出，小民何以堪。且所設更有盡當裁省者。以此係經略衙門，而偶來當事，不敢暨爲區畫，業令該道查酌，約無患苦小民耳。

答游御史監軍

朔之日，從蕁中出詣海上，遍閱兵船，相與嘆當事之苦心。中間一物一事，那非阿堵，而説見成話者，寧知天下有忠義之肝膽乎？續到者十隻，餘且至矣。特謝。

答薛給事大中門人

久不通長安貴人牘，遂不悉動定，殊怦怦于道體也。然不知尚居長安，接手函爲快。士卒未有與將領不協，其以逃聞，則貴鄉新到健丁，既無屋，更無錢，適霪雨爲虐，以驍雄不事生理之夫牽騎，雨立荒野，予之米，而無薪，無鹽菜，悍卒一鼓，遂有紛紜。諭之以牌，輒環牌而哭，真可念也。其悍者梟之，其逃者逋之，其歸者，各予之法而安。乃若舊營之兵，固未有動也。如手函云「飽暖有資，安插有所」，爲急務矣。乃若隊伍分明，千百約束，豈其有漏焉。僕之衰，更以病湊，而一柄兩操，世人未有信者。兼以中朝不諳此中情形，好以臆斷，而此中之在事者，不敢不回頭照顧時義殊爲害也。倚榻率言不盡。同病相念，何得煩問遺，敬璧并謝。

又

李同知有材局，亦未嘗聞有它説。然事聞有未當，而僕于若曹多念之。以危邊新創，即號爲官也，而曾不當它地之一尉。且各直指之參劾、鄉士夫之評騭，乃若臨莅其上者，又耳而目之，世鮮兼材，人鮮兼善，捨其短，皆可用也。適永平道有白弁之議。然僕實先聞之矣。不得不一究結巡方使者，想在彈文乎？僕固憐念之深者，函言爲佩。

答張屯院御史汝懋

今天下文吏，多擁兵自衛，而驕語訓練。蓋自保陽而外，五大將軍俱未有兵，而多纔千餘，少不滿百；乃四萬之衆，合之萬馬，則歲費百萬，皆統之文吏，而大將軍不敢問。乃諸公惓惓關城之兵，不知關城號十四萬者，有修工班兵三萬有奇，工完則去，非兵也；木鐵舟車匠役夫工萬有奇，非兵也。合關内外泊臺頭營九萬有奇，而關外自中前至寧遠，合之邊堡，可二萬有奇，而實在關城者可七萬。近有火炮手四十、火槍手一萬六千，而弓箭手可三萬，新調之健丁與各部之新丁、後部之調丁，約束之，拊綏之，自可用。獨是穩著之説成，而懦夫奉爲聖書。又惓惓議在關内曰：「關外部署，便引賊來。」且曰：「資盜糧。」是以逆奴狙伺爲乏二百資具，而在在潰陷，皆兵引之也，豈不愚哉！

今之計，不守而浪戰者敗，絶念不到恢復，而曰守，必不能守。僕今百計以修關門之守，而餘力以修前屯，得前屯之備如關門，則更以餘力修守寧遠，是謂近守。而合毛、沈二弁以覺華之兵，通再以夷官，托廣寧爲招携之號，是謂遠守。然機會適合，工力既備，静則爲守，動則爲進取，此似不必諱言，而予人以罪案，輒曰「此人要恢復」。夫恢復自是兵事，獨事機未到則不可，豈得諱言而以此爲罪者。公祖不鄙僕，而肯爲同襟者，肯爲開誠以教。企望，企望。

答王霽宇

讀「連衡招携」之論，抑何痛快切摯也。事屬虚彈，而得台論爲大，敢不佩之。獨是王雛未厭，人心惟老公祖有所以振之耳。麼麼胡孽，而以未諳邊事者主其論，何以行。關城將吏之苦甚，何念也。老公祖議爲作勸，敢不爲將吏佩之。是唯台酌。昨言虎酋感款（疑）撫之恩，咄咄稱王太師三世矣。誰謂「虜欲無厭，不可懷」哉。倚榻率爾。

答傅仲綸御史

僕獨携空膽，而門下兼有略，乃敢以豪杰歸之。即空膽之身，尚不敢自同巧宦，而况膽略兼之門下，何得私其身乎？安滇之計行，則滇可安，便當蚤出，以共圖安社稷者。僕之衰殘，即退黜林壑，尚企望之直指手，尚顧嫌德怨，天下無官矣。附謝。

又

調船耳，非調兵也。北人不堪乘船，故連人買之耳。此中亦不須水戰，要以水師從旁擾之，而世人不解，祇知有文龍，而不諳地勢，姑妄倚之。奈何此事原無妨于地方，亦可不致噪呼。然實以兄在事，爲我籌畫當耳。茅生自是佳書生，那得便作統軍。以渠有言于所知，云曾嚮兄論議及兵也，遂欲借其能事，而受命于兄，今直自爲買舟耳。王尚賢在乎？是所謂有肝膽者。刀銃之助，最動天下有心人之心。佩之，佩之。

又

僕之乞退，亦必如函教而後退，非敢條次幾篇腐爛頭巾話，遂可高議韜鈐也。今天下豈堪此等潦草乎？獨是今天下不乏有忠藎人，而解人少，却更有一種不願忠藎者從旁弄舌。即今逆賊狙伺，尚如去歲春初時，而謂相謂曰安，且曰「兵不招，不可調，不可冗」，議亦鑿鑿，而不知關城之兵號十四萬，而修工班兵三萬二千，局役運夫[不]下六千有奇，分防關外及海山間可四萬有奇，實在駐關者纔五萬伍千，除城守外，僅可設伏作奇兵，而世人未解，兼以度支無法，而謾口設兵。至于欲減額餉，幾致它變。以僕不避嫌怨，顧若斯矣。天下事堪言乎？又何待兩星作祟也。

小疏奉覽，亦足以見鄙懷。近衰病之極，然不敢以身念。草此牘畢，便當出駐前屯，爲營田計，護趙弁作關門外護。僕嚮謂經撫計，便當退永平。今僕不敢退居，但當進駐關外，令朒縮者不得不隨耳。趙弁，名率教，大得力人，特出而與之，做成一重關守。率爾言不盡種種。

柬内閣

猥以迂腐，謬荷聖明重任。即今捐摩頂踵，未報明恩，豈敢卸擔推托，且自任而自辭之乎。但忝冒班行，終年不得一覲天顔。凡一切中外人心，便視同外吏，誰肯遵服法令。蓋久玩而褻，人情自是如此。三位老先生最悉大體，可爲不肖一奏皇上，暫召入覲，以見皇上不忍弃病臣于外之深恩。即不肖借一覲以入，爲中朝發明邊城事體，使曉然盡知戰守機宜。不肖更得仰借天威，抗顏將吏，往回不過十餘日耳。不肖此意總爲朝廷大體，倘一行少有差錯，決不妄計也。今日出關整頓前屯矣。病中附言，惟亮在爲荷。

答徐永平太守廷松

搭放之議自嚴，而三軍之不願實真，似非當事者敢屑越也。吾輩養兒女，決不忍明知不可食之物而强之食，兄以爲然乎？天時、地理加以人事之疏，奈何獨咎兄一人乎？嗛嗛然，不必一一爲辭也。何如？

答岳石梁撫院

枰之局須子，仍須手，豪杰手未即得，而隨手布局者更難。即當局者，真成手談耳。關外兵民，不下十萬，獨前屯以三千金牛種，得可三萬有奇，而民間可四萬，差可了此城。乃寧遠新歸，殊令人深念，不得不遠計耳。諸落受撫，今可粗完。虎酋之用，必不可落舊格者，獨以夷官借活著，或可爲也。寧遠以西未得妥，何得取廣寧。數日有小疏，當請教，何敢承厚雅。

答永平道張春

以天下之好惡，盡付天下之賢愚，即我不得爲愛憎，人何得爲是非。行役金城，率答不盡。

答高陽唐令君

彈丸之地，仰借鸞栖，殊爲屈重。然罷邑凋殘，灾害叢生，微名世大手，其何以倚命。所幸法在必行，澤無不究，遂使善良安于田里，而萑苻之發，即撲無遺，此寧獨彈丸爲幸，是社稷之福也。

讀函教，深佩慈明。蓋敝邑捕盜者通盜，則武進錢父母曾力除之；而以盜誣攀，寄贓于富家，則祥符王父母曾幾爲大害。自微父母仁明，小民安得安堵乎。敝邑舊事，一爲訪犯而家富，一爲賊之家屬而家富，非以其犯其賊也。輕所訪，而訪之于連者，反重緩于賊，而家之誣窩者，猝未能脱，勢不得不交相賄買原口。至其佯聲于下，而暗索其賄者，更多父母霹靂手、雨露心，吾儕小民世世誦明德哉。敢爲罷劫凋殘以謝。

柬葉相公老師

以今天下，而老師急欲去乎，忍矣。試念神皇帝于老師何如，而忍若此。門生以凫雁之身，抱狗馬之病，共疲于貔虎之群，乃可去耳。老師不先予門生以去，忍乎？新撫明爽，有幹略，真可任者。此中事體，有次第可做，而賊來可抵，乃敢言去，惟老師亟爲門生深念耳。小疏願老師主持，門生可任依切。

又答

方今財賦匱缺，而議修築，自知不合時局。然邊成固百世之利也。門生率諸有計略者，以數十日，歷數百里，野宿毳幕，以盡險易大勢。蓋衆山迤逶，天已爲基，得此一邊，則山海爲重關，而神京在千里。此中用山用海，修守修復，勢險節短，自屬可據之地。頃駐寧遠，遂可日得偵諜，即恢復後，必不可少。惟老師無以迂儒鄙之，似可爲邊疆大計。

柬韓象雲相公

讀老先生諸所擬述，得持大體，成朝廷之尊，不獨抱柝吏、藉生色也。日來殫迂腐之力，遂及年餘，關城似有次第矣。即新撫曉暢，有心有略，真可了此。但得無摇唇，無掣肘，以地方付之，而□其成，即逆奴，不足憂也。宗真可去。惟老〔先〕生爲國家大計，方爲主持。宗之迂腐，不計一身，想在慈亮。即小疏言不盡意，統惟老先生主持。臨楮可任企切。

又啓何昆柱相公

久不舉老先生教雅，遂且成老兵。頃有小疏乞身，念不肖素承知愛，得無爲深念乎。以凫雁之身，抱狗馬之病，雜豺虎之群者，歲餘矣。新撫真可大任，但求無以舌戰撓耳。宗在師中久致，且體輕人玩，更以一柄兩操，與二柄一操，俱敗道也。老先生知宗非敢區區爲身計者。惟祈爲國家遠計，蚤爲主持，可勝大願。

答張總兵士顯

既受兵柄，當振起精神爲之。其事不在我而詆及者，當自明也。注意。

答劉御史方壺

客歲晤言，抵掌而曰可可者，敢不申儆而圖，獨是□肝膽了無鈐略耳。逆奴狙伺，遽謂曰安，而省兵省餉之議紛出，正恐目前猛發，那得有舌擊者。關東十數萬殘人，賊來，何以護；賊不來，何以餬其口。師老財匱，進取何期。即營兵稍有次第，而招携設間，略見機局。第大教所云「奴狡殊甚」，安得謂赭地殲人、頓作下策也。秦中當天下之半，得清轡爲安，遂以安天下，邊人藉風猷矣。率爾，不既。

答孫司務元化

閱邸抄爲快。然以豪杰，俯而就此，更爲嗛嗛。又念豪杰何渠不可而嗛嗛也，乃更爲快。還朝可冀，遂得朝夕聞快語。嘉幣未敢承，念兄清橐，那得餉人者。亮亮。

答沈總兵有容

費多少心力，一理卧榻，而遂欲嗛嗛去乎？豪杰那得如此。時驚時擾，勿墮術中，自是切要。如頃者偵所蘊崇而火焉，更挫其氣于一戰，最爲有得。而實心同心，更所願于豪杰手者，甚欲以覺華與登兵聯比，而三島距蓋套半日程，使通呼吸，快語，快語。

馬參謀自佳，那得灰心求去者。濰縣之兵可用乎？麾下用之，此中多欲調取。僕以北汛之岸直，須用遼人乎？其以教我。大將軍工于圖成，拙于説鬼，此不肖亟欲得全臂耳。僕目下可西旋，願門下爲我留一罄豪杰之用。率爾。

答毛總兵文龍

當事不理該鎮之餉，亦不問該鎮之兵，獨有功則喜，有索則漫然或許而不與，即關城時復中之。僕且西旋，當入覲，爲主上一奏該鎮之苦心也。金州畢竟何如，僕欲聯比三鎮于海上，而風汛不時，猝難得通呼吸也，大將軍爲我圖之。丈夫爲朝廷圖大業，須是大其心胸，勿較爾我。天下事，固非一手一足可了也，願將軍念之。

答馬總兵

豈連日風塵勞瘁乎？何以病大將軍者。惟善調之。夷情種種，人情亦種種，更惟善調之。關中料理，統恃門下，可蚤發。

答王霽宇

何日不防，而况已到邊乎。正念回紇之巫須見大人而返耳。候教。東賊之報，自料非的。僕乞歸，而開府公以此報乎？稍止之矣。

答楊修齡年丈

聞年丈入長安爲快。朝廷得大豪杰凑集，便自有撑柱氣色。計此等場局，正須年兄豪杰手了當耳。昔人稱：「天下安用腐儒。」弟徒抱腐腸，何堪世用，而况豪杰所不了者。弟且退矣。承函教，便對披豁也。率爾。

失名

以筆底靈心，寫眼底真象，故説病處，却有療方，正須藥籠中物耳。承教附謝。輔臣慷慨，至欽至策勛，令人羞不掩面，百惟易之爲祝，不然，同心説隔心話也。真切小疏請教，以謄抄者遲，未得遽聞。大疏幸稍遲數日，不然，我兩人却似不相照管也者。再囑。

東湯陰令

家信來，稍悉邑狀，遂悉老父母治邑狀。邑之凋𠞊而難理也，往或罷百務以護百姓不能，今何以百姓安堵而百務俱興。無論文里武祠與學宮并煥，即邑乘，固嚮來所迂置不道，而今得以書行，頓令千百年忠臣義士，不至沉淪土壤，其功德又不獨在父老子弟間也。敢不與鳩笻馬竹，式歌且舞。若寄踪遠地者，遂得爲列名維桑，將高曾而下，式勒之。獨是枳棘，久羈鸞栖，想當内召，以重酬勞勩耳。薄備，愧不成事，惟粲入爲荷。盧父母祠記并邑乘序，當稍俟解嚴，勉爲之，以副台意。又言。

答登萊田監軍一井

以吾兄深心遠略，菀不得施。弟遠梶關門，急不得飛凌東海，與吾兄共圖大業。偶不覺憤爲題祠，倘吾兄肯終竟海上之師，固社稷之福也。沈、毛二帥（師），當需兵幾何，今兵幾何，用餉幾何，今餉幾何，舡隻器甲有無幾何，當何以備辦，今計當何如，從何處下手，今且何如，後當何如，其機會走何時候，願吾兄一一密教之。兄所約豪杰，弟已佩之。遼兵可用否，并問吾兄。檢舉事，弟不曉了緣由，未敢答。其處鮮人事，甚有法度。弟有疏乞還，不知上意何如。病中草率。

答梅長公開府

今天下竟須鐵老底定矣。稍毖風猷，以快天下，而盡抒實力，以竟緩急，誰謂閒（間）散可終置也。周餉司沉心遠略，最謹最精，更可快者，孚彩發揚，而殊無貴鄉別段貴人之氣。此年兄所云「落落穆穆脚踏實地者」乎？敢不佩之。

此中經撫，原不必兼設。合用一真漢子，提兩道，以令諸將，天下自可爲也。一柄兩操，便自紛紜，而罷鎮歸者，饒爲口語。即如舊經撫，早釋之所在，以省長安議論，便是邊境福澤。弟且乞身矣，尚須爲主上圖一明此段公案也。寧遠旋，偶病，率言不盡，遠念企切。

答周餉司之夫

每欲接豪杰大論，以豁腐懷，而百餘里遂相隔也。遼人之在東者，相次復業，遂作關吏胸春，不得不計。所以護之養之兵，屯遠計，終非腐儒可妥，幸兄教之爲荷。

答陝西撫院孫洪陽

往田司馬之復松山也，唯善用番耳。搆兩酋于鷸蚌，自是豪杰妙手。凡抱關而蹜蹜籬下者，詎云守乎？此中頗以此法而效，要令之猜忌殘暴，不獨行于天都野利也。獨是一事兩柄必紛，三柄一操必競。方在乞身，以無掣建牙之肘，而尚未得也。過承注雅，可任企切。

答登萊撫院袁節庵

即節鉞臨海濱，而猷略屹然中柱，何渠不司馬，而況東叙乎。明命遠聞，邊人手額，喜可知也。海上之謊日新，而老成者又復稱病，中朝竟未有悉其事者。即悉其事，而不敢問，國家何賴乎？讀大疏，曉鬯精嚴，想可寒謊弁之膽乎？僕乞骸未即遂，獨此中一柄兩操，終未便耳。倚榻率爾，聊附抃蹈之私。

答趙兵書明宇

今天下大計，窾握中樞。以邊郵之利害，念廟社之安危，仰藉壯猷，指揮九塞，遂以固圉寧人，釋主人倜焉四顧之懷。蓋途出所曾經，方由所嘗試也。抱關將吏，式稟明謨，快焉額手，指縱在望矣。率爾。

答何主事天津贊司憲（意）

得高賢佐箸，遂司百萬人命脉。有懷明德，何得晤言。殊爲餉帷慶也。

答馬總戎

僕以門下之病而病矣。幸善調之。閫閫以内，亦多病也。可有善醫乎？別事便如議行矣。昨諭餉司，如何尚未放，當促之。惟門下稍息心氣，便自愈。

答通州盧兵備維屏

官兵之耳目，即明神之鑒在，誰得以冷眼忌我者。載佩壯猷，服膺遠計，遂作神皋重鎮也，寧獨見熱腸乎。天下熱腸人，原不管冷眼，惟丈安心爲社稷計，竟此熱腸耳。率復。

答馮御史按浙洵水

念清蹕至止，建威銷萌，安一方，安天下矣。語云：「天下安用腐儒。」僕，腐儒也，以空肝膽，當丸泥，其餘有幾。碌碌腐儒俱在，後先録列，而實應且憎，或憎而不應。然就所應，而罄竭迂腐，祇合如此耳。

虜狡如故，方狙伺，正虞猛發。即乘間招携，使其相猜相慘，似有機局。而關外十數萬難人，殊費區畫，總「以遼人守遼土，以遼土養遼人」爲大意，而精核發守，寧得盡是深心。獨年來火炮千二萬有奇，差可抵賊來一戰。而關外四（西）衛三所城垣，俱築完裏口，來歲四月可堅也。野無可獲，而堅壁以守，或從北山南海有自出焉，則日前之急也。

總之，大兵據寧遠東南，以沈、毛與覺華相聯，使賊日備二千里海防，而廣寧以夷官招携爲聲，則渝水爲重關，而神京在千里，乘間抵隙，以守以取，必不可易。而毛不足精，沈不足兵，覺華兼不足船，世人曰：「賊不從水來，祇縮足關内，賊以千里饋糧必蹶，延挨時日，聊可容頭過身。」天下亦安用此不腐者。

昨出關外三百里内，遍（編）察河山，議以徐中山建山海關法，築寧遠邊，以戚大將軍法，備興水以西，真百世戰守之利也。獨時詘舉盈，不合時局，然不敢不入告。兄爲社稷深計，獨不念我維桑也。幸悉教之。企切，企切。

此中祇得一豪杰手，提鎮道可了，必不可經撫兼設。僕于此時，便覺爲贅。蓋一事三柄，三柄一操，必紛必競，在當事，而禍中邊疆。此最易曉晰，而世或欲僕以無所事事處此，而需其敝，想亦不念朝廷耳。僕嚮未敢以肝膽嚮人，以兄相念爲切，遂不覺饒舌。附謝不一。

柬王總督霽宇

聞牙旌東嚮，以張吾軍，遂以協彼狡虜。僕病未能從也，殊爲嗛嗛。以宋人協款虜，僕唯唯不患，正恐效不效爲噱耳。此日山人亦當在老公祖指揮中則可，或法成而待臨敵任使者善，即撫虜不必有山人也。今天下奇邪群同，吾輩身爲大臣，而老公祖吏身係天下之重，其事雖細，其關全德人心甚大。且以四家丁而不能用，予之千萬何爲。即諸虜，定當協于老公祖威德，受款而退，如其勢在披猖，又安得忽之近關也。乃若以兵協虜，以虜練兵，則老公祖弄丸大手，腐儒佩之矣。僕百凡佩大教爲師程，想知老公祖大道兼容、用山人於戲噱耳。敢以腐腸爲拗，然有腐腸，敢不吐露。

答岳石梁順撫

僕之去留在主上，乃它人借之，而主上未嘗借它人也。昨小疏入，而聖意未可知。適兩地之警報，僕阻之而更至，遂以爲辭。此中殆有機局焉，而我不得執。天下事，留則任之，去則順之，强以其身任天下，則天下之去我者更深，而我終不得如其任。僕今亟欲圖去天下，而非獨去關。翁所教我，自是豪杰手，乃腐儒自有腐腸耳。

柬葉相公老師

惟主上德福崇隆，萬方慶戴，即老師不得不迫而出，是社稷之福也。門生略理關外幾五十日，殊未有可以入關者。即回鄉口，未的也。東夷近虞猛發，而後有可圖，西夷近可支撑，而後實可懼。東之猜暴，以我攬之而日甚。此中似有機局。即猛發于千里，我當有以應之。獨恐彼以狙伺不發爲坐困之術，而我更以望困養之，其發更大。然賊中獨一二人爲狡，不殺我人，或知其去而縱之，爲可惡耳。此時遼人歸者日歸，居者日圖歸而敢怨，叛人各有携心，即王世忠之兄兀爾忽答，賊中號爲王都督者，適聞賊疑之，不令管事，但得再攬。此機一動，則賊日孤，而發易制。然在我堅持要領，而必不以此爲正著，以墮其中耳。

西夷之中行説，盡我人爲之。近如宫學文，不減曩之哈舟、陳通事，推計除之，稍可請耳。浪素、貴英近肆要脅以新號。貴英不强杠于我，不雄行于夷。而宫學文爲漢患，順撫逆剿，原無難事。獨兩應之爲虞，不得不忍而爲之圖，徐可自定也。金繒日富，生口日繁，後之可懼，今爲之曼矣。挨時日，了眉睫，亦可容頭過身。乃若遠慮深念，通身汗出，有食不下咽者，尚煩老師擘畫也。

門生腐儒，所陳奏，無甚高論，而著著爲實，惟老師主持。此時新撫真可有爲，而經撫决不可兩設，祇以一撫提鎮道爲之，自是直捷。國家于薊遼，原以一總督、兩巡撫，即門生自覺爲贅。蓋去年門生不來，尚無端委，今即中材可爲，而况高材者。門生此時無可着身處，必當長往，姑去關以謝此局。老師豈不爲門生念此時人情乎？當今之世，了無益于人，而孤言行意，寧得久乎？惟老師亟爲門生念之。

又啓

西虜大汪、黄台吉頗曉事，獨浪素、貴英乃長昂之後，西挾不遂而去矣。此酋原無秋賞，以射獵抵邊，如到有迎風等賞，業已領訖，乃盡撤。望門夷人有暖太，號爲忠順者，阻不欲撤，而浪素不從暖太，怒先回巢。浪素亦已回巢，我提縛索爲操縱，狡夷亦時爲陰陽，祇得隨機操縱之，持之以兵，而往復講讋，似可無患。虜入犯未的，獨在我刻刻謹備之耳。

湖廣土兵土官九千有奇，舊派北山防守，去歲五月間，曾合營逃。經略以袁山石撫，曰殺數人稍定，而遂不敢問。以副將王光有統之，終任未識官兵之面。門生設法減汰其官，遂以舊撫減汰其兵，而土兵每教兵爲亂，先以山石道發四千于關外，後以參將陳九德代胡伯灝統領，乃盡出其難補者七百于寧遠，汰其病弱者百餘人，附糧船去。仍行各營，南兵不許補北，北兵不許補南，而湖兵之官弊以清，湖兵之精悍俱可用。陳九德，乃陳璘之子。非九德，湖兵竟不得用矣。此時官兵有火炮千萬二，新調戰車，并在鎮新舊車，可二千，關外三營，前屯二營，寧遠二營，而關外合城俱可完築，裹口炮，俱日夜催攢略具。即賊來，堅守勿戰，而城無可破，人有憤心，自可無虞。獨關內外兵統計城守車炮，尚有未足者八千餘人，當即言補。而部借軍需未還，尚在窘手。若隨時訓練，則撫鎮以各將爲之，而新撫、馬帥俱可一一了當。門生自關外回，亦多闔門行文書耳。煩老師清念，敢率具一一。

答玄節推門下

念門下明允，奏成自當清要，甚快，别指既悉矣。同鄉在所據者，想可有往復乎？僕之迂腐，冒任天下之重，獨持一片痴腸耳。東南時棼，狙伺猛發，俱爲可虞，而世人渾欲減兵省餉，待恢復而後議兵，不知何時是恢復，兵從何處便集也。病榻率謝，不一。

答侯秀才武强

令公之議之才，自是偉大，獨此中事，聽該部爲之，不敢以内閣參部權也。親丈可細言之。獨是身爲大臣，知其才而不能用爲慚耳。僕在此，遂絶交際，一切問遺，俱不受，親丈亮之。

答王霽宇總督

甚快牙旌之東指寧城也。壯髮覆額之民，既已含甘吮滋，而垂結之毳，狂而頓遠。蓋嚮來鞠爲茂草，不圖我三車至止也。獨敷敷狡狡，終費躊躇，是需齒餘耳。僕必不可留，老公祖明知之，而忍作世語乎？此軀何足捐，正以捐于不可爲，遂以誤天下，竟負此肝膽爲懼也。漸遠台儀，殊覺無以爲範，可任悒悒。

答岳石梁順撫

即若曰羆熊不二心，而世固馬牛維婁之，安見非雉兔罻罝之，跉踔而行，徒受粲于彼美，尚不敢問行于樓居，而復共歌車于甲舍乎？正恐仁義之市負此蒯緱，爲逐客者掩口耳。無亦自念曰：「跛能履，不足以有行也。」雖然，東海之波，臣可甘涸鮒，而願祝北溟之化鯤凌風九萬也。其敢忘之。讀大疏，皎若白日。

答李懋明侍郎

今天子大政在中樞，得豪杰膽識，便可指縱邊陲，非復視糜睫于决唇者。敢爲社稷慶新銓之政，强意若斯矣。快人，快人。

居鎮之苦，即邊人之甘，願無忘捋荼念此如薺者耳。此中經撫，决不可兼設，而况腐儒苑苑久居乎。更願年兄一暢此論，更以爲社稷慶。

又啓

毛弁殊具材諝，凡以調于所指揮，而憚于所程，故盡洗其肝腸，以自獻其長。大英雄驅群力，類若斯耳。左啓之豪，豈敢忘之，獨以殲賊未期，而咄咄爲將吏叙勞，亦足羞也。尚在低佪耳。楊州兵，可檄發所需，以速之矣。歲病又作，急不得罄語。

答袁節安登撫

讀後先大疏，皎皎揭日月，行中天，而底裏洞徹，殊令人可味。世人喜掩耳竊鈴，而耳竟不可掩也。沈將軍强爲公家出，便可展布四體，仰酬國恩，無藉人言爲釋負計。兄頃言其病也，然乎？以大將軍旗鼓僅三千餘，自是難責以展錯。惟酌計海上諸兵，如淮遠之兵，俱可授之，立圖大計。其一切舟楫器械，有無多寡，敢煩典籤綜料，以示此中決不可兼設經撫，而况腐儒久居此乎。附謝。

答沈總兵有容

每接大將軍報，輒往復點識之，然親其人與地，豈其不念此而同世人汶汶耶？賊狙伺未發，而羈縻家言「助」，牽制家言「扯」，掩耳竊鈴輩，頓欲省兵省餉，當縮頸渝關内爲守，不知狙伺者猛發，而兩家竟何如。河西之陷，豈無兩家耶？

僕力倚將軍與東如骨幹，敢不樂聞吉語，獨恐虚套一成，敗乃公事。驕人之要領，寧足膏斧鉞乎？願將軍爲遠志，勿菀菀于瞶瞶者。兵馬舟儲，乘時爲具，予日望之。

答王霽宇總督

日又長矣，髮更短焉。拊孤劍以驚心，坐偬旗而乘暇，敢懷後效，實倚前籌。察陰陽之戰惟微，徒守閉關誡令，見天地之心，曰：「復尚看碩果精神。」敢煩未厭之施，殊切不恭之懼。謝。

又啓

撫事幸以指發方竣，而邊夷不戒，遂有中右之慘痛。念兵以防東逆而已，不格西款矣；撫以期效順，而又已殺部將矣。吾輩所焦心勞思，冀得一當而戰，與撫兩無據也。似當以兵臨邊，根踪失事所直部落，而大創之。正恐護癰終潰，爲害日深；又恐割瘻俱傷，所患不淺。名世大手，何以教之？

答岳石梁巡撫

嘗險予雄，當爲警骨。彼其心腹乎，奈何輕撼岳家軍。

答馬總戎

凡百需兵，祇問當否，寧得以前司既去，遂可罷支乎？可再酌之。山東兵與戢武營兵，可如議即行，但以此防逃，非計也。中右之行，似當統兵臨邊，以問相直部落，方是堂堂正正，度可行乎。此地既無土將，可蚤發，以安人心。查核一切，并分明兵馬錢糧。即馬礦，亦督令蚤發。諸應行事，宜可細心計議。關外各地方，一一申飭嚴謹。東賊聞此駭异，便自生心，可令寧遠等將十分戒嚴。即城工，勿太急促，致人心怨。惟注意。

答蒲圻令吴門人炳

目今銓政漸清，以門下才品聲實，自當清要，但勿急勿躁，静以俟其自來，但覺相得。回想念昔日風波，却是目前受用。彼當時用事者，不能害人，豈能利人哉。别指既悉矣。歲底有還朝之期，當爲門下一問之。

又

以空肝膽，作老革，殊愧此孤劍也。一柄三操，必紛必競。日乞身，而主上未允，遂令世人牛馬維婁之，而雉兔罦罝之也。僕去年不來不可，今年不去更不可，以兵將當整頓，而事權當歸一人。在今日，以一人提數道，自可了當耳。不見黔、蜀之督撫乎，用間招携，遂動逆賊殺機。其殘忍猜忌，固中國之利也。病榻率言。

答祈夷度職方同年

前大司馬謂趙弁殺夷，曰殺款虜也，欲以趙弁謝之再四，分明白而罷。今且以要脅殺參將矣。護癰割癭，西虜之患，寧減東虜乎？邊事累人可知也。年兄名世手，不來了此乎？圖説最悉深心，演習數人，便送火器，鎮收造，以試其成。衰病又發，倚榻不罄欲言。

答王總戎威

念貴鎮之關中外也，寧待東酉乎。西虜所在紛囂，而護癰終潰，其患何如。文官坐擁大兵，武帥日攢零卒，而中樞無一醒眼，偶一警聞，便四顧旁皇，纔一少却，穩如泰山高坐，而議減兵減馬、省兵省餉，天下事尚堪言乎？疏議曉嘵，定當如議，惟着實力圖之。中朝内責貴鎮，外責趙協，當有深心，將軍爲我一嘐此懷爲祝。

答李松蔚尚書

九邊倚命慈衷，唯是真實作用，透底清嚴，破情持法，如衣有襘，如帶有結，其章幅方員，各得其所。方今法未行，而力沮之、意格之，誰肯壞自私面皮，成大家公世界。台丈從來真實，不作世格，祇有深心大力，堅久不摇，以究心衙門條件，如今日作用，便是生息。此外括索，終成畫餅，更生枝節。然手底須要得人，如此中馬兵，僕既減汰，其官隨以舊撫清汰，其兵後先減去萬二千，而日搜日汰，如拂几塵。要知逃亡有報、補伍有法，自可無大虚冒。

湖兵初有八千餘人，去歲四月，曾聚族而逃。舊經以山石道撫，而面殺數人，而紛紛不定，遂不敢問其兵，并不敢問其官。今年易去協將，而以陳弁司之，遂覺清澈。百事惟在得人耳。此中兵馬，必不敢不清，必不可爲減，似當議遼之舊餉，爲關外計。目今借支未還，方屬窘手，草束未辦，更切然眉，惟願蚤計，以慰窮人。病蓐率言，不盡惓惓。

答岳石梁

彼其之子，何得遽撼岳家軍。近事或欲留髠，而謂錢客耶？敢不佩台教。

柬葉臺翁老師

門生獨有老師關心，它人何關。蓋主上既進，以門生當泥丸塞責，而力又不能令中貴人爲言。中間有好者，以門生不可去關苦爲有益。其有嫌者，以誰教之去。且教之在此，姑以馬牛維婁之，甚或欲雉兔罻罝之。然皆借主上之不可行，而非主上借衆人之議以不可也。

門生之出，以自請，豈中朝忌之，而特逐以出，遂拒而不入乎？門生今日求去，實以身既病此中，再久，便又以巡撫爲贅，又是門生不合，門生堪此乎，邊事堪此乎？衹一巡撫提鎮道爲之，大事自定，不見撫格及今之黔、蜀乎，事久變生，議論叠出，非計也。此中不責撻伐，衹來則禦之，盡可支撑無難。獨此中議論，令人顧盼難支，惟合并一人，乃可耳。

門生不與陸宗本往復。去歲解貂，來此一見，曾無言及去留。門生想宗本定不敢造此語。惟老師勿聽此搏弄宗本者，或藉以間門生乎？獨姜雲龍有與岳撫書，今録呈，然門生亦不敢問。蒙老師遠念厚賜，附謝。

答李庶常若琳

一作抱關，遂廢一切身世，即兄家大事相仍，亦未得一奠。得手教，殊切悒悒。惟冀讀禮之暇，留心經濟，勿學衙門俯首低眉故套。然須要着實爲之，又勿如不肖空肝膽冒任天下也。不肖料理歲餘，今不去，恐一柄兩操，終致紛紜。且衰病不堪馳驅，非敢脱維婁也。附謝推意。

答門人 徐紹泰 江用世 車夢瑶 吴淑 趙洪範

一出抱關，遂作老革矣。得函教，宛如披對群英，不知身在金戈戎馬間也。獨是晤對爲隔，不得箸籌爲我助耳。方今字人之吏，最爲親切，固饒大吏耳目。而諸子曹吏，作日月光際，亦繁旁核綜。惟檢束至行，不減方袍矩領時也。經濟實學，益深益練，無若僕之提空肝膽冒任天下，徒爲天下維婁。附謝不一。

答刑主事江用世門人

以門下材具，當以白雲曹爲郵耳。然此曹固自重，慎乎其身，而明恕行之，何曹不可。禮之所弃，法之所收，可以明法，可以檢禮，此中却有大經綸。吾輩隨地深念，當是長安得力處。僕衰病深，肝膽既竭，而馬牛維婁之，將雉兔罦罝之，如天下何。昨讀沈雲升疏，殊令人自念。

兄爲我致謝諸兄雅念，感切不盡。

諭協守滿中軍

適令就見在小車，運米送寧遠，可于前屯三處，設法借運。目今海可已冰，當不患無糧。馬匹近日何如，天寒地凍，兵馬關心，中軍遠防，心甚念之。但大丈夫身報朝廷，敢辭艱苦。中軍與總兵自有定體，祇要在下者謙恭行手本，還未妥，勿怪總兵。有言中軍防寧遠之議，是各道公議，而萬道更先之，不與總兵相干。總兵還有不欲用之意，中軍可安心，勿與人較計。如今疆埸事大，祇要勉力報效朝廷，不須分辨禮文小事，祇如本閣部，何曾敢在這面做閣老。中軍可體我意，日後做總兵，便可體悉人情。東西塘報，可加意提備。其發去器械炮銃，可到否？冰此時可堅，當急運之抵城，不然，亦當設法致之。即冰未堅可，纔聞行遼船，心甚懸念。此事可報來。

諭西虜

諭滾吉把拜、貴英等右哨大小頭目。近據副總兵官報稱，爾等哨守勤慎，昨以你哈喇慎家達子中右可壞事，都該停賞絶款，仍劓殺，不可分哨准款。但副總兵官説你未徹，坐門夷人又差人報事，爾等又具稟帖，分明不曾作歹，爾可安心守本分。朝廷撫賞，不是小可，都要學好盡忠，如背義忘恩，定遭劓殺大禍。如今天朝明分順逆，學好便許安妥如常，該賞即賞；不學好，便行剿殺，不肯姑容。爾等可安心守分。特令諭。

柬葉老師首揆

門生之當去，獨以此地不宜兩操，衹今黔之督撫可悉也。即王霽宇，亦苦矣，當與門生同去，獨擇一精强有幹而又老成沉毅者，以總督薊遼兩撫院，以關撫提鎮道，爲之操縱歸一，政無兩大，社稷之計也。岳石梁必去，以浙人爲世人側目，乃其人盡有條理，無負邊疆者。統惟老師蚤爲酌裁。邊方事體重大，未可以去留未完之身爲世揶揄，而能有爲者。小疏字字肝膈，亦邊人心事。登撫去，則兩鎮愈無着落。今既加銜，當責成節制兩鎮。其兵馬錢糧，俱屬料理。毛弁未必真，而聲勢可喜，昨來報功，特賞其人于通衢，三爵三炮，仍寄大紅蟒緞二、銀杯二，彩亭盛之其邸。蓋藉以鼓動邊吏。沈弁胸中真自有略，而世人未知，纔欲有爲，而詈者踵至，遂令短氣，然可作而使也。有登萊一著，以合覺華，方于平島合局。唯老師酌斟以教。

柬趙儕鶴吏書

藉名世大手，司人倫之鑒，而風紀之司，得藍公繼名世後，此等盛事，頓關天下安危，敢爲社稷慶。乃若雄要地，再得一二人，則在司人鑒者矣。

頃讀大疏，與幕僚譯良心語，謂心體廓然太公，無方無體，其用在好惡，其機衹在與人相近，故曰莫知其鄉。孟夫子論説，一鄉一國，便落方所天下，古人便不落方所。往復舊著，每合群力，以擯一隅。然一隅起落，世運隨之，亦同類，亦入輪回劫數。記曰「同弗與，异弗非」也。似以善惡同异，不以同异彼我，擇善以庸，黜之調停，使其黨類自相懺悔，却是廓然太公，却是莫知其鄉。計名世兜羅臂，拔此劫于太平也。薊撫方落劫中，必去矣。然此人實可用。宗以空肝膽，爲世維婁，而一柄兩操，黔之督撫可悉也。翁何以教。

答沈總兵有容

目今兵于何徵，船于何取，攻守于何計，大將軍爲我念之。亦知月前稍有微患，而今且虎燕衎如也。即以僕之惓惓，大將軍其忍負之，令僕爲天下笑？

答齊庶常心孝

讀手函，最悉肝膈之愛，敢不一一佩之。獨是時可去，而尚作牛馬維婁，七尺何足念，恐邊事日紛，不見黔之督撫乎？僕與撫同主批斷，而兵馬錢糧各有司存。今曰僕「當委撫做勝，如弄弁流」，不知兵馬不歸鎮協，錢糧不歸餉部，而盡歸之撫，其將能乎？除此又無可做。若有异謀奇計，儘自説出，誰爲阻攔。前撫以八月任，歷至次年四月，止得點兵馬一次，清汰過一萬二千。是撫之得爲，而餘俱與僕同。今撫以今年七月任，閲邊後，僕即議以點兵馬，以兵將屢出屢入，迄今尚未完。前撫以僕之疏有「綱紀責撫道，以訓練責鎮協」，而謂任撫者輕。僕笑曰：「天下實而有據之事皆虚，而無據之法爲之。假令以訓練責撫道，以綱紀責鎮協，有不爲天下笑者乎？」它鎮撫院標兵三五千，自可提將領身爲訓練，便覺有事做。此中十餘萬人，那得一人爲之，付之衆弁，而以一人爲調度。此一人足調度，而有一人，下不得自訓練，上不得主訓練，即有批斷，祇得曰候主者行。此舊撫所自名爲贅也。近又曰「總兵祇忙文書」，不知總兵之文書在初尚多，以此中端緒紛亂，方在整理，既有端緒，自無冗雜，即有申呈，特見行格套。至委用一參游，則鎮道與撫議定，僕給之札。其中千等，則鎮其二，道選一，聞之僕，令鎮札給。此等事，皆撫院可自主，而有僕則撫爲無事，是撫所可做，皆僕攬之，而非鎮協攬撫之事也。僕故曰：「一事三操必紛，三柄一操必競。」以更有總督在薊分當爲也。此僕所以自乞身。不見黔之督撫乎，以一總督提兩撫，舊法自善，而總督要强有力、識邊事者。僕去年必不可不來，今年必不可不去。今未曾殺賊，何得言必不可不來，殆未敢一一道也。蓋主者在遠近水陸、彼我險夷，潛天潛地，可言不可言，而人欲以事欲以事求，亦何必主者。病榻率言，惟教我。

答李兵侍懋明年兄

望牙旌入長安，遂爲邊人運幄籌也。豈其于此時忍作畫游乎？滿擬過津門，一披雄風，而遭世維婁，遂不得越渝澤一偲，徒惋此盈盈耳。虜欲何厭，而將殺賊，既以殺賊罪將，賊殺將，又以賊殺罪將，一時將者不亦難乎？蒙之極也，何亂不成。遣將待邊，而匿不見虜，有相機剿之耳。深入爲疲，何得不念。承函注，可任依切。謝，不既。

柬唐令公

關城叢雜，天下之惡皆歸焉。先聞有田廷臣爲老父母嚴捕，而逋抵關城，乞容于杜武庫，不可得，聞僕問之而去。適又有劉廷梅，作假親識，潛住關城。此夙昔不做好事者，以巡捕官報，特解送本籍，仍稍給之路費。蓋藉以懲作奸犯科者，勿得以此爲藪，非敢薄桑梓也。惟老父母寬之。

答游直指肩生

念公自爲計，得不言去乎；以公爲天下計，安得言去乎？減兵省餉之説成，而身在當場，不無顧盼，却令真肝膽、真豪杰抽身去。胡馬一嘶，諸舌盡斂，誰復爲念。雖然，人患不真耳。真如公者，要不以此番而竟爲鑽石也。公以官家費煩，而遠問遺乎。附謝。

答李總兵

風雨撩人，勞大將軍遠涉爲念。獨是狡虜方潛，未可下手，而我人爲疲，殊可念也。門下可與諸君酌計以行。僕以此番殺我一將，而了不動身以臨邊，何以馭衆。至于遠涉深入，恐諸君未必能也，姑酌量待之。寧遠藥彈，即令關内道給發矣。此事兩道如何不報一字？

答廣寧道

念貴體未痊，而强起于冰雪中，甚爲念之。目前當杖策以出，不令門下獨苦也。廣寧主款，寧前主勦，以門下所款之夷，殺門下道屬主勦之將，門下何以報我？山石道亦不言此事一字。兩道俱受檄而不報，徒各相推諉、浪爲大言。邊城任事，寧有幾人，而作如是觀，僕非迫諸君强以力之所不能也。門下何以報我？

答袁山石

以所云不足，煩一割者，曾一割之未能，而曰大盤山横據。今人祇爲怕大盤山横據，便了却一生，寧足與深談天下事乎？如此麼麼，而左顧右盼、前推後扯，僕直以此試共事，而心死矣。奈何，奈何。

門庭間，不敢問淺深遠近，而遠行數百里，亦不過如兩大將軍、一道、兩副、六參，提四千馬兵，以三十駝載半月糧，望西虜，烟塵却步，直入錦州，爲椎埋之行耳。僕至今羞不掩面，兼以中右之議，更勘破世人顧盼心腸。口惠而實不至者，寧足與深談天下事乎？小小題目，便左右顧，那得此工夫。世有好手，不必入覲，即可做；世無好手，入覲何爲。以天下之智勇材力，何堅不克，而誰堪爲智勇材力。

答畢白陽副都

騎吏之不調，兼以芻料之未盡，而馬之傷者，不容不問矣。然何得獨委芻料也。公祖深心大力，邊人佩之。讀函教，心爲背芒矣。久疏枯管，遂涴螺髻。惟教。

柬葉臺翁老師

數承咠詔，更荷再四，仰達聖心，是老師始終曲成大冶，門生感佩可任。適以兩疏入奏，俱係此中緊要真切、必不可緩者，惟老師斟酌裁决。蓋關城以一總督，近制，薊撫提三鎮爲薊，遼撫提三鎮爲遼；遠制：登撫提三鎮爲登，而薊撫合一，更無推卸，督師、經略一切永罷，此最直捷、最緊切之著，非敢飾談也。至于閣下自任，特一段不得已深情耳，不足聽也。元旦一行，惟老師贊助中議爲望。

答王總督霽宇

以此時此紛，而值名世宅，憂天下事，可知矣。曩承諭宣撫佳，而亦以憂報，奈何。急不得一借函間爲語，奈何。近中右事，以無可奈何之日，爲無可奈何之行，然何敢孟浪也。仰賴深念爲感。

柬孫藍石

適小疏論薊總督事，惟老公祖酌爲我裁決。然僕非敢爲飾談也。近從登鎮知有田監軍一井鹽船事。本官古直，有大節，所至爲民興利，至不苟一介，獨願做好事，而任之過。曾憶與老公祖論敝郡王太守云：「當爲天下留此一流血性男子。」想老公祖或在念也。指其不當，而原其心事，足矣。以本官爲登鎮監軍，僕與有共事之誼，念其人甚苦，而世人未有知者。鹽臺之議自善，惟老公祖注意爲荷。

答廣寧道

事不得不如此做耳。昨沙河亦一機會，而坐失之事可知矣。貴體近何如。關外起居，自是不便，惟酌量可旋以旋，無過苦也。關外諸君有可旋者，不妨語以同旋。此時兵馬爲苦，不翅我輩。

答張總兵士顯

正擬一疏，得報爲據。報中所云舊撫八百者，豈調至關城之外尚有八百耶？

答岳石梁薊撫

邊備何時可不伸儆，而况聽子雜投乎。吾輩以七尺投戎馬中，那得多多照顧世人，一刻未患，便覺語難爲張惶。借諸公忙亂，正可急爲邊計耳。小疏奉覽，聊以傾愚于維婁，幸教之。

答袁山石

適有疏入奏，明言當詣寧遠。然何敢以車徒爲擾，正欲以後部更番之兵同行，不則騎舍中馬單騎往耳。邊城仍當詳計，而同舟落落，那得不獨任乎。屯田何如，煮鹽何如，造舟何如，糗糒何如，車二千輛而無一人肯任，日買駄騾而不掩炮，衹得仍行有司之事，如持鉢募化，執扑而臨之，饑思食，寒思衣，以邊事爲饑寒者，僕當頓首。

答岳石梁開府

中樞聚如許豪杰，而不肯一詣塞上，徒坐而畫可否，掇拾齒餘，以徇雄要耳。李倧則曰「執而問之」，浪素則曰「綁獻」，不知誰執而誰綁之。今天下邊議類若斯矣。住夷于口而不令人入，殆此類乎？讀大議，最可醒愚。

答徐成

此舊衙門事，以衆議而罷，亦若京師九門之銃臺。然此輩攬工時，想有所費。要以工完所得償之，一罷工而苦矣。朝廷實未欠此輩錢也。内閣不受辭訟，衹有衆人要費、僕要省，未有衆人要省、僕敢費者。

答馬總戎

驍捷之兵隨滿副出者，當如何更番？昨孫副議更僕以出者，方稍寧帖。即應出者，亦新從關外來，遂且正門下可同山石酌定其便。

聞從寧遠來者，説有煤炸，果然乎？鹽鍋并農器，特以關内道委鑄。其屯田事，昨已與山石言可。大家計算修邊，業奉明旨，但不知皇上肯少發帑否。其班兵當調，而山勢高低順逆，門下再與山石同吴守禮輩細爲打算較閲。僕于天氣稍和時，當詣一圖之。口外道路、諸夷部落，原當平時哨探明白，不必今日有事也。此事原議，衹合如此。所謂以將臨邊，即不見虜而還，亦可耳。豈能深入乎？門下可旋即旋。

諭趙副將

各城屯田事，門下可爲我細計。今諸人祇好買馬買騾、招兵招丁，至與炮車屯鹽，了與兵事若不相關。戰車二千餘輛，曾無一敢問者，促之領去，而不知演，再促之演，止供促者之耳目，而不知自家性命亦合在此。門下有心計，一一爲我圖之。官路如何常有零失，可加意儆備，務發狠捕捉，當亦知儆。

答廣寧道

痍所時有也，菀則日積。以兄爽朗襟抱，蚤出視事，便覺氣鬯神流，無枯坐兀兀也。望之，望之。

答郭餉司

聞餉至，而病良已。餉乃吾輩司藥也，小愈更宜慎調，無以急起爲快。

柬葉首揆

撫之而勿動，便是虜爲我用，安得不撫。獨是司撫者專撫，非法也。霽宇當紛亂，自合專力，且其道大而容，然于今，已紛紛矣。及今不急爲合一，自是國家大害。門生實常實見一片痴誠，却亦老師主裁國是之大竅。門生非嗛嗛于撫，亦非嗛嗛于撫之人，獨念偏撫之害，流蠹邊方者不小。至于督師不效，而又要去總督，則身危心苦，老師固已量之。此中人情嚮背，老師洞鑒，再合門生非妄也。款防合一，薊遼兼重，去總督便益爲國家便益，然而無害于佳總督。願老師爲國家深念，門生于諸老，不敢遍啓。

答岳石梁薊撫

豪杰任事，須以膽識，一聞參差，而左右顧，幾不令韓稚圭笑人乎。小疏奉覽，見台丈所謂血心人真念耳。讀新奏，頓可醒發聵聵者。當事豁眼以聽，社稷之福也。台車那得發，豈獨邊人倚命乎？獨不得促對語，以圖釋冲聖憂勞，奈何。

答趙老師

從戎馬間，讀經世名集，便如入群玉山，峽崥盡瓊璧也。文字精絶，遂爲世界奇珍，乃台衡大業，盡在縹緗，寧獨文字乎。胡不即正台席，而尚作清地翺翔。乃若群心嚮美，則太平之托也。覺華大議，世人未解，惟老師拈出，便是關城機要，敢不心佩以周旋。原擬歸闕趨函下，而急不可得，謹肅芹私，聊伸疏曠之忱。伏惟老師鑒涵，可任悚切。

柬關内道

凡給支錢糧，須具緣由，支過仍具，項款明白，未可含糊也。門下所斟酌，自是法理。關外行時，曾借有用數，當隨手明白爲當。

柬李松蔚尚書

關門安危，倚命握籌。此中百不湊手，惟以借支未補，幸惟注意，不獨邊人之福也，聞造有子母避風槍，百惟檢發，爲關城式，更荷。

答王户榷體三親丈

從來榷關之難也，取盈取絀易怨，啬額于常難滿，而扣舷憑軾、眈眈而過者，易嘩而難滿。即今之邊關，亦若斯矣。讀手教，既剔百蠹，而又怦怦于歲之不易，其額不減，而無過盈。蓋正中以通矣。惟明恕而謹持之，調酌于情事間。大約我北人常恐過直，任心理之所在，不顧利害，然亦有害事處，僕生平多落此病。親丈嚴而有節，所至法行而人安之，甚快，甚快。此中賊易殺，心難一。唐裴晉國督師，以一衆心，而僕之督師，心更分，殆不獨力减于唐，而衆安于宋耳。前之所云云，上之當事日去，而下之後生日新，願親丈静密而安之。附謝函教之辱。

答萬廣寧

關中無一人肯爲計兵計餉，而日日索瘢求疵，如人以莫須有，皆不肖之迂拙，不厭衆望，而衆諸君也，主上聖明，自有主握。即當事無不悉就中情事，而久念風略者，願安意静俟，爲朝廷愛此身耳。珍重，珍重。

答馬總戎

此何等時，嚮何等人，作何等語，非所望于大將軍也。鬱鬱，容面談。

答通州道鄧環丘

潞陽地重而嚻兵，不獨急堂奥也。其于飭嚴將士、建威銷萌，給以澄清之餘略矣。大旆儼臨，新旌變色，重地尚有長城哉。久佩風猷，接函爲快，來沙兄無恙乎，附問。

答山石道

諸將有材膽者，當留爲關外用。聞之以它岐，不爲嚮者笑人乎？門下外内俱重，可旋矣。諸將飭之演射，打明偵探，擇細心人，察諸髮種種者，柴若干，炭若干，磚若干，門下嚮所計者，以未得一一如議也。然亦曾有可見之數乎？衆口嗷嗷，何以給屯田，法竟何如？

答岳石梁

誰欲裁督撫者，欲合督之任，重撫之權，或可并力齊心，以安殘土耳。硬予之以所未曾，而曰裁督，曰卸擔，曰漸圖居密。夫世豈盡聾盡聵，而抑豈不聾不聵。今天下秋毫不結于人，而孤立行一意，能乎？然今天下不孤立行一意，而秋毫求結于人，能乎？公論何時不在，太平竟未有期。吾輩身爲大臣，言可盡則盡，力可竭則竭，至于盡言，曰「翹人過」，竭力曰「徒自苦」，而世有一種好官，還我爲之者，曰：「是迂是腐。」此等寧有毹餘乎？公以真肝膽，實爲朝廷，而奈何輕言去。讀大疏爽然。

柬畢餉部

劉參將永昌東省之叙，二級而得一，何也？有調來盧塘以游擊管參將事，高見以西叙，仍得游擊，而未履戰陣者，纍纍若若矣。永昌真有節制，即其人，亦自有風尚。今議留其兵將，爲關門用，固台臺注念關門雅意也。而其兵不足二千，特以翟子勛兵及毛兵請益永昌，欲得合爲大營耳。毛兵尚有幾何，統希酌發爲荷。

答廣寧道

關門何人不遭口語，獨有平定全遼，或可少免。而以今日胸臆，即平定，當亦有言。而平定何時，幸門下仰體聖明鑒注，未敢遽强出門。然切念此地此時，當不得久居私寓也。有懷耿耿，懸倚爲切。

柬關内道

歲云暮矣。計切耕事，殊令人心悸。擬一示，未敢即出。煩門下與鎮撫商確，倘不妥，無嫌往復，以圖穩便。諸種種，統惟速計。

答昌平部鎮道

念惟神皋歲月又已更新，荒塞旌旗未堪變色。俯慚孱膽，殊深拊髀之思；仰接瑶函，特切同舟之願。敢煩大賜遠介孤踪，敬璧謝。

答陽和王總督麟郊

猥以結膽之孱，當茲重地，亦唯是長城在望，無虞震鄰，則北門之鎖鑰精堅耳。方今西虜既開，東偏相顧，不復舊格，終虞倉攘爲攪也，安得借大經綸五日了此哉。附謝不既。

答畢白陽督餉

坐而待哺者，不念持籌之苦，如驕稚未知約口，而嗷嗷疾呼于庚索也。言之，可勝慚恧。讀大疏，再接函教，其于以恤此殫人也，析秋毫矣。台臺不憚悉力以爲邊人，即邊人何得不自爲，以仰體維楫之思。真切。

答于念東開府

伏念主上慎簡元僚，若弄印以待，而重予之，獨雅重明德，畀以節鉞，豈非念百二名區，文武重地，索全材附之耶？固知宸心難慎，微獨重名位也，抑重地以重人耳。自昔大業多起西隅，今臺下負韓、范之略，承特達之知，而適當其地，將安攘之業，中外其式賴之。文吏尚得搦管紀盛美也。讀翰教，念凋瘵甚于防羌虜，計關以西，有益祝多。陵遽附言，冀惟鑒灼，不盡。

答郭光宇濰縣

當雙鳧東下，未得一握語爲歉。計鳴琴乎神山、渤海之間，且浹歲矣。挹清節于孤峰，想溉澤于白浪，遂以歷囊沙之雄風而并收焉，洋洋峨峨之調意，四履有環應焉。蜚英騰茂，蔚薦旁達，在枌榆者，日望夕郎之佩矣。別論敢不如指，第台丈豈以人重，而望微如菓者，能爲台丈重乎？頃出墻東，更嗔研北，陵遽不盡。

東涇陽令馬年兄

念鳧舄西來，遂成間闊，而郵筒急，不得聞問。頃獨得載心兄蒲葵詩耳。老年丈蜚英騰茂，浹于轂下，不獨其泉冶谷間誦紞如也。二三兄弟竊俟夕郎佩于春明矣。研北怢魚，鹿鹿如昨，無足溷宓琴也。

答田平野

兒輩遠承勤念，而竟負雅望也。近聞台駕更入西岩，殊令拍浮塵堁者，南望歌張平子四從也。此時此論漸明，無復嚮時矜焦爛、盡忘徙薪之功者矣。山中雜咏，何得不以示弟乎？

答梁吉齋判官

聞年丈清操幹局，雅爲當事重也。喜甚。願年丈始終一清字，乃足成其材耳。

答鄔齊雲建昌太守

念紫馬馳江右，既及三年，而課吏安民諸治狀，遂爲天下第一，寧獨表江右百城哉。主上嘉唯良而安小民于田里，亦唯是鹿車是倚，尚有大擢，以昭顯陟，車蓋會且高矣。潦倒蟫斷者，每見三事攢眉于不可爲，而輒謂師帥可爲，乃更欽大有爲于年兄也。

家書

弟前因李家偏詞，遂極意勸二哥，誠恐有累。一嚮養重之德，且念它爲鉉侄親家。此敬其親，則彼亦敬其親，子侄等乃可聯屬成一家。願二哥念想數年來家門何等安静，德望何等隆重，又想數年前横遭人辱，豈皆它人不是。總之，我静，人自静，我重，人自重我，原無過。人即疑我辱我，久當自明自消，且省事省心，養自家德福，積子孫善祥，亦可教子侄相和相厚。至于閒事，必不可管，閒氣必不可生。子侄有不合道理者，而教之，教有不從，亦當如天地含容草木。夫天地豈與草木校多寡哉。願二哥清心寡氣，看諸子諸孫讀書，閒暇時，同老友説今道古，有客到，便隨意菜酒笑語。即諸侄過活，亦不必替它經營。古云：「心閒即是仙。」弟所望于二哥者如此。夫兄弟如手足，豈有手好而足不顧、足好而手惱者哉。弟于兄弟子侄間，苦口苦心，正不欲外好裏差，正不欲此好彼歹也。

答劉中丞如綸

藉群公之力，榾榾四年，尚以虜遺君父，罪足死乎？更藉群公之力，以存封疆，終倚有群公耳。願群公奮爲捍禦，了此局場。腐儒從來不願居功也。中貴人來，自是邊人倚借爲用，但無拗之爲高，無順之爲護。惟是貫通中外，接濟給足，此邊人之福也。任吾好乎，當自有就。

答督師王任吾

念惟文武壯猷，蔚爲世礎。主上安京國，以安渝關，是以有白檀之命。今且安渝關，以惠此京國，其所藉固圉恢疆，自是社稷遠計。獨念四載榾榾，不蚤借新旌耳。衰病腐儒，伏聽新綸，殊蹻然欲起，而忘其諉諉也。

答湯陰李令君

以彈丸下邑，仰藉高賢，蓋鶴山、淇水，待高深焉。至單宗二三孤子，荷在乾覆，遂得比于怙冒，而孫輩更荷陶成，將先大理矢顆結哉。衰病腐儒，何日扶策而南，一撫光塵也。

柬李元冶少詹

日侍帝學，無乃爲勞。然勞一身，以安天下，知親又願之矣。

答蠡縣令吴公

腐儒徒抱肝腸耳。荷戈未能退，而秉秉所賴，高賢大良，擁琴下里，遂得兩地二天，三异一同，踉蹌衰病，且苟此視息于丘壑。即殘廢以來，未敢通問，而實受其福矣。

答滿都督

以大將軍勇略，爲方今第一名將，不宜在閒散。然中外無不知大將軍者。聞且仍往關門，便當柔和性氣，安其身，以仰報皇恩。大將不難有功，而難居功。即人不盡知我功，或人欲冒我功，姑且聽之，天下後世自是明白，不必一一着念。僕一嚮都用此道受用，大將軍可念我相愛之言，凡百謙和忠謹，便是大將之道。大將軍清貧，與我一般，何得遣人問我。

答沙縣令解門人學夔

以高材鴻略，展措名城，大政既成，鋒車且至。腐儒負痾，便從丘壑中望鐔津劍氣光起沙源也。日念廢殘，仰幸明主，正倚名豪，酬此短鋏耳。坐使問信，遂愜離懷。附此謝，不既。

答閻鳳陽少司馬

以擎天手，静綜百花嶼上，是社稷以經綸，寧獨同襟之藉。頃者，勤方召于中樞，正有深心，惟年兄無忘渝海之波臣也。將中外式憑之。即嚮者代斫腐指，欣欣嚮榮矣。支離病骨，抵里加衰，獨有從一丘一壑中贊誦明猷耳。

答舊令公唐

支離病骨，生入里門，殊悒悒于棘叢鸞鳳，更罹網羅也。獨廢弃散材，無堪爲念耳。

答仰二親丈

阿鴻蜚天去矣，金昆得無意乎？客頫多以應龍天蜚也。願親丈以紙帷作墨帷耳。水晶盤，更以餉遠，念此爲感戢。

柬李元冶

里中俵運，每藉爲冏寺言。適邑父母具言親丈，而更以僕爲屬要，以邑小費繁，爲我父老子弟存生計也。親丈或可于相知及之丘壑中人，共借爲安。不肖衰病中聞柬事，憤懣欲死，但願容過人自存方略，便是太平機括耳。

諭楊副將

中外爲將軍舊守地，去將軍墓舍僅百里，可一意爲地方計久遠。要知日日整練兵馬，日日圖謀恢復，乃可爲守。如聞警便怕，不聞便歇，曰「我祇爲守」，其何能守。惟將軍念之。抱病歸來，今且更病，無復能爲天下大計矣。

答管關主政陳令威

以所傾心豪杰，而未能稍罄豪杰之用，又况乎眯目豪杰者。念開濟深心，自不忍世人瓏于官，而當其嘔心爲話，不以聽也，其奈之何。腹之于邊，兵之于虜，尚有廑豪杰之憂者乎？吾兄當一意了關務耳。何如。

答禮垣葉君實門人

腐儒竅膽，無能滅此朝食，而苟焉視息，澌焉死矣。蹣跚歸來，自念嚮所部署，未甚錯乖，獨九月杜扉，漸離公署，而撫鎮奉中樞之議，撤外固內，不無更張，何至後來咄咄作驚人鳴也。腐儒不能滅賊，便自可死，寧須別加耶？從來不願分辨明嫌，以有它腸，乃門下體念，敢不略爲明白，然不必嚮人言也。

答杜總戎文焕

以兵鈐半料，便可尺棰走名王而分東西乎？守則遼皆關也，出則關皆遼也。一督、兩撫、三大將軍，儆軍實而予之餉，再得廟堂無爲邊人設方略也，憂匈奴哉。讀三授四登之咏，其寧負此兵鈐乎？勉修世業，仰報明恩，即丘壑陳人，望風猷也。

答尚書張

每擬起豪手于檀，以振家猷，遂以弭時難，而我躬不遑，徒有振腕，不圖嗣後紛紜也。盛德大業，海内昭然，况聖明在御，大道爲公，安得以私心蔑口，掩此一段公案哉。僕抱痾頽檐，自謂脱要人網羅爲快，而偶要一二齒及者，遂致多口。頃以頭陀語答友人云：「官人有好光景，便有不好光景等待，在出家人，衹這等。」吾輩當學個「衹這等」，且可爲兄發一笑也。讀種種言，心事如白日，但耐心聽，一切風濤會自倚息也。

答唐令君文安

僕謂徵書，便及里門，乃更蜚㫬舄，而仍靳雙鸂。聖明在御，若或尼之，何也？反覆嘆惋，殊切怦怦。然吾輩處世，寧使世界負欠我，便自寬碩，想豪抱不作怦怦。

柬潘學道舊令公

念小邑以枳叢棲鸞鳳也，遂得比于一同，即後來豪手，或不能頓易規畫、抉所已創、擷所已革。數年來，于食有福，則喁囉頌德，愛無兼量；乃丘壑腐儒，更佩明德，每讀題稿大叙，至乘閑數椽，未嘗不三嘆同心蘭語也。世人未悉殘廢之人無復世想，而誤相猜恚，想爲同襟一嗢噱乎？兒輩式于咡召，尚猶戴笠，策蹇行徑，獨未能以學問比成人仰副德鑄耳。

答仇員外門人

讀誰闇棁議，遂悉通商裕國大政。蓋方今財用爲國家要務，而急在國，便緩在民，安得兩不病爲鮮于侁，如門下公忠慈敏哉。腐儒既絶世想，而一流人以爲可，遂有一流人以爲不可。

總之，既絶世想，寧念此鶵嚇也。

答岳石梁延綏中丞

方今馭虜大略，以款爲羈，而兼剿，乃堅款。台翁以東緒了西偏（遍），故縧㳂易就也。延卒舊固難馴，獨以師貞丈人在，遂且忍死爲用耳。此自屬中樞老手，而建、插兩酋終待老手，是丘壑中日望以安此丘壑耳，胡不中樞而議踆踆也。聖明在御，蒲坂翁且至矣。解結宣鬱，平此偏枯，其在斯乎？

答玄給事

當壞敝既深，驟調大化，自是志鋭望急，而一時人材止是如此，那得立携太平，以奏階戺者。正恐九陛孤高，舉世無以應其求，或有一流儇巧，持富强紛擾天下者，是亦言路所關心也。門下静觀時宜，固辨此矣。丘壑陳人，自謂安之，無端爲世人可可否否，然丘壑自在也。惟侍台衡爲我以安此丘壑耳。坐使悉興居爲快。

答滿總兵

方今以門下忠勇有大略，特擇世人所難了者，借大將旗鼓，以綏靖之。其舊所綏靖者，不妨以其稍亞者爲之。此朝廷所爲善將將也。門下勉建大業，勿念難易，勿計勞逸，人臣以身報效朝廷，知有朝廷而已。勉之，勉之。朝廷終不負人也。

答易州道沈兵備

眷兹如礪，仰倚台衡，想憲府之清凝，快頳檐之偃曝，一私未罄，百惠仍嘉，佩不倦之隆施，以心愧，以心藏矣。

與陳失名

世界平治，須先爲平治儲豪杰。由今計豪杰柄用時，殆世界平治時耳。出處與隆替對，豈不真豪杰乎？讀大對，具經綸遠手，政平治所爲明略也。意當初羽，便且翀天，而猶矯矯十餘負青天而九萬也。正以隆替對出處耳。豪杰作用，天其緩丘壑中人，須臾尚及見之。

答張盧龍

念金昆玉季，以兩地棠陰，芘我丘壑，遂令鳩笻馬竹，日在清凉界也。盧龍之頌，倍于樊亭。今且應滿徵乎環瀛之澥，三异十奇，再見摩天之羽，亦神皋華蕚奇事也。

與陳失名

方今紫濛赤甸，仰倚明猷，乃金馬、玉堂，亦復輝暎中外。既季方蹻蹻詵林，似不分阿鴻摩天，固知瑶林盡珍，將陟群玉峽崥，而目駭心與，相慶德門嘉祉，關國運隆治也。修方召之業，以衛社稷，而馭二龍于天衢，用雨用霖，作衛社稷之略，熙朝功人哉。丘壑人，寧獨爲一庭快也。得種種書，讀之入丙夜，乃又登群玉峰頭，快一庭之多奇。

家信 寄高苑令銓

錢糧既有明示開徵，便可如期速完，一半勸諭，一半嚴督，自是官方要務。百姓必且難怨，上官必且分明，自前官亦難致辭。上司差人，既循法度，我便當以待上司差人道理，假以顔色。灾民納錢，自是委曲慈愛。但數如市數，八十五文，易銀或難，又致等行有怨，或收頭多索于八十五文之外，更致繁言。此又當調停，要使惠及煢人，而勿妨它人，斯善耳。俸銀不必分來媳婦，可安心大家做清官，以清官爲孝，三公不易也，我兒大家勉力。爾于應接，要合禮法，語言象數，勿露世家之色，令人窺我淺深。

答武邑諭郭生居行

兄教化大行，惟是令門人坐春風，不必嚴立雪也。想做子弟時，便是做師長耳。

答湯門人

新城之功，遂爲天下雄，而績叙不聞，何也？庶其積階，以填撫斯人乎？歲月又新，陳人自陳耳。賊退，殊不見州邑爲備，得無以勞人未有殊渥乎。何不以守新之役詳録，以詔諸長吏。

與南兵樞范質公

年來計台履所及，一則親密而緊，一則專獨而要。至于既重且大、既危且急，則兩地頓關世界，自非經綸天地之才，其寧一手斡（幹）旋，而以弱爲强，以危爲安，直令忠而愚者釋其懼，奸而庸者悔其料而不得樂其灾。乃明目之大人擊節曰：「固知有是社稷之役哉。」一往代兩老子，固經綸手，不知于此何如。至于履危圖安，抗議定謀，破一切庸狡之猜揣，而維根本大計，則又往代所難。比日來，朝廷知任最得着之盛事，竊爲熙明誦之，而世有不知，然世有不知所以爲豪杰，乃此際所關大矣。倘其不知之言，一行世界，將何如國家萬年德福，當無是耳。中原一片，聞控弦竄南，聞鳴鏑竄北，乃若不潰不緑，匪羌匪胡，莽戎而冠沐者猛發，而鹽人遂無可竄。然則抒成謀而靖世棼，捨名世經綸手而誰望哉。丘壑中人，無可爲計，獨有日祝聖明，用豪杰正人，更祝豪杰正人，著著得力，能爲聖明用耳。

與蜀撫傅元軒

適聞流氛之入秦也，將無聞先聲而遁乎？警鶴尚唳，合烏待整，于以靖所未靖、虞所再虞，當重煩猷念也。既歷險以入險，更出險以歷險，而入不截擊，出不追擊，入歷出歷，曾不一扼擊，寓内險要，有大于川蜀者乎？當是兵分而不湊，權分而不一，遂使結膽不張、合籌不定乎？大豪杰握一尊以整戎旅，而用蜀備蜀，將膽開于神籌，預于識穎，國家大業，其式憑之，任豪而弗參弗貳，天下自此定乎？

與湯陰家書

處家要和睦同心，既有參差，即分居，亦省語言。但要萬萬忍耐，倘家不和，便有不好人易入語言，以致家道衰敗。侄年漸長，可懇切嚮家間申明此語。

答人論地方戰守

由今之舊，即不污菜，即不顧覓，亦不足守，而况戰。蓋賊以千萬衝一口，而我應以一口之設備，有見敵而逋耳。不見冷口舊令之入出乎？世人堅守戚帥當百千款虜之法，而不依其車游追截應援、量遠近險夷爲率，然首尾應聲而至，奈何？真、保自當增兵，除嚮來戍守，合保鎮戰兵，以鎮整練額，自爲戰守，似當于撫道各統萬人，以三參游驍勇者分鎮之。驍勇自可入敵，而撫（無）道又可提携，不至持鉢于鎮。視賊從何入，即就其近地截殺，仍隨所至爲應援。不然，新兵止可護新人，舊兵止可護舊鎮，撫道張空拳而同責任乎？既州邑當有真可戰守之實兵實餉，不宜以半餉不餉之鄉兵，爲掩耳偷鈴之計，以苟且功令，而相率爲死。州邑不設備，而勸（勤）士民守死，當誅州邑；州邑設備，而士民四散，及置家口于地方，而以身浮寄，遂至失陷，則士民當死。今試簡告陷之州邑，其州邑士紳幾人，生者幾人，死者幾人；再簡生何以生，死何以死。生者不罪，則人何不生；死者不恤，則人何以死。念此則綢繆亦可寒心，而況倉裏不爲遠計乎。州邑可守，撫道可戰，懦且驕之，將立以齒劍，豈憂匈奴哉。不然，將以數萬兵養驕，以百萬生靈成懦，節制既不能令調發，人無□可往，州邑懦怯，盡以一死還地方，而一番殺督撫大吏，天下堪此數數乎？以弄丸手借新刃，而爲所當爲，戢有機乎？凡此皆豪手餘事，獨恐秉樞之議不一而難言耳。嚮聞尊顔爲地方癯也。此何等事，而不令人癯也。然戰勝而肥，亦在今日耳。

與允兆兄〔一〕

早過尊寓，問丈何日出山，不謂已出山矣。適訪禹金，不得其寓。歸至尊寓，又不值，但得示簡耳。明日弟亦有他期，若早過廟，當覓一會，盡欲言也。弟承宗頓首允兆仁丈足下。

【校記】〔一〕本篇輯自上海圖書館藏明代尺牘第六册，題目爲整理者所擬

孫承宗集卷二十一

閲關前奏疏

灾變陳言疏 編修時上

奏爲天心仁愛异常，聖意實修特切，懇乞亟除弊政，以圖消弭事。

臣頃聞雷火燒毁長陵明樓，不勝驚懼。旋奉聖論諄切，其自責則曰：「哀痛悚栗，誓修實政。」其飭厲臣等則曰：「在京文武大小官員，俱着痛加修省，盡心佐朕，共圖消弭，毋事虚文。」臣有以仰見聖衷勤懇，真足挽回天意、慰綏祖靈，既可無俟臣言，而臺省公輔，俱有論説，又可無需于新進小臣妄于天聽。第臣雖幺麽下位，然亦有盡心佐陛下之職分。且拔自草茅，詔直史館，嚮者拘于尺幅，未盡衷悰，而陛下修省之旨，大小官員俱着盡心，是聖意原不遺于微小，而臣亦可得以言進。

臣聞尊者之勸誡人也，始則徐導之，不從則漸以色加之，又不從，則聲色俱厲，而又或怒及其尊且親者以儆之。今孝陵灾于火，皇陵灾于雷，長陵明樓灾于雷火，此亦聲色俱厲之時也，而况又最尊且親者乎。顧頻年以來，灾异雖仍，而宣捷獻俘之慶屢見，修省雖勤，而游觀快意之事不輟，故廟堂不聞罪己之詞，海宇鮮哀縈獨之政，天心愈數而愈厲，人心愈數而愈玩。厲則不可久維，怒或變而爲忘，玩則不可久恃，平或易而爲傾。然承其怒，勿致于忘持其平，勿至于傾總不出。陛下悚栗誓修之一念，而實之與虛，如噓之與吸，噓則成温，吸則成寒。臣請歷數今天下之所不便，而後可以按病以投之劑。

蓋天下之大義，上與下皆有事于天下，而分不可越，勢不可倒。今郊社禘嘗，天子之事，而盡以委之臣下；錢穀兵刑，臣下之責，而或以攬之朝廷。才聚而上，謂之升，而反投之野；財散而下，謂之涣，而反壅之朝；爵以待忠賢，而或煬于宵小；刑以待惡德，而或加于正人；忠言逆耳利于行，而掩耳不聽；襄説遜心蠹于國，而開襟以延。人可進，而吝予進，遂令進者解體而無固志；人可退而不予退，遂令退者藉口而有競心。欲爲明，而反以傷明，欲爲威，而反以傷威；力之之所不及簡，而乘爲竊，威之所不及臨，而緣爲假。當今事有可爲者，臣下得以上所不爲，而概罷之；事有不可爲者，臣下得以上所爲，而概成之。上爲下以弋其怨，下托上以行其私。天何忍以祖宗艱難之天下，而令屑越如是，陛下亦何忍以上天仁愛之真心，而玩弃如是。臣爲陛下計，曷不坦然布其心腹腎腸于天下，而藹然收其手足耳目爲一身。六曹之柄還之六曹，勿以總攬之名，成窺竊之實；臺省之言付之臺省，勿以狂躁之戒，開熟懦之途。侍講讀者，日令其親就，勿徒以空言爲啓沃；直史館者，日令侍起居，勿徒以章奏爲筆削。至于二三大臣，時時延見，時時論説，諭以同心輔政，若五味之相濟而不爲同，若兄弟之相友而不爲异，可進則進，誠心以任之，而不猜不忌，以展其能；可退則退，隆禮以優之，而不羈不挫，以全其節。在陛下則總攬大綱、躬親大政、嚴于敬民、勤于法祖，不侵其權，乃可以責其曠，不掣其肘，乃可以盡其心。且頻年以來，上與下相隔，中與外相否，惟是礦税耳。

夫財竭于下，則致怨者深；聚于上，則生心者衆。其已聚之上者，或不肯散，而方取之下者，斷不可復。復之不罷，則怨盈于天；罷而不復，則恩徹于地。且此事一罷，則清明湛一之衷如日中天，何難于朝祭，何厭于陳言，何罪于圜室之官，何苦于銓補之賢，將一舉而上下相通、中外相慶，國計運而不積，人心鬯而不鬱，所謂誓省實政者，不竟爲虚文。陛下試思礦税當此時不可以已乎？臣廷對之時，曾以「不自逸、不自用」之兩言進，而總之在去利欲。望陛下爲堯舜，而臣得以處唐虞之世，綴乎禹、皋、稷、契之末，謬蒙採擇，擢以上第，而賜之官。乃數月以來，聖心深微不可測，而未見施行者何事。夫因共其言而録其人，乃録其人而不用其言，則是陛下以制科爲故事，而臣徒以口語蒙陛下之録用，如古董、賈之流，而不適于用。是聖明輕于官人，而臣幸于得位也。臣竊羞之。故不勝惓惓，輒因雷火之异，而稍申前説，以盡其愚。伏冀陛下留神觀覽，稍見施行，使天下後世誦陛下之明，不遺微小而重制科，豈非千古盛事哉。臣不勝人幸，臣無任隕越待命之至。

請宥戚臣王昺疏

奏爲言臣既釋，戚臣當原，懇乞大霈天慈，以宥戇愚，以全肺腑事。

臣竊見故駙馬都尉王昺，以四十三年蒙欽譴，于今六年矣。昺與臣同里，當臣請告里居，各遭病喪，不甚往還。頃臣以升任還朝，詣昺苫次，見其貌瘁神傷、鬢鬚半白，蓋泫然涕下，自悔以戇愚負陛下深恩也。臣忝居侍從，竊見昺創艾已深，未蒙恩貸。即昺不足惜，乃陛下于肺腑親臣，畢世而怒，其關係聖德甚大，遂妄效款款之愚，惟陛下垂察焉。

臣聞延慶長公主無嗣，其墓在都城西。昺既弃遠，誰視松楸，一坏茂草，幾帽狐兔，昺一念及，未嘗不涕覆面也。嗟乎！生爲帝女，殁爲餒鬼，陛下忍之乎？延慶固聖母愛女，延慶逝，止遺一女，嫁彰武伯嗣子，昺一弃遠，遂成生别，母恃既絶，父怙終遠。臣猶憶此女納采之日，皇太后問遺，絡繹不絶，即陛下嘗累有錫予。竊意昺即有罪，仰于天慈，陛下何忍使聖母遺慈不竟于延慶，而煢煢弱息思母思父無已時乎？陛下同氣幾人在者，惟瑞安長公主耳。潞藩之厚，非它臣可希。即都尉焯，倍受恩澤，都尉拱宸，得官庶嗣。臣知陛下篤念同氣，不間存亡，獨昺以戇愚自取弃遠。然陛下天慈篤厚，試想聖母愛女深心，必有不忍于妹而念其女者，忍使昺不與兩都尉同乎？昺，天家貴婿也，一朝弃遠，溷雜隸氓，步出里門，人不讓路。臣頃在里中，每聞大行皇后喪，議迎訃詔，而昺遂自列庶人，不儕紳弁。即其母歿，例有恩恤，而不敢請，每撫棺流涕，自怨其以戇愚累母。竊見陛下于兩都尉，予官階，予肩輿，而昺不能及其母。昺非木石，豈不知陛下勸懲大法，而痛自創艾。且若輩食粗退税，胡不快心，而昺獨美忠直爲言。陛下覽天朝掌故，二百餘年來，曾有幾都尉言者。昺誠戇，而志潔行芳，可爲戚臣生色。陛下不拔之爲戚臣樹赤幟，而豈忍錮之。國家大政，大臣言之，諫臣言之，宗臣戚臣又言之，此清朝盛事，故天下嘉劉御史，未嘗不直昺。昺固謂御史當宥，陛下宥御史，自不緣昺，乃昺言不既中乎？臣知陛下必有以待昺矣。臣聞世宗肅皇帝亦曾譴鄔都尉景和，旋以景和請守公主墓，予環。皇上動法皇祖，豈景和可徼恩皇祖，而陛下忍終吝于昺。臣又聞宗臣充䣙與昺同罪，似可并及于寬。然臣不知其事，獨以與昺同里，遂妄及之。至若監生陸宗本、生員劉如砥，皆素有名行，昺之封事，實不關兩生，倘念匹夫銜冤亦于天和，則又當并議准復者，非臣所敢必也。臣仰見皇上篤念同氣，而昺屬肺腑懿親，故敢掇拾瑣細，以動天慈。若其材識可充任使，尚不當約結于爵禄，而况并其爵禄奪之。伏乞俯念戇愚不當久怒，肺腑不當終遠，早霈天慈，大擴聖度，特賜召還，與宗臣同復名爵，其光益聖德無涯矣。

擬禦［虜］安邊疏

臣聞盛世不襲安，而忽意外之防，謀臣不避忌，而忘局外之慮，是故防謹于所已安，而慮嚴于所必忌。若夫情形既露，而爲衆意之所及，事任在肩，而有成局之可按，如今之邊務，而可不一綜核之也。臣觀九邊如藩垣，而戰與款相半，款者既不敢言戰，而戰者兼言款，以擔力克非有遠，而五路之雄，非有元昊之黠也。乃[虜]既以款而兼掠，更以掠而挾款；我既以款而畏戰，更以戰而兼款。夫款敗必戰，即款不敗，何可忘戰。故臣請以必戰爲安邊之大要，而其機宜方略，臣得而略言之。

夫邊臣按月歲而上封事，樞臣按款數而覆成説：振執弩之勇，則曰簡外宜先；養超距之氣，則曰衣食宜備；而謹出入之防，則曰邊口宜修；杜窺伺之巧，則曰偵諜宜慎。然此文武將吏所得爲，而三年無一效者，人心驟于款，而將不得其人也。何也？朝廷公以金繒出而市款，貢馬來而中外彈冠矣；將吏私以金繒入而市官，暮夜投而旌旄蔽日矣。以故人心日玩，邊備日弛，[虜]□日肥，戍卒日瘠，無論苟旦夕之安者，不肯爲經久之謀，即欲爲經久之謀者，亦不能有旦夕之安。蓋人乘惰窳之後，即以其惰窳爲成規；衆苦振刷之勞，反以其振刷爲多事；驕卒奮臂而呼，蝮吏設阱以待，將不能徙戎，而能以巧詛持异己者之短長；士不能荷戈，而能以狂呼扼風力者之腹背。沿至于今，非獨將士不樂予戰也，即督撫之治，以惴惴然求畢其局，而徒以節省報耳；又非獨督撫不敢定戰也，即中朝之臣，亦惴惴然求消其釁，而徒以罷兵解耳。

夫天下之最可痛心者，莫大乎支吾于旦夕，而衆其至不可救之地，而今日之最急者，必始察其將之所由出，與喜其將之所爲任。今有母錢數百萬，以爲源，則懦如鼠，而不得不推其轂將之所由出者，臣下得而言也；挾金錢數百萬，以爲流，則奸如山，而不得一問其喜于將之何由任者，臣不得而言也。斯其人以數千萬之金，以内飽欲，而攫市金之不暇，而暇計邊乎？故臣心爲欲擇廉勇之將，當塞納賄之途，使奥不得爲之援，錢不得爲之神，而督撫無儻蕩之才，則不足馭群力，無諳練之識，則不足安群心，無豁達之度，則不足合群策。是當得蕩佚簡易、敏而有度者任之，然後本兵不輕于推轂，而督撫不重予荒奸，則將得人。將得人，則款與戰爲兩設而互用。曰：「惟所陳說，直一將任耳。」臣當爲之先曰：「帷幄之地清，則幕府得行其權；將帥之任正，則甲士得畢其力。」是在皇上與二三大臣日夜申計之，察其所以爲將者，而邊計又定也，百搚力、千五路曷論哉。不然，畿甸之流移、岩邑之礦卒，一旦橫發乎不虞，恐且費勞聖慮也。臣不勝杞人之憂，惟皇上垂察幸甚。

擬緩舉三殿及朝門工程疏　神宗

臣聞聖哲之主不托私于公，以實瓊盈之積，老成之臣不議羸于詘，以襲太平之觀，故天下之物力克盈，而因陋就簡，非所以肅朝嘗而爲觀于天下也，天下之民力殫竭，而徇名廢實，非所以恤人瘼而彌患于方來也。臣觀今天下有易爲于上而不肯爲，冀幸于下而不能必，徇其名，則以爲不可緩，核其實，則以爲不可急者，如今之三殿朝門工程是已。夫三殿朝門，陛下所以接群辟而修庶政也。數年來，朝講輟而不舉，典禮行而幾罷，則以爲是未成之故。即中外大小臣工，咸喁喁曰：「安得不日成之。」然臣竊以爲是可緩也。何也？被絺綌者，不苦鬱燠；襲狐貉者，不畏盛寒：有其具者，易其備也。今天下之財，下出而不得入，上入而不肯出，將作之開納悉，而氏不應，它曹之借索煩，而求難給，獨有大內之積可以易其備，而臣又竊意陛下之未肯遽也。何也？頻年來，未嘗不托言之，而卒無一有也。夫將作既不可支，而內帑又不肯遽，獨有索之百姓耳。秦、隴之材，非無脛而至，工役之腹，非畫餅而實，陛下誠思今天下百姓尚堪此乎？唐魏徵曰：「民欲静，上重擾之；民方窮，上重蠹之。」今之謂已。臣觀今天下之民方大病而未蘇，調之以參苓，攝之以粱肉，尚可以生，即不然，而聽其自息自便而不擾，亦可以苟延。倘如嚴家之隸，力疾而作，豈惟下不勝其役，而上亦不安其適。何也？久張之弓易頓，方駭之馬難策也。臣不敢摭茅茨之説，以久稽大觀，亦不敢拾莊麗之談，以徇衆聽，惟願陛下緩之緩之者，非耽延于今而遺患于後也。執大尊以酌天下之人心，體百姓以培無疆之命脉，勿藉工程之役，而爲分外之誅求，勿信貂璫之口，而動已疲之大衆，如瑩精太平，臨朝願治，則文華武英未嘗不可聯泰交而布政大于臣民也。且如文皇帝時，物力何如今日，而三殿之成，尚需于後，豈今日之百姓獨不可緩乎？臣望陛下仰承文皇帝慎重之心，俯察臣民艱難之意，先蘇大病之民，徐修寒暑之具，然後一舉而成之未晚也。臣不勝大願。

敬陳目前切要疏（一）

臣幸以章句，供奉講幄，今且備佐丞弼，得趨陪同事諸臣，隨事納忠。且國家急切大務，爲言官論列、閣部見行者，無復可更爲建白。但以臣愚，即見皇上講學勤政、虚己任人，其端凝清静，天下固已引領相望太平，而一隅不靖，四海騷然，一時大小臣工，聞警惶惶，莫知措手。且見年來，兵務多不練，餉務多不核；以將用兵，而以文臣招練；以將臨戰，而以文官指發；以武爲邊備，而日增文官于幕；以邊任經撫，而日問戰守于朝。種種誕漫因循之象，徒相與咨嗟，而不能追救，以一隅勤天下，遂至斂天下之兵于邊，而既壞一隅，兼壞天下。

臣愚以爲，今天下急務，在收拾人心，而欲收人心，在大振天下之氣。其紀綱大要，惟願皇上敕勵臣工，共奉祖宗之法度，以沛朝廷之德澤，而先選精敏有爲之才。蓋從古，國家多武健之吏，敝爲囂陵；國家多謬懦之吏，敝爲惰窳。方今百吏因循，庶政叢脞，宜令吏部細加體察，凡寬博近迂、文藻近弱、遲暮近衰，急爲量移，務得精敏有幹局者，布列兵馬錢糧之司，既用老成，供以果鋭。一時撫道，務極一時之選，大破常格，勿拘資序，又不得破格以循情分。至京内郡邑之長，務擇廉幹勤敏之人任之。夫廉則不私，幹乃有用。遼事積餉練兵，凡應聲之征，皆可咄嗟立辦，一方城守，事事爲需。此于凡地盡然，而圻内爲急。

至于武吏，宜令兵部調諸將才望者，遍核之，擇一沉雄有氣略者，授之鉞，俾得專辟置。凡偏裨以下，得自擇其人而授之。或仍令其自擇所意氣相合者，即以其人若所辟置。其所分募精卒，多不過十萬。或有見兵，若調募來者，仍當令其自爲簡汰而用之，如所自募，設其撫賞之費。而任屬專，聽信明，文吏得與謀議，供軍實，不得制其師。

蓋文吏拘泥，不達時事，好用小見，所以御吏卒而得其死力者，講説或足以爲勸，而法固近人而入其心。今以文統武，自是敝法；以極不知武之文，統極怕文之武，更屬極敝之法。如東之役，祇合設一大吏，兼統登、津。蓋國家爲全遼設官，不過撫鎮，其下可指數也。臣謂今之國家，但得無多設文官，則武吏不輕。如嚮者劉、杜，近者羅一貴之勇烈，俱爲可冤。御史曾言，羅一貴可將，可加之兵，而卒以三千死，惜也。假令得專制之權而伸縮如意，何至于敗。臣又以爲，既重武吏之權，則當寬文吏之罪。文吏起家毛錐，豈盡韓、范，而矯矯見氣岸，輒用爲邊才，然試取不效。故年來經撫而下，多起于廢弃之餘，及驟加之貴，蓋予之以不宜得之榮，實予必不可逃之禍。其拜命之日也，視爲飯犧，而擇一賢才，每皆嘆詫，故賢才相與避匿，不肯往。倘既重武權，而文吏不得侵其事，便宜輕文之罰，而不得概絶于法。庶賢豪得任事于衝邊，而不致于敗衄，則死敵死法者纍纍。如三經撫，何事不可爲，而相次入網羅，亦可惜也。

臣愚又以爲，既得沉雄之將，便當以遼事畀之。小勝小衄，皆勿問。要于守關無闌入，而徐候兵力之厚，爲恢復，北縻西虜，東聯海防，無諱于所未效，遂以爲不可嚮。而城堡有所復，以其人畀之，使其人之精力全用于遼。蓋得寸則寸，得尺則尺，以幹家之智幹國，必無遺力，而朝廷特資其兵餉，明其賞罰，以防跋扈之漸，如周、宋之初法。至西虜，或謂孱不足結，而縻之爲外護，似不可略。臣嚮與督臣王象乾言，欲細偵其部落情形，凡大小、衆寡、强弱，即其父兄、子弟、夫妻、子母之屬，無一不悉其窽，擇其可以彈壓衆部者，而挈其要領，爲之羈紲，使壓于所必動，而不侵不叛。又略如谷云之役，以十餘萬爲外藩。然偵謀須得沉静有資知者，厚資其用，而勿以沈惟敬、王猷輩爲誤。至于關外，即未盡頓復，而當爲急計。其流民數萬，必雜藏奸，列在近關，亦易爲奸細之穴，似當分徙于遠，家大而難遷者，安插其地，以歸故土。而天津、北平居京東，皆可屯田。聞御史左光斗言，有遼人可占此事，或畀遼人之少有力者，以渠限胡馬，以糧餉軍，不比登萊之不可田也。且以遼人安插于此，亦可爲异日故土之著。

至一片石以西，有戚繼光故壘在焉，似當大修葺，即可以按其踪迹而爲之備。薊門、永平今且爲陵京重鎮，更爲山海後勁，其防百倍他時。而厄塞險易，二司馬亦且有方略，而遼吏邊將爲急。至于營兵之濫，久未變易，懼其徒煩盛而易嘩也。臣以爲，先簡清其營將，務得精鋭志功名者，無以文吏操之，而清其拜座之主，質仿古制，健升爲親筆，而拳勇絶技，皆藉記之，以次遷用，而類比其擊刺騎射之藝，數賞其能精絶者，且化爲親長，而後除責其瘦病。蓋不變常，不動衆，而陰奪其勢。至于清詐冒，但責其着役，有人强壯，即冒，亦當予票以爲真，弱即真，亦當簡替。其未可替，姑任之爲老家。更宜發數萬金，令近都三百里外儲米豆爲備，無太近都門、備而不用，便可平糶，以惠于人，而官饒其息。至城堡可爲守者，其大姓之儲，可令收之城堡，與夫練鄉兵、練小操，皆郡邑吏之能。至于各省直郡邑衛所，俱令各該鎮撫府道，一一料理，以銷亂萌。如淮上當南北之衝，當以總鎮據其上游，或即以漕總，但精選其人。而四川之亂，其乘亂之民多于賊，法當散以孤之，而擊其惰。凡此數事，非有深遠難行。且皇上湛然虛明，無他濫費可以拊養戰士。而懸重賞以勸功，寬文法以重武，何功之不可成。但兵交原野，議紛廟堂，此往代失著。至言出而咎票擬之不速，旨下而忘責成之有效，臣願與諸臣戒之。然惟法乃定，惟斷乃成。臣望皇上定志綜核，而持之以斷。蓋法非一人之私，必先立身于法，以率天下。其由于祖宗之誠憲，有言必課其實，有事必考其功，寬于用言，以倡敢諫之氣，嚴于奏成，以息衆議之紛。

然臣非欲弃老成、奬新進也，又非欲遺道德、尚名法也。天下因循誕謾，如炙偷安，大厦之不支，而苦守門户，要領之不問，而牢護面皮。臣誠不忍見皇上之法，格于因循，而虚文相應，遂敢冒天下之私忌，以徇天下之公。夫自古法之利國家者大，非得人主爲之，斷不能行，而奉法者之害，其中于身者亦大，非得公□忘身者，不能定。一時老成長慮，何敢自顧身名、不爲皇上主持。但祖宗立法，事事有法。若言必遜皇上之心，動必諧衆人之意，不參酌時勢，期于合法，亦何主持之有。臣願皇上斷于奉法而已。爲此謹具奏聞。

得旨：「覽奏，經國籌邊，具見碩畫。内用人任將等事，尤切時務。着該部悉心料理，毋事虚文。」〔二〕

【校記】〔一〕本篇輯自兩朝從信録卷十二。

〔二〕本段輯自明熹宗實録卷十九天啓二年二月戊子條。

極修祖宗法度疏〔一〕

今天下敝極矣，不極力修明祖宗法度、大布皇上德澤，人心必不固結，士氣必不振揚。臣下雖致身以奉明法，徒供妒忌之口。臣望皇上虚明以察事理，詳密以燭人情，更乞飭勵文武諸臣，勿角口語，勿事虚文，事關軍國，群策群力，一德一心，同議幹理，同議節縮，司兵馬者，不得恣于不可多，而不顧供應之難，司錢穀成造者，不得刻于不可減，而不顧星火之急。即科道諸臣，事必盡言，言必盡事，第人有賢否，事有緩急，須身在事中者，詳酌輕重，悉心料理，以副言者之籌策。臣出藉部臣之商確，入藉閣臣之擬議，得仰候聖裁，以裨兵政，臣决不敢任。

必爲之氣，持而爲拗，恣而爲愎。總之，臣原無他長，獨有真念。其有阻格不行、仰干名法者，容臣執三尺以入告。其邊防大計，容臣受事後，隨時具奏。

【校記】〔一〕本篇輯自明熹宗實録卷十九天啓二年二月甲午條。

覆户科給事中陳胤叢禮科給事中汪慶百條陳〔一〕

二臣之疏，大要在于練營兵、練鄉兵、練附近之兵，而意歸重于選將。查蕭如薰、白兆慶、王世欽等三總兵，分營簡練，奉旨有日矣。乃團練鄉兵，功令森嚴，遍行各路，想已遵行。若附近護衛之兵，科臣欲特遣一任勞任怨之臣，查核兵馬，詳開奏聞，一遇調援，發不逾時。第海内民情擾擾，遣使分行，多一官則多一事，兵馬宜責成巡撫，而以按臣查核。其間堪戰官兵，令其開報，如都城有警，應援不至，或以懦帥、下駟虚應，撫按并坐。徐大鵬既經科臣舉薦，俟有相應員缺酌用。夫臣部之求將如渴，庶幾旦暮遇之。然觀人不在于條陳，而取人難信夫口説。廢將在京，及仗策投用者，臣部擬會科臣，約日考試，仍行各省直多方搜訪，山林岩穴如有异才，即起送，以需後用。但戰陣未親，功效未顯，輒請加銜實授，臣部有繁纓之惜，未敢一一徇情，以濫朝廷之恩澤也。

【校記】〔一〕本篇輯自明熹宗實録卷二十天啓二年三月丁酉朔條。

誤事之臣不可不問疏〔一〕

大學士掌兵部事孫承宗疏言，遼左破壞，皆因國法廢弛。誤事之臣，不可不問。如四川招兵科道明時舉、李達，狗狠狼貪，藏頭縮頸，尚稽懸槁之誅；南路監軍梁之垣，未點海上之槎，先炫家園之錦，宜與陶朗先同科；招兵御史游士任，募兵幾何，糜餉幾何，而忍爲故鄉富貴之游；監軍御史方震孺，作好軍中，仿徨塞下，但知友誼，遑惜公家；薊州兵備邵可立，未正囂淩，何堪展布；經臣熊廷弼、撫臣王化貞，罪可詳核，法當并逮。乞皇上毅然獨斷，應誅應斥，法不移時，而急推經略，早返樞臣。所謂驚心迅霆、頓破沉陰者也。

得旨：「年來法紀寬縱，怠玩成風。明時舉、李達，着彼處巡按拿解來京究問。熊廷弼，法司從公問明具奏。梁之垣等，該衙門分別議處。」

【校記】〔一〕本篇輯自明熹宗實録卷二十天啓二年三月庚子條。

覆駙馬王昺等募兵招練疏〔一〕

先是駙馬王昺奉委募兵，嗣是襄城伯李守錡、恭順侯吴汝胤、豐城侯李承祚等紛紛以招練入告。掌兵部事大學士孫承宗疏覆：

勛戚以同休戚之誼，願收急病之功，各請募兵，是矣。但欲招兵，先議查核，查核不嚴，則邊塞之逋逃可虞，營軍之冒役難問，恐領糧者不勝多，而捍患者不啻寡也。且近日勛臣每以不與兵權爲扼腕，不思今之總京營、坐五府，非勛臣乎？倘盡能清查，則京營十一萬衆兵非乏也。縱有老弱頂冒，一查當知糧在，即兵在，何必捨見在之清查，而博虚名于召募也。況各家樹兵，兵各分將，縱横四出，恐畿輔之地未受其捍衛，而先苦于囂陵矣。他如吴汝胤增餉之説，尤未可輕議。見在者，未議清查，新添者，遽言加餉，誰肯甘心。獨少必且争，其未足嚮其有餘。至李承祚所稱「遍訪人才、多蓄養士」，果有堪用若而人，不妨赴部驗實，給以衣糧。隸諸行伍，期于急公，不必盡歸管轄也。其在鞏華城，則昌鎮自有鎮臣，薊鎮則兵將業已增設，勛臣體統優崇，似難輕借。且一鎮更置，各鎮皆然，臣部未敢開其端也。

【校記】〔一〕本篇輯自明熹宗實録卷二十天啓二年三月庚戌條。

覆薊州遵化兵備道高捷恢復要策疏〔一〕

先是，薊州、遵化兵備道高捷陳恢復要策，大略欲安輯遼左潰民，蠲免畿輔加派及省直商算，樹聲援于旅順、天津，借牽制于西北諸虜。薊門一帶，造器買馬，喜峰等口，建堡築城，而尤歸重于選兵發帑。掌兵部事大學士孫承宗具覆言：

避亂遼民，已經設法安輯；畿輔加派，亦已奉旨蠲免。惟是當帑藏之空虚，財用爲急，則各省直之商算寄派，似難概停。但當嚴禁貪猾之侵剋，盡爲朝廷之用可耳。薊中精鋭器甲，前已盡没于遼，苟不急加綢繆，將來噬臍何及。而喜峰等口，密邇遵化，馳馬即至，最宜相度形勢，築建城堡，以據要害。至若樹旅順、天津之聲援，連和西北諸虜，俟自治已備，徐圖恢復之舉，亦次第之不容已者。獨慮錢糧不敷，巧炊無計，似應涣發金錢，以救然眉。其間選兵之法，條陳縷縷，聽該道行其所見可也。

【校記】〔一〕本篇輯自明熹宗實録卷二十天啓二年三月壬子條。

覆黔省總兵張彦芳飛揭告急疏〔一〕

安酋乘我多事，陡肆凶逆，迫攻省城。黔省兵力單薄，非比成都，見今撫按處圍城之中，薪水易竭，支撑難久，救援稍緩，是以省會予酋也。除總兵張彦芳揭請鄰近精兵祈明旨申嚴、各該撫鎮星速應援外，湖廣土漢官兵應調二萬，雲南鎮臣沐昌祚部馬兵應調一萬，廣西泗城南州共調一萬，繇都勻徑道疾趨救援。但兵必須餉，餉須速給，合行湖廣撫臣，即于新餉内，就近動支，分發應用，庶克有濟。

得旨：「黔省拯救宜速，便着馬上差人行各該總鎮等官，相機援剿，務令剋期濟事。該省巡按官，即着監軍查紀功罪，事完一體核叙。」

【校記】〔一〕本篇輯自明熹宗實録卷二十天啓二年三月丁巳條。

京師購捕奸細多有枉累疏〔一〕

京師地重民囂，操之或急，勢將互相鼓煽，互相傾排，力未及奸宄，而禍先中善良。至于遼人後先數十萬，誠宜簡防。古固有陷虜陷番而回者，若疑而殺之，恐遂堅從逆之志，而內之驚魂未定者，或懷揚去之思。即如楊鎬、李如楨，自有應得之罪，而或曰通虜。近熊廷弼、王化貞亦有應得之罪，或又曰通虜。强予以莫須有之文，反脱其不可逭之罪，豈惟無以服本辜，抑何以服天下也。伏望皇上議法務盡事情，不必旁借，務當科條，不必曲律。

得旨：「詰奸自是要務，但不得因此騷擾。遼民已有屢旨安插，還行地方官用心料理。失事各官，法司務公平問斷，以服人心。其因奸細摘發交通情節，都要虚心審究明白。如有枉累，即爲昭雪。」

【校記】〔一〕本篇輯自明熹宗實録卷二十天啓二年三月戊午條。

覆折東防禦疏〔一〕

當今急務，莫急于守山海，楊維新、甄淑、徐憲卿、熊德陽、楊新期、江日彩共言之。而郭尚賓、蕭基、姚應嘉、錢士貴，謂前屯不可弃，張鼐、熊德陽、王遠宜、楊世賞，謂西虜仍當結。近樞督二臣云榆關已擺守，前屯已屯住，而西虜亦已羈縻矣。繇山海迤西，莫急于防薊門十二路隘口，蕭近高、余懋衡、姚應嘉、王命璇、張汝懋、畢佐周、董羽宸、潘汝禎共言之。其地原有戚繼光遺規，一修復而虜不能飛渡，督臣自能料理。繇外而內，莫急于守京城。勛臣之分守也，重城之增高也，分垛派守，環城建堡，且掘品坑，陷虜馬，而伏火器也，修城東馬房，復補額軍，擇將訓練也。蔡思充、侯震暘、林一柱、徐景濂、王命璇、徐憲卿、楊世賞之議，俱已行。而保甲詰奸，則蕭近高、周朝瑞、董應舉、徐大化、陳胤叢之議，已責成巡城御史申飭坊官矣。但點查公差需索，民不能堪，祇嚴一家藏奸，兩鄰皆斬之，法必家自爲查，而奸何所容。至于京師營軍，任將分練，增選鋒，習技藝，加軍士之糧，重總協之權，如陳胤叢、蔡思充、周朝瑞、趙時用、甄淑、徐憲卿諸議，已行分練加糧矣。

惟盡搬武官家眷入京，恐難于著贍，盡移營兵入城，住居民僧房，官給房價，恐軍民雜處，不如以給房價之費，增造營房也。陳胤叢、蕭基議練班軍，蔡思充、楊世賞議選練衛所餘丁，王命璇、徐大化議戰車，熊德陽議料理軍器，董應舉、侯震暘議造器築銃臺。事係臣部者，已擇人任之。其係工部者，已移文料理。若薦舉材勇，諸疏中已有其人，如蕭如薰（熏）、白兆慶、王世欽，已令練班軍，薛來胤、紀元憲、李懷信、馬世龍、張士顯，已經擢用。其餘尚容耳，而目之用爲一臂之助也。其招兵一事，人人言之，已經覆行，但不可溢三萬之數，亦必令其居城外，一以便訓練，一以靖輦轂耳。若團練鄉兵，則賢有司之事，然其肯綮，在蠲租税，以固民心，選守令，專意保障，則吏即是將，民即是兵。皇上亦何愛區區租税，不爲京師厚藩籬、山海壯聲援耶。

【校記】〔一〕本篇輯自明熹宗實録卷二十天啓二年三月己未條。

覆梁之棟疏〔一〕

方今法行于小臣，而不行于大臣；法行于文臣，而不行于武臣；法行于將，而不行于兵；法行于伍兵，而不行于逃兵；法行于舊兵，而不行于新兵。對敵之兵，任其死，而先走之兵，任其生；守而不逃之兵，任其饑欲死，逃而應募之兵，又任其飽欲死，究不至空舊伍以應新募不已。舊伍者弱而無所用，新募者復驕而不可馴，究不至舊兵虚，并新兵亦虚不已。臣以爲，凡此皆將罪也。貪婪弁流外，以招募爲内，以扣剋爲實，技未見而囊已盈。今後敢有仍如此者，罪無赦。

【校記】〔一〕本篇輯自明熹宗實録卷二十天啓二年三月甲子條。

覆袁崇煥欲調取廣西狼兵疏〔一〕

崇煥欲調取西粤狼兵，而粤撫躊躇于徵調之難：一則身在岩關，欲借力，而用其所素附；一則身在地方，預設念，而慮其不可知。今惟待士晋到彼，與玉佩面□，度其情勢，狼兵可調則調，不可則已。其泗城南丹等兵，亦聽該撫酌量撥發，不必拘定成數。總之，督撫纓冠之誼爲山海者，當不後于爲黔，而崇煥、玉佩、翔鳳既饒有結納之素，且稱沿途約法井井，似非漫無師律者。廉頗用趙卒以成功，异日破虜先登，未必不出于此也。

【校記】〔一〕本篇輯自明熹宗實録卷二十一天啓二年四月癸酉條。

游士任募兵淮上疏〔一〕

御史游士任募兵淮上，檄赴齊東，議者屢言其爲登萊擾害，而領兵游擊孟淑孔欲分作兩班，三月爲期，及瓜互代，則道途往來，誰爲輸供，客店居民，幾堪騷擾，況假歸者，逐影疾馳，即暫止者，亦刀環入夢，究不得一卒之用。頃毛文龍請兵五萬，期搗奴巢，而張經世亦請將淮兵勒期渡海，接應文龍，但孟淑孔統御無方，衆心未附。士任亟當疾趨登萊查點督發，一則割已操之刀，自有成算，一則結未了之局，可無僨轅。

【校記】〔一〕本篇輯自明熹宗實録卷二十二天啓二年五月壬寅條。

覆呂邦耀條陳廟算疏〔一〕

兵民潰散以來，人情易動，禁止恇擾，勿累窮民，誠根本之要論。塘報不實，何以得彼之要領、籌我之方略。分投密探，亦制勝之先著。南海子并大壩馬房設營練兵，業委新授通判柯仲炯爲之。各處要害咽喉，臣部先已檄行預備。而近畿督撫，遇警勤王，主憂臣辱之誼，諸臣豈其未聞，而必俟密敕以諭惕之。至如設疑兵，款西虜，儲犒賞，練步兵，封疆諸臣，其漸見施行者，已有次第。方在料理者，當俟規恢，惟在設誠力行，務求實效。而皇上大奮乾剛，振起積習，庶中外臣工知所砥礪。

【校記】〔一〕本篇輯自明熹宗實録卷二十二天啓二年五月己酉條。

薦用盧安世疏

□□□……殺賊復城者，自絶其青雲路，而我于殺賊復城之勞臣，待以不及格也。功高而薄爲酬，則冷豪杰之心；才大而小爲用，又縶騏驥之足。見今川患未靖，用才政急。破格鼓舞，大開功名之門，宜如鄉紳所請，授以監軍之任，畀以專敕，假以便宜，使本官得展其所長，而人心競勉于報國，其于疆事非小補矣。既經具奏前來，相應覆請，合候命下，將盧安世，臣部移文，吏部查照。先行從優升用等因。

天啓二年六月初六日具題。

初九日，奉聖旨：「盧安世，准從優升用。」

【校記】〔一〕本篇原在奏師奏疏卷七，今據時序移至于此。

亟當整頓各邊疏〔一〕

近日諸臣皆言薊遼、山海，而臣獨言各邊。蓋自逆奴發難以來，到處徵調，營伍爲空，犬羊思逞，卜失兔有移犃紅門之息，吉能諸酋有蹂躪延郡之報，馮大棟雖歸，而勾連有徒，賓歹雖被創，而雄心未滅，必預備各邊，乃可以一意東顧，則諸邊臣責也。然患不獨在虜也。成都雖已解圍，而奢酋躑躅未已；滇、黔被困數月，而内外聲息不通；白蓮搖手一招，而州縣響應。其故皆起于遼事决裂，徵兵徵餉，使海内喪其樂生之心，而群爲走險之計，則臣始終不能無厚望于邊臣也。

【校記】〔一〕本篇輯自明熹宗實録卷二十三天啓二年六月乙亥條。

孫承宗集卷二十二

閲關奏稿第一

請親詣關門揭

臣孫承宗謹題，臣惟自有東事以來，傾天下物力爲戰守之具，又盡集天下豪杰，以共圖戰守，即相次三總兵，仰荷皇上隆恩，破格鼓舞，一時頓覺生色。再各充以膽勇、偏裨十餘人，以訓練士馬，可以爲守，便可爲戰。

昨經略王在晋簡汰將吏，整搠兵馬，修備一切戰守之具；近議築邊墻四千丈，以收據險要。蓋老成苦心，關人相慶，以爲保障，即一費，亦永逸之計。且舊墻十六里，已增而高四丈矣。從此可守可戰，以爲遠計，臣亦得借手以仰報皇上。獨是臣以書生，誤承皇上重托，而千里之内，未盡見聞。如近之月坨、灤水，遠之登海、津門，議尚未確，即關門險隘，及寧遠、覺華可守可戰，雖按籍亦可料理，而殊覺胸中未盡曉暢，如借燭暗室，燭去仍暗。且一時事機人情，爲安危所係甚大。適與首輔向高等言，臣須親詣關門，一一相度。蓋一時諸臣俱豪杰有爲之才，其壯猷遠略，爲地方苦心爲之者，臣等以所見聞信之，倘得同心戮力，勿蹻爲戰，勿跧爲守，便可釋皇上東顧之憂。臣于十五日便可單車就道，或可與兵部主事鹿善繼、贊畫中書宋獻同行，此外更不須將吏及一切兵馬之費。但關門兵士當量爲犒賞，經略謂關門物貴餉薄，難于加餉，則兵士之賞亦不爲費也。事竣便當具狀馳報皇上。所有本部印務，乞皇上委合左侍郎張經世暫掌。爲此具奏以聞。

天啓二年六月十一日奏。

十二日，奉聖旨：「邊關防守，宜及時料理，經略官用心修備，已有次第。卿欲親詣關門，相度商議，具見爲國忠猷，朕甚加悦。鹿善繼、宋獻，准隨卿行犒賞，會同經略酌給，印着張經世暫署，卿還作速還朝。該部知道。」

誤恩萬不敢承疏

兵部尚書兼東閣大學士臣孫承宗謹奏，爲誤恩萬不敢承，懇乞天慈俯准辭免事。

本月十三日，欽奉聖諭：「覽卿具揭，恭請親詣關門相度，且見爲國急公奔勞至意，朕心甚悦。特加太子太保，仍賜玉帶一圍、大紅蟒衣一襲、銀一百兩、紵絲四表裏，以示隆禮股肱，以壯形色。其卿抵關，將所閱過邊鎮兵馬戰守、議築邊垣、榆關險隘、犒賞事宜，卿務逐一詳甚，急則差官馳報，緩則俟卿速歷，邊關事完，還朝復命奏聞，以紓朕東顧之憂。吏部知道。欽此。」

該文書官劉鎮恭捧到臣私寓，臣謹焚香叩頭，祇聽開讀訖。臣仰見皇上留神邊政，凡所以飭臣詳慎者，皆邊防大計，臣不敢不與邊臣詳慎商度，以仰副聖懷。但念臣徒有熱腸，未嫺兵略，適以不敢用罔之心，欲親詣邊城，以開聞見。非若尚書諸臣出鎮經略，及視師也，乃誤蒙恩沃，比于諸臣。臣惟朝廷所以飭紀綱、勵廉耻，總一大防，故邊有防，則夷狄不得以亂中華，士有防，則小人不得以溷君子。邊之防，如聖諭所云，關隘築鑿、兵馬屯練、戰守機宜，臣敢不爲皇上防之。士之防，獨有禮義廉耻，而又何敢不自爲防。且臣之行也，方欲以賞有功、罰有罪，飭勵將吏，□無功之賞，身先被之，其何以抗顔于邊人。臣自受事以來，即冗秩空銜，不敢輕發，即諸臣條上，願破格鼓舞天下者，臣猶再三體訪，不厭駁查。誠謂位以勞得，則天下之愛位者，不得不積勞；名以功成，則天下之愛名者，不得不圖功。假令位可力冒，名可幸成，則天下何苦于窮年累月之功勞，以博一班一級，而不妄圖僥幸。夫臣方以此防天下，而不勞之位、無功之賞，乃承于身，天下即不論臣，臣懼九朝神靈之殛臣也。

伏乞皇上念臣真誠，即准辭免。臣以邊事緊急，明日即行，爲此具本奏聞，臣何任激切待命之至。

天啓二年六月十四日奏。

十五日，奉聖旨：「卿念切封疆，自請赴邊同經臣相度。加恩賜賚，出自朕懷，宜遵命祇承，不必辭。該部知道。」

辭免殊常恩命疏

兵部尚書兼東閣大學士臣孫承宗謹奏，爲再瀝愚衷，辭免殊常命事。

臣頃具揭，奏請親詣關城，事本尋常，無可叙録，乃過蒙皇上隆恩异數，夐邁常倫，該臣具疏辭免，隨奉聖旨：「卿念切封疆，自請赴邊，同經臣相度。加恩賜賚，出自朕懷，宜遵命祇承，不必辭。該部知道。欽此。」

十五日，該臣面辭闕廷，又蒙皇上遣官諭臣祇領。臣敢不仰體聖心，藉恩華以耀道路。但臣近在帷幄，誼比股肱，凡皇上所以待臣，與臣所以自待，皆天下所□□觀法，而靦顔叨冒，其何以解于天下。□皇上所以綱維天下，唯是有功必賞，可以□□概之氣，亦唯是賞必有功，可□□□□心。今臣預計，閱歷不過千里，往回不過月餘，有何勞勩，遽儌隆恩，假令臣果有功能，皇上又何以加臣乎？臣行，以懇乞皇上准臣辭免，使天下知朝廷有不敢幸位之大臣，則凡此邊人盡知有功乃可以得位，有勞乃可以成名，臣亦得抗顏，以風厲諸將吏，是皇上之榮臣更重也。臣何任激切待命之至。爲此具本，謹具奏聞，伏候敕旨。

天啓二年六月十五日奏。十六日，奉聖旨：「卿兼攝戎樞，忠猷懋著，且閱關勞勩，特用加恩，宜體朕意祗受，不必固辭。該部知道。」

以守修戰疏

兵部尚書兼東閣大學士臣孫承宗謹奏，爲據塞上之情形，酌邊臣之方略，以守修戰，必無以忘戰者爲守，以進袪退，必無以慣退者議進，實實算竟局之著，虛虛提全鎮之精神，以罊衆心，以維疆宇事。

臣聞疆埸之患，莫大乎激于所久憤，而過任忼慨之氣，快于一騁，又莫大乎狃于所常習，而便安繆懦之説，憚于一奮。臣以衰朽之年，跋涉關山，殊不辭據鞍之誚，至仰蒙皇上諭臣詳慎，諭臣用心，即臣淺昧，不能仰佐鴻猷，而若復苟且面皮，徇忼慨之虛憍，信繆懦之諉誙，不惟仰負皇上，抑且下負臣心。用是據事直陳，無復敢爲顧忌。

蓋臣以六月二十六日入關城，城有四面，其中曰中部，從南北生兩翼，北接山爲北部，南際海爲南部，關外爲羅城，衛居人之居廂者。臣以是日從輿中閲中部，彈丸地，日聚十餘萬人，珠貫繩聯，真〔一〕多于市人之言語。然而酒帘食肆，不減通都，故餉不〔二〕樂支本色，而醉飽爲常，奸博爲嬉，兼之兵以肆爲厨，無復刁斗之炊，正恐一聞警，而食肆撤，兵遂無以爲食。蓋兵不練則多暇，而廉將乃能爲練。若既同猫鼠之私，將盡絶鵪鶉之望。故兵利折色，易用，將利折色，易削也。經臣令本折兼支，又令申飭訓練。法行矣，而大將初來，尚在調度，若夫風雨泥淖，無可駐足，而日夜低回，荷戈乎頹檐之下，即爲幸。若不蚤建營房，蚤嚴訓練，則嬉不可常，苦不可劇〔三〕，寧待〔四〕聞警而走乎。

又次日閲北部，則樓臺矗矗，真快雄襟。經臣指點城外，爲壕，爲品坑，爲空營，井井有條次。而袁監軍崇煥輩統湖兵分堞而列其上，其窩鋪盡以兵，用官料建之，其成者已可栖息，而片席不蔽風雨者尚多。其執刀杵而軋軋作苦者，班軍也，長跪告疲，殊無怨意。經臣每言，一磚一石盡出其手，而班軍之爲益甚大。但東省之留無益，而此中之題請來遲耳。雨久，城多圮，以水外出也，是當亟易之。極北爲角山，猿攀而上，可十里，登絶頂，即天險，隤然而聞有狐鼠之踪。倘一夫凌巔大呼，而關人爲哄，且遠從山椒阜頂，倒用中國之長，深可念也。

又次日閲南部。其已增者與北同，而未增者半。臣欲姑釋新城之役，并立增舊城，以備秋防，而徐以舊城之役補新城，或曰兼舉不防也。其列城而執殳者，川、浙兵也。蓋閻監軍鳴泰、邢監軍慎言輩從之，循城曲折而南，遂際于海，登樓遠眺，浩淼無涯。時水兵列陣于岸，而樓船十數往來樓下，殊覺爲寡也。山陲水際，高深爲險，得豪膽，一伏角山之孱岩，一伏海樓之孤嶼，借關中之聲勢，而掩擊其腋，真奇地也。臣再四言之，而諸將未能應，正恐番用吾算者，以鐵騎衝關，而白衣摇櫓，從大海之南西下，以繞其後，將一旅亦足爲嚻，而勿謂捨車騎就舟楫爲不善用短也。至于津門之警，大而爲緩矣。故上備覺華、下備月坨，未爲迂計也。岸有積倉，在四虚之地，經臣令爲内倉儲之矣。是日下城，從南門入，閲兵器，過營房，入匠局，殊有條理，蓋舊經略爲之尚可念也。

入局則沈主事棨在焉。棨年未强，而髮有白。丁丁作聲者盡匠，而充充滿階者，盡兵之器也。棨言盡人皆可爲匠，其家人盡能之。經臣言其有心計，力不費而成速。臣因過撫寧，問所苦，俱言轉運煤炭之難，因言移局就煤炭，可以蘇民力，而成功更速更省。蓋棨與孫元化隨臣來撫寧之石門踏勘爲局矣。其火器可匝月而備，而硝磺纔十六萬，當急爲催辦，雖百餘萬，不爲多。蓋銃炮須習熟，方可臨陣，而多習費藥，遂且不習。棨又言三廠之器甲可發爲邊用。

又次日則閱羅城。城如半月，繞民廬爲之，而往來廬中者，盡兵也。時浙兵列營城之下，爲試空營，出不意，真可殺賊。總三部之大勢，僅十餘里，而極高深之險，于南北各以智膽之將，統節制之兵，以爲正，而更借高深之險以爲奇，主以待客，逸以待勞，關城可守也。

是日遂閱八里鋪之新城。八里中，崗阜纍纍，無一不與城相窺，而歡喜嶺爲甚，是宜有炮石之虞。而夷車載道，辮髮擁輿，曰守邊之西虜也。八里有堡，則通官領所部居焉。無一民新趾，極南北可二十餘里，土築可什之一。蓋築成而益以重險，頓可收歡喜諸嶺于城，不爲敵用。且邊人惴惴一垣，而得此城，乃漸歸也。

臣時執邊見，謂經臣：「是誠然，獨是八里爲兩城，而舊城之坑壕空營，當在三里外，而新城之守卒，法當四萬，則四萬之退步跟將及之，而一不戒，將城下之備盡爲我人設。且北山南水，既無爲旁出，而賊方擁此四萬于舊城之下，開關延之不可，閉關謝之不可，將城上之備又爲我人設，而城中驚潰無問也。」

經臣曰：「于山建山寨三，以爲退守計，而三道關俱可入。」蓋法云，置之死地而生。經臣言：「邊兵之善走也，即殺，不能止，况大勢散，誰復爲殺者，故爲兩城，以固其心，而實置之死，以厲其必死之氣。」臣無以應。

是日，以久雨土濘，不使版築，徹築役以并力舊城，後乃議帑金二十萬，未能磚包，且工費繁重，未可時計，姑先爲土城，建築銃臺，以不守守之，功速費少，而力亦重，且無臣所妄意之虞，衆殊欣然也。

又次日閱中前。臣便服乘馬，見西虜携胡雛膜拜，馬頭諸講款夷人，相率獻羊酒獻馬，經臣亦稍稍慰犒之。然而梟音何可懷也〔五〕，所過荒落，井臼依然，户牖盡撤，易廬舍爲氈毳，而穢氣腥風，衝人數里之外，即不敢爲新亭之泣，而城郭是，人民非，不能不嘆遼鶴也。入中前，尚有公署，與諸臣登城四望，蓋曰曾殲千人焉。其祠廟有如新者，而民廬俱可料理，獨夾城兩崗下瞰城以内，似非守地也。臣等相顧潸然。夫奴未抵鎮武，而我自燒寧前，此前日經撫之罪也。我弃寧前，奴終不至，而我堅欲委爲西虜住牧之所，不敢出關嚮東行一步，此今日道將之罪也。道將既潛身匿影于關内，而無能轉其畏奴之情以畏法，化其謀利之智以謀敵，此臣與經臣之罪也。衆議姑于此練車兵，袁崇焕即駐此，張應吾以寧前道當出，而移哨馬于前屯，待中前實而移之前屯，則哨馬可及于寧遠。臣意欲會諸臣之議，而以百萬之金錢築八里者，築寧遠之要害，更以守八里之四萬，當寧遠之衝，與覺華島相犄角。而寇窺城，則島上之兵傍出三岔，燒其浮橋，而繞其後，以横擊之。即無事，亦且驅西虜于二百里外，以漸遠于關城，更以收二百里疆土于宇下。諸臣謂孤軍在二百里外，不能自存，而工料不能遠及。張應吾曰：「大寇來，未有能應者。」邢慎言謂：「議是而先後緩急當辨。」蓋臣有先後緩急之説也。臣又謂「孤軍不足應敵。」誠然，倘我不守，而賊以一兵據寧遠，以一兵據覺華，是將急之乎，緩之乎？是即可緩，而十三站之義民且三四萬，可緩乎？

臣初與督臣象乾計，欲以五千兵據寧遠，令義民望之以爲歸，而督臣更欲發西虜之勁者三千以爲護，使諸人西來，而我稍東迎，得西虜不爲要劫，而更得其護，然後可歸。歸而安插之寧遠、覺華，擇其强者爲兵，餘即屯牧。不然，亂賊既不得遽誅，而忠義又不能援，數萬之衆，盡化爲東西虜，而益之勍敵矣。

此崇焕議，而臣與督臣更議之，衆亦謂然。而邢慎言謂：「杏山不可上，亦不可下，不能是議也，獨覺華島之千五百兵議在。臣未至之先，已從閻鳴泰之議，以邢慎言覆議，而袁崇煥守寧遠之議，氣勃勃欲起。蓋兩人深相結，而互相犄角，實互相生也。永平道岳和聲、主事沈棨、舉人孫元化，議與兩人同，而邢與張兩臣持重之意覺多，而邢欲量緩急，張欲待兵力。蓋前五人即守中前，若不滿其意，而後兩人即守中前，似亦非其心。總之，經臣謂以守寧遠之備修之中前，而大將軍應詔曰：「兵馬齊，總兵官自出，寧待道臣爲。」蓋局中之見，其于緩急先後自審，而傍觀者持一著之奇以爲得，或未窺全局之大。此經臣所謂精詳也。

是日經鎮請臣點兵馬閱操，臣謝不能。餉司白貽清遺臣以餉。兵數七萬，而中有匠役等，未盡兵也。臣謂當各開之，以清其數。特令統兵官于臣出門時踏營，于途一閱之。其馬步分操各自成陣，而練膽練心、練氣練藝，尚未細及之。大將初來，即諸營未合，或官多而兵少，或官少而兵多，經臣已盡付之鎮臣，而鎮臣尚在料理，故臣不欲閱操也。臣謂鎮臣修守備，自當在關以內，而提掇全鎮之精神，當令無一人無一念不在關以外，日爲教射打，教奇正，時領一大隊出乎北山南海之間，熟其險易，以爲他日出奇制勝之方。而更望經臣既以沉雄博大之材，用其端謹精詳之慮，更以虛活提掇道將之精神，使其人人在戰，事事在進，勿令跼足于十六里之內，而目不外窺，趾不外及，乃爲善守關也。蓋不能戰，决不能守，而以戰失守不可，以守忘戰不可也。

是日同經臣閱一片石。又次日，閱黄土嶺。一片石深可十里，其入口，闊可六七里，以漸而狹，兩山夾其旁，有敵臺可下擊之。即隘處爲九道水關，未甚高峻，而山腰高臺，下臨峽嵲，蓋險地也。獨黄土嶺之巔似平，南望鐵場堡非遥。蓋時有大舉入寇者，今即西虜爲守，亦足虞也。然兩地有萬餘人，而得一勇將可守。

是日，别經臣而西，晚與鹿主事善繼送中書獻，相會于途，而議衆臣之議。大約兵六萬，似已稍調服，亦有練者，而未盡合法；馬有八千，當撤青之日，膘亦殊壯。而舊城之修，已有次第，可及秋防而完其新城之築。寧前之守、覺華之議，及東通毛弁、北聯西虜，種種皆守關遠計，而造器甲，造盧舍，至標下之兵，亦付之總鎮。蓋經臣之在朝也，面色潤澤，而今且蒼然欲老，乃安坐千里者，或責其不做，安得人詣邊而悉作苦之狀也。即諸道將分猷宣力，亦自殫竭，而臣更有議焉。蓋邊人習于逃，而久未操練，不生其畏法之心，不奪其畏賊之心，經臣殺逃卒數人，而亂兵定，即鎮臣入殺悍卒一，而衆心帖然，斯亦賜劍之效也。獨是逃不在兵而在道將，哨馬回而道將危，相率而逃矣。爲今之計，欲嚴其後，姑嚴其先，故不盡洗天下之肺肝，不能起朝氣，不盡罷天下之敗局，不能提元神。臣以爲，議道臣，則邢慎言、張應吾可罷也。臣極知兩臣皆可用之才，但邢似見解而外近熟，張似疆陽而中近怯，兼以見人先爲負慝引罪之辭，而法日有進無退，則舉此語于兩人，似不能抗顔而唱將吏之上。臣愚以爲，調用之，以憐其才，姑捨之，以全其生，皆可以離此苦海，而關上無攢眉忸怩之氣，亦足罄也。至于諸將副參而下，臣欲類見之，以識其面貌，卒參差不可一。其見者無非訴其淹滯冤苦，而曾未有敢言職言守者。即問之，不能答，而概觀其面貌，無不人人自得，若不知有敵。

蓋予之以事，無不治，予之以工無不修，而軍旅之事若未聞，故關中有酒肉走路之謡，是在經臣精簡其人，自非真可爲將，而不逃者盡調之别用。更乞敕命兵部盡選拳勇有膽智者，以上贊大將軍之壯猷，而下鼓三軍之意氣，邊事尚可爲也。

總之，西虜之幕，必不可近關門，杏山之衆，必不可遺兩虜；百萬之金錢，或當爲遠大之圖；中前之修守，竟當作寧遠之計。然而大將先有轉守之一意，則懦而近熟者以慎重。蓋畏奴之心，以老成行迎主之意，久之，精華果鋭之氣，盡銷于懦夫之口。故不盡破庸人之論，則主帥之聞聞見見不清；不盡驅逃潰之人，則幕府之是是非非不正。臣非謂袁崇焕輩之慷慨而不疑其喜事也。蓋再三駁其議，以盡其任事之心。而中前之議，臣猶恐爲河東西之奉集、西平也。

然其議可遠，其氣可生，臣欲經臣借此以提掇天下之精神，即時未可便如其言，而乘機遘會，無得苟且。幸奴酋之不來，遂以爲安，而又無聽懦夫之口，謂激之怒而召之兵也。以上諸事，皆臣與同行二臣再四與在邊諸臣斟酌商榷，無敢强以意主之，無敢强以意駁之。蓋一事而各爲兩主者，評駁之以盡其議，乃從途中合兩臣爲疏，而臣病矣，語無倫次，瑣屑以陳。其遼人、夷情及諸兵事，另有別疏。〔六〕爲此具本，專差義男孫治賫奏以聞，伏候敕旨。

天啓二年七月十八日奏。十九日，奉聖旨：「覽卿奏，描寫情形如畫。着該部如奏急覆，違緩者，以軍興論。」

【校記】

〔一〕「真」，三朝遼事實録作「直」。

〔二〕「不」，據三朝遼事實録補。

〔三〕「劇」，三朝遼事實録作「處」。

〔四〕「待」，三朝遼事實録作「徒」。

〔五〕「音何可懷也」，原本漫漶，據三朝遼事實録補。

〔六〕三朝遼事實録于此後附記曰：此樞輔行邊復命之疏也。疏甚冗長，不能悉載，然語語爲經臣所斡旋，意甚周至。且云：「經臣既以沉雄博大之材，用其端謹精詳之慮。」蓋與之矣。後乃惑于謏官誤國者之言，疏云：「經臣王在晋，精勁有餘，而況沈雄博大之未能。」二疏如出兩手。經臣之召歸，以此耳。迨後敍防一疏又云「原任經略王在晋，心量確切，綜畫精密，當舉世縮足，而抵關于奔潰之餘，才甫欲行，時未及展。乃其確然必不可拔之氣，自是名卿，似當及時起用」云云。是其所不滿于經臣者，特沉雄博大之未能耳。沉雄所不敢居，而樞輔任事竟壞于博大。經臣其正對症之藥也。疾不知醫，樞輔將無自誤乎？其稱舊淮撫李三才之挺拔，可備經略之用。于閻鳴泰，則稱其「沈雄博大有之，端謹精詳有之，然而成色未滿八分」。夫未有成色、不滿八分之人，而可任封疆之重，首先薦用者。比至臺省交章論列，而閤撫之成色畢露。寧免于失言失人之悔耶？

機大難料疏

兵部尚書兼東閣大學士臣孫承宗謹奏，爲機大難料，實有不可錯之機，費大難持，實有不得已之費，懇乞皇上力决大機，無吝大費，以奞定大謀事。

臣本書生，誤蒙皇上簡任，以兼攝兵事，即軍旅未聞，而奮背酬知，意在盡集天下文武豪杰于東，而大發金錢，以桓桓糾糾之將，率如貔如虎之師，滅此朝食，仰報皇上。而至□□已往誤著，動費百萬，而不以爲選將練兵之用，如督臣「撫夷用夷」之説，則臣種種有疑。已又念督臣以南征北伐之身，歷疆埸者三四十年，即薊遼草木，盡知威名，豈其有誤。臣猶憶督臣之行邊也，詣臣邸，曾促膝而謀及夷情。臣亦欲慎簡通官，而細偵其衆寡强弱，某可制某，某可結某，擇其强有力而部落獨勝者，結之爲用。一時好事之意，恨不能即成其説，而今督臣用此法二年矣。頃臣過檀，則嚮臣一一分晰其部落情形，具言其效用之心，及其可用之狀，而臣反若以爲速，而種種疑焉。

蓋臣出檀，而歹青之部夷見臣于平谷之野，臣始疑曰：「此蹻蹻者，虜也，胡爲乎腹心之間峪去天京百餘里，而令盡習吾險易也。」又前而見回鄉者纍纍盡髡也，則又疑曰：「此蹻蹻者，安知非虜也，胡爲乎腹心之間不幾于收降夷乎？都城髡爲奸，而胡不留關以外也。」入關而過八里堡，虜之幕滿崗，車滿途，牛羊駝馬滿野。蓋繇關至寧遠二百里，皆哈喇慎、朵顔之部爲防守，而陳貨設食，夷歌成韵，曰：「此防邊之虜也。」則又疑曰：「此蹻蹻者虜也。胡爲乎肘腋，胡爲乎門庭。橛，無不標也。衡，無不噬也。」竊意虜强不制奴，而狡或詭我關以內，其若倚之爲安乎？夫諸夷力能爲我守也，何不令之守寧遠以東，而我得以守寧遠？假令諸夷不能守寧遠也，亦何取于守山海乎？頗聞廣寧之遺民多，西虜劫而分其口，十三山之陳天民輩可幾萬，寄信乞歸，曰懼西虜之爲患也。督、經兩臣不急諭而止之以來，我人何言守也乎。

臣又至中前，而群胡擁赤衿小虜曰什克者，免髫膜拜，而持虜酒甚恭，曰：「此歹青、拱兔之部夷來講款也。」什克母寡，而具稟于臣，言其願出力以報天朝，而從行者半華人而夷也。蓋朵言之虜歹青有子二，曰都令、塞令，自稱住牧臨邊，與奴相聯不遠，較之別部不同，而曰：「和也在我，殺也在我。」其入款之夷親見臣，言其事曰：「奴酋送貂馬于都令兄弟，欲結婚，而未有應也。」其他語種種未可信。蓋歹青與拱酋當錦、義之間，爲廣寧西入要地，二酋之款成，將利于此地之得賞，而必不令奴酋西，即不能靳奴酋之西，而奴酋不能不忌其爲難。則臣又疑曰：「奴酋之結之也，誠假道之謀。此其西犯之意，寧待有我兵激之。」而此中猥云：「寧遠有兵或召之也。」豈其然乎？二酋之借爲重也，時云殺奴，時云和奴，既窺我所欲以款之，而時于奴若親，時于奴若怨，又窺我所忌以要之。且其辭曰：「我之賞不在此地出，皆西自天朝來。」一將無陰受之，而要我賞，即錦、義無問也。其通官將無借爲重，而浮沉其辭者乎？

歹青之虜見臣者，其辭或不與先語合。總之，無過信其歆動之辭，而實證其羈縻之約。果能據錦、義之衝（衡）而爲我藩籬，則費不吝也，而未可必也。乃若助順之虜，則臣又疑夫虎酋之助順也。出其部大王黃台吉及伯彥諸酋也，得宣撫之，宣諭之，而事有據。獨是漢法不可加于夷，而戎索不可廢于陌，則夫兵精而不必多也，格定而不即予也。頭目幾何，散夷幾何，某部幾何，可問乎？且兵動則犒賞及吃食可二十萬，而以夷兵二萬守邊，歲該月犒賞銀三十六萬。夫前之二十萬，即虞其輕擲，而後之三十六萬，又未必其有成，即成而或又恐其難守。不見往議乎：「萬金之乾糧入，而數千之毳卒出。」舊經略一遣人瞰之，而曰監之也。然而其效可睹矣。夫我之所憑者，二三中行説，而其人語多游移，陰陽上下。嚮者，兩窺兩主人之意，而兩用之，而今安知不更如嚮者斂湩酪殘卒于塞上，而既不得偏行營壘，又不得偏算人數，報千則千，報萬則萬，不獨虜相誑，而中行説亦爲成其誑，又非特中行説相誑，即邊臣亦不難相誑而駕爲説。夫兵不出而爲夷人笑，猶其小也。兵不出，而坐索厚賄，遂借之爲兵端，將虜之跳梁無已，而我之羈縻終窮，此之不可不計也。且酋之助順也，以何時也？數約之而未有定期，得無以虎酋講賞之兵哄于邊，即爲助順者乎？曰助必有主，我于何時，以何將何兵，從何道出應之，而但曰助順？臣嚮聞通官之言曰：「虎酋大兵來，則奴兵之在廣寧者自退。」將無執此説，而以賞之兵誑我爲助順，而坐索犒賞，吃食二十萬金于當例之外乎，抑就便以講賞之兵，真爲我逐奴而復土乎？此不但臣所未解，即諸臣恐亦未解，而狡夷之計詭也。雖然，虎酋來而廣寧之虜果退，便是其功，即乘便，未必爲詐，而況此後夷兵二萬之守兩寧者，當在三岔河，此又爲可據之實。是三十六萬之用于此際者不爲費，第河上逍遥中國之師徒尚不無玩，而責夷人遂爲遠戍，其無虞乎？即今之守山海者，果真爲守乎？或曰：「塞上增兵二萬，歲費募餉一百九十四萬有奇，以用虜較募兵所省者幾十之五，況用夷兼撫夷，僅一百二萬。如募兵又不能不撫夷，歲費銀二百三十四萬八千有奇。是費之多于用夷也。一百三十餘萬。」蓋云用虜遂可省用兵也。然而臣又疑用虜而不能兵也。夫舊撫之犒插漢也，十萬以進兵也，而今爲額；閲科之賞二酋婦也，四千以用夷也，而今爲額。今之五十六萬者，以今歲進兵而一用之乎，將歲仍爲額乎？歲二百萬已不能繼，而恐又終不能去兵，何者？寧遠、廣寧之間，無兵則民不能居，民不能居，而虜之復也何爲？守也何爲？如欲民居，則必得兵將二百萬之餉更繁，而二百萬之額歲益，天下其堪此乎？不見薊門之請增兵乎，又請增餉乎？塞外之夷議舊賞，又議新賞，而無敢減于兵也；塞内之卒議舊餉，又議新餉，而無敢減于夷也。夷賞日厚，而仍增兵以防；兵餉日加，而仍買夷爲款。嗟乎！國家何取于不能制夷之兵，而又何取于不能省兵之夷也。且此之款也，與宣、雲異。宣、雲所款之虜，即其作惡之虜。既款則惡息，而調發之費省，故其利大。即款以成玩，而當其尚款也，玩猶可延。今作款一虜作惡，以虜欲借此之款，以息彼之惡，即款者不能，而款之者何敢必。况款以成玩，其害將百倍于前。頗聞中行說有奢望，何可信也。執此說，則薊門之款虜，尚不省防款虜之兵，而况恃作款之虜省防作惡之兵乎。此臣所爲疑也。

夫臣據今日種種之疑，不但無以信督臣，即臣所爲抵掌而告督臣者，幾于不自信。及讀督臣天下安危一疏，至虜之可信者五、不可不撫者六，而終曰：「其誠也，我獲其實利；其詐也，我亦可借其虛聲。虛虛實實，兵家妙用，然後釋所疑而信之。」蓋臣與同官嚮在講筵，亦曾因督臣之書，而以此意借口仰奏皇上，曰：「西勝，利也，相當利也；即西不勝，亦利也。我要之則小，彼來之則大。是當以年來數百萬之費視此費，而無吝此一舉，曰：「成敗利鈍，非所逆睹也。」則天下尚有任事之臣，然而不能不望皇上之無吝此費也。方今户部空匱，九邊嗷嗷，昨山海聞發十萬而喜，以可暫了七月之給發，而何能供此大役。然山海新城暫停，且緩此七十餘萬，而關内外一切軍實可急需十餘萬。適臣入關，而衆兵望澤。臣謹與經臣計，每馬兵四錢，步兵三錢，及班兵若一片石之兵，費約可三萬有奇，而未報的數。大約山海目前可得二十萬，而統前撫夷可得一百二十萬有奇，其費甚大，其安危之機，所關亦甚大。

伏乞皇上重念大機必不可錯，大費必不可得已，概發内帑，救此燃眉，仍敕督經二臣力修内備，勿倚此爲實著。即不敢執臣所疑，以抵督臣所可信，而或願就督臣所信，以無忽臣所疑。蓋臣尚不願解軍實爲修築，而何敢佐款賞軍實也。臣何任激切待命之至。爲此具本，專差義男孫治賫捧，謹具奏聞，伏候敕旨。

天啓二年七月十八日奏。

十九日，奉聖旨：「覽卿奏，虜情甚悉，兵部即酌議具覆。」

急安遼人疏

兵部尚書兼東閣大學士臣孫承宗謹奏，爲急安遼人以安天下事。

臣聞王者以天下爲家，故一隅未靖，則天下騷然，勢不得不爲天下以急一隅。嚮者，援遼而曾不念遼人之苦，既以驅其來；今者，復遼而仍不念遼人之苦，又將誰驅其去？蓋數十萬生聚嚣然，而無地問室家也；二百里隴畝依然，而無人問耕鑿也。以其未嘗忘苦之心，而賈其不能忍苦之怨，將傾天下之物力以爲遼人者，又傾天下之物力以圖遼人。何者？民各有心，當其抱心予我，而我不能受也，勢必別附之。而乘其摇摇望附之時，窺我之不能受，而發者必有大奸大豪起而激之，以收爲用。

夫東省之民，皆朝廷遺官遺派、生全愛養之民，而一旦稱帝稱王，自甘叛逆，即遼民之忠義百倍東齊，而馬不可劇，人不可極，寧終無他虞也。今議徙遠方，而宣、大不容矣；即暫徙近郊，而薊鎮容而不容矣，所在能容，亦多聽其自□自西、自生自死，而等于不容矣。馬劇則逸，人極則亂，天下之不安將在遼也，何得不安遼以安天下？臣請一一爲皇上陳之。

蓋今有關内之遼人。臣頃行玉田，有擁犢車載婦女者號于道曰：「資斧罄，而犢車爲累。」臣稍給之，可以哺數日。而又稍前，則擁輿而號者時有數千人。獨玉田道中五百三十二人，其青衿攀衣索食曰：「久雨中，三日不食矣。」臣亦爲之泣下，而又無所得食。其告煮粥者，言與泪俱下。臣入城，適林推官來見，因令與縣官計其數人，給穀三斗，而青衿益二，官弁益一，蓋可費二百石以爲雨中之費，非敢擅地方官之事也。然州縣多不肯□□□□，而村疃盡目爲患害，玉田令可以與語也。一時遼人有資斧者，百方匿晦，而稍見輒指爲奸細，乃黠而貧者，亦復爲奸利，故其人多朝東暮西、流移不定，而事久變生，其禍將烈。

臣頃與永平道岳和聲言，當令州縣據所聚遼人，查其衛所，分注之，如某衛官生某幾何，軍民某幾何，上之郡，而郡總匯之，某衛官幾何，軍民幾何，量州縣之大小分發，以安插于鄉堡，而生員即寄其學，或府學官亦寄其衛之官，而附于衛民，則寄之民册，然皆自爲籍，以提調于所附之州縣，而官俸生糧及科試，皆不得與本州縣相參。則總以衛附，相識者不散，各以類分，執業者有嘗，朝廷有浩蕩之恩，可按籍而給，有司爲補助之惠，可比類而遍，或其自處有地，亦不必强而之他。蓋豐潤縣議有可採也。

又有關上之遼人，環關城之外而片席爲窩者，盡民也，雨立如塗人，既已不寢不食，豈獨無褐無衣，而關人不願其人爲兵，故或暗入爲兵，而凡兵數不足者，多擇其似充之。蓋客兵餉重，而官特半予之值，遼人以得厠其身爲幸，而官利其半，故兵多遼人。一聞築新城，求人募，不可得。今雨又五日未晴也，平地水丈餘。臣去關二百里，不知關上之苦何如，而建昌之苦亦足憐矣。夫關人多戒以遼人爲兵，以其爲奸也。然臣觀關上之遼兵數千多可用，而驀地入營者又不知其幾，然則亦何必忌之，胡不明擇其人，而細簡其膽勇，盡用爲兵，以置之中前、前屯，漸以至于寧遠。蓋妻子在内，而或同去可田，如袁崇焕欲簡萬人出駐，更擇其有家口者爲屯牧，似宜急爲料理，使人得其所，而可出關者出之，其他在關上者，亦安插如關内之法，而附之衛。不然，入則忌嫌矣。假使當亂之時，舊經撫不驅之入，而留在寧前，至今也，又何如以處之乎？况附關而居者，盡西虜也，而反不敢容遼人。是何輕于信西虜而重于疑遼人也？蓋又有關外十三山之遼人，既與奴爲仇，而又懼西虜之分散其家口也。督臣偵之曰：「有衆三萬，中有兵七千，賊攻之，遂奔于山。」既殲其不能上者，而仰面攻之，多斃于木石，不敢攻。今多遠哨之，而其人亦不敢下。然有跳身出者，而携家口則不能來。故陳天民具信，懇其爲計。而當事者，不獨苦無計以迎，而且苦其歸而無計以待，即亦怦怦心惻，而輾轉于莫爲計，有聽其自爲生死耳。蓋欲以兵迎之，恐其召兵，而昨聞有千人已下而阻于西虜，通官朱梅遣拱兔之部夷往諭之而未回，曰：「水阻之，回松山矣。」道臣袁崇煥、閻鳴泰欲駐兵覺華、寧遠以迎，而督臣象乾更欲借西虜三千之勁酋爲護，然後可盡歸而安插之覺華、寧遠，强者爲兵，弱者屯牧，如嚮法而未有堅决也。

或曰：「蹏海上渡之，獨恐海上之舟不相應。」蓋舟去而人未必來，人來而舟幾未必去，且舟幾何、人幾何，而猥云渡也。夫此三處，遼人似皆在屯田，使所安插之外，臣見見聞聞，亦既熟矣。或慷慨陳辭，責地方相待之薄，或悲憤流涕，訴窮途流落之苦，盡令人支應之語塞，而察其人，决非忍死待斃者。夫其捐家弃業以存身也，豈其一飽無時，而嘗甘僇辱。蓋自有遼事以來，無一人一事不爲遼人患苦，而流徙入關，希以仰沾皇澤，而有司相待如敵，遠逐之爲快，居人相視爲怪，偶遭之如仇。即皇上先發帑十萬，而近從閣臣之議，遣官安插，其生生愛養之意，真同天地。然田非見在，合下即屯，而人聚求食，急未能應，故紛然而南者，又紛然而北。而經略之三萬，尚未見作何處分，意有司原未察明確數，而金少人多，終難措手。臣恐日復一日，關以内將化爲盗也。遠從兖、冀以生心，則津門可梗；近挾榆關之有事，則圻輔爲囂，臣又恐關以上將化爲奸也。當無事，則内窩東來之諜，外透中朝之信；及有事，則内亂惑方駭之意，先奔倡既惰之心，臣又恐關以外將化爲虜也。一鼓而西，既苦吾忠義之民以爲湩酪；再憤而東，將激其積怨之心以爲寇仇。以此種種，盡非迂譚，無奈今天下，官各私地，地各私人，有一事爲額外之圖，則百計脱卸，而明知貽患朝廷、流毒百姓，即我所群萃州處者，終將患苦。而容頭過身，知有一身之爵名，不知有四海之饑溺。故議者欲遼人去其地，則盡謂當置之遠方，不知今天下所在生心，而遠方之處置亦如近郊，則揭竿斬木，寧待借亂大東，而反戈相嚮，何地是寧圉也？

伏乞皇上敕冏臣董應舉隨地安插外，仍急敕所在撫臣，飭道府着意安插。其流徙無常者，勿忽爲地方不急之事，容有司以虚文相詆，而關内外則責成經略飭道將着意簡察，勿視其死而不救，勿任其危而不扶。即登萊之數萬，仍當以劉國縉聯絡爲用。即朝鮮之十餘萬，亦當令毛文龍選其强者爲兵，而安插其衆。至于關以內外，限一月内具報，選其可兵者若干，可田者若干，安插過官生若干，招徠過新歸者若干，見以某官置在某地，如仍前怠緩，至癰潰川决，如東省之變，當盡比諸臣于失機之罪。庶覃敷大政，既可以安不得已之流傭，遠播仁聲，更可以招不得已之俘虜，然後專以天下之力平遼。是爲安遼人以安天下也。臣何任激切待命之至。爲此具本，專差義男孫治賫捧，謹具奏聞，伏候敕旨。

天啓二年七月十八日奏。

十九日，奉聖旨：「遼民窮困至極，甚軫朕心。安插事宜，着冏臣董應舉亟行招集營田，經督并各該巡撫官嚴飭道將，務設法撫綏，毋徒驅逐出境，終致失所。其在登萊、朝鮮者，亦行與劉國縉、毛文龍作何分布，一體收恤，餘俱如議行。户兵二部知道。」

乞恤灾民疏

兵部尚書兼東閣大學士臣孫承宗謹奏，爲窮塞之水灾堪憐，衝邊之關防當慎，懇乞皇上急飭邊臣，恤灾民以嚴邊政事。

該臣以六月十五日陛辭而東也。是夕輒大雨，嗣後無日不雨，禾稼既已有傷，而遼人之無居無食者，乞粥乞米，泥立叫號，動至千百。臣以阻雨阻水，至二十六日方入關城。而環城席鋪，如燕窩鵲巢，半爲風雨之漂摇。而低徊泥淖者，盡遼人也，班兵也。入城則泥深尺，而地窄人稠，雜以腥穢，乃城之既增者半圮，新築者或塌，而磚之範土者，可百萬，盡還爲土，至班軍從雨後作苦，不能不咏泥滑滑也。

至七月初四日，臣始從一片石而西，臣遂病矣。臣以衰殘，不耐暑濕，而山行公署，多人所不經之地，其湫隘卑濕，半屬傾昃，遂至瀉痢交作，不食者數日。延至建昌，議圖稍憩，以條次所見聞，仰報皇上，而六晝夜大雨如注，遂至撐傘于屋，撐柱于床，雨急風驕，既虞覆壓之苦，石號水怒，兼懷汩没之憂。俄而在内者報，某房傾矣，某墻傾矣，俄而在外者報，水擁城門矣，報水衝東關矣，報水衝西關矣，南北關矣，又俄而報，水衝演武場矣，衝營房矣，又俄而報，關上冷口正臺衝其半矣，又報更衝其半，亦寃苦叫號之聲，與雨聲水聲相雜如雷。蓋登城四望，關厢如洗，有稍高處之窮民，尚從壞屋中搜其家事，而兵之器甲弓矢盡入波。臣隨據遷安縣署印主簿張有德報稱，近遭滔天洪水，四門一齊涌進，多方堵塞，方免一城性命，所有衙宇倉庫公署，盡行傾頹，城塌三十餘丈，壓死男婦，不知其數。自潘家口至灤州四百里之遠，東坎至西坎四十里之寬，田廬晝夜無栖身之所，父母妻子不能相顧。又據燕、建二路副總兵別鎮報稱，栅塌四關厢營房共一千二百二十四間，教場神祠官廳等項四十餘間，城塌三十丈，大小西門塌七丈五尺，敵樓敵臺塌二十九丈五尺，壕墻塌一百一十丈二尺，淹死男婦幼小共四十三名口。其壓死人數，尚在刨挖未確。其禾稼傷殘如折如芟者更甚。于前臣枯坐彈丸中，未知關城及四方之水何如，而據此殊可驚駭。夫金氣方生，秋防當預，兵民既遭此非常之苦，而以極衝之邊，臺城傾圮，器甲流失，司疆之臣得無懼乎？意天之警臣妄行，至使所至地方爲灾，除臣與隨行二臣及永平道臣、闔城將吏，警心悚志，素衣素食，以吊死扶傷安慰殘民外，伏乞皇上急敕邊臣酌量給發，以恤傷殘之衆，更嚴飭分轄將吏，將各該城臺武場，傾者急建，壞者急修，而遼人之無家無食者，令隨在有司急圖其安。是疆場之福也，臣何任激切待命之至。爲此具本，專差義男孫治賫捧，謹具奏聞，伏候敕旨。

天啓二年七月十八日奏。

十九日，奉聖旨：「覽奏，水潦爲灾，遼人墊苦，臺城各處傾塌，關係緊要，委宜急防，便行與經督撫臣酌處錢糧，嚴督將吏，于分轄處，所應修應建，的速行料理。其傷害人民，亦量與賑助，以救殘生。朝廷軫恤之意，該部知道。」

孫承宗集卷二十三

閲關奏稿第二

乞慎明恩疏

兵部尚書兼東閣大學士臣孫承宗謹奏，爲恩不可濫，義不可苟，懇乞天慈慎明恩以嚴分義事。

該臣承宗于本月十五日陛辭而東也，隨再具辭，疏乞准臣辭免殊嘗恩命。至七月初一日，該吏部移咨到臣，欽奉聖旨：「卿兼攝戎樞，忠猷茂著，且閲關勞勩，特用加恩，宜體朕意祗受，不必固辭。該部知道。欽此。」一臣自念臣之行也，皇上特命滿朝吉服，又面承天語，諭以「卿到關城，用心料理」一，又諭臣祗受恩命。仰見皇上注念邊務，臣即有胸無心，敢不殫竭心力，以仰副皇上東顧盛心。獨念朝廷所以治天下，惟恩與義，而不嚴于義，無以用恩，然恩可廣于煢獨之百姓，而義當嚴于貴近之大臣。據臣出都門以來所聞見，百姓患苦，其告恤告賑告增餉蠲徭者，動擁隨千百，而加以邊城修築、西虜款賞，動至百萬。蓋天下無不人人望恩，事事待澤，臣靦顔疚心，愧無以仰佐皇上霈大澤于天下，而况敢濫荷明恩，以點大義，遂成朝廷之過舉，使天下謂恩濫于帷幄，而格于閭閻。况朝廷位以因材，賞以隨功，皇上不以臣之不材，而隆以事任，猶曰材之未見易誤也。乃若臣之無功，非有别可矯飾，而必欲更誤爲恩，恐覆餗之咎與負乘之災，兩爲臣患也，臣得無懼乎。臣原擬還朝之日具辭，因念天語遠播邊人，且謂臣既冒無功之賞而解體也，用是再懇皇上既以重邊人之意重臣，便當以重臣之意重邊人，而霈大澤于天下。是臣之行未必爲邊人重，而因臣得皇上之重邊人，乃臣所以爲邊人重也。臣何任激切待命之至。爲此具本，專差義男孫治賫捧，謹具奏聞，伏候敕旨。

天啓二年七月十八日奏。

十九日，奉聖旨：「卿料理邊務，殫竭忠猷，加恩自屬彝章。勉承朕意祇受，不必再辭。該衙門知道。」

三鎮分轄自定疏

兵部尚書兼東閣大學士臣孫承宗謹奏，爲三鎮之分轄自定，衆言之淆亂非宜，懇乞聖明信敕旨以嚴職守事。

臣竊以今天下邊防大勢，兼重東北，舊制于昌平東分十二路爲三協，設一總兵守之。適以建酋匪茹，東方更急，遂議以江應詔分一協以當關，曰山石、燕、建業已奉有專敕，然而提平遼將軍印，其任大，其責重，即中西兩鎮之兵，當隨所調遣，一不應，則賜劍在焉。已又念榆關以西，千里無險固之防，時有議設巡撫于永平者。臣謂設巡撫不若設膽智之將，而選于衆，得馬世龍，荷蒙皇上超格而任之。然而永平無衙舍，無兵馬，無給役之資。夫皇上方爲重地用一人，而使之越在草莽，即本官有古名將之風，不問室家，而非臣等所以仰體皇上重武之心也。況永平突聚大兵，衆心不無駭懼。緣是分注中協，曰馬、松、喜、泰，駐之三屯。蓋三屯，永平地也，去永平百餘里，正撫臣所爲三協適中之地。昔戚將軍繼光所爲集天下豪膽于此，以西應石、古，東應山石者。今以永平之官居永平之地，策應既便，而又無郡人駭懼之患，亦已奉有專敕矣。

既而許世臣被劾，更擬用一二驍將，而人遠猝難應手，適孫祖壽爲督撫所欲得，遂題用之。是當駐西協石匣兒營，分轄石、古、曹墻。蓋臣之意，欲聚天下文武豪杰于東北，以相幾撻伐，而先嚴防守。假如奴窺山海，我當厚集其陣以直塞之，則山海關以裏宜有幾種接濟；奴如知山海有重兵，而搗瑕于桃林、冷口、喜峰、潮河、古北之衝，將一瑕百瑕，我又當密布其勢，以横塞之。故某布三將各握重兵，西有急，則馬世龍、孫祖壽，西聯昌平，互相呼應，互相堵截，形如一字，勢如排壁；東有急，則江應詔當關調度，而馬世龍移鎮永平縣，祖壽移鎮遵化，互相犄角，互相策應，形如品字勢，如鐺脚。總之，山海事緩便練兵養士，防西虜之敗盟，并塞奴酋之假道；山海事急，便以所轄付一路，將攝之而急于所住。蓋用急用緩，皆有路數，直看横看，各有意義，區區之愚，實盡于此。而督撫復請以江、馬二將分官東四路，孫祖壽總管中西八路，統轄多寡之數，督撫必有取義，但以才論耶？

江應詔是皇上所改容而禮者，馬世龍又舉朝所推轂也，豈江、馬二將祇足當一協守之事，而祖壽未能自信也。如以中西八路萬無他虞，一將可了，是任重者借力少，擔輕者取精多，何以服天下。况督撫亦未易保八路之無虞也。又或以薊鎮總兵原銜原印論乎。則十二路皆當統轄，山海關正其仗鉞而臨之地，何其讓他人。即祖壽，亦難自爲解也。若以爲蓦越分轄，不便策應，則臣說具在矣。臣以爲，既設三鎮，可裁三協，裁之即以供協守者供總兵，則協守難裁，而事不廢，總兵難添，而費不增，時莫便焉。孫祖壽宜駐石匣，而石匣副將與中協副將，其官皆宜徑裁，其人不防別推。至于東四路，協守之外，又添協守，營路幾何，堪此分食。且吴自勉別鎮皆逃將也，近以争管相揭，較賢否于三逃一逃之間，其官可裁其一，其人可俱斥。臣適與撫臣相見于羅文峪面議，而撫臣出一擬行之咨稿，則三協三鎮之説真焉，亦足以見臣説不妄，而撫臣特以部咨有遵化總兵之疑，遂有別議。然部之有咨，正以未定祖壽之地，豈至七十里設兩轄，而又咨問耶？大約撫臣以一方爲任，其引標下爲同升，固欲左提右挈，得其同心戮力之用，其關一方之安危甚切，而于他人或緩。臣以天下爲任，即三鎮皆臣進用之人，其量材授任，量地授官，每欲無人不得其所，其關天下之安危者甚大。究之以世龍之肝膽，佐撫臣之精嚴，臣必不難以待祖壽者待世龍，而其于一方未嘗不切。故從臣之説，則三協三鎮分轄有定，一縱一横轉移莫測，而因勢乘便，餘力不勞；從撫臣之説，則祖壽之八路或不妨獨勞，而世龍之無枝可栖，似覺獨苦。况勢必另索衙宇，另索供給，力不無煩費，而急不藉緩急之用。且臣頃者亦稍次第三臣矣，江應詔，詳整周密，固防守之急著；馬世龍，沉雄迅敏，挺然進取之前茅；孫祖壽，總理嚴明，自是欽守之長技。其于分轄之地，以各相宜，或曰既有專責，便難分遣。臣謂大將以身殉國，自當隨機應變，臣固已盡吐肝腸于師武。臣倘觀望逗留，更如近日之局，恐懦夫之要領，不足膏皇上之斧鉞，而三將軍不然也。臣原擬還朝陳奏，而兩侍郎以書促臣。蓋臣嚮從病榻與司官擬議分轄，未曾商榷于公署，故兩侍郎未盡臣説。近日紛紜之議，總緣臣病所誤，則病臣之不足有爲也。臣今更從病中條次原説，仰乞皇上俯念敕旨，不宜頓更分轄，不煩再議，仍以三臣分守三協，令祖壽奏繳薊門總兵之原印而另鑄關防，則職守既明，封疆攸賴，臣何任激切待命之至。爲此具本，專差義男孫寧賫捧，謹具奏聞，伏候敕旨。

天啓二年七月二十一日奏。

二十二日，奉旨：「覽卿奏，情形甚悉，三帥一一遵行。如違的，參來重治。前命會議，姑已之。該部知道。」

懇乞辭免疏

兵部尚書兼東閣大學士臣孫承宗謹奏，爲大恩決不可濫，大義絶不可苟，懇乞聖明以義嚴恩，俯准辭免事。

臣頃以閱關，仰荷隆恩，該臣三疏辭免，有旨：「卿料理邊務，殫竭忠猷，加恩自屬彝章，勉承朕意祗受，不必再辭。該衙門知道。欽此。」

臣時行抵鎮武，方見邸報，旋有部官催還之命，未敢瀆陳。伏念臣于啓行之日，固自知無功可以仰承聖眷，今且事竣而回矣。塞月踆踆，徒飄摇于風雨；邊程脉脉，空攬結于河山，然而空拳不予以甲胄，野樓不授之室廬，威不振久荷之人心，略不起積衰之邊政。朝天有日，尚躍躍于短狐；問室何心，祇跚跚于下澤。既不能從帷幄之中運籌決勝，而反欲借馳驅之力冒寵承恩，即臣至不肖，苟竊爲榮，而天下有心，不指以爲濫。且臣職在看詳，凡天下有例，不得援而妄求，罪所當奪而幸免者，即皇上有命及臣，臣必將力爲執奏。假令無功之賞，臣已冒承，不但無辭于天下，其又何辭于皇上。且年來諸臣冒受皇上之隆恩，有自徼者，臣既憐之；有廷劾者，臣又羞之。蓋既不能自辨于先，而又不能成功于後，以致如此。臣之不才，皇上必不忍令天下憐臣，而臣豈敢重遺羞于天下。懇乞皇上准臣辭免，臣感激恩私，浹于肌骨矣。臣何任激切待命之至。爲此具本，謹具奏聞，伏候敕旨。

天啓二年七月十九日奏。

八月初一日，奉聖旨：「卿行邊歷月，目擊情形，指授方略，身心全瘁，勞勩良多。加恩已有成命，宜體朕眷酬至意，祗受勿辭。該部知道。」

樞臣當急疏

兵部尚書兼東閣大學士臣孫承宗謹奏，爲邊事方殷，樞臣當急，更乞敕樞貳即出視事，以圖方略事。

頃者，兵部尚書張鶴鳴視師山海，臣承宗奉命暫掌部務。及鶴鳴事竣，臣出閱關，又奉命以印務交左侍郎張經世暫署。臣謂鶴鳴便可回部管事，而鶴鳴投牒歸矣。臣惟方今天下第一大事惟兵，而兵家第一大事爲邊方，文武大吏其要衹在中樞，是必才識明通、情形諳練，且處公不拗，真實無私。蓋久歷邊疆，而又肝膽照人，精神四應，方克負荷此任，以調度邊陲，以維國家千百世大計，必不可朝更暮改，暫借于未聞軍旅之人，亦不可叙齒挨資，强加于徒具形骸之輩。至于左侍郎張經世、陳邦瞻，偶緣公事，詎有成心，當羽書遞至之時，豈私邸低徊之日。乃若臣承宗，書生伎倆，何敢決籌。即頃分轄一事，果臣言之非也，則如此小事，尚致鶻突，而其才可知；抑臣言之或是也，則如此淺事，尚致紛囂，而其望可知。以臣才望既有未堪，而况疾病纏連，肌骨盡銷，昨入都而舉朝憐其衰殘。臣具有心胸，豈其仰承皇上天地恩私，而敢自菲薄，忘求退步。但真病真衰，即心志欲揚，而氣力爲抑。今言者皆謂臣原以軍國重務仰受簡任，豈得推托，而不知臣衰病之至此也。伏乞皇上急敕吏部，從公會推，務在得人，以受司馬之托，仍敕兩侍郎刻期視事，以共圖大計。臣之衰病，仰知皇上必且憐而放歸，以全帷蓋之私也。容臣另疏具陳，臣何任激切待命之至。爲此具本，謹具奏聞，伏候敕旨。

天啓二年七月二十九日奏。（一）

八月初二日，奉聖旨：「卿署部自饒猷略，行邊諮訂，益裕帷籌，其仍攝樞務。侍郎張經世等，着即出供職。該部知道。」

【校記】〔一〕三朝遼事實録卷九，此篇繫于天啓二年六月。

恭謝天恩疏

兵部尚書兼東閣大學士臣孫承宗謹奏，爲恭謝天恩事。

本月二十八日，該臣以閲關回還，伏蒙聖恩頒賜臣銀五十兩、紵絲二表裏、新鈔二千貫、羊二隻、酒二十瓶，遣文書房官李鳳翔賫捧到臣私寓，臣謹焚香叩頭祗領訖。伏念臣蓬藋孤生，章縫末品；偶遭會于風雲，遂依光于日月；乾乾終日，有懷利見之心；碌碌因人，無補匡時之略。頃緣帷幄，未能决勝于前籌，乃效馳驅，妄意圖聞于一見。然而將乏入懷之誠，士無椎饗之歡，挾纊方圖，投醪未遍；六羸不遁，尚稽雪夜之誅；三箭有謡，未奏漢關之曲。詎蒙聖眷，特霈明恩，精鏐與寳鏹争光，肥羜共新香倍色；翩翩雙綺，知在笥之爲珍；緘緘六華，恐服躬而若罔。蓋惟皇上念防邊之計重，即一閲，亦以爲勞；見避難之徒多，雖三旬，將如其久。氣先揖怒，道始築宫，若借此以振天下之真心，實因緣而徼人間之沃遇。仰戴生成之造，敢忘銜結之私，臣不勝感激大恩之至，謹具本奏謝以聞。

天啓二年七月二十九日奏。

八月初二日，奉聖旨：「覽卿奏謝，朕知道了。禮部知道。」

乞辭免恩賚疏

兵部尚書兼東閣大學士臣孫承宗謹奏，爲辭恩方懇，徼旨愈温，五瀝愚誠，懇乞俯容辭免事。

該臣以大恩決不可濫，四疏陳辭，隨于初三日該吏部咨臣，奉聖旨：「卿行邊歷月，目擊情形，指授方略，身心并瘁，勞勩良多，加恩已有成命，宜體朕眷酬志意，祇受勿辭。該部知道。欽此。」伏念臣行年六十，老矣。頃者，榆關之行，臣豈不知帷幄可以決籌，而必待馳驅可以見志，誠念邊防大計，不盡其情，不足以晰幾，不極其變，不足以定形，故力疾冒暑，欲圖一見。然而誠或未動，議或未，一即邊人所托臣以待命于皇上者，尚未能爲邊人請命。蓋邁往之形徒勞，而憂危之心更苦，豈敢他有忝冒，以重過愆。臣頃經昌平，恭謁神宗皇帝、光宗皇帝陵宫，仰二聖之靈威，念生平之遭遇，即捐糜，無以忠皇上、報生成，而一事輒承一恩澤，臣則何敢。此臣所爲跼蹐而辭也。但平交施受，尚有不恭之懼，況以天地父母之明恩，數辭之而數徼温綸，臣寧不懼。蓋忝列大臣，道當表率，故凡誼所不敢濫冒者，即皇上隆恩异數，不敢輒承于身，然後臣之誓竭此生，爲皇上持法任怨于天下者，可行于天下。不然，利禄所在，已則冒之曰：「君父之命，不敢違也。」或曰：「我已數辭之，而君父不可也。」于人則繩之曰：「道義之閑，不可逾也。即君父有命，不可不辭也。」内省體慚，寧待反唇而譏乎？懇乞皇上念臣真誠，恕臣瀆聒，准臣辭免，安臣愚分，臣何任激切待命之至。爲此具本，謹具奏聞，伏候敕旨。

天啓二年八月初二日奏。

初五日，奉聖旨：「朕以卿忠猷茂著，特加恩賚，用示眷酬。乃連章控陳，情辭真懇，可謂勞謙。特體卿堅意，暫聽辭免，銀幣宜祇承。該部知道。」

將原賜玉帶蟒衣恭進内府疏

兵部尚書兼東閣大學士臣孫承宗謹奏，爲恭謝天恩，將原賜玉帶蟒衣恭進内府事。該臣以閲關之行，荷蒙皇上特遣文書官劉鎮恭捧聖諭：「覽卿具揭，恭請親詣關門相度，具見爲國急公奔勞至意，朕心甚悦，特加太子太保，仍賜玉帶一圍、大紅蟒衣一襲、銀一百兩、紵絲四表裏，以示隆禮股肱，以壯行色。其卿抵關，將所閲過邊鎮兵馬戰守、議築邊垣、榆關險隘，并犒賞事宜，卿務逐一詳慎。急則差官馳報，緩則俟卿速歷邊關事完，還朝復命奏聞，以紓朕東顧之憂。吏部知道。欽此。」

臣自念事輕恩重，四具辭疏，未蒙俞允，既踧踖于瀆聒，更逡巡于祇受，乃五瀝愚誠，冒陳下款。伏蒙聖旨：「朕以卿忠猷懋著，特加恩賚，用示眷酬。乃連章控陳，情辭真懇，可謂勞謙。特體卿堅意，暫聽辭免，銀幣宜祇承。該部知道。欽此。」除特加太子太保名銜未敢祇承外，謹將原賜玉帶一圍、蟒衣一襲，恭還内府，其銀幣遵命祇承訖。伏念臣徒抱愚忠，未分猷念，乃至仰蒙聖眷，數儆温綸。臣方念時事多艱，未能决策，皇上乃命之曰「勞臣」。又念天恩特重，未克仰承，皇上乃命之曰「謙」。且臣所祇承者，裹蹄之重，綺綉之華，固已侈滿寒廬，而臣所未敢承者，天語更隆于恩賚，聖衷特渥于眷酬。至于憐臣真懇，恕臣連瀆，乃知天能體物于驅使之中，聖乃器人于語言之外，覺凌兢而罔措，將稱塞以何能。所有諭扎，臣謹用遵藏爲寶。臣不勝激切感戴天恩之至。爲此具本，謹具奏聞，伏候敕旨。

天啓二年八月初八日奏。

初九日，奉聖旨：「恩賚以貺勞臣，且朕臨軒面賜，成命久頒，昨以卿連疏控陳，暫擬聽允。復念國之彝典，非朕所私，兹特申錫。其新銜章服，卿宜一并祇承，用付朕眷酬至意。該部知道。」

條次諸協兵務疏

兵部尚書兼東閣大學士仍攝樞務臣孫承宗謹奏，爲據道路見聞，條次諸協兵務，懇乞皇上急擇博大精詳之臣，以重封疆事。

臣頃繇潞水而東抵關城矣。又繇關城而西抵營平矣。處處有兵，處處之兵皆器甲不全，訓練不慣。蓋將不問兵，獨有乞升乞調；兵不問技，獨有乞賞乞糧。大吏欲爲，而攢眉無米之炊；所司當改，而安卧久沉之病。見衝口則議增兵，兵增矣，而不問存亡，安問勇怯；聞告苦則議增餉，餉增矣，而不問有無，安問去住。今天下如宿疾稍間，正須厚擁深培，不宜輕謀妄舉。然而上習推托，下習逃散，憑虚摩之著，遂冀難必之功；聽可喜之言，頓忘立成之害。臣久知其然，而目擊其果無不然，安敢不爲皇上一一陳之。

今京營兵十萬，僅足爲城中備，而城外之備未有兵也。前議招兵三萬爲外防，乃杜應魁等兵不滿二萬，而中外苦之，唯恐其去之不遠不速，將竟歸于城外無兵，然而又必不可無兵。臣昨過通州，列兵于郊，其軀幹俱自楚楚，而半屬空拳。蓋兵號萬，或名爲七千，而曰實六千。撫臣法不假借，而兵或動挾桑梓爲重。臣頃答通撫書，謂無事之日，萬兵爲多，有事之日，倍萬而少。夫一兵有一兵器甲，乃得一兵之用。今日費萬兵之餉，而不給一人之用，且以六七千人設一撫臣、一道臣，材長馭短，既無他人地之轄，而錢糧不敷，又無料理之具。平時既以萬人拘攣一撫臣而促其手，一旦有警，又恐萬人不足護一撫。

臣過通州，則順義東北爲牛欄山通潮河川大衝，而順義去葦溝三十里，去都門纔六十里。牛欄僅設一把總，統六百人，爲漕兵。過順義直北爲密雲，蓋總督建牙之地，原議設兵三萬，而僅萬二千。其漢夷親丁三千，真稱健兒。即車營之有器甲者，足以成陣。然本營官言，兵無實用，而有隱憂，當分發營路，有歸著。且官多而費廣，其欲有爲者，有掣肘之患。或曰是當裁一道一府職，仍以贊畫葉震生爲道，俾幕府有裨贊，而更得展布其材于一鎮，不跧跧帷中之畫也。臣亦稍稍與督臣言之，即弁流，亦當精簡，勿分啖于一盂。

又東過薊州，專設一道臣，有備而兵纔數百。又東則玉田、豐潤無兵，撫臣駐遵化，其新兵千，曰威虜營，餉一兩若九錢。臣未見其大全，而親丁二百多，飛揚不減密雲之夷漢丁也。然議調山海，以賞薄而嘩，其與各路口同未練耳。

又東灤州之榛子鎮。其鄉兵四百人與器械俱精。其州官相見于途，因言灤有土兵一千，月工食三錢，而族有貼錢，歲可七八兩。其人皆丁壯，可備緩急。臣因念諸郡邑處處無兵，而城壘半土，或數十夫持鋤耰白挺便可爲難，于守令如魯屬之亂，非拱手死賊，則望風弃城，故灤之土兵可爲，而京東州邑更可爲。獨羡積贖鍰自實其橐，而不爲國計，不可爲耳。

又東爲永平，新改守備爲衆將，而兵不滿千。參政岳和聲議練車營，爲山海應援。其徵兵則劉家營二千七百，建昌營車營一千八百，皆可合之郡兵，再得招遼兵成一軍；其徵車則督臣已許若干，而和聲欲得都城所備試諸車以爲用，似當一一從之。和聲慷慨有大略，或議量加之卿銜，以隆其體。或又言郡城不經見兵馬，而分別約束，兵事乃成。不然，習燕幕之安者，易囂也。

又東爲撫寧，苦供應轉輸。東抵榆關，則臣前疏既言之。近得袁崇煥之議守曰：「守之局面欲寬，如據寧遠以窺廣寧、遼陽，節節照應，路路闢生。」曰：「守之精神欲實，如簡良將，練精兵，甲堅兵利，餉裕馬肥，而諸器無用不給。」曰：「守之脉理欲清，如道臣汰矣，逃將懦兵俱汰，可疑之人必察。誠如是，戰必勝，護必堅，和必久，無形之險阻，永圖之聲靈，此閻監軍與職同志俱能爲之者。閻主職屬，則相承爲之；一内一外，則相全爲之。兵事不親，不乞靈于庸將。」其言可思也。

又西抵昌平鎮，額兵三萬，除調去援遼二千六百有奇，實在營路城守兵二萬七千三百，除分撥五營三路外，則昌平、鞏華兩守備兵各一千，而懷柔守備兵二百四十有六。因與總兵白慎修言，是當增萬餘人，仍統之鎮守。或議以柯仲烱五千、張國壯一千、賈祥灣兵二千，合三守備之兵，可足萬人，或仍募士兵五千，以分駐于三城。臣遂妄意與諸臣議，即以通州仿昌鎮例，

分撥五營三路外，則昌平、鞏華兩守備兵各一千，而懷柔守備兵二百四十有六。

又西石匣兒，近密雲道。臣樸曰：「總督之萬二千，當以孫祖壽練之。」

練爲軍。

無一人問者。糜餉而不爲地方之用。撫臣曰：「曾未練。」今當歸馬世龍，合他兵得二萬餘人，

又西過三屯營，有西兵五千，分兩班點防一片石。其將劉昌胤似可用，而押兵者苦，欲歸，

可一問也。

餉則上下分用既久。蓋兵不調發，而又不爲車練，然則谿兩營論，則兵固有可汰可清者。道臣

又西過建昌營，車兵千八百，以買閒化爲烏有，全以住城人應點，而歲啖布花錢糧。其月

而驕横不適于用，未有問者。

葉易錢，游費爲途劫。初議練爲城守，故聞東援而嘩，今數多逋。其在者，半以土人啖厚餉，

又西過劉家營，有兵二千七百，係四省抽調之兵練之通州者，所領内府方葉明甲，多去其

他兵可酌量三路之用，餘俱可與西兵合。

領七千兵，即分布路口，駐臺頭營，而常料理片石、黄嶺之間。如劉昌胤之西兵可還三屯，而

谿關而北，折而西，一片石合燕、建有兩副將，令議裁其一，似當以杜應魁填其缺。其所

止設一總兵、一道臣，即以總兵張士顯之所練八千兵駐通州，合通州原設一萬及賈祥兵二千，或再募士兵五千，以分駐于通州、順義、牛攔。蓋昌鎮北接宣、雲，東聯遼、薊，當陵京之北鑰，而唯一鎮臣、一道臣，則通州似當如其制。蓋無事則兵散寄于各城，而有事則通州及昌鎮各集兵萬五千人入衛。庶無事時，京師無兵之擾；有事時，不乏兵之用。而此兵仍備四方之調發，不專爲守也。至三協有南兵官，歲以秋季查臺，借更調，苦臺丁之有貲者。蓋南官無可用，而塞之此，遂爲南兵之害。舊撫臣曾題革以兵，附各路管轄，而南兵千把在臺領兵爲妥。至于募增兵而不問兵之用，日聚千萬人于路，而不核實數，不辨器甲，不加訓練，日糜膏血而飽。剥削之手在在皆然，至有一名必有一人，有一人必有丁壯，而人爲器甲，日爲訓練。臣言之，舌敝矣。又至于將官，以親丁爲衛，而兵亦稍壞于親丁。蓋將之生平獨親其親丁，而不顧各兵，即各兵當急，亦不復顧將，而有衛鶴之怨。况司道豈得爲親丁，其親丁與將領抗禮，莫可誰何，而各營既不得其緩急之用，即諸卒優游司道之門，亦自成其無用，而司道抑且食空名之嫌，而大有語沸。又至于諸外將，亦自肥頭大面，似善飲啖者，俱可調款講修築處用之，多可集事，而十六里關城不堪有此數人爲祟。此數人力能翼舊經于亡命，而又能不使舊撫死，此豈一端謹人可驅駕者。

又至于薊門。加餉之議，當先清其源而從本鎮力爲計。蓋額兵有隨軍之田，有幫貼之目，今京軍亦出，而討于原籍，獨其冒替乾插，或絶源本，即絶滅其户，而田必有人爲之占種。臣過薊門細詢，頗不异同。且居平有同室之歡，有同人之助，而猥與捐墳墓、離父母、去妻子者，同拚爲餉，恐新兵亦執此爲辭，而加于無可加。臣過昌鎮，而比例者已群爲嘩，倘九邊之卒盡益，四海之賦誰增。今所乞者，遼餉也。不知遼兵非舊，而四益之兵不減，題留之數爲多。然而地重役繁，習于獨苦，懺于偏多，一聞題請，闔鎮爲歡，而不量爲之增，何以解其觖望。似當先于本軍之身，索其本源，如冒替的係何人之名，則于籍查其田係何人占種，更于衛所索其有名無人、有人無用之實，更于本鎮索其可節之費、可移之需，又更于本鎮新兵的查其可減之數。的去一人，便可增三四人之用，而户部亦于新舊餉中量爲那移，以塞其隙。臣沿路接增餉之狀，如建昌大月七錢、小月四錢五分，至石匣營，則大月八錢、小月六錢，仍有米二斗。詢其故，則石匣額糧初與各路同，而後有汰虚糜之兵者，以原糧均攤，遂增至此，則石匣之議可通于三協也。不然，上有征役，下索于民，下有匱乏，又上索于朝，而文武大吏之莅土者，徒爲咽喉之員官，轉送于上下，而不爲之計。獨不思今天下物力日竭，而兵餉日增，吏士者當悉謀發慮，從其土，計土之人而不一一索之，上乃社稷臣也。

大約臣之意，實著在及時立練精兵，而練兵在精簡良將，其道在有沉雄博大、端謹精詳之大臣，力去外官逃將，以洗天下之心，而新其耳目，仍以用毛文龍、用西虜爲虚活之著。蓋文龍之省實，而未即能凑，故同爲虚，而有此著，要練兵將，無此著，要鍊兵將。其主意在守，而其守在力修戰具；其戰具在關，而其提掇全鎮之精神在關以外。臣嘗謂遼之土雖陷關外，而當有聯絡關内之襟期；遼之人雖奔關内，而當有安頓關外之籌策。議不必同，而要在盡天下之情，以竭其智；謀或有異，而要在研天下之幾，以集其成。故有包括全遼之度，乃可以畢遼事。而身爲遼東有者，必自枯于遼。如督臣王象乾有大臣之概，而曉諳夷情，即自謂眼以老昏，臣亦念之，乃精神尚自矍鑠。兩撫臣王國禎、李瑾俱精詳端謹，力能集事，第恐數千人不足勤，通撫更當爲之地，而順天撫臣當此日殊饒爲之也。經臣王在晋精勤有餘，而筆舌更自迅利，然沉雄博大之未能。至于道贊諸臣，則魏雲中樸直，張樸詳整，邵可立懇懇于薊，岳和聲才志俱超，而方在任事，閔宗德精詳不撓，葉震生偉略長才，沈棨精沉有心計，孫元化靈圓有執，而當加一兵部司務之銜以便用。袁崇焕，英發貼實，綽有擔當，自願爲大將，臣取其志尚，欲練其氣。閻鳴泰，沉雄博大有之，端謹精詳亦有之，然而成色未滿八分。頃又聞諸臣言新侍郎王之寀之精練，舊淮撫李三才之挺拔，督臣稱宣撫王之臣之主持熟夷情，皆可備經略之用，而臣未見其人。當此間不容髮之時，臣已不自顧其性命，何敢復問世人面皮，願諸臣盡捐一切异同之見，急爲社稷計。蓋臣至關而真見有人爲主，便可立地化爲强將强兵，加之種種著數，自可爲計，無人爲主，即終日終年調兵調將，加之百文龍、萬西虜、十重城、千道塹，終是隔靴搔癢。獨是承前人蠱壞之餘，正秋高馬肥之日，一接手而天下事不可知，即任者爲懼，而任人者寧不懼？然而來不可知，幸其不來，則尚及時可爲。古人曰：「成敗利鈍，非臣所逆睹也。」臣以此身付之矣。

臣昨恭謁定陵、慶陵，不覺泫然泣下。夫以天下之大，九廟社稷之重，責成于樞衡，而臣本書生，眼見邊方無一兵可恃，無一人可托，即一二可任之將未即得用，而用非其人，臣寧有死所乎？臣數日躊躇，寢食盡廢，臣若不一一爲皇上言之，誰更爲言。懇乞皇上留神省覽，急敕各該大臣急爲便計，立用立捨，勿持兩端。至于帑金，除先發二十萬外，再得立發百萬，庶可濟衝邊燃眉之急，并可以及遼人，臣何任激切待命之至。爲此具本，謹具奏聞，伏候敕旨。

天啓二年八月初十日奏。

十二日，奉聖旨：「覽卿奏，具見籌邊大略，體國公忠，朕心悚豁。時事交迫，卿既畫一條奏，何可需延。經臣王在晋捍禦危關，猷勞久著，准召還擬用。王國禎，才望素優，着即另推用。其贊畫道將等官，更置委任。及練兵均餉等事，都依議行。奏内各官堪任經略的，着從公作速推舉。帑金給發已多，卿奏衝邊急需，特准發五十萬兩，仍着開款，務濟實用，毋得虚糜。全遼淪蹙，畿輔震驚，朕日切憂勞。賴卿謀猷，參决廟算，一切緊要事宜，應會各部或本部徑行，不必覆奏。卿一意擔承，務振從前玩愒之習，蚤奏固圉恢疆之功，用副朕倚重至意。該部知道。」

恭謝天恩疏

兵部尚書兼東閣大學士仍攝樞務臣孫承宗謹奏，爲恭謝天恩事。

該臣仰荷隆恩，五懇辭免，恭蒙皇上憐臣真懇，准臣辭免宫銜蟒玉，祗領銀幣。臣隨具本奏謝，更于講筵叩頭謝恩訖，忽蒙欽遣文書官，將臣謝疏送到直廬，擬票不允。臣時擬面陳不敢仰承之狀，伏蒙皇上命司禮監傳臣不得免辭，且舉尊長之賜爲言，遂未敢致辭仰奏。是日暮，有旨：「恩賚以貺勞臣，且朕臨軒面賜，成命久頒，昨以卿連疏控陳，暫擬聽允。復念國之彝典，非朕所私，兹特申錫。其新銜章服，卿宜一并祗承，用副朕眷酬至意。該部知道。欽此。」臣謹焚香叩頭祗領訖。伏念臣忝列帷幄，不能仰贊勝籌，至蒙皇上憐臣奔走微勞，賜以宫銜，重以章服。夫以天地隆恩，五辭之，而臣心懼矣。乃天地隆恩，重賜之，而臣心滋懼矣。榮逾意望，徒有銜恩寵，溢分涯，殊深驚骨。第當皇上之允臣辭免也，臣之友有爲臣喜以賀者；皇上乃終不允臣辭免也，臣之友將有爲臣懼而慚者。賞以無功，既不知何以俯竭愚悰；恩同再賜，又不知何以仰答天慈。爲此具本，奏謝以聞。

天啓二年八月十五日奏。

十日，奉聖旨：「覽卿奏謝，朕甚嘉悦。知道了。該部知道。」

録呈同行代擬之辭疏

兵部尚書兼東閣大學士仍攝樞務臣孫承宗謹奏，爲同行代擬之辭堪用，特全録進呈，以備採擇事。

臣頃閲關，蒙皇上准臣以兵部職方司主事鹿善繼、贊畫中書宋獻隨行，至閲歷既遍，當有疏入奏，而述臣意，于兩臣令代爲辭。時獻自爲辭，以備臣用，而善繼隨以臣與諸臣議論之辭合而擬爲臣疏。時臣已自爲一篇，而未全用其辭。然而兩臣之見多可録用，臣不忍蔽之，謹録善繼之辭曰：

臣承宗，陛辭之日，抵通州，撫新兵，陳于郊，壯弱參差，器仗闕略，軍容且未具，何言軍實，矧區區萬人，副參足辦之，不足辱一開府也。就謀督臣，取道密雲，新立車營軍容具矣，而訓練猶疏，始而合市人，既而奉驕子，日食重餉，以桀驁著聲，是豈立營本意？討軍實而訓之，是所望于當事者？至于舊兵，則告疲勞，求加餉，即執新營之厚餉以爲辭。夫其身苦于重勞，眼熟于厚餉，逃亡接踵，舊額半虚，督撫業會疏以請矣。

臣謂舊兵比例新兵，非也。新兵拋家弃業，投名幕府，以聽調發，固與舊兵之安其妻子廬舍者，苦樂原殊。且新暫而舊常，即舊兵之有知者，心當自明。惟是各邊之餉，獨薊門最薄，宣、大糧册三等，即最下者不下六錢五分，薊門何敢望焉。當時虜患，重在宣、大，建酋首功，二乃當一，故餉漸西漸重，漸東漸薄，勢使然耳。今之建酋何啻宣、大，則薊餉之當增，他鎮有不得比以爲例者。督撫之請是也，而臣猶有望于督撫者，邊疆大臣爲國分憂，事權在握，不必全靠内府。近日京東北一帶添設之兵，是不一處，無裨于掫，坐糜金錢，何如酌其無關緩急者，分屬營路，留其精壯，汰其老弱，即以汰餉增補舊營，汰一新兵，可補三舊兵，何憚而不爲也。由密雲而東，禾稼甚盛，無憂飢饉，團練鄉兵，增修城堡，此良有司之事。所可憫者，失所之遼人相望于途，至以青衿泣求煮粥。臣不勝泫然，行縣略賑，更爲之計，令有司查記衛所，總呈于府，量其衆寡，分發各縣，附籍里甲。夫分爲安插，則散處易于措置，各照衛所，則比屋猶是親鄰，守望相連，保甲默寓，恢復有期。故里可返，遼人庶有瘳乎。

廿六日而抵關，與經臣會，延見鎮道諸臣，面令各陳守禦方略。臣此行大意，原爲關事，事至于一墻隔奴，已不可言，而守禦猶未足恃，衆議猶未歸一，奴馬一嘶，未必榆關之不爲廣寧，臣何以報皇上，何以對天下。安危大計，數言可決，事之當行者行，不當行者亟止，人之可留者留，不可留者亟去，議以盡天下之心，斷以成天下之事，如斯而已矣。恢復二字，誠未易言，然不可輕爲此言，豈可絶無此意。守禦一策，誠然在關，然家當可在關上，作用豈可不在關外。經臣築邊于八里鋪，無非嚮關外樹藩籬，而臣愚以爲太逼。蓋八里之近兩道長城，分關上之兵再爲擺邊，勢恐難遍，且一處瑕，則處處皆瑕，萬一不支，關上之震摇不大耶。榆關左山右海，形勝天成，起伏層叠，最便用奇，本是活地，特八里太近，反爲絶地耳。道臣有爲寧遠之説者。夫守莫先于險厄，寧遠山勢合抱，不過數里，形如葫蘆，誠得信臣精卒荷戟守之，可以東奴酋用衆用强之謀，可以塞奴酋暗襲薊門之路，且包二百里以爲宇，十三山引領望救之遺黎，可迎以來關上，宵啼露處之遼人，可徙以出，計莫便焉。而經臣以爲，目前兵將未能辦此，出太遠，則一路之應接未易，或有失，則關上之人心且摇，莫若步步做去。目今發帑不過二十萬，則八里鋪之長邊，功未易竟，小爲結束，改修城堡，建立銃臺，總以餘力修復中前、前屯等處，漸以遼民實之，地近則修葺不難，有急則收轉一便。此經臣老成之見，臣未之敢易者。且經臣已遣將經營覺華島，則其微意更令人服耳。

臣與經臣并轡出關，由八里鋪抵中前所，城垣猶在，廬趾依然，遼民有從行者，循覽周回，泪數行下，臣等相顧潸然。夫奴未抵鎮武，而我自燒寧前，此前日經撫之罪也。我弃寧前，奴終不至，而我堅欲委爲西虜住牧之所，不敢出關嚮東行一步，此今日道將之罪也。道將既潛身匿影于關内，而無能轉其畏奴之情以畏法，化其謀利之智以謀敵，此臣與經臣之罪也。河西失事數月矣，試問住關上者何所恃以自固。兵填于街衢，嘩于酒肆，絶不習技擊，而將復以嫖賭身先之，被參之將，潛伏關門，明開賭場，猶謂有法乎？將以剥軍而不操練，軍以習將而樂逸游，奴如抵關，誰應之者。且有「吃酒吃肉，預備走路」之謡，諸臣熟聞之而不介意，情可知矣。夫天下事，天下人爲之，精神力量遇難事而愈出，祇在先定主意：主意不定，弛然廢然，離披萎薾而不振；主意定，則累年積玩可以一日振，千人積玩可以一夫振。今日關事主意，要在步步嚮外生打起精神，細尋著數，使三軍之氣日趨飛揚，而其大端在舉逃官逃將而挑換之，文臣如某某等，武臣如某某等，才豈盡無可用，情豈盡無可原，獨其自覺無氣色，展布實難，何如另用一番人，耳目一新，旌旗變色，事猶可爲也。今不是圖，而圖事揆事，使諸逃臣參焉，每一開口，千難萬難，蒲關城盡成一套熟氣，撲人面，透人腸，薫人心，而人不自覺。臣初至，猶能覺之，亟欲以生換熟，而猶恐鎮臣新到，亦被熟氣套住，亟與定約。今日關上備誠未完，當以何時可完；今日寧遠事誠難做，當以何時可做。鎮臣謂盔甲不齊，馬匹未備。夫守險厄，固不靠盔甲；破馬兵，終當用步兵。即盔甲馬匹不可盡廢，而臣許爲歸，乞于皇上應之如左右手。倘軍需具足，而軍聲不振，臣將求多于鎮臣矣。鎮臣，受尚方之賜、督諸將者也。經臣，又督鎮臣者也。事至今日，有進無退，諸將退步，則有鎮臣之劍在，鎮臣退步，則有經臣之劍在。鎮臣既到關，軍事盡委之，而以兵備道臣監之。經臣移居永平，以制鎮臣之後，關上賞罰進止，聽鎮臣與監軍計議而行，如機在呼吸，不妨前發而後聞。經臣居重馭輕，于體益尊，而重臣所駐永平，且成一重鎮。臣前已有疏及之矣。而總之大機括，祇在使人心有進無退，畏法而不畏奴，怒蛙可式，敗鼓難鳴，不倡勇敢，不去逃臣，而欲辦東事，未有能濟者。經臣與鎮臣當從此處加之意也。如款虜用虜，苟得要領，豈惜多費，而亦當活看，若執定靠住，保無閃賺否。且前從有行之者。奴剋西平，而受款者未見遺一矢，奈何即閉關以謝，誠爲穩著，而前此亦有行之者。河西之潰，不因進兵，人所共知也。大要進退陰陽，皆兵之用，活做則出奇無窮，執定則自誤耳。臣出告邊臣，詳述皇上命臣之意，發難以難諸臣，令各吐肺肝，不敢自爲。簡重之語，致人之情，有所不盡。歸報皇上，詳述關上之情，而間附一得之愚，于行止去留之處，不敢顧惜情面，致事之實有所未明，天下安危係于一關，此非臣子惜情面地，而臣又非惜情面人也。

事畢出關，由一片石西閲，峭壁懸崖，漸深漸狹，形如袖口，奴如肯來，是天奉我。沿邊墩堡，戚繼光之遺規具在，但能修復，可無過慮。而臣□吊繼光軍法，其子臨陣退却，即斬以殉，則其平生勝著又有在于刁斗斥堠之外者，可爲今日將將者頂門一針矣。軍法即爲國命，敢因而并及之。迤邐西閲，當謁陵以歸，先具奏聞。

又録獻之辭曰：

今日固圉恢疆，滅賊之長策，書生無他謬巧，以聳聽炫奇，竊謂數言可以括之者，在圖必勝之算以言戰，在鼓必戰之氣以言守，在定不易之局以環戰守于不窮，而人心爲之根本，法紀爲之樞紐，決斷爲之阿柄，大破從前之瞶夢，一新壁壘之耳目。衆情不可不盡，而皮面萬不可徇也；體悉不可不到，而照顧萬不能周也。刻刻奴兵在吾前，時時河東西賊新老寨在吾握。度彼己之形勢，則後先緩急，不得不因夫時；痛披傷之仇耻，則有進無退，莫可或撓于慮。合全力以蹙之，分兵勢以掣之，三年爲期，未有不可蕩定者。至于目下數款所當議者，開列如左：

一、議將吏。將吏之從河東西潰入關者，咸色沮志銷，不克復振，即有故作挺琤，而言亦詳亹可聽者，不過飾醜藏拙，而心實不欲一步出關，志實不能一步出關，甚有懷叵測者，待踵河西之覆轍。意以國法久不伸，此際更無從伸，吾以享見官位、糜眼前厚糈耳。此固不宜料，而亦不可不料者。將則論其重輕，或懲，或斥，或他徙。文吏之負辜，經撫爲之嚆矢。念文法既寬，行間久勞，曷若易任以全器，使以黜梗議乎？至如有新鍘之銛鋭者，則鼓其壯往，而無使專任以獖牙。如其老成之確算者，則用其成謀，而無使露聲以疑上。况掌大關城四五大吏，得無羊牧之擾乎。此將吏之當議者也。

一、議兵士。夫兵臨陣，在有必死之心，而上撫兵，貴于有生之樂。今餉至月給一兩八錢，不可謂不厚矣。乃六七萬人局于斗城，食物不得不昂，食物昂而士猶非宿飽也。夫以六七萬人摩擊于晝夜晴雨寒暑中，不休矣。兼之浹月淋淫，窩傾屋塌，更無休矣。又兼之疫厲且作，更何望休矣。即列睥睨間者，不過使之演禦器，熟信守，書名垛口，知統馭有屬，或五日十日一操認耳，不必日上城也。虜無風影，而倦勤于鵠立，非計也。曷若留三萬人于羅城、關城，及分布關内外三五里中，呼吸可應者，時爲練閲，大約如經略大將之標兵者然，餘三萬人分之東協諸口寨營，無事以壯諸邊之勢，有警以應關門之援。川、湖、浙西、遼諸色各有主將，各司分練，不時抽掣，以稽能否。現調發可立至者乎？有謂宜分布灤、撫、永、昌諸府縣者，恐無兵之處而宿兵，驚擾耳目，不便耳。此以休之名，而收練之實，且以練之實，而收休之感，所謂士無强弱，以將爲强弱，此休之飽之，以作士氣之當議者也。

一、議關守。夫守關于關，此自固之名，而實自潰之計。賊若逼關，所恃者，一垣耳。萬一不守，關以内蕩然無阻，因之而薊震矣，都城摇摇矣，此更何恃？蓋必我能出，而後賊不能入。況關外之種虜，以我出，而知我能自樹也；關内之人心，以我出，而知我猶可固也。夫守之遠，守之近，總視其連絡聲援，皆守關耳。寧遠二百里，而近有窟窿山之險可設疑伏，有河水之隔可阻馳突，有覺華島之在海上者，相距僅十八里，可爲家當。于此地置一驍雄沉毅大將，分兵萬人隸之，如前所云新硎銛鋭道臣一員監其軍，賊至，可戰可守。先建此不拔之藩，而回顧寧前、中後、中前處所，緝城繕堡，置屯如岳兵憲之車營、項錦衣之土壘，相地度隘，星羅棋布，實以遼民授之耕牧，或拔其拳勇，令荷戈，二百里内，處處皆金湯矣。然安插遼民，人人言之，而不能釋疑者十九。「天下事，誠則明，疑則暗」，李伯紀嘗言之矣。夫此數十萬之衆，不附虜而内嚮，拋室藏，捐墳墓，踉蹌萬死一生以入關，此忠順傾誠，不忍疑也。且此數十萬衆飢寒剥骨，進退無據，能駢首委溝瘠乎？萬一激而生意外之變，肘腋豹虎，蕭墻猰㺄，不可疑也。且此數十萬中，矜弁男女，搶地呼天，冀一席一飽，以苟旦夕，我誠披心以慰勞，竭慮以衣食，倒懸之解，白骨之肉，彼豈無人理者，不必疑也。況前之叛黨奸人，皆遼人之將士也，非遼人之民也，遼人之爲衛役者也，非遼人之事耕讀者也。然數十萬人，人藏其心，我安保其無，即有之，在我措處得宜，以默易其慮，擊斷有法，以顯讋其奸。總之，在「去疑」「推誠」二語耳。此城守以及處遼人之當議者也。

一、議撫虜、用虜。夫三衛之虜，業已撫之有成約矣。大率近關門者貧而力分，分不能作劇賊，貧不能不仰鼻息于我，效小勤，不足喜，往來出没，驅斥亦易，不足慮。今所議者，虎酋耳。酋嚮我果有實情，酋用衆果有實著，酋雖昏暴淫縱，而其部落果無异心，此正我用奇之會也。盟誓已畢，整束已備，我遣一敢戰有智計深謀大將，統萬人捲甲偃聲，從虜地協酋衆密出黄泥窪，直薄遼陽，約城復後，財物悉歸虜地。即候我大將，先檄毛文龍馳聲出兵攻奴舊寨，奴必分兵回救，檄登萊兵于南四衛島，露形腰擊。又先懸重賞，購死士，入遼城、廣寧城，或偵息，或内應，一舉而復遼陽，則河西不勞餘力，在彀中矣。用死士，似宜用遼人，以聲氣近而情事真。更以情揣之，孫得功可間而誘也，彼之作逆，不若李永芳犯不赦，萬不得其吐心，亦可疑而動也。如此用虜，雖費百萬，亦不必惜。此用虜之當議者也。

一、議創閘。夫居庸、山海，都城之東西南鎖鑰也；十二路三協諸口，其隙牖也；白河、灤河，兩大血脉也。由昌鎮抵山海，峰巒嶠緊，群奔競（兢）上，勢短節險，最稱易守，所以祖宗弃大寧而守此天險，良有微意。蓋墻口而外，山川糾糾散落，當無所不可攻、無所不可入之地，雖更增兵百萬，亦不能拒扼。戚少保深會其旨，創增臺墻，烽火哨守，條約一書，具存委曲，修而明之，無煩改議。獨灤、白二河，一入運道，一入渤海，于二口二流處，各設閘數重，添兵守之，司其畜泄，虜騎倘闌入，或溢之，可望洋以遏其狼奔豕突，或壅之，可半渡，以擊其鋭往惰歸。是重山之中，復成重河，表裏險阻，以壯鎖鑰之固者。此二河建閘之當議者也。

若夫八里鋪之外城，不宜築也；通州萬兵之不足，辱撫臣也；主客兵餉之增舊，勿牽常格也；糧餉甲仗之及時給發與精核也；津門、登萊之不宜逍遥作好也，諸公已昌言之，恩師已熟復之，不待獻贅説矣。要在折群議而歸之畫一，定畫議而斷之必行，其款係總在廟堂處置得宜，知人善任，尤處置之要法善經也。用之精微，口豈得而傳會；機之變化，意豈得而預圖。屢奉台命，布爲臆議，信腕直書，不知窾言之無當也。若夫代大匠斷，獻不知所涯涘矣。伏惟台慈矜宥，幸甚。

臣承宗自念與兩臣㥜㥜泥途，風雨且四十日。兩臣簡静有執，雅稱益友，其識力時出臣上。善繼更有札記，臣多採之疏，且不忍兩臣之見不聞于闕吏，特將全文録呈，伏惟皇上留神省覽，亦足見邊防大略也。臣何任激切待命之至。

天啓二年八月十二日上。十四日，奉聖旨。

孫承宗集卷二十四

前督師奏疏第一

恭請身親督理關城兵務疏

兵部尚書兼東閣大學士、仍攝樞務臣孫承宗謹奏，爲經略遽難得人，願請身親督理關城兵務事。

臣頃于講筵陳奏關城事宜，仰蒙皇上一一俞允，且急催更易經略，一時諸臣同心憂國，無不悉意商榷，而目前人才止是如此，欲求滿足分量、衆口稱快者，極難。但關城之事擔閣已久，半年來，兵未合營，將未束伍，獨有逃官逃將，議築議鑿，口口聲聲，俱說要守，而將不簡，兵不練，何以爲守。西虜决非守關之人，逃將决無守關之計，以三十萬可了之工，而計百萬，以八里地費百萬之工，而待歲時。逃將之破冒、逃道之籌策，寧足問乎？杏山三萬之義民，豈可忍其化爲夷虜；關城數萬之流冗，豈可忍其盡爲溝瘠。而方且釋最急之計，與可且緩之工，如寧遠以内二百里之疆土，幸奴酋所未到，而今讓爲西虜之幕場，令之逼關而處也。我漸實其土，則西虜漸遠于關，議及之，而逃官難于色也。可乎？至大將方在經營，而彈文縛其手足矣；都將偶有籌策，而彈文又翦其羽翼矣。將使忠賢稟計于逃官，敢勇程材于逃將，滿鎮之旌旗既已無色，一方之嘲吺寧不有聲。譬之學弈者，致至肥邊而遺全局之大，主客者留連驚座而失滿堂之歡。蓋精意綜核于瑣屑，神情凝滯于偏枯，認不可憑之數以爲遠大，而反失其目前；略不可忽之幾以爲目前，而又失其遠大；倚不可任之人以爲公勤，而或隔于忠計；聽不可信之語以爲中計，而更疏于公勤。此山海關之大概，而逃官逃將之爲也。

經略王在晋，清辯嚴明，公忠詳慎，意在守關，自是滿朝定論。而無奈將吏之逃者，遂借守之説，以謬逢主意，而既無將，遂無兵，更多方以去异己之不爲逃者。在晋業蒙皇上召還矣，然而代者實難其人。今舉朝皇皇，若天下之大，而無一人可應其求。即臣所疏三四人，臣所未見者，既不敢任，而臣所久識者，亦復未盡滿心。臣再四思維，與其以天下之重，付之不可知之人，而并以身從，何若以身任之。即天下以爲不可知，而臣猶得以自竭其力。臣願以本官赴山海督師，既可以用道將之長，而弃其短，臣可以爲道將用，而補其所不足。如秋高馬肥之日，奴來窺關，則以見在之將，督率三軍，爲皇上力守雄關，必不使匹馬横行。如賊稍斂輯凶鋒，則臣與諸道將先簡驍雄膽智之將，以訓練士馬，兼以掇全鎮之精神。如遼人可用，决不敢以衆疑遼人；西虜可撫，决不敢以衆信而遂憑西虜。待兵將調和，文武附豫，進可以攻，坐可以守，然後于用諸臣之時，擇其可付大事者，授以經撫之任。是臣所以忠皇上而報神皇帝、光皇帝之生成也。

臣適與禮部侍郎鄭以偉議。以偉謂臣不可去樞，仍當擇任經略，而以臣往來關上，勤爲料督視。臣謂是亦可鼓舞人心，終不若臣身在關城親爲料理，即就近推補有人，臣亦可督視其次第。臣極知才力綿薄，未必即可擔任，然當今萬不得已之時，諸臣或抱欲爲之志，或抱有爲之才，而未見關城之事，臣亦既見之，而不以身任之，豈惟仰負皇上委托盛心，即臣内自循省，何以稱塞職分。至于不量臣心，或謂妄以經略授欲得之人，而又或以爲才不堪負荷，妄自擔承，且成敗利鈍，前途自難逆睹，臣俱有所不顧矣。事急情迫，惟皇上憐臣真懇之心，准臣以本官督視關城兵務，數日内便可單車就道，待歲終稍有次第，便可還朝。其合行事宜，待臣另疏。

爲此具本，謹具奏聞，伏候敕旨。

天啓二年八月十四日奏。十五日，奉聖旨：「覽卿奏，親往督師，封疆有賴，釋朕東顧之憂，深用加慰。卿便以原官督理關城，及薊、遼、天津、登萊各處軍務，俟功有次第，即召還朝，仍給關防敕書，以便行事。該部知道。」

關城有當用之人及必不容已之費疏

太子太保、兵部尚書兼東閣大學士、仍攝樞務臣孫承宗謹奏，爲關城有當用之人及必不容已之費，兼瀝愚忠，仰祈聖鑒事。

臣承宗頃以經略遽難得人，願請身親督理關城兵務，隨奉聖旨：「親往督師，封疆有賴，釋朕東顧之憂，深用加慰。卿便以原官督理關城，及薊、遼、天津、登萊各處軍務，俟功有次第，即召還朝，仍給關防敕書，以便行事。該部知道。欽此。」

臣擬以本月二十一日單車就道，但任後督理諸務，非一手一足可辦，擬以兵部職方主事鹿善繼、王則古同行，更擬以順天府通判杜應芳料理凌雜諸務。頃吏部尚書張問達擬用善繼于銓，而臣暫借以行，善繼又願謝銓推以同兵事，更見其肝膽之忠誠。則古在部推取將才，如馬世龍輩，力爲推轂，臣特倚任。其通判杜應芳亦尚書，加其偉貌長材，可爲僉憲，合無量加部銜，隨臣到邊。如果任事有爲，便可擇缺推用。臣于各處，每恨冗員，所需三臣，似不可少。然隨臣去住，非定員也。臣前疏懇乞皇上發帑金百萬，蓋皆必不得已之數。蒙皇上立發五十萬，一時中外臣民，人人額手，共仰天慈。獨是虎酋今且到關，則五十萬將爲撫賞之用。見今邊兵方苦無居；遼人之歸自杏山者，方苦無衣無食；七萬兵日日要練，方苦無賞。蓋武藝不熟必罰，熟則必賞，不罰則法不行，而不賞專罰，何以鼓舞軍心。今邊城更無別項賞格，可用之費，凡此三項，即至減縮，可得三十萬。即臣前疏所請百萬之中者，懇乞皇上酌量立發隨臣前去，便可應手輯寧邊塞。如此時錢糧一不應手，則冬天露處，人何以堪，數萬枵腹，勢何能久，有罰無賞，法何能行。

嚮來費無款數，未見實功。臣今逐款開銷，定用實實有益，決不敢妄費一錢。惟願皇上體念天下所急難在兵，而兵所急難在東。臣忝列親近，誼在弼諧，今以邊事緊急，暫遠闕庭，自臣真懇爲邊人之愚衷，是社稷之福也。臣不揣材局，若冒任其難，然一簡良將，便得精兵，規模既定，便可就理。乃若仰贊聖謨，下調輿望，當四海多艱之會，決九重必勝之謀，則諸臣之計安在；天下爲難，而臣所計安在一隅爲易也。我皇上躬天地神明之統，計宗社生靈之安，勤政講學，親賢納諫，即逆耳，不得不聽，即遜心，不得不改，如昨一日復六言官，而中外手額頌明明天子。蓋每事俱快人心，每事便當天意。是皇上計安天下，在幾微爲難，而臣所計安一隅，在枝葉爲易也。臣願諸臣佐皇上力爲其難，而臣亦不敢自外于諸臣，以圖難于易。但天顏既遠，便同外吏，所望有呼必應，有需必給，即臣棨棁短材，當爲皇上枝柱邊城也。所有印務，乞敕左侍郎張經世署掌，仍急推尚書，以統中樞之大務，決不可悠悠泛泛，以署爲常。蓋兩侍郎俱詳練有執，而一時雅饒人望，自是不乏尚書之選，是又臣款款之愚也。爲此具本，謹具奏聞，伏候敕旨。

天啓二年八月十八日奏。

十九日，奉聖旨：「卿刻日赴闕，力任艱難，忠誠勞勩，朕悉鑒知。鹿善繼等，准隨卿行。帑金，再發三十萬兩給用。部印，着張經世署掌。仍作速會推堪任尚書的來看。該部知道。」

懇乞早發見在兵將疏

太子太保、兵部尚書兼東閣大學士、督理軍務臣孫承宗謹奏，爲三方聲勢當聯，四衛籌策宜密，懇乞聖明早發見在兵將，以圖大略事。

臣聞兵以兩設而互敵爲正，以將所自出，或背或尾爲奇，不分其所必應則力全，不攻其所必救則應專，不牽其所必繫則救緩，故善用兵者，牽所繫以急之，攻所救以瑕之，分所應以寡之。譬如一人之身痛癢，分見于四肢百骸之間，而手將搔之，趾將摩之，臂將運之，腕將提之，而意且營之。其于仰面回頭、貪看錯應者有矣。今天下屯大兵于山海，以選將練兵爲實事，以東連西結爲活著，以東嚮敵爲正，而以時乎彌串、時乎廣鹿、時乎覺華爲奇。蓋用力乎肘腋肩背之間，以繫其腹心。竊意其應不得不分，救不得不急，我方在險而運奇，彼安得履平而嚮正。蓋自兵退榆關，而去天津近矣，去登萊遠矣。然天津于虜自遠，故月坨之議，非迂而稍緩，凡以防虜也，非以窺虜也。然而撫鎮共兵，不滿三千，可爲防乎？此撫臣所爲大呼而求應也。

繇登萊而東北，于虜之入穴近，即牛毛嶺險要，而虜不能不念也。今西之覺華、東之彌串，既各有人，便可以登萊出路近，即四衛不甚愛惜，而虜又不能不念也。繇登萊而直北，于虜之之兵將爲四衛之計。蓋臣與司臣數念之。頃科臣方有度來會臣，議與臣合，復進所薦趙佑于途。再三與之語，其人似亦有心計，而遼人于此時，亦復有鳴轂之耻，乘而用之，必有一當。即再三爲之計，後著亦自有說。蓋兵據見在，其駐北島，猶其在南岸也。何島可駐游兵，何島可駐大兵，進而得地，何以守，退而避鋭，何以待。非必遽復四衛，非必不復四衛。總之，因勢乘便，若有人從垣而窺其室中之藏，將其家不得不力爲防，而未得以全力及遠。此亦以守山海也，而未可頓謂規進取也。大約臣之意，遠計、近計，皆主于守，而遠守、近守，皆主于可以戰。

可以戰者，以將以兵。然而是役也，兵不必多，將不必冗。科臣所薦汪崇孝者，兵垣以爲脱北而求南，今得無不得于南而更求北乎，該部當酌議之。而科臣之議四衛，可從也。

又聞總兵沈有容必不肯與毛弁之議，道臣譚昌言方言戍守，亦當罷。夫二臣之見果確也，則當從二臣；抑其未確也，似當量移其人。蓋既不從其説，則何益于地。然昌言未爲無見，獨有容擁兵數年，而秋毫不益于事，或以爲富貴之極而不肯用命，殊可恨也。王紹勛久戍，亦當量遷。夫同儕驟貴，人情願之乎？懇乞皇上酌量事勢，立賜施行，乘風汛之便，因兵將之成，舟楫既具，器械悉核，一鼓而北抵乎黄城、廣鹿之間，東可以聯鎮江，西可以通覺華，而三方之聲勢若遠相應合，四衛之規畫竟可進取，臣故曰：「科臣之議可從也。」

臣病瀉，不食者二日，稍愬遷安，力疾具疏，尚未與諸臣會稿。特令趙佑回京，遍見閣部，陳説大略，便可立斷施行。然臣非敢專任趙佑也。臣何任激切待命之至。

八月二十九日，遷安縣上。

九月初三日，奉聖旨：「覽奏，俱見碩畫。渡海各兵，已有屢旨，着再行催督。仍着游士任作速奏報。汪崇孝等，即議覆。該部知道。」

整頓關務疏

□□□……皇上先後給發帑金，念將士無居無衣，不賞不勸，諸將士且感奮，滿城有歡欣鼓舞之聲。臣即于是日同撫臣閻鳴泰令總兵江應詔定兵制，監軍袁崇焕修營房，總兵李秉誠練火器，廣寧道萬有孚募守邊夷人採木，募遼人修營，兵部司務孫元化相度北山南海，設奇兵于高深之間，游擊祖天壽給糧餉器械于覺華新歸之遼民。蓋臣原無他長，故不敢自用，惟臣不敢自用，故部道諸臣皆欣欣樂相爲用。即關城士民，亦共相歡誦，謂皇上不弃邊人，肯以帷幄近臣遠臨窮塞，以此仰頌皇上仁明，而妄冀愚臣之有益于邊人。且見臣一二行事不大謬于人情，而諸臣嚮來苦于無事者皆得事事。臣即不敢必竟成之功何如，而一時人心殊覺豫附。是以卧箙空拳、立頹垣壞壁之中，而意氣常閒，即家人亦無恇怯之色。蓋邊事惟在人心，臣誠見文吏之精神、士卒之意氣，鼓之尚可進，唯時有可乘，機有可藉，遂得令群策群力，以啚皇上之威靈，則臣雖愚，當于歲月間有可按之迹也。臣何任激切感仰之至。

天啓二年九月初九日，山海關上。

十四日，奉聖旨：「覽奏，知卿到關，振作有方，人心鼓舞。其各將吏能與卿同心，一新積玩。朕甚加悦，知道了。該部知道。」

衝邊需人爲急關兵遽撤未當疏

具官臣孫承宗謹奏，爲衝邊需人爲急，關兵遽撤未當，懇乞聖明留司臣任見在之事，留戍卒待更番之來，以重關防事。

臣每議欲聚天下文武豪杰于東，以共圖大略，故雖冗從行伍，不厭推敲。先是，臣閲關至玉田，則今守關兵部職方主事林翔鳳來見時，尚以推官管道印。蓋與之周旋數日，而更爲臣賑玉田之遼人。臣見其質直樸雅，有氣格，有方略，與之語，無俯仰，其自爲語，無剿生進熟之套。比臣再至，則翔鳳已至關。蓋臣知翔鳳于守關之日尚淺，而于署道之日爲深也。無何，有宣諭土司之命。臣初聞而以爲其人可留，其官或在可裁；及再四體察，以爲其官必不可少。

臣方與撫臣嚴奸細之防，令山海道别兵民，令職方嚴盤詰，即尊人貴人，無得闌出入，即兵將出入，必肅隊唱名以過。行稍有次第，而何得以衝關破格所用之人，曾未得一臂之力，而令之馳驅萬里爲，即如近天津撫臣撤翟子勛之兵票一至，而人心頓摇。夫以天津之地平而糧賤，視關門之物貴而地危，人情豈不樂歸，而秋防正急，反撤其藩，奈何不念。且子勛許更番之兵也，不更番而歸，則閫鎮之欲歸者，誰不執爲辭。今天下又誰擇安而去危者，淮、閩之兵終歲竟不肯東，而管大藩却携兵而來，故兵不更番，决無慨然肯往，而况久戍不逋。第嚮來徒以徵調之數爲兵，而不問其用，故倐調倐更，俱可稱兵。臣方練徵調之兵，爲火藥，爲射打，爲衝擊，欲人人得其用，假令一年若半年，一更番則練未成而歸，與練既成而歸，均無適于用，而更者又練又歸。是閫鎮日練而日不得一兵之力，徒往來驛騷，何以兵爲。臣議二年一更番，或年半一更番，庶以半年之功，藉其年半，若一年之用，仍汰其來更而不中用者，即留其既練而中用者，以待其更。至應調發，而以殘劣充數，竟匿其强壯者，必罪。其各該文武將吏，或以强壯發，而仍以殘劣來，必罪。其領兵官庶其或有實用。然人各私其地，地各私其人，其套格牢不可破。臣更望廊廟深念之耳。

臣豈敢以天津爲緩，而關門之患實急；臣豈敢以粵、黔爲遠，而關門之患實近。懇乞聖明注念衝邊需人甚急，敕下該部，仍留林翔鳳于關。其翟子勛之兵，待秋防畢，俟更番之兵到乃回，庶邊防有賴，而人心頓安。臣何任激切待命之至。

天啓二年九月十九日，山海關上。

二十三日，奉聖旨：「林翔鳳，准留用，宣諭土司，着另議。翟子勛兵，候防畢更番，俱依議行。該部知道。」

懇乞罷免疏庸疏

具官臣孫承宗謹奏，爲兵將之籌策未定，天人之灾變頻仍，懇乞聖明罷免疏庸，以重邊防事。

臣以愚極陋，仰荷恩私，日廩廩然，若持亂絲，以求端緒，若提亂目，以索綱維，誓與文武將吏同心戮力，仰副皇上籌邊盛心。然而誠不能動，材不能支，以致天人示儆，灾患頻仍。蓋臣以九月初三日視事，月未匝而悚然爲儆者三矣。九月雷已收聲，雨已稀少，正合兵歡建營房之日。忽于二十三日雷電交作，風雨晦冥，而雷更迅歷，寅卯兩時，始晴朗融和。蓋雷以收聲之日而奮，尋常以爲不當雷而雷，天其戒淫威也。臣愚以爲，臣至關，未敢爲威，天或惡臣之尚循舊格而爲此煦煦也，且欲臣之兼惠煢人，而無爲此嗛嗛也。蓋殘卒縱弛，流傭困煢，兩候恩威，而臣又待罪輔弼，事關變理，其敢不雷動日暄（喧），仰播皇上不測之恩威也。臣是用日爲廩廩，不敢自安。

至次日時當午，復有聲如雷，有烟如雲，偶起西城外。得總兵江應詔報，有守備丁起鳴與張愷試銃于寺，延燒大寺。寺中舊貯兵器，臣于先一日，令沈、杜兩主事查盤明白。今諸物未甚失佚，獨新造火藥二萬餘斤，一時盡毁。火藥有五大局，而沈主事又新造一總局，此係造成尚未入局者。臣初聞疑有奸人爲謀，再四審核，供報相同，委屬試銃，而死于其旁者藉藉。如張愷輩皆關于火藥之人，則其非他人所至，可知也。蓋斗大一城，日聚十餘萬人，一寺觀輒有數百人居住，兼以人心久玩，臣等每便衣單馬巡行各地，二十日來，各相交儆，似有奮心，而忽遭此變，衆爲駭然，皆臣初至未能約束之過。方在提捕該管員役，嚴行究處，臣更益爲廩廩也。

至次日，又復聞十三山之報。先有報未確，是日水兵營游擊金冠等報接濟過十三山遼人三十四名口。據難民口報，奴酋自八月十五日圍十三山，至九月初六，山民被陷。此一事，臣從七月間，與督臣議于檀，督臣許爲臣諭察罕出兵三千，防東西之患。臣更欲從衆議，以兵屯寧遠稍東，迎之以爲依，而竟不能得。今接濟無多，忽爲所陷。此中關係甚大甚遠，臣是用益爲廪廪也。

夫百務方興，秋防正急，天出雷風之儆，臣何敢謂遠不可憑，而况軍務之急需，即秋毫不可捐，而二萬頓殘于一炬，中原之赤子，即孑遺，亦可憐，而萬千遽敗于久圍。此其天心之愛，既爲嚴切，人事之疏，更屬惕厲。除臣與閫鎮文武痛自修省外，伏念臣督理一方，所關甚重，而臣又輔臣也，天人之變又不專于一方。懇乞皇上大奮乾綱，嚴核邊政，立罷疏庸之臣，以謝天人之儆。臣何任悚切待命之至。爲此具本，專差指揮鄒學書賫捧，謹具奏聞，伏候敕旨。

天啓二年九月二十八日，山海關上。

十月初五日，奉聖旨：「卿到關，諸事已多整頓，今雷火示警，正賴加意綢繆，以安疆圉，何必謙讓。該部知道。」

慶賀皇女誕生疏

具官臣孫承宗謹奏，爲慶賀事。

臣嚮于邸報恭讀天綸，知宫中將有誕育之祥。頃又從邸報中見禮部接出聖旨：「天啓二年十月十六日丑時，朕生第一女，禮部知道。」又見司禮監傳出紅面揭帖聖旨：「朕誕育皇女，自十月十六日起，至十一月十六日止，隨朝俱穿大紅花樣。欽此。」臣誠歡誠抃，不勝踴躍，竊念萬福有源，百祥伊始，嗣是文子文孫，繩繩有頌，卜年卜世，萬萬爲期。臣以帷幄近臣，遠隔邊幕，不能恭隨同官，仰申慶私。謹于得報之日，令闔鎮文武將吏，俱穿大紅，隨臣望闕叩頭。于時適三部十萬衆萬餘間營房得皇上所發帑金落成，又適拱兔諸夷人大衆，以皇上之威靈，來守關外，用是彰九重之大慶，以聳動華夷，合萬國之歡心，以集祥宮府。蓋萬間大厦，方歸德于吾君，五餌成謀，漸受索于漢法，以故德威遠播，感頌同懷也。臣伏願皇上慎修明德，祗迓天和，普雨露于無偏，合坤乾而爲泰。臣何任踴躍歡抃之至。

天啓二年十月廿三，山海關上。

二十九日，奉聖旨：「覽卿奏，同文武將吏稱賀，具見忠悃。關外營房造完，夷衆款附，更釋東顧之憂，深用加悦。知道了。該部知道。」

軍需甚急疏

具官臣孫承宗謹奏，爲戰守方嚴，軍需甚急，懇乞聖明概准給發，以濟衝邊事。

該臣與撫鎮新定營制，遂定每營所需器仗幾何，隨查軍中見在披執幾何，又查軍器局見貯幾何，既以局之所有，補軍中之需，而見缺幾何，猝未即辦。臣亦知邊方器械，原不敢盡煩内庫，惟是繕修之未完，而虜寇至之無日，且寧遠、前屯控制遠，則取數多。臣用是盡查關庫之所缺，課工于各局，而以局匠所未逮，仰給于内庫。如甲仗車輛，派工各局，嚴省試以責其成。則目今所最急者，大炮也。各局見在成造，然出之一局似多，而散之各方則少。原題翼虎炮，其在戰車廠及山西成造者，隨完隨解，方濟急需。若攢槍借用連珠，則車營可以成列，鳥銃即爲揀發，則南兵有所見長。至追風槍，原守城利器也。蓋質小無震動之虞，而節長有遠馭之勢。

况復遠器易于更番，借築可以作架，乃僅截長而補短，便可化腐而爲新。該部亮不惜兑換之餘，完此中缺額也。伏乞敕下工部，將後開項款如數檢發，庶守禦易完，而規畫漸遠矣。爲此具本，專差官賫捧，謹具奏聞，伏候敕旨。

計開：

一、取戰車廠造成翼虎炮，并山西吴主事所造翼虎炮，盡數運解應用。

一、取兩廠連珠炮五千杆。

一、取造成鳥銃五千門。

一、取兩廠不堪夾鈀槍、五龍槍、快槍等項三萬杆，運關改造追風槍。

天啓二年十月三十日，山海關上。

十一月初七日，奉聖旨：「着工部作速檢發解用。」

恭謝天恩疏

具官臣孫承宗謹奏，爲恭謝天恩事。

臣家報，十六日皇第一女生，十七日蒙皇上賜臣花紅，十九日又蒙皇上賜臣四表裏、銀二十兩，内臣賫至私寓。臣第四男生員鋡祇領訖。臣祇役邊城，不能追隨同官仰頌天喜，及仰蒙欽賜，又不能即隨同官叩謝天庭，謹設香案，望闕叩頭恭謝外，仍具本，專差賫捧，謹奏謝以聞。

天啓二年十月二十八日，山海關上。

十一月初五日，奉聖旨：「覽卿奏謝，朕知道了。禮部知道。」

嚴核將領疏

奏爲嚴核將領，大振人心，懇乞聖明酌裁，以肅軍政事。

臣抵關來，以未習兵心，未皇問將，遂一意拊摩，使關人與兵將無相患苦，而先核器仗、馬匹、糧草，秋毫不敢擾動人心。待浹月，而萬餘間營房，賴皇上所發帑金，顧募工力而成，一時兵與將相聯，民與兵相分。蓋闔鎮感頌天恩，而臣等亦得以洽于兵將。其器甲軍需，亦各有次第。此後便該及時訓練，而將領當先察之。于是始議考察將吏。于十月十六日，令副將各陳兵事。十七日，閱參游等官騎射。十八日，各官陳兵事，并核一切武藝，如炮銃、槍刀、鈀筅、鞭梢，種種武藝，及顛力可幾百斤者。又試舊所裁汰，并新所投試諸材官。十九日，合各部道及本協，同撫鎮盡察諸將領，人人面對，事有可質，即質之。各該衙門一時人心頗覺嚴肅悚動，終事無一人一語敢少囂嘩者。各官除協路及病及差出者，各鎮協所報與考之官，共三百五十五人，内除稱職無可議，及有議而秩屬散冗，不奉欽依，臣得徑處分者，標下聽用官共十八員，皆供應使令之材，當汰之，以養健兒，各營千把總共十八員，酌處之以清任材之路外，有材可録而負過，亦有過可原而未材，其處分當以上聞者，如副總兵毛有倫，材而多口，不妨大將之需，王光，有文而亦有疾，尚堪腹裏之用。此二臣俱當咨部聽用。又如參將管副總兵事高國楨之質鈍而貌偉，游擊徐璉之貌飾而衷滑，游擊高從龍之佻而不任，都司汪翥之任而非武，都司許子敬之老而粗知火藥，都司賈登科之詐而尚能領兵。此六臣俱宜降處之，暫用本鎮，以盡其長。又如參將黄中順之庸腐，游擊李逢恩之僊迂，游擊鄭涵略之糊塗，都司景國佐之委靡，都司李爲瑚之老蠢。此五臣者，俱宜罷革。又如游擊盧養材之險詐，或曰有戰功，參將周守廉之慣逃，或曰明地利，然而衆實有口，似宜姑罷之，以聽用于他鎮。又如原任靖夷營總兵李秉誠，材能集事，敏而且勤，臣兩抵關，見其踆踆不前，及歷任之日，頗以義督，日嚮未有事任也。臣即日令教火器軍六千人，嗣後晷刻無敢暇逸。今已教成火器幾二千，蓋嚮來未任，故見泄泄，今以臣任之，而且又督之，故稍乃奮發，以盡其才。但臣方嚴于議奔潰之防，而同議纍纍，即閫鎮惜材，臣敢寬之，故明榜其大戾，期以送部。然又再四躊躇，閫鎮憐其材，未嘗敢寬其罪；臣即執其罪，未嘗不憐其材。且臣既任之以有爲，旋執之以盡法，恐無以示信于關城，而堅諸臣蓋愆圖報之心。此一臣者，似當盡削其名銜，仍令待罪立功，容臣督之，稍有如前踆踆不前，執而殺之，未晚也。其他尚有身負重戾，而委托關係要急者，臣不欲概繩，以灰其振衣投袂之氣。

是役也，人心頗覺悚厲，亦未覺惶駭，即川、湖兵官久不見本協之面者，皆出而受約束，臣亦寬假之，隨其軍中所便，而不概繩以漢法。蓋臣之大義在漸除奔潰之氣，以新閫鎮之耳目，遂以提閫鎮之精神，更以久玩之人心，不宜持之太急，且以前人所久用者，一旦録其既赦之罪，或近于刻，故一斟一酌，總期于嚴以明皇上之法，恕以明皇上之仁，未嘗敢偏信偏執、索前人信用而概繩之。臣更願中外諸臣有大豪杰，及所真知天下大豪杰，肯以身來，同濟艱難，無自匿其才，并以匿天下之才，而徒揶揄鞠躬盡瘁之疏庸，則邊方之實政又不在索瘢于弁流也。

伏乞皇上敕下該部，嚴加斟酌，分別議處，仍急調送臣所願得諸將赴邊，以充急需。庶將氣既新，兵威可振，臣何任激切待命之至。

天啓二年十月三十日，山海關上。

十一月初七日，奉聖旨：「覽奏，甚得振刷鼓舞機宜，俱依議行。應題覆的，兵部作速題覆。」

調推大將疏

具官臣孫承宗謹奏，爲綜練特專詳慎，振作兼重奮揚，懇乞聖明調推大將，以濟衝邊事。

臣初閱關城，緣有一二熒惑主帥者，因欲主帥簡拔，將吏無何去者，倡言衆心猜貳。比臣抵關城浹月，而後敢問將。蓋山海地當創設，人屬奔潰，事多草略，情復沉抑，日集勇私怯公之衆，掠人食糈，侵人帷薄，方且自多自寡，自卑自尊，空拳敝箙，黯淡無光。臣頃與諸臣稍加條次，粗有生色。第兵氣易竭易奮，惟在大將時其操縱而伸縮之。竊見平遼將軍江應詔，識力沈著，治軍將頗有法度。初至，雅意振刷，能于衆心玩縱之時，立斬悍卒，故人心震厲，而權未歸一，勢疑兩大，及跋扈之抨彈纔上，而束手讓權，遂使秉鉞歷時，兵將未叙。迨臣入境，凡百兵事，一一歸之，一一促之。蓋日不暇給，而後分者可合，散者可聚，玩者可飭，于是兵似有統有數，第次有居，而虛可補，弱可汰，人可爲弓爲刀，爲槍爲炮，爲車爲騎爲步，十六里邊城，高下粗得齊一，千萬人器甲，粗得修備。然纔合之兵未馴，初奮之將未結，且臣與撫鎮立兵制，除燕、建三路及關外之卒外，可五萬四千，分十七營。恐一人之料理未精，更念賊之來，目前不可必，而明春定當入犯，不大創之不平。而南之海口，北之片石，恐一人之策應未迅。況關城之守，雖稍有成規，而關城之外，别無料理，未爲長計。其由海口、片石而東也，當有奇兵，恐一人之指授未周。竊意十七營當分三部，議以大將居中，而南北兩部仍以大將分統之，即出關，亦當以三總兵相應援。竊見三屯營總兵馬世龍，其料理三屯，方有次第。其人有肝膽，誓許爲皇上竭心力者，可暫借料理南部。其三屯營事，即令中協副總兵王繼署管，待冬春之交，關城稍寧，世龍仍歸三屯。又見建昌營游擊管參將事尤世禄，將門將種，其諳練似未及世龍，而驍雄有膽略，臣曾面詰其底裏，亦可爲皇上竭心力者，可即推升總兵官，管北部，以一片石入其統轄，而建昌營即以其兄守備尤世威升補，以養其母。江應詔仍轄三路，居中調度。蓋兩總兵于應詔，居則左提右挈，行則前呼後應，以老成主其壯毅，以剛斷佐其沉雄。臣初欲移宿將于關，恐遠不及事，又恐江應詔已奉平遼之符，宿將或不相下，而富貴已極者，多狡不任事，或反讓義氣方新者，饒奮起之思。適世龍謁臣于關城，談兵娓娓，即應詔雅相合，而關上諸臣無不欲其來。督臣閱天下名將多矣，亦謂當暫借之以部署。而世龍又應詔親也，但以世龍理三屯未竟，而邊患時靖，則世龍于關爲寄。且三大將在關，亦屬未便，故可暫爲料理以應急，仍當歸三屯，以竟其志。至出關之日，則世龍仍爲前茅。世禄父兄四人，皆盡瘁于邊，獨其兄世威與世禄在，而母年八十餘，世禄初奉其母，督臣材之，强移之官。臣過建昌，曾聞其事，故特超拔兩兄弟，使之竭力，以報皇上，更全其忠孝之心。伏乞皇上敕下兵部，再加酌議，即准臣調馬世龍料理山海南部，其三屯營事，用副總兵王繼暫管，推升尤世禄爲山海北部總兵官。其建昌營事，可升守備尤世威以相應職銜署管。各令其刻期赴任，及時料理訓練，庶三將之成謀相藉、九重之威德丕揚矣。臣何任激切待命之至。

天啓二年十月三十日，山海關上。

十一月初七日，奉聖旨：「這調推大將，俱依議行。兵部知道。」

調營將疏

具官臣孫承宗謹奏，爲調營將，以應衝邊急用事。

頃臣于關城諸將，既以參酌公評，量行裁汰，然衝邊日防賊來，不裁汰，則閫鎮之精神不振，而裁汰不急補，又恐臨敵易將之虞，故去一將則當補一將，寧直以新耳目，實賴以佐緩急。

臣未出京，曾與兵部兩侍郎張經世、陳邦瞻合京營之將較騎射，遂按其拳勇，録其姓名，原即以補關城之用。其參將等官，則有倪承業、翟從義、盧升、徐應垣、查國寧、郜勛、鄭其心、周文炳，就中可量取六七人，堪副參之選者。中軍千把總則有高第、高勛、宋德隆、許國運、許國元、張承恩、段天佑、衛之屏、蕭九韶、楊汝松、蔡應魁、楊禮、郤繼先、馬光先、陳九功、胡尚義、張其偉、洪琦、孫承恩、尤福科、劉朝用、金煉、張嘉第、毛國華、陳應奎、譚正言、崔繼泰、劉永壽、陸之英、劉天佑、柳遇時、山東京班都司王家棟，就中可量取十餘人堪參游都守之選者。營官而外，投用材官，則有俞泰亮、陳應元、王文炳、張弘弼、董大勝、劉天吉、馬成龍、曹惟肖、水文科、王光爵、張桂、王綱燦、郎國華、牛允中。臣所經見者，則有石塘嶺參將滿桂，諸臣所舉者，則有蘆塘參將高見、宣府守備蕭升、馬士麟，就中職有崇卑，才有大小，俱可選取之，以補關城諸缺。伏乞敕下兵部，再爲推敲，以素歷邊疆、曾經戰陣爲上，次則氣意軒激、力藝超乘者，拔送到關。間有可爲南將者，更需爲南兵之用。臣念今天下唯東方爲第一大事，而雪耻除凶，該部素與臣有同心，且此曹又兩侍郎與臣同選者，今幸兩臣一管京營，一管部務，其推敲，當不厭周詳。倘得真可用之才，不妨多取。蓋關城此番裁汰未盡，求臨時之無誤，須需次之有人，而衝邊之危苦需才，乃衝邊之危苦，雖才者，多不願。故今日不才者，即願不取，而不願者，即才亦不取。倘幸才者願來，該部量定其可用之名銜，不必遽定其缺，但速令赴關，聽臣量能而任之，庶乎用才而不至違其才，用願而不至失其願，將材稍備，兵氣可揚，而城守既具之後，尚有需猛健兒爲衝鋒破敵之用者，容臣專疏量調于各邊，而今尚未遑也。臣何任激切待命之至。

天啓二年十月三十日，山海關上。

十一月初七日，奉聖旨：「這奏内各將官，着兵部酌量遣發聽用。」

慶賀萬壽疏

具官臣孫承宗謹奏，爲慶賀事。

天啓二年十一月十四日，恭遇皇上萬壽聖節。伏念慶逢初度，兆協長生，舜旦重華，堯年正茂，知天顔之有喜，仰聖壽以無疆。臣以于役邊城，未能趨陪，百官恭呼萬壽；從丹徼風烟，徒深戀戀；仰衮衣日月，未罄依依；合中外以同歡，聯華夷而遥頌。梯航既萃，上方勤東顧之懷；鎖鑰特嚴，臣敢計西歸之日。恭擬遵奉彝典，率闔鎮文武將吏，奉龍亭，行慶賀禮外，臣以帷幄近臣，不勝瞻仰，謹差指揮王守成賫捧，稱賀以聞。

天啓二年十一月初九日，山海關上。

十四日，奉聖旨：「覽卿奏，以朕壽節，率闔鎮將吏慶賀，具見忠愛。知道了。該部知道。」

懇乞特擇實用之材疏

具官臣孫承宗謹奏，爲邊城之用人欲簡，關城之需材欲精，懇乞聖明特擇實用之材，以重精簡之選事。

臣惟關城初創，百務如棼，自宜分官佐理，第官多則苦人，官濫則廢事。近有議割平于遼撫者，上疑于卸擔；又有議置郡于榆關者，下苦于無屬。臣以爲，官不必更議，人不可不精簡。起廢者，豈無良材。然久仰而欲起者，或不自量其材，急于得官，而不問其任之能堪。而授官者，苦于無以應急，而明以可用不可用之人，塞欲往之責。至于鄉貢之選，真有材百倍于甲科者；然而初猶開風力之途，後止爲酬知之地，而地方曾不得其超格之力，或反受其叢脞之虞。況兵馬難于彈壓，錢穀易于沾匿。又有曰「是當在邊城自擇」者。臣頃亦稍爲擬議，而旋悔之。蓋官自部推者，稍有未妥，則地主尚肯爲地方言，而主自邊方，則其人爲邊方之私，而相遮相護，不至大壞地方而不顧。且邊方之交接任用，寧有幾人，而銓部司天下之人，衡其推擇，而使之爲便。漢賈人子曰：「智當矢謀，壯當盡力。」臣願天下士大夫，無偏厚其身，以自吝其材，司爵詔禄之臣，無爲天下豪杰偏厚其身，以重吝其材，而相與愛惜，曰某粹品，某高品，不宜捨之危難之地，至使起廢，而仍以負瑕之夫鄉貢，而或非脱穎之士。臣每嘆天下無事，身何必念，天下有事，身何必念，視蔭求安，亦足念也。見今關城缺關内道兵備一員，或後更有需次府聽之用。懇皇上敕下吏部，刻期立擇實用之材，真可以料理兵馬錢穀者，以濟衝邊之需。臣何任激切待命之至。

天啓二年十一月初六日上。

十三日，奉聖旨：「衝邊需人，該部倍當慎擇，卿亦何嫌舉知。這缺官，即與推補，仍豫諮訪邊才，以需急用。」

孫承宗集卷二十五

前督師奏疏第二

慶賀冬至令節疏

奏爲慶賀事。

天啓二年十一月十九日，恭遇冬至令節，適稱多壽，正屆履長。開聖節于萬年，又加六莢，體天行于七日，更益一籌。蓋六合律法，元玄籥調，而群陰盡散，一爲陽始，鴻鈞轉而衆正咸亨，仰際昌明，俯欣恩沃。祇以邊城之役，未承陛戺之歡。既昭信于室緹，應期振奮；亦競長于宮綫，乘暇綢繆。辯陰陽之分惟微，姑閉關于安静；見天地之心日復，敢忘戰于玄黄。謹于是日，率文武將吏恭叩龍亭外。爲此具本，專差千户蕭大學賫捧，稱賀以聞。

天啓二年十一月初九日，山海關。

二十四日，奉聖旨：「覽奏，卿以長至令節稱賀，兼陳忠悃，朕心加悦，知道了。該部知道。」

請發續來大炮疏

具官臣孫承宗謹奏，爲請發續來大炮，以濟衝塞軍需事。

頃刻光禄寺監事劉初烷奉旨解到西洋大炮一位，仰見我皇上軫念危關，特發神器，深可借以布昭聖武。臣已遣通習火器官與初烷再四演試，頗得機宜，真威遠之長技也。然尚謂炮雖神异，而一位爲少。隨據初烷言，此炮續解者，尚有二十四位，久聞過淮，想因道梗，遷延未到。政擬請旨，即以初烷催取間，適主事王則古家書有云：「西洋大炮二十四位俱到張灣。」臣方與關鎮將吏在南海口共計守禦，應期而來，即人事之巧合，信天心之默相。臣適檢關城垛口五千七百，而所需大炮及滅虜、虎蹲等炮數幾三千，業已俱備。再速解到關。伏乞皇上即敕該部，得繼來大炮，與臣所備城内外奇兵之用者相兼。臣于北山南海之間，當不負此炮也。臣何勝祈望侍命之至。

天啓二年十一月十六日，山海關上。二十三日，奉聖旨：「着該部速發。」

量調西兵疏

具官臣孫承宗謹奏，爲邊兵已加簡汰，仍須量調西丁，習長技，以壯雄邊事。

臣頃簡汰各該將領，遂調取材官及一切器仗，更藉兩總兵左提右挈，俱荷聖明一一准行，闔鎮感激，勇氣百倍。蓋自營房得皇上之帑金成而後，將始可核，兵始可問，臣始得偕諸臣遍歷諸營，一舉目則將不能掩虛實之數，兵不能掩强弱之行。繇是占冒逃亡，日來開報，而撫臣精簡，列爲三等，立斬其顧募虛冒之長，故兵若加精，數若加少。更念中國長技，半在炮車，頃已與道臣定車營，日夜造車，凑舊車爲五大營。又議爲奇兵車營，又令練三部火器，每營命教師二人教炮手五百、槍銃五百，見今練有次第。又立奇兵六千爲左右掖。初八日，左營兵三千已集，遂選大小將兵統領。是日臣與撫臣集闔鎮文武于庭，設金鼓旌旗，以金幣三酌諸將而遣之，仍與撫臣酹地，勉以大義大勇。其三千丁隨給滅虜炮三百位，弓千張，箭三萬，長槍、大斧、三眼槍、斬馬刀各五百，盔甲三千副，馬三千匹，仍以銀三百三十兩勞之。肅隊擁主將，繇中門出騎而行，以彩盛賞給諸物，絡繹街衢。蓋闔鎮頌皇上不吝金錢、念武臣也。兩營成，似覺精鋭，可當衝擊。鎮臣與諸將日夜計城守，俱已就營爲信地。其守具似粗備，而三方遠近之間，日夜與諸臣方在圖畫。獨是關城之兵，遼人好浪戰，不習用炮車，浙兵習槍銃，不甚習大炮，川、湖兵即槍銃亦少，而車炮之用，唯西北兵爲慣熟。臣頃雖令川、浙營將，其嚮以遼人私抵逃冒者，俱准填實精壯，遂可兼習炮車。然一營合用炮五百，則需千人，而川、浙之兵力難提携，兼難點放，即點放，終屬周張，而臨時或致錯跌，故不得不急用西丁。

卷查昔年援遼之兵，調于宣、雲七鎮者，多至十餘萬。今計各邊俱非無事，然榆關爲重，相應量調精鋭，于各該將下擇其家丁，多不過百餘人，合一鎮多不過千餘人，仍擇本鎮鋭將統領以來。其盔甲、鞍馬，俱用解去銀兩，自本鎮官備給發，許自帶弓箭器械，而以二十兩爲器甲、鞍馬之需。其大端責在撫、按、司、道，容臣相勖，以急公大義，必不敢不仰奉皇上之明法，徒博各爲地方之名，以交相誕謾。至其兵丁肯量爲倍加，及所議錢糧，或多寡未便，地方官不妨悉心確處，一面兵行，一面銷算。總之，兵少則易辨，餉足則易使，統以其將，則相倚爲用，而不得不擇其人。至于盔甲、馬匹，又西鎮所自出。且自携弓刀，則抵關可用，而有馬則驛遞可蘇。既擇有領兵鋭將，則行有節制，而不至狼藉于途。臣頃調三協家丁，大約將强則兵强，而甲馬精神百倍。一抽取，不獨多寡易于驚眼，將虚冒易明，抑且舉本官良楛貪廉。隨定繇此概抽他鎮，即救邊之精神，皆目聚而莫逃。即近日兩營告成，而關門氣色爲新。頃閲射襄武營，皆西北兵，其將甚有紀律，終事無敢嘩者。纔貫窨槍者一人，而射打如法。臣抵關九十日，獨此日稍舒顔爲快，可見兵與器相習，唯是各循其便，而以精敏有爲之將，統慣習長技之兵，又得實心任事之才臣，則兵之膽與將之智自合，而可以有爲于天下。伏乞聖明力斷，准臣刻期調取，仍敕各鎮刻期給發。計所調七鎮家丁，共一萬二千五百，其盔甲、鞍馬之費，可二十五萬兩。臣議姑借臣所請發帑金五十萬中如數動支，即用臣所遣去指揮等官高國士等分解往各鎮，力催各該所調將官押兵前來。其撫賞之用，容臣另請，更望皇上憐念衝邊，慷發不吝。再乞敕户部查陝西見今的有應解錢糧，或可全兑，或可半兑，給發咨批，以省道路之虞。

再照臣于各鎮調兵甚少，誠欲其以精兵應臣，共爲社稷長計。假令臣所索者親丁，而各將應以綿弱散兵，豈唯負臣，抑何以報皇上。容臣立斬統兵之將，仍拿解發兵之將，梟示邊城，庶兵將可集，車騎兼備，中國之長技可精，戰守之機宜自定。臣無任激切待命之至。

計開：

宣府鎮

原調兵一萬五千名。

今止調：

總兵下内丁一百名、左箭手二百名、各路選鋒二百名。

副總兵下内丁五十名，家丁一百五十名。

巡撫中軍下家丁一百名。

東路參將下家丁一百名。

東路游擊下家丁一百名。
南山參將下家丁五十名。
下北路參將下家丁選鋒一百名。
中路參將下家丁選鋒五十名。
上北路參將下家丁選鋒一百名。
上西路參將下家丁選鋒一百五十名。
下西路參將下家丁選鋒一百名。
南路參將下家丁選鋒五十名。
以上共兵一千五百五十名，以撫夷守備蕭升、右衛守備馬士麟、千總部臣統之。文到日，限半個月到關，以本鎮撫寧衛實授百户襲世爵，解帑金三萬一千兩，交宣府撫院。

大同鎮

原調兵一萬五千名。
今止調：
總兵下内丁一百五十名，坐府并外丁四百名。
協守下内丁一百名，坐府家丁二百名。
中軍副總兵下内丁五十名。
左掖營游擊下家丁，并散兵二百五十名。
右掖營游擊下家丁，并散兵二百五十名。
巡撫中軍練兵營下家丁一百名。
西游兵下家丁一百名。

中軍副總兵下家丁一百名。
東路游擊下家丁一百名。
西路參將下家丁一百名。
北東路參將下家丁一百名。
北西路參將下家丁一百名。
井坪路參將下家丁一百名。
新平參將下家丁一百名。
威遠參將下家丁一百名。
以上共兵二萬三千五十名，以井坪參將張應昌、保平守備周天胤、正兵千總許甲、千户江繼武統之。文到日，限二十一日抵關，以本鎮撫寧衛指揮僉事高國士解帑金四萬七千兩，交大同撫院。

山西鎮

原調兵六千名。
今止調：
總兵下内丁并坐府家丁三百名。
協守下内丁并坐府家丁二百名。
利民參將下家丁五十名。
代州參將下家丁五十名。
偏頭關參將下家丁一百名。
北樓口副總兵下家丁一百名。

馬站游擊下家丁一百名。

以上共兵九百名，以都司劉國勛、指揮李國勛、寧武所千户馬成圖、王維綱統之。文到日，限一月抵關，以本鎮千總任萬良解帑金一萬八千兩，交山西撫院。

延綏鎮

原調兵一萬名。

今止調：

總兵下内丁并坐府家丁二百名，尖兒手三百。

協守副總兵下内丁并坐府家丁三百名。

西路副總兵下家丁二百名。

東路副總兵下家丁一百名。

保寧參將下家丁一百名。

鎮静參將下家丁一百名。

神木參將下家丁一百名。

撫院中軍下家丁一百名。

左營游擊下家丁二百名。

右營游擊下家丁二百名。

高家堡營游擊下家丁一百名。

清平參將下家丁一百名。

寧塞參將下家丁一百名。

黄甫川參將下家丁一百名。

以上共兵二千六百名，以副將哈元勛、參將李卑、撫夷守備文友益、威武守備張奇化、延綏正千總張拱印、寧塞營把總王貴、指揮千百户李春華、劉繼武、余蛟龍、盛英統之。文到日，限四十日抵關，以本鎮指揮劉應聘、千總汪若海解帑金五萬二千兩，交延綏撫院。

寧夏鎮

原調兵一千八百名。

今止調：

總兵下内丁并上六隊家丁二百名。

中哨家丁一百名。

協守下内丁并坐府家丁二百名。

西路參將下家丁一百名。

東路副總兵下内外家二百名。

北路參將下家丁一百五十名。

靈州參將下家丁一百名。

興武營游擊下家丁一百名。

鎮城游擊下家丁一百名。

撫院標下中軍下家丁五十名。

廣武游擊下家丁五十名。

洪廣游擊下家丁五十名。

玉泉營游擊下家丁一百名。

以上共兵一千五百名，以平虜參將楊加謨、大霸守備盧文善、横城守備杜友才、平虜營中軍周繩武、靈州所千户吴世忠統之。文到日，限五十三日抵關，以本鎮千總石岐、劉寬解帑金三萬，交寧夏撫院。

固原鎮

原調兵二千四百五十六名。

今止調：

總兵下内外家丁炮手三百名。

軍門標下中軍下内丁五十名。

左營游擊下家丁二百名。

右營游擊下家丁二百名。

蘆塘參將下内外家丁五十名。

固原參將下家丁五十名。

西路游擊下家丁五十名。

東路游擊下家丁五十名。

□□□……

鎮海游擊下家丁五十名。

阿霸游擊下家丁五十名。

以上共兵二千五十名，以阿霸游擊方震、洪水游擊張洪業、甘州鎮坐營吕承宫、甘州中護衛百户蔣一陽統之。文到日，限一百日抵關，以本鎮守備孫懷忠、千總彭營明解帑金四萬一千兩，交甘肅撫院。

兵緊要，并充餉事，着該部覆行。」

天啓二年十二月初四日，山海關上。初十日，奉聖旨：「覽奏，知營陣已成，兵威振奮，俱見訓練方略。調

更調大將疏

具官臣孫承宗謹奏，爲更調大將，以重邊防等事。

該臣抵關之日，當人心久玩，群意狐疑，或咎臣不用奮猛有爲之將，又云不殺一二玩者。臣謂，大將而下，無一非將，而實無一將；大將而外，無一不可殺，而實無一可殺。蓋關城諸將，獨大將係推調，而其他稍當事權，俱屬奔潰。臣適考察，意在振刷鼓舞，而諸將過問，有罪可録，無功可紀。蓋課其玩愒同，奔潰又同，欲稱揚一人，以起人之奮心，不可得，而又安能獨殺一人，以洗人之玩心。且時當秋防嚴急，欲盡去之不能，而況殺。至于平遼總兵江應詔，敦重確沉，雅有肝膽，每聞小警，輒統兵自出，臣每戒之。其人遇敵必戰，遇戰必不肯逃。然材實醇樸，未能先事爲防、先人爲智。當大敵而出奇制勝，必有未能，固御史之言是也。但其人蒙皇上殊恩，而秋防之時，臣即考察偏裨，何敢輕□□□……

請給恩命疏

具官臣孫承宗謹奏，爲循例請給恩命事。

臣以泰昌元年官左春坊左庶子，祇受我光宗皇帝恩命，贈臣親正五品。又恭遇我皇上登極大典，臣應以少詹事祇領四品恩命，緣誥軸不敷，迄今未得領給。近復叨冒今官，隨查近日諸臣之例，似應從見在官爵頒給。但臣以菲劣，仰荷殊恩，一歲之中，遂躐一品。自念以無功之身，冒有功之任，常恐負托不效，無以仰合天慈，况敢援諸臣之例，更望殊常恩命。又念臣家世儒，素遭盛明，仰荷天恩，既愧無以報皇上，且思臣父臣母所以育臣教臣，又恐不能率臣父母之教，仰事皇上，以報臣父母。臣既叨列孤卿，而臣親尚列五品，且見有恩例爲援，而臣徒以素餐爲懼，不一仰乞聖明，是臣既不能率臣父母之教以報皇上，又不能借皇上之恩榮以報先人，臣罪乃滋大。日普天大典，未可久虚，捧檄私榮，奉檄再徼，懇乞皇上憐念烏鳥私衷，准照臣見在官爵，給贈臣曾祖父母以下恩命，庶使九重綸綍，下昭日月之光，四世松楸，盡荷龍鸞之色。臣何任感激，何任依切。再照臣謬任衝邊，日防寇至，抵關以來，不復計身，况敢計家。近以秋防稍靖，兵馬粗安，臣男念獨處關山，遠來伴臣，述家鄉水患，遂及先塋。蓋臣母臣妻尚在淺土，需臣歸葬，而痛念家世孤微，嘗恐溘先朝露，無能仰徼明恩，冒昧瀆陳，殊深惶悚。臣無任激切待命之至。

天啓二年十二月初四日，山海關上。

初十日，奉聖旨：「卿文武兼資，忠勞懋著，應得誥命，俱准給。該部知道。」

酌定關城當用之人疏

具官臣孫承宗謹奏，爲任事以人，任人有要，懇乞聖明酌定關城當用之人，兼鑒愚衷事。該臣于十二月初二日接得兵部咨文内，御史劉廷宣疏，及關城諸臣，奉聖旨：「這奏内事情，即行與督師輔臣酌量奏行。王象乾憂國急公，久著勞績，候撫虜事完，簡召還朝。該部知道。欽此。」臣惟關城，彈丸也，百凡草創，未有成規，以致各官上無以統，下無以屬。臣與諸臣議設一衙門爲按察司，以按察司統于上，管山石一道及兵馬錢糧，以副使管糧料、器仗，以僉事管撫夷兼養馬，而爲之設經歷、執事、檢校、照磨四員以爲之屬。又爲設一衙門爲府廳，以管關同知統于上，如舊日管山海路事，以通判一人管兵馬、錢糧、器仗，以通判一人管糧料草束，以通判一人管撫夷及養馬，以推官一人管理刑及肅清，關城内外亦爲之設經歷各官四員以爲之屬，而府廳各官各率其屬以奉監司之令，而統于撫院，使小人相維，尊卑相制。蓋據臣抵關之初，規制未成，即以臣率諸臣拮据爲之，常恐不足，及今端緒以見，條貫方清，即據臣見今所擬，亦覺饒爲。使御史再抵關，而較前日之關城，必以臣言爲不妄也。

臣抵關數月來，無一不盡之心力，而亦未有一不盡心力之人。如主事鹿善繼、王則古，臣以之管兵馬錢糧；主事沈棨、杜應芳、司務孫元化，臣以之管軍器、火藥、錢糧；贊畫中書宋獻及臣所委羽林衛經歷程崙，臣以之管撫夷、買馬、錢糧稽查，其領收便催督，其完欠且令其分。犒各營携皇上帑金，較其銃炮騎射，隨其中之多寡以行賞，而不及者罰。總之，營房賴皇上帑金而成，可以選將，可以練兵，可以清錢糧，可以核器甲。城上之埤垸，即營中之信地，兵欲離營而不可得，將欲離兵而不可得，凡以諸臣便服匹馬，無導擁之煩，一坐其營而輒爲較閱，故兵將貼然翼賞之，或及而競相奮勉，然而諸臣亦勞矣。時與兩道臣袁崇焕、萬有孚奔走風霜，馳驅險隘，凡臣意所欲爲者，無不令諸臣迭爲相勸。即如沈棨，百凡軍器，索于一人，而分身爲應，捐貲爲局，家有老親，而不敢言去，凡以感皇上之明恩，而誼不得不盡其心也。

再照關城有兩總兵可當大敵，而撫臣閻鳴泰與臣周旋久矣，其材允堪大任。此時臣宜東嚮登萊，號召大兵，宣揚聲勢。蓋賊來當在冰堅之日，而歸當在冰泮之時。冰泮則必懼臣之剸刃于腹，而臣已留沈有容簡選水兵，更移會天津撫臣李邦華、登萊撫臣袁可立多備水陸諸兵，又檄招練道劉國縉備遼兵四千，悉以備臣來春之用。蓋登萊之聲勢不揚，則東之鎮江爲孤，而鮮人相伺，以薄西之覺華爲弱，而關人獨當其衝。故此行正所以守關，而關人或不欲臣去，都人或不欲臣來。但恐臣一離關，必謂臣懼春防而去。然臣在此，亦不過任此數將以殺賊，而循臣之條理，固自可爲。臣與關城將吏計，皆謂當然。蓋臣此時此身，業已不計安危，不顧利害，獨是兵機似應若此，故敢及之，而未敢必去，以仰負皇上東顧憂勞也。懇乞聖明念臣愚款，俯賜斟酌，定不敢告艱告苦，以虛聲爲實事，使邊城有不任事之人，遂致有不得人之事也。臣何任激切待命之至。

天啓二年十二月初四日，山海關上。

初十日，奉聖旨：「關城各官及將士勞苦，著有成績，朕已悉知。候過春防，當行優叙，卿殫忠抒猷，安攘是賴，簡在朕心。東行事，宜聽酌量停妥行。該部知道。」

留督臣疏

□□□……都照新銜給與誥命，如敕奉行。欽此。」

臣隨設香案，望闕叩頭，恭謝天恩外。伏念臣本草茅，誤承恩渥。年來忝冒，極逾涯分，頃以循例，上請先皇帝明恩，隨蒙天慈概給俞旨，臣不勝歡忭。蓋以大恩不敢終曠，未忍以臣之忝冒不爲先臣以請也。今者再荷明恩，實切跼蹐，念臣一入綸扉，即攝樞政，旋抵關城，叨冒雖將浹歲，而一切政府大典，實未能追陪同官、恭效緇裁。且十日之間，兩奉綸音，榮前暨後，典重恩隆，無論小材難任、薄福難勝，殊念□□□……皇上念老臣當體，更念邊事當嚴，仍留督臣，待撫局盡完，則關城可固，想御史爲國遠謀，亦當以臣言爲是也。

天啓二年十二月初四日，山海關上。

初十日，奉聖旨：「西虜正賴督臣控馭，已有屢旨慰留。覽卿奏，知道了。該部知道。」

恭謝天恩疏　賜貂皮

具官臣孫承宗謹奏，爲恭謝天恩事。

該臣于本月初七日接得兵部咨，稱天啓二年十一月二十六日，該司禮監太監王體乾等于文華門傳奉封口聖諭：「賜輔臣孫承宗等貂皮五十九張。欽此，欽遵。」恭捧到部，合咨將欽發貂皮照數查收，隨于是日接得賫捧官中書陸宗本揭帖，恭捧天綸，已到深河驛。臣于次日恭設龍亭于西郊外，率闔鎮文武官員恭迎于公署，設香案。隨該賫捧官宣讀聖諭：「督師輔臣孫承宗等，朕念天氣嚴寒，榆關將士防禦勤勞，已着內府查發皮張解給。卿承宗不避艱難，拮据邊塞，憂國急公，忠誠懋著，特賜貂皮六張。總督王象乾往來關門，防邊撫虜，衝冒風霜，不辭勞瘁，特賜貂皮五張，以爲禦寒之具。巡撫閻鳴泰，貂皮四張。總兵官江應詔、馬世龍、尤世禄，各貂皮四張。部官沈棨、鹿善繼、王則古、林翔鳳、白貽清、孫元化，道官袁崇煥、萬有孚，各貂皮四張。即着差官陸宗本賫去，以見朕軫念勞臣至意，至可祗領。其餘邊鎮文武各官，不能徧及。各宜知悉，故諭。欽此。」

除督臣王象乾、兵部主事葉震生在密雲尚未給發外，臣以下依次續發，一時文武官員誠歡誠忭。伏念臣承宗學斷圖囗槖鞬，未迎于雪夜，臣象乾以威用撫旃裘，尚聚于冰天。即兼衆志之僉同，雅抱長纓之願；乃若群居之深念，尚餘續尾之嗤。不圖合文武之臣，盡得荷後先之賜。彈冠而慶，臣心敢遜美于全斌；體物不遺，聖德已夐超于宋祖。將雲裘方進，念絳幘于鷄鳴；抑玉宇高寒，感鐵衣于觱發。蓋萬間成厦，既收群衆于得廬；再賜明恩，更鼓三軍于挾纊。至于顯哉謨訓，直舒大地之煦暄；焕有文章，敢謂純綿之密麗。此又四時和氣，煦暖榆關，六琯春暉，飛温葭室。故賜之所及，高已慶于戴天；即衆有未周，歡共騰于加額。乃知今之齊平蜀捷，唯其不吝封樁；後之海靖山寧，亦已能神鼓舞。臣等捫心知愧，常願襄垂衮之猷；摩頂難酬，敢不合同仇之憤。除龍亭前叩頭恭謝、捧原頒聖諭尊藏外，仍容臣大書鎸石，風厲邊人，以垂永久。謹具本稱謝，專差賫捧，奏謝以聞。

天啓二年十二月初十日，山海關上。

十六日，奉聖旨：「覽卿奏謝，知道了。部官更有杜應芳，還補賜貂皮四張，着賫奏人領去。該部知道。」

恭謝天恩疏 賜食

具官臣孫承宗謹奏，爲恭謝天恩事。

該臣于本月初七日接得臣男鈴家書，荷蒙皇上以冬至令節賜臣燒割甜食種種奇珍。臣隨設香案，望闕叩頭恭謝外。伏念臣遠役邊城，未能追隨同官、仰依日月光華，即聖壽無疆，履長有慶，合齊平蜀捷之大功，俱未能舞蹈天庭，乃天慈注念，有加無已，臣每一念及，不知何以仰報天恩也。爲此具本，專差稱謝以聞。

天啓二年十二月初十日，山海關上。

十六日，奉聖旨：「覽卿奏謝，朕知道了。禮部知道。」

慶賀元旦令節疏

具官臣孫承宗謹奏，爲慶賀事。

天啓三年正月初一日元旦令節，該臣承宗以帷幄近臣，恭逢大慶，仰一人多祉，睹萬類昭明，分宜逐綴班行，仰依清穆嵩呼，以慶萬萬歲，而遠役邊城，未克如願。恭惟我皇上道協清寧，恩同覆載；祖宗之謨烈，佑百世于豐亨；天地之明神，啓萬年于豫大。然而聖懷彌切，大德難名，即以蜀捷齊平，駢奏蕩平之大略，乃其宵衣旰食，時勤惕厲之深衷。蓋德與日新，福先時茂，所願皇上法乾行健，與物爲春。倘一念少違，而四海或格于靖，即幾微未念，而九重已覺其疏。若夫謹防一綫，暇乘旦暮之經營，收地兩河，日感歲時之閱歷，則又臣所爲不遑寧處、求以仰佐皇上無疆大業也。臣下情何任瞻戀欣躍之至。

天啓二年十二月初十日，山海關上。

二十一日，奉聖旨：「覽卿奏賀，具見忠愛，朕知道了。該部知道。」

懇乞罷免疏

具官臣孫承宗謹奏，爲自陳不職，懇乞聖明立爲罷免，以清政本，以重邊防事。

該臣承宗嘗謂大臣之誼，當以身容天下，不當以天下容其身。乃臣年來自課，實有不能自容者，何以容于天下。臣本草茅，謬逢知遇，其自抽書視草，以至誤玷講帷，尋常職業，尚難厭于人心，憨直迂譚，諒莫逃于天聽。且三品未浹月，遂躐今官，好者以爲投之艱難，忌者以爲躋于清要。乃若入參帷幄，則异同可否，時有看詳，而唯諾莫補于同官；出視樞曹，則齊、魯、蜀、黔時有調發，而刻期未聞于吉語。又若關城之事，見所不可而輒言之，近于訐；據所已言而擬易之，近于戾；既易其人，而更擬其人以代之，近于專；既易以人，而更擬以身參之，近于冒。曰訐，曰戾，曰專，曰冒，皆大臣所深忌，而臣不顧以身爲之，是又近于爲冥，爲悍。又况乎知人之材，不問其肯否，而擬投于世所裹足之地，疑于不近人情；知己之非材，不問其勝否，而擬任于世所係心之場，疑于不知分量。此數者，即皇上天度優容，而臣心隱隱一念，有自覺其難容者，又何望乎容于天下。且臣往來于關者，八閲月矣。兵將粗合，而日虞其離；技藝粗習，而日虞其疏；關内外粗嚴，而日虞出入之或難；虜東西粗靖，而日虞陰陽之叵測。其無虞者，皆皇上之威靈，諸文武將吏之力；其可虞者，則臣之拙。又况乎不善調人，其行事雖不敢戾于關人，而不能服天下大夫之口。近且不善自調，以馳馬山行之壯，化爲停車倚蓐之衰殘。夫以衰殘之軀，備兹衆謬，即一命不可當，而臣所任何任，固天下安危之任也。臣即不爲身謀，敢不爲天下謀乎。懇乞皇上大奮乾剛，立爲罷免，庶政本以清，邊防以重，臣何任惶恐待命之至。

天啓二年十二月十五日，山海關上。

天啓三年正月十二日，奉聖旨：「卿輔政督師，殫忠竭力，中外交倚，勞苦功高。朕方切眷任，豈得謙抑求退，宜益抒宏猷、勉建勛，以究安攘之績，不允所辭。吏部知道。」

孫承宗集卷二十六

前督師奏疏第三

條議要急工程疏

太子太保、兵部尚書兼東閣大學士、督理軍務臣孫承宗謹奏，爲條議要急工程，懇乞全調班軍，以重邊防事。

該臣抵關，每與諸臣循墻南北，閲守閲工，初未暇攬結其大，凡至獨居深念，每窮宵旦以思，欲從十六里，以罄方、圓、平、直、鋭之用，期沾沾以所念爲方略。洎再登陴，而關城之方、圓、平、直、鋭，固悉備也。第倚人則險已可憑，倚險則人虞未備。隨該臣行山石道臣袁崇焕查核未竟工程，則有南部脊墻至南海口，可一千七百三十八丈七尺，而接垜墁頂，未完者八百九十二丈一尺，每丈軍夫八名，可七千一百三十七名。海口城高可一丈五尺，應增高五尺，而長三丈，每丈用軍夫十名，可三十名。北部脊墻至北山十一號臺，可九百六十四丈九尺，而裏外口未修者，三十四丈二尺，每丈用軍夫十五名，可五百一十三名。自北山至一片石界，應拆修二等磚邊城，裏外口、高連垜口二丈五尺，長可一百四十一丈，每丈用軍夫三十名，可四千二百三十名。又應接三等石城，高連垜口二丈長，可一千一百四丈，每丈用軍夫十五名，可一萬六千五百六十名。其中部爲衛城，東面則邏城護之，其南北三面長九百六十丈五尺，未包修者，七百五丈五尺，每丈用軍夫十八名，可一萬二千七百名。邏城外護關門，當大衝，高纔二丈三尺，闊不過一丈，内砌磚纔三進，後接高七尺，頭重趾狹。自臣抵關，而報塌報修者屢矣。春氣一發，勢無完壁，况當衝爲瑕，易駭孱膽，急應從根至頂，以磚五進爲堅，長可四百三十五丈，每丈用軍夫十五名，可六千五百二十五名。計三部合邏城之丁夫，可四萬七千七百一十五名。

近又議于關城外，離城各七八十步合六十里間，建敵臺五十四座，可用丁夫二萬二百二十名。臣以都城銃臺之議未就，終疑離城未便，而附城又未便于擊，尚在商榷。該臣又令總兵官馬世龍、尤世禄隨地勢近遠高低，踏勘其横直寬狹，以酌衝緩之宜。因念奸人出没，北則角山，南則海口。角山九號臺下有未完之工，而此臺之外有高嶺可俯瞰邊墻，倘以炮矢臨之，則睥睨間不能自立，而勢又可攀援而越。頃以司務孫元化從上修十二號臺，移大銃其上，以外瞰高嶺，聊備兩防。又恐地高，而後之當事者足迹未必及，仍立碣于九號臺以識。然因山爲墻，終可軼越，戍守不蔽風雨，守終不固。兩總兵議收此嶺，于内築小堡，可容營房百餘間，當捍門之衝，以横衛水關，令北山南海兩險并峙城堡，以成掎角之勢。蓋南海口雖邊海相聯，而墻外高阜頓可循墻越渡。當冰合之日，臣特令各該將領設車炮于岸爲嚴防，又先令嚴遼船之私渡，近果捕私渡者二。頃總兵議于邊外建小堡，可容三四百官兵，則海口足爲經久之防。臣又念奸人接伴，外則邊城，内則西關，頃已盡清邏城居人與遼人之出入，而易其將卒，減其員役，立營將，練三千兵，于關内司之職方，平時以五百人爲瞭望，每十日一更番，聞警則三千登陴而守。其他一切官兵出入，必報花名于職方，出則兵先官後，入則官先兵後，而遼一夫闌出入，罪及一伍，住人一夫闌出入，罪及兩鄰。蓋兵不擾而地清，近日投降奸細多從桃林一帶有報來，然邏城原低薄，近增高而基弗能勝，當凝寒日，復傾頹，入春而幾無完墻矣，應用磚修。如今議關以内則住城西關厢，兵民凑集，貿易繁夥，奸人至止，易爲出没，兼以西虜時有跳梁，豈得概無防範，似宜築土爲城，仍收此露居之民。督臣以當于土城建敵臺，可以不用垛口也。仍并兩河爲一，而屯後部營兵于西，以防奔潰，俟有暇力，仍用磚包，仍議先設守備司啓閉，與南北兩門各有鎖鑰之防。班軍即覓，遼人爲之立就。又念十數萬軍儲，舊多露卸海口，無論水火盜賊，俱足爲患。近同知徐廷松建有土垣，然兵分三部，數幾十萬，而概從一徑領支，殊爲未便。今議以三部爲三倉，每倉儲各部之糧，支給既便，防守更嚴，而仍于衛城立大倉，爲儲十餘萬人之積，以備不虞。至若各文武將吏，衙宇未定，即僦居民間，尚不能容，待占察停妥，另爲奏請之。若計遠，先近爲遠。

臣抵關來，遍中外地形，可伏可疑，可奇可正，無不日與諸文武將吏確方略，遂精拔左右馬步奇兵萬五千，每欲用山用海爲奇。既得請大炮十二位，則固曰：「臣于北山南海間，定不負此銃也。」一北則三道關倚山爲堡，從北而南，以横擊諸肉薄者；南則芝麻灣倚海爲堡，從北横擊諸肉薄者。蓋兩地之西，直縱高阜，銃不得平行，獨此地可南北爲擊，而依山依海爲堡，可各容三千人。設敢死之士于其中，以用大銃，遂爲衝擊之奇，或夜砍其營，或分擊其脅，或截剷其尾，而山海之間，俱可立幟爲疑，卧旆爲伏。八里鋪，經臣所築土垣，可惜也。議因之爲土堡，以居諸遼人之耕關外者，而呼龍峪可通片石，議欲建一堡。一片石之九水門兩峽崥間，仍當增設敵臺。其口爲鐵場堡，去中前可三十里有奇，中得按馬堡爲堡，以屯兵三千，便可以與兩城爲聲援。臣既姑驅講撫于中前，則中前所爲寄頓撫賞之物，當修建庫房，而前屯既宿兵安遼人，似不得不堅具藩垣，以固衆心。然此皆用遼兵遼人，獨給其工料、圖插之費，進則合覺華于寧遠，先爲首山之防，而後漸及右屯，以築杏山。臣前所謂步步欲實也。前項工程有不盡用班軍者，然亦有必用班軍者，或以爲恢復大計，不宜頓爲建設。然東來第一雄關，自是經久藩籬，而薊門、潞水多議留班軍，以修隘口，似當擇緩急本末，姑全調關城，以完急著。懇乞聖明敕下該部，移文各鎮，容臣調春秋兩防合鎮班軍依期前來，以完前項工程，庶邊防可固，進剿可期。臣何任激切待命之至。爲此具本，謹具奏聞，伏候敕旨。

天啓三年正月二十一日，山海關上。

二十八日，奉聖旨：「依擬行。該部知道。」

部署大將疏〔一〕

太子太保、兵部尚書兼東閣大學士、督理軍務臣孫承宗謹奏，爲部署大將，以重邊防，兼陳愚悃，以重將權事。

臣抵關以來，唯有操縱將吏，以提掇其心志，而厚儲其氣。頃者，仰蒙皇上以馬世龍爲主將，以王世欽、尤世禄左提右挈。是時三大將年資幹略關人望而許之，閫鎮之氣，覺爲一新。唯是委托重，則事可專責；位置明，則人無越志。關城十六里而分三部三將，雖有建牙之名，其實取精用物，不及他鎮一路將臣。計馬世龍管中部，當以建昌路隸之；王世欽管南部，當以燕河路隸之；尤世禄管北部，當以石門路隸之。三路三轄，仍以虎符爲重。故南北兩部當在世龍節制之中，而三路兼統于中部。至關外進止，則三大將共之，而交相籌算，仍受成于中部。且世龍既佩平遼將軍印，至特賜尚方劍，爲皇上神武遠謨，謂大將專制閫外，非專生殺，無以制三軍，臣何敢輕爲世龍請。然竊意皇上或不爲世龍靳，或有謂世龍事權既重，似當重其章服。而世龍苦辭，臣更以重世龍。然當去其署秩，實授府銜。即官不加增，可資彈壓，可以榮及其親。臣觀唐河陽之役，以李、郭元功不相統攝而敗。及馬燧、李抱真、李晟三名將也，初以獨當一面生嫌，後以互相交隸底績。故臣謂南北兩部大將，當予以敕印，而中部諸營，即南北部大將，亦得過而問焉。不得以權在中部，不相統攝，而任其抗及，任其凌轢，而不相恤。但不得人自爲制，月羽交馳，有十羊九牧之患。蓋自爲專則乖，參相得則善。昔梁以龍環御刀賜韋叡曰：「諸將有不用命者斬之。」而又敕他將曰：□□□……

蓋御將之道，不予以輕則權重，不奪其重則權專。伏望皇上俯查臣言，敕下兵部，擬以實授府銜，予以應得制敕，或特恩賜尚方劍，以資彈壓。尤世禄、王世欽，各予以制敕關防，分轄兩路，而節制于中部。敕各該督撫司道與各該將領共事者，當精簡其庸懦，不得鄙夷其人，而輕制之，當力助其强梁，不可過疑其人而抑之。其權專，其氣不挫；其氣厚，則其心不紛。于邊防未必無補矣。〔二〕

【校記】〔一〕本篇三朝遼事實録繫在天啓二年三月。

〔二〕此段據三朝遼事實録補。三朝遼事實録于此篇後有以下文字：築壇拜將，淮陰之後，一再見之。世龍無它，惟工伺喜怒，以投其所好，而樞輔遂以兵馬糧餉、生殺予奪之權授之，將非賄不用罪。惟賄則免，月有進奉，扣公餉，以充私囊，將相之門，黄白充斥，兵虚而不可問，餉耗而不可核。柳河一敗，始論罪，而終議賞。邊關既無兵馬，朝廷并無紀綱。籍名食餉者十四萬，究竟則五萬八千人而已。于是六使并出，鎮守關、寧，稽查兵實而因及于諸路。權歸内監，文武皆爲掣矣。

缺官疏

兵部尚書兼東閣大學士、暫掌部務臣孫承宗等謹題，爲缺官事。

武選清吏司案呈，准職方清吏司手本，奉本部連送該本部會題。照得鎮守延綏地方總兵官白兆慶，留用訓練營軍，所有員缺推舉，得副總兵署都指揮僉事楊麒堪任緣由。奉聖旨：「楊麒升署都督僉事，充總兵官，挂印鎮守延綏等處地方。寫敕與他。欽此。」又照得鎮守寧夏地方總兵官蕭如勛，留用訓練營軍，所有原缺，舉得副總兵署都指揮僉事吴守德堪任緣由。奉聖旨：「吴守德升署都督僉事，充總兵官，挂印鎮守寧夏地方。寫制敕與他。欽此，欽遵。」備行到司。案查嘉靖三十六年九月，内該本部題議，五軍都督府都督僉事俸糧，除原係軍功升授及皇親特恩升實職者，俱照舊在府關支外，但升署都督僉事，止照原職指揮等官，于原衛所關支，其柴薪銀兩，于本府關支，題奉欽依欽遵在卷。查得楊麒係蘭州衛實授百户，歷升署都指揮僉事。今升署都督僉事吴守德，係密雲中衛指揮同知，歷升署都指揮僉事，今升署都督僉事。例應各該注府帶銜，通查案呈到部。看得楊麒、吴守德既經本部題奉欽依，各升署都督僉事，充總兵官，相應題請注府，合候命下，將楊麒注右軍都督府帶銜，吴守德注左軍都督府帶銜，柴薪銀兩照例于本府關支，其俸銀仍照原職于原衛所關支。緣係缺官事理等因。

天啓二年三月二十三日具題。

二十六日，奉聖旨：「是。」

榆關一無所恃疏

兵部尚書兼東閣大學士、暫掌部務臣孫承宗等謹題，爲榆關一無所恃，敗者六可寒心，直述情形，急圖支撑，無再誤封疆，以誤廟社事。

職方清吏司案呈，奉本部送該巡關御史梁之棟揭稱前事等因到部，送司案呈到部。爲照今之時所當亟議壘守者，獨榆關一帶，而榆關又非有陡絶插天、巉岩連障、不可飛渡之險也。如關臣所稱形勢之孤危若彼，城守之疏虞若此，而徒忽忽悠悠以幾幸于無事之萬一，臣不知其可也。諸如處置逃民，外安人心，討練軍實，以保內地，新經臣到，彼自當有一番幹辦，必不至蹈前軍而疏衣袽之防。若夫疆事之壞，不苦無官，而苦多官，不在官少廢事，而在官多壞事，則臣部前疏所覆，諸臺臣議，已詳哉其言之。夫山海一墻，蜿蜒綿亘，不過數千里，盡地而守，用兵馬幾何，數登壇而合日用賞罰，臨機進止，非大將不任。昔唐裴度自請督師也，首言諸將心不一，更念諸道監陣進退不由主將，悉奏去之。諸將始得專其軍事，戰而有功。及度抵淮、蔡，獨李愬以計質度曰：「兵以奇勝，嘗侍言是也。」功成而避櫜鞬之迎。因愬請，特以宰相禮受之。當是時，愬固良將，而度所以馭軍中如此。臣因推監陣之説，合古今已事，以明其當去者四。

蓋以朝議監之，曰中制；以朝使監之，曰掣肘；以邊之大吏攬其權而監，曰兼并；以邊之平交狃其名而監之，曰横侵。夫運籌决勝，廟算自長。第兵勢無嘗，遥度未盡，故原野九重，斯須千里，用捨稍礙，否臧皆凶。臣抵關以來，每謂諸臣實心任事，當反察藥言，不當回顧多口。即撫臣疏，少有憂讒之意，臣亟止之。道臣偶糾于公錯，輒令即日引咎。蓋邊人果有實功，何畏人言；果無實功，何怪人言。即如嚮者舌擊心戰，發言盈庭，遂令諸臣虞挾彈之議後，忘奮袂之當前，而戟手摇脣，反多于金城之方略。識者不憂河北，而憂中朝，竟何如也。唐王晙與張嘉貞不相悦，奏請多不相應，故不敢輕出兵而瞰，欲谷已窺之，遂振毗伽之族。宋仁宗以陣圖賜諸將，至緩急不相援，後罷賜而擇諸將，使應變出奇，遂立异功。韓琦亦言朝庭以平定大計爲意，詔中外臣僚不得輒言邊事，以沮永圖。

臣忝冒大臣，豈其不集思廣益，而反爲武吏塞天下之口，誠見邊之設防如農之設畔，自迷其畔，而錢鎛之爲矜者愚也。假令毁畔以徇蹊田之議，寧復有嘉苗乎？故欲去中制，則朝議當精擇也。臣管部務，在皇極門下，與九卿議遼東監軍御史。蓋諸御史授用將官幾何員，一布置而多寡了然，冗冒自清，而使庸懦者、竄逃者，蜂集蟻聚、轂擊肩摩于一彈丸黑子之區。地小而官多，則病在民；有將而無兵，則病在將；將閒而無事，必至生事，則又病在國。故説者謂：「兵貴精，不貴多。」即將亦宜然。大者推轂而授，小者分符而遣，餘一概發回，毋使冗雜，以分事權，而滋覬覦。又如山石、燕、建等路，中西兩協，應設監軍，各道則吏部頃已推用，閻鳴泰、袁崇煥、岳和聲三臣，擇地分界，各展謀猷。此外似斷不必增員，徒成駢拇也。督餉府佐，須用二員部郎，關廳共汰一員，現多者裁，現缺者補，該部一啓事，便足了此無難耳。若經撫各道喪失封疆之罪，逮者逮，問者問，皇上已有嚴旨，法臣定有處分，決不至骫三尺以致漏網。而又有奔潰武臣如達奇勛、李秉誠、李性忠、江朝棟、高國禎等，或同一偷，多不欲往，而都御史鄒元標頗以爲難。即今監軍御史不得不慷慨任之，而實有不甘于前之可去，而不去者遂議以巡關兼之。雖可省一官，而一他巡相隔千餘里，有不得不關會者，兵機或至耽延。且兵興以來，巡方之任，獨張銓以死忠爲節，而幸生者又不免于議。嚮使其官必不可少，則何得輕裁，而無事或引權自尊，有事或擁兵自衛。夫以不願來此地之官，而當不願有此官之地，何如待勘定功過之日，令巡按巡關一勘明，而省一官，可省諸將千百端之掣肘。即察夷傷、補卒乘、繕甲兵、展軍駕，督撫饒爲之。唐遣韋待價擊吐蕃，有奏請御史監軍者，其主謂：「古者明君遣將，閫外之事，悉以委之。比聞御史監軍，軍中事皆承禀，何以責其成功。」遂罷之。故欲去掣肘，則朝使可酌裁也。至于鵲印龍阿，自上予之，而庸將不能用，懦將不敢用，矜長自用□□□……吏何得私所親信，不以歸之大將，而任其操練，任其生殺。昔狄青請掣智高，諫官韓絳言：「青，武人，不足專任，請以侍從文臣爲之副。」時龐籍獨以爲王師屢敗，皆由「大將輕，偏裨自用，不能制」。今青起行伍，若以侍從之臣副之，號令復不得行。青，沉勇有智略，若以智高委之，必能辦賊。故欲去兼并，則大吏之攬權可罷也。

至若道臣之監軍也，所以隨軍紀功過。夫以諸將之功過，操之一人，權已自重，而一切蒐乘補卒、秣馬厲兵、修障固列，皆得與督撫大吏。其分大將之權，號爲大將者，方且袖手噤舌，俯首聽令，而司道且得專生殺，專去留，專予奪。前者，河東之道臣擁兵，而扁舟魚海；近者，河西之道臣抗顔，而匹馬雄關。蓋平時襲帙魚之殘瀋，肆調龍之賸辦，自負管葛，以凌轢駄軩，故詩禮可敦說，表帶可輕緩，而虜不可詩退，毛錐卒不敵大劍長槍。嚮者，經臣之于道臣，不拔之使出，而反拉之使入，至別爲律，以重其罪，而後竟何如也。唐馬隆之討西河，曰：「陛下若能任臣，當聽臣自任。」唐討劉闢，而重于用兵，杜黄裳獨曰：「臣知神策軍使高崇文勇略可用，願專以軍委之，勿置監軍，闢必可擒。」從之。蜀平，群臣入賀。憲宗目黄裳曰：「時卿之功，故欲去横侵，則平交之狃其名，可罷也。」

臣少歷邊城，輒感慨數事。抵關以來，體察更真。蓋文吏之莅邊謹詳者，尚圖自守，而負一種發揚蹈厲之氣者，既抗顔將吏之上，且以爲不圖上方略，不足以明狀猷，不展布韜鈐，不足以張雄武。由是三軍之士，耳熟所聞，目習所見，以爲大將之命懸于其手，而一時號爲大將者，或以僨入，不獨假懾于威，兼亦真服其略。即間負勇健豪壯之氣，亦半銷于操縛縱旋之中。臣觀唐裴度欲一諸將之心，而宋蘇轍更欲養天下之氣。臣愚謂，欲一其心，當養其氣，欲養其氣，當無奪其尋嘗應付之權。昔人之于孽鳥也，曰虛弦而下之，以故瘡未復，驚心未定。蓋守而後戰，氣之蓄也；戰而後守，氣之餘也。以氣之餘而奪其權，以挫其氣，臣恐虛弦而下，不獨河西也。故御將之道，不予以輕，則權重；不奪其重，則權專。或以爲，世無李、郭，不得不資文臣，且國朝于謙、王守仁何嘗不文武兼資。臣愚以爲，大將不知兵，當亟易之，不當輕之。時有兩名臣，即專任之可，即不專任之，而聽其任人，亦可。此兩臣固自知任將之道，決不至自用其愚。而今之爲兩臣者，何寥寥也，獨大將無李、郭哉。然臣非獨爲一關城言，又非獨爲三大將言也。伏望皇上俯察臣言，念馬世龍已受平遼將軍印，敕下兵部，擬以實授府銜，予以應得制敕，或特恩仍賜尚方劍，以資彈壓。王世欽、尤世禄，各予以制敕關防，分轄兩路，而節制于中部。敕各該督撫司道，與各該將領共事者，當精簡其庸懦，不可鄙夷其人，而輕置之；當力防其强梁，不可過疑其人，而重抑之。其權專，則其氣不挫；其氣厚，則其心不紛。其于邊防未必無補也。臣何任激切待命之至。爲此具本，謹具奏聞，伏候敕旨。

天啓三年正月二十一日，山海關上。二十八日，奉聖旨：「覽卿奏，欲重將權，文官不得阻撓，甚合機宜。馬世龍，仍賜尚方劍，着馬上賫去制敕，及南北兩部敕書關防，俱准給。監軍御史，議裁并。其餘都着作速覆行。該部知道。」

量爲使過疏

太子太保、兵部尚書兼東閣大學士、督理軍務臣孫承宗謹奏，爲議處虚冒兵馬武弁，兼及負過文臣，懇乞天慈量爲使過，以廣任事之途事。

臣惟年來患生于猝應，起于急當急猝之會，用人多不顧其安，或明知不可，而姑取疆陽之氣，或苟徇所欲，而聊塞難結之局。蓋天下遠器，固當大成，小材亦堪一割。惟在上之提衡爲用，寧量其才，而先防以法；無過其量，而後繩以罪。故酌用之，錙銖不爽于法而盡其真，細人之才，尚足以竣事；率用之，秋毫不益于事而恣其假，豪杰之才，適足以窮法。誠謂天下以豪杰之心負豪杰之才者幾人，有有其心無其才者，有有其才無其心者，亦有無其心并無其才，而徒有其軀，或徒有其氣者。今天下當事初起而方急，至厚許之爵賞以爲招，而猶恐其不來；及事未竣而稍緩，至盡拾其錯失以爲罪，而猶恐其或漏。蓋有言，當課其實，有事，當責其成，惟隨言隨事，懸課責于先，則法易行，而待其不實不成，以課責于後，則法格而天下反苦其剋核，或應以不肖之心。蓋無不相戒于杜應魁、賈祥與何棟如、游士任之喜事，而更戒于蜀中之禍。尚借以自食。試言天下招兵者，臺省先之，勛武次之，今盡踧踧謝不敢，獨邊城落弁，

頃部咨，奉旨，以杜應魁兵馬逃散之罪，命臣處分。該臣嚮在兵部，時交薦應魁者，以爲大將，心頗疑之。及見招兵頗强，其請餉獨厚，堅議以爲，不厚餉，不得强兵。若見爲才，不虞其才難統馭，輦下沸騰，于是盡欲逐其兵將于關。今且于兵之七千六百四十八員名，逃故二千三百有奇，于馬之二千五百匹，逃故三百有奇。臣按應魁，驅幹龐然大也。長安諸臣多憐其才，或醵貲供其費。今欲一旦削其官，追逃兵逃馬之數，竊意糜骨不償。而見在兵馬，雖分發各隘，得應魁，尚可繫屬。恐應魁一拿，而兵馬之見在者，將盡數逃亡，使七千之兵終不得一人之用。蓋應魁似有其心，而非心似有其才，而非才徒以軀用，戇愚之氣，適足以殺其軀。

臣議姑削其副總兵職銜，准以守備管事，以聯絡見在兵馬，仍陸續追陪其逃故兵馬錢糧。外如原任太僕少卿何棟如，招兵援遼，自屬壯志，而雅意功名，亦未爲過。獨其費繁兵雜，多口謬論，初欲以兵致功名，後卒以功名付之兵。臣登陴而閱城守，問其持扑而立者，雜合五方之人，而浙兵尚多；獨其錢糧冒破，據所投牒中樞者，殊自駭人。然而事起輒勤遠略，兵合頗費供輸。書生手底，何得盡弄百千兵馬，而大猾方借之爲神師，以乾没公金。本官意自錚錚，其欲作經撫爲真，而諒非攫金于兵戈之會以爲家者，獨其信手狂費于先，不免飾辭謬遮于後。是蓋初有其心而無其才，終以才所不及，而更易其心，似當明核其費，而從末減，無以僞才阻天下真豪杰任事之心。外如監軍御史游士任，俠氣深心，雅抱鳴觳之耻，獨其所信諸妄男子狂誕，遂至蕩費公金，而又以親老晝游，若非臣等再四致牘東省撫按，幾至盡散八千。

然費雖多而兵殊可用，今以其將胡惟寧率二千一百至榆關，大有生色，而惟寧亦可云將也。且唬船二十、沙船八十，共百號，聞其已抵天津，臣心甚喜其適用。即御史論四衛之著，特中肯綮。臣意本官有其心，并有其才，獨其慨然攬轡，自任太高，而顧、孟之徒，非將也。故既

窘其才，且掩其心，似當清查其錢糧，責其所任之人，無令盡没其善。使一時任事之臣，徒博節省之名，于幾十萬而于兵馬將□□□……欲用之。

外若遼東監軍御史方震孺，初以別差入遼，遂因而予以監軍。當疆宇方顛，正師友交哄，其前之娓娓料敵，似欲舉白簡以靖黄沙，而旋議旋更，心殊徒苦。然而業已圖存，寧責殿後。至其招疑弁于負固，載弁困于流澌，後之當事者，特用其人成其地，尚且爲招疑納貳之標。是蓋有其心，似有其才而不能堅，以其才用其心，將欲執捐生以繩其來，必且盡弁官以脱其去。臣頃部署大將，而議去御史監軍之名，正謂御史第抨彈將吏之愆謬，不必與聞將吏之軍旅。即兩差御史可了，不必名監軍也。竊謂張御史之死，既陷同城，義必不可求脱；方御史之生，總未逢賊，勢尚可以姑全，要不得與張可同議也。

再照臣抵關來，雖未敢議誅逃將，而心頗嚴之，特以精鋭未經東來者，以鼓其氣。然而關城舊，將亦似稍有奮揚。如原任靖夷總兵李秉誠，臣再四操縱以爲用，而數月來，練火藥幾二萬，人其勤敏有精思，特見洗心策勵之大端。是令之繇今録叙其新績，不必從前追詢其舊過，庶令臣所爲操縱諸將者，將人人可鼓也。臣又念錦衣衛指揮陳居恭，嚮議移臣居外，爲臺省論劾革任。居恭係臣同鄉晚輩，或過信臣爲力可當關，而語無倫次，未必信人指授。況今臣既抵關，似宜復其原任，無令人謂臣一入綸扉，侵及邑子。是又天慈所以庇臣也。

凡此數臣，或事在邊城，或臣曾指摘，葛藤不斷，議論煩多，批根者方深，護前者特甚。臣謬謂，漫爲藏納，或滋竇于容奸，令天下抱豪杰之心者，有拊膺于骫法；斷而優容，乃啓途于使過，令天下抱豪杰之才者，無灰心于任事。蓋臣抵關來，頗悉邊方計略，真見招募難精，金穀易耗，弁流難調，心力易紛，用奇設諜難盡，占天察地易窮；而坐繩事後，與望應事先者殊念；奮筆事外，與投袂事中者殊途。昔宋范仲淹言：「懷材抱藝之人，一落散地，終身不齒，故獸窮則變，人窮則詐。」臣觀招兵諸臣，其初原欲以材義登要地，而作事一不當，幾于不齒。

是以反覆褖飾其所短，而侵入于變詐之途。然而仲淹固又曰：「邊事未寧，尤宜使過。」方今邊事正急，似宜開使過之門，無啓天下爲變詐。臣又觀唐張説薦負犯之人，充將帥之用，其辭曰：「活人于死者，必捨生而報恩；榮人于辱者，必盡節而雪恥。」以雪恥除凶之會，鼓天下捨生盡節之豪杰，斯亦帝王風厲之微權也。

伏乞皇上宏開天網，弃短取長，敕下該部，將杜應魁，准以守備職銜，照舊管事；李秉誠，准以副總兵職銜管事，以賈祥付臣爲用；陳居恭，准復其原任。其他招募監軍諸臣，似當透底查核，明爲湔洗，罪不赦，立抵于法，情可原，酌量爲用，無廢使過之條，大收報恩之益。臣何任激切待命之至。爲此具本，謹具奏聞，伏候敕旨。

天啓三年正月二十一日，山海關上。

二十八日，奉聖旨：「覽卿奏，具見持論公平、憐才真切。着該部即覆行。」

辭玉牒加恩疏

太子太保、兵部尚書兼東閣大學士、督理軍務臣孫承宗謹奏，爲天恩隆重，揣分難承，懇乞聖明收回成命，以安愚分事。

該臣承宗于天啓三年正月十二日，接得吏部咨文稱，于本年正月初八日，該司禮監太監王體乾等傳奉敕諭：「敕吏部，兹纂修玉牒書成，内閣輔臣兼修總裁績有勤勞，兹特加恩元輔向高，進中極殿大學士，蔭一子，與做尚寶司司丞；次輔爌加少師，兼太子太師，進中極殿大學士，蔭一子，與做中書舍人；宗彦、國祚加少保，兼太子太保，進武英殿大學士，改户部尚書，各蔭一子，入監讀書；繼偕加太子太保，兼文淵閣大學士，蔭一子入監讀書，承宗加少保兼太子太保兼文淵閣大學士，廕一子入監讀書。」□□□……朝廷大澤未可以臣爲濫也。懇乞皇上鑒臣誠悃，收回成命，庶臣之愚分得安，而天恩不至冒濫，臣何任激切待命之至。爲此具本，謹具奏聞，伏候敕旨。

天啓三年正月二十一日，山海關上。二十八日，奉聖旨：「卿任兼中外，獨著忠勤，玉牒加恩，用彰優眷，宜即祗承，以稱朕意，所辭不允。吏部知道。」

部署將領疏

太子太保、兵部尚書兼東閣大學士、督理軍務臣孫承宗謹奏，爲略陳邊計，以部署將領，懇乞實授更調之銜，以便分轄事。

臣惟賊惡既稔，剿滅有期，數月來，臣于進止機宜，如凡遠近之後先、標本之急緩，罔不與督撫鎮道及幕中部司諸臣日夜商度，中有顯不必侈言、密不可徑報，即負痾床蓐，而未敢耽于批發，即輟餐朝夕，而未敢略于接延。大約謂，有所以待其來，乃可以往；有可以持而往，乃可以待其來。竊占今年，主算長，客算短，賊裹糧來，我以飽待之，賊蹶將來，我以逸待之，賊必無幸。又偵得賊窠猜忌時作，奴且老，叛人寄命鯨狐間，不盡穩貼，而聚衆待食，其所掠易盡。從來賊兵主合，我當使之不得不分。其分之，不獨臨敵用疑用伏、用犄用角，如所稱强勁攻前，輕鋭蹂後；大兵倚海爲背，以散新附之人；倚西爲部，以分舊滅之虜；倚鮮爲聲，以牽西嚮之鋒；而撫所既來，招所未來；撫所既滅，招所未滅。大勢在舟師所至，小應則刦之，大應則敵之，否則避之不應，則登岸而據之，因其糧，拊其衆而有之，仍應仍率其有而避之，仍去又仍來而擾之。法當閩、津之兵水陸俱下，合楫海口，進臨覺華，北伺凌河，西連鹿島、淮、揚、青、兖，并嚮濰黄鼓旆以摇之，遂如前多方以誤之。賊以一隅當天下，勢危形散，所備皆急。且沿海以叛人爲守，東西數千里，人懷去就，許以赦貸明恩，必不能齊力致死，而一處傾壞，上下震蕩。其設著各路，要在以四維批擣之正爲奇，以四衛掣腹之奇爲正。唐貞元中，築鹽城，以韋皋分吐蕃之勢，而靈朔之役，皋復分八道以入，自八月出軍，至十月破蕃兵十六萬，生擒六千。蓋我兵不揚，賊勢不減，西虜不讋，東藩不固。然遠之聲援不備則不齊，近之兵將不精則不進，蓋無所待其來，而安所携以往。臣謹督理邊城兵馬，以三大將列爲中左右三部，又以兩副將列爲前後二部，凡五大部，兵約七萬五千，每以萬五千爲一部，分之則以三千爲一營，以營將一員主之，有中軍；又分之，則有三千總，人管一千，亦有中軍；又分之，則有六把總，人管五百。其前部在關之外，合八里鋪、鐵場堡及按馬、永安、高嶺站以統于中前，而通官暫于此撫賞。舊撫賞近在八里鋪，而設防遠在前屯，臣始移撫賞于中前，稍除門庭之患，而漸實漸遠，乃更妥帖。中前有兩營將，其兵則魯之甲一百八十五員名，合徐敷奏、周良馭新募遼兵三千有奇，即以魯之甲主之，而以朱梅、王之棟兵四百四十二員名管撫夷事，不與設防。又有楊應乾一千四百三員名，凑楊友成五百四十三員名，竇承功四百五十三員名，藍相新募兵一千名，合之爲二千九百四十六，即以楊應乾主之。又前爲前屯，有一協將，亦有兩營將，其兵則左輔一千五百一十八員名，以遼兵補足三千，即以左輔主之。陳兆蘭等三千七百五十九員名，可以陳九德主之。副總兵趙率教三千三百六十九員名。計合一協四營兵一萬二千八百三十五員名，應補二千一百六十五，成一萬五千，以趙率教爲前部。將關以内在衛城之北至角山可五里爲左部，其兵則總兵見調宣府一千五百五十員名，共二千七百五十，補二百五十，爲三千，是爲左部中營。又有經略標兵六百三十四員名，楊國輔一千五百員名，合之爲二千一百三十四員，以見招兵補八百六十六，爲三千，以尤岱主之。又有浙兵二千一百三十九員名，以見招兵補八百六十一員名，爲三千，可以丁國用主之。又有張大本一千七百八十七員名，以見招兵補一千二百一十三，爲三千，可以大本主之。又有朱文用二千五百三十四員名，以見招兵補四百六十六，爲三千，即以文用主之。計以標下合四營一萬一千三百四十四員名，應補三千六百五十六，爲一萬五千，以山海鎮總兵尤世禄爲左部大將。其廣兵張景珍二千七百六十六員名，楊慶元三千一百六十三員名，分二營，即分領，以景珍、慶元而以副總兵胡伯灝主之，仍統于尤世禄。衛城之南至海口可八里，爲右部，其兵則有總兵見調大同兵二千三百五十員名，鎮丁三百名，更補三百五十，成三千，是爲右部中營。又有諸葛佐二千四百二十二員名，補五百七十八，爲三千，即以諸葛佐主之。張聯璧二千五百四十七員名，補四百五十三，爲三千，而聯璧係入衛官，當以郜勛主之。又有盛忠二千二百八十九員名，補七百一十，爲三千，即以盛忠主之。又有周鎮一千八百八十員名，補一千一百二十爲三千，即以周鎮主之。計以標下合四營，共一萬一千七百八十八員名，補三千二百一十二員名，爲一萬五千，以山海鎮南部總兵王世欽爲右部大將。其水兵姚與賢二千八百九十二員名，補一百八員名，爲三千，可以姚與賢主之。張國卿二千九百五十九員名，内差偵探朝鮮兵八十八員名，補四十一員名，爲三千，可以俞泰亮主之，而領于副總兵查國寧，仍統于王世欽。左右兩部屬邊城，獨中部在關衛城中，外護以邏城，其兵則見調榆林兵二千六百，合内丁六百，共三千二百，爲中部中營。又有原領一千三百八十五員名，補一千六百二十五，爲三千，以徐應垣主之。保定兵二千四百員名，合宣府援兵五百，爲三千，可以楊如松主之。河南兵二千六百二十五員名，補三百七十五，爲三千，可以劉永壽主之。江淮兵胡維寧下二千一百五十四員名，補八百四十六，爲三千，練之關内，以設防邏城，而平時以五百分番，即以維寧主之。計合五營一萬二千四百八十二員名，應補三千三百有奇，爲一萬五千。以山海鎮總兵馬世龍爲大將，主中部以制兩部。

關城之西，當海洋，南控海，北控片石，爲後部，其兵則有標下見調甘州二千五十員名，臨鞏五百員名，該協内丁二百員名，合之二千七百五十，補二百五十爲三千。是以後部中營又有李承先三千員名，即以承先主之。李秉春一千八百四十四，見調通州一千，補一百五十六，爲三千，即以東春主之。尹應聘三千員名，即以應聘主之。徐璉二千五十四員名，河南等零兵三百五十八員名，合之二千四百一十二，劉昌允兵補五百八十八爲三千，即以璉主之。計合五營一萬四千五十六員名，以劉昌允兵補九百四十四員名爲一萬五千，以副總兵孫諫爲後部將。

其營則參伍生成，錯綜奇正，初取起數，合一與二爲三，再取中數，體五而用六，又再取完數，三與六合爲九，一與九合爲十，總五部二十五，而益以海山三部之羨，爲三十，當天地之數。其官則無營之主各十人，合之得二百五十，而一主將、三千總，各有中軍，合之得一百。三大將、四副將、各中軍一，合之得十有四，共合之得三百六十有四，當期之數。其兵三十，而分以五，以其一爲奇，五爲方圓曲直鋭之用。每陣五變，凡二十五變而止。故每營五哨，哨五百，而中哨則五百者二。凡羨材、羨兵盡歸中營，以應戊己之需，以設癸庚之防，使精爲衝擊，爲犄𤛇，而次爲雜流，以象四旺而土寄之，如歸奇于閏，奇一耦二，兩耦中合，則主將獨握奇以御耦，兩耦外分，則戰將合，得耦以成奇。總之，數用五，束于伍，五相得，而各有合，則握爲奇。奇者，將所自出法，視敵所觸爲正。正之左右掖即奇，其三部城守，則下入壘而居爲營，上登陴而守爲信地，營各分埤堄，可四百有奇，以營兵之半爲守，仍以其半分爲二。用一以應援于高，用一以巡徼于下，一大將各率標兵親丁設車營于外，以詰察非常犯法者，立斬之。時相機而以後部精健，從兩捍門砍其營。其出則前部爲設防居後，而後部爲奇兵居前，三大將分居守，分接應，分進剿，可握則握其奇在内，可施則施其奇在外。

方今見在兵四萬有五十，合以招之兵萬有五千，調之兵萬有二千，合一片石設防兵爲營者三十，各立營名，而係以「武」，昭我皇上神威遠略，以新邊人之氣。北部曰振武，曰奮武，曰英武，曰雄武，曰翼武，而翼武有二營；南部曰寧武，曰襄武，曰定武，曰耀武，曰龍武，而龍武有二營；中部曰神武，曰威武，曰戡武，曰緯武，曰戢武，而三大將標兵俱名神武，分中左右以別大將之權。于營將後部曰驃武，曰驍武，以統馬兵；曰捍武，曰捷武，以統步兵；曰衝武，居中兼馬步。合五營爲車營，特以「衝」名，而分爲奇兵，前部曰彰武，曰肅武，曰宣武，曰廣武，曰壯武外，一片石分營曰昭武，曰建武，曰靖武，曰修武，曰經武，中部第一營爲神武中營，主以總兵馬世龍。其中軍可以原任三屯營中軍方裕崙授游擊管參將事。其旗鼓官可以加銜守備曹世寧授守備職銜。其管理營務副總兵，可以見任平虜副總兵楊嘉謨仍授副總兵職銜。而副總兵之中軍，可以調用守備陳應元實授守備職銜，領兵都原任加銜游擊胡維寧授游擊管參將事。緯武營參將，可以京營中軍劉永壽授都司管參將事。左部之振武營參將，可以加銜都司尤岱授都司管參將事。奮武營參將，可以振武營中軍丁國用授都司管參將事。英武營守備張大本候巡關御史題復授都司管參將事。雄武營參將，可以見任都司朱文用授游擊管參將事。翼武營協理副總兵，可以原任降處參將胡伯灝授參將管副總兵事。其中軍，可以加銜守備吴鳳騰授守備管翼武營中軍事。其左營游擊，可以加銜都司張景珍實授都司管游擊事。其右營游擊，可以加銜守備楊慶玄授都司管游擊事。右部之寧武營參將，可以加銜都司諸葛佐實授都司管參將事。襄武營參將，可以見任參將郜勛仍授參將。定武營參將，可以加銜都司盛忠實授都司管參將事。耀武營參將，可以加銜都司周鎮實授都司管參將事。龍武營協理副總兵，可以見任京營游擊查國寧授參將管副總兵事。其中軍，可以原任守備董大勝仍授守備，管龍武營中軍事。其左營游擊，可以調取材官俞泰亮授都司管游擊事。其右營游擊，可以加銜都司姚與賢授都司管游擊事。前部之彰武營副總兵，可以被參副總兵趙率教仍授原銜。其中軍，可以加銜守備鄭一麟授守備，管彰武營中軍事。肅武營參將，可以原任游擊魯之甲授參將職銜。宣武營參將，可以原任參將楊應乾仍授參將職銜。廣武營參將，可以原任參將陳九德仍授參將職銜。壯武營參將，可以見任游擊左輔授參將職銜。後部之衝武營，可以見加府銜副總兵孫諫主之。

其中軍，可以京營千總高勛授守備，管衝武營中軍事。驃武營參將，可以原任參將李承先仍授參將職銜。驍武營參將，可以加銜都司李秉春實授都司，管參將事。捍武營參將，可以原任佐擊尹應聘授參將職銜。捷武營參將，可以原任加銜都司徐璉授游擊，管參將事。外有設防一片石昭武營游擊，可以見任守備路元寧授都司管游擊事。建武營游擊，可以見任游擊劉定邦仍授游擊。修武營游擊，可以京營千總郤繼先授都司管游擊事。靖武營游擊，可以見任游擊劉恩仍授游擊。又有鐵場堡設防守備，可以見任游擊事。經武營游擊，可以京營把總許國元授都司管游擊事。又有設防覺華島參將，可以原任參將祖天壽復授參將。游擊金冠，實授游備禦竇承功授守備。又有設防覺華島參將，可以原任參將祖天壽復授參將。游擊金冠，實授游擊管參將事。又有三部督練火器原任靖夷總兵李秉誠，仍以總兵體統立功。其中軍，可以材官楊啓元授守備。外有山海路額設應援參將，可以降處參將高國禎復授參將職銜。又有關城內外巡捕參將丁以、京營佐擊周文炳授參將職銜。西關守備，可以京營把總洪琦授守備職銜。又有設防南海口參將，可以原任參將賀謙仍授參將。又有山石道中軍，可以材官高攀桂授守備。關外道中軍，可以材官徐之後授守備。廣寧道中軍，可以山海衛指揮戴天寵授守備。關內道中軍，可以材官卜文璜授守備。巡撫標下中軍，可以京營參將翟從義仍授參將，管中軍事。其旗鼓官，可以京千總衛之屏授守備。練兵守備三員，可以加銜守備于化龍、藍相、王勛俱授守備職銜。

臣標下例有中軍，可以原任游擊管參將事滿桂升授副總兵，管中軍事。其旗鼓官，可以原任中都留守王家棟授參將。又有標下譯審事務，可以夷官副總兵王世忠仍授副總兵，管理兵車火器營務。游擊一員，可以原任游擊牛應斗仍授游擊。都司二員，可以加銜都司劉元藎奉調加銜守備，張桂俱授都司守備。四員可以調取材官張弘弼、王光爵、水文科、毛國華，俱授守備。

臣惟嚮來關城將領，盡以白丁札授，亦有未經札授，口報爲官，輒以官從其請。夫責人以安危之大任，而視其官爲可有無之官，何以振天下之氣，而得其半臂之用。臣是以仰懇天慈，概從題授，令予而知榮，乃奪而知辱。蓋上操予奪，可以定榮辱，下懷榮辱，可以一生死。此皆臣與撫臣司道酌定于數月之前，近更得大將爲之確議。至于因地因人，隨機隨勢，頗極精詳，務令各該將領通曉，臣更願執此以理登萊，使將士各歸其分，而借以剸刃于賊腹。從廣寧散部，從夷鎮江瞰窠穴，仍以榆關爲正兵。所謂待其來，持以往，乃今日剸守之大機也。懇乞皇上敕下該部，早爲擬授各將之銜，庶偏裨佐大將之成，總理收臂指之用，邊將既精，邊防自固，進剿之謀自周。臣何任激切待命之至。

天啓三年二月初十日，山海關上。十八日，奉聖旨：「覽卿奏陳邊計，剸守機宜，悉有成算。朕方眷焉東顧，殊用慰懷。其部署更置將領，即與題授職銜，以便委任。該部知道。」

缺官疏

兵部尚書兼東閣大學士暫掌部務臣孫承宗等謹題，爲缺官事。武選清吏司案呈，照得貴州都司軍政僉書潘崇龍，近該浙江巡按張師孟題參，原任南直隸柘林把總不職，本部覆奉欽依，革任回衛，所有員缺，合當推補，案呈到部。臣等從公推舉，得南直隸監城守備，以都指揮體統行事指揮僉事王繼祖、廣東柘林守備，以都指揮體統行事指揮僉事吴世重，俱各堪任。伏乞聖明于内簡命一員，量升署都指揮僉事，銓注貴州都司軍政僉書管事，遺下員缺，另行推補。緣係缺官等因。天啓二年三月二十五日具題。二十八日，奉聖旨：「有點的，依擬用。欽此。」王繼祖有點。□□□……

辭免隆恩疏

太子太保、兵部尚書兼東閣大學士、督理軍務臣孫承宗謹奏，爲再披愚悃，仰懇天慈，准臣辭免隆恩事。

該臣以玉牒加恩，具疏控辭，隨于天啓三年二月初九日准吏部咨，奉聖旨：「卿任兼中外，獨著忠勤，玉牒加恩，用示優眷，宜即祇承，以稱朕意，所辭不允。吏部知道。欽此。」伏仰皇上所爲，持大權以式叙群臣。今兹玉牒告成，更荷加恩。臣惟諸臣被之，似爲引分裁心，百凡忝冒。唯是一事成有彝典，一事起有殊恩，臣材薄任重，累荷殊恩。蓋綜理之繁，諸臣久與其力，奏成之日，微臣適會其逢，且臣忝冒綸扉以來，帷幄日少，邊城日多，披裁未與，心手爲慚，故諸臣或可祇承，而微臣未敢重冒也。懇乞聖明念臣悃誠，准臣辭免，庶衰殘不益其灾，忝冒不重其過。臣何任惶恐待命之至。

天啓三年二月初十日，山海關上。

十八日，奉聖旨：「卿輔政籌邊，忠勞茂著，加恩彝典，藉示眷酬，其即祇受勿辭。該部知道。」

恭謝天恩疏

太子太保、兵部尚書兼東閣大學士、督理軍務臣孫承宗謹奏，爲恭謝天恩事。

該臣以玉牒加恩，再疏辭免，隨于本年二月二十一日接吏部咨稱，奉聖旨：「卿輔政籌邊，忠勞茂著，加恩彝典，藉示眷酬，其即祇受勿辭。該部知道。欽此。」臣謹遵旨祇受，未敢再辭。伏念臣年來忝冒天恩，再數稠疊，祇緣羈束邊城，既不能隨同官以紓籌策，而又不能隨同官拜闕庭，以布感激微悃，除恭謝外，謹具本奏謝以聞。

天啓三年二月二十四日，山海關上。

三月初一日，奉聖旨：「覽卿奏謝，朕知道了。該部知道。」

孫承宗集卷二十七

前督師奏疏第四

乞慎使命疏

太子太保、兵部尚書兼東閣大學士、督理軍務臣孫承宗謹奏，爲兵不可玩，使不可輕，懇乞聖明重兵政以隆大計，慎使命以嚴大防事。

臣惟方今春防正急，所在戒嚴，臣以衰病，日行關城内外，與撫鎮中飭調遣，夜與幕中諸官商榷，動至夜分，不解衣而假寐，漏未盡輒警衣，起治文書，日復爲嘗。而西虜日報掠劫，時傳烽警，所在要挾，出語桀驁，未得以漢法釋羈縻。東虜聞臣且帥大兵臨四衛，則先驅四衛之人于北，而土荒不治，防我因糧于敵，即今狙伺未起，而狡謀日在横發。所幸皇上以輯寧天下爲心，凡一語關東事，無不立見施行。而浩蕩天恩，有加無已。此文武將吏，無一人不感奮圖謀，期以仰報聖明。適聞欽賞概頒，而又特遣親近，敕使臣以不擾，敕地方以無虞。仰見聖心爲天下大計周切詳盡，臣何能仰贊一辭。且内臣原奉命交割器甲、金幣，未有干預兵務之文。臣方將與文武將士仰戴天慈，誓竭頂踵，何得有言。但中使關涉兵政，自古有戒，諸邊人竊見皇上使命不遣各該兵略大臣，而敕遣治兵内臣，又遣不一人，而更以四十餘人明列敕旨，各相擬議：一謂皇上特重邊人，不難勞親近以遠慰組練；一謂皇上或不信邊人，特擇親近以體察情形。夫以邊臣治兵無狀，不能仰釋皇上東顧憂勞，敢謂體察之爲疑。獨是主兵之臣所爲，令行禁止，以抗顔軍中者，唯是仰藉皇上信任威靈，而體察之説一聞，即主兵之臣必摇摇不敢自信，又何以號令文武將吏，而令其信。語不云乎：「君子善謀，小人善意。」竊恐細人意之，而生不信之心，則主兵之臣且爲輕。夫一二兵，臣何足惜，獨惜天下輕皇上之兵，臣而法且日窘。又聞諸内臣欲從北邊來。臣嚮以單車巡行，邊人尚爲驚惶，而今以水雨荒疲之後，又諸夷要挾之時，令各將領罷籌邊而逢迎貴人，各該士馬釋戈甲而供應雜役，俱屬未便。且中使俱忠勇營治兵者，竊計大内所習見者，耀日甲光、凌霜銛刃，而各邊疲卒疲馬，寧堪當眼。此時諸將吏欲伸志禮文，而不能不絀意兵馬之靚閲，即諸隨從不責備交際，而不能不參酌靚閲之兵馬。即臣欲諸將吏昂首而當貴人，則恐其爲慢天使，遂無以仰對聖明慰勞邊城之盛心。臣欲諸將吏俯首而事貴人，則恐嚮來所培養提掇，以養其飛揚强毅之氣，稍稍見于眉睫，而一旦頓銷鑠于内外交接之文，又恐無以仰副皇上鼓舞豪杰之盛美。

山海斗大一城，諸將吏聞邸報，不遑寧處者幾晝夜矣。飲食居處，百無可藉。然臣所深念，更不在此。凡以仰賴皇上明飭，不擾地方，自可無虞。獨是中使觀兵，古來有戒，即諸臣知道理，仰奉皇上明法，不必過計，而臣所深念，殊爲惓惓。即今天語既頒，命使既行，無容再議，但念兵不可玩，使不可嘗，典或以美而成駭，例或以暫而爲久，天下不明于皇上過信大臣之心，而或疑皇上有不信大臣之意，是皆足以害政。臣願皇上嚴于兵事，毖飭使臣，無以此行爲嘗，令諸臣宣布皇上德意，無遂以觀兵爲威福，以全政體，以昭國威。臣何任激切待命之至。

天啓三年二月二十七日，山海關上。

三月初一日，奉聖旨：「朕念卿輔弼重臣，邊關久駐，特用慰勞，并頒賚將士，兼以神器兵仗專使護行，用壯軍威，鼓勵士氣，原非干涉别務。且臨遣申諭，沿途不擾，竣事即還。覽奏，具見周慎，其尚悉朕意。傳將吏人等，各安戎伍，毋得過計。該部知道。」

謹報酌賞之數疏

少保兼太子太保、兵部尚書兼文淵閣大學士、督理軍務臣孫承宗謹奏，爲仰承欽命，恭謝天恩，謹報酌賞之數，兼陳愚悃事。

該臣于三月初八日接兵部咨文，内稱，天啓三年二月十七日，該司禮監太監王體乾等于文華門傳出聖諭：「朕嗣極以來，奴氛未靖，四方征調，國課幾空。正餉之外，發過内帑千百萬，猶然告匱。目今加派錢糧，屢行乞蠲，募兵製器，費用滋煩，朕甚憂惕。内庫檢得所貯軍器堪用得飛電、捷勝、安邊、佛郎機、滅虜將軍神炮八十位，神銃、無敵、手銃二百五十位，每位隨用蠹袋、銅藥匙、鉛石等子，全銅鐵勇字盔甲一千五百二十二頂副，各樣倭刀等刀四千把，各樣槍一千杆，關山等斧四百把，脚踏弩、銅溜子弩五百張，弩箭五百把，大小弓三千張，各樣箭三千把，皮撒袋一千副。特差乾清宫提督、御馬監掌印太監總提督忠勇營事務劉朝與同乾清宫管事御馬監太監副提督忠勇營事務胡良輔、紀用、陶文，督率中軍等官殷進等四十五員，以賫捧該監局庫查發器械數目、印信、揭帖二本，一并解赴山海關督師衙門交割，照數驗收，以資戰具。差去人員，不許騷動驛遞，但經過地方，務保無虞。其輔臣督師，邊地籌畫憂勞，在鎮文武官員，苦心協力，戎卒軍士，卧甲枕戈，櫛風沐雨，深軫朕衷。特發犒賞銀十萬兩，各色蟒衣、麒麟、獅子、虎豹等紵一百五十匹，順賫前去交付督師輔臣，酌量將閫鎮軍官分别等第犒賞，毋得虚濫，以鼓官軍奮勇之心，以彰朝廷遠恤之意。輔臣承宗特賞蟒衣一襲、銀一百兩。爾部即移文彼處，各該衙門知會遵行。特諭。欽此。」

該臣又于三月初九日接得報帖，稱御馬監太監劉朝等奉有抄謄諭旨，臣謹率文武將吏，恭具龍亭，于西郊外叩首祇迎，入署設香案宣讀。隨令中軍官驗收器械等項及順賫金幣，仍率文武叩頭謝恩訖。除臣祗領蟒衣一襲、銀一百兩隨將盔甲器械逐一分頒三大將，臣頃爲三大將三部設神武三營兵各三千，特分神器于三營，令之擇良將卒，一一演習。容臣另乞皇上再敕該監局庫量發，以足三營之用。蓋分之則寡，合之則多，寡則易窮，入伍難于應敵，多則成隊，習熟可當一面。至于段匹銀兩，仰遵欽命酌量，既彙品級，更分職任。其實銜與加銜不同，任兵與任事不同，有事與無事不同，關外與關內不同，近關與遠關不同，馬兵與步兵不同，有藝與無藝不同，自總督、尚書、督餉、侍郎、關城撫鎮部道及各官丁，俱有次第。至于順天、津、登撫鎮部道諸臣，是皆與關城聲相呼應，勢相犄角。年來調兵徵餉，備極拮据，且與之共賞，乃能責之共功。其蟒衣、麒獅等紵，除文武大吏坐營將官各給一匹，或量給積有勞勩者，餘俱留貯，以待有功。其續到班兵，仰體天慈，量爲給賞。臣因給發間，伏睹堅甲利兵、長弓勁弩，凌霜耀日，掣電訇雷，兼以彩幣精金、文麟坐蟒，匪頒種種，恩數纍纍，是皆儲創先朝，修藏列聖，佐神威之遠震，待天怒之赫臨。而特遣近臣，下頒遠吏，初頒美而或駭，即禀成而稱盛。以臣極陋，冒賜特隆，謀乘文武之長力，慚居其後，用乏緩急之效賞，愧據其先，既勤深軫之衷，兼荷酌分之命。是用仰承大有，式奉三無，合新舊于諸臣，量寡多于群力，斟酌有數，裒益惟均，新受事則激其將來，舊有成則酬其既往，人鮮不分之等，地無觖望之恩。是惟我皇上天挺神明，道兼文武，太阿在手，方夏函心。故四星戢翼于虛張，千里騰歡于實用；虎牙龍首，氣雄共膽之孱；風起雲飛，勇振同心之旅。蓋一定之賞罰，持之平日，而人心嚴；不測之勸懲，行之一朝，而士氣奮。是以近受萬年之勝算，遠承九廟之靈威，初讋遼氛，揚波海寓。今緣四靖合力榆關，蓋流離久而遼人之苦方深，提掇熟而邊吏之心稍換；乘其苦，予以堅城，或且不分不散；得其心，授之精卒，勢將可守可攻。臣頃策馬首山，投鞭覺島；山園故國，特掩泣于新亭；湖打空城，頓懷歸于舊壘。是用登先蝥于缺地，拾鐵戟于沈沙，大蒐後部之兵，潛整營城之具。掃清舊宇，安中澤之流傭；簡拔健兒，壯頹垣之氣色。誠以三年爲艾，莫忘不漬之癰；

庶其旬日成城，得據無暇之險。蓋力當盡竭，敢屑屑于身名；機有可乘，肯跧跧于遠大；念群吏苦心協力，頓忘邊地憂勞；睹三軍卧甲枕戈，忍負孤城風雨。况三空四盡，小民削髓，猶輸百調千徵；内帑傾儲而應，敢不借皇仁以聊衆志，奉神器而振天威。直躪黄龍，疆宇盡三千禮樂；爰歸華表，人民還百二河山。是臣所爲，俯傾愚悃，仰報天慈，合文武將吏，旦夕靡寧者也。除賞過官丁數日另册開具，仍具本恭謝天恩，謹奏以聞。臣可勝激切感戴之至。

天啓三年四月十三日具奏。

十九日，奉聖旨：「覽奏，具見卿宣揚鼓舞方略，甚慰朕懷。兵器已盡發，有不足的，着工部造給。犒賞各項，知道了。該部知道。」

關外二百里情形疏

少保兼太子太保、兵部尚書兼文淵閣大學士、督理軍務臣孫承宗謹奏，爲看詳關外二百里情形，仍見在之土田，安願歸之人心，部署官兵，兼陳下悃事。

臣聞邊城之事，遠近并計，細大并修，但有同心，不妨异議，要在朝廷獨持大綱，當事兼容衆論。臣嚮在講筵，曾言邊城不妨衆議，以備任者之不及，但恐邊臣未有公心，祇行私意，至弃所當行，以迎合世論，狃所欲行，以邀來先發，人方瓦解，事遂魚爛。臣與諸臣，猶幸無之，即兩撫臣，語不妨遠，而謀竟歸真，志不妨大，而事竟歸實。蓋今日之事，復土與守關自合并議，而守關此兵，復土此兵，功夫亦合并舉。臣妄謂關門係天下安危，而兵馬先儘守關。又謂守寧遠乃以守關，而兵馬兼圖守寧遠，然意在守寧遠以守關，而不得撤守關之備以守寧遠。故統數十萬守一關，而不敢窺關以外，與夫以十數萬守一關，而零抽暗撤，以遠騖于關以外，臣俱不敢。臣與諸臣料理兵將，八閲月矣。關城兵馬，差有次第，賊來似可爲守。然嚮來守以關曰頓，視寧遠爲絶城。

臣初抵關，曾令幕中經歷程崙遍踏其地，一一畫書注説。臣雖據有規畫，而百聞不如一見。至今年二月，遂携諸臣歷覽城堡，量其大小緩急，酌量兵將，急欲遣將守寧遠，以立局面。又念戰守當有定謀，而城廬既廢，土田既荒，土人一集，大兵未到，何可爲守，何可爲戰，是虚冒嘉名，實承隱禍。皇上此時責臣以不爲堅計，臣何説之辭。臣與諸臣再四圖維，自八里鋪至寧遠，步步爲實，而于寧遠特不欲先侈大局，第密令諸任事將領預備，以待兵成而舉。總之，臣與諸臣日夜規畫，虚實奇正，無不周到，而有不得概陳者。目今唯是賊來必戰，賊未來而簡練不精，兵必不出；關以内，日整兵馬，日造器甲，日演射打，日修兵船，習水戰；關以外，日安流傭，日修城舍，日擇鋭將爲戰，擇穩妥治事之將爲招募，爲安集，爲守。大約議，每城堡，以土官有心計者，招撫遼人，而以流官有氣立者，訓練兵馬，有事則出戰，或應援，而以土官率城中人堅守。惟多備弓箭火藥炮石，更立兩游擊于要害，專備應援，如戊己較尉之制。恐人守一城各守。總之，除守備竇承功以兵五百守鐵場堡、都司楊友誠以兵七百守高臺堡、廣寧衛指揮張弘謨以兵三百守永安堡外，尚需兵可五千，馬可一千。各總兵又議，姑分南路兵以守禦官戍邊堡護田，作其南路，則關以外八里鋪舊設千總，填配軍四十八名，後西虜據歡喜嶺講讐，關門外時有劫掠，臣令量移中前。其防守官岳汝穆以兵五百屯練于中安，人口可千餘，北與鐵場堡相呼應。仍議築芝麻灣爲堡，以柯仲烱兵一千五百再益之半，且屯且防。更築虎龍峪、三道關，以内護關門爲奇兵，施西洋大銃。東至中前三十里路，傍臺七，曰土烟，曰宫家墳，曰丘家山，曰李家山，曰鎮遠鋪，曰甘家窪，曰婁家嶺。中前所舊設游擊一、中軍千把總四、兵一千五百、馬千餘，今以參將楊應乾領兵三千葺壞廬爲防。臣再入其城，乃可栖止。適又報修城百餘丈，而安插兵民可萬餘人。其地近關門，在四十里間。西虜方撫賞于此，而通官王牧民、朱梅、王之棟各有兵丁。蓋關門要地，似與寧遠外之中、左更吃緊。

東至高嶺驛十二里，臺有三，曰大橋，曰松嶺，曰趙家墳。高嶺驛舊設驛官一、千總一、兵五百。至前屯衛十八里，臺有四，曰麻地溝，曰陡坡，曰王崗，曰鎮海。今以備禦楊松橋領兵五百、馬百匹，安插人口可三千餘，屬彰武營轄。更議以都司楊楫管游擊事，領精兵三千，仍擇力能率五百人揮刀入陣者爲千把，以内護關門，外爲前屯之後勁，專主應援。蓋關以外沿路城堡，箭直無復犄角，故欲設兵于前屯之西，以待援，而仍欲于前屯之四隅擇地，如龍潭崗建土堡，據高臨水設奇兵，與城中爲聲勢。前屯衛舊設副總兵一、中軍千把八、兵三千，令于此立爲前部，以副總兵趙率教遼兵五千、陳兆蘭川湖兵四千駐其中。城中兵民可五萬餘人，率教能以空月銀買馬置牛，以遼人採草採木，築土燒磚，種過秫田百六十餘石，而民田倍之。又以民田城南、官田城北，謂可且耕且防。城頗闊大，兵民誅茅，理敗垣，覆之爲居，而公署城郭，漸以修葺，遼人殊舒揚，無敗氣。仍以臣所請帑金遣道臣，補所未足甲仗馬匹，及安插新民。臣與撫臣登城四望，地儘可守可戰，而道里直排，故特議爲犄角。東至石河鋪十五里，臺有四，曰印山，曰山東，曰石崖，曰田家墳。而直北三山，平川爲衝，其石河鋪又名溝兒河，額有守鋪官一員，而堡可安插兵民二千，舊以前屯營撥軍十名瞭火。至沙河驛十五里，臺有四，曰石河，曰葉家墳，曰張家山，曰大烟，多西虜零竊邊行，以得過葉家墳爲幸。

臣適過寧遠，聞前屯東之零兵爲虜掠，遂以兵伏臺，以散弱誘之，殺數賊，生擒一人，今以前屯指揮楊紹茗加守備領兵三百，駐守石河，仍日以五十人防葉家臺，而先修葺。其臺下爲羊馬墻，立營房十餘間。其沙河驛額設驛官一、把總一、兵五百。

東至中後所二十里，臺有六，曰營盤山，曰范家山，曰張家墳，曰雙堆，曰馬駐河，曰濫崗，而直北有獅子口爲衝。魯之甲以舊加銜守備謝錫榮招軍丁四十八名、戰馬四匹爲守。今議增兵五百、馬一百，駐其中，屬肅武營，安插人口可三千。蓋地當前屯、中後之中，爲要害，而西虜出没，亦前衛之前茅。其中後所舊設游擊一、中軍千把七、兵一千五百，土肥而城小，人多願歸，其毁廬尚見雄秀。南去海三十里，東去覺華五十里，糧從海上，趙家嘴可泊，有河横其東，可通海，而南爲閘，可深以爲險。今以參將魯之甲領兵三千三百三十二員名，往爲防。臣于其行，同撫鎮部道三飲之爵，給銀幣甲馬，以旗鼓彩亭送至邸。仍給工科銀六千，以葺城池，安遼人。約令簡壯丁爲兵，次爲工，又次爲田。頃報安插過軍民一萬一千一百七十二員名口，牛驢一千一百三十四，馬騾六十五，車三百八十八，隨以所載米鹽料豆鍋席給之。

東至東閣驛十八里，西南舊有屯莊十數處，臺有五，曰鮑官屯，曰鮑官嶺，曰雙堆，曰破土，曰慴虜，而三道、錦川與高臺之撫夷爲衛。東閣驛額有驛官一、把總一、兵五百。今以備禦高如嵩領兵一千、馬百匹，屬中右參將轄，可安插人口三千。

東至曲尺河鋪十二里，臺有三，曰東嶺，曰得勝，曰曹家山。地當中後、中右五十里之間爲要地，而直北廟兒山爲衛。曲尺河鋪額有守備一，領住鋪兵民，中右所撥兵十名瞭火，今議姑從中右撥兵三百，統以千總，馬二十匹，與東關相爲呼應，以分應兩中。

東至中右所十八里，舊有屯莊數處，臺有五，曰龐家山，曰金家山，曰楊家山，曰土烟，曰千溝，而直北黄土臺爲衛。中右所額有游擊一、中軍千把七、兵一千五百，地去海，與邊愈近，去寧遠可三十里。臣與諸臣往來栖宿敗屋中，拾壞檠涴，幾爲具地，似中後衝亦相若。撫臣以參將王楹領兵三千、馬一千，以理修葺耕鑿，爲安插計，仍如中後發銀爲資，糧從海上，以給安插人口一萬有奇。

東至曹莊驛十八里，臺有五，曰鹽場河，曰石頭山，曰李家山，曰七里坡，曰四里河，而黑莊窠、仙靈寺、小團山，處處爲衛。曹莊驛舊有驛官一、千總一、額軍五百五十，堡城不甚小，而關廂附居數百家。今以加銜守備吴守禮統兵一千、馬一百，安插人口可萬餘。再加土人有風力者，官司同率土人爲守，而守禮更于汪翥打算修寧遠城，又議以蕭陛管游擊事，統兵三千，馬步各半，專習火器弓矢，爲應援兵，以當寧遠之後勁，遥與湯泉、首山之兵馬犄角。

東至寧遠十二里，臺有二，曰濫泥塘，曰青堆。寧遠舊有參將一、中軍千把七、兵一千八百，城獨北面，來新令且增土于内，其公屬尚有存者。臣時栖刑廳，特壞什之二，西虜拱兔部夷幕其中，給例賞，諭以勿毁城廬，夷脱帽謝。隨與諸官策馬登首山，眺海，遂跨硿瓏山，望灰山、寨子城諸要害。

谿虜山横跨西南迤荒草中，時沙磧，時泥淖，夜三鼓，〔一〕夜半仍抵中右所，看得首山去寧遠可五六里，高可三四里，而横直可四五里，而去海平地可十里。北接硿瓏山可里餘，舊有敵臺，撫臣議以胡爲寧將兵三千，爲屯田于首山南，以限胡馬；議建修舊臺，立羊馬墻，以當大道之衝。仍議灰山之馬鞍内擇要爲臺堡，南望覺華島，三山連踞，若與首山相招邀，而灰山連硿瓏山，與首山相爲内護，南則大海谿東來，覺華彎環寧遠，水甜地肥，有金冠、祖天壽兩將，屯兵可三千。城去海可二十里，而中途有湯泉堡可築，與寧遠相犄角。瀕海有龍宫寺，亦可堡，與湯泉相應，而據海有勢，北望寨子山尚遠，議駐兵三千，防西虜，遂爲寧遠左腋。仍于城東北當硿瓏山之西爲堡，以護如湯泉，而首山之□□可伏可奇。撫臣議令徐應垣領兵五千駐寧遠，與金、祖二將犄角。臣令姑練兵于内，仍令天壽厚築城垣，工成之日，計可安插六七萬人。寧遠東至□□只樹鋪十八里，臺有四，而邊堡有五，皆衝。東至連山驛十二里，臺有四。連山驛舊有驛官一，千總一，兵五百五十。東至中左所十八里，臺有六，今以左輔領精兵三千、馬二十，駐中左所，爲哨探。左輔先領一千五百，而甲馬不備，臣特一一給之。

東至高橋鋪界十五里，臺有三，曰賴家橋，曰蔡家山，曰朱家窪，至錦州界臺止，而高橋有鋪官領鋪兵民中左撥兵十名瞭火。自雙樹東五十餘里止，安左輔哨兵，餘俱未議。蓋關城東，前屯與寧遠爲兩大城，可屯聚，而寧遠當先據以良將統重兵，而仍以驍將統水兵，從覺華而北，賊抵城，則我之水兵當繞其後，而寧遠之兵當擊其首。湯泉、硿瓏山與首山之伏，可攻其□，而曹莊、寨子山更爲遠勢。蓋此地有兵，而又從四衛令艤舟皇、鹿間，以東通西貫，待聲勢既連，便可遠圖，而賊且狼顧狐疑。頃撫臣議于覺華遣驍健通東方，良有深意。臣更欲合登萊千里之水面，并爲方略，而相機覰勢，自可爲奇。方今賊之狙伺，以千里赤地，無糧可因，而今且人漸集，貨漸居，糧料漸富，賊必一來，然我之備誠嚴，則守寧遠如關，即拒之寧遠，力難于拒之關。然覺華地虛活，可奇可遠，必不可不據。此撫臣得力之急著。且寧遠去關二百餘里，我據之，則内聯四衛，外呼鮮人，便可雄視河東。臣嚮謂，以百萬守八里，不若以百萬爲遠圖，固已計此。倘賊一據之，則勢險節短，而東西兵力、中外人心，不無駭貳。即今西虜據爲甌脱，而久置不理，將東西俱爲我害；兼以遼人欲復，其土如焚，目今舊貲且窮，而内方無地可耕，無屋可居，無衣食可倚，出則可耕可屋，擇一人爲兵，便可借養一家，而修城治田，皆需民工，又可以無用爲有用。蓋臣與諸臣日所苦心悉力，唯是兵馬，而安排出關之計，即在安排城守之中，然必不撤城守之兵爲出關之兵，蓋日計守，即日計出，以提掇兵將精神，而臣于各該將領，不欲長在關内，各總兵議，令以四部兵將輪流出防牧馬，即大將時出以蒐獵射打，頓可讋西虜，兼習兵將之心。總之，關内外所急唯兵將，而簡練唯實唯法。臣初不敢驟爲嚴，而今不敢概爲寬，要之實以奉法。見今任事有人，兵亦漸集，其遠大之計，其在圖維，而凡一切訓練攻守，俱責將領飭綱振紀，及徵發供應，俱責撫道。臣自覺案頭無事可做，亦自覺胸中無奇可施。頃奉皇上之命，又令關城無一將不領兵治事，無一兵不歸將，即招募不得虛冒，而滿百輒歸各營。蓋兵餉可清，而一切頓清，然皆日用嘗行，非有奇計。

伏望皇上量臣事在理關以内，意在圖關以外，事在理關以外，意在守關以内，見今關外雖有南北兵將，然不過以見在遼田，安見在遼人，以見在遼兵，守見在遼城，稍清畿輔之紛囂，漸圖淪失之土宇。即兩撫臣與諸將吏奇謀异計，亦自此展布，原非虛冒恢復之名，以飭聽聞。蓋兵力粗有推敲，著數粗有部署，而成敗利鈍，未能逆睹。懇惟皇上量臣區區之愚，以酌量緩急，再照去年兵馬叢脞之日，臣病亦未敢言；今年撫鎮殫竭之日，臣即不病，亦當去。況臣久以衰病馳驅，今更病矣。目今春防事竣，伏乞天慈放臣歸里，少得歇息。倘不即填溝壑，尚可仰見蕩平之盛，臣何任激切待命之至。

天啓三年四月十六日上。

二十四日，奉聖旨：「覽奏，知卿分布防守，各有次第，具見安攘大略。卿以輔弼重臣，久勞于外，朕甚軫念。但封疆事重，中外倚賴，未宜言去。卿還安心視事，以副朕意。該部知道。」

【校記】〔一〕以下至本段結束，據熹宗實録補，北大明刻本此處缺兩版。

懇乞回籍疏

少保兼太子保、兵部尚書兼文淵閣大學士、督理軍務臣孫承宗謹奏，爲病久法弛，體輕人玩，懇乞聖明憐臣真病，准臣回籍，以全政體事。

該臣條次關外情形，兼陳下悃，荷蒙聖旨：「覽奏，知卿分布防守，各有次第，具見安攘大略。卿以輔弼重臣，久勞于外，朕甚軫念。但封疆事重，中外倚賴，未宜言去。卿還安心視事，以副朕意。該部知道。欽此。」

伏念臣以帷幄近臣，仰皇上憂勞，更念天下安危，係此一綫，輒不揣愚拙，親來督理軍務。抵關之日，正當秋防，東偵西款，雜還關門，潰將殘兵，呻吟宇下，久玩難思，驟嚴不受，即草澤，或有遺逸，即行伍，豈無韜略。是以無稽，亦竟其談；有口，頓與其進；即負名，未必盡良；即蒙議，未必盡楛。是以既退，仍録其偏長甚愛，間摘其偶短，即戰與守异，自有合謀；

即撫與剿同，寧無异用。是以人欲其參相爲，一計欲其先定于蚤，然而地當草創，事值絲棼，片檄手裁，一令獨下，口引炮石，目隨騎射，日歷諸營，夜集群彦，或通宵不寐，或盡日一餐，未竟批答，更促延見。蓋愚矇之質，既苦無通，詞苑之官，未經久練。是以思勞瘁心，力勞瘁骨，至于歲終疾作，而自分無生矣。然而未敢以病聞，誠以春防又急，而臣一去來，則人心摇動，其兵將尚未妥也。至于今，綱紀有文，訓練得武。頃從寧遠回，部署既定，原擬巡歷薊、津、登、萊，以定犄犄之勢，忽地十二日疾作，遂以病聞。臣區區肝膽，可對神明。頃告同官曰：「倘身不病，即病，猶可支，敢于此時有全軀之念。」蓋臣草疏畢，輒暈不省者移時，既蘇而遂不能食。月半來，日或一盂，或竟不食。昨巡關御史抵關，臣力疾與御史談關城事。漏下二鼓，御史頗憐臣面貌，是夕通宵不寐，四支如束，口不知五味之和。二十二日，御史來别，臣仍力疾議論移時，既别而暈不能動者半日。數日來，遂不能離榻。蓋去年病幾填溝壑，然猶力疾料理文書；今則每日暈，不省數次。諸臣顧臣于榻，臣屬以各盡材力，實心奉法，以見在之人，行見在之事。諸臣雖勉臣强食，而意實憐臣。竊念臣病宜去，即時亦可去。假如不病，爲病避難辭勞，則臣之抵關何心。而苟焉求去，且臣之來，何等時候，何等兵將，以衆人裹足之場，而奮不顧身，今且撫鎮得人，司道效力，臣乃竣竣求退，豈惟負天恩，抑且負生平。蓋臣病矣，病且亟矣。臣一身何足念，獨念忝冒帷幄，溘死邊疆，得無駭中外之聽聞，而况支離展錯，法或脞而不行，老憊低徊，體漸輕而成玩。伏乞皇上俯念法不可弛、人不可玩，憫臣真病，稍存政體，准臣回籍，得正首邱，勿使臣生冒據鞍之誚，死蒙覆餗之譏。臣何任懇切待命之至。

天啓三年五月初五上。

初十日，奉聖旨：「卿經理邊關，猷績茂著。覽奏，知因勞致病，深軫朕懷。但山海重地，關係安危，且未有代卿之人，難遽召還。卿宜慎加調攝，黽勉視事，副朕倚托。特遣鴻臚寺官宣諭朕意，賚賜銀一百兩、紵絲四表裏，内大紅織錦蟒衣一襲、猪一口、羊一羫、白米二石、酒十瓶、甜醬瓜茄一罎，至可祇承。該部知道。」

懇乞回籍調理疏

少保兼太子保、兵部尚書兼文淵閣大學士、督理軍務臣孫承宗謹奏，爲官兵業有成規，撫鎮兼可力任，懇乞聖明准臣回籍調理，以嚴兵政事。

臣初入政府，輒有條次，謂邊城百務俱藉文臣，但調度即竣，便可盡付武臣，爲一切訓練攻守之策，而文臣獨握大法，以飭綱振紀，時糾其訓練之惰勤、攻守之當否。至于有一兵一馬，盡授之武官，用一兵一馬，盡取之武官，使武官得展其長，而士識將心，將識士意，頓可養其直前之氣，而無掣肘于文墨。獨訓練不精，貪懦僨事，則文官得預防于先，而力彈于後。臣每執此論，以故各官欲招用兵丁，屢言之，而臣不應，獨各許撥兵，更番聽用。而撫道各擁兵丁，亦合統于一將，以時加鈐轄，時加訓練，散不妨爲各衛之私役，合即爲官營之公兵，氣不得以横加，技亦得兼習，而數不得缺，糧不得冒，各文無虚丁實餉之羞，各武無兵多用少之患。計此時或不便于習慣之漏規，而久行之，自可量相成之雅意。蓋臣之意，總欲操縛緣于文，而付兵事于武，使之各竟其能。至于今日，即有經略，亦當獨握紀綱，即見在撫臣，自可日加振飭，而况九牧十羊，一琴再鼓，則督師衙門，豈可久設不去。臣初奮袂直前，原以兵將無一可恃，而新撫未調衆心，一整頓之，歲終即回旋，以有春防事竣還朝之命，故數月以來，合部道之力，與撫鎮交相籌度，而仍受成于督臣，稍有端緒。凡臣所爲，皆督臣及撫鎮之爲，而撫鎮不無以臣掩。即撫鎮所能爲，所欲爲，間不無以臣拘。况臣自計臣之材，必不能竟此功，而質以臣之言，原未嘗敢任，以竟此局。此又臣自知之明，必不敢以迂拙誤軍國大計。

近日諸臣俱謂，以帷幄重臣，可資彈壓，而不知臣之重，獨以親在帷幄，久戍邊疆，便同外吏，誰則重之。即土人將有揶揄，而況詞苑之官，展錯何得盡善。又謂撫臣或有未必可托，不知僂指豪杰，祇合如此。當兩防稍靖，則妄冀節鉞有人，一報聲息，視廷推爲修怨。諸臣有真見抱豪杰之略者，未可匿不以聞。且臣固未敢執撫臣必可竟此艱難之局，而撫臣亦非願以身竟試此危急之會。臣觀漢臣諸葛亮告其君曰：「成敗利鈍，非臣之明所能逆睹也。」夫成敗之數，亮不能逆睹于身，而欲臣能逆睹于撫臣，必欲臣保任撫臣，而後臣得以乞身。臣請諸臣有保任臣，便可以竟此局者，臣願與之共功。倘諸臣不敢保任，則以臣保任撫臣，得無姑以臣代泥丸，塞此危關，而欲臣去見在之撫臣，以快天下之不欲，仍欲臣保衆所欲用之撫臣，而更謝責于臣，他日負托不效，則曰此皆撫臣所去留也。夫果如此論，臣亦不難以身當之，而獨恐邊疆重事，未可苟然。臣且急在國家，緩在一身，尚未敢專以病辭，乃臣又自念矣。逢着便吃，殊無裴度之德福；食少事煩，已犯孔明之乏將略。總之，臣去留生死，當以國體兵機爲重。伏乞天慈念兵將之成規既定，衰殘之病骨當憐，專責撫鎮之臣，合磬匡襄之力，准臣回籍調理，以端政體，以重邊防。倘以臣言無可憑信，更願特敕廷臣，各舉所知堪爲經撫者，以全該部，當聽輿論之言。臣何任激切待命之至。

天啓四年　月　日上。

日，奉聖旨。

兵政當嚴疏

少保兼太子太保、兵部尚書兼文淵閣大學士、督理軍務臣孫承宗謹奏，爲兵政當嚴，軍需特急，略陳遠近之防，兼借舟車之費，懇乞聖明酌量允行，以重嚴急大務事。

臣以迂拙，謬督軍務，日與諸臣料理一切防禦撫剿機宜。昨遣哨馬探入廣寧，見有馬迹入南門出東門，尚新，而城中虚無人，其衙宇廬舍俱毁。又接登萊撫臣密揭，言劉興祚及李悰事，俱關係重大，而沈有容已入平島，獨兵船或以颶傷。又偵得奴酋逐南衛之人于北，逐開、鐵之人于南，因念此時邊地未熱，馬復飽青，我之關防，當益嚴。昨巡關御史來，人心更覺飭厲。適撫臣求去杜門，總兵馬世龍偶以瘡窘，臣以衰病，亦久倚榻，事體遂覺妨礙。方今以刻爲歲，豈得虚延。但議論既生，臣何敢謂天下無豪杰，而兵政當嚴，事機在斷。凡治兵如治醫，然醫之不調，自當奪糈，而亦豈可以病試藥。頃集諸臣商度兵事，總兵尤世禄謂，欲守關門，决無三總兵縮足關以内之理，目今誰防禦，誰應援，誰調度，何兵何將，當屬何計，何策當定，臣甚壯其言。又得太僕寺卿董應舉言，今日勝畫，近則關外扼險，遠則海外策應，今進保寧前，旁據覺華，關上聲勢益壯。近日沈帥又出軍島上策應，毛帥犄角之勢更成。臣更佩其言。然以沈接毛，當不若以沈自開正局而東連鎮江、西連覺華之爲大，因出臣所與幕中鹿善繼、杜應芳、宋獻、程崙及撫鎮部道諸臣久議者，再爲商度。照得關門防守，當合遠近并計，水陸并嚴。蓋凡堤防之中堅者，勢必旁决，而况奇正相生，犄角相成。關城以東，道不甚險，而崗阜高低，非復平原。且北山南海，在三百里内者，遠不逾四十里，中更有山，近纔十餘里，險短而狹，如穴鼠之鬥力，强則勝。計莫若北用山，南用海，用山則隨邊堡爲備，或借款夷爲聲，如鐵場、高臺與水石寨，平時各宿兵以防西虜，賊來則爲伏兵，爲奇兵，與南之水兵遥爲聲勢，而擊其脅，或夜斫其營；用海則分兵水道，以舟師扼之，而相其要害，舟可爲泊，岸可爲營，如關城則以南海口爲龍武大營。又東四十里爲中前，則以趙家嘴爲堡。又東爲前屯，則以芝麻灣爲堡。又東爲中後所，則以丙家屯爲堡。又東爲寧遠，則以覺華島爲龍武前營堡，兵可千餘人，或三千人，營兵可萬人，或二萬。平時近瞭遠哨，水則防通夷而東及搖櫓而西者，陸則就營堡爲餉倉，以供城堡，而凡百軍需，俱可水運。賊來則出其不意，以健丁横擊之，相地以大炮斷其中，未發則爲伏爲奇，既發則沿海以旌旗鋭炮爲疑，而設水站，以東通四衛，遂及東江。而偵探之從水至海、蓋也，易于陸之從三岔而東。蓋東之勢如人一身，山海爲首，寧遠、覺華與廣寧爲左右肩，南四衛爲脅，彌串、朝鮮爲臍爲脰。今議迎而擊其首，則總督移鎮永平，以調度各該文武，而撫臣率標下副總兵滿桂、原任總兵李秉誠統三部之兵有信地者爲居守，而三屯總兵官王威隨總督統兵駐永平，石匣總兵官孫祖壽統兵駐遵化。關以外則總兵官馬世龍統馬步三萬列車營于十五里外，以副總兵楊家謨、參將尹應聘佐之。其南之東則芝麻灣，以游擊徐璉統水兵三千爲右奇，兼以□夷放大銃。其北之東，則虎龍峪，以參將張昌胤統騎兵三千爲左奇，兼護一片石之衝，南對芝灣，各以大銃夾擊。一片石則游擊路元寧統兵五千守之，而佐以游擊劉恩，仍以游擊劉定邦兵二千守黄土嶺，以守備竇承功兵三千守鐵場堡、八里鋪，則守備管副總兵事杜應魁中□□□……中機宜，惟撫臣長材大略，慎慮深心，文與總督驅群策，武與鎮協驅群力，可專專之，可任任之。然不集思廣益，必不能號召十數萬人心，而提其氣。又議從古狡夷慣用赭地之計，其狙伺必且猛發，而我不近蹙之海，則賊且遠及之關。特議東西聯絡，捽拉之，以扼其吭，掣牽之，以繫其脛，而大開正局，以伺其脅，而遂剚刃于其腹。計自登至皮島，千三百餘里，風便可四日程，而皮島去賊巢可二百餘里，以總兵毛文龍率所統兵二萬，相機遥鎮江、九連城，乘便擣其髀臍。自登至旅順五百餘里，風便可一日程，而皇城島去旅順、金州不遠，以總兵沈有容率所統兵二萬相機襲金、復四衛，擣其脅胸。自登至覺華亦千餘里，覺華去旅順五百里，風便可一日程，而關門去覺華二百餘里。今議以董應舉所薦粵中參將俞咨皋同所調茅元儀統兵二萬，扼其肩背。又議水兵既以四衛爲正居，則沈有容居中兩應，即水風難憑，不得與陸兵例論，而進止當以居中者爲準。計沈去毛僅七百里，覺華去沈更近，聲息既通，氣勢乃大，進則俱進，守則俱守。視我所入而應之，視賊所入而援之，或攻其所救，或掣其所急。而登兵少，須實以遼兵，藉爲鄉道，仍藉爲脅從之招，而認識其夾雜。即招練道劉國縉不妨清算其錢糧，或可藉其人以號召海、蓋。又議賊弃廣寧，盡毁衛舍，欲爲子城圍，撫衛已砌石，不就而去。因念狡賊叵測，嚮計用夷官副總兵王世忠，而苦無枝可依。今議以世忠統兵三千駐廣寧，世忠自願佐以錦衣指揮項俊卿依虎酋部夷，易其糧料，以招携灰嶺、魚皮、金、白諸部落，而一部滿數百，或可復其分，領敕書，立頭目，以散賊黨。

蓋世忠之侄女妻虎酋，生子，方昵之，已令世忠通好虎酋。而兵止三千，城無可欲，賊必不來，即來，而如許之兵，更易爲計。其所招夷丁，便可種由，或爲虎部種田，以憑賊之右肩。又議朝鮮有事，可體察情形，仍相機爲寬貸，但勿失大體，亦不急爲加責，异日乃敕其視大兵欲動，即以舊所議兵，或出昌城，以窺寬奠，或出義州，以窺鳳凰，或出朔州，以窺寬、鎮之間。更加意義州，爲遼左之聲援。倧固曰「琿悖恩不出兵」，而即今又去其通奴者，即辭不必信，而姑飭之，以藉爲聲。嚮來安南、哈密之大義，似當委曲酌裁，未可遽也，聊借以縶賊之蹄。

蓋賊巢在遼陽，東去關城可千里，而東三鎮之去賊巢爲近，朝鮮之義州更爲直捷，賊來入寇，必自遼陽度三岔，而西北還自救，程途自倍。若以零賊謀犯寧前，則寧前大兵足挫其鋭，倘傾巢入寇，則巢穴守備自單，而東三鎮之兵，毛文龍自鎮江入，沈有容自旅順入，俞咨皋舟抵蓋州套入，各擇便捷，捲甲疾趨，掩其巢穴，而□關城堡扼要自堅，勿與輕戰。賊聞大兵臨巢，方低回自救，乃乘其惶惑，數道横擊，必有摧靡。且裂冠披毳之遺人，一見漢官，自當解辮。而我先爲主，賊後爲客，再得王世忠以招駐白兔場部落，與寧前襲後之健丁交擊之，而鮮人設風鶴之疑，必盡覆其衆。蓋賊狡而穩，聞我之設備如此，必不敢輕度河西，以取剿滅，而我之守，關門乃固，即恢復之全局自成。又議西以三鎮擊其首，當用車炮，今關城方練車炮，而寧遠孤懸，更當扼要，爲車營與衛城爲犄角。臣在部曾爲工部請帑金三萬，令譚謙益、陳正論造武罡偏厢車一千輛，工部便可送發前來，仍查有大炮，并給之。聞有造車餘銀三千兩，可資運價。又議東以三鎮擊其心腹，當用船隻。兵船則用沙船。船之人五，合兵二十于一船爲一號，四號爲一總，二十號爲一司，合二司爲千人，以千總統之。日一哨出洋，則貼駕陸兵一隊于水兵之一號，合五十人成一大隊。其偵探則用唬船，船之人四，合兵十六，亦如沙船，一船爲一隊，五船爲一局，十局爲五十號。日一司出洋，則有貼駕陸兵五，以足二十五人之數，計東西兩龍武營，則南海口可用沙船一百號、唬船三十號，覺華島可用沙船二百號、唬船六十號，而芝麻灣、趙家嘴、丙家屯可各用沙船二十號、唬船一十號。查今南海口有船一百六十號，新調游御史船八十號，已到馬頭營，續調三十六號未到，合之不滿三百號。外仍當備二百號，而沙唬各半，沙船一百號，其兵二千五百名，該銀二萬二千五百兩，耆民一百名。其安家衣裝行糧，每名一十五兩，該銀一千五百兩，舵工繚手四百名，每名十一兩，該銀四千四百兩。其船租，一船月給十五兩，先給兩月。其三千兩總三萬一千四百兩，而官丁廪糧不與焉。

唬船一百號，工料銀五千兩，補盗百，該銀一千二百兩，船工百，該銀一千一百兩，水兵一千八百，該銀一萬六千二百兩，總二萬三千五百兩，其官丁廪糧不與焉。合二百號，需銀五萬七千九百兩，而雜費可得四千餘，總計六萬二千兩。而唬船在浙、直各水營，或十，或五，并隨船大炮、鳥銃、水手，抽調沙船，則募浙、直沙民之航海爲業者，容臣移檄撫按及巡鹽御史，以臣所遣捷武營游擊管參將事徐璉，調取刑部尚書孫瑋所擬加副總兵銜監生茅元儀，令精選船隻，廣募官丁，及防禦之具。其唬船之抽調于汛地者，應即補填。其沙船之招募于沙民者，應需多費，合無責令浙、直巡鹽御史量動運司銀六萬餘兩，以濟急需，而諸所未盡事宜，不妨概爲給足，總行銷算。前項兵船，即責令茅元儀統領，前抵覺華島，果有异能，即題實授。蓋唬船以八槳爲力，沙船底平吃水，可用戧逆風。頃諭諸將以舟師非專水戰，取其倏往倏來，以載兵登岸，仍預載戰馬于廣鹿、大獐、長山、石城各島，以備批搗之需。嚮者，沿邊城壘，綿接千里，賊所與戰者寡，而吾備者多，不獨去來疲我，兼得以合攻分掠，一堡亦以挫鋭。今弃土既以荒殘，而塔山一綫以數百里之長濶，狹不逾數十里。若十數里設備之地少，則設備之具多，而賊方裹糧于千里之外，斂衆清野，以頓其來，設伏發奇，以擊其惰，則關城不苦于多方之誤，而瀕海返得以多方誤賊。該臣見今天下所急，在奴酋之殄滅，所重在關門之守。凡臣與諸臣所日計者，唯是水與陸合，遠與近合，形泥而機求圓，地迂而勢求逼，部疏而意求密，持所携以進，待其來，堅所憑以守，需其敝。蓋千里瀕海，則懷而欲訴，我得日聞；憤而欲歸，我得日接，計不逾年，而我一無失，彼一無得。食窘兵離，計窮勢蹙，鯨狐之既沮，雛孽之自殘，逆斯復正，驕乃比亡，堅守之固，來不可侵，進取之將，去不可禦。况我武維揚，天威方振，火星入昴，胡運必衰。然不得驍雄敢戰之武，無以挫賊鋒；不得沉幾先物之文，無以定大計。而臣既迂且拙，既衰且病，曾文武之未嫻，何勛猷之敢望，是不可不蚤爲揀擇也。

伏乞皇上俯鑒樸愚，特敕工部，將譚謙益等所造戰車一千輛并大炮可發者，作速運至關城，仍准臣移文浙、直撫按及巡鹽御史量動鹽運司銀兩，調募兵船，責令游擊徐璉調取加銜副總兵茅元議簡選兵丁船隻，仍准調錦衣衛指揮項俊卿、廣東參將俞咨皋抵關任用。更念軍需緊急，蚤爲接濟，事體重大，詳爲體察。臣以東方多事，原擬至登萊，以齊集衆心，而衰病未能，容臣回籍調理，另遣重臣一調度之，即回亦急著也。臣倚榻以舊議口授臣男鈐，次第成幅，其預擬之，當先爲具見，行之，當任其人。總感于「罔臣水陸并營，鎮臣兵將蚤定」之議，誠恐一旦溘先朝露，遂無以仰報天慈，殊不自意其迂拙。臣何任激切待命之至。

天啓三年五月十五日上。

十九日，奉聖旨：「覽卿奏，條畫精詳，安攘有賴。着該部作速覆行。」

歲終類報功次疏

兵部題爲歲終類報功次，叙録文武職官，并劾不職武官，以飭江防事。職方清吏司案呈，奉本部送兵科抄出，提督操江都御史徐必達題前事等因，奉聖旨：「該部知道。欽此欽遵。」一抄出到部，送司案呈到部。徐文職兵備等官、馬從龍等，聽吏部議覆，及薦舉賢能守把等官陳奇偉等，本部照例附簿，循資擢用，俱不議外。爲照包守乾，碌碌無能，不顧江防之重寄，孳孳爲利，罔畏三尺之王章，亟應褫革，以警奸貪。據稱，中軍潘可大效用四年，薦經七次，議加參將職銜管事。但查潘可大原係南京虎賁右衛舍人，選委材官，以名色把總職銜管事；于萬曆四十八年，該前任提督操江羅朝國題授署指揮僉事職銜，管理標下中軍坐營事務；今驟加參將職銜，似屬太濫，難以准從。今誤蒙恩眷，每一顧念，身世爲輕，苟有益于封疆，其敢疏于計略，獨是衰緣勞湊，病與衰成，既不能紓策，解五夜之憂勤，乃更以衰殘，廑九重之軫念；命使遠馳于千里，宸綸再下于三旬；燦爛蹄蹄，光映戟枝；日月輝煌，文蟒，彩生旆影龍蛇，明恩既重于解衣，渥惠載隆于推哺，自詫有生得此，業爲從古稀聞。至于人疑托病，自愧無功，乃過蒙皇上特憐，經理之爲勞。因念憂勞之致病，霈洪慈于清穆，奉大命于高深。噢咻在家人父子之間，感激出文字語言之外。然而偏榮爲幸，交困多虞，方今恩與威難兼，兵與民共病，且如盡除占冒，遂以空囊當米珠薪桂之窮邊，遠别室家，日與殘民爭卧甲枕戈之破屋。八萬之脚錢不補，空憐雲錦成群；三軍之頭會爲消，詎得旌旗變色。望篝車于關外，掩涕瘡痍；聽刁斗于行間，舂胸痛癢。又若徵兵調馬，士民凋瘁方深；沐雨櫛風，將吏之艱難特甚。大難方新于屬國，多方無計于空城。蓋念切榆關，更念兼天下；憂先卒伍，又憂及民間。新亭總對河山，散木偏承雨露。此臣所爲捫心之懼，驚骨靡寧，內循亦有心胸，仰戴敢私頂踵。即慎擇正人之更代，若許生還，而慚當重地之安危，忍言死所，力承黽勉，特慎攝調。至若以過任臣者，任天下真豪杰，以過恤臣者，恤天下窮百姓，則又臣所望于皇上，而亦天下所望于臣之仰乞也。臣可任感激待命之至。

天啓三年五月二十日上。

二十五日，奉聖旨：「覽卿奏謝，朕知道了。該部知道。」

孫承宗集卷二十八

前督師奏疏第五

邊餉至急疏

少保兼太子太保、兵部尚書兼文淵閣大學士、督理軍務臣孫承宗謹奏，爲邊餉至急，草運當定，懇乞聖明軫念危邊，急發以濟兵民事。

該臣清查關城兵馬見在實數，的有可據，而續補與逃故者，隨日查點，大約見在官兵每月該開支本色六萬石有奇，折色一十六萬五千五百兩有奇，見在馬匹除放青開支折色外，每月該草六十萬有奇。本色糧則餉部侍郎督運，見今陸續已來，獨折色該户部運發山海，餉司按月開給。四月餉司白貽清差滿，臣已通融那借二萬，以待新餉司補還，盡哺嗷嗷之口。乃今五月已盡，尚有未給之糧。且秉耒之遼人，垂橐仰食，修守之戍卒，荷種待哺，百務方興，萬金立盡。臣以書生持籌，憂心如痒，方具疏上請，適接户部尚書陳大道咨書，欲那借臣所仰請帑金，詞意懇切，唯恐臣或慳不爲借者。夫兵與餉相須，則關臣與計臣爲一體。臣方軫官兵嗷嗷，忍坐視其枵腹，而不之應急，令該衙門查刷，可借者借之，與新解五萬暫爲通融，獨是軍前之少許，所得請于天慈者，皆星火之急需，而兵馬日增，餉料日益。據郎中白貽清發過各營官兵馬匹三月分糧草等項銀，其　十六萬五千五百有奇，又發過四月初一日至五月十三日糧草等項銀一十三萬六千五百有奇。是四月尚缺三萬，而五月之十六萬五千全分未給。目今合用銀二十萬，方可補四月五月之缺。新主事郭竹徵抵關附解銀五萬，是五月尚缺十五萬，而轉盼六月，杳不可定。夫大軍屯聚，欲熟訓練，先予飽騰，非先期有數月之儲，何恃不恐。竊意傾關城之軍需，不足當一月之兵餉，卒之請金盡，而餉仍不足，令臣等束手爲無米之炊，將主兵者與主餉者，同作仰屋之嘆。臣以爲，事在緊急，不得不那借，而司計之臣不獨當催數月之需，更當立補那借錢糧，無負臣相濟苦心，致有疏虞。至于馬草之值，部有定估，分毫不增，而地有豐凶，兵有增益，馬不加而地或減，地不減而馬或加，竟以七八州縣有定之田爲供輸，如去年每束六分，則運價兩倍于草價，索之户部，執成數而不予，催之有司，待入手而方發。主兵者固不敢護馬以妨人，司牧者忍捨人而問馬。故欲以馬責將領，而草不繼；欲以草責有司，而價不繼。金省者無幾，馬傷者無算，究竟馬之費仍賦于民，則司農不得終爲朝廷省，有司不得不終爲閭左費，徒令主兵之臣日數齊馬而徬徨耳。臣以爲，是當通融爲計，照歲時爲價值，而運數定，以見馬爲買額，而草數定，更及時採青以佐之，而乘除折色以寬之。該部急當與督餉立爲成規，適又接援遼總兵官毛文龍呈稱，投歸遺民俱成餓莩，亟誦其死亡相繼之狀。蓋异地殘民，荒岩枵腹，屬國方發大難，奴賊更在生心，是在該部又當與督餉酌量運解本色，急爲接濟。臣惟今天下既切愈不足。是以談見標之病，痛心疾首，曰切中膏肓，索療治之方，捲舌斂手，曰另推盧、扁。虞根本，兼虞眉睫，如起沉痾。然唯是一切權宜之法行，故成法廢，亦唯祖宗之成法廢，故一蓋今天下議法有人，用法無人，豈唯用法無人，即議法亦無人，獨有事急則權宜之法行，事緩則并權宜之法而亦廢。至于今，念兵者妨民，念民者妨兵，而天下遂苦于無法，倘其劑温凉于大略，而既祛邪氣，遂養元神，其唯有祖宗之法在。

論遼東三御史疏

伏乞皇上課事以法，飭法以實，其毅然提天下之精□□□……在不死，三臣之不必一死者，所遇不同。使三臣而居圍城之中，處必不可活之地，安知不與張銓共游于九原哉。雖爲封疆受過，三臣自有無所逃之義。然按臣責在巡方，微與身任封疆者有別；監軍職司彈劾，難與獨持兵柄者同科。行景雖殊，肝腸亦不甚相遠，如不論時勢，不問遭際，概執一死以繩之，則代天之使，俱爲入地之媒，誰復有乘驄擁豸爲國家出死力以捍社稷者哉。職虛襟虛，志無黨無偏，據當日之見聞，爲一時之評隲，而從實模寫，其情形如此。至于斟酌黜陟，廟堂之上，自有公裁，非疆吏所敢與也。緣由到臣。

據此，該臣看詳，論遼患者曰：「有封疆之寄，可以死；無封疆之寄，可以不死。」臣謬謂巡方御史當封疆壞，尚有封疆可巡，法可以不死；當封疆壞，更無封疆可巡，義可以死。然法可不死，而義未嘗嗔其死；義可以死，而法未嘗繩其必死。三御史苦心悉力，適遭事窮，其風力不得不減，而情事尚有可原。獨戰有功，御史爲榮；戰無功，御史安得不辱。然遼事至一柱危矣，至王庭又危矣，至震孺而危極矣。臣謂御史一監軍事，則百凡軍中之事，力能得之，當事可預調以交歡；力不能得之，當事便先徹于朝聽；而一遇危急，身陷而力無可支，即以大義伏死；身在而兵尚可爲，仍以大義督戰。三御史之于邊事，具有建白可案，而今所責于楊、陳者尚輕。臣以爲，三御史非甚相遠，獨方震孺值全遼陷没，且其以師友，遂置忠言，以奔潰獨東，而力未能如劉平之遣執奔轡，使劍遮將卒，轉鬥三日。蓋收兵力戰，或可不死，而戰不勝則必死，惟不戰，故人皆不死。若夫律嚴先逃，而當時奔潰之狀，直以近關先入，遠關後入，豈真留滯廣、屯，尚未决逃，而低回八里，真欲求死也。臣謂震孺，不必責其不調經撫，而當責其不糾經撫，不當責其必死于既失之封疆，而當責其始雖獨往，終與同奔，竟不能以一語圖存未失之封疆。即震孺自言曰：「封疆至此，皆臣不能直糾經撫之故。」其駐八里不入，曰：「我遼東巡按也。今遼東何在，我死此甘心。」則震孺心未嘗死也。臣于震孺曾疏以當問，而未遽以爲當死；曾疏以使過，而未敢以爲無過。故統三御史較之，自楊而下，遭時愈苦，自方而上，爲罪漸輕。蓋課功則俱損澄清之望，使過則遞開嚮往之途。昔虞允文當昭開之潰，勉諸將以忠義，請死戰。或曰：「公受命犒師，不受命督戰。他人壞之，公任其咎耶？」允文曰：「危及社稷，吾將安往。」故以萬八千敗金人四十萬于采石。

夫犒師且如此，而況監軍。故凡參與軍事者，當執此義爲終始。而范仲淹請寬高延德，仍與近邊任使。方今陷蕃者，懷去就于外徼；深計者，圖携交于帷中。臣謂嚮來之痴信妄偵不可憑，而廟堂宜暫爲處高延德之意，以寬天下負瑕之流。況三御史才資可録，衷曲可原，以廟堂所不能持，獨責之御史，以經撫所不能爲，旁責之監軍，勢或未宜，而身無死法，似宜同微寬政。且臣查三御史之入遼，皆非資次，而初則强用之，終則深求之，朝廷何以使人。若夫揚陳，而抑方太甚，固爲未確。因方而拉陳同下，更屬未平。臣再四思維，乃敢妄徼天恩，而臣所擬議，前非用嚴，今非用寬，總皆原法本情，未徇世論。獨是楊、陳兩御史事，臣尚里居，方御史事，又中朝共見，而必以臣寡昧，妄爲評隲，殊未敢執爲定論。伏惟皇上毅然獨斷，清此紛囂，令朝臣一意定謀，疆臣一意圖功，天下不足平也。臣何任激切待命之至。

天啓三年五月二十五日上。

六月初二日，奉聖旨：「該部院知道。」

懇乞急發餉銀疏

少保兼太子太保、兵部尚書兼文淵閣大學士、督理軍務臣孫承宗謹奏，爲霪雨連綿，官兵極苦，懇乞聖明急發餉銀，以救危疆事。

該臣念撫臣既去，臣復抱疴，恐中外生心，致有他虞，隨于六月初一日力疾視事，連日遍歷各營。三之日出關，抵芝麻灣，閱柯通判兵，見其露居風日，心甚惻然，歸來又病不能起矣。隨以臣年來所積公費銀三百兩，給柯通判建營犒士，而十餘萬嗷嗷之衆，五月餉銀尚未盡給，六月又復浹旬，至于寧夏、固原新兵甫到，尚嘆一飽之無時。臣念去年九月以來，該部雖未有積儲，而隨到隨發，人心安妥，不意新舊餉司交代之際，舊管既空，新收立盡，東那西補，闔鎮器甲之需，俱已搜括無遺。兼以霪雨异常，平地水深數尺，嚮來摶沙爲城爲營，隨雨傾塌者以千萬計。而衆口嗷嗷，立頹垣拜屋之中，當急雨驟風之下，携妻抱子，有米無薪。又聞該部欲盡裁其餉，既賈傷心之怨，寧無偶語之疑。臣去年以此日抵關，即痛官兵之苦，而不虞今之霪雨倍加，給發罄盡，以僅見其面之將，統未聊其心之兵，萬里馳驅，既疲其力，一朝安飽，未有其期。臣目不忍見，耳不忍聞。衰殘之病，欲起不能，獨有倚榻呼鎮道呴噢之而已。懇乞皇上急敕該部，搜括那借，立發銀四十餘萬，方可聊補目前。仍將臣去年所請帑金尚餘二十五萬，急敕兵部解發，以濟衆需。念臣十餘萬官兵倚命于臣，而臣率十餘萬衆所倚命，唯仰恃皇上天慈軫念危邊，若不急爲給發錢糧，臣不知所爲計矣。臣病苦方深，語無倫次。臣可任悚切待命之至。

天啓三年六月十一日上。

十六日，奉聖旨：「覽卿奏，知官軍月糧至急，新餉專爲東事，何乃坐致匱乏，便着該部搜括那借，照數速給。一面嚴催外解接濟，兵部見貯帑銀也，着上緊解發。卿方拮据兵事，又因糧餉焦勞，朕心甚念。還慎加自愛，用慰眷懷。該部知道。」

淫潦害成疏

少保兼太子太保、兵部尚書兼文淵閣大學士、督理軍務臣孫承宗謹奏，爲淫潦害成，病臣當罷，懇乞聖明立斷，以彌天災事。

切照關城補修樓堞，以資守禦，創造宫房，以安軍民，畢闔鎮之經營，趨及時之間暇，有懷風雨飄摇，不憚拮据荼苦，方當狙伺，迄可鳩工。目今前工未易猝竟，後工正在續增。不意六月初五日，大雨連綿，五日不止。淫雨既挾海風，憑陵睥睨，而支流復合山水之勢，以注于千營萬竈之間。臣伏枕徬徨，爲城工營工懼也。隨查坍塌數目，南北連城共坍塌二百八丈八尺。其在外皮坍塌者十二丈，鋪房俱坍損，淋壞石灰萬餘斤，羅城共坍塌三十丈五尺，裂縫五處，共十七丈二尺，打塌埃城房屋三間，壓死男婦二名口。中、左、右、後四部等營營房共坍塌一千一百九十五間，墻共坍塌六千一百六十二丈。前屯衛城坍塌共三十七丈一尺，城中官兵房屋傾倒過半。中前所城臺墻垣共坍塌三十七丈五尺，兵丁房屋一百三十八間，大衙門影壁一座，大堂東房山墻一面，麻地溝臺圈門、老君屯圈門俱倒，北草廠周圍倒共五十二堵，望高樓臺四圍俱坍塌，南草廠墻共倒八十餘丈，窑門共坍十四座，乾土坯共淋壞五十五萬五千個。臣念去年蒙皇上軫念邊兵，發帑金以建營房，復得冬月融和，萬間立就，遂得清兵將，演射打，稍别兵民之分，兼完將吏之居。至今年新修後部五營，以五月終，報完八分。臣于六月初一日力疾抵營，見其携家口者，嘻嘻相聚，而貿易用物之民，僦地爲屋于營傍者，頓成聚落。又次日出關，閲城修補，俱有次第。前于三月至前屯，見其城池居室，業辦料可爲，一旦遭此霪潦，既壞工程，兼損物料。以我殫人，當此重地，修之班兵者，工有緒而重加，建之各營者，居稍安而半壞。此之灾害，關係豈輕。然可修者修，可補者補，泥土雖傷，木植猶在，就材因地，費不比初。除行量給錢糧及時修補外，再念關城日日防虜，修繕有不容已之費，而淫潦有不可料之天。天偶降灾，人即樂禍，兼以月餉斷支者兩月矣，營軍以枵腹而冒雨中，竈不舉火，徒以産蛙，衆口嗷嗷，訛言易起。既念目前之患苦，更虞意外之憑陵，是惟有多餘備支之錢糧，自可消緩急忽乘之事變。伏乞聖明敕户部催發新餉，令常餘兩三月之糧，以安軍心，而臣所請應用帑金，不至爲絶餉借支，復得爲軍前一切應急之用。其于關城，豈爲小補。至于臣身當重地，綢繆有遺，名列輔臣，燮調無狀，臣猶自知，而况人乎。且衰殘久病，鰥曠爲多，昨十四日批答簿書，遂至昏迷不醒者移時，人吏驚惶，僮僕雨泣，此何地何時，而以病臣泄泄乎，亟催經撫，罷免衰殘。臣願皇上自爲社稷遠計，又不獨以灾免大臣矣。臣何勝激切待命之至。

天啓三年六月十八日上。

二十二日，奉聖旨：「覽奏，知霪雨損壞城垣廬舍，正賴卿督率修葺，豈得引灾求罷。餉銀着户部作速處給，不得遲延。」

乞發月餉疏

少保兼太子太保、兵部尚書兼文淵閣大學士、督理軍務臣孫承宗謹奏，爲月餉之虧缺日積，邊人之危苦日甚，懇乞聖明立敕給發，以安重鎮事。

該臣抵關以來，從未敢瑣陳關城患苦，直以東西防禦雖難，而以皇上之財，養皇上之兵，且許臣便宜，不從中制。臣唯是盡臣心力，與文武諸臣日盡防禦之謀，絶不敢以偵探之辭、回鄉之口，憂勞君父。獨是月餉不給，衆口嗷嗷，四月以前，雖未得寬，然有數月之儲，而按月給發，未至甚缺。今自四月以來，已歷三月，該部止發十萬，臣既罄關城之用，盡以給兵，而猶不足。目今關城坐待内發，該部坐待外解，兩相待而不以時給，則大患終在關城，而安危頓關天下。蓋賊伺于外，臣得以皇上之兵爲防；兵苦于中，皇上不時予之以餉。臣方日憂無以應此兵，而又安能以此兵當此賊。見今舊駐之兵，久習于地，且有營房可居，而有餘不足，暫可相通，其紛囂似緩。然而腹難久枵，怨難久耐，已日虞脱巾之呼。乃若新調九邊之兵，一時仰仗皇上明法，俱極精鋭驍雄。而甲馬更復堅利騰壯，撫而練之，時其糧料，節其勞逸，恩結之于中，法防之于外，使其漸熟漸入，認主兵者爲家人父子之親，而唯恐犯其怒，乃能望其可戰可守。然而長征久戍，猶恐思歸之念不頓移于猝結之恩，必遂之私，或姑跳于無生之法。乃今甫抵關，而糧頓不足，强予之米，遂無錢可菜可薪，而以米易食，所費更多。兼之初來未有營房，而關人復業，無復曠宅可居。方且牧青平山之陽，偶遭霪雨，相繼者十數日，晴則日星，陰則風雨，跋涉砂磧，坐卧泥淖，環城百里，無方寸之木可以芘蔭，無及肩之墻可以障隔，日惟煨濕薪，咽苦菜，遂致瀉痢兼作。

臣令各該將領抵平山慰勞，歸而述其愁苦之聲，響震山谷，凄其之狀，徹于肌膚，夜逸而去者十有八人。臣聞而伏病傍徨，移目不咽，謹借發視師帑金十五萬兩，補四五月之缺，而人心稍定。今六月已盡，七月又來，臣所應辦之工程，前既那盡，兵所必需之糧料，後復積多。臣前計且發四十萬，祇爲五六月給發，今且益之七月，即應手而來，又已八月。皇上試觀今日之人心，穩而虞其險，守而虞其進。關内之遼人欲哄，不得不置之外，關外之難民方來，安得復置之中，而尚虞部署之太蚤。夫士大夫遠在千里，居平高議，猶惴惴于當事之或錯，而况兵交原野，且嚮來虜寇多以秋高，而今且凶狡百倍。如石塘之役，即西虜目前且紛，而况東虜日爲狙伺，又况轉盼即已秋高。以臣之力，無論外不能以餓卒當剥寇，而内何能以空橐當餓卒。且關人所倚臣爲重者，豈真以臣抱有韜鈐可以退虜，無亦以托在帷幄，上以達三軍疾苦，下以霈九重德惠。即如十萬之帑金與器甲兼賜，則闔鎮騰歡，而今且額餉不給矣。關城自舊撫臣去，邊人相顧，謂臣安于天下，强加不以和之名，而曾不能留一無罪之撫臣。至累月之餉，呼號不應，而又傾囊倒庋搜括，以填嗷嗷之口，遂共相束手，而不能舉一事。臣蓋聞其言而愧之。因念人臣立朝，負壯盛之幹，即材謝中庸，安窾寡之常，或身饒强健，則力或能爲邊人請命。皇上尚可捨其短，信其長。乃若臣既愚且拙，既衰且病，業無以仰荷天慈，而呼不爲應，緩急不足爲倚。彼十萬嗷嗷之口，何取于不足軒輊之人，乃若呼庚解甲，臣姑不敢以威言憂勞君父，而亦何敢不預爲言。伏乞皇上念天下之安危在關城，更念關城之安危在兵食，立發五個月之餉，以補目前。其借過軍需，必于目前抵還。若該部視爲尋常支用，耽延不補，則剜肉醫瘡，邊事大壞。皇上在今日尚念邊人望食之急，在他日必課邊臣廢事之罪。是臣不忍不應計臣之急，而計臣忍遺臣以死。然臣一身何足惜，而邊事必不可壞。更乞飭法考成，仍嚴考成于撫按，無令撫按在考成之外，于以分别豐歉，激揚廉貪，考核真僞，庶財賦可充，軍儲有賴。至于衰殘病臣，既不能銷兵省餉，又不能預請多儲，斷當罷免，以謝邊人。臣何任激切待命之至。

天啓三年六月十一日上。

二十日，奉聖旨：「覽卿奏，邊關需餉甚急，着户部上緊措處解發，不得再遲。新餉稽延，准將撫按官并入考成。其援遼事例也，着申飭遵行，以濟急用。」

軍士囂噪疏

少保兼太子太保、兵部尚書兼文淵閣大學士、督理軍務臣孫承宗謹奏，爲部餉不繼，軍士囂噪可虞事。

該臣以四月以來，邊餉不給，仰瀆聖明，業已再承嚴旨，未見部發，臣憂心如焚，食不下咽。鎮道俱來促臣上疏，其辭俱迫切危苦。臣復責成鎮道，以本色自可療饑，而不拊之恩，不束之法，徒欲借兵之急，以自飾其短。乃鎮道悚然若弗寧，而歷數地方之苦、軍士之急，臣終無以應。及退而山石道臣袁崇煥以「邊餉不繼，軍士囂噪可虞」詳臣。其辭曰：「廣寧潰回援兵四散，此時不憂餉而憂兵，募之難集，調之不來。今關上之兵，蓋四湊五聚，以成營伍，纔有可觀，而四月以來，餉銀不至，雖有本色，而山海薪逾于桂，析骨難炊，無屋可拆，既淡食之不下咽，素手何以果然，人馬饑疲，重以淫淋爲祟，營房頹塌無餘，有枵腹而展轉溝壑者矣，有不展轉逃而故土矣。又恐故土之勾索，寧斬關而出，以爲夷矣。雖搜刮關上，罄諸一切，修築軍火器械，必需之帑金，始完五月。昨部解五萬，僅完關外之防兵三萬。今六月已過，七月又來，兩月非三十萬不足，即此時解到，尚屬後時，而況發運無期，外解烏有，各兵萬無待死之理，不反必逃，逃之無以禦奴，則禍在肘腋。興言及此，日夕寒心。而計部本司，悠悠莫莫，本道身在封疆，見難不避，一死何辭。然故靳之餉，以壞封疆，則有任其責者，是用不憚逆耳。伏乞移咨本部，及飛章題請，以活衆命，以鞏危邊。」

臣讀一再過，而泚浹趾力，不能更爲辭，以瀆聖明。謹全録其語，以證臣言之不誣。伏乞皇上立發五個月之餉，以救危疆。念此語最關天下安危大計，方今賊謀叵測，人心難安，有以結之，立可成治，無以御之，立可爲亂，惟在立發五個月餉而已。病臣辭力俱竭，何任激切待命之至。

天啓三年七月初八日上。

十三日，奉聖旨：「兵餉至急，着户部上緊計議，措處來説，不得再延，以致誤事。」

催餉疏

□□□……語自中聽，不痴不聾，法終未善，譬如廣地多田，耕笛載啓，無力終畝，而徒咎力田者之善飯。臣嚮以經臣熊廷弼遣催餉之官持令箭于户部以爲過，而今者大聲疾呼，滿朝不應，未嘗不服廷弼之爲勇决有才膽也。臣蓋以是覘大臣之習禍爲常，而其心不貫于邊疆關城之餉缺者四閲月矣。臣扶病而請命者，半月而三上疏矣。嚴旨屢下，部發杳然，而中朝未有爲邊人出一□□□……皇上所用爲慰也。

臣羈守邊關，無能仰瞻天表，一申依切之私。伏望皇上念三祝之方新集，兆民之大慶寬釋，聖衷無過爲慟傷。臣可任惓惓瞻戀之至。

天啓三年七月初九上。

十五日，奉聖旨：「覽卿慰，朕知道了。禮部知道。」

關城缺餉疏

□□□……關城之缺餉者，四閲月矣；臣扶病而請命者，半月而三上疏矣。〔一〕語者。

臣頃見舊撫閻鳴泰之去相次參刻〔二〕者不浹旬，而十五六上。臣未嘗出一語曰不和，而至于體貼臣意，爲臣驅不和者，數數爲言。臣以爲，中朝之重邊疆，且以重臣，而力欲措之安全也。乃四月無餉，禍在然眉。該部曾不一爲急，而中朝亦未聞有以爲急者，禍之迹大，而尚緩救之，自不妨急禍之實速，而更大救之，何可爲緩。

臣初辭闕庭，即曰：「一出都門，便同外吏。倘呼之不應，何以措手。」今察中朝之心，若以爲臣之妄爲擔承，往冒他功，而又若功名自喜，或幸臣之日罹其禍。夫諸臣方欲措天下于安，豈其真有是心，而迹若似之矣。臣蓋以是覘群臣之幸禍爲常，而其心不篤于朝廷。至于邊城兵馬，以餉之不足無食，兼以兩之有餘無居，有病餓而死者，有不甘于死而逃者，有恐追亡于故土而逃之關外者，斬關而出者，梟三人矣，而今尚洶洶未定。初二日，河南班兵工竣，而回期以吶喊動身，而子夜驚人，訛言四起，梟一人，貫二人，撲其千夫長而定。蓋兵卒有甘餓而不動者，即文武將吏，亦有不顧身家、不問毀譽而任事者。然而寄名關外，頓托龍種，倚迹齒餘，輒恣狐假。頃者，前屯衛虜可四五百，而冒矢石深入者，遼兵也。尤總兵從高臺堡赴援，獨家丁三百急爲擁護，而餘兵立山巔而不即下，盡徵調之雜兵也。蓋以其身爲己之身家，則切以其身冒人之利害，則援而藉口無餉，群奸鼓煽，曰某營盡逃矣。即臣之左右，亦相與疑惑不安。臣蓋以是覘邊人之心，玩禍爲常，而不殫于戰守。臣至愚極陋，仰荷皇上重任，每欲使功使過，振起人心，而竟不能足食足兵，力洗邊人之肝膽，使曾涴東塵者，盡化爲忠貞。且身爲大臣，誠不動物，才不調時，至身處危疆，有呼不應，既溺不援，窾寡之腸，已同枵腹，衰殘之力，更比空囊。所當者，飄摇思亂之會；所與者，隉杌不定之人。且入伍之卒，半非舊旅；新調之兵，未結深恩；方冀捐軀，更憂掉臂。臣所爲仰皇上威靈，不過藉力邊人，藉策朝議，而壁壘未安，既虞邊人之不定，聲呼莫應，兼疑朝貴之相忘。臣去年曾嚮諸臣言曰：「與以天下之大，付之不可知之人；孰若以天下之大，付之大可知之我。」臣于時不敢自顧其身，而安敢顧人。

然而人猶曰臣以北人用北人也。適萬僉事嚮臣言曰：「業有立論者，謂某人譖舊撫去，而以某人來。是又以西人用西人也。」一果若此言，則去一人，必有一去之同類。伺所代之人，時反唇爲稽，時鼓舌相嚮。蓋臣見舊經有防，又見舊撫有防，果如僉事之言，則新撫不又當防舊撫乎？臣竊願合中外之人心，念死無忘遼、瀋，耻奔無忘廣寧，既授以任，當盡其才，勿伺隙而快所忌，勿投間而騁其私。蓋邊城百務，非一舉可輯，百聞一見，幾費躊躅。當其爲而未竟之時，自有次第，自有斟酌，而雅抱弢鈐者，不悉端委，突摘一事以相稽，于當事之深心遠意未必盡，而徒以灰天下豪杰任事之心。臣以爲，邊臣非真委頓躁妄，爲朓爲朒，皆可聽其自爲。苟非真知險隘夷情，不必以猜忖之言、道路之口，自爲方略。臣病矣。臣去年决不可不來，今年决不可不去。獨是餉缺四月，偶語盈郊，新撫未來，秋防又至。即臣衰殘已極，何敢言去。然一事之柄而三操之必紛，三人之柄而一操之必競。蓋不獨邊政已有次第，臣身已無餘材，而衙門既分，則中外之心各有所屬。

皇上試問，從來相譽相毁，曾有不分群類而各爲其地者乎？即今新撫臣精明沉毅百倍于臣，凡可爲地方計者，臣亦不難傾竭心膽，爲撫臣商確。稍有閒暇，准臣歸里，乃得今新撫臣殫竭才力，無拘成模，無倚新見，以展布底裏，不至如嚮者跼蹐于一柄之不得操，而令天下交相擬議，以爲不和。伏望皇上立發五個月餉銀，以哺衆口，以周衆務，合天下之心，以合天下之力。更望群臣諒臣危苦深心，無冊臣爲迂，使臣妄虞中外之人心爲未合。目今新撫臣未到，臣得預言其事體合當如此，誠恐言之异時，則從容高議者未悉機宜，仍以托病卸擔疑臣于踆踆（竣竣）縮朒之鄙夫。而一柄兩操，訛言更起。臣即再受不和之名，而關城安得再受不和之害。臣以大臣任事，不願嘵嘵嚮人。竊念諸臣明而熟于計，即不諒臣，亦可略鑒于近事矣。事急情迫，語無倫次，臣可任激切待命之至。

天啓三年七月初九日上。

十五日，奉聖旨：「覽卿奏，情詞迫切。兵餉已有屢旨，該部官如何不上緊措處以應急，怠緩誤事，責將誰諉。着速行計議來説。封疆事重，苟聞見未真，豈得輕率妄言，致滋疑惑。朕知道了，卿不必介意。該部知道。」

【校記】〔一〕此句據三朝遼事實録補。
〔二〕「去相次參刻」，據三朝遼事實録補。

瀝忱辭免疏

少保兼太子太保、兵部尚書兼文淵閣大學士、督理軍務臣孫承宗謹奏，爲誤荷隆恩，瀝忱辭免事。

該臣于七月二十七日，接吏部咨，奉敕：「以皇考實録成，加恩臣承宗少傅，加太子太傅，蔭一子入監讀書，仍照新銜給與應得誥命。欽此。」臣捧讀，不勝感戴，不勝惶悚。伏念臣一介草茅，荷蒙皇祖拔置翰林十有六年，至泰昌元年八月，臣以左春坊左諭德侍先皇帝于龍飛，隨于是月十九日升臣左庶子。臣于朝日廷謝，仰瞻天表，粹穆温和，言念恩光，攀髯未逮。即今不揣迂愚，冒承皇上重任，内不敢顧身家，外不敢顧毁譽，誠思以仰報天慈，遂可少報先皇帝隆恩于萬一。而才不逮志，徒抱空腸，每顧文虬，輒羞濡翼，則令臣真有功勞，亦復難承懋賞。况兹异數，曷敢以無功冒承。恭維先皇帝以浹月鴻仁，培萬年大業，即令臣日逐諸臣，載筆摹天，必不能以荷戈之手，少效涓埃，而况諸臣荷蒙之初，未經時月。臣已于役邊城，前者未披玉譜，已荷蒙殊恩；今兹遥仰帝謨，敢承曠典。伏乞皇上念臣真切，收回成命，無使臣才微任重，業蒙舉世之疑，抑福過灾生，更負捫心之愧。臣可任感慚待命之至。

天啓三年七月二十八日上。

八月初五日，奉聖旨：「卿勞著封疆，功在宗社，皇考在天之靈，實用憑慰。大典加恩，藉示酬眷。卿宜祗受，不必遜辭。該部知道。」

再瀝愚忱辭免疏

少保兼太子太保、兵部尚書兼文淵閣大學士、督理軍務臣孫承宗謹奏，爲冒恩已過，曠典難承，再瀝愚忱，懇允辭免事。

該臣承宗以恭進先皇帝實録加恩，具疏辭免，隨接部咨，奉聖旨：「卿勞著封疆，功在宗社，皇考在天之靈，實用憑慰，大典加恩，藉示酬眷。卿宜祗受，不必遜辭。該部知道。欽此。」臣捧讀，不勝感戴，不勝惶悚。伏念臣一介書生，謬膺重寄；痴腸徒苦，尚煩君父之憂勞；病骨支離，殊負祖宗之作養。且臣既輟文墨，出佐戎行，然而歲時賜賚，概比同官，實録告成，又同恩眷。是臣操觚而濫戎馬之司，既負慚于矍鑠，乃當闕而與帷幄之典，仍遺笑于兜鍪。況臣年來荷蒙恩眷，忝冒已極，皇上即不以邊事未寧，頓治臣曠官之罪，臣亦安敢以帝謨未睹，冒皇上誤及之恩。方今邊城缺餉，虚冒爲嚴，而臣先虚冒，即内不必責其表百僚，乃外何以法將吏。伏望皇上念臣真誠，准臣辭免，以安臣愚分，雖拮据塞徼，僅分萬幾之一端，而殫竭涓埃，尚比三春之寸草。臣可任懇切待命之至。

天啓三年八月十二日上。

二十日，奉聖旨：「卿以輔臣籌邊，猷勞茂著，大典加恩，以當師中錫命，何得過讓，還即勉承，用副朕意。該部知道。」

調募日增疏

少保兼太子太保、兵部尚書兼文淵閣大學士、督理軍務臣孫承宗謹奏，爲調募日增，借支當補，懇乞聖明俯念危疆，立爲拯濟事。

臣本腐儒，年來更復衰殘，即殫竭心力，恐無以湊辦邊事，何得餘力曉曉嚮人。獨近來月餉不繼，俱謂虛冒不清。夫四鎮數十萬衆，寧得無虛冒。然營制既定，什伍既明，臣即衰殘，不知縱横，而撫鎮部道各具肝腸，何至盡聾盡聵。即杜應魁、柯仲炯之兵，强易爲盜，脆不堪農，臣已幾加減汰，而終不入五部之中，頃道臣已送參劾矣。該部未悉臣意，據臣所稱白郎中三月餉數以爲嘗，而又疑招調之太多。臣初抵關，諸臣俱稱潰兵非兵，可調七鎮精鋭八萬五萬，即總督，亦謂當調三萬。臣待罪，政地一體，九邊既不敢遺七鎮以空缺，而以關門之守，撥司農之供億，僅調一萬二千五百以壯關門氣色，然皆馬兵也，即放青時，月可費三萬七千有奇，而此外有遼兵，有新兵，有班兵，有新馬，有駄馬，俱關内外所必需。時日積漸，遂溢舊額，然舊撫曾裁汰一萬二千，而各營兼有逃故。其調自鎮協者，俱食新餉之兵于關城，若增于該部未減。臣謹自持算籌，備細開具，據白郎中放過三月糧草銀一十六萬五千五百六十四兩二錢三分五厘四毫六絲五忽，内除各衙門公費工食二千四百五十一兩四錢八分七厘六毫，及補支前月餉銀二千七百四十四兩一錢三分二厘八毫六絲，實支本月銀一十六萬三百六十八兩六錢二分九厘五忽，尚有給銀五千三百三十三兩四錢八分五毫一絲五忽。

據見在三月水陸官兵九萬八千九百五十五員名，修工班兵三千八百九十七員名，運車局匠衙役五千三百七十七員名，共十萬八千二百二十九員名；馬騾四千五百四十八匹頭，并各衙公費工食共該銀十六萬五千七百二兩一錢九厘五毫一絲九忽，合補支前月銀數總該銀一十七萬八百九十七兩七錢一分五厘九毫七絲八忽，止放過十六萬五千五百六十四兩有奇之數，仍有未放官兵一萬七千二百八十二員名，馬騾一百五十二匹頭。

至四月，則延綏兵一千九員名，以初二日到山西；民兵之在三屯者一千七百一十八員名，以初八日到寧夏。兵一千五百員名，以二十六日到。又延綏兵七百三員名，以二十七日到。右部新募家丁八十三名，各營新兵四百八十八名，總計五千五百六員名。仍有前月抵關，四月造糧，則大同二千三百三十九員名，山西九百員名，總計三千二百三十九員名。通計四月舊管九萬八千九百五十五員名，新收八千八百六員名，通計實在官兵十萬七千七百六十五員名，而班軍新到二千七百七員名，舟車局匠衙役新舊一萬一千九百八十一員名，除逃汰等項二千九百五十二員名，總計一十三萬四千五十五員名。馬騾舊管四千五百三十八匹頭，新收三千四百六十四匹頭，共七千一百六十四匹頭，并各衙公費工食三千二百八十六兩一錢三分五厘七毫，合補前月銀數共該銀一十九萬一千四百九兩二錢三分四厘二毫九絲三忽。至五月則陝西兵五百員名，以初五日到陳九德兵七百四十六員名，以初六日到通鎮兵一千八百六十二員名，延綏兵六百三員名，俱以二十一日到，福建兵一千四百七十二員名，以二十三日到，左右兩部新募家丁三百七名，總計六千四百八十員名。

據五月官兵舊管十萬七千七百六十，合新收之數，共一十一萬六千一百二十員名。再合以班兵二萬八千九百，匠役三千八百七員名，除淘汰一千六百九十四員名，共一十四萬一千六百三十六員名。馬騾牛除開去一千七百八十五匹頭，見在二萬五千一百一十三匹頭隻，并公費工食等三千八百七十兩二錢九分一厘七毫，共該銀二十二萬三千七十兩八錢三分五厘三毫。合四月五月，共該銀四十一萬四千四百八十兩六分九厘四毫九絲三忽。白郎中自四月初一日至五月十三日，交代止放過一十三萬七千一百一十一兩三錢八分八厘二毫九絲三忽，尚缺銀二十七萬七千三百六十八兩六錢一厘二毫。

至六月，則臨鞏兵五百二員名，以初三日到大同，補兵二十名。以初五日到福建兵一千四百七十七員名，以十一日到四部新募家丁三百三十九員名。據六月官兵舊管十一萬六千一百二十員名，新收二千三百三十八員名，共一十一萬八千四百五十八員名。再合以班軍三萬一千八百七十六員名，匠役等兵三千八百三十三員名，除淘汰二千二百八十員名，共一十四萬八千三百五十三員名。馬騾牛除開除千二百三十九匹頭，見在二萬六千五百九十八匹頭隻，合公費工食等銀二千七百五十八兩六錢一分三厘七毫，及補支前月銀二千四十七兩二錢八分四毫，共該銀二十二萬一千八百二十兩七錢六分五毫四絲九忽，通前缺數共四十九萬九千一百八十九兩三錢六分一厘七毫四絲九忽。郭主事抵關，有部運十萬兩，借操賞軍需銀一十七萬七千八百三十八兩五錢，補放過三四月并正放月銀二十七萬七千三百六十八兩六錢八分一厘三毫，尚缺銀二十二萬一千八百二十兩七錢六分五毫四絲九忽，而關城工料束手矣。

至七月，則甘肅兵五百員名，左右後三部新募家丁二百八十一員名，山東秋班修工軍三千五員名，又有馬頭營翁應元之二千五百，大約七月兵餉與六月稍增，約得餉二十二萬有奇。今且八月浹旬矣，又當得二十二萬，合前所缺可六十七萬有奇。郭主事以部發銀三十萬及借關城軍需銀十三萬放過四十三萬兩可完，至七月而尚缺萬兩有奇。又報有舊庫還新庫銀十萬在途，尚不足八月之半。蓋前後借過軍需三十一萬有奇，而關城無可那借，秋防正當嚴急，且時當辦草之候，價不蚤則難平，時既過則易枯，決無嗷嗷待哺，惴惴臨敵，而令枵腹採草者。寧唯採草爲難，即坐而枵腹，是慈母所不能拊愛子也。況關城百物俱貴，即時給，不堪一飽，而一有不繼，其何以堪。無論兵丁之借貸倍償，日愈積愈多而愈急，即朝廷之負缺，月愈積愈甚而愈難。近日兵之逃，以新到之苦，加以餉之偶缺，臣豈敢以兵逃盡咎于餉。然以十八人出關已梟三人，訛言七百，則兵豈盡逃，而餉不及，何以殺逃。且軍需不補，工料盡缺，衹今城郭不完，倉廒不修，器甲不備，賞罰不行，即士飽馬騰，何時不恐，而况惴惴嘆一飽之無時。臣嚮憂軍容不壯，何以撻伐，衹今憂軍食不給，何以訓練。臣嚮憂軍需不補，無以修備，衹今憂軍需更無可借，何以安兵。蓋療饑更切于振懦，防兵更切于防敵，頃偵諜之報，回鄉之口，俱言逆奴西犯，情形真切。而西虜所在要挾，秋賞又到，撫夷道頃借軍需五萬爲撫備，臣以關城之需，俱可通融，但當酌量緩急，而實無可借。

臣竊謂無食則無兵，雖有器甲何用；然無器甲，猶之無兵，雖飽食，其兵何用。臣既念兵馬危急，不得不仰體皇上念兵之心，姑停器甲之費，以食兵。又且念關城危急，不得不仰體皇上念封疆之心，再請器甲之費，以治器甲。至于餉不足而咎虛冒，不知關城十萬備有五方之卒徒，或精猛善驚，或謹固易竭。總之，今天下物力如此，兵力如此，剜肉醫瘡，玩無可調募之費；挹彼注茲，兼苦無可調募之兵；加膝墜淵，終將無可調兵募兵之人。蓋客兵難久，土著難盈，倏聚倏散，不適于用，久束久縛，不協于情，然而漫漶遇之，盡堪作弱，結束加之，俱可爲强。臣是以日携文武梳爬淘汰，嚮課其事，今課其人。蓋五大部三十營，聲勢赫然，而裁冗去浮，頗爲嚴肅。即果如該部之言，信有虛冒，亦須按時給發，且清且汰，决無令不虛不冒者枵腹，而坐待虛冒之罰。且中有實而不虛，真而不冒，考必有披執騎操之具，必有高深險固之防，餉豈可不給，軍需豈可不補。然而該部之坐而待外解，猶臣之坐而待内解也。該部不難，當不翅臣之難。

臣昨謂疾聲大呼，滿朝不應，今滿朝作應，而實無以應。首輔謂臣曰：「即以臣持籌，亦無以應。」一臣再四低回，始不得不請命天慈矣。近荷天恩，新發十萬，凑部解十萬，尚不足七月八月之額，而借過軍需三十一萬，更無可抵，轉盼又且九月。懇乞皇上念臣所計，急在眉睫，大關天下，蚤爲社稷遠計，倘得再發十萬，以應目前急需，且以防不時之缺，仍敕該部，酌量及時給發，務盡補所借軍需，其一切經久成謀，務從長蚤計。至于關城兵餉虛冒，不妨以户兵兩部大臣携山東職方兩司官抵關城，逐一詳核酌議，應該兵幾何，應用何等之兵，應該何等之餉，亦足以補臣所未逮。凡諸建明戰守大略，或不妨姑輟，所司暫借于邊，以竟其志，勿令衰殘腐儒耽延誤事，而嘵嘵辯白之不暇。

臣閲邸報，該部有利商人之辨，而不言八萬抵草價與二兩一石利商人爲一事。臣非責其利商人也，責其利商人，則價可少抵草價，責價可多，不願以二萬八千之實，冒承八萬之名。倘該部止算臣二萬八千之數，則該部即與商以五萬二千之利。臣即願該部爲國惜財，勿徇人情，而既無害于關，亦且忘于言。獨是該部之議，兵減三錢，馬減四分，既已駭兵；順、永買草之民，責其好義，終事必不可六分，又以駭民。獨于商人既疏其有八萬可抵草價，欲札其買米豆二萬，是明予以五萬二千之利，而猶惓惓惜其疲也，曰「此舊法也」。兵馬之餉數，小民之輸輓，無舊法乎？以此持籌，恐方今財賦之缺，不獨在考成未嚴，而在綜核之未析，不獨在兵馬虛冒，而在奸猾之未靖。目亂于當幾，面軟于徇情，徒令天下抱英雄之概者短氣，于占風驗草之晦冥而難辨。臣忝冒大列，何忍爲憤激之談，獨是世方顛危，人多怠緩，而全軀保妻子之徒，曾不知天下有忠義之肝腸，既指以杞、檜，欲責以范、韓。臣即愚，願死于敵，不願死于鶻突回斋之口。惟望皇上爲社稷遠計，念此危疆，于緊要衙門，急擇器識明通、膽力沈毅之人，能不爲人驅使，而又不自任鶻突者當事。至户兵兩部緊要司官，必得通敏老成之士，即未必事俱諳練，而通敏老成，自可佐籌策于當事，而無敢爲詩爲愎。乃若臣衰殘病骨，尚不敢以此時乞身終。惟望皇上憐念而已。臣何任激待命之至。

天啓三年八月十八日上。

二十三日，奉聖旨：「覽卿奏，關門兵餉及内解借欠，確數甚明。目前月餉急缺，即軍需工料操賞諸費，豈暫停内帑，屢發不繼。念非至急，卿必不輕易自請，准再括發十萬兩，其餘額餉借欠銀兩，着該部上緊借給，不得延緩。卿以輔臣行邊勞苦，當令兵餉有餘，足供調度，乃動至匱乏，憂煩焦慮，朕心甚念。奏内擇任緊要，當事各官知道了。户兵二部，一體責任，當協力佐籌，務求濟急，毋但以覆疏塞責，坐致耽誤，責有所歸。」

孫承宗集卷二十九

前督師奏疏第六

布置關内諸鎮軍事疏

少保兼太子太保、兵部尚書兼文淵閣大學士、督理軍務臣孫承宗謹奏，爲兵官不可無兵，重地不可失重，懇乞聖明立嚴兵政，以重大防事。

臣材識短淺，未諳弢鈐，然生長燕陲趙際，少嘗負劍游塞下，頗窺節略。嚮來仰承募兵分兵之命，各以今昔時勢，稽核往牒，而時杰見臣迂腐，鄙不肯信。且歲一更，若忘其急也。姑以舊事，明臣之臆。國家虜患，近莫迫于庚戌。是時我奸人哈舟兒導北虜入潮河川，遂逼古北。詔發京邊數萬守要害，而邊兵遠，不時會，京兵烏合，不任戰。都御史王汝孝悉力禦之，少却，竟大潰。蓋是地北可借東，亦可借爲出没要地。臣是以有石匣兒總兵之議。

是時虜給我西，却間道出我後，近京諸城固無兵也，遂深入恣掠，殺懷柔、順義吏士無算。蓋是地密邇都城，無他險固。臣是以有牛欄、順義之議。

是時虜蹂通州，阻白河，御史王忬收舟楫，不得渡越，數日竟西薄都城。蓋地逼而鮮力臣也。臣是以有通州總兵之議。

是時京師震恐，集諸營兵，悉老弱，不過五六萬，而諸内使厮徒負養在其中，倉卒索甲仗，不時給，久之未能軍。蓋久玩忽發，中外未備。臣是以承命有三萬之議。

是時詔九門各守以文武大臣，集武舉千人，別募良家子蒼頭登陴。蓋倉卒烏合，不相屬。臣是以有「捨餘萬人隸三大營操練，備九門」之議。

是時邊兵不時至，而京城苦無兵，獨保定撫臣先以兵入，一時人心稍振。蓋地近而應急，臣是以有保鎮三萬之議。

是時虜剽略無算，意欲滿，乃循諸陵北，徜徉古北去。危哉，循諸陵去也。假令意欲未滿，寧獨西山之爲焚蕩乎？蓋地最重，防最疏。臣是以不欲陵兵之格于中人也，而有昌鎮益兵之議。

臣嚮視樞政正事方急，時衆念京營不足恃，旋以新兵不可久，故酌群議爲議，總以無事則分兵于各城，有事則合兵于京師，于以外防要害，內護神皋，既無聚兵之害，兼有分兵之利。今議者曾不念後日之不虞，何以爲應；更不憶去歲二三月間，招兵招將，處處着急，人人爲計，纔隔幾時，胡馬狙伏，頓謂曰安，舉相謂曰：「兵不可調，不可招，不可多，而前所議兵俱爲冗。」夫兵不可多，況可冗。然當酌練之，寧得概罷之，亦曾有以朱方、霍鵬之撤兵相間者乎？今天下寧獨奴酋爲逆，即西虜蠢動，兵不惟渝關當備，即薊門當嚴，即京師更當嚴。蓋款虜不假道于逆奴，臣既知之。但薊門一帶，處處可入，處處可假。嚮者三衛導北虜，今不可導東虜乎？金白馬之役，何必東虜，而況東虜猛發，偵諜有據，重地殫人，所在可虞。如昌平之總兵不滿三千，而陵兵之重在中人，不得問。通州之總兵統一千五百于張灣，而萬餘人在通州，不得問。且盡撤牛欄、順義、鞏華之新兵，以爲無所用。石匣之總兵有家丁五百以爲餉，僅存八十八，近率以迎敵，而虜殺氣半至，搶掠去，而後他兵至，乃密雲兵二萬，不得問。三屯營之總兵，合新舊僅八百名爲提督，而薊門兵三千，遵化兵五千，不得問。夫督撫兵道，居重馭輕，自當有兵，以防未然。且舊設也，而又訓練有方，臣敢謂可去。但既設總兵，豈得令之無兵可總，至使一總兵多纔千餘人，少止八十八，賊來而信地之分防未必堅也，遠地之應援未據也，獨有持空拳以相格。竊意縉紳之訓練，究竟以甲冑爲鋒，如白馬之役，非石匣有總兵，安知不大肆披猖乎？今又報擁衆要挾矣，事急而圖之，寧有及乎？臣謂陵兵當急實其數，或另爲兵以予總兵，以當陵京之重。至兵之在督撫兵道者，可全予予之，可半給給之，訓練于總兵，調度于督撫，兵道權未嘗不自上操，即如關城新撫，不難以標丁屬大將，而衆服其略。蓋兵予之將，并將爲我用，何患乎無兵。如兵官獨恐總兵去，與總兵不去而無兵，一旦有急，則去歲之盤家、移口、造器、修臺可念也。

殆不必危言庚戌已。昔人議京營兵脆不習戰，請邊鋭集京師，時以撤垣墻、蔽堂奥非策，而今遂去堂奥之蔽，以爲垣墻。夫垣墻固，何問堂奥，而垣墻之蔽，不隸于甲冑，何以責甲冑之勝于垣墻。又如保定鎮而額兵三萬四千有奇，不獨防蜚狐、拒馬，抑以去天咫尺，朝警夕援。去歲撫臣有招兵五萬之議，臣曾議令合新舊三萬，聊備目前。而無米之炊，既難于新絶，少之應，兼撤于舊。易州道徐騰芳留心大計，與撫臣議留保定援兵二千五百不赴關門，可以其糧另募。撫臣議以班兵分二營，于薊門之十營以戍山海，而關臣以爲賦芧之術。更兼去真定二千五百，恐他鎮借辭未便。然而道臣言之，外備紫、馬，内護神皋，何异薊、密、昌平，既不如三鎮之益兵，何得以兵爲他鎮之防，似宜先留保定之二千五百，以備本城，而姑以其餉另募土著，待稍有次第，乃并真定之二千五百概罷，而他鎮不得借辭。又如天津設撫院，無兵而改總兵爲副，誠是。然副亦無事。近議合兵餉爲一，而目今兩賢莅事，俱極人選，謂宜優擢其一，而歸權一人，仍屬兵事于副總兵，而領其事于上。又如登萊之兵，據見額不滿二萬，俱分防各島，而沈有容駐廣鹿，毛文龍駐皮島，兩鎮兵餉自宜有人料理。乃登萊道田一井以監軍設，而領專敕，有旨不許，過海則軍于何監。頃屢次請告，臣輒留之。即撫臣，亦重其氣義，而毛文龍爲遼人具呈留一井，以一井肝膽英英照人，真有可用，而鬱鬱于無可監之軍，似宜酌其勞勩別擢，而祇以軍務歸并登州兵巡道。乃二弁島居，而兵馬錢糧豈得竟無以爲稽核者。臣守關門而言内備，當爲世人輕薄；且久據而輒議之，未悉心許，衆安而獨持之，殊無器忌。然諸臣俱老成爲國家遠謀者。頃遵撫言，業爲大將計兵事，亦足證臣言之不謬矣。臣不妨以迂拙佐其末計，誠念患有弭于所防，而害或生于所忽，近如白馬之役，可鑒也。伏乞皇上敕各該督撫兵道，分別重輕，酌量緩急，兵可給，亟予之，以爲備兵，不可給，作何另給，以全其防。其保定援兵，准臣暫免。其二千五百，其天津部撫、登萊監軍，聽該部酌議歸一，庶兵政可嚴，安攘有賴。臣可任激切待命之至。

天啓三年八月十九日上。

二十四日，奉聖旨：「覽卿奏，重地飭防，參酌今昔，關切兵政大計。卿原兼督諸鎮軍事，自當主持布置，總兵官應給兵馬，着各督撫官協心調度，不致异同。其保定援兵，准如數暫免，天津部撫，并登萊監軍等事，悉如卿議。即與覆行。該部知道。」

辭免明恩疏

少保兼太子保、兵部尚書兼文淵閣大學士、督理軍務臣孫承宗謹奏，爲誤被明恩，内虞謬比于同官，外虞負慚于將吏，披瀝愚忱，以懇辭免事。

該臣以恭進先皇帝實録加恩，再疏辭免，荷蒙聖旨：「卿以輔臣籌邊，猷勞茂著，大典加恩，以當師中錫命，何得過讓，還即勉承，用副朕意。該部知道。欽此。」臣捧讀，不勝激感，不勝悚切。臣本迂儒，謬當重任，即據今見在之恩華，自難圖報，即自今有成之績叙，詎可承恩。況大典原未與同官共事，明恩豈敢與同官概承。且臣材日減，則誤被之恩愈浮；臣病日增，則報塞之算日短。然而内省一身，外省群情，更有不敢負私心而愧將吏者。臣以迂腐，抗顔將吏，不獨法繩其遠，抑亦情通其便。乃年來諸臣之苦，百已備嘗，而諸臣之情，百未一通。如各該部道固有履任方新、當官處順者，然而方理簿書，旋親戎馬，勞不得息，饑不得食，日奔騖于兵餉勦撫之場，無人不病，無刻不忙，固有親病子殤，猶力疾調數十萬枵卒黠虜，而臣曾不能爲之念。又如各部將領當炊珠然桂之日，盡清其薪水之實，而三防未叙，一薦未登，新調未竟其材，舊官備極其苦，如孫諫、左輔、魯之甲、李秉誠輩，量移不准，遇險先嘗，而臣曾不能爲之拔。又如三總兵官，當天下第一雄關，曾不如他鎮之一協。馬世龍，七世孤生，携十歲男于邊，而王世欽、尤世禄父子兄弟，盡在戎行，至其窮不能結歡，挺不肯受囑，既已破債帥之格，而歡所不結，囑所不受，遂至恣口長安，饒爲苡珠之謗，而臣曾不能投讒以爲之彌。又如副總兵趙率教安插遼人可六萬有奇，且兵且屯，修守修戰，其廉勇頓起英雄之氣，近有父喪，而臣未敢許其歸。又如通判孫日嚴，拮据任事，參將陳諫，慷慨出關，俱以兵事死勞，而嚴之子，諫之兵，環之乞恤，臣曾不能遂其請。又如兵備袁崇焕，品以材高，官以地轉，獨給繇不得通理，遂使七袠老親，未霑一命，視一時卓异平常，俱邀封典，每嚮臣泣。臣曾不能遽疏，以風危疆之苦吏。又如職方司主事鹿善繼，當危急之秋，辭清要以從塞下，而瘁心爲謀，瘁力爲事，他人乞差乞檄，善繼獨相安于戎馬。其宵不寢，晝不食，與臣同。其病幾死而復生，與臣同，而概其品材，則餉郎白貽清可相似，而不佻不隨，一則來不顧銓部之擢，一則去不問優叙之札，其直恬正直，臣所未及，而臣曾不能爲之還其所當有。又如武庫司主事杜應芳，綜理密嚴，近以瘁病，蓋垂死而僅存一息，與鹿善繼俱有老親，未敢言私，而兩人之父娓娓以大義教其子勤邊，而臣曾不能爲之恤其瘁。又如羽林衛經歷程峇，以冗吏悉厄塞，初以知兵從臣，遂以知醫療臣，數令其偵探于虎狼荊棘之叢，每惜其材，而臣不敢以其四年之俸爲乞一官。又如舊撫臣閻鳴泰，與臣共嘗艱苦，公事馳驅，材未一施，官真爲贅，而危邊兩防，當有優叙，他人多以新貴爲親乞恩，臣特議其待乞于叙防之日，而旋以罪行。臣實負友，兼負其先人，而未敢言。又如舊職方主事王則古，冷面壯頏，曾不隨人俯仰，且更熟于遼事，臣携至關城，而旋以臣三協之議當察典，臣即明知其材賢，而不敢爲本官犯辯察之條。又如十萬軍丁跋涉，御于風檣陣馬之間，甫釋戈矛，頓拈矢炮，至持野蔬而投繯，聽諭牌而環泣，臣惟按法爲嚴，而曾敢與度支爭升斗以益兵。

夫臣以孑然一身，借群策群力，苟安危邊，而生者爲臣宣力，死者爲臣捐生，去者爲臣負罪，留者爲臣圖功。乃臣之一身，位愈重，恩愈隆，而諸臣或脱顯榮而不任，或瀕危死而不辭；而其于親，又或生者不得封，死者不得葬；乃臣于諸臣，留則備艱辛而不叙，去則蒙侮辱而不雪，甚至生既不昭其勞，死猶不厚其恤。無論臣自顧行能，對鹿善繼而愧不如其恬，對袁崇焕而念其不能及所親。即以臣祖父累荷天恩，有加無已，而孰非人子，乃有生不封，死不葬，而臣方且更冒無功之賞。伏乞皇上念臣真切，准臣辭免。即臣實無可受于身之實，又安有可推于人之分。惟願免所誤加，霈恩將吏；以加臣之身者，得叙于將吏；以加臣祖父者，得乞于將吏之先人。凡該什伍，盡被明恩，使臣得比十數萬軍丁于子弟。且目前各文武官三防應叙，而遼撫新設，未敢即行，或可亟令照例舉劾，以慰群望。寧惟臣愚可抗顔將吏，而數百文武將吏、十數萬水陸官兵，有不歡忻歌舞而奮勉爲忠，臣不信也。臣何任激切待命之至。

天啓三年八月二十七日上。

九月三日，奉聖旨：「覽奏，具見推讓功能，體悉將吏。加恩成命久頒，卿宜勉受。其褒叙各官并恤賚軍丁等事，該部即與覆行。卿莅事經歲，已閲三防，當行舉劾，以示奬勸。着撫道官據實開報，卿仍參酌具奏。」

沿海情形疏

少保兼太子保、兵部尚書兼文淵閣大學士、督理軍務臣孫承宗謹奏，爲酌沿海之情形，定當關之防守，懇乞聖明嚴飭，以急圖大略事。

該臣念兵有分合大勢，有虛實成著，分任之而力有所不及爲虛，合任之而參相得，以湊其所及，則當其虛，有實之用。頃者，後先接各部撫鎮揭報，具言逆奴恣行猜殺，毒我遺孑。蓋自毛文龍出，而遼之避賊者，集于我矣；自沈有容出，而遼之嚮賊者，僇于賊矣；自覺華之兵出，而遼之避賊者又集于我矣。臣實主兵，曾不能滅此朝食，而令吾民遭此荼毒，豈不怦怦心惻。然賊撫遼以爲用，與賊殺遼人以驅之爲我用，斯天下安危之大機也。蓋我入而賊殺順我之民，則我再入，而民將拒我。惟我未入，而殺機之動有自也，實不以我殺，則既脱而抱憤日深，未脱而望歸日切，集于我者以僇于賊者之慘，而其心日固，其圖報日真，斯亦海上陳師之效也。

頃又據登撫袁可立報，總兵官沈有容稱，毛文俊以島兵從之，毛文俊議將沙唬各船，半移北汛，半移蓋套，作兩疑兵，而以步騎官兵盡往金州。文俊以島兵從之，再調登兵以固守。有容不言事不當爲，而第曰未便者四。臣以爲，逆奴叵測，即四者，便亦未可入。何也？小不見有可因之便，大不見有可乘之機，而關城未有進取之成謀。況我以勞守，且偏師也；賊以逸攻，且全力也。即勝，未即得乘勝而入，奈何不爲鷹鸇之鷙揚，而效鼫鼠之困鬥。即嚮者欲速取四衛，正以因糧于民，則餉不虞匱，因兵于民，則死鬥之衆，與深入之兵，俱可一當百。今虜赭地而兩無可因，即所謂無賊則守，賊來則走，亦以城有可因，兼可接渡順民耳。豈其我欲擾賊，而先爲賊擾也。酌量彼己，相度始終，有容自不肯草草舉事。然而兵何以增，餉何以益，應接何以速，船何以泊，海中風汛止可半年，而機與時會，更復何時，此之不可不計之。

又云，金州無虜，復州以北不可謂無虜。信如此，則必得無虜之地，而守之矣。夫無虜也，而又何云守？即復州以北果無虜，而我守此何爲。大約能舉事，即有人，亦可往；不能舉事，即此地無人，仍必到有人之地。無人尚不堪守，有人又何堪戰。此關城所以未入廣寧也。然因其不可入，而并不議必入之方，是奴明張勢以扼我，而我竟束手以受其制。是又我欲制賊，而先爲賊制也。即謂四衛可以徐取，然登萊之大帥移師入島，不過欲乘機宜動，而機已著，竟不能入。嚮以金爲邊，而我不敢窺岸；今以復爲邊，而我不敢窺之數年，亦未見其可入也。且其邊愈遠，則我之機不可得。其漂摇于島中者，徒使岩有禺馬，輓無木牛。即奴嚮之畏我而改計者，已漸知我之無能爲。

不獨登萊也。有容不能入金、復，而文龍何能入鎮、連。其孤城之不可守，同也；其饋餉之不可繼，同也；其應援之不可待，同也。是以文龍之備稱二三萬者，逾年而不輕窺岸。然則舉朝所望于文龍制奴，與文龍之請進師，請以鮮師助，亦其酬恩奮激之一念，實未深言其利害也。

不獨此也。自皮島而入鎮江、九連，猶廣鹿之入金、復也。其皮島之入金、復也，地益遠，吏更不能及。彼不諳地里，而奈何以四衛責之一人。

不獨此也。自皮島至金、復，其途坦，其爲道里雖遠而尚近。若欲襲取老寨，則自鎮江而至寬、靉之入奴寨也，尚數百里。即嚮時劉綎所入故道，即有間道，而牛毛、董古諸險，非可以偏師度。即險可度，而襲人者必襲之于近，或脱兔應之。不然則哨探入，而險已守，守則不可襲。即古之千里而襲人，蓋别有掩蓋之術，誘之以不虞。今示弱示强，奴酋之習我有年矣。習又不可襲，故未諳情勢，而奈何以搗滅竟責之一人。

不獨此也。年來牽制之説，謂奴虜前進，而後襲之耳。今地勢既未可輕襲，且奴動言有衆數十萬。竊計精者，度可五萬。彼留一萬以扼險，而已得十萬之用。文龍動言有男女四十萬，然據所報，可兵者不滿二萬。懸軍深入，主客勞逸之勢已殊，又仰面而攻死守之險，即四衛未徙，東山之礦徒數萬未徙，挾其全力，亦所不能。況入無人之境，而無一夫之援。或又言水陸相絶，彼不能如我何，而我亦如彼何。夫我既不能如彼何，亦何所患而爲我牽制。即如其説，彼從夷出，轉而襲我，終有進退之虞。故即改掩襲爲大舉，改牽制爲搗滅，而以大功專責一路，屯田而餘于粟，鑄錢而餘于金。當進師之際，陰入則輕重未易，陽入則衆寡尚懸，我從險入，臣終難之。臣嘗謂天下之患，莫大乎我知其未可，而欲持以愚天下，又妄意天下之受我愚也，而不知我已爲天下愚而不自覺。臣嚮欲開四衛之局，而該部仍付其議于東。臣頃欲增覺華之船，而該部以空手茅生謁臣于幕，要未諳于地勢也。兵固有聲有實，習知其聲之不繼，而始防之，終輕之，則聲爲虚；力借其輕之者，當不意而搗其所不防，則聲又爲實。然終不若集群分而爲合，總衆聲以立歡，令其無敵爲輕，而不得不分力爲防，則虚而爲實之用更大。

臣嚮謂文龍爲虚著，且謂文龍之虚而可實用。蓋用兵者必先察地里，凡步騎舟車之所及，皆有限量。今以爲可爲，則千里頓責之跬步，以爲不可爲，則步步實著，又若在千里無何有之鄉，故籌算不定，而臆説迄無成畫。臣以爲，文龍所據者，東偏也，盡一方之力，止能及于一方，而據險爲防，賊尚長驅西闖，而不他顧。唯是以皮島之師伺寬、靉，以廣鹿之師伺金、復，以覺華之師伺海、蓋，再以夷官結虎酋，而招携于廣寧，則分防之地多，而賊不得不分。分而防之，其途廣；則合而入之，其力微。故臣欲以文龍當其髀脛，以有容當其胸脅，以覺華、廣寧當其肩背，其地勢實然，而再各以所當之地，檢其入途。竊意東之兵繇中路，則鎮江、湯站，賊必據爲厄塞，而以步當騎于平原，爲以短争長，莫若繇皮島出西南，駐舟師于獐子島，窺草河、岫岩之中大路，陳盛兵于彌串，與鎮江隔一水而陣。再從東北合朝鮮之兵，奔雪嶺，抵銀州，若秘若泄，若將搗其老寨然，以爲疑。迨兵至銀州，或江水既合，乃下彌串之精甲，潛繇義州之北岸，踏冰而西入鳳凰城，以闞清河，直從門庭以窺其堂奥。蓋合三路示争，勤其設備爲防，而實圖險亥之路于鳳山。至于登萊之兵西南出黃城，則繇平島、三塤以趨大路，中出廣鹿，則繇黑陀子、青山登望海堝，歷紅嘴、南關，抄復州之背，直趨蓋州。東北出石城，則登小松之岸，繇黃骨島、鷹拿河歷山行捷路，以趨冰峪。乃若覺華北可下三岔，歷牛莊，抵海南，可下蓋套。以十八里抵蓋中，可駐二家溝窺海州，以北合岔河，南合蓋套。

方今四衛間，賊既豬地而入，示我以無因，我或姑以無因而遠之。彼且疏其防，又或以難無因而逼之，使其欲遠，而又若不得遠。又或乘所不備，而入走小松之捷徑，趨冰峪，據大險，東逾岫岩，以合鎮江，西通蓋套，以合覺華，或堅壁老之，或多方撓之。總之，合三鎮爲一體，則東之皮島，西之廣鹿，盡可以舟師窺其岸；而分二鎮于各體，則皮島之路四要，在黃山、鳳山、廣鹿之路，三要在冰峪、覺華之路，二要在二溝。兵不必盡下岸，而舟所過，不得不驚爲防，窺其防所不攻，賊無所不備，而實有所不備。況我示其攻于水則逸，賊設其備于陸則勞，賊見我之入而不入或怠，我窺賊之備而不備，或不備而備，更可以酌其入。是謂以分爲合，是謂以聲爲實。文龍之虛而可用爲實。

今有容述文俊之言，欲以舟師駐蓋套。夫有容之兵止三千人，即合淮兵登兵，不滿萬人，守北汛口一帶，尚不足，而欲遠及蓋套乎？臣頃令南海口之師從覺華哨入蓋套，其入途徑，其爲節短。自蓋套入，而據蓋據海，終覺華帥臣之責也。有容以孤軍據空城則不足，以游兵擾敵境則有餘，我之舟當冬而凍，則固可收入島中，當冰泮而風和，則有自金而復，皆沿岸而可擾，一以擾金，再以擾復。我擾之，彼驅之，失數州之糧，而衆不減，遂以開窮蹙之漸。且我從登萊入，則金、復爲胸腹；賊從金、復出，則登萊爲門庭。我從西來，可會哨于廣鹿；賊從東犯，則有容于文龍，可犄角于金、復。今人不知有容之重，而以兵三千當之，則有容何以入，何以備。其出天下事，欲知其有藉而先備之，乃可以應事而有爲，待其及而後圖之，恐見事者先爲之據，而我頓不能入。今文龍之舉事，固曰視關門，即朝鮮，亦曰具兵八萬，以待天朝。夫主不爲先，客何以藉。今天下根本在關門，而關門之大勢在寧遠，與覺華相倚藉。蓋寧遠不備，則我不能通聲響于東。從千里趨遼，尚屬經久之謀。一旦賊據寧遠以有覺華，則去額促，而我失户庭，不獨我不能以去賊二百里守關，而賊以百艘繇覺華西下，則關門之百萬無一可倚，而天下之大勢頓失。故寧遠者，後日必争之地，今日必據之衝；而覺華者，又寧遠虛圓之境，而關門要塞也。

臣謂水師必從覺華，陸師必從寧遠，故寧遠與覺華相依倚，遂可聯海、蓋，以東通于廣鹿、皮島之間。今度文龍之師，非二萬不可，亦宜簡料。果有二萬勝甲之人，舟足以載，馬足以追，間用楯用車，以禦馬入險，急圖所以結廣鹿、朝鮮者以爲聲，無晝魅于不可究詰之地。以淮兵合登兵，其大約亦可萬餘，而仍以遼人三千爲鄉導。其舟足與否，登之撫鎮宜速計之。其餘資具，當與文龍爲一。

頃有容往會文龍，頗得大將之體，仍當各振雄風，各銷客氣，以老成方略，爲國圖功。臣且督馬世龍整覺華之師，相機而動。一旦入，則據蓋，蓋據而可與渡三岔之陸師相應而入海州。今覺華所不足者，舟。舟之用唬，所以聯二鎮而通其氣脉。其用沙以載兵，非謂賊必捨車騎就舳艫也。登萊之舟取辦登、津乎？且言有事，寧遠則引賊，是以賊之徂伺，苦乏二百里資具也。懼其因糧寧遠，則退守關；懼其因糧于關，則退守何地？又難。夷官之倚虎酋也，倚也，有機要，亦督臣原議，而備撫夷之力，故議當定，議定而三鎮成，三鎮成而奴譬全身已無完膚。陸兵以車衛步，以騎佐車，自寧遠而據海、蓋，遂以合三鎮之聲。今天下議，接濟文龍，急在軍需，而不知開兩道之局，正所以接濟文龍，而成牽制之用。夫以兩島接濟文龍，而接濟兩島之軍需，何可以不備。臣所言，皆備也。恐天下以爲臣不先守而急爲進也。然以此不動，即爲守資，以此有動，即爲進資，乃若遲速之間難言矣。軍氣稍振，而神氣未全，不可速也。規局已定，而物力未齊，不可速也。故言速者，非也。

遲之數年，我軍之氣愈惰，我將之志愈玩，我民之脂愈竭；彼休息而氣完，屯牧而具完，我撫之西虜，彼亦可餌，多内難之朝鮮，易爲陰陽。使其蟄伏者一出，我之待時者，反爲所待，我欲困彼者，先于自困。此智者所不能謀也。故言遲者，亦非也。

方今厲將士之氣，在于以法特恩，齊器仗之資，無以急爲緩。而總其大要，在定廟算，而勿徒以旁猜遥臆，令喜功幸進者言速，令延日便私者言遲，而其機盡决于守。凡臣所言，皆守也。臣之意在合遠近水陸以爲守，而守之具，皆足以進。故不能爲進，而惴惴言守，必不能守，待果能爲，便自能進，而何得惴惴于守。但守之著欲穩，而懦將奉爲聖書，遂相與諱言恢復。夫恢復豈易事，而絶念不到恢復，必不能守。臣所言，皆守也。如臣之言守，則此事終有厓略。不然，内拘之而不顧外，遠騖之而不顧近，他附之而不顧身，獨報之而不顧衆，豈惟不能守，而徒爲後世之所嘆。封疆之臣不足惜，其如宗社大計何。

伏惟皇上冲年踐祚，即當四方多事，正上天所以啓聖。今惟毅然乾斷，合天下之志以爲一，而後弭天下之亂以爲平。凡臣所言，一一飭諸臣料理。至于謹修防守，勿侈恢復，臣等從來酌量已定，似可無煩過慮。乃若兵餉細册、逃亡之報、虚冒之誅，容臣另奏。臣可任激切待命之至。

天啓三年九月初五日上。

十二日，奉聖旨：「覽卿奏關海情形，進守聲實，周到詳明，具有成畫。卿以帷幄重臣，籌封疆大計，一切機宜方略，悉聽酌裁，毫不中制。其兵餉軍需，内外各官，料理儲備，以供調度。務協心力，共奏成功。毋得稽時慢事，紛議混淆，以惑衆聽。該部知道。」

恭慰聖懷疏 生子

少保兼太子太保、兵部尚書兼文淵閣大學士、督理軍務臣孫承宗謹奏，爲恭慰聖懷事。該臣東駐寧遠，從邸報恭讀綸音，始知皇第一子生，隨即薨逝，臣不勝驚悼。第以身在邊城，未遽曉悉，仰惟聖懷悒鬱，又不能隨同官恭慰。伏念聖齡冲茂，自膺多福。願惟皇上寬釋，以迓華祝之慶。臣仰慕天顏，可任瞻戀，爲此具本。

天啓三年十月二十四日上。

閏十月初二日，奉聖旨：「覽卿奏慰，朕知道了。該部知道。」

關外三百里情形疏

少保兼太子太保、兵部尚書兼文淵閣大學士、督理軍務臣孫承宗謹奏，爲因人因地，以定守關之大略事。

臣念朝庭爲邊疆遠計，要令賢豪據以有爲，中材據以有守。方今關門于遼左，特隔一垣，而神京去關門七百里，非有名山大川之限，是天下之安危係于一垣。即有沈雄之將、驍捷之兵，尚是以人爲金湯。而況將常沈雄，兵不必常驍捷，其何能倚金湯于人。今天下戒劉、杜之浪戰，而未必真見其所以爲守。夫守者，力修進戰之具，以待其來。豈其惜進戰之費，姑減兵去馬，需機會之既逢，而後圖戰。其謂減兵去馬，需機會之逢而戰者，心欲弃遼左，而不敢言耳。夫其心于弃遼左也，或曰：「隋唐敝于爭遼，國家何必有遼。」不知彼以好大喜功，競馳萬里之外，今以插籬樹棘，慎防千里之中。或又曰：「山海北薊門，以薊之逼陵京而守也，山海何必有遼。」一不知薊門之守，正以宣、雲、遼左爲兩藩，而各部犬牙相錯其間，識者尤恨大寧、舊遼之失其據。假令無遼左，而神京可安也，臣亦何敢侈談榆關之外。不知失遼左，必不能守榆關；失覺華、寧遠，必不能窺遼左。即國家真不欲窺遼左，而必不可不謹覺華、寧遠之防。臣于役久矣，敢再閲三百里情形，以悉守之略。

臣擬以秋防移駐關東，以習兵將于外，無踆踆埤堄而提掇其精鋭之氣，且以安兵馬于水草，遂以彈壓款夷，兼之詢察後先流離嚚雜之衆。時以撫臣未任，既任，又當遍察中外，以便商榷。撫臣旋而述遮道之辭，爲之愴然。于九月初八日，自關東發過八里鋪，合兵民可六百有奇。田近關，而耕不盡堡。人抵中前所，將爲楊應乾，撫夷則朱梅，以撫反青者，合兩將之兵一千五百有奇，殊自犀鋭，有矯矯之氣。其馬復膘壯而大，居人亦可三千，田可五百頃有奇，種不滿三十頃，而歲半殖落爲雀食。密詢之，曰有虜竊而城尚未修，田有五百頃未種，曰近關，供者寡也。蓋將專修兵馬者，高嶺站爲前屯後勁，其兵當有三千，而僅十之一，民千餘，田可百餘頃未種，近易其官，遂有生氣。

又一日，抵前屯，其協將爲趙率教，遠望其稷田表畷，若鵝鸛之群，百千欲來。登其陴，則裏口工竣，若周行四達，厚二丈五尺，高益之尺者九。其臺于巽隅，一如臣所議築于都城者，炮可以外迎，可以内護，衛之田十四屯，可一千七十餘頃，官民種可半之，而收可七萬石。率教以去年率三十八人出守此城，輯臣所後先接濟之老幼數千，漸爲團結。去年九月，臣以程崙出閲寧遠，尚見其率難人以徒手葺城。今年三月，臣東閲，始議與牛價三千六百兩、穀種五百石，而今穡事穰穰，城且巋然，力能使其人勞而不怨。兵民可六萬，更勇于公戰，有警立赴之，奪胡騎四十二，折其酋首者三，頓使款虜踆踆不敢渝。頃督臣欲爲題叙以風臣，以鯨首未授，無得侈説捕蛇，然而廉幹有瞻識，固將材也。撫夷協將爲王牧民，以暫撫虎酋諸部于此。廣寧道，近議遷興水矣。

又一日，抵中後所。其將爲魯之甲，兼撫哈喇慎諸部，而撫夷王之棟近分撫拱兔，尚同城而居。

又一日，抵中右所。其將爲王楹。臣以四月令之甲出守，而楹遲兩月，兵各三千。其兵馬器甲及所揀裨將以供之甲者，差饒于楹，故中後城工不減前屯，而炮火器具，種種精堅，且饒多貲。兵民不下萬餘，田可千餘頃，而所隸堡田可百餘頃，領牛種費三千。種遲于前屯，亦稍有穫而不及。除原荒地外，尚有暫荒田六百頃未種。

臣旋過中後。父老子弟憐臣風塵之色，環臣而泣曰：「小民作孽，憂勞九重，至厪相公馳驅。」臣勉以忠孝大義，千百人應聲如雷，此其氣可作也。乃其將更自錚錚，有猛氣，有沈略。

中右地磽于中後，而出復後時，臣過而閱之僅兩月耳。城内築可三面，其高厚特令合格。田可千餘頃，而暫荒者七百五十頃，所隸堡田可三百餘頃。時過不及種，種僅二百頃，亦不甚獲。予牛種費二千，止領其半。然回思春杪，經過幔幕墟坳、短檠墻角，視今之兵民萬餘人，縫弁交錯，居然全盛，不覺其潸然而涕也。

又一日，過曹莊，遂抵寧遠。曹莊爲寧遠後勁，官民自相團結五十餘家迎臣。索一地主，經管有人，無難改聚。臣初以寧遠去關愈遠，去虜愈近，且城大而瑕，地廣而荒，姑以祖大壽司版築，汪翥司窑造，無事則功可銖積，有警則衆可掉臂。即舊撫擬以徐應垣統兵爲守，臣未敢應。蓋既無全力以必爭，寧爲不争以自完也。不意後先接河東之人萬餘，合兵民不下數萬，閭閻撲地，鳴吠相聞。臣率諸臣登城四望，生氣鬱然，因念爲國家遠計，則此城爲必争之地。其城之原新者兩面，而低薄不及格，其兩面更爲朽腐。以祖大壽築内一面，而益以高見、賀謙，又方登元、李應魁亦分一面，其汪翥、吴守禮已燒磚二十萬，促以今歲完裏口，明春硇其外。其田則一千五百頃，而布種者四頃。

又次日嚮覺華島。島去岸十八里。而近過龍宮寺，地瀕海而肥，可屯登岸之兵。次日遍歷洲嶼，則西南望，榆關在襟佩間，獨金冠之水兵與運艘在，土人附夾山之溝而居，合十五溝，可五十餘家。而田可耕者，遼人以日數，曰有四月地，蓋六百餘頃云。而居人種可十之三，地多唐文皇東征舊迹。蓋東西中逵，水陸要津，因水風之力，用無方之威，固智者所必爭也。其舊城遺趾，可屯兵二萬。

未出關，即令龍武兩營分哨覺華。姚與賢以十七日率左營赴島謁臣于城，臣即令居島舊城西偏，以當風氣之全，而特于山巔爲臺，樹赤幟，時眺望，時游哨于數百里外，以習風汛曲折。次日，還寧遠。又次日，閱湯泉，亦可屯兵，然不若望海臺。其臺之下泊遼船，登其巔，北望首山旁之黄毛山，南望覺華之韎鞈口、劉家山，參相對如兩門。其南麓入海，可爲堡屯萬餘人，而北之孤起者曰望海圈，固臺也。樹赤幟，南接覺島、唐城之幟，各駐一軍，置銃炮其上，艤沙唬之舟于下。海門天設，片帆不能飛渡，而又于島之背設臺，以嚮其外，則水道可絶。蓋大海汪洋，雖可四達，而遼舟非傍嶼不行，虜固不以水至，即以水，亦望此心折。且三門之勢若吸之應呼，無論賊來，必能從水旁擊，而賊窺此勢，即由陸，亦多顧盼。頃即移南海口之沙船及游御史之唬，惜其少也。

又次日，以漏下五鼓起，出寧遠，東行十五里，始辨色，則黄沙白草，闃其無人，獨墩臺依然荊棘中。二十里至雙樹堡，蔭木猶存，人家若在。又十里至連山堡，則城垣已盡，唯餘角臺，民家果樹猶交枝亞幹于其間。心怦怦，若閱寧遠春來風色。又十餘里至罩笠山，遠望狀如覆杓，而柄西插，陟其巔，有大士祠，可立爲炮臺，環以羊馬墻。譯西壁夷書謂：「東賊未來，不必走。」一似西虜解事者，心爲怦怦。望大紅螺，可百里。杏山則三十里，筆架山遂當眼底。其近則西去瓦窑衝九百步，東南去山頭鎮倭堡三千六百二十七步，而海環其三面。又東南有徑而險。臣于先一日在望海臺與金冠期以次日之辰會于葫蘆套。套在鎮倭臺南，而臣從陸，冠從水，比臣投策，而冠已艤舟于套。時蓋旁風以晝，一時夜雨。時而到。臣議于套可設水伏，特令冠隨地習風色，時其近遠遲速，以便策應。而瓦窑衝有東寧伯焦禮所爲寺，可設山伏，以西應沙河，北應椵木衝，東南連罩笠山，以及于海。而海之堧、山之坳，與海山之間，可爲疑，爲奇，爲渠。蓋山海夾罩笠山可十二里，而瓦窑衝山去椵木衝可三十里，如以寧遠爲關，則此地可當前茅。又北爲塔山，即中左所，在衆高之下。又東北爲杏山，亦平地，廣衍無可守。繇椵木衝而西北爲紅螺山，迤邐西南抵威遠山後，其東接康家臺山，折而東南爲蠟子山，遂至首山。其西則白塔峪，歷興水以西，通于一片石。

臣旋繇五河而西望茨兒堡，歷團山堡，小憩安山下，令參將祖大壽稍步其地。初，馬上私念安山去勝家山可當關門，一片石自安山西直灰山之背，可當黄土領。其東北接紅螺爲西虜地。東虜假道入大紅螺，經哈喇侵地西則犯前屯，以及于薊東，則獨興水縣可犯寧遠。蓋西去亦若薊門之于昌鎮，而安山以南接望海臺，亦大石崖之于望海樓。私擬以徐中山達建山海法，竟可築爲關，南從望海臺，北接首山，其與崆瓏山相夾處，當大道之衝，可立關城，名以寧遠。北接蠟子山，中有平原，河水環其下，可爲堡。諸臣以蠟子山西北直接康家臺山，撫臣從臣初議，仍置安山、灰山于中。灰山石可煅灰，而隨在有石有薪。其西則擬以戚總兵繼光修薊門法爲臺垣。臣先閱寧遠，曾議及之，獨舊稱南北可五十里而遥，且懸在東偏二百里内，邈無一人，未悉賊所入路，不險不可據，不要不可塞。抵城，分諸將一再步之，約略可六千一百二十丈。其一等平地二千零七十丈，爲十一里半；二等下山坡三百八十十丈，工可減十之二，折平地一里七分九毫；三等山巔二千八百七十丈，工可減十之六，折平地五里九分七九毫；四等山頂五處八百丈，可減十之七，折平地一里九厘一毫，合之爲平地二十里二分八毫，尚不及八里鋪之闊。且地當險要，可以盡收形勢于内，而外截東來之路。蓋據大勢于首山，而旁截其借道。即西虜所通之地似多，然既有撫賞以爲羈縻，徐修墻臺以準薊門之例，則可以收此二百里爲内鎮，而山海不覺在重垣之内，且去京師愈遠，則聲勢不得恫疑。祖宗時必有訏謨，而力未及修舉，創之可以垂千百年之利。蓋後先籌邊諸臣，每言築邊爲據，即督臣亦言築垣附山，挑壕引海，舊經臣請帑金百萬修二十里邊城，中外未議其費。臣于時亦未敢指爲費，而特曰：「與其以百萬修邊于八里鋪之近，何若以百萬修邊于二百里之遠。」今倘得借三萬班軍之力，假三年之期，合金穀，得經臣十分之半，遂可成經臣之深心。蓋道遠物貴，地逼人危，稍爲加食，而未大費。且其地去紅螺山在百里間，鎮臣毛文龍曾昌言爲守，臣以不能捨内地、徇虜疆，然守于此則紅螺之險已收其鑰。前撫臣實與臣同議守寧遠，而後先遠近未悉，遂見爲虚恢。今關以外未名城者五，俱已填實，爲内堡者七，已填實其五，爲邊堡者十，有七亦已填實，其半再爲料理，便可圖修築于遠。

竊念人臣爲國家遠略，豈容雷同，又豈容立异。集思廣益，愛臣者，益臣矣。臣所議，先與總兵官及部道諸臣跋涉上下而定，獨小大紅螺及威遠山倚西虜地，未悉入出之衝。及抵前屯，則副總兵滿桂、贊畫茅元儀往旋八日，行五百餘里，圖其情形。適督臣閱寧前，臣仍詣興水，歷白塔，野宿寨子山，出東西石門，爲拱兔部落，旋繇鶯窩抵灰山，會督臣于塗，遂共抵茨兒堡，閱平山臺門，抵沙河，閱麻溝。蓋兩山有東入之隙，而山險層叠，從大紅螺後則越四酋之地，遠在百里外，必不敢深入。果其深入，將所虞不在關門之東，即東在關門，則前有堅城，後有勁兵，自可殲賊。是日野宿，復從外閲蠟子山，遂高下布人爲標，殆天設之基。然是日會督臣于望海臺，適報撫臣亦至。蓋臣迂腐，不知大計，特取酌于老成，取决于英壯，要以遠仿徐中山之規模，而實近酌群議。總之，以修築，因遼山，以策應，因遼海，以守遼土，因遼人，以養遼人，因遼土，斟酌遠近，分布控扼，因先後有事于遼之大吏，而總因之以成。其爲皇上守關，此無論先後之迂也。即才倍臣者，今日防守，固以此爲必設之藩籬。即日日恢復，亦必以此爲不拔之根本。

臣赴關時，曾告皇上曰：「不敢妄費皇上一錢。」豈其以冥冥決事，時詘舉盈，而敢煩皇上之大費。臣觀自古圖大業者，天嘗開以必因之勢，而時至事舉，卒不敢軼越于必因之局。方今未絕之胡雛、未定之屬國，皆似有可因。而更念此十數萬之遼人，恩結之不住，威劫之必來，又天所以留此孑遺，爲塡實遼土之基。蓋臣初念遼人之入關者，高貲坐食于大都，驍捷執殳于各鎮，獨鎖尾流傭，無貨可居，無田可耨，皇上加意安插，而賈田屯，必不能造地而業，故日夜乞歸。而臣以前屯去關近，遂安插于前屯。至于義不降胡，慘同三匝，概拒之，傷投誠之款，概納之，廑叵測之虞。臣以寧遠去東近，遂安插于寧遠。要以殺掠相仍，必不能禦其來；資斧既竭，誰復能阻其去。且鬱而不去，必結爲壅頑，而不來，必化爲敵。當此日而潰壅益敵，寧國家之福乎？獨是西不得遠出，東不得深入，然而深入固嚴其防，東去或從其便，迄于今，東者叩邊，西者載道。自非此二百里之疆，無以容若曹，而臣之憂乃更大。

臣春初携將吏而東也，痛赤地千里，不勝新亭之泪。乃今華表猶存，民人漸復，而每一念之，去何以脱屣，復何以登天。計不周處，不當此之衆，頓關國家之安危。蓋前此之民，豈無田廬可守，而驟驚難定，驟發難支，遂以狶奔；今此之民，豈無忠憤可戰，而無堅可憑，無鋭可執，誰當豕突。况僑居既久，橐裝幾存，即繞膝拊頂，即衣珠懷寶，而苦不生金，而苦不生粟。且朝廷以一鍾致一石，尚不足給戰士，而去關愈遠，去津更遠，又何以振乏絕。繇此言之，賊來，何以護此殫人；即賊不來，何以療此枵腹。臣從去歲商度，唯有開屯一法，可以因土食民。頃新撫臣閱邊歸，即以開屯爲議，而督臣更議開田植柳，以限胡馬。獨先是遼之西者未東，即東者未西，僅有前屯數千之衆，趙率教以修守之餘，試之而效。然關以內，苦人浮于地，關以外，苦地浮于人，非人之不足也，食土之人多，而播土之人寡也。蓋臣不欲撤關門已成之勢，騖關外未就之局。而今關以外所急者防守，修築盡以遼人，如既用其耕之人以爲戰，却又用其戰之人以爲耕，而頓以承平之法，責多故之民，以富庶之效，望流離之日，則驚魂甫定，一飽無時，投組練而荷鉏，徒獲魯莽之報，釋襏襫而弄戟，或難訊馘之多。自非精心悉計如率教，未有不兩廢者。

今總計五城三十堡，兵民不下十餘萬，而可田之當有五十餘頃，今不爲牛種計，則來歲爲遲，而計莫先于得牛。臣已與督撫計，以帑金買牛，其他耕具糧料，俱爲儲算；仍令胡維寧、趙佑同各城堡官大集舊人，核其原隰肥磽、五土多寡之數以報；仍儘民間有力可占種者，許以三年起科。適又與督撫諸臣議，因煤以鑄錢，因地以煮鹽，因船以貿用物，皆關門稍行之而效者。但需工料之給發，而撫臣精心能行之。臣緜連山回，遂駐前屯，凡一應戰守之具，關門所有者，足關門之用，則漸移于外，關門所無者，計道以數十，計日以數月。臣今暫駐于此，使近而易移者，則關上諸臣應臣，不得獨緩，可以詢月取辦。至遠而難猝者，雖近奉明綸，督責諸司，猶不能大聲疾呼，以終望皇上之叮嚀。蓋官城守具，拮据經年，略已粗備，其振刷訓練，特借新撫旌旗之色，以鼓朝氣于關城，而督臣復以十月抵關爲調度。臣先令杜應芳、程崙及郭竹徵、林翔鳳、劉詔同三鎮會撫臣料理應發，令袁崇煥同三參將經營寧遠，而三鎮仍與楊家謨等更迭習兵于二百里內外，而查國寧督發水兵于覺華。臣與鹿善繼、茅元儀、萬有孚及滿桂、孫諫、趙率教，得以備關城者，促其備前屯，而又爲練車炮，仍以萬有孚提調，王世忠、王牧民同項俊卿等理款虜，待前屯既備，便可以備前屯者備寧遠。蓋前屯備而關城安，寧遠備而前屯益安，倘不以此計，而以一步不出關爲守關，遂以安插遼人爲强迎，遂以經營寧遠爲冒險。夫無遼土，何以護遼城；捨遼人，誰與守遼土；無寧前，何所置遼人；不修築，何以有寧前；而修築之事不一勞，何以貽永逸，而維萬世之安。我太祖高皇帝以神武定天下，其平定遼東，初則易葉、馬兩將，從登萊入金州，其初亦唯完城繕兵，屯田興學，後遂以徐大將軍達築山海，以阻其西。蓋施爲大略可按，而要亦自金州，自山海之屯築，則臣言固有據也。臣前疏陳三路水師進去之法，原不離守以爲戰，今近在肘腋，目擊手創之事，仰干天聽，亦不能離戰以爲守。

伏望皇上留神斷決，使臣終歲之圖維而未得盡言者，今言之而即可奏效，則迂闊駑劣，雖無補于聖明，而因危制安，因污成隆，一代中興，端有望于聖明也。凡臣所言，有臣所得于督撫部道文武諸臣，即行而可以不言，誠恐身在事中，未必清醒，而仰求斷決于聖明，遂以集思廣益，務求其當。至于邊垣，臣已與督撫諸臣再三詳酌，然事關重大，或可再遣閣部大臣及科道逐一詳閱，以解天下未盡信之心。臣可任激切待命之至。

天啓三年十月二十五日上。

閏十月初二日，奉聖旨：「覽卿奏關外情形，及區畫防守，甚爲明晰。依議，俱聽卿便宜調度施行。其應行議覆的，着該部作速具奏。」

孫承宗集卷三十

前督師奏疏第七

任事得人病臣當去疏

少保兼太子太保、兵部尚書兼文淵閣大學士、督理軍務臣孫承宗謹奏，爲任事得人，病臣當去，懇乞聖明詳察大體，以無誤封疆事。

臣以去年六月奉命閱關，雖悉當事深心，不得不據一時情勢入告，荷蒙皇上立有予奪，而一時人心洶洶未定，虞胡馬之即來，而苦無可計。臣不自料以身抵關，且對諸臣言，與其以天下之大付不可知之人，曷若以天下之大付不可知之我。旋以臣意具疏，皇上不以臣不肖，遂命督理軍務。臣于時挈情法，酌急緩，以撫鎮部道之同心，商確于督臣，而竭一歲之力，蓋已粗有次第，而臣之才已竭，臣之身已衰殘極矣。新撫臣張鳳翼以八月抵任，臣盡以兵事付之。隨于九月初出關，以撫臣同諸鎮道清汰兵馬，料理衆務。蓋撫臣精心實見、沈毅有爲之大略，頓悉于兩月之周詳。以此幹局，即當去年八月，亦自料理停當，而況臣與諸臣竭蹷趨事年餘矣。其可從者，固自省心，即不可盡從者，亦自有緒。且上統于督臣之詳練，何務不周，何施不當。頃與督臣于役關外，見其乘馬山行，如少壯而顏色開明，臣差少于督臣，而衰殘已極，臣于此時乃可言去矣。然以病乞身，又疑于卸擔。惟望皇上體察邊城事體，如以臣負托不效，便可罷臣。或憐臣衰病既深，便可准臣乞身；又或誤以臣爲歷閲多時，比于識途之老馬，或可且令還朝，使撫臣得展布四體，以盡其才。不至如所云，一事之柄而三操之爲棼，三人之柄而一操之爲競，庶臣之身無致體輕人玩，而邊臣得以臣之一去，外無所以分其柄，内有所以悉其情。竊念臣原無韜略，止負肝腸，去歲之所以自求來，今歲之所以自求去，皆真見其不可不來，真見其不可不去。倘其人不可用，事尚未妥，臣決不敢脱一身而遺後人以難，遂以誤皇上之封疆。伏望皇上念臣真誠，言無矯飾，准臣去關。臣尚不敢即以病請，臣可任激切待命之至。

天啓三年十月二十五日上。

閏十月初二日，奉聖旨：「卿以輔臣久勞邊關，朕甚體念。覽奏，知防禦已有次第，還勉留調度數時，以俟召還。該部知道。」

懇乞俯准辭免疏

少保兼太子太保、兵部尚書兼文淵閣大學士、督理軍務臣孫承宗謹奏，爲疊蒙恩命，概未敢承，懇乞俯准辭免，以安愚分事。

該臣于八月内以實録加恩，三疏辭免，隨蒙聖旨：「覽卿奏，具見推讓，功能體悉，將吏加恩，成命久頒，卿宜勉受。其褒叙各官，并恤賚軍丁等事，該部即與覆行。卿莅事經歲，已閲三防，當行舉劾，以示奬勸。着撫道官據實開報。卿仍參酌具奏。欽此。」

臣以出巡關外，督理秋防，未即再具辭疏。又于十月内，以東省捷叙，荷蒙聖恩，加臣「少傅兼太子太師，進建極殿，蔭一子入監讀書，仍賞銀五十兩、紵絲二表裏。欽此。」臣聞命，可任感激，可任驚惶。臣以庸愚，謬參大列，自天啓二年三月入政府，隨以六月閲邊，以七月復命，隨以八月督師。其立朝僅兩月餘，雖陪看詳，實兼樞政，則臣所與帷幄之議者，曾幾何時，而抵關歲半，未有寸績。皇上即不加譴訶于邊，而乃頻從同官叙勞于内，如以臣名寄綸扉，則臣業已官同外史。况與聞大議，未睹成謨，曾司調發，未當弼贊。倘身在邊城，内冒纂修之典，材乏督理，外承他捷之恩，言及已屬强顔，内省寧無浹泚。伏乞皇上憐臣真誠，准臣辭免，庶朝無濫恩，臣無辛竊。臣可任激切待命之至。

天啓三年十月二十五日上。

閏十月初二日，奉聖旨：「實録加恩，卿爲輔臣，當循例祗受。捷叙，准辭免，以成卿謙讓之美。該部知道。」

慶賀第二子生疏

少傅兼太子太保、兵部尚書兼文淵閣大學士、督理軍務臣孫承宗謹奏，爲慶賀事。

該臣接邸報，恭讀禮部接出聖諭：「天啓三年十月二十二日午時，朕第二子生，禮部知道。欽此。」臣不勝歡忻，不勝踴躍。恭惟我皇上冲齡踐祚，大德格天，祝蒲堯封，願賜多男于福壽；祥開周室，式歌宜爾于君王。蓋聖子神孫，自今其始。祖功宗德，以莫不增，肅雍衍宫廟之家猷，啓佑卜歷年之國脉；金和玉節，方興禮樂于陽郊；紫極元樞，先奏星潢于帝座；一統表三靈之佑，九重集萬國之歡；聽天聲雷動于華夷，識吉語風行于中外。臣可任踴躍歡忻之至。

天啓三年閏十月初三日上。

本月初。

慶賀冬至節疏

少保兼太子太保、兵部尚書兼文淵閣大學士、督理軍務臣孫承宗謹奏，爲慶賀事。天啓三年十一月初一日，恭遇冬至令節，皇上親祀南郊，該臣承宗于役邊城，未得隨百官侍從，稱萬萬壽。恭惟我皇上心涵化育，道合經綸，文武聖神，唯天爲大，康寧福壽，如日之升。適臨剛長之符，丕迓鼎來之祉，周室歷年，正永大撓，甲子重新；繞電流虹，萬寓慶坤乾之泰；父天母地，百年興禮樂之期；集景福于宸居，播新陽于寰海；舉頭見日，浮雲不翳長安；拜手瞻天，佳氣先通遠塞。静以調陰陽之戰，復其見天地之心。八千歲春秋，遥想嵩呼于丹陛；五百里荒甸，遠同封祝于紅雲。臣于情何任忻躍歡忭之至。

天啓三年閏十月十六日上。二十三日，奉聖旨：「覽卿奏賀，具見忠愛。朕知道了。該部知道。」

恭謝天恩疏　賜銀幣花紅

少保兼太子太保、兵部尚書兼文淵閣大學士、督理軍務臣孫承宗謹奏，爲恭謝天恩事。該臣于閏十月間接家信，蒙荷皇上以宫幃天喜，賜臣銀幣花紅。又接部咨，以臣四疏懇免實録加恩及東省叙捷加恩，奉聖旨：「實録加恩，卿爲輔臣，當循例祗受。捷叙，准辭免，以成卿謙讓之美。該部知道。欽此。」臣不勝感戴，不勝惶悚。伏念臣忝冒政地以來，綸扉僅幾三月，邊徼已逾年餘，既未參詳于内閣，兼無寸迹于銜關，乃犒賜特隆，邊吏稠恩，更比同官。

每一念及，慚不自容。即肝膽不敢不傾，頂踵不敢自愛，而衰病之軀，報稱無期，庸拙之材，負恩爲大，又臣所爲惓惓也。謹望闕叩頭，恭謝天恩外，謹具本稱謝以聞。

天啓三年閏十月十六日上。

二十三日，奉聖旨：「覽卿奏謝，朕知道了。該部知道。」

慶賀萬壽疏

少傅兼太子太傅、兵部尚書兼文淵閣大學士、督理軍務臣孫承宗謹奏，爲慶賀事。

天啓三年十一月十四日，恭遇皇上萬壽聖節，臣可勝歡忭，可勝踴躍。恭惟我皇上繼天出治，與日合明，聿開虹電之徵，懋建中和之極，吉祥善事，罶滿坤乾，德福隆名，歡騰夷夏。當堯蓂建子，適寶度臨躔，光應元辰，誕膺景命；梯山航海，萬方共祝春秋，就日望雲，千里敢違咫尺；祇頌維新之眷命，從丹徼以揚言；欣瞻倍至之蕃禧，望紅雲而翹首。該臣于是日率闔鎮文武官員，恭設龍亭于公署，遵行拜舞禮儀，遥呼萬萬壽外。爲此具本，稱賀以聞。

天啓三年十一月初四日，山海關上。

十三日，奉聖旨：「覽卿奏賀，朕知道了。禮部知道。」

乞辭免疏

少傅兼太子太傅、兵部尚書兼文淵閣大學士、督理軍務臣孫承宗謹奏，爲蒙恩特重，揣分難承，懇乞聖明俯容辭免事。

天啓三年十一月初七日，該吏部咨，奉敕諭，以「皇子誕生，内閣輔臣忠勞茂著，宜特加恩示酬，加臣少傅兼太子太師，蔭一子，送監讀書，給與應得誥命。欽此。」臣捧讀，可勝感戴，可勝惶悚。竊惟皇子誕生，華夷共慶，皇仁廣運，中外咸霑。臣仰依日月光際，方幸遭遇蕃禧，何敢更爲辭免。第以皇上有非常之大慶，宜有非常之大恩，亦必有非常之大材，蒙恩共慶，或平日之叨荷，尚可增加，抑見在之行能，原無虧缺。乃若以臣迂愚，較臣任用，再以臣年來閱歷，較臣年來恩渥，蓋忝冒已逾涯分，循省無可報酬。即皇上天喜崇隆，不擇材品，概從頒賜，如春暘噓爲大澤，而嚮榮之草木，咸共欣欣。獨是天恩無已，愚分既盈，從前之遭際，無可仰承，自後之馳驅，總難稱塞。即概從三品以上恩綸，不堪負荷，而況仰承特命，比于同官。伏乞皇上准臣辭免，安臣愚分，庶止足之誼可明，囂競之防不潰。臣可任懇祈待命之至。

天啓三年十一月初八日，山海關上。十五日，奉聖旨：「大慶覃恩，卿以輔臣督師，勞苦正宜首及，還即祗受，不必辭。該部知道。」

慶賀郊祀禮成疏

少傅兼太子太傅、兵部尚書兼文淵閣大學士、督理軍務臣孫承宗謹奏，爲慶賀事。

天啓三年十一月初一日，恭遇皇上郊祀禮成，臣可勝欣幸。恭惟我皇上起居出入，無一念不與上帝相通，至郊祀爲古今大禮，更屬契合。且我皇上首出御世，曠典初修，臣遠在千里，私以風日晴和，卜太平期。會數日來，天朗氣清，星辰寧静，遥想和鑾齊輯，禮樂明備。即臣羈處邊城，未得從諸臣仰奉天顔晬穆。然而望長安雲日，聽甲胄歡聲，遂且與數十萬官民稱頌太平。蓋唯德格天，唯天賜福，天之愛皇上，便如皇上之愛元子，呼吸意願，自相浹洽，而天意祇在人心。願皇上常念對越上帝時，一念精誠，以法天出治；有言，不必盡遜于心；有人，不必盡合于意。凡天下共好共惡，便是上帝明德明威，及時録用，虚己收延，直令億兆元元，盡游化日光天之下。臣可任欣幸之至。

天啓三年十一月初八日上。十五日，奉聖旨：「覽卿奏賀，朕知道了。該部知道。」

防款事宜疏

少傅兼太子太傅、兵部尚書兼文淵閣大學士、督理軍務臣孫承宗謹奏，爲亟酌防款事宜，蚤罷病臣，以嚴邊政事。

臣迂拙腐儒，誤蒙皇上任用，實兼防款事宜。近據關外情形，殊切惶悚。蓋閏十月三十日，殺參將王楹者，款虜也。虜朗素兀直喜峰外，而突以兵挾賞于中後，曰爲我堵東奴。曾許賞割通丁之髮，焚高臺之芻。臣數發兵護撫，而必戒曰勿躁，既厚迎風食物而去，偵騎遠哨無迹，而實伏騎于東。適楹以督兵出樵，意謂虜既受款退，而不虞伏發，力戰死。先是，首輔問臣東西情形，臣謂東虜猛發，而後可制，西支目前，而後更難，不意目前竟若此。夫兵將以防東逆而已，不格于西款矣；撫賞以期助順，而又已殺我部將矣。總緣十數萬遼人，東不得不在寧遠，西不得不在前屯，一切修守之具，不得不日爲儆備。是臣實貽邊吏以可憂可憫之衆，又貽邊人以可憂可憫之實，而臣所憂之憫之，雖日爲拮据，而不能使釁隙之盡塗，則臣之能事，已不能自快其胸春，而何以對天下。臣于此，不獨不敢侈言剿也，亦何侈言撫。往固曰虜能助順，又曰奴以虜爲我用而不敢來。臣謂撫原以示羈縻，年來羈縻之勿動，我得專于東，自是撫虜之效，而不圖一旦覆軍殺將，并其所爲羈縻之勿動者，亦不可得，故西虜可用也，而不可用也。年來督臣、道臣曾與臣議以西虜三千迎十三山難民，而不能用。又曾議以西虜守三岔河，而不能用。又曾議以西虜取廣寧，而不能用。及東賊弃廣寧，道臣又議以西虜復之。臣約以勿殺遼人，勿以廣寧爲功，部分各虜，以數以格，而不能用。近又議以西僧合西虜守錦州，臣唯唯而料其不能用。西虜狡黠，實畏東虜，而謂費百萬，可得其用，不獨督臣謂然，而閱歷年來，真見我無所以爲主，其何以驅虜爲用，又不獨臣見其然。蓋虜之力不抗東賊，更借東以挾我，而我亦以虜之持東挾重虜，委曲羈縻，而不得正言，以律其事。乃若狗鼠跳梁，亦足以攪我目前，而日當日强，後日當亦不減東酋之逆。年來豈惟不爲我用，而實爲我逆，豈惟我不能用，而西款東殺，旋款即掠，兼亦我不能防。自臣來，而八里内外輒有劫殺，一日款虜掠喇嘛之牲畜而傳烽，臣稍爲遠之百里外，而後先殺掠，不下百數十人，馬騾牲畜，不下數百隻。至劫中後所，兵銀八百，獲其人而不敢問。又一日殺左輔哨馬十六人，而不敢問。至于截掠難民數千萬，賣之西邊，或邀重賂于我，而不敢問。獨趙率教以殺賊數級，而中樞貽書議處率教以謝虜，後竟加虜數千賞以竣事。即率教得不死，而實以傷邊將任事之心。臣是以明知西虜之不能據爲用，而要不敢不撫，謂撫之尤且日攪，不撫又將何如。然而撫之地宜定，撫之額宜確，撫之款剿相合相分，諸務宜明，與天下共知，而不可謂漢法戎索之難執。臣念往時宣、大未款，兩鎮互相賄虜，以冀勿從其地入寇，即宣、大受撫，而時助掠于秦，爲秦督奏詰。今關城撫場初合之，如群猘共噬，不相下，既分之，却又教猱升木，以相煎。頃者，哈喇慎撫之中後，而其部夷綴撫臣于前屯；虎部撫之前屯，而其部夷綴撫臣于中右，雖摇尾乞憐，實出柙不檢。且撫在中後之夷，使捕我人之自虜逸者于前屯之城門，而敢殺如趙率教，恐啓釁而不敢問。臣于時榜撫弁之中軍，百以爲警，謂漢法即不以格虜，奈何令各違信地，而捕人于他部。且其惡又我人之叛而從虜者，捕我人之歸自虜者，各弁若以爲固然，而不能問。頃遵化道臣曰：「關門啓閉，更宜毖慎。夷人領賞換貨，一遵舊規，止在墻外，不許放入，擁雜街市，致滋騷擾。」故臣謂撫之地界當定，而闌入者，殺無赦。

臣又念，臣來逾年矣，輯一撫夷志，欲得錢糧之數，而撫事叢集，道臣幾許呈而未據。竊意通官不能問虜，撫道不能問通官，而臣遂不能問撫道。夫惟不可問將，急若可以增，而緩若可以減，然非其真，無可稽，而意增意減爲冒也。部分强弱，人按黠痴，緣起卧以投骨，借暮朝而減芓，執前之數，無以律今，執今之數，無以律後。夫撫者，時其緩急，酌其增減，如臂鷹走兔，縱控有緣。假令金柅木軛，按數握籌，直騎吏可迄，又何取司撫者之苦心。故賞若有定，而實不能定。蓋無賞不挾，無挾不賞。即挾有久近，賞有多少，而終無不加之賞，終無可斷之賞，故不但虜不可憑也，即通官之説不可憑；又不但通官不可憑也，即臣等當事之説亦不可憑；又不但人不能憑當事也，即當事亦不能自爲憑。總之，羈縻之畫，合是如此，而不妨明有定格，令朝廷之上明知之而明爲之，天下曉然知從來事宜，不致驚訛。臣竊謂撫之額宜定，而逾格者，罰無赦。

臣又念東西潰陷，庭幕紛紜。督臣搜舊人于殫殘，得數輩，以安輯八部三十六家之賞，而此輩亦頗以此道自負，稱病稱苦，時借爲挾。而臣等欲另揀人，急不可得，每令之多隨數人，以習其事，而若輩又未肯即集以留秘于人。且始入無以尋端緒，而突有更易，則伏癰未潰，煴火方炖，人無得以身從。故若曹日爲據，而事久變生，人玩法數。總之，虜可以無爲有，通官可以少爲多，而臣等司事，或至以否爲可。故雪窖冰天，間容炙手，荷旃帶毳，亦有披襟。凡以犬羊之啖啖，中行説不唾其餘也。故遵化道臣曰：「衝關需人，必得通曉夷情、廉謹有幹局者，以充厥任。」臣竊謂，明其事宜，立爲案卷，則人可執學，而撫官不可不擇。臣又念中行説爲漢患，而今之附虜者，無不然。虜金繒日富，戈矛日銛，我之入虜者，精鋭留于幕，而女戎絆之底裏罄于舌，而鄉導藉之。臣每見坐門夷人，半屬我人。蓋我人入虜，虜多用其黠者爲通事，而虜有來降，則虜得執爲辭。即我人之入虜復歸，而虜得捕之市，至邀截我人，仍賣之，我索重賄，甚至坐門夷人縛我人以去。宫學文之子，萬僉事曾予之官，以歸臣標下，無何死。嚮固曰「學文可信」，而今且捕人于市，以朗素挾我，不減薊門之哈舟兒、陳通事也，則我人實與之通，以指其所欲甘心之人。臣謂宜嚴漢之防，飭舊格，留我漢人者，斷其賞。

臣又念，合坐門夷人，歲可費萬餘金，藉以報夷情，而沿路之賊，無虚月未見一報。其坐門之夷縛漢人于車，以襆蔽之，爲兵所發，而朗素之竊發坐門，不報而逃，反爲鄉導。又獨不純夷也，即我人之跳入虜而還爲漢患。又不獨入夷也，即我人之爲通官者，亦且輸情于虜以爲患，而挾虜以重于其間。又不獨當地之通官也，即東西之撫弁，兩相通，兩相呼應。西曰汪燒餅去矣，東時有他殺傷，亦曰汪燒餅殺人，似若留一未受款者，以爲游移，諸受款而殺掠者，皆歸之。故汪酋爲款虜受垢，爲通官飾奸，其部不過七八十人，而後報二百三百，以至二千三千，皆曰汪酋。萬僉事曰：「未必盡汪酋也。」臣以爲，中華信義，不無頑民，而况狶勇豕突，何知恩信，則撫而即掠，掠而乞撫，亦其必然，似不必曲爲諱。而惟是順則撫之，逆則剿之，使剿無妨于撫，而撫無嫌于剿，則防守之將，得無以啓釁而束手，而虜且日帖。

臣又念一部分受數處之賞，一賞分受數等之格，而款目紛雜，費無定經。如白馬關之役，先是守弁日醵金錢，充額外之給，苟目前之安，而虜欲難厭，士膏難銷，上明知之，不即言，下日苦之，無他計。及事久不支，直令嗑齦，而苦不釋于前，攢眉而懼，或繼其後。蓋初以剥削幫正費，標節省之名，曰力能讋虜爲減也，再猶曰力能讋虜勿增也，再猶曰力能讋虜。雖稍爲增，而虜爲我順有某功，不然則某實悍不增，將東通西攬，患且大也。遞相增，而官或遷或罷，至狼狽不可掩始勤，當事宣言于朝，而有數萬之乞。

頃遵化道言，款虜到關，應給酒食，原聽該關通融設處。而賞貨不時，懼爲生事，遂至攤派撥派月餉，措辦酒榼撥夜，有經年不得分升合以糊其口。要令撫貨精好，依期而流賞，仍歸通融。臣謂精好依期，未必然，而通融終歸撥夜。今關城不煩剥削，而撫賞經費原無定項，用輒討給，斯不減該關之通融也。臣等苟幸一時無事，或不得不少爲許與，亦有臣等不知，而通官姑了目前，諳許而去，正恐後來者無可增加，一接手而决裂，遂且受壞事之名。謂宜酌量用數，立有額設，辦買精好，依期支發，按日給賞，事竣而取具加減文狀，以絶後端。私許者，殺無赦。

臣又念春秋兩防，俱陳精兵于要害，以建威銷萌，每先虜而防，後虜而歸。今年司撫者報撫事竣，虜衆鳥獸散，且遠哨無迹；又報坐門夷人漸次乞恩歸，故兵始撤；而旋有中後之報，更以兵往追剿矣。未撫而以兵待，方撫而以兵防，既撫而即殺人劫掠，旋即以兵追剿，故兵馬不必戰東虜也，祇撫西虜，亦足以疲。以疲于西之兵，忽當東虜之猛發，臣不知其何以應。且西虜之撫，以春以秋，而東虜之每犯，多以春以秋。倘西虜兩相合，即不必合，而兩相各犯，臣又不知其何以應。

朱梅等初兼防而辭，臣批其牘曰：「若撫也，而更煩我防，爾之撫何爲。且爾不能撫，而更責他人以防。爾之責輕，而他人之防更懼其防。爾撫將防日疏，而撫終敗。」臣竊謂稍益撫虜之兵于邊堡，以撫官領之，而東防之兵，非甚急不調，事稍定，仍合于一。

臣又念邊吏不戒，致有驚駭，臣等無所解罪。然借此以提醒人心，使加意防剿者，謂漢過不先，無可借辭，而司撫者，亦念撫之必不可廢，剿而順送，不可不分，多寡有無，不可不問，東西遠近，額外額内，不可不明。然而邊人或不以此患爲壞撫，而反欲執此患以壞防，曰：「關外不可填實，一填實，遂以惹虜。」然不思白馬之役，豈必關外之填實。方今出防西虜，人猶蹻蹻欲行。每云聞烽即爲追襲，見其殺掠有據，方敢生擒。夫待有據，而生擒不已晚乎。然無據，又恐爲釁。頃道將欲以撫夷將管中右事，蓋欲執撫了戰，而臣與撫臣俱不可。蓋撫者必絀殺，而剿者必苦撫。如魯之甲以强猛之將爲馴擾之説，不能不借王之楝爲浮沉，楊友誠初報款夷，焚其芻，及以清野責之，遂諱。蓋以撫兼防，而防所不及，袛以含糊了事，將上下相蒙，而不可支。臣竊謂撫剿責以兩相爲用，而不得執偏枯之説，使邊將無拘促于猛氣之不得伸，而直令縮朒，得以借口。

臣又念細人不顧國家，然亦恐事一壞而害及身。其事多蒙大人不顧身，却恐事一决而害及國家。其事多慎蒙之發也，其害大。而慎之過也，亦或决裂而難收。督臣能治通官之爲蒙，而臣且欲爲慎，而或過中右之役，臣欲分别逆順，諭順者勿使其合而剿，逆者不令其狂逞而不可制。督臣不欲以一將之故，授奴酋鷸蚌之利，謂勝則報復，不勝則益恣，但當諭令綁獻，以正其罪。是督臣之慎，寬而大，而臣之慎，乃若較氣于一夫者。乃知臣前所陳諸款，皆臣所不能，而督臣能之。督臣能柔寡，使其如意，能馭撫夷之官如其意。頃中右之役，假令督臣不歸之蚤，而待十數日，則虜或不敢背盟，而殺人于邊。即時有劫掠，而督臣能糾虔之，致于罰，而臣皆不能徒欲别順逆爲剿，即于撫夷官，不知所以用。督臣撫虜多年，虜盡服其威信，其道大而能容，能任人，故人多樂爲用。古人曰：「人各有能，有不能。」臣固無能，而若此者，實不能

伏乞皇上敕督臣往來關門，調停剿撫，教臣之所不能，而使撫不妨剿，即剿可以兼撫。至于定地、定額、定人諸務，皆撫夷大略，而督臣饒爲之，臣得與觀其成。若夫虜之不爲用，而撫必不可罷，願天下無執媚虜之説，而快于割癭，更願無執撫虜之説，而終于護癰，亦圖所以得專力于東者而已。臣衰病已極，防款不效，乞賜罷譴，以謝邊人，而事體亦當去關。不見黔之督撫乎？乃督臣屢請乞身，如念其誠切，或當優召于内。蓋關門去臣二人，而另擇精敏强幹之臣，提兩撫臣爲之，以新邊人之耳，而天下可定。至撫臣岳和聲、張鳳翼，實有幹局可任。即和聲近有言者，而邊臣似不宜屢進屢退，令其方有端緒而罷。然大臣去留，非臣可敢言，乃

邊事重大，臣又不得不言。臣可任激切待命之至。

天啓三年十一月十四日，山海關上。

二十日，奉聖旨：「款虜暫示羈縻，恩威不妨互用。覽卿奏內防款事宜，具見調度方略。便着撫鎮道將各官，料理守禦，相機撫剿，務令西虜畏服，得以專事東夷。卿與督臣協心任事，慰朕東顧，徐俟召還。邊防正急，岳和聲，着安心展布，不得推托再陳。該部知道。」

處分失事官兵疏

少傅兼太子太保、兵部尚書兼文淵閣大學士督理軍務臣孫承宗謹奏，爲處分失事官兵，以嚴兵政事。

該臣據各道將塘報，具言中右作惡爲哈喇慎部夷朗素、貴英。先是，永平道張春稱，孛只素報，朗素等三十六家夷人，四五十不等，于前月二十六日去遼東看空作歹。又據石門路參將梁柱朝報稱，朗素于二十八日回巢，存留達子三百餘騎，在于遼東邊外，明説打圍，暗要作歹。又據坐門夷人滚奈台吉報，中右作歹係朗素三家達子。

按，朗素乃長昂之孫，貴英爲虜中頭目，住牧喜峰口外，近挾賞于關門，桀驁狡猾，至斷通丁之髮，燒高臺之芻，撤去坐門夷人。除興水以東爲拱兔坐門不撤，而高臺以西既撤而歸，獨仙靈寺地未歸也。此番賊殺，明係朗素爲招。臣于初四日，遣總兵官馬世龍率馬兵三千，隨遣總兵官李秉誠專備火器三百人，同山石、廣寧兩道查勘失事緣繇，并相機剿捕，仍行督臣王象乾從喜峰口諭哈喇慎部落，分别順逆，安慰恭順之心，以孤賊黨。臣又行副總兵趙率教，諭滚奈台吉各安部分，奬其恭順勤勞，勿相鼓煽。該總兵官同兩道臣查勘明白，具有報揭。當行時，臣屬以嚮來遼東失事，俱以將不固守，兵不顧將，今以廉仁之將既死職，而部下狂奔，問明即梟，庶警將來。隨該總兵官抵所，同道臣查明陣亡者六人、重傷者三人，優恤其孀稚。其奔逃官兵周繼武等十九人，當場梟首，傳示五部。千總逃如周繼武，把總逃如胡大順等三人，百總、隊總逃如李一觀等三人，其親丁逃如白寧、楊奎等十三人，參將王楹并死事員役，候另題請優恤。

又據鎮臣報，初九日，百數賊騎深入黑莊窠地方，見有儆備，以雪夜潛逃，而各處報朗素之欲甘心于所不遂也實繁。各該兵馬仍在中右各堡嚴防，嘗差夷漢丁哨探夷入犯，或近境，務大創，務萬全。臣已再四行該鎮相機酌行，不致匆遽。該臣念東賊方猖，不得不撫西虜，獨是虜既不以撫去殺，奈何我以撫廢剿。竊意小有殺傷，即行剿罰，無得事事姑息，如護癰潰，爲患更深。即建酋，亦款虜也。玩寇養驕，遂至于此。至于臣原不知兵，安知剿撫，獨是臣所日爲訓練者，付舊格于諸將，而日以空肝膽，提掇一鎮之精神，見一肯爲肯前之士，則立加獎賞，立加提拔，見一頑鈍縮懦之夫，則立加斥逐，立加顯戮，一時將吏似覺漸有生氣。即王楹舊是逃將，以臣再四激勵，遂以功名自期，每托其子于友，誓以死報。仙靈之役，楹可以逃，即逃可以不罪，而奮臂當賊，力戰而死；乃一時同死者僅六人，重傷者僅三人，而百餘人逃潰不顧。特令總兵官擇其受恩深而負義重者，立梟十九人，傳首五部。然而臣之爲撫爲防，大略可見。而況衰病已極，一柄三操必紛，三柄一操必競，若不早爲引退，恐邊事紛紜未定也。伏望皇上念臣激切，立賜罷譴，以清撫剿事宜，以定封疆大計。臣可任激切待命之至。

天啓三年十一月十五日，山海關上。

二十日，奉聖旨：「覽卿奏，處分兵將，足以申明軍紀，振勵人心。其死事將官，還着優恤。封疆大計，正賴主持，不必謙引別陳。該部知道。」

再懇辭免疏

少傅兼太子太保、兵部尚書兼文淵閣大學士、督理軍務臣孫承宗謹奏，爲恩重難承，再懇辭免事。

該臣以大慶蒙恩，具疏辭免，荷蒙聖旨：「大慶覃恩，卿以輔臣督師勞苦，正宜首及。還即祇受，不必辭。該部知道。欽此。」臣捧讀天綸，可勝惶悚。臣惟皇上誕育皇嗣，爲天下萬世福源，原以大恩飾喜，不緣小器遺恩，是當與天下臣民共啚蕃禧，以仰徼天錫。獨是鼠量已盈，鴻恩難任。頃讀同官奏辭，即帷幄運籌者，尚以不能决勝爲耻。况臣馳驅原野者，寧不以賊在爲羞。乃階日崇，恩日厚，更以臣督師，念臣勞苦，即仰賴一人之慶，可幸同于兆民，俯循萬姓之歡，實難慊于一念。伏乞皇上准臣辭免，安臣愚分，使恩無濫被，道有裁成。臣可任感激待命之至。

天啓三年十一月十九日，山海關上。

二十五日，奏聖旨：「卿竭忠爲國慶典，宜優循例加恩，宜即祇受，不必辭。該部知道。」

糧料缺乏已極疏

少傅兼太子太保、兵部尚書兼文淵閣大學士、督理軍務臣孫承宗謹奏，爲糧料缺乏已極，懇乞立發，以濟燃眉，以保危疆事。

竊照關城兵民二十餘萬，雖散處各營，而用物翔貴，百倍他城，兼以邊地早寒，冰霜滿目，裁腹約口，關外出防，每兵例有皮襖銀六錢，衆心懸懸，祇得借鑄錢銅本二萬，括帑金四萬，給發兵丁。總兵官馬世龍條次養馬朋合諸法，極苦料草不繼，撫臣與鎮道議以馬之最瘦弱者，就州縣喂養，以運價辦料，既省民力，兼裕公儲。而遷安知縣王四維綽有識力，肯以千匹自任，爲州邑先。此誠便計，然馬不能盡發，而料草急需，更念海運失期，本色未備。念道臣逐一查算。

該關内道臣劉詔詳稱，查據十月册數，關内兵役約共九萬三千一十員名，又家小九百七十名，約共支米四萬千八十六石，馬騾牛駝約共二萬二千四百六十四頭隻，約共支料二萬七千一十石有奇。關外駐防兵役共三萬三千一百二十員名，又家小一萬九千七百六十七口，約共支米二萬六千九百一十餘石。馬騾牛駝約共四千八百二十餘匹頭隻，約共支料五千七百八十八石有奇。查關外米十萬七千四百九十八石、豆六萬四千二百八十二石，關外米十二萬三千八十二石二斗九升、豆三萬五千三百零五石七斗，總計米二十三萬五百八十石、豆九萬九千五百八十七石，并失風攙和不堪米豆在内，總合計算關外米可支四月有餘，而豆可支三月有餘，有新收馬騾未算，關外米豆僅可支兩月有餘。其閏十月應領米豆尚有多半未完，到正月便已如洗。目今海運已斷，陸運未來，軍丁無吸風飲露之術，又安有神輪鬼運之法。或謂兵已多矣，糧自難繼，不如關城夫役之外，除派守邊城填實邊堡各有信地，近即再立三部車營，便自東那西借，每苦不足。目今風勁鳴鏑，東西窺竊，三空四盡，如何措手。方苦無餉，又苦無糧，草已不敷，料又將盡。若不多方處辦勒限轉運，恐事在燃眉，不敢深言矣。

臣讀未竟，不覺駭然汗浹趾也。竊念户部借去軍需三十餘萬，未補錙銖，而部發不接，已無可借，或本色有餘，尚可支撑，而今缺欠若此。今年草價原議三十六萬，減去六萬，堆發三十萬，于時部批發薊、永共五萬，止發薊鎮二萬。該永平道苦催，祇得借撫賞銀二萬，暫易買。蓋三十萬止得二萬，去年苦無青草，今年將領勤慎，採青倍饒。然去年苦無運價，今并無草價；

月餉尚有本色，今年本色亦缺。臣于諸將，法甚嚴切，然每見其貧苦疾病，心甚憐念。至于兵丁之苦，更不忍言。即如今言四五六月暑雨無餉，以驍雄之夫，枵腹泥立，以迄七八月，牧馬于山拗海堧之間，採木修營，了無虛日。入九月，合馬步兵丁俱採草于五六十里内外。迄十月，陸續曬乾，更兼出防操練，風雪撩人，即屋居難受，而關外新營，室廬未備，衝、驍、捷三營出防之急，兩月糧乾未領，當雪霜在地，點衣易食。臣每與撫道言之，未嘗不泣下沾襟。且屢據回鄉哨報，殊自驚心。倘東西猛發，士馬雲集，若不早發餉銀，設法陸運，何以待之。臣極知該部内外十分悉心邊計，然時當空匱，一接手而安得頓有餘贏。而臣之急在燃眉，萬分難支，又不得不爲大呼。伏乞皇上念宫府一體，中外一家，一處稍減，便得一處稍饒，勿使該部既苦應聲之宣索，又苦待哺之急需，仍敕酌量本折，早爲接濟。蓋朝廷典禮經費，原在户部，而户部年來搜括公儲，盡爲朝廷之征討殫竭。皇上爲天下父母，若不憐念，酌量盈虛緩急，執舊典以責成，則天地生財止有此數，該部何以應臣。以大臣當關，特望聖心體念。臣可任惶懼待命之至。

天啓三年十一月十九日上。

二十五日，奉聖旨：「着户部作速處給。」

登撫未可遽裁疏

少傅兼太子太保、兵部尚書兼文淵閣大學士、督理軍務臣孫承宗謹奏，爲登撫未可遽裁，登鎮仍當畜計，懇乞聖明酌定機宜，以重大計事。

該臣念邊事關天下安危，當酌量其緩急輕重，故欲責成功，使人須以其道，欲省經費，議裁必合其宜。如登撫之設，原自可省，第嚮者東省有事，而海上復以揚舲見告，東鞭其有及乎？樞臣新從東方來，必自有説。且兩鎮并設，三方照應，而不以一撫臣節制之，其兵馬錢糧不得問，其斬獲捕捉不得問，其調發分防不得問，其信地營盤不得問，而獨責其傳弁流之塘報也，則登撫真可裁矣。然國家真以兩鎮不可問，不宜問乎？餉不給，何以養兵；兵不核，何以給餉；關門聚士大夫以馭弁流，而不無虚冒，獨兩鎮爲可勿問。夫將能而君不御者勝，臣何敢豫爲中制。但海上之師，所關甚重，一隅之偏師，必不若三鎮之犄角。登鎮與平島定宜并建，覺華與登鎮定宜貫通，静以防守，動以恢復，定宜以此爲大機。兩鎮之兵馬錢糧調發，功罪必不可以不問，則登撫之議當蚤爲裁决。

又查登鎮總兵官沈有容，見駐雙島。該島距金州七十里，距旅順二十里，而更分兵駐南北兩汛及汶悶、中島。按金、復、蓋三衛地皆鄰海，中無崇山絶巘，惟南北兩汛與中島三處環海爲固，足稱天險，地廣而肥，隨宜播種，歲可贍二萬人。其延袤可百里，抵老岸六七里，抵復州三十里，我以船載兵，隨處可入，獨南汛潮落水及馬腹，賊可從此潛渡，我當設備以守。若沿海有船，皆可登陸，則賊難分兵以防，是險隘之利在我而不在賊。且其地去蓋套一日風，抵三岔、覺華衹兩日風，分駐則形如率然，并進則形如臂指。有容駐此，儘可圖進取大勢。第登鎮谿南衛爲中路，當以廣鹿、長山爲駐師之地。有容初駐廣鹿，其島原金州管轄，後總兵毛文龍遣張繼善招練島兵于廣鹿，有容隨移駐雙島。然據文龍之報，張盤入金州，責登兵爲守，而毛文俊議守金州，亦拉有容爲援，則金州似當責成登鎮，而廣鹿便當爲登鎮駐兵之地，或文龍谿東及西，照顧不難，則并以金州責成文龍，而登鎮不妨駐雙島。兩鎮汛地分明，則賊所入犯，可以責其守；我所入剿，可以責其進。每見文龍報與賊接戰，多在東江一路，而張盤入金于既弃之後，竟不能守，則地當有專責，力不宜過分。唯予以不得不守之地，課一不得不奏之功，則稱功者，不得不過，忌功者，不得害成，而相呼相應，又不妨聯二爲一。此當急責登撫行兩鎮酌量定之。

先是，臣題派分防登鎮，需兵二萬，繇南衛爲中路，蓋酌量于錢糧嬴縮，計算于地勢衝緩，以約略其數。查得青、萊二府并王徐文，即等營原設官兵九千八百九十餘員名，俱議留防守各該信地。又查登鎮額兵、新兵、勇夜、家丁等項一萬二千九百八十餘員名，除發援遼、登防守，今分有容統領，北渡官兵僅三千六百員名。夫登鎮初設，原以備賊南寇，于時徵兵調馬甚急。今見賊之必不捨車騎爲舟楫，遂視爲可有可無，曾不知覘賊堂奥，以剸刃于腹，而因以規大略，惟此地爲最要。如三千兵時驚時攪，似可支撑，倘機有可圖，則衆寡懸殊，何當攻戰之數。且水兵與陸兵不同：陸兵征進，便可擡營而前；水兵必留守，卒護船爲家。即二萬而去，守卒尚存乎見少，而况三千，何以用。且其偏裨率皆借銜暫委，不奉題請，而錢糧之給發，先東江而後登，有三月不見餉銀者。以偶奇之官，率枵腹之衆，而欲責破浪之功，其將能乎？似宜將淮兵盡數給有容，加以濰縣兵二千有奇，務足二萬，或萬二千，以成一鎮。其糧當責成于監軍，而以登州通判司之。查該鎮餉每月一兩五錢，其本色聽各兵自買。大約月食登州市斗米一斗，計兩月以所部之官抵登易米，自買自用，糧無腐爛，兵丁爲便，而進則須官運。然兵不徵于他，則糧可取于本地。責登守以市本色，急則官運，暇即以兵船爲運。蓋萬餘人之供用無難，至馬當二千，可得三萬餘金，而遼船載馬，可得百十隻，分送各島，而南汛潮退，可以馬渡。凡此一切，及盔甲器械，統責登撫，以分別備辦。其應辦應請，當急爲之。此關係邊事安危大機。至定營制，分鯮分哨，統領各領，題奉欽依，則人知奮勉。此最關緊，不可仍舊因循。且邊方事而耽延時日，空文塞責，予之以可爲，格之以不爲，天下事尚堪言乎？至于該鎮各官，當令先體，唯在決斷，或人可用而官可裁，則別用其人；或官可留而人不可用，則別擇其官；或人與官相宜而必不可去，則以官責人，而課其成；或人與官可省而必不可留，則合人與地而同歸于省。目今文龍累有捷報，既成牽制之功，再得登鎮與覺華爲備，則其勢更大。

伏乞皇上敕該部分部兩鎮汛地，酌給登鎮兵丁，敕登萊撫臣用心料理一切事物，仍令節制兩鎮，凡一應兵馬錢糧、徵取調遣、防剿功罪，盡歸經理，仍查有容果否可用，蚤爲定奪，則權有攸歸，人心自定。此于邊事，雖費實省。如撫既無著，鎮更無兵，可有可無，所費實多，便當一概罷歸，著落舊防。然而邊事所關甚大，未可率且若此。臣可任激切待命之至。

天啓三年十一月二十九日上。

十二月初一日奉旨：「登萊巡撫官料理海上，豈可遽裁。袁可立已有旨，着盡心任事。其兩鎮分部事宜，着該部作速奏行。」

詳酌督撫事宜疏

少傅兼太子太保、兵部尚書兼文淵閣大學士、督理軍務臣孫承宗謹奏，爲詳酌督撫事宜，以復成法，以一政柄事。

臣觀自古人臣之抱愚忠者，其身獨危，其心獨苦，凡以欲平天下之大患，必藉天下之大權，而非身冒天下所不敢任之患，必不能藉天下所不敢操之權，故患方起于倉襄，愚者易爲任，智者易爲讓。蓋任與患親，讓與罪遠，天下唯幸愚者之任患，乃讓愚者之冒權。若夫機方伏而未發，患稍息而有待，愚者見爲患，智者已見爲無患。既以爲患，則强而任其患，遂覺冒其權；既以爲無患，則起而乘其權，或以及于患。當是時，愚者堅持衆人所應得之權而不解，寧唯無以已天下之患，而其患乃更大，故臣謂其心苦而身危。

該臣念國家以全遼設一巡撫，内與薊撫統于一總督，以兩撫各提數道臣，與鎮協各治其地，其兩地款防，各責成于兩撫。蓋撫鎮專任其事，而督臣爲之節制于上。近因東酋爲逆，西虜紛紜，督臣王象乾以兵部尚書行邊，自任撫事，年來極力提挈，遂有端緒。然以督臣當事，便覺專主于撫，若恐防者生事啓釁，而主防者亦若于主撫之説而難防，上以兼防之身偏款，下以兼款之身偏防。是以趙率教之殺賊，督臣出欲參之，後欲薦之，而王楹之慘，撫者曰罪，防者曰忠，以兩相成之事，至于兩相妨，以兩相兼之人，至于兩相卸。且既有督臣，便不必有經略，而况以臣督師，至今日更贅矣。臣以爲，今當削去經略，更亦可不用督師，止推一材幹總督，移鎮關城，以薊撫居密，以遼撫居寧前。如遼撫暫居關城，則總督暫居永平。其總督標兵，可以其半隨來，而分三之一于石匣鎮，餘爲薊撫標兵，而遵化道駐以三千，其餘以分駐三屯鎮。一切防款事體，照舊例，仍以兩撫主之，而兵馬錢糧大有關係者，不妨往復商榷。如見行事體，不必一一待諾而後行。如此則權歸于兩撫，而可否應行，總督時得問焉。至于臣竟當罷譴，以省二三之紛紜。如皇上不欲臣竟致其事，則令臣姑還關下，以聯絡中外邊情，臣得比于識途之老馬。此最邊城第一切要大計。蓋往時經撫諸臣，皆以有爲之材，竟以議論紛紜，致失疆土。方今皇上主定臣不可回，而臣豈敢輕言回。但人已厭臣，即臣已自厭。凡關城兵馬，皆臣爲主。今言者紛紛，至于下部，臣豈敢自爲聾啞，以辭不可任之實。乃同官不欲言臣不可任，祇得言臣勞苦。假令直言臣不可任之狀，則皇上必不忍以天下安危寄于臣。今更有爲不任撫臣之説，恐愈講愈紛，使局中辦事之人不覺回頭錯應，而往事大爲前車。蓋關城兵馬，關外兵民，皆臣所措置；其可憂可憫，皆臣爲之端。天下事，身爲之則親，人起之則覺無味。况臣所爲者，未必盡合于人，或不堪終其畝。如皇上不念臣言，疑臣爲脱卸，則强臣于此，必不能有爲，而徒日紛紜于撫鎮之分合，臣死不敢任也。再如皇上必不欲臣離關，則臣請且不推經略，且不推總督，祇以臣一人督兩撫。

臣以防款歸，兩撫臣居密，居寧前，如臣之議。臣在關門，或在永平，而事任兩撫臣爲之，邊事不治，皇上當治之罪。蓋臣不敢以不去不留之身誤天下，亦不敢以衆疑衆誚之天下誤其身。

皇上如推督臣，則臣願有請焉：有敢居密、不敢居東者勿推，有能任撫、不能任剿者勿推，有肯同功、不肯同過者勿推，有怕勢要甚于怕奴酋者勿推，有顧局面、不顧安危者勿推，有愛便宜甚于愛性命者勿推。如皇上止以臣暫任關城，則臣亦願有請焉：皇上終年不令臣一覲天顔，則臣不能任；皇上不時予邊餉，不設定軍需，則臣不能任。皇上不以聖斷臣所奏請，而以樞部議臣可否，且中外紛紜，日論邊事，日發竿牘于鎮道，則臣不能任。凡此數者，皇上一一許臣，臣不敢復愛其死。然目前尚不敢令撫臣居外而臣居中也。關外十餘萬兵民，皆臣所不得不安插。寧遠邊城，奉旨修築，臣所題請；覺華、雙島之相通，臣所聯絡。倘以臣居中，以撫臣居外，即撫臣忠誠體國，願爲塘牌，臣且恐自臣遺之以難。語不云乎：「己欲居其名，安所逃其患。」臣即無居名，而寧肯逃患乎？臣原當駐關駐永，而姑移督寧遠，以中部鎮臣隨臣，以一鎮臣與撫臣居關，以一鎮臣居中右，以副總兵趙率較量爲加銜，居前屯，略如薊門。三協之聯絡，横直各有意義，可以禦東賊，可以防西虜。蓋兵之當出者，便可不假催督，而衆心以安。目前既可爲守，漸次亦可爲進。蓋既有不得不守之寧遠，則必思不得不守寧遠之法。如撫臣出，則臣可暫旋，或不妨更迭出入。然臣所願請于皇上者，以容臣入覲爲第一切要。蓋臣以撫弼之臣，誤任天下安危，而終年不一見皇上，則身危心苦，體輕人玩。凡天下所揶揄臣者，不欲一一别白于詞說，而身同外吏，又終無以自明，則積漸以往，李泌所謂「待聖意殺臣，而後求去晚也」。且計往返不過十餘日，自不妨邊事，更可以邊事一一上告君父，勝于旗尉之聽計，下告友朋，勝于小報之訛傳。

伏乞皇上念臣真切之言，立賜斷决，以重邊政，以固封疆。臣又念天下方揶揄臣，而曰中朝已久置度外，不便于留，不欲其去，臣何敢强爲嘵嘵。蓋以皇上容臣去，則臣何敢爲言。唯皇上必不容臣去，則天下之安危在臣，臣何敢復念天下之嫌忌，而不以實指之，不以身親之，而悠悠泛泛，自同于度外之人。臣病已深，臣才已竭，豈其不自揣而冒天下之患。誠念皇上特達之知，即冒天下之患而不顧。然而臣之心苦矣，臣之身危矣。唯皇上憐念臣斷以從臣之議，如弃其議，以臣爲愚，而强臣以維摯于關門，秋毫無補于國家，將徒以身徇爲天下笑，臣死不敢任也。臣計此時督缺已推，獨有酌分款防于兩撫，以分定適中之地，而速罷臣。臣目下有事寧遠，兩旬可旋，謹擬恭趨闕下，朝元旦令節，一覲天顔，以盡臣終年瞻戀微私，且以講明邊事，往回不過十餘日，自可不誤要機。皇上念臣誼在輔弼，必不忍拒臣，謹豫題知。臣可任激切待命之至。

天啓三年十一月二十九日具題。

十二月初一日，奉聖旨：「朕以邊事付卿，倚賴甚切。凡所奏請，無有不從。卿盡心料理，已經三防，封疆安静，勞苦功高，朕所具悉。今邊防正急，卿還勉爲朕留，主張督率，不必過有疑慮。朕亦欲見卿，但少須寧帖，自有召命。該部知道。」

薊昌春防兵馬疏

兵部題爲議撤防春兵馬事。職方清吏司案呈，奉本部送兵科抄出行邊尚書王象乾題前事等因，奉聖旨：「兵部知道。欽此欽遵。」抄出到部，送司案呈到部。看得薊遼總督王象乾題稱，薊、昌二鎮春防，客兵久戍勞苦，照依往例，以工完次第撤放，仍行該鎮將領將本鎮主客官兵并應留宣、大、延綏防夏兵馬查照調度，嚴加防守一節。爲照薊、昌二鎮主客官兵戍守勞苦，委應體恤。今該總督王象乾題稱，各兵查照完工，次第撤放休息，防夏兵馬，嚴加責成守禦，俱應如議覆請，合候命下移咨薊鎮總督轉行撫鎮衙門，將各該班營官軍照依完工次第撤放。其防夏兵馬，務要常川守禦，毋得時刻疏玩，致有他虞等因。

孫承宗集卷三十一

前督師奏疏第八

恭謝天恩疏

少傅兼太子太師、兵部尚書兼文淵閣大學士、督理軍務臣孫承宗謹奏，爲恭謝天恩事。該臣荷蒙聖恩，以皇嗣誕生，加臣少傅兼太子太師，蔭一子入監讀書。臣承宗念恩重難承，再疏辭免。隨于十二月十二日接部咨，奉聖旨：「卿竭忠爲國，慶典宜優，循例加恩，宜即祇受，不必屢辭。該部知道。欽此。」臣捧讀，不勝感激，不勝惶悚。伏念臣于役關門，歲又幾盡矣。烽烟未靖，時事驚骨，心苦而未深于計，身勞而無補于時。蓋閱十有八月來，爲之自臣者，秋毫無可自獻于明廷。祇見隆恩异數，有加無已，即隨時隨事，食物銀幣，例與同官并及。在皇上高天厚地，原不以微末遺施，而臣愚耿耿一念，既緣恩命以自課其身，再緣材力以仰質恩命，每一拜命，輒慚汗不能自容。誠謂典重，則身命爲輕，材微則報稱難效也。除恭設香案、望闕叩頭外，仍具本奏謝以聞。

天啓三年十二月十六日，山海關上。

二十二日，奉聖旨：「覽卿奏謝，朕知道了。該部知道。」

慶賀元旦疏

少傅兼太子太師、兵部尚書兼文淵閣大學士、督理軍務臣孫承宗謹奏，爲慶賀事。

天啓四年正月初一日，恭遇元旦令節，該臣于役邊城，未能隨群臣趨闕下，同呼萬萬壽，謹頓首上言。欽惟我皇上天德惟新，聖齡益茂，萬方允賴，百福攸同；當歷年開長發之祥，正甲子逢履端之始；日恭允符于上朔，貞元適會于初躔；翹首望雲，快仰堯天巍煥；舉頭見日，同歌舜旦光華。乃若天將五星，蚤識太平之象；是唯皇疇九叙，先宏平蕩之猷。臣下情可任欣躍歡忭之至。

天啓三年十二月二十日，山海關上。

十六日，奉聖旨：「覽卿奏賀，朕知道了。該部知道。」

辭免恩叙疏

少傅兼太子太師、兵部尚書兼文淵閣大學士、督理軍務臣孫承宗謹奏，爲恩叙概加，瀝衷辭免事。

該臣接邸報，荷蒙皇上以西邊捷叙，加臣「少師兼太子太師，進武英殿大學士，蔭一子入監讀書，賞銀五十兩、紵絲二表裏。欽此。」臣捧讀，不勝感激，不勝惶悚。臣頃以皇嗣誕育，概荷隆恩，方在專官具謝，乃邊叙又及矣。即臣揣分未敢仰承，而有加無已，臣心滋懼。伏念臣忝冒大列，與有四方之責，恭遇東西捷報，竊幸四方有清寧之漸。頃渝關將吏有以東西題叙進秩者來謁，臣亦發明皇上崇重邊功之盛典，以風諸將吏。獨是皇上報舊典，以概叙及臣，則臣慚恧更深于感激。蓋臣出役關城，百無一效，內乏决勝之籌于帷幄，何敢竊附于同官外員，滅賊之任于疆埸，又何敢濫承于他叙。至于邊功，不宜概加，閣臣姑未敢言也。伏乞皇上慎重恩施，准臣辭免。臣可任激切待命之至。

天啓三年十二月二十日，山海上。二十六日，奉聖旨：「卿久勞邊事，加恩非過。覽奏懇切，特允所辭。該部知道。」

再明督撫事宜疏

少傅兼太子太師、兵尚書兼文淵閣大學士、督理軍務臣孫承宗謹奏，爲再明督撫事宜，以祈聖鑒事。

該臣以督撫事宜，上瀆聖明，至仰荷天綸，慰藉周至。臣捧讀涕零，不知所報。且諭臣以不必過有疑慮。臣聞之，記曰：「上答之，不敢以疑。」又曰：「大臣慮四方。」臣仰荷特達之知，何敢上疑。臣忝冒大臣，與有四方之任，何敢身慮。獨是皇上所以誤任臣者，徒以嚮在講筵，頗習曲謹，又以去當衆心危亂之時，臣敢自請督師。年來賊方狙伺未發，愈益任臣不疑。然臣之不足爲任，臣知之，天下知之，而諸臣不肯明爲盡言。竊意皇上或未盡知，第臣所奏督撫事宜，乃祖宗成法，决無薊遼總督，祇督薊不督遼，祇督款，不督防，祇與人同功，不與人同過，偏居靖地，遥制多事之邊于千里之外，使邊關共事之臣，左顧右盼，前牽後扯。蓋督臣王象乾當東西紛紜，自任款撫，綽有操持，非有偏任之失。且年來東西未合，自是大效，而臣更深念流弊滋生，必至大壞。且臣所駐衙門，原是總督駐節之地，非有更張，即今遼撫不必便移，而督臣決宜居中調度，在永在關，即不必定決，不宜仍前遥制，仍前偏任。是唯得公忠、有膽識、諳邊事者，合經督爲一身，兼款防以共制，其兩撫臣或量加兵部侍郎職銜，率幾有膽識道臣，以便調度諸將，仍令當事無予之以可爲，而格之以不得爲。蓋事歸一柄，則衆力咸齊；人共一心，則群議不爽。且款撫之責，兩撫臣所必不能辭也。即專款者，不得不兼剿以爲防，而况督臣原兼防款者，豈得偏任以自便。假令安閒之處，少立風格，戍馬之場，更擇便地，攘臂受糈，縮足受功，國家安用此支離乎？且此等亦何必擇人，祇朱梅、王牧民而足矣。

臣謂當東西紛擾，下督臣之先手爲難，及釁孽萌生，接督臣之殘局亦匪易。又嘗謂：「欲定天下之業，必先一天下之心。」此中自入問督臣，何事之撫臣去，而人各有心，心各返顧。又自督臣一問，此中用人，我不得知，而愈亂愈紛，非督臣意爲之，而勢固然也。祇今身同危地，心分各歧，無論甲胄易淆，即縉紳相左。蓋地密而一人操短長，勢疏而逖人懷去就。當其法有所迫，則歧之中偶合，乃其意有所附，則合之中忽歧。其顯而易見者，如中右一事，兩道受檄而不一報。其報也，互有參差而不得一。頃次輔答臣曰：「獨不得同心僇力之人共事耳。」豈不然哉。臣故願任督臣一如成法，然臣殊自念也。凡人臣立朝，天下有公心，弃之而私心，昵之亦有公心。與之而私心，遠之昵之，則相藉相覆，一失足或有百足之助，遠之則平居，業有嗛嗛，而一蹉跌，重于他人。臣于今亦嗛嗛之會也。臣頃歷舊經臣所經行地，見其于深岩絶澗，無一不爲籌畫，未嘗不嘆其負絶人之材，志存報國，而徒以角口分合，遂至敗壞。况臣徒携肝膽，未有弢鈐，豈其不自揣量，猥以孱肩，妄增擔任。誠以一柄必不可三操，三柄必不可一操，款防必不可兩分，薊遼必不可偏任，然臣突執成法，以變今人所便，安天下，或不諒臣真切之心，必以爲自求脱卸，而臣又不欲獨責人以所難。更念皇上必不欲臣去關，則久而體褻人玩，法令難行，故與其以若有若無，誤國遂以誤身，不若盡心盡力，捐身或以報國。區區一念，誠不自知不可，猶然去年自請之初心也。適首輔、次輔執閣體以教臣，蓋深見臣之不可爲任。而爲社稷遠計，惜其不明以入告皇上，令天下共指臣之不可任，遂以罷臣。伏乞皇上念臣真切，一一如臣之言，執祖宗之成法，復督撫之舊政。蓋薊以薊撫爲重，遼以遼撫爲重，督臣以總督薊遼爲重，庶總督之任合，兼修而無偏護，兩撫之權重，畢力而無他營。至于臣，迂不堪事，急當罷譴，以一政體，以合事權。臣仰捧天綸，未及督撫。蓋以迂辭無當，不加顯斥，然年來體察情事，合是如此。乃敢再瀝愚衷，一片血誠，可對天地，勢亟辭促，不知所云。臣可任激切待命之至。

天啓三年十二月初九日，山海關上。

十二日，奉聖旨：「覽卿奏督撫事宜，甚爲明悉。其督臣推補，尚未確定，着吏兵二部即行議奏。卿勞苦封疆，朕深鑒倚，還盡心擔任，不必遜辭。該部知道。」

酌調邊兵疏

□□□……皇陵仍爲京師之備，如謂陵兵可緩，便可分調三屯，仍令留通者，堪作□鎮，如瓜分其衆，便當并去其官。蓋臣視樞，當邊報紛紜之日，幾奉明旨募兵，以重京師，祇今東方未靖，當不宜盡撤其防。至深河、蘆峰之兵，近防盜逋，遠備緩急，撫臣設防之意實切，而分調東協，聊爲應急之需。總之，設兵爲地，不以爲官；地重而勢稍緩，不妨略借以應急；地重而勢更急，不得不酌益其重。總計關門可得三千，而石匣鎮約可得五千，三屯鎮約可得萬，中協亦可得二千有奇。即留住薊、密、遵、永者，亦可就近策應。

伏乞皇上軫念邊防，特敕兵部酌量重輕急緩，作速通融。其應抵關門者，即容臣調取，以應冬春之防。近者，新侍郎張鳳翔咨撤真定援兵，似當于春防之後，准令撤回，合前保定之兵撤去五千，而各防尚缺萬人。撫臣近已委官立招，而猝未應手，特稍借津兵，以填實其缺。至密雲夷漢丁，督臣曾許以麻登雲統所部戍守關門，便可量調，臣未敢執也。臣可任激切待命之至。

天啓三年十二月初七日上。

本日，奉聖旨：「覽奏，酌調分防各兵，條畫周悉，俱依議，聽卿便宜行。該部知道。」

邊計不宜异同疏

少傅兼太子太師、兵部尚書兼文淵閣大學士、督理軍務臣孫承宗謹奏，爲邊計不宜异同，軍需當速預備，伏乞聖斷，以定大謀事。

臣聞定治者，先定其規模，而後徐以從事，順其規模之所定，以振天下之心，以成天下之務；無陽爲美善之名，而諱言于所不肯爲，無陰爲苟且之計，而又諱言于所欲爲，令當事之臣，日竭痴腸于可爲，而爲天下所不肯爲者。乃至隨議隨掣，去其所同力之人，而以拗手，窘其所願卒之局，始開而後不應。當事者，既失其據而借其局，以及其所爲者，終與之同歸于敗，而當事之苦心，終無以白于天下，究使豪杰之士，與傭狡同科。此其一人之䆫菀，亦何足深念，而天下安危之大竅，奈何成于一念之相護相蒙，而不自覺。

臣念今天下邊方大計，不過曰守，曰款，曰恢復，然又念合天下痿而思起、死而乞生、來而求去、怕而冀苟延者之心，無論恢復之不能，而款守頓失其據。昔裴度自請督師也，督其見在之師，直入淮、蔡，恐心不一，力不齊耳，未嘗招調訓練，復以進取制于旁議也。臣之自請，竊比于度。夫亦督其訓練爲恢復，以奉皇上之敕旨。蓋皇上敕臣曰：「寧遠、廣寧及河東，土宇漸圖恢復。」今觀天下大議，似專在于守關以內，而近且曰：「國家失河套、大寧，不失爲全盛，何必復遼東。」夫守則何取于督，以師主守，而恢復不必計，則又何取于臣。然而臣知弃遼東非皇上之心也。以黔之越在萬里，安以天下養黔，危以黔苦天下，然而我武維揚，曾不少沮。夫遠在萬里之黔，尚不肯失，近在門庭之遼，詎可不問。且前之弃遼東而不守者，豈其心盡不念國家也，既以爲罪；今之願弃遼東而不復者，豈其心盡念國家也，却自認爲忠。繇此以談，遼東不復，天下不安，而欲復遼東，則關以外，必不可不兵屯，必不可不修築，而寧遠、覺華之議，必不可輕罷。

請以守言之。凡客兵利速戰，主兵利久守。今關城聚秦、晉、川、湖、齊、梁、燕、趙之衆，盡號客兵，而額糧之外，曾不能加毫末于其身，徒責其捐墳墓、弃妻孥、嘗固結于我，豈不稱難。而況糧料不繼，即其繼也，稍得固結其心，不逋不嘩而坐食，便自坐困。蓋以速戰之備，爲久守之謀，欲進則不足，久守則必變，故議兵必在土著。然薊鮮土兵，而守關以內則遼兵，亦客也。故隨遼人之便，安插于兩衛三所二十七堡之中，以兵以屯，曰：「以遼人守遼土，以遼土養遼人。」使關外之備稍足，則關內之防稍減。然舊之土著餉少，今之土著餉多，行之十數年，天下當自不支，而況竭天下物力，歲養十數萬坐食之人，既難久戍，更苦更番，時可烏合，時可烏散，師老財匱，事久變生，天下之安危，寧獨在賊之來不來。而況守在關以內，則內備殊覺淺薄，而守在寧遠，則山海已爲重關，而神京遂在千里之外。且其用水用山，計萬全于塞外，以款以復，力百倍于關門。今天下亦嘗計及此者乎？

再以款言之。臣之初抵關門也，毳幕旃車，雜遝崗阜，一登陴而腥膻之氣撲人，日報劫殺，時傳烽火，議遠撫場，而通官難之。得廣寧道議，合初移之中前，爲四十里，再移之前屯，爲七十里，又再移之中後，爲百里，又再移之寧遠，爲二百里，然地屬衝腹，賊仍劫掠。近總兵官以兩協提路將，分之信地，仍以撫夷將統兵，駐邊堡，立市場，隸以鄰堡，即撫即防，而脉絡分明，支節貫注。更以中右之役，揚兵議剿，而部落暫遁，劫掠稀聞。倘得市貨稍真，通官不假，自可爲防。今議撤關外之防爲守關内，則虜仍入關爲撫，而八部三十六家仍環聚于關門。其坐門貿易之夷，仍交結于八里之内。况既無寧前之紛紛，乞救何名，無寧前而先爲西虜復寧前之賞，無廣寧而先爲西虜復廣寧之賞。且廣寧有道，鎮曰遼鎮，撫曰遼撫，而安插遼人于寧前，却曰惹禍，無論十餘萬生靈何地安插，而既無寧廣之土地人民，何獨有寧廣之虜賞，將西虜爲實封，遼官爲僑立，遼人竟爲流傭乎？况道不必假，而東可雜西，又無論據寧遠而相促矣。今天下嘗計及此乎？

再以戰言之。賊薄寧遠，則以置亡置死之兵，合與亡與死之衆，心堅敢死，氣厲無生，而外無可掠，中無可希，炮矢既倍，兵民既齊，兼以海出其後，山峙其前，奇伏間出，定可殲賊。即或越一城而前，寧城已綴其後；即或合一城而守，各城已扼其吭；既或直抵關門不顧，而前有堅城，後有勁兵，自可立見摧糜。又或妄意及海，則覺華島之駐師與望海臺之泊船相控，而長鯨必授首于波臣。又或下關城之精甲，進圖恢復，則水師合東，陸師合北，可修可貯，可發可接，水陸之間，奇奇正正，出没無端。大約必争之地，我所據以爲利者，敵得之必爲害。天下祇有我謀之未及，敵或及之，决無我意之既至，而敵終不能至之故。拒賊于門庭之中，與拒賊于門庭之外，其勢既辨；我促賊于二百里之外，與賊促我于二百里之外，其勢又辨。且舊之議弃廣寧，與今之未既取廣寧，凡以與賊相逼也。然廣寧我遠而賊近，寧遠我近而賊遠，我不進而逼賊，倘賊不退而逼我，則山海之于寧遠，何如廣寧之于遼陽。不見宋之割地使乎，與而又與，遂至于無可與，退而又退，遂至于無可退。假令一與一退，狼野可格，一埤一堄，蝸縮可保，則旁觀者尚欲居平，當局者何敢冒險。惟占往察來，知夷狄之欲必不可厭，則祖宗之土宇必不可失。

臣請以群臣之所信者明之。夫喜峰之傳，人盡信之。即如賊入喜峰，必假道于西虜，道遠而糗精之費奢，不知西虜爲備乎，抑東虜自備之也。虜既可自備以犯喜峰，却不能自備以犯山海，而曰：「寧遠資盜糧，則來寧遠，絶屨扉，則不來。」然乎？否乎？夫欲備喜峰，則道遠費多，而疑其來；欲不備寧遠，則道近費寡，而疑其待于借。亦聞其假西虜之衣帽乎？關外五城二十七堡盡撤，則西虜環關門而爲款爲市，倘其假西虜之衣帽，不煩假道，而突薄城下，何以應之？天下亦嘗計及此乎？夫以天下之大，忠良在上，正直盈庭，豈其不爲天下而計此？然有心在天下，而邊塞之情形未悉聞，憑道路之口以爲憂疑；亦有心不在天下，而邊塞之安危不顧，祇念身之計，以爲儌幸。至于痿而思起，則懼妨其起；死而乞生，則懼妨其生。而起痿者，生死者之心，又或重私交，忘公誼，而相與排其議，兼以來而求去，與怕而冀苟免者兩相藉，而内以甾其議，外以成其私。曾不知外之可守，故不難破當事既布之局以内附，而萬一有事，可執先見以自全。又曾不知内之不可守，相與以爲安，故不難附衆人局外之見以外訌，而幸一相激，遂得辭其所苦，而難肩之任。然使其説之不行，即説行而不害于事，不至攪一鎮之人心，惶惑耽延，以廢可成之事，則臣雖作抱關，尚屬大列。豈其不能爲皇上張撻伐之勛，而日饒議論。然而守不在關外不守，款不在關外不款，復不在關外不復，故臣妄謂天下之安危係于關門，而關門之安危係于遼左。是以謂遼左必不可不復，而寧遠、覺華之議，必不可罷。蓋凡水陸舟車、馬步將卒，細及矢炮糗精，無一不約略其目，而彼已情形、山川險易、天人相湊之幾微，亦已略得其仿佛。夫師徒未備，而漫言戰，是輕擲也；師徒不備，而畏言守，是坐困也。然而戰具當備，軍需當速，獨弦不拊，一掌不拍，惟議异則力分，惟衆合則事舉。誠念客兵之久戍爲難，閭左之長供匪易，我人之憤怨可乘，奴賊之暴促可扼。臣豈不知苟延歲日，與世浮沉，可以解衆人之近憂，可以脱此身之後患，而臣之所以任，何地何時，怠而生心，鋌（挺）而走險，機難料也。蔓，難圖也。事外之人，苟幸無事，可以延捱，即一旦决裂，責有所歸。乃若臣既冒天下之安危，而今日避忌不言，誰爲皇上言者。他日皇上責臣，又誰爲臣言。臣肝幾裂，臣心幾嘔，伏望皇上立賜斷決，無摇衆議。凡臣所爲戰守之具者，一一應臣，無予之以有爲，而格于所不得爲，使規模不定，而全軀保妻子之臣，得附合衆議，以笑其迂。庶臣之肝膽有藉，而土宇可復。即臣言不當，亦宜明爲分剖。蓋臣既不能曲隨以阿世，定當去臣以定天下之大謀。臣可任激切待命之至。

天啓四年正月二十七日，寧遠上。

二月初四日，奉聖旨：「遼左屏衛京畿，恢復豈俟再計。覽奏，具悉方略，卿奉敕書，主持調度，一切軍需戰守之具，自當速備。内外各官協心共濟，務早奏功。該部知道。」

酌量衝邊被論諸臣去留疏

少傅兼太子太師、兵部尚書兼文淵閣大學士、督理軍務臣孫承宗謹奏，爲衝邊需人甚急，特分别被論諸臣，酌量去留，乞蚤賜推補事。

臣聞謁銓之吏，擇地而趨，其所避忌者，不過衝繁凋瘠，偏累其官。乃若風土囂陵，既苦陰陽之患，金戈倉攘，兼懷性命之憂。一推則縮足不前，一去則超乘而上，故便安之地，久任爲榮，艱苦之場，得黜爲幸。乃若志存報國，原不計及功名，而過以誤成，材足剸繁，兼曾歷于危急，而事與時會。亦有幹局翩翩，才不得以格梍，而要駕在乎能御；人地瑣瑣長，偏得以事見，而鉛刀尚可爲割。如登萊監軍道副使田一井，一介不取，百折不回。蓋主憂臣辱之誼，可矢天日，而條次海防，備極苦心，獨生平用壯不顧，每至缺折。即近日鹽船一事，既以事誤，更以人誤。見今以巡鹽御史題參，杜門未便，似當指其事，原其心，聽該部蚤爲處分，而爲法受過，其生平固甘之矣。廣寧道撫夷僉事萬有孚，既抱文學，兼長騎射。臣每服督臣之能用人也。年來以舌代銛，奔走于旃裘之幕，殊爲艱苦。而虜之有瑕，未必非短，虜之受款，未必非長。且主撫既去，佐撫復參，恐生手難下。即撫臣與臣亟欲留用，第以監司官當科臣之特疏，本官自難展布，且其事亦有因，而此中人言亦頗嘖嘖。當于春撫事竣，准其去，聽該部處分。此道專以撫夷爲名，不獨于防守未便，而以撫款監臨防守諸將，時有後言，似當急補一道，并管寧前兵馬防款屯鹽等務，兼管學政，以約束復業生儒。而山石、關内兩道分管海陸糧料、器甲、火藥、屯鹽、兵馬等務，俱于關外，相關無事，則共司其備，有事，則俱出關外，共任其責。蓋關内、關外總爲戰守，如居平一分，則各相推卸，不得同心戮力之用，而關外道便可姑罷。永平府知府徐廷松，明亮有執，持有品裁，起家爲令，即在三輔，所至俱有聲實，即豆料浥爛，自是失職。然事當草創，未得專責本官，而曾已罰處，似當留爲衝疲之用，以拊此殫殘。永平府撫夷通判周履時，心地明通，事體亦練，即起家刀筆，而金繒入出，非此一流人，不諳此一流事。據科臣之抨彈，自當斥逐，然撫官盡去，不便生手，似當弃短取長，以待撫臣任用。再照關城艱苦，無論經督難推，即臣來而廳官之刻去者三人，物故者一人，今萬獻策又以病去，見在止管關一人，即周履時准留，尚少二人，而理刑推官石文器三年未任，此該部當急爲推補三廳者。見今寧前一帶，俱武官防守，臣姑以原任經歷金啓倧管通判事，原任教諭吴京管前屯衛學事，稍俟兵屯停妥，俱當銓補實職。伏乞皇上急敕吏部，蚤爲處分各官，即蚤爲銓補各缺。頃撫道諸臣各舉所知，似可銓補，而臣實未悉其人。蓋此時此地即推，未必願來，即來，未必願任。臣何敢冒以素所未悉，爲人乞官，令天下謂臣欲用所知，而側目以待。臣無任激切待命之至。

天啓四年正月二十九日，寧遠上。

二月初三日，奉聖旨：「這被論各官，卿既酌定去留，并銓補員缺。該部即與覆行。」

軍需甚急疏

少傅兼太子太師、兵部尚書兼文淵閣大學士、督理軍務臣孫承宗謹奏，爲軍需甚急，就料易成，特從義請，以濟急需事。

竊照關城新整十大車營，開具器甲火藥，悉有成數。見在者，盡付各營；見缺者，速責造辦。內佛朗機、百子銃、三眼槍，用尚見少，造不厭多。適錦衣衛僉書張道浚具揭，願領工料銀兩，于本籍地方造辦，就鐵就煤，省運省費，力逸功倍，確有條次。更念其以忠烈御史長男，痛深家難，誼報國仇，原以積學儒生，投觚應襲，志在酬明主之深恩，雪普天之大憤，每欲獨當一面，以圖遠猷。臣前視部道，浚曾造槍三千，以見壯志。臣一對之，未嘗不泣下沾襟。據所具揭，委屬省便，特議以軍需銀一萬兩，酌造佛朗機等火器，容所司另開用數，交付道浚，定限五月內解完。伏乞皇上俯念軍需至急，衛臣義請甚便，特敕錦衣衛僉書張道浚領銀造辦，仍敕户部發關城餉銀一萬兩，容臣以軍需銀抵餉，就便兑給，以省千里往復。臣可任激切待命之至。

天啓四年正月二十九日，寧遠上。

二月初三日，奉聖旨：「軍器急需，張道浚既堪委任，着便兑給價銀，刻造辦完解。該部知道。」

懇乞蚤定僉謀疏

少傅兼太子太師、兵部尚書兼文淵閣大學士、督理軍務臣孫承宗謹奏，爲任事之慮當周，任事之心當合，懇乞聖明俯從臣請，蚤定僉謀，以嚴邊政事。

該臣議合款防爲一，以督兩撫臣，分任薊遼，緣皇上不聽臣去，特借此日以合其任，待臣去之日，仍推總督。蓋真見邊事不宜紛紜，非謂總督妨臣，抑亦臣妨總督。私念臣與總督不必兩設，而臣本宜去，以不得遽去，故曰「且勿推總督」。即奉旨，亦曰「且不必推」。非謂臣可久留，而額員可裁也。但臣愚妄任，則皇上從臣爲任，然臣前所請于皇上者，正臣所以承此任。皇上若一不從臣，而令臣坐困于空拳之難下，則臣之愚，不獨誤身，而遂誤天下。目今糧料不繼，而料且絶矣。去年採青幾二百萬，遂可省公金十二萬有奇，而今且絶部價不發，既不敢責州邑無米之炊，長吏耽廷，更借口疲民之累。皇上所發帑金爲軍需者，户部借三十餘萬，而關城如洗。近合馬步戰輜爲車營者十，而器具不備。臣所請修寧遠邊城，歲可得十七八萬，而未敢言。若馬價不定，撫賞不定，何以應卒。至于臣當邊務稍暇，假十餘日以覲天顔，祇以邊事重大，須一一面奏，仍試與在朝諸臣一一講明，以通脉絡，以全閣臣之體。即此十餘日中事，臣仍任之，其卸擔，又或疑臣窺中書之堂，逃而綴同官自容也，寧知天下有忠義之肝腸乎？臣之念事完則長嘯山林，事不完則膏身原野，誰復念黄閣之雍容、丹徼之馳驅也。昔范仲淹、李綱自請巡邊，而又嘆惋于無復入理，臣竊薄之。至于章奏之裁決，非敢謂中樞之幄籌不加于邊人，直以百聞一見，固自有説。而臣且待罪政地，諸所條議，止可下内閣，從公可否，臣尚得施面目，不爲政地羞。乃若毁譽之利害，極于死生，臣不計死生，安計毁譽。獨是毁譽之中，于邊人能令一鎮之人占風驗草，無復一心齊力之效。蓋長安有意，而邊人逢之，更若邊人有説，而長安據之。臣之初抵關也，有給發，無議論，既而兼之。今且有議論，無給發，固以歲月深則瑕開，亦以事勢緩則衆玩，而竿牘之下鎮道，又毀譽之根。乃若防款之兼承，水陸之兼備，唯三撫臣是賴。假令督師者，懼獨攬爲侵，而撫臣之權，不足以節制弁流，則臣仍掣肘撫臣。又令撫臣之權重，而材不足以勝節制，則撫臣仍掣肘于弁流。又令撫臣之權重而材矣。抱獨知之契而曰尚法，握希世之機而曰尚通，則弁流仍掣肘于邊事。今薊撫、登撫，誼在必去，則兩撫不可不急擇其人，但得有膽智、能任事者，其出而無所感恩，其任而無所迎意，即邊事不必練，而一意公家，自可以無難。至于關撫明而有幹略，可謂有材，予之以權，何不可辦。獨其議守與臣同，而所以議守，似與臣异。臣既不能自是，以异于撫臣，而又不敢謬附于撫臣。察撫臣之意，既似抱有爲之材，而謙不肯見，又似當難爲之局，而慳不肯承。或以見在之具無一足恃，使一着手，便分其咎，不如盡諉之爲往事，而身不與其責。又或以入手則未立見，合著則局難結，姑爲异同以相激，而釋艱難之會，以鑒前車抗直之名，以爲後藉。近有以撫臣問臣者曰：「畫餅乎？囊錐乎？」臣茫然無以應。首輔，臣師也，亦輔臣師也。首輔謂臣：「既言新撫佳，何不任之，不勝于任弁流乎？」臣駭然，而撫臣述其言。撫臣未有應，後乃自名爲五字巡撫，以候閣部詳行也。又面嚮臣自名爲贅。蓋臣與撫臣俱主批發，有一事一人，道與撫議，或間及于鎮，議妥而達于臣，兼達于撫。臣可其議以行，而撫臣則曰：「候閣部詳行。」蓋撫與道同議，而議發于道，撫與臣同批，而批主于臣，故撫臣曰贅，而臣之屢以一柄各操求罷，以此也。道臣嚮臣言，撫臣見臣「薊撫居薊，遼撫居遼」之議，恚曰：「何乃殺我，何以教我充軍。」蓋是日臣方議出關詣寧遠，撫臣未知臣有此議，來留臣。撫臣實愛臣如其身，不欲臣冒險，而臣亦愛撫臣如其身，不忍獨居平。臣聞撫臣留臣之議，遂不敢出其疏，而別後乃送稿。臣殊悔未察撫臣之不欲關外而妄議也。至責臣以總督衙門與薊撫，以寧前荒塞與遼撫。此可不足言。獨其恚臣以正月三日詣寧遠，曰：「國家弃遼東，尚是全盛。如大寧、河套盡弃，何嘗害爲全盛。天下今舉世不要遼東，他偏獨要遼東。」兩道臣嚮臣語若泣，臣聞之，心楚楚不能語。臣初抵關，見事可爲即爲，後以舊撫自名爲贅也，遂遇事必需發于鎮道，令與撫臣商榷，待其酌而後定，如屯田久不決，而後發其議于臣。自撫臣來，凡更調將吏，如滿桂之守寧遠，陳九德之守北山，馬爌之守中右，孫懷忠之守高臺，陳一元、安邦之招遼兵，皆議于鎮道，決于撫臣，而臣特主畫諾。其未從撫臣者，獨撫臣數言臣不可出關，恐兵馬之隨臣者少，無以威夷狄，盡老成之見。臣念關外未妥，實踧踧于其言，而竟未能從。撫臣慮班兵之關外，曰必鼓噪，慮車營之練，曰必逃，慮屯田之收穫曰養不多人，恐中朝據以減餉，即未言救方，而實老成長慮。乃將吏之奉意者，已若三事之必不可爲，而議屯歷五月不定，臣心苦矣。臣來而經撫去者二矣。邊事重大，臣豈能盡持之，而謂同事者盡不如臣。即邊事亦何堪屢以异同重壞。夫臣所托重在三撫，而關撫尤重。今其意若此，則臣何以作撫臣之末議。臣始知撫臣之材，真可以有爲，而其不爲者，非謙不肯持，亦非弁流侵之。乃見既定不可挽，局不合手，難下也。自言未赴任，曾具一疏，今仍持之耳。

夫皇上不一一如臣請，即撫臣與臣同，而臣不能任；皇上幸一一如臣請，而臣不能得撫臣意，臣亦何能任。蓋如臣之議，臣之任若加重而實輕，撫臣之權既加重而任更大。昔科臣尹同皋念臣任事，而謂舊撫虛恢，臣雖無嫌于舊撫，而實韙科臣之言。蓋此時關以外可爲而無可爲，臣不敢議及于遠。今撫臣亦如臣初議，而關外實有兵民十餘萬，弃而不爲，即撫臣不能，而臣之一身，舊撫以爲拘攣者，今撫却又以爲虛恢。假令舊撫與臣同其後，又令今撫與臣同其前，皆可以不爲。而無奈時地與兩臣相嗽，而臣遂無以得兩臣之力，徒覺材力淺薄，無能結交天下之豪杰，而有自用之羞。臣忍而不欲言者久矣。獨念身冒天下之重，而議不合于同事，乃憒憒然，令鎮道兩窺而不能從，其害將大。

伏乞皇上敕下廷臣，雜議主客之兵可否久戍，本折之餉可否久輸，關外之土地人民可否弃置，屯築戰守可否興舉，再察賊虜之時勢果否坐待自可消滅。臣不敢望爲百年久計，祇計及五年間究竟何如，勿徒取快目前，令當事之臣；任其極重不返之勢，而謂目前之患，自有目前當事者任之，後日之患，自有後日當事者任之，使撫臣展布四體，爲國遠謀，勿使其有不盡之材，而臣又蒙不合之誚。撫臣，材臣也，議雖异，臣實願藉之有爲；如其材未妥，則臣何敢避嫌，而妥曲其辭。至于臣姑不敢遽求罷，但求議一定，則田有畔不越，布有幅可循，將文武將吏，一心齊力以有爲，而天下可定。臣何任激切待命之至。

天啓四年正月二十九日，寧遠上。

二月初三日，奉聖旨：「軍國大計，朕以任卿，與卿所自任，中外具知，有何嫌疑。其兵餉戰守等事，卿前後條奏，審酌時勢，聽便宜行，不必廷議。巡撫官意見不同，即卿稱有材，恐不便共事。該部便看議具奏。」

國家古籍整理出版專項經費資助項目

明季遼事文集叢刊

孫承宗集

上

李紅權 輯録 點校

學苑出版社

圖書在版編目（CIP）數據

孫承宗集 / 李紅權輯録、點校 . —北京 ：學苑出版社，2014.6
（明季遼事文集叢刊）
ISBN 978-7-5077-4552-8

Ⅰ. ①孫… Ⅱ. ①李… Ⅲ. ①孫承宗（1563 ~ 1638）－文集 Ⅳ. ① Z424.8

中國版本圖書館 CIP 數據核字 (2014) 第 139106 號

出 版 人：孟　白
責任編輯：潘占偉
出版發行：學苑出版社
社　　址：北京市豐臺區南方莊 2 號院 1 號樓
郵政編碼：100079
網　　址：www.book001.com
電子信箱：xueyuan@public.bta.net.cn
銷售電話：010-67675512　67678944　67601101（郵購）
經　　銷：新華書店
印 刷 廠：北京信彩瑞禾印刷廠
開本尺寸：889 × 1194　1/32
印　　張：49.25
字　　數：1336 千字
版　　次：2014 年 10 月北京第 1 版
印　　次：2014 年 10 月北京第 1 次印刷
定　　價：580.00 元（精裝全三册）

ISBN 978-7-5077-4552-8

高陽集詩卷之一

高陽孫承宗稚繩著

吳橋范景文質公較

五言古

謁楊太常椒山祠

楊公負奇頴舞象成奇調孝友自天植義烈爲
譚笑兩疏志竟醻一泓血未耗代遂名逾尊祚
溥神復躍皎皎夜臺月風吹清庭微我來採芳
茝灑泣一掬吊

國家圖書館藏清初刻本《高陽集》

高陽集詩卷之二

高陽孫承宗稚繩著

門人錢謙益受之較

七言古

將進酒

幕中宋程兩君作將進酒偶置案頭遂

効之以勉諸將

君不見駿狼隙駒去復迴六千三萬相競摧生

不成名致身早安取槩然丈夫七尺哉將軍之

國家圖書館藏清初刻本《高陽集》

閱關奏稿卷之一目錄

河南省圖書館藏明刻本《閱關奏稿》

督師奏疏卷之一

高陽孫承宗著

兵部尚書兼東閣大學士仍攝樞務臣孫
承宗謹
奏爲經畧遼難得人願
請身親督理關城兵務事臣頃于
講筵陳奏關城事宜仰蒙
皇上一一俞允且急催更易經畧一時諸臣同
心憂

北京大學圖書館藏明刻本《督師奏疏》

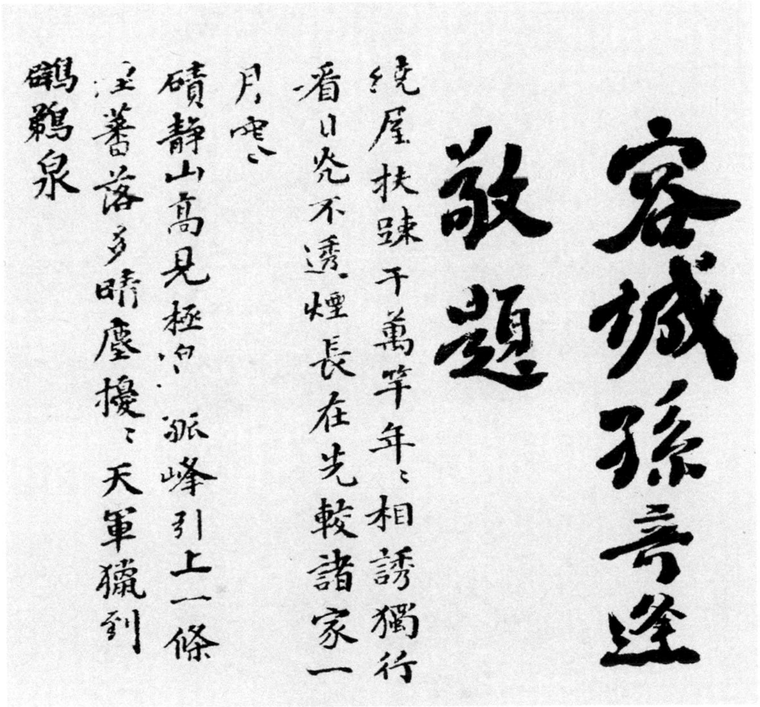

孫承宗抄唐人詩墨迹

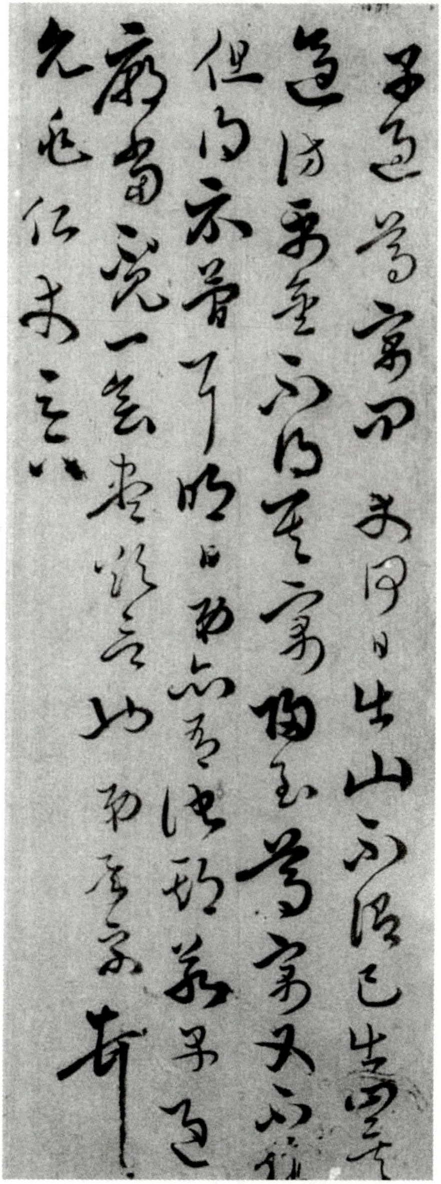

上海圖書館藏尺牘墨迹

前言

孫承宗（一五六三—一六三八），字稚繩，號愷陽，北直隸保定府高陽縣（今河北省保定市高陽縣）人。孫氏生于嘉靖四十三年，萬曆三十二年進士，後任翰林院編修、左春坊左諭德等職。熹宗天啓皇帝即位，任經筵講官、詹事府少詹事、禮部右侍郎等職。天啓二年，任兵部尚書兼東閣大學士，自請督師薊遼，後晋少保、少傅、少師、太子太師、左柱國、建極殿大學士、中極殿大學士。因閹黨排擠，于天啓五年，辭官歸里。崇禎二年，「己巳之變」，孫氏臨危受命，出鎮通州，旋又再任薊遼督師，出鎮山海關。四年，罷官歸里。十一年，清兵圍攻高陽，孫氏率衆拒守，城陷殉國，卒年七十六歲。

孫氏爲諸生時，曾仗劍游塞下，從蜚狐、拒馬間，直走白登；又從紇真、青陂南下，周歷亭障厄塞，訪問故將老兵，考查邊疆形勢。此時的明王朝，已經深陷邊疆危機之中。在東北的白山、黑水之間，女真族正在悄然崛起。萬曆四十六年，後金汗努爾哈赤以「七大恨」，誓師告天，毁撫順，拔清河，公然與明朝决裂。次年，大敗明軍于薩爾滸，乘勝攻取開原、鐵嶺。天啓元年，又連剋瀋陽、遼陽。天啓二年，後金兵渡遼河，遼東巡撫王化貞弃廣寧，與遼東經略熊廷弼退入山海關，以致「中前所而東，竟絶人踪；自山海關而外，遂成鬼國」（王在晋三朝遼事實録）。

繼任遼東經略王在晋，採取消極策略，力主于山海關外八里鋪增築重城，畫關而守，遭到袁崇焕等人的强烈反對。雙方僵持不下，熹宗乃命孫氏前往山海關巡閲邊情。孫氏出關，由八里鋪抵中前所，上疏報告關外情形：一、指出「逃不在兵而在道將」，請罷道臣邢慎言、張應吾等人；

二、請移蒙古部落于山海關外二百里；三、應力修内備，不可以款虜爲實著；四、急安遼人；五、簡良將，練精兵，力去外官逃將，以洗天下之人心。孫氏閱關還朝後，言王在晋不可恃，請罷築重城，因「經略遽難得人」，乃自請前往督師。

孫氏到關之後，力主進兵恢復，并積極備戰：

重視將權。孫氏此前早已洞見明王朝「重文輕武」的弊端：「以將用兵，而以文臣招練；以將臨戰，而以文官指發；以武爲邊備，而日增文官于幕。」「今以文統武，自是敝法；以極不知武之文，統極怕文之武，更屬敝法。」（敬陳目前切要疏）于是以馬世龍爲平遼將軍，舉行授鉞之禮，爲請尚方劍；取消監陣之設；制定儀注，總兵官見經撫，不必戎服拜伏。

以遼守遼。廣寧潰陷後，大批遼人涌入關内，竟被「相待如敵」（熹宗實録）。孫氏提出「以遼人守遼土，以遼土養遼人」的主張。他認爲：「今以速戰之備，爲久守之謀，進則不足，守則必變」（啓葉首揆）；「賊撫遼以爲用，與賊殺遼人以驅之爲我用，斯天下安危之大機也」（沿海情形疏）；衹有依靠遼東本土的資源與人力，方可與後金作持久對抗。孫氏乃召募遼人，訓練遼兵，重用遼將，并屯墾遼土。

配置火器。孫氏看到：「敵之所恃者弓矢，我之所恃者火炮。」（車營百八説）命總兵李秉誠教練火器，令馬世龍修造戰車，配以火器，分爲十二車營，日夜練習，并上疏請發西洋大炮。

推進防綫。遣魯之甲出守中後所，遣王楹出守中右所，命祖大壽移覺華島兵于寧遠，并修築寧遠城，遣左輔領精騎出哨中右。

牽制後金。移咨朝鮮國王，激以同仇之誼；命皮島總兵毛文龍，遠結朝鮮，近撼鎮江，以便從側翼牽制後金兵力。

羈縻蒙古。通過南關夷人王世忠，結好林丹汗，從而安撫蒙古各部。因看到「我弃寧遠，奴終不至，委爲西虜住牧之所」，遂將附關而居的蒙古部落遠徙關門之外。

孫氏督師四年，復九大城、四十五堡；招練精兵十一萬，弓弩火炮手五萬；招集遼人四十餘萬、遼兵三萬；立車營十二、水營五、火營二、前鋒後勁營八；打造輕車一千輛、偏厢車一千五百輛、沙唬船六百、甲胄器仗、弓矢火藥、藺石渠荅鹵楯，總計數百餘萬；屯田五千頃。（督理事宜序）遼東殘局，焕然一新。

天啓三年正月，魏忠賢援引魏廣微、顧秉謙入閣，閹黨勢力益盛。魏忠賢以孫氏功高，且得熹宗倚重，欲圖拉攏，以爲己用，乃遣劉朝等人賫甲仗金銀至山海關，頒賚將士。孫氏時在寧遠，上疏言「中使觀兵，古來有戒」（乞慎使命疏），熹宗竟不用其言。中使到關後，孫氏僅具杯茗而已，不與交一言。孫氏又上疏反對閹黨創內操。次年六月，楊漣參劾魏忠賢二十四大罪。孫氏上疏響應，言「東廠係多事衙門」，宜令忠賢解去廠務，「不可爲忠賢一人，以失百官萬民之心」（乞防大臣倚附中官疏）。魏忠賢大興黨獄，楊漣、左光斗等相繼被逮。鹿善繼之父與容城孫奇逢相謀，飛書關門，告難于孫氏。孫氏乃與鹿善繼商議，欲借巡視薊門之機，入朝慶賀聖壽，以便當面嚮熹宗參劾忠賢之罪。魏廣微奔告忠賢，謂孫氏擁兵數萬，將清君側。魏忠賢大懼，繞帝床痛哭。熹宗乃令閣臣擬旨，飛騎止孫氏。從此，閹黨對孫氏處處阻撓，企圖通過「裁餉減兵」來削弱孫氏兵權。

天啓五年九月，馬世龍有「柳河之敗」，損失兵將四百餘人。閹黨大張其事，誣以喪師數萬，交章彈劾，致使孫氏罷官歸里，馬世龍下獄。繼任遼東經略高第盡撤關外之兵（獨袁崇焕不聽撤），孫氏苦心經營的遼西防綫毁于一旦。

崇禎二年十月，後金兵入大安口，陷遵化，將薄京城，舉朝驚駭。崇禎皇帝起用孫氏，命率各路援兵進保通州。清軍圍攻北京，薊遼督師袁崇焕入關勤王，竟被逮下獄。祖大壽聞訊後，率一萬五千精鋭潰散出關。孫氏面對危局，一邊奏請崇禎帝，應「大開生路，曲收衆心」，一邊傳檄安撫祖大壽：「今日東兵西還，必無一毫罪戾。」不久，孫氏再度被命以薊遼督師之職。

孫氏到關之後，修築殘毁故壘，命馬世龍總理關、寧兵馬，節制諸路大將。崇禎三年三月，明清雙方正在關内激戰之時，孫氏在山海關上奏密疏，籌劃積極反攻：以東江官兵牽制後金，乘其營壘空虚，四路并發，合勢進剿，兵鋒直指瀋陽。因皮島叛亂，陳繼盛被殺，這一計劃不幸落空。五月，孫氏令東西諸營并進，親詣撫寧督戰，灤城、遷安、永平、遵化等城相繼收復。孫氏又派祖大壽修築凌城，以便漸守廣寧。崇禎四年八月，城工甫竣，清兵即至圍城。孫氏馳赴錦州，遣將救援，因遼東巡撫邱禾嘉屢易師期，遂有長山之敗。十月，凌城糧盡援絶，祖大壽出降，城復被毁。十一月，孫氏還關，以十七疏求罷。後以「矯詔復城進兵，致有長山之敗」，削世蔭，罷官歸里。

崇禎十一年十一月十二日，清兵圍攻高陽，孫氏率衆拒守，城破殉國，闔門死節。孫氏本可免死于難。清兵將至之前，若聽門人勸説，到保定城中避難，可免一死；弃高陽不守，率衆出降，可免一死；城破被執，清人勸降而降，可免一死。其知死而不避，要「以一身之死、闔門之死，維功令，維世教」，以「振末世苟免無耻之人心」（蔡鼎孫愷陽先生殉城論）。他率兵抗清，保家衛國，捨生取義，誠爲中國歷史上偉大的英雄人物。

孫氏的詩詞文章，得到同代人及後人的高度稱贊。清陳田説其「近體絶句，模仿唐人，特有風調」（明詩紀事）；錢謙益説孫氏「生長北方，游學都下，鍾崆峒、戴斗之氣，負燕趙悲歌之節，作爲文章，伸紙屬筆，蛟龍屈蟠，江河競注，奏疏書檄，摇筆數千言，灝溔演延」，「爲詩不問聲病，不事粉澤，卓犖沈塞，元氣鬱盤」（列朝詩集小傳）。民國學者趙尊岳説其詞作「蓋范希文、辛稼軒一流」（明詞彙刊）。

孫氏一生，雖戎馬倥偬，然詩文創作，未嘗間斷，有「疏稿、書稿、行移稿、批詳稿，凡數百餘萬言」（鹿善繼後督師紀略）。乾隆時，孫氏著述被列入禁毁書目，故至今所存者，不及其半。

孫承宗集是在孫氏著述各種單行本的基礎上編輯整理而成，本人主要作了以下整理工作：

第一，選擇底本。將以下四種書編入本書：

（一）高陽集，二十卷，孫之淓編，錢謙益、茅元儀、范景文、馮洪業校。

孫氏的文集，編刻于卒後，經歷了三次纂輯、二次刻印。崇禎十一年，孫氏罹難時，其長子孫銓與銓子之淓因在外爲官，幸免于難。孫之淓聞難抵家後，「亟求遺文，得之四叔父笥中，彙成六篋，亂不可理，坎地而藏之」。及其父孫銓歸來，「挖出殘稿，彙次成帙」。是爲第一次纂輯。嗣後茅元儀來高陽吊祭，孫銓付與稿本。茅氏南還後，與錢謙益、范景文纂定成二百餘卷，刻印于南京。此本至今未見，蓋未遑刷印，即遭焚毁。是爲第二次纂輯、首次刻印。順治二年，清兵剋陷南京，二百卷本的文集書版毁于兵火。嗣後孫之淓到福建作官，「十年之間，訪問中外」，孫之瀠又博求親友，新獲尺牘、詩文、序記若干卷，重爲纂輯後，比之原刻，尚未及半。（孫之淓重刻先太傅全集小紀）（錢謙益列朝詩集小傳）（孫奇逢孫文正公年譜序）是爲第三次纂輯、第二次刻印，即今日所見的二十卷本高陽集。

孫承宗集用到的版本主要有：國家圖書館藏順治刻本（簡稱「國圖順治本」）、北京大學圖書館藏順治刻本（簡稱「北大順治本」）、北大館著録爲孫文正公全集）、北京大學圖書館藏嘉慶十二年重刊本（簡稱「嘉慶本」）、北大館著録爲孫高陽先生全集）、中國科學院圖書館藏清初刻嘉慶補修本（簡稱「補修本」）、乾坤正氣集本（三卷，涇縣潘氏袁江節署，道光二十八年刻印）。

其中，「北大順治本」缺字較多，于「國圖順治本」挖空處，多作墨丁。乾坤正氣集本爲高陽集的節選本，卷一至卷三分别是順治本的卷十一、卷十二與卷十四部分。

高陽集因「尺牘等篇，俱干涉遼東時事」（纂修四庫全書檔案），在乾隆時遭到禁毁。各本高陽集，凡關涉邊事的詩文，即較爲漫漶，細查印本，實則多係挖殘、挖空所致，尤于「虜」、「奴」等字最爲嚴重。經比勘各本後發現，除乾坤正氣集外，各本高陽集均係由同一書板刷印而出。從序文數量多寡、頁面清晰程度、裝訂册次、所用紙張等情況來看，各本當係不同時期刷印。其中以「國圖順治本」刷印最爲清晰，此本卷二、卷六與卷十一之首頁有「錢謙益受之」五字，而它本高陽集則俱被挖空。據此判斷，此本刷印應在乾隆之前，當早于各本。今用此本作爲底本，以後四種版本作校本。

（二）閱關奏稿，二卷，明末刻本。

此書是孫氏于天啓二年到山海關巡視軍務兩月間所上奏疏的彙編，現藏于河南省圖書館。

（三）督師奏疏，十六卷。

此書是孫氏于天啓二年八月十四日，至五年十一月初九日，前督師時所上奏疏的彙編。現存版本有：北京大學圖書館藏明末刻本、國家圖書館藏清抄本和民國抄本。

其中，國圖清抄本因所據底本有殘頁，凡底本某一奏疏有部分殘損者，即整篇不抄。凡北大明刻本殘缺之篇目，此本即整篇未抄。民國抄本卷五、卷十三至卷十五，奏疏全，其餘各卷均有未抄篇目。故此兩種抄本均當出自北大明刻本。

今用北大明刻本作底本，用兩種抄本作校本。

（四）車營叩答合編。

此書形成于孫氏前督師時期，由圖制、叩、答、説四部分組成。圖制，是經孫氏手畫、授與將吏的車戰方略。叩，成書于天啓四年，是孫氏就車營戰術等問題，嚮手下將吏提問之作。答，是孫氏對幕僚鹿善繼、茅元儀、杜應芳等人回答的編次之作。説，是孫氏進一步闡發車營作戰理論之作。

道光時，叩與圖制先合刻爲二卷本行世（北大圖書館藏）。至光緒五年，有百八叩一卷本行世（謙德堂藏版，畿輔叢書本）。同治八年，始有圖制、叩、答、説合刊本，其傳世版本有：車營叩答合編（四卷，同治八年，高陽縣師儉堂孫氏藏版）、車營百八叩答説合編（四卷，清鄭獻甫編，光緒六年粤東官廨鉛字排印本，國家圖書館藏）。

今用同治八年四卷本車營叩答合編爲底本，以其它諸本爲校本。第二，分卷編排。

本書在以上四種書的基礎上，以文體爲綱，分卷編排。各卷的主要來源如左表：

本書卷次	卷次名稱	主要來源
卷一至卷二十	五言古詩至尺牘下	高陽集
卷二十一	閲關前奏疏	明實録、高陽集卷十四
卷二十二	閲關奏稿第一	閲關奏稿
卷二十三	閲關奏稿第二	閲關奏稿
卷二十四至卷三十九	前督師奏疏第一至第十六	督師奏疏
卷四十	後督師奏疏	後督師紀略
卷四十一	車營圖制	車營叩答合編
卷四十二	車營百八叩	車營叩答合編
卷四十三	車營百八答	車營叩答合編
卷四十四	車營百八説	車營叩答合編

調整篇次：對高陽集的結構略作調整，將卷十四的四篇奏疏移至卷二十一，將卷十五的「制詞上」移至卷十六。此外，其它各書，均未拆分，以存各種單行本原貌。

厘定篇名：本書卷二十一至卷四十的篇名，爲整理者所擬。

編次錯簡：北大明刻本督師奏疏時有錯簡，今按時序重新編次。

第三，輯録佚文。

孫氏傳世著述的數量，不同時期，并不均衡。其中，「閱關」與「前督師」奏疏保存較好，「閱關前」與「後督師」奏疏，至今未見單行本傳世，散佚最爲嚴重。對此兩部分，分别據明實録和鹿善繼所纂輯的後督師紀略（國圖藏抄本）作輯録。同時，廣泛查閱明清史籍，將輯録出的佚篇，按相應的體裁，編入各卷，并在校記中注明出處。

第四，校勘文字。

本書所收孫氏著述中，高陽集諱改、挖版、漫漶等情況最爲嚴重。

有它本可資對校、參校處，寫入校記。

無它本可資對校、參校處，隨文徑改，不出校記，字作宋體五號，以（　）示删，以［　］示補。「國圖順治本」高陽集，遇諱字則挖改、挖空、挖殘，兹據殘餘痕迹，與上下文意，可知多爲「虜」字。凡此類者，酌情增補，亦以［　］標識。

凡漫漶不清，或因挖空而無從補字處，以□標識。本書卷四十「後督師奏疏」，所據底本中「奴」、「虜」等字，原本後督師紀略即以□代替，今亦仍其舊。

所用各本有殘頁，暫無别本可資補配之處，以□□□……標識。

第五，編製附録。

傳記：孫氏傳記，傳世紛雜，兹擇具有代表性者，編爲附録一。

題跋：將本書所收各單行本的前序後跋，與散見于其它文獻中、關涉孫氏作品流傳情況的篇什，編爲附録二。

年譜：孫文正公年譜的史料來源有三：一爲孫氏長子孫銓所編之年譜初稿，一爲錢謙益所作行狀，一爲孫奇逢之見聞。因其中有不見于以上各書之史料，故編爲附録三，以供讀者參考。

孫氏的著述，見于著録而至今未見傳本、有待進一步尋訪者，尚有：舊紀十卷、督師全書一百卷、督師事宜十八卷、今古中官志（畿輔人物考）、歷官舊紀四卷、掌樞稿四卷、撫夷志十卷、淥水吟、松濤制藝、六朝章奏（孫文正公年譜）、詩鉢（恕谷後集卷二孫氏詩鉢序）。此外，有十四卷的高陽縣志傳世，因體裁關係，未收入本書。

本書的整理，得到了以下師友的指導、幫助與鼓勵：遼寧省社會科學院的張玉興先生，北京大學圖書館的朱憲先生、丁世良先生，内蒙古圖書館的何遠景先生，復旦大學圖書館的吴格先生，國家圖書館的董光和先生、陳湛綺先生，包頭師範學院的冀萌萌、劉悦飛、張鑫、周琦、張婷、訾茹、聶慧英、劉殊林、計麟同學，河北省高陽縣的孫重峰先生。

責任編輯潘占偉先生精心審讀書稿，爲本書的出版付出了辛勤的勞動。

本人學識有限，舛誤之處，尚請讀者指正。

李紅權

目録

上册

卷一

五言古詩

卷二

七言古詩

卷三

五言律詩

卷四

五言排律

卷五

七言律詩

卷六

七言排律

卷七

五言絶句

卷八

六言絶句

卷九

七言絶句

卷十

詩餘

卷十一

序文

卷十二

贈賀文

卷十三

壽序

卷十四

策 表 箋 經筵講章

卷十五

册文 詔

中 册

卷十六

制詞

卷十七

墓志銘　傳　祭文

墓志銘

傳

祭文

卷十八

碑記

卷十九

尺牘 上

卷二十

尺牘　下

卷二十一

閲關前奏疏

卷二十二

閲關奏稿第一

卷二十三

閱關奏稿第二

卷二十四

前督師奏疏第一

卷二十五

前督師奏疏第二

卷二十六

前督師奏疏第三

卷二十七

前督師奏疏第四

卷二十八

前督師奏疏第五

卷二十九

前督師奏疏第六

卷三十

前督師奏疏第七

卷三十一

前督師奏疏第八

下册

卷三十二

前督師奏疏第九

卷三十三

前督師奏疏第十

卷三十四

前督師奏疏第十一

卷三十五

前督師奏疏第十二

卷四十

後督師奏疏

卷四十一

車營圖制

附録一　傳記與軼事

附録二 題跋

附録三

參考書目

孫承宗集卷一

五言古詩

謁楊太常椒山祠

楊公負奇穎，舞象成奇調。孝友自天植，義烈爲譚笑。兩疏志竟酬，一泓血未耗。代遠名逾尊，祚薄神復耀。皎皎夜臺月，風吹清庭徼。我來採芳芷，灑泣一投吊。

題田家圖贈喬明府

何來生幅綃，寫作田家狀。老農自力作，饁婦相晤餉。穰穰粳稻秋，軋軋篝車上。野罄有餘閒，官租不負曠。簫鼓鳴枌榆，壺榼嚮林莽。指點隴頭雲，呼盧醉盆醠。渠碗映如銀，拊髀歌蕩揚。誰念三時苦，揭來同一軮。誰知百姓歡，總是公家貺。猗歟花縣春，玩此圖中象。

偶作

上天自好生，殺機輕豈動。百千萬不寧，日爲天地用。即使不寧來，乾坤已成訟。試觀法臣法，何殺不歸正。古無百歲人，無亦愛生重。忍栽石菖蒲，爲殺風生獸名供。數車薪不燃，鐵錘鍛乃痛。取腦和菊花，不當一朝饔。及盡五百年，到此終成慟。青豹有輪回，安知不爲哄。嘗讀清吏牘，曾笑請入甕。

夏四月不雨山出雲風輒散之有作

我聞雲從龍，亦聞風從虎。如何雲方興，大竅風輒吐。應是龍耽眠，意不霖下土。以兹虎縱横，日伺雲間舞。虎固有睡穴，行風豈不苦。風威未易當，而爲虎倀[虜]。我願睡龍醒，留雲護雷斧。再願虎戢恣，勿嗛風力沮。唐家龍以文，周家虎以武。文武自兼資，雲風乃相遌。嗟彼簑笠翁，鋤禾日當午。罷鋤荷豚盂，走以告田祖。風伯大無賴，驅雲致不雨。田祖若爲笑，事干天公府。龍借風追秦，虎借雲張楚。躨躨寧爲慵，獝獝寧爲腐。方今大聖人，風雲萬物睹。

隘園雨

坐隘園北窗下，獨日當午，烏陽迫近，疏簾不敢拒。時五體亦覺，以旱爲魃，而草木垂頭僂背，如企思上澤。無何，大雷雨，而僂者昂，垂者伸，亭中人喜可知。作紀雨望之。

雜咏五首

予園自隘園，亦作萬生主。園中千萬生，生生都待雨。予方遺桔槔，以傲豐隆斧。激其一作霖，流膏蘇下土。果爾怒呵香，金蛇爲我舞。須臾溝澮盈，怒生怒如虎。振槍葉成聲，鼓腹告田祖。我亦罷桔槔，園丁欣無語。應遭天公笑，望雲何太苦。吁嗟未雨時，桔槔未可去。

汾陽亦粗官，而動合至理。君寵恩自渥，寵去思未已。部曲即散落，國難忍不彌。單騎豈忘身，胸中早定矣。其處觀軍容，乃成大君子。相州九節度，誰咎公無紀。

其二

黄扉豈不安，而乃攬兵紀。略已料□□，我兵正堪理。馬隆列兵廂，十萬横千里。蓋牟東鐵山，西南瀕海涘。以我排余皇，直逼青石底。扣舷三萬人，附艙三月米。四衛歸于囊，三韓仍我鄙。叩馬非書生，少保已退矣。

其三

倉猝起田間，五日平臺對。霽威是卿言，面敕合外内。刻夜閲層樓，寒雲月靉靆。單騎下潞陽，周匝胡萬鎧。白板驅風雷，亦覺□□駾。再敕略榆（檢）關，用返懷光轡。漁陽天爲鳴，盧龍月如醉。以我當獨衝，遂消東西燧。五月恢殘區，一朝集群喙。後先上□□，七千有餘髻。最喜郵馬殲，更快韓僧剃。朝廷任一官，所嚮成功易。忽開兩撫軍，雜以中樞議。事亟伏師貞，事平恣小吏。師勿用小人，所願當軸記。

其四

駃哉吉士綸，而乃身試忠。吴趨何足聞，浪托爲車攻。清水河水赤，白草坡草紅。智不足周身，愚竟以害公。漣如當陛血，其心映大空。

其五

狡狡主事嘉，跳身爲鬼雄。竄迹東海濱，而興三屯戍。拆枝爲樞役，圖殺偏厢隆。撫遼乃禍遼，力彎同室弓。既以借我力，遂以冒我功。官緣恢復始，謀緣繕修終。移口媚新樞，眯心傷大公。予終欲無言，愚而詐乃窮。願客金縷腰，鈐轄未可充。

漁父詞

洋風何逄逄，洋流日瀸瀸。白雲茅屋邊，緑水蓬舡側。放歌一棹閒，提網萬魚集。尚不分鱸腮，誰能惜鷄肋。簫鼓聲殷雷，終日垂青笠。蛙廪頃爲公，魚租催且急。蘆火晝不然，漁姓饒苦色。無心雲水清，不競風波息。澤畔有獨醒，從來不相識。

再贈蜀上人

飛錫下孤洲，渡杯安行脚。結宇枕清流，素心那復淪。泡影風動旛，波光月臨箔。洗鉢食分魚，喚鐵客招鶴。汀樹起孤雲，漁舟藏大壑。嗒然趺坐間，消此無生樂。

戲贈

菡萏照回波，玉臺聯二妙。嫣然乘薰風，羞與泥同調。采采須及時，無寧謂尚少。

洋口雨

洋口雲頭黑，野老遥相謂。一雨見蛙沈，再雨驚魚沸。爾家上平田，穗乎可穫未。

滿野行

滿野下豺狼，何地不荊棘。盡室辨兵食，何人不逼仄。霧露空爲朦，熒眯天爲惑。綺羅照輿臺，而誰憂社稷。組練護扉墻，而誰念邦域。百人共漏舟，乃日防沿渫。三老泣扣舷，衣袽祈補塞。

夜登陴

老緑發庭槐，涼飈夜侵迫。城幕兵如賓，梁泥燕作客。厲氣一循城，水荇漾波白。燈球亂星檢，行扈亦嚄唶。天高河漢親，便可汎夷貊。

凌雲行

凌雲臺高議，未暇千里遥。秉鉞護神京，那得及空嵺。登登豈不築，而聞黔皙謡。桓桓豈不兵，而徒咏招摇。眼見逃亡屋，生人任離漂。骨肉非身存，而念骨肉凋。所願杰豪人，安弦一更調。

生鶻行

生鶻竦秋骨，不殊健兒心。元戎出遒陽，□[虜]踏松林。似聞絶轡野，蚩尤已成擒。如何方城南，而復報陸沈。東兵南北合，不見馬騣騣。勇哉觀軍容，乃肯入賊深。但能前殺賊，小衄何足吟。

濡陽行

濡水既繞城，而不斷彴略。濡火可燒屯，而不戒震爚。俞兒報警急，而猶作嘔噱。大口斫訛言，□騎已搏攫。尚認捕守兵，起居方勤恪。不戢且自焚，城火已爲熇。不絶且自陷，城水已爲壑。哀哉房次律，而同死抄掠。州牧仍丈夫，陷胸亦寬綽。士女且百千，束手入孅縈。乃聞濡北關，壯士何矍鑠。百餘大白掊，而竟拒弩彍。田家一與伍，憤激出雙鍔。誰哉弱孅兒，銷要而力却。麽幺幾匹雛，方州頓有砉。

文安行

漢縣文安古，廣陵尚有城。其城地空曠，其人語縱橫。從來丙丁年，互換爲傾平。門鋪一不備，上厘至尊營。如何烽未傳，而已避地生。聞説土寇導，豈人盡室行。縱使百餘騎，未必敵果勍。登城便不支，何稱百萬兵。嗟哉幾大吏，弦弛須用更。

雄令行

仁哉雄令尹，孤城空萬家。城既不可守，守亦不能遮。何如散四方，莨楚樂無涯。健兒枉跳梁，入躪徒紛拿。岔騁無所掠，不堅亦無瑕。怪爾貪婪吏，政虎賦方蛇。營橐不營城，罝罝復置筊。痴黠半相拗，枯菀競爲嘩。聚徒護一軀，而叢萬咨嗟。豈謂城當空，不守空爲嘉。大雄與小雄，衰柳仍寒鴉。

遂城行

此地古梁門，荒臺堪四望。如何百餘口，而竟憑陵上。大鄭小鄭君，子姓多凋喪。令公亦已忠，學博何其壯。殺劫孱爲權，荒途强無恙。繪圖耿全斌，入對勞張亢。刺問袖中疏，判官竟堪將。父吏自刺促，寧藺無寧障。城上不作甋，兵鄉不議餉。死法無死敵，纍纍相背項。

辛苦行　田平野二郎脱口述

辛苦[虜]中來，備言辛苦走。初盟護老親，事急復難守。同作蘆中人，泣啓房公口。二鼓闐城頭，褰裾嚮城阜。健婢下隍中，有婦扶其母。一婦成家兒，步趨獨相後。女墻尚未過，頓死力劍手。相牽赴城河，十郎入木罶。九之女呱呱，一聲已觸笱。八郎生不慧，婦與死同藪。長郎之仲兒，文彩光祖父。與其弟五者，俱赴河泊蹂。尚有兩婦女，死不知何摟。當其墮城時，安知城河陡。泣不敢爲喤，呼不敢爲喁。哀親敢乞扶，乳兒敢乞穀。水聲方如雷，殺聲更似吼。一木群婢持，小大木爲耦。忽聞撥棹呼，有船可恰受。摇摇上曲堤，驚魂堪定否。身各無完衣，安問徒蓬首。再拜雨如泣，我橐尚堪剖。

戰城南

老鷹烟霧質，騰撇雲沙際。健兒自健生，況復乘秋飈。風氣覺未揚，豈其藏佩悦。當急倚觀軍，諸公不踔厲。適聞戰城南，亦獨觀軍鋭。誰其統六師，而卒競佁擬。祇言貂不足，不憂馬不駛。始尚需大創，其終爲忸狀。數聞徵大兵，盡室解歌杖。安得大英雄，一鈴賓月窾。

范陽行

燕南鹿太常，矯矯人中雋。一聞陷范陽，幾度驚相問。以予忉怛心，聽説還疑信。既見遺權官，應知城蹂躪。闔門德紀中，天其有遺憖。平治詎無期，而忍失忠藎。翹首望雲天，急足將無迅。

徵兵

大吏下徵兵，更從鄉兵選。鄉兵聞遠征，點名已破膽。主兵力解説，爾兵勿選懦。僕射如父兄，况復交鋒鮮。不比鄉兵勞，實實教摘揃。不見元戎車，新從閒道返。

聞急報

天地頓無情，而日陷州邑。殺人紛如麻，掠人亂如縶。豈無六師臨，鐘鼓日爲襲。有躪輒破缺，安問大小入。大弦日以緩，小弦日以急。緩急亦何憑，閭里日嗚唈。尚須豪隽人，更張不暇給。

一夫行

一夫餐分二，枵腹夜負墻。瀟然下秋霖，高風易爲涼。况其念四野，妻孥遠相望。火甲亦登陴，而不食官糧。紛紛陌路客，骨肉醵爲防。渠亦念骨肉，事緩姑同行。不看掉臂者，傍城顧覆隍。

端五先一日有作

是日爲亡室王夫人生之日。憶丙辰予病，夫人力勸予歸。是日，舉兒輩觴。夫人更有衷言曰：「官久且大，責難謝矣。」予佩其言，而旋以誼激抵關。浹歲是日，兒輩爲夫人設食，愴焉有作。

予當賦歸來，子肯勸予駕。予豈更邅回，相與安鄉舍。禄久恩愈深，宦長責難卸。念爾平生言，誰復爲世藉。歇後射伊優，風前糾羅秠。亦既樂且耽，而乃憂天下。弄兵九地驚，執法千夫訝。予本澹蕩人，逢場輒欲罷。室別六經年，家別四歷夏。眷焉望并州，羈如不復暇。準既慚中書，恂寧堪再借。胡不從有勞，而圖一時蜡。胡不送五窮，而爲七萃禡。念爾其茹荼，知予非啖蔗。弦月下榆關，有懷歌子夜。

八月十八日聞雁

雁從遼澤來，似厭群雛亂。雍雍相顧鳴，蚤識中澤竄。去年我復來，汝回聲淒斷。今年汝復來，我留歲且半。今汝行將歸，而我仍羈絆。古稱雁有臣，豈以宵爲旦。汝誰奴與賓，秋春同汗漫。雁特對以臆，曾不群雛憚。一蜚已摩天，弋人寧挾彈。冥冥過長安，爲君寫黯淡。長安見我歸，應爲勞人嘆。

咏史藺相如廉頗二首

兩虬不競淵，兩虓不競谷。交臂立同朝，而寧懷怨讟。不見唐虞際，吁咈相推轂。藺生當紛拿，誼不慉私衄。索城璧可還，擊缶瑟亦復。豈無秦庭血，不濺將軍輻。從容辭舍人，感慨如可掬。乃知俠烈士，當爲社稷福。

其二

人亦矜予容，而遇怨輒動。况復不客者，忿激能不恫。恩由契闊多，怨隨反復重。好勝廉將軍，意氣凌儕衆。一聞先國家，負荊而自訟。嗟哉藺人賢，名位幻相哄。幽谷飛弱莖，峻岿隕喬種。悠悠同衿子，無爲氣不用。

關山月

一對關山月，再對關山雨。關山雨與月，合作關山苦。日暮雲飛揚，絶漠衝風怒。雨急水聲咽，况復臨山岵。四顧虛無人，槭槭振莎羽。有劍長倚天，略試渾脱舞。化爲破浪風，兼之射潮弩。還我關山月，晶晶光天宇。一夕其清光，千里人同廡。

贈劉生

念爾成金吾，謂予能玉汝。豈予曾助君，實爾能張楚。貂徇何足云，狐虎正堪憷。一意以身當，群猜遂此阻。鷟鸑下西昆，翺翔以求侶。珪璋達明堂，醖藉以安處。爾問古梅福，應快予相許。

孫承宗集卷二

七言古詩

將進酒

幕中宋、程兩君作將進酒，偶置案頭，遂效之，以勉諸將。

君不見，駿狼隙駒去復回，六千三萬相競推。生不成名致身早，安取纍然丈夫七尺哉。將軍之膽之印都如斗，黄金可銷骨可朽。倚天有劍崆峒長，狐短鯨長須授首。月抱關西孽鳥驚，旗梟克汗獲匪醜。青茅白馬還公等，與君但飲黄龍酒。滇黔捷胡不聞月，羽日羽，渾糾紛，跞雯駕，一御之。雨如狶勇，謀如雲，爲我箸籌狼烽息，天下誰人不識君。鯤亦垂天飛，鳥亦驚人鳴，麒麟高閣久拂拭，君今誰是第一行。

關山月

有琴不上關山手，有杯不傾關山酒。枯坐關山月自明，對人寂寂還搔首。幾看月色似家山，靈光片片白珊珊。昔照寄一亭鬢緑，今照籌邊樓鬢斑。自知雙鬢不關月，却怪樓中月更寒。關山人苦關山月，冷艷寒華相映發。千里鄉心一鏡懸，何年夜踏鵝池雪。關山月苦關山人，眼泚糜攢相傍親，［虜］塵未净生青珥，何况風起元規塵。

渥洞口

渾泥城東渥之藪，雨渥簇來渥洞口。家家慣養弄潮兒，舴艋在門魚在罶。簫鼓一聲走村翁，蓄眼相看未曾有。小艇耐將採菱荷，大堤不解折楊柳。假髻婉婧半疑真，却顧緑窗驚老醜。漁梁南畔第三家，繞徑蓬蒿宫半畝。似是玄亭楊子雲，下帷寂寞不窺牖。

夜泊蓮子口喜雨

春深芳草何爾爾，同人載酒醉旖旎。篙師欸乃聲殷雷，窮日計程三千里。帆飽衝風撲柳花，舟維入夜泊蓮子。一泓月浸波光寒，萬井林横暮烟紫。因憶去年秋潦落，駱駝灣外禾如洗。豈河但解灌田廬，胡爲泥中行且止。四野瀾翻侵座明，片雲頭上雨忽成。岸頭老鴉若爲佳，波底痴龍矯欲起。無乃馮夷解世情，爲我長年添新水。

藺家口

三河吞滅蒲陰下，餘流達勢奔如灑。縈紆澔渺競相參，蹙縮淵潭瀛之野。何年天地頓開坼，巨靈擘浪雷車輠。右足盤礴百川柱，左足踏莎天倒瀉。突兀匹練陵陽西，衣帶縈縈禾爲赭。灌潭風雨龍車回，穗乎不穫居無厦。疑遭狡猾老豪豨，戲來枉道弄妖冶。幾欲拔劍斬此妖，不然犀照蹴如苴。陵谷滄桑念何常，褊心那得怨風瓦。掀髯一笑暮雲横，藺家口東河堪把。

贈孫孝廉啓泰

君家兄弟兩執親喪，倚墓門而居者六載，詩以贈之。

容城城坳大如斗，今古賢豪萃作藪。静修之修忠愍忠，撑柱乾坤萬不朽。行天日月地江河，出奉君王入父母。孝廉崛起兩豪鄉，手握天常爲世紐。黄金臺上已知名，高堂舞彩歌曼壽。一朝風雨下庭幃，大椿零落萱花剖。夜臺長夜寂無人，忍見野林狐兔走。九原日憶念兒心，六載枕苫相與守。諸婦同集一畝宫，優龍劣虎聲如喁。蓼莪有句不成讀，黄土一坏淚爲阜。紫荆花爛雨盈襟，鴻雁影聯月在牖。隴笛咽塞幾斷腸，夜烏泣雲空翹首。我親亦未嘗君食，帝書日月懸培塿。感君兄弟倍心酸，孝子忠臣天并久。君家兄弟遠相傳，亭亭玉樹師且友。能與朝廷生异人，應得异朝還報厚。

雜咏十首

大炮砰砰小炮急，硫磺未濾硝成汁，三大營操亦暫息。

其二

狡狡錚錚學兵樣，鄰城却笑官叢謗，餉不減人人減餉。

其三

夜夜城頭走健令，據鞍不問城紛定，兵勿索食兵可敬。

其四

短衣白棓稱鄉勇，觀軍抽調充巡警，大箭長弓真雄猛。

其五

一蟬老却滿庭緑，雙燕掠殘半灣玉，當夏主人看不足。

其六

遠阜崔嵬洲窈窕，飛花飛絮春多少，野棠杖上鳴好鳥。

其七

駱花叱撥黄金勒，云是上谷五陵客，醉來馳嚮長安陌。

其八

擬倩游絲繫白日，游絲斷續隨風疾，長柳不分絲如織。

其九

冬日如鐵夏如炙，百物還應人愛惜，莫謂無情輕弃擲。

其十

老燕帶雛綴舊壘，畫梁銜取龍溝水，雛又生雛真燕喜。

鹿太常

天下尚在鹿太常，十生九死天茫茫。當遼千里狡虜遁，立朝百折不挫强。金花奏居雷霆下，天子明聖名更芳。如何圉人一不戒，［虜］塵紛起畿南疆。太常許爲庸人守，百不備一拳空張。大人小人豈不慘，殺慘猶或遺忠良。豈如此番大慘烈，太常一死天無光。予每屈指計平治，應需十輩定紀綱。太常其一數難滿，太常亦死又何望。即使太常歲滿百，亦終一死死何妨。獨是當今望平治，時非殄瘁人云亡。家居自好需綢繆，纖兒撞破忠良當。狡口一入空人國，殺盡纖兒何足償。

元宵行〔一〕

憶昔十年三五夕，日月光華滿帝宅。魚鑰龍輿影陸離，朱旗翠幰相絡繹。是時天子御明光，太平行樂樂未央。樓前明月懸鳷鵲，臺上華燈隱鳳凰。火樹龍銜金粟度，蓮花鷄踏玉毫露。千門萬户盡繁華，流風行雨不相妒。繁華易謝風雨寒，滿目刁騷春意闌。五侯七貴尚爾爾，三衢九陌何跚跚。小臣不知宫中樂，但覺人間轉蕭索。有弦不奏道傍吟，有燈不照道傍皭。此日人并罷彩鼇，我願彩鼇高更高。黄金漫惜金吾夜，普天遍照無秋毫。

【校記】〔一〕本詩輯自雍正刻本高陽縣志卷五。

孫承宗集卷三

五言律詩

初入丹白園八首

解組脱詞館，考槃（盤）來碩薖。呼從先輩少，坐覺後生多。妙語千人廢，閒園二仲過。松�欣意托，相嚮欲婆娑。

其二

不是耽松菊，由來聚雁鴻。操觚仍學子，擲鏡漫成翁。髮壯驚虹白，顔衰笑酒紅。平生憂國意，孤劍倚長空。

其三

肯以金門隱，而忘玉版參。池閒飛燕子，砌古種宜男。法在舌無二，聽殘耳有三。歸來重據地，歌酒亦須酣。

其四

從來羞狗監，寧肯泣牛衣。自是天難問，何妨世與違。青蟲看對舞，白鳥見孤飛。莫怪投深樹，南枝不可依。

其五

水木歡相見，鶯花况復濃。歸來羅雀地，差可起高舂。且自憐寧翼，其誰比卧龍。紙田多不治，詩債任縱横。

其六

繁雁何堪數，冥鴻似可騫。遽能成獨往，衹益負君恩。海上方難覓，橘中局易翻。老拳閒却盡，編不護鷄孫。

其七

耐久青燈在，尋常白髮生。一官餘傲骨，廿載愧浮名。宦拙人從笑，身閒意興清。柳花渾撲面，春雪有藏鶯。

其八

瀝膽披青管，歃丹入碧山。白扉濺佛水，烏几隱江關。野性疑天樂，深恩憶聖顏。十年無寸補，應愧點朝班。

喜職方兄抵舍

相次羈名網，相憐去住心。偶聞郵使到，且喜聚同襟。倦鳥還欣托，幽懷可自任。明時歸去也，不羡兩疏金。

侍御函問云偓沐定中章程寄二首

休假旋枌社，函言自柏臺。出山原小草，解組詎長材。倦翮還飛蚤，雄心老自猜。漫憐千里志，天廄有龍媒。

其二

莫是猶龍手，應懸持虎心。聖朝歸散吏，野眼換塵襟。懶慢從來慣，疏狂意詎深。須知麋鹿性，偏自適長林。

春日八首

爲予風色好，況復平生人。此夕堪留興，良宵豈再晨。飛觥驚耳語，呼雉辟愁憐。一笑醉顔破，瞥然天地春。

其二

百里餘三户，君其問水濱。以予憂國意，念此物華春。悔禍天心改，沾歡歲籥新。時平饒健令，野食娱嘉賓。

其三

兒童催老大，先酌見屠蘇。有訓還趨鯉，無歡可弄雛。帝綸光素業，家學愧貽謨。欲振春暉藻，乾坤尚腐儒。

其四

春籥回銅漏，辛盤間瓦盆。低徊三十載，搖落北堂萱。開笥堪流涕，含飴幾黯魂。杯棬不忍見，口澤在兒孫。

其五

愁來不問夜，謝草竟如何。官有含香入，人誰載酒過。楓宸瞻綴豹，槐市聽鳴珂。笛裏關山月，隨風帝宅多。

其六

去年同此日，插笏點朝班。六引前帷帳，千官雜珮環。風搖旌虎豹，雲合樂狨鑾。下里星辰夜，□□繞聖顔。

其七

白獸尊開早，黃龍帷御遲。遥知春色好，先上萬年枝。刻燭愁藜火，揮毫集鳳池。冥鴻風雨夜，何以慰相思。

其八

不學東方子，金門嘆陸沈。酬知頻看劍，耽寂一抽簪。劉向遨游意，羊求過酒心。年華惜一倍，摇膝恣長吟。

馬家河放舟二首

聯騎窺青渚，揚舲脱紫氛。片帆初挂雨，遠岫自成雲。勝地懷孤賞，名流集衆芬。倚舷渾欲醉，不著卧游文。

其二

煩暑欲披襟，同人忽解纜。湍高棹影深，雨歇雲容淡。對酒須成歡，採花當及蒼。前舟杳藹間，幾度回風參。

同口移舟

野航堪載酒，鼓枻一經過。漸入白洋水，平橋落照多。柏烏風舞袖，檣燕語行歌。不是思鱸膾，垂綸嚮碧波。

入淀

渡口官河狹，風波不肯前。遠灘急倦鳥，野宿傍漁船。枕簟饒秋意，笙簫破暝烟。停杯一以望，孤棹月清圓。

夜泊白子港

獨抱江湖意，不涉江湖邊。對此望洋日，還同秋水篇。遠岸疑無地，懸流別有天。浮槎不可問，何以濟長川。

夜過水門有懷冒令公

此地何時別，驚心已十年。美人不可作，揵石自河軟。結纜依高岸，聯鑣踏暝烟。最憐湖上月，戀戀繞朝鞭。

馬頭月

馬上看明月，清光應更鮮。中天開萬里，不借水波娟。客影侵鴻雁，香風入錦韉。西挺不肯隨，相逐下城堧。

弘濟橋放舟

襟情一葦間，宛在懷滇渺。夕氣下曇雯，空寒攬月練。笛翻雁鶩群，燈黯魚龍漩。渺予千里心，擊汰無曼羡。

舟中六首

陸沉勞硯北，一日見浮家。林晚鴉争樹，水深鷺傍槎。遠峰留落照，歸楫卧平沙。詞賦工何益，還來問釣車。

其二

澤畔一燈嘯，新聲滿棹歌。宛虹殘雨盡，柔櫓夕陽多。坼岸斜穿笋，閒垣細壓莎。臨流千古意，不是傲風波。

其三

耐可乘明月，一篙劈暝烟。蓬聲急夜雨，燈影亂鳴泉。星斗低連樹，蛟螭驚扣舷。懸流回泊者，莫是子猷船。

其四

野曠更無漏，月明空在船。披襟臨斷岸，結纜近高天。生事輕鷗外，浮名過雁前。夜深漁火黯，風燭下寒烟。

其五

村酒詩思苦，客衣寒氣饒。怒濤雜鼓吹，激羽上雲霄。晚榜拔重罥，風帆落野橋。誰家依绿水，稚子弄輕潮。

其六

停舟一以眺，采采米囊花。野寺餘殘衲，長林促暮鴉。遠看绿樹裏，合有赤松家。人誰憐縞紵，吾欲話桑麻。

陳村港

澄烟蕩蒲牢，夜色侵莎罣。捲幔月移舟，攬衣雲盈把。灘頭鷗鷺寒，笛裏牛羊下。平浦風成文，楊花一點雁。

野寺

可能出半偈，一爲豁煩襟。傍水溪聲掙，環橋月影深。蓼花纔吐葉，荻笋欲成林。殘碣無堪語，空憐不住心。

榆林渡

忽霽幔亭雨，布帆洗更青。西山來爽氣，秋水落寒汀。櫓曳波心月，槎浮河上星。沈蛙聲聒耳，一雁叫青冥。

齊育軒邀飲遂拉同游

漫索登樓賦，君其問水濱。野航恰受客，樽酒欲留賓。落日情偏洽，歸游興倍新。罟師歡得意，舉網見文鱗。

暮抵弘濟橋別同游諸君子

斗酒城陰暮，相將罷釣綸。雲霞香結袖，星月静隨人。詩思醉逾健，交情别更真。樵青還有調，浮白亂無巡。

九日詣舅氏里

出門開遠目，芳節又重陽。宅相堪誰寄，金英獨自芳。有途卧宿草，無酒醉萸房。尚想成童日，提壺嚮北堂。

同閻開府浮檀鹿職方乾岳沈職方彦威杜武庫培亭孫司廳初陽袁山石自如劉關内如綸萬廣寧同予洎三大將軍馬滄淵王敬之尤定宇出寧遠眺首山諸雄要馬上用程幕韵二首

真個家居好，纖兒自不關。遍尋遺父老，一指舊江山。野寺疑僧定〔一〕，空城有鳥還。潮回應寂寞，胡騎下孱顔。

【校記】〔一〕「疑僧定」，列朝詩集丁集十一作「無僧住」。

其二

予當開小隊，爾復念予瘥。大患身方劇，忠言藥更多。燕泥看舊壘，鶴表識新蘿。幾欲擲孤劍，其如漢患何。

海亭用韵

雄襟開萬里，杰閣更亭亭。不是環瀛海，誰堪托北溟。龍淵夾日白，劍水插天青。楯鼻揮池墨，鍔山勒一銘。

關城雨三首

關城竟日雨，蝸潤寫征衣。夜火連星滅，陰雲共幕飛。山鳴豺虎下，谷暗蛟螭歸。嗚咽看人吏，勞勞賦采薇。

其二

入夜潮聲急，兼之挾雨威。風檣挂石髮，厢劍佩垣衣。齊馬千群黯，官蛙萬竈饑。漢家饒猛士，無復歌雲飛。

其三

大兵初合陣，連雨洗迎秋。濤怒天兼涌，雲驕月共愁。一泓歸萬壑，孤嶼擁群流。聞説開東邸，專封定遠侯。

聞石塘報用鈴韵二首

白馬關頭馬，傳來北嚮嘶。遥知明主意，永夜下遼西。魏絳寧無餌，漁陽自有鼙。壯心還劍舞，不是爲聞鷄。

其二

入夜看熒惑，朝來朝議生。誰將舌上劍，一割塞垣兵。未抵黄龍府，先驚白馬營。岳家軍好在，□騎漫雄行。

不寐

豈是聽金鑰，投籤竟夜聞。鈴櫓風自語，蟲壁候仍分。欲下高人榻，驚飛猛士雲。曉鐘春不盡，客思又紛紛。

子月十八日子夜不寐次日爲王夫人忌辰

不念規予意，番來定世波。軍中長不寐，地下近如何。絶塞傳烽急，浮雲變態多。西原千里月，夜雪幾經過。

人日抵寧遠有作示同行幕僚四首

經年渾作客，此日又逢人。入幕原相洽，出門覺更親。華顛驚歲月，孤劍老風塵。便得平□[虜]，相將拜紫宸。

其二

相看人到日，都説日爲人。一復知天地，重來愧主臣。漢繒饒歲額，遼澤阻王春。尚自勞公等，誰能愛笑嚬。

其三

可能當此日，不復愧斯人。許爾饒豪膽，堪誰問反唇。主恩黄髮重，交道白頭新。莫漫嫌聾俗，孤弦好自親。

其四

亦擬人如日，獨憐日作人。風霜還自苦，肝膽嚮誰親。拊髀精神減，論年歲月新。家園有纖縷，兒女簇盤辛。

寧城夜雪披裘詣老松下低徊久之風色清絶殊饒遠致遂訪幕中諸君

子同滿將軍論兵

夜雪不成寐，堪誰問子猷。世情高駟馬，吾意對三騶。樹老虬疑古，更嚴箭正遒。鴨鵝池上意，一爲借前籌。

喜尤大將軍論兵

小閣聊懸榻，將軍揖客回。壯心原倘易，俠氣肯低徊。着翅人龍上，鶩帆天馬來。匣中有寶劍，不爲短狐開。

擬兵自遼澤入滿將軍自請

兵要從天下，功須不日成。將軍漢寵後，赤膽嚮予傾。願抵黄龍府，同戡貝勒城。閭山片石好，爲爾勒燕銘。

馬都護畫鷹

好試屠龍手，且看攫兔圖。回風留勁草，蹀血灑平蕪。窟自成三狡，雄誰失一踟。健兒饒氣意，把臂聽吹箛。

寧城元夕二首

一片長安月，嚮人特地明。遥知燈火夕，不解玉關情。挹海鯨吞酒，刊山鍔作銘。這回堪痛飲，幾欲問從征。

其二

小樓先着月，差可一披襟。大地無籬落，同人有盍簪。星河開火樹，笳鼓競清音。聞說寧陽石，特憐不二心。

元夕閲煤山歸見人家燈火喜復成聚乃其生事可掬也有作二首

不作紇干雀，猶存瑣尾身。中華原樂土，流冗亦王人。强結清平調，番憐生事貧。嚮來甘苦意，三嘆轉相親。

其二

山月嚮人静，炮雷驚座鳴。阿誰學盛事，兀自亂鄉情。甲首歡投石，丁年盡請纓。聖明東顧急，何以奏昇平。

寧遠閱城

帝室山河壯，岩城車馬同。抽刀迎旭日，拔旆當雄風。海色侵征袖，軍聲蕩灝空。東朝開邸第，聞說待元功。

寧遠遲兒鈐

聞說家園信，相將爾共來。如何驚蟄後，不見便鴻回。意作倚門望，思深奉几隨。小樓夕日下，念爾幾低徊。

抵寧遠却寄田高崗齊賓甫劉維翰三窗丈時三丈留關城欲歸

欲去番相遠，別來覺更親。羊裘春寄傲，象局日成新。肝膽嚮誰是，形骸對爾真。小園芳樹發，載酒念征人。

抵寧遠得劉安甫廣文書却寄三首

三年別笑語，千里寄封書。言念同懷子，伻來一起居。水晶盤自好，金僕姑何如。丹白園中月，相看未忍疏。

其二

以予鼓鼙日，念爾餞嵯時。月嚮投籤冷，風隨聽角移。如何丹白裏，促膝夜談詩。調騎歸來好，低徊有所思。

其三

一官堪寄口，騎馬問鷄栖。傲狎春秋榜，矜看歲月題。論文高足笑，投牒上官携。座外佳桃李，雙柑好聽鸝。

左肱下用劉生韵

一丸塞絶塞，三策謝巖尤。爲愛孤峰秀，頻登百尺樓。榴燃當夏火，潮涌入邊秋。不忍獨醒好，功成乞醉侯。

爵啄榴花用韵

有鳥憐芳樹，搴花弄曉暉。落紅還片片，擷採故飛飛。似識春華好，寧堪剝啄稀。家園歸未得，照眼憶菲薇。

偶集句

爽氣澄蘭沼，金壺夜漸闌。朱樓雲自蓋，魚海路常難。野潤烟光薄，山空木葉乾。更慚衰朽質，未敢憶長安。

雨後

曉來饒意緒，一雨萬人家。亦自憐飛鳥，其如揖怒蠅。倦雲高鸛井，積水下龍沙。心拆雄風裏，無勞攬鬢華。

又雨

晚霞不自信，十雨未成期。四野膚雲合，千山倦鳥低。雁行微有陣，花隊欲迷枝。獨有田家樂，芃芃慰所思。

答友人用韵

日夕烽烟急，風塵聽子回。嚴兵萬甲合，略地五丁開。漢代誰麟閣，秦原有劫灰。同襟相問信，不復念參陪。

秋思

渥同一曲在，誰復戀三台。白簟先秋捲，黄花盡日開。登樓聊騁望，鴻雁逐群來。獨有孤飛者，將予别緒回。

苦雨四首

不耐秋窗雨，冥冥離緒多。三山不可見，九水漫相過。沉漏疑寒露，驚濤想怒波。明朝山對語，秋色更如何。

其二

何得生蕉葉，愁中鬥雨花。長楹散錦杵，高蓋下凝笳。合點東頭篠，同催生耳車。長安一雁去，莫使片雲遮。

其三

永夜不成寐，非關戀故園。渾身應是膽，一指豈嘗黿。山近容排闥，天高欲叫閽。低徊孤劍在，終自負深恩。

其四

依山歸未得，且此無孤松。石寢疑蹲虎，波洶有伏龍。梅風生畫角，梧（悟）雨落疏鐘。秋色相憐意，寒雲冪晚峰。

同鹿職方程經幕田都護登黄嶺讀戚大將軍盟忠樓詩遂同馬李兩大將軍袁劉兩兵備項金吾少憩

聖神開萬寓，片石當重門。地險堪乘障，天高欲叩閽。殘碑留勝算，孤劍答君恩。脉脉情何限，前山落日昏。

入一片石五首

予卧痾數月，起閲薊門，甫入一片石，而疾作，有天無人，有君無臣，伏枕流涕，予且死，此體憊矣，口占志恨。

秋風亂禾黍，夕日下牛羊。營壘迷官道，烟鬟簇女墻。中流石作柱，枯室玉爲堂。社稷安危裏，狂生自不狂。

其二

山分一片石，水合九門關。大壑開雙闕，孤亭壓五環。倦飛憐弱羽，蹇步愛孱顔。枕漱饒生事，高風不可攀。

其三

好磨一片石，一勒燕然銘。萬卉隨雲緑，四山當户青。亂峰時讓月，樵火半疑星。可恁饒山鬼，皈心夜聽經。

其四

押牙傳吉語，插羽聽鳴珂。石簇平原少，峰高落照多。闔扉濤正怒，乘障雨初過。莫漫憐征佩，山山有薜蘿。

其五

小草誰如石，大毛自有關。嚮來憂樂意，此際後先間。山引輕雷入，霞容孤鶩還。似聞黄閣老，亦苦紫宸班。

一片石公署作五首

四山煩應接，當牖不須延。占候長河爛，巖更竟夕傳。月岩群雁過，風峽片雲置。耐可隨留滯，胸春漫相捐。

其二

岩間無結構，片石孤亭開。一負游魚樂，獨看倦鳥回。松濤當佩落，岩岫嚮隅來。真想披襟在，班廬尚可裁。

其三

古人憐弱子，遂用忘華簪。而我盤荒徼，三年損道心。關山一以眺，明月幾長吟。不盡秋風意，誰堪聽搗砧。

其四

雙嶼近人面，涼颸吹短襟。好將山水會，攬結貯清音。古柏森千尺，纖蘿菀一岑。誰能勤拂拭，一爲洗雲潯。

其五

偶逢山水樂，何异幽栖時。漠漠生烟遠，亭亭舊樹奇。近人唯好鳥，邀月有凉飔。再歲苦行役，相看獨在兹。

山海關二首

甲胄詩篇少，乾坤戎馬多。幻仍看海市，壯擬挽天河。塞上人先老，山頭月奈何。群雄驕語日，一劍幾經過。

其二

入夜聞刁斗，將軍可是程。天山開重地，怒海撼孤城。生力兵方壯，角弓氣未平。一傳出寒令，不待裹裝行。

中左

誰遣山爲塔，空餘司寇名。宛丘龍意合，叠嶂蜃雲生。大炮曾驚雨，偏車尚列城。燒燈呼將舊，一當詰戎兵。

不寐二首

漫睡何曾穩，荒鷄不肯鳴。繫鴻鄉信遠，説虎壯心驚。一榻人千里，孤窗月四更。起來修夢紀，却喜晤同聲。

其二

大覺醒爲夢，經年夜作明。挑燈焚舊草，請劍截長鯨。雨雪衝鈐語，風濤雜鼓聲。通宵渾未寐，不是爲孤征。

聞楊文弱備兵關内二首

關西今世業，曾掌大農司。憶爾譚兵意，占予定遠期。安危中令膽，旦暮故人知。每嘆雲林子，虛堂有所思。

其二

漢患東西虜，危邊父子心。後前班共綴，俯仰樹千尋。晟愬功方大，紀群交更深。寸心天地在，子我願同襟。

送房生

生爲予友鳳修公子，予師中丞公孫。予去并州時，生襁褓，今一見之，頓披予友雄風，愴然今昔賦此。

與爾交三世，相看喜不勝。父風今始見，祖武若爲繩。泣硯窺天遠，遺經卜代興。松楸盤岳麓，須仰最高層。

送刁郎中再餉永平

幾度關山月，同君馬上看。秋笳吹野戍，檣燕舞春鞍。壯略餘鞭算，雄心賦鶡冠。盧龍雄要地，孤竹自清寒。

三十五忠　有前後二序

蓋自宮府盤互，而忠死者藉藉，死不同，要于死忠也。魂一變，成虹血，三年藏碧，慘矣，烈矣。當跼高蹐厚時，徒悁悒于令思耳。誰爲矯意，一舒怦怦者？況其叩九齒而祈焉。聖明御宇，忠直爲昭，亦既念忠矣。遂爲忠詩三十五，其人隨筆次，不次第其人。故詩不必盡其人，人不必盡其事。

趙太宰南星

予館局時，太宰輒從里中寄聲。時泰昌初，起廢不及太宰，最後乃出。洊歷天部，有良心疏，標行特峻。予在邊，以莫知，其鄉廣之。太宰惓惓于楊、墨橫議禽獸也，而相勉殊深。未幾，歿于謫所，然終不及識太宰。

太宰匣群辟，中權嚮四星。良心議罷罷，那忍獨爲醒。雅志闢楊墨，有懷辨渭涇。投荒天更遠，終自在朝廷。

高總憲攀龍

蓋錢梅谷納言宰予邑，數言總憲之賢也。當其起廢籍，則願擇所以了天下大計者，而誤嚮予。予既入政府，每從所知，有衷言。予攝樞，多綜其大，總憲謂：「當合綜小大。」以周念潛寄聲，後乃悉。予兼了屑屑者，不必自身也而信之。僅從念潛門一望顔色，而未交一語。後竟以瑠禍死，南樂以予爲總憲及太宰清君側也。蓋予有疏明兩公入京師，而左滄嶼止不奏。

東林饒善士，予敢附東林。矯矯高司憲，中宵竟自沈。幾行憂國泪，一死抗章心。莫嘆重泉閉，高天見遠襟。

周侍郎炳謨

侍郎齒長予，而同籍中特嚮予。居每爲鄰，同直講，每以所講相商確，願有當聖治者。與要人語，予每好盡言，而侍郎愛予特甚，然不以予爲過。兩家綸命，易手擬之，氣竟兄弟也。予行塞上，侍郎出春明，爲中要所厄，尋卒。

翰林二十載，荷橐上明光。秉哲懷先德，執經侍聖皇。三長在國史，一疏計封疆。大雅誰堪繼，名山好閟藏。

楊副院漣（璉）

蓋副院與李宗伯合議祧睿宗，予稍駁之，二公特受予言，更相得也。曾爲副院擬制誦，而移宫之議，以恩補義，頗從左僉憲，是予言。初以彈逆瑠罷，抵范陽，則手書移予，惓惓爲天下計。既逮抵京，則要人欲并殺予，曰：「楊、左輩將以某清君側。」無何，正人中有憐楊、左，而賂南樂爲地，瑠乃逐南樂，殺二公，而恚予。

大心楊副憲，抗志萬言書。割毒手難下，撤簾功忍居。熱心良自苦，劍術未應疏。千古英雄泪，誰堪別帝裾。

馮副院從吾

副院修關學，以躬行爲大指。初同四品班，每晤言則移日，相厲以聖學也。讀予督師奏，更以聖學許與，獨愧戇愚不副。副院其倡道關中，有天中閣，以學禁毀之，副院尋以此貶削歿。

少墟窺道域，一見契予深。灝氣憐孤注，春風坐滿襟。月仍留閣上，學自見天心。白雪真孤調，無弦撫素琴。

何總督士晋

予初讀總督工垣須知書，心异之。吴去聞少宰稱其孝之武也。尋以諫草乞予叙，予頗著其忠孝大節，有遠識深心，而言路异議，遂恚予甚。予又以直外制，爲總督撰擬，及留京策程出，衆更恚予特甚，故厠予田林，而總督以成譴卒。

拗手何司馬，百年孝作忠。勛名高兩粵，工記補三空。力抉纖兒秘，冲居上相功。夜來聞迅震，猶擬見英風。

左僉院光斗

予入宮諭，適僉院按屯，再三詣予、語予，爲言：「同中小人，异中君子，合天下，擯一隅，必落輪回。是唯寬之，使其自來；徐之，俟其自化；激之，别甘爲小人，而勢合。」僉院拜予，言及南欒初合璫。予有疏，言中外交通，而言官爲搏擊，不利社稷。僉院寢其奏，曰：「公在外，吾輩方急。是疏入，將無生理。」及生出春明，而後竟以璫殺。墻不忘殺予矣。

桐江僉院左，遠志包寰區。稂莠愁難盡，萑苻驚畢逋。不虞驅走狗南欒自稱「走狗」，翻令脱精鮈。化碧魂猶烈，應堪獵右盂。

李御史應昇

御史少年有志介，彈劾不避權要，見大僚進不以正，殊怦怦抨彈之，而繩南欒尤力。南欒以御史師予，願附予，覆其涴，而爲予乞邊叙，予不敢受，而御史抨彈更力。璫遂殺御史，而恚予爲黨。

直哉李柱史，不忍見披猖。有草腸逾烈，無生骨更香。力能光社稷，重豈獨門墻。結泪殷勤語，猶云報聖皇。

夏御史之令

御史以劾内草廠，爲群璫哄，遂至批璫之頰。璫有疏送閣，口傳治御史。予以御史核草，而内持之，兩相擊，何得偏責御史，特寢其事。後大璫理嚮來傷其類者，遂借劾毛弁害邊事，殺御史，而咄咄曰：「此某所左袒免者。」而恚予云。

殿中執法吏，夏史擁雙鞬。泪手批奸頰，忠言戡弁魂。以予扶直意，含爾應時言。誰謂酬恩重，翻成禍福門。

周中丞起元

予以募舟江淮，寄聲中丞也。中丞念天下大計，特護所募舟茅生，而又護其治軍，實各省數百千更以舟遺也。予以潞河之請，駭中要，旋三河接中丞書，謂：「闕門繫天下安危，而宫府安危，更闕天下。」時邏騎在門，詗中丞嚮予也。後以忤織璫，殺中丞，而恚予特甚。

予當回潞水，手牘自留京。舉世戈相嚮，唯君意轉傾。壯心脱距盡，健臂當車輕。三嘆還驚骨，斯人竟不生。

繆宫諭昌期

予不敢以先輩接宫諭，即宫諭謹接予，每坐傾日，多節誼正言。乙卯五月六日事，宮諭持議甚高。予敘何司馬諫草，有「不可不問，不可深問」語，宮諭以爲然。自是，予兩人遂不容于諸君子。其後按大罪二十四，以爲宮諭佐之，遂殺宮諭，且將及予。

忠貞繆諭德，秉節入承明。白髮縱橫下，丹心慷慨生。自來憂社稷，誰復計身名。死謝髯閹老，無煩老婢聲。宮諭逮入時，同里有孽卿焉，不爲宮諭一語。痛哉！

蘇考功繼歐

考功爲予師房中丞所拔士。予自諸生知考功，後考功以畿令入都門，同鄉相晤，語甚相歡。既司銓，交頗曠闊，而雅以「分邪正、去异同」相勉。考功亦若以長者接予。洎予行塞上，而考功尋迫逆黨死。蓋新天子改元，予始聞考功狀。

偉幹憐標遠，沈衷閱世紛。包荒期佐泰，渙小已成群。不自插籬棘，其誰翻雨雲。長松風雪下，疑比一蘇君。

張太宰問達

予登朝，與太宰同官七品也。又十年，太宰躋大列，予猶七品。太宰道廣，而雅不早予，每爲予言相州韓稚圭，以予相州人，而乃翁曾官相州。萬、泰間，憑几諸大政，予頗參大議，則當事從予面，太宰契予特深。予行塞，太宰尋罷去。無何，以璫破其家而歿。其門人黄閣老爲言，罷其逋。

太宰清通手，登朝四十年。弄丸一玩世，夾袋幾掄賢。家以殘方破，身從死更憐。殷勤黄閣老，一語報重泉。

汪侍郎暉

侍郎先解館而避也，蓋從予議。二十年，兄子而弟之，渾樸不作乖崖，而分别白黑，其所不可，賁、育不奪也。不迕璫，而迕璫之黨得貶削。里中寄扇頭詩，予亦以韵答，有「八節灘頭」一語，蓋相期以大義云。新聖人方以蒲徵而殁。

聖明方重道，夔一亦人存。材是金爲礪，人其玉比温。生平不自异，身世見孤騫。宿草經秋老，誰何問陸渾。

丁簡討乾學

群天下大賢大奸，多聚都下，故都人士習于集菀集枯，多賤簡孤孑而喜趨附，簡討抑何矯矯特操也。當在庶常，遂占標邁，英魂烈烈，過傾朝羅拜地，其化萇亘天長虹乎？尚問之予友米君。

京轂饒豪略，特操或鮮終。英雄丁翰簡，抱節何公忠。豈大箆賤中，要其將矯媚。天街驟馬市，遂覺入群空。

鄧中丞渼

中丞初備潞河，兵予屬也。擢薊撫，相得歡甚，然非知兵也。而精敏有幹局，能以意繼岳中丞治，悉意革虛冒，補戚帥廢缺，蹻然有後勁之思。人故習江右風節，每言南樂胸中黑，以書來不辨遵、薊也。其接何太僕，實以氣意，而遭貶削卒，後來者遂從中要議。

按薊論修守，能名戚繼光。中丞來訓練，我武頓維揚。揮羽習鵝鸛，投鞭驅虎狼。如君凋零盡，誰復念封疆。

袁御史化中

予曾以翰林，與相度慶陵，御史與同年張御史修德，乞指龍眠處，有社稷升恒之祝，後屢易捍而歸。予所指，御史雅念，予不以此見也。當葉臺翁去國，予次韓，時欲去予兩人，而予在邊，難于去。故錮予于邊，而云：「不欲其留，不欲其去。」御史疏有「當門蘭」，人謂指予，然非指予也。御史疏理，無何，璫殺御史，予旋罷，而要人亦復後先逐去死。

曾憶攀髯後，携君相慶陵。鬱葱屬社稷，日月用升恒。予既觸羅網，君仍辯葛藤。秋風蘭已老，門可復誰登。

吴總督用先

侍郎與先職方同門，而左浮丘姻親也。特相契東事，肯佐予議，不少自异，以附時。無何，南樂倡減兵省餉，中外靡然，侍郎徒有尺一嘆駭而已。潞河之行，侍郎晤語于途，相與駭嘆諸君子之逐也。當在喜峰，張兵使先縉云「韓象翁又逐」，予不覺駭嘆。兩語俱聞都下，而要人切齒〔一〕，相次逐削，侍郎抵里卒。

念我同心友，疆場戮力時。風威移帳幕，雲色變旌旗。官道殷勤話，私函繾綣辭。至今憂社稷，那得不相思。

【校記】〔一〕「切齒」，賴古堂集本三十五忠詩作「齒切」。

顧憲副大章

憲副之尊人曾備益津兵事，舊知兩公子大章、大韶也。憲副主西曹，以錢受之宗伯來晤，語甚歡，調司馬子曹爲屬司。予行塞上，憲副歷儀部，出備關中兵事，尋及于難。

公子翩翩俊，津關舊有名。西曹初篭羽，司馬更論兵。予既浮渝海，君還備漢京。嚮來憂國泪，幾度爲君傾。

王司寇紀

司寇撫畿輔，有威惠，立朝嶄嶄，敦尚風節。予有疏飭法，有旨，旬日外，司寇與鄒南皋總憲稱未見。予疏言：「此必有蒙兩臣者。」兩君子俱以過謝，法稍明，而兩君子殊不予咎也。司寇嚴政府結中要，貶削卒，然朝廷終受此患。

中要盤宫府，從來社稷憂。君方愁偃月，時已恨清流。鈎黨關炎祚，同文豈宋謀。不知槐柳客，相見夜臺不。

魏給諫大中

給諫初劾蜀人王德完，語頗不典。予稍疑之，而給諫不予咎也。洎入掌吏垣，而予行塞，給諫遂以中要盤互得禍。其家清如水，生平固嶄嶄有略，而死中要也，天下聞而哀之。

聖朝初願治，特起駁流銓。報國賢臣頌，懷清秋水篇。天方薄上善，人亦嚮中涓。矯矯匡時略，逢時一愴然。

鄒總憲元標

總憲以五十年宿舊，爲天下名儒，其應徵而起，不復作舊日風棱。予謂「威鳳祥麟，蔚爲世瑞，其用更大」，而异議紛囂。總憲故與魏見泉〔一〕中丞以風節相厲，恨南樂之撞家居也，每嘆見泉無兒，乃從歿後得削奪。

握騂五十載，抱學上君門。林栗方持議，曹鸞漫叩閽。以茲常侍貴，翻令孽卿尊。何損千秋業，終煩聖主恩。

【校記】〔一〕「見泉」，原本作「是泉」，據賴古堂集本三十五忠詩改。

王侍郎之寀

吳次輔曙谷以乙卯五月六日事問予于邸，予謂：「不可不問，不可深問。」又（文）云：「唯上乃可用此語。」洎慈寧一召，仰見大慈大孝，千古爲高。時侍郎執欲深問，尋得罪去。後再起，乞予叙其議。予時方藉侍郎發問焉。特予之叙謂：「極力護之必如此，極力發之必如此。」而侍郎不謂然。予嘗謂：「天下之患，莫大乎下知之而不敢言。」侍郎敢言，即所執爲過，亦足破後世或然之膽，而生窘之死，不復憐之，過矣。

聖孝高千古，神慈翼萬昆。如君或過計，于衆却孤騫。國是誰能定，人知自不言。何如留此議，倘可警司閽。

周主事順昌

予不識主事，而痛其以誼死也。其于魏給諫逮時結婚，頗類予鄉王大司馬遴結婚楊忠愍于獄也，而主事遭禍獨酷。予友鹿乾岳壐卿嘗客主事所善門人朱生，能以身伴主事，于患難依璽卿爲周旋也。主事固應得此生乎？後亦以痛悼勞瘁死。吴市高華子，一祠捐半千。君同吴市隱，高誼薄雲天。橐洗當官日，盟成必死年。朱家談大烈，生氣尚依然。

夏文選嘉遇

文選解褐，爲予郡司法，以平允佐府公爲良。予曾爲文選擬封制。文選讜朗有風格，一入都門，爲世標嚮，旋謁歸。後趙太宰執衡，將大合豪手，澄汰品流，特超文選于里，未及試也，旋遭瑺禍，坐胥靡以死。

中要相盤互，人傳鋒氣來。起君還典劇，驚代一掄才。來刷鸞凰〔一〕羽，翻成鷹隼猜。至今城旦處，心劫有遺灰。

【校記】〔一〕「凰」，賴古堂集本三十五忠詩作「鳳」。

周御史宗建

御史與齊主事琦名讀予擬程義，以爲可，而願交焉。予不即習御史，而時見御史抨彈風棱也。予行塞上，御史彈交瑺者甚力，無何去，而後竟以瑺死。恐諛者方以殺媚，而含酸茹嘆，誰能矯掌爲解者。

谷永忠申（串）伯，安昌薄小生。漢家四十萬，新頌滿西京。有劍誰堪請，無門不競聲。烈哉周杜史，尚作一鳴驚。

周罔少朝瑞

罔少時與楊、左諸君子爲義烈，多怦怦于公憤，而撫膺嗚揞，自非膽諦之士，未有不爲諸君子遥悚者。故更爲逆黨切齒，殺楊、左，遂欲絶其類，而借殺于脱遼經也。一網慘矣！

定秦漢劍在，閹宦却相尋。朝豈乏陳竇，人其盡永欽。以今趨媪相，寧自披雄襟。駢首都亭泪，誰憐慶忌心。

黄御史尊素

予不識御史，然往在塞上，頗憶御史上邊事，即未悉邊事乎，而心實忠遠無他。璫禍起，御史以織璫死。嗚呼！殺御史者，次第以御史殺矣。御史死爲公忠，而後死竟何如。

何必悉邊略，其如有遠心。生來饒勁骨，身許比南金。世自矜功狗，君方嘆陸沈。如飴歸視死，那忍友芳林。

劉知府鐸

予不識太守，而曾讀其中蜚語詩，殆憤世以意匡諷者，而竟遭湯火。佐殺者，豈有意好殺，特恐以不殺忤璫，遂媚璫以殺。而今且議抵太守以殺，然不足抵太守也。嗚呼！等死耳，而多一媚一殺，可不念哉。

幾自憂時意，讀君憤世詩。一庭方作頌，片語豈能支。忠矣二千石，冤哉三字辭。于今抵媚骨，應恨未相宜。

萬郎中燝

予不識繕郎，當塞上，聞繕郎受廷棰死，天下聞而冤之。蓋宫府盤互之勢成，而借繕郎以張虐焰。嗣後草菅士大夫，頓令錚錚者，一變爲喁喁，而蒙死以諛。嗚呼！誰爲佐璫俑殺者。

誰覘貂璫客，門看槐柳齊。自憐心似水，不忍用如泥。抱患狐爲虎，防微牛有蹊。縱令身玉碎，其肯學鷄栖。

吴御史裕中

世人儆富貴，遂媚要人，至殺其所欲殺以媚，而兼殺其防我富貴者，以爲不如是，無以長富貴，而曾無何，頓捐其富貴之身也。近傳御史以迕執政死。執政白日見御史，竟死于御史也。執政固媚人以殺者，然乎否？予不識御史，而借御史以警殺機。人傳殺爾者，爾亦竟殲之。胡不恨貂豎，而番追于思。乃知中毒手，都是外鐵兒。幾日輪回劫，相逢可有辭。

張都事汶

予不識都事，而都事之大父行爲予友者二，一同舉思行，一侍郎我續。侍郎方爲一切指目，曰「結璫」，而都事其子姓也，以璫殺，豈其結璫而得死乎？都事不獨身潔忠，而似爲侍郎一雪此言也，死亦何恨。

君家鐃宦業，那忍負嫌名。爾禍驚方慘，群言量未平。邯鄲終有步，薏苡漫成聲。最喜韓中令，恩仇不欲明。

趙宗伯諱秉忠

宗之登甲辰榜，則大宗伯益都趙公佐大宗伯武進孫公主禮記，宗乃得師兩宗伯。後中要肆毒，及同宗伯益都公稍輕于武進，而以慎鬱殁。匡時大略，百未一試，而先被口語，後更遭此荼毒也。宗衰殘，不能出門户，何時一望繐函，痛哉。

少年登上第，況復負才名。以此遭蜚語，其寧損舊聲。重來躋泰道，似可展生平。幾日謁歸去，驚傳櫪馬鳴。

公侍郎鼐

侍郎與予友王劬生爲同年，友相善，予乃得交侍郎也。侍郎豁達，有醞藉同群。馮宗伯琦以友爲師，雅服其博雅。侍郎亦以經濟自負，以詞苑約結其奇，而遭璫禍死。

綸池傳世鳳，學海見人龍。老宿饒雄略，清塗寄遠踪。要人方據重，而我一當鋒。念爾集枯意，其寧爲世容。

孟參軍淑孔

參軍初以游御史表游擊將軍，將兵灘上，時指御史，乃及參軍，尋罷去。以楚中及輦上諸君子薦來渝水，見而復游御史知人也。令參五部軍事，遂之東江，閱毛師底裹，并沿海汛泊，連歸正人，能一一悉窾窽。無何，璫以御史事逮入，死詔獄。其對簿激烈詳明，不少屈也。參軍有子能文，今不知何如。

錚錚奇略士，矯足嚮風波。一葦東江上，千群漠北過。從容甘對簿，慷慨憶揮戈。知爾還堪用，不憐在網羅。

某子甲南部郎

當中要盤互，舉世若狂，然有秉節而不能殺，亦有進熟而身先隕。南部郎少作風棱，曾絶宦婭，晚爲祠祝，以徼高遷，而咄嗟死矣。小人枉做小人，豈不信哉。笑罵由他，周旋作我，胡不念之，而妄謂要人真能生人死人也。

天意成忠彦，而云丞相瞑。望塵矜有拜，入幕敢稱賓。亦有工爲媚，先憐患若身。乃知盧扁手，不起不生人。

予爲三十五忠詩，蓋深有感于今之君子也。今之君子，既自别于小人，輒好合天下，以擯一隅，而反爲一隅勝。其生在以同爲君子，而不以君子爲同，故不獨所擯。有君子，將所合有小人。夫天下各抱其願，以共酌大尊。我既分岐于所擯而亦或不能遍及于所合。夫擯于我，方耽耽于不合，乃合于我，亦不得盡如其願，其耽耽更甚于所擯。由是同我之异，援异我以爲同，而我亦且徬徨四顧，以自爲异。故一翻一覆，天下之殺機無已。時而一代之元神，遞乘于翻覆之數，而不能固，然而天終不令小人乘君子也。當君子不勝小人，則天固已預生大聖人、大豪杰，伺天下之紛囂，而式于正。是大聖人、大豪杰，或獨在上，或獨在下，或上與下兩相遭，力能安小人于其所，而使小人爲我用，其調之制之，振以名法，收以才略，無激之，使其無忌，無迫之，使其有合。蓋小人乘君子，唯是耦以乘獨，合以乘分。凡君子所耻不忍接，憚不敢爲，皆小人所收，爲乘君子之具。當其低回岐路，未嘗不願借君子爲覆。而進不得容，則退求其耦，急且與乘權之小人兩相合，而恣殺天下之异己。當是時，豈惟有順之，抑且有佐之，而又或有借之。至自詡爲三百年廓清之略，而去猶曰：「兔死，狗不烹也。」嗟夫！此其人亦曾修簡行，爲大家兒弟而至此。

予觀舊事，戴御史縉之頌直，屈給事銓之頌瑾，纔一兩人，便已爲天下詬病，而今且爲一兩人，幾遍天下。然瑾所殺數千人，視今爲甚。此豈今之殺數爲少，無亦今之頌數爲多也。然則百餘年後之風氣更薄，而百餘年前之忠鯁猶盛乎？起三十五人于九京，未必人人大有勛烈，而大有勛烈者，必此三十五人。彼其忘君父之倫，而苟一時，曾其躬之不閲，而勛烈何能。故今天下在急還忠誼于人心，使君子用其正，而小人藉君子以盡其才，特不得恣其邪于君子。予觀高皇帝之驅□〔一〕，文皇帝之靖亂，肅皇帝之逐奸，直還星日于天，還河山于地，還忠義于人。今上起藩服，綏大烈，同符肅皇，而天縱神明，以平奸宄，而振醒之人，則又同符二祖。夫天既生大聖人，以撥天下之亂，則夫提衡一世之人心，爲主上别君子小人，遂以安小人于其所，而無使乘君子，天其屬二三大豪杰哉，丘壑中且爲天下望之。

【校記】〔一〕「驅□」，賴古堂集本三十五忠詩作「廓清」。

哭鹿乾岳太常四十九首　有序

范陽鹿伯順以進士高第，主計曹政，署廣東司，輒發金花餉遼。神皇帝震怒，索金花急，大司農急上他金，且謂伯順不説堂也，伯順得謫。一時省臺諸忠直大列，無不爲伯順誦言者。歷光廟、熹廟兩朝，起官遷司馬曹，主職方政。予兼樞務，則伯順管章奏題覆，從予行邊。予後當居東，則伯順推銓司矣。伯順辭，從予。凡後先有事于邊，無不增秩，或以遷調不成行。若辭銓居樞，辭京轂居邊，歷四年，僅以叙遷副郎。遭璫患，從予歸。口不言功，功亦不及，惟伯順獨耳。今皇帝起太常，管光禄事，請告其居東拓地四百里，□退七百里，無一不出伯順經畫；而光禄細大兼營，無一不似發金花也。旋里居范陽之江村，奉太翁，課兒若孫若曾孫，遠近百千及門之士，無不服鹿夫子教。蓋太翁佩其先侍御忠直爲教，伯順奉太翁之教，以教諸子，泄泄融融，頓不知世上有「窮通得喪、毁譽成虧」也。

今年秋，敵犯畿南，州邑告急。范陽令謁公爲守，實無一備。伯順以太翁命入城，方走尺牘，索炮手高陽，而不餉之兵，不甂之城，不聯之衆心，張空拳調練，而敵已薄城，伯順禦之東，而西偏有逾垣逋者，敵遂登陴，嚮伯順索所衣，伯順怒，大罵不絶口，而嬰白刃不避也。尚欲絶氣于明倫堂，不得入，乃殁于東城小園，而一僕某從伯順死難。予所炮手，不得入城，從太翁他適，得無患。予既知伯順在城，而聞城陷，曰：「噫！伯順死矣。噫！天乎，死伯順乎？」

世人利害之屬，有「窮通得喪」，有「毁譽成虧」，至死生而極。予嚮固覘伯順之一窮通，齊得喪，忘毁譽，渾成虧也。今乃親覘其不二死生乎？悲夫！全師議成，重兵不戰，乃起患何人。居平不以人料備，而亂成乃畀之。其人倉猝以責其成，而又百掣其肘；纖兒旁睨，不樂其成，而幸其死，伯順其一也。乃隨念爲章，有哭伯順詩。伯順莅官大略，别有紀。

鴻雁冥冥遠，孤飛亦念群。如何連没滅，空自攬繽紛。千里登樓月，一簾倚席雲。相看滿眼泪，不獨爲論文。

其二

念爾岧岧氣，丰棱予所欽。仍來尋逆旅，别泪失江村。此夕柴門月，當年草地心。都來今夕感，偏愴老人襟。

其三

一居同五世，都自愛忠貞。亦解崗陵壽，慚同草木榮。勸酬兄弟意，貽燕子孫情。但認真爲譜，誰邀李杜名。

其四

尚有高堂在，如何便許人。原來矍鑠老，偏愛戇愚身。奏策雷霆下，投鞭滄海濱。瀕危都不死，一死見誠臣。

其五

一片婆心切，常思救世人。眼看真骨肉，情忍比鄉鄰。百中鞲難下，三孱膽未匀。南來呼炮日，幾度念嚴親。

其六

大敵籌多勝，如何小敵傷。由來習什伍，祇在自弛張。拗吏難爲肘，痴人空有腸。丹心終自苦，白髮爲君長。

其七

念爾身多病，憂天意未平。聯鑣驚健骨，彈鋏憶長纓。既喜家餘慶，應看世可清。誰知人已死，吾道欲何憑。

其八

壯子未已處，都寄有心人。以爾忽零落，其誰關笑顰。高才屬散地，甸野盡風塵。念此心還折，堪悲社稷臣。

其九

以我懸弧日，勞君攬轡行。扇頭親筆字，杯底舊書名。懷袖春風滿，交酬德意傾。眼中渾若見，應是氣如生。

其十

百里宿窮日，約分兩夕程。歸尋濡上寺，遺恨范陽城。稍意爲長别，寧甘放蚤行。思君不可見，反覆念前盟。

其十一

曾詣江村里，柴門月色新。衣冠聯五世，尊酒象三賓。星爲膝兒聚，天從腔子真。生平知己盡，此意嚮誰親。

其十二

記得□□薄，單車出便門。君當病少愈，予更凛深恩。未得驅群力，寧堪憂至尊。念兹相别意，何地返忠魂。

其十三

豈有鹿乾岳，解衣以乞生。痛餘南入恨，不絶睢陽聲。一醒開長夜，丹心付太清。瀟瀟風更咽，挹注爲君傾。

其十四

有父承先德，課兒成大忠。促裝東海上，護法北司中。德紀人倫表，文盟世道功。祇緣急面命，仍以一當戎。

其十五

有兒承燕翼，無恨抱麟經。易水終成白，燕山未了青。魏公争殿上，汲黯在朝廷。事已渾爲囈，人誰思獨醒。

其十六

麟經家作譜，大義最分明。既已謀人國，其寧愛此生。聊將一日事，以謝萬年名。遺恨江城在，阿誰護帝京。

其十七

十三山上月，還照范陽城。海右歡留碣，燕南痛結纓。有生終報國，不死豈圖榮。一坏埋英骨，東園萬古名。

其十八

纖兒不自意，獨有一全身。百計方調户，一瑕已破闉。兵原需詭道，天更愛真人。莫訝城門火，長虹豈作燐。

其十九

不奏山公啓，來參庶子軍。花營馳暮雪，錦水悵晴雲。幾載龍爲腹，一朝雁别群。凉風吹短笛，凄斷不堪聞。

其二十

人或薄正直，天豈助權奸。既已摧梁木，其難撼岳山。無家問弟妹，有恨濕斑襴。滿眼英雄淚，東園草木斑。

其二十一

記得居東日，旌旗在眼中。短衣逐夜雪，長鋏嘆秋風。戰野推鵬舉，車偏識馬隆。空拳不可下，遺恨誤英雄。

其二十二

予憐中令膽，念爾比韓公。不避雷霆下，來居戎馬叢。氣如急殿上，謠爾滿軍中。試問當吾世，寧堪失此翁。

其二十三

由前三十載，邊料何其饒。自托封侯骨，誰憐殘客腰。一乘東下馬，半插侍中貂。借爾程孱膽，忠魂不可招。

其二十四

千秋人是鑒，一代將登壇。嗔笑辭顔謝，安危任范韓。大忠憂社稷，高誼啓衣冠。莫聽東來水，瀟瀟風正寒。

其二十五

恭憶神皇帝，于臣無厭心。似從真爵禄，以覘假胸襟。千里秋風膾，一清暮夜金。念君當此際，抱痛幾長吟。

其二十六

擬公生一世，胡乃死其身。抱病骨仍健，居危名益親。謂天多不定，豈道果難均。旦夕風雲會，如公復幾人。

其二十七

王師涿鹿野，□騎范陽城。有咫烟塵隔，幾時道路清。元戎驕不戰，司馬懦相成。事已看如此，如公何以生。

其二十八

莫驚南牧馬，爲逐遠神京。豈不念州邑，而仍惜甲兵。頻年煩調練，一夕忍争雄。却恨南雲矢，不加賀進明。

其二十九

古人重骨氣，骨勁虞偏剛。以爾神疑志，于時天秉陽。寒潭秋月近，春磵静琴張。自是饒村韵，思君入渺茫。

其三十

可惜英雄骨，空埋三里城。官仍擔世道，死不盡生平。事共纖兒誤，學緣定力成。覺華山佩月，夜夜照清卿。

其三十一

海古孤城遠，名山咏十三。昔曾憐退鷁，今遽遭旋風。似蝶渾成夢，猶龍不是聃。大招空有些，何地問遺簪。

其三十二

樓船當下瀨，舷則黑雲平。檣燕凌波起，海鯨蕩楫横。登山仍佩月，解纜一揚旌。倏忽安危裏，誰能辨死生。

其三十三

當在圍城日，書來字字明。雲中聞吉語，輦上發新兵。似喜皇猷遠，寧虞豎子盟。開奩一再讀，無泪爲君傾。

其三十四

柴門新月偃，有客門雷栖。家自懷緱劍，人誰剸蕊犀。蠡曾存狡越，單亦振罷齊。念爾生平略，空悲櫪馬嘶。

其三十五

十萬提司馬，獨攢涿鹿城。有人催轉戰，何將竟寒盟。豈不憐鄉棚，且同護上京。君當悉此意，此恨幾時平。

其三十六

爲子須純孝，當官豈詐忠。行間常戮力，退處不言功。學擅三冬足，文開一世蒙。斯人今竟死，天地幾昭融。

其三十七

曾聞伏節士，多在敢言中。疏奏金花草，威名細柳叢。攖鱗領未睡，捋虎氣方雄。慷慨生來骨，空留土一弓。

其三十八

一片廣長舌，妙蓮花自生。大悲寧有怒，謂覺豈無明。睢自留雙廟，顔誰問兩卿。吾將貎五烈，不貎舌中英。

其三十九

野老吞聲哭，嗽嗽不忍聽。河山涴未洗，草木氣還腥。最苦人中雋，先摇天上星。天公應錯誤，一老亦凋零。

其四十

尚有祖鞭在，誰寒先着盟。南來不肯進，西上未成行。忍以遺君父，慚于稱弟兄。得君驅若輩，寧止保孤城。

其四十一

曾與論心地，秋陽江漢中。暴來沾濕少，濯去浄明融。天馬看神駿，人龍豈鬼雄。一真應不散，何處問天公。

其四十二

塵滿河山暗，腥聞日月荒。自嚴土一掬，誰按法三章。多壘焚通德，長楸失窒皇。此中豈不慘，無若隕忠良。

其四十三

嘗抵太雲寺，與君分守來。冥鴻志已遠，高隼意方猜。最後分中外，于今數往回。摩天應有會，而意賦堪哀。

其四十四

夜雪驅□馬，春風渡漢關。二庭看陟幕，萬隊盡環山。鎖鑰原隨準，麾幢盡付班。思君當此際，魂夢海山間。

其四十五

清鑒懸人鏡，拔登馬伏波。衆人皆欲殺，賴爾力調和。器以盤根別，功因發縱多。誰知真死矣，公論定如何。

其四十六

萬斛舟方大，陽侯波正傾。猱聲有懦吏，烏合無堅盟。應念城千雉，空餘胸萬兵。長虹天竟遠，不肯掩貞明。

其四十七

朝廷三百載，養士最恩深。偶際安危會，輒懷去住心。如君真慷慨，于世幾胸襟。亦有新亭泪，誰能灑陸沈。

其四十八

北海孫賓右，于君見范陽。平生懷戇直，高誼護忠良。嬈節風方競，褒融意更長。國手今淪没，誰爲啓迷方。

其四十九

柏者堪料備，庶子豈文章。有客屠龍手，同君我馬場。憐才憎識命，開膽納同方。聞説茅容泪，瀟瀟道路長。

恭導太祖高皇帝神主于皇穹宇配饗圜丘二首

恭詣皇穹宇，趨迎聖祖前。小臣瞻帝座，仙樂奏鈞天。象闕雲霄迴，龍光星月鮮。聖明隆上典，持筆賦甘泉。

其二

聖主原開世，高明竟配天。文孫隆大祀，御祐蹐仙筵。象緯隨環衛，辟公護大圓。趨蹌未綴後，陶宋愧前賢。

幕客云日爲驚蟄節惕然有作〔一〕

誰負旋乾手，當春起蟄蟲。魚龍驚寂寞，天地喜昭融。墐户身方遠，昂霄意已雄。俗聾誰與破，予欲問豐隆。

【校記】〔一〕本詩輯自康熙刻本山海關志，錢謙益列朝詩集丁集十一亦收録此篇。

雨霽望西山〔一〕

宛虹促雨去，爽氣淡相清。萬壑夕陽下，孤峰分外明。鬘雲紛欲洗，彩翠半疑傾。朝罷揖頤望，悠然遠興生。

【校記】〔一〕本詩輯自雍正刻本高陽縣志卷五。

孫承宗集卷四

五言排律

夏日書隘園

題園曰「隘」，取齊大夫之「湫隘」也。高苑令爲此園，而官于齊，特以齊大夫之儉訓之。而園又實隘，若管夷吾之器隘，不取也。詩寫其隘。

三畝城坳下，層樓俯碧潯。孤亭依近堞，高樹瞰遥岑。籬壁黄金雀，檐楹白玉簪。無將宥楮意，錯認植槐心。消恨枝偏長，忘憂草自侵。雲來散木膩，鳥嚮夜棠沈。有美幽蘭秀，傳香叢桂參。文官紛雁綴，帝女罷鵑喑。白粉鋪榆莢，黑甜卧柳陰。蒼松隨附蔦，丹柰耀來禽。拾紫鷄冠重，採藍羊角森。蒲公英穎茂，安石榴房深。傾葉忠爲嚮，食紅孝好音。行歌霞纂纂，歸騎緑鬔鬔。布彩輞川館，開榮箭谷林。楊花風點絮，薇雨露穿針。枳棘謡堪咏，葡萄酒未斟。大椿年幾算，小柏氣千尋。鵲避懷中鷂，蟬鳴指上琴。雙飛旋振羽，百舌喜成瘖。一樾誰清磬，千家急暮砧。閉門身似繭，翻字意如蟬。世駭鵂鶹語，人寧絡緯紝。花香貧可斷，風竅病同吟。井落梧桐月，墻開薜荔襟。水行桃葉渡，日翳麥秋霪。倚幌延西爽，疏簾過晚霖。蓬蒿没詡徑，濠濮見蹄涔。語客稱高苑，懷人半不禁。閏夏三之日，書于隘園之談經處。

隘園鵲

園固隘，乃容鵲百千，蓬蓬下上，若相呼而就食，而避所嚇也。聲喧境静，日任喁唽，然有時而地集于苑，而風竅遞鳴，尚勝一部官蛙也。詩以紀之。

雙雙書案下，高集孟城坳。鷂嚇深藏樹，鳩馴遠讓巢。引鶵花底散，結伴雨中啁。過堞車喧食，巡檐燕對拋。風翻和鐵鳳，日落雜笙簫。莫使歌無角，一穿杜屋茅。

謙美堂讌老友以兒子輩七人詩寄高苑令銓

爾能嚴世學，予敢忘君恩。家室饑寒色，廳堂水璧心。合來爲草具，聊以讌同襟。豈爲美堪食，應緣清可斟。無將惠養意，不念膏脂吟。

失題

帝心開世業，雷首發天祥。珮攬芙蓉秀，垣飛薜荔香。兑文驚霧豹，人瑞見星凰。鎩羽馴龍性，探梅柱石腸。黄河清比笑，白雪調如芳。閶左標通德，人群畏彦方。斷金無短薄，結襪有髯張。横卧憐油素，天游失墨莊。東紳來上國，伏軫問禺强。壯擊鐵如意，俠函金錯囊。一經饒緑鬢，萬石寄青箱。不盡屠龍技，猶餘綉虎章。鳳毛俱五彩，馬史獨三長。蘭畹荃同發，鴻飛雁趁行。文心初潄潤，筆彩竟回狂。階樹聯群從，庭槐見二郎。恩波浹少海，綸命錫高堂。共曳星辰履，同依日月光。彩衣人競羡，銀詔世全昌。耀耀千金劍，媥孄九醖觴。昂霄瞻國器，奮翼空群良。道大寧車舞，色鋤識德將。醇能傳數馬，懼更切循墻。雍伯原高誼，徐公自有長。多君私兩露，文字挾風霜。聊以皇荂蓿，同聲賦未央。

孫承宗集卷五

七言律詩

落花　上下平三十韵　有序

先職方喜爲詩文，又嘗課予爲詩，故諸兒皆學先職方爲詩，予未嘗課兒爲詩也。偶涉丹白園，感二柰之成陰，傷棠華之既謝，方擬爲詩，見兒輩案頭詩咏落花也，一一比之，銓欲沉欲雅，鈐欲雄欲邁，鍈欲滿欲麗，鈴欲圓欲俊，鋡欲軒豁，鑰（鑰）欲柔清，似各有先職方之一體而未成也，遂援筆爲春懷感落花三十絶。因念花之落，有情有態，有聲有色，有香有影，有陣有韵，有味有景；又有飛有沉，有聚有散，有去有來；其上乘之，有風有雨，有日有月；其下乘之，爲水爲泥，爲茵爲徑，有林有橋，有洲有舫，有杯而中賞之有詩，乃以三十字倚三十韵，爲三十詩。蓋兒輩啓予爲詩，予未嘗言課兒爲詩也，獨不得起先職方一課之耳。既念世務紛紜，予固食人之食，而間爲流連光景之詞，予過矣。因彙付兒輩，以識予過，若曰侈咏芝蘭而效回風，半面金谷、漢皋，北宋家兄弟，則何敢。

一笑春殘錦綉中，那堪風雨更西東。集來枯苑渾無定，説到繁華半已空。羞嚮碧霄翻紫燕，忍同芳草襯青驄。依依自帶愁千種，不爲飄零戀故叢。

其二

雨積花深深幾重，朝曦初見覺丰茸。温柔欲褪風猶軟，清潤纔回露正濃。肯以依人添嫵媚，却緣絶世覺從容。低徊自解黄鸝語，似説嬌芳未易逢。

其三

誰將錦傘建花幢，聞道胭脂山已降。瑟瑟春蠶驚飼葉，珊珊交珮失寒江。天飛未許泥沾絮，風約依微雪打窗。几上楸枰江上雨，合來清響伴銀釭。

其四

三月輕紅殢燕泥，風裾不擬倩人持。愁來泣雨偏宜粉，恨逐行雲别有姿。淡掃近前承主澤，半妝誤下妒蛾眉。須知春老羞繁艷，莫遣狂蜂舞舊枝。

其五

非烟非霧幂輕緋，怨逐東風散落暉。屐迹印泥紅片片，桂熏摇珮暖霏霏。夢回爐篆雲和雨，魂返檀霞是與非。却笑樓空新燕子，鏤金猶上畫羅衣。

其六

泠泠風馭擁清裾，誰寫花神下碧除。衹爲浮雲迷舊迹，翻憐明月見真如。無言糁徑虚疑蝶，取意窺波静趁魚。漫道飄零先得地，小窗凌亂更愁余。

其七

排來艷質傾城國，練就宫娃鬥畫圖。着雨低徊還似怯，凌風上下未全輸。金鈴響斷降詩敵，羯鼓撾殘破酒胡。縱恁飄摇春尚在，肯隨春燕掠平蕪。

其八

軟芳誰托任東西，綉隊翩躚映畫閨。笛裏落梅風細細，天涯芳草雨萋萋。亂雲度月簾櫳静，碎錦飄香蛺蝶迷。欲擬風流誰得似，雙柑斗酒聽黄鸝。

其九

春簇紅英滿緑階，興平煎不盡春懷。拾來水面清逾絶，看比枝頭興更佳。一片夕陽迎雒浦，半帆明月下吴娃。個中空色真三昧，不道春殘處處蛙。

其十

南園幾日報花開，誰道輕芳撲面來。深樹亂霞先得句，小窗微霰一銜杯。歌清古錦胭脂暧，舞簇研光錦綉堆。不是午橋春富貴，蒲簾白雨任徘徊。

其十一

花開曾趁東風力，便遂東風亂趁人。栩栩漆園蝴蝶夢，行行巫峽雨雲身。回看自覺青山隔，直上偏憐碧落親。莫以游絲牽别緒，一行白鷺正裝春。

其十二

三徑迷茫半未分，紅紅白白總成文。蓮花欲步停金縷，珊佩其來遲柏裙。頳尾吞霞摇弱藻，馬蹄踏月避殘芬。曇華不布給園地，當眼何緣有蔓雲。

其十三

一夜東風花滿園，何來風約更花繁。笛中楊柳同摇落，檻外莓苔門雨痕。池皺半灣明綉水，霞開三界擁江村。楊家秦虢休相妒，不掃蛾眉嚮至尊。

其十四

花信催春春欲闌，風回紫閣見流丹。雲來踽踽渾成怨，日下紛紛半未殘。不與流鶯作護衛，却隨飛絮共彌漫。自憐弱質從飄泊，莫是東皇借羽翰。

其十五

宛虹亭下舞媥孄，惜别無心學小蠻。漫摘蜂鬟摇雨珮，直從燕尾認雲鬟。裾風欲挽嬌無語，珠月纔逢驀可攀。樹繞南枝憐倦鳥，影銷芳草怨離顏。

其十六

香風一簇擁群仙，艷態迎春欲近前。去去應知仍念舊，依依端不爲争妍。窺簾草色珊珊珮，繞砌苔痕步步蓮。明月淡雲如有約，休言辜負養花天。

其十七

何處玉樓吹玉簫，帶來花信雨瀟瀟。楚臺襟快雌雄冷，漢殿裾持姊妹嬌。飄泊幾看隨意住，虛徐初定嚮人驕。東南不必關開謝，况是妖紅歌鳳幺。

其十八

花雨春深走膩條，催詩欲就帶花敲。洗妝粉薄渾狼藉，泣月紅輕有鳳苞。鶯燕銜春來錦水，蛟螭舞雪上霞旓。似緣錯着東風恨，却嚮東風一解嘲。

其十九

日上繁花開錦步，花翻晴日漾林皋。靨餘微暈羞樊素，箋映輕紅有薛濤。江浦摇光仙佩下，昭陽度影暮鴉高。六螭自是催桑野，錯認風輪似剪刀。

其二十

一夕林花怨孟婆，紛紛紅紫弄纖阿。嬌依龍鏡穿妝閣，淡學蛾眉眺影娥。綺席艷移光皎皎，霓裳清映舞傞傞。嬋娟自耐清虚冷，也嚮閶扶照錦窩。

其二十一

池塘不分生春草，又逐東風細着花。帶綉牽絲翻藻荇，脂香曳日倒雲霞。蓉江多麗偏成錦，蘿溆無人自浣紗。應是品高花臾上，飄零終不委泥沙。

其二十二

故園一别應成恨，况是泥塗不自傷。錦障霞濺驄亦惜，新巢紅墜燕初忙。馬嵬露浥芳塵濕，青冢沙飛夜雨長。可惜道衡堪妒處，空梁不説落紅香。

其二十三

許家學士風流盡，邀月坐花一放觥。便與游人眠仔細，不妨醉客吐縱横。幾經枕籍香猶在，
纔委衣裳骨已清。風起倚欄偷學舞，錦氍毹上二花明。

其二十四

花神解佩下林坰，似怪蓬蒿當徑青。紅入夕陽憐去騎，白來明月上中庭。襪波錦浪行雲識，
金步蓮香曳履聽。應是求羊春醉裏，惜它輕艷不曾經。

其二十五

群芳三月氣如蒸，春成中林花幾層。嫩緑枝頭鶯語細，繁紅樹底露華凝。樓高金谷還徵伎，
鬘結秪佗獨傍僧。莫問年來流落意，一人相見亦何曾。

其二十六

小橋不其野雲流，杜曲繁花曲水頭。銀漢落霞疑過雨，宛虹飛彩正當眸。龍蟠眉目横華表，鏡破烟鬟接素湫。莫倚天津歌翠輦，宫鶯啼老上陽秋。

其二十七

黄鶯晚樹啼春深，花破西洲滿碧潯。四照魚龍窺彩袖，三山麟鳳下瑶林。烟霞自帶白蘋色，錦浪猶生鸚鵡心。倚釣不堪成落莫，環流芳杜可誰尋。

其二十八

春來花徑擬三三，徑盡花舟到碧潭。一葉凌波風正細，萬紅摇槳雨如毵。奪標自喜龍文麗，載酒人憐國色酣。却怪鴟夷東去後，司花空説態成憨。

其二十九

花邊斗酒醉厭厭，花影繽紛度畫簾。點去芳酥情脉脉，槃來紅袖玉纖纖。香分瓊樹鸝鷊暖，色借蘭生琥珀黏。解道春襟銷不盡，何妨索笑倚虚檐。

其三十

筆花摇彩點春衫，幾度詩成手白芟。囀盡繁華鶯哳嚦，語殘輕艷燕呢喃。曉鐘未到春猶在，好景纔臨句已函。莫把流連供底事，崍松甫柏有嵁岩。

續落花三十首　用沈石田原韵

曾嚮貞元占早春，天香十里未全貧。飛揚恰應風雲會，飄落還窺天地仁。却月有妝調翠額，流鶯無語殢花神。不知醉舞層茵客，可是前村問酒人。

其二

東風開遍晚悠悠，萬點曲江江上頭。弄色深紅還嫵媚，成陰肥緑更風流。柏飄錦幄雲鋪帊，歌拂珠簾月上鈎。自是武陵春薄幸，不關韓令總成愁。

其三

一片香風破錦堆，聲殘羯鼓玉山頹。羞隨飛絮狂依袂，肯倚虚檐亂點杯。却怪緑陰偏自護，其如白髮遞相催。明年春信知無賴，萬紫千紅次第開。

其四

花時同作看花游，一片花飛覺更愁。紅擫玉環無樂府，香回金谷有危樓。似憐醉客傞傞舞，不戀南枝故故留。却恨司花渾未解，錯將芳艶破糟丘。

其五

擬摘林花紀勝游，那知花畔繞天愁。有情鵜鴂嬌還語，無力氍毹舞且休。脉脉春泉逐遠輿，冥冥芳樹攪離憂。蘭舟一繫故園意，倚醉漫登江上樓。

其六

春深落日武陵西，來岸漁郎路半迷。碧唾雨餘渾欲點，紅冰霞襯未成啼。麗娟一曲風回葉，幺鳳雙垂醉傍媄。開落從來識帝力，雙柑斗酒正堪携。

其七

風番花信幾須臾，花滿風驕寂若無。雲墜玉釵旋腿粉，影分鸞鏡罷施朱。相看嫋嫋渾無語，獨立姍姍自有夫。莫措離魂驚歲月，等閒朝夕是榮枯。

其八

春色驚過妖冶時，鳥翻餘艷護巢兒。一枝半折還疑笑，萬點紛披可有私。靈閣分釵飛玉燕，浣溪逐水載西施。桃紅李白渾相鬥，零落殘英老鬢絲。

其九

飄來幾點艷陽中，總是花朝花信風。燕尾拖香翻弱羽，馬蹄着意避殘紅。漫緣蓓蕾先知色，肯嚮離披錯認空。滿地丹霞收不盡，朝暾高映海雲東。

其十

仙地曾逢黄道真，桃源一別漫傷神。光先映日初成色，力怯回風却減春。欲減春橋看緑野，番疑三徑惹紅塵。不知輕雨微雲裏，羞見繁華有幾人。

其十一

幾嚮含章伴畫看，研光重舞燕來時。拂妝欲散龍消粉，隱几新裁珮冷詩。霞起赤城日杲杲，雲回丹地雨絲絲。樹頭莫恨東風惡，一却空華子滿枝。

其十二

飛霞佩解相鮮新，嬌立沉香有步塵。開去偶供眼底意，别來不及卷中人。溶溶小院月同夢，戀戀殘枝蝶繫春。省識色空渾不染，東風一夜破貪嗔。

其十三

鳳臺春老暮雲横，故國飄零燕語輕。漢渚尚疑迷舊珮，梨園無復譜新名。仙飛絳雪留丹竈，地擁赤霞護錦城。千里王孫歸未得，懶從芳草憶盈盈。

其十四

休將春睡誤春晴，春盡花殘百感生。幾樹白雲同自散，何人青鬢解閒行。兩催山帶香隨燕，紅歛雲旍曉訴鶯。眼底舊游渾落莫，花磚猶愧傍承明。

其十五

萋萋芳草遍閒門，一夜春消桃李園。白雪黄金迷舊態，青山碧樹有孤村。鳥同解語還傾國，風似多情爲返魂。安得元微頃刻手，光華都比苑中旛。

其十六

鶯花三月太匆匆，一曲花寒御苑空。蒂影低徊輕着露，鬟香綺靡静含風。尚餘嫩葉隨萍緑，不洗鉛華伴酒紅。莫恨平泉今落莫，新豐樹老月明中。

其十七

玉砌香鋪月有痕，繁華芳樹幾枝存。回波浸酒連魚藻，夾路和雲籍鶴軒。似倚長門同望幸，不知紈扇罷承恩。天公未問春消息，蜂蝶何緣爲斷魂。

其十八

九春花擁錦官城，無奈風檐夜雨聲。蝴蝶欲隨夕夢亂，杜鵑先逐旅魂驚。綺寮香透紅將歛，玉笛愁翻月未盈。漫倚芳辰矜國色，沉香亭畔幾餘嬴。

其十九

韶光初聽曉鶯誇，萬紫千紅總一家。幾見花鬚飛粉絮，頓令蓬鬢有霜華。閒侵屐齒浮香軟，亂拂檐牙落影斜。却怪東風都不管，池塘一部草鳴蛙。

其二十

花日詩逋不可陪，詩成花老紫雲回。一隨急雨無心落，應怪東風着力催。開遍舊枝還自散，去從前度更誰來。流鶯解訴千般在，似勸游人酒一杯。

其二十一

玄都千樹幾枝全，一入長林了萬緣。簾外繁英隨意盡，苑邊高柳對愁眠。翻來笛譜春多少，醉後湖光酒十千。老眼驚看風雨夕，等閒休負月明船。

其二十二

緑肥紅瘦總成春，雨急風驕未可嗔。門掩黄昏飛燕子，窗餘殘月伴幽人。枝枝故殢看花眼，點點輕浮漉酒巾。却是東風供勝賞，醉眠猶自有香裀。

其二十三

爲憐春盡强登臺，風到披襟亦快哉。百舌正隨花底静，一枝猶嚮雨中催。驚鴻態裊金鈴斷，少女歌殘玉燕來。莫以江花勞夢寐，却嫌門巷有莓苔。

其二十四

有美熒熒苕之榮，燕鶯却怪口舌争。結子雨先欲催老，倉香風獨爲意傾。不堪歌管結綺下，猶自繁華倚雲生。清夢莫化漆園蝶，殘枝栩栩空復情。

其二十五

東風的皪花如惔，况是朱明火力添。流水帶香還繞户，夕陽和影故穿簾。眉成京兆嬌偏妒，雲化巫山夢亦恬。倚樹不堪春寂寂，夜深紅燭爲重枯。

其二十六

月傍殘枝吐半規，故人千里憶歸時。曉鐘未到春猶在，野草纔芳日欲遲。鳥啄雲霞還漠漠，笛翻楊柳故垂垂。不知管領東風意，换得春華更對誰。

其二十七

飛花片片嚮春闌，手摘餘芳試月團。三徑有塵苔寂寂，一樓無雨草漫漫。宫娃傍輦曾餘態，楚岫行雲半損歡。自是香魂招不得，籊龍終日報平安。

其二十八

百花如錦揚晴空，一片花飛便不同。細葉怒生常帶雨，柔香狼藉易爲風。黄鸝日日啼清曉，杜宇聲聲怨落紅。惆悵浮名渾未盡，那堪人在別離中。

其二十九

共把離觴洛木邊，殘英況復夕陽前。開來飄泊真堪惜，落處飛揚不受憐。尚以芬柏供麗句，肯隨鶯燕鬥芳年。須知四序關春令，漫嚮繁華覓静緣。

其三十

花開曾唤曉風吹，此夕風狂花不遺。自信高華絶世帶，人憐飄落有新辭。枝頭明月烏栖後，天際輕陰日暮時。應是花殘春未盡，個中消息有誰知。

賜貂紀事用臺翁葉相公韵二首〔一〕

温綸初下臘全消，百萬欣瞻賜紫貂〔二〕。鵷鸖陳成青海岸，鷺鵷行對玉宸朝。華顛老盡兜鍪重，叩〔三〕首歡騰塞馬驕。拜罷明恩還手額，不知何箸借籌遼。

其二

遥嚮龍亭叩帝閽，威儀争識漢官尊。韓公〔四〕差可驚西膽，寇準〔五〕應慚壯北門。天覆華夷〔六〕渾布暖，春回頂踵盡知恩。年來戰士無嘩久，爲訝絲綸竟日喧。

【校記】〔一〕錢謙益列朝詩集丁集十一，題作「賜貂紀事用福清少師韵二首」。
〔二〕本句，列朝詩集作「百萬同看帝賜貂」。
〔三〕「叩」，列朝詩集作「甲」。
〔四〕「韓公」，列朝詩集作「有韓」。
〔五〕「寇」，列朝詩集作「非」。
〔六〕「夷」，原本挖空，據列朝詩集補。

閲操用程幕韵

霜拂高牙日未移，元戎初報六花齊。壯餘編具登金馬，老嚮鈎鈐冠水犀。千里陳横燕市駿，三撾聲絶漁陽鼙。憑君好作軍中樂，浹月頻看下紫泥。

和姜孝廉九日觀射

醉倚胡床羽自揮，關山笳鼓静生威。黄花插帽軍中樂，白雁隨陽塞上飛。雅會似憐如舊里，風埃不分滿征衣。好將木葉同懸瓠，櫜鞬應看雪夜歸。

殫忠樓閲雪貽馬大將軍滄淵

關城五月一登樓，萬里晴光雪未收。風雜鵝池堪問夜，月寒鴨緑正乘流。鬘雲琪樹新驚眼，冷蕊疏枝正滿頭。共擬跕鳶飛舞意，伏波新鉞待封侯。

殫忠樓閲雪答幕中諸君子

弄雪晴檐更上樓，長安遥見浮雲收。鶴來華表憐人語，蜃吐疑城繞塞流。千里輕烟描白髮，萬檣攢玉擁黃頭。據床忽下陽春曲，揮羽誰堪傲武侯。

殫忠樓閱雪示諸將

行邊特上最高頭，萬里晴光雪未收。蹀躞千群同錦練，陸離雙劍若星流。烽高遥辨三城戍，月暗還明百尺樓。聞道全尊臨便殿，念寒特解紫貂裘。

上遣中使出内府甲仗萬有奇緞百五十金十萬命督師府酌發官兵臣宗特荷繆蟒异數恭紀二首

孤劍初分鵷鷺班，温綸頻下五雲間。并時寵錫還金馬，滿路光華又玉關。散水偏承濃雨露，新亭空對舊河山。極知聖德天同大，可有涓埃抵報環。

其二

恩華稠疊一身輕，特遣雙瞻日月明。劍擁蛟螭劚暮氣，鼓翻夔鷺振天聲。諸君但飲黃龍酒，漢室應新白馬盟。莫嚮蟠花憐舊戰，相看投袂報昇平。

平川營示諸將

獵獵牙旌嚮晚分，薄寒銜轡亂重雲。草枯平野疾鷹眼，葉落霜楓過雁群。羽檄乍驚當户報，胡笳遥隔戍樓聞。夜來偶讀東秦語，司馬于今正策勛。

殫忠樓同鹿乾岳杜培亭宋園如程星海張起閒甯次田杜亦河有作二首

高樓更上一層看，四望渾開大將壇。千里金湯横雉堞，萬方車騎擁雕欄。真人氣接塵先静，猛士雲氣膽亦寒。却憶中山徐太傅，獨留兵法嚮平蠻。

其二

檻外雯華手欲拈，陣成鵝鸛鬥風簾。山屏翠擁雲横塞，海帶晴紆日繞檐。有客籌邊還借箸，無眠警夜幾投籤。莫須百尺元龍傲，信美相看意未厭。

寧遠聞袁自如憲副至自中右

與爾籌邊再閲年，東西烽火尚依然。馬頭東下鞭須着，生口西來數未還。翠翡幾時方入貢，旃裘何地可鳴弦。知君定發黄公略，自昔王師貴萬全。

春懷八首

塞上春回風日清，延耆山下雪花明。催歸漫聽啼鵑血，布穀先傳買鮠聲。一道官䄯驚射虎，兩關節鎮聽鳴鶯。從來百舌原無矜，儘趁東華弄晚晴。

其二

石門南畔直鷹窩，葆塞紛稱毳幕多。一柱天檠看白塔，兩庭山界擁紅螺。平蕪千里無芳草〔一〕，槃㵎孤懷有碩薖〔二〕。都説近年王少傅〔三〕，行邊投策嚮遼河〔四〕。

其三

滿〔五〕城燈火静〔六〕胡笳，大將〔七〕誰堪問室家。南北汛頭重夾寨，東西河口對浮槎。霜凋木葉清威遠，日壓扶桑映覺華。却羡庭松饒古意，虬枝不下暮栖鴉。

其四

春游不踏藿蘼平〔八〕，大壑魚龍夜未〔九〕驚。縣古湯泉迷舊壘，臺高望海控新旌。嵯花萬竈歌三月，寶氣千山到五城。寄語燕齊迂怪士〔一〇〕，休〔一一〕從徐福問長生。

其五

獵火千群嚮曉紅，凌河冰泮未全通。棗軀有意戡靈武，風鶴無人問〔一二〕八公。屬國貐弓彎漢月，上林鴻帛繫秋風。黄公秘法人間少〔一三〕，生口〔一四〕誰憐空大東。

其六

一劍三年萬里心，天涯芳草又駸駸。帷中勝決和戎策〔一五〕，海外疑傳奏凱音〔一六〕。結〔一七〕市黄金消塞馬〔一八〕，放衙白髮作書蟫。春來玉宇寒應峭〔一九〕，莫問孤臣〔二〇〕半不禁。

其七

邊奏頻年入大庭〔二一〕，獨憐未解與同醒〔二二〕。襟披海色黏天碧，旆拔山容插地青。萬頃冰花浸〔二三〕曉月，半泓雲葉護殘星。椒盤勝〔二四〕有家園酒，簫鼓誰〔二五〕堪塞上聽。

其八

春光隨馬度關東，小隊縱横意自雄。大業古來軒較下，軨材獨嚮啓胠中。樓船百道誰先岸，車騎千群我既攻。負托有懷渾未效，好憑籌略待諸公。

【校記】〔一〕本句，錢謙益列朝朝詩集丁集十一作「平蕪塵嚮巢車上」。
〔二〕本句，列朝詩集作「小隊風隨探騎過」。
〔三〕本句，列朝詩集作「辛苦行邊王少傅」。
〔四〕本句，列朝詩集作「暮年撫市嚮遼河」。
〔五〕「滿」，列朝詩集作「邊」。
〔六〕「静」，列朝詩集作「净」。
〔七〕「大將」，列朝詩集作「擐甲」。
〔八〕本句，列朝詩集作「穹廬東徙海波平」。
〔九〕「未」，列朝詩集作「不」。

〔一〇〕本句，列朝詩集作「何日三韓烽燧息」。

〔一一〕「休」，列朝詩集作「却」。

〔一二〕「問」，列朝詩集作「呼」。

〔一三〕本句，列朝詩集作「如山飛挽填遼海」。

〔一四〕「生口」，列朝詩集作「杼軸」。

〔一五〕本句，列朝詩集作「壁圖書按車攻壘」。

〔一六〕本句，列朝詩集作「朝鼓宵傳奏凱音」。

〔一七〕「結」，列朝詩集作「款」。

〔一八〕「消塞馬」，列朝詩集作「騰戰馬」。

〔一九〕本句，列朝詩集作「春來絶塞寒仍苦」。

〔二〇〕「莫問孤臣」，列朝詩集作「堠火征衣」。

〔二一〕本句，列朝詩集作「呼籲頻煩扣大庭」。

〔二二〕本句，列朝詩集作「漢臣應笑次公醒」。

〔二三〕「浸」，列朝詩集作「凝」。

〔二四〕「勝」，列朝詩集作「剩」。

〔二五〕「誰」，列朝詩集作「那」。

小閣

小閣沉沉萬事稀，石榴瓦鵲競芳菲。香和嘲哳隨聲下，影傍罘罳帶雨飛。霽後登枝欣有托，南來繞樹豈無依。亂紅撲地迷芳草，却羨新泥燕子歸。

夏夜同諸君露坐

高城孤雁鬥飛霞，五月秋風攪鬢華。曲謝莫愁湖上月，詩慳何遜閣中花。翹材飽聽三撾鼓，揖怒驚看一部蛙。最是蒲牢聲斷續，撞殘歸思滿天涯。

塞上寄許社丈紫垣兼懷陳冏卿冲然

玄度别來歲月賒，懷人清夢滿天涯。榆關自識真人氣，栗里誰同處士家。千里雲山閑虎落，十年風雨憶龍華。荀家上食饒驚座，貰酒還堪醉菊花。

張忠烈御史祠在遼城南諜者云□殺忠烈時時見忠烈也爲祠

河山千里草離離，忠烈人傳尚有祠。雨霽怒蛙陳部鼓，月明飛鵲繞南枝。巫問（問）雲出乘驄馬，華表魂歸聽子規。可有漢官頻薦藻，忍從遺像認威儀。

九日一片石小集二首

三年三地度重陽，佳節東籬憶草堂。黄石篋中經歲月，青松岩下老風霜。雲飛獵騎秋潭净，日落征鴻塞影長。自笑調鷹雙健臂，登高仍佩紫萸囊。

其二

一片石城擁萬家，幔亭風雨亂悲笳。愁心原自同飛雁，詩思還因問晚霞。北海尊前銜落日，南山籬下見黄花。登臨此日多詞客，漫説龍山有孟嘉。

寧遠督師府新成適朝命至鹿司馬有作答之遂柬馬大將軍

一年兩度入寧陽，千里重開建節堂。幾拊春松歌白雪，還依秋菊傲清霜。周家大業彤弓舊，漢室元功帶礪長。最喜馬隆饒意緒，偏厢不獨下西凉。

抵寧遠得馬大將軍報

十萬天兵渡海陽，元戎開隊更堂堂。雙鞬欲下鵝池雪，列戟先清雁陣霜。一片痴腸堪自信，九重籌箸竟誰長。朝來漫渡延耆水，幾念征衣試夜凉。

同鹿職方善繼程經幕崙携兒鑰閱清凉寺以王參將家棟馬游擊爌先驅

策馬登臨海上山，到來拾級其躋攀。石花漫滅殘碑老，木葉蕭森野徑斑。萬里長風初入幕，十連精旅正當關。投鞭自覺塵襟快，况復清凉俯碧灣。

閱中右所鹽場

牙旌西駐小沙河，結隊時聯碧玉珂。萬竈晴烟雲自減，六花雄陣雪初多。作鹽漫笑和羹手，拊髀誰揮指日戈。匹馬長鳴應有意，健兒新挽武剛過。

鹽官説鹽政再用前韵

略地東來幾渡河，頳檐文徑罷鳴珂。霜花半拭青萍落，飛絮偏從細柳多。海估已看供貢賦，竈丁仍自負干戈。不知鹽坂息車日，可有孫陽嚮此過。

中右城得魏道冲信

關山秋盡雁隨陽，雁去人閒不下堂。絶塞鞝弓空抱月，孤城畫角自吹霜。青天欲問雲霄遠，白髮還驚歲月長。漫説安危渾注意，可從國手試温涼。

過大嶺用左司馬陳匡左韵有作寄王大司馬岵雲

帝座雯華散紫宸，風烟千里護征輪。于今社稷勞明主，自昔安危寄大臣。插羽當關驚伏虎，借籌開閣幾圖麟。側身東望榆山近，似説旌旗氣色新。

兒侄鏘視予渝門其歸也用韓韵爲詩

塞上風雲更一天，懷人渝水路盈千。老臣奏捷連三月，聖主興平第四年。已信人歸落雁後，且看别酒響燈前。到家寄語同游侣，夜夜同游緑墅邊。

孫兒之沆之泳旋里爲詩仍用韵

紫濠烽火動驚天，上將龍城捷幾千。衹以拔刀看截玉，頓令歸旆又經年。西園明月層樓上，大海寒濤小榻前。休訝北山猿鶴怨，誤將白髮更籌邊。

過中前所

手札十行下玉京，敢從風雪問餘生。山川擬識新雄要，草木仍憐舊姓名。百萬遺黎增幾口，半千殘土痛三城。重來急水河邊過，父老環車願致聲。

乞歸十上二首

邊城孤月影翛翛，身世重看第六朝。百里青山開緑野，幾莖白髮更丹霄。鵝池十萬還驚雪，犀甲三千不射潮。逋客有章今十上，敢煩猿鶴苦相招。

其二

欲倩丹笻手自扶，誰將魂夢破潛夫。潮回射雪風前絮，樓滿秦簫月下蘆。擁劍敢驚身是膽，抽簪休愧戟如鬚。最憐野逸張忠定，老覺臨官氣味粗。

初抵里第有作

三十年來白板扉，避賢初嚮此中歸。犢盧差自遮風雨，鶴表何人料是非。客到重門隨幾個，雁還深樹任孤飛。夜闌秉燭饒佳話，怕説霜華上鐵衣。

望楞嚴塔

仙掌芙蓉片片鮮，鷃林分綴布金田。根盤大陸三千界，影落長空萬井烟。浪説龍標還插地，渾疑鰲柱可擎天。不須近聽風鈴語，萬古兜羅一指禪。

馬蹄河

十里馬蹄水欲滿，一篙鷁首雨相隨。枳籬院静飛蝴蝶，蛙竈人間飽肉糜。宫柳飛來愁作絮，女桑枯盡髮爲絲。我來泛宅逃喧者，不奈灘聲攪夜思。

圈頭寺老僧僧蜀人故識黄太史二首

江天渺渺獨愁予，卧楫來繙貝葉書。到岸有航還一葦，出門何地覓三車。舊時梵唄聞金馬，入夜濤聲雜木魚。多少風波眼底過，鉢囊茗碗自如如。

其二

布地中流勝布金，波流面面繞瓔林。野航漫載紅塵入，經案偏嫌亂水侵。降後蛟龍渾有咒，定中鷗鷺總無心。夜深説法天花落，散作青蓮滿碧潯。

河決訪文鱗于舟子悵然賦之

美人遥在水中央，幾採芙蓉遠寄將。題處千花阿軟後，醒來一酌次公狂。白波灼影吹華髮，明月論心醉碧香。忽憶十年風雨夜，長歌秋水響河梁。

夜過蒲口

暫解塵纓半日閒，片帆小艇弄潺湲。長裾調笑餘金埒，秋葯翾飛鬥玉顔。酒態偏從烟雨裏，詩情半在水雲間。不知萬頃玻璃月，何似蓬瀛供奉班。

王華亭明府過舟中

欹側葛巾曳薜蘿，那堪車騎漫相過。蟠空皀鵲鶖雲舄，徹底魚龍避玉珂。馬踏横塘芳草膩，舟維野渡落花多。人憐茂宰崔秋浦，白袷紅顔映碧波。

佩水亭四首

靈光十里鬱嵯峨，狎鳥看雲輟棹過。籖軸文華開二酉，池塘風色帶三河。魚牽弱藻浮香遠，燕蹴飛花落照多。擬逐清溪尋舊賞，無勞清夢繞烟波。

其二

碧樹青嵐漾彩毫，清酣聊復寄風濤。天空氣爽星河近，野曠聲閒鼓角高。夢枕乍醒山簡酒，醉琴初罷漢陰槔。横塘日暮重回首，首里龍津擁佩刀。

其三

城西日脚空山平，小憩孤亭暮景清。三管好辭來雨夜，四筵妙語挾風聲。松翻地籟驚濤壯，河佩天神匹練明。一飲百觚渾未醉，虛檐鐵鳳撩人鳴。

其四

午夜星河下四筵，可堪孤興答雲烟。憐君細釀長腰米，醉我閒鈎縮項鯿。崗上木奴黃絹在，簇頭冰繭素絲傳。一經舊德文孫遠，詒燕應拈芑水篇。

別柴孝廉馨寰

春深三徑草芊芊，幾度芳池釣紫烟。把袂好携溪上月，開尊疑坐鏡中天。雄譚達曙文心壯，劇飲兼宵酒態妍。便欲拉君同解纜，追陪猶傍孝廉船。

登遂州祐聖觀飲鄭月軒文學次邢士登鄭思成兩大夫壁間韵二首

匹馬衝寒古戍隈，青陽夾道倚天開。層檐下瞰三生石，復磴平臨四望臺。日落雲霞杯底度，夜深星月杖頭來。陶然共醉雄風裏，一夕披襟矍鑠哉。

其二

踏盡雲霄第幾盤，紛紛涼月墮雕欄。一尊對客來何暮，萬壑衝襟勢欲攢。地面似緣孤客迴，酒腸聊爲主人寬。獨看直北寒雲裏，五夜風鳴問典冠。

再登殫忠樓 以下係已巳再出關門之作

四年重上殫忠樓，總爲籌邊邊未籌。渝海蛟龍渾不夜，北山猿鶴漫相求。六朝髮老心頭泪，萬國眉攢醉裏愁。倚檻一窮千里目，不知天地幾同仇。

讀王太史宮人入道詩

閬苑疏鐘謝景陽，八璈初奏白雲鄉。雙瞻尚是趨瑶閣，合乎分明捧玉皇。寶笈斗符金鳳字，法冠鶴珮漢宮妝。等閒結得長門月，恁取蓬萊伴未央。

予起家應召目不交睫者四十日矣偶夜半襪脱兩足相蕩快相得也聞鷄結襪曰不爲例

夜夜分籌到夜分，鷄聲喔喔舞劉琨。據鞍自覺忘衰朽，枕股何時動至尊。漫比王生方結襪，却來阮籍笑游裩。中原倘得無征戰，芹曝仍期獻負暄。

聞袁自如被逮二首

甘泉烽火徹重幃，信手提戈護九扉。一縷痴腸看賜劍，幾行血泪灑征衣。風驚鶴表丁威去，雪滿鵝池中令歸。聞説長楊枝上鵲，羞同□馬嚮塵飛。

其二

練爾多方練未成，空聞曾銑爾前生。恢疆五載承天語，却□三師傍帝城。魏絳偏和原有恨，汾陽單騎更無兵。東江千古英雄手，泪灑黄龍半不平。

己巳嘉平廿四日榆關同諸文武祝萬壽

問夜何其夜未央，起來炮火着衣裳。天威咫尺違顏遠，職業尋常入心忙。帝語忠勤慚匪懈，官家明聖咏無疆。時艱正倚股肱力，可有虞廷一字良。

除夕用茅止生韵

誰遺風烟滿四墟，重來人事幾乘除。孤城自度它鄉歲，弱綫人看舊客裾。樓閣鬉雲同海若，崗陵華祝咏含譽。漢家一獵空王幕，司馬還堪賦子虚。

除夕再用韵

舊時營壘幾成墟，十古遺□尚未除。絶塞風霜堪短鬢，故鄉兒女憶牽裾。身名徐邈隨通介，方略營平半訾譽。入夜海濤還自怒，壯心偏嚮水玄虚。

山海衛城頭用王郎中餉司韵

一笑頹顏爲酒紅，玉關初見度春風。談來當世鐃捫虱，字寄南林有篡鴻。海上樓臺隨懶慢，意中天地幾英雄。城頭壓陣黄雲滿，孤劍猶堪倚斷虹。

答鮮藩使者鄭司憲二首

朝鮮貢使鄭之羽持平謁予殫忠樓下，以新□灤、永□，有贈賦，此答之。

皇輿不散萬方諄，銀琯初懸合有人。莫以巏嵍識麗句，似從英蕩見誠臣。低徊風景河山舊，邂逅交情縞紵新。古錦好題黄絹字，却嫌多病擾閒身。

其二

十萬重提老將兵，籌邊樓下集群英。橐空南海傳新語，地挾中山表舊營。鶴表是非千古恨，鷄林文字遠人情。盈盈衣帶扶桑水，不隔周顛告太平。

駐渝海門人王獻我投詩用其韵二首

纔對天顔别帝宫，單車就道學乘驄。龍韜盡説憂方大，鼯技能緣數易窮。萬壘新軍屯舊野，一緱孤劍倚長空。中原但得絶烽火，誰願麟圖論上功。

其二

誰遺元戎賦小戎，老臣承召抒愚忠。借籌且漫稱開濟，緩頰仍先論戰攻。邊徼半殘明漢月，天河一挽洗□風。唐家仙李盤根遠，莫説中興有令公。

殫忠樓二首

小築〔一〕憑高百尺頭，漫從暇日覓銷憂〔二〕。目窮江樹家千里，笛倚風檐月一鈎。藻井幕天開雁陣，鬘雲結市失龍湫。西山南浦應如許〔三〕，渾作孤襟萬壑秋〔四〕。

其二

曾樓高矗建霞標，搔首青天髮更凋。乍聽風鈴語咄咄，纔凌雲磴氣飄飄。花開韋樹歌初發，草滿春池夢已銷。西望晴行高不極，故園鷗鷺喜相招。

【校記】〔一〕「小築」，列朝詩集丁集十一作「縹緲」。
〔二〕本句，列朝詩集作「籌邊何暇坐銷憂」。
〔三〕本句，列朝詩集作「白山黑水檐楹外」。
〔四〕本句，列朝詩集作「玉帳蕭蕭萬壘秋」。

聞簫用韵

抵關城來，日聞笳鼓，即關人無復生趣，近稍復業，而頓若不知有它警。偶聞簫聲爲快，更足念也。

落日關山相與清，何來清絶更簫聲。夢回楚壁鶴初過，月到秦臺鳳自鳴。豈爲吴趨開遠興，似將幽咽寫孤征。年來未洗繁囂耳，笳鼓愁中感慨生。

商山

山在邑東南九十里，寄益都境，古鐵冶處，有神祠曰「犏鐵牛」者，後魏鹿念討清河賊于山，有盤龍山，有鐵牛峰，有蓮花洞，有金山祠，有壚神祠，在絶頂傍有聖水泉。志云：「奇峰晴嵐，四時皆佳。」至雪霽後，則千岩簇玉，萬樹綴瓊，宛然天開圖畫也。

商山遥望餘三舍，倚郭分封定幾年。高下桑田藏大麓，東南農饁認平田。犏牛鐵冶蓮花洞，司馬金戈聖水泉，獨有晴峰峰上雪，棤頭猶許借虚檐。

小清河

濟水之小支也。濟之源爲濼，合七十二泉，而東入大清（青），分一支經章丘，會淯、漯、沙、三河紅、鄒平、長山、新城，入邑西南程鬼頭岔河，是爲小清。會孝婦河東，繞博興，又東北至樂安，馬車入海，歲久河維，淤而鄰，或爲壑。志云「濟水明霞」，特以寫游致云耳。

顧清門外水潺潺，分得齊南玉一灣。過客風帆天遠近，親人魚鳥月關山。烟鬟樸雨孤城曉，石髮衡波老樹閒。且任壑舟横野渡，誰調人瘼紫宸班。

靈侯祠

志云：「周厲王三諫官也，廢而客吴，復而按究。」宋碑云：「苑墻有祠，榜曰『吴客三將軍』。」又稱：「朝廷初復燕，芻藁未徵，轉餉之役，旁逮東州而陰相之，遂以上聞。額祠曰『威祐』，意童貫媪相爲之。至祥符，從空而下，則樞密欽若神道設教耳。」復燕在政和間，第未詳何以歷歷三靈與俱，而又何以俱有高丘于邑。志題「靈廟遺忠」，蓋有遺直之思云。

雨水清清何代丘，祁連佳氣鬱露湫。一朝阿閣鳴三鳳，千古高城有列侯。野老誰從古伏臘，寒鴉自認舊松楸。不緣大義流風遠，那得却秦更佐周。

孝婦河

河在邑西南七里，蓋顔文姜，籠、蓋水也。合小清而東，近頗有溢患。予謂聲帨而感天爲泉，感地爲河，至以名鎮名水，孝之日與地天無窮也。予祝顔神曰：「慎事，姑無令歲發籠蓋也。」志云：「籠河播孝。」

花城南畔錦爲湖，籠水千年開畫圖。河潤有天憐漆室，海田何地問麻姑。銀床水淀芙蓉冷，素綆風絲楊柳枯。爲語少君提甕後，等閒休弄籠頭盂。

古狄城

在邑西北三里許，長堤如帶，地腴而潤，父老曰：「此古狄城也。」志稱：「桃李桑麻，偏盈春雨餘。」憑高寄眺，泱泱大國之風猶有存者。題曰「狄城春雨」。

西北狄城古野邊，長堤曲曲宛虹連。地環積水龍蛇遠，天擘高原日月偏。桃李千家花是縣，桑麻合壟海爲田。獨憐抒軸東空日，攬結河山意惘然。

靈昇臺

臺高二丈許，在郭東稍北，巋然平楚中，傳曰「靈昇」也。有玉皇閣俯城郭，四顧軒敞，當秋霄月上，把酒憑欄，一瞬千里，勢盡青、徐，志侈爲勝概云。

天苑風華秋自開，挈壺東眺集露臺。一方海岱排青下，千里淮徐入望來。聚遠雲寒鴻没滅，凌空水遠月低徊。兼夷苦憶夷吾手，縱以兵車亦壯哉。

錦秋浦

此麻大泊也。邑與新博共之，一名官湖，亦曰魚龍灣，周可五六十里。志曰：「浦饒魚藕，士人競操舟取之。每蘋白荷緑，雨歇烟消，欸乃之聲，響窮水際。」蘇子瞻云：「霜風收緑錦，萬頃水雲秋。」特以名浦，而題曰浦魚歌。

學製天涯未豁襟，偶從錦浦伴行吟。布帆風滿雲千里，静練春寒月一林。醉聽黄鸝呼柳絮，坐看白鷺點秧針。揚舲莫壓星河影，怕有光明俯碧潯。

高節書院

在城西五里有魯先生墓，蓋邑人稱周高士魯仲連也。王孝廉之翁以父兄命爲先生祠，及講堂有祭，田學憲、鄒穎泉題曰「高節書院」。予過而僅慨古墟也。晤孝廉，念高節，謂當有祠，以養士高節，而孝廉始談其世誼。志曰：「古墟牧唱，徒雍門之慨耳。」孝廉名道泰，其兄道平登辛丑第，父士尚官，鴻序有文章。

春秋志在夷吾老，誰把尊周問水濱。海岱高深鍾大地，乾坤紛難屬閒身。千金豈謂能辭趙，六國合應不帝秦。最喜漢家赤帝子，先從圖籍慰斯人。

過田鎮

齊王横故居也，尚有裔姓在。横慷慨數語，大有英雄氣，三千年尚得以姓予鎮也。過而吊之。

王孫芳草遍齊中，故國猶傳結客功。百戰功成羞馬上，萬人敵在負江東。宗人不惜循城氣，高士空留蹈海風。漫説漢家封齒意，侯王那得賺英雄。

隘園六首

側身東望宛墻東，離緒紛披杯酒中。排悶尚嫌群説怪，問奇無復更談空。島中雲霧千山暗，海上舳艫萬里通。便欲尚書尋舊舄，凌霄一問大齊風。

其二

兩地高城去幾何，小園終日倚城阿。繁華露冷迎金素，芳草雲深隱玉珂。半醉半醒春易老，一觴一咏客頻過。青齊剩有名賢迹，幾讀泱泱表海歌。

其三

百花簇簇擁高亭，秋色仍堪貯一庭。莫以時危輕説劍，祇緣多難罷談經。萬家井牧人占雨，百里郎官自列星。東去不愁東道主，更看嘉績奏新硎。

其四

名姓那堪上玉墀，廳緣戎馬又離披。秋聲着樹愁難賦，月色窺庭剩有詩。白髮從新凋木葉，碧雲依舊上花枝。小清河水平如許，莫嚮波臣問水涯。

其五

層樓矗矗帝城闉，人境結廬却謝人。兩到今來寧有客，地容署外尚留身。樹迎秋色蟬方急，花受輕颸鳥亦新。自是謝庭饒玉樹，不妨野水有垂綸。

其六

乾坤落落此孤亭，清夢分明説舊經。志士自慚悲驥老，弋人誰復慕鴻冥。夏雲列隊花千樹，秋露一團月滿庭。語爾官家清絶意，萬波心水涌寒星。

適園八首

近游幾擬近城隈，選勝軒從此地開。樹蔭北窗低亦入，山銜西日遠還來。雲晴馬耳清當眼，月冷檐牙静落杯。我有太平書未奏，聊隨同學咏康哉。

其二

便從百里越城闉，日涉應知未厭頻。返照入林還避影，纖阿當户欲窺人。丹丘不問樓臺地，
緑野聊清車馬塵。愛客可能文字飲，西園飛蓋莫須論。

其三

遠山自昔青當眼，近野于今緑有軒。咫尺塵埃還謝客，尋常花鳥一開尊。遺風留在乾坤老，
今雨應無車馬喧。最喜閒身饒盛會，問中忍不念君恩。

其四

苑邊西北狀元祠，博學仙才自一奇。道啓八英才子地，天當五百聖明時。好從攬結窺真宰，
肯嚮蟲魚注瑣辭。却怪世人憐姓字，都從曇鉢覓摩尼。

其五

九曲三河馬水濱，山中結搆草亭新。地當近市三朝盛，花壓高城百里春。丹白合旉傳佛柰，

八千雙引咏莊椿。名園休問張丞相，曠適于今有幾人。

其六

每從緩步拉同人，特結茅亭坐負闉。白板扉間飛燕雀，紫荊花外卧龍鱗。江山自是饒風月，今古誰堪認主賓。小樹如薺人未老，休將籬壁誤良辰。

其七

一亭特結西園客，滿座翻疏北海杯。不是當車難緩步，衹緣多落易紛挨。種花自湊河陽勝，增竈人傳虞詡來。幾咏杜陵真切句，安危須仗出群材。

其八

閒身獨坐凋槃薖，報客應知二仲過。人境寂喧濠上樂，世情今舊雨中歌。幾番醒醉隨花老，一局高低入夏多。忽漫當杯生世念，中原戎馬近如何。

謙美堂十首

一雨中原快卧龍，烟霞作色上芙蓉。座驅殘客人三徑，圖上流民天九重。當急持籌難借箸，登臨安步未須筇。閒身儘可閒歌咏，衹是甘泉有警烽。

其二

春老閒門草正肥，泥融金井燕雙飛。年來鬢髮心先短，眼底交游近更稀。不爲乍晴扶墊角，每緣多難賦無衣。西園昨夜梨花宴，醉拉同人佩月歸。

其三

獨坐刪詩詩未成，重檐西個鼓成聲。不緣問字能驚座，要使三撾識禰衡。代雨催花覺更緩，回風隨棹意還平。盧龍幕府元戎夜，曾聽晴宵天鼓鳴。

其四

萬家砧杵動秋思，又聽鳴蟬上舊枝。暑溽尚嫌風力嫩，碩寬偏眺夏雲奇。無弦不問琴三弄，有客還邀酒一卮。入夜挑燈渾未憩，諸郎應訓奏新詩。

其五

攤書獨坐擁秋風，挾雨當秋風更雄。雨喜魚龍渾不夜，風掀燕雀舞晴空。崑源未問八天柱，澤國先調一畝宫。笑嚮坳堂成底事，要隨童約論元功。

其六

秋空片片涌凉雲，坐對南屏日未曛。乳燕受風還自語，群魚浮水總成文。三農慰滿魚龍夜，百室歌盈草木欣。但使諸公憂社稷，不嫌戎帳有觀軍。

其七

高城風色護層樓，雲葉垂垂雨欲流。地缺隴頭播晚種，天開屋脊課鳴鳩。豚魚百室償奢願，板築頻年礙野謀。倘得四郊培壘盡，何妨槃澗更先憂。

其八

甕城如甕傍城隈，四角城仍四角開。三水遠從百里下，千山高嚮九衢回。瘴人自費龔黄力，精甲誰當衛霍材。聞説至尊勤遠略，遍從關隘起樓臺。

其九

自緣齒至老蓬蒿，敢以羊裘傲錦袍。邸報傳來心已短，舊游説到氣仍豪。閒身差可隨鷗鷺，病眼誰堪見節旄。清夜幾行憂國泪，不禁狂醉灑離騷。

其十

百花灼灼談經處，風雨應憐客憶家。城上輕陰草樹散，樓邊新燕水雲賒。明農赤舄方遵陸，學圃青門合有瓜。漫簡尚方雙履在，半千王路是天涯。

次友人韵

三妙先驅下草萊，雨師先爲灑浮埃。地寬剩得城頭月，碑蝕祇留石上苔。到處清樽同酒趣，投來白雲見仙才。應門初下雙乾鵲，幾報花間小隊來。

諸將二首

方州結鎮拱陵城，千古新昌舊有名。當日文皇開大業，祇今明聖宿雄兵。漫驚倚嘯憐江統，且着揮鞭問祖生。饑攫飽揚豪手在，不妨公等奏昇平。

其二

山臨瀚海崿爲標，北斗南看[虜]遁宵。戡難豈煩回紇馬，觀軍盡插侍中貂。九重密秘開清禁，萬古稜恩擁翠霄。爲語纖兒讀寶訓，從來英畧是清廟。

白燕

幾點綃痕薜荔墻，浪從蝶粉鬥群芳。振衣玉樹花俱亂，調語珠簾夢亦涼。斜受輕風粉落素，低隨明月下流黃。飛璚弄玉渾無事，怕舞霓裳妒海棠。

孫承宗集卷六

七言排律

宋中翰參予渝水以九月壽母八衮暫歸其尊翁起岩公八十有七矣高堂雙白蘭樹翩翩中翰方陳文蟒兼金之賜于庭與白酒黄花相映也詩以羡之

瀨上高人自一流，齊眉人共賦丹丘。千金仲産供詩口，十指仙針佐杖頭。偶寄一官携八月，忽成五噫更千秋。六龍繞膝傳先業，片羽凌霄有壯游。絳雪丹金分玉府，赤霜袍彩舞文虬。歸來最喜插萸會，借得邊籌作海籌。

壽王霽宇少傅 有引

少傅以天啓癸亥春正月乙巳爲揆攬之辰，蓋七十有八，以先二日視師關外，至自檀。予以上命抵關五閱月矣。揖少傅于建節，方且合始履之風雲，攬上元之星月，蔫人謠于椒頌，載胡拍于梅吟，得二十六韵，聊引漢關之長歌云爾。

鈴閣先春兵欲銷，春風駘蕩漾霞綃。天回含譽名逾上，旆攬欃槍氣折驕。萬部旃裘方獻歲，孤城燈火又元宵。戟枝滿月開三雅，牙角長庚照六韜。借箸邊籌添海屋，蔫盤花頌咏山椒。烏衣舊巷分群譜，鵲印新囊荷九霄。參合衝牙瞻御衮，陸離光劍擁長襓。膽孱共倚山爲锷，臂健應堪手執彇。萬厦不妨庇盍旦，一枝常自借鷦鷯。名王蚤歲看騎馬，甲首千群養射雕。驚代威名知草木，和門輕暖走嫖姚。雄襟環甲仍題楯，華胄凌雲更賜貂。餘蔭二郎留玉樹，清時三伯過銅標。老臣方略金城壯，尚父絲綸磻水遥。北望狼烽驚徙幕，東聞鰌汛幾聽潮。生來神武傳青海，將得天威下赤熛。日麗鯨狐須遠遁，天空猿鳥莫相撩。庭饒旄毳争乘陣，材擁蹶張競渡遼。特練衝車當上駟，雙瞻矛羽插重喬。人民華表今還是，鞲鏇鷹揚舊自調。日月新華清虎落，星辰光履傍鷄翹。珠璣盡屑黄沙磧，環珮應還絳節朝。歌有漢關摇組練，曲成猛士按笙簫。回中金七柯函酒，老上白雲拍作謡。粉堞烟花連火樹，泥丸雲霧鎖星橋。東公幾奏長生字，五岳三台相映昭。

孫承宗集卷七

五言絶句

横塘曲

含笑㶉鶒，横塘不可問。溪長芰葉深，岸折蘆花近。

返照

落日下平津，返照河梁上。百尺黄金鱗，閒殺漁人網。

野寺

相從問水濱，野寺三家步。一僧持鉢歸，可是西來渡。

玉林齋雜咏四首

鬱鬱何年松，凌亂荒臺下。日暮起松風，游人時繫馬。

其二

高丘何纍纍，龍象化爲土。遥想金碧時，檀那合掌舞。

其三

聞是維摩居，離離生禾黍。落日下平林，行人争過渡。

其四

一篙浮舴艋，千里望平蕪。灘頭直釣者，釣得四腮無。

丹白園雜咏

豐家漵

邑西偏爲豐家口故地，園徑其口，有漵名耳，在福泉寺側。

河陽百里花，移近百花嶼。佛水雨花飛，云是豐家漵。

丹白坊

園多柰，潘賦曰：「二柰耀丹白之色。」遂以名園，爲坊以扉。

薜荔紆隨徑，花陰白板扉。曉來新雨霽，蠨蛸寫垣衣。

寄一亭

摩詰曰：「偶寄一微官，婆娑數株樹。」予園數株樹耳，聊取寄焉。

乾坤此一亭，微官亦云寄。黄鸝深樹鳴，似識婆娑意。

緑芋亭

古人美芋羹，更爲芋墻，予友徐子先注種芋方，園故宜芋。

種芋滿庭階，緑映階前樹。曉露洗朝墩，似着桃花雨。

翠漪池

池當寄一亭之南。摩詰曰：「蒼翠臨清漪。」夏木青蒼臨其上，遂以名。

落日下城坳，空明蘸倒影。翠映美人虹，風牽池上荇。

雪香亭

有梨十數株，雜以棠花，望之真如玉雪，亭成而客咏梨花白雪香，故云。

鶯啼花底月，花落月同擷。片片逐風香，錯看三月雪。

散木亭

老榆臃腫，違衆宥之，無何，風折其半。

子瞻宥老楮，雷風斷其幹。乃知衆所憎，天心亦復憚。

鳩居

以意爲亭，真如鳩。拙亭成，而維鳩居之，遂名。

生平拙如鳩，突地爲目巧。居成鳩適來，斯亦拙之效。

斗園 有序

新安吕介孺有園乎玉斗山之坳，蓋古斗城也，遂題之以「斗」，若曰大如斗云。中有芝泉、芝池、八風亭、紫芝齋、斗室、嬰嬰軒、晚鐘榭、俯松樓、梅塢、竹徑、茨門、石室諸名勝。其友人左史氏各寄二十字。

芝泉

峽深泉復甘，生饒壽者相。下有千歲餘，神芝産其上。

晚鐘榭

山深易爲夕，寺古峽月峭。老虬邀蒲牢，晚來撞返照。

竹徑

三徑開幽篁，峭風敲萬玉。不參玉版師，爲識亭亭緑。

石室

揭來貯古月，遂移石爲室。鈎簾月在床，晶晶白雲出。

小園雜咏六首

二十四花信，幾度到枝頭。東風曾着力，莫使説炎洲。

其二

不復怨春風，羞嚮春風裏。畫樓雙燕來，憐花脉脉語。

其三

昨日一花開，今日一花落。晴風都不管，明月下叢薄。

其四

緑鬢誰家子，年年花欲然。忽驚風雨夕，白髮落花前。

其五

萬緑一花然，黄鸝應未識。寄語金谷花，不争春顔色。

其六

花信風初到，枝枝嚮曉紅。有懷安石意，不肯嫁春風。

錦川十二咏〔一〕

觀音洞

觀音洞在城北二十里，洞有石塘水，冬夏不涸，色紺碧，可飲。洞居者，其松有雪，當暑不消，而石子圓如彈丸，俗因名山曰「二郎山」，蓋城倚爲托云。土人曰「石塘松雪」。

泠泠石山水，皛皛松下雪。中有彈丸人，坐啖松石節。

松山

松山在城之南，可十里。城中廣濟塔，北負瞞山，南襟松也。登城望之，雲靈映蔚，從翠微中，見白描淡掃，如屏如案。土人曰「松山點黛」，亦曰「淺黛」云。

松山自岩岩，錦人曰淺黛。不信羊鼻公，肯作嫵媚態。

紫荊山

紫荊山在城東十二里，淩水環其下，日初出，若水捧日而上，杲杲然。土人曰：「山既高矣，日當卯，若架山之上。」一名（名）曰「紫荊橤曉」，亦曰「荊東朝旭」。

西州荊作關，東州荊作山。獨有關山月，雙披客鬢斑。

紅螺山

紅螺山在城之西三十餘里，當日入處，每勺銜日而承之，若攤萬頃。玄玉爲几，以閣無量火。齊土人曰：「山之東見日入，山之西復見日出。」曰「紅螺晚照」，亦曰「螺西夕陽」。

荆山山作紫，螺山山作紅。駿狼抛日梭，織出錦川雄。

筆架山

筆架山在城之西南可三十餘里，三峰高下如筆架然。地當巽，爲城文筆，而大海文瀾，浴其下，土人曰「筆峰插海」。

玄兔供我毫，黄龍蘸作硯。銘成一閣筆，三山架海甸。

錦水

錦水從西北直城之西，折而佩城之南，復折而北，當城之東。大作波濤，細作縠綺，洋洋悠悠，顧我欲留，有回文之目矣。土人曰「錦水回文」。

芳甸菀雜英，水華散成錦。絡緯滿支機，明河燦角枕。

湯河

湯河在城之西，其流佩城而南，水温，故有湯河之目。冬不結冰，漁人集網其上，如夏之日。亦名「玉泉」，取其温也。土人曰「湯水冬漁」。

冬亦不作冰，夏亦不作熇。誰擘二郎丸，劃此一泓玉。

小淩河

小淩河在城之東十五里，山有望海寺，河繞城而東環寺，山出其前，即晴曉，若烟鬟然，乃若濛濛烟雨，更奇也。土人曰「東淩烟雨」。

環出水已奇，襟海山更爽。彩翠忽成嵐，時作烟雨想。

滴翠岩

滴翠岩在城南十五里高山中，有乳從上而下，點點有聲。土人名曰「滴翠」，亦曰「南岫乳泉」。

穴乳翠還滴，點點散圓文。凉颸發木永，行天作錦雲。

瀛波

瀛波，或曰「瀠波」也，城之南八里，有河當佩，如環帶然。土人舊名曰「瀛波」也。晴日淩波作黄金碧玉色，便如眺蟾，若晶晶天宇。午月當空，不翅拾翠，眺蟾臺已，亦曰「瀠曲眺蟾」。

當水月還來，水應呼月姊。眺蟾漢宫人，掬得影娥水。

【校記】〔一〕本詩題云「十二」，然高陽集衹此十首。

韮菜園二首

城有韮菜園舊地也。土獨融和，不旱乾，春耕易着耒，而菜早生。邊地寒，多難下種，此爲勝地云。土人曰「名園春韮」。

塞原高復寒，辛盤細生菜。春風度玉門，似有春風在。

其二

幾欲圖王會，寫此圖中看。雲臺高議者，知道外邊寒。

廣濟塔二首

塔在廣濟寺。寺當城之西偏，塔作十三級，勢尚插霄，而鈴鐸既墜，柧角之木，日作鳥塒。蓋遼人藏舍利地也，衆鳥欣托而多鴉云。土人曰「古塔昏鴉」。有金大夫高璉記。

何年青玉華，尚作天一柱。寒鴉時復來，半攬天花雨。

其二

一指現兜羅，衆鳥欣作壘。譯人譯鳥聲，似説城郭是。

予率大兵過錦州，令金幸録諸金石文，得土人，并録其地之紀勝語，蓋郡人文司馬作也。云石在觀音洞未摹，而土人以臆注，稍爲點綴，傳諸同好賦之，若曰「此土何可弃也」，固土人意如此。乙丑秋七月，盂蘭會日書。

中右夜三首

白髮風霜裏，戟枝解笑人。冥鴻入寥廓，遼鶴且相親。

其二

枯坐嚴更苦，閉門白髮新。翻嫌海上月，片片欲隨人。

其三

騁望心逾遠，臨流意興深。夜來風色好，不爲快雄襟。

安錦州二首

錦水波初静，高軒嚮此過。似聞城郭是，東去竟如何。

其二

吴房豈不重，風雪竟誰成。愧爾龍鍾者，偏牧上將名。

效錢起江行四十首

投策俯丹漪，朝暾欲上時。聖明今在御，小憩亦清夷。

其二

四野雲陰合，漁翁不肯來。高人方隱釣，莫是子陵臺。

其三

碎璧瓊林筍，旋斟玉露秋。查頭蘆管子，入破吹伊州。

其四

磻溪看整釣，頓起故鄉心。誰妒還家夢，江頭急暮砧。

其五

荷蓋雲生葉，蓮香天雨花。游人訝勝事，漁父自生涯。

其六

牽路争高纜，船頭露佩章。早聞中鎮罷，莫是黄頭郎。

其七

雨急魚龍没，江清日月沈。漁家寄傲處。客邸亦傷心。

其八

莫以前魚罷，還驚漢吏薪。方舟相偶語，都是宦游人。

其九

草木欲黄落，行人鬢亦衰。雲開一雁過，正是渡江時。

其十

一棹隨風力，北來渡大江。秋陽饒暑氣，不敢揭蓬窗。

其十一

帆翅凌新雁，乘風破曉凉。平沙暮雨急，凄斷不成行。

其十二

日高雲葉散，風定浪花平。自在中流意，渾如五兩輕。

其十三

青衫不自意，白鳥嚮人鳴。列有蛩螿陳，胸中幾甲兵。

其十四

江畔逢漁父，犢廬近水村。得魚兼得酒，不肯款柴門。

其十五

竹葉青隨酒，蓼花香入詩。行藏無住着，江月舊曾知。

其十六

一夜秋風均，相看北雁臣。如何秋且半，猶是未歸人。

其十七

櫓促猿聲急，蓬催雁影高。小窗當遠岫，蒼翠見秋毫。

其十八

解纜江干上，長年吃力同。獨憐持柁手，看水更看風。

其十九

澤畔秋將老，南來雁亦稀。似予堪作主，賓雁嚮予飛。

其二十

江月弦初上，水村雲更深。寒衣應寄遠，早識數聲砧。

其二十一

去住纔千里，同人不寄書。解罾休便煮，或恐有文魚。

其二十二

看雲留近岸，問水識長年。今夜同眠櫓，故鄉可幾船。

其二十三

酒碗蒓羹膾，茶鐺蟹眼烟。爲懸高士榻，幾傍孝廉船。

其二十四

星河渾匝地，波浪遠連天。點綴秋聲意，時聞柳下蟬。

其二十五

岸平饒曠土，心遠作浮家。孤往無酬應，秋回落雁沙。

其二十六

遠岸山猶翠，家籬菊正黄。秋風先得意，隔水送花香。

其二十七

鷗鵝傍水涯，唼喋弄晴霞。八月孤帆下，應疑海上槎。

其二十八

江上逢佳節，花仍冒雨尋。故園籬下菊，朵朵綻黄金。

其二十九

西爽院颼颼，天開雲際頭。漫將團扇賦，輕負漢宫秋。

其三十

五月披裘者，拾金豈採薪。中流方攬楫，三嘆憶斯人。

其三十一

從來郡縣吏，清自畏人知。太息江亭上，紛紛勒去思。

其三十二

遠眺秋英圃，翻思春草塘。推窗一近岸，分得蓼花香。

其三十三

故國人千里，平沙雁一行。擬圖家信到，祇是雁隨陽。

其三十四

漁家秋色裏，夕日釣芳洲。結屋荻花岸，閒眠一對鷗。

其三十五

詩罷芙蓉榭，賦成鸚鵡洲。佳時合勝地，多半爲名流。

其三十六

斜烏飛曉月，陽烏下平沙。窟宅疑仙侶，相將弄紫霞。

其三十七

白雪難消悶，黄金亦鑄愁。近來學斷酒，不願醉鄉侯。

其三十八

風裊長蘿日，露冷紅樹秋。不知舟算使，還肯稅愁不。

其三十九

江雁度秋霜，江空雁影忙。一行山客嘯，幾樹木奴香。

其四十

地坼濤聲急，天空楓影寒。蛟潭不可泊，鸂鶒認雙灘。

賦得弱柳鳴秋蟬

細柳迎秋弱，繁枝尚隱蟬。一聲風斷續，和月落尊前。

宫中樂二首

春光融密勿，喜氣漾晴空。盡日還披覽，閒居亦合宫。

其二

宫府勢相叶，堂簾高更深。文華披對罷，垂冕日沈沈。

游春詞三首

當春臨便殿，召對上虚亭。相悦君臣樂，一游紀御屏。

其二

小苑奏繁吹，高檐古木垂。調來花下馬，不慣試新羈。

其三

日月光春曆，三陲兵氣銷。春游春柳岸，不忍折春條。

潮

休嫁弄潮兒，潮今亦失信。掠我油壁車，去嚮錢塘間。

憶片石西

日暮寒山裏，白雲草共深。不聞鷄與犬，但聽數聲砧。

閒居

記得南來雁，偏留孤枕聲。今宵燈影下，嘹唳有餘清。

少年二首

閒煞路傍兒，自度春風裏。一按珊瑚鞭，輕踏桃花水。

其二

纖歌倚箜篌，嬌語調鸚鵡。輕梁落燕泥，打着催花鼓。

望雨

朝氣咽風鈴，巧作夜雨響。起看檐際雲，露結明珠網。

晚春二首

柳花白于綿，鵝兒黄似酒。此中一段春，個是描春手。

其二

春草連千里，重登千里樓。畫梁相對語，雙燕不知愁。

獨坐二首

獨坐幽篁裏，纖虬香篆空。却嫌鸚鵡舌，作巧嚮春風。

其二

莫問南湖雨，宜横野渡船。曾經風雪裏，終夕不成眠。

桃口晤房素東尚書王清野令尹

緑野緑成陰，桃花盡結子。驅車桃口灘，一聽尚書履。

願雨二首

屋脊亂油雲，鳴鳩呼其侶。老農把鋤歸，咄咄怨鳩語。

其二

五月麥成秋，春來不一雨。我欲糴新穀，隴頭無禾黍。

苦盜二首

避地願生還，赴官先去計。豈不畏簡書，帶甲滿天地。

其二

豺虎既縱橫，鷹鸇仍上下。如何廉吏歸，亦有如雲馬。

南城下

城頭草又生，安步游城下。尚需草堂成，聊呼作緑野。

問盜

自昔笙歌地，于今戎馬場。傷心滿眼泪，誰復問降王。

獨坐

我欲開北窗，高卧羲皇上。薰風自南來，雲擁珠箔爽。

長安道

長安大道傍，亦自生春草。野水茨菰花，西灣春復老。

楊柳枝

占來折楊柳，多緑離别時。春風知客意，先長最長枝。

聞雁

關山一聽雁，每憶過家時。今日家園裹，還吟聽雁詩。

柳花

幾度楊花起，相看游子顔。一般飄泊意，風色滿關山。

西園

灼灼花頭艷，芬芬花裹香。春風隨意處，豈爲老人忙。

感事

陶令門前柳，春來倍可憐。祇愁風絮起，攪斷不成眠。

座中有談虎者

漢家飛將軍，射石如射虎。今比虎于石，誰能復飲羽。

偶咏

狡狡林中猱，力能鹽虎腦。豈不念頭顱，目前搔癢好。

感事二首

客方啖名時，作色中常侍。長卿賦纔成，却憐楊得意。

其二

狗益總堪羞，虎圈不可測。獻吉呼對山，至今猶動色。

獨夜

一燈六十年，夜夜臨文字。獨有三年春，抱腕不成寐。

聞雁

忽聽雲中雁，驚如塞下聲。嗒然成寐後，却覺夢魂清。

城下圃

種蔬古城下，酒時供小摘。中有灌(權)園人，倘可號園客。

夏之日聞雁

孤雁銜秋意，凌風夏亦凉。故人曾寄信，有字不成行。

放舟二首

江上逢漁父，滄洲深處過。風波非不險，人世更風波。

其二

以我乘桴意，來調野渡頭。橫塘休借問，不是採蓮舟。

望雨

赤日赤于火，白雲白似綿。把鋤雲日裏，翹首望豐年。

偶書

元戎都燕頷，上相幾鳶肩。兼資稱將相，何日太平年。

紀夢

紀得還鄉夢，多緣塞馬驚。歸來千日裏，無復夢長纓。

農家樂

蝶舞王孫草，鸝歌帝女桑。繁華別有種，不必綺羅香。

客行

灼灼桃花片，青青楊柳枝。艷陽花共柳，偏是妒青驪。

五月雨

一百四十日，今年聽雨聲。老臣憂國意，額手頌昇平。

雨

小雨細于絲，萬家歌且舞。乃知如雨珠，不比如珠雨。

閱古

安石秉高操，兼之以辣手。拗盡世人心，拑將天下口。

長安生

有客長安來，略說長安事。聞道苞苴清，搖手曰全未。

憶舊

當日平安火，星馳入帝都。百營初解甲，萬姓競歡呼。五月十四日。

釋客

莫苦食無肉，休看甑有塵。萬錢曾作料，下箸是何人。

竹吟

戛戛萬玉鳴，青碧秋如剪。風雨蛟螭飛，莫作笙簫選。

秋意

月芒上玉鈎，風韵生銀甲。柘館合來秋，賦得婕妤箑。

歸來二首

歸來安一壑，指顧是三丘。莫以閒中意，輕輪新息侯。

其二

稚水還成浦，童山亦貯雲。遂初曾有賦，不必更移文。

僻園

無竹無三徑，無花無四鄰。卜來窮僻地，中有倦游人。

澮居二首

雲横峰露髻，雨破樹如髮。中有高人廬，披襟攬蘿月。

其二

繞座攤群書，重門閉古色。偶携高士傳，讀之心惻惻。

河干

採蓮當日午，先採葉爲扇。片雲似有情，傍船如便面。

聞笛

高樓當月夜，遠思聚重檐。玉笛誰家弄，翻來昔昔鹽。

此中

此中纔十笏，高士儘能容。子午衢中宅，偏居賣菜傭。

望雨

垂垂雨不下，怕濕採蓮船。似説萑苻裏，時聞有管弦。

感游二首

鶴飛凌九霄，肯作耳目玩。石上松生風，回頭顧雙翰。

其二

莫愁秦淮水，歸舟已待風。無將兹地會，一訴別時衷。

半峰亭

一峰高矗雲，有亭當其半。寂寂亭中人，坐觀雲聚散。

孫承宗集卷八

六言絶句

出塞六首

古道無人自老，寒鴉空樹獨閒。應笑牧車羸馬，終朝問水尋山。

其二

亂石插橋逼仄，合澴當磵潺湲。入眼都堪圖畫，傷心更是間關。

其三

不是拔壺問代，寧關狼石求還。一卜河山大計，三朝晴晦如環。

其四

雲合千峰萬嶺，風行兔赤乘黄。要醉特尋濁酒，欲豪學吃炙羊。

其五

叱撥桃花噴玉，連環叠葉渾金。似是虎頭燕頷，可能鐵膽銅心。

其六

殘壁鵂鶹嘯語，隔垣豻虎縱横。數萬孑遺未貼，百千驍捷成行。

雨夜三首

散帙魚黏落粉，出門馬惜連錢。兀然抱膝枯坐，率爾撚髯成篇。

其二

枕簟江花攪夢，池塘草謝回波。倚砌蛩聲正急，窺人月色如何。

其三

莫訝南枝鵲繞，且看西掖鷄栖。空外濤松清切，案頭明月高低。

感舊

狂與步兵共醉，歌隨方朔同酣。四十年來研北，三千里外江南。

夜過石佛

虎豹蹲疑怪石，風雷吼下寒流。野寺雲霄度馬，溪橋草樹鳴秋。

寄題沈龍江閣老扶杏館四首

春曉人游緑野，夕陽烏度花村。未問玉樓金馬，且看白酒青尊。

其二

十里花籠晝錦，八株香憶明光。客到山蔬野飯，酒來木几繩床。

其三

醉竹樓含曉日，悟迷橋擁春烟。花底鶯啼未覺，甕頭客醉欲眠。

其四

烏几掇衡左右，小樓對結西東。花映桃紅柳緑，簾垂細雨春風。

寄題還青亭五章用趙柱野中丞韵五首

孤嶼巉巉當户，驚濤叒叒落松。林外千年歸鶴，廬中一榻伏龍。

其二

白月來窺醉客，閒雲正補疏竹。收春歸桃李園，賦雪入篔當谷。

其三

山深人静日長，花落鶯啼春晚。笙簧隔水偏清，鐘磬敲風自遠。

其四

廿載騎雲弄月，萬年緑樹青山。把酒任花開落，披襟看鳥飛還。

其五

萬木檐頭擁翠，數峰江上排青。漫訝秋風瑟瑟，且看霜質亭亭。

孫承宗集卷九

七言絶句

秋雲覆城堞殆青空碧綃障也賦之二首

萬里青霄擁石林，城頭疏雨半晴陰。誰將小米烟雲筆，挂在南屏待晚吟。

其二

坐看南山雲起時，無花無酒亦相宜。却嫌陶令渾多事，滿把寒花待酒巵。

秋盡聞雁

秋盡風花雁有群，孤懷離思正紛紛。夜來粉堞東頭月，分得長安一片雲。

黄華峪周元裕之韵二首

誰將鬼斧擘蒼瑶，峽口星河影動摇。似是玉龍穿禹穴，半天鱗甲落山腰。

其二

懸泊何來恨未收，高歡避暑已千秋。西風吹雨魚龍夜，王母祠前澮不流。

黄華峪元裕之後韵二首

五月黄華花未黄，銅墻鐵壁色青蒼。珠簾不捲瑶房雨，挂境臺顛露夕陽。

其二

山畔晴雲帶雨看，罡風謖謖夏猶寒。隔來水冶纔三舍，不是官閒到亦難。

陶傳四首

誰把南山作北移，東籬猶是舊花枝。日來簡點從前語，歲歲編年寫義熙。

其二

好將野吏試三長，載筆何堪著作郎。曾嚮新詩閱甲子，始知一士老潯陽。

其三

宋家太守顏延年，官道經過餉酒錢。自是本朝曾識面，不緣今日始相憐。

其四

帝室曾占百二期，鎮軍風旨路人知。此時自合休官去，不爲腰肢屈小兒。

瓦窑坡八首

坡在冷口關西，登坡而北，折嚮東，遂通冷口。予閱冷口，抵坡下，戍將指石壘曰：「此烈婦墳也。當□入永平，掠生口北出，有少婦綺服馬上，兩□兒捉馬，將下坡，大呼墜岸死，不知誰氏也。掩其骨山之下。」

瓦窑坡裏邊城路，飛燕巢林不見家。擬死低徊且不死，尚留一息見中華。

其二

誰家少婦茜裙新，馬上猶餘不死身。纔欲下山山上死，玉顔終不染□塵。

其三

山口猶疑見漢官，下山那忍入呼韓。白溝不渡差堪擬，莫作明妃青冢看。

其四

錦綺簇來滿路香，肯隨□騎作新裝。冷河不管興亡事，日嚮山前濺五霜。

其五

中閣誰經萬石林，胡笳吹破斷腸吟。漢家一片蛾眉月，照得中原一片心。

其六

何來山下水悠悠，日暮悲笳隱戍樓。兩頰宛虹飛不斷，寒鴉獨匝冷城頭。

其七

秋來寒雁渡愁紅，零落山花碧澗中。遥憶征人投馬日，玉皇新閣半凄風。

其八

新調驃騎爲誰雄，碧血灕灕野火中。聽子回來烽正急，山頭猶見美人虹。

東便門二絶句

二年子月便東門，雙啓重關日已曛。却念巡城真御史，爲予東嚮指□氛。

其二

□兒戲馬潞河灣，十萬連營扣漢關。獨以單車衝［虜］去，不知誰個望生還。

臘八日兒輩讌集以兒銓生日也對雪有作二首

二更霜月鬥窗明，入夜微聞飼葉聲。曉起披襟驚玉蕊，滿庭寒翠嚮人清。

其二

豐年三白咏風人，凍蕊先開月外春。臘日無風隨意舞，座中閒識太平身。

月下雪四首

霜月一簾小閣清，檐牙白鳳相和鳴。群仙忽妨雲中駕，萬鶴凌風上玉京。

其二

誰抉晴雲月涌生，霓裳應不減華清。最憐修月吴生手，白鶴光中散玉英。

其三

幾搦霜毫賦有年，日華無珥月嬋嬋。似緣雍伯饒情思，分得瑶光種玉田。

其四

竹花無影月纖纖，鶴氅霞衣擁竹簾。玉漏正沉風正急，金盤忽瀉水晶鹽。

夜坐

老眼攤書五寸燈，可堪小楷細于蠅。夜深鐵鳳邀風語，身比長廊罷院僧。

渝關以兵赭地之毛予下令種柳資軍需也再來而柳始花四首

十萬營成萬仞山，大嬴環薄玉爲灣。不知官柳栽多少，初見輕花落研間。

其二

山巒水渚柳依依，憶得來時雨雪霏。一到臨渝八百日，侍闌重見絮花飛。

其三

不嚮春風舞絳紗，綰愁牽緒滿天涯。十年手植初成陣，細柳營中學六花。

其四

倚樓長笛月明中，入破偏隨宛轉風。搖落不堪愁裏聽，滿城甲馬又西東。

寒吟二首

萬里縱横萬寓寬，將軍不復計樓蘭。雁來南國芙蓉驛，馬歇西原苜蓿灘。

其二

天子神威咏濯靈，元戎初匣舊青萍。宴開丹鳳東西幕，節建鉢羅南北庭。

題畫

高峰老樹桂虬龍，瀑布飛花濺瘦筇。十里灘聲驚落雁，滿亭秋色擬垂虹。

哭同年韓弼我太守三首

鹿鳴携手四十年，十載分符嚮遠天。幾度塞鴻飛不到，衡陽驚報落虚弦。

其二

曾憶長安春酒杯，十三年裹首重回。無端雁蕩峰頭月，歸落家園入刧灰。

其三

五馬翩翩盡有聞，鹽車東下總君恩。阿誰飛落篋中語，幾嘆天朝獄吏尊。

送式周郭年兄詣公車

蓋年伯大司馬以戊榜云稱尚書家，期予式周，式周副我

玉鈎銀蒜尚書家，簾捲沈烟裊杏花。七十二齡新進士，瓊林邀月倚窗紗。

得兒鉌手書

七郎也寄數行書，字字分明問起居。一到天涯頭更白，夜來勾夢到庭除。

鉌兒寄字云問爹安無事早來

平安無事早歸來，字字真誠字字催。可耐此身屬社稷，祇今[虜]在未堪回。

程星海夜坐聞濤是日遣將

有客高談霜月清，小樓不礙海濤驚。天風似惜軍容壯，竟夜如聞甲馬聲。

除夕同兒鈐坐小閣念君父深恩感歲華易邁誠點焉自失也因拈霜鬢明朝又一年句用霜字韵

雪山清映戟枝霜，笳鼓聲歡夜未央。此夕故園人自老，那堪白髮更他鄉。

二月聞雁三首〔一〕

幾聽孽鳥語關關〔二〕，盡罷虚弦落照間。却訝塞鴻〔三〕偏有膽，又隨春信到天山。

其二

九月邊庭無雁來，關門不逐雁門開。春來塞上希矰鏃，花信風前一一回。

其三

孤鴻幾日過長安，拖得春旗露未乾。應説邊聽花信早，征衣初擬褪春寒。

【校記】〔一〕高陽集原題作「二月聞雁」。本題後兩首輯自錢謙益列朝詩集丁集十一。
〔二〕本句，列朝詩集作「數聲嘹唳渡渝關」。
〔三〕「塞鴻」，列朝詩集作「征鴻」。

楊總戎隧碑

曾識公孫何等班，于今片石見三山。英風想像遺踪在，化鶴何年竟不還。

過曲尺河不入

十里平沙曲尺河，小城東畔健兒多。倌人似惜新亭泪，小隊低徊不肯過。

中後所

春懶荒臺草亦稀，幔亭風日滿征衣。最憐王謝烏衣巷，無復尋常燕子飛。

寧遠

矗起層巒水拍堤，邊城風色正凄凄。相看海燕閒來往，玳瑁無梁借一栖。

瓶花

高牙風峭戟枝寒，杏蕊新香春正闌。却憶韋家花樹會，關城初嚮一瓶看。

殫忠樓用兒鑰對雨韵二首

帝城雲樹倍應新，誰遣風烟梍舊輪。自是當關鐃虎豹，春來秋雁更稱臣。

其二

鳳水蒼山緑野新，雨香花徑襯雕輪。寄聲萬貯樓雙鶴，莫嚮雲霄怨老臣。

立夏用程幕韵

小院同人認菜花，應憐關外野人家。不知蓂莢春都盡，尚着狐裘放晚牙。

殫忠樓五首

三十年前獻壽杯，赤盤麟脯擎高臺。于今朝雨關城下，獨望孤雲燕子來。

其二

驕風急雨滿回中，烽火驚傳入漢宫。聞説至尊懷鉅鹿，誰堪麟閣定元功。

其三

長劍空看高倚雲，風烟四海自紛紛。誰家預作清平曲，故雜悲笳夜夜聞。

其四

着罷新袍聽曉鴉，坐虬雲擁綉旛花。□兒夜看旄頭落，敢嚮山頭撼岳家。

其五

秋風白髮故人情，相對一尊塞外城。坐久鶯花渾故國，突來曉角兩三聲。

樓中聞笳

西風落木海山秋，小院誰攢萬里愁。待得昇平歸去日，聽笳應説殫忠樓。

喜雨

手提孤劍嚮邊州，木葉蕭蕭又早秋。新調健兒身未貼，那堪風雨暗汀洲。

聞笛

短笛誰家曲未停，高樓初是數峰青。一時盡洗[胡]笳耳，静倚雕欄帶月聽。

喜滿趙二都督至

一劍誰當虎豹關，最憐俠骨海山間。夜來風雨驚人起，合有雙龍下碧灣。

室韋部一首

柳城東北地環遼，猛越河邊九部驍。一自貞觀朝貢後，至今人説有豐貂。室韋，貞觀中初貢豐貂。

奚國

白狼河北東□邊，五部奚斤毳帳連。可惜冷硎十二萬，延和不效景雲年。景雲元年，奚貢方物。延和元年，以十二萬伐奚，敗績。

霽國□□別種也貞觀中入貢

南連潢水四山環，風土依稀似奚丹。中國聖人天共大，至今祇曉舊貞觀。

契丹

開元天子祀東都，扈從□渠侈曼□。最是突干爲怏怏，東華公主入平盧。

鐵勒

鼓纛新恩墨未乾，朝來介弟又承歡。天家不欲渾强盛，南北重封小可汗。

班婕妤題扇六首

一霎西風梧葉空，翩翩祇在殿西東。須知御手牽裾意，可嚮高臺怨避風。

其二

殿角秋風上翠旗，玉鑪香篆繞簾飛。尚方侍寢朝來起，已捲桃笙付典衣。

其三

金莖露冷月如霜，特下釵頭雙鳳凰。但勿南薰侵玉體，縱捐篋笥亦何妨。

其四

幾看輦路饒秋草，便覺涼生水玉中。遥憶春風曾寂寞，這回休獨怨秋風。

其五

倐然秋思滿銀屏，颯爽西來夜語鈴。篋笥未藏仍在握，且從珠箔撲流螢。

其六

玉宇瓊樓五月寒，縱當朱夏嚮誰看。懷中亦有湘妃扇，閒灑胭脂畫牡丹。

讀陶士行傳

八翼天門典八州，孤貧小吏亦何求。祇因一飯知賢母，雙髮爲兒換督郵。

寄一亭三首

蝶飛緑草翠成茵，酒滴珍珠倒葛巾。城上雲陰池上雨，合來都供研頭春。

其二

涓涓秋水草爲堂，簾捲凉颸燕語梁。一夜雨添新漲後，荻蘆學展緑沈槍。

其三

山雲矗矗鬥孤亭，木葉初寒片雨青。枯管拋來無個事，閒看鸎鵡自梳翎。

初夏聞蟬

二月新絲渾盡賣，隔林初聽繰絲娘。隴頭風葉陌頭種，半爲高門促嫁妝。

喜雨

呼雨呼晴鳩自親，天公總不費機神。夜來一雨浮瓜蔓，閒煞河間俯仰人。

雨夜

一雨突來清夏日，却教秋思滿虛聰。偶傳家信垂鄉泪，况是獨吟對夜缸。

馮騎都尉唐墓

棘蒲南畔古城闉，馮北馮南沙水濱。莫惜騎都容易老，一官白首幾多人。

東田莊

屋後青秧水畔扉，方舟曾憶繫漁磯。柳花日撲人頭白，柳葉青青燕子飛。

齊家口二首

停杯却立弄潺湲，水勢平吞虎豹關。聞説長年識表啜，白牛灣北駱駝灣。

其二

石髮于今尚挂樹，浪花當日故漫天。最憐東下鼉鼊窟，留得西偏（遍）萬井烟。

劉生

渡口楊花攪夕曛，離情一片共紛紛。重來鼓枻秋風裏，擬採芙蓉持贈君。

再過延福淀

麥花翻蝶未成秋，梅雨初濃夜不休。一夕西風吹大壑，農家門外繫漁舟。

夜次洺關用汪濟寰給諫韵

天低野曠參橫斜，鼓吹迷離亂水涯。堠吏不知人意懶，夜深燈火照孤槎。

呂仙祠

走轂奔蹄夢裏生，道人點破已分明。紛紛渴睡白袍子，猶説寒燈夢不成。

黄華

洞老不知成魏晋，祠殘何論歷隋唐。桃花紫氣年年在，争得閒人對夕陽。

牡丹村小苑

誰家小苑鎖幽香，映日輕紅過短墻。似是砑光誰舞罷，倚欄無意掠殘妝。

冠縣道中二首

居人指小城云：「今御史馮令邑，時撫流店。」

日夕牛羊小院紛，居人都説小馮君。平蕪野磬三川柳，穲稏春回萬頃雲。

其二

桑柘成陰隴麥黄，千家齊佩令君香。歡呼驄馬行春客，鸂鶒灘頭有憩棠。

田莊二首

大渥孤城十里餘，幽人初闢藕花居。夜來風雨蛟龍鬥，自課兒童細讀書。

其二

八月濤聲夜吼鼉，枕邊雜聽打魚歌。等閒高揭雲霞眼，萬頃芙蓉雨一蓑。

曉發武遂

灘頭野水曉生寒，馬踏楊林月色闌。萬壑空青如有待，最高峰上倚雲看。

送本通和尚

種種法從性裏知，還來方外訪名緇。等閒悟得峨眉月，到處清光是舊時。

送曾省庵

翩翩裘馬走風塵，留得尊前應住身。怪嚮夕陽憐倦鳥，夜來江月冷親人。

白雲觀即事二首

群仙遥望集靈臺，羽客霓裳映日開。鈴鐸加聞天外度，長生閣上拜初回。

其二

何年鶴返白雲鄉，此地空餘脱骨香。多少酣歌金馬客，年年花下問遺方。

宫詞

三十六宫渾見月，知他清影嚮誰多。珠簾不斷春風度，又報轔轔翠輦過。

周鍊師説經

瑶臺初罷講時鐘，寶籙親函入九重。自是漢皇識曼倩，肯勞方外訪奇踪。

宫怨

曾侍君王供奉班，昭陽一别舞衣閒。楊花管領春多少，日逐東風伴玉環。

少年行

白日翻風易水秋，滿腔俠氣淬吴鈎。夜來批得仇家骨，醉嚮鑪頭唱酒籌。

桃花灣

燕子呢喃春欲暮，曉來花信風初度。知他誰是武陵人，開盡碧桃千萬樹。

芳草谷

芳芳淒淒隨意緑，東風吹雨香盈谷。王孫何地未歸來，盡日白雲看不足。

高陽臺

高陽臺迥月如華，省識當年上將牙。地坼臺空人世老，夜深古月滿溪花。

過督亢亭

水邊籬落野人家，處處垂楊宿暮鴉。似説舞陽西獻後，孤亭寒色滿天涯。

少年行東甯文鱗

玉勒金羈白鼻騧，阿郎今夜醉誰家。寒鴉啼破長安月，笑指青樓度落花。

王茂才別墅

危樓百尺瞰花城，雲卧南窗午夢清。一蝶南華成栩栩，隔林風送步虚聲。

送友人

山城吹角月婆娑，一派秋聲嚮客多。已是愁中聽不得，那堪重唱渭城歌。

飲王慎庵茂才得其弟乾符調會城報

別抱十年醉裏逢，君家兄弟盡人龍。尊前忽落黄河色，一雁翻雲第幾重。

送鄒泗山太史歸豫章二首

秋風浙瀝雁南飛，此夕聞君放逐歸。欲寄愁心隨去雁，不堪霜露下寒暉。

其二

孤臣此夕遂初衣，塞馬何勞問是非。無那故人零落盡，寒風吹雨夜霏微。

大將軍略地過廣寧遂下樓船歸奏方略三首

漢家神武振天聲，大將初揚海外兵。似説乾州殘草木，欣欣亦解嚮威名。

其二

松山山北十三山，鎮日人從舊幅看。一見元戎結小隊，争教稚子識衣冠。

其三

六山山上日飛泉，不洗仙岩草木□。報道天家車騎過，望門桃洞盡鮮妍。

十月既望晚抵中後所

青簾白板滿城闉，父老依依半病身。幾繞幨帷說舊事，攢麼猶有未歸人。

鹿職方誕日

三逢十月十三日，不作家園斗酒歡。獨有軍中笳鼓競，若爲額手勸加餐。

邊城春思五首

記得春深柳葉齊，醉騎驄馬踏花泥。邊城新燕成巢後，小草纔翻碧玉蹄。

其二

自是中林歸去遲，柰園風色重相思。誰營清角關山曲，又嚮南樓月下吹。

其三

高樓一望客思鄉，千里黄沙照夕陽。莫訝關山春草白，邊人頭上四時霜。

其四

小閣扶人看射飛，千群蝶蹀過青陂。平原幾度憐芳草，不爲王孫春未歸。

其五

海面寒雲還漠漠，山腰野草更菲菲。等閒略上層樓望，草色雲光護客衣。

燕來四首

三月關城春未交，去年雙燕帶雛啁。回翔幾度東風裏，又湊花泥補舊巢。

其二

高樓風色海山交，玳瑁梁間（問）燕子啁。似説杏花開爛熳，銜來花瓣補新巢。

其三

何處王孫春未歸，斜陽芳草倍相輝。侍兒好捲珠簾月，莫礙新巢燕子飛。

其四

燕子銜春春欲歸，畫堂點綴倍生輝。倚樓怕有傷春客，莫嚮珠簾深處飛。

聞劉岱與將抵關門

每緣雨雪憶劉生，此日聞將嚮此行。却快春風饒意緒，先隨新燕到邊城。

擬明妃曲六首〔一〕

偶披明詩，有明妃曲數十家，殊覺支遠，特擬作正之。

應召當庭玉臂寒，天家親按畫圖看。衆中多少憐光彩，衹道生來畫亦難。

其二

北來不耐理新妝，玉貌金銷［虜］地霜。縱擬人憐還似舊，可堪憔悴動君王。

其三

霜夜吹笳大點兵，擬從南牧望南城。却愁烽火甘泉下，不獨邊人夜夜驚。

其四

記得宫中閒夜時，雲屏珠箔坐彈絲。衹今滿部□笳起，漢月低徊不忍窺。

其五

霜角吹殘漢月明，學將[虜]語兩三聲。依稀解説中原酒，不似[虜]家湩酪清。

其六

幾説黄龍款五原，琵琶馬上曲重翻。醉來時弄黄金璽，回嚮閼氏誦漢恩。

【校記】〔一〕本題，高陽集原作「五首」，實則收詩六首。

閲邸抄 丁卯

山水縈回錦作城，二凌風雨太分明。籌邊樓上平[虜]策，不説松山幾處兵。

夜夢蓮花泊待月

畫舫載來南浦月，平分一點與江鄉。夜深月避蓮花面，獨揭蓬窗聽水香。

舟行夜泊

片帆高挂鳳城秋，影入晴江静不流。滿載月明凉似水，酒家門外駐行舟。

野塘

誰將舴艋載愁來，萬斛澆愁次第開。一雨横塘流野水，藕花叢裏玉人杯。

重陽阻雨

同人約共菊花杯，叢菊特特冒雨開。但使龍山尊酒在，不妨晴日看花回。

聞官游擬歸者作

久客長安病掩扉，五陵裘馬任輕肥。衹緣張翰鱸魚貴，欲買無錢未得歸。

桃花園馬上

桃花園裏桃花馬，麗日香風度玉人。况是穠華初過雨，紅泥遥襯馬蹄春。

草堂村尋人不遇

古樹環村烏鵲依，草堂風雪落還飛。檐頭啁哳窺人意，似説居停戴雪歸。

題友人山居

四十年來器業同，貧交猶有古人風。衹緣姓字人間遠，移住青山草木中。

登高回乘月尋僧

醉邀新月看花回，携手聽歌阿濫堆。便嚮龍山賒月色，萬松深處問如來。

春草

春色纔看二月餘，萋萋芳草□山居。平原一望三千里，此際誰堪讀遠書。

野步

幾望蘭舟秋思長，同人徐步水雲鄉。怕驚兩岸閒鷗鷺，收盡灘頭紅蓼香。

擬過崔處士林亭

捲簾風送月爲鄰，擬作新詩洗研塵。開徑不緣車馬過，隔林或有看花人。

擬酬王摩詰過林亭

日涉園成漫不關，自無車馬到空山。何緣一着中林色，繞徑鶯花盡破顏。

解悶二首

幾莖華髮點霜秋，自合終身老一丘。佳興開尊同北海，文情懸榻待南州。

其二

颯颯秋風吹夜半，紛紛涼月白天中。世平半謝黄頭子，齒至先成白髮翁。

田家雜咏二首

樓外烟雲晚更昏，倚闌東望失江村。西風好倩吹殘雨，莫遣新棉帶水痕。木棉着雨生涑。

其二

稙穀垂垂晚穀齊，白洋風送亂雲西。却愁多雨禾生耳，不怕新泥馬没蹄。稙穀雨多則倒，青生禾黑，晚穀秀齊，可緩雨。

與村老對飲

晚禾不穗同呼雨，早穀方登共嘯風。雨雨風風無個事，兩翁相對酒杯中。

秋日游李園二首

野曠風高木葉稀，解襟重問釣魚磯。湖山一片烟霞色，留滯灘頭雁未歸。

其二

看山纔了復臨流，更下晴灣好放舟。欸乃聲中雙鳥下，頓令秋思滿滄洲。

送王虚之孝廉署清江二首

標格從來清似水，談經得地屬清江。庭前倘有長松樹，可憶松濤月下窗。孝廉讀書予松濤亭。

其二

水晶光徹西江水，苜蓿香生入苑春。此去重過淮水上，當年拔幟是何人。

馬家河雜咏三首

博陵東下苑西迷，解犢亭前水拍堤。藺口尚餘瀛水曲，衹令人誦許公題。

其二

秋風矗矗駱駝灣，萬頃濤聲列遠山。無限牛羊青草渡，牧人吹笛杏花間。

其三

淀開延福下圈頭，水擁榆堤半不流。最是雍城河兩岸，隔年風送釣魚舟。

邊吴淀

滄水東環塘水野，邊吴淀頭走□馬。聖代祇今三輔中，空餘樓櫓夕陽下。

經宋三陵三首

倚城河畔雨凄凄，風捲黄沙水拍堤。自是宛陵葱鬱處，烏鵲無樹嚮人啼。

其二

白草離離供野燒，居人猶解説前朝。秋來禾黍西偏地，盡屬祠官任採樵。

其三

木落沙寒何代村，尚餘遺迹表荒原。似經[胡]馬藏名姓，可有信陵幾葉孫。

丹白園九月廿日見葵花

曾嚮清和識麗姿，秋深仍挹冒霜枝。于今勁氣無收處，散漫閒園草木知。

其二

幾日不聽燕語梁，木綿凋盡夜來霜。小欄杆外西風急，一點輕紅鬥曉裝。

六莊

板輿衝暑興偏新，緑樹晴芳净不塵。入里兒童還識姓，開門雛燕亦親人。

夏日同齊賓甫劉安甫同居六莊

解組歸來鬢有華，同人相傍野人家。幾年東閣調觚手，新嚮西園學種瓜。

西野得長安陳門人信

結伴相將入遠村，張羅小巷幾黄昏。何來野雀嚮人語，應怪長安書到門。

閒圃

閒身終日比雲閒，不爲秋風栖碧山。却訝枝頭雙白鳥，夕陽飛倦未知還。

平野兄從山中投以文石黄精諸珍種種時予方以嚮平債僕僕蓬堁也

小山叢桂寧無體慚率成二絶用代尺一兄其教我

小園叢桂日無成，烽火于今照上京。君已有山堪借住，肯容長嘯飽黄精。

重陽日過劉元价司空墓二首

匹馬凌寒没錦泥，帝城風雨半凄迷。幾回搦管題糕字，零落黄花不忍題。

其二

曾轡朱明披草萊，玄城幽境盡青苔。重來白馬秋風裏，野樹寒雲半不開。

半峰亭

半峰和尚有句云：「天台雁蕩天下奇，有生不往將安之。」亭在毗盧閣之東南。

烟雨濛濛高閣東，半峰亭插翠微中。探來台雁多奇勝，秀句猶堪寄遠公。

莫愁湖

斷岸枯荷雁影秋，石城西畔水西頭。一泓澹蕩心偏遠，不爲盧家有莫愁。

望日憩紫荊花下聞雁有懷家職方時在南闈

一派孤雲天際頭，紫荊花爛雁聲秋。依稀似寫平安字，漫滅雲間不敢投。

方正學祠四首 祠在梅崗永寧寺後

公侯滚滚上金門，獨着麻衣嚮至尊。十族有魂招不得，頭顱差可見文孫。

其二

兩袖香烟上惹身，忍將袍笏又更新。多緣聖祖憐莊士，未可乘時附翼鱗。公詩有「携得香烟兩袖還」。

其三

曾聽天語久揮毫，授簡今堪聖主勞。一死正留書種在，萬年節烈有清曹。

其四

一片枯腸萬刃鋒，書生猶説未從容。天書草罷樓𨑹死，多少冠裳拜九重。

木末亭

亭在正學祠後，其地高敞（敞），下瞰群峰，平臨木末，遂以名亭。

一眺梅崗木末亭，兒孫羅列萬峰青。秖緣侍讀英魂在，風雨瀟瀟不忍聽。

對雪二首

茅檐謖謖静隨風，敲斷虚窗竹幾（几）叢。不是寒鴉驚鐵鳳，却疑疏雨下梧桐。

其二

天公無意遮塵溷，誰屑寒花鬥曉風。大地山河渾一界，却從何處點晴空。

悼鸜鵒十五首

家調鸜鵒三年矣，一夕不食死，既瘗以銘，更爲詩悼之。

日映罘罳弄翠衣，坐來無語隴雲飛。珠簾不捲深籠閉，却待樓頭燕子歸。

其二

落日長鳴去住難，秋風吹帶隴頭寒。别來舊侶知多少，西望秦雲不忍看。

其三

喜入金閨舞彩霞，學吹玉管嚮昭華。殷勤省識彌生賦，石碗盛來菉豆花。

其四

静憩鳴鳩午夢醒，誰家横笛和愁聽。别魂消盡渾無賴，更學秦聲到畫屏。

其五

萬里鄉園入夢休，路迷誰識下江洲。不須悵望洲前月，一别江山落木秋。

其六

樹頭樹底妒流鶯，呼酒呼茶字字明。最是破人春草夢，紫荊花下大哥聲。

其七

春色闌珊柳欲眠，數聲嬌語落花前。夜來醉作文園渴，索嚮茶鐺信不傳。

其八

雪白梨花薜荔墻，一聲初落曉風香。別來故國三千里，羞伴烏衣語畫梁。

其九

鏡鶴池頭花樹多，傍池長學柳花歌。明年花發春池上，獨倚朱闌看鶴過。

其十

一入深閨損翠顔，十年誤點紫雲班。衆中毛羽還堪惜，緑鴨池頭仔細看。

其十一

曉來慵語對花眠，特倩黄鶯説雨前。自笑身同雙燕子，傍人門户受人憐。

其十二

東風初解唤茶時，豆碗新添日影移。似説夜來春夢惡，野鴉偏噪最高枝。

其十三

博山鑪暖玉籠寒，小閣輕陰翠羽殘。學得語成渾未解，嬌羞不耐倚闌看。

其十四

主恩特重羽毛輕，不共黄鸝深樹鳴。幾嚮菩提持半偈，傍人衹解喚茶聲。

其十五

學語多年餘舌在，語從憐處却堪憎。身前解受金剛咒，好化深林不語僧。

偶成二首

石榴花底火初然，一派晴鳩趁午烟。却憶文華供事寵，獨摇環珮日中天。

其二

淡泉雨茗試新瓶，小倚樓頭午夢醒。簾外風花都不管，鶴來庭下自梳翎。

夢中一絶訟憶後聯醒來足成之

江雨瀟瀟駐木蘭，誰家長笛倚風殘。春容似覺秋容老，醉把寒花仔細看。

入同口

西風吹雁幾行秋，一老河干理釣鈎。最是漁家雙醉眼，豆花棚下有孤舟。

擬楊鐵崖小游仙五首（一）

何年緱嶺罷吹笙，便領群仙上玉京。無限鳳鸞相唱和，浪傳拔宅有鷄鳴。

其二

東風又報海雲生，若木枝頭海日明。偃月似聞還許碏，瑶華初見召飛瓊。

其三

群玉峰頭日欲徂，西來瑶水擁蓬壺。等閒海上三山客，寫作人間五岳圖。

其四

一入壺山歲月賒，却從新局算年華。東公似愛饒仙骨，乞與山頭弄彩霞。

其五

五色曇雲擁佩璫，雲車隨日下扶桑。離來世界知多少，個個人騎白鳳凰。

【校記】〔一〕高陽集作「四首」，實則收詩五首。

秋意回文

紅葉一翻窗映紗，水涵新月滿流霞。風來自覺披襟快，同伴相邀醉菊華。

再紀夢　辛亥正月四日之夜

再入長安謁帝居，十年空愧一囊糈。如何清夢逡巡語，不説曾陳董賈書。

河橋步雨二首

雙凫西下咏如虹，細柳新蒲烟雨中。此日重來晴更雨，土花石髮泣長風。

其二

雨寒青蒻海雲生，帆落橋回一葦輕。莫嚮大堤横畫楫，浪花十里亂蛙聲。

雲中聞徐文江老師左遷留都二首

胡天五月月如霜，孤館殘燈夜未央。却怪青蠅緣底事，帶來秋色滿胡床。

其二

暮雨瀟瀟度逐臣，片帆南下鷓鴣新。等閒莫弄白門月，恐觸蛾眉妒月人。

望仙亭

白笈青鞋興味賒，停鞭遥望五雲車。人傳直北赤松裏，時有仙人弄彩霞。

過城南

緑陰初長薄羅秋，斜月輕風蕩小舟。柳外差池冲絮燕，似憐春色在枝頭。

陸家河

鰌魚夜穴河之滸，亂水奔流横子午。安得淇園萬竿竹，化作水犀三千弩。

雍城

寂寞孤鄉亂水涯，古堤殘壘幾人家。老農枯坐渾無事，日看清風送浪花。

八月朔日仍泊江口

江南山色嚮人清，八月風濤覺更平。枯坐小窗無個事，漫從三老算歸程。

過石帆山 一名礬山

片帆初挂大江灣，萬里風輕指顧間。南望渺茫青一點，舟人停櫓説礬山。

快船謡

帝城千里龍江驛，江上如林馬快船。慎勿近前嗔内監，朝來差出進時鮮。

謁南禺暮道中

緑鬢青衫白鼻騧，少年同學幾豪華。風流澌滅人琴盡，忍見垂楊宿暮鴉。

文淵閣封稿同張君一先輩二首

雲盤層閣擁飛龍，共入天家第幾重。立簇兩班投册子，玉函金鑰有黄封。

其二

金馬幾年長避世，楯郎終日羡群仙。一囊正索長安米，館吏來呈筆札錢。

送姜抑若城南讀書

掠罷雲鬟畫遠峰，自憐嬌立許誰同。夜來聞得官家信，又選蛾眉入漢宫。

琴棋臺

松風謖謖金徽冷，壇月依依玉局閒。似有澗泉操白雪，可容樵斧爛青山。

會仙府

帝閽咫尺敞仙臺，琳札繽紛鬱不開。漢帝誤傳青鳥使，半生東海覓蓬萊。

白龍洞

鳳簫吹斷白雲封，晶晶橘州第幾重。不是六花寒度馬，可知千尺玉蟠龍。

集仙洞

群仙遥集紫霞壇，碧落翩翩下玉鸞。脉脉寒泉滴不散，拾來璆碧總成丹。

太玄泉

青丘老人開深藏，螭髓麟脂片片香。不須更挽河車水，一畝玄泉百日糧。

辭岳

清角猶疑聞帝闕，碧簫何處覓仙踪。回空千嶂寒空裏，片片輕雲落雪松。

晚過懸空寺大風雪

苦憶懸空辨客塵，不禁風色滯行人。山靈爲我拂雲磴，倍取桃花水面春。

春日別同社友用劉子貞韵

它鄉物候意偏驚，况是應劉別夜情。鼓角聲中眠不得，鄰鷄相伴下寒更。

春醒

年年幾欲賦登樓，醉裏逢春意未休。聞道山中千日酒，十千應遣百年愁。

戲爲周振新作二首

鬘雲初結漢宮黄，幾曲新筝翠袖香。不是兜羅弦不貫，好拼一顧認周郎。

其二

聞説海棠花綻蹊，不堪重續擬紅題。明年花裏春如許，盡脱鷫裘付酒奚。

錢梅谷以御史過任丘

豸冠南下日迷離，山岳驚摧驄馬嘶。獨憶彈丸栖鳳地，褰帷一問幾遺黎。

挽趙瞻嚴廣文先生五首

先生于同里過成山劉方瀛、陸開仲諸君子，雅稱莫逆。予間從諸君子悉先生，即兒輩執經游先生門，先生日發其蒙也。蓋子姓十餘輩，無不人人坐春風者。先生携季子數千里外，五年食水晶鹽，曾不戛戛。予嘉其志介，爲詩悼之。

南鴻不斷暮雲飛，問字人還風露微。病裏詹詹鄉語急，不知身是夢中歸。

其二

三千里外泛孤槎，日倚寒雲數暮鴉。無限放魂招不得，春風隨意繞庭花。

其三

載酒相歡綴勝游，詞壇無地覓風流。短檠不熠爐烟裊，應識孤窗一段愁。

其四

白蘋水滿雨黄昏，獨鶼寒梅未返魂。此日湖南春草遍，遥知孤閣憶王孫。

其五

墻角孤檠泣曉漻，倉庚隨燕舞東風。蹊成桃李春歸去，絳帳無人花自紅。

夢題杏林春宴圖

宫袍新緑柳含烟，寶馬香風逐曉韉。最是畫梁春燕子，雙雙飛舞杏花天。

岳家灣望弘濟橋有懷錢明府若木

野棠小憩影婆娑，萬里橋頭静不波。夜嚮蓮花洋上望，横舟夾岸月明多。

送李參伯光素年丈之太原二首

最苦相逢罷酒卮，甘泉烽火夜來時。蒲枝艾葉關離緒，不獨并州有故思。

其二

寶笈瓊書擁上清，蟠桃開遍玉華明。一從丹竈燒鉛後，緱嶺方吹子晉笙。

閲邸報雜咏十五首 辛酉

逃兵半赴西曹舊，逃吏今看東嚮新。經略朝來更請劍，不知決意斬何人。

其二

清蹕巡方堪死報，争教疆吏又生還。新軍莫訝無精甲，暫借官人作面顔。

其三

從容解佩牙厢井，慷慨同繯都護堂。待得漢關歌吹入，莫愁無面入遼陽。

其四

秋風吹水黄泥窪，月傍關山夜聽笳。此去遼陽幾百里，誰云隔岸有黄沙。

其五

風起沙飛三岔西，玉關關外放□□。邊人不解東征意，祇道天朝弃舊黎。

其六

次律應非應世材，是誰推轂强登臺。夜來有客談開鐵，未必降□是禍胎。

其七

二月東風雁字新，喜從開鐵略遺民。帝書草就星先隕，九地應憐報主身。

其八

平生偏愛郭汾陽，單騎猶堪嚮戰場。盡説野心不可結，一時羅拜遍名王。

其九

監軍新駐小西平，莫倚腹當數萬兵。北去孤城三百里，不知犄角嚮何城。

其十

走嚮長安賣寶鞘，西京俠氣未全抛。市人莫浪搜名姓，自有刀痕爲解嘲。

其十一

建炎誰更戰符離，取壁團虹兩自疑。摇扇不堪當溽暑，奮刀那可左降[虜]。宋邵宏淵、李顯忠事。

其十二

詰年辛苦結戎行，白骨青燐古戰場。莫怪城中渾解甲，得當仍復是遼陽。

其十三

須知萬里破長風，莫嚮長安細論功。學畫從來先畫鬼，遠人初手易爲工。

其十四

中元秋信月三更，騎薄初寒陡欲生。聞説聖人將御座，一齊簇嚮裏頭行。

其十五

長安門涌月輪西，照影隨人上御堤。劍佩已趨瑤水上，雲中猶自聽鳴雞。

題畫

柳外春風擁畫橋，奚囊携酒伴魚舠。江天二月烟如織，點綴孤峰半未消。

戲贈劉蒲陽

文園似解白頭吟，夜雨孤燈半不禁。自是玉臺憐獨卧，不關别館有琴心。

題給諫壽母册

草閣花明玉柳香，對燈風雨夜鳴螿。大人幾許憐嫎母，不必垂魚問北堂。

蓮花港分韵得浦口回船惜芰荷三首

蒲月凌波生極浦，菡萏摇風渾欲語。何處漁舟夜不歸，田田亂拂張魚罟。

其二

鳴榔纔辦酒家錢，一醉漁娃帶月眠。耐可西鄰租吏鬧，踏翻門外打魚船。

其三

琉璃千頃涌纖阿，夜永無風細作波。一曲櫂歌天欲雨，却隨明月點青荷。

聞砧四首

片月高城砧杵秋，隨風飛度殿西頭。九重正憶邊州苦，不獨征西促賜裘。

其二

萬户秋風急挫針，寒蛩啼月鵲驚林。怪來刁斗聲中意，半在深閨少婦心。

其三

玉堂清寂露華稠，夜漏沈沈月影流。滿月號寒衣不得，萬家砧杵爲誰秋。

其四

莎羽寒催萬里衣，秋聲颯爽破重幃。清砧不散流黄月，擣盡霜華歸未歸。

春懷感落花九首

一片飛花上碧窗，回風舞雪影幢幢。枝頭鈿粉勞新燕，花底金鈴鬧吠尨。

其二

脉脉春懷更嚮誰，故園别後杳無期。蓬門不借東風掃，怕有高軒破燕泥。

其三

芳樹分花散玉除，承來團扇影徐徐。春風亦解銷香骨，莫道凉飃妒婕妤。

其四

聞道君王大破口，三千逐隊選名姝。不知若個明妃似，莫爲千金誤畫圖。

其五

聞説天家養牡丹，多從臘日報平安。休看花落嬌鶯語，便道皇州春色闌。

其六

老枝結緑伴風烟，莫道紅銷未可憐。不信請看枝上月，夜來猶自弄嬋娟。

其七

夕日紅香帶雨過，衹緣一葉着庭柯。枝頭嘖嘖護兒鵲，却恨枝頭葉未多。

其八

滿天風雨擁娉婷，國色朝酣半未醒。雙鶴不知春聚散，啄殘紅粒日梳翎。

其九

曾憶朝元供奉日，杏花新馬試春衫。幾看花老東風歒，一任空梁燕語喃。

憶江南梅花二首

玉壺永泮浸斜暉，獨抱春寒晝掩扉。記得淩風臺畔路，黄昏初帶暗香歸。

其二

薊門寒峭上元間，水滿河梁雪滿山。頓有亭前雙玉色，不隨飛雪度江關。

兒輩書來云天雨雹　丁卯

四月風雹大雨來，群心應自識淩競。小儒莫便陳炎异，麟鳳頻年有瑞徵。

坐丹白園廢門有感二首

園既廢作屋矣，門獨在，汪長倩曾題其裏行曰「松菊主」。

僻地初成丹白園，紫荊花襯坐開尊。祇今丹白隨花老，白髮青山雨閉門。

其二

廬人斫木聲丁丁，細雨微風選勝亭。坐遍柳陰無個事，閒雲初擁萬山青。

董茂才索詩題贈一絶

翩翩雛鳳紫庭賒，五色文章照彩霞。知爾家園窺未得，年來開遍洛如花。

秋日偕呂茂才陳太學飲甯年侄水亭三首

芙蓉樓下水徘徊，百道金光映日開。返照花城翻錦綉，環波石檻鋪莓苔。

其二

孤閣臨流混太清，烟波渺渺抱重城。西風莫捲枯荷盡，醉客重來聽雨聲。

其三

漁舠菱茨擁婆娑，采采西風積漸多。歸棹滿摇蓮葉港，嗚榔齊唱竹枝歌。

出塞三首 十日中後所作

霜華臂手緑沈槍，隊隊擎拳大道傍。車過彎身齊唱喏，葉家東畔設新防。

其二

一劍何堪報主恩，幔亭星月下黄昏。可能省識山川意，歸嚮君王聚米論。

其三

畫角嗚嗚起暮烟，馬頭明月更清圓。到來枯坐孤燈裏，鈴索聲中聽管弦。

中右所不寐

滿城鈴柝夜如何，檐馬西風攪夢多。白髮蕭蕭人不寐，半窺新月照天河。

望團山營

丹崖萬頃小團山，百草緋霜水亂彎。却笑半生文墨手，漫隨老革嚮兵間。

副將軍桂同大將軍世禄巡大凌河□□□□四十三馬六十一以晦前一日師行冉越宿而捷至志喜

偏將英風大將才，一呼輕騎控弦開。入辭鈴閣時無幾，箭吏遥傳吉語來。

壯歌亭二首〔一〕

入夜聽殘定夜鐘，萬山白月擁芙蓉。嚴更不敢調絲管，風静時傳搗練舂。

其二

畫角聲中放早牙，弓開弦月劍霜花。最憐怒臂岑牟吏，特試漁陽第一撾。

【校記】〔一〕本題「二首」爲整理者所加。高陽集衹收有第一首。第二首輯自錢謙益列朝詩集丁集十一。

閲弓箭手三首〔一〕

三年又見柳依依，細柳營中鏇柳歸。却喜丹臺新燕子，學成白羽水平〔二〕飛。

其二

琱弓初試關山月，羽簇平穿金埒侯。最是健兒渾脱手，曾隨驃騎射長楸。

其三

三千新練射雕兒，霜震聲中駿馬嘶。不信虚弦驚孽鳥，雙雕那敢過遼西。

【校記】〔一〕高陽集題作「閱弓箭手二首」，無第三首。此題第三首輯自錢謙益列朝詩集丁集十一。
〔二〕「平」，列朝詩集丁集十一作「準」。

月下再聞砧

流黄石上月如梭，折疊重重見月過。霜杵不妨和月色，却愁新練月痕多。

小淩河

小山曲曲小淩河，錦水成文總不波。偶憶蓮花泊裏月，一帆風色伴漁簑。

立秋先一夕聞砧

高城鶖鳥學雲飛，薄暮征人帶雨歸。祇恐秋風吹不盡，早將秋意搗秋衣。

月下聞砧坐中客曰力不盡

搗砧初試月門中，不是低徊手未工。此夕懶敲石上月，好當別日石尤風。

駐臨海鄉看秋雁歸

小亭枯坐聽鳴珂，一派黄雲度雁過。似説海城堪牧馬，不知水草近如何。

夜大風雨不寐因念諸將士四首

離離禾黍漸登場，夾雨西風夜更涼。野巒不嫌秋面目，却愁霜冷緑沈槍。

其二

十三山外馬家湖，野草青青鳥自呼。趁得金錢還採摘，歸來隨馬學吹笳。

其三

聽子新從塞外回，分明親到廟山臺。遼人盡説遼人苦，衹望天兵動地來。

其四

秋風槭槭小團山，萬馬嘶雲草未斑。騎吏驚籤飛海外，水犀合隊射潮還。

恭承三朝恩眷而寸草不能報春暉賦以志愧三首

記得登朝侍聖神，金爐香裊拜絲綸。親承六字龍鸞下，五色雲中第二人。

其二

記得黑衣捧玉輪，聖謨浹月萬年新。親承宮庶文華下，詞苑恩班祇一人。

其三

記得加恩拜紫宸，此生敢復有生身。親承天語龍書案，倚賴惟卿第一人。

夜四鼓聞雁

雁度寒雲入夜清，霜殘曉角更分明。秋來夜色凉如水，况是孤窗月四更。

尋花

小徑透迤亂水涯，阿蘭東去野人家。流鶯聲裏夕陽下，覓得閒園幾樹花。

王舍人竹樓

擬嚮林間作醉侯，紫薇郎舍竹爲樓。看雲有興仙人鶴，倚檻無心海客鷗。

雨中聽琴彈別鶴操

何年雙鶴怨離群，入指那堪雨夜聞。却是琴心清苦甚，隨他窗外有文君。

酬胡三憑人間牡丹

誰買胭肢畫牡丹，何如拉客倚雕欄。胡公憑寄花無恙，便可携壺月下看。

竹亭

小苑霜筠種幾竿，青蒼時引子猷看。似從黄竹西池咏，分得瑶山一片寒。

舟中夜月聞笛

秋江檣燕語秋風，水定黄昏月滿空。正是魚龍秋睡穩，斷腸聲在月明中。

竹二首

一札平安問此君，東頭夜雨漫相聞。移來幾個蒼龍尾，占盡瀟湘一片雲。

其二

篔簹谷口倚風行，瑟瑟藍田玉一泓。何處高人偏得趣，看殘夕日未通名。

夢作

寶馬風回繚綷香，小亭挾雨入新涼。憩來獨抱空山月，夢破啼鴉夜更長。

杏山

月上曾聽畫角鳴，征人嗚咽不勝情。居東又作東征賦，孤劍霜華滿杏城。

步過馬龍坡

振衣初上馬龍坡，反徑巉岩千仞多。自後土人説故事，相公從此步行過。

水峪寺閲王鑒心都尉所相地

峨眉山月涌清流，一曲石河萬頃秋。最是晋卿饒意緒，千金不惜買平丘。

吉家營雪

攬轡年來入塞頻，石花輕散馬蹄塵。誰知鵝鴨池頭雪，描寫猿鷩鶴怨人。

度大盤嶺

幾驅小隊此躋攀，獨佩天風萬馬間。碧眼胡僧相耳語，應嫌白髮點青山。

憶鹿乾岳四首

借君談笑净[胡]沙，同病相看鬢有華。江月照人應咫尺，嗟予白髮尚天涯。

其二

桑乾水咽盧溝月，柳港風翻海甸氛。匹馬南來饒感慨，那堪回首念離群。

其三

鹿門真氣滿江洲，未許□塵過白溝。團練嚮時弓箭社，歸來單騎到林丘。

其四

塞上烟塵日未央，有誰曾可其平章。遥知風起雲飛日，念我孤征天一方。

閱王覺斯集有憶文文起詩作一絶憶文起

到日都城掩九扉，君來無語更依依。衆中會得相看意，十里□塵其雪飛。

哭門人李元治少師十二首（一）

元治以匡濟長材，蜚英豪里，蚤登詞苑，入佐綸扉。嗣當皇路紛馳，群情沸鬱，獨能弄丸嚚競之場，握軸覆翻之會，即雲飛月駛，舟徂岸移，而客有去來，掌亭自若。爾其涣小群，折异類，奠清寧于孤掌，扶日月于中天，斯社稷之誠臣，寧獨端凝風度、蔚爾貴稱也。迨夫運際龍飛，儀爲鴻漸，居第方成，涉園未卜，櫪馬驚嘶，大星西墜。嗚呼！殄瘁之嗟，豈惟同襟。又若萱闈三至，蘭砌一經，傷讐爛于雙星，望御霜于片月，斯元治所不能瞿瞿心瞑，而同襟百爲心慟也。嗚呼！西祠鉉塵，尚佩良規，東海雙魚，頓驚哲逝，天涯游子，傷也如何。古人以歌當悲，予且以悲爲語。吾誠不知涕之何從云爾。元治其聽之。

倉卒别來齊相祠，那知幾語永相辭。祇今回首登車地，風起平原有所思。

其二

交訂詞壇二十年，綸扉先後總相憐。可堪四海瞻烏日，肯嚮楊雲一問玄。

其三

居第當傳肯卜鄰，交情〔二〕老大更相親。無端遠抱關山月，隔我三年笑語頻。

其四

春晚寒雲簇北堂，孤兒啼結案頭霜。幾回望遠疑風度，千里人迷照月梁。

其五

豪手登壇一弄丸，中天日月倚雲看。那知櫪馬嘶風久，猶想伊人在考槃。

其六

誰泣遺弓奉聖人，升猱無木虎狼馴。此間正合稱龍鳳，漢室中興幾大臣。

其七

築園聞在水南堧，便擬回車共往旋。月冷朱簾花鳥散，不知若個嚮平原。

其八

予安田里君當國，待爾旋車予抱關。此際不堪稱獨往，可堪回首念離顔。

其九

當君別業寄虞邱，幾囑歸來念故州。罷相正營旋馬地，玉人何處更仙游。

其十

邊城枯寂夜窗凉，此夕聞君上帝鄉。自是英靈渾不滅，虚堂誰覓返魂香。

其十一

海内交游已漸稀，眼前老友幾相依。夜來驚有西園信，泪灑東風滿客衣。

其十二

半世勛華百世傳，蘭階萱背總堪憐。閻浮皛皛斯人去，料是司籌别有天。

【校記】〔一〕本題十二首及詩序，輯自雍正刻本高陽縣志卷五。高陽集無詩序，且祇收兩首，分别爲其第三首與第十一首。

〔二〕「情」，高陽集作「晴」。

殫忠樓兒鈐賦雁字二絶句

誰將雲鳥紀東征，雁陣驚看露布成。莫訝收來刁斗意，歐陽邀去賦秋聲。

其二

遼澤蘆花漢月新，正關秋老未歸身。幾行雁得冥飛意，應有西風寄弋人。

漁家十三首

買得漁家舴艋舟，一竿風雨大江頭。漁娃新學漁家傲，縱使無魚亦不愁。

其二

江上何時興最豪，滿江明月一漁舠。四腮換得三辰酒，五兩平看八月濤。

其三

青衫何處濕琵琶，醉眼誰看過客槎。明月也嫌簫鼓鬧，盡攢清影伴蘆花。

其四

釣罷西陽睡未醒，蓬窗遥聚四山青。祇愁張翰饒秋思，日謂鱸魚不肯停。

其五

一望青簾便泊船，醉來時嚮酒家眠。兒童又報罾頭滿，載半分償舊酒錢。

其六

江上分風日未晡，教兒浴罷學操罛。九淵縱遇驪龍睡，莫羡千金頷下珠。

其七

長安貴客接公卿，日嚮侯門過此生。何似浮家獨抱月，小鮮一傲五侯鯖。

其八

呵凍提篙手未蘇，滿船凉月雪糢糊。畫家不解漁家苦，好作寒江釣雪圖。

其九

攬月批風抱一梭，豆花水長鯉魚多。灘頭粳熟原堪醉，不爲家貧乞監河。

其十

夜深漁火照江邊，罷釣隨流一扣舷。前路風回聞鼓吹，客舟貪夜入湘川。

其十一

夜來無酒對漁娃，却負江天滿月華。忽見浪花高尺許，迎風新釣重唇鯊。

其十二

帆白沙明霜月微，一甌新酒蟹初肥。放舟結伴蘆花港，莫管游人上釣磯。

其十三

不到江心不弄潮，日隨鷗鷺伴山樵。夜來燕子磯頭坐，醉聽閒僧説六朝。

哭馬滄淵大將二首

灣水西南擁萬群，元戎特領五將軍。揮刀贖得盧龍塞，雕鶚猶盤戰後雲。

其二

歸來五間自行成，雜種紛紛作内兵。一片賀蘭山上月，清光特照漢家營。

駐撫寧雜咏二首

大將雲麾下大東，排來十萬領雄風。班家夜半康居火，半照龍山夜雨紅。

其二

土窟驕成五餌通，漁陽鼙鼓北平東。極知狡計過淮蔡，雨夜何如雪夜功。

秋思五首 邊城對菊

西風夕日晚香來，幕府黄花繞砌栽。似惜淵明歸去晚，特將新蕊傲霜開。

其二

肯將秋色媚重陽，猶嚮秋深鬥晚香。自是生當秋世界，不關俠骨傲風霜。

其三

白羽馳飛放早衙，吏人初散倚黄花。南山似解悠然意，湊合寒鄉處士家。

其四

采采秋英秋可餐，却憐笳鼓座中看。從來秋晚霜花重，不爲霜枝特地寒。

其五

三月邊城看杏花，曾憐春色野人家。于今秋暮邊城裹，又報階頭菊有華。

九日殫忠樓作

東籬東海兩豪華，幕府秋風處士家。仔細較來清更勝，重陽無酒亦無花。

軍中雜咏二首

萬馬嘶雲壁外城，和門刁斗聽嚴更。等閒一片灤河月，幾度榆關百隊兵。

其二

元戎戟手謁平皋，窄袖弓衣插佩刀。騎吏忽傳元使下，蟠花新賜坐虬袍。

諸將十一首

負薵當秋日掩扉，將軍别塞解裝歸。刀環滿佩桃林月，亂吐清霜繞砌飛。

其二

家人清夢到遼西，珠箔瓊樓櫪馬嘶。恰直元戎新宴罷，醉嗔窗外語黄鸝。

其三

遼河秋冷月輪高，大將酬恩試寶刀。鐵騎三千渾左箭，蟠花新綉紫虬袍。

其四

野草萋萋野兔肥，將軍夜獵掩群歸。解鞚卸勒秋霜冷，虎撥重番大打圍。

其五

揖來犀玉滿坪頭，歸去傳呼盡列侯。最是功成延賀客，玉簫金管下瀛洲。

其六

角山山上醉呼盧，一擲渾忘百萬無。盤裏四緋宫錦樣，相看豪手賭□雛。

其七

夜半先馳白鼻騧，青燐明滅遠山厓。韉玉偏坐橫繁弱，不分官家式怒蛙。

其八

元戎戟手擁神皋，夜聽秋笳漢月高。行帳一氈相慰藉，烹羊煮酒膝橫刀。

其九

關城喔喔鷄初鳴，風静遥聞甲馬聲。鼓吏刺門投小報，大營合陣練新兵。

其十

將軍新嚮戰場回，玉帶虬袍天馬來。醉後却嫌笳鼓鬧，紛紛絲管擁樓臺。

其十一

邊城宿將承新恩，高會中衢開大尊。夜半酒酣誇膽略，特搴猿臂指刀痕。

紀事四首

漁陽鼙鼓未全消，生口捕來稚亦驕。燎火驚傳三十里，夜調新馬换金鑣。

其二

絳蠟初銷玉漏寒，東來烽火報呼韓。中丞節鉞封侯急，莫遣重稱天可汗。

其三

大盤南望下高臺，古路斜衝片石來。昨夜元戎新料備，呼龍關外有重垓。

其四

寧城城外築重城，十里金湯舊有名。可是赫連蒸土就，不妨[胡]馬夜縱横。

關門行

薊門風日慘重陰，不嚮諸公嘆陸沈。匹馬東行孤劍在，倚天時作老龍吟。

夢儒學舊隸人謁道傍名馬自還時候九懇旨云

清夜無端入夢來，儻然乘傳賜馳回。遂初有賦還堪賦，贏得人稱老秀才。

聞鐘

秋深枯坐意偏雄，一派秋聲明月東。最是高樓饒意智，邀來疏韵嚮秋風。

不寐

百歲平分宵且身，可從覺夢認誰真。華山睡客貪清夢，應悔高春一欠伸。

夜坐三首

手拊東郊百萬人，轉于僮僕倍相親。夜來聞得西歸信，個個同歡比雁臣。

其二

病骨難堪玉帶圍，敢從鷗鷺論忘機。健兒似説秋防盡，快着家山舊紵衣。

其三

百萬甲兵上將壇，玉鐔麾頓映霜寒。自憐半世匡時手，頭白關門學據鞍。

大將軍出塞破□首駱駝巢

建昌關外欝嵯峨，大將提兵戡駱駝。夜半偵人傳吉語，平明初駐瓦窑坡。

仲冬望之夜憶去年仲冬望之夜四首

去年此日謁承明，摵摵風塵滿帝京。却喜舊時東閣月，相隨手板到重城。

其二

裒衣擁月鳳城東，初見東官倪小戎。一劍隨行四十里，風烟同在月明中。

其三

甲士登陴醉未殘，故人相見敢成歡。最憐今夕長安月，共嚮清平世界看。

其四

絳蠟燒殘夜二更，擁衣枯坐賦東征。疏欞不隔寒風入，爲憶寒風上帝城。

朱大將軍罷鎮歸中前投函問我爲詩羡之五首

秋笳吹散馬蹄塵，唾手歸來百戰身。纔出玉關三十里，一窗高卧太平人。

其二

關門八里繞穹廬，上將誰彎金僕姑。念爾和戎古尚在，能將表餌佐平□。

其三

小隊曾游白塔峪，元戎初試黑莊窠。道傍一喏千人廢，八部降王未敢過。

其四

朝恩一拜觀軍容，□騎千群錦水東。最是寧山餘勇在，滿城齊唱黑王公。

其五

廣渠雨雪擁寒風，十萬東人歸嚮東。却喜元戎祖士雅，與君携手入關中。

冬夜二首

故吏新從輦上來，依依相見任低徊。生憎不解征人意，祇説天恩未許回。

其二

觀軍何日下承明，枯管題殘老婢聲。自是東來單騎在，不妨夜雪擁雙旌。

宋總戎燒荒出塞遂有事于西

探得旃房滿大盤，橫磨一劍倚雕鞍。俞兒小試飛雕手，盡縛降王馬上看。

夢在鄉

孤窗風細聽荒鷄，却憶東頭篠欲齊。歲歲相親還計歲，那堪經歲又東西。

齋居雜咏四首

黄金合色抱旌旗，幾縷清烟急暮炊。鼓角隨風驚左啓，元戎初報散操時。

其二

城頭旌旆捲晴空，牙角雲回破浪風。支罷月糧官吏散，海天清朗日當中。

其三

海口晴鴉立遠帆，風濤無復濺征衫。東來島上喬雲滿，應有飛書到海南。

其四

千里風烟當晝昏，排來鵝鸛擁和門。漁陽老將談新戰，幾度褰裳指箭痕。

紀夢

紅紅白白鬥春風，光景分明三月中。古徑不知何代樹，比肩開遍木芙蓉。

孫承宗集卷十

詩餘

朝中措

一緱長劍倚晴空，生事笑談中。王謝堂前飛燕，春來還逐東風。　等閒尊酒，孤航二客，折臂三公。且嚮清平行樂，誰論天下英雄。

滿庭芳

新燕受風，熟梅過雨，乍晴草木齊芳。倦雲門巧，夜袂漸生凉。到處香山緑野，抵多少、玉署金堂。横塘裏，扁舟載月，細柳舞霓裳。　悠揚。聽花外，龍吟隔水，一派笙簧。看黄鸝幾個，白鷺一行。盡寫沈浮光景，又何須、抵死商量。南薰過，又見疏桐，清露滴銀床。

陽關引

無那楊花鬧，又聽鶯聲咽。如簧細語，關情處，漫饒舌。看蒼蒼烟枝，早是征車轍。縱風流、還似張緒不堪折。　仗劍對尊酒，歌未闋。嘆風塵起，新亭泪，中流楫。把眼前飛絮，學作鵝池雪。待四方、戡定直此迎歸節。

滿江紅

天際輕雷，彤雲裏、轔轔未歇。正隴頭燕雀，枝間鶯蝶，千里塵迷芳草路，一行舞困梨花月。總祇待、推轉阿香車，晴鳩舌。　聽罷砑，風初絶。看礸磹〔一〕，光初結。快鸎林灑潤，柳枝堪撇。淒斷連床春草夢，低徊引水移花節。怕此際、到處長萑苻，愁難説。

【校記】〔一〕「磹」，原作「礌」。

漢宮春

旅雁高翔，領梁園春雪，柘館秋風。一行學作幾字，横挂長空。多情秋水，愛秋光、蹋入秋潨。更有調絲墨客，聲聲變作離鴻。　急管繁弦如沸，念歲華傷心，换羽移宮。幾番歸來去後，緑鬢成翁。蘆花烟月，故飛飛、遞寫清衷。看没滅、雲霄萬里，天涯愁思無窮。

塞垣春

郵火平安不，戰木葉、征鞍卸。六花紫燕，八圖赤撥，揎臂調馬。報舳艫、銜尾隨風瀉。更騰飽，元戎駕。念雲飛、渾多猛，趁燕市黄金價。　幾訝登壇人。天生歆、説儒雅。春雪滿前山，陡驚鴨池夜。又還將、半璧明月，團圞嚮、樣新鍴弓把靶〔一〕。且揣封侯骨，漫來輕噴咤。

【校記】〔一〕據詞律，本句應爲五字，「把」疑爲衍字。「靶」，明詞彙刊本作「靴」。

慶春澤

澄練元橐，紛綸大籥。二聲象罔同新。齊庶呼臺，英雄失箸難禁。星河影動積風遠，看振揺、地肺天心。漫折磨，甫柏徠松，不起甘霖。　丹書白雀羭彘老，任經綸豪手，鬱塞成屯。石室金門，爲誰閒惱閒瞋。痴龍自睡乘龍懶，把神威、兀自斷斷〔一〕。願天公兼用雷光，且破沈陰。

【校記】〔一〕「斷斷」，高陽集作「斷斷」，據明詞彙刊本改。

水龍吟

平章三十年來，幾人合是真豪杰。甘泉烽火，臨淮部曲，骨驚心拆。一老龍鍾，九扉魚鑰，單車欲狐搰。念河山百二，玉鐔罷手，都付與，中流楫。快得熊羆就列。更雙龍、陸離光揭。一朝推轂，萬方〔一〕快瞻〔二〕，百年殊絕。玄菟新陴，盧龍舊塞，賀蘭雄堞。看群公、撐拄乾坤，大力了心頭血。

【校記】〔一〕「方」，全明詞作「古」。
〔二〕「瞻」，明詞彙刊本作「睹」。

浪淘沙　春思

雙燕羽差池。銜得香泥。朱簾捲盡篆烟迷。分立銀鈎不肯去，交語多時。　芳草正萋萋。踏遍香堤。王孫新馬去如飛。梁上春雛令解語，不見歸期。

點絳唇　暮春

三徑初芳，落花迷盡風還掃。王孫歸早。閒煞連天草。　月地花天，可有人同調。春將老。黃鸝先報。似說予懷渺。

浣溪沙　望雲

誰瀉南溟玉一灣。諸峰羅列小庭間。畫屏十二門烟鬟。　彩筆欲描風澹蕩〔一〕，錦囊不貯雨潺湲。日來心事與俱閒。

【校記】〔一〕「蕩」，據明詞彙刊本補。

生查子　秋思

雲中一雁飛，似寄相思字。玉笛在南樓，倚檻渾無泪。　以我萬斛愁，寫我三秋思。不解別離難，漫說別離易。

菩薩蠻

千里飛來遼澤雁，一行帶得春風面。不解閣中情。不聽花外聲。　春懷還綽約。秋意轉蕭索。此雁便南飛。仍將秋帶歸。

清平樂　夏日

畫梁燕語。爲我消殘暑。玉樹青蟲絲一縷。簾外不妨對舞。　乍晴東壁挂斜陽。花陰滿地清凉。幾片閒雲且去，好看孤雁高翔。

阮郎歸　夏

滿庭新燕鬥微凉。鳴蟬下夕陽。水平飛入鬱金堂。雙雙語畫梁。　舞絮倦，落泥香，裁雲雙剪忙。送春去、小池塘。迎長入醉鄉。

御街行　塞下

雙雙小鹿閒依砌。日影亂、花陰碎。一聲長笛咽西風，風定落紅鋪地。朝朝暮暮，登樓凝望，目極纔千里。　波羅褪緑紅如醉。攢萬點、征夫泪。弓刀千騎擁雕鞍，偏是風霜多味。元戎夜語，雲鴻没滅，怕有回文字。

又

鳳樓鐘鼓星河曙。玉案環朱鷺。句臚曉唱徹皇居，鳳管鶯簧齊舉。六龍雲擁，千官鵠立，仿佛聞天語。　紫羅襴御爐香霧。春色成和煦。一行騶從出長安，九陌珠簾如許。銀瓜金蓋，玉鞭驄馬，都説神仙侶。

卜算子　孤鴻

萬里嚮雲霄，意托雲深處。雲外誰家燕子樓，似有人獨憩。　積水滿空澤〔一〕，野鳥翔天際。擬倩蘆花説舊絮，月冷渾無計。

【校記】〔一〕「澤」，明詞彙刊本作「潭」。

謁金門

愁相顧。春草先傳著數。飛絮落花成耽誤。凑來渾没措。　柳下扁舟未屬。准擬拋愁先步。一葉身輕風不住。連愁方肯渡。

憶秦娥

霓裳樂。群仙拍手嫌輕薄。嫌輕薄。素娥清冷，藐姑綽約。　河山大地渾迷却，堪誰手挽天星落。天星落。梅林纖月，没成擔閣。

風入松　塞下

波羅紅綻未成酣。檣插細于簪。舳艫萬里長風裊，六花簇、空翠烟嵐。山色特描華髮，蜃雲先撲征衫。　海天東望蔚爲藍。誰復咏鳶痁。黄龍不醉東氛惡，休提説、白墮青簾。矍鑠是翁此日，令人却憶征南。

鳳凰閣

遍閣浮積素，渾如月窟。寒風一派撩人肌骨。最是扶桑杲日，朝彩高揭。一霎把、威棱盡歇。　峭風爽氣，兀自有人拄笏。恁它百意描華髮。春來幾，縱繁華，也與春撇。不信有、秦宫漢闕。

臨江仙

曾記錦川川北去，摇鞭驅策羆熊。氈城毳幕幾元戎。投籤牙角，聲振六花風。　百二河山曾入夢，玉鐔還倚長空。覺華山月海門東。披襟鄉若，萬里快雄風。

瑞鶴仙

清霜生畫戟。正牙角秋空，池頭凝碧。是誰辨瑶席。懸一天秦鏡，滿函和璧。麟龍且莫。怕未節，章光重蝕。看中天、承露金盤，盛有琪華瓊液。　堪惜。西南鈎玉，西北眉蛾，各天相隔。仙茆天暈，三五際，仍消息。願天公萬里，雲霄先净，却把纖呵細拍。縱妖蟆，好點清光，怎生側匿。

唐多令

殘夜水明樓。坳堂載芥流。春入朱明雨未周。𥡴秠風中飛雁鶩，野渡外，又横舟。　幾日去瀛洲。故人天際頭。豆花棚、初試鈎輈。便欲乘風開萬里，雙鬢□〔一〕，不勝秋。

【校記】〔一〕據詞律本闋詞牌，「鬢」後當脱一字。

蘇幕遮

塞鴻飛，江燕語。絡繹聲殘，凑得秋多許。山外閒雲生別浦。忙煞漁郎，卧盡夕陽櫓。楚風臺，湘月渚。簇簇合來，都作秋懷譜。濁酒清歌堪獨舉，但是東山，又問圍棋墅。

又　效希文

月華生，雲葉護。秋水波明，月淡雲連樹。珠箔風翻留燕住。燕子無情，銜得秋風去。月沈沈，雲絮絮。喔喔荒鷄，殘夢無繇續。早是霜積鳴遠戍。怕惹愁來，又入多愁處。

行香子　雨

雷冠山椒。雲帶山腰。滿江天、嚦嚦冥鴻，蒙蒙白鳥，矯矯青骹。鸛呼風，鸜呼友，燕呼巢。　烟濕茶寮。芥載堂坳。控簾櫳、條條石髮，縷縷垣衣，晶晶浮藻。筆生香，罏生暈，硯生潮。

醉春風

硯底潮生暈。朝來風漸汛。風從何處帶春來，試問。問。紅香欄畔，紫籜池頭，幾番花信。

上苑風花近。無計排春恨。雙柑斗酒聽黄鸝，重認。認。柳絮縈腸，梨花頮面，幾多風韵。

蝶戀花

急雨驕風秋正節。零亂山紅，羞嚮庭花説。芳草天涯曾此别。南樓玉笛征鴻咽。　獨倚

層欄看共月。目極孤雲，遂與魂飛越。長鋏歸來心寸折。羅裳欲解番成結。

減字木蘭花〔一〕

□□□□。□□□□□□□。□□□□。□□□深暮倚樓。　葱葱〔二〕帝里。漢闕秦

宫風雨裏。鹹鹹才名，皇質唐文日月明。

【校記】〔一〕本闋，高陽集原題爲「踏莎行」，今據明詞彙刊本改爲本題。

〔二〕「葱葱」，明詞彙刊本作「悤悤」。

昇平樂　秋思

好辭不管君苗硯。錦字休稍〔一〕蘇蕙箋。雁行愁寫蔚藍天，黄華相勸。白雲都捲。聽催歸、小樓深院。

【校記】〔一〕「稍」，明詞彙刊本作「消」。

小重山　坐壯歌亭

秋曉呦呦雙鹿鳴。一行白鷺起、水波明。畫梁新燕門新晴。花間語，字字計歸程。　坐對海雲生。倚天誰潑墨、筆縱横。萬檣風色送潮聲。疏鐘落，和月聽嚴更。

又　憶丹白園

記得白園禾黍秋。晚風雙鶴下、聽鳴鳩。海棠鸚鵡語不休。花香滿，蝶撲玉搔頭。　長笛倚層樓。蓼蘋明緑水、繞芳洲。鬘花琪樹總當眸。雲山遠，雁字寫新愁。

又 殫忠樓聞鐘

兀坐枯床聽曉鐘。更人清嘯歇、起高春。野花燕麥舞秋風。回鄉信，驚問是西東。夕日下晴峰。黄昏鐘又發、月朣朧。枯床兀坐思沖沖。撩人處，鐵鳳攪簾櫳。

又 觀車

細柳風旋細柳營。錦裙蹀躞下、六花成。甲光耀日雨初晴。轔轔發，霹靂小車行。鵝鸛壓層城，蛟螭烟霧裏、隊分明。萬行齊踏静無聲。牙旗轉，鼓角響人明。

御街行

重重曲閣重重閉。暮雨急、秋蛩碎。誰家樓外玉簫寒，勾引歸鴻嘹唳。丁東檐鐵，攪人離緒，都湊惡滋味。未拈白髪先成泪。一恁個、醒和醉。疏鐘敲落短檠紅，早是珠檐風細。北山猿鶴，南枝烏鵲，幾度家園會。

長思令

鶯飛飛。燕飛飛。春色還從鶯燕歸。關山換旅衣。　花垂垂。葉垂垂。秋颺閒將花葉吹。鴛鴦立釣磯〔一〕。

又

山一重。海一重。山接天高海接空。相看雁趁風。　奏一封。書一封。似隔芙蓉無路通。檐花落酒中。

又

雨霏霏。雪霏霏。雨雪撩人雁未歸。長歌懷采薇。　花依依。鳥依依。雙鳥銜花繞座飛。而今花鳥稀。

【校記】〔一〕「磯」，據明詞彙刊本補。

塞翁吟

雲葉纔生雨，樓外鐵馬嘶風。報急水，小河東。飛一箭青驄。倚天劍破長風浪，小結畫影騰空。漫道是，長楊詞賦、細柳豪雄。　匆匆。脱跳蕩，驚帆轡滿，走躞蹀、蟠花帶鬆。有渝海、堪憑洗恨，看今日、蹀血玄菟，痛飲黄龍。鴨江醅發，鹿𠮷苹開，誰是元功。

踏莎行　效平仲

千里雲山，三年離會。阿郎欲去還愁去。乍來繞膝日依依，説歸不語先成泪。　似識之無，但尋梨栗。那堪頓解惡滋味。倚樓西望倚西風，無情芳草連天碧。

霜天曉角

孤城畫角，一雁穿雲杳。試問南樓新月，應知愁多少。　玉關人更老。望歸來一笑。滿壁秋蛩唧唧，都説促歸來好。

木蘭花慢

鶴來華柱下，城郭是，人民非。看七萃凌霜，六花噴雪，萬姓東歸。嚮來事且莫問，但旃裘、匝地涴征衣。遠戍胡笳正急，連天塞草初肥。　菟胸中百萬雄師，小試大凌西。喜三箭天山，六嬴虎落，百道龍旗。正黄雲赤羽兩同飛，早是風馳千里，環攻月暈重圍。

柳梢青　用張杜韵

渝海波沈，角山峰峭，擁護京皋。幾望歸來，黄龍玄菟，戀我青袍。　那堪地迥天高。平章罷、驚雷怒濤。衹有凌烟，一張圖畫，春醉仙桃。

再叠

絳蠟迎寒，銀鈎催曉，一鶴鳴皋。多少征人，黄華白葉，點綴秋袍。　莫題作賦登高。收拾盡、天風海濤。衹要西園，一行飛蓋，鴉柳鸚桃。

三疊

鐵馬嘶雲，金戈揮日，人在芳臯。閲盡空華，英雄着眼，恨滿綈袍。漫猜蜃海樓高。且聽個、松風海濤。試問東方，春華秋實，幾個蟠桃。

四疊 贈劉生

蝸角逃名，虎頭托興，寄迹東臯。我貌江山，江山貌我，坐卧方袍。漫尋跨鯉琴高。抵多少、裁箋薛濤。抛却胭脂，高陽池上，碧柳丹桃。

沁園春 秋思

匹馬東來，掩泪新亭，江山笑予。看諸峰羅列，霜描白髮，大嬴環繞，雲濺征衣。化鶴應回，鳳凰何處，惟有明月依戟枝。凝望眼、嘆人民城郭，何是何非。是誰奪却燕支。算麟閣雲臺須有時。問一行直抵，黄龍痛飲，何如合坐，緑野彈棋。獨上高樓，風烟欲净，遥見白雲隨釣磯。天恩遠，念玉關人老，曰汝其歸。

孫承宗集卷十一

序文

陝西通志序　代崔開府

陝西志，初修于釣陽馬公；又十年，再修于吕公涇野、馬公蹊田；又六十年，而今志成。蓋更王北部光庭，洎其弟給諫弘庭之才，而周民部槐村、馮侍御少墟，實屬定之。不佞受成事，叙其端曰：

陝西，古雍州地。其四履，割楚、蜀，聯冀、豫，以遠抵沙漠，而撫宴接之種，中還八郡，外控三陲，其幅員幾于萬里，爲中分天下大域。是以土函九美，氣毖三靈。其方于天爲乾，乾以兑金，生天一之氣，而知大始，故星半列宿，主天樞，以臨八極，緯萬類。天以下名山大川，脉所始起，源所始發，實終南、秦嶺、太華爲中界，而三五聖神，始肇嘉名。舉生人服食器用、委瑣科防，以大及彝叙，無一不始于雍。蓋兩儀藴祟，始開于雷澤，姜水而共柏，扶轂蒼岐，奉轡相與，闢天闔宇，以規萬代之安。然則以譚雍之志，固天文、地理、人事之紀也。夫天地大期，六十年一浹，而大以人承，地以人靈。今之雍，猶是神皋，而苞符若閟，猶是陸海，而品才若慳。前志姑不論，論入今志六十年矣。中間紀星變三，地震二，地裂一，水溢一，大旱大疫三，黄河竭一，而白鹿、芝菌，或以供玄旨耳。其志黄綬斗食而上諸文武大吏，幾千百人，而名迹所在，得與河山流峙不朽者，幾何人。嗟乎！天下大勢，祥不加祲，賢不加不肖，吏士者得無瞿然思也。予嘗觀采澗、芨棠之日，至武夫可爲腹心，而大駱以後，則羔紽易爲虎韔，兔罝易爲駟鐵，雖中閨，亦若快于厹矛，無亦山川深厚、民性質直，德調之則和，力驅之則迅，吏士者可得不善用雍，遂使雍善用質乎？夫創法思終，用法思始，溯生人之法，雍始基之，而大不用以爲厚，小不用以爲强，乃古理埶而創之，今履平而玩之，古瞰無而予之，今瞰有而寇之，亦安用大寇長劍爲也。雍，唐虞官制自雍始，而郡縣亦始于雍。即今官府法度，尚密于四方，然則職思其始，而提衡郡國，綱紀庶政，使文武諸長吏，相與善用其地，以撫鎬京，而即叙駝山、鹿塞之會，亦唯是二三疆吏爲兢兢。若夫約法賜租，比制于大始，而大不小隙，邇不遐遺，使方軆兼兩，不私獻丞，而庶士傾風，萬流仰鏡，若遘三五聖神之遺于河山百二之間，則斯志也，尚亦有深思焉。

續保定府志序

郡有志，則臨朐馮公倅郡修之。殆三十餘年，而闕者未補。適安邑王郡公以繕部來視郡事，慨逸事之未理，以鳳翔倅王君次其書。諸所舊仍，不具論，論今所續次，曰職官，曰選舉，曰官迹，曰人物，曰祥异，蓋犂然不謬創者。不佞得上下此三十年行事，而竊嘆曰：予讀職官表，見守若丞李以下，不翅百，而登官迹者六；見州邑之長吏，若黄綬斗食，不翅千，而登官迹者七。讀選舉表，見舉各數十若十數，合諸誦通，不翅四百餘，而登人物者六。又讀祥异事二十，中間父子相食者一，旱二，蝗三，大饑疫一，大雨雹二，星隕一，大水六，地震五，獨三男産者祥一耳。嗟乎！天之殃降，益祥人之善作，減不善，然則精祲之數、善敗之門，覽者得無懼乎。

不佞自澡髮來，嘗見歲暵溢，而衆或不恇，亦嘗見歲豐和，而衆或不免愁嘆，將無小民之倚命不盡在歲耶？不佞嚮謁郡公長安邸舍。公蓋促膝諮予治。不佞時唯唯，謝不敏。而公雅謂「安民在吏治」，則條數事，以躬飭諸州邑長吏。諸州邑長吏，無慮不廩廩德用，而式于其飭。吾儕小民，其食利賢者而不逢，不若尚猶是吏治之效乎？漢詔「務小民，安田里」，而曰「共此惟良」，寧虛語也。

郡當燕趙之會，近在日月光際。主上有大澤，實先萬寓首被之，即應聲之征、不時之役，亦實先萬寓首承之。且三關九水，會此如礪，隸者不善用其慷慨，而莅者不盡善用其慷慨之民，雖豐和，猶苦耳。今天下户口不增而役煩，田地不廣而賦益，寧獨吾郡。然吾郡倚命賢者，以自釋于恇，而尚得稱吾郡。不然，富褸裂，而貧溝瘠，其與有幾。故不佞謂：「州邑之命繫長吏，而標長吏者，郡公。」然則公之續此志也，寧惟修掌故之軼？而急諸簿書者，無亦寓臧否，昭勸懲，以風此百吏，而昭我人乎？後之人，按牘而覆予説，當有怵祥异而羞不爲嚮者六七人矣。

青州府志序　代王光宇

郡故有志十八卷，蓋馮少洲先生同二三君子所纂録，而杜郡守思以錢比部有威成之，上下數千年，亦既條次有則。第壬戌以來，歲將周甲，而人事之紀，闕如也。鍾黄門龍源即舊例，輯其大凡，不獨五十餘年間顛若列眉，而惓惓品騭，以衷于口，不必然而心然者，斯亦黄門之蔚斑矣。

志成，而不佞方東，不遑授簡。今且折肱于里，然無敢略方書不按也。乃稍稍披其大略而言曰：郡，齊履也。即舊履不盡隸宇下，而間附以它屬。美哉河山，亦海岱間一都會也。周之盛胙大師，以表東海王室之不壞。繄伯舅是賴，洎小白，以夷吾霸于鄄，而南遏楚，北伐山戎，中包諸宗侯，以外撫吳越。蓋六乘三兵，王室復奠。當是時，供億非乏，而節制之師威天下，有餘力焉。其在于今，山河猶故也。轂擊肩摩、連帷揮汗之氓，非寡也。其它聘問會盟、車馬玉帛，視昔不翅省矣。而土之毛，不足以餬口，家之藏鏹，不足以奉耕耘，故樂歲苦于上給，而一不歲，反待給于上。往一妖女子至，仰勤王旅，傾以饑驅之民，遂揭竿于市。夫今人讀法家十八篇，猶若嗛嗛，而通貨積財，能以國寧，顧或遜焉。何也？間嘗按牘而閱，郡領州邑十有四耳，户可三十萬，口可百五十餘萬，而地瀕海，磽斥鹵，水居什一，山居什三，其田可十三萬六十有奇，而歲辦不下七十萬。其用于土，則居有干掫之役，行有傳舍之役；其用于上，則内以六宫，外以百官，六軍有供億之役，有輸輓之役。蓋屬城不雄于它郡，而賦倍之。且生齒日繁，舟楫不通，公私取給于山坂蹊澗之田，而暵溢蟲蠹，歲或仍焉。兼以俗好任俠，居平鳴瑟、跕屣、六博、蹋鞠，時饒鮮衣怒馬之費，慨不快意以軀。借交報仇，藏命作奸，剽攻禦寇，故歲饑輒盜，盜起輒兵，瘡痍逋竄，十室而九。大約大豪挾中猾以用饑驅之民，每十數年一變，而一變之後，輒十數年不易復。夫瘡痍未復，灾盜叢仍，守土者寧得咎吾民乎？

蓋嘗論之：昔之齊地能專用其主，故上亦能專用其民。其錢穀兵甲，從意調興，而意所欲爲，得一切便宜，破法從事，無論鑄山煮海，猶在握也。即富彦國活河朔五十萬，亦富行其德耳。今長吏束手受空民，寧惟無以予之，抑且有以索之。皮骨既銷，徵求未已，念催科以拙罰，有不問撫字以勞賞矣。及歲不三龢，則物力秋毫有主名，而帑庾固無左倉之需，兼之比屋磬懸，旁邑踵困，有嘆蒙袂于空眷耳。

往不佞嘗矯以清源之榷，振畿輔，而主人不受也。即不佞幾中于法。嗟乎！兵缺餉，索之民，民缺餉，索之上，其遺官發帑，誰非詬租。吏所不遺餘力而課者，其以惠既亂也。漢詔「以小民安田里而無愁嘆，責在良二千石」，而曰：「與我共此。」嗚呼！小臣無良也，敢謂約法，倘廟堂有與共之思乎？其輕徭薄賦，惠我瘠民，徐以舉賢尚功而四維之也，寧得侈霸業焉。黄門取義遠，乃不佞爲睫論，無亦折肱按方書者，遂次其語于簡。

大同府志序

代

郡有志且百年，而大吏之幄籌俎勝，與守土者之顴畫，漸次漫滅。且郡以雄要寄名藩，即方輿不改，而厄塞户口、士馬金穀之數，以及古今秩官之名迹，後者未續，前者未該，斯亦百年之軼事已。予不揣，乃括蟬簡爲五志，曰方輿，曰建置，曰食貨，曰秩官，曰武備。其各志之屬，凡六十有奇，而卷十有五。洎告成，而予因嘆守之難也。

夫守稱師帥，以安小民而無咨嗟愁嘆，此列郡同耳。然内郡間苦藩封，邊郡間苦戎馬，未有列天潰于戎馬之墟，而稱肩臂雄要若雲中者。予嘗道蚩狐，眺玄岳，攬句注、管涔之勝。又嘗過白登，望紇真、青陂故道，則臺隍、夷夏屹然都會哉。且歲輸百萬，以食一圉，而諸王孫若控弦武力，無慮不飾。第舍爲鮮衣怒馬，故履五父之衢，不減華京。然間一登譙樓四瞰，則白草黄沙，慘及于郛，而[虜]僅共一垣。往[虜]未款，小民被褸裂，惜面而盱燧，守土者既倉襄于吊傷問苦之難。自款以來，嘻嘻游哺，倚款而驕瓊林之派，非盡服仁義也。即青衿時弄囈語，而荷殳之士，不怒敵而噪上。蓋守又以衆竄于玩而難。頃賴天子明聖，盡驅一切不法不藝，以無爲百姓患苦，而甲胄予帥，宗室予傳，守土者遂得日與吾倅貳以下，率州邑長吏，以聽上所教令，而輕重布之，亦何邊郡之難。然而有難者，地故高寒，深夏赤不毛，而流火戒霜矣。故藏鏹不足奉耕耘，悉賦不足供皂牧，輿馬歲不登，輒仰給雁門、紫荊以内，其蹩躠而過磧者幾何。且兩運不支兩兵，既無可移，而租庸之賦不以輸縣官，又無可蠲。此之難，寧獨督却敵于空拳，而課登穫于懸耜也。況郡當幽燕之咽喉，爲陵京右翼，一警聞則郊圻震驚，而戎索不固，則郡不得擁盾而食。予故志武備，特詳于舊。夫古守土吏，能使匈奴遠避，遂至移谷蠡之捷，則今人何得快鹿車而不一惕狼烽也。且幕府深謀，日討軍實，則是編也，尚亦資三城之略，無狎款于薁鞬乎？

往左衛以七閱月解□，而壬寅一不歲，幾不哺于芋墻。今即微主上寵靈，不患有[虜]，寧不患無歲。嚮我以[虜]祲，日内[虜]，假令我偏歲患而生戎心，亦足憂疆場顔行哉。予念受土寧人，豈其計出盇旦，故稍稍臚列于志；如曰「掇掌故爲文談，于旐爲武」，則予曷敢。

高陽縣志序

予家自相州來，占籍一再，世輒稱殷厚。先曾大父柱國，僉踐更之傜種種，一司租，即代逋者輸累數百金。先大父柱國更備諸苦累，嘗供司訓，遭他故，費可千餘金。至往，旋河洛間數千里。先柱國，少博學强記，遂廢業以當户。嘉靖癸未，歲大饑，族里流徙，其不徙者，方仰給先柱國。更以殷厚，僉直年，而又代族人爲直，家半落。逾歲，更以鋪户直堂費，家盡落。直年者，直是年經過諸貴人，供張費。其以鋪户直堂，則專供邑令公心紅筆札，及一切雜幣水陸之錯。當直年，不必身自爲應，而家嘗募十餘便捷人待事。至直，單催司庖司器，索如例，而後所供張稱善。蓋貴人費什一，而凌雜費什九，其所奏用數什，不敢登二三，而嘗删其半。其所需，不敢問值，必備其所不需。即備而爲人持去，或敗壞，必不敢稱備。蓋是時法令未即畫一，而當事得以意令。其所蕩析民産，不獨予家，而家先柱國爲甚。

洎先職方兄與予後先舉于鄉，先柱國日爲廉訓，而證以所經見諸令公善敗，嘗曰：「邑令公墨何以去，邑人墨何以來，孺子其鑒諸。」蓋痛心于不造，而每于邑里所不便，輒令講求其法。予因得稍輯後先行事，而合以所經見，可興可除，就里中吏老，講説其便，每遭諸廉吏能吏，輒訪其所爲。時或跨款段，歷鄉社，一丘一壑、一石一木，罔不低徊録列。

當弱冠，閱廿一史，則手録邑里事爲帙。雅好閱名州邑乘，載及唐宋、金元諸南北人私集，得邑里舊人舊事，如遇故人于途，而刺刺道故也。時期以仰副先柱國明訓，曰：「它日治一隅，庶其以痛爲療。」已乃披釋藏，得名僧八，而道簡披其半，解薛（薛）登朝，亦復于群書有摺䵺，稍稍爲帙，而未敢出。甲子春，兒鈖偶携入遼，寧從金戈傯倥中芟訂，携之歸，而唐令公遂授之梓。因念邑爲人才舊里，其明允篤誠，實開儒宗，予何敢薄望邑里，而不以才勖。邑延袤不百里，吏士者務廣衆則不來，來即不久輒弃去。故法無嘗，而邑爲罷劇，不可起，其俗亦緣以壞。蓋嗇漸爲侈，樸漸爲嚚，田若墾而賦或逋，户若增而口或寡，詬租之吏、澹灾之便，嘗交錯于邑，而邑病。然侈不當它嗇，而邑已爲侈；嚚不當它樸，而邑已爲嚚。至吏饒伺上意，時中公庾，時中私橐，故交相爲瘉，而邑更病。吏士者如牘中所稱，諸令公往往嚴之法，以挽其所可見；裁之禮，以挽其所不可見，而病乃可療。

武陵唐令公視予邑，廉公有威，悉力拊循，而意在爬梳舊蠹，康我良弱，故爲清吏蠹，捕逋盗，戢邪群，諸徭賦種種，顜若畫一，而力能使河伯安流。無羡賦，遂無逋賦；無曠人，遂無逋人。蓋褆身冰玉中，不藉于邑，故邑即彈丸，而肯安于邑，以終惠吾罷劇。予所私愧，不能以數十年録記治一隅，以仰副先柱國明訓，而令公約邑于才，既嚴之法，載裁之禮，猶若不忘披此牘也。予願後之治予邑者，無忘令公意，乃無忘吾人，而此牘直瓿覆耳。

天啓四年，歲在甲子仲秋望日，賜進士及第、光禄大夫柱國、少傅兼太子太師、兵部尚書兼文淵閣大學士、知經筵日講制誥、總裁國史、督理軍務邑人孫承宗題于一片石孤松亭左肱下。（一）

【校記】〔一〕本段輯自民國抄本高陽縣志。

應天鄉試録後序

臣宗以疏暗，濫竽宫寀，自惟材識不當論士，次又不當之南國，徒以前臣者謝不往，輔臣猝以臣應，上遂略臣才識，命爲臣宗副臣，亦猝約心志，方舟而南。因念庚戌之役，曾分一經于主者。今即副也，乃概一鄉之全經，而地又當南國。夫南國，固我高皇帝所由創禮樂，以開一代文明者。臣聞創則維終，守則維始。蓋草昧經綸，斟酌風尚，思詒萬子孫統緒，而法久變生，如馳騖既厭，乃嗒然思返于澹寧。故創不維終，法不久守，不維始，法不通。臣觀南國多士，材局湛深，論説明茂，以今顢始，蓋已思無留睿，技無留長，然未售而蟬依，既售而頹弃天下將，國家好以空虚無用之文論士。倘解闈而人駭之，又何論解褐而人指之矣。朝廷歲飭功令，益煩益毖，舉者得無懼焉。臣以爲，世尚樸，未嘗無華士，世尚文，未嘗無愨士，則士亦何計樸華，獨計聖人組修其身，而成文于天下，如南離之候草木群生，欣然相見。而物極則返，氣極則復，今天下尚亦一維其始乎？

高皇帝履粹函和，提衡萬類，以日月予中天，以河山予大地，以衣冠禮樂予萬古之人心，然後一代生民脱于酪穢，而灖然相與以文。蓋天之文，日月；地之文，河山；人之文，禮樂。而天縱聖神，既挈兩間所久逸，以各予其所，而兩間之菁華，始盡收于三紀之經營。至于今，君君臣臣、父父子子，日由禮樂，即日游于文章。要尺幅次奏，亦臣子深心，而徵學徵仕，令天下憬然于觚管間，見周官禮樂。無亦創以維終，真足毖萬子孫挹取；而不窺中天之日月，不履大地之河山，又烏知天下有人文也。

臣惟君臣父子，天地之常經。有聖人出，而經緯之爲禮樂。其經緯之，而成章爲文，蓋樂樂自生，禮反自始。頃者，仰見我皇上召對群臣，諭以保愛皇太子至意，遂舉祖宗舊法，風厲百官。竊意我皇上于父子君臣，特維始于高皇帝禮樂，而重念陪京，倍益解額多士，遭逢盛際，得無仰應以高皇帝之文章乎。

臣讀祖訓，以典謨訓天下。蓋力斥揚、馬浮藻，至曰：「士不究道德之本，不達當世之務，何裨實用。」一夫實用者，高皇帝所謂文也。洋洋聖謨，萬方世守，而南國遺弓在焉。意多士感激聖化，維所自始，其自今日矣。臣觀南國文行，雅爲四方慕效。即如圖書器用，日新月异，而趨之不翅功令。然或贋托于古，不古輒目笑之曰迂。故其説中，啖古之腸，而得以贋售。乃迂者懲贋而惑真，遂概題之以贋。然而金錫竹箭、織文纖縞之屬，貢于天府，而地所衣履半天下，豈其概托于古，而又安在無實用也。或謂：「南國之器用以新托古，而南國之文章以古趨新。」臣竊謂高皇帝所予父子君臣之道，如河山委地，如日月中天。我皇上復漸磨以棫樸之化者，四十三年矣。閲千百世而古，即閲千百世而新。多士日取其道于父子君臣，而經緯爲禮樂，則純忠篤孝，相與應國家文明之運，將閲千百世而新，即閲千百世而古。不然，聖賢之緒，散爲百家，而反拾百家之緒，以飾聖賢。日説新説古，曾不一體父子君臣之實，以反所自始。是南國之金錫竹箭、織衣纖縞，衣履天下，而南國之文章不得與器物之贋者同用。

臣不爲多士，願臣謂士當爲真，無爲贋。與爲古之贋，寧爲今之真。蓋古之真，樸然大雅，如元氣之在坱，比遇物而實；而今之真，輸于一至，竟于一成。即不護其短，亦不喪其長，乃若耻偏弦之靡應，望高徽之難逐，而標獨爲幟，合衆爲局，則失今之真，托贋之古，卒亦如贋器之盡露其質，爲迂者笑，士宜何居焉。臣觀今天下贋真紛擾，遞爲凌競，非復高皇帝明法。因念士一涉世，真氣漸靡，故于嚮進之初，預塞其歧塗。倘其并心一慮，力還周京禮樂，而無厭常于父子君臣，則日古日新，于以仰副我皇上作人雅化。臣即迂，不售贋古，臣厚幸矣。

陝西鄉試録後序　代

臣自惟行能無所比數，蓋通籍浹紀矣。備員庫部，尚不能數軍實而申儆之，乃被命從臣某校士。且濟濟周楨，不翅三秦之杰也。而又功令嚴重之日，臣用是廩廩，懼不勝已。自念世受國恩，而世業鉛槧，倘可緣嘗聞以佐主者，而補所未學于職業，既事竣士前，臣乃遵故事醮之。臣惟陝西，古雍州地，河華之雄，實始流峙。故人世萬生之用，始于雍而共柏，蒼岐以後，代闢神皋之靈秀，以亭毓英賢，而壯日畿之人文。入周來，秦漢、隋唐又代以爲都，而偏受秦名，乃道當稱周。

夫天下之文，自周開也。蓋作豐宅鎬而極矣。然分纛往岐，世修本業，而非騁于文。至秦罷儒，弃詩書，即自詡開業光美，而務强行武，不以文治。然而鎸功勒德，詞與金石爲昭，又若不滅其文者。豈文自有憑，而不盡人操與？將詞章非文也。昔人言：「周士貴，秦士賤。」夫可使貴賤，豈士也！河華不乏靈穎，而頓無不可貴賤者乎？倘亦摭已事爲評耳。世稱秦賤簡儒士，以其説難施用，遂絀儒生，即穆之，不爲盟主也。而奪善人，間取士于戎，于宛，于宋，于晋，要皆詐力詭譎，非復先正之道術。迨其後，嘆伊人于湄涘。上既苦不得士，而羡夏屋之渠渠者，嘆四簋之無餘，士亦苦不得主。蓋五粢二弓之習，漸于中闥，而徒馳想于車鄰馬顛之盛，無乃士果不貴于秦與。然臣讀小戎諸什，則壽考不，忘何減雲漢，而從公于狩，何減維君子使者。且周之君子，曰「如圭」，曰「如璋」，秦之君子，亦曰「如玉」，則士于周、秦何分焉。

乃臣嘗窺周士于卷阿矣。彼其頌馮翼孝德，既歆武健，至形容吉士之藹藹，則又喻逾于梧桐鳳凰，而曰「萋萋奉奉、雍雍喈喈」，于以上媚天子，下媚庶人。當是時，諸君子所爲殫力和衷、雍容皇路者，尚可想見于千載之下，而君無復强公杜私，臣無復黨同伐异，豈非河岳之英靈，漸淪于聖明者厚與？故曰：「思皇多士，生此王國。」又曰：「周王壽考，遐不作人。」臣始知「芃芃棫樸」果不翅「淒淒蒹葭」也。

然臣更有概于秦焉。秦之誓，曰「斷斷」，曰「休休」。臣輒思念臣所録士，得此一個爲快。及讀無衣三章，則又奮袂而嘆，以爲今人之砭也。夫曰「豈曰無衣，與子同袍」，不以私同也。夫曰「王于興師，修我戈矛」，願以公和也。此不幾易之渙丘，與世人修戈矛于伐异，直可借砭于同仇矣。然則周以德調，秦以力驅，不謂無關于士，而豈能貴賤士與。今士生昌期，沐天子文明之化，既久且深，而風俗移易，非有齊田、楚屈之遺，若高貲富人豪杰兼并之舊。故其文，温醇爾雅，直翥隋唐而步西京，遂以追采澗、芨棠之致。不直爲先秦之詞章，則臣安得不貴士。然士所貴，非詞章也。竊意今士之急，在力補其不足，不在更飾其有餘。蓋矜詡多，則冲遜不足；凌囂多，則謹厚不足；虚華多，則本實不足。夫蹻然而任天下于朝，必竣然而請遜于野者也。士能捐去其多，即以補其所不足。使天下誦雍人士曰「藹藹」，曰「雍雍」，庶河華之靈，能始之士，能成之士。勉乎哉！無謂厭厭秩秩不比于翽羽而讓周楨，頓使繞朝失言于秦也，臣厚幸矣。

北畿武舉鄉試録序　代

歲壬子，復當舉武士于鄉，以獻司馬，則四郡材官若良家子，集于保陽。直指湯公實監臨之，毖飭諸文武大吏，比于文事，三試得若干人。于城乎，腹心乎？桓桓赳赳，將于是取材焉。夫三輔依日月光際，涵濡聖天子久道雅化，當不翅周家中林之士。不佞因嘆周之盛時，車攻六月，猶勤國力于玁狁。洎其後，遂以燕獨當□□，而兼之交臂，以事四圖。秦漢來，乃至傾天下全力備□，而卒不得其要領。其在今，燕更重矣。北與□共垣，東與高麗駒共海，而實内拱陵京之重，以其托重陵京，遂悉天下精鋭，屯戍雲朔、龍塞之間，故其傾全力備□，而惴惴若不足也，更甚于往代。然而奇材説客之所聚游、幄籌俎勝之所漸被，兼以擊筑學劍，發其慷慨悲歌之氣，以故士生多長材大器，即逢掖或喜談甲胄，而甲胄諸士，真不翅周家中林。矧主上拊髀思人，寧止揖怒以風，而諸士抱鳴轂之耻，豈無奮臂而應者。夫士即射洞，札騎如船，其敵幾何。又即畫成陣，語射覆，其佐方略幾何。然上捨騎射、文墨，無以校士，而士即盡騎射、文墨，尚不足以當上。若夫拾遺瀋，狎于作好，一旦投鷹揚之會，而驕語乘伍，安在爲燕趙慷慨士也。周家中林之士，至可爲腹心，而今或局促于文吏，悸不敢出一語，無亦曰「是方□文墨弄我肘印于掌股者」。

夫爵禄孰與身親，文士之筆鋒，孰與百萬之銛矛。士不致身外之爵禄，詎其致爵禄中之身，我又安得借若曹于臂指也。往舉于司馬者，或得士餘輩備一城，今且三舉于鄉，遂得奉幕府之牒而乘障，此亦諸士效用時已。予嘗怪天下當無事，輒賤簡韎韐，及一旦有事，則索之若不及。士當上賤簡，既苦于見輕，乃上索而用之，又若不能盡爲重。故士苦于上之輕士，而上亦苦于士之自輕。夫士不自輕，非如近者，驁然無所持，而酗酒駡坐爲豪也。士起行間，饒用屬，故氣力用之結内者，爵彌重，身乃彌輕；歛其氣力，盡用之殺敵者，身彌輕，品乃彌重。兵家明輕重，務使地輕馬，馬輕車，車輕人，人輕戰。然人知膏鐧饒，車輕人也；鋒甲堅，人輕戰也。曾不知士能輕身，乃能輕戰；士能重身，乃能輕身。然氣不定，何能不摇于世，而身輕矣。氣不定，摇于身，而身又輕矣。故曰：「百萬之衆，輕重在于一人，是謂氣機。」夫士生如礪，慷慨之氣所自饒也。要在能養養氣者，謀不以言窮，言不以兵窮，兵不以財窮，視其身爲國家所托重，而不肯小用其身。其去疆陽，若擊强；其離中所不自嗛，若擊惰；其怯私門，若鋭卒勿攻；其脱世羶，若弭兵勿食。故忿可悔，廉可辱，必死可殺，必生可虜，而氣定者，生死不加于身，而况身外之爵名乎。

兵法語稱生勝有曰：「勝兵若以鎰稱銖，敗兵若以銖稱鎰。」願諸士之自勝也，以鎰稱，無以銖稱，乃諸士所爲，重其身，以爲國重，尚其當干城腹心，無徒使傾天下之物力。事燕而燕曾不能出一士以佐天下也，諸士重矣。

大明律集解附例序

律之詁，曰矩，曰率。律者，天子與天下共以爲矩而率之也。樂有律，師出有律。師之律，不爽進止，而主容民；樂之律，不爽損益，而主相生；刑之律，不爽輕重，而主容如師，主生如樂。三者一不得其平，而統于天地之和，故謂之律。

然律求所以生之，而用律者求所以殺之，故古之知律者省刑，而今之知律者，不失罪耳。我太祖高皇帝重念民命，詔定律令，凡六經聖裁爲四百六十條，而列聖相承，復有條例，以補律之所不及。蓋至我世宗皇帝之乙卯，漸積爲三百八十五條。我皇上欽恤庶獄，命刑臣重加酌議，其仍者半，删定者半。凡殊旨別旨、詔例榜議，非經議請著令者，不得引比。然律文沿晋唐之舊，愚者既懵不知守，而奸者且依法舞文。丘文莊濬議，命儒臣通法意者爲解，而陳御史察等如其成書。于是一代之大法，字析句分，不獨令天下曉然知法意難犯，而實令士大夫深念民命，無進博斫棺之利、退抱仰屋之憂也。

蓋自古國家之運，莫不與法爲存亡，故罪匿則民勝法，罪窮則法勝民。民勝法，國亂；法勝民，國殘。是以願治者，相與共率爲矩，如樂之鐸，如師之符，而不敢以意用。然今天下郡縣之于律，患不明，而朝廷之于律，患不守。不明者，監司直指間有駁正；其不守者，上即用意以屈法，而下且屈法以奉意。嘗怪漢廷尉釋之號知法，而曰：「當是時，天子殺之則已。」豈以天子而可獨失律乎？」唐權善才，法不得死，高宗欲殺之。王本立法在必死，高宗欲原之。狄仁杰兩執法以爭，而兩得其法。雖以高宗之主，終不敢以意與，而况治朝乎。高皇帝當律成，而曰：「非但一代當遵，雖萬世當守也。」豈非聖子神孫所當共以爲矩而率之歟。又嘗恭讀序律之言曰：「明禮以導民，定律以繩頑。」夫禮之所去，刑之所取，失禮則入刑，而明刑以輔禮。乃賈生有曰：「禮防于未然之前，法禁于已然之後。」嗟乎！安得輕傜薄賦，以導民于禮，而無輕試法乎？然而不得已也。終願明律者，無失其「相容相生」之意，爲朝廷守之爾。

漢疏類編序

往予從尺幅簡材識士，雅不欲以比耦聲律，盡豪杰之概。以爲士一行作吏，即承上教令，而檄達之，不文不遠。况入依承明、金馬，以言爲職。若以職爲言，即不欲駭天下，以不可聞見之秘密，而學不博，不足有質，識不遠，不足有見。故亮而不俚，精而不晦，寧惟尺幅也。

予以尺幅閱伯玉，則伯玉材識具在尺幅，而論事顛畫，綽有古法。既以大廷高第，出馭劇郡，藉藉稱三輔循良。偶以所輯兩漢類疏視不佞，抑何詳而有體也。夫疏者，下所以通上，故于訓爲通，而疏爵訓分，疏屏訓刻，疏軍訓徹，疏瀐訓滌，合其義爲封事以達之上訓通。夫分，惡其失當也；刻，惡其失真也；徹，惡其回護而不盡也；滌，惡其詬誶而不潔也。捐所惡，而以言者之心，通聽言者之心，乃可以爲疏。

夫疏有諫臣之用，有大臣之用，而兩人者之疏，有疏人，有疏事。公孤六曹之長，得平章言者所條上論列而用其長。乃諫臣又得就大臣所規畫録用，以財可否而折其矩，故大臣多以事見，而諫臣之丰裁多以人見。大臣言簡而盡，體大而精，曲入之，不嫌于平，而或以將順爲隨；諫臣觸奸指佞，不切直，不足以折角，而要其必從，而或以過戇爲激。然大臣參密謀，而懼天下未既其成，先咎其不盡，則稍稍以言暴事，而下自同于諫臣。即諫臣預陳不可必之禍福，挾人主，而其言不驗，人主固薄而不信。至毛舉瑣屑，友朋所不堪質，而謬列之九陛，而又或溺既燼以爲豪也。故大臣與諫臣兩失其體，而疏之訓不明。今兩漢諸君子，其疏具在，即迕合异遭，而伏蒲排闥，各殫其衷。即疏一人，亦罔不引經據傳，責以大誼，不效世人作里巷勃溪之談。且纖兒首鼠，于諸君子何如。而小言大言，固爲社稷之役者，斯亦古今得失之林矣。嗟乎！投魚水之歡易，當雷霆之下難。非膽智，則材識弗任；非茹吐古今，則膽智弗充。試以語不言見人，以言之用不用，卜兩漢興衰存亡而見世。斯伯玉所爲，皆天下膽智哉。蓋宋人曰：「聚古今之精英，實治亂之龜鑒。」予不獨望言者矣。

歷朝忠義彙編序

蓋歷朝忠義諸君子，合之無慮數千人。莆中郭道憲厘以八類，銓以二十二卷，題曰忠義彙編。其取例精而核，嚴而有體，舉數千年精英正氣，薈于一函，若玄圃、昆丘，琳琅紛若，無復問蒼璣小璧之奇者。當其傷害氣于壿黷，嘆孤懷于寒坰，即快于所就，而每痛于所遭，則有若戎郊戰壘、折戟流沙，而心慘者，則有渴鳳羈凰、侹魂局影，而心憤者，則有似月彗天虹、驚燐化碧、迅飈豐霁、白日埋光，而其心鬱攸不揚者。蓋成敗在一時之社稷，綱常關萬古之宇宙，而撐拄宇宙之正氣，不昭宣于兩間，則佞舌薄膽，反得樹頰胲于回面。是以挈綱引維，破冘豫于岐途，洗衷貞于丹府，使栗犢别迹于纖兒，忠鬼分標于殘客。諸凡貌衷异調，初末异操，附麗非君，低徊非慮，皆絶勿進。蓋不獨潤草塗原之佐，不至爲邪于側入所嗢噱，而狐蹲雉伏，雀目鼠步，且震踻于批鱗踐虎之風棱，而不得以啖名爲誦訾。于休哉！斯亦撰德于旗旒，圖芳于鐘鼎矣。

蓋自昔論事君者，曰「以忠」，曰「行義」，而忠義之極，唯曰「致身」。夫致身非必于死。即死，亦非必忠，而顧忠者，必曰「死而後已」。誠見小夫懦臣，羈于菀枯訾謷之徽纏者，皆起于自私其身，而身一致，則菀枯訾謷不得干而心盡。何者？人臣視其身爲天下重，必不輕以身許人，而一許則終身不忍負。乃視其身于天下輕者，嘗不知身以爲天下，而惟知天下利吾身。故其身如蛲蛔，無以自解，而圖菀于枯，逃訾于名，即心所不可，而隨世嘵嘵，彼固計利于身耳。夫人臣而利身也，亦何不至矣。

姑以諫論人臣。當昌明之朝，語爲肘跗，遇爲鴻風，即委蛇蔚爲上臣，及時事紛拿，投難茹苦，必小以去就，大以死生，力脱徽纏，乃可以圖公。何者？人臣死職死言，死亦其常。然唯不問其生者，乃可以死；亦唯不問其死者，乃可以生。倘念岐干利，即死，非臣誠。而況主未迷奪，權未倒重，乃至摭死灰以衣餙。其大疵而逆計，其不死彼龍比，不笑人地下乎？予閲卷中人，悉其義烈，與其時權奸熏轑之勢，輒廢書而嘆。謂宇宙精英之氣，别具肝腸，必非全軀保妻子之臣可幾奈何。妄男子旄筆一牘，輒附古人，以據顯名，要雄峻，何异紈綺坐冒首功，及比于肝腦塗原野者。雖然，起死人，有拊其心，人臣行不必盡合，而顧附古人。倘亦拊其心者，不死者乎？俞跗或欲起之矣。

姚胤昌廣蒙求序

蓋聞鴻鈞轉而雲漢昭回，鼇極奠而峙流共載，故方以類聚，物以群分，而搴芙蓉于木末，採蔚茘于水中，則㨗㨗徒勤，矻矻何益。是以記事者，必提其要；纂言者，必鈎其玄。有雍録姚胤昌先生，家起文科，學宗宦牒。顧金虞箭，叙述推高，壹鳥彬魚，勞歌輟咏，雅伏素流之規簡，寧酣名士之離騷。蓋韵度既清，衿期自爽，文彩饒閒于浴纏，景光假日于煩官。以故玄吐白凰，迷開班馬，一隽當子春之旗鼓，萬泓渟叔度之汪洋。所著有易解、説林、寓言、望洋諸書，業已膾炙人口，滌蕩煩衿，而近復有廣蒙求三十五卷。予晤言于極樂精舍，得傾篋讀之。其仰圖員蓋，則囊括星日，吞吐雲烟；其俯攬方輿，則原本山川，極命草木；其中畫人事，則琢磨道德，組織義仁。至于資談助，則笑牒言鯖，盎于腹笥；抒筆藻，則弄戟走兔，蔚爾經厨。蓋蒲菹脱曼矰而不射，公輸操空柯以何斫，故籯金不飾于妍皮，頭玉乃慚于雄髮。然冲蒙涉田而致遠，不若遵途之易也；膺騰撇波而濟水，不如乘舟之逸也。以故沉浸醲馘，含吐英華，使貧兒驟詡于談端，學子恣材于筆杪。蓋因雲灑潤，則芬澤易流；乘風載響，則音徽自遠；而石田種玉，先登多寶之堂；驪頷探珠，更涉含瓊之海。此先生所爲漱六挹于藝圃，函三視以萃盤也。嗟乎！發墨嘲玄，子正已蜚香于舌妙；補天拄地，得仁寧乞口于文權。而手勤冥索，額取蒙求，聊以識理窟之前旄，見説叢之落塵云爾。

讀范夢章詩稿序〔一〕

今夫馭豪杰于觚管，爲文爲詩，亦復如豪杰任天下；不入其中，不親；不超其外，不爽。然不超其外而中入者拙，不入其中而外超者巧。拙非豪杰之才，巧非豪杰之心，是爲真豪杰，爽入其中，親超其外，亦復如爲詩爲文，渾合四氣，而風襟爽順，獨標其致于秋。夫記言禮言德，多言致，蓋致言所至之標邁也。四時各有致，而或莞或枯，獨秋之致，集四敘之實，而澹冷清虚，亦復如豪杰之真，親而不爲拙，爽而不爲巧。

昔歐陽子賦秋，以秋之聲、之色、之容、之氣，而中固函秋之致，其烟霏雲斂，天高日晶，即草變木脱，而概于過盛，□于既老，一遭于所適遭，又若寫秋之才之心，而遂以標其致。至云「聞行聲，不聞號令」，則直狀豪杰沉心爽手，不動聲色，予天下以春生秋殺之常而不覺。

予嚮在周行，或以詩文聞豪杰之品；適在中林，頗以豪杰閲詩文之品。蓋予友范夢章，其人、其詩文爲得之。頃讀其詩，若爽襟袖，遂爽心脾，其佳勝往往得之秋，初見衣裁薜荔，將終隱手種蕃葭爲聽秋。又云：「景欲并幽延月看，時當絶勝趁秋聽。」又云「酒華浮玉腸生雪，茶韵吹蘭氣帶秋」、「三偶覺清泠有骨，象宛如面對清標」。若于陵、聊城、金陵、蛇溝，及漂母、陸丞相、方先生諸作，頓不當在篇什間。後又逐簡秋聲，其中二聯五言，如「明月人千里，秋風字一函」、「分題當贈柳，惜别正悲秋」、「時偏宜冷夜，人半是秋山」、「與秋同澹冷，對酒益清虚」、「露華臨夜白，天氣入秋清」、「傷晚憐秋老，貪清坐夜分」。七言如「秋生一夜寒初逗，月照三人影未勞」、「秀色侵人秋水湛，墨光觸手古生香」、「行色三更隨月冷，襟期六月帶秋凉」、「人貪攬勝難言别，月好逢秋不厭重」、「叠浪遠山描淺黛，媚人明月趁清秋」、「秋隨爽候隨開社，舫載名流便擬仙」。其發端結局，如「憶山偶得句，多半是言秋」、「非貪明月好，不願值中秋」、「何事三春裏，泠然一片秋」、「雨餘宜對月，雖夏亦云秋」、「秋夜勞人處，愁多夢亦多」、「秋雖方過半，月却尚能纖」、「秋游宜浄侶，忽漫却逢僧」、「作意看紅葉，游時定趁秋」、「月固秋深好，逢秋色自奇」、「秋霄常自可，衹是夢無端」、「游子關情處，江空白露秋」。如「蒹葭已自見秋容，何得舟横淺水中」、「清宵何事偏陰雨，一歲中秋得幾回」、「廣陵濤起漲秋間，一棹乘潮夜抵關」、「東籬分得幾叢花，映綴秋容爛若霞」、「愛殺中秋好月光，竹邊清切水邊凉」、「秋水蒹葭緑水敷，泠香亭外碧澄湖」、「風物何時最爽森，除將秋霽是春陰」、「不爲經秋瘦倍前，愁心難理緒紛然」。如「颯然生遠樹，大半是秋生」、「佳集無嫌數，中秋定可仍」、「歸家看亦好，剋日到中秋」、「秋游那得此，好去傲仙坡」、「中秋輪此賞，何露正娟娟」。如「似帶高秋清冽意，誰誇穀雨剪新芽」、「嫩緑初黄憑看取，晚秋風物蚤春詩」、「窮殺城南耕瘠上，年年冢半哭秋風」、「當夏快來秋意爽，兼將凉雨快如何」。其古如「照出浄明心，秋澄而月霽」、「西陵秋草外，高墳立突兀」、「秋意散人懷，復當芳月上」、「新秋亦已清，况是經雨後」、「出上精色寒，冷光洗秋雨」。如「石馬夜嘶風，悲怒唉柳泣」、「秋咽露寒至，秋望雲霜壓」，秋光碎林，容似不勝。「近山空翠濕，低野遠烟憑」、「聲咽風中雁，影寒水際僧」、「攬雲樓上望，日在最高層」。及秋禊諸作，何得秋之深也。

他詩雖復言春，言夏，言冬，言豪華，言悲苦，其致皆秋。如「妙明佛性潭相印，禪定僧容鶴與同」、「花爲殿春猶戀草，樹當趁月尚栖禽」、「着眼雲容當夏异，撩人風物過江多」、「展卷吹波翻石浪，聽茶沸雪攪松濤」、「花下彈琴驚鳥睡，松陰落子助棋幽」、「來青乍映迎風竹，送日常焚入夜香」、「鳥遷樹影歸林亂，雲戀湖陰入岫遲」，又如「仍協餘夢去，□曹卧湖間」、「半掩門何意，主人愛月明」。此等清虚，雖不言秋，殊有秋襟。

泉林三詩，別具氣力。謁月則情事藹然，明神爲在。蓋心有志，詩其一致也。而詩亦有致，如其心耳。篇中所云「澹冷清虚」，自是豪杰心致。蓋熱腸澹冷，實曲清虚，故詩得爲致，備四氣之和，而秋具冲容滿志，具見四氣之和，而用秋處，獨不沾帶，不挂牽，能英能雄，無小不大，無故不新，無濃不澹，無滯不靈，作事拈軸而致見，作詩拈筆而致見，殆不假東海三年者。

予習夢章久，其爽手不牽不撼，不效腐儒沾滯，而一片懇惻心腸，又非復功名之士。蓋其人之致，合如其心，其心之致，合如其詩，故予于夢章詩云：「如其人，如其人。」夢章先生，和神清節，見于□□文詞之間，此當代之祥麟威鳳也。

【校記】〔一〕本篇輯自媚幽閣文娱二集。

紫陽朱夫子全集序

蓋世道繫人心，而人心之蠹世，莫大乎離經。離經者，視經爲通人之轍，而墨守無以自見，故跳于黍度，以博所欲，而收之實；且進據道德之塗，以博所大欲，而收之名。夫實收之，以亂天下之爵柄；而干主令名收之，以亂天下之學術；而于師傳，干主令人，猶得式格之，律繩之；而師傳晦，則畢世之人心，集然而從以，世道遂燴亂不可已。

蓋朱子之言曰：「道統之傳，散在方册，經不明，而傳始晦。」故窮一生之力，以研聖賢之經，而抒爲文辭，皆足翼聖經而正人心。而離經者，方且薄六籍，腐前哲。彼其槁項于一先生之言，則多變异説以進。迨縻勛名之外，而寄籍聖賢，則多進而持异説。蓋採華者，迂其辭；而僭窺斯道之騂旄者，并迂其意。如貴人建浮圖，願爲新，不願修舊，而沿舊者又認指爲日，而不識其歸。故騁辔于詞，而馬足于行，不獨爲自立之標，而且甘入室之戈矣。

夫朱子，蓋嘗遍窮百籍，又嘗遍索名師友。然其主以敬，而無念不經，無經不行，故簞食晏如，而一介必道登仕九考立朝月奇耳。而侃侃論列，每以去就争之不顧。且所至，有能名，又非徒虛而無當。當其告孝宗，曰：「記誦非以探淵源出，治道虛寂，非以貫本末，立大中。」此其學問大旨哉！迄今讀其文，如低徊俎豆之埸，而朴逸驅簡，蹞步皆實。然學者或不能不登枝忘本，而欲救其流者，矯以返虛明，乃學者又憑虛而無所住。

夫目入頤解，盡知也，而手舞足蹈，終入于不知。然則學何必尋故，亦何必弃故；何必耽寂，亦何必逃寂。士或擷採漱芳，而無一言幾于道，亦有探玄鈎要，言幾于道，而不得名爲儒。蓋懸想無與于覩，而卧游未歷其實也。惟朱子反躬以踐實，故其言，如登陟後，揮麈（塵）談名山，然而後之人猶不能不波也。蓋論其始，即楊墨未嘗有心于害天下，而終則習孔孟之言者，亦未嘗無害于天下。故孟氏亟亟于正人心，而朱子于正心之學，力持之不變。是以其徒謂道自孔子，而後一著于孟子，再著于朱子。豈非其反經之心同哉。今上雅意正人心，諸操异學者，絶勿進，此世道休明之會也。刻紫陽集者，意在斯乎，寧唯是，明師傳，抑以尊主令。

大宗伯抑所唐先生文集序

昔蘇子瞻稱：「剛者必仁，佞者必不仁。」蓋予讀唐先生集及其傳而信之。郭宗伯傳唐先生，叙其慷慨正直，反覆周摯，曲盡剛仁之概。而予讀之，因念今天下有綰轂一方、身在去留者，至煩舉國争之不置。乃嚮者宗伯當癸甲之際，于國關宗社，于身關死生。獨一二人如唐先生堅持明諍于要人，而曾無一人引大義，明可否于朝，至要人退而正人有寧宇，天下始争繫籍于其下。而奏牘一挂，其爵里則搤捥題爲名流。而嚮之堅持明諍者，或生或死，或顯或晦，卒不聞自詡結交之素。而此正人者，乃一一標其人，曰：「某爲我堅持，某爲我明諍。」嗟乎！何嚮之君子輕人于死生，而今之君子重人于仕退也。然則論唐先生于嚮之君子，豈獨威鳳之在鷄群乎？

夫正人當憂危踣頓，其譽我于聖賢者，既擠我于嶮，而膽智悖駭、耳之雷霆者，亦復尤預奪常。乃先生低徊于正人去國之際，不難危犯者之鋒，以激發天下之正氣，而解釋其衷。此豈詞臣弄柔翰者。至今讀北風、雨雪之章，可涕可憤，尚令人腐心裂眦，有請劍尚方之意。而中間宜婉宜直，亦疏亦密，斟酌于語言操縱之間，卒以消禍萌于既加。甚至執政所欲庇，不能得之先生，而執政所欲去，先生卒得之執政。此又豈區區以口舌脱人于禍者。嗟乎！先生可爲大臣矣。

先生經濟大略，百未一試于朝；獨其酬應諸著作，尚留什一于篋冢，君涕，而授簡不佞宗以叙。因念古之立言者，有言以人重，有言以言重，有言與人俱重，而要其立言必皆卓然有所自持，不肯低廩以隨天下，而惟道之合，故能爲天下重，而有所托以不朽。先生生平嚴請托，絶附麗，蘄蘄孤立，其氣定于養，而詞成于氣，故諸所掞裁，和平婉麗，而慷慨正直之氣，戛戛筆札間。即其原本山川、極命草木、牢籠載籍之菁華，而與子言孝，與臣言忠，要以抒所宿藉。如長年三老，談河海曲折，至正危直。言于癸甲之際，而片牘隻字，皆足以翊世扶人，真剛者之仁哉。

世稱「天生正人，以遏佚要人」，而寧知「天生要人，以成天下豪杰之正氣」。故嘗謂：「天之風雨晦冥、人之喜笑鷘駡，皆佐我詞料，而世間豪紛勢焰、傾附縮朒之徒，皆足以供我怒生之氣，而顯其不貳之節。」令天下從正人片牘隻字中，贊嘆頌説無已時，而正人之言與人，乃俱重于天下，而有所托以不朽。蓋郭宗伯之言曰：「先生詩有輞川之致，文如陸敬輿。」此未必盡先生，而要之，先生不盡于其集。其曰「人似李元禮，不可奪」，又曰「大旱金石流，土山焦而不熱，大浸稽天而不溺」，幾于盡先生矣。

王覺斯太史初集序（一）

予少不習爲史，故多學史事，不能爲詞苑雅言。及束髮登朝，乃徼入詞苑。及荷橐直承明，即不能降心爲詞苑言，而言不得不詞苑。不圖齒至，而逐爲邊吏，去所習詞苑，而馳疆埸。故世之不能文而詞苑、不能武而疆埸者，予也。予以邊吏閱邊方，在白馬、黄崖間接家信。言適得予鄉覺斯先生初集，可盈尺者再。予故知覺斯以經濟爲詩文，不知其初集頓再盈尺也，急促其集，閱之馬上。

夫予不能文，而不得不爲文也；猶其不能武，而不得不爲武也。予既閱武，遂以武閱覺斯之文。覺斯摭實而文，憑而多致。殆覺斯自爲覺斯者，其抽毫爲深沉之思，則潛天潛地，虎變龍蒸，而陷陣大呼，神色自定。其取多用宏，擷萬竅爲聲，而蒼璣小璧不遺，一匡則破斧缺斨，奮于一旅，而忘歸繁弱，細大不捐，直探武庫，以供龍圖百萬而束一鈐；其高文大册，遞爲苞稽，帝室王居，蔚乎奇麗，則柳營楸埒，鵝雲錦雲，而六花九叠，其出無窮；其過都入里，傷世閔人，則幸俞兒于斷壁殘壘，駭心乎折戟沉沙，遂以招化鶴，集澤雁；其體物肖生，揆策圖事，則霏雨依楊，投醪予纊，絮乎聚樂離合之思；其奏雅資言，端冕道古，則盾鼻流雲，環頭佩月，日羽雲旌，息于尉候，而百工群譯，奏昇平之頌。

嗟乎！予不知武，安知文。念文士借觚管，貌山川草木之情性，傳皇帝王伯賢聖之精神，遂以發天地坱北之氣，而又或借天地賢聖之氣神、河山草木之情，以抒發我靈性。故法家深刻，而入抉其情也；畫家炫爛，而出貌其神也；兵家發揚蹈厲，而奮振其氣也。覺斯靈心慧性，定氣遠神，其言，人人意所及，即其言，人人意所不能及。蓋抱高世之材，而抒以堅良，其語出語入，語高語下，亦復若用奇用正，用衆用寡，而先爲不可勝。予每怪世人低徊于峽嶂之縠紋，而不睹天下有洗天浴日之洪流，貯萬鱗而没光曜也。得無讀初集而神氣爲橐。予老矣，旦暮釋武事而歸休乎蘇門、黄華之間。偶�覺斯馳使節南來，遂得晤語于韓家水，治以竟斯文。

崇禎歲次辛未春之季，賜進士及第、中極殿學士、友人湯陰孫承宗撰。〔一〕

【校記】〔一〕本句輯自擬山園選集。

鄭思成悦偃齋文集

士有抱而嗛還，世不得言也者；必其有抱而嗛還，世不得行也者。夫士乘遭遘，期一盡胸中之奇，而俯印人世，以何問此寇綏也。則能有不必盡，蓋恔然處虚者，銷龍淵爲鈍，而托曰世不用耳。夫世不乏賢者，何至錞其身，而逆天下之不用。誠吾之才有當于天下，則眯目聲利者，不必行也；而澹心聲利者，不必不行也。得一不必不行者，則于世不必無還，而要無還于世之賢者矣。誠無還于世之賢者，則于世亦何必不還。

遂州鄭思成，弱冠登朝，蔚爲名世。何南何北，何内何外，世嘗若不盡其能，而思成未嘗不盡其能。生平意所得，當一抒發，其中所欲爲，即謫落，樂也；其意所不當得，而俯麋跼蹐，博一官，不樂也。以故通籍三十年，行不必不還，而能必行其志。其所爲序、記、志、傳，諸啓牘雜著，博大沉雄，言必當世之疾，而予之石。其于國家之大機、生人之閎紀，無不娓娓提其要。至模寫回矞詭譎之狀，則若借尚方劍于管觚，而烏雀逐之也。其顯次幽人志士、高賢大良之穆行，則又若造膝式廬，而膠漆投之也。行所欲行，故言所欲言，而居平之致，無溢喜，如寒素然；居歆之致，無牢騷，如平居然。夫道迂而漫畔不可循者，嘽也；幅狹而抗羈不可騁者，促也。其辭嘽者，意得而憍也；其辭促者，意喪而穫也。思成無一有，而獨以數十年之蘊藉，抒其毅然不阿之氣。自撫自範，其不襲古人之語也，若其不附今人之行也。即所自疏主上曰：「烈氣不咸捐也。」文如其人哉，人如其文哉。

予觀易下隨人，春秋襲且于之役，誠耻之耳。夫人耻附，文耻襲。附者，傍要人而不敢孤立，一意修行者，尚謹之；襲者，接往迹而不敢妄措一武，乃修辭者，甘心焉。豈江山之奇麗，不供我攬結，古今人物之殊絶，不供我驅駕，將吾之才情，不可以攬結江山之勝而擷其秀，驅駕古今人物之長而握其靈，亦何至容頭過身，拾遺瀋以自娱也。

易之賁，不言不文乎？于趾曰義，于須曰與，上興也。蓋趾之動由我，須之動隨人。由我者，變化在握，而交錯于剛柔，以成義，故曰：「觀乎天文，以察時變；觀乎人文，以化成天下。」嗚呼！持變化之道者，可以義，可以文。當不至寬襲于附，令有抱而不得盡也。蓋予聞思成之先額堂曰「白賁」。夫「捨車而徒」，義能爲白矣。

姜抑若起秀亭集序

予讀書文安，蓋友王翰簡劬生弟姜抑若掖令云。抑若爲劬生内弟，一時一隅稱兩快士，各成一致。劬生負豪蕩之氣而沉博，其爲文，若江海驚濤，汩汩東注，而蓬山、瀛嶠，不妨撑拒其中。抑若才比劬生，加以雋快時調，泛駕于馴策，燦爛雲霞，英英天漢。其後相次各繼兩尊人成進士。劬生尚摇珮金馬、玉堂間，抑若則鸞鳳棘叢，棟幹之材，既窮短馭，管觚之業，更窘旁魔。

予蓋讀抑若詩與文，而三嘆也。抑若骨清而氣爽，衷多辨，而貞不與俗絶，直不與物迕，至識料所獨持，即百梶不沮。其學博而粹擷之，發中丞公遺策，不翅南面百城。其繙史，則兵刑錢穀，若一代經綸大業，罔不羅列胸。嘗以邑當太行，東注黿鼇之與居，考河渠于酈生，以合列史。蓋繙史之一斑，其任掖令爲大府，倚郭浹月，而吏民懷畏。即負茲未帖，而卧治新硎，在則頌之，去則思之。蓋文章政事，具有兼才，而千伯未竟于什一，殊令人拊片玉，惜連城未盡也。

予竊讀其文，念其人，而因念其詩與文之致。記不云乎：「禮者，物之致。」夫物，樸耳，而禮爲之致。黯者亮，需者敏，黠者平，有放而文，有直而撥。蓋其致也，庾開府之清新，鮑參軍之俊逸，合以支道人神駿，無亦其致乎。接其人，悉其文，讀其文，悉其人，觀其致耳。蓋天地之元氣體物，于弄植爲華花，于珠慰爲光英，各結而成致。其在人，則氣神之標貌、肢骸之韵度，相迫而出，襛之爲邋，穟之爲牽，慮百而不能紛，故曰：「一致而百慮。」

予讀抑若集，矜容愛儀，有條不紊，固自多致翩翩；即腕不停揮，醉涴衿履，亦復翩翩，自爲一致。蓋風概雅持，既不願拾級聚足于藩籬，而選潭擇木，又不願課蟲魚，收蜣螂，效今人之奇腐。要以才能匠意，力可驅陳。試以人喻，中蓋有入出禁闥爲揖客，無令阿意慫恿如汲長孺也者。其致廉直勁正，痴絶而可親，又對博寇翠裘，出給奴弄丸于蛟螭之窘，不溺不迕，如狄懷英也者。其致通脱，圓隽雄邁而快。蓋致之出也，漢吏所不能以矯飾邀之；致之成也，唐臣所不能以嫵媚擬之。昔人謂：「蕭文終識淮陰也，以天趣。」夫天趣之發也爲致，晷四支而美，揮寸琯而靈。微獨人致也，抑一代之風猷運局有致焉。予且以天趣賞抑若之致，惜乎未見抑若于致之止也。目今中丞公諸孫，振振且起，固有竟抑若之業者矣。未敢以銅墨欣劭生金馬也。予更念劭生云。

東國中象村稿序

象村學程朱，尊康節。其理學以數入，諸所圖陰陽兩儀，及進退乾震，盡經世大法。即不必謂「聖人有意而數，若寫其意」，其自述依光詞苑，載從干戈乎四方。而晋文昌領議政間，每嘗被放。其壯歲，語多温嚴，有風格。及歸田五賦，若拘幽、獨漉三十篇，感遇三十六篇，每嘆陰谷之不暘，而出溟入涬，合睡覺于一，故其詞有班騅、白馬之雄，有龍笛鳳笙之麗，有鶴氅、鸞軿之舞，仙乎欲上。當其適，輒欲追夔契，逐陶謝，又若駕小車乎草碧花紅，而哂左徒之迫隘。其體物之極，若非我非魚，知我知魚，酌窪盈滿，溢于柱下，頓不知乘風雲上下也。君嘗朝京，既慨慕華風，有方言异俗、文字同流之咏。至其送客朝京，輒盛述帝室皇居之盛，侈天京爲仙游。丙午，朱翰撰蘭嵎爲君弟鳳山守書「枕雲亭」三字。君重之爲帖，捨其效，選體十九首，盛述吾歷下生。適李工曹稱「覃被同文之化，代不乏人」，豈不然哉。君所推易學，復有花潭君迹。諸君子翩翩材格，豈其以國格雕題而侶椎結者。予將以諸君子爲東國洗之。

相州人稚繩甫讀東國象村稿識。〔一〕

【校記】〔一〕本句輯自韓國文集本象村稿。

蛟門沈先生敬事草序

國家置閣臣，不置相，故權不得同相。而其上弼主德，下調人治，使陰陽以和，中外以理，九夷八蠻賓服，無大患害，則有相之任。朝廷生殺予奪之權，閣臣不顯操，而賢者得君，以行其公，遂能任生殺予奪，而天下治，不肖者得君，以行其私，亦能竊生殺予奪，而天下亂，故閣臣不必有權而有其任。蓋神皇帝之任先生曰：「君勞于上，臣任于下，樞機政本，最爲詳悉。」先生之自任，以答神皇帝曰：「仰贊聖德，俯儀百寮，寄國安危，爲時輕重。」漢臣不云乎：「君居其位，不知其任。」先生誠知而任之矣。

先生居閣十有二年，獨任者八年。閣體重首輔，其圖事揆策，主之首輔。當予陪末綴，每見上傳首輔主裁，語不及次，次輔下，首輔即賢，次輔以下，豈無一得當。上或間與首輔相參差，而兩意各主，朝士之從意者隨分。蓋自古分合之議，竟與國運相隨。予初入翰林，則閣師蛟門、龍江兩沈先生，與座師金庭朱先生相次輔政。三先生初固相得甚歡。蓋龍江、金庭由先生揭懇而下。然三先生意或分，而三先生之門不能盡不分。其正人君子必不分，即分，亦無它，而中豈盡正人君子。總之，朝廷爵名之途隘，而天下願爵名之人多。人不容于途，故途何必爭。而當途之人，固一途所推爲鋒，而相與拒。其所爲它途者，合力相犄。久之，同途之人，不盡得于爵名，遂亦外嚮而以情告。即當途極力撐拒，而勢不能以朝廷之爵名盡予所私。即力能盡予，而同途之人衆，力又不能盡出所同願之爵名，故終入翻覆，而不能久。是惟秉豪杰之概，用其一至，即人有分途，尚就一途，而爲朝廷分猷。念合調燮，使重譯嚮化，而其所托重四嚮之吏，咸能如所指揮而成。

予讀敬事草，以合予所見之門墻，略得其半。而其所默運懇調，以神皇帝之神，化執歸道，化拗從法，盡什得其五六。其籌在帷幄，而千萬里之外若指掌。大如鮮，如播，如淮徐，如宗藩，凡承顧問與計算，用一人，發一略，罔不適宜。而可必成，否必敗，其密而重，如調護。如册立加典禮，十數年不决，千萬人不移，而卒定于先生之言。下臣所爲，仰神皇帝謨烈高千古，而輔臣之德業，蓋相任也。即分途，而韓、范之争何論也。先生諳練典法，舉邊徼利害、將吏勇怯、饋運難易、道里迂直，靡不通知。故其言如秦越人解纏疴，不扼腕于共呻，而手辦禁方，嘗議司農，疏切直有矣，處置尚疏，以故遇可言，即并言其方，而言不露。即上從其言，若上所自出，陰奉上以道德仁義，而己不與其功，上亦心知用先生之言，而以不露成獨運之神。當其時，有一言而輒從者，有再三言而從，有再三言不從而終從。先生之入告曰：「情之至迫者，臣不忍不言。」又曰：「古之愛君者，必于無人之所。」又曰：「天下盡言也，而未能深言。」予嚮所謂「恚先生不爲一言」者，今悉其言，懇且殷。洎讀守成三論，殆深言乎。至遣使一章，固從來憂國，誠臣所未易讀。其語即平交動色，而況以陳萬乘之尊。若曹即環列左右，既無器忌，復無齒嫌。予蓋曰：「此先生之膽之誠。」亦曰：「此先生之任也。」嗟乎！天下之政，至政府而定閣臣，造膝披心，而以言進。又至言未必盡得，即其言得，而天下未必盡信，則先生之爲閣臣，苦矣。予因嘆先生，後乏先生之膽識，遂乏先生之任。上諉之曰「虞擅」，下諉之曰「虞侵」。蓋有犯漢臣之誠居位而不知任者，何不一讀先生書也。季子刻先生書，明先生。予得以季子意，叙先生書，明天下。季子以使至東，語予以叙，歸來兒鑰，遂得接季子交戟下，乃爲叙，復季子。

畢白陽先生督餉疏草序

古豪杰任天下，其視天下于身親，而其親天下，更忼爽而不殢，是以身入利害之中，心出利害之外，故獨冒天下之大患，以兼收天下之大權。蓋患發而權委，非收天下之權，不能已患。然必冒天下之患，而權始歸，故能乘權，以已天下之患。乃若患方伏，而君子曰患，細人曰無患。既以爲無患，則視豪杰之權，誰不可振起而奪其權，遂以及于患。

先生當天下之患方急，既主兵，旋移主餉，又旋以餉兼兵。凡令創建之宫，盡屬倉襄之會，爲他人所不敢任，而獨委其權于所敢任之人。乃先生于所任，又能取宅人所不敢任之權，而獨任于所當爲之身。故天下幸權之歸豪杰，而揆餉于兵，揆起下之兵，于遠徼天下，更幸豪杰之不釋于權。國家東偏有紛，憪然授兵發牌，一時牙纛坌坲，諸狶勇力，不當前疾，而攢糜于去蜂歸蛩之會，罔不設儲待物，以待須索。即川澤訏訏，和不生境一耦，鱗次狎至，每歲可百餘萬，而峙乃茭芻，歲不下五百萬。先生抱社稷長慮，方分身以四應，以已天下之患。况世有膽智，英雄孤懸海嶠，不翅身爲之，而忍不顧念。

先生方自兵略餉，其視兵間苦樂，于餉既親念，復以餉兼兵，則其視餉虧嬴，于兵更大。朝廷任豪杰以任天下，于斯爲盛。因念先生金昆玉季，各標觚棱。其爲政，其命旁側，無慫喜，無憑怒，故所至，俱屹然可紀。其後先條奏，有督餉奏議。夫任之議，與議之議异：議之議，指發詬病，不必自辨方術，抑口授方術，令主者自辨；而任之議，如病家屬病于國手，直令拭斑痕，其心腹腎腸，直與患者爲一。而雜診下上，勢必自酌自劑，無得更以病呼，而反乞方于主人。然而有療病之病焉，貴人好意迎之，而旁手好中攪之，又或所需不必給，安得不稱病。先生之議，皆禁方，能已病，不多呼病。蓋天下之病，莫大于身冒患而不得主其權。權方及，而旁有好事者，不深于事，而直以意揶揄之，劓血脉而藥者，其何能奏效。夫天下不敢任，而豪杰能任，故稱權。權非有形之物也，以豪杰所敢任，合天下所不敢任，而成權。故豪杰見爲冒天下之患，任天下之事，而細人見爲握天下之權。先生唯親于冒天下之患，故能忼爽以收天下之權，而平天下之患。夫言出于平天下之患，而言始大，非復議者之言矣。

□□□……者仍以急應，而天下之意，其急，姑以緩持之，徒以脱其所不便。而予其人，以緩失急，即其呼號曰不可緩，而天下□不弃其急。夫世無强任安危之大臣，乃至天下倚爲安，而徒坐倚其危，將其人遂且借天下之緩以自脱。其急之不□應，而及其既已急矣，患乃在天下，而不可解。是唯天下急，力能乘天下之急以爲緩，而力能挽天下之緩，以應吾急，而視兵兵足，視餉餉足。此又天下之豪手，有挽摶一世之猷略，而非復以緩急希世，不能措一籌者。

白陽當遼海之急，天下共急之。其任與議，天下無不從，而挹中餫之奠以爲酌，曾不令有奢費。及三年來，遼海之急自若，而天下若中于奴酋之緩謀，而遂相與以爲緩，不念其張皇跛蹜之苦，而兵既不可卒銷，餉士何可卒減。公能析心計爲籌，卒令士馬飽騰，盡遼海倚爲命，其力所能自爲，爲之，力所不能爲，爲呼號于朝，而天下相與量其誠切，而無不應。要以公誠心直道，其毅然不可拔者，持爲根柢，而精渾詳明，不可窺之識量，嘗若立身于高天大澤之上，而轉移其所不可必。今讀公後先奏議種種，抑何懇摯沉切也。伉不較黑白，人不隨唯諾，其視兵兵强，視餉餉足。蓋唯天下不能緩急，公故能應天下之緩急，而不爲其所持。予故嘗謂公可爲大臣矣。大臣集天下之議以任，在能盡天下之心，而酌天下之任以議，在能自盡其心。公督津三年矣，時以議任，時以任議，真能自盡其心，以盡天下之心。今且晋司清議，式叙品流，力得盡天下之心于議，而自盡其心于任。蓋其任即在其議，議得自盡其心，即可以盡天下之心。夫天下之心，自心也，凡自所嗛嗛、不適于獨者，天下或口然而心必不爲然。夫大臣時天下之緩急，而緩急應之也，士無徇天下所口然而心不然者耳。公可謂大臣矣。

天啓歲在乙丑秋七月之吉，賜進士及第、光禄大夫、柱國少師兼太子太師、兵部尚書、建極殿大學士、制起居制誥經筵官、玉牒實録總裁、奉命督理軍務高陽孫承宗撰。

【校記】〔一〕本篇輯自餉撫疏草。

何武莪諫草序

漢人之論諫也，曰：「去就以之爲諫，死生以之爲諍。」夫去就易耳，一官何與紛然。乃有自詭必死而不死，亦有自詭不死而死者，則死生亦易耳。曷其膽之孱，不結心于逢、比，而借厭厭之氣于蜍志也。中龍門之男子捐劍去，而閉長安大索，卒不得也。乃庭臣不聞有顯言者，故漢禍成。蓋敵以下之骨肉，尚難樹頰顏，而况獨居雷霆之下，不忌齒馬，有敵以下所不堪者乎？五月四日，亦疑其异人，或謂：「不可不問，以安東朝；不可深問，以安主上。」然非有招不來、麾不去者，借尚方劍，抉纖兒逆計，以開朝聽，則問不問，奚藉焉。

讀武莪疏，其憂深，其思苦，不獨其辭直也。武莪解褐，輒報所不共戴，直以身歸朝廷。其視天下事，不翅庭屏，而膽智足以用其志，故其言多剴切而盡。夫盡，故使天下無所容，而不得不改易弦轍，以聽所條次。頃即少違其禁闥之願，而主上天地之心微矣。武莪不難死生，而難去就乎？况岳岳豸角，主上終以法寄也。小臣于主上所以待武莪，仰窺主上深心焉。

王鑒心都尉疏草序

嘗讀天保諸什，悉臣子所以答君父忠愛無已。因念臣子與君父同休戚，惟自待不薄，乃能以忠愛厚君父。蓋自待不薄者，視其身，得與君父同休戚，則其身爲君父之身。其于君父之休戚，得不引爲休戚，而又寧得致身與君父之休戚，任纖兒撞家居，而亦唯亦諾，曾不一言。故厚其身者，知君父，不知富貴；厚其君父者，知忠愛，不知其身，而又安知身外之富貴。祖宗朝貴戚，如廣平、富陽，以功鎮北平，兼府事，又或歷掌兩留都；又或相次懸平羌印，鎮甘肅；又或歷掌兩都督府；又或參行省政，應制直廬，督學政。蓋豪杰輩出，文武惟用，諸公亦得奉君父，以罄無不宜。乃其後沿，惟掌宗政，領侍衛，將士不盡責以它事，更不盡責以言。時以不任之言，言不任之事，則競爲駭笑曰：「言者不言，而不言者言。」嗟乎！惟言者不言，即言，亦不肯盡，乃不言者言耳。人闐姻婭，尚相匡維，而况列五等，餐千石，連光雲日。豈其顧景金貂，而曾不念少酬租税。又况佩七葉之冠族，服十年之義訓，其待身不薄，而安忍視君父闕失，若自爲怵戚不相關也者。

今讀鑒心諸疏草，盡衆所不言，若言不肯盡也，遂盡言之。中間事，繫宫幃藩邸，俱天下大務。其請東朝代諸大禮，雅欲重元良，釋中外猜疑。至從賜書摘二十六臣之議，若持方藥，療宿疴，而攬權任斷，更爲救時良藥。迨神皇帝怒御史，遂娓娓悉情事，必懇必盡，期于補彌君父闕失。蓋天保之什曰：「俾爾單厚。」賢者厚其身，以厚君父。其心類如此。及起謫居，適東□，以廷議，當治兵事。高議出，固已絀群策，而雄材大略，要在以九萬固寓恢疆，獨群紛未諳典制，事遂寢不行。當是時，予方謬參政事，頗欲佐先帝挈綱要，尚猶從都尉之言，而親見先帝憂危，遂冒昧東行。既不能如韓公之有説，以靖丙紛，而又不能寒[賊]膽。假令朝廷信攬權任相之宜，則上公不祠，而公得以十萬横行憂□□哉。乃知挈尺幅，議登任，未盡豪杰也。歷三朝，恭逢千古明聖，瑩精上理。其精核萬宇，固已攬權任斷，一旦推豪略，竟十萬之議，公其一酬此言矣。

侯中鵠亦咏草序

鄆人侯中子中鵠之論詩曰：「詩咏性情，亦性亦情，則亦可以咏。」故題其詩曰「亦咏」。豈遜轍于前車，抑蹇裳于獨往耳。夫咏，永也，長也。凡施于衆長，謂之永。記曰：「言之不足，故長言之。」書曰：「歌永言，聲依永。」譬之咏，然咀而入，其旨出而長，故漢人號其説曰「雋永」。蓋七情具在肺腸，五聲具在舌齒，情動則神流，聲叶則調合。然苟非其好，即宿達，不解，乃耦抒其情。即弄戟者，不難銘刁斗，歌敕勒，罔不立成倉卒，備極情事，其至可以被管弦。然則矜蟲鬥鶴者，何得侈抉驪于擢腎，快探虎于枯髯也。乃或謂：「倉書既雨，易總既雷。」苞符無復稽而待發者，獨不思河山永地，日星永天，兩大文章，終古常新；而草極爲螢，木極爲芝，即枯朽之光明，變乃爲永，奈何拾飣餖，自命古人也。

中鵠君獨負靈衿，人駭氣貌。諸所撰結，敏如注射，而豐不餘辭，約不餘意。其五六七古，縱横合度，突兀驚人；其近體則山泉泠泠，春暘煦煦，伉食中蔚爲都雅，直欲會風雅于元聲，而庭實之綺膩，千鱗之高華，時在觚棱而不有也。此公所爲志「亦咏」乎？夫不窮，趣有遺音；不竟，旨有遺味。今人割剩馥，饜衆口，苦饗于揮霜乎，咄嗟而詡縠薄絲縷之奇，至怪分毫殘，俚分彘曜，則彦伯之篠驂耳。其剖朐殷林，而德色翳乘也。中鵠君，機有獨持，乘無偏嗜。總以抒其情所必至，而循其性所自有，使讀者外咀而不覺中人雋永哉，寧復有遺味乎？蓋聞灘涣間能文章，有日月華蟲，以奉天子。齊魯于文學天性，而濰、濟環鄆之左右，其鄆之濰渙乎？中鵠君，方與其猶伯鼇，爲世顯人。其抒發天心，以組修于身，而成文天下，此其豹窺云。

題鹿伯順十五種認真草〔一〕

今載筆之官曰史，即畫家盤薄，亦曰史。史家叙述娓娓，期盡其人之真；畫家阿都三毫，亦期盡其真。約以筆，無不致之情，而後其真無剩致。士君子任天下以真，獨若斯史乎？予讀六大經，概不言真，而真乃在經；後世于百千人中，標其一二人，曰真人，曰真儒，曰真忠，即英雄將相間，題之以真。蓋古人情不外匿，行不久遷，善善惡惡，鳬短鶴長。夫亦人耳，儒耳，忠臣英雄耳。無弗真，而何以標真之名。後之君子，漸鳬企鶴，竄端匿迹。當其栖遲薛越，希蔭高華，故膏唇拭舌襮飾；其寢俯及借翰晨風，遄登槐岳，晬嘗而頮弃之，如寓客，如脱卒，如寄裋之兒，于此遂標真，而别于贋。

嗟乎！苛廉纖謹，規行焚溺，而輕俊自將，又或和聲于促柱，正不圖見伯順之真也。伯順儵然清遠，衷貯峨嵋、姑射，至其駕馭長材，堅挺大節，招不來，麾不去，真有古大臣之風。當其矯發金花也，署掾環晴曰：「非專責，何苦認真。獨煩一推署符耳。」予快此語，掾摹天下諉諈不任者，故題伯順所著十五種書曰認真草。夫真起于别贋，而認真又起于贋之笑真。即如今天下談兵媒進者，贋耳。乃若屣銓司，馳塞上，對彊敵者三年，習十萬兵，携六七大將，行十城百萬中，同二三友人，恢四百里封疆，同進者，旅據大位，而身不十一級，即聖明之世，恬如也，將無真乎？渝水、遼澤，彊陽却步，胡蹇裳就之，頓歷歲時，其護死忠諸君子，他人危之，伯順不危。即金花逢上怒，大司農手戰落，出恚語，伯順自若，韓稚圭不與人膽乎？予每題伯順「真材真品」，伯順亦稱「肝膽患不真」，故其衆推獨任，衆趨獨辭。惟是真肝膽，而所至，析利敝極精，酌古法極細，其夜思而旦營之，坐畫而立繼之，行所見極決。其與正人合，如金如石，極堅且久。口不騁黄馬劇談，即千里嚇啼，率真手奏。其所許與録列，若夫扶孤減賦，即司農、司極、司奉常，光禄中所執奏，行一意，有少利，歸官歸民，真視其身爲公家有而不敢私。蓋其事具在諸書，書又稱爲國求真材，做真事，其摹真而自寫以痴，曰：「真者，空而無私；痴者，頑而不解私。」予讀他氏論真，亦曰：「息以踵心，以珠在淵。」蓋氣沈而神潛也。伯順，集不問菀枯，途不辭險易，力不程輕重，任不顧利害，蓋以真心用豪杰之才，氣沈而神潛，安得有私。每謂天下事，論不可負之己，豈論不可知之人；論不可錯過之今日，豈論或有變態之异日。是宜語儒，語忠，語英雄，曰真，而獨曰「痴不解私」。夫私成于解耳。唐安市卒乘高，當集矢，四應不亂，文皇喜甚，侍臣曰：「渠未思耳。」文皇恚甚。解人利害分明，得無傷于思也。方今日月中天，黎邱不幻，而或不識吾真。予得持認真草比折蔞之愛乎？陸放翁以文知人，即倉促書牘、符檄書判，概見心能。然讀認真草，寧爲識伯順，抑自認吾真矣。

崇禎甲戌春三月，友人高陽孫承宗稚繩甫題。

【校記】〔一〕本篇輯自鹿善繼認真草。

邊事小記序〔一〕

當奴孽躪漁陽，而適島變，處置非宜，將今者登萊之變，不待歷歲時而并發。國家方以全力驅孽奴，安所得餘力制島，而况其激而合奴也，將患益大。予奉中議，以紫髯拊其衆，而梟獍之氣，竟化爲馴，中間用膽用智，應機而發。蓋跳身入虎穴，而偃卧其中，即狺狺露齒牙而旋帖，其揚詡其同氣之忠功，遂以宣朝廷酬庸之大誼，直令鷙夫悍卒，以涕以興，而幾啖虎口數數，無亦膽智自將，而髯之逸群絶倫也。中以宗貴，抑置不叙，而予亦以嫌，不爲大言。嗟乎！建、昌之復，除叛于掌，安、喜之復，攻六日而與欒同下，洎髯之帖島衆于洶洶，盡兵間快事，然安不得與遵陽同功，而兩事亦不得比焦爛之上客。嫌居功，而遂抑諸將，則予之過也。以今觀登卒之變，則髯之功竟何如。予聞髯且東下招島人，然當姑安之，而後來之，髯饒膽智，當有以處此矣。

壬申春之日，友人稚繩甫孫承宗題。

【校記】〔一〕本篇輯自周文鬱邊事小記。

家乘序

予以先少師晚子，今遂得長族姓。自予而上五世，予懼不願以我爲子孫；自予而下三世以後，其後予又懼不願以我爲祖父也。凡我子姓，得無懼乎。予少讀詩，至棠棣咏兄弟，先妻子，而孔子繼之曰：「父母順。」予以爲，父母念其子，故兄弟翕，乃父母順。然世人兄弟不和，多起于私妻子。故詩人先好合妻子，而後言翕兄弟。予觀世人，當稍長，未有妻子，兄弟相得甚歡；及一有妻，再有子，遂有間言，而隙且開，遂不翃如路人。凡我子姓，倘其念我子，以體父母念其子也，孝弟之心油然生矣。先少師遵先訓，以訓我兄弟，唯曰「樸實清廉」，曰「無欲害人」，曰「精神」，休使盡而嘗以無欲害人爲要。嗚呼！凡人清廉，乃不好貨財，乃不私妻子，乃和兄弟，乃順父母。夫無欲害人，而室家妻孥間可思也。平天下大道，先少師殆以數言該之。凡我子姓，尚其共爲遵守，無令致我祖先不以爲子孫，將世世子孫以我爲祖先。予特以此書之，世繫册端，告我子孫，以仰紹我祖先。

崇禎三年九月，六世孫承宗頓首書。〔一〕

【校記】〔一〕本句輯自宣統三年刻本孫文正公家乘。

徐太師文貞公年譜序

夫名賢之勤簡察者，或歲自爲記，曰：「不恤其躬，不楷其後。」而乃其後人繼繼承承，亦或歲紀其先，以摹平生之悲喜離合。若匡扶開濟之略，其真，則操弦而志罣然，而人頎然；其似，則盤礴而貌阿睹，一毫一髮，尚足以隕開笥之涕，而泣撫研之子孫。故勤先撫者，不獨貌先人于狀，侈之聲詩，勒之金石，以紀其大；又不獨倚公家之竹帛彝鼎，萬子孫勿變爲久而必合。其自少而壯而老，譜爲家乘，令後之賢者，識漸鴻鼎雉于楮墨之外，而且得律不賢者，以視其萬。于其時，有識之士，亦且就其中，窺時事之静棼、世路之夷險、肩荷之重輕，以及鴻風魚水、納牖櫻鱗之迮合。即其斟酌元氣，調劑膏澤，若倉、扁之起人于殆者，亦若畢致于譜。夫慕其人，未有不思一睹面貌，閲行履，况子若孫之于親乎。

昔人謂：「一毫一髮，不似吾親，即非吾親。」而公持議謂：「見一毫一髮似者，猶吾親見也。」嗟乎！世寧無毫髮皆似者，而况毫髮皆真若譜者乎。公嘗自贊其真，若曰：「日兢兢以簡察，亦蕩蕩以忻愉。」夫日簡，故日愉。而日簡者，少馳六螭于暘谷，而壯試之昆吾，老息之懸車也。如一日予觀公抗議于禮樂名法，而歷閩、楚、江、浙之間，殆旭如其出然。及還，公華近洊正台席，無棼于絲，無豐于蔀，而兩朝始終，顜若畫一，殆暵如其中。然及功成身退，徜徉于九峰、三泖，而香山、洛社不易其常，殆暗如其入然。蓋時用晻，時用明，時以晻致明，時以明還晻，而光翔六幕，晶握寸環。至其殄墨澄汩，提衡甚力，蓋凛乎植黨鬻法、背公自營之爲卧盟也。將無日簡者真歟？世或册天禄、石渠間，多恢然處虚者。予于公，一雪此言矣。夫摹日于椠，不既其明；摹行于副，不既其神。公固曰：「氣溢難狀，骨羸易摹。」豈不以得神則工者乎？不佞三復譜，而謂公之孫，次譜者蓋。夫曰是其中有寶符焉。匆寧舉其語，若出諸袖者，簡也。

邢中翰恩命册詩序

蓋聞子欲承家，臣歡遇主，而君惠卒難偶徼，親恩詎合輕酬，故椿庭虚陟岵之悲，萱背空翩雛之咏，一命不沾及釜，幾行猶愧傭書。乃中舍邢君，玉樹一庭，早見伊蒿，罷咏龍文，千里誰憐，駒齒長鳴。况家謝老成，門無長者，蝸迹滿雷陳之室，燕泥空王謝之堂；痛無禄長離，縮足蓬蒿之徑；閔未亡不造，驚心磨礪之宫。集于菀，無集于枯，白晝聽嘯梁之怪；翻爲雲，又翻爲雨，平居看入室之戈。而陵谷何常，成虧有定，一旦脱囊逢掖，簪筆承明，入聯供奉之班，出載皇華之命。五月東宫衍慶，三年西殿承恩，赤文龍躍于雲津，香生帷墨；紫誥鸞回于婺宿，光滿荻書；報熊膽以鳳毛，襄仇機以翟服；鶴蜕返千年之彩，鳳笙吹曼壽之祥。當斯際也，長繩繫白日，銜心詩禮之函；寸草報春暉，額手杯棬之瀝。而况筵開蓴緑，長年添金母之籌；春漾流黄，明月下齊眉之案。于是枌榆之雅，并仰國恩；縞紵之交，同忻家慶；短咏而五音叶調，長言而三管成文。不佞未得，國能式瞻，大雅四韵，徒慚貂尾，一辭更浣佛頭，敢當薇咏之前矛，聊拾鷄香之餘瀋云爾。

范夢章竅議序

予往編曹奏，悉都人僉商而苦，不翅逢不若于犴也。或閔而議，會無爲官市者，卒不行，則中涓爲格耳。郡邑吏責百役于殷實，亦復右都人之苦商，而吏循藉藉，河渠未已，亦無有格者乎？國家念浮浪不典，幹而冒法，故役用鄉户，蓋亦曰「有永業，知自重」耳。豈其幹公而剥乃私者，小民非負膽智不數，見公府倉襄金穀之役，即無它患苦，不難搶地求解免。而况一承，遂破其業。其明知之而明予之，不一議也。今天下攢糜不可爲，而顛畫于議，則又攢糜言病，而不言禁方。即言病，又或諱其所不可言，而徒令調以意。即意調之，而病良已，曷若明調之，明揭之，無遭俞跗而諱敗也。

予讀夢章議，種種皆關天下大計。慮不毫悉其病，而倏次爲禁方，乃尤惓惓于清户役，而悉其病所不可言，無亦如昔人之議曰：「役出于力，役繁而力竭；國依于民，民敝而國危。」夢章其有憂危之思乎，寧獨爲二東也。因念朝廷立一法，每以名誼厲賢良，而又委曲其議，以防中智，故法久而民不爲害。夢章議徵輸凌雜，而曰：「官出羡，予之易辦。」至其費不可明指，而明編者，則不獨詳立之法，而必悉處之，費寧使明加之，而官受其羡，至曰：「不累官，乃不累民。」夢章之議，其防中智乎？予妄謂「一隅可辦一隅」，唯吏不自予，而一隅辦，顧何可責中智也。夢章謂費不可明指者，予不敢問其凡，倘亦有指于不指而人醒者乎？夢章議，皆世人所心然而口然，即口不必然，而心盡然。豈長吏字人，而不辨灾石之議也，抑夢章言之矣。賢，即仍，不必害，不賢，即革，不必利，故勸廉之駕，不急于解墨之組也。夢章言之矣。

長馨堂榮京録序

劉給諫時濟家新城，去予邑百里，蓋古稱高陽北新城云。予故習給諫先猷，不獨其爲世鳴鳳也。給諫母王孺人，及笄歸贈公，操作勤苦，器服靡華，食指繁而，兩手行汲，一日提甕不歸，則殁于井矣。嗟乎！二色空鳩没，八光隱三龍，沉何异古厄井也。寒采不食，爲我心惻，而況撫遺篹于宥笥，盼哺鳥于庭柯，痛繘瓶于既羸，傷板輿于未御。給諫所爲，由舞象，而今一過井側，頓不知涕泪之横迸也。夫以母，儉勤在躬，孝肅在堂，嫕淑信睦在闑内外。其視沃逸驕坐，曾不翅塵菒，而茵幬有鯢齒焉。母何獨遭命奇薄，曾不華首而井没。或者謂：「天之報施少爽。」一然蕣華易隕，貞木不凋，母有給諫，受國明恩，爲直臣母，而給諫亦且就殁。

所爲長馨堂，識母勤劬，集一時名家論贊，以志哀思。若與帝書，煌煌揭日月而長馨，天之報施善人，竟何如也。夫婦勤婦職，猶臣勤臣職，人臣曳組垂魚，而顢利害，辨勞逸，若籛之于井。其視母，富而能節，儉而能勞，以死孝死勤，何如。而給諫更侃侃論列，爲世顯人。當其知無不言，言無不盡，惟知心力爲公家之有，而不知有身，安知富爵。然則給諫尚猶行母之道也。往聞永樂君博學有高節，至勞人主敕賜時新，而子爲飾忠；白樂天批逆刺權，屢居雷霆之下，而左遷于新井之謗。夫許母有年，而子非誠，白母有子，而母逸死，孰與孝勤作給諫之摹，而忠直成母之大也。是母是子哉，海内能言之士，蔚爾青琯矣。

督理事宜序

予以壬戌二月入參鉉席、兼樞務，以六月閱關，以八月出督師。歷乙丑夏，當三年考歷季防者七，當叙，及乞骸歸，當奏繳，例以所督理事宜入告。然是時，中要方騖宋廣陽、唐博陸，而晋鄙盤互，邊吏恐諛。農父靳饋圻父靳迫逹予，其披胸見款，奉此册告也。將逐予者，低徊未遽，而身在維妻，坐遺謗觖，徒以嘍唶死法爲天下笑。故忍而不言，令天下指予爲當逐。然當初出闕庭，固嘗面奏以「不妄費一錢，不妄冒一級一階」，是以初賜虬玉，疏辭五，口辭二。先帝面諭以長少大誼，乃不敢辭。至兼綜中外，有蜀、黔、齊、魯、東江之捷，概未叙；遼之修築安插、屯田歲防、訓練斬獲，概未叙，即叙，未敢承。其後寧陽之叙，亦三辭，未敢承。蓋當初任紛錯，無亦爲社稷之役，曾不計不敏之支。豈其慚皀企鶴爲榮願，而作盤盂壺鑒之思。倘沾沾仰徼明恩，何以對天下。故此册亦終不敢以視人。獨是歲曠事淹後之君子，既未悉當時中外俇攘、上下惶駭何狀，又未悉身如審客脱卒者，塗澤于諉誣，其後折鋭推矜，獎蹙威柄，相與讒讒以佞，謷謷以逋何狀，又未悉痴腸戇性四年，何地何時，何事及何人然，何人不然，其受虚唱，不受甂點何狀，遂致别有博掩，剿所嘗爲，巇所烏有，而妄以援顧窺人，幾令天下以任爲戒。

嘗憶壬戌春，三尚書抵關門，其請款則百二萬，其請築八里外重城則百萬。予閱關，請罷重城，省九十七萬；再請款，費必不可多，王太傅爲縮至三十餘萬。蓋腐儒一出，而兩役省百六十餘萬。予四年所經營創造，費百三十萬，取兩役所省爲有餘。而予以屯田入十五萬，以採青省十八萬，合鹽策、錢税、朋椿，入可七萬。其四年所復地，則四衛、四所、四十餘堡，四百三十里；兵民則遼人三十餘萬、遼兵三萬、騎兵萬二千五百、水營五、車營十二、前鋒營三、後勁營五、弓弩火炮手五萬；興舉文武官生及醫藥賑給，可三萬有奇；軍實則船六百、輕車千，偏廂車千五百、馬駝牛騾六萬、官民廬舍五萬、屯田五千頃有奇，甲冑器仗、弓矢火藥、藺石渠答鹵楯，合之數百餘萬。

當是時，我之良士選卒已□錦水、閭山，而□□窺我顏行，退河東七百里，更以我間，屠城豬地，日掠東江西部，而終予之任，未敢過河。即西□舊如孤犢觸乳，亦且安于蜜蠡，未敢闌入。蓋一時文武大吏，投醪含蓼，進取同心，而予以迮要人，遂至同心軗轉，而邊事不可爲。嗟乎！遼鶴去，而城郭人民已非。予方厲鶩習驥于帶城、牒械之間，傷膽幹之欲竭，望同心以戮力，而閩、晉兩君子，實夾介而埤遺。我方圖滅此朝食，而兩君子去矣，騂突一出，共膽爲孱。予既不能分風擘流，調一簧兩舌于猩啼隼笑，而又適放梟囚鳳之晨，結釁大奄，遂使齊年携籠霄之氣，合中謗爲岸忽，方且縶青駮于韝下，馳稱娖而前行。予亦紲馬懸車，望鷹隼之獵獵而心悸。然則天下安危，豈不以人哉！當其推襟送抱，未即鶚視鷹隼，然豈蕩無蔕介。而予方抱咫尺之義，跲踔而行，期一墣塞欒浪之長淵，乃絢絲之絡，兩蠹相加，而蹇嵯倍嘗，頓成逋事。舉四歲之經營，費朝廷如許金錢，付所推轂，而塡落于魚門、馬窟之間。嚮非謀臣良將，自我遺之，遼何如矣。

嗟乎！天下事任在大臣：任而誤天下，何如避而不任；任而潔身，無救于天下，何如任而開濟，或迂其身。古大臣當中要乘權，入于中，出乎外，徐以扼吭而猝奪之魄。斯其力大道博，真如神龍矯矯，可天飛，亦可泥潛。其割名容容，亦如割名踆踆，無亦以既任大臣必不能避一切。而欲避一切，獨當早避，不爲大臣。以予之暗淺，既誤任大臣，而又不忍見一時蕩之逋臣，令天子之法，咫尺蹂促不行，遂不勝狗哭之心，脱絲綸，捍牧圉。時天下寒心累息，謂□旦旦夕來，故惴惴聽予任。及任久而□不來，天下嘻嘻爲安，不謂「腐儒與有力焉」，而曰：「安用腐儒食此螯乳者。」遂使予避不能蚤，任不能終。夫大臣而不能操縱要人，特怦怦身名也，予過，予此册其志予過。

錢梅谷高陽事宜册序

世謂「千室之邑，必有千鍾之藏」，乃予邑何罄如也。家之藏鏹，曾不供輿皂，而歲不三黼，則粟一甌而泉幾伯，至比户無以奉耕耘，兼以應聲之征，雜出境内外，遂使大猾豪奪，細氓瑣尾，蓋聽其自生而不可得。册中所謂「察困踣之形，訴朘削之狀」，豈其食土之毛而敢頤動也。獨是獥靈二三大夫，得仰梅谷錢明府以畢力于邑，遂從撫摩中悉利弊，苦于條上之，得報可。不佞從邑父老，且授之梓。夫豈其效世人翹翹圖畫、變眩人耳目也。引綴而量用者，不爽于計；按矩而索觚者，不虧其樸。予邑豈得久借明府，而後有繼明府者，則册中之利弊，固下所慈君戴之，而上所快屬予之者也。其終宜之不可，更願師其事；其時或不宜，而可更願師其意。倘其少不釋于前人乎，其將執册而動焉，未可知也。故爲刻事宜册。

宋立家傳序

蓋重慶之變在天啓元年之九月十有七日，先兄方伯公憶劬，以川東道罵賊死。是月，公以胡守備思藎持書來，謂：「川兵發萬，有奇行矣。其未行者，予日夜督發，業有次第。輦下諸君子知調兵耳。抑知兵在萬山中，調之難也。中丞君難監軍道，予既慷慨任之，當以十月與弟爲聯床語，可過家一看薦兒。」無何，薦以八月病歿，而公以次月遇害。初，公以班生語奏，徐公不聽也。即知有變，賊初無意殺公。公見諸公死相籍也，大駡賊而死。痛哉！公端謹有大節，而坦夷不刻。僕立家之誼，其報云。特次其語刻之。

春秋房同門稿序

夫文體害于庸，而好奇不害于奇也。士掉鞅而逐中原，唯無奇耳。奇負獨識，力可全昌，而或馳偏鋒以耦世。彼其氣岸之淩厲，不傍門倚户，以持一先生之言，而庸者無大力遠識，執异説而不化，獨奇托之而眯天下耳。鑒令天下寧庸無奇，間者知奇托亦庸也，則又拾遺瀋，以矯劇談，而自詡先民之概。夫附豪者唾面，附名者加膝，至顜其傍門倚户，竊恐因人熱爲利耳。故兵志曰：「大衆所合爲正，將所自出爲奇。」而酌大衆之合，以妙所自出者，必不拾前人之唾。譬之端人莊士特立獨行，豈其乏同方而寧翹翹爲招也。故自古擔荷天下大事，不屬庸屬奇，將無以奇抱獨識可破抏救歟。

頃申黍度于尺幅，條刺其闌出于格，天下負奇者，不鳩化之，而且豹革之。蓋予奉功令，閲尺幅，則諸君子精神，各以尺幅告，而中固有負奇入黍度者，氣尚勃勃也。然後知功令之嚴正，以成抱奇之士。蓋士有通材，有僻材，奇或偶，以通爲僻，而天下頓拾其倨以爲通。嗟乎！士亦欲得博聞有道術者耳。相沿而競奇，僻于聲響，以爲聖賢之精神。又或并弃其聲響之似。故蘇子曰：「士大夫治苟且記聞之學，皆有意于天子之爵禄。」嗟乎！此可責庸人哉！庸人捐所漁獵，則不能更置一語，而奇者之才之力，獨能趨上所欲爲，而返以自遂其求。故天下文體之正，必需抱奇者之獨識，而幾之變爲暉也。猶下也，然而在上有以成之。蓋上操功名之柄，以陰移天下之心，而握其所趨，令天下低徊于功令之嚴。即跅馳之材，不得不俯首而束于格。故曰：「古之聖人求之以勢，而使之自至。」是以天下争爲其所求，以稱其意。然則由斯以談，上不握天下之趨，使天下泥格而合衆，越格而自出，天下不可爲也。南宫之役，予從曹真予先生較麟經，得二十三士。此二十三士者，識力皆有可觀，而要非托爲奇者。予既以尺幅射其生平，願諸君子無忘生平易尺幅也。遂合其制義，授之梓。

題廿三士春秋制義序

昔韓宣子聘魯，見易象、春秋，曰：「周禮在魯。」若是，易、禮與春秋通也。予嘗受易，受禮，受春秋，皆嘗操觚爲舉子業，而竟不得易、禮，安問春秋。南宫之役，較易，較春秋，缺一人，而詩、禮浮于額一人。予以主者令釋戴記，從曹大諫較春秋。大諫以專經得盡占所擬目，而爲予批三傳，細注之。予得不蒙于經旨，然惴惴恐不懌于旨，則時時以所尺幅質之大諫。又得不蒙于經生之尺幅，乃大諫亦復不以予不解，而時出所得尺幅相商也。解闈而觀標格，發篋笥，還徵闈中所妄忖，曰「某地，某科，某少長，某癯彊」，乃得不大謬。嚮非大諫開誠發予覆，予且不解于經，而安閲經生言。然他經生視左、國爲綺爲珍，而春秋家固布菽也。乍閲其語，若欣然，已而數幅後，或弃去不復顧。固予既藉大諫于經，更藉經生言，盡經生巧心，而不大歆于拙目也。然嚮所咄咄于一編者，即今且十年，而間亦有所自藉。故予以不知，不敢自任，而大諫即知，亦不自任，故予得盡大諫于百全，大諫亦且盡予于一得。因思天下事，用獨近私，用衆近公，忖于其所短，而藉于其所長。即窾寡如予，亦足集事，而况真有見者。然予兩人即各持所録相商，而實各守所額注，則又予兩人之拘拘也。既而諸君子出經藝，來受揀擇。予笑曰：「嚮非大諫，幾不竟南宫之役。今何得一一求解大諫也。」大諫仍以專經，精擇之，得百篇，授之梓。予且藉諸君子言，竟予易、禮之學，以半窺于韓宣云。

王進士永啓四書義序

予以丙午春，識永啓于伯全邸，輒欲傾衿。永啓文弱可掬，而精神淵著。其宿名葱蒨，門車或接轂，而南金東箭，坐起嘆述不去口。然永啓砥私首公，有高翔寥廓之志，雅非賣聲兒分頹陽于半規，而詡詡萬里暉也。是年以見魁京兆，遂出名公之門，而聲益藉藉。次年春，復與其里人曾孝廉熙丙各以卷來視，而予亟嘆爲雙龍。無何，俱拓落歸。而曾君以貧就青氈，獨永啓氣勃勃不下。今年春，永啓掇高第矣。曾君復拓落以歸。予蓋悵曾君之再蹶，而喜永啓之得雋也。昔人教射者曰：「一法不修，一疾隨之。病盡而法完者，十發十中。」豈永啓退而修其法耶？然吾閲永啓先後制義，則嚮非病，而今非加法也。永啓長材廣度，無所不淹，故其近步，可令遵常守故，以合于法，而巨鱗不游汀濘，修羽不栖翳薈，故極其思之所入，以盡其才，則又決閫開垠，如游者布武于拾級，而亂岩絶澗，亦不難險尋危造爲。獨其赴節投袂，應弦遺聲，未常任材軼法耳。

語曰：「一株龍芻，人爲龍駒。」豈非其兼才而出名公之門哉。夫才之于文，極其變，可以伸縮變化，而抒所思于不窮；迨其變之既定，則如棟在屋，如骨在身，而長短廣狹，體不撓于所勝，膚不浮于所支。乃譊譊之學，嚮聲背實，遂至綰轂其所共趨，而習非勝是，日以騖于其短，而及至分其力于長。夫形過鏡則照窮，物勝權而衡殆，調聲者寧必登祁虒，發清角，無亦徐引師文之叩也。永啓以兼才，出名公之門，法具而盡其才，能極其思之所入，而不旁騖于世人所共趨，是以成其爲永啓。夫永啓矯思以爲矢，而發既中矣。予且欲寄聲曾君曰：「思如火，用之彌明，宿之彌壯。」永啓明矣，曾君其益壯乎？壯斯明，天生神物，終當復合。永啓尚爲我致華陰土于曾君而拭之，以竟予雙龍之嘆云。

周子寅南宮會業序

余初不識子寅，見子寅丙午卷絶非世俗語，遂以卷識子寅云。子寅居嘗好深沉之思，間視其會業，即帙不著名字，亦知爲子寅。蓋子寅取境于險，而風貌若不思，遂以獨成其爲子寅。予妄謂子寅之業沉摯雄勁，若顧鷹鶻圖，有豪杰之表，而清絶爽秀，若顧花光墨梅，當嫩寒清曉，行孤山籬落間；乃博大軒豁，又若顧栝柏梗楠圖，意欲干霄；至其精深黯淡，幾于無色，又若顧據琴圖，超然得意于絲桐之外。蓋世俗品文，于畫輒曰似，曰不似。然畫家如郭昌，則意在似；徐熙，則意在不似。此兩人各以能名，而或稱「熙于畫，遷于文，甫于詩」也。予不知子寅意所在，業成爲子寅，而殆不獨得其似，然則「遷于文，甫于詩，熙于畫」乎？開生面者，初不似，再請見，乃大似。又曰：「某于形貌，于神思性情笑語之姿真。」夫貌其真，乃意不在似者。士雉幾于真，而螟祝子似。即龍門之元經，不害爲僭，而況以寸晷尺幅，影響于鶻落兔起之似，以爲真乎？鄒魯之學，惡其似；今人之學，惡其不似。字櫛句比，以求合于聖人，一不似，曰「是且生心害政」，而不知爲書奴，殆欲相優孟耳。夫形而不韵者畫，韵而不形者神，字櫛句比，而求合于聖人者，形而不韵者也。嘻！世俗好似，獨會業哉。子寅神索其真，而不語索其似。蓋畫家稱，凌跨群雄，以氣韵畫，倘得褒、鄂之毛骨而發其奇，寧徒駭耳鑒也。

李生清仲制義序

予最喜六一公之解碩人也。宛從碩人游澗阿，而聆語言歌笑，又若碩人偶忘獨樂，而相與披情愫，刺刺過澗阿也。不獨碩人神韵可掬，而詩與六一説詩之神韵并可掬。蓋詞之妙也如此。予友李清仲，以异資承御史公家學，于書無所不窺，而才以運，法獨有得，而不輕以語人，殆有六一説詩之韵焉。

夫士操觚，而定思于兔起鶻落，必有韵矣。韵文之致也，昔人論書曰：「得筆而乏韵，韵可意爲，而非意爲心。」一韵有黠有痴，有癖有逸，有暇，有整。痴如瞰滌研淮口，急餉以小龍團，爲生平一事。黠如張絹圖乎瑶林，落筆顧主上抗聲曰「奇」。癖如嗜茶，不能飲，猶口把玩之。逸如雲氣自山中來，象群馬奔突，一一入雲籠不競。整如長身秀麋，大耳紅頬，飲過百，輒正坐高拱。暇如聞棋聲乎古松流水之間。蓋思入而調合，調合而韵出，有意而成乎無意，有無意而成乎有意，如結胎受氣，上應列宿，其賢聖仙靈各從所值。故曰：「石出山，而韵自丘壑。」

夫韵無思也，而結乎思也。王介甫曰：「思之不深，取之不固。」不觀勇之色于怒乎？血者赤，脉者青，骨者白，唯神勇者怒，而色不變。夫神不變，思乃固，乃能獨操所自得，而可以弗過，可以弗告。清仲公車屢上，而詞愈二，殆其幾焉。詩曰：「維柞之枝，其葉蓬蓬。」登明德如御史公，而不大其後者，竊意清仲值賢聖之宿，肖六一之神，其種種義合，有意無意，而神韵可掬也。清仲自此遠矣。

孫承宗集卷十二

贈賀文

賀總儲御史大夫藍石孫公榮膺恩命序

蓋藍石孫公開府恒陽者八年。其以御史大夫，兼少司徒，入總倉儲，又四年矣。主上念公鎮恒陽歷兩閱，中外敉寧，勞勩懋异，晋兵部尚書，總督如故，贈兩世如其官，遂予胄蔭，兼白金飛魚衣一襲。蓋主上慎重名器，即大臣勞勩歷十餘年，而又歷試諸政，謀畢于任，力罄于兼，然後躋于崇膴，使小大之臣，咸知名器慎重。即蔚有積勞，猶若不輕予者。夫予于不輕予，則予始重，而朝廷重名器，乃以重大臣。蓋大臣立朝，若三辰五岳，爲世宗仰，我不能爲天下重，而以天下容，則我輕，而何以重朝廷，故朝廷不可一日無重臣。然重臣，力與望集，勢與品重，天下自不乏蠕望，若魚龍趨壑，而重臣始不覺爲天下藉。夫重臣爲天下藉，亦復何損。然謀竊于善意，而我所蹻然欲矯者，天下已乘爲嚆矢，而營其私。故人臣介然自好，以不藉天下爲重，猶易，而毅然立朝，以重臣而不爲天下藉，爲難。

公當給諫時，不難抗權遠膩，言所欲言，而一旦急太君病，又不難抗弃其官。及游陟亨途，出秉節鉞，而八年移鎮，始以總儲入。至其兩閱之勞，又積數年而後理。夫其官之不有，而豈其有所藉于天下。乃其沉以鎮浮，毅以抑躁，静以綜紛，大以合异，屈群策不必爲己，罄獨衷不必自功，真使天下共倚以爲重，而不得獨藉以爲私。蓋其文規武略，撫我日畿，東戒島夷，西防索虜。諸所戒袖綢牖，若大敵在和門，而活八萬衆于左食，遂以起偃爲豎。至踏榆游艇，潢池欲波，而一屬平亂之鞬，輒卧耒兵，而無養虺于蛇，以勤鼓傀之衆。蓋八年間，捐非徭，罷猥税，省口錢，諭流俗，使華京不至殘瘁，而雕甿遺噍，各輯于擾勞。其大指乃在腕貪殘，奬茂秀，無使繆慵孱名勞弊我元元。即寒遠與門業兩無旅竿，而引拔闕下者，皆極天下之選。

當是時，襄武效勇于左次，雕文呈才于右席，即刈楚之功，固宜受先茅之賞已。及入綜修務，兼視西臺，視計部諸度支大政。予得從注纂，讀所條上國計人瘼。其挈大總纖，綱叙有次，諸僚吏無慮斤斤奉法唯謹。蓋人獻其長，而不得藉以爲私。即衆歡沸起，各私于藉以争鳴，而公方若星鳳之映埃壒。其敝計曹群吏，亦復各帖于所予而無嘩。蓋吾不爲崖，其何畔；吾不爲幅，其何緣。豈非正直忠厚自信以信天下哉。

昔諸葛忠武曰：「吾心如秤，不能爲人輕重。」故開誠廣益，以報魚水之歡，即幄有畢能，而生平握手之交，可予法而不顧。頃者，主上恭默一二大臣去留不問，而獨于公若二三元碩，心膂倚之。其寵嘉勞勩，寧翅魚水。夫受重臣之遇，必且以重臣之道。竊妄謂，重臣之道，在安善類，以安朝廷，其要唯謹持其所重，而無爲天下藉。何者？勢重而啖利者藉焉，即望重而啖名者亦藉焉。以蔡京奉法，而君實喜之，天下奚必蒲宗孟爲异己也。公品望積重矣。竊願公謹持其重，終無爲天下所藉，以答主上隆遇，而安朝廷。是忠武公所矢報也。不佞竊從諸大夫後爲公頌云。

賀大名司理孫廷謂以考績膺恩命序

國家以三載課吏能，其有最績上考，則璽書褒寵，貢及前人。大名理孫公廷謂釋褐，理予郡，甫數月，以憂去，起復除大名。今年夏，通理兩郡之政，奏績宰士，得予恩命如制。其屬邑令章君智甫、王君涵仲，以同籍之雅，來徵言爲慶，而合辭以請曰：「公開露心膽，煦人于春暘。而方幅具在，應劇若桴答丸轉，而静綜恢恢，似有餘地。其讞斷，務麗于事，而獄要手成，日所平反全活甚衆，然不肯少骫于法之外。其察吏，賢不肖而殿最之，如鑒衡，不得以意與。令賢者益奮，不肖者敗而不敢尤。」蓋娓娓述治狀，甚詳且備。然微令君言，予固蚤悉之。以公理予郡，即不數月，而其施爲大略，固如今君言。且憶登籍日，合東省數十人，集司農第，辭辨浞復，多佻達爲調。獨公與今蒲陽君莊毅有文。即無言，不酬乎，而意不爲佻。蓋心竊儀之，以爲此它日社稷之役，然不圖遽徵能于理也。古稱「理重于守」，以其專刑名，司小民元命。而今所重于理，更以其上寄兩之耳目。夫刑失平，必有偏怒奇憐；而耳目失平，將使賢者不得行其志；而不肖爲容，則其所寄，更重于所專。第世所重于寄，特以其上以移易臺司，下以臧否群吏；而黄綬斗食以上，無不欲衣其小疵，襮成其大美。乃予所重于寄，惟是扼貪殘，獎茂秀，無使武健繆懦羼名于良，以勞弊我元元，故理之所專，猶一人一事之平，而理之所寄，乃合數州邑，無一不平，而兩且借以報天子，故理之寄爲重。

自國家以非時之役、應聲之征窮天下，則吏道雜而法繁。而公方以沉毅，用其精明，以讜朗，用其愷悌，其精能入之，而平恕能將之。蓋合八郡文武百吏，式序于鑒衡，而雕旰遺噍，日食賢者之利，而不逢不若，則又公之所以爲理重而佐兩臺，以寄其耳目。夫今天下三事九列，無不攢糜于不可爲，而獨郡邑有可爲。其可爲，乃更重于理。然理衡上下之間，其上遇諸直指，唯恐不得當，則或以意迎人；其下代諸直指行部，則州邑嚴以直指，而我或欲以人迎意。乃二令君謂予曰：「公居心如水，制動如山。」夫如山，寧以意迎也；如水，寧以迎意也。忠武公曰「寧静致遠」，公之謂乎？

予因念「文不比，罔不直」，終可移而讞之。賢者不見知而令格，終可意而行之。唯明知其不肖，而姑庇之，姑置之，匿不以聞，則其害大。蓋刃不利，不斷；法不必，不行。故明法不如察吏，而勸賢者之駕，不若解不肖之組。昔韓魏國鎮北門，亦雅曰：「簡不肖以聞。」公其爲魏國乎？

予又聞持衡之吏，使賢者感而知奮猶易，使不肖敗而不尤爲難。昔忠武公開誠布公，自謂其心如秤。故李廖之徒，終身放遠而懷恩。其以視公，何如也。公方持忠武之開布，以操魏國之衡；然則予目公以社稷之役，公且副予言矣。

賀王明府申之恭承綸命序

漢人曰：「百里非大賢之路。」遂若拘天下豪杰之手。而凡試百里者，必其細謹曲節，不必豪杰之才。而一負豪杰之才，又必其廣土衆民，乃不至約結其奇。夫神龍之神也，能小能大，能九淵，能九天，能一膚，能萬里。亦觀之射乎，引弓乎百步之外，與引弓乎十武者同。全力焉，如手于身，然抑搔之，拊摩之，不引而至也。身不功手，手不自功，惟其手所不到，而有所假，以抑搔之，而拊摩之，遂交相快。蓋手于身，一體也，而所假爲用者，體未遠也。一體而分小大、分遠近乎？

嚮者，主爵大吏論良心，予以「好惡與人相近」爲良心，而以莫知其鄉爲與人相近。蓋知其鄉者，圖與我近；與我近，則與人遠。記曰：「同弗與，异弗非。」是謂莫知其鄉，是謂與人相近。蓋主爵不過陟黜予奪，而總一好惡。主爵之好惡，在用人，不在用己。其用人，在用民，不在用吏。姑論州邑。夫州邑，邊與腹异，遠與近异，腴與瘠异，嚚與馴异，吏莫不好腹而惡邊，好近而惡遠，好腴而惡瘠，好馴而惡嚚。而是近腴腹馴之民，莫不好生而惡死，好逸而惡勞，好廉而惡貪，好寬而惡猛，而好近、好腹、好腴、好馴之吏，又莫不好予人以勞，以猛，以貪，以死。究之民失其所好，而上亦未得竟其所好。故上用吏之好惡，安得復顧民；而上用民之好惡，又安得復顧吏。

予邑，彈丸耳，不郵而衝，不豪而雜，有斤斤闔户，而或疑其難壓，至矯爲退抑，而葦窒凌之，略稱殷賑，而虎蛇居之。乘人而快其怨，携貲以加其尊，懦而偏護南金之口恣，猛而重加東野之御窮。今年王令君來擷重輕而酌之衡，比短長而授之度，以禮予衿紳，以法予豪暴，以制予編氓，以公忠予上，以宣慈惠和予下，而以清慎自予。蓋疾痛疴癢，而拊摩之，抑搔之，不引而至，故公所好惡，以吾民好惡，而不翅近也。夫今天下用繁，而無可開之源，惟力于督逋而已。然不獨下有逋，上亦有逋。下之逋，里有逋田，社有逋課，户有逋人，丁有逋徭；而上之逋，萑苻逋而不浄，城郭逋而不理，俗化逋而不調，弦誦逋而不聞。下之逋，無一時不督，而上之逋乃愈衆。故民有逋業，官有逋職，治天下，亦治其逋而已。雖然，天于人亦有逋。天之生人，亦若還其逋。予邑徭賦日勤，而胥蠹風敝，盗煩城頽，差繁賦重。其逋既多，天若借公以償所逋于邑，而公所不罄于槖者，亦若借予邑爲償所逋于公家，而聲實騰茂，上下欣合，天亦若借予邑，以償所逋于公。蓋公始以予邑完豪杰之略。古稱相近，天子令近民。夫與民近，其好惡安得與民遠。漢人曰：「小民安田里而無嗟嘆。與我共此者，惟良二千石。」故論吏曰循，曰良。夫良吏者，其心良也。其心良者，其好惡與人相近。易曰：「神無方，易無體。」故心惟莫知其鄉，乃廓然而公，公乃與人近，私乃與人遠，公乃盡，私乃逋。天全付之，而我曠之曰

「心逋」；朝廷全付之，而我曠之曰「官逋」。夫良心去，心逋而已；良吏去，吏逋而已。令公負豪杰之才，而不鄙我百里，不難以全力予之，完所逋于民，而督民，所逋乃益。其公忠爲天所逋，尚有顯庸，以爲予邑償所逋，于葉之未償公者，償于予邑。

賀少司馬孫公藍石以御史大夫兼少司農入總務序

國家設地卿，管邦賦，仍以重臣嚴綜核，轄百執事，而統數千里，微獨藉心計也，抑以公忠嚴毅爲彈壓耳。歲戊申，天子念少司馬孫公撫畿南久，晋御史大夫，兼少司農，入視事。其于六郡，猶宇下也，而六郡吏民罔然若失。于是，州邑吏同辭來徵言。不佞謂：「今天下外竭而不得不入者，賦也；内竭而不得不出者，餉也。賦急，且以無民；餉緩，且以無兵。而曹有獨急，勢有偏重，以故秉鉞則虞餉竭，持籌則虞兵耗，司牧則虞額溢，管賦則虞額虧。微獨此也，天下猶之兵民耳。其在外，則待哺，而上方責其逋也，脱巾而上，方督其比也；其在内，則食浮，而名不可問，名虚而食不可問。蓋衿肘之形見，勞佚之數不均，國家歲漕四百萬，半食游閒耳。夫宣索不可頓停，浮冗不可頓罷，而愲愲與民争嬴，與兵争羡，則旁睨者何得不顢其刻。嗟乎！天下固有不易若此者，而余謂公于此直易辨耳。

公以名給諫，歷大京兆，鎮撫我畿南。兵則三關，民則六郡，八年之間，數嘆數溢。公不難持公家之有予煢民，即不難持公家之法予亂民。蓋其宣慈惠和，含飴萬姓，而公忠嚴毅之足以戢群嚻，厭衆望，破數十年之積玩，而行其法。以故東際海，北際宣雲，罔不式序于文武百吏之約束，而無有軼越。夫撫民不逋其賦，豈其綜賦而頓妨民者。余固謂公直易辨此也。何者？國家惠養元元，惟是文武百吏耳。吏當三空之日，賢者或梶額不得念民，而不肖者又或藉爲墨，故民日以竭，賦日以逋，而餉日以不繼，兵日以消。公之撫我也，既不難簡良吏，尉薦于朝，而黄綬斗食以上，少不若于令輒斥去。即嚮者以轉粟故，輒不難抗章于榷郎。夫大臣風尚百僚，嚮之公入而視曹務矣，諸曹郎其飭相謂曰：「是固彈榷郎者。」即汰浮去冗，尚需專責，而與民争嬴，與兵争羨，吾知其不忍也。在昔韓魏國莅恒陽，惟曰：「苟有不職，即其狀迹以聞。」它日統均天下，亦惟曰：「進有能之吏，退不才之官。」而歸之斷然，則大臣風度略同哉。其于以培億萬年元脉，而禔福生靈，寧獨功在九蓄，德暨三輔也。顯庸嘉績，文學吏尚執簡俟之。

賀水部使者朱燦垣入主銓政序

頃者，主上式思舊學，慨然爰立，一時并登南北大僚，以俯簡人望，而更溢所望。即薄海内外，其可臆測。潼江朱公方以是時由水部入主銓政。蓋中外額手聖明，謂寅亮銓簡，其輕重布之，且驚謂九重淵穆，視廷臣猶僂指也。其懸飭名流，豈其必吝。當是時，尋常職業尚維精營，而况雋林茂望、承特達之遇如公，其敢不勤用明德，以酬遭會。夫器不操不習，括不當不發，國家以選曹首六官之屬，時從諸曹簡第望高等，加以有氣局律度者遷自諸曹。乃公以名家治譜，出李劇郡，入司劇曹，若持秦鑒而握籥管。不浹歲，畫地頓虚，困地頓實。即在易水，通商惠民，凋趉頓起。蓋易之政，异時嘗臨以卿貳，中且競愲愲于司險，近則中貴人倚法以削，遂至勤夕郎之記，曾不一戢。而公獨夙夜娓娓，梍鼠窟而抵其郤，即中貴人若耳帖于調戢，而不窮遈。此其局度，寧問刑名金穀時也。

夫五雉三銓，遞相煩簡。漢吏雜而多端，間由將作。而公且以分署起，其將滌源疏委，用虚爲鑒，用實爲籌，于以顯闢天路，光輔貞塗，其在今日哉。今一時雋材茂望，待命轂下，猶摯集于步勢，不即決壅批隘，以旹莞宣風，而名聞敕授，人自束修，亦不以供謝顔之嗔笑。然風軌稍夷，訾算庸雜，量資度骨，投狀彈冠，即不至獎成，澆競而登，豈不乘掇，豈不授其忍，以重予望主上也。夫主上即重予，而未嘗不一。予謂重予者不可爲，則胡不就其一予者，去屬去附，相與公營，而以其不即予者，待所圜轉，無滑其軸，無滯其括，以寄我仰移主上之懇衷。況主上聖明，業釋一切，則前薪可徙，後趾可錯，而公方以不屬不附，入參光耀。此豈獨紞如七郡，盈止兩庾，惠和三輔也者。夫銓政即甚重大乎，品流不匿于比舍，科條不棼于豐嗇，簡要清通，不艱于戢疆帖弱。而久操之器，適于當機，則良馬易道，豈難按轡。雖然，性藏于貌，才隱于心，即人鑒孤絶，而内藉于才多，外藉天下之才重。況特達之周難酬，雋茂之望難副。公行矣，抒其才，盡天下之才，則酬知副望，衷何得已也。張觀察和節、崔民部弘臺，其于公，舊同曹，今同地，知公最深，于公之行，屬不佞以辭。不佞聞清直寡欲，萬物不移。蓋昔人爲主爵，吏願之，主上簡諸曹，而得清直寡欲如公。公行矣，中朝登選，聞有清直不移者乎，必公也。乃挈其辭，祖道易水上。

賀刁誠如以户部郎再視北平餉事序

予再視師渝水，一時所與同心戮力，則宣化陳白岳視關，嘉定孫大東、泰山王利川視兵，魚臺王景虞、江津刁誠如視餉，罔不各具材操，遞驅築力，以左提右携。而誠如以韶齒茂謨，深心遠志，後先餉事，亦罔不一一中法。當狡孽狂恣，直擬手三尺，横行[虜]□，遂且脱内裝，結忠義豪杰。更擬用奇用寡，借蓋澤深計，抉跧跧觀望之躡附，而言與隨衆，邪許城隔，無寧尺組手鯨狐之一，而快吾意。且猝起偶成，天下事固有不可知，何爲懲債轅而甘轅下，遂騰章馳奏。有旨嘉其膽略。嗟乎！予微得膽略若誠如，誰與條次諸𩏂軨，而得當于四城哉。宋韓稚圭以膽自負，絶不許人以膽。予謂，膽不略，如野痴不畏豺虎而手搏；略不膽，如腐黠握算，而不能張空拳。稚圭之經西偏也，一鎮天水，再鎮金明。迄今，以其膽，服其略。誠如視關餉，日與[虜]對。今復視永餉，以待[虜]，尚猶是稚圭之膽略也。予嘗謂，静躁與神，縮逞與氣，任遜與骨。任天下者，神不全，不以體物；氣不清，不以入微；骨不健，不以肩遠。然全而嗇用之，乃體清，而沉用之，乃入健，而和用之，乃致遠而不折。

予與誠如相習乎埤堄組練之群，每見一語一言之所起，一什一伍之所接，一錙一粟之所主，罔不簡飭而合律度。至其豪邁雄爽，遂若一彭殤、蔑利害、渾人我，不嗛嗛意筌也，不怦怦説鈐也，安在大行不細謹，近晝不博施乎？予且合誠如之神、之氣、之骨，以爲誠如之膽、之略。主上憑赫蹄乎千里之外，若并其神與氣骨合，名爲膽略，得無薄天下之蹻于所希，跧于所畏，而不略不膽也。今天下不破拘攣之論，謀不深；不超泥古之格，力不大；不絶徼取之途，將藉二議高庸人，而卒出于繫所私，以徇天下之情。主上鋭意治安，一時超格而登大吏，遂以破拘攣，起精明之治，令天下斤斤奉大府之憲，而無一不式于法。誠如以治行高等，兼之膽略，蔚聞其超格，而再煩鞭箅，無寧量入出，概平傾，衡多寡，酌盈虚，以節縮之經爲酬願乎？將抒膽略，而以其神、其氣、其骨，奉祖宗之法，以佐大業也。嗟乎！永餉而非今日也，内部必不以重煩。誠如即誠如，必不肯重視永餉。惟永餉可以再勞誠如，惟誠如可以再視永餉，乃以破庸人拘攣之論，而不徼于超格之用，是可以佐主上精明大業，而無負膽略之明綸，誠如自此遠矣。

賀韓淳寰以最績晋方伯仍鎮上谷序

上谷爲天子右肱，内合二十州邑，外當紫荊之重。無論戎狄紛錯吾宇，其中涓剥膚，更險于蜚狐、拒馬；其敢怒之民心，更叵測于戎狄之在郊坰。公被命來，秉憲事，察吏安民，悉心力，調宜索之政，雅稱鮮于侁兩不病。于凡建威銷萌，綏輯我瘴人，罔不周至。用是貂璫張而能輯，萑苻聚而能散，百姓阽危而能帖然卧屬城，百吏兢兢奉法唯謹，以至逢掖組練，輒出而爲宇内弁冕。今年上績明廷，天子嘉其勞，晋知山西政，備上谷兵事如故。蓋環二十州邑，欣欣恂借也。司空王大夫，洎諸進士，隸在宇下者，以不佞爲門下士，宜有言。不佞妄謂：「一邑之命係令；一郡之命係守；總郡邑之命，綜守令之賢不肖，以合裁于直指，係方岳。」蓋直指權尊，而歲至二千石，情親而未有專裁，故不若方岳得久按之而專達之也。第轂下貴人好爲托。迨托一啓，而賢不肖之途混。賢托之，猶脱驂之贖也；不肖托之，乃助焰以薪，天下即大不肖之人，未嘗不覆匿其所短。上未知而留之，或憚于其偶發而暫改；若明知不肖而留之，其回溪難返也，遂恣于所不憚。然方岳近貴而期迫，既不難骫情，以結諸貴人，况乎賢而抑之，涉于不祥，不肖而容之，近于恕，故好恕而不敢爲，不祥乃容之，咎或甚于抑。蓋抑一人之不爲利也，與容一人之爲害也，必有分矣。由斯以談，方岳之尊也，權無不攝，情無不洽，而賢不肖去留爲最。

公鎮上谷三年矣。郡邑賢者，簡陟而尊下之，雖黄綬斗食以下，畢程其材。其不肖者，姑試之，而姑教之諄諄。二親之于子姓，而竟不悛，則罪之。倚如山不瞬，邇如鄰不比。二十郡邑有賢者之利，而無不肖之害。蓋嘗憶公之言曰：「與其非道結上官，曷如道結百姓；與其援大人藏惡，曷如借小民爲善。」故生平以繩墨自律，即以繩墨律人。雖淺薄文字，間不欲爲迎合貴人語，而斷大政，决大疑，則公忠愷悌，若惟恐傷。此無它，以引裾之氣，行蔽芾之仁，故賢不肖别，而殿最立分耳。今天下賢者，時腐心于調下，而不肖或信糜于聖書。假如旦暮得公爲持衡，憂天下哉。雖然，宋韓魏公假便宜數年，而中外倚爲長城。公之久上谷，其爲魏公耶？于是走尺牘大夫，曰「久則大」，敢爲公慶大而久，敢借公以自相慶。

賀觀察解嵩盤以山西右轄備兵陽和序

予嘗負劍游塞下，從蜚狐、拒馬間，直走白登，又從紇真、青陂故道南下，高視仰見，我國家重北門之鑰，既宿重兵保陽，而以兵使者飭易水，嚴出塞之員官。又列諸道雲、宣，以兵使者飭陽和，佐兩鎮于制牙。蓋國家以雲中爲右肩，而以紫荊爲腋，如衣于幹然，衣不備，幾不勝幹矣，幹不疆，幾不勝衣矣，故兩重其地。嵩盤解公，以參知飭易水，晋觀察，今更晋方岳，以飭陽和，亦唯是，中朝兩重其人，以兩重其地。蓋公往令雲中，威惠讋乎夷裔，而引弓之衆，罔不嚙指疆項。即今者，飭予郡數年矣，抑且因慷慨之俗而用我。如□使方幅無徊于捉齪，馴謹無覬于豪舉。即大瑺大豪，竟囁嚅不敢吐。而境内外，番夷雜還，兵民交匱，兼以歲時之不易，乃問左右帖然安堵，异時稱名號，肝人于市者，削滅無遺。

夫從腋視肩，既漸被乎狐山、馬嶺之外，豈其從肩視腋，而不敉寧湩酪，以衣被乎中原。獨是恂借既不可再，而予哺于嬰，而旋奪之國家。其重邊氓于畿也，州邑長吏踆然失程而來徵言。不佞因念天下沃瘠勞逸不甚相遠也，乃劇而易囂，唯畿氓，擾而易變，唯邊氓，兩者于以拱護京國，捍禦胡貂，稱并重矣。而拊畿氓，在輕傜薄賦，恤其饑疾，而約躬敕度，攬轡于握；拊邊氓，在損煩去嬈，置之飽騰，而闊節疏目，弄丸于掌。

公往視雲中，不有執不賄中璫而稅浮于東者乎？一錙不腻，而邊氓未有不念之者。蓋將驕士窳之會，雅意興除，而未諳班侯蕩簡之政。若鶩駭于耩，而圖之搏也。公方破蟫簡之故譚，恣帷中之秘畫，以沉雄博大，振襘堂皇，而又開誠布公，式序大吏，于以調軔于斷，起匘于决，豁罙阻于夷，昭翕絶于顯。即局外緩頰高議于從容，其于郊墨清謐、夷夏奠康，寧得問焉。今天下好以泰豆之枝試風濤，而又以倌人議長年之楫，趨捷者不顧步，懷糈者不鳩功，故任與地違，而議與任違，孰與大重其地，以簡其人。既以人予之，而即以地予之。夫予之地，而重課其成，公亦既效于易水矣。况夫草木知名，夷庭破膽，抒喔籌俎，勝于胸中，而輕重布之，其爲社稷計，寧有既焉。公行矣。我畿士人，旦夕望高牙大纛，填撫我人士，以終有此甘棠子姓。抑其竟藉雲朔，遂以光輔上京，統均天下。其波及我人，尚猶是公之餘也。遂次其語，以授簡。

賀王翼庭郡公擢山東憲副序

今天下罷劾不可起，而相與爲姑息，以恣意而跳于法。蓋不獨上惡强項，而下亦樂熟軟爲易與。故宋人謂：「趨時之吏易顯，而激昂者急披露，剛介者果植立盡，時有齟齬焉。」然而緩急所賴藉，亦唯是。激昂剛介，可以維法度，而淬精神。乃其獨見獨操，亦何嘗乏隆遇也。

王郡公翼庭，守予郡三年矣。其激昂剛介，動以法度自律，亦動以法度律人。其遇賢者若不及，而一蹉跌，即賢者有能名，未嘗不加譴訶。其一時名流，卒相與砥志操，以應風節。蓋數年來，州邑享賢者之利，而無不肖之害。今且以臬齊行矣。齊于天下爲左輔，以綰轂南井，而都河漕之要會，無歲不徵發，無歲不嘆溢。縣官絀，而舌雲渠雨，日驛騷于閭左，故全齊之安危關天下。而公所轄，又以一部關全齊。公不嘗操刀其地乎？小民之疾苦、河政之機宜，諸于所閱歷者既深，而它由曹郎省臺出者，特探故牘而經綸于吻耳。乃公固兼材也，而又以守來。夫守南面而朝百吏，猶臬也。顧守主師帥，于民近；即里巷之囂寂凌雜，不得不問，而臬據守令之上，主綜核，于民梢遠。凡守令所便不便，得執籥而受其成，故曰：「監司警，則守令肅。」乃若守與令所嘗操而久練者，合而試于今，則嚮所欲爲而或不得于臬，與嚮所目擊而不能盡行于時者，乃得以綜百吏而考其成。

夫治民猶治河也。今天下鏹緡畚鍤，日從事于河，亦唯是利導之，整齊之，而一與之爭則潰。今之爭民衆矣，上爭以礦榷，歲爭以水旱，而不肖者又或爭以貪殘。夫上與歲，吾不知何如，而奈何令所部潰吾民也。此其勢不得不出于整齊。失整齊者，挈紀綱而調其法度，使有司得所據而不爭，而今或習簿書筐篋，爲不可負。而諸所興士綏甿，亭法飭伍，若激揚之大，反絀于所徇，而觖于所屬，曰「久玩難破也，一抿易竭也」，有如古所稱三不問者。

嗟乎！秦之有司，負秦之法度，昔人猶三嘆，而況聖明乎。昔韓魏國每見朝廷更一凌度，壞一紀綱，輒咨嗟太息，至于泣下。其帥恒陽，唯曰：「苟有不識，即具狀迹以聞。」一然則公猶行此道也。公雅意進賢，而更嚴于不肖，故爰書不具餉金，而額賦不具羨，諸所條布，上不得意格，下不得私棍。其批讞牘，若批經生語，乃其批經生語，又若進負墻于咡詔也。嘗單騎行部，起百萬于七箸間，故兵刑金穀之令下，而長吏無敢文應者。此其精力矯然可賈，故澤在必究，法在必行。三年來，豈必概合于不肖，而必無不合于賢者。蓋公兼博大精詳，若九蓄之儲，唯其所用。夫以博大爲精詳，亦既試之矣。茲行也，將無以精詳爲博大乎？若夫惡强項而任法度之變，不一整齊，知公且更嚴于臬也。公行矣，功莫大進賢，過莫大容不肖。願公持所以嚴不肖者，它日統均天下，勿易也。州邑長來徵言，遂次其語以授，當無謂我濟水云。

賀餉部郎李少渚擢少參整飭薊門序

國家定鼎燕薊，則天子自爲古守，故撫馭邊圉，視前代益縝且周。而薊據左輔雄要，兵餉之費，倍伯它方。內寧久，兵偃農狎，引弓牧馬，相忘函載，張皇之備漸弛，將吏習于成議，而狡[虜]誕謾，小民時苦[虜]，時苦歲，一不飭將吏，則苦不獨歲與[虜]。故其地非若它遠方，家視之，可不鄰于震；身視之，可不膚于剥；舉事一不當，尚可綴後效，縫前闕。蓋惴惴然，朝顲畫，夕哄轂下。且地重，不得亂成；勢倡，不得緩計。當事者相戒，以謝責于仍，開隙于創，故地不獨難下，而更難上。而治兵使，方執周索治民，又執戎索治虜，自非識度凝遠，烏能運帷帳之籌，駕驅中之機宜，令左右晝而不竄進退，控而不泛者。往代吏其土，若范公遷、張公堪，盡以身爲地用，而終能用其地。史稱：「遷行清，匈[奴]不敢犯；堪賞罰信，匈[奴]亦不敢犯。」彼且刺一郡，尚饒爲之，而威行殊俗，豈其轄遠藩垣，而不用其地。爲地川者，今天下物力竭矣。桑麥不謡，石梁之桴不戢，奚必擾我者，匈[奴]也。夫匈[奴]即不可懷，而奮臂敵之，若清野避之耳。墨吏殘人，至使富者褸裂，貧者溝瘠，如霆之被，罔不立折，而直指之牘又易贏也。無論容一墨、尼一廉者，而姑容若，即姑欲若爲索，今天下其堪實若橐乎，而況邊氓也。故文吏墨苦氓，武吏墨苦士，汰兩墨而推之赤，唯是登范公之清，以清將吏，重持以張公之信，法有必行，澤有必究。令天下食福于賢者，而不逢不若，邊氓尚有豸焉。倘其中瑕外屬，得無戎生肘腋也。

夏箴曰：「中不容利，民乃外次。」今天下日夜憂，惟餉耳。然餉誠非饒，得司餉如公，曩者，猝能應之。且令主上一旦出瓊盈，賑邊陲之急，士宿飽矣。然將吏不戒于篚篋，且恐物力之罷，猝未易振，士氣之脆猝未易堅，而況大澤不可預期若今日乎。今當事者，廉信浹于將吏，即一時將吏，亦既洗心束行，分我猷念。公復持凝遠而視之，必清必信。夫清無以垢應，信無以謾應。昔賢所爲却匈[奴]也，憂薊門哉。雖然，承抚敉之日，當前之兩難，競張之，與喜事同功，則虞爲創先；絿持之，與避事同過，則虞爲錞後。夫獨過不晻，獨功不章，然則和其衷，以調將吏，將在公矣。公職金穀，而能不膩一錙；士日呼庚，而能使無嘩。此其廉信有威，亦既效矣。善用其地，而重左輔之雄要，以爲天子居守重，不佞尚得搦管紀盛美云。

賀冀西渠以部郎擢守恒陽序

今天下三事九列，多攢糜于不可爲，而獨郡邑守令似無一不可爲。蓋意梍于宓肘，局格于器忌，既慷慨以身任，而三日不仰明綸，有仰屋嘆耳。守令擁專城，南面一方，其令甲所便，可力爲之；即令甲所不便，可意爲之。故古人重守令于相，謂「相近天子，守令近民」。然相或不必得于天子，而守令可盡行于民，則天下無一不可爲者。守令也，乃守復條令材之良（恨）窳，而佐明幽于臺司，時抶其敗群者則守之，權尤重。

恒陽依日月光際，得大中丞鎮撫其上。頗聞六郡三關諸文武大吏，無慮不震叠于風（夙）棱。而賢者既快于相合，不肖者輒解綬去。以西渠之公忠詳練，近在鈐閣下，而日條良窳，以仰佐其激揚，勢可以盡爲其所可爲。其同曹郎又言，君嘗令益都稱辦治，又嘗佐成鈞之教，洊歷曹郎。其兩管金穀之鑰，不膩一錙，亦不爽一錙。且自謂承先世餘業，不能盡散居積，以振急乏，而借潤脂膏乎？故所至，以清介著聲，而去利若惋然局度醰衷，能不以我法繩人，而含垢匿瑕，不立崖岸。夫君持身廉，而家復饒，當無所需于恒陽，以爲子孫不必然之計，則其所留于三十二州邑之命脉者，當日益厚。然則烏在廉吏不可爲哉。

不佞方代管鑰，君又一管鑰之司，出守劇郡，故不佞往復，重君之廉也。廉之道在度支最親，而行于一郡，乃更大。蓋郡國元元，唯是居積爲命，而墨奪殘削，故田里有咨嗟嘆息，而俗流世敗，曾不比于筐篋之務。蓋其害成于令，而始于守之不肯爲廉。然廉于身猶小，廉及屬吏，益乃更大。何者？令視守以爲萬，其繆懦或以意逢，而武健又恣以意效。居平曾不以升斗念涸鮒，而歲不三餔，輒盼公餗于鼎。夫一郡之蓄，自足辦一郡，胡爲實私橐，結貴人，而曰吾分也。自振民必不可不出于上者，然則由斯以談，廉吏之于元元，利固不大哉。君之廉，即坦，不立崖岸，而墨者苦于無所中；即厚，不索瑕垢，而墨者苦于無以自容。墨無所中，我乃無愛憎；墨無所容，我乃無姑息。故廉能公，能明，能威，其效之大，乃在懲墨者。韓魏國每見更法壞紀，輒嗟嘆泣下。其莅恒陽，亦唯曰：「苟有不職，即具狀迹以聞。」夫君既守其地，而中丞方且行魏國之道也。君行矣，功莫大進賢，過莫大容不肖，條良竄而圖便，不便以佐激揚，其不絀于徇而黜于屬也。它日統均天下，以爲所可爲，無易此道矣。

賀計部郎趙光大出守尋甸序

予從太史牛馬走，習已事，則雅慕趙文肅公大洲之英邁豪爽，諳國家大政，而未竟其施。頃乃聞其孫光大郎在計部，亟欲親其人，以快夙慕未遽也。無何，計部出守尋甸矣，其同襟徵不佞爲贈。尋甸，滇之益源。部心丁寇之訛曰仁地，入蒙曰尋甸，入段曰仁德，入元始置郡，國家郡仍元名，仍蒙氏。蓋地頗古遠，而爨棘火刺之俗，比于中原，則惟我國家之威德翔洽，被于遠服爲甚盛。乃宦學者實以遠夷之曰：「遠氓疾苦易忍也，控訴難遽也；遠吏休問難達也，垢瑕易匿也。」夫易忍，則予以其不便，不恤；難遽，則奪所甚便，不忌；難達，則爲善不甘；

苦吏，又若以遠吏苦氓。殆若主上以遠氓苦吏，又若以遠吏苦氓。然志稱尋「川原平衍，山顧水縈」，此其地豈不可以心感智求者。顧夷蠻雜居，易撼以變，好則人，怒則獸。即天子命使，不難合力以抗此。即簡節疏，日以生息之懼不給，而豈其可以鄙夷忞者。且主上深居靜攝，乾運如日，其視藩垣若在堂奧，視支節若在胸腹。而滇于蜀衿聯，樾接氣俗，固有相習者。光大又以名家世學，往守其地，豈其鄙夷之而不心感之。文肅公不語南昌守乎曰：「使南昌守所遇長官，逮百姓獨皆不可以心感而智求也，則予之言失矣。不然，南昌難爲哉。」此更有當于尋、緬而有合也。國家之有尋、緬、西平，實輯寧之，亦唯是，先制諸變之合，而縱之，以收其心，親哺呴之如父母。近者，逆酋煽虐，遂及黔滇，而榮瑠未撲之熖，尚令不民股弁不休。

蓋孤山、龍洞之間，瘡痍未盡休復，而隱毒不足爲避，車湖不足爲清也。光大以數十年蘊崇之家學，體聖天子軫念險遠之至仁，豈其以遠爲屑越，而約結于所爲者。今天下三事九列，每攢縻于不可爲，而獨師帥有可爲，故欲「小民安田里，而無愁嘆咨嗟，惟良二千石」，知言哉。世人往見遠庸者之未數，數以爲主上業已遐遺，我遂甘自菲薄，而曾不反念其菲薄之遭遐遺也。文肅公不云乎：「易弦而調聲者，智之門也；斷弦而理棼者，勇之決也。」光大行矣，願智以開之，勇以遂之，無循于所不爲，而疑于所可爲，使遠氓有寧宇，即遠吏有循聲。將主上尚且爲遠氓有顯權，以酬遠吏明猷哉。昔人譙女而令私其橐也，曰：「防弃置。」乃其家曰：「新婦而私其橐乎？」弃之，其女信譙者之先機，而不知私橐之譙害也。今天下蓋有教人爲私橐者矣。光大世學名德，其謹勿聽。

賀嗣龍周邑主擢貳雲中

清源周公嗣龍，以庚戌夏來視予邑，歷五稔，薦滿公車矣。今年春，擢貳雲中。邑縉紳先生謂公當需次蒲徵，入受紀綱之任，何更煩外藉，而又予之邊郡。予謂此主爵善用材也，天下事得言之，不若其得爲之。士負材巨，而欲有爲于其地，必先有懇摯近人之意浸入人心，而後可徐議其成；倘激于蠹之既宿，而憤于諉諉之既久，一旦頓起而驟爲之，必至潰決而不可收。此在天下盡然，而塞下爲甚。

頃，雲中先後兩直指論政，予偶舉班生語似之。夫天下誰欲苛擾，誰欲煩難，而以蕩逸簡易，偏予邊氓也。蓋中原之民，久束于文法，而拘于所不得逞，故嘗隱忍從一吏之議；而塞下之民，躁而易動，鷙而難馴，發如連茅，一拔俱拔，遂至棼而不可解。往予在雲中，親見噪卒鼓大吏和門，而聲如推也。秉成之吏，不諳朔氣，每日繒絮奉如驕稚，而我脆不可用也，頓欲昂首申糜，取久弛而盡張之。斯既已來，盡適其機宜，而奸人又從旁日害其成。故事未成而亂起，徒驟豪杰任事之心，而相戒于不可爲。今雲中不無事矣。我與寇共垣而居，其卒驕，不鬥敵而鬥私，一簡練則思變，宗人糈不給輒噪起，而又數犯法。入其鄽，若雄繁，而郛以外，白草黄沙，目而心慘。蓋禄餉歲百萬，行乎一圉，以供鮮怒，而地固高寒，時攻駒而播漢，案户而戒霜。其燕麥、胡麻，不足以奉耕耘。近封貢未寧，兼以代藩未序，則又格外大政。而守丞以下所日栗栗共扼腕者，任其難爲而姑置之，則病將不可瘳。如不維不柁之舟，泛泛隨波，而朝廷何藉于師師濟濟，日嘩不可底于交戟而靡寧，無亦細察其機，漸圖其成，先以懇摯近人之意浸入人心，而令中外曉吾不忍操切之意，然後徐布其算，令天下入吾略中而不自覺。

蓋予觀公之爲予邑，而知能治雲中也。予邑彈丸，而又令也，何當邊城之端寮，日馳疆宗悍卒之間，而共圖引弓狙伏之衆。然而可以予邑治者，何也？凡爲以才以識以量，不以逞氣力于一試。公治予邑種種，利罔不興，蠹罔不剔，細至嚴吏辦輸之役，無一不領于官，而曾不一及百姓。然予覘其才識器量之大，更不在種種行事之粗者。河伯不仁，邑爲浸宅，衆方倉襄于畚臿，而公若不意，徐出金若干爲坊，若山止魚沸，邪人用寧，公亦絶口不言功，武郡公誤有所猜，而欲甘心焉。其猛心憤氣不可解，公徐以意解之，婉委若力爲之圖者，而不露于所猜，不成其所誤。久之，郡公自解，而服公之能。小偷入市，有所攖，失者方號呼，頭搶地，而游徼已捕所偷布庭下，而竟公之任，無萑苻之警。青衿或構于市，則面讋之去，而徐法其所構曰：「無令隸構吾士也。」士殊出不意，故憚公冷峭，而服其體。此數者，亦非有大難勝遠難致者，顧非材，則力不辨而傷迂，匪識則見不徹而傷鈍，匪量則機不沉而傷躁。夫材以運之，識以辨之，量以勝之，即統均平章足矣。難邊郡哉。高文襄主款貢，歲羆鋒鏑且五十年。然意在修邊事也。今邊事廢，而曰：「款貢爲之，天下必戈矛中可爲乎？」世人蟻游于糠輿粃舟，而兢蟣肝于峻嗔注笑，即解角脱鱗，超逾非次，要不過快光車服馬于兒弟，而言論棼馳，秋毫何益于朝廷，故嗛嗛之食不足狃也，嗛嗛之德不足就也。予嘗與所知論及公，曰：「有遠局，可任事。」雲中不無事矣，公饒爲之，故曰：「主爵善用材也。」與公共事者，其以予言爲然。

賀邑博周聖嵎先生擢守雲龍序

朝廷勤遠民，特重遠吏。夫遠民去天子遠，而倚命于吏，故遠尊而親，親故待澤切，而尊或傲其民。然馨聞穢彰，不期月而達輦下，故萬里階下也，安在遠吏尊而易傲其民。

聖嵎周先生，以黔南第一人，署兩邑博，先後五年。其在一邑，與蜀人劉孝廉岱輿畝雉丹白園，群兒輩期一戰，而竟抱蕢歎也。歸來氣勃勃，尚期借一于成，而主爵不能破格待豪杰之士，遽擢先生爲雲龍守。因念先生視學鐸且三年，嘗受檄，署邑篆。蓋棼能靖之，膩能遠之，人飲以和，不見笑嗔，而謦焉塤篪僚友、子弟青衿也。是其局遠而静，氣流而清，仍當以第一人冠天下，乃遽以方州勞之，釋俎豆于持籌，去日月而行遠，主爵者真不能破格待豪杰乎？雖然，蒼山、洱水去京師萬餘里，可不謂遠。然古人馭遠民，在蕩佚，在簡易。夫蕩佚、簡易者，若臂鷹而時緩急焉，非必剛心猛氣者可參。而剛心猛氣者，遂至鋌（挺）而走險，不草剃，其人不快。予觀聖嵎，心氣沉遠，不易笑嗔，以其静靖棼，以其清遠膩，以其和飲人。由是僚友、土司、青衿、夷苗也，尊而能下，親而能嚴，民雖遠，若近矣。乃聖嵎之聞曰：「官有御，而是州以五井爲涴。」且聞土司好以貨黠人。先是，官此者，以却饋，噪焉稱兵也。嘻！此不知成人清而惠爲不潔者耳。夫藉資于地，將爲人輕，而無所藉資于地者，又將輕其人；爲人輕者，身爲不有，而輕其人者，又將應以不有之心。五井有額，其羡者，官乎，私乎，曷至涴人。且予聞賄敗，不聞清敗。其以清敗者，必其好涴人以自潔，抑或悻悻焉執一清，爲世人不可，幾及之行而警焉自遠，抑或以身無藉于人，而注期于盡，遂以盡天下之情，而以刻以褊。古有清畏人知，亦有清畏人不知，不聞清畏人怒。清畏人怒者，不能清而借焉者也。真能清者，不見喜，寧見怒，而又奚其畏。今天下三事而下攢縻于不能爲者，智起于畏，其畏多起于爵名之念重，而道誼輕。夫輕道誼者，爵名亦不得獨重，而縻睫華膴，姑爲雛腐耳。蓋畏者之言曰：「吾不與若合者，若將不容。」夫士至于爲人容，而天下事終攢縻不能爲矣。南中不傳隸語乎：「官不以受不潔畏大府之憲，而以却不潔畏細人。」嗟乎！士貪而畏人，猶有衆清也。士至于清而畏人，幾無獨清。吾願聖嵎無以六詔爲遠，無以五井爲涴，無以十二長官司爲夷，誰謂萬里不在階下乎？今天下固清平，而士紳官滇南者，饒清白吏，聖嵎能持幹局爲清也，必有合矣。

送水部馮起衡以報政還朝序

國家供億非繁，而獨參中璫于士人，令肘掣于連鷄，至使中璫主獻丞之課，若夷算于跖，而叢食諸供應于羶也，又若狼牧羊，乃士人或復因潤于舊格，而一盂之澤，內漁璫，外漁主，斯衆不役苦，而苦役爲漁。夫應聲之征，誠不能旦夕請罷，而砥節首公，庶其厘蠹蠹，浣膩涴，令天下無疽潰之而膏銷之，以安于不沸之波。何者？中璫誠不比數于官骸，而其心臆，固可觸而馭也。若弄狙于縛，即不然，約口裁腹，秋毫而上，靡弗益矣。乃中璫之齣牙，既習于不問，而抗敝巧法，又姑息于見淵之察。其身牟之，輒曰「故常」，而公家之溢需，反以爲糜額而駭之。夫上之不可抵泉于中壅也，固也，下奈何借脂膏以自潤，而仍仰濡于不澌之高源也。易水于三輔爲雄要，即司爟之政，初嘗彈壓于重臣，而今且顓畫明備，乃更重于初。然爟、商有額供，固上所酌力定算，寧虞不支，獨內虞卮漏，外虞焦沃，廉以疆埸之臣，嚴鎖鑰于林麓，而司爟之臣，不紓商而私商，或赭所禁而行火焉，故交相爲痡。

起衡公視爟政三年矣，亦既約身縮用以紓商，而無私其斧斤，使吏民相安于顓畫，而爟政成。乃其紓商亦唯是。我所以糜商者，秋毫不敢不嚴，而諸所以爲商糜者，秋毫不敢不扼。蓋上嚴，而後下寬；自扼，而後人禁。公惟以格幅其身，乃能以幅格中璫。既能使身之秋毫皆在商，乃能使商之秋毫皆在上，故下罷則力不紓也，上刻則澤不㥦也。公行矣。主上進而問輔人之瘼，公且曰：「有疆埸之臣在。」獨是踣頓，不獨在日畿，而趍然計財賦，若振𢓜于地而不能舉也。蓋中貴人倚內供以爲市，而供者又倚中貴人爲市。即主供者，亦且內市于供，而外市于中貴人。夫長木之折，無不標也，其寧誼督于中璫。唯是上樸積爲私，而貴公輸，吏槀漁爲常，而責卒進，亦嘗念進虞鈎飭、退虞錯綴者乎？主上庶其有懌志，以惠我寧人；我寧人且徼惠于疆埸大吏，以因埶于公。或謂公以名世賢豪，何至瑣科于爟。夫政乃無巨細，期于便民，無寧謂爟政細也。迹公三年之治，其束行以廉，其制中璫以義，其惠商以仁。夫豪杰當艱大，以樹寧靜于國家，無亦唯是廉居之、義持之、仁行之耳。公既爲大于細矣，异日者，不佞且從細而觀其于鴻巨也，尚其有寧靜之摹乎？觀察公誦治略，亦曰「猶一呋也」，更稱其恂爽明國體。居常，公庭若水，暇閱古昔討世務，而于時有簡要清通之目。夫簡要清通，無大乎仁義而將之廉，士通仁義，而將之廉也，宰天下如是爟矣。

贈侯明府高魚調繁虞丘序

古高陽隸瀛之鄚，而虞丘半隸高陽。即今林樾相接，其于紞如仰若，則兩地二天云。然予邑踣頓，難在蘇其所甚苦，而丘邑地大途衝，旁午之務，幾倍予邑。且雄要之會，樸約與奢溢异，簡訥與繁囂异，其心相逐爲風，而莅土者，調劑斟酌，移易回嚮，則丘且倍予邑百矣。

先是，予同籍錢梅谷明府視予邑，而王葱岳、翟淩玄兩明府先後視虞丘。「鐺脚」之譽，蔚起畿南，兩邑氓庶，交相頌也。居四年，而梅谷調瀛之廣成，則高魚明府來視予邑。其敷政一如梅谷，而調其所善，以彌縫其所未及，則予亦感高魚如梅谷。其日凛凛，唯寇哺于嬰，是懼是駭，亦復如梅谷視予邑時。無何，梅谷與淩玄召入爲御史，而高魚乃復調虞丘。蓋予邑士若庶，東西遮留，如遮梅谷。如梅谷得留及四匝歲，而高魚僅歲餘不得留。蓋士若庶號泣攀卧，如梅谷去予邑時，更栩嘆惋，謂「予邑彈丸，乃爲瀛人兩試循良乎」。楚材晋用，大若斯矣。士若庶且礱石，以圖勒此心鐫，不佞二三薄游都門者相與謀，祝明府以抒所未既。乃不佞妄謂「予邑實彈丸，何能久羈明府」。猶幸明府不鄙夷我人，而徼惠浹歲，以逮事我周明府。當事者更若念我敝邑越在百里内，尚得以其餘及我。頃聞丘人士感明府業如敝邑，而明府治丘人士，未嘗泥舊譜，一一比于敝邑。蓋丘當緊望之區，金穀輿馬，實以心勞，而世閥名碩，項背相望。即人人雅自簡飭，而莅土者時有器忌，故或力矯所畸昂，而篳門圭竇，遂乘以陵大人。當事者習「高明煢獨」之説，復昵視所短長，以博冷峭，而狡者相冒，險者相圖，幾以成風。蓋予邑十年餘曾一有之，而旋爲當事撲滅。

頃者，丘邑細人利中于三四宦吏，遂至挾大臣于朝，而四出膚訴。賴天子明聖，下諸奄内禁，而高魚明府實躬治其誣狀法，諸狡險者，伏其辜。于是始交相仇怨，而誣者得騷然有寧宇。乃大家兒亦復銷耎，無敢輕試法。夫護前者，患苦里人，而有司不敢問。寧獨有司耻之，若細豪披猖，藉宦吏，破門資，而上持爲風裁，又寧獨鄉紳患之。明府鋭意持衡，不緩操于大姓，而狂聘于細豪。其所持大體甚遠，即越在兩舍，亦得即安于單獨，而讐于所不得聘。夫世人宦學，急簿書于世敗俗流，曾不念歲不三毓，期可穰也，邊不五兵，期可疆也。獨不見罪而上無法，吏見威而氓無俗，如寒之中肌，且數十年不解。此微識大體，破拘攣，誰能力回所既倒，而斷行所智見哉。故回心嚮道，非俗吏所能也。明府意問大姓，而細豪兼不得猖，迹所注措，可爲古名臣矣。其治狀在予邑者，且以珉勒并梅谷不朽。予故不縷拾其詳，而概叙兩邑交歡之雅，以見我人得周明府繼高魚治，而復得高魚治及之我人，真有二天哉。頃葱岳來謁銓，雅稱高魚治狀，而兩御史固心折高魚者，高魚自此遠矣。

贈戎幕鄒先生子壽奏績序

予早佩安成之學，至曰「愛其身爲萬物主，輕其身爲萬物役」，未嘗不廪廪懼失所主而爲役也。安成文莊公，學被天下，而孫謀子翼，實自相師友。予及從其孫四山先生游，而因悉其偕伯兄聚所僉憲公任道之勇，更以大安成之學于天下。蓋四山諸子從予游，而予又從季子識聚所。

公之子曰子壽者，子壽方依衛幕，而能愛其身。雖若陸沉散僚，而兢兢懼速官謗，以負其官，而遂以隤家聲，以上負朝廷。其言曰：雖吏千冗散乎，而期延設一官。即隸一事，小臣以身受事、問事，爲吾身輕其事，乃輕其身。輕其身，是爲不自愛。莊生不云乎：「外其身，内其禄。」夫外其身，乃以爲愛，而内其禄，乃以外身。子壽以大家兒弟，日與諸材宫，清耗蠹，剔訛濫，諸所奉大吏之檄，而綜核金穀布臬輕重，予諸伍若清其籍，無射無員，間令之甄叙諸武吏臧否，輒手疏其大凡，以佐武銓之衡鏡。世謂：「縫披呫呫，投之盤錯，輒不知西東。」又謂：「士生長儒，窐習爲文弱，工磬折爲堯言禹步，而問軍旅之事。又輒若取火于水鑒也。」子壽一雪此言矣。

子壽積歲閱，所司得以狀白奏上。且予璽書，晋僉憲公階，而慈庭以下得如制。予次適當制愧，窾寡不足蓦世猷。然有帝命在，寧須辭乎？諸同事爲子壽慶，而子壽復持何人語，欲以牛馬走冒之。不佞恐掩其辭，乃按而更條次之，因嘆子壽之善用家學也。聚所公以伉直任西曹，不三歲而僉中州臬，無幾以迕柄臣罷去。其愛身何其重，然而與人爲善之意，又若呴呴不自爲高。子壽一變，而群組練明光中，逌逌然，若不知爲宿儒世學，而樸不爲隨，廉不爲激，若盡刓其先人之硜硜，而清衷亮節，孤行一意，實不敢蔑一法，錯一行。其愛身而不爲役也，直以紹庭聞，而遠佩文莊之訓，又若忘其身之爲散卑，而不敢謂老革可足佐晝諾，即簿書期會，寧足修也。遂以徼主上之寵靈，以爲兩尊人榮語云。非君之禄，無以養吾親；非君之爵，無以榮吾親。夫子壽之親，爵禄所自有也。若明綸嚇嚇，舉以爲榮，則子壽爲之，是謂内其禄，是謂外其身。夫外身之謂愛，内禄之謂勿輕。夫愈憲公所不得自予，而子壽乃能徼主上予之親，子壽亦愉快矣乎。予閲諸大吏爲贊子壽，皆曰可當民社。然則子壽之榮，兩尊人固未艾也。予刻日出春明，坐匆旗下，次其語，授子壽。它日或聞之，四山先生其以教我也。

送王鍾嵩郡公入覲序

天子重親人之任，不靳疏屏，所與安萬人，康庶政，唯是良二千石，而三輔依日月光際，其二千石爲重。我保陽當燕陲趙際，爲三輔雄要，若日月之倚廓，然其二千石爲尤重。鍾嵩王郡公守我保陽三月矣。會明年，當率所主州邑諸長吏朝王月，亦既綜百吏臧否于記，以待上宰士，而論課殿最于九陛。諸長吏得修故事，揖前茅，問言不佞。夫群吏治狀，秘在府史，寧宇下可得問，而就公三月之政，以持衡群吏，當不謂「地廣而俗難遽悉也，吏雜而狀難遽核也」。夫守擁千里，表百城，吏則君臣，人則父母。漢稱「二千石尊重難危，乃能使下」，亦稱「安田里而無嘆息愁恨之心，惟平。」一往者，政沿于寬，雅不欲奪賢令之名，即其去，唯餘袯襫。而健者間不無上乘，其繼之輒憤而思收所久失以自予。即丁庸之歌，雅爲世矩。然寧使雍容大雅，過抑于不必然之閑，而必不肯挫挂壁，以欺于其所乘。夫平予人以嚴，嚴業有不受，而況寬之後，又概予之，將賢者亦苦于概加之賤簡，而有所不堪，故兩施不偏嗜也，獨重不并持也。乘嚴之後，而用嚮之寬，尚猶春暘負之矣。況其調剛柔，化綠競，使佻無軼于名法，而重無剌促于不可措，則公今者三月之治可睹已。公故理劇于常，常之人猶能述晨風澍雨之頌，以慶我人；不腆敝郡，不比于常，而地罷于灾，人罷于賦，非有二千石負而弗豪負者，勢不得不以博大予民。且二十州邑，吏歲共入，使巡行而黠皙易動，憑軾易嘩，日爬刷之，而日剪拂之，勢又不得不以博大予吏。蓋公莅事來，取度于身，而不意行，不意軹，故一教不率發，一物不局訾，若鑒之遇物，唯所好醜。蓋寬若于臧，不闊漏于顢畫也；嚴若于否，不瑣科于銖兩也。公行矣，天子庭見，而問州邑百吏狀，若二千石治保陽，何如治常狀，則公且各具所寬嚴以聞。又若進而問保陽，急要索千百歲便計，以救群吏之寬嚴。意公且具三月來所條畫，而對曰：「臣計在歲，則有若振我蒙袂，無瘠于壑，無兵于横。臣計在數歲，則有若調我四履，無沉于河，無窟于草，無奔命于輪蹄。臣計在數十年，則有若善我慷慨，無如椎于華，無如厲于侈。臣計在數什伯歲，則有若地通不可以數亂，土瘠不可以數灾，勢重不可以數擾，無亡狙伺于番夷，無狃蠹濫于屯馬，無蛩據雄望于虚名，而燕怡衰弱于實禍之守，臣與百吏所拮据，而不能不厪霄旰也。天子尚嘉是治狀，褒以璽書曰：『帝城不遠，其蒙福于河潤。』」保亦愯然顧慮，念我要地曰腹心之郡，位次京師也。重二千石，以牧寧我人。我保陽尚庇于諸長吏之蔭，以戴大父，而誦天子無窮之問。是公與諸長吏不補苴歲月，而爲保陽計千百世也。我保陽紞如之願，且什伯于常。嗟乎！義時補苴，能吏易辦也。維寬嚴而千百歲是圖，宜非持重如公不能矣。

送蠡吾沈明府應覲内徵序

古以令近民，比于相近天子，凡相所熙亮，佐天子，瑩精太平，要以爲民。國家歲擇三途茂异，畀以牧宰，寧以州縣勞人，無亦以天子六官之政，具體州邑大吏。凡州邑所司、吏民風尚、兵刑錢穀，無一不通于上。今皇帝以英明振唐虞喜起，嘗以内吏出習民事，而州邑大吏推擇其茂异，徵入爲省群，及六官雄要，或習之中秘。要以中外通習，令天子之情，下究，人之瘼，上聞。凡邁衡習學，既已略施一隅。而約結于一隅者，乃可入佐熙亮，以奉天子，而布六曹之政于天下，不似嚮者操風雲月露之觚，授之金穀、兵刑，不知縱横。竊見主上勤心民隱，特令卿貳大吏若清要藩垣，推舉二千石，若州牧邑宰，品不得徇，牘不得複，即入裁主爵，而科貢二途，益以薦辟。其惓惓近民之吏，何其深切。近中樞之選，仍如嚮令冀急得百大司馬之材。夫當急時，遂博謀于衆，益見儲材于豫之爲急也。頃以嚮所推擇二千石，若州牧邑宰，輯玉明庭，而治行高第，遂留以論思獻納，博以大府之憲，練以先朝典章。蓋陳孺子之宰，有宰天下法焉。予郡二十區，州邑大吏仰依日月光際，下其罔密事叢，一切貴人不可問，而青犢、赤眉之與伺，黄龍、玄菟之與鄰，蔚爾神皋，遂同丹徼。且家屋牙角雜空舍，少年控弦而供睚眦之俠，乃若野磬人逋，尚勤非藝。自非豪杰之才，禔冰操，挹淵識，未有兩應兩不病，遂可不負其身，以不負主上。

蠡吾沈明府，以世學治譜，施于有政。蓋程全力于一隅，而就一隅以習天下。予曾接明府，言一隅若省括于度，因弗遠也；言天下若合轍于室，罔弗近也。予因念古大臣，蓋有試一隅于天下，并損一隅；試天下于一隅，竟誤天下。彼其僞附名核，拗逢治鋭，寧獨工橋虔之術而譎，抑亦翹遠馭之綆而黠，識不足而爵，野誤神蜞足誤雅也。予蓋與明府以一隅論天下矣。今天下急不在内外患憂，而在農粟兵餉。初希平治也，今且逭患憂而不得法；初諱富强也，今且希富强而不得人。予少聞穆考功册老生也，佛然夷吾而執鞭，于内政一匡，斯亦近者富强之喻矣。今天下徵調不效，派括既窮，將先朝外四家，具集轂下，而礦榷又及山澤。亦嘗讀沈書乎，集十萬土著，食土之毛，燕所爲以地當朝貊也。蓋明府以天下計，曾爲予言之。而覘其自試一隅，則兵之鄉也可兵，鄉之餉也可餉，拓千而再倍之，人無不飫，拓千之餉而再倍之，人無不歡。比其卧旗械于竿木，罷刀劍于犢牛，猶汎蕩常法。乃若免役伊吾，厲俗文會，頓以柔太行之徑情，沉滹沱之使氣，還忼慨，而重犯法，殆以一隅習天下，而安天下于一隅乎？其禮讓惻怛之行也，以淺，不以深，以近，不以遠；其綜練不翅夷吾表東海，其豈弟不翅武鄉治蜀。蓋識穎入事機之中而親，情鋒出事機之外而爽。惟是如越不入懷，如羊不入廄，小大之比，噤南金之口；輕重之令，毖東野之策；應聲之征不稽，而踐更不越。其于兵勸之有義，用之以不擾。故既無養兵之費，亦無借兵之騷，使民不知有兵之名，而享兵之利深矣、遠矣，急遽峭、忍不行矣。今天下罔不以嚴求静。明府言，不親，不信，不静，不嚴。夫以嚴求静，先苦苛煩；以静爲嚴，已安宥密，豈其附名核而逢治鋭也。明府曰：「君臣同心，中外一論。先之一方，徐及四國。」誠利一隅以利天下之大窾乎？天子推擇材吏，入出均勞，意正如斯。明府行矣，挾所以調一隅，入而應對，遂以宰天下，無亦曰損所欲于身乃親，滿所欲于民乃静，親斯信，静斯嚴，尚并以告近天子者，唯静佐明天子爲嚴。

送周嗣龍明府入覲序

予以筆札依承明，不習爲吏事。然束髮事幾令公矣，見所便利百姓，輒心儀之，見所患苦百姓，輒心厭之，故嘗講説便利方略，即短淺不諳世務，而稍稍習予邑。蓋予邑自金穀輿馬而下，往皆令公以意爲，而事予以程，人予以法，則自錢梅谷明府始。計梅谷所爲百姓便利者，業已什得其六七。

會嗣龍周明府來，復盡圖其便于全，而于舊所稱便利者，亦復彌縫其闕失，而覆蓋其所不及。故邑政成，而我人得相與于無事。蓋公廉簡而静，迅敏而和，力能察衆人之情，而衆欲予之，衆厭驅之。其賦不羨入，讞不鍰出，惠不法格，威不慈貸。意在田吏不柅于薰胥，皁門不絀于右族，而雅化温温，其人不來，不往鈎之，其端不見，不急按之，故顴畫可行，而上不即愈，公亦若爲不必愈也者，而第徐理其可行狀，上不覺瞿然俞矣；即上所顴畫不可行，而上不即停，公亦若爲不必行者也，而第徐陳其不可行狀，上不覺瞿然停矣。蓋真誠醇粹，能入人于形骸之外，故其于人，不急合，不甘投，而淡成不可解。今天下庸爲徇鶩，爲激索，勝于語言，而不顧其成，何如公也。公嘗一日詣予，若苦無事者，曰：「願從公得一事爲之。」予笑曰：「邑即彈丸乎，烏謂無事。」嚮曾見吏發篋，隸鐫牒訟師誣衆，又曾見詷藉爲吡，盜藉爲招，徵吏藉爲奇居，公榷藉爲托業。又曾見胥爲鼯呼于既儲，長爲蠹呼于既租；藪于逋，而挾矢遭游徼之訶；黠于脱，而菜傭當豺狼之間。蓋上喜事，事煩；上厭事，事亦煩。公于來，不來，不喜于事；既來，不厭。故我人得一日相忘于無事。夫事者，豪杰藉以利人，而貪殘藉以自利也。事不煩利大，上之利不大，下之害不深，故私營則事多，公營則事寡。今天下明，而公營者幾人？如浚河一議，其利甚大甚遠，獨公若二三直指與予合。豈它人皆暗不足計，無亦半綸之外，不以心勞，而營私急耳。辛亥之役，公日夜從吏民號呼畚鍤間，以脱民于魚業，悉予邑之大利大害在水，而薦牘既滿公車，由此應蒲輪之徵，尚其攬桓驄，清我畿甸，而竟此議也。即三輔且無事，何論予邑。于是二三同人爲明府勸駕，得予説，進曰：「今天下三事以下，每攢糜而苦。」曰：「方今多事，假令抱明府之術，而厭于乃德，天下無事矣。」

贈梅谷錢明府臺薦

凡擁專城而爲之師帥曰：「令令者，勞民；令之逸，頑民；令之化，若時令然。」蓋古人臚列十二月，職生，職長，職收藏，合而命之曰「令」。然獨制之，不相代；詳條之，不相棼。故令也者，命有所不受，地有所不擇，宵興一念，晝及民矣；朝晝一議，夕奏效矣。然天人之用，唯是剛柔。剛不敢用之，高明者，骫而不行；柔不肯用之，鰥寡者，亢而不入。善矣，梅谷錢明府之令也。調停于上下，鈞節乎剛柔，上檄民事乎，奉惟謹，間以非急勞民，又間以民供喜怒，則執不予。其籃縷殫瘁，煦燠之如昵，乃豪黠曹吏，則俯糜而噤，不得讕語。時爲諸士談名理娓娓，而私謁不聽也，士亦無敢謁以私。其自御淡簡，不以勤民，而民利利之，不以佚力。蓋循俗理錯，而逆讐其萌，先發其括，故功名于無有，化入于不知。其獨制之而詳條之，真若時令然。以故期年而勞者幾逸，頑者幾化，小民戀戀不忍捨。而上自中執法，與二三直指使者，各以所注録上之天子，爲辰藉幾令最一時游都下者，業以不佞效輿誦，而里中士大夫且來徵言。不佞蓋嘗觀時令于剥復之會，而嘆曰：「微乎其天心乎？」至于臨翰穆然，有無窮之思焉。而泰之二，曰包荒，曰馮河，又何上下剛柔相適也。不腆敝邑，罹在水火，幸徼惠于上，攀留我明府，以再撫四履之外，于令爲復。我明府不鄙夷我敝邑，而粲然收煢獨宇下，于令爲臨。小民御德厚，而心監爲如游觀廣遠，以適于平乂，而當事大夫廉治狀，而甲乙之牘，不虚書于令爲泰。蓋天地之心在復，上下之志在泰，體天之心、同人之志在臨。乃臨之教以無窮，而保以無疆。夫無窮者，不計旦夕；無疆者，不程眉睫。即明府苦納約乎，其得不終惠此一方民乎？古者，以牧稱守，以字稱令。牧者，時其飲齕卧起而適之，如牛羊然；字者，體其病疴疾痛而一之，如孺子然。夫字民如孺子者，上下之志也。同其志，乃見天地之心，故曰：「天修令，萬彙章；帝修令，萬姓昌焉。」于是寓書里中曰：「令之詁爲善善。」夫明府之宰予邑也，它日宰天下如是邑矣。

贈侯晉陽明府兩臺交薦序

今天下扼腕中林，輒曰「上不用才」，而予竊曰：「下不自用其才。」夫上用才，政乃乂；下自用其才，政乃罔不乂。今以中林之彦，相望于公牘，則天下誠有不用之才，乃其得時而駕者，不既才乎？廉勝于昔，而民重困，政嚴于昔，而僞益作，則下果未嘗用其才也。夫才若幹于支然，支之用，拱揖爲恭，批捽爲戾。吏有才，而公用之國，恭之屬也；私用之身，戾之屬也。戾乃比于不用，故今天下吏有才而不用，更甚于上之不用其才。夫吏有才而不自用者，私用之身，而不公用之國也。亦嘗聞脯掾之治其鼎乎，輳衆材而調于心，鼎食者不用也，則既過矣。然椒桂爲馨辛也，鹽醢爲鹹鹺也，以不用而啬于用，將薄而不適，故嗛嗛之味不足調也，嗛嗛之德不足狃也。

予偶讀寧昌侯明府綸録，悉其世學藉藉；又悉御史，若御史大夫諸部寺使者，所尉薦藉藉。因念大家兒弟，饒爲曠朗高闊，不耐親人，而以文名家，或復不諳世務。自昔抱豪杰之才者，瑣用之，略下以急上，剽用之，執古以御今，故疢可爲石，害可爲愛，而政乃華而不實，迂而不親。明府獨敦持大籥，不一一瑣科其凡，而望杏瞻蒲，敦詩説禮，種種周密。即萑苻之游徼、蟊蠻之巡行，必躬必親。其政殆如田然，載芟載柞，强土而弱之，無長其弟，無相其土。蓋明府以俊哲睿明，坐該當世之務，更以世學得于今，章往憲風政方俗，與夫世會澆淳、人材忠佞，罔不條次其辨，故操刀而割，若陟顛以視崥，歷數其所覽結，而一一頓在縻睫。彼其才誠豪杰乎，以該而能通，練而不滯，惟視其地，非以藉身，乃視其身，盡以藉地，而地始用其才。

夫朝廷簡才予地，無亦曰賦數庸傜，是綜是給，將上奉皂牧輿羮，下奉耘耕。即有溢乾，惟地是視。然株及之爲鍰羨，横徵之爲賦羨，持兩羨以急閭左，而功名富貴，無一不藉于地，地乃凋劬而不以供，其若分鼎實于它，而曰：「椒桂不足馨辛也，鹽醢不足鹹鹺也。」天下寧復有吏才乎？

予聞明府訟無羨鍰，税無羨賦，以身藉地，曾不以地藉身，故才不爲身用，而爲地用。才爲地用者，乃爲自用其才。蓋罄地之毛，盡爲地需，而我乃不負其地，以不負其才，故曰：「清直寡欲，萬物不易。」然則明府之自用其才，用以守乎？雖然，鈎摭爲聲，易操也；明法爲惠，難孚也；略迹衷獨，易任也；申己投俗，難諧也。明府掇芳刈楚，遂極國華，既雅負絶人識力，而二十州邑之易携也，調若塤篪。此之爲才，其以任統均，徹籬棘，將相説之，羹梅調乎上下矣，寧獨以鼎食者肥乎？後有薄文學地望，曰不經世務，予且藉明府雪之。明府聞而復曰：「上實用才，予不知用吾才，而敢不愛吾鼎。」乃次其語，以授誦清德者。

贈周嗣龍明府臺寺交薦序

周之盛，以宰敉群吏，而聽六計于廉；至其末，即伯臣尚能舉四維，以揭廉于禮義。予初試中秘，論四維，見柳宗元駁廉節爲小節，不得與禮義抗，而爲維遂著，論廉所以用耻，而爲禮義維之維也。即其論若偏重，而孤憤之思深，見相冒相瀆，則焦詬之行成，而禮義若棼。因念六計所稱廉德，蓋有廉所自成，亦有所以成廉。夫廉，貌若摯而不侵者，敬也；質若峭而不回者，正也；守若晝而不軼者，法也；際若察而不奸者，辨也。此謂廉所自成。然挾勝以加物，則行多遠，故欲其善；局守而鮮及，則施易窮，故欲其能。此謂所以成廉。周官聽計，必先善能。其防武健而不循，悃愊而寡效乎？

予邑周明府，長材廣度，無所不淹，而恂恂德心，施于有政，殆廉吏也。蓋予邑敉，賦不當豪一，而雕甿遺噍，歲不供寥翹，其藉廉吏爲急。明府以精心繼循政，贖不給于簿，榷不給于供，金穀不羨于額，供不羨于傭，乃室無閒賓，案無留牘，隸無錙貸，氓無枉御。其于廉所自成，若身矣，而又饒幹局，雅多循政，邑故不乏樸儒。公冰玉之中，置念成虧之外，故識以練解，操以見寧，當以調觚，虚白直，以下生川岳之靈，上發星辰之象。及其摛景光，吐文質，風雲相召，日月爲華，又直以撫八翼而登太階，提七曜而酌元氣。

在昔先中丞，以名司法，徵入東臺，當主上訪落之年，嘉其秉誼不渝，至勞之曰：「無負獻納。」迨洊歷節鎮，遂拊西土。頃者，明府疏榮歲閱，亦惟曰先中丞正直，是與爾獨行父之道也。無亦以明府積閥一同日躋華。近方天下蕩然，盡撤籬棘，故以先中丞之與正直，是勖是勵。明府既以首節砥公，舉世人所諈諉者，日見之行，必且舉世人所約結而不能遽遠者，一一披瀝白奏。尚其振先中丞之節，以拊我恒陽，我恒陽子姓尚食舊德于明府，其遂以光輔上京，統均天下，則波及恒陽，猶明府之餘也。余拊省生平，寧無體㡯于明府之兩能者，遂藉其語爲慶。

贈蓮幕雙溪王君三膺臺奬序

予邑之于日畿，着面黑子耳；賦不滿二萬，而丁二萬有奇；樂歲可奉耕耘，以奉皂牧輿馬；歲不易則流庸，道殣相望乎閭左。唯是令君砥節首公，以率幕屬，相與吁嫗而拊摩之，差可安田里而無咨嘆。然令公雅多樂只，即間苦經費之不給，而好自予。或糧有羨賦，鞫有羨鍰，小民不無苦。此兩羨，第凵錢，輸而跳身不入官府。其不田不訟者，尚得解免于箕歛株連之煩苛。獨以兩羨未足供，而索有事于無事，則四境置邏卒，以更番于四孟。其所當之境，若大吏之按部人，盡屬其齒髮。其常猶蠶食其孱，而按保甲之録爲月輸；其非常則陰陽令公，以上下罪功而交相藉爲蝨。不獨令公與尉幕得假勃溪，以恣應聲之征，而是卒之隳突叫囂，遂且寄外栅于鷄豚，寄外舍于丁口。不腆細氓，乃湣然盡入于煩苛，即一冀自生，而不可得。然則由斯以談，尉之佐令公爲嘉政也，其相關不翅重哉。

予同籍王直指襟海言尉之重也，謂：「世之好自私而蔑公者，三事不足爲利。即一尉，亦足爲害。」予澡髮歷幾令公矣。有令公賢而善用尉，相與禔身于冰玉之中，使小民食兩賢之福。不然，或靳其尉不得恣，亦有恣而如獰之人，至交相爲渝，而小民卒以不逢不若。蓋未有相兩籍以惠苦小民，亦未有以尉之賢，上匡令公之不逮，而大吏樂爲快屬，小民誦爲慈藉，俾令公之所爲諳于人者，得尉以彌縫，而無怙終。以予觀王君之材，殆幾于此者乎？王君，敏慎有幹局，其以廉知自將，雅負士君子之行，而聽讞謹詳，不若往尉之爲私也。間雜游徼，行四境，恥掇盂水，即閭左右畏愛之，罔敢易。近有邏卒之令得君以不竟其害，故凡不解于堂者，或求解于幕。即幕爲弢晦，罔敢携所自將，以形所尊，而按部諸御史，若御史大夫，若部臬使者，罔不交相獎勸，以風有位，而檄之下幕也，幾倍于堂。予猶憶熊幕之佐冒令公也，真有兩賢之誦，而熊以巫山簿行，今且四十年，父老尚多念之。然則予邑即彈丸黑子，亦知爲來謡去思者，獨窶不足奉應聲，而爲廣大者厭之耳。予頃過虞丘，則劉少宰稱王君佳尉，屬予爲揚于新令公也，予唯唯。顧予微，何足重王君。然嚮以令公與尉之賢，聞之大吏也，報予以愛鼎于令公，而亟嘆予之知尉也，則尉之賢，上不乏知者矣。新令公之先聲倍于冒，以王君之賢，得佐下風，寧得無巫簿如熊報者乎？遂次其語，授諸部人之慶君者。

贈李恒麓僉後軍都督府仍視事北司序

大臣竪名伐于朝，而詒清白于家，其嗣有中庸之材，無大嗟跌，亦足以爲承。而苟非其袖然穎出，無以曲體前人之猷念，而光大其業。即其中之蘊稸，亦或掩于前而不章。故中材幸父兄爲藉，爲材度高，則多扼捥于席庥，承慶之，無以自見。

予鄉李少師次溪，其名伐不勝書，而生平奉其身如奉玉，故功成身退，每以出處係天下之安危。其諸子矯矯有風範，而長君爲今視非司事大金吾。恒麓頃以累功晋僉都督府，視事如故，尋賜蟒衣金牌，給綉春刀，稱天子禁近，而長君若不有也。長君當駒齒，輒負龍文，氣一逼藉，又輒砭爲馴謹，斤斤不逾尺寸，日游諸貴，倨中而耻入。許史之廬，升其堂，擁圖書，泊如也。卒遇之，不知爲貴家子。及當大疑大政，輒不難以身争。即婁居雷霆之下而不顧，乃卒遇之，又無不駭嘆爲名家子。

予少與長君同聲，諸生問顧。予以孤生异長君，自非親見長君之爲人若文，鮮能識長君，故長君竟以貴家子屈于有司。即今躋崇膴，至貴倨矣，日未嘗脱占畢。時一談棘闈事，輒奮髯欲封狼居于筆陣。嘗自啃曰：「倘予隱名藉之一鄉，尚可跟蹌博名第乎？」夫貴家子，駕長檐，躡高齒，頓以脱占畢于擎鶻以爲快。而公獨怏怏于脱占畢也，故一削牘，一奏讞，則文彩陸離，即老宿操解不過。其劾諸貪殘豪暴，若借尚方之劍于獄，要至其寫孤孽之沉冤，白忠直之幽憤，長箋大牘，若提火宅而投之醍醐也。往者，淮、徐之蠹，既不難冒嫌怨，伏其辜，而南冠而縶者，又不難累疏。明其無罪。即上心亦爲感動，而竟曰：「某所列，盡釋之。」近者，咸寧之縶，百計圖其出，而緩頰及之，未嘗不蹙額欲泣。乃中貴人司詗察，務周内圖功，而公獨平反不問也。猶憶兩壞獄垣，公有疏曰：「臣于小人，不虞死，虞逃。臣于君子，不虞逃，虞死。」雖其辭以文削，而復惡好善，津津筆札，其義烈可勝道哉。余間少師，公中外剔歷，幾五十年。唯是孤立，行一意，若置身名于度外，而卒全其身名，以成功于天下。然則長君亦猶行少師之道也。或謂長君之材，可自致青雲，而反絀于其所藉。乃長君且逡逡，若不勝，曰：「予曷敢忘君父之明恩，而妄自菲薄，以爲君父憂。」一蓋十年來，日望秋雲而思，倘徉芝蘭玉樹間，終念君父之明恩未報，而不敢遽也。嗟乎！主上念老臣勞勛，不吝高華，以酬及子姓。老臣念主上明恩，不吝其以身委朝廷，而又不吝子孫，以抽其身。其子姓，進承聖主之恩，退摹嚴君之誼，不敢忘家程也，其敢忘國士之報。嗟乎！詔獄者之怨刻，關國之命脉，而士大夫以厚目培，乃以維國。古人繒墻之喻，寧獨一身哉。少師公厚培于身，而延于世，長君復以世培之，李氏之爲國計，遠矣。

贈武隧侯生入鄉較序

予不識侯生，而識侯生之尊人長君。長君以郡諸生師家季，而長君之尊人爲藩伯公，實始交歡。蓋十年間，不佞兄弟于侯生，交且三世矣。當藩伯父子相繼捐賓客，而侯生始及于幼，室無强近，門有操戈，煢煢藐孤，誰爲感山陽之笛乎？即墨帷可泣，熊丸可和，而撫心吊影，撑拄爲難，始有從家督之議而圖貲郎者。嗟乎！藩伯之孫謀非遠，長君之子翼猶存。况也車鳩之戲，氣可食牛，舞象之年，思堪綉虎。何哉？弆問奇于雄，而計調戟于舒乎？蓋家季原繩武之材于含飴，識昂雷之器于枕苫，遂令崔駰之講不輟，侯芭之酒日載。而侯生亦且痛睚眦之難釋，傷拊肺之易解，于是撫研隕涕，開笥椎膺，三年而縹緗有業，芹藻有歌，國人額手而稱願然，曰：「幸哉，有子如此。」蓋霜婺不苦于篝燈，雨覆頓消于見晛，然後，知學賢聖之關，道塞睥睨之竇，而貲郎之議未善也。嗟！學書費紙，學醫費人，擁厚貲而不視學，遂費其子弟，怙驕惰而不竟志，且費其身。夫不費爲子弟，而學非玉笈石簣之可窮志，豈幅巾方袍之可竟。故皇皇錙銖，而不敢爲泥沙之視，啬于用其家也；嗃嗃嚴君，而不敢從婦子之嘻，啬于用其子弟也；黽黽尺寸，而不敢即淫佚之途，啬于用其身也。啬乃不費，不費乃可大，乃可久。嚮使侯生從貲郎之議而輟學，是使子弟費其身也。又使侯生幸逢掖之榮而滿志，是又使其身費爲子弟也。侯生勉乎哉！竟其志，以成其學，以大乃祖父之遺，尚有無窮之問。

孫承宗集卷十三

壽序

壽憲副惟後劉公序

國家列日幾爲九道，而上谷聯恒、瀛，邇天室，得專置一道，以察文武將吏，而制兵民。歲庚戌，南昌劉公惟後實以恒陽守來備兵事。不佞走尺一，稱式序勤惠，而公遜于核士馬、給餽餉、核實未遑也。明年夏五月，適公覽揆之辰，郡太守武公先期以周令來徵酌者之辭，不佞遂掇核實之説，爲公壽。蓋公嚮視予壽中丞辭，則曰：「蘇公蓄材用，練軍實諸略。至既略至下之虚名，而不較之以實。及其弊也，又舉而廢其名。」未嘗不嘆今天下罷薾不集于事，咎在上下相蒙，而應之以虚，故穀不實囷，餉不實腹，則下受之，而氓不實社，士不實伍，則上亦受之。方今居上下之會，持兵民之衡，以核其實，獨守與藩臬耳。守親民，藩臬察吏，察其臧否而綜名實，乃在于民。國家法，顓十畫一，吏跔于成，撫即循名按之，可以安人而游意于外，糾之棼之，遂至文不能收介特，而武不敢齡齗于剡手。譬之四支，自利而自攖其寧。故曰：「贋賈亂廛，竄莨亂田。」夫去亂，莫如核實，而藩臬繇它曹，或繇遠郡，多至獨執其長，而外以辭承，中以意格。公方以守來，且恒陽樾柏接也，則其親民者，盡用以察吏，故喜不濡煦以員，怒不峭核以方，唯是酌邦伯之區畫，以上佐填撫，而下課諸文武將吏。以車錯漢家，察其簿疑非實者，按之曰：「毋釋有罪爲不苛。」厭俗吏矯飾，曰：「毋以苛爲察。」公兩用其說，以既一實，而一時文武諸將吏，無察于苛，無縱于不苛，逡巡然，退修實政，安其私民，而至無呼譽，伍無脱卒，即歲不三餔，卒無旁郡萑符之警。蓋主上授公以二十區兵民，即授公以二十區將吏。公既合二十區將吏，以成一實，則天子之命與小民之命，始合爲吾身元命，而諸文武將吏，始得合四食之實，以爲公壽。

夫天地結大生爲實，萬生結一實爲生，而生者之遞傳無窮也，罔不孚甲于實，而結精于實。予觀古豪杰用天地之元命實其身，用一身之元命實天地，其機智化于澹寧，法術渾于德識，而課功不嫌比竿，摘伏不嫌次骨。其以全力，用之一區，務吏恩不下，假法不上，因天下于時，歡欣鼓舞，長願戴以爲親，而神王氣順，乃可以結大年。何者？豪杰負大任，必負大才，當其因才而授，自天曰道命，自君曰官命，合官于道，則天倚爲道品，朝廷倚爲官品。官不虛，乃實于命，其效至于實人國，以壽天下。故周家大臣推保乂（又）于多歷，而曰天惟純佑命，則商實曰天壽平格。繇斯以談，公可謂大臣矣。然予又聞蘇公云：「天下不可有僥幸也。有一人幸，必有一人弊，故養民者去害民，養生者去害生。」蓋不周之穟，食益壽也。其中有實也，螟不食心，蠜不食節，特由不食葉，蟊不食根，四食去而實完，乃益壽。公核實，倘亦核其幸于食實者。易不言實乎？鼎之實享帝，頤之實遂及民。公且悰鼎雉頤龜以達上下，其終填撫我人，而輔金鉉光耽，逐無示受報于實也。善乎長梧封人之比政于禾曰：「其實隨予芸而報予。」夫去害，民乃去害，生乃固，得以實爲公壽。

壽封君田太翁序

世稱燕趙多慷慨。夫慷慨寧獨燕趙，而多用慷慨，則燕趙獨耳。然燕趙寧必盡用，其用之，或多燕趙間賢者耳。姑無遠引，如我郡傅少保又毅、楊太嘗忠愍，躬之不恤，皇恤其它，則二公固燕趙間所稱用慷慨者。當是時，二公之親，而在不知視二公爲何如子。要之，二公不忝其親，則二公之親，未有不快于二公者。濡居燕陲趙際，而田氏有諸齊之風，故父子兄弟負慷慨之氣爲多。太翁行年八十餘矣。其健于行，我如壯少，而伯子自爲諸生，至成進士，無不必忠孝大義趣督之也。故伯子行多慷慨。伯子每以「歸養太母不得請」爲憾，又念太翁春秋高，絕意仕進。太翁顧促之躬爲駕曰：「予所拮据若者，欲親見若纍纍若若爲國計耳。古不云乎：『詹在京師，雖有離憂，樂也；詹在側，雖無離憂，不樂也。』若不時酬知，而逡逡三家丘耶？」伯子强起授主計曹政。太翁又勉之曰：「勉矣，勿以我老耄，而逐逐行綴間爲容也。予業之，若委之主上矣。」一日伯子念計曹之政不釋于衷，上封事衆，或以遺太翁憂爲解。翁顧寓書伯子曰：「何哉？于所促若咄咄者，寧是縻好爵，而恔然虛處也，無亦豎尺寸乎？主上不吝明恩，賁及我父子母妻，而臣子曾不能尺寸之豎，而吝一語，其若朝廷何。」既衆有口，伯子且謫河東，衆或以爲是且憂太翁。太翁又寓書曰：「士所粲然而不嗛者，志耳。志不抒，即在朝廷，不若河東也；志既抒，即在河東，不減朝廷也。勉矣！孺子仕路寧百年之步哉。」伯子奉而南嚮，額手曰：「幷不肖，重遺大人憂，大人不督嚴之而色喜。惟大人加餐飯，無憂幷，幷敢以大人之身行殆。」蓋先是太翁以覃恩承敕命矣，而季夏爲弧辰，于是伯子持鷺服銀束帶馳上太翁，而同郡游伯子者爲太翁慶。太史氏聞而忻然曰：「爵禄名譽閱人耳，寧以人閲而鶩之溪谷，戀之澠池，身不穫而冀登場于子，乃太翁何硠硠雅識也。里居而喜其出爲榮爾，宦居而喜其言爲名爾，謫居而喜，猶之乎出與言也，寧復貌桀名乎慷慨者，幾于道也。不以喜怒佐得失，不以元氣佐喜怒矣。殆壽徵乎？」語曰：「天壽風，地壽火，人壽子。」勉矣！伯子養其身，以大慷慨之用，則太翁之喜當益。大夫楊之翁聞名臣之厲而喜也，況見爲名臣乎。故衆以爲遺太翁憂者，不識奉太翁樂也。不佞不難伯子，而難太翁，特綴其語爲壽。

壽少宰復齋劉先生以八袠奉母夫人百歲序

虞丘劉少宰復齋先生，以明年九月七十有八，其太夫人章太君，以明年三月九十有六。禮九十稱耄，而太君逾六矣。彊健明聰。先生方以八袠侍几杖，不稱老，晨日朝床下拜，而拊寢揚，問暄寒，遂侍食，幾命退，乃退，日中若夕，亦如之。太君時問織綜兩家政，先生亦時稱説吉祥善事，承太君歡。歲時帥諸子姓稱觴上百千壽，凡我姻懿慶先生，更從先生慶太夫人曰：「願太夫人百千壽，以拊少宰諸子姓；願少宰百千壽，率諸子姓以上奉太夫人。」因念先生爲太夫人乞身歸且十五年矣。朝廷方擬先生平章天下，先生若不聞。有以謝傅擬先生者，先生笑而不答。嘗作三老歌以見志。三老者，商老彭、周老聃、楚老萊也。先生謝商周二老，而托于萊，無亦老而娛親，有嬰兒之色，于先生差近之乎？迹其比爵禄于斧鑕，殆隱君子也。

先生抱平章大略，詎忍一日忘朝廷，然依依南陔，必不肯萬餐易之，故帷幄羹鼎，以調杯棬。即太夫人，亦且安先生之養，曾不强起從世芬。當次君在，亦嘗分命爲忠。至先生，猶侍含飴，則絶口不言出。太夫人真以先生不出爲當，必不移依戀于門閭。昔王黄岩以郎署羈京華，其祖寄聲曰：「視百歲祖，不妨遲十年官。」夫重幃百歲，待招而歸，何如辭三公之貴于矍鑠。即其祖當寄聲之先，繫念數千里外，匪伊朝夕矣。又何如太夫人日煦煦安晨夕之養。蓋先生孺慕真縶，既以維持世綱，乃太夫人慧識遠志，寧復世媪割繞膝歡。博禄爵者或曰：「彭恬靜，謝不與政，聃隱柱下，萊喻齒舌，猶聃焉。」抑其言曰：「清剛而傲，不肖不可以事君。」少宰剛而無傲，正恐函谷之氣徹霄，不得安恬于王闈。

且今天下需正人，如屋需棟。太夫人世受國恩，一日命先生出而事吾君，以平章天下，先生寧得戀戀含飴者。然予聞世人重爵禄，一日去其身，習至婦人女子，亦惟恐爵禄一日不至。其子姓故或安煩戀劇，以分芳藉華，而親更以愆違爲樂，其子姓遂至急于所可補，緩于所不逮。乃其究曾不足事吾親，安問天下。然則唯不以爵禄入，乃可重爵禄也。先生中朝舊德，寧臧彭、聃，而出處在握，則猶龍之大，乃寧遜彭、聃而慕萊也。蓋予嘗聞宋任元受事母，未嘗離母側至洞見母肺腑，其辭辟之言曰：「神丹可長年，必母遺，不公遺。」假令丘壑夔龍，釋南陔，坐政事堂，食箸下萬錢，以憂勞天下，先生不願也，太夫人不爲願也。先生能養，太夫人能安其養，先生所爲得托于萊乎？抑聞彭八百，聃歷三代，而美烏真念，竟可與天壤爲無窮。乃先生曰「彭高，聃奇」，獨于萊曰「平」。予觀古人平天下，唯是老老親親，至周大臣相祝願，亦唯曰「天壽平格」。夫唯平乃格，唯格乃壽，拜石得格，小鈇猶然，而況篤摯大臣乎。其自壽以壽太夫人，有以也。于是姻懿合辭而進曰：「國家以燕陲趙際爲首善，瀛近在五百里，漸涵聖化且三百年矣。太和醖釀，宜有至人，以結大年。」先生負膏雨之仰，其以彭、聃之歲，傞舞斑衣，奉婉姈媧宮乎？出而膏之，其天下仁壽，當不問元受神丹矣。

壽郭封公兩峰先生序

兩峰郭先生爲少司馬青螺太翁。當司馬理建寧，則潮人鄭君判郡事。于時，鄭氏子視太翁若王父。既司馬繇郎署守潮，則潮人又若王父太翁。今年秋，太翁壽八十有六，司馬以晝錦侍鳩筇，而鄭氏子從司馬壽太翁，萬里徵言不佞。不佞謂潮人誼厚，而司馬德及于潮誠深。不然，豈其歷年三十，而猶若不忘太翁，而以徵言萬里者。不佞蚤歲佩司馬文章，而束髮登朝，又輒諳其西南大業，且以悉太翁之庭學。當司馬初入黔也，太翁唯曰「無二心」，亦唯曰：「勝爲功，不勝爲忠，無我念。」斯其山谷臣，而念在朝廷，豈惟不有子，并不有身。迨司馬慷慨入黔，泣劍嘗膽，馳羊腸虎口間，而刈夷定難，自謂八年無一善飯，豈惟不有身，更若不有家。然乞養之疏，日聞闕下，而其語最篤摯者，曰：「呼子之聲萬里若聞，思親之腸九轉不休。」當是時，太翁方以八十壽，膺五封，司馬方奉綸誥，合文武將吏之祝，言上曼壽，而愀然徼外，無能觴膝下也。則太翁必且舉觴南望，不懌于衷，然而相屬，唯曰：「以愛親之心愛民。」即司馬亦且忍念，竟其心以成厥功，而後乞身歸。然則衆人不有身以行私，而太翁若司馬不有身以任天下也。今天下罷糜，不集于事，咎在臣下。先家于國以徼利，而脱禍于衆，如一人之身，肝膽相攖，手目不相衛。蓋口不爲心譚，鼻不爲心嗅，而人營私耳。夫營私之心不翅二，當其身有所便，至不念君父；及其物有所逐，遂不念其身。夫身不遑恤，而與共天下也，故惟無二心，乃無利害，亦唯無利害，乃可以天下托而爲大臣。

昔太翁以家用之趨，急難于鴒原，活餓人于蒙袂。至司馬，乃以天下用之，則忠言嘉謀在朝廷，而功成牂、牁、邛、僰之間。蓋太翁不私其子，以成其身，司馬不私其身，以成其親耳。而世獨以司馬壽太翁，不佞謂太翁之文章德業在司馬，而不自爲用，象龍之潛；太翁得司馬，其文章德業在天下，而無一不爲太翁用，象鴻之羽。夫乾之「潛勿用」，而漸漸之羽可用。蓋其中確不可拔，若不可亂者，乾。乾在後，初實基之衍，衍在前，上實乘之，彼身不用，而道爲可用耳。夫勿用者神全，可用者道廣，是寧論福壽，而況備福也。司馬且統均四海矣。太翁壽日益，封日蕃，意其誥誡，當唯曰不二。夫不二以立命也。其以是爲大機，應環中落落，嚻埃綽綽，纓弁祉不，盡禔厥躬，道乃克昌。昆嗣若予友王季重尊人東海太翁者，少操越紐，長薄夔、函，嘗負笈而握青琯，竟提翁壽。

賀王冏卿年伯七十壽序

歲乙亥春正月，冏卿念翁王先生年伯壽七袠，其嗣君司馬浦鶴方主職方政，假使命，便道歸里，爲先生壽。于是同籍官都下者，從浦鶴以壽先生。不佞某職在修辭，且浦鶴同師門也，次當搦管。因念先生立朝大節，備在中外，而康祺多福。又念在先生之身，幾無可執爲先生頌者。獨念天生豪杰，其進官退家，動關天下。世徒見安煩戀劇，爲世顯人之葉，而不知岩居山觀，抱幽貞之爲大。故惟天能用天下之豪杰，或就所公，予以爲濟，或就所私，咈以爲維，亦惟天下之豪杰能用其天，或就所顯予陟于朝，或就所默注，賁于野，益世人急于身以外之爵富，遂忘其身。及内顧其身，而又遂其身以後之子翼孫謀，以留于曷雲之遠。乃天之若予若奪，若予以爲奪，若奪以爲予。其挹注于彼兹，裒益于多寡，實酌焉而不可假。而天下之小人，意所欲百計索之，意所忌，百計傾之。當其既索既傾，自快其得志于天，而不知天實爲豪杰留，未盡之康祺多福，以近及林泉，遠及子姓。而按豪杰之所遭，即無小人，亦必有然者，而小人所矜詡造化，固揶揄之矣。然則天下之君子，若以道其德仁義，不便小人之貴富，而天下之小人，反以其權力機術，助成君子之福澤。乃知天生君子，以攝小人，而世有小人，亦以成君子也。

當癸甲之際，要人之雄抗公議，以薰燎世俗，而天下既藉以邀潤屋之微澤，時亦有張聖賢之籍者，以葱蒨聲名奔走天下，而身私托公，行污寄治，天下紛冀其衣飾，以分宵燭之末光。蓋一時就以爲利，抗以爲名，諈然如啜熱羹，而不知置也。譬之宅庯神于偉幹，而筋骨挺解，四支委隨，無待顛眴而知其病者。先生于時，懷文抱質，恬淡寡與，即避權遠膩，而未嘗涴人以自潔，未嘗刓人以自全，乃蔑勢而爲勢所厄矣，蔑名而爲名所指矣，故其身終不得安朝廷之上。然而後賢相繼登朝，既以補其未罄，而十餘年來，身益强健，道益尊崇，一時游名勢之場者，久而服其大。譬之登高眺遠，務極嶮搜，而力罷氣索，亦復羡卧游之爲安。然則合先生所進而諤諤用于齊、楚之實，退而冥冥用于林泉之大，殆天所以壽先生，而先生所自爲壽也。蓋豪杰用天，而爲天用也，唯此身不可磨之氣。先生冷峭鮮附，疑于孤高，然而昭融宜朗，其氣之精華，直與恒、汾俱遠。至其貞不絶俗，行不近名，則淳龐渾厚，又以還天地之元樸，而維近世慘礉澆薄之行。且九陔八埏合爲一局，而朝廷非豪杰寧乂，草澤非豪杰寧光，故要人能鏟忠直之彩，不乂朝廷，而必不能奪幽人之貞，不光草澤。是豪杰之材，人忌其成，而天實留遺老，以膺世之顯名，使其康祺多福，以永錫難老者，鼓動一世之人心。念天下知身佚，而及其後，遇絀而永其身。夫身與世孰多，遇與年孰永，然則謝不待年，官不滿德，殆天所以壽先生，而先生所自爲壽也。予不佞，幾無以頌先生矣。雖然，先生既以豪杰之材，用天自完，而其嗣君浦鶴，復以逸群絶倫之豪杰，蔭藉高葉，以展錯名世。二三兄弟竊願用先生之孤峭，束修至行；用先生之樸忠，剖拔世局。蓋惟以紹行庭聞爲世，而不以傳襲青紫爲遠，則先生之精神命脉，得後人而益光，乃不佞輩所爲壽先生也。于是次其辭，從浦鶴爲先生壽。

壽述庵楊太翁七十序

蓋聞家之親三，士之行百，而九族繫在同襟，一至輒稱小雅。故大人修平章于北屋，匹士釀玄漠于篤行，而情緣害性，疏分問親，遂至豆味同根，瓜謡抱蔓，綽綽不賦，泄泄希聲。而况風撼鴒梭，波索雁影，言非味，尚可食也，盟非衣，尚可寒也。其有遠聯鼻耳之懿親，近篤玉金之友愛，氣既敦于連氣，生不愧于復生，而鞠兄子于煢孤，比仲叔于嚴父，則亢小遂計久長，發念已躋仁壽。豈非德擅獨行之堯舜，業徵一室之唐虞哉。又寧待探龍珠于一圓，撫銅芝于三秀，而脯璧黄麟，蜚乘赤鯉，乃翩翩乎仙也。

予友楊伾南仲父述庵太翁，少從研北，長避墻東，良俠和以龍謙，心勇合于布諾，謝巷同居之雅，姜幃其被之仁，風雨已驚心于歲月，冰霜尚疑夢于雲天，而歌棣方標杞梓，撫床輒感人琴。于時伾南君磽磽頭玉，岳岳情崪，名義先開蠟鳳，清操頓發家麟，而循陔徒勤，趨庭何學。翁于時感雙璧之既剖，撫我明珠；念義之中折，視爾佳器。爾其調駒齒于龍文，助長風于萬里；飭敦厚于刻鵠，防佻簿于焚囊；春塘野渡，憐小阮以倚門；宋艷班香，祝阿宜于舊第。蓋芝蘭玉樹，願長庭階，竹室銅盤，獨隆周慎。而一枝攬秀于桂林，則三荊之欣聚也；九苞刷羽于鷟鳳，則四鳥之悲鳴也。蓋恩流德秀之潼，逸警淳于之捶，真冀以光我素棠，酬彼先謨，察門户之寄于環，圖將相之寄于棓，寧獨希燕私于烏衣，微不痴于回策哉。而伾南君方且撫研泣心，提觚嘗膽，防聞過于伏波，絶營私于文正；率仲容之賢，邁迹諸逸；佩幾卿之訓，自致青雲。迨夫玉昏蜚香，花封騰茂，一脂鷺羽，遂重蒲輪。爾其懷三釜于匪莪，而速諸父以樂之；傷累裍于不逮，而藉猶子以尊之。然後知八分亦足以張吾，十起不減于通夕。而弟不忘兄，其敢忘兄之子遺；子不忘父，其敢忘父之介弟。既屬饜于膏澤鮮薌，更光融以令名工善，于休哉。玄微妙析于床頭，湛所以服濟也；才略展錯于泚上，玄所以副安也；五禮借封于兄子，微所以撫慈也；樂安分爵于從兄，基所以報喬也，孰與三珠不萎于榛梗，四壁自絶于雀鼠，盧室獨承于荒頓，弓裘克紹于薄游，而吹篪和塤，不間于隔，優龍劣虎，乃底于成。昔人不云乎：「兄子己子，不以己身爲親疏，各子各妻，終繇篤厚爲悖慢。」蓋人身之壽命，如人代之綱維，朝不欲有全軀保妻子之臣家，寧宜有偏愛私貨財之督。而翁能戒尺斗之不容，痛花萼之既錯，永矢紫葉之感，堅持黄葉之箴，則順氣不隙于妻孥，和衷獨葆于肺腑。又况乎晚食安步，不鷇世餌；琢玉追金，蔚爲國章；則神完寡嗜，愛廣成人，而氣順者，内患不干；衷和者，外祲不沴；神完者，集百順以承衆福；愛廣者，合衆歡而延大年。其視情塗，軫于業風，氣岸頽于沉念，寧翅起餐霞之孤樓，以俯蓬蜾鍊及景之精氣，而嚇鼠腐哉。我聞紫山之液，煉則飛仙，墨山之芝，服則五百，而翁以和順，徵爲服食，德愛，凝爲丹液。即兄子榮名，纔足以加一匕，而陳人俚語，寧堪祝曼齡乎？無亦覘九族于三親，窺一至于百行，標雍穆之清衷，爲門閈之赤志云耳。

壽劉伯母章淑人九袠序

虞丘于高陽，樾相接也，故兩地多姻婭兄弟之好，即内德，或以相聞。往予在諸生，輒聞劉氏有佛子之目。蓋是時太翁以臬僉里居，而兩侍郎公方以名德官禁近。太夫人時佩儉勤，佐太翁綜家柄，而督兩公于醇和，諸所振務，庇人避津讓路，曾不見業競于里，名競于朝，而廝隸馴于僕願，即族子無敢復豪于里，故捆内外，雍雍如也，肅肅如也。斯何假尋歡喜之園，對醍醐之沼，乃稱三慧哉。

洎予解褐登朝，則長公既以不合執政，輟講還里，而次公無幾亦以太翁罷鎮歸。予間讀書長公「五情三樂」諸疏什，抑何宛委篤摯，至稱石門孝友，萊舍斑斕，遂不知天壤間更有纍纍若若懷黄横玉之葉。唯是日與次公侍太夫人七箸爲娱樂，歲時誕日，更迭稱觴，上曼壽，暇或奉板輿，周覽郊原。當是時，兩公德善勋勞，中外共推，而長公以太夫人命，命次公出效于國，乃獨以其身依廷幃。蓋長公陳情，固曰報主，欲篤其志，體臣不廢。其孝兩公，殆身有之哉。

夫世之大爵顯名，拖朱曳紫有之，至兩是二難，同環大列，則難即父子兄弟；門戟床笏有之，至逾七望六，侍九袠于諼背，而歲稱曼壽，則尤難。然則繇斯以論太夫人之德福，寧待裳明霞，飲沆瀣，汝勝鬟，御飆輪，始翩翩仙佛也。且自古賢母，以其子內，或無以報朝廷，以其子外，又或無以娱膝下。太夫人獨以兩公各分其責，共成其大，則乘軒結駟之榮，萊舞彩厠牏之樂，而太夫人始以一身，收忠孝之實于兩公。又聞大夫人佐太翁教兩公也：其操直，如程夫人于二蘇；其學道，如侯夫人于二程；其敕從正人，不諧不謔，如朱夫人于二張。以故兩公以直亮公忠，仰承聖天子寵沃，而抗權遠膩，各以其身繫天下之重，則太夫人于兩公，不獨屬饜于膏鮮薌澤，而實光融以上善令名。且長公身依太夫人，而天下正人君子，惟恐一日不出；次公心依太夫人，日夜乞歸，而天下正人君子，惟恐一日或去。故天下望兩公重，則願太夫人深，而一時能言之士，既頌德于慈謨，且祝福于遐算，乃知太夫人以閨閣之身，繫天下安危，自合天下之祝願禱頌以爲壽，又寧獨鶴髮鯢齒、絳色龐眉之爲稱也。

宋張平章母八十餘，至勤人主嘉嘆福壽，賜手詔存問。乃賈參知母，遂蒙召見，賜坐賦詩，比教子于孤母。今主上孝事慈宮，方且召長公于田間，與次公共秉國成。一旦詢問大臣母夫人如先朝故事，宗不斐，尚得從史局贊一辭哉。春三月之九日，爲太夫人九十帨晨，長公帥諸子姓朝南陔，次公亦以其嗣君從夫人相次舞階下，知太夫人喜爲加一匕也。不肖兄弟，辱在姻屬，敬修酌辭，從次公以達長公，而進太夫人，用佐鳳笙之祝。長公幸頷而旅進之曰可。

壽李太君某太夫人九袠序

蓋天地冲和，淑嘉之氣，散爲吉祥善事，結爲大年，若聽天下恣取而不爲禁。然符秉籙應，默有綜核，其抱直而往，如質當之家必有一物爲質，然後隨所意欲，恣予之而不吝。故膏粱紈綺，或凋耗不能留，而孤鈎寡弭，至戳穀多益，永錫難老。蓋六一公曰：「有力而不好，好而無力，雖近且多，有不能致。」予誦其言爲近之。

予同年李以仁給諫王母某太君，當其相南里公、郎民部，則中翰公洎陳孺人實奉板輿，太君于是時撫佳兒佳婦，含飴爲樂矣。既融融化爲呱呱，而甇嫛藐孤，操作佐讀，其荼寧堪茹焉。無何，以仁成進士，爲天子耳目之臣，稱名給諫于天下。其奉太君，不獨以鮮醲香澤，而直以上善令名。當是時，李氏之天始定，乃予謂天道如家，然家之儲，衆用之易盡，即一用之，而衆亦易盡。唯南里公父子，用德饒，用世寡，天若厚負其質，而太君以孫謨爲子翼，以杯棬比于須糜丈夫。其用天益寡，故以一身承所久負，而天之倍償之，必大而且久。

蓋南里公不以子若婦遺太君，而遺之孫子若婦，不身事太君，而以其子若婦代所事，故拮据于兩從之既失，倍苦也，雍容于一經之既成，倍樂也。然則太君之壽，天藉以成給諫，亦藉以償太君，而給諫之用遠，則天之償之未艾。蓋天生英賢，以砥世波，必先留聖善，以撐拄家秉，而太君以中闈之身，萃天地之沖和，更留其餘生，成名世，以補淑嘉于大造，而佐朝廷耳目腹心之用，則太君不獨用天寡，而且厚予其值于天。給諫以少年娓娓談天下大政，若傾所素注，而不佻不激，蓋有遠局焉。則天又若重負于嚮，而且厚取于今，我且得徐計其質，以券索于天。繇斯以譚，天之償太君果未艾，而太君所自爲壽也，即摛寶文之初蕊，拾穆陀之末葉，寧足爲壽太君者。然予往聞龍山、晉澤間有鐵鏡焉，其背之詞曰：「金水精，日月光，鍊大陰，獻尚方，風雨開，離未藏，輯百釐，壽且康。」此其詞倘可舉爲太君壽乎？抑以鑒隨遺爲應，具有天道，其大善多福，天鑒實式臨之。乃太君謂未亡人久不窺于結鏡，尚以授孫子。其辨忠邪，分白黑也如鑒。太史氏聞而頌曰：「予方以天鑒屬太君，太君且以人鑒屬給諫。」夫徵天以人，給諫之用鑒遠，則太君之德益大，大則久，敢以爲太君壽。

壽李年伯母張太恭人七衮序

予友李季重，鬻岳一官，而嶄嶄特立，生平耻市盈于修橐，而戒盱衡于啖名，曰：「先大夫之訓也。母夫人之所安也。」今年冬十月之某日，爲太夫人帨辰，一時同籍官都下者，修酌爲太夫人壽，而屬辭不佞。因憶季重述家猷，嘗語不佞曰：「母恭人性正而靜，歸我先大夫，遂佐先大夫囊雪之苦，以仰承我王母卮匜歡。當先大夫單車之隴西，家無介俌，而代條董萓，至拮据于大故，而先大夫三千里歸，無纖懎也。家政肅肅，嚴如朝宁，訓藐諸孤爲節介，諸冢介及臧獲慓，不爽一武。蓋先大夫貴而能貧，恭人怡然安之，即不肖亦得效先大夫之貧于貴，以安吾恭人。」不佞聞而忻然曰：「安賤之貧易，安貴之貧難。太夫人之安之也，太夫人爲壽矣。」

昔謝太傅居東，而内諷以家聞之富不安其貧也；陶大夫務大，而内諷以令尹之貧不安其富也。然謝婦不安貧，而謝甘小草于後；陶婦不安富也，而陶已大競于先。其孰與太夫人貴，而安貧之怡然于前後也。世人當負戴盟戟，佩猶醯鷄，然未得之，虞人之先之，既得之，虞人之奪之。希于不可知之境，圖貽于所不可知之人。然石生璞而剥，木生蟲而食，天下貴富之物，誰非銷我氣神者。故捐一切而聚貨，貨聚矣，捐一切而聚神，神聚矣。君平不云乎：「益我貨者，損我神。」奈何以神易居奇也。漢太尉震以四知，自將以清白遺後，無論後人世其素風，而凛然于天地人我。其人至今有生氣。寧至如曹蜍、李志，奄奄人世，且意其家婦子肅肅柏與安于清白，而無交謫，遂以共結無窮之休問，于百年萬億而不朽。然則清白之遺遠，而奚尚鯢齒鮐背爲壽也。夫人遺以危，我遺以安。昔人言之，太夫人以身所以安者貽季重，而季重宦轍所至，無不拾清白爲橐。是太夫人以安遺後人，而後人安太夫人所安，以相衍于無窮。太夫人所自爲壽也，又何能以燕喜多祉爲太夫人壽。雖然，漠間之禄地，九世而不收，其所取薄也。天于人時有河雍之賞，而人或不甘沙石也，再世而收矣。願季重視清白之遺，比于漠間。是天下所不爭，而世世食太夫人之遺，以安太夫人于安也。敬以是上太夫人百千壽。

壽吴年伯母史太孺人六十序

今上辛亥之明年，春正月，吴上于翰編母夫人壽六十。今年夏四月，上于圖歸，上曼壽。適當事不得請，乃具疏控陳。至于主上，亦若鑒其懇衷者，特予歸。不佞猶憶上于登第後不數月輒歸，歸輒戀戀以身依太孺人膝下。每從郵筒談芝蘭玉樹，相次朝南陔，而含貽舞彩，致足樂也。數年而北，則又戀戀以心依膝下，而車方駐，再疏歸矣。

即今讀其倚門伏枕之辭，抑何宛委篤摯，至曰：「爵禄亦人情所愛，而較性命則輕，母子本天性之親，而當疾病尤甚，遂不知天壤間有纍纍若若懷黄握玉之華。」吾儕欲從上于祝鳩笻壽，顧安所從置一辭者。念上于以上第爲天子侍從，間者奉制詞命服以進，而珠襦霞綺在側，瓊漿琬液在俎，計太孺人撫而喜曰：「此未亡人脱珥之遺也。加一匕。」又念上于，以直亮博碩仰承聖沃，而束躬潔己，砥節首公，以身繫天下之重，則太孺人于上于不獨屬饜于膏鮮薌澤，而實光融以上善令名。計太孺人撫而喜曰：「此未亡人和膽之遺也。加一匕。」既又念驟貴而喜者，必其嘗驟貧而蜚，彼其視貧，若不可一朝居而立就通顯之爲快。太孺人當結褵時，輒歷富貴之會，即母家數十萬之資散落何人，相視爲空花幻泡，曾不一意蒂于中。今上于令德榮名，豈不堪朵頤。獨竊計太孺人必且俯麋而酹曰：「先君子以藐諸孤，遺未亡人，一旦微主上寵靈，亦唯是遺灾登穫于孺子。」一敬姜不云乎：「瘠則勞，勞則思；沃則逸，逸則忘。」未亡人去，次即瘠得勞于善，以無隕先君子之問孺子。方去瘠即沃，尚忘善是懼，以圖報上恩，而念先君子，即未亡人尚有獲于孺子。當是時，計上于聞而唯唯頓首受命，稱曼壽。蓋吾儕所舉以壽太孺人，太孺人冲乎不自有也，安所置一辭爲壽。然予以爲是太孺人所爲壽也。何者？炎冷之埸，人情易感，即須麋丈夫，或意隕秋蘀，而氣揚獻佩，若夫閨閣之秀，釋其紈縞，彤鬆重橑，兼豆之纖華，而驟投以椎布，中更孤鈎寡珥，以慈謨代義方之訓，幾二十年，而閫内于于如也，眴眴如也。不聞以一語傷物，此其中豈以物喜，以己悲者。夫不可詫誶，不可嘆嘻，不可慘怛，不可宴娭。古云：「我守其一處，以其和，故千二百歲而形未嘗衰，無亦元氣不佐喜怒，則氣固，真神不撓，境遇則神全。」太孺人方且會天地之貞，一以爲福德，而一時能言之士，尚不得以裳明霞，飲沆瀣，侈其絳色龐眉之似，而乃掇拾乘軒結駟之葉，以張太孺人榮遇哉。在昔桓少君屏侍御服飾，提甕出汲，而傳子及孫，貴昌三世。此天所以啓鮑氏也。上于令德榮名，不翅鮑氏，桓而行汲，挽鹿之風，實在太孺人，乃獨鵠之感，倍愴于桓，然則天之啓吴氏遠矣。

劉孺人六十壽序

余讀戴記，稱「母偏親，父偏尊」，比于天地水火；及讀易，至家人，則母與父并稱嚴君，而列天地之大義，乃知記之譚，特世媪俗解，而「嚴」固母所以成慈也。予邑王太君，殆慈而嚴者。太君爲令駙馬都尉王明先母，蚤以都尉貴，封孺人，而文林公均得稱太孺人。今年夏六月，帨辰且周甲矣。都尉將率介弟歸稱觴，而同郡交都尉者，以不佞屬在葭莩，誼得修祝辭，佐都尉壽太君。余聞太君性慧爽，雅有介分，背諼之家，抦不异椿庭，其于拊肺懿親若族里，倫不貴加，縈不厚遺，叙不長挾，而捆言不概及絮縷，鐘區不概予榛栗，脯修之問不概出意俞，則都尉若兩茂才，唯唯不敢謂不俞意咈，則又否否不敢謂不咈。至都尉兩茂才事當，則太君色喜，不敢不力；不當則色不喜，又不敢不更。夫以帝稱阿家主，勤饔饎受謁，受中堂東序，以成國家之美。豈不誠貴裾，而踆踆讓齒，婉婉朵頤，亦可謂宴樂需需、德侔月望矣。若夫玉鸞之夢初踐，錢簪之畫方存，佩刀之恩未艾，袓韝之報方殷，而家課銅車之訓，室縻銀塹之葉，寧獨謦瘂檠于斑管，抑以視墨帷于金屋也。蓋太君以口授爲義方，而三君仰慈闈于嚴父，以故都尉抱忠孝大節，侃侃論天下大計，雅不欲白紛于秋葯陽阿之間，而兩茂才翩翩豪雋，亦且搏南溟之九萬，斯亦嚴之效已。

余請終嚴之説于家人，以壽太君。蓋人之壽命如曆數，而精神之在人，如天之有紀綱，紀綱不，維不恒張，精神不歛，不恒運，故嚴以象風火之不可狎，乃可久而恒。而家人六位之中，巽以閑劑愛以威調，嘻以嗃反。亦唯是，維之以嚴，使父子兄弟閑以未交，嗃以未失，威以終吉，則一代之祚永孚于休，而此身之精神有所歛而恒運，亦如天下之紀綱，有所維而恒張。故家人風火主嚴，而必象曰恒。恒者，天地萬物之情所以立命也，而惟嚴斯立，故嚴用之國，綿曆，用之身，延年。頃都尉君以斷望主上，尚猶用此道也。斯太君所自爲壽哉。柱下史聞而忻然曰：「泰之帝祉，繫于歸妹，而一以剛主泰，道在不遐遺。」夫不遺爲慈也，主剛爲嚴也，嚴成其慈，而上應㲉手之祉，太君之恒德遠矣，遂次泰之義，合家人爲太君壽。

孫承宗集卷十四

策　表　箋　經筵講章

策

廷對策

臣對。臣聞帝王之恢鴻業而經遠猷也，必有不自逸之心以勤天下，而後可以握天下之治本；必有不自用之心以公天下，而後可以收天下之治功。何謂勤？涵諸淵微之中，達諸經綸之際，内與外，不貳其衷，始與終，不携其念，操精明嚴恪之慮，以風厲人群，而無敢戲豫者是已。何謂公？矢諸宥密之微，通諸任用之顯，上與下聯爲一心，遠與近合爲一體，執含宏光大之德，以天覆埏垓，而無敢昵私者是已。有勤以爲之運則精，日與天下相流通，而上不爲隙，下不爲乘，天下日以精飭，而運治之本以端。有公以爲之主則神，日與天下相浹洽，而上不爲侵，下不爲曠，天下日以神孚，而圖治之功以舉。古帝王所以身不下階序，而憂勤四達于寰區，道不出庭帷，而覆露遠施于海宇，用此道也。不然，勤之不繼，而徒以其督責之術爲把持，則精有所不通，即規恢日課于外，而祇爲法制之粗，何以布一人之志意于天下。公之不舉，而徒以其總攬之權爲伸縮，則神有所不浹。即威福日歸于中，而僅爲粉飾之文，何以收天下之功用于一身。此近世之陋術、後王之淺效也。其上以希綱紀法度之調，而下以責輯寧安攘之治也。其道無由矣。

欽惟皇帝陛下，撫盈成之運，當鼎盛之年，有聰明睿智之資，有孝愛温恭之德，寬仁博厚之澤與河海同深，神武不殺之威與風霆并迅，蓋已收太阿于掌上，臂使指而必從，鼓大治于域中，綱在綱而不紊，天下喁喁然，頌唐虞，仰堯舜矣。乃猶不自滿，假進臣等于廷，俯垂清問，惓惓乎詢無爲之治，而有共念分猷之思也。此其心真不自逸、不自用之心乎？

臣伏處蓬藿，暗于治禮，然不敢默默也。臣竊念人君之于臣，任使久，或厭薄其言，而獨于其始進則導之言，而猶恐不盡；人臣之于君，閱歷深，或顧忌不言，而獨當其始進則言之盡，而可幸以無罪，故臣且願罄生平而盡言焉。臣聞人君之理萬民也，猶天之育萬物也。天以其于穆之精、不息之健，握于冲漠之表，以昭帝載，而揚詡之功，日著于群生。即以其四時之佐、五行之吏，贊于亭毒之時，以鬯玄功，而行生之宰，日流于萬品，故人君所居之位曰天位，所抱之德曰天德。如其一念自逸，則頃刻忘君，天下之心何以法乾行而厲臣下，以瑩精太平；如其一念自用，則獨運非盡天下之謀，何以代天工而成君德，以無教逸豫。故勤以運天下之大化，而宵衣旰食，不先其身而後天下者，人主所以有爲也。公以寄天下之大權，而任賢使能，不矜其長而忽天下者，人君所以無爲也。蓋惟君所其無逸，而猜忌嫌疑毫無所加于臣，得以畢力予人主而不馳其神于法之外；亦惟臣代其所勞，而心腹腎腸毫無所匿于君，故其君得以坐治于穆清，而不役其神于法之中。是以古之明君，不以兢業而廢群策，亦不以群策備舉而輟兢業；古之良臣，不以艱難而委平治，亦不以平治無虞而忘艱難。如堯以欽明爲登庸，舜以温恭爲闢詢，啓萬古之文明，而不自功，開百王之治緒，而不自有。故當其時，禹、稷、夷、皋，忘身家而殫心思，四岳、九官、十二牧，啓耳目而綏遠邇，日以庶事萬幾，經理中外，而堯舜于省成率作之外，不爲侵以示之隙。蓋其求賢勞而不自逸，故其得人逸而不自用。然則唐虞之治，固臣之力，而實君之力歟。

洪惟我太祖高皇帝肇造區宇，飭勵臣工，其諭廷臣曰：「朕觀書，以元首喻君，股肱喻臣。自古君臣本同一體：君獨用，則臣職廢；臣不任，則君事勞。」諭外臣曰：「賢臣之事君也，視君如親，視國如家，視民如子，凡可以安國家、利民人者，知無不爲。若避難而憚勞，則事不立矣。」夫以太祖神聖而所求乎臣者如此，故其時，法天澤之履，以肅堂簾，而忻合之氣，日聯于一德，效天地之泰，以通上下，而咸熙之化，日普于兩間，則其業侔勛華，而世躋唐虞，固其率作之勤，亦其任用之公。蓋得臣之力也，而微獨臣之力也。十一朝仰同心之誼，億萬載宏保治之謨，豈無自哉。至皇上紹述而光大之，祇遹先猷，精思上理。比年以來，洽天下以敦厚之福，肅天下以震叠之威，雖深居而幾務常親，雖静攝而章奏畢覽，兢業遠同于堯舜，惕厲近符于高皇，固宜襲珪組者，暢仁風，安桑麻者，樂世業，青衿有棫樸之休，比屋有弦誦之化，兵食足而奸宄消，禎祥呈而灾祲退，于以表獨斷之治可也。

夫何心勤而事左，志切而效疏？吏治非不日飭也，而貪婪屢見彈章；民生非不日厚也，而流離益多于圖奏；廣勵學宫矣，而譸譎公行于逢掖；表別井閭矣，而澆薄日甚于枌榆；甚之司農仰屋于持籌，軍中作好于紈綺，奸宄徂伏于輦轂，沴异迭是于天章，誠有如聖訓所謂事左而效疏者，則以浮虚之習勝，玩愒之弊滋，避難憚勞者多，而殫忠竭勤者寡也。蓋聖祖固嘗言之矣。何也？上以實責下，而下以名應上，則虚浮之過也；上不以法謏下，而下敢以法逃上，則玩愒之過也。浮虚則實亡，玩愒則法壞。是惟有忠信誠慤之臣，而後有清和咸理之治，有精明强毅之士，而後有整齊嚴肅之功。故得人以飭吏，則必褒酌泉于簠簋，將苞苴絶，而暮夜無投金之吏矣；得人以安民，則必照逃亡于綺羅，將案牘清，而蔀屋無懸磬之憂矣；得人以正士，習同風俗，則必重行誼于提衡，嚴等威于奢溢，奇邪之行移郊，遂仁厚之德澤溢閭左矣；得人以司帑藏，實行伍，則盋食不假公以實私橐，債帥不行私以弱公卒，將冒濫之費，清于根源，占役之苦，均于疏通矣；得人以上格神，而下固吾宇，則消萌于未然，以伐其奸修，救子將至，以預其備，將要荒濯沐，甸内匝洽，而地天效禎，山川呈瑞矣。蓋不自逸，故不自用，惟不自用，乃不自逸。然未有人主之精神與大臣不合，而百事得人者，亦未有大臣之精神不自相合以合天下，而萬幾得理者。何也？天下一身也，腹心與手足不貫，則手足失持行之職；天下一家也，主伯與亞旅不接，則亞旅無左右之能。臣伏讀聖制曰：「朕見人臣自爲謀，鮮不臧者，謀國則否。」臣以爲，欲臣之身視國也，則願陛下勿自逸于身，而身視國也。臣又伏讀聖制曰：「人臣自拮据其家，無愛力而讓能者，幹國則怠。」臣以爲，欲臣之家視國也，則願陛下勿自逸于家，而家視國也。蓋上行之，則下必效之；君好之，民必從之。然以臣觀于天下之人心，虚浮誠有，而約結更甚于虚浮；玩愒誠多，而掣肘更甚于玩愒。頻年以來，衆以爲不可行，而堅意行之，行之而卒無害也；衆以爲不可格，而堅意格之，格之而又似無害也。故聖神之名獨歸于上，愚陋之名偏歸于下，自予以神聖之名，則矜與狎相生，而俯視天下，無可與共功；予天下以愚陋之名，則猜與鄙相待，而自顧一身，無能與并智，是始以逸成其私，終以秋成其逸也。獨不思士氣之難熾而易糜也，若爝火也，傾江河以沃之，而孰厲其氣；士節之難植而易什，也若秋蓬也，振迅飈以撼之，而孰立其節。假令舉朝咸化爲撓指之柔，而一人獨成其剛愎之用，無乃自逸之心愈遂，自用之心愈堅，而身視事、家視國者，愈不可得乎？

蓋臣竊願有獻焉。臣聞人主之精神，日爲天下所繫命，天下之命脉，日爲人主所注神，顧人主無所注，則必有所煬，有所在，則必無所竊。故欲無遺埏維之遐，必不耽几席之近；欲無狎龍德之臣，必不溺燕尾之寵；欲無拂補牘折檻之直，必不任讒諂面諛之口。然其銷鑠剛心而蔽塞正念者，莫如利欲。此唐虞諸臣所請格其君于勛華，而辨其道于危微者也。

伏願陛下决乾之健，以去其自逸，憲天之時，以去其自用，洗濯其利念，以與天下更始，而夜分讀法，鷄鳴御朝使勤，與公合也。天下幸甚，臣愚幸甚。臣草茅賤士，不識忌諱，干冒宸嚴，不任戰栗隕越之至。臣謹對。

表

賀光宗皇帝登極表

伏以天錫元符，懋衍萬年之景祚；帝凝鼎命，丕承一統之洪基；漢宗光啓于沖齡，華祝載勤于多福，三靈偕鬯，萬國維新。恭惟皇帝陛下，剛健文明，仁慈孝友；聖緒揭升，恒于寶運，英函日月之光華；宸元開久，大于瑶圖，德合乾坤之易簡。昔我皇祖，以孫謀爲子翼，默貽大業于雲仍；今我皇考，借後箸爲前籌，親屬諸臣，以堯舜守成致盛，正周成王訪道之年，纂大承庥，適肅皇帝開天之歲。唯繼其志以纘緒，實順乎天而應人。臣等猥承五几之丁寧，矢佐金甌于鞏固；捧赤文綠字，快瞻嘉祉之叶徵；仰虎步龍行，預識太平之有象；圭璧歡騰，禹會塗城，瑞映堯雲。伏願出入起居必欽，前後左右皆正，膺列聖無疆之籙，邁漢、唐、宋以爲君，體先皇未竟之謨，兼夏、商、周而卜曆。臣等無任瞻天仰聖欣躍抃舞之至，謹奉表稱賀以聞。

箋

擬初勸光宗皇帝進箋

伏以道隆繼體，古今垂久大之經，國有長君，社稷奏靈長之福，惟聖世洪開大業，實天心永錫元符。欽惟大行皇帝，剛健粹精，聖神文武；紹天庥于大備，享隆昌四十八年；重國本于元良，昭啓佑百千萬世。敬惟皇太子殿下，聰明天挺，仁孝性成；電繞神樞，一索蚤符于出震；日新聖學，大横適兆于乘乾；比受遺謨，仰承大統；垂衣裳而天下治，莫攀戀于遺弓；執球玉而萬方來，同歸誠于主器；幽冥叶贊，遐邇具瞻。伏願陛下勉體先猷，蚤膺寶籙，躍天龍于幼海神淵，會合風雲；扶帝座于一星繼照，光生日月。元首明而三靈協鬯，開萬年有道之長；聖人作而萬國咸寧，衍列聖無疆之祚。

擬二勸光宗皇帝進箋

伏以九昊祚神明之統，元良早繫于人心；萬年垂經久之謨，克長式諧于天序。方祗受承祧之托，忍久虚憑几之言，再瀝丹誠，上干宸聽。洪惟我朝功高湯武，揚大烈于顯承；德邁唐虞，沛深仁于熙洽。逮我大行皇帝明倫察物，奮武揆文，執大綱以綏靖華夷，緣獨運而彌綸天地，奉三無于大計，重一有于元儲。敬惟殿下文武英明，慈仁孝友，燕翼丕承駿命，龍潛共叶鴻猷。

顧聖懷之淒愴方深，乃群望之允俞未遽。臣等竊惟民生有主，天位難虛，惟善繼乃以永孝思，雖聖人不能更舊典。伏望深惟遠慮，勉抑哀衷；體遺詔而率舊章，丕副皇天之眷命；守成業而致盛治，下酬黎獻之歡心。

擬三勸光宗皇帝進箋

伏以簡嗣序以元良，固以投艱遺大承先皇之付托，其惟濟世安民，既爲國家宗社之遠謀，豈拘士庶尋常之膺行，仰于九五，不避再三。敬惟殿下五質龍章，穆穆早瞻天表；月將日就，孳孳獨懋聖修。頃承憑几之詞，宜踐承祧之任，而孝思罔極，謙讓未遑。臣等竊惟民非元后，罔以生，國有長君，遺之福；謳歌嗣禹，正攀戀于吾君；繼述守文，乃善成其舊德。況先皇維新之末命，允屬後人；普天待澤之同心，頓開睿慮，幾務不容少曠，神器寧得久虛。倘忍稽顧命之丁寧，執諒陰之哀慕，將二祖九宗之典章可易，抑群臣百姓之惶惑靡寧。伏願稍抑哀情，俯徇衆望，一統以均萬國，重明以照四方。

經筵講章

堯典

曰若稽古帝堯，曰放勛。欽明文思安安，允恭克讓，光破四表，格于上下。

古聖君治天下者，以唐堯、虞舜爲首。這書是虞舜時史官所記，共五篇，總叫做虞書。這一篇是記載帝堯治天下的常法，叫做堯典。「曰若」是發語之辭。「稽」是考。「放」是至。「勛」是功業。「欽」是敬。「明」是通明。「文」是文理。「思」是思慮。「安安」是極其安妥，無所勉强。「允」是實。「克」是能。「格」是至。

史臣説：如稽考古時帝堯，其治天下的功業，極其廣大，無處不到，所以謂之放勛。然堯之大業，總以堯之盛德，欽敬而不輕忽，通明而不昏昧，文章而有條理，思慮而有裁度。這四德又都出于自然，安而又安，不待勉强，所以行出來恭敬，是着實恭敬，行出來謙讓，是真能謙讓。堯有這等盛德，所以這盛德之光，遠被于東西南北之表，而至于上天下地之間，此所以叫做放勛也。

臣謹按，帝堯，古今聖主，其功業祇在心裏欽敬，便不敢輕忽天下；心裏明白，便不爲天下欺蔽；心裏有文章應天下，便不粗疏；心裏有思慮處天下，便不漫涣。體此四德，習到熟處，便是安安。人主君臨天下，極尊極貴，却説「允恭克讓」，可見治天下不可一毫忽慢，不可一毫驕盈，所以這書首説「欽」字。頃我先皇帝屬望陛下爲堯舜。伏惟陛下法古帝德，出入起居，無有不欽，臣不勝大願。

講至人主君臨天下處，皇上聳然拱聽；至説先皇帝，便忽另叉手，肅然改容，真聖主也。倘得日畢愚衷，自是聖明。講畢，皇上口宣：「先生們吃酒飯。」亦曰：「與先生們酒飯。」是日初開講，用給事中二員導駕。是晚，欽賜彩段二表裏，遣中使兩校扛紅篋，御仗前導及門，大紅段羅紗各一俱、胸背白鷴裏一表，俱精好。

泰昌元年十月十八日，日講官臣孫承宗記。

克明俊德，以親九族。九族既睦，平章百姓。百姓昭明，協和萬邦，黎民于變時雍。

這一節書還是説，帝堯成大業，衹在有盛德。「克」是能。「明」便是欽明的明字。「俊」是大。「親」是親愛。「睦」是和睦。「平」是均。「章」是明。「協」是合。「于」是嘆美詞。「變」是變易。「時」字即「是」字。「雍」是和。

史臣説：德在人心，原能齊家，能治國，能平天下，本自峻大，但遮礙于一身私欲，不照顧天下國家，便遮礙的小了。獨是帝堯心裏欽明，别無一物，乃能通透齊家、治國、平天下的大德。以這大德去親愛一家九族，那九族就都親愛和睦；以這大德去遍曉那一國内百姓，那百姓就都曉的道理，昭然明白；以這大德去和合那萬國的黎民，那黎民于哉變易，其不雍和的就是雍和了。

這等看來，帝堯功勛，合天下國家都到，所以叫做放勛。就此見，有天下國家之責的，能爲明君，便能爲有德之君，以成大業。伏望聖明留意。

此進講時語也。及登講筵，時念主上方有宮幃之隙，又開聖語云：「我尊靈了。所撰講義，未得詳盡，極反覆開陳之義，以諷規時政。」因就親睦九族處，于講義外，重發一番。雖未必頓開宸心，而一時天顔悚動若思，同事諸臣俱歡欣鼓舞以爲快云。其語曰：「帝堯德爲聖人，尊爲天子，第一件要緊事便重九族，决不敢自恃説自家是天子，極尊重了，便輕疏一家骨肉，所以要親愛。既親愛之，便處置一家，各得其所，所以一求骨肉相親相睦，無有怨心。」又曰：「九族是自己一身，爲一族，上有高、曾、祖、父，是四族，下有子、孫、曾、玄是四族，共爲九族。如我皇上内有宫眷戚畹，外有宗室親藩，以親，是同其好惡，同其富貴，即先遺眷屬，務要仁至義盡，無使恣縱，無使怨恫。大約親族有過失，便約束以禮法，親族有疾苦，便聯屬以親愛。」上端拱聽，適九五齋，謂瑺安曰：「今日纔知九族如何，不先做在講章？」瑺安奏：「這是講官臨時發明這句書。」上曰：「講的明白。」然講時，瑺安不快。二十一日進講，原以十九日呈，二十日講，以是日頒郭、王兩太后謚諭，而駕又詣仁智殿，暫免，遂于二十一卯時進講。此日天顏覺開朗，初進筵諸臣謝欽賞彩段表裏，閣臣劉一燝致詞，上口答：「知道了。」極清響。講畢，駕回暖閣，諸臣憩東西，直方設，安忽中使來宣「進」字，入則同侍，御筆極飛動，寫畢，閣臣頗致贊詞，聖顏喜動，點頭，稍以語答。諸臣叩頭起，俟駕回出。十月二十一日，日講官臣孫承宗記。

乃命羲、和，欽若昊天，曆象日月星辰，敬授人時。

這一節書是説，帝王大政，第一要「敬天勤民」。「羲」是羲氏，「和」是和氏，乃掌管天文的官。「欽」是敬，就是前面「欽明」的「欽」字。「若」是順。「昊」是廣大。「曆」是算天數的書。「象」是觀天象的器。昊天上繫的是日月星辰，這日月星辰運行的氣候，便是人所作事的時。是「授」，頒給意。

史臣説：帝堯要協和萬邦的人民，乃命羲氏、和氏那掌天文的官，欽敬以順那廣遠的天道，以曆算日月星辰的數，以器觀日月星辰的象，然後定人時于曆書，敬謹頒授天下，示人以作事之時，帝堯政事首務如此。

臣謹按，天以時授人主，人主以時授天下，既敬授，便當敬守，一日萬幾，須要及時發行，臣下奉行，須要及時考奏。至于天下的百姓，既授以時，教他依時作事，須要體惜他。凡朝廷興作，必不可妨害這人時，這纔是敬授意思。古帝王勤民，正所以敬天。伏望聖明留意。

帝曰：「疇咨若予采？」驩兜曰：「都！共工方鳩僝功。」帝曰：「吁！静言庸違，象恭滔天。」

這一節書見帝堯知人之哲處。「采」是事，即治天下的禮樂刑政。「驩兜」是臣名。「都」是嘆美辭。「共工」是官名。「方」是且。「鳩」是聚。「僝」是見。「違」是背。「象」是貌。「滔」是漫。帝堯既求總治的人，又求分治的人，問群臣説：「誰爲我訪求能順成事務的人？」當時有臣驩兜説：「美哉！庭有共工者，方且集聚庶事，著見成功。此似可順成事務者。」帝堯素知其人，因説：「不然！共工爲人静居無事，極會説話，到用它時，却都違背所言，其象貌假做恭敬，籠罩一世，若水漫天。這等變詐不實的人，如何會順成事務。」

臣就這一節論來，帝堯以聖人在天子之位，却不敢好高自用，其求賢分治，必博訪群臣。又就驩兜所舉看來，可見賢否各自一類，祇從舉薦人處，便可互察其賢否。帝堯又説「静言庸違」，可見臣下所言，當據此考奏，祇責成功，便省議論，但不可因庸違的人，便厭素忠言。又説「象恭滔天」，蓋人臣事君如天，天豈可慢，所以帝堯畢竟能察其心術。祇因帝堯日與臣下交接講論，所以能周察群臣者。使深居偏信，其進人退人，必不盡妥；就使妥盡天下，亦妄生猜忖，不但所退之人不服，即所進之人亦不自安。所以我世宗肅皇帝講書畢，與輔臣評論庭臣，輔臣因奏請：「時時宣召大臣，質問政事，亦可知人臣賢否。」且説：「英明下照，臣下有一言欺蔽，無不覺者。」我世宗肅皇帝説：「也着科道，侍此一段，正合帝堯知人之法。」我皇上仰遵家法，以法帝堯，願留心朝講，垂問群臣，便于應對，間察其材品，以慰中外仰望。

帝曰：「咨四岳，湯湯洪水方割，蕩蕩懷山襄陵，浩浩滔天，下民其咨，有能俾乂？」

這一段見帝堯勤恤下民、孜孜求治之心。「四岳」是官名。「湯湯」是水之盛。「割」是害。「蕩蕩」是水之廣。「懷」是包在四面。「襄」是駕出上面。地之大阜曰「陵」。「俾」是使。「乂」是治。帝堯説道：「我訪問爾四岳大臣，如今天下湯湯的大水横流，方爲下民患害，其水蕩蕩然廣大，包括高山，襄駕大陵，其勢浩浩然泛濫，若漫天的一般。念我下民無居無食，人人困苦嗟怨，汝諸臣中有能除害救民者，我將任以治水之事。」

臣按，天命人主，原爲乂安下民，所以帝堯當水患方殷，日念下民愁嘆，此正是帝堯所以協和萬邦處。蓋人主深居于四方，利害不見不聞，遂多縱心快意，不念民愁，以致民怨。昔宋宰相李沆條上灾异，欲使人主知四方艱難，正識得此意。我國家功令，凡遇水旱兵荒，所司奏聞，輒遣官發帑，以安百姓。但如今四方多事，灾异頻仍，加派告匱之地，追逋乞賑之民，下民其咨，百倍堯時。伏望我皇上簡任守牧，共圖乂安，使天下頌堯之爲君，臣不勝大願。

僉曰：「於！鯀哉！」帝曰：「吁！咈哉！」方命圮族。岳曰：「异哉！試可乃已。」帝曰：「往，欽哉。」九載績用弗成。

「僉曰」是衆口一詞。「鯀」是崇伯名。「方」是違背。「命」是上令。「圮」是敗。「族」是類。「异」是已廢而强舉的意思。四岳諸人因帝堯訪問治水的人，一齊説道：「於！可以治水，惟鯀哉。」帝堯知鯀不可用，乃嘆説：「爾以鯀爲可用，殊不然也。」看來着實不然。蓋鯀爲人悻直自用者，違命背上，而又傷害同類，這等的人，豈堪用哉。四岳以鯀爲才，又强舉之，説道：「异哉！廷臣無過于鯀者。姑試其可用而用之，取其治水而已。」帝堯不得已用之，乃戒曰：

「爾往治水，其欽哉！」帝堯自家能欽，所以見的天下事，謹慎則成，放肆則敗。其曰「欽」，便是要祇承上命，和合同官。然鯀是方命圮族的人，故治水九載，功用不能成就，正以不能欽耳。夫帝堯明知鯀不可用，祇爲急拯下民，俯徇群臣之請，又久任，以盡其才，可見帝堯用人，全無成心。

臣又就此看來，人臣當事，識量能包括事外，乃可以略理事中。當堯時，不有經綸天地之才，如何治的滔天大患。如鯀悻悻自用，便不能合天下氣識才能爲用，故迄無成功。待到用其子大禹來治，其才德既勝，而又能與伯益、皋陶諸人共功。以此知人臣捍大患，成大功，須要有度量容受賢能，須要有見識審酌時勢，須要有算計謀略，能以所籌策，因天地之勢，用天下之人，以奏成功。即大禹後來以人主治天下，其道亦不過如此。伏望皇上留意。

正月上日，受終于文祖，在璇璣玉衡，以齊七政。

「上日」是朔日。「文祖」是堯的始祖。「在」是察。「璇」是美珠。「璣」以象天體轉運，是載七政的，飾以珠，叫做璇璣。「衡」是横管，所以窺，璣爲之，叫做玉衡。「齊」是考驗。「七政」是日月與金木水火土五星。天以日月五星分布四時，生成萬物，其遲速順逆都有正道，便是天的政事，叫做七政。

史臣說：帝舜當日不肯嗣堯之位，不得不攝堯之事，乃于正月朔日受堯事之終于文祖，此時堯的事都在舜了。堯之初政，莫先于「欽若昊天」，舜于是仰體帝心，首先整頓那觀天的器具，察視璇璣玉衡，以考驗日月五星的纏度，却要以天的政爲君的政了。這是攝事之初政如此。昔我英宗睿皇帝御製觀天之器，銘中有曰：「厥器伊何？璇璣玉衡。璣象天體，衡審天行。」這便是察璣衡。又說：「懸象在天，制器在人。測驗推步，靡忒毫分。」這便是齊七政。然其意在粤古聖。大聖體天施治，敬天以心，觀天以器。又曰：「惟君勤民，事天首務。民不失寧，天其予顧。政純于仁，天道以政。勒銘斯器，以勵予敬。」方今日曆漸差，宜擇通曉曆法者修治，以應我皇上維新大政。然帝王欽若，其精在以心法天，如昨所講，顧諟天之明命，其大在以事法天。如我皇上因風霾示儆，便虔告列祖，傳諭九邊。然須要著實考奏，無事虚文。世宗朝，每修省，必令具行過事迹以聞。又説：「日總萬幾，親閲奏章，未必盡知民欲。」夫民欲便是天心，願我皇上以小民祈天永命。

肆類于上帝，禋于六宗，望于山川，遍于群神。

「肆」是遂。「類」是比類，言告祀比于郊祀也。「禋」是精誠。「宗」是尊。四時寒暑、日月星辰水旱這六者，皆禮所當尊，叫做六宗。「望」是不親到，衹遠望而祭之。「遍」是周遍，衆神都祭到。舜既攝帝位而觀天矣，遂以攝位告于上下神祇。上帝至尊，郊祀之禮有嘗。今祭告上帝，與郊祀一般。于六宗，則精誠以祭爲禋；于山川，則隨其方嚮遥望而祭爲望；于有功于民的群神，一一祭之爲遍。蓋既攝帝位，便爲天地百神之主，故祭典如此。

臣按，禮記論禮，有其舉之，莫敢廢也。然却不是虚循故事，又不是臨時纔爲虔敬，須要一動念，一行政，便有上帝在心旨。我文皇帝與侍臣論古人郊祀不成禮者，説文中言：「惟德動天，蓋不德亦動天。」又説：「祭祀時，固當誠敬。亦必平素積累善行，乃可以獲福。」蓋帝舜簡在帝心，不獨一時勤于祭也。皇上上帝大命，爲三才宗主，嘗學舜的温恭允塞，便是孟子所謂「存其心，養其性，以事天」。

輯五瑞，既月，乃日覲四岳群牧，班瑞于群后。

這是史臣記舜攝位覲群臣之事。「輯」是斂。「瑞」是信。「五瑞」是公侯伯子男五等人所執以爲信的。蓋諸侯始封，天子授他圭璧，以爲誠信，曰桓，曰信，曰躬，爲三圭，曰穀，曰蒲，爲二璧。「既」是盡。「覲」是見。「四岳」是四方的諸侯。「群牧」是九州的伯牧。這便是群后。

史臣說：舜攝位之初，于正月内，先徵召天下公侯伯子男五等諸侯，各執瑞信以來朝焉。到正月盡間，則四岳、九牧漸次而至，乃日日覲見之。地有遠近，到有後先，隨到隨見，不必齊一。蓋帝舜初當事任，即浚哲文明，豈能盡知方國利病。况岳牧諸臣曾不悉其面貌材具如何，信的人人能了民事，所以日日見之如此周詳，如此急切。既見之後，遂將所輯五瑞，依舊班賜與他，令其各還本國，便如初命于舜一般。

臣按，帝舜攝政，方初即位，日集岳牧，蓋岳牧職司民命，而爲政之初，急欲得民間利病，興除緩急，可次第命官爲之。我孝宗皇帝即位元年，吏部侍郎楊守陳奏說：「詢岳達聽，堯舜之資于外者博。伏望于臣下自任來見者，皆條列地方之事，略節口奏。」又乞于奏對辭見之際，俯降辭色，而于時政人才、民風土俗，無一不詢，無一不知，使賢才嘗集于日詣。我成祖要通下情，去蒙蔽，說：「朕深居九重，下民安否，未能悉知。」夫成祖犁庭掃穴，往來民間，猶曰「深古未知」。伏望我皇上深念之，臣等不勝惓惓。

肇十有二州，封十有二山，浚川。

自古帝王初即位，必有一番大經綸，凡舊法廢弛，便一一修舉，舊法未備，便一一變通。這一節正是虞舜初即位時事。「肇」是始。「封」是表。「浚」是開導。先時天下祇有冀、兖、青、徐、荊、揚、豫、梁、雍九州，舜即位，因冀、青二州地方廣大，管轄不便，于是于冀州中分個并州，又分個幽州。蓋疆域既均，政教易遍，却又于每州之内，各擇一高大之山，封表爲一州之鎮，使十二州之瞻仰有在。又浚導十二州之川，凡水道不利者，即一一開通，使十二州之脉絡流通。于此見帝王經綸天下，皆先立大規模，而後法度以維持其中，德澤以浸灌其中。我太祖高皇帝以聖神文武，取唐虞以來相傳之土宇山川，授萬世聖子神孫，遂并其維持的法度、浸灌的德澤，一一全畀。今天下山川不改，土宇如故，而德澤未盡普遍，凡以法度未盡修明，伏望我皇上着實修舉祖宗法度，便是着實普遍祖宗德澤，臣等何任惓切。

象以典刑，流宥五刑，鞭作官刑，扑作教刑，金作贖刑，眚灾肆赦，怙終賊刑。欽哉，欽哉！惟刑之恤哉。

「象」是天象，制刑如天垂象，以示人，叫做象。「典」是嘗。「刑」即下。五刑是墨、劓、剕、宫、大辟。「流」是遷徙遠方。「宥」是寬宥。「鞭」是以皮作鞭。「扑」即今竹片荊條。「眚」是過誤。「灾」是不幸。「肆」是釋放。「怙」是倚恃。「終」是再犯。「賊」是殺。「恤」是憐憫的意思。帝舜設爲墨、劓、剕、宫、大辟五樣嘗刑，令人人皆見，如天懸日月星辰之象。其犯在五刑，而可矜、可疑、可議者，則發遣遠方，以寬宥之。此外又有鞭刑，以警弗若于政；有扑刑，以嘗弗化于訓。其鞭扑輕刑，又有情法可議，則許他以金納于官，贖免其罪。然這等輕重間，其偶然錯誤、出于無心的，有遭逢不幸、陷于有過的，便徑從釋放赦免。其罪若依倚勢力，敢于作惡，或不改前非，至于屢犯，則依律治罪，或殺或刑，不准宥贖。帝所制刑，斟酌輕重，極其敬慎。欽哉，欽哉。惟念夫死不可復生，斷不可再續。若是乎恤念，不忍輕哉。這書全在史臣從帝舜酌量輕重處，描寫出欽恤的意思。見古人這等用心，祇是要求其生。今人斷獄也，用心却多要求其死。然舜祇有一片好生之心，雖用刑，亦是要安天下意，勿令有罪的與無罪同免，勿令無罪的與有罪同困，所以我成祖文皇帝説：「决獄貴明而無滯。」又説：「刻吏爲朝廷歛怨于民。」故人主欲養好生之心，在去刻意，在去刻吏。

流共工于幽州，放驩兜于崇山，竄三苗于三危，殛鯀于羽山，四罪而天下咸服。

這一節見聖人以天下之怒爲怒，全不着一毫私意，便是欽恤。「流」是發遣。「放」是安置。「竄」是驅逐。「殛」是拘囚。共工、驩兜是二臣名。「三苗」是南蠻之君。鯀是崇伯。幽州、崇山、三危、羽山是地名，都是離朝廷極遠的去處。

史臣説：舜德好生，而刑原是爲天下除害的。如有罪不誅，便害天下之生。當時有堯所未誅者四人，曰共工，曰驩兜，曰三苗，曰鯀，天下叫做四凶。及舜攝位時，乃正其法。共工是静言庸違的，發遣于北邊之幽州；驩兜是同惡相濟的，安置于南邊之崇山；三苗是恃險爲亂的，驅逐于西裔之三危；鯀是方命圮族的，拘囚于東裔之羽山。

這四凶是天下所共惡的，舜爲天下除害，各因其罪而罪之，天下皆説「刑當其罪」，個個心悦誠服。臣謂人君却服天下之心，在以明慎服罪人之心。我成祖文皇帝説：「理不可生，然後刑之，則彼雖死，無所恨矣。」刑至于罪人無恨，天下豈有不服。成祖又説：「理刑必務明慎，譬如農人之耘，爲去稂莠也。若心不存，則視有所不見，而并良苗去之矣。」夫稂莠不去，無以全苗，凶人不去，無以全善，但祇要明慎，使賞當其功，罰當其罪，天下自服。

帝曰：「疇若予工？」僉曰：「垂哉。」帝曰：「俞。咨垂，汝共工。」垂拜稽首，〔一〕起至往哉。汝諧止。

國家除器利用，莫急于工。這一節見帝舜爲官擇人，即工官，不肯輕授。「若」是順。「工」，即是百工之工。「垂」是臣名。「共工」是供這工的事。「殳、斨、伯與」是三個臣名。「諧」是和。帝舜問于廷臣，説：「誰能依順那物理，整治我百工之事者，我將任用之。」群臣同辭對説：「有臣名垂者，其人有巧思，可當此任。」帝舜説：「爾所舉誠然。」乃咨以命垂説：「汝其供予之工，爲予若之。」垂乃下拜稽首，讓于殳、斨及伯與，説：「這三人皆有才能，堪以若工。」帝舜説：「爾言誠然也。然共工之任，非汝不可。汝其往任此職，以諧和百工，而若之。」夫工于九官，似爲稍輕，而帝舜咨訪責成，不肯輕授。蓋工雖繁瑣，關係亦自不輕。且如今天下兵興幾年矣，一切戰守之具，如甲冑器械，嚮來未備，其備者既朽薄不堪，即良將勁卒，何恃不恐。方今命工透底製造，不妨以唐虞之專任，便得如殳，如斨，如伯與者，爲分任，責令心力盡殫于工，不以他營，財具盡用于器，不以他費，日省月試無得事急不急，事緩輒緩。臣前望皇上修明祖宗法度，正謂下精職掌，上課成功，法度當嚴于此時也。臣愚觸時感事，可任惓惓。

帝曰：「疇若予上下草木鳥獸？」僉曰：「益哉！」帝曰：「俞。咨益，汝作朕虞。」益拜稽首，讓于朱、虎、熊、羆。帝曰：「俞。往哉。汝諧。」

這一節見帝王不忍一物失所，必咨訪順治之人。「上」是山林，「下」是川澤草木，鳥獸都在其中。「益」是臣名。「虞」是掌山澤的官。「朱、虎、熊、羆」是四個臣名。帝舜又咨訪廷臣説：「上而山林，下而川澤，中間有草木，有鳥獸，倘非得人以調理之，即草木鳥獸，不得其所，便遺害于百姓。汝群臣誰能爲我順而治之。取之以時，用之以節，使山澤中草木鳥獸各遂其生者，我將用之。」群臣同辭對説：「有臣名益者，其人可當此任。」帝舜説：「爾等所舉誠然。咨汝益，汝其作我虞官，掌予山澤，以若予草木鳥獸。」伯益聞命，下拜稽首，推讓于朱、虎、熊、羆，説：「此四臣皆可作虞。」帝舜説：「爾言誠然，但朕志協于僉謀，汝其往任此職，諧和其事可也。」

臣觀古帝王多仁民愛物，後世或因物害民。昔宋哲宗朝，崇政殿説書程頤當講書罷，見哲宗憑檻而折柳枝，頤奏説：「方春發生，不可無故摧折。」這便是要「若草木」的意思。又有資政殿學士韓維讀宋三朝寶訓，至真宗不殺羔羊，奏説：「推其心以及天下，則仁不可勝用。」這便是要「若鳥獸」的意思。然總是要人主涵養仁心，推及天下。其後徽宗朝，爲花石綱，歛天下奇花异木、珍禽怪獸，以蠱惑其心，遂至耗散窮人，歛天下之怨。蓋小人欲盜君權，必先中君欲，使其心流連玩好，更不念民物安危，且使無清明暇日，然後己得以縱惡無忌。臣願皇上清心寡欲，預養仁心，便可盡人盡物，致治唐虞。伏惟皇上留神省覽。

帝曰：「咨四岳，有能典朕三禮？」僉曰：「伯夷。」帝曰：「俞。咨伯，汝作秩宗，夙夜惟寅，直哉惟清。」伯拜稽首，讓于夔、龍。帝曰：「俞。往欽哉。」

這一節見帝王重典禮之臣。咨訪既真，更加勉勵。「三禮」是天地人之禮。「秩宗」是主叙次百神之官。「夙」是早。「寅」是敬。「直」是心無私曲。「清」是潔净。「夔、龍」是二臣名。帝舜説：「咨問汝四岳，汝知廷臣中有能爲我掌管天地人三大禮者，我將任爲秩宗。」四岳同辭對説：「廷臣中可以任典禮者，唯伯夷哉。」帝舜説：「信惟伯夷可當此任也。咨汝伯，汝當作我秩宗之官，以奉祀天神、地祇、人鬼，必須每日（目）之間，早晚惟加寅敬，勿怠勿忽，使方寸之間嘗存正直。惟有一清虛心地，絶無物欲污染，這等方可以决于神明，而主三禮之事。」伯夷聞命，下拜稽首，讓于夔與龍説：「此二人皆可典禮。」帝舜以二臣雖賢，不及伯夷，説：「汝言誠然，但典禮重任，非汝不可，汝其往任此官，以致其欽哉。夙夜惟寅，直哉惟清，朕終以望汝矣。」

臣按，清之一字，始發自唐虞。蓋銷磨天下精明之氣，惟是不清，人主欲天下之清，衹昃令天下小心翼翼，各欽厥職，無論其精者，衹士大夫肯以苞苴及門爲耻，則人心自清，由是朝廷自清，世道自清。然人主不嚴于激濁，則人心玩，玩則不敬，不敬則交相爲窳而不清。乃若皇上一心爲天地神人之主，惟是不邇聲色，不妄喜怒，不耽玩好，不徇愛憎，心嘗湛然虛明，便自澄清。我太祖高皇帝作觀心亭説，却慮凝神，精一不二。又説：「天以子民之任付于君，如國家命人任守。今之事若不能福民，則是弃君之命，不敬孰太焉。」這説「敬」字最爲明切，伏惟皇上留神體察。

【校記】〔一〕此句之後，十三經注疏作「讓于殳、斨暨伯與。帝曰：『俞。往哉汝諧。』」

孫承宗集卷十五

册文　詔

册文

擬孝靖皇太后謚册文

孝子皇帝稽首百拜上言。臣聞孝隆于所生，經誼根諸天地，禮返其自始，典章具在帝王，矧劬勞發震索之祥，且温惠著明章之化，直揭神功于美報，永昭大德于隆名。恭惟皇妣温肅靖静純懿皇貴妃，瑞啓玄雲，芬宜紫掖；配天爲大，黄輿奠厚于乾元；佐日著明，清質依光于靈曜；敬順弼中安之教，婉愉承長樂之歡；體讓魄于函三，高而能下；含坤章于用六，晦以成文；心淵協睿，虞華六壼；仰無儀之範，德慶積源，堯母萬年；開有道之長，祇佩慈謨，丕承洪緒。顧寶符方啓，忍忘夢日之懷，乃玉綴常韜，徒結終天之痛。雍雍肅肅，委蛇想像于山河；本本源源，尊□莫酬于水水。是循舊典，載舉彝章，稽衆詢謀，籲天稱命，謹奉册寶，上尊謚曰：「孝靖温懿敬讓貞慈參天胤聖皇太后。」省璇宫之翟彩，禕褕有耀于三泉；攬宸漢之瑶華，廟祏彌光于萬代。伏惟慈鑒昭享鴻稱，顧篤慶于邦家，培豐芑永固，遂施及子孫。子衍椒實以維蕃，謹言。

詔

擬神宗皇帝遺詔

朕以冲齡，纘承大統，君臨海内四十八年，享國久長，比于皇祖，乃兹弗起，夫復何憾。但念朕嗣服之初，兢兢化理，期無負先帝付托。比緣多病，静攝有年，朝講既疏，政幾遂廢，才賢尚鬱于中林，閶左半殘于徵調。念予初政，殊切痛心，方圖改轍，嘉與維新，而遘疾彌留，徒增愧恨，蓋愆補過，允賴後人。皇太子聰明仁孝，睿德夙成，宜嗣皇帝位。尚其修身勤政，親賢納諫，以永洪圖。皇長孫宜及時册立進學，瑞王、惠王、桂王各擇善地，令蚤就藩。大小臣工，務協心輔理，保乂王家。是皆朕惓惓之至意也。已點閣臣沈㴶、史繼偕即入閣辦事。諸臣才望堪用者，再簡數員，以資贊襄。卿貳科道等官，盡行銓補。建言廢弃，及礦税詿誤諸臣，存者即酌量起用，殁者恤録。一切榷税及織造、燒造等項勞民之事，悉皆停止。各衙門見監人犯，俱送法司查審，應釋放者釋放。邊臣告匱，需帑甚急，宜酌發，以濟軍儲。其陣亡將吏，并宜恤録。喪禮遵舊制，以日易月，二十七日釋服，毋禁民間音樂嫁娶。宗室親王屏藩爲重，勿得輒離本國。各處總督、鎮、巡三司官，地方攸繫，不許擅去職守，聞喪之日，止于本處哭臨三日。進香差官代行，衛所府州縣，并土官并免進香。詔告天下，咸使聞知。

擬光宗皇帝登極詔

惟我祖宗聖聖相承，鴻規大訓，啓佑無疆。暨我皇考大行皇帝，十齡負衆，四紀開人，以馳王驟帝之謨，建緯地經天之業，方圖久道，遽爾彌留，特厪憑几之言，屬以神器之重。念予永慕，本不忍聞，而文武群臣，下及耆老軍民，合詞勸進，至于再三，辭拒弗獲，乃遵遺詔，以日月祗告天地、宗廟、社稷，即皇帝位，以明年爲泰昌元年。顧兹煢煢之念，敢忘栗栗之懷，然而大命在躬，大猷在訓，是用仰祖宗垂創之謨，體皇考繼述之望，永惟求舊，嘉與維新，所有合行事宜，條列于後。

一、自年月日昧爽以前，官吏軍民人等，有犯除十惡至死，與强盗人命，事干邊方夷情，及侵盗官錢糧，并貪酷枉法，逆黨左道，煽惑人民，爲從營幹鑽刺，指稱誆騙，潛住京師，窺探爲奸者，俱不赦外，其餘已未發覺，已未結正，罪無大小，咸赦除之。敢有以赦前事相告言者，以其罪罪之。

一、國朝大統曆，遵行既久，歲差未核，以致交食不應，及今不定，將分至益訛，甲乙益混。該部察舉精于曆法，無論在朝在野的，有見聞，督同該監詳定，勿泥舊法，無持新見，以稱市廷欽若至意。

一、已點閣臣沈漼、史繼偕遵奉遺詔，即協同元輔，入閣辦事，仍再推數員，以資贊襄。六部等衙門，四品以上官，及各總督、提督、巡撫官，該部即日會推，取自上裁。京官五品以下，及在外兩司方面官，有缺即補，務在得人。其散館庶吉士及累次考選等官，着各照原擬授職辦事，以後行取，遵照成法，不必零星差用。

一、建言及礦税廢弃諸臣，遵奉遺詔，酌量起用。該部作速查開職名，議擬具奏。其因事詿誤人員，奉依欽讃，該衙門確未准復。

一、近來有司急于京邊考成，遂緩王糧，或有將王糧抵京邊以凑考滿者，致各處王府應得禄米缺少。各該巡撫、都御史，督率所屬，上緊查催完納，如有緩比借抵者，參來重治。其郡王、將軍府子女，有應請名、請封、選婚者，本府即與保勘奏請。承奉長史等官，不許刁蹬。其有年已長成、未曾婚配、貧難無力者，所在官司查照，行止無礙，量爲助給。

一、宗室日繁，禄糧難繼，且千百同城，佚居無事。念多或易煽，佚或易淫，近聞庶宗中有入民學、登鄉舉者，其他隱匿姓名，概從生理，亦復有之。今後無名庶宗，令其顯從四民常業，其有名封者，情願科舉入仕，可從王親事例，比照民間黜陟，着該部從長計議來聞。

一、宗室犯罪發高墻者，除叛逆及内亂、强盜、人命不宥外，其情罪可矜疑，及身故而遺下妻妾無依者，撫按衙門查明原犯情由，開具奏請。

一、國家典禮確有成規，該部遇有合行大典，查照大明會典，酌從萬曆初年事宜，其額外加增錢糧，酌量停省，内府監局，毋得仍前指稱横索，以致典禮稽遲，財用匱乏。該部務守禮執奏，酌量時宜，不許漫徇人情，阿奉准行，違者，科道官參奏。

一、内庫供應金銀粟帛、茶蠟顔料等項，年來逋負甚多，至起解侵剋、入京營攬，該管官務盡法繩束，不許脱欠侵剋。及無籍棍徒代爲攬納入庫，各監局公平收入，不許索求鋪墊，致累小民。科道官仍查管收，除在倘有贏餘，便可酌量折徵解部，以濟邊儲。如有假缺少，爲名行文加派，及該部阿奉准行者，科道官參處。其金花銀兩，百萬爲額，初年邊境緩急，取給其中，近年每歲溢舊額二十萬，或借京邊充之，反令邊儲無計，該部共該監局，其酌議蠲除。

一、光禄寺民運粳糯米豆，及各省直官解果品厨料等項，既苦侵欺，又苦需索，故歲辦爲艱。嚮聞官解之苦，有傾貲蕩産數十年不能完報，而内監傳取無時，多溢額外。至于庖厨諸役，夤緣影占，半屬空名，糜餼尤甚。今後該寺同巡視衙門酌量減損，漸尋成額，其冒名濫役，概從裁革。該監不許執見行事例，阻爭巡視官，亦不許阿順塞責。

一、倉場積聚芻粟，數常百萬，該部務擇廉智官員，精核夙蠹，嚴防奸細，即官攢甲斗，時加毖飭，至壩上馬房草場地，多至五萬頃有奇。近來該部徵收，既多積逋，而修理所需及荒雜之半，更有積弊。嘉靖中，曾一清理，尚未盡見實效。今後監督科道官，可設法着實清理，其非修理而捏作修理、非荒占而捏作荒占者，作何下落，作何責成，逐一明白酌議，給軍爲屯，以省糧芻。仍備查馬匹牛羊實在數目，照數會計，不許借民間畜牧以號充點閘，不許横索商人常例、軍勇月錢及賣閑歇役，冒其月糧。監督官着實舉行，毋沿積習，毋爲掣肘。其有執不受理者，參治。

一、東事未寧，邊儲匱乏，遵奉遺詔，發内帑一百萬。該部差的當官員，陸續解赴遼東，接濟軍需。朝廷軫念邊人，不吝封樁。爾等仰體先皇帝撻伐德意，尚其鼓率三軍，刻期滅賊，勿忽勿忽。

一、礦税繁興，商民交困，朝廷軫念困窮，盡擬罷遣。但兵興以來，方盡行一切權宜之法，而見行税務，可助邊儲。各該撫按官同該監查算數目，先將徵收在官者，解赴東鎮，其餘陸續徵解，接濟軍前，統待事寧之日，盡數蠲除。其各差内官，姑准料理，事竣回京。

一、國家大計，最重邊疆。先皇帝聖神文武，威振四夷，年來用人用財，百凡慎重，獨僩焉東顧，不吝錫予。一鎮文武大吏，以及參佐偏裨，不下數十員，至以三百萬、餉十萬之師，而一舉覆敗，好生有負委托。詔書到日，各該官員，務要通力合謀，盡忠報國，勿以乏餉而致援孤，勿以足兵而致財匱。其自偏裨下至行伍，有長材大器、膽智過人者，許經略、鎮、巡官，即時薦拔，不次擢用。爾文武群臣，抱有遠猷，可裨邊計，許具疏來聞。

一、科道官，職當言路，凡朝廷政事得失，軍民利病，許直言無隱。文武官員，貪暴奸邪者，許指陳實迹糾劾，但不許藉口風聞，挾私妄言。其題奏，俱要明白簡直，不許以鄙褻瀆聽。

被言之人，靜聽處分，不許反唇相譏，致傷國體。其非繫言官，而事關重大，有言官所不言者，許各官直陳。如事或猥瑣，不繫職分，即事雖重大，所司既言，乃不務本等職業，拾唾求名，即官無瑕玷，言無差謬，亦着堂上官記過。其自揣敗壞、妄言遮飭者，從重處治。

一、疆埸多事，邊材更急。當無事時，人樂速化，自以材雄，而推轂者更衆。邇來地重時艱，逡巡莫往，故未任先許超遷，纔擬便恐辭脱。當事乏材，莫此爲甚。該部務博審詳求，另立邊材一科，及明于海道屯田、可使絶域者，以待天下英偉雄杰之士。即略未盡閑，膽智可充，地未盡諳，才力可任，無論在朝在野，俱可照資儲用。待其見聞既熟，猷謀既練，便可隨地推用。但朝廷設一法，便有一等借途者進用。爾部須精心行之，不許徇情掣肘，爲游客便徑。

一、在外有司，貪酷恣肆，患苦小民，兩司官莫敢誰何，皆由巡按御史寄耳目于有司，一入薦牘，居然臺省。即御史倚作它日門墻，都察院又以考核爲虚文，以致體統凌夷，每有劾奏，但取舉貢冗散充數。其憑藉勢力及甲科，雖羊狠狼貪，不復顧問。今後巡按御史務旌別臧否，慎寄耳目，使兩司核州縣，勿使州縣持兩司。都察院務要秉公持正，嚴行考核，但取實益小民，無得徒採虚聲。如顧惜體面，互相扶同，該科即時糾劾。該科扶同事發，一體重究。

一、朝廷設官莅事，豈任耽延。近來兩司官假差回籍，積資待轉，其經管事體，多以代攝沉閣，至使小民奔走千百里外，聽它道處分，撫按官每稱急缺，司道若不可一日缺人，至在籍延挨，却顧惜體面，不一參治。今後兩司官務着實任事，其差計程遠近，爲期違限者，撫按官參來重治。

一、撫按劾到官員，前列贓私百千，後借年資材略，止擬降調。此輩溪壑既饜，即褫職，亦自快心，况復臨民，更何顧忌。方今小民貧困已盡，豈堪此輩。今後劾有贓私，吏部務行提問追贓，以濟邊餉，不許概擬爲民閒住。

一、安民全在有司。其患苦百姓，全在貪吏。國家懲貪甚嚴，而法久玩生，其在外有司，剋剥小民，以市結納，在内官員，以苞苴多寡爲毁譽，故一登薦牘，公行賄謝。自今撫按官務要正己率屬，不時察其貪黷者，劾奏提問。其五城御史兵馬，不時緝訪。外官饋送打點，京官接受，因而夤緣爲奸者，參奏重治。

一、所在有司，平時既不能拊循百姓，以致饑寒，迫爲盜賊，至劫掠公行，却乃怯于捕捉，或嗔失主呈報，反加罪責，或故坐失主親識，令其自求解免。即一令緝捕，更以富民爲奇貨。今後巡撫、守巡、兵備，及有司衛所掌印巡捕官，務要操演人馬，團練保甲，緝訪奸盜，杜于將萌。如再容貪激變，庇惡殃民，巡按御史嚴行參論，以憑重治。

一、修理沿邊城垣隘口，每三年報閲，升賞有差，及一有小警，概稱無備，平時所報修理，總屬空文。即屢言，該科記着，通不舉奏。今後邊防八事，着各該督撫道將着實舉行，巡按、巡關各御史察其仍前忌違者劾奏。其後有失疏，并追究經管官員。其曾經報完升賞者，追奪重治。該科及各御史，勿得扶同不舉。

一、京師積猾借債，賄辦諸料，冒領官錢，以充私費。及至負累千萬，徒以亡賴聽比。至殷實小民，僉充商人，所領價值，不供墊費。既貸辦料，又貸緩比，其預支估值，多從關請，或至稽留數歲。今後該部務絶請謁，無令積猾乾没爲奸利，事發，務追究該司審派不嚴罪，又須體念疲民，見料給價，旋發旋收，巡視科道，審派商人，務擇殷實，不許徇情濫免，以良弱爲吏書奇貨，仍前怠違，一體究治。

一、頻年徵調，物力爲竭，一切權宜加派，俱非常法，姑仍舊以濟時艱。至見行屯田鹽錢諸法，務期考成，着實舉行。方今千頭百孔，總累小民，聞慣連地方多繫强有力者脱欠，即今加派，仍以小民爲强力代逋，法嚴考成，逋者何與。詔書到日，撫按官責令久逋地方有司，的舉地方强力欠數姓名，拿來治罪。其田入官，如盡數完納，不必追究。又聞地方有完及七八分，而長吏以未及免參之額，乃更侵牟其中，止以五六分上報，故逋者既逋，完者亦名爲逋，其敲體推節，止供結納之具。今後撫按官，不時調其完欠册籍，比照總散，如有前項揑報情弊，以侵欺治罪。

一、在外地方官，不務綏輯百姓，往往阿承勢要，亦有武健自雄者，假借搏擊，以立風裁，致令黠民鼓煽頑愚，千百成群，毁人廬舍，搶人財物，使衣冠忍氣銜冤，撫按官却又黨護遮飾，不行明白具奏，百寺科道官亦無一人糾劾，法紀凌夷，莫此爲甚。今後地方再有此等情形，撫按官即時體察明白，事起平民，便拿爲首重究，如禍始有司，須要根究源由，勿以偏執，致傷法紀，以縱亂民。如撫按官仍前遮護，科道官扶同不舉，一體治罪。

一、各府掌印官，師帥一方，全在清正嚴明，無得温受詞訟，批付下司，及濫受問遺，以致曲徇體面。府佐受寄上官耳目，無得倚法作威，傲上凌下。各該州縣官，亦不得阿奉殘民，及稱加派，明暗添搭，致灾困抑，不上聞，德澤壅不下究，撫按官不時察訪以聞。

一、國用雖詘，小民更困。四十七年，各處奏報水旱灾傷，曾經撫按具奏勘實者，該納錢糧，備開户部，量與停徵。若勘報扶同免者，治以重罪。

一、近來徵調既煩，驛遞騷擾特甚，至詐假勘合，公行無忌，雖屢經嚴禁，假冒如故。所在驛傳衙門，顧惜體面，兼畏口舌，明知詐冒，概爲挂號。州縣掌印官，有風力者，纔能盤詰冗散，不敢一問畏人，以致驛遞疲敝，小民困窮。今後部科，務要嚴守成規，互相覺察，毋得徇情濫給，在外衙門，務要的察真僞，立拿詐冒，有司亦不許借驛遞以逢迎勢要，着撫按官不時訪察以聞。

一、南北直隸等處地方，援軍經過，及雖無軍兵經過，但奉有明文，取辦供應軍需等項，所司動支官錢應付者，各該撫按官查勘明白，准作正支銷，不許復行徵補，重困小民。仍須着落道府，預先商議，作何處辦，用何錢糧，計議停妥，檄行州縣酌量遵行，無令州縣率意爲民患苦。其所需物料，不許逼勒小民，揑作義輸，及剋落官錢，揑作官買。其借取民間供用，着各該有司公平差遣，勿令積猾乘機取利，偏苦窮民。

一、軍興以來，加派爲煩，更兼各該有司明加火耗，暗抽羨餘，即征倭加派，尚有未除者，撫按官不時體訪，嚴行參劾，朝廷念時事多艱，未得頓復舊額。着各該有司明輸百姓，以事已即除，仍算計屢年加過數目，以事已之日爲始，倍爲蠲除額租，以蘇重困。各該有司，尚仰體朝廷不忍勞民之意，加意拊循，如仍前指稱加派，科害窮民，撫按官拿來重治。

一、積穀備賑，有司視爲虚文，一遇灾傷，遂至束手無策。即明旨申飭，反指以科罰實槖。上官稽察嚴密，或倉皇措處，騰報要功，雖腐爛在倉，不肯設法出易。及藉口易新，却又扣除役值，以飽老饕。今後撫按官嚴行查盤，如有侵贖入己，揑報欺公，拿解來京重處。撫按官通同不舉，一體治罪。

一、在京在外監追，還官入官，給主贓物，除原係官錢糧監守侵盗者，俱照舊監追外，其入官贓百兩以上，給主贓五十兩以上，若監追二年之上，正身已故，家屬代追，各勘無家産、堪以變賣者，開具所犯情罪，奏請定奪。若入官給主之贓不及前數，監追半年之外，正犯身故，勘無家産，悉與宥免。若係埋葬銀兩，正身見在，仍依律追給，以恤死者。

一、内外各衙門見監死罪重囚，有情可矜疑，曾經奏請，及人命罪限外身死，照例仍擬死罪，及行再問者，覆審是實，俱免死發邊衛，永遠充軍。其强盗，追無贓，仗年久，不得結正，及人命無尸簡驗，并原無的證，累訴冤枉者，具實奏請定奪。

一、凡致仕閑住、爲民充軍官員，不係考察，及犯私罪者，不拘自陳被論，吏部逐一查開奏請充軍者，放回原籍爲民，爲民者，與冠帶閑住，閑住者，與致仕。中間如有才望過人，年力尚壯、曾經薦舉者，許一體遇缺推用。

一、河防水利，小民衣食之源，關係最重。該管官務要躬親巡歷，嚴督所屬修築堤堰，疏浚河渠。其兩地執争壅决處所，即爲酌量利害輕重，務使兩便，勿令豪强偏執害人。如有盗决河防，不容築浚，以坑陷錢糧者，舉告究治。其田畝有因大水占潦，虚賠税糧，許具告勘實，照例除豁。其有泥沙壅積荒閒田地，開墾成熟，許自首起科，不許隱占，違者罪之。

一、節年行勘，文武職官率多顧忌耽延，以致湮弃賢良，隱脱罪案。詔書到日，各該撫按官，立限催勘，明白奏報。罪者付法，枉者昭雪，如仍拘忌怠違，參來處治。

一、無爲大乘等教煽惑人心，每有大猾乘歲時荒歉，因而生事，所在有司待其既成群黨，遂難解散。今後務要申明六論，細緝傳頭，勿株連愚民，而令大猾漏網，亦勿聽信胥隸，妄指平民，以激事變。

一、邊陲未靖，各處時以盜聞。所在軍衛有司，須量力以時修築城池樓臺、關隘倉廒，用備不虞。其餘内外衙門一應不急之務，急皆停止。各該地方官，體念軍民困窮，非奉明旨，不許擅役一夫，擅科一錢，違者治以重罪。

一、祠廟興建，不係祀典，神祇已成者，姑不問，其未成者，不許妄有陳乞。一切焚燎齋醮，俱應罷遣。僧道乘堅策肥，衣鮮食肉，許即拿究。所在有司亦不得因而生事擾人。

一、遼東地方軍民人等，或因搶擄（擄），或因罪逃，遂爲用間，有欲還本土，仍徘徊顧慮者，兵部便行該鎮文武官員，務要用諜示信，多方招猍。如率衆來歸，厚加撫賞，或殲厥渠魁，務從見行賞格録用。各邊一體施行。

一、在京在外巡捕各官，嚴拿奸細、强盗、妖言等項，但不許貪功圖利，妄拿誣陷，及臓證未的，遂入重罪，違者科道官參究。其五城兵馬，止許受理各城詞訟，即法司受理外，府州縣詞訟必詳審。其曾經在外衙門，自下而上，一一問理，或抱有冤抑者，方准受理，如非係問過，而原告在城、被告在百里外者，不得概行提拘。

一、故輔張居正，舊以專恣蒙譴，近聞其初年曾著勤勞，該部酌量復其一官，其子存者，准令冠帶閒住。宗臣充㸅，復其原爵，放歸本府。戚臣王昺，准復原爵，着地方官即日起送入京。

一、近年病故大臣，果否應得恤典，該部酌議上聞。其類題給謚，查照三品以上應得謚者，酌量行誼，美惡爲謚，不必乞請。其有生無善迹，歿久，人鮮稽查，其子孫顯貴，妄自鋪張乞請者，不論果否，立案不行。如公論分明、久而益定、確有可據者，酌量予之。其奇節异行不在此限。

一、今後在京在外文武衙門大小官員，俱要實心營職，協恭體國，無得樹棘插籬，沽名釣詭，致傷雅道，以負國恩。其他安攘大略，開載未盡者，仍許諸人直言無隱。

於戲！祖功宗德，開萬年有道之基；子翼孫謀，衍列聖無疆之籙。深惟凉薄，允賴忠賢，尚厪入告之謨猷，共贊靈承之兢業，播告中外，咸使聞知。